ng im April 1941

Klaus Schmider
Partisanenkrieg in Jugoslawien 1941–1944

Meinen Eltern in Dankbarkeit gewidmet

Klaus Schmider

Partisanenkrieg
in Jugoslawien 1941–1944

Seit 1789

Verlag E.S. Mittler & Sohn GmbH

Hamburg · Berlin · Bonn

»Ein Auftrag, bei dem man Ehre und Reputation verlieren kann.« *

Der deutsche Militärbevollmächtigte in Kroatien zu den Aussichten einer erfolgreichen Partisanenbekämpfung im Sommer 1943.

*Broucek, Peter (Hrsg.), »Ein General im Zwielicht. Die Erinnerungen Edmund Glaises von Horstenau, Band 3.« Deutscher Bevollmächtigter General in Kroatien und Zeuge des Unterganges des »Tausendjährigen Reiches«. (Wien u.a. 1988) Seite 251 (Eintrag vom Juli/August 1943)

Ein Gesamtverzeichnis der lieferbaren Titel der Verlagsgruppe Koehler/Mittler schicken wir Ihnen gern zu.
Sie finden es aber auch im Internet unter:
www.koehler-mittler.de

Die Deutsche Bibliothek – CIP-Einheitsaufnahme

Schmider, Klaus:
Partisanenkrieg in Jugoslawien 1941–1944 / Klaus Schmider. – Hamburg : Mittler, 2002
   ISBN 3-8132-0794-3

ISBN 3 8132 0794 3
© 2002 by Verlag E.S. Mittler & Sohn GmbH, Hamburg; Berlin; Bonn
Alle Rechte, insbesondere das der Übersetzung, vorbehalten
Layout und Produktion: WA-Druckberatung, München
Druck und Weiterverarbeitung: Clausen + Bosse, Leck
Printed in Germany

Inhaltsverzeichnis

Geleitwort

Am Ende des Ersten Weltkrieges waren die drei Reiche, die in vorhergehenden Jahrhunderten gegeneinander Krieg geführt hatten – das Osmanische, Habsburger- und Zarenreich –, alle besiegt. Zum ersten Mal in langer Zeit konnten die Völker Südosteuropas den Versuch machen, ihre eigene Zukunft in eigenen Staatswesen zu organisieren. Es war für sie wie, wie für viele andere, die große Tragödie, daß das Deutsche Reich ihnen nicht die Zeit ließ, sich in ihrer Unabhängigkeit langsam, oft fehlerhaft, aber im Frieden zurechtzufinden, sondern einen neuen Weltkrieg entfesselte. Dieser zerstörte ihre innere Ruhe, beendete die Unabhängigkeit der meisten und hinterließ endloses Leid, viele Trümmer und schreckliche Erinnerungen. Von den Gebilden, die nach 1918 auf der Karte Südosteuropas zu sehen waren, wurde Jugoslawien wohl härter durch diese Entwicklung getroffen als alle anderen.

Nach Zerstörung, Besetzung und Teilung durch Deutschland und seine Alliierten und Trabanten – Italien, Ungarn und Bulgarien – wurde das Land Schauplatz endlos scheinender Kämpfe aller gegen alle. Am Ende der Jahre des Krieges hatten die Deutschen den Völkern Jugoslawiens die kommunistische Diktatur von Tito beschert, so wie die Japaner in China den Weg Mao Tse-tungs zur Macht geebnet hatten. Wie ist diese Entwicklung – die in Anbetracht der winzigen kommunistischen Bewegung im Jugoslawien der dreißiger Jahre niemand vorhergesagt hätte – ermöglicht worden?

Eine Antwort auf diese Schicksalsfrage Jugoslawiens, eine Frage, dessen Auswirkungen noch heute Südosteuropa und auch andere Teile der Welt erschüttern, ist nur in den Ereignissen zwischen März 1941 und Mai 1945 zu finden. Selbstverständlich gibt es zur Geschichte Jugoslawiens im Zweiten Weltkrieg eine sehr umfangreiche Literatur, aber diese bezieht sich fast immer nur auf einen Teilaspekt, wenn auch einen wichtigen. Ob es nun die Geschichte des Draža Mihailović oder der Partisanen Josef Titos, der Besatzungsverwaltung oder des Massenmordes an den Juden, des mörderischen Ustascha-Staates, der grausamen Untaten der deutschen Wehrmacht, der Rivalitäten der Achsenpartner oder Beziehungen der Alliierten mit den verschiedenen Bewegungen im Lande betrifft, allen fehlt die Gesamtschau auf die Kriegshandlungen in ihren Auswirkungen auf diese verschiedenen Teile der Vorgänge. Es ist gerade der Verdienst dieser Arbeit, die politische Entwicklung in das Auf und Ab des Kriegsgeschehens einzubetten.

Es ist für die militärische Geschichte Jugoslawiens kein Zufall, sondern ein eindeutiger Hinweis auf den zukünftigen Gang der Ereignisse, daß das Dritte Reich den Angriff auf das Land mit einem Luftangriff auf die Hauptstadt in Friedenszeit an einem Sonntagmorgen anfing, ein Angriff, der zwischen 15- und 20-tausend Menschen das Leben kostete. Alle wirklichen und angeblichen Widerstände wurden mit Massenmord beantwortet, eine Handlungsweise, die meistens die Nichtbeteiligten traf. Und schon vor der Einführung der systematischen Ermordung der Juden in den neubesetzten sowjetischen Gebieten im Sommer 1941 fing die Wehrmacht hiermit in Serbien an. Ansätze zu einer vernünftigeren Besatzungspolitik in Serbien wurden durch die Unterstützung der Ustascha in Kroatien zunichte gemacht. Es wurde ein endlos scheinender Kampf aller gegen alle, abwechselnd mit Versuchen der verschiedenen Mächte und Gegner miteinander zu verhandeln oder sich gegenseitig auszunutzen.

Es ist das große Verdienst dieser Studie, die komplizierten Ereignisse in ein neues, verständliches Licht zu stellen. Die Beziehungen der Italiener zu den Deutschen und zu den nationalserbischen Cetniks, die Beziehungen der Deutschen zu beiden Seiten im jugoslawischen Bürgerkrieg, die Versuche der Deutschen, Mihailović und Tito gefangenzunehmen, die Auswirkungen und inneren Machtkämpfe der mörderischen Ustascha-Regierung, der Einfluß auf die Kämpfe der Erkenntnisse der Funkaufklärung auf der einen, das Eingreifen der alliierten Luftwaffen auf der anderen Seite – all diese und weitere Besonderheiten der Lage werden sorgfältig untersucht.

Eine neue Sicht erhellt die Entwicklung der Partisanen Titos zum wichtigsten Erben erst der italienischen und dann der deutschen Niederlage. Die sorgfältige Beschreibung der im Lande eingesetzten deutschen Einheiten entlarvt auch die weitverbreitete Legende von der Bindung großer deutscher Kräfte der Wehrmacht durch die Aufstände als gerade das – als eine Legende. Auch der Einfluß der Kämpfe auf die wirtschaftliche Nutzung der jugoslawischen Erze für die deutsche Kriegswirtschaft erfährt hier eine sorgfältige Klärung. Ein greller Schein wird auf die dortige militärische Führung geworfen, von General Edmund Glaise von Horstenau, der sich von Hitler bestechen läßt, bis zu Generaloberst Lothar Rendulic, der, wenn er denn zwanzig Divisionen gehabt hätte, alles in diesem Land morden wollte.

Es wird in Zukunft sicher weitere wichtige Arbeiten zum Anteil Italiens, Ungarns und Bulgariens im besetzten Jugoslawien geben. Auch werden neue Ergebnisse der Forschung die Rolle Englands, der Sowjetunion und der Vereinigten Staaten auf Grund kürzlich oder noch immer nicht geöffneter Archivalien unsere Kenntnisse bereichern. Und es werden wohl noch interessante Einzelheiten aus den Archiven der Nachfolgestaaten des ehemaligen Jugoslawien unser Wissen erweitern. Aber eine hoch wichtige Zusammenfassung der politischen und militärischen Lage an einem Brennpunkt des Zweiten Weltkriegs und der Geschichte Europas im 20. Jahrhundert ist hier vorgelegt in beispelhafter Sorgfalt und mit vorsichtigen, aber überzeugenden Deutungen.

Prof. Dr. Gerhard L. Weinberg
Prof. em., Univ. of North Carolina

Abkürzungsverzeichnis

AA:	Auswärtiges Amt
AAF:	Army Air Force (amerikanisches Äquivalent der deutschen Luftflotte)
ADAP:	Akten zur deutschen auswärtigen Politik
AK:	Armeekorps
AOK:	Armeeoberkommando
AUSSME:	Archivo del Ufficio Storico, Stato Maggiore del Esercito (Rom)
AVNOJ:	Antifasisticko vece narodnog oslobodjenja Jugoslavije (= Antifaschistischer Rat der nationalen Befreiung Jugoslawiens)
BA-Kobl.:	Bundesarchiv Koblenz (Koblenz)
BA-Lichterf.:	Bundesarchiv Lichterfelde (Berlin-Lichterfelde)
BA/MA:	Bundesarchiv/Militärarchiv (Freiburg i. Breisgau)
Bfh.d.dt.Tr.i.Kroat.:	Befehlshaber der deutschen Truppen in Kroatien
Bev.u.Kdr.Gen.:	Bevollmächtigter und Kommandierender General
DDI:	Documenti diplomatici italiani
des.:	designiert
DM:	Draža Mihailović (Führer des nationalserbischen Widerstandes)
d. Res.:	der Reserve
F.K.:	Feldkommandantur
fr:	frame (Einzelbild)
GBW:	Generalbevollmächtigter für die Wirtschaft (nur für Serbien)
Geb. AK:	Gebirgs-Armeekorps
Geb.Jg.Rgt.:	Gebirgsjägerregiment
Gen.Kdo.:	Generalkommando
gesch.:	geschätzt
H.Gr.:	Heeresgruppe
HSSPF:	Höherer SS- und Polizeiführer
Ia:	Operationsabteilung
Ic:	Feindaufklärung und Abwehr
ID:	Infanteriedivision
i.G.:	im Generalstab
IR:	Infanterieregiment
JG:	Jagdgeschwader
KG:	Kampfgeschwader
Korück:	Kommandant des rückwärtigen Gebietes eines AOK
KPJ:	Kommunistische Partei Jugoslawiens
KTB:	Kriegstagebuch
MFK:	Montenegrinisches Freiwilligenkorps
mot.:	motorisiert
M.V.A.C:	Milizia Volontaria Anticomunista (von der italienischen 2. Armee besoldete und ausgerüstete Freischärlerverbände von zumeist nationalserbischer Ausrichtung)

MVSN:	Milizia Voluntaria per la Sicurezza nazionale (Miliz der italienischen Staatspartei, die sog. »Schwarzhemden«)
NA:	National Archives (College Park, Maryland)
NDH:	Nezavisna Drzava Hrvatska (= Unabhängiger Staat Kroatien)
NSDAP:	Nationalsozialistische Deutsche Arbeiterpartei
NSDAP/AO:	Nationalsozialistische Deutsche Arbeiterpartei/Auslandsorganisation
NSKK:	Nationalsozialistisches Kraftfahrerkorps
OB:	Oberbefehlshaber
OB SO:	Oberbefehlshaber Südost
o.D.:	ohne Datum
OKH:	Oberkommando des Heeres
OKW:	Oberkommando der Wehrmacht
OT:	Organisation Todt
o.U.:	ohne Unterschrift
PA/AA:	Politisches Archiv des Auswärtigen Amtes (gegenwärtig Berlin)
Pag.:	Paginierung
PNF:	Partito Nazionale Fascista (italienische Staatspartei)
Pol. Rgt.:	Polizeiregiment
PRO:	Public Record Office (Kew, London)
Pz.AOK 2:	Panzerarmeeoberkommando 2
RAF:	Royal Air Force
rl:	roll (Mikrofilmrolle)
RSK:	Russisches Schutzkorps
SA:	Sturmabteilung
SbvollSO:	Sonderbevollmächtigter Südost
SFK:	Serbisches Freiwilligenkorps
SD:	Sicherheitsdienst der SS
SGW:	Serbische Grenzwache (Teil der SSW)
SIM:	Servizio Informazioni Militari (italienischer Heeresnachrichtendienst)
SOE:	Special Operations Executive (britische Organisation zur Unterstützung des bewaffneten Widerstandes in den besetzten Ländern)
s. Qu.:	sichere Quelle (Tarnbezeichnung für die aus der Entschlüsselung des Partisanen- oder Cetnikfunkverkehrs gewonnenen Erkenntnisse)
SS:	Schutzstaffel
SSW:	Serbische Staatswache
StG:	Stukageschwader
StS:	Staatssekretär
Supersloda:	Kurzform von »Comando Superiore delle Forze Armate Slovenia-Dalmazia« (= Oberkommando für den Raum Slowenien-Dalmatien; von Mai 1942 bis April 1943 geführte Bezeichnung des Oberkommandos der 2. italienischen Armee)
TB:	Tagebuch
WBSO:	Wehrmachtbefehlshaber Südost
WfSt:	Wehrmachtführungsstab (Operationsabteilung des OKW)
WWO:	Wehrwirtschaftsoffizier
z.b.V.	zur besonderen Verwendung
zit.:	zitiert
ZK:	Zentralkomitee

1. Einführung

D ie Historiographie zum Krieg der deutschen Besatzer gegen die Widerstandsbewegungen, die sich ihnen in den meisten besetzten europäischen Ländern
früher oder später entgegenstellten, hat sich in den letzten Jahren immer stärker auf
den russischen Kriegsschauplatz ausgerichtet[1]. Dies ist insofern verständlich, als das
Scheitern der Partisanenbekämpfung in diesem Raum eine direkte Auswirkung auf
die Kriegsereignisse an der Front hatte, an der letztendlich der Zweite Weltkrieg entschieden wurde. Umfassende, aus deutschen Quellen gearbeitete Darstellungen zum
Krieg gegen die jugoslawischen Partisanen liegen dagegen bis jetzt nur zum Thema
des serbischen Aufstandes von 1941 vor[2]. Die Vernachlässigung insbesondere der
Ereignisse im kroatischen NDH-Staat ist in Anbetracht der Vielschichtigkeit des
Themas nur schwer nachzuvollziehen: die umstrittene Unterstützung des Ustascharegimes durch beide Achsenmächte, die beispiellose Intensität der Kampfhandlungen[3], die Gefährdung deutscher Wirtschaftsinteressen sowie die zahlreichen Probleme, die sich aus der Koalitionskriegführung mit Italienern und Kroaten ergaben,
seien in diesem Zusammenhang nur als Stichworte genannt.

---

1 Matthew Cooper, *The Phantom War* (London 1979); Timothy P. Mulligan, *The politics of illusion
and empire. German occupation policy in the Soviet Union, 1942–1943* (New York u.a. 1988); Theo
Schulte, *The German Army and Nazi policies in occupied Russia* (Oxford u.a. 1989); Hans-Heinrich
Wilhelm, *Rassenpolitik und Kriegführung. Sicherheitspolizei und Wehrmacht in Polen und der
Sowjetunion* (Passau 1991); Jörg Friedrich, *Das Gesetz des Krieges. Das deutsche Heer in Rußland
1941 bis 1945. Der Prozeß gegen das Oberkommando der Wehrmacht* (München u. Zürich 1993);
Bernhard Chiari, *Alltag hinter der Front. Besatzung, Kollaboration und Widerstand in Weißrußland
1941–1944* (Düsseldorf 1998); Timm C. Richter, *»Herrenmensch« und »Bandit«. Deutsche Kriegführung und Besatzungspolitik als Kontext des sowjetischen Partisanenkrieges, 1941–1944*
(Münster 1998); Franz W. Seidler, *Die Wehrmacht im Partisanenkrieg: militärische und völkerrecht-
liche Darlegungen zur Kriegführung im Osten* (Selent 1999); Christian Gerlach, *Kalkulierte Morde.
Deutsche Wirtschafts- und Vernichtungspolitik in Weißrußland, 1941 bis 1944* (Hamburg 1999), S.
859–1055.
2 Dirk-Gerd Erpenbeck, *Serbien 1941. Deutsche Militärverwaltung und serbischer Widerstand*
(Osnabrück 1976); Walter Manoschek, *»Serbien ist judenfrei«. Militärische Besatzungspolitik und
Judenvernichtung in Serbien 1941/42* (München 1993). Januz Piekalkiewicz, *Krieg auf dem Balkan*
(München 1984) ist zwar eine gute Einführung in die Problematik, vermag wissenschaftlichen
Ansprüchen aber nicht gerecht zu werden.
3 Ein Vergleich mit Weißrußland, das nach Jugoslawien die bei weitem aktivste Partisanenbewegung
Europas aufwies, mag dies veranschaulichen: Während die umfangreichste Großoperation der
Besatzer, die auf diesem Kriegsschauplatz jemals stattfand (»Cottbus«, Mai/Juni 1943), nicht ganz
17.000 deutsche und verbündete Truppen band, waren es beim Unternehmen, welches den
Höhepunkt des Krieges gegen die jugoslawische Volksbefreiungsarmee darstellte (»Schwarz«,
Mai/Juni 1943), zwischen 80.000 und 90.000. Zu »Cottbus« vgl. Gerlach, *Kalkulierte Morde*, S. 948.

Ziel dieser Arbeit ist eine möglichst gründliche Darstellung der Versuche der Achsenmächte, mit politischen und militärischen Mitteln der auf serbischem und kroatischem Boden operierenden Freischärlerbewegungen, insbesondere der kommunistischen Volksbefreiungsarmee Jugoslawiens, Herr zu werden. Obwohl vornehmlich als Operationsgeschichte angelegt, soll auch den ethnischen und politischen Rahmenbedingungen dieses Raumes sowie den Versuchen von seiten der Besatzungsmächte, diese zu ihren Gunsten zu beeinflussen, Rechnung getragen werden.

Im Vordergrund des analytischen Teils soll vor allem die Frage nach den Gründen für die Vergeblichkeit dieser Bemühungen stehen und wie insbesondere die deutsche Führung das Scheitern ihrer Besatzungspolitik wahrnahm. Zum Schluß soll versucht werden, die Auswirkungen, die dies für die Kriegführung Deutschlands hatte, zu untersuchen. Die politisch stark eingefärbten Kontroversen, die die britische bzw. jugoslawische Geschichtsschreibung zu diesem Thema am stärksten bestimmt haben (insbesondere die Legitimitätsdebatte zwischen Befürwortern und Gegnern beider Widerstandsorganisationen), haben in dieser Betrachtungsweise keinen Platz und wurden daher bewußt ausgeklammert.

Daß die Wahl einer richtigen Darstellungsform keine leichte war, mag daran zu erkennen sein, daß die Wahl schließlich auf einen kombinierten chronologisch/thematischen Aufbau fiel. Einerseits war eine chronologische Form angebracht, weil das Fehlen einer umfassenden Darstellung zu diesem Thema aus deutscher Sicht ausführliche deskriptive Darstellungen unvermeidlich machte; aufgrund der engen Verknüpfung, die auf diesem Kriegsschauplatz zwischen militärischen und politischen Faktoren gegeben war, schien eine strikte Trennung politischer und militärischer Sachverhalte innerhalb der Chronologie zudem weder zweckmäßig noch sinnvoll.

Da aufgrund der Strategie des Obersten Stabes der Volksbefreiungsarmee der Schwerpunkt der Kampfhandlungen sich im Dezember 1941 von Serbien nach Kroatien und im August/September 1944 wieder in umgekehrte Richtung verschob, schien es andererseits aber sinnvoll, ab 1941 die weitere Entwicklung auf dem Kriegsschauplatz Serbien aus der Gesamtchronologie herauszulösen und in einem Sonderkapitel zusammenzufassen. Im Falle Montenegros war wiederum eine Trennung militärischer Ereignisse und politischer Aspekte unvermeidlich, weil die Operationen der Achse in diesem Raum (insbesondere das Unternehmen »Schwarz«) im wesentlichen eine Ausweitung der Kampfhandlungen in Bosnien-Herzegowina darstellen, während die politische Dimension nur aus der Problematik des deutsch-serbischen Verhältnisses heraus verstanden werden kann und daher auch im Kapitel über Serbien nach 1941 besprochen wird.

Bei den Quellenrecherchen zu dieser Arbeit wurde schnell klar, daß eine umfassende Geschichte des Krieges der Achse in sämtlichen Gebieten des geteilten Jugoslawiens (möglicherweise unter Einschluß Albaniens) den Rahmen einer Promotion bei weitem sprengen würde; Einschränkungen in räumlicher, zeitlicher und thematischer Hinsicht waren demnach geboten. So schien es naheliegend, den Schwerpunkt auf die Räume zu legen, bei denen entweder aufgrund der Häufung deutscher Großoperationen gegen die Hauptverbände der Volksbefreiungsarmee die Bezeichnung »Hauptkriegsschauplatz« gerechtfertigt erschien (Bosnien-Herzegowina) oder bei denen eine für beide Seiten besondere politische und/oder militärstrategische Bedeutung (Serbien, Montenegro, Dalmatien) vorlag. Die Randgebiete Slowenien, Mazedonien, Backa und Kosovo sowie das nordkroatische Slawonien sind somit nur berücksichtigt worden, wenn es für die Erstellung des Gesamtbildes unumgänglich war.

Darüber hinaus schien es sinnvoll, die Darstellung in dem Monat (September 1944) abzubrechen, in dem der Krieg in Jugoslawien durch den Einbruch zweier sowjetischer Heeresgruppen in den serbischen Raum ein völlig anderes Gesicht erhielt. Auch wenn die Verbände der Roten Armee bis Jahresende das Land weitgehend wieder verlassen hatten, sollte fortan das Kriegsgeschehen ganz im Zeichen der Kämpfe stehen, die eine sich zunehmend zu einer regulären Streitmacht wandelnden Volksbefreiungsarmee und deutsche Verbände sich entlang fester Fronten im Osten und Süden des auseinanderbrechenden NDH-Staates lieferten. Der Guerrillakrieg und die Probleme, die sich für die Besatzer aus seiner Bekämpfung ergeben hatten, traten fortan in den Hintergrund.

Eine thematische Eingrenzung fand in mehrfacher Hinsicht statt. So wurde im Hinblick auf eine bereits vorliegende Arbeit, die dieses Thema in erschöpfender Weise bearbeitet hat[4], die Besetzung und Aufteilung des Landes im April/Mai 1941 nur in geraffter Form dargestellt. Eine ähnliche Situation ergab sich hinsichtlich der von der Besatzungsmacht praktizierten Repressalienpolitik: Da eine umfassende Behandlung im Hinblick auf die Vielzahl der zu diesem Thema bereits vorliegenden Werke nur wenig Neues geboten hätte, wurden statt dessen vor allem die Einzelfälle näher beleuchtet, die entweder a) als Indikatoren für Versuche zur Eskalation oder Deeskalation des Krieges insgesamt dienen können oder b) nachhaltige Folgewirkungen politischer oder militärischer Natur hatten[5]. Eine nähere Begutachtung der Vorbereitungen der deutschen Besatzer zur Abwehr eines möglichen alliierten Landungsunternehmens war ursprünglich zwar vorgesehen, muß jedoch aus

---

4   Klaus Olshausen, *Zwischenspiel auf dem Balkan. Die deutsche Politik gegenüber Jugoslawien und Griechenland von März bis Juli 1941* (Stuttgart 1973).

5   Venceslav Glisic, *Der Terror und die Verbrechen des faschistischen Deutschland in Serbien 1941–1944* (Phil. Diss., Berlin-Ost 1968); Walter Manoschek, *»Serbien ist judenfrei«. Militärische Besatzungspolitik und Judenvernichtung in Serbien 1941/42* (München 1993); Klaus Schmider, Auf Umwegen zum Vernichtungskrieg? Der Partisanenkrieg in Jugoslawien, 1941–1944; in: Rolf-Dieter Müller u. Hans-Erich Volkmann (Hrsg.), *Die Wehrmacht. Mythos und Realität* (München 1999), S. 901–922; Jörn Axel Kämmerer, Kriegsrepressalie oder Kriegsverbrechen? Zur rechtlichen Beurteilung der Massenexekutionen von Zivilisten durch die deutsche Besatzungsmacht im Zweiten Weltkrieg; in: Archiv des Völkerrechts, Bd. 37 (1999), S. 283–317.

Platzgründen einer Sonderuntersuchung vorbehalten bleiben. Eine auch nur teilweise Betrachtung des Themas aus der Schützengrabenperspektive (die sogenannte »Kriegsgeschichte von unten«) mußte schließlich der Priorität, die in diesem Fall der herkömmlichen Betrachtungsweise zukommen mußte, geopfert werden.

Die Quellenlage zum deutschen Krieg in Jugoslawien ist trotz einiger Lücken als gut zu bezeichnen. So ist beispielsweise der sowohl für den NDH-Staat (bis November 1942) wie für den Befehlsbereich Serbien außerordentlich bedeutende Bestand RW 40 (Kommandierender General in Serbien/Militärbefehlshaber Südost) fast zur Gänze erhalten. Weitgehend überliefert sind auch die Unterlagen des XV. Geb. AK (RH 24-15), des XXI. Geb. AK (RH 24-21) sowie des Deutschen Generals in Agram/Bevollmächtigten Generals in Kroatien (RH 31-III). Im Falle des Wehrmachtbefehlshabers Südost/OB Südost (RH 20-12/RH 19 VII bzw. XI), des Befehlshabers der deutschen Truppen in Kroatien (RH 24-15) sowie der 2. Panzerarmee (RH 21-2) sind wichtige Segmente bis auf den heutigen Tag unauffindbar geblieben – insbesondere der Verlust des KTBs der 2. Panzerarmee für 1944 stellt eine nicht wiedergutzumachenden Lücke dar, die auch durch das Heranziehen von Unterlagen nach- oder übergeordneter Großverbände nicht vollständig ausgefüllt werden konnte. Gleiches gilt für das KTB des V. SS Geb. AK, das vermutlich bei Kriegsende vernichtet wurde und von dem nur noch einige Aktensplitter überliefert sind. Als ähnlich schwerwiegend muß – auf Divisionsebene – der Verlust fast des gesamten Kriegstagebuchs der 7. SS Freiwilligen-Gebirgsdivision »Prinz Eugen« gewertet werden.

In bezug auf die Korrespondenz der im jugoslawischen Raum akkreditierten deutschen Diplomaten läßt sich sagen, daß die Überlieferung bis Ende 1943 weitgehend vollständig ist; für 1944 muß sich der Historiker allerdings im wesentlichen mit Bruchstücken begnügen. Ein Plus besonderer Art stellt freilich die vom Gesandten in Agram, Kasche, betriebene Politik dar, durch die er nicht nur mit allen mit dem Südosten befaßten Dienststellen von Wehrmacht und SS, sondern am Ende auch mit der eigenen Zentrale in Konflikt geriet. Diese Kontroversen haben, nicht zuletzt aufgrund einer schon als skriboman zu bezeichnenden Veranlagung des Gesandten, ihren Niederschlag in zahllosen Fernschreiben und Memoranden von erheblichem Quellenwert gefunden.

Weitaus bescheidener macht sich hingegen der von der Dienststelle des Sonderbevollmächtigten Südost, Hermann Neubacher, erhaltene Schriftverkehr aus; hierbei ist vor allem zu berücksichtigen, daß ein Großteil der erhaltenen Fernschreiben sich mit anderen Ländern aus Neubachers Verantwortungsbereich (Griechenland, Albanien) befassen.

Unter den Quellen, die in gedruckter Form vorliegen, ragt die von Peter Broucek besorgte Edition der tagebuchähnlichen Aufzeichnungen des Deutschen Bevollmächtigten Generals in Kroatien, Edmund Glaise von Horstenau, heraus[6]. Diese bieten Forschern wie Laien einen zur Ergänzung von dürren KTB-Einträgen unerläßlichen Blick hinter die Kulissen der Machtzentralen des deutschen Besatzungsregimes im geteilten Jugoslawien. Sowohl hinsichtlich des Quellenwerts als auch der geleisteten editorischen Arbeit handelt es sich bei diesem Werk neben den Goebbels-Tagebüchern ohne Frage um die bedeutendste Edition der letzten zwanzig Jahre zum Themenkomplex NS-Staat und Zweiter Weltkrieg. Das Kriegstagebuch des Oberkommandos der Wehrmacht[7] war aufgrund des geringen Niederschlags, den die jugoslawischen Ereignisse bis Ende 1942 in dieser Quelle fanden, nur eine beschränkte Hilfe. Für die vorliegende Arbeit war vor allem die sehr detaillierte Chronik des Jahres 1943 von einigem Nutzen.

In bezug auf den Achsenpartner Italien bietet die dreibändige Trilogie (über 4000 Seiten) von Odonne Talpo eine selten gelungene Kombination aus Monographie und Quellenedition[8]. Obwohl dem Titel entsprechend der dalmatinische Raum eine herausragende Rolle spielt, bietet dieses Werk vor allem eine umfassende und höchsten Ansprüchen genügende Geschichte des Krieges der 2. italienischen Armee auf dem Boden des NDH-Staates. Für den Zweck der vorliegenden Arbeit waren insbesondere die in den Anhängen im Faksimile abgedruckten 392 Originaldokumente von herausragendem Interesse. Die ebenfalls ausgiebig benutzten Akteneditionen der deutschen (ADAP) und italienischen (DDI) Außenämter bedürfen im Hinblick auf ihren Bekanntheitsgrad keiner näheren Einführung. Die sehr ausführlichen Tagebücher des jugoslawischen Politoffiziers Vladimir Dedijer[9] sind aufgrund der weitgehend unkritischen Einstellung ihres Verfassers sowie der stalinistischen Diktion, in der sie gehalten sind, nur von begrenztem Nutzen; trotzdem lassen sich mit ihrer Hilfe viele Entscheidungsprozesse des Obersten Stabes der Volksbefreiungsarmee anschaulich nachvollziehen.

Im Bereich der Memoirenliteratur fallen die wenigen deutschen Beiträge gegenüber denen der alliierten Seite (Rootham[10], Lawrence[11], Djilas[12], Deakin[13], Maclean[14]) qua-

---

6   Peter Broucek (Hrsg.), *Ein General im Zwielicht. Die Erinnerungen Edmund Glaises von Horstenau, Bd. 3. Deutscher Bevollmächtigter General in Kroatien und Zeuge des Untergangs des »Tausendjährigen Reiches«* (Wien u.a. 1988). Glaises Ausführungen stellen weniger Tagebucheintragungen im engeren Wortsinne als in unregelmäßigen Abständen vorgenommene Rückblicke auf die Ereignisse der letzten Wochen oder Monate dar. Bedingt durch diese Vorgehensweise, weisen die Aufzeichnungen mehrere, z.T. erhebliche Lücken auf (z.B. August 1941 bis August 1942).

7   Percy Ernst Schramm (Hrsg.), *Kriegstagebuch des Oberkommandos der Wehrmacht, Bd. I–IV* (Frankfurt a. Main 1961/63).

8   Odonne Talpo, *Dalmazia. Una cronaca per la storia, Vol. I–III* (Rom 1985–1992).

9   Vladimir Dedijer, *The War Diaries of Vladimir Dedijer, Vol. I–III* (Ann Arbor 1990).

10   Jasper Rootham, *Miss Fire. The chronicle of a British mission to Mihailović 1943–1944* (London 1946).

11   Christie Lawrence, *Irregular adventure* (London 1947).

12   Milovan Djilas, *Wartime* (London u. New York 1977).

13   Frederick William Deakin, *The embattled mountain* (London u. a. 1971).

14   Fitzroy MacLean, *Eastern approaches* (London pb 1991).

litativ stark ab; während den Erinnerungen des Sondergesandten Neubacher[15] ein gewisser Wert nicht abgesprochen werden kann, tut sich der Leser schwer, bei den zwei Bänden, die Generaloberst Lothar Rendulic vorgelegt hat[16], zum Thema Jugoslawien auch nur ein einziges substantielles Informationsfragment zu finden. Obwohl die Sekundärliteratur zum Thema kaum zu überblicken ist, überwiegen die Darstellungen aus der Sicht des Widerstandes oder ihm zugeteilter westalliierter Verbindungsoffiziere. Der eine Teilbereich, der dabei im Laufe der letzten dreißig Jahre einer vollständigen Aufarbeitung noch am nächsten gekommen ist, betrifft die Kriegsbeteiligung der Cetnikorganisation des Draža Mihailović. Durch die Forschungen von Lucien Karchmar[17], Jozo Tomasevich[18], Matteo Milazzo[19] und Simon Trew[20] kann die Geschichte des Aufstiegs und Falls des nationalserbischen Widerstandes als weitgehend abgeschlossen gelten.

Aus deutscher Sicht liegen lediglich zwei schmale Werke zum Problemkomplex der deutsch-kroatischen Beziehungen[21] sowie einige Divisionsgeschichten von höchst unterschiedlicher Qualität[22] vor. Die mehrbändige Reihe, welche das Militärgeschichtliche Forschungsamt zum Zweiten Weltkrieg herausgibt, hat dem Krieg gegen die Volksbefreiungsarmee bis jetzt noch kein zusammenhängendes Kapitel gewidmet.

---

15 Hermann Neubacher, *Sonderauftrag Südost* (Göttingen 1956).

16 Lothar Rendulic, *Gekämpft–gesiegt–geschlagen* (Heidelberg 1952); ders., *Soldat in stürzenden Reichen* (München 1965).

17 Lucien Karchmar, *Draža Mihailović and the rise of the Cetnik movement* (London und New York 1987).

18 Jozo Tomasevich, *The Chetniks. War and revolution in Yugoslavia, 1941–1945* (Stanford 1975).

19 Matteo J. Milazzo, *The Chetnik movement and the Yugoslav resistance* (Baltimore u. London 1975).

20 Simon Trew, *Britain, Mihailović and the Chetniks 1941–1942* (Basingstoke u. London 1998).

21 Martin Broszat u. Ladislas Hory, *Der kroatische Ustascha-Staat 1941–1945* (Stuttgart 1964); Gert Fricke, *Kroatien 1941–1944. Der »Unabhängige Staat« in der Sicht des deutschen Bevollmächtigten Generals, Glaise von Horstenau* (Freiburg i. Breisgau 1972).

22 Otto Kumm, *»Vorwärts Prinz Eugen!« Geschichte der 7. SS-Freiwilligen-Gebirgsdivision »Prinz Eugen«* (Osnabrück 1978) ist eine weitgehend auf eigene Erinnerungen sowie dem Tagebuch des ersten Divisionskommandeurs Arthur Phleps basierende Geschichte der SS-Division »Prinz Eugen«, die wissenschaftlichen Ansprüchen nicht genügt. Mehr noch als der apologetische Grundtenor ist es die fehlende Einbettung in den politischen und militärischen Kontext des Krieges gegen die Volksbefreiungsarmee insgesamt, der den Wert des Werkes beschränkt. Franz Schraml, *Kriegsschauplatz Kroatien* (Frankfurt a. Main 1962) ist eine vom verwendeten Quellenmaterial her überholte Darstellung des Einsatzes der drei Legionsdivisionen; aus heutiger Sicht liegt sein eigentlicher Wert darin, daß Schraml sein Quellenproblem (der größte Teil der Akten lagerte noch in den USA) durch ausführliche Befragungen des überlebenden deutschen Rahmenpersonals löste und so der Nachwelt wichtige und zugleich höchst vergängliche Einblicke sicherte. George Lepre, *Himmler's Bosnian division* (Atglen, PA 1997) ist eine hervorragende Geschichte von Aufstellung und Einsatz der aus der islamischen (vornehmlich bosnischen) Volksgruppe rekrutierten 13. SS-Division »Handschar«. Im Gegensatz zu den zwei erstgenannten Darstellungen sind bei Lepre Unparteilichkeit, »oral history«, Aktenforschung und umfassende Kenntnisse des politischen und militärischen Umfelds auf höchstem Niveau vereint.

In bezug auf die zitierten Primärquellen ist noch zu sagen, daß bei Vorliegen einer ungekürzten edierten Fassung (ADAP, DDI, Talpo) dieser wegen der leichteren Zugänglichkeit in aller Regel der Vorzug vor der ungedruckten Originalquelle gegeben wurde. Bei letzteren wurde, wann immer möglich, aus den in deutschen und italienischen Archiven lagernden Originalakten zitiert; lediglich wenn fortgeschrittener Verfall oder laufende Restaurierungsarbeiten eine Benutzung kurz- bis mittelfristig unmöglich machten, wurde auf Mikrofilme des Public Record Office (PRO) oder der National Archives (NA) zurückgegriffen.

Glossar der wichtigsten Fachbegriffe

Abteilung bzw. »odred«: Bis Mitte 1942 der bei Partisanen wie Nationalserben übliche Hauptkampfverband und somit eigentliche Träger des Guerrillakrieges. Wichtigste Merkmale waren die stark schwankenden Soll- und Ist-Stärken sowie die Bindung an einen bestimmten geographischen Raum, die zumeist auch in den Bezeichnungen seinen Niederschlag fand.

Brigade (Volksbefreiungsarmee): Ab Mitte 1942 die wichtigste militärische Einheit der Partisanen, die sich von den Abteilungen gleichermaßen durch Ortsungebundenheit wie eine feste Soll-Stärke (um die 1.000 Mann) abhob.

Brigade (deutsche Wehrmacht): kleinerer Kampfverband von oft provisorischem Charakter, in aller Regel aus zwei ausgegliederten Regimentern gebildet.

Cetniks (abgeleitet von »ceta« = Schar): nationalistisch und monarchistisch eingestellte serbische Freischärler, deren historische Wurzeln bis in die Türkenkriege der frühen Neuzeit zurückverfolgt werden können. Obwohl in der Mehrheit prinzipiell gegen die Besatzer eingestellt, sahen sich die meisten Cetnikgruppen aufgrund der anhaltenden Bedrängung durch ethnisch (Ustascha, Moslemmilizen) oder weltanschaulich (Partisanen) motivierte Bürgerkriegsgegner früher oder später dazu gezwungen, zumindest vorübergehende Abkommen mit Deutschen oder Italienern zu schließen. Die Unterstellung unter den Obristen und (ab Januar 1942) jugoslawischen Kriegsminister Draža Mihailović wurde zumal von den Cetnikgruppen des NDH-Staates, die den Kampf gegen die Ustascha bereits 1941 aus eigener Initiative aufgenommen hatten, nur nach außen hin akzeptiert. Auf altserbischem Gebiet hatten in Abteilungen gegliederte »legale« Cetniks, die – trotz ihrer Verbindungen zu Mihailović – im Dienste der Besatzungsmacht standen, von Oktober 1941 bis Januar 1943 Bestand.

Comando Supremo: 1925 gebildeter oberster Generalstab (Stato Maggiore Generale) der italienischen Streitkräfte. Durch Mussolinis Angewohnheit, sich als Kriegsminister von den Stabschefs der Teilstreitkräfte direkt vortragen zu lassen bzw. ihnen Weisungen zu erteilen, war dem Comando Supremo bei Kriegsbeginn praktisch jede Möglichkeit genommen, die ihm zugedachte koordinierende Funktion auszuüben. Erst die Ablösung des wenig tatkräftigen Pietro Badoglio durch Ugo Cavallero am 4. Dezember 1940 sowie der durch die Niederlagen in Albanien und Nordafrika ausgelöste Schockeffekt bewirkten Reformen, durch die das Comando Supremo bis Mitte 1941 immerhin die oberste Kommandobehörde für die italienische Landkriegführung und Cavallero der wichtigste militärische Berater Mussolinis geworden war. Darüber hinaus begann sich durch regelmäßige Kontakte zu den Führern von Außen- und Wirtschaftspolitik der Einfluß des Stabes auch auf nicht militärische Belange zu erstrecken. Von den meisten Entscheidungsprozessen, die die See- und Luftkriegführung betrafen, blieb freilich auch das aufgewertete Comando Supremo ausgeschlossen – in diesem Punkt dem deutschen Oberkommando der Wehrmacht (OKW) durchaus ähnlich.

Division (Volksbefreiungsarmee): Aus drei Brigaden zusammengesetzter Großverband der Partisanen, der in aller Regel um die 3.000 Mann zählte. Die Namensgebung reflektierte üblicherweise entweder einen Elitestatus (»Proletarische«, »Sturm«-) oder den ursprünglichen Aufstellungs- bzw. Ersatzraum (»Serbische«, »Dalmatinische«). Die Numerierung erfolgte ohne Rücksicht auf die Bezeichnung in einer durchgehenden Serie (z. B. 9. »Dalmatinische«, 10. »Bosnische«, 11. »Zentralbosnische«).

DM-Organisation: Dachorganisation aller Kampfverbände des nationalserbischen Widerstandes unter dem Kommando von Oberst Draža Mihailović. Obwohl diese in politischer Hinsicht sämtliche Gebiete Jugoslawiens umfaßte, war sie in bezug auf militärisch-operative Fragen praktisch auf die Räume beschränkt, in denen Mihailović nachweislich eine wenn auch beschränkte Befehlsgewalt ausgeübt hat: neben Altserbien auch noch (von Juni 1942 bis Mai 1943) Montenegro und die östliche Herzegowina.

Domobranen bzw. Landwehr: reguläre Streitkräfte des NDH-Staates. Mangelhafte Ausrüstung, Benachteiligungen gegenüber der Ustascha sowie das Bewußtsein, einen vom neuen Regime ohne Not vom Zaun gebrochenen Volkstumskrieg führen zu müssen, hatten ab 1942 einen rapiden Verfall der Kampfmoral sowie Massendesertionen zu den Partisanen zur Folge.

Gebirgsdivision: für den Kampf im Mittel- und Hochgebirge ausgerüsteter Groß-kampfverband der deutschen Wehrmacht. Bei voller Soll-Stärke und dreigliedriger Auslegung (drei Regimenter zu je drei Bataillonen) betrug die Mannschaftsstärke um die 21.000 Mann.

Generalkommando: Kommandoebene zwischen Armee und Division. Einem deut-schen Generalkommando unterstanden in aller Regel zwei bis fünf Divisionen; die Führung oblag meistens einem General, seltener einem Generalleutnant.

Großgespan: höchster Verwaltungsbeamter des NDH-Staates, in etwa mit dem deut-schen Regierungspräsidenten oder französischen Präfekten vergleichbar.

Höheres Kommando: aus denen die deutsch-polnische Grenze sichernden Grenz-schutz-Abschnitt-Kommandos hervorgegangene Führungsformationen, die sich von einem gewöhnlichen Generalkommando durch eine unvollständige Ausstattung mit Korpstruppen auszeichneten (z. B. anstelle einer Nachrichten-Abteilung meist nur eine Nachrichten-Kompanie). Höhere Kommandos fanden daher in aller Regel bei der Sicherung rückwärtiger Gebiete Verwendung.

Infanteriedivision: kleinster organischer Kampfverband für die Landkriegsführung, wahlweise in zwei oder drei Regimenter Infanterie aufgeteilt. Die Ist-Stärke der im Kampfraum Jugoslawien eingesetzten deutschen Divisionen blieb in aller Regel hin-ter der Soll-Stärke einer dreigliedrigen Infanteriedivision von 1939 (17.200 Mann) zurück. Sowohl die 700er-Divisionen bzw. die aus ihnen hervorgegangenen Jäger-divisionen als auch die deutsch-kroatischen Legionsdivisionen waren zweigliedrige Formationen, die oft auch noch deutlich unter ihrer Soll-Stärke blieben. So schwankte beispielsweise die Ist-Stärke der Besatzungsdivisionen der 700er Reihe 1941/42 zwischen 5.000 und 9.000, die der Legionsdivisionen 1943/44 zwischen 10.000 und 12.000 Mann. Die Führung einer Infanteriedivision oblag in der Regel einem Generalleutnant, bei zweigliedrigen Verbänden oft einem Generalmajor.

Jägerdivision: zweigliedrige Infanteriedivision, die zur Bekämpfung eines regulären Gegners in schwierigem Gelände konzipiert war, ohne dabei jedoch die zahlen-mäßige Stärke oder Feuerkraft einer Gebirgsdivision zu erlangen. Die vier zu Jahres-beginn 1943 in Jugoslawien dienenden 700er-Divisionen wurden zwischen Ende März und Anfang Mai durch einen teilweisen Austausch der Mannschaften gegen jüngere Jahrgänge sowie der Ausstattung mit entsprechender Ausrüstung (Gebirgs-stiefel, Lasttiere) zu Jägerdivisionen umgebildet (704. ID zu 104. Jägerdivision, 714. ID zu 114. Jägerdivision, 717. ID zu 117. Jägerdivision, 718. ID zu 118. Jäger-division).

Kommandierender General: Befehlshaber eines Generalkommandos. Auch Kurzform für die deutsche Dienststelle mit Sitz in Belgrad, die in unterschiedlicher Besetzung und unter wechselnden Bezeichnungen[23] ab Mitte September 1941 die Befehlsgewalt über die auf kroatischem Boden operierenden Truppen (bis zum 15.11.1942) sowie den Bereich Altserbien (bis zum 26.8.1943) ausübte.

Korps: siehe Generalkommando.

Legionsdivisionen: in Deutschland aufgestellte zweigliedrige Infanteriedivisionen aus kroatischen Soldaten und deutschem Rahmenpersonal. Anstelle einer ursprünglich vorgesehenen Verwendung an der Ostfront wurden alle drei Divisionen unter deutschem Kommando auf dem Gebiet des NDH-Staates eingesetzt. Die 369. (kroat.) ID kam erstmals im Januar 1943, die 373. (kroat.) ID im Mai 1943, die 392. (kroat.) ID im Januar 1944 zum Einsatz.

Oberkommando der Wehrmacht: aus dem Wehrmachtamt im Reichskriegsministerium hervorgegangene oberste Kommandobehörde der deutschen Streitkräfte (ausschließlich der Waffen-SS). Die Kommandogewalt übte Hitler seit 1938 persönlich aus; Stabschef war Generalfeldmarschall Wilhelm Keitel. Die eigentliche Stabsarbeit fand im Wehrmachtführungsstab unter General der Artillerie (ab 30.1.1944 Generaloberst) Alfred Jodl und seinem Stellvertreter Generalleutnant (ab 1.4.1944 General der Artillerie) Walter Warlimont statt. Obwohl de facto Hitlers persönlicher Kommandostab, blieb das Oberkommando der Wehrmacht von der Führung weiter Bereiche der deutschen Kriegführung ausgeschlossen: Kriegsmarine und Luftwaffe agierten weitgehend eigenständig, während die Ostfront (ausschließlich Finnlandfront) dem Oberkommando des Heeres (OKH) vorbehalten blieb.

Oberster Stab: am 26. September 1941 eingeführte Bezeichnung des obersten militärischen und politischen Führungsorgans der Partisanenbewegung. Von den ca. einem Dutzend Mitgliedern können freilich nur fünf als wirkliche Entscheidungsträger bezeichnet werden: Josip Broz (alias »Tito«), Milovan Djilas, Edvard Kardelj, Ivo-Lola Ribar und Alexander-Leka Ranković.

Partisanen: kommunistische Freischärler unter Führung der KPJ (offizielle Bezeichnung bis zum 19. November 1942: Volksbefreiungs- und Partisanenabteilun-

---

23 Vom 16. September bis 6. Dezember 1941: »Der Bevollmächtigte Kommandierende General in Serbien«; vom 7. Dezember 1941 bis 3. März 1942: »Der Bevollmächtigte und Kommandierende General in Serbien«; vom 4. März 1942 bis 26. August 1943: »Der Kommandierende General und Befehlshaber in Serbien«.

gen). Die Organisation der Partisanen bezog ihre Kraft zum bewaffneten Kampf ursprünglich aus denselben historischen Quellen wie der nationalserbische Widerstand; Konflikte mit der klassenkämpferischen Programmatik der Partei waren somit unvermeidlich und hatten sich bis Ende 1941 zu einem ernsten Problem entwickelt. Bis zum Juni/Juli 1942 war der KPJ allerdings die Begründung einer eigenen, unverwechselbaren Identität gelungen, die sich unter Zurückstellung des revolutionären Fernziels auf den Kampf gegen Besatzer und Ustascha und Rechtsgleichheit für alle jugoslawischen Volksgruppen stützte.

Territorialbefehlshaber: Befehlshaber im Generalsrang, dem in besetzten Territorien über Feld- und Ortskommandanturen die Ausübung der Besatzungsmacht und all der damit verbundenen Verwaltungsaufgaben zukam. Eine damit einhergehende taktische Unterstellung des Gros der im selben Raum dislozierten Truppen war dabei nicht immer vorgesehen; diese wurde statt dessen oft einem selbständigen Truppenkommando übertragen – entsprechende Duumvirate bestanden in Serbien vom April bis Oktober 1941 (Befehlshaber Serbien/Höheres Kommando LXV.) und im NDH-Staat vom August 1943 bis Kriegsende (Deutscher Bevollmächtigter General in Kroatien/2. Panzerarmee). In Serbien war allerdings vom Oktober 1941 bis Oktober 1944 eine Verbindung von Territorial- und Truppenbefehlshaber (Kommandierender General und Befehlshaber in Serbien bzw. Militärbefehlshaber Südost) gegeben.

Ustascha-Miliz (kurz: Ustascha): politische Truppe des radikalfaschistischen Ustascharegimes, in ihrem politischen Selbstverständnis sowie Verhältnis zu den regulären Streitkräften des Staates in etwa der Waffen-SS vergleichbar. Trotz bevorzugter Ausrüstung standen die sporadischen militärischen Erfolge der Miliz in keinem auch nur annähernd vertretbaren Verhältnis zum politischen Schaden, der durch die andauernden Übergriffe insbesondere gegen die serbische Minderheit des NDH-Staates angerichtet wurde.

Volksbefreiungsarmee: am 19. November 1942 eingeführter Titel des militärischen Teils der Partisanenbewegung.

2. Politische und geographische Rahmenbedingungen

2.1. Die Entwicklung des jugoslawischen Staates von 1918 bis 1941[1]

Nachdem das serbische Königsreich durch die beiden Balkankriege von 1912/13 schon eine erhebliche territoriale Vergrößerung erfahren hatte, sah es sich durch den Sieg der Entente im November 1918, den Zusammenbruch der Habsburger-Doppelmonarchie und die grenzüberschreitende Zustimmung für die politische Idee des Jugoslawismus vor die Herausforderung gestellt, einen bis dahin ethnisch weitgehend homogenen Staat in einen Vielvölkerstaat zu überführen. Kurzfristig wurde dieser Prozeß sowohl durch die bereits genannte politische Strömung wie auch durch die Ende 1918 auf dem westlichen Balkan herrschende Umbruchstimmung zunächst erheblich erleichtert. Aus der Rückschau naheliegende Vorbehalte von Kroaten und Slowenen wurden der doppelten Sorge vor italienischen Begehrlichkeiten und einer drohenden sozialen Revolution geopfert. Daß ein Zusammenschluß mit Serbien Slowenen, Kroaten und Bosniern überdies die Möglichkeit bot, von der Seite der Besiegten auf die der Sieger zu wechseln, stellte einen zusätzlichen Bonus dar. Bereits am 1. Dezember 1918 konnte der serbische König Alexander I. die Gründung des »Königreichs der Serben, Kroaten und Slowenen« proklamieren.

Langfristig sollten dem jungen Staat aus der überstürzten Art seiner Bildung jedoch ganz erhebliche Schwierigkeiten erwachsen. Der bedingungslose Beitritt der ehemaligen k.u.k.-Provinzen war nicht gerade geeignet gewesen, im siegreichen Serbien ohnehin kaum vorhandenen föderalistischen Gedankenansätzen zum Durchbruch zu verhelfen. Die Verfassung von 1921 diente daher in erster Linie auch dem Zweck, in einem zentralistisch regierten Staatswesen die politische Prädominanz der stärksten Minderheit (der serbischen) zu garantieren. Verspätete Proteste insbesondere kroatischer Politiker wurden nicht zur Kenntnis genommen. In Anbetracht der

---

[1] Gute überblicksartige Darstellungen zur jugoslawischen Geschichte der Zwischenkriegszeit finden sich unter anderen bei Stevan Pavlovitch, *Yugoslavia* (London 1971), S. 53–104; Jozo Tomasevich, *War and revolution in Yugoslavia. The Chetniks* (Stanford 1975), S. 2–53; Marcus Tanner, *Croatia. A nation forged in war* (New Haven u. London pb 1997), S. 108–140.

Tatsache, daß im Krisenfall schon die Loyalität der nichtslawischen Minderheiten aus der Erbmasse untergegangener Feindstaaten (Albaner, Ungarn und Volksdeutsche) zweifelhaft war, mußte eine dauerhafte Verstimmung der kroatischen, slowenischen und bosnischen Volksteile um so schwerwiegendere Konsequenzen haben.

Die möglichen Konsequenzen einer ambivalenten oder gar feindseligen Einstellung der Bürger Jugoslawiens zu ihrem Staat war aber nicht nur als rein innenpolitisches Problem zu werten. So war das Königreich von Nachbarstaaten umgeben, die als ehemalige Kriegsgegner (Bulgarien, Ungarn, Österreich/Deutschland) oder verstimmte Bundesgenossen (Italien, ab April 1939 unter Einschluß Albaniens) irredentische Ambitionen auf zumindest Teile jugoslawischen Territoriums hegten. Freundschaftliche Beziehungen bestanden lediglich zu Griechenland und Rumänien. Auch wenn das neue Staatswesen gleich zu Beginn lediglich in einem Landesteil – dem ebenfalls serbisch besiedelten Montenegro – auf bewaffnete Ablehnung stieß, so lag doch auf der Hand, daß es vor allem eines stabilen Gleichgewichts der Kräfte in Europa bedürfen würde, um diese brisante Mischung aus innen- und außenpolitischen Konflikten zumindest vorübergehend unter Kontrolle zu halten.

Die erste Krise war die Entmachtung von Regierung und Parlament durch den Monarchen am 6. Januar 1929. In dem Bestreben, den – aus seiner Sicht – die Einheit des Landes bedrohenden Streit zwischen Parteien und Volksgruppen zu beenden, leitete Alexander I. eine Periode sogenannter Königsdiktatur ein, in der der Versuch unternommen wurde, dem jugoslawischen Gedanken mit erheblichem Druck von oben zum Durchbruch zu verhelfen. Eine 1931 verabschiedete Verfassung schränkte den Spielraum der noch aktiven politischen Kräfte erheblich ein (so war beispielsweise die Stimmabgabe bei der Wahl künftig nicht mehr geheim), bestätigte zugleich aber auch die existierende zentralistische Staatsstruktur und erreichte somit lediglich einen Aufschub der überfälligen Auseinandersetzung mit dem Hauptproblem des Vielvölkerstaates.

Die Ermordung des Königs am 9. Oktober 1934 durch einen mazedonischen Separatisten bei einem Staatsbesuch in Frankreich stellte in vielerlei Hinsicht eine Zeitenwende dar: Sein Nachfolger Prinzregent Paul (die Volljährigkeit von Alexanders Sohn Peter stand noch bevor) sollte eine sehr viel größere Neigung zeigen, innerhalb bestimmter Grenzen wieder einen politischen Diskurs zuzulassen und dabei vor allem den Kroaten entgegenzukommen. In außenpolitischer Hinsicht war die Unterstützung, die die Attentäter seitens des faschistischen Italiens erfahren hatten, ein unübersehbarer Hinweis auf die Gefahr, die Jugoslawien von diesem Staat und – in einem geringeren Maße – vom nationalsozialistischen Deutschland drohte. Nicht minder besorgniserregend war allerdings die Tatsache, daß Belgrad mittlerweile sich aufgrund der Ereignisse der Weltwirtschaftskrise in ein wachsendes Abhängigkeitsverhältnis zu diesen beiden Staaten begeben hatte, das mit dem

Anschluß Österreichs an Deutschland (März 1938) einen vorläufigen Höhepunkt erreichen sollte.

Die wachsende Bedrohung von außen wirkte sich allerdings insofern positiv aus, als sie es Paul ermöglichen sollte, die Aussöhnung mit dem kroatischen Volksteil gegen erheblichen inneren Widerstand durchzusetzen. Erheblich erleichtert wurde dieser Prozeß auch durch die Tatsache, daß im auffälligen Gegensatz zur zersplitterten Parteienlandschaft in Serbien ein mehrheitsfähiger kroatischer Ansprechpartner vorhanden war. So konnte die Bauernpartei unter Vladko Maček für sich beanspruchen, annähernd 90 % der kroatischen Wählerschaft zu vertreten. Das am 26. August 1939 von Maček und dem amtierenden Premierminister Cvetković unterzeichnete »sporazum« (Vereinbarung) sah die Bildung eines kroatischen Verwaltungsbezirks (banovina) unter Einschluß West- und Zentralbosniens sowie die Gewährung einer umfassenden Autonomie einschließlich eigener Finanzverwaltung vor. Mittelfristig sollte eine neue Verfassung diese föderale Struktur auf das ganze Land ausdehnen und eine genuin demokratische Ordnung garantieren.

Wie nicht anders zu erwarten, sollte diese präzedenzlose Konzession nicht unumstritten bleiben. National eingestellte Serben tendierten dazu, im »sporazum« eine Kapitulation vor den Bestrebungen des kroatischen Separatismus zu sehen; viele ihrer liberal eingestellten Landsleute, obwohl durchaus bereit, Schritte in Richtung Demokratie und Föderalismus zu begrüßen, reagierten auf die in ihren Augen bevorzugte Behandlung des slawischen Brudervolkes vor allem mit Neid.

Die für Belgrad so bedrohliche Verbindung zwischen innerer Instabilität und äußerer Bedrohung trat schließlich mit dem Fall von Jugoslawiens traditioneller Schutzmacht Frankreich im Juni 1940 ein. Von nun an war das Königreich den beiden Achsenmächten Deutschland und Italien weitgehend schutzlos ausgeliefert, wobei insbesondere der Juniorpartner der Achse gleich mit Kriegseintritt am 10. Juni in beharrlicher Form nach Vorwänden zu suchen begann, die es ihm erlaubt hätten, den Krieg auf den Balkan auszudehnen. Der Plan einer Invasion Jugoslawiens konnte Mitte August zwar noch durch ein deutsches Veto zu Fall gebracht werde; der Wegfall des deutsch-italienischen Minimalkonsens über die auf dem Balkan zu betreibende Politik sollte der italienischen Aggression jedoch Tür und Tor öffnen. Diese Konstellation trat ein, als Deutschland mit der Unterzeichnung des Zweiten Wiener Schiedsspruchs (August 1940) faktisch die Rolle als Hegemonialmacht in Südosteuropa übernahm; diese Machtverschiebung, die mit dem Eintreffen der Spitzen der Militärmission in Rumänien (12. Oktober 1940) erstmalig konkrete Formen annahm, wurde von Mussolini als unerträgliche Einmischung und Brüskierung aufgefaßt. Beim Versuch, Italiens vermeintliche Vormachtansprüche in der Region mit Gewalt durchzusetzen, geriet neben Jugoslawien jetzt auch Griechenland ins Visier des italienischen Diktators. Der am 28. Oktober 1940 ohne Konsultation Berlins von Albanien aus eingeleitete Feldzug gegen Griechenland scheiterte bis

Mitte November jedoch spektakulär und schlug sogar in einen griechischen Vorstoß nach Albanien um. Selbst wenn man den hieraus resultierenden Prestigeverlust für die »Achse« außen vor läßt, war eine mittelfristige Involvierung Deutschlands schon aufgrund der ungefähr gleichzeitig einsetzenden Bemühungen Hitlers, entweder durch politische oder militärische Initiativen auf dem Balkan die rechte Flanke des Aufmarschs für das Unternehmen »Barbarossa« zu sichern, unvermeidlich.

Den Versuchen zur Einbindung Jugoslawiens in die Struktur des Ende September 1940 besiegelten Dreimächtepakts stand aber nicht nur das durch den »sporazum« erzielte labile innenpolitische Gleichgewicht des Landes, sondern auch die außenpolitischen Sympathien der herrschenden Eliten im Wege. Im Gegensatz zu den anderen Balkanstaaten, denen der Beitritt – neben der Aussicht auf territoriale Expansion – entweder durch das Bündnis mit den Mittelmächten im Ersten Weltkrieg (Bulgarien, Ungarn) oder die Bedrohung durch die Sowjetunion (Rumänien) erleichtert worden war, griff im Falle Jugoslawiens weder das eine noch das andere Argument; hier mußte ein solcher Schritt einer die (serbische) Geschichte der letzten 40 Jahre verdrängenden Kehrtwendung gleichkommen, die nur durch nackte Berechnung zu rechtfertigen gewesen wäre – daß ein entsprechender Versuch des Kriegsministers Milan Nedić vom 1. November 1940[2] mit seiner Entlassung endete, mag das Problem veranschaulichen, mit dem Hitler sich hier konfrontiert sah.

Es bedurfte erheblichen diplomatischen Drucks und kaum verschleierter Kriegsdrohungen, bevor Prinzregent Paul schließlich seine Einwilligung zur Unterzeichnung der Beitrittserklärung Jugoslawiens zum Dreimächtepakt am 25. März 1941 gab. Obwohl die endgültige Fassung mit zusätzlichen Klauseln versehen worden war, die einer weitgehenden Aushöhlung des Vertragswerks gleichkamen (insbesondere der Verzicht auf ein Durchmarschrecht für deutsche Truppen bei der bevorstehenden Invasion Griechenlands und die Entbindung der jugoslawischen Regierung von der Pflicht, ihren Bündnispartnern in künftigen Konflikten beizustehen), stieß der Beitritt zum Pakt in Belgrad auf heftige Ablehnung; ein in den frühen Morgenstunden des 27. März vom Oberbefehlshaber der Luftwaffe Dusan Simović angeführter unblutiger Staatsstreich war die Folge. Der Thronnachfolger Peter wurde von den Putschisten für volljährig erklärt, Prinzregent Paul zum Exil in Griechenland gezwungen. Daß diese Handlung allerdings weniger eine Rebellion gegen die deutsche Balkanpolitik als eine Reaktion serbischer Eliten auf die pro-

---

2 Unter dem Eindruck der soeben begonnenen italienischen Invasion Griechenlands und deren voraussichtlichen Ausgang, die eine vollständige und endgültige Einkreisung Jugoslawiens zur Folge gehabt hätte, hatte Nedić dafür plädiert, dem Achsenbündnis beizutreten – falls nötig, auch um den Preis einiger umstrittener Grenzgebiete. Eine deutsche Übersetzung dieses Memorandums liegt BA/MA, RH 24-18/86 Der Bevollmächtigte Kommandierende General in Serbien an den Wehrmachtbefehlshaber Südost (15.11.1941) bei.

kroatische Politik des Prinzregenten darstellte, bei der dem Paktbeitritt vor allem die Rolle des Katalysators zugekommen war, wurde in Berlin nur ansatzweise wahrgenommen.

Statt dessen befahl Hitler noch am selben Tag, die Eroberung Jugoslawiens in die von langer Hand vorbereitete Invasion Griechenlands (Unternehmen »Marita«) zu integrieren[3]. Auch die Tatsache, daß die neue Regierung den am 25. März unterzeichneten Vertrag ausdrücklich anerkannte, hatte kein Umdenken zur Folge; Reichsaußenminister von Ribbentrop wies den deutschen Botschafter in Belgrad an, sich gegenüber dem jugoslawischen Außenminister verleugnen zu lassen.

Eine auch nur vorübergehend erfolgreiche Verteidigung des Landes wurde durch diverse Faktoren erschwert. Neben dem Fehlen mechanisierter Einheiten und einer ausreichenden Luftabwehr sollte sich vor allem der politisch motivierte Versuch, den Feind an den Grenzen zurückzuschlagen, anstatt einen Rückzug auf einen leichter zu verteidigenden Kernbereich wie Serbien und Bosnien-Herzegowina zuzulassen, als fatal erweisen. Die Koordinierung der Abwehrmaßnahmen wurde gleich in den ersten Stunden des deutschen Überfalls am 6. April durch einen verheerenden Luftangriff auf Belgrad, dem Königspalast, Regierungssitz sowie die meisten Ministerien zum Opfer fielen, noch zusätzlich erschwert. Dem Versuch, durch die Beteiligung Vladko Mačeks am neuen Kabinett der neuen Regierung auch über die serbischen Volkstumsgrenzen hinaus Legitimität zu verleihen, blieb der Erfolg versagt: Slowenische und vor allem kroatische Einheiten verweigerten in den folgenden Tagen reihenweise den Gehorsam oder legten die Waffen nach kurzem Schußwechsel nieder. Die Beteiligung ungarischer und italienischer Kräfte (ab dem 11. April) sollte sich im nachhinein als völlig überflüssig erweisen. Zagreb wurde am 11., Belgrad am 12. April besetzt, und nach der Flucht von König und Regierung nach Ägypten unterzeichnete am 17. April der vom Premierminister mit der formellen Beendigung der Feindseligkeiten betraute General Danilo Kalafatovic in Sarajevo die Urkunde zur bedingungslosen Kapitulation der jugoslawischen Streitkräfte[4].

Der Untergang des jugoslawischen Staates stellte sowohl in militärischer wie politischer Hinsicht ein präzedenzloses Debakel dar. Militärisch, weil die Dauer des

---

3 Zur Planung und Durchführung des Balkanfeldzugs vom April 1941 siehe die Darstellung bei Gerhard Schreiber u.a., *Der Mittelmeerraum und Südosteuropa. Von der »non belligeranza« Italiens bis zum Kriegseintritt der Vereinigten Staaten* [= Das Deutsche Reich und der Zweite Weltkrieg, Bd. 4], (Stuttgart 1984), S. 442–484.

4 Die Tatsache, daß Kalafatovic sich zu diesem Zeitpunkt bereits in Gefangenschaft befand und überdies lediglich zum Aushandeln eines Waffenstillstandes bevollmächtigt worden war, macht die Kapitulationsurkunde vom 17. April formal zwar zu einem anfechtbaren Dokument; faktisch blieben Versuche der Exilregierung, durch eine Anfechtung der bedingungslosen Waffenstreckung den Freischärlern des Draža Mihailović den Status einer regulären Truppe zu verschaffen, ohne Resultat. Zu dieser Kontroverse vgl. Tomasevich, *The Chetniks*, S. 70–73.

Feldzuges (11 Tage) sowie die deutscherseits erlittenen Verluste (151 Gefallene) in einem geradezu grotesken Gegensatz zum heldenhaften Abwehrkampf standen, den das serbische Königreich 1914/15 gegen eine vielfache deutsch-österreichisch-bulgarische Übermacht ausgetragen hatte. Politisch, weil der Konflikt überhaupt erst durch einen politischen Umsturz heraufbeschworen worden war, der ohne Frage als Versuch zu werten war, föderalen Experimenten eine Absage zu erteilen und den Staat wieder in seiner ursprünglichen Form zu etablieren. Die Art und Weise, in der der offenkundige Unwillen der herrschenden Eliten, einen innenpolitischen Konsens herzustellen, noch von ihrer Unfähigkeit auf dem Schlachtfeld übertroffen worden war, mußte nicht nur aus Sicht der Feindmächte die Frage nach der weiteren Lebensfähigkeit des jugoslawischen Staatsgebildes aufwerfen – eine Frage, die durch die im Exil auftretenden heftigen Differenzen zwischen kroatischen und serbischen Mitgliedern der geflohenen Regierung noch akzentuiert werden sollte. In dieser Lage sollte sich ausgerechnet die politische Partei, die den untergegangenen Staat seit über 20 Jahren kompromißlos bekämpft hatte, als Gralshüterin der jugoslawischen Einheit erweisen. Die 1919 gegründete Kommunistische Partei Jugoslawiens (KPJ)[5] war bereits im August 1921 verboten worden und drohte in der Folgezeit durch politische Flügelkämpfe, rapiden Mitgliederschwund und beharrliche Polizeiverfolgung der völligen Bedeutungslosigkeit anheimzufallen. Diese Entwicklung nahm bis Mitte der dreißiger Jahre so besorgniserregende Ausmaße an, daß die Moskauer Komintern vorübergehend sogar die Auflösung in Erwägung zog. Besonders problematisch und die eigene Isolierung fördernd war die Parteilinie zum jugoslawischen Staat, die von 1926 bis 1935 die Zerstückelung der »Versailler Geburt« zum Ziel hatte und dafür sogar Zweckbündnisse mit der 1929 gegründeten kroatischen radikalfaschistischen Ustascha-Partei in Kauf nahm. Erst nach dem Übergang Moskaus zur Volksfrontpolitik (1935) entwickelte die KPJ eine völlig neue Rolle als Bewahrerin des jugoslawischen Staatsgedankens auf der Grundlage der Gleichberechtigung aller Nationalitäten. In der Person des 46jährigen Kroaten Josip Broz (Deckname »Tito«) erhielt die KPJ zudem im Januar 1939 einen neuen stalintreuen Generalsekretär, dem es bis Kriegsbeginn gelingen sollte, mit einer Disziplinierung der Mitglieder und Straffung des Führungsapparates die Partei auf die Chancen und Gefahren vorzubereiten, die die Ereignisse vom April 1941 mit sich bringen sollten.

---

5 Zur Frühgeschichte der KPJ siehe Mark Wheeler, Pariahs to partisans to power: the Communist Party of Yugoslavia; in: Tony Judt (Hrsg.), *Resistance and revolution in Mediterranean Europe 1929–1948* (London u. New York 1989), S. 112–123.

2.2. Besatzungszonen und Militärgeographie

Die von Adolf Hitler am 27. März 1941 geäußerte Absicht, den jugoslawischen Staat zu »zerschlagen«[6], wurde nach der Kapitulation seiner Streitkräfte (17. April) in einer Weise vollzogen, die noch am ehesten mit der schrittweisen Auflösung der ebenfalls multiethnischen Tschechoslowakei 1938/39 verglichen werden kann: Im wesentlichen ging es darum, die irredentischen Ansprüche der mit dem Deutschen Reich verbündeten bzw. ihm verpflichteten Nachbarstaaten zu erfüllen, während für die beiden zahlenmäßig stärksten Volksgruppen neue Staatsgebilde erschaffen wurden. In beiden Fällen erhielt die Volksgruppe, die aus historischer Sicht als das eigentliche »Staatsvolk« anzusehen war (Tschechen bzw. Serben), einen deutlich schlechteren Status als das Brudervolk, das dem aufgelösten Staatswesen zumindest in Teilen ablehnend gegenüber gestanden hatte (Slowaken bzw. Kroaten) und den eingetretenen Wandel daher durchaus zu begrüßen geneigt war. Diese Haltung rechtfertigte aus deutscher Sicht die Gewährung der staatlichen Souveränität und die Aufnahme in die Dreierpaktallianz. Daß diese Souveränität keineswegs uneingeschränkt war, ändert nichts an der Tatsache, daß sie dem Zustand fast völliger Rechtlosigkeit, dem Tschechen und Serben in ihrem »Protektorat« bzw. Reststaat ausgesetzt waren, allemal vorzuziehen war[7]. Die wichtigsten Etappen der Demontage des jugoslawischen Staates, die noch in den April fielen, waren die Ausrufung des Unabhängigen Staates Kroatien (Nezavisna Drzava Hrvatska, kurz NDH) in Zagreb (10. April) durch Anhänger der radikalfaschistischen Ustaschapartei, der Beginn der deutschen Militärverwaltung in Serbien (19. April) und die provisorische Festlegung der deutsch-italienischen Demarkationslinie in Kroatien (23. April)[8]. Letztere war zweifellos die offensichtlichste Einschränkung der Rolle Italiens als Schutz- und Hegemonialmacht des jungen Staates, die von deutschen Diplomaten ansonsten bei jeder Gelegenheit fast schon gebetsmühlenartig betont und propagiert werden sollte[9].

---

6 *Akten zur deutschen auswärtigen Politik* (ADAP), Serie D, Bd. XII.1 (Göttingen 1969), S. 307–309 Besprechung über Lage Jugoslawien (27.3.1941).

7 Sehr aufschlußreich in dieser Hinsicht ein Tagebucheintrag des Botschafters a. D. Ulrich von Hassel zu diesem Thema: *»Unter der Überschrift: ›Aufbau Europas nach neuen Grundsätzen wahrer Ordnung und Gerechtigkeit‹ wird zunächst einmal im Südosten ein wahres Chaos angestrebt. Erster Grundsatz: Die Italiener müssen, um sie bei der Stange zu halten, alles bekommen was sie wollen, auch wenn es noch so unsinnig ist. (Es schadet gar nichts, wenn sie sich dann später mit den Slawen tüchtig in die Haare geraten.) Zweiter Grundsatz: Die Serben müssen kurz und klein geschlagen werden.«* Vgl. Friedrich Freiherr Hiller von Gaertringen (Hrsg.), *Die Hassel-Tagebücher 1938–1944* (Berlin 1988), S. 250 (Eintrag vom 5.5.1941).

8 Klaus Olshausen, *Zwischenspiel auf dem Balkan. Die deutsche Politik gegenüber Jugoslawien und Griechenland von März bis Juli 1941* (Stuttgart 1973), S. 131–136, 153–160.

9 Ein schon vor Abschluß des Feldzuges festzustellender Trend. Vgl. hierzu ADAP, Serie D, Bd. XII.2, S. 282 von Ribbentrop an das Generalkonsulat in Agram (12.4.1941).

Weit weniger augenscheinlich waren die Bedeutung, die die Position des deutschen Militärbeauftragten in Zagreb (»Der Deutsche General in Agram«) erlangen sollte sowie das deutsche Bestreben, möglichst viele der Rohstoffvorkommen des untergegangenen Staates entweder direkt oder über Sondervereinbarungen in die Hand zu bekommen. Bemerkenswert und für die Zukunft höchst bedeutsam war in diesem Zusammenhang die innerhalb des Auswärtigen Amts bereits am 18. April 1941 erzielte Übereinkunft, daß es allemal vorzuziehen sei, wenn derartige Objekte in den Besitz eines der kleinen Verbündeten kämen, als in den Italiens[10]. Neben solchen wirtschaftlichen Interessen wurde die Ziehung der neuen Grenzen und Einflußbereiche auf dem Balkan auf deutscher Seite in erster Linie von dem Bestreben bestimmt, die annexionistischen Forderungen der Verbündeten zufriedenzustellen und die eigene Truppenpräsenz nach Möglichkeit auf ein Minimum zu beschränken[11]. Der Befehlsbereich des mit Weisung vom 9. Juni zum Wehrmachtbefehlshaber Südost ernannten Oberbefehlshabers der 12. Armee (Generalfeldmarschall Wilhelm List) beschränkte sich daher neben dem serbischen Reststaat zunächst auf die Festlandsenklaven Saloniki und Athen sowie mehrere Ägäisinseln, von denen allerdings nur Kreta aufgrund seiner geographischen Lage die Bedeutung zukam (»Festung Kreta«), die die Stationierung der einzigen vollzähligen deutschen Frontdivision in diesem Raum rechtfertigte[12].

Im jugoslawischen Raum war es vor allem Hitlers überstürzter Versuch, ganz Kroatien den Ungarn zu überlassen, der das Bestreben exemplifizierte, am Vorabend des Rußlandfeldzugs unnötige Besatzungsaufgaben zu vermeiden. Obwohl diese Idee an der Zurückhaltung scheiterte, mit der sie in Budapest aufgenommen wurde[13], war die denkbar großzügigste Auslegung früherer Volkstumsgrenzen zugunsten alter und neuer Expansionsbestrebungen bei der Aufteilung der jugoslawischen Konkursmasse die Regel. Der Gedanke, den Untergang des jugoslawischen Staates vielleicht dazu zu nutzen, um die künftigen Grenzen unter dem Gesichtspunkt möglichst hoher ethnischer Homogenität und langfristiger Stabilität in dieser Region zu ziehen, trat dabei völlig in den Hintergrund. So ging die deutsche Annexion des nördlichen Sloweniens deutlich über das hinaus, was zur »Heimholung« der deutschen Minderheit in den grenznahen Gebieten notwendig gewesen wäre[14].

Eine noch größere Diskrepanz zwischen historischem Anspruch und ethnischer Realität lag im Falle Italiens vor. Im Norden war der Anschluß des südlichen

---

10 Olshausen, *Zwischenspiel*, S. 160.
11 Ebd., S. 143.
12 Der Führer und Oberste Befehlshaber der Wehrmacht, OKW/WFSt/Abt. L, Weisung Nr. 31 in: Walther Hubatsch, *Hitlers Weisungen für die Kriegführung 1939–1945* (Koblenz 1983), S. 122–125.
13 ADAP, Serie D, Bd. XII.1, S. 304–306 Besprechung des Führers mit dem ungarischen Gesandten Sztojay in Anwesenheit des Reichsaußenministers am 27.III.1941 von 13.10 bis 13.25 Uhr (28.3.1941).
14 Olshausen, *Zwischenspiel*, S. 155–159.

Sloweniens samt Laibach in Anbetracht der zahlenmäßigen Stärke der italienischen Volksgruppe dort (458 von knapp 340.000 Einwohnern) nur durch nackten Expansionismus zu rechtfertigen. Nicht ganz so extrem, aber ähnlich stellte sich die Lage in Dalmatien dar: Ungeachtet der Tatsache, daß die dort außerhalb der italienischen Enklave Zara[15] lebende italienische Volksgruppe kaum 10.000 Köpfe (von insgesamt 380.000 Einwohnern)[16] zählte, setzte Rom die Annexion der gesamten dalmatinischen Platte von Zara bis Split, des größten Teils der dalmatinischen Inselwelt sowie der montenegrinischen Bucht von Kotor an das italienische Mutterland durch. Ferner erhielt ein um den südserbischen Sandžak vergrößertes Montenegro einen protektoratsähnlichen Status; das mit Italien in Personalunion stehende Albanien wurde um Teile Westmazedoniens und des serbischen Kosovo vergrößert. Eine wenn schon nicht ethnische, dann doch historische Begründung für diese Serie von Annexionen konnte es höchstens im Falle der dalmatinischen Gebiete geben, die teilweise bis 1797 im Besitz Venedigs gewesen waren, wenngleich diese Besetzung auch nicht mit einer dauerhaften Kolonisation durch italienische Siedler einhergegangen war. Die durch Bulgarien und Ungarn vorgebrachten Forderungen konnten schon eher einen genuin irredentistischen Anspruch geltend machen: gab es doch sowohl in Zentralmazedonien als auch in der Backa, der Baranja und im Murgebiet zahlenmäßig nicht unerhebliche Minderheiten der jeweiligen Volksgruppe, die durch militärische Niederlagen (1913 bzw. 1918) unter Fremdherrschaft geraten waren. Eine Ausnahme bildete lediglich das an die Backa angrenzende nordserbische Banat: Von Hitler den Ungarn zwar schon verbindlich (mündlich) zugesagt, mußte der ungarische Einmarsch aufgrund einer rumänischen Demarche kurzfristig abgesagt werden[17]. In der Folgezeit gestaltete sich der verwaltungsrechtliche Status dieser Provinz als »provisorium perpetuum«: Die Zusage an Budapest blieb ebenso in Kraft wie der rumänische Einspruch, so daß die deutsche Verwaltung ihre Tätigkeit erst mal weiter ausüben mußte. In dieser ungeklärten Lage sollte das Banat bis zum Einmarsch der Roten Armee verbleiben[18].

Wenngleich jede dieser Gebietsaufteilungen in mehr oder weniger großem Maße zur Beunruhigung der Völker Jugoslawiens und zum Ausbruch von Bürgerkrieg und Volkstumskämpfen beitragen sollte, hat keines dieser Ereignisse mittel- bis langfri-

---

15 Diese 52 Quadratkilometer große Enklave war nach der Auflösung der Doppelmonarchie in den Besitz Italiens übergegangen; vgl. Odonne Talpo, *Dalmazia. Una cronaca per la storia, 1941* (Rom 1985), S. 3 f.

16 Angaben zur Bevölkerung Sloweniens und Dalmatiens bei Davide Rodogno, *Le politiche d'occupazione dell'Italia fascista nei territori dell'Europa mediterranea conquistati durante la Seconda Guerra Mondiale* (Phil. Diss., Universite de Geneve 2001), S. 79–86.

17 ADAP, Serie D, Bd. XII.2, S. 437 f. Aufzeichnung des Staatssekretärs von Weizsäcker (12.4.1941); vgl. auch Hermann Neubacher, *Sonderauftrag Südost 1940–1945. Bericht eines fliegenden Diplomaten* (Wien u.a. 1957), S. 126.

18 Olshausen, *Zwischenspiel*, S. 209–214.

stig so destabilisierende Folgen gezeitigt wie die Gründung des NDH-Staates am 10. April 1941. Die Ausgangsvoraussetzungen waren insofern schon denkbar schlecht, als die Führung der einzig mehrheitsfähigen politischen Gruppierung, der kroatischen Bauernpartei, in den Tagen vor Kriegsausbruch ein deutsches Kollaborationsangebot zurückgewiesen und somit die Bildung einer konsensstiftenden Regierung zumindest erschwert hatte[19]. Dies wäre jedoch um so notwendiger gewesen, als durch die Vereinigung Bosnien-Herzegowinas mit Kroatien ein Staatsgebilde entstand, das einen denkbar hohen Grad an politischer und ethnischer Vielfalt aufwies[20]. Die zahlenmäßig nie besonders starke Ustascha-Partei des Dr. Ante Pavelić war aber in 12 Jahren im italienischen Exil endgültig zu einer extremistischen Minderheitspartei geworden, die sich durch die Fürsprache Mussolinis nun buchstäblich über Nacht an die Staatsführung katapultiert sah. Eine an sich naheliegende Wiederaufnahme der Verhandlungen mit der Bauernpartei nach Ende der Kampfhandlungen scheint deutscherseits nicht mehr erwogen worden zu sein. Die Einsetzung des von italienischer Seite ins Spiel gebrachten Kandidaten Pavelić wurde statt dessen hingenommen und durch die Arbeit des seit Ende März in Zagreb weilenden Sonderbeauftragten Edmund Veesenmayer sogar unterstützt[21].

Unabhängig von der Tatsache, daß der Ustascha-Partei mit Ausnahme der westlichen Herzegowina jegliche Hausmacht fehlte, sollten zwei weitere Faktoren zu einem Entfremdungsprozeß zwischen Volk und Regime führen und für einen wachsenden Zulauf zu den Widerstandsbewegungen sorgen.

So trat Pavelićs Abhängigkeit von seinem Schutzpatron Mussolini in aller Deutlichkeit mit denen am 18. Mai unterzeichneten Römischen Verträgen zutage, durch die Kroatiens Satellitenstatus gegenüber Italien auf Dauer festgeschrieben werden sollte. Weit schwerer als die Ernennung eines Neffen des italienischen Königs zum kroatischen Monarchen[22] wog dabei, daß der neue Staat ausgedehnte Teile Dalmatiens, die fast ausschließlich kroatisch besiedelt waren, dem italienischen

---

19 ADAP, Serie D, Bd. XII.1, S. 370 f. Generalkonsul in Agram an Auswärtiges Amt (4.4.1941).
20 Der Entschluß zur Bildung eines »Großkroatiens« unter Einschluß Syrmiens und Bosnien-Herzegowinas wurde am 21. April in einer Besprechung zwischen den Außenministern Deutschlands und Italiens getroffen; vgl. Olshausen, *Zwischenspiel*, S. 171 f.
21 ADAP, Serie D, Bd. XII.2, S. 429 f. Veesenmayer an Auswärtiges Amt (11.4.1941).
22 Der designierte Monarch zog es allerdings vor, seinen Thron nie zu besteigen. Ob Abscheu über die Natur des Pavelić-Regimes oder Einsicht in die durch die Römischen Verträge geförderte Italophobie der meisten Kroaten den Ausschlag gab, dürfte nicht mehr feststellbar sein. Vgl. hierzu auch Elke Fröhlich (Hrsg.), *Die Tagebücher von Joseph Goebbels*, Bd. 7 (München u.a. 1993), S. 64 f. (Eintrag vom 7.1.1943): »*Der Herzog von Spoleto, der für die kroatische Krone designiert ist, dürfte sich im Lande überhaupt nicht sehen lassen; er würde in 24 Stunden eine Leiche sein.*« Ausführlicher zu dieser Problematik Stefan Pawlowitsch, The king who never was: an instance of Italian involvement in Croatia, 1941–1943; in: European Studies Review, Vol. 8, Nr. 4 (October 1978), S. 465–487.

Zugriff preisgeben mußte. Die Einrichtung einer angrenzenden »demilitarisierten Zone« (Zone II), in der der kroatische Staat keinerlei militärische Installationen unterhalten durfte, war ein weiterer Hinweis auf das Abhängigkeitsverhältnis, in dem Mussolini den NDH-Staat zu halten gedachte[23]. Noch weitaus verhängnisvoller als diese sichtbare Kompromittierung sollten sich jedoch die Bemühungen der Ustascha auswirken, sich der jüdischen und serbischen Bürger Kroatiens durch Massenmord oder Vertreibung zu entledigen. Insbesondere die Serben waren aufgrund ihrer Zahl (ca. 1,95 Mio.) und ihrer geschlossenen Siedlungsgebiete in der Lage, dieser Politik bewaffneten Widerstand entgegenzusetzen, der ganz besonders nachdem er von der KPJ militärisch organisiert worden war, für das Pavelić-Regime bald existenzbedrohende Formen annahm.

Im Gegensatz zu Kroatien bildete das Serbien der deutschen Militärverwaltung nach dem Verlust Syrmiens (an Kroatien), des Sandžak und des Kosovo ein ethnisch homogenes Siedlungsgebiet; lediglich im Banat gab es noch starke deutsche und ungarische Minderheiten, deren Präsenz jedoch im Hinblick auf mögliche Unruhen durchaus als Plus gesehen werden konnte. Daß die Grenze zu Kroatien im wesentlichen dem Flußlauf von Save und Drina folgte, sollte, ohne daß dies einem absoluten Hindernis gleichzusetzen gewesen wäre, die spätere Abschirmung von den bosnischen Unruhegebieten spürbar erleichtern. Zur Verwaltung des in vier Feldkommandanturen (Nr. 599 in Belgrad, Nr. 610 in Pancevo, Nr. 809 in Niš, Nr. 816 in Šabac) aufgeteilten Landes hatte die deutsche Besatzungsmacht eine kommissarische Regierung unter dem ehemaligen Ministerpräsidenten Milan Acimović gewinnen können[24]; als Okkupationstruppen blieben neben vier Landesschützenbataillonen drei noch in der Ausbildung stehende Divisionen (704., 714. und 717. ID) zurück, die dem Höheren Kommando LXV. (General der Artillerie Paul Bader) unterstanden. Die eigentliche Ausübung der Aufgaben einer Besatzungsmacht war hingegen dem Befehlshaber Serbien (General der Flieger Heinrich Danckelmann) und seinem Verwaltungsstab (Staatsrat und SS-Gruppenführer Harald Turner) übertragen worden. In Fragen, die die Außenpolitik berührten, arbeitete dem Befehlshaber in einer beratenden Funktion außerdem ein »Bevollmächtigter des Auswärtigen Amtes beim Stab des Befehlshabers Serbien« (Gesandter Siegfried Benzler) zu. Die Ausbeutung der Ressourcen des besetzten Serbien war schließlich die Aufgabe des Generalbevollmächtigten für den Vierjahresplan (NSKK-Gruppenführer Franz Neuhausen). Die offensichtlichste Schwachstelle dieser Befehlsstruktur

---

23 Ein weitsichtiger Vorschlag seitens des Generaldirektors des Wirtschaftsförderungsinstituts IRI, das bilaterale Verhältnis nicht durch – im Grunde genommen wertlose – Annexionen zu belasten und Kroatien statt dessen über eine Zoll- und Währungsunion an Italien zu binden, blieb unberücksichtigt: DDI, Nona serie, Vol. VII, S. 123–125 Il direttore generale dell'IRI, Menichella, al capo del governo, Mussolini (17.5.1941). Vgl. auch Olshausen, *Zwischenspiel*, S. 187–190.
24 Ebd., S. 140 f.

lag in der Tatsache, daß der größte Teil der Besatzungstruppen nicht vom Territorialbefehlshaber, sondern einem ihm nur auf dem Papier unterstellten Heeresoffizier
befehligt wurden; eine eingespielte Reaktion auf unvorhergesehene Ereignisse war
also keineswegs garantiert.

Als größter Unruhefaktor im altserbischen Raum sollten sich die Ströme mittelloser
Flüchtlinge erweisen, die sich binnen weniger Monate aus den neuen bulgarischen,
ungarischen und ganz besonders kroatischen Territorien in das Land ergossen. Die
Vertreibung der serbischen Volksgruppe aus diesen Gebieten war von deutscher
Seite nicht nur geduldet, sondern ursprünglich sogar mitinitiiert worden, um so die
slowenische Bevölkerung aus den beiden vergrößerten Gauen Krain und Unter-
steiermark nach Kroatien und Serbien zu deportieren[25]. Die vereinbarten Kontin-
gente wurden durch unkontrollierte Vertreibungen besonders in Kroatien jedoch
schon bald um ein Vielfaches übertroffen und wurden für den neuen serbischen Staat
– sowohl in politischer wie wirtschaftlicher Hinsicht – bald zu einer unerträglichen
Belastung[26]. In Anbetracht dieser Entwicklung beschwor der Befehlshaber Serbien
den Wehrmachtbefehlshaber Südost bereits am 9. August, das Banat solange wie
möglich unter seiner vorläufigen deutschen Verwaltung zu belassen, da bei einer
Besetzung durch die Ungarn eine weitere Flüchtlingswelle, *»die nicht zu verkraften
wäre«*, die unausweichliche Folge sein würde[27].

Trotz dieser Vorboten späteren Unheils konnte die deutsche Führung Anfang Juni
mit der auf dem Gebiet des ehemaligen Jugoslawien vorgenommenen Gebiets- und
Einflußverteilung zufrieden sein. Obwohl die Aufteilung in einigen Fällen gleich für
neuen Streit gesorgt hatte und die Festlegung des endgültigen Grenzverlaufs sich
z.T. noch bis weit in das Jahr 1942 ziehen sollten[28], waren die wichtigsten deutschen
Ziele gesichert: neben der Bahnverbindung Agram–Belgrad–Niš vor allem die
Kupfermine von Bor (Serbien) und die Blei- und Zinkgruben von Trepca
(Mazedonien). Die wichtigen Chromvorkommen bei Jeserina waren zwar Teil des
bulgarischen Gebietes geworden, ihre Nutzung durch die deutsche Wirtschaft aber
vertraglich sichergestellt[29]. Lediglich die Ausbeutung der tief im italienischen
Interessensgebiet liegenden Bauxitvorkommen um Mostar sollte sich mittelfristig zu

---

25 Ebd., S. 222–230.
26 So waren bis Ende September über 118.000 Flüchtlinge und Deportierte aus den Gebieten westlich
    der Drina in Serbien angekommen; vgl. ebd., S. 226.
27 BA/MA, RH 24-65/2 Befehlshaber Serbien an den Wehrmachtbefehlshaber Südost (9.8.1941). In
    der benachbarten Backa hatte gleich nach der Besetzung eine verschärfte Magyarisierungspolitik
    eingesetzt, die auch vor den Volksdeutschen nicht haltmachte; vgl. TB Goebbels, Teil I, Bd. 9, S.
    272 (Eintrag vom 26.4.1941): *»Die Ungarn benehmen sich saumäßig. Unsere Volksdeutschen haben
    gewünscht, lieber bei den Serben zu bleiben, als zu den Ungarn zu kommen.«*
28 So z. B. im Falle der endgültigen Festlegung der deutsch-italienischen Demarkationslinie im ser-
    bisch-montenegrinisch-albanischen Raum, die erst am 13.11.1942 in Rom erfolgte; vgl. hierzu
    BA/MA, RW 40/35 Anlage 38 (15.11.1942).
29 Olshausen, *Zwischenspiel*, S. 193–203.

einem regelrechten Problemfall entwickeln. Der Verlauf der Demarkationslinie sollte sich für Deutschland auch noch aus anderen Gründen als vorteilhaft erweisen: zum einen, weil die Hauptstadt Agram so in die deutsche Einflußzone fiel, und zum anderen, weil die nördlich der Linie gelegenen Provinzen, insbesondere Slawonien und Syrmien, den gesamten landwirtschaftlichen Überschuß des Landes produzierten. Die Konflikte, die sich aus diesen und anderen Fragen mit dem italienischen Bundesgenossen ergeben sollten, lagen im Frühjahr und Sommer 1941 aber noch in weiter Ferne: Vorerst ging das Italien in allen kroatischen Fragen eingeräumte »Prae« so weit, daß noch im selben Jahr die ersten Klagen von kroatischer Seite über eine Vernachlässigung durch Berlin laut wurden[30].

2.3. Adolf Hitlers Verhältnis zu den Satellitenstaaten und Bundesgenossen des Südostraums und die Folgen für die Aufstandsbekämpfung in Jugoslawien

Das Bild, das Hitler sich von Nationen wie Ungarn, Kroatien oder Rumänien machte, hat in der Forschung verhältnismäßig wenig Beachtung gefunden. In Anbetracht ihrer Bedeutung für den Kriegsverlauf verwundert es nicht weiter, daß es vor allem seine Werturteile über Briten, Russen und US-Amerikaner sind, die das Interesse der Historiker auf sich gezogen haben. Da eine eingehende Untersuchung dieses Problemfeldes den Rahmen dieses Kapitels sprengen würde, soll an dieser Stelle lediglich versucht werden, die wesentlichsten Punkte anzusprechen.

Hitlers fehlende Weltläufigkeit sowie sein sozialdarwinistisches Weltbild hatten zur Folge, daß er sich bei der Beurteilung fremder Völker neben althergebrachten Vorurteilen vor allem auf flüchtige Eindrücke (Besucher, Presselektüre) verließ, die mit diesen in Einklang zu stehen schienen. Die so entstandenen Klischeebilder vom »heimtückischen Serben« oder »tapferen Spanier« waren freilich immer noch gewissen Einflüssen unterworfen; neben spektakulären Siegen bzw. Niederlagen der bewußten Nationen (sofern es sich um Kriegsteilnehmer handelte) konnte vor allem der persönliche Eindruck, den auf Besuch weilende Staatsmänner beim deutschen Diktator hinterließen, als gelegentliches Korrektiv wirken. Dies hatte beispielsweise zur Folge, daß seine Achtung vor den militärischen Attributen des spanischen Volkes gegen seinen Unmut über das Verhalten des Caudillo Francisco Franco stand; im Falle Frankreichs stand die kurz angebundene Art, mit der er Ministerpräsident Laval begegnete, in deutlichem Kontrast zum Respekt, den er dem Staatsoberhaupt

---

30 BA/MA, RH 20-12/454 Der Deutsche General in Agram an den Wehrmachtbefehlshaber Südost (6.9.1941); PA/AA, StS Kroatien Bd. 2, 682 Kasche an Auswärtiges Amt (16.10.1941).

Marschall Petain erwies. Die geringe Meinung, die er generell von romanischen Völkern hatte, wurde im italienischen und rumänischen Fall von den freundschaftlichen Gefühlen, die er für Mussolini empfand, bzw. der Hochachtung, mit der er Antonescu begegnete, mehr als aufgewogen[31].

Daß solche personengebundenen Antipathien bzw. Sympathien zu irgendeinem Zeitpunkt einen spürbaren und nachweislichen Einfluß auf die Bündnispolitik des Deutschen Reiches ausgeübt hätten, war freilich selbst im Staat Adolf Hitlers eher die Ausnahme als die Regel; bestimmendes Element der deutschen Außenpolitik jener Jahre war vielmehr ein deutliches Desinteresse an den Verfassungsfragen der kleineren Staaten Europas, verbunden mit einer klaren Absage an alle Versuche, den Nationalsozialismus über die Grenzen des deutschsprachigen Raums hinaus zu exportieren. Eine solche Politik gestattete den Machthabern des Deutschen Reiches bis 1941 ein bis hart an die Grenze völliger Prinzipienlosigkeit gehendes Maß an Flexibilität, das nicht zuletzt daher herrührte, daß nationale Konflikte weniger gelöst wurden als vielmehr unter dem Deckmantel einer »neuen Ordnung« erhalten blieben. Ein Element dauerhafter Instabilität hatte in diesem System daher einen festen Platz[32]. In den ersten Kriegsjahren kam die Kehrseite dieser nur scheinbar von jedem ideologischen Bezug losgelösten Europapolitik zum Vorschein: die starr ablehnende Haltung Hitlers, auf dem Schlachtfeld geschlagene Völker unter Ausnutzung einer vor allem vom Antikommunismus getragenen Kollaborationsbereitschaft stufenweise in die eigene Allianz aufzunehmen. Wenngleich die Völker Polens und der Sowjetunion von dieser Politik am stärksten betroffen waren, blieben auch die gegenüber Serben, Franzosen, Niederländern und Norwegern gemachten Konzessionen fast ausschließlich kosmetischer Natur.

Auf den folgenden Seiten soll nun untersucht werden, inwiefern sich die deutsche Außen- und Bündnispolitik jener Jahre auf die Aufstandsbekämpfung im jugoslawischen Raum auswirkte.

---

31 Am intensivsten hat sich bis jetzt Andreas Hillgruber mit diesem Problembereich befaßt, vgl. ders. (Hrsg.), *Staatsmänner und Diplomaten bei Hitler. Vertrauliche Aufzeichnungen über Unterredungen mit Vertretern des Auslandes 1939–1941* (Frankfurt a.M. 1967), S. 15–23 sowie ders. (Hrsg.), *Staatsmänner und Diplomaten bei Hitler. Vertrauliche Aufzeichnungen über Unterredungen mit Vertretern des Auslandes 1942–1944* (Frankfurt a.M. 1970), S. 11–27. Ansonsten finden sich vor allem in den Memoiren ehemaliger Vertrauter Hitlers verstreute Hinweise auf seine Gedanken zu befreundeten oder verfeindeten Nationen und deren Führern, so z.B. in Paul Schmidt, *Statist auf diplomatischer Bühne* (Frankfurt/a. M. 1961), S. 117, 211 oder Otto Dietrich, *Zwölf Jahre mit Hitler* (Köln 1962), S. 261 f.

32 Im Urteil Martin Broszats war »die sogenannte nationalsozialistische Neuordnung Südosteuropas (...) in Wirklichkeit Ausdruck einer nur auf Abruf gültigen Politik, einer von wechselnden Zweckmäßigkeitsüberlegungen bestimmten Dynamik, wobei Territorien abgetrennt und angegeliedert, Revisionen vollzogen oder vorenthalten wurden, ohne daß sich dahinter eine allgemeingültige Norm erkennen läßt«. Vgl. Martin Broszat, Deutschland–Ungarn–Rumänien. Entwicklung und Grundfaktoren nationalsozialistischer Hegemonial- und Bündnispolitik 1938–1941; in: Historische Zeitschrift, Bd. 206 (1968), S. 88.

Dreh- und Angelpunkt deutscher Bündnispolitik war bis zum 8. September 1943 das Verhältnis zum Italien Benito Mussolinis. Die übertriebene Rücksichtnahme auf den schwächeren Bundesgenossen und die sich daraus ergebenden Folgen für die Kriegführung sollten nirgendwo deutlicher zutage treten als im geteilten Jugoslawien. Die Ursprünge dieser ungleichen Partnerschaft reichen zurück bis weit in die dreißiger Jahre, als Italiens vorübergehende Isolation anläßlich der Abessinienkrise und die anschließende Waffenbrüderschaft im Spanischen Bürgerkrieg das Land immer enger an die Seite des nationalsozialistischen Deutschland führten; Antikomintern-, Achsen- und Stahlpakt waren die sichtbaren Etappen dieser Entwicklung, die schließlich in den Kriegseintritt am 10. Juni 1940 mündete. Der beinahe optimalen Symbiose, die faschistisches Gedankengut und »traditioneller« italienischer Expansionismus bei diesem letzten Schritt einzugehen vermochten, war angesichts eines in weite Ferne entrückten Friedenschlusses und der militärischen Debakel der Jahreswende 1940/41 freilich keine lange Lebensdauer beschieden[33]. In dieser Situation war es vor allem das persönliche Verhältnis der beiden Diktatoren, das es Mussolini ermöglichen sollte, die zunehmende Kluft zwischen politischem Anspruch und militärischer Wirklichkeit seines Regimes zu überbrücken und Italien davor bewahrte, auch nach außen hin als eine drittklassige Macht dazustehen. Entscheidend war hierbei vor allem die hohe Wertschätzung und Loyalität, die Hitler für seinen Bundesgenossen empfand, und die neben weltanschaulichen Gemeinsamkeiten vor allem auf die Rückendeckung zurückzuführen war, die ihm Mussolini 1938 bei der Durchführung des »Anschlusses« von Österreich gewährt hatte[34]. Hitlers Verstimmung über die zunehmende Belastung, die der deutschen Kriegführung durch italienische Niederlagen an allen Fronten entstand, äußerte sich wohl in zunehmenden Unmutsäußerungen, nicht aber in einer grundlegenden Änderung seines Verhältnisses zum italienischen Bundesgenossen.

Die Aufteilung der im Balkanfeldzug eroberten Staaten sollte erstmalig die Möglichkeit ergeben, den zahlenmäßig aufgeblähten Militärapparat des italienischen Heeres einer sinnvollen Verwendung zuzuführen: Die militärische Sicherung fast ganz Griechenlands und weiter Teile Jugoslawiens durch die 2., 9. und 11. italienische Armee stellte nicht nur eine erhebliche Entlastung der deutschen Wehrmacht dar, sondern kam auch italienischen Wünschen nach einem eigenen Einflußgebiet im Südostraum entgegen. Zudem gab dieser Kriegsschauplatz zu der Erwartung Anlaß, daß die Kolonialkriegserfahrung des italienischen Heeres in demselben Maße

---

33 Zur Annäherung der beiden Staaten zwischen 1935 und 1940 vgl. MacGregor Knox, *Mussolini unleashed 1939–1941. Politics and strategy in Fascist Italy's last war* (Cambridge u.a. 1982) S. 3–133.

34 Peter Broucek, *Ein General im Zwielicht. Die Erinnerungen Edmund Glaises von Horstenau*, Bd. 3 (Wien u.a. 1988), S. 262 (Eintrag vom September 1943): »*Für Mussolini hat er (Hitler, Anm. d. Verf.) nach wie vor eine ganz große Freundschaft.*«

zur Geltung kommen wie die Defizite des »Regio Esercito« auf dem Gebiet der mechanisierten Kriegführung in den Hintergrund treten würden. Auch als sich im Laufe des Jahres 1942 diese Hoffnung als immer trügerischer erweisen sollte, untersagte Hitler jede politische oder militärische Maßnahme, die von italienischer Seite als eine Beeinträchtigung der eigenen Vormachtstellung im ehemaligen Jugoslawien hätte interpretiert werden können. Erst zur Jahreswende 1942/43 wurde das Verhältnis zwischen den beiden Verbündeten durch Ereignisse belastet, die dazu führten, daß sich beim deutschen Diktator der Unmut über das italienische Versagen seit Kriegsbeginn immer häufiger seine Bahn brach[35] und dabei freilich in der Folgezeit immer mehr die Form einer Sündenbocksuche für selbstverschuldete Rückschläge annahm. Zu nennen sind in diesem Zusammenhang neben dem Zusammenbruch der 8. italienischen Armee (Generaloberst Gariboldi) im Donbogen (16.–24. Dezember 1942) vor allem die beharrliche Weigerung der Führung der 2. italienischen Armee in Kroatien im Zusammenhang mit dem geplanten Operationszyklus »Weiß«, die von ihr unterstützten nationalserbischen Aufständischen zu entwaffnen bzw. dem deutschen Zugriff preiszugeben.

Vor dem Hintergrund einer sich auf allen Kriegsschauplätzen krisenhaft zuspitzenden Gesamtlage begann in diesem Zeitraum bei Hitler der Unmut über das Versagen des Bundesgenossen allmählich sogar die Oberhand über seine persönliche Wertschätzung des »Duce« zu gewinnen. Die veränderte Kriegslage sollte es Mussolini paradoxerweise aber ermöglichen, aus seiner militärischen Schwäche politische Stärke zu schöpfen: Als der deutschen Führung immer deutlicher wurde, daß das Achsenbündnis nur noch von der Person des »Duce« getragen wurde und daß jede zusätzliche Belastung sehr wohl einen politischen Umsturz nach sich ziehen konnte, nahm die Bevorzugung des Achsenpartners ein Ausmaß an, das in keinem Verhältnis zum noch vorhandenen Militärpotential stand[36]. Erst der Fall von Tunis (13. Mai 1943) und die sich daraus ergebende direkte Bedrohung des italienischen Mutterlandes scheint auf deutscher Seite die Erkenntnis zutage gefördert haben, daß in naher Zukunft der Punkt erreicht sein könnte, an dem persönliche Loyalität nicht mehr ausreichen würde, um fehlende militärische Erfolge zu kompensieren[37].

Sehr viel einfacher und unkomplizierter gestaltete sich das Verhältnis zum Königreich Bulgarien, eine Tatsache, die nicht zuletzt darauf zurückzuführen war, daß die Kriegsbelastung des Landes eine denkbar geringe war. Die Gründe hierfür waren mannigfaltiger Natur: Zum einen schlossen Geschichte und Kultur des Landes eine

---

35 TB Goebbels, Bd. 7, S. 506 (Eintrag vom 9.3.1943).

36 Ebd., S. 511 (Eintrag vom 9.3.1943): *»Solange der Duce in Italien das Heft in der Hand hat, können wir über die Bündnistreue des Faschismus durchaus beruhigt sein.«*

37 Vgl. hierzu den Weisungsentwurf vom 19. Mai 1943 zur Besetzung des Balkans im Falle eines italienischen Kriegsaustritts in Hubatsch (Hrsg.), *Weisungen*, S. 217 f.

Beteiligung am Krieg gegen die Sowjetunion von vornherein aus, und die Kriegserklärungen, die am 12. Dezember 1941 an Großbritannien und die U.S.A. ergingen, sollten bis zur Jahreswende 1943/44 ohne praktische Konsequenzen bleiben. Zum anderen kam diese Haltung der deutschen Führung insofern entgegen, als hierdurch das Gros der bulgarischen Streitkräfte für die Abwehr einer angloamerikanischen Invasion bereitstand. Hierbei war es weniger die Möglichkeit einer amphibischen Landung an der nordägäischen Küste als die einer vom Territorium der anglophilen Türkei ausgehenden herkömmlichen Invasion, die insbesondere ab Ende 1942 als Hauptbedrohung angesehen wurde[38]; die britisch-türkischen Besprechungen von Adana (30. und 31. Januar 1943) trugen noch dazu bei, diese Befürchtungen zu untermauern[39]. Die umgehende Folge der Perzeption Bulgariens als offener Flanke der »Festung Europa« war der Besuch einer bulgarischen Einkaufsmission in Berlin zur Jahreswende 1942/43, der die umfassende Neuausstattung der bulgarischen Streitkräfte (vor allem des Heeres) mit z. T. modernstem deutschen Kriegsgerät (Programm »Barbara«) einleiten sollte[40]. Angestrebt war, die Bulgaren bis zum 1. Juli 1943 in die Lage zu versetzen, im Kampf mit einem neuzeitlich ausgerüsteten Gegner auch begrenzte Angriffe durchzuführen.

Da dieser Fall jedoch nicht eintrat, bestand der einzige greifbare militärische Beitrag zu der am 1. März 1941 mit Deutschland abgeschlossenen Dreierpaktallianz in der Sicherung griechischen und serbischen Territoriums gegen einheimische Aufständische. Neben dem jugoslawischen Mazedonien und dem griechischen Westthrakien, welche dem bulgarischen Staat direkt angeschlossen wurden, übernahm die bulgarische Armee eine Besatzungszone, die nach schrittweiser Ausdehnung ab Juli 1943 den größten Teil des serbischen Reststaates sowie Nordgriechenland bis zur Höhe von Saloniki umfaßte. Die zumeist reibungslose Zusammenarbeit, die in diesen Gebieten zwischen Bulgaren und Deutschen vorherrschte, stand in auffälligem Gegensatz zum allgegenwärtigen Mißtrauen, das die Beziehungen zwischen Deutschen und Italienern in Kroatien belastete[41].

Ähnlich unkompliziert war das Verhältnis der beiden Verbündeten auf Regierungsebene. Die von deutscher Seite beantragte zweifache Erweiterung der bulgarischen Besatzungszone in Serbien (5. Januar und 5. Juli 1943) ging so geräuschlos über die

---

38 Percy Ernst Schramm (Hrsg.), *Kriegstagebuch des Oberkommandos der Wehrmacht*, Bd. II.2 (Frankfurt a. M. 1963), S. 1104 (Eintrag vom 9.12.1942); *Akten zur deutschen auswärtigen Politik* (ADAP), Serie E, Bd. V, S. 31–34 Aufzeichnung des Botschafters z.b.V. Ritter (7.1.1943); Percy Ernst Schramm (Hrsg.), *Kriegstagebuch des Oberkommandos der Wehrmacht, Bd. III.1* (Frankfurt a. M. 1963), S. 33 (Eintrag vom 11.1.1943).

39 Zu den Besprechungen von Adana vgl. Robin Denniston, *Churchill's secret war. Diplomatic decrypts, the Foreign office and Turkey 1942–1944* (London u. New York 1997), S. 85–104.

40 Ljudmil Petrov, Bulgarien und seine Armee im Kriegsjahr 1943. Politik – Strategie – militärische Möglichkeiten; in: Roland G. Foerster (Hrsg.), *Gezeitenwechsel im Zweiten Weltkrieg? Die Schlachten von Charkov und Kursk in operativer Anlage, Verlauf und politischer Bedeutung* (Berlin 1996), S. 158.

Bühne, daß sie in den relevanten Aktenbeständen des Auswärtigen Amtes nur den geringsten Niederschlag gefunden hat[42]. Gleiches gilt für die auf deutschen Wunsch erfolgten Kriegserklärungen an die Westmächte. Hitler scheint Zar Boris III. denn um so mehr als einen zuverlässigen Alliierten geschätzt zu haben, als dieser auch nach der Krise von Stalingrad keine erkennbaren Anstalten machte, durch westalliierte Vermittlung aus der Front der Dreierpaktstaaten auszuscheren. Ob der deutsche Diktator diese »Entente Cordiale« bei seinem letzten Treffen mit Boris durch die Forderung nach einer bulgarischen Armee für die Ostfront aus dem Gleichgewicht brachte, ist nicht zuletzt für die Frage nach dem bis heute immer noch ungeklärten Tod des Zaren zehn Tage nach seiner Rückkehr nach Sofia (25. August 1943) von erheblicher Relevanz. Da Boris fließend Deutsch sprach, hatte die Unterredung mit Hitler in der Wolfsschanze unter vier Augen stattgefunden und war ebensowenig wie die sechs vorhergegangenen von einem Adjutanten oder Dolmetscher mitprotokolliert worden[43]. Die Vermutung, daß bei diesem Gespräch auch die Frage des Einsatzes bulgarischer Truppen an der Ostfront angeschnitten wurde, ist nur durch zwei Zeugenaussagen belegt[44], von denen zumindest eine aber auf Hörensagen beruht; auch erscheint es kaum nachvollziehbar, daß Hitler für die minimale militärische Verstärkung, die 6–8 bulgarische Divisionen für den russischen Kriegsschauplatz dargestellt hätten, die hiermit einhergehende Entblößung der Grenze zur Türkei in Kauf genommen hätte. Ebenso unwahrscheinlich ist daher, daß er wegen einer solchen Frage eine ernsthafte Verstimmung mit einem seiner zuverlässigsten Bundesgenossen riskiert oder gar – so die Quintessenz von Groueffs Darstellung – dessen Ermordung angeordnet hätte. In Anbetracht der für Deutschland schlechten Kriegslage und des unmittelbar bevorstehenden Seitenwechsels Italiens war es vielmehr so, daß der Tod des Zaren und die sich daraus ergebenden politischen Unge-

---

41 Sehr bezeichnend in diesem Zusammenhang die Einschätzung der Bundesgenossen, die der Kommandierende General Paul Bader bei einer Besprechung in Sarajevo am 6.5.1942 gab: »*Bulgaren meinen es ehrlich. Italiener sind äußerlich sehr freundlich, aber man wird ausspioniert und betrogen. Für mich unerträglich. Italiener drücken sich. Mit 12 Divisionen (im Raum südlich der Demarkationslinie; Anm. d. Verf.) halten sie keine Ordnung.*« Vgl. BA/MA, RW 40/26 Protokoll der Besprechung am 6.5.42, 9.00–11.15 Uhr in Sarajevo (10.5.1942). Während beim Stab des Wehrmachtbefehlshabers Südost in Saloniki ein reger Kontakt zwischen den deutschen Offizieren und den Mitgliedern des bulgarischen Verbindungsstabes herrschte, hat der ehemalige Adjutant Werner Kuntzes gegenüber dem Verfasser das Verhältnis zu den italienischen Verbindungsoffizieren als »kühl« bezeichnet; vgl. schriftliche Mitteilung Herrn Ulrich von Fumettis an den Verfasser (Ende Juli 1998).
42 PA/AA, StS Bulgarien, Bd. 4, 100 Beckerle an Auswärtiges Amt (28.12.1942); StS Bulgarien, Bd. 4, 103 Schnurre an Benzler (27.6.1943).
43 Paul Schmidt, *Statist*, S. 573.
44 Franz von Sonnleithner, *Diplomat im Führerhauptquartier*, S. 142; Stephane Groueff, *Crown of thorns* (London u.a. 1987), S. 355–365

wißheiten für die deutsche Führung zu keinem ungünstigeren Zeitpunkt hätten eintreten können[45].

Während der 13 Monate, in denen die deutsch-bulgarische Allianz noch fortbestand, traten gegenüber der Vorzeit keine nennenswerten Veränderungen mehr ein. Die Auflösungserscheinungen, die sich bereits im Frühjahr 1944 in den Reihen des Okkupationskorps in Serbien zeigten[46], sowie die verheerende moralische Wirkung, die die ersten amerikanischen Luftangriffe auf Sofia ausübten[47], können aber als Indiz dafür gesehen werden, daß das Bündnis Bulgariens mit dem Deutschen Reich sich langsam dem Ende seiner natürlichen Lebensdauer näherte. Eine kriegsmäßige Mobilisierung der Kraftreserven des Landes wäre jetzt höchstens noch durch einen vorherigen politischen Umsturz möglich gewesen. So vermochte die sowjetische Siegermacht durch die Wahrnehmung dieser Option im September 1944 noch recht beträchtliche Reserven für ihre Kriegführung zu gewinnen. Theoretisch hätte sich bei rechtzeitigem Handeln auch der deutschen Politik diese Möglichkeit geboten, zumal von den rechtsradikalen Gruppierungen des Landes, die eine solche Übernahme vermutlich unterstützt hätten, zwei eine profilierte Führerschaft sowie einen beträchtlichen Anhang aufwiesen[48].

Da deutscherseits eine solche Option – soweit nachvollziehbar – erstmalig am 22. August 1944 erwogen wurde[49], ist eine Debatte über mögliche verpaßte Chancen auf diesem Gebiet letztendlich müßig. Aus den bereits genannten Gründen zog Hitler es vor, Bulgarien so lange als »stille Reserve« im Südosten zu halten, bis es für einen politischen Wachwechsel in Sofia zu spät war.

Wenn der Gedanke, den Bundesgenossen zu einer umfassenderen Mobilisierung seines Militärpotentials anzuhalten, beim deutsch-bulgarischen Verhältnis nur flüchtig in Erscheinung trat, so wurde er bei der Waffenbrüderschaft zwischen Berlin und Budapest zwischen 1941 und 1944 geradezu zum alles beherrschenden Leitmotiv. Hitlers Argwohn war in dieser Hinsicht bereits 1938 geweckt worden, als sich die ungarische Regierung während der Sudetenkrise der ihr zugedachten Rolle entzog und sich vielmehr um eine friedliche Lösung des Konflikts bemühte. Die territorialen Gewinne, die Reichsverweser Nikolaus von Horthy dann für sein Land während der zwei Wiener Schiedssprüche auf Kosten Rumäniens und der Slowakei verbuchen

---

45 So die Quintessenz von Helmut Heiber, Der Tod des Zaren Boris, in: Vierteljahreshefte für Zeitgeschichte, Nr. 4/1961, S. 384–416.

46 ADAP, Serie E, Bd. VII, S. 490 f. Aufzeichnung des Sonderbevollmächtigten des Auswärtigen Amts für den Südosten Neubacher (12.3.1944).

47 ADAP, Serie E, Bd. VII, S. 349 f. Gesandtschaft in Sofia an das Auswärtige Amt (23.1.1944).

48 Hans Werner Neulen, An deutscher Seite (München 1985), S. 246–252.

49 NA, PG T 311, rl. 192, fr 802–812 Aktennotiz zum Vortrag des Oberbefehlshabers Südost, Herrn Generalfeldmarschall Frhr. von Weichs, beim Führer am 22.8.1944 (17.45–20.00 Uhr).

konnte, machten, allein um einer späteren Revision dieser Grenzverschiebungen vorzubeugen, eine engere Anlehnung an das Deutsche Reich und ab dem 27. Juni 1941 eine Beteiligung am Krieg gegen die Sowjetunion praktisch unvermeidbar[50]. Dieser Beitrag fiel freilich von vornherein deutlich bescheidener aus als der des De-jure-Verbündeten Rumänien und endete im Januar 1943 auch noch im größten Desaster der ungarischen Militärgeschichte, als die 2. Armee (Generaloberst von Jany) im Donbogen der fast vollständigen Vernichtung anheimfiel.

Der verheerende Eindruck, den dieses Debakel bei Hitler hinterließ[51], wurde im Laufe des Jahres noch durch die Politik bestätigt, mit der die Regierung unter Nicholas Kallay in Budapest den Kriegsgegnern ihr schrittweises Abrücken von der Allianz mit Deutschland zu signalisieren bemüht war. So waren nicht nur die in der Ukraine verbliebenen Sicherungsdivisionen peinlich darum bemüht, jeder Gefechts-berührung mit regulären sowjetischen Truppen aus dem Weg zu gehen, auch die von deutscher Seite gewünschte Übernahme einer Okkupationszone in Jugoslawien, die über die annektierten Gebiete hinausging, wurde nach langwierigen Verhandlungen gleich zweimal abgelehnt. Darüber hinaus wurden von Italien in den Wiener Raum einfliegende amerikanische Bomberverbände (15. Army Air Force) von der ungari-schen Fliegerabwehr nicht unter Feuer genommen und zur Ausbildung in Frankreich liegende ungarische Jagdverbände jede Beteiligung an Luftkämpfen mit Briten und Amerikanern untersagt[52]. Auch die von deutschen Stellen öfters ausgesprochene Hoffnung, wenigstens in der Person des Reichsverwesers einen »politisch stabile-re(n) Faktor«,[53] im deutschen Sinne zu sehen, bekam am 16. April 1943 einen spür-baren Dämpfer versetzt. An diesem Tag wurde Horthy von Hitler und Reichsaußen-minister von Ribbentrop mit Beweisen für Kontakte Kallays zu den Westmächten konfrontiert, die seine Ablösung eigentlich unvermeidlich erscheinen ließen. Statt auf diese Forderung einzugehen, wies Horthy die Anschuldigungen vielmehr ent-schieden zurück und stellte sich vorbehaltlos hinter seinen Premierminister, der bis zum deutschen Einmarsch am 19. März 1944 im Amt bleiben sollte[54]. Als ob es noch eines weiteren Beweises für die ungarischen Bestrebungen, Verbindungen zur Gegenseite aufzubauen, bedurft hätte, lagen dem Auswärtigen Amt bald darauf auch

---

50 Zu den deutsch-ungarischen Beziehungen bis 1941 vgl. Manfred Nebelin, *Deutsche Ungarnpolitik 1939–1941* (Opladen 1989).
51 Broucek, *General im Zwielicht*, S. 192 (Eintrag vom Februar 1943).
52 PA/AA, StS Ungarn, Bd. 8, 1308 Kasche an Auswärtiges Amt (6.12.1942); ADAP, Serie E, Bd. V, S. 522 f. von Jagow an Auswärtiges Amt (2.4.1943); ADAP, Serie E, Bd. VI, S. 490 f. von Jagow an Auswärtiges Amt (6.9.1943). Ferner Carlyle Aylmer Macartney, *October fifteenth. A history of modern Hungary, 1929–1945, Vol. 2* (Edinburgh 1957), S. 140–148.
53 PA/AA, StS Ungarn, Bd. 9, 1310 von Jagow an Auswärtiges Amt (17.2.1943).
54 ADAP, Serie E, Bd. V, S. 621–640 Aufzeichnung über die Unterredung zwischen dem Führer und dem ungarischen Reichsverweser Horthy in Anwesenheit des Reichsaußenministers in Klessheim am 16. April 1943 (18.4.1943).

erste Meldungen über Kontakte des Bundesgenossen zu den antikommunistischen Gruppierungen unter den Aufständischen in der Ukraine und Jugoslawien[55] vor. Obwohl der durch den deutschen Einmarsch erwirkte Regierungswechsel (22. März und 16. Oktober 1944) und die hiermit einhergehende Verwandlung Ungarns in einen deutschen Satellitenstaat eine Lösung dieser Probleme in Aussicht stellte, stand die mittlerweile alles beherrschende militärische Priorität – der Kampf gegen die Rote Armee – einem verstärkten Engagement in Jugoslawien im Wege. Selbst eine im Juli 1944 kurzfristig angesetzte und dann wieder abgesagte Intervention von fünf Regimentern im nordkroatischen Slawonien[56] war nur als Notbehelf konzipiert und wäre, da nicht mit einer dauerhaften Besetzung verbunden, Episode geblieben.

Die Beziehungen Berlins zum serbischen Rumpfstaat, der aus der Aufteilung Jugoslawiens hervorgegangen war, stellten innerhalb des Südostraums insofern einen Sonderfall dar, als diesen kein Bündnisvertrag, sondern vielmehr eine Kapitulationsurkunde zugrunde lag. Neben der Führerrolle, die das Königreich Serbien bei der Entstehung Jugoslawiens gespielt hatte, war es vor allem der Putsch vom 27. März 1941, der es aus deutscher Sicht geradezu unvermeidbar machte, das neue Serbien allein mit der politischen Hypothek des untergegangenen Feindstaates zu belasten. Im Gegensatz zum neuen kroatischen Regime westlich der Drina mußte die Belgrader Regierung ihre Arbeit daher ganz darauf konzentrieren, in kleinen Schritten den Status einer besetzten und besiegten Nation zu überwinden. Ein aufrichtiges Interesse zur Zusammenarbeit von deutscher Seite bestand von vornherein nur insofern, als hierdurch eine Reduzierung der Besatzungstruppen und eine ebenso konstante Erhöhung der Menge der abgeführten Wirtschaftsgüter erzielt werden konnten. Als eben diese Zielvorgabe durch den serbischen Aufstand vom Spätsommer/Herbst des Jahres 1941 ernsthaft in Frage gestellt wurde, sollte dies nicht ohne bedeutende Auswirkungen auf die deutsch-serbischen Beziehungen bleiben. Den Beitrag, den die auf Milan Acimović nachfolgende Regierung unter Generaloberst Milan Nedić zur Vertreibung der Kommunisten sowie der weitgehenden politischen Neutralisierung der Cetniks im Spätherbst 1941 leistete, hinterließ bei der deutschen Militärverwaltung in Belgrad einen ausgesprochen positiven Eindruck und ließ insbesondere den Gesandten Siegfried Benzler und den Militärverwaltungschef Harald Turner zu fast vorbehaltlosen Fürsprechern des ehemaligen jugoslawischen General-

---

55 PA/AA, StS Ungarn, Bd. 10, 1320 Gesandtschaft Agram an Auswärtiges Amt, o.U. (29.11.1943). Siehe auch Nicholas Kallay, *Hungarian Premier. A personal account of a nation's struggle in the Second World War* (New York 1954), S. 307–309. Nach Macartney gingen die ungarischen Versuche zur Annäherung an den nationalserbischen Widerstand sogar mit mehreren Munitions- und Medikamentenlieferungen einher; eine Quelle zur Untermauerung dieser Behauptung sucht der Leser allerdings vergeblich. Vgl. Macartney, *October fifteenth*, S. 180.

56 BA/MA, RH 19 XI/14 KTB-Einträge vom 3.7., 6.7., 9.7., 12.7. und 16.7.1944.

stabschefs werden. Ihre besondere Aufmerksamkeit galt solchen politischen Konzessionen, die geeignet waren, Nedićs Position in Serbien zu stärken: Neben der Klärung grundsätzlicher Fragen wie der Situation der serbischen Volksgruppe außerhalb der neuen Staatsgrenzen und der Ausweitung der bulgarischen Besatzungszone erstrebte Nedić vor allem eine Reduzierung der Getreideabgaben, die direkte Verfügungsgewalt über die Waffenträger seines Staates sowie eine Einladung zu einem offiziellen Staatsbesuch nach Deutschland. Trotz des Engagements, das Turner, Benzler und – ab Oktober 1943 – der Sonderbeauftragte Hermann Neubacher in dieser Hinsicht an den Tag legten, war ihnen bis zur Aufgabe Serbiens und der Exilierung der Regierung Nedić nur ein minimaler Erfolg beschieden. Von der grundsätzlichen Tatsache einmal abgesehen, daß von einer auch nur verschwindend geringen Bereitschaft Hitlers, die Kollaborationsangebote geschlagener Völker anzunehmen, erst mit Einsetzen der Kriegswende die Rede sein kann[57], wird eine Beurteilung seiner Serbienpolitik noch dadurch erschwert, daß von ihm zu diesem Thema nur wenig Äußerungen – von programmatischen Aussagen ganz zu schweigen – überliefert sind[58]. In wesentlichen Zügen scheint das Bild, das sich der Österreicher Hitler vom serbischen Volk machte, von alten slawophoben Vorurteilen aus seiner k.u.k. Zeit, die durch die Ereignisse vom 27. März 1941 noch bestätigt und potentiert worden waren, geprägt gewesen zu sein. In dieser Vorstellung war »der Serbe« nicht nur der balkantypische »*Bombenschmeißer*« und »*Intrigant*«[59], sondern auch »*Träger einer großen staatsbildenden Kraft*«[60], von dem Deutschland schon allein aufgrund bisheriger historischer Erfahrung nur wenig Gutes zu erwarten hatte. Das daraus geborene Mißtrauen ging sogar so weit, einen Ausbau und vor allem eine bessere Bewaffnung der Formationen des Nedić-Staates, die sich im Partisanenkampf besonders bewährt hatten, so lange zu verweigern, bis die Kriegslage und der zwischenzeitlich eingetretene Ansehensverlust der serbischen Regierung im Frühjahr 1944 den Erfolg des Vorhabens in Frage stellte[61].

---

57 So z. B. am 8.11.1942, als er dem französischen Ministerpräsidenten Laval (nach Bekanntwerden der angloamerikanischen Landung in Französisch-Nordafrika) anbot, mit ihm »*durch dick und dünn*« zu gehen; vgl. hierzu ADAP, Serie E, Bd. IV, S. 262 Staatssekretär von Weizsäcker an Reichsaußenminister von Ribbentrop (8.11.1942). Der russische Überläufer Generalleutnant Andrej Wlassow konnte nach jahrelanger Kaltstellung gar erst am 14.11.1944 in Prag die Bildung des Komitees zur Befreiung der Völker Rußlands bekanntgeben; vgl. Neulen, *An deutscher Seite*, S. 348.
58 So wurde beispielsweise in Belgrad im Sommer 1942 kolportiert, Hitler habe gegenüber dem ungarischen Ministerpräsidenten Kallay bei dessen Besuch am 6. Juni 1942 geäußert, »*er habe kein Vertrauen zu den Serben, wohl aber Sympathien für sie, da sie ein tapferes Volk seien. Wenn es bis zum Ende ruhig bleibe, so werde ein selbständiges Herzogtum Serbien errichtet werden.*« Vgl. PA/AA, StS Ungarn, Bd. 8, 1306 Benzler an Auswärtiges Amt (2.9.1942). Da von der Unterredung keine Mitschrift erhalten ist, war eine Überprüfung dieses Gerüchts nicht möglich.
59 Neubacher, *Sonderauftrag Südost*, S. 131.
60 Ebd., S. 160.
61 Ausführlicher hierzu Kapitel 7.

Die minimalen Konzessionen, die Hitler dem serbischen Ministerpräsidenten bei seinem mit fast einjähriger Verzögerung gewährten Besuch (18. September 1943) schließlich bewilligte, dürften das Äußerste an Entgegenkommen darstellen, zu dem der deutsche Diktator sich durchzuringen bereit war[62]. Bezeichnend ist, daß er gegenüber seinem Propagandaminister Joseph Goebbels die »devote Haltung« des serbischen Ministerpräsidenten lobend hervorhob und seine Zuversicht zum Ausdruck brachte, Nedić zur »Wiederherstellung der Ordnung in Serbien« gut gebrauchen zu können[63]. Von der Tatsache einmal abgesehen, daß diese Aussage von ihrem Sachverhalt her, der mehr auf die Lage im Herbst 1941 anzuspielen scheint, völlig überholt war, läßt sie auch keine allzu große Bereitschaft erkennen, die Loyalität eines der wenigen Freunde, auf die Deutschland im September 1943 noch zählen konnte, durch konkrete (und längst überfällige) Konzessionen zu honorieren.

In dieser Hinsicht vermochte auch die beharrliche Überzeugungsarbeit, die der Sondergesandte Neubacher im letzten Jahr der deutschen Herrschaft in Serbien entfaltete, nichts gegen Hitlers Uneinsichtigkeit auszurichten. Obwohl seine »Neue Politik« im März 1944 durch die Abberufung des Höheren SS und Polizeiführers Meyszner einen ersten sichtbaren Erfolg erzielt hatte[64], verliefen alle weiteren Versuche Neubachers, das Regime Nedić politisch aufzuwerten, im Sande. Insbesondere der an sich naheliegende Gedanke, die seit der Kapitulation Italiens zur Disposition stehenden Gebiete serbischer Provenienz (neben dem Kosovo und der östlichen Herzegowina vor allem Montenegro) Serbien zuzuschlagen, wurden von Hitler mit einer an offene Ablehnung grenzenden Zurückhaltung entgegengenommen. Nach monatelangem Tauziehen wurde selbst die politisch unbedenklichste Minimallösung (eine Währungs- und Wirtschaftsunion zwischen Serbien und Montenegro) schließlich von Hitler verworfen[65]. Der Zeitpunkt, an dem diese Entscheidung fiel (Juli 1944), bringt deutlich zum Ausdruck, daß auch die katastrophale Kriegslage den deutschen Diktator nicht dazu bewegen konnte, sich über langgehegte Vorurteile einfach hinwegzusetzen. Die fortgesetzte Loyalität der Satellitenstaaten gerade in einer solchen Situation wurde im Führerhauptquartier nicht zuletzt aufgrund der drohenden kommunistischen Gefahr und der sich hieraus ergebenden Perspektivlosigkeit einfach als eine Selbstverständlichkeit angesehen[66]. Daß eine

62 Neubacher, *Sonderauftrag Südost*, S. 134–136.
63 Goebbels TB, Bd. 9, S. 563 (Eintrag vom 23.9.1943).
64 Neubacher, *Sonderauftrag Südost*, S. 144–146.
65 PA/AA, Handakten Ritter (Serbien) 7691 Ritter an OKW (22.7.1944).
66 Vgl. hierzu die diesbezügliche Aussage seines Außenministers vom 31.5.1944: ADAP, Serie E, Bd. VIII, S. 88 f. von Ribbentrop an die Dienststelle Belgrad des Sonderbevollmächtigten des Auswärtigen Amts für den Südosten (31.5.1944): »Damit solle nicht gesagt werden, daß wir zu allen diesen Fragen rein negativ stünden, aber es wäre augenblicklich nicht der Zeitpunkt, hierüber zu diskutieren. Das Ziel sei jetzt, die Engländer, Amerikaner und Bolschewiken zu schlagen, damit überhaupt die Voraussetzung für die Existenz der Nationalstaaten in Europa und damit auch eines nationalen Serbien geschaffen würde.«

derartige Einstellung der Formulierung einer konstruktiven Außenpolitik kaum förderlich sein konnte, bedarf keiner weiteren Erläuterung.

Von grundlegend anderer Natur war das Verhältnis zwischen dem Deutschen Reich und seinem neuesten Verbündeten, dem Ustascha-Staat des Ante Pavelić. Durch die Abtretung weiter dalmatinischer Gebiete an Italien einen Monat nach der Unabhängigkeitserklärung bereits mit einer schweren politischen Hypothek belastet, führte die auf Genozid und Vertreibung der serbischen Volksgruppe ausgerichtete Politik der neuen Regierung zu einer weitflächigen Aufstandsbewegung, die, ausgehend von der östlichen Herzegowina, bis zur Jahreswende die meisten serbischen Siedlungsgebiete der Regierungsgewalt weitgehend entzogen hatte. Da zudem die militärische Schlagkraft der bewaffneten Organe des Ustascha-Staates in einem diametral entgegengesetzten Verhältnis zu seinen volkstumpolitischen Ambitionen stand, sah auch das folgende Jahr noch eine Ausweitung des Bürgerkrieges, der zudem noch der aus Serbien vertriebenen kommunistischen Führung ungeahnte politische und militärische Entfaltungsmöglichkeiten bot. Die Bemühungen von deutscher Seite, dieser Entwicklung entgegenzutreten, unterlagen von Anbeginn einer doppelten Einschränkung. Neben der Souveränität des Unabhängigen Staates Kroatien, die in Frage zu stellen oder gar aufzuheben die deutsche Führung zu keinem Augenblick ernsthaft gewillt war, galt zumindest bis zur Jahreswende 1942/43 der außenpolitische Grundsatz, der die Respektierung der unbedingten Hegemonialstellung des italienischen Bündnispartners auf dem Gebiet des ehemaligen Jugoslawien vorsah. Wie im Falle Serbiens, sind auch für Kroatien relativ wenige Äußerungen Hitlers zum Platz dieses neuen Staates in seinem »Neuen Europa« bekannt. Obwohl sein ursprünglicher Gedanke vom April 1941, Kroatien einfach Ungarn zuzuschlagen, auf ein ausgeprägtes Desinteresse schließen läßt[67], legen einige seiner Äußerungen aus den Jahren 1941/42 die Vermutung nahe, daß er die Kroaten mit ihren Verbindungen zur alten österreichischen Grenze als zur »arischen Völkerfamilie« zugehörig betrachtete; daß er überdies in den Radikalfaschisten der Ustascha ihm verwandte Seelen zu erkennen glaubte, mag diese Sympathie noch verstärkt haben[68].

---

67 ADAP, Serie D, Bd. XII.1, S. 304–306 Besprechung des Führers mit dem ungarischen Gesandten Sztojay in Anwesenheit des Reichsaußenministers am 27.III.41 von 13.10 bis 13.25 Uhr (28.3.1941).
68 Als der deutsche »Führer« im Mai 1942 im kleinen Kreis auf die Möglichkeit eines Anschlusses Kroatiens an das Reich zu sprechen kam, bezeichnete er diese Idee *»vom volkstumsmäßigen Standpunkt«* her als durchaus begrüßenswert. Lediglich die hiermit verbundenen politischen Fragen ließen sie »absolut undiskutabel« erscheinen. Vgl. Henry Picker (Hrsg.), *Hitlers Tischgespräche im Führerhauptquartier* (Frankfurt a.M. und Berlin 1993 pb), S. 408 (Aufzeichnung vom 12.5.1942 abends, Wolfsschanze).

So empfahl er beispielsweise dem im Juni 1941 bei ihm zu Besuch weilenden Ante Pavelić in Volkstumsfragen, »*50 Jahre lang eine national intolerante Politik*«[69] zu betreiben. Einen Monat später äußerte er sich gegenüber dem zweiten Mann im kroatischen Staat, Slavko Kvaternik, in einem ähnlichen Sinne und wies diesbezügliche erste Proteste aus dem Hauptquartier der 12. Armee zurück[70]. Im September 1942 auf das mörderische Treiben seiner neuen Verbündeten in Agram angesprochen, äußerte Hitler gegenüber dem Wehrmachtbefehlshaber Südost, Generaloberst Alexander Löhr, diesen sollte ruhig die Gelegenheit geboten werden, »*sich auszutoben*«[71]; zwei Monate später findet sich im Kriegstagebuch des Oberkommandos der Wehrmacht gar der Eintrag, auf Weisung Hitlers sei den Organen der Ustascha bei ihrer Tätigkeit nicht »*in den Arm zu fallen*«[72]. Den deutschen »Führer« mit allem Nachdruck von der Kontraproduktivität dieser Einstellung zu überzeugen, wäre natürlich Aufgabe der Repräsentanten des Deutschen Reiches in Agram gewesen. Der Gesandte SA-Obergruppenführer Siegfried Kasche war sowohl von seiner politischen Einstellung wie von seiner Arbeitsauffassung her[73] dafür allerdings denkbar ungeeignet; die völlige Vorbehaltlosigkeit seines Eintretens für das Pavelić-Regime sollte ihm Ende 1943 scharfe Kritik aus der Berliner Zentrale einbringen und 1944 selbst in Hitlers Augen als »*Phantast*« erscheinen lassen[74]. Anders lagen die Dinge beim Bevollmächtigten General, der sich über die Natur des NDH-Staates schon recht bald keine Illusionen mehr hingab und bereits 1941 zumindest im privaten Kreis mit seiner Kritik nicht hinter dem Berg hielt[75]. In

---

69 ADAP, Serie D, Bd. XII.2, S. 813–816 Aufzeichnung über die Unterredung zwischen dem Führer und dem kroatischen Staatsführer Dr. Pavelić in Anwesenheit des Reichsmarschalls Göring, des RAM, des Generals Bodenschatz und des Gesandten Hewel am 6.6.1941 (9.6.1941).

70 ADAP, Serie D, Bd. XII.2, S. 835–838 Unterredung des Führers mit Marschall Kvaternik im Beisein des Reichsministers des Auswärtigen und Generalfeldmarschalls Keitel am 22. Juli im Führerhauptquartier (o.D.); BA/MA, RH 20-12/454 Amt Ausland/Abwehr an AOK 12 (29.7.1941): »*Der Führer hat Kvaternik geraten, scharf durchzugreifen. Die dt. Wehrmacht geht das nichts an*« (Unterstreichung im Original).

71 Broucek, *General im Zwielicht*, S. 149 (Eintrag vom September 1942). Vgl. auch das Fazit, welches der Wehrmachtbefehlshaber Südost aus dieser Besprechung zog, in BA/MA, RW 40/34 Chef-Besprechung Saloniki (2.10.1942): »*Gegen die Serbenmorde wird eine Unterstützung von oben nicht zugesagt.*«

72 KTB OKW, Bd. II.2, S. 1049 (Eintrag vom 29.11.1942).

73 Der Kasche durchaus wohlgesonnene Kärntner Gauleiter Dr. Friedrich Rainer fand im Dezember 1944 folgende Worte für das Wirken des Gesandten: »*Kasche macht Reichsvertretung wie im tiefsten Frieden, hat auch dort, wo bessere Einsicht vorhanden zu sein scheint, keine Initiative und beruft sich auf Weisung seines Ressortchefs. Er bemüht sich peinlich, die Souveränität der kroatischen Regierung zu wahren, auch gegenüber kriegerischen Notwendigkeiten.*« Vgl. BA-Lichterf., NS 19/319 Reichsleiter Martin Borman an den Reichsführer-SS (21.12.1944).

74 Helmut Heiber, *Hitlers Lagebesprechungen. Die Protokollfragmente seiner militärischen Konferenzen 1942–1945* (Stuttgart 1962), S. 668 (Abendlage vom 17.9.1944).

75 Hiller von Gaertringen, *Hassel-Tagebücher*, S. 250 (Eintrag vom 5.5.1941) u. S. 263 (Eintrag vom 2.8.1941).

auffälligem Gegensatz zu seinen im Laufe der Zeit immer vernichtender ausfallenden Tagebucheintragungen steht allerdings sein Zögern, die gewonnenen Eindrücke in ungeschminkter Weise an seine Vorgesetzten in Berlin weiterzuleiten und die Politik des NDH-Staates als die eigentliche Hauptursache für die verheerenden Zustände im Land zu benennen. Die Gründe für dieses zwiespältige Verhalten waren vermutlich mannigfaltiger Natur. In Anbetracht der Bedeutung, die ihnen aber für das Schweigen des Mannes zukommt, der noch am ehesten in der Lage gewesen wäre, eine Entmachtung von Ante Pavelić zu einem relativ frühen Zeitpunkt in die Wege zu leiten, sollen sie an dieser Stelle etwas ausführlicher analysiert werden.

Zunächst einmal ist anzunehmen, daß auch er dem neuen Kroatien insofern durchaus wohlwollend gegenüberstand, als durch diese Staatsgründung viele seiner kroatischen Kameraden aus k.u.k. Zeiten, die im alten Jugoslawien teils bescheidene Existenzen hatten fristen müssen, buchstäblich über Nacht zu Ansehen und Wohlstand gekommen waren. Der Umstand, daß Glaise mit dem zweiten Mann im neuen Staate, Marschall Slavko Kvaternik, per du war, dürfte seine Bereitschaft, die Existenzberechtigung des Pavelić-Regimes ernsthaft in Frage zu stellen, nicht gerade gefördert haben[76]. Mindestens genauso wichtig war jedoch der verheerende Eindruck, den die italienische Besatzungsherrschaft im Südteil des Landes beim ohnehin nicht italophilen Glaise hinterließ. In der Beurteilung dieser nicht nur auf wirtschaftlicher Ausbeutung, sondern zum Teil auch auf Entrechtung und Vertreibung des kroatischen Volksteils basierenden Politik wußte er sich auch mit dem ihm ansonsten völlig gegensätzlichen Kasche einer Meinung, was mit Sicherheit einer der Hauptgründe dafür gewesen sein dürfte, daß die beiden bis 1943 ein ausgesprochen gutes Arbeitsverhältnis aufrechterhalten konnten und Glaise oft genug Gelegenheiten, Kasches Position zu untergraben, nicht wahrnahm und diesen statt dessen sogar verteidigte[77]. Erst im Oktober 1943 ist von Glaise eine – folgenlose – Stellungnahme überliefert, aus der sich zumindest in Ansätzen die Forderung nach der Entmachtung des Ustascha-Staates und der Einsetzung eines Militärbefehlshabers herauslesen läßt[78]. Daß er nach Aussage verschiedener Zeitzeugen zudem

---

76 Siehe hierzu Glaises eigene Beschreibung seiner ersten Agramer Eindrücke im April 1941: Broucek, *General im Zwielicht*, S. 79–110 (Eintrag vom April 1941). Nach Aussage eines V-Mannes der Abwehr verwehrte diese Voreingenommenheit den Bevollmächtigten General auch nach drei Jahren noch den Blick auf die kroatische Realität, vgl. hierzu PA/AA, R 101853 Vorgang zur Festnahme des V-Manns Mario Manicic (o.D., vermutl. Anfang Mai 1944).

77 Broucek, *General im Zwielicht*, S. 187–189 (Eintrag vom Februar 1943); BA/MA, RH 31 III/12 Der Deutsche Bevollmächtigte General an das OKW (12.5.1944).

78 BA/MA, RW 40/81 Vermerk über Vortrag des Chefs des Dt. Bev. Generals in Kroatien Oberst v. Selchow beim Chef des Mil.Befh.Südost am Donnerstag des 21. Oktober 1943 (25.10.1943). Zu den Motiven, die Glaise zu dieser Stellungnahme bewogen haben könnten, vgl. Kapitel 5.4.

über eine besondere Gabe verfügte, sich bei Hitler Gehör zu verschaffen[79], hätte ihm die Entscheidung, eine entsprechende Forderung an höchster Stelle mit kompromißlosem Nachdruck vorzutragen, noch erleichtern müssen. Gegen einen solchen Schritt mochte aus Glaises ganz persönlicher Sicht aber nicht zuletzt die Tatsache gesprochen haben, daß sich hierdurch die Frage nach seiner weiteren Verwendung neu gestellt hätte. Mußte er doch damit rechnen, durch einen solchen Antrag seinen eigenen Posten entweder überflüssig zu machen (im Falle einer Annahme) oder aufgeben zu müssen (im Falle einer Ablehnung), was für ihn nach eigener Einschätzung einen nicht unerheblichen finanziellen Engpass dargestellt hätte[80].

Die einzig denkbare Alternative hätte Glaise mit einem anderen, noch brisanteren, Problem konfrontiert: war im Falle einer Absetzung des Pavelić-Regimes doch zu erwarten, daß man ihm als ausgewiesenen Landeskenner den Posten des neuen Militärbefehlshabers antragen würde. Diese Stelle hätte nicht nur seinen Neigungen viel weniger entsprochen als seine bisherige Aufgabe als Militärbeauftragter, sondern hätte ihn überdies in sehr viel unzweideutigerer Art mit den völkerrechtlich zweifelhaften Aspekten deutscher Kriegführung in Jugoslawien in Verbindung gebracht, als dies bisher der Fall gewesen war[81]. In Anbetracht von Glaise von Horstenaus selbsteingestandener Furcht vor einem Tribunal der Sieger und seinem Wissen um viele deutsche Kriegsverbrechen[82] könnte diesem Punkt sogar entscheidende Bedeutung zugekommen sein.

Aus der Rückschau betrachtet mutet die Bereitschaft Hitlers, einem Staat der, ohne einer Invasion zum Opfer gefallen zu sein, im September 1943 auf kaum einem Fünftel seines Territoriums noch eine wie auch immer geartete Regierungsgewalt auszuüben vermochte, die Treue zu halten, jedenfalls reichlich befremdlich an. Neben dem Einfluß Kasches, dem Hitler gerade aufgrund seines Status als Überlebender des 30. Juni 1934 anfangs bevorzugt Aufmerksamkeit geschenkt haben mag, kommen noch andere Faktoren ins Spiel, die aber ebenso schwer zu quantifizieren sind. Zunächst verdienen in diesem Zusammenhang die auffälligen Bemühungen des deutschen Diktators Erwähnung, in Kriegszeiten einschneidende Personal-

---

79 So der übereinstimmende Eindruck des Gesandten Kasche und des Befehlshabers der 2. Panzerarmee, Lothar Rendulic. Vgl. Broucek, *General im Zwielicht*, S. 211 (Eintrag vom Mai 1943) und Lothar Rendulic, *Gekämpft, gesiegt, geschlagen* (Wels u. Heidelberg 1952), S. 237.

80 Broucek, *General im Zwielicht*, S. 222 (Eintrag vom Mai 1943). Glaise von Horstenau sah sich durch die nach dem »Anschluß« Österreichs geänderte Steuergesetzgebung mit der Aussicht konfrontiert, mittelfristig eine noch nicht abbezahlte Immobilie unter hohem Verlust wieder abstoßen zu müssen. Obwohl er den Chef der Reichskanzlei erstmalig im Februar 1943 in dieser Frage um Hilfe bat, sollte es erst im Januar 1944 (durch eine von Hitler bewilligte Dotation) zu einer für Glaise befriedigenden Lösung kommen. Vgl. Gerd Ueberschär u. Winfried Vogel, *Dienen und Verdienen. Hitlers Geschenke an seine Eliten* (Frankfurt a. M. 1999), S. 175–178.

81 Broucek, *General im Zwielicht*, S. 278 f. (Eintrag vom September 1943).

82 Ebd., S. 305 (Eintrag vom November 1943).

wechsel an der Führungsspitze zu vermeiden; innerhalb Deutschlands läßt sich dieses Verhalten eindeutig auf eine Personalpolitik zurückführen, die persönliche Loyalität klar über Fachkompetenz stellte, und die es selbst offensichtlichen Versagern wie Hermann Göring und Joachim von Ribbentrop ermöglichte, bis Kriegsende auf ihren Posten auszuharren. Auch im Bereich der Außenpolitik ist diese Einstellung Hitlers, mit z.T. ähnlich verheerenden Folgen, nachweisbar[83]. Ausschlaggebend im Umgang mit den Satellitenstaaten war jedoch in erster Linie die Gewißheit, ein Regime zu fördern, das unabhängig von scheinbaren weltanschaulichen Inkompatibilitäten (ein katholischer Geistlicher als Staatsoberhaupt in der Slowakei, freie demokratische Wahlen in Dänemark) für ein Maximum an politischer Stabilität sorgte. Diese pragmatische Grundeinstellung brachte es auch mit sich, daß naheliegende »radikale« Optionen (z.B. Putschversuch der Eisernen Garde in Rumänien 1940) von deutscher Seite nicht wahrgenommen wurden und statt dessen in der Regel ein autoritäres, aus den etablierten Eliten hervorgegangenes Regime, dessen sichtbares Oberhaupt (z.B. die Marschälle Petain und Antonescu in Frankreich bzw. Rumänien) auf die Zustimmung der »schweigenden Mehrheit« im Volk zählen konnte, so lange wie nur irgendwie möglich[84] gefördert wurde.

In welcher Form fügt sich nun der NDH-Staat in dieses Gesamtbild?

Obwohl der Unwillen des Pavelić-Regimes, eine alte Ordnung zu verteidigen, sich mit der Unfähigkeit, eine neue durchzusetzen, die Waage hielt, geht aus den vorliegenden Quellen nicht hervor, daß sich diese Erkenntnis in ihrer ganzen Tragweite schon vor 1943 im Führerhauptquartier Geltung verschafft hatte. Die Gründe hierfür mögen an dieser Stelle noch einmal rekapituliert werden: ein Außenminister (von Ribbentrop), der es spätestens ab September 1941 als seine vornehmste Aufgabe ansah, seinen Chef mit schlechten Nachrichten zu verschonen[85]; ein Gesandter (Kasche), der gar nicht erst auf den Gedanken gekommen wäre, ernsthafte Kritik an

---

83 So ließ er sich beispielsweise durch die Beteuerungen, die ihm der rumänische »Conducator« Antonescu bei seinem Besuch am 26./27.2.1944 zur Bündnistreue seines Landes gab, dazu verleiten, die Planungen für den Fall eines rumänischen Kriegsaustritts (»Margarethe 2«) einzustellen. Die völlige Unvorbereitetheit, mit der die deutsche Führung dieses Ereignis dann am 23.8.1944 traf, hatte wesentlichen Anteil an den katastrophalen Verlusten, die Luftwaffe (Deutsche Luftwaffenmission Rumänien) und Heer (6. Armee) während der folgenden Tage in diesem Raum erlitten. Vgl. hierzu KTB OKW, Bd. IV, S. 247–249.

84 Besonders auffällig dies im Falle Ungarns, wo der zum Frieden mit den Westalliierten geneigte Reichsverweser Nikolaus Horthy auch nach der deutschen Besetzung des Landes (19.3.1944) seine Position als Staatsoberhaupt behielt.

85 Vgl. hierzu die Eindrücke des Staatssekretärs des Auswärtigen, von Weizsäcker, in Leonidas E. Hill (Hrsg.), *Die Weizsäcker-Papiere 1933–1950* (Berlin 1975), S. 267: *»Verhältnismäßig neu ist aber die daraus abgeleitete und auch an mich gerichtete Bitte, alles zu vermeiden, was den ganz in das Militärische versenkten Führer politisches Nachdenken verursachen könnte. Man müsse ihm, da er vorübergehend unter dem Bunkerleben auch gesundheitlich gelitten habe (was streng vertraulich sei), jede Sorge ersparen. Er, Ribbentrop, bringe ihm auch nur gute Nachrichten«* (Aufzeichnung vom September 1941).

der Regierung in Agram zu üben; ein Bevollmächtigter General (Glaise von Horstenau), der noch im April 1943 wider besseren Wissens ein »*Fortwursteln*« mit dem gegenwärtigen Regime empfahl[86]; zu guter Letzt die durch bündnispolitische Prioritäten und eigene militärische Schwäche bedingte Entscheidung, bis zur Jahreswende 1942/43 einschneidende politische Maßnahmen im kroatischen Raum entweder auf Initiative des italienischen Bundesgenossen oder überhaupt nicht durchzuführen.

Freilich beantwortet dies nicht die Frage, warum das Ustascha-Regime dann nicht zur politischen Flankierung der Anfang 1943 einsetzenden militärischen Großoperationen, wie vom Oberbefehlshaber Südost, Generaloberst Alexander Löhr, gefordert, abgesetzt und durch ein Kabinett der Bauernpartei oder auch einen Militärbefehlshaber ersetzt wurde.

Das Argument, die Präferenz Hitlers für konservativ-autoritäre Regime hätte einen solchen Regimewechsel eigentlich sogar zwingend notwendig gemacht, greift allerdings insofern zu kurz, weil hierfür nur die Bauernpartei zur Verfügung gestanden hätte und diese Option im April 1941 bereits erwogen und dann nach kurzer Prüfung verworfen worden war. Unabhängig davon, inwiefern weltanschauliche Artverwandtschaft mit der Ustascha eine spürbare oder gar ausschlaggebende Rolle bei Hitlers Entscheidung gespielt haben mag, ist es nun mal eine Tatsache, daß es im Europa des Dritten Reiches mehr als einmal vorkam, daß nach dem Rücktritt oder der Absetzung einer »verbrauchten« bürgerlichen Regierung an ihre Stelle Militärbefehlshaber und/oder NS-ähnliche Parteien traten[87]. Der umgekehrte Vorgang ist jedoch nie eingetreten und könnte als Indiz dafür verstanden werden, daß aus Hitlers Sicht der hiermit verbundene Prestigeverlust auch durch die Beseitigung eines nutzlosen (Quisling/Norwegen) oder gar schädlichen (Pavelić/Kroatien) Regimes nicht aufgewogen worden wäre.

Aber auch bündnispolitisch mochte aus deutscher Sicht einiges für den Erhalt des NDH-Staates sprechen. Unter Berücksichtigung der Tatsache, daß durch die Entwicklung der Kriegslage im Jahre 1943 eine Beseitigung des Ustascha-Regimes wahrscheinlich nur bis zur Absetzung Mussolinis diskutabel war, ergibt sich, daß ein solches Unterfangen nur unter Absprache mit dem Bundesgenossen in Rom durchzuführen gewesen wäre. Mussolini im Frühjahr 1943 ein solches Anliegen zu unterbreiten, hätte Hitler allerdings leicht in eine politisch äußerst problematische

---

86 ADAP, Serie E, Bd. VI, S. 32 Botschafter z.b.V. Ritter an die Gesandtschaft in Agram (4.5.1943), Anlage 2 Kroatien-Vorschlag für eine Befriedung des Landes (26.4.1943).
87 Neben der Einrichtung der Republik von Salo in Norditalien und den beiden politischen Umstürzen in Ungarn (März und Oktober 1944) sei in diesem Zusammenhang noch die französische Kabinettsumbildung vom 7. Januar 1944 genannt, durch die die Befürworter einer vorbehaltlosen Kollaborationspolitik (Phillipe Henriot, Marcel Deat, Joseph Darnand) erstmals Regierungsverantwortung übertragen bekamen.

Situation bringen können: einerseits weil Pavelić seine Machtstellung vor allem italienischer Protektion verdankte und der italienische »Duce« einem Machtwechsel in Agram bestimmt nicht ohne weiteres zugestimmt hätte[88]; andererseits hätten das Comando Supremo in Rom und die 2. Armee vor Ort sich in ihrer bisherigen ustaschafeindlichen Kroatienpolitik (einschließlich Unterstützung nationalserbischer Freischärler) voll und ganz bestätigt gesehen.

Ungeachtet dieses Gegensatzes zwischen militärischer und politischer Führungsspitze hätten beide bei einer anstehenden Neuverteilung der Machtverhältnisse in Kroatien, so sie denn erfolgt wäre, verbindliche Garantien für einen Erhalt von Italiens Hegemonialstellung über einen Sturz des Ustascharegimes hinaus verlangt; Garantien, die in Anbetracht der Bemühungen der deutschen Außenpolitik, Mussolini 1943 politisch zu stützen, wohl nur sehr schwer hätten abgelehnt werden können[89], zugleich aber die Mobilisierung kroatischer nationaler Kräfte für einen Neuanfang erheblich erschwert hätten[90]. Bei einem Fortbestehen des Pavelić-Regimes war der Berlin zur Verfügung stehende diplomatische Freiraum hingegen ungleich größer: die Entwaffnung der Cetniks stand nicht zur Debatte und konnte, solange sie noch nicht vollständig durchgeführt worden war, als Druckmittel gegen den widerspenstigen Bundesgenossen eingesetzt werden; in Agram vermochte man durch die Bemühungen der Kroaten, den als existentiell bedrohlich empfundenen italienischen Einfluß zurückzudrängen, die eigenen wirtschaftlichen Forderungen als viel erträglicher darzustellen und somit auch leichter durchsetzen[91].

Die Kapitulation der Regierung Badoglio am 8. September 1943 und die Internierung der 2. Armee sollte Deutsche und Kroaten jedoch der Möglichkeit berauben, ihre Probleme einer dritten Partei zuzuschieben, so daß innerhalb weniger Monate

---

88 Vgl. hierzu PA/AA, StS Kroatien, Bd. 4, 693 Mackensen an Auswärtiges Amt (23.4.1943), wo die Auffassung Mussolinis wiedergegeben ist, daß Pavelić »immer noch der beste Kroate sei«.

89 Dieser Tatsache scheint man sich auch beim Stab des Oberbefehlshabers Südost bewußt gewesen zu sein, vgl. hierzu BA/MA, RH 19 VII/7 Aktennotiz über Chefbesprechung am 11.1.1943: »Unser Bestreben muß daher dahin gehen, einen Regierungswechsel vorzunehmen. Die Frage ist nur, wie weit der ital. Einfluß gehen soll, wenn man eine solche Änderung durchführt.«

90 BA/MA, RH 31 III/12 Privatbrief Glaise von Horstenaus an Walter Warlimont (15.2.1943): »Überdies werden aber die Bauernparteiler, wie jede andere Kraftgruppe in unserem Lande, zur Erleichterung ihres Schrittes ein Morgenangebinde fordern, das für alle ohne Unterschied nur in einem teilweisen Abbau der ›italienischen Hypothek‹, d.h. in der ganzen oder teilweisen Räumung des von den Italienern besetzten – nicht des von ihnen annektierten – Gebietes bestehen könnte.«

91 Broucek, General im Zwielicht, S. 265 f. (September 1943). So soll nach Darstellung Glaise von Horstenaus Hitler am 4.9.1943 die Lage im kroatischen Raum mit folgenden Worten kommentiert haben: »Wissen Sie, mir ist es gar nicht sehr darum zu tun, daß in Kroatien wirklich Ordnung wird. Es muß uns immer die Möglichkeit geboten werden, einzugreifen, Stützpunkte zu verlangen und dergleichen mehr.« Hierbei ist natürlich auch die bekannte Angewohnheit Hitlers, durch eigenwillige Betrachtungsweisen auch militärischen Rückschlägen eine möglichst positive Seite abzugewinnen, in Rechnung zu stellen.

die Beziehungen zwischen Agram und Berlin eine spürbare Wendung zum Schlechten nahmen. Daß die Tagebucheintragungen des deutschen Propagandaministers noch so voll des Lobes ob der »Kompromißlosigkeit« des treuen Poglavnik waren[92], änderte nichts an der Tatsache, daß sich vor Ort im Laufe des Jahres 1944 immer neue Streitpunkte zwischen den Verbündeten ergaben. Neben Fragen der Souveränitätsbeschränkungen in deutschen Operationsgebieten und dem Umfang wirtschaftlicher Lieferungen ging es dabei vor allem um die Möglichkeit, kroatische Bürger im erhöhten Umfang für die deutsche Wehrmacht und Waffen-SS zu werben sowie den fortgesetzten Einsatz antikommunistischer Cetniks – diesmal allerdings unter deutschem Befehl[93]. Insbesondere in den beiden letzten Fragen legte die kroatische Seite eine mitunter in offene Sabotage übergehende Kompromißlosigkeit an den Tag, die kaum vermuten ließ, daß es für den Ustascha-Staat zur Allianz mit Deutschland überhaupt gar keine Alternative mehr geben konnte. Diese Kompromißlosigkeit ging einher mit einer erneuten Radikalisierung der Serbenpolitik, die den Gedanken an eine nun wirklich überfällige gemeinsame Front aller antikommunistischen Kräfte gleich im Keim erstickte. Den Zeitpunkt, gegen dieses Treiben einzuschreiten, hatte die deutsche Führung freilich verpaßt; selbst sich häufende Anzeichen, daß hohe Beamte und Militärs des Ustascha-Staates in engem Kontakt zum inneren und äußeren Feind standen[94], hatte im August 1944 keine Absetzung des Pavelić-Regimes, sondern nur eine erneute Regierungsumbildung zur Folge. Freilich spricht einiges dafür, daß solche Zustände mittlerweile auch Hitler davon überzeugt hatten, daß die einzige Lösung für die Probleme des NDH-Staates nur noch in seiner Beseitigung liegen konnte; neben einer Äußerung, die er im Mai 1944 gegenüber dem Gesandten Neubacher tat[95], weist vor allem ein Besprechungsprotokoll vom August desselben Jahres in diese Richtung. In Gegenwart des Sonderbeauftragten und des Oberbefehlshabers Südost beklagte er das Fehlen einer wie auch immer gearteten Staatsidee beim kroatischen Volk und sprach von der Notwendigkeit, das Land mittelfristig »dem Reich einzugliedern oder ein

---

92 Goebbels TB, Bd. 9, S. 459–461 (Eintrag vom 10.9.1943).
93 Ausführlicher zu diesen Fragen Kapitel 6.
94 BA-Lichterf., NS 19/2154 SS-Obergruppenführer Arthur Phleps an den Reichsführer SS (10.7.1944). In dieser sehr umfangreichen (19 Seiten und mehrere Anlagen) Denkschrift legte der Kommandierende General des V. SS-Gebirgskorps seine Überzeugung dar, daß die Gründe für das kontinuierliche Versagen der kroatischen Streitkräfte (Domobranen ebenso wie Ustascha) nicht zuletzt in hochverräterischen Bestrebungen des Ustascha-Offizierskorps zu suchen seien.
95 Neubacher, *Sonderauftrag Südost*, S. 161.

Protektorat daraus zu machen«[96]. Indirekt räumte er aber auch ein, daß in Anbetracht der sich inzwischen fast schon täglich verschlechternden Lage an allen Fronten ein solcher Schritt allerdings mit nicht zu vertretenden Risiken verbunden gewesen wäre. Es ist daher wohl nicht übertrieben zu sagen, daß der NDH-Staat für die letzten 18 Monate seiner Existenz eine Art politische Unverwundbarkeit erlangt hatte.

---

96 NA, PG T 311, rl 192, fr 802–812 Aktennotiz zum Vortrag des Oberbefehlshabers Südost, Herrn Generalfeldmarschall Frhr. von Weichs, beim Führer am 22.8.1944 (17.45-20.00 h).

3. 1941: Der Beginn der Aufstands-
bewegung

3.1. Entwicklung und Verlauf der Aufstandsbewe-
gung im serbisch-montenegrinischen Raum

In Anbetracht seiner Bedeutung als politisches Kernland des jugoslawischen
Staates war die Beherrschung bzw. Behauptung Serbiens gleich vom ersten Tag an
das Haupt- und Fernziel sowohl der Kommunistischen Partei Jugoslawiens (KPJ) als
auch ihrer nationalserbischen Bürgerkriegsgegner. Die Geschwindigkeit, mit der im
April 1941 der Zusammenbruch des jugoslawischen Staates erfolgt war, sowie die
überstürzte Flucht der erst seit zwei Wochen amtierenden Regierung hatten viel dazu
beigetragen, der militärischen Niederlage den Charakter einer politischen
Zeitenwende zu verleihen. In einer solchen Situation der allgemeinen Desorien-
tierung und Verwirrung mußte sich der Führung der KPJ die Option eines bewaffneten Aufstandes zur Etablierung einer neuen politischen Ordnung auf den Trümmern des alten jugoslawischen Staates geradezu aufdrängen. Einem solchen Schritt
standen freilich sowohl der immer noch bestehende Freundschaftspakt zwischen
dem Deutschen Reich und der Sowjetunion sowie die immer noch gültige marxi-
stisch-leninistische Orthodoxie jener Tage entgegen; während der erste Einwand
sämtliche Umsturzprojekte zunächst in den Bereich der Theorie verwies, war der
zweite durch die Erfahrungen der letzten Jahre in Fernost immerhin relativiert worden. Das Beispiel Chinas, wo es einer kommunistischen Partei gelungen war, eine
Revolution auch ohne eine vorgeschaltete »bürgerliche« bzw. »demokratische«
Revolution zu initiieren, schien den Weg einer möglichen »Abkürzung« zu weisen.
Daß Tito während des Monats Mai das Buch des amerikanischen Journalisten Edgar
Snow, durch das die Ereignisse in China überhaupt erst einer größeren Öffentlichkeit im Westen bekanntgeworden waren, aufmerksam studiert, ist in dieser Hinsicht
ein sicherlich nicht unbedeutendes Indiz[1].
Der deutsche Überfall auf die Sowjetunion beendete diese von Ungewißheiten
bestimmte Übergangsphase buchstäblich über Nacht; durch die Kominternweisung
vom 1. Juli wurde die im April gerade mal 8.000 Mann zählende Partei angewiesen,

---

1 Mark Wheeler, Pariahs to partisans to power: the Communist party of Yugoslavia; in: Tony Judt
  (Hrsg.), *Resistance and revolution in Mediterranean Europe 1939–1945* (London u. New York
  1989), S. 123–140, bes. S. 126; vgl. Edgar Snow, *Red Storm over China* (New York 1938).

Partisanenabteilungen zu bilden und die Besatzer durch Sabotagetätigkeit zu bedrängen. Ob dies – wie im nachhinein geschehen – bereits als eine Weisung zu verstehen war, den offenen bewaffneten Kampf im Sinne Lenins aufzunehmen, ist allerdings mehr als fraglich; in der Strategiebesprechung, die das Zentralkomitee der KPJ am 4. Juli in einer Belgrader Villa abhielt, fiel zwar die Entscheidung für den Partisanenkrieg, und führende ZK-Mitglieder wurden zwecks Vorbereitung des Aufstandes in ihre jeweiligen Heimatregionen entsandt[2]. Die Möglichkeit, während der folgenden Monate aber schon ein größeres »befreites Gebiet« zu errichten, wurde jedoch nicht nur für Serbien, wo die KPJ besonders schwach war, sondern auch für die anderen Provinzen des Landes zunächst ausgeschlossen[3]. Es mag daher wenig überraschend erscheinen, wenn die KPJ der direkten Konfrontation mit der deutschen Besatzungsmacht zunächst auswich; der größte Teil der im Monat Juli verübten Anschläge (insgesamt 87) galt Einrichtungen des neuen serbischen Reststaates, so daß der Befehlshaber Serbien noch am 3. August nach Berlin melden konnte, daß eine Verstärkung der Besatzungstruppen zur Zeit nicht notwendig erscheine[4]. Nicht viel aussichtsreicher schien zur selben Zeit die Zukunftsperspektive des königstreuen nationalserbischen Widerstandes. Ihr künftiger Anführer, der ehemalige Generalstabsobrist Dragoljub (»Draža«) Mihailović hatte bis Mitte Mai 1941 lediglich 31 Anhänger um sich scharen können und machte auch keinen Hehl aus seiner Absicht, die Kampfhandlungen erst zu einem Zeitpunkt wieder aufzunehmen, an dem die Niederlage Deutschlands zumindest kalkulierbar geworden sei[5].

Ungeachtet dieser Rahmenbedingungen sah sich die deutsche Besatzungsmacht im Spätsommer 1941 in Serbien mit einem flächendeckenden Aufstand konfrontiert, der auf seinem Höhepunkt die Ergebnisse des Balkanfeldzuges zu revidieren drohte. Ohne der eigentlichen Analyse vorgreifen zu wollen, sollen an dieser Stelle einige der Faktoren, die diese Entwicklung ermöglicht bzw. begünstigt haben, stichwortartig vorgestellt werden.

So hatte beispielsweise der Zeitdruck, unter dem die am Balkanfeldzug beteiligten deutschen Armeen gestanden hatten, dazu geführt, daß die Entwaffnung und Gefangennahme des jugoslawischen Heeres höchst oberflächlich durchgeführt werden mußte. Zahlreiche Waffendepots blieben unentdeckt, und obwohl die Gefangennahme nur für serbische Truppenverbände (Kroaten und Slowenen blieben unbehel-

---

2 Es gingen u.a. Svetozar Vukmanović-Tempo nach Bosnien, Milovan Djilas nach Montenegro, Vladimir Popovic nach Kroatien und Edvard Kardelj nach Slowenien. Zum Verlauf der Besprechung vom 4. Juli siehe Wheeler, Pariahs to Partisans, S. 130 sowie Milovan Djilas, *Wartime* (London u. New York 1977), S. 7 f.

3 Ebd., S. 8.

4 BA/MA, RH 24-65/4 General der Flieger Danckelmann an OKH, OKW und Wehrmachtbefehlshaber Südost (3.8.1941).

5 Lucien Karchmar, *Draža Mihailović and the rise of the Cetnik movement* (London u. New York 1987), S. 76–81.

ligt) vorgesehen war, konnte auch dieser Befehl nur von Fall zu Fall in die Tat umgesetzt werden. Nach deutschen Schätzungen befanden sich im Juni 1941 an die 300.000 Soldaten der jugoslawischen Streitkräfte allein in Serbien noch auf freiem Fuß[6]. Verspäteten Versuchen, dieses Versäumnis zumindest in bezug auf die Berufsoffiziere nachzuholen, blieb der Erfolg versagt.

Stimmungsmäßig sollten drei Faktoren zusammenwirken, um im Sommer 1941 weite Teile des serbischen Volkes dazu zu bewegen, den bewaffneten Kampf gegen die Besatzungsmacht aufzunehmen. Auf das Elend der Flüchtlinge, die sich vor den Serbenpogromen in Kroatien auf serbisches oder montenegrinisches Territorium hatten retten können, reagierten viele Serben nicht nur mit aufrichtiger Entrüstung, sondern auch mit der Befürchtung, bald auch selber zum Ziel einer solchen Ausrottungspolitik zu werden. Als der übereilte Abzug der letzten deutschen Frontdivisionen (46., 73. und 294. ID) zeitlich auch noch mit dem Kriegseintritt der Sowjetunion zusammenfiel, war dies in den Augen vieler Serben ein klarer Hinweis dafür, daß eine entscheidende Kriegswende nur noch wenige Monate entfernt war. Diese aus heutiger Sicht kaum nachvollziehbare Fehleinschätzung erklärt sich aus zwei Faktoren. Zum einen, weil der Befreiung Serbiens im Oktober 1918 durch die Orientarmee der Entente auch ein überstürzter Abzug der letzten deutschen Divisionen vorausgegangen war[7]; zum anderen, weil die Nachricht vom deutschen Überfall auf die Sowjetunion auch bei nichtkommunistischen Serben völlig übertriebene Erwartungen hinsichtlich einer vernichtenden Gegenoffensive der Streitkräfte des slawischen Brudervolkes weckte[8].

Die ersten Gruppierungen von Bewaffneten, die sich als Reaktion auf die Besetzung des Landes z.T. schon vor dem 22. Juni spontan gebildet hatten, wiesen aber höchstens insofern einen politischen Charakter auf, als sie in einer jahrhundertealten Freischärlertradition aus der Türkenzeit standen, die weniger die Vertreibung des Besatzers als den unmittelbaren Selbstschutz und die Selbstversorgung durch Raubüberfälle zum Ziel hatte[9]. Darüber hinaus fehlte den meisten von ihnen sowohl

---

6 BA/MA, RH 19 XI/ 81 (Die Bekämpfung der Aufstandsbewegung im Südostraum, I. Teil), S. 6.

7 Milan Deroc, *British special operations explored. Yugoslavia in turmoil 1941–1943 and the British response* (New York 1988), S. 156.

8 BA/MA, RH 19 XI/81 (Die Bekämpfung der Aufstandsbewegung im Südostraum, Teil I), S. 7; *I Documenti Diplomatici Italiani* (DDI), Nona Serie, Vol. VII [24 aprile – 11 dicembre 1941] (Rom 1987), S. 309 f. L'incaricato d'affari a Belgrado, Guidotti, al ministro degli esteri, Ciano (28.6.1941). Geradezu exemplarisch die Eindrücke, die ein deutscher Unteroffizier Wochen später aus seiner Gefangenschaft bei den Aufständischen mitbrachte: »Behandlung gut, ferner wurde den Gefangenen wiederholt mitgeteilt, daß es um Deutschland schlecht stehe und daß ein Ende des Krieges in ungefähr 3 Wochen abzusehen sei.« Vgl. BA/MA, RH 24-65/9 Bericht des Feldwebels Dr. Keidel über seine Gefangenschaft in Krupanj (5.9.1941).

9 Ausführlicher zu den historischen Präzedenzfällen in Griechenland, Bulgarien und besonders Serbien: John Ellis, *From the barrel of a gun. A history of guerrilla, revolutionary and counterinsurgency warfare, from the Romans to the present* (London 1995), S. 89–96.

militärische Führung als auch politisches Programm, was wiederum erklärt, warum die Konfrontation mit dem Besatzer nicht automatisch erfolgte[10]. Die Verlegenheitsbezeichnung »Cetnik«, mit der diese Gruppierungen von deutscher Seite bedacht wurden, ist im hohen Maße irreführend und sagt nur sehr wenig über die Möglichkeit einer späteren Zugehörigkeit zur Organisation des Draža Mihailović aus[11].

Diesem größtenteils volkstümlichen und unkontrollierten Charakter der Aufstandsbewegung, die im Laufe des August einen immer größeren Zulauf zu verzeichnen hatte, trug die Führung der KPJ durch eine Doppelstrategie Rechnung: erstens, indem sie am 10. August 1941 die Aufnahme von Nichtkommunisten in ihren Partisanenabteilungen (odreds) in aller Form sanktionierte[12], und zweitens, indem sie sich nach Kräften bemühte, Gruppen, die entweder noch führerlos waren oder einer der beiden Cetnik-Organisationen angehörten, durch Propaganda und gewaltsame Beseitigung der Anführer für die eigene Sache zu gewinnen[13]. Einer Mobilisierung möglichst breiter Volkskreise unter kommunistischer Führung stand jetzt nichts mehr im Wege. In denselben Tagen setzte sich auf deutscher Seite die Erkenntnis durch, daß die gegenüber dem Vormonat gestiegene Zahl der Anschläge sowie das immer organisiertere Vorgehen der »Banden« es nicht mehr gestatteten, die Unruhen

---

10 Im Stab des Befehlshaber Serbien sah man in dieser unpolitischen Haltung sowohl Anlaß zur Beruhigung wie zur Sorge: »*In den Bergen Serbiens befinden sich die zum Teil traditionsreichen Komtitatschi-Banden, die sogenannten Cetnici, die bei dem bekannten Hang des serbischen Volkes zu einer abenteuerlichen Romantik eine große Volkstümlichkeit besitzen. Sie waren in den Monaten nach dem Kriege durch geflüchtete Offiziere und Soldaten verstärkt worden. Ihr Dasein war zwar für europäische Begriffe der öffentlichen Ordnung und Sicherheit ein beunruhigender Zustand; sie vermieden aber peinlichst jegliche Art von Zusammenstoß mit der Deutschen Wehrmacht und bezeichneten als ihre Aufgabe in erster Linie die Bekämpfung des kroatischen Terrors. Mit falschen Parolen haben nun kommunistische Funktionäre vermocht, sich der Führung eines Großteil dieser Banden zu bemächtigen.*« Vgl. PA/AA, Inland IIg 401, 2815 Bericht des Verwaltungsstabes an den Wehrmachtbefehlshaber Südost (23.7.1941).

11 Im Sommer 1941 stand das von »ceta« (Kompanie, Schar) abgeleitete Wort in erster Linie für eine Freischärlertradition, die zuletzt während des Ersten Weltkrieges wiederbelebt worden war. Den Titel »Cetnik« führten ferner: die sieben Bataillone, denen die königliche Armee für den Verteidigungsfall irreguläre Kampfaufträge zugedacht hatte, der nach dem 1. Weltkrieg gegründete Veteranenverband sowie die regierungstreuen Verbände, die im August 1941 aus diesem hervorgingen. Erst nach 1941 wurde die Bezeichnung »Cetnik« (ohne Zusatz) gleichbedeutend mit einer Zugehörigkeit zur nationalserbisch-monarchistischen Widerstandsorganisation des Draža Mihailović. Ausführlicher hierzu Jozo Tomasevich, *War and Revolution in Yugoslavia. The Chetniks* (Stanford 1975), S. 115–122 u. Karchmar, *Draža Mihailović*, S. 108–111.

12 Ahmet Donlagic; Zarko Atanackovic; Dusan Plenca, *Jugoslawien im Zweiten Weltkrieg* (Belgrad 1967), S. 52 f.

13 Zu dieser Entwicklung Schreiben des Gesandten Benzler an das Auswärtige Amt vom 12. August: »*Zusammengehen der Führung von Cetnici und Kommunisten bisher nicht festgestellt, dagegen versuchen Kommunisten mit falscher Parole auf Cetnici-Gefolgschaft einzuwirken, und Zwangsmaßnahmen im Einzelfall, wie bei Militärbefehlshaber bekanntgeworden, mit Erfolg*«; vgl. ADAP, Serie D, Bd. XIII.1 (Göttingen 1970), S. 255 Benzler an Auswärtiges Amt (12.8.1941). Vgl. auch Karchmar, *Draža Mihailović*, S. 144 f.

als ein Problem zu betrachten, das mit vornehmlich polizeilichen Mitteln zu bekämpfen war.

Die »*sofortige Aufnahme des Angriffskampfes gegen die kommunistischen Terrorbanden*«, mit dem der Befehlshaber Serbien am 11. August das Höhere Kommando LXV. (General der Artillerie Paul Bader) beauftragte[14], sah sich gleich zu Anfang mit mehreren Problemen konfrontiert. An erster Stelle wäre der wenig zweckmäßige Dualismus an der Spitze der deutschen Kommandostruktur zu nennen, der eine reibungslose Zusammenarbeit zwischen einem Territorialbefehlshaber aus den Reihen der Luftwaffe und dem ihm nur formell unterstellten Generalkommando des Heeres voraussetzte. Diese war aber schon während der letzten Wochen in Frage gestellt worden, als Bader keine große Bereitschaft an den Tag gelegt hatte, den noch laufenden Ausbildungsbetrieb seiner zu einem großen Teil aus älteren Jahrgängen bestehenden Verbände (704., 714. und 717. ID) durch unvorhergesehene Aufstandsbekämpfung zu kompromittieren[15]. Die serbische Gendarmerie, auf deren Zusammenarbeit die Besatzer angewiesen waren, zeigte sich angesichts der Bürgerkriegssituation, mit der sie sich plötzlich konfrontiert sah, im hohen Maße verunsichert und wurde zudem mit Aufgaben betraut, denen sie sowohl psychologisch als auch ausrüstungsmäßig nicht gewachsen war[16]. Für den Fall, daß es zwischen Kommunisten und dem sich noch immer abwartend verhaltenden nationalserbischem Widerstand zu einer Allianz kommen sollte, sagte der Gesandte Benzler am 12. August sogar die Notwendigkeit voraus, die Gendarmerie völlig aus dem Einsatz zu ziehen[17].

Für die deutsche Truppe bestand das zentrale Problem jener Tage vor allem darin, den überraschend auftretenden Feind rechtzeitig zu fassen und zu schlagen. In dieser Phase erwiesen sich Vorstöße in Regiments- oder gar Divisionsstärke in der Regel als zu schwerfällig, um gemeldete Feindansammlungen zu stellen; lediglich teilmotorisierten »Jagdkommandos« in Stärke von 30–50 Mann waren einige Erfolge beschieden. Die Tatsache, daß der Gesandte Benzler den beim Unternehmen »Kosmaj« (7. bis 9. August, südlich von Belgrad) betriebenen Aufwand (3.000 Mann in dreitägigem Einsatz) als unverhältnismäßig ansah[18], sollte nicht darüber

---

14 BA/MA, RH 19 XI/81 (Die Bekämpfung der Aufstandsbewegung im Südostraum, Teil I), S. 14.

15 BA/MA, RH 20-12/121 O.B. – Reise Serbien (o.D., vermutl. Anfg. August 1941). In einem 14seitigen, außerordentlich kritisch gehaltenen Rückblick auf die Ereignisse der letzten Monate, den der Militärverwaltungchef Harald Turner am 16.2.1942 an den Reichsführer SS Heinrich Himmler richtete, hieß es zu diesem Thema: »*Die Truppe ist aus einer gewissen Reserve erst herausgetreten, als sie eigene Verluste hatte.*« Vgl. BA-Lichterf., NS 19/1730 Gesamtsituationsbericht an den Reichsführer SS (16.2.1942).

16 Die serbische Gendarmerie wurde von der Besatzungsmacht nicht nur waffenmäßig kurzgehalten, sondern auch zur Erschießung serbischer Geiseln gezwungen; ebd., S. 5–6.

17 ADAP, Serie D, Bd. XIII.1, S. 255 Benzler an Auswärtiges Amt (12.8.1941).

18 Ebd.

hinwegtäuschen, daß dieser Vorstoß zu den erfolgreicheren zu zählen war[19]. Sehr viel üblicher war ein Operationsverlauf wie der des am 3. August im Raum Banjica durchgeführten Unternehmens »Viktoria«, bei dem der Einsatz von neun Kompanien trotz Hinweisen von einheimischer Seite nur zwei feindliche Gefallene erbrachte[20]. In dieser Lage wachsender Ohnmacht machte die Truppe in zunehmendem Maße von verschärften »Sühnemaßnahmen« Gebrauch. Nach deutschen Quellen waren bis Ende August bereits 1.000 Serben dieser Art von Repressalie zum Opfer gefallen[21], und schon am 23. August sah sich der Kommandierende General des LXV. Korps gezwungen, in einem Grundsatzbefehl an alle Einheiten bis zur Kompanieebene auf die Kontraproduktivität von »*spontanen und ungelenkten Repressalien*« aufmerksam zu machen[22]. Der Bericht vom 8. August, in dem der Gesandte Benzler vor Geiselerschießungen gewarnt und diese als eine »*nur bedingt wirksame*« Maßnahme bezeichnet hatte[23], schien sich jetzt zu bestätigen: Von einer abschreckenden Wirkung konnte vorerst keine Rede sein.

Ende August beschloß die Partisanenführung, der weiteren Ausbreitung der Aufstandsbewegung durch Schaffung eines befreiten Gebietes im äußersten Nordwesten des Landes (im wesentlichen das Gebiet zwischen Krupanj, Loznica und dem kroatischen Zvornik) eine feste Basis zu verschaffen[24]; die Monatswende zum September brachte daher noch eine Verschärfung der Lage mit sich (18 Anschläge auf den Eisenbahnverkehr allein am 31. August[25]). Trotz dieser desolaten Situation konnten Bader und Danckelmann auf einige Erfolge zurückblicken, die langfristig im erheblichen Maße zur Stabilisierung der Lage beitragen sollten: So war der am 13./14. August in der Belgrader Tageszeitung »Novo Vreme« veröffentlichte »*Appell an die serbische Nation*« insofern ein wichtiger Erfolg, als er eine sichtbare Distanzierung von weiten Teilen des serbischen Bürgertums (545 Unterschriften, darunter 81 Hochschuldozenten) von einer als kommunistisch angesehenen Rebellion erbrachte[26]. Ferner war es Unterhändlern des Sicherheitsdienstes (SD) der SS am 15. August gelungen, den Vorsitzenden des Cetnik-Traditionsverbandes, Kosta Pećanac, nicht nur von der – an sich naheliegenden – Zusammenarbeit mit Mihailović abzuhalten, sondern ihn und seine mehrere tausend Mann zählende Anhängerschaft auch für den bewaffneten Kampf gegen die Kommunisten zu gewin-

19 BA/MA, RH 24-65/4 Abschlußbericht Kosmaj-Unternehmen (11.8.1941).
20 BA/MA, RH 24-65/4 Bericht über Unternehmen Viktoria (3.8.1941).
21 BA/MA, RH 19 XI/81 (Die Bekämpfung der Aufstandsbewegung im Südostraum, Teil I), S. 20.
22 BA/MA, RH 24-65/6 Korpsbefehl Höh. Kdo. LXV (23.8.1941).
23 PA/AA, Inland II g 401, 2815 Benzler an Auswärtiges Amt (8.8.1941).
24 Karchmar, *Draža Mihailović*, S. 201.
25 BA/MA, RH 19 XI/81 (Die Bekämpfung der Aufstandsbewegung im Südostraum, Teil I), S. 18.
26 Text und Unterschriftenliste des Aufrufs finden sich bei Philip J. Cohen, *Serbia's secret war. Propaganda and the deceit of history* (College Station 1996), S. 32 f., 137–152.

nen[27]. Am 27. August preschte er regelrecht vor und erließ ohne vorherige Absprache mit den deutschen Stellen in Belgrad[28] eine Proklamation an das serbische Volk, in der er die Autorität der Besatzungsmacht anerkannte, zur Wiederaufnahme der Arbeit aufrief und für Anschläge gegen die öffentliche Verwaltung sowie die deutschen Besatzer die Todesstrafe androhte[29]. Die starke Anhängerschaft, über die Pećanacs Organisation vornehmlich im Südosten des Landes verfügte, schränkte die Einsatzfähigkeit seiner Abteilungen in anderen Teilen des Landes zunächst ein, ermöglichte zugleich aber eine schlagartige Unterbindung der Ausbreitung der Rebellion in diesem Gebiet[30]. Fast gleichzeitig erfolgte auf Anregung des Beauftragten für den Vierjahresplan, NSKK-Gruppenführer Neuhausen, die Aufstellung einer bewaffneten Werkschutzgruppe (ab dem 29. Oktober 1942: Russisches Schutzkorps), die sich aus den Reihen der exilrussischen Gemeinde in Serbien rekrutierte und die die Besatzungsmacht zunächst vor allem bei Aufgaben des Objektschutzes entlastete[31]. Der bei weitem wichtigste Schritt zur Mobilisierung des antikommunistischen Potentials, das in der Gesellschaft des kleinbäuerlich geprägten Serbiens latent vorhanden war, erfolgte jedoch durch den Regierungswechsel vom 29. August. Nachdem die Regierung Acimović vor der zunehmenden Auflösung ihrer Autorität kapituliert hatte, standen die deutschen Besatzer vor der Verlegenheit, nach Möglichkeit eine Persönlichkeit von Rang für die Staatsführung zu gewinnen. Diese sollte sich in der Person des Generalobersten und ehemaligen Kriegsministers Milan Nedić finden, der sich in der Vergangenheit nicht nur durch eine scharf antikommunistische Einstellung profiliert, sondern auch durch eine gewisse Deutschfreundlichkeit beruflich exponiert hatte[32].

Aus den vorliegenden Quellen läßt sich nicht mit letzter Sicherheit sagen, ob die Amtseinsetzung des Generals nun auf eine serbische oder deutsche Initiative zurück-

---

27 Eine Nachricht von Mihailović, die ihn zur Bildung einer gemeinsamen Front aufforderte, ließ Pećanac unbeantwortet; Karchmar, *Draža Mihailović*, S. 109. Pećanacs Bewegungen sowie die ersten Mobilisierungsversuche seiner Organisation waren von deutscher Seite schon in den vorherigen Wochen aufmerksam verfolgt worden: vgl. BA/MA, RH 20-12/455. Nach Darstellung Turners gelang die Kontaktaufnahme durch die Vermittlungsarbeit von Pećanacs Schwiegersohn; vgl. BA-Lichterf., NS 19/1730 Politischer Monatsbericht des Verwaltungsstabes (3.12.1941).

28 DDI, Nona serie, Vol. VII, S. 524–526 Il incaricato d'affari a Belgrado, Guidotti, al ministro degli esteri, Ciano (1.9.1941).

29 Eine deutsche Übersetzung des Aufrufs vom 27. August ist im Bundesarchiv (Lichterf.) unter der Signatur R 26 VI/701 zu finden.

30 Mitte Oktober sprach eine SD-Meldung gar von dem *»für K.P. abgegrenzte(n) Gebiet südl. der Linie Nisch–Kraljevo«*, vgl. NA, PG T 314, rl 1457, fr 398 XVIII. Geb.AK, Tätigkeitsbericht der Abt. Ic für die Zeit vom 19.9.–6.12.1941 (Eintrag vom 17.10.1941).

31 Zur Entstehungsgeschichte der Werkschutzgruppe vgl. die unter BA/MA RH 24-65/9 zu findende Sammelakte.

32 Eine von Nedić im November 1940 eingereichte Denkschrift, die eine politische und militärische Annäherung an Deutschland postulierte, hatte wesentlich zu seiner anschließenden Verabschiedung beigetragen; vgl. Tomasevich, *The Chetniks*, S. 109.

zuführen und inwiefern eine Verbindung zur fast zeitgleichen Proklamation Kosta Pećanacs gegeben war[33]. So wurde Nedić am 27. August auf einer Versammlung prominenter serbischer Politiker, Militärs und Universitätsprofessoren auf den Schild gehoben[34] und richtete anschließend ein Schreiben an den Befehlshaber Serbien, in dem er seine Bereitschaft, die Regierungsgeschäfte zu übernehmen, mit einer Liste von *»Arbeitsvoraussetzungen«* verband. Diese betrafen neben der Entlassung wenigstens eines Teils der Kriegsgefangenen Vollmachten zur Verwaltung aller *»staatlichen und nationalen Angelegenheiten des serbischen Volkes«*, die Bildung einer beratenden Legislative (*»politischen Rates«*), eine nicht näher definierte Ausdehnung der *»wirtschaftlichen und administrativen Grenzen Serbiens«*, diplomatische Maßnahmen zur Unterbindung der Serbenpogrome außerhalb Altserbiens, die Einstellung wahlloser Geiselerschießungen sowie eine Verstärkung der Gendarmerie[35].

Die Art und Weise, in der Danckelmann auf diesen Forderungskatalog reagierte, sollte durch die Erwartungshaltung der serbischen Regierung, der er damit Vorschub leistete, die deutsch-serbischen Beziehungen der nächsten drei Jahre in entscheidender Weise mitbestimmen. Ausdrücklich ablehnen tat er beispielsweise nur die Punkte, die die Ausdehnung seines Befehlsbereichs, Einstellung der Geiselerschießungen, Entlassung aller Kriegsgefangenen über 55 sowie Einführung einer serbischen Nationalflagge betrafen. Allen anderen Forderungen stimmte er entweder vorbehaltlos oder zumindest *»prinzipiell«* zu oder versprach, sich bei den zuständigen Stellen zu verwenden[36]. Auch einige Passagen der Rede, die Danckelmann anläßlich der Einsetzung von Nedić hielt, waren geeignet, dem neuen Ministerpräsidenten Hoffnung zu machen. So sprach der Befehlshaber Serbien von der Notwendigkeit, *»die deutschen Truppen aus jenen Tätigkeitsbereichen zurückzuziehen, welche ausschließlich Angelegenheit der serbischen konstruktiven Kräfte und der serbischen Regierung bleiben sollen«*, und sprach – an Nedić gewandt – von den

33 In seiner Proklamation erwähnt der Cetnikführer die (ihm höchstwahrscheinlich bekannte) bevorstehende Einsetzung von Nedić mit keinem Wort. Der italienische Geschäftsträger vermochte sich dies nur durch einen *»einzigartigen Regiefehler«* zu erklären; vgl. DDI, Nona serie, Vol. VII, S. 524–526 Il incaricato d'affari a Belgrado, Guidotti, al ministro degli esteri, Ciano (1.9.1941).

34 Cohen, *Secret war*, S. 33. Nedić selbst betonte hingegen in einem Schreiben an Danckelmann, er sei *»seitens maßgebender deutscher Organe aufgefordert«* worden; vgl. General Milan Nedić an den Militärbefehlshaber in Serbien, General der Flieger Danckelmann (27.8.1941) in: Karl Hnilicka, *Das Ende auf dem Balkan. Die militärische Räumung Jugoslawiens durch die deutsche Wehrmacht* (Göttingen 1970), S. 161–163.

35 General Milan Nedić an den Militärbefehlshaber in Serbien, General der Flieger Danckelmann (27.8.1941) in ebd.

36 BA/MA, RW 40/93 Befehlshaber Serbien/Verwaltungsstab an den Bev. Kdr. General in Serbien (17.11.1941).

»Vollmachten, welche ich Ihnen zwecks Erreichung des gestellten Ziels und im Vertrauen auf Ihre Loyalität gebe«[37].

Im Laufe der nächsten Wochen und Monate sollte sich jedoch zeigen, daß so gut wie keine dieser eher verschwommenen Zusagen die Form konkreter Weisungen annahm. Lediglich die Tatsache, daß der deutschen Führung bei der gegenwärtigen Aufstandslage gar nichts anderes übrigblieb, als den serbischen Sicherheitskräften weite Teile des Landes zu überlassen, um so die eigenen Kräfte gegen das Aufstandszentrum im Nordwesten konzentrieren zu können, mag dem Eindruck einer umfassenden Befehlsgewalt der neuen Regierung Vorschub geleistet haben[38].

Obwohl die Quellen ein abschließendes Urteil in dieser Frage nicht zulassen, spricht doch einiges dafür, daß diese Situation nicht auf ein wie auch immer geartetes Mißverständnis zurückzuführen war. Ausschlaggebend dürfte neben der zur Eile drängenden Lage des Spätsommers 1941 vor allem der durch die fehlende Rückendeckung von höchster Stelle bedingte geringe Entscheidungsspielraum Danckelmanns (siehe unten) bei den Verhandlungen gewesen sein. So ist in einer schriftlichen Mitteilung des Verwaltungsstabes an den zwei Wochen später eingesetzten Bevollmächtigten und Kommandierenden General festgehalten, daß die Verhandlungen mit Nedić nur mündlich geführt worden seien: *»Schriftliche Niederlegungen erfolgten absichtlich nicht.«*[39]

Diese Art der Vorgehensweise konnte natürlich nur einen zeitlich begrenzten Erfolg haben; langfristig sollte sich die wachsende Verbitterung des serbischen Ministerpräsidenten, der sich bis zuletzt an Danckelmanns Versprechungen vom 29. August orientierte[40], schließlich in zwei Regierungskrisen entladen, die das Modell deutschserbischer Kollaboration an den Rand des Zusammenbruchs führten.

Nedić wurde vom Befehlshaber Serbien so überstürzt in sein Amt eingeführt, daß noch nicht einmal das Placet des Reichsaußenministers[41] oder des Wehrmacht-

---

37 Rede des Befehlshabers Serbien anläßlich der Einsetzung der Regierung Nedić (29.8.1941) in: Hnilicka, *Balkan*, S. 159 f.

38 Dieses mißverständliche Bild hat sich z.T. bis heute gehalten, so etwa bei Cohen, *Secret war*, S. 34 f. Vgl. dagegen DDI, Nona serie, Vol.VII, S. 553 Il ministro a Belgrado, Mameli, al ministro degli esteri, Ciano (8.9.1941), wo der italienische Gesandte über ein Gespräch mit Benzler berichtet; dieser habe klargestellt, daß in bezug auf die Kompetenzen der Regierung und der Besatzungsmacht sich nichts (*»nulla«*) geändert hätte.

39 BA/MA, RW 40/93 Befehlshaber Serbien/Verwaltungsstab an den Bev. Kdr. General in Serbien (17.11.1941). Interessant die handschriftliche Randbemerkung Boehmes (*»warum nicht?«*), der offenbar eine höchst unpolitische Natur war.

40 Noch im Februar 1944 verwies Nedić auf *»die bekannte Erklärung, (...) die Herr General Danckelmann anläßlich des Empfangs meiner ersten Regierung in dieser Hinsicht gab«*. Vgl. General Milan Nedić an den Militärbefehlshaber Südost, General der Infanterie Felber (22.2.1944) in: Hnilicka, *Balkan*, S. 312–320.

41 ADAP, Serie D, Bd. XIII.1, S. 354 f. von Ribbentrop an Benzler (2.9.1941).

befehlshabers Südost abgewartet wurde; letzterer soll einer zeitgenössischen Untersuchung zufolge davon sogar erst aus der Presse erfahren haben[42]. Ob diese Unterlassung mehr auf die krisenhafte Zuspitzung der militärischen Lage oder Danckelmanns Sorge vor einer ablehnenden Reaktion aus Athen zurückzuführen war, ist aus den Quellen nicht mit letzter Sicherheit zu rekonstruieren; Ausdruck einer Krise war es allemal.

Diese zeigte auch in der ersten Septemberhälfte keine Zeichen der Besserung. Der durch die sich rapide verschlechternde Lage nötig gewordene Befehl des Generalfeldmarschalls List an die Divisionen des LXV. Korps, alle Verbände enger zusammenzuziehen und Orte nicht mehr unter Bataillonsstärke zu belegen, kam in einem Fall bereits zu spät: Bei der Evakuierung der Kleinstadt Krupanj (6. September) ging nicht nur der größte Teil der dort eingesetzten zwei Kompanien (175 Gefangene), sondern auch der letzte deutsche Stützpunkt im äußersten Westen des Landes verloren[43]. Der Versuch, am 13. September im Raum Šabac der serbischen Gendarmerie die Gelegenheit zu geben, sich in einem Großeinsatz zu bewähren, endete mit einer Gehorsamsverweigerung und erforderte sogar den Einsatz deutscher Truppen, um Teile des betroffenen Gendarmerieverbandes zu entwaffnen[44]. Der Einsatz von Jagdkommandos wurde erst von einer größeren Einsatzstärke abhängig gemacht[45] und bald darauf ganz untersagt[46].

Besonders schwer wog, daß seit dem 1. September einzelne Abteilungen, die der Cetnik-Organisation des Mihailović zuzuordnen waren, damit begonnen hatten, sich in spontaner Weise der Eroberung des Nordwestens durch die kommunistischen »odreds« anzuschließen. Obwohl zunächst nur eine Minderheit unter den Cetniks, führte ihre Beteiligung binnen weniger Tage zu den von Benzler befürchteten Einsatzverweigerungen der serbischen Gendarmerie. Aufgrund des zunehmenden Drucks auf Mihailović, endlich gegen die Besatzer tätig zu werden, sah der oberste Cetnikführer sich wiederum außerstande, den zunehmenden Drang zur faktischen Allianz mit den Kommunisten auf disziplinarischem Wege zu unterbinden[47].

Repräsentativ für die Krisenstimmung jener Tage sind zwei Meldungen der Feldkommandantur 809. In der ersten (18. September) wurde unter anderem auf die mögliche Alternative hingewiesen, die deutsche Stellung aufzugeben und den serbi-

---

42 BA/MA, RH 19 XI/81 (Die Bekämpfung der Aufstandsbewegung im Südostraum, Teil I), S. 29 f.
43 Ebd., S. 23. Außerdem BA/MA, RW 40/11 Lagebericht des Verbindungsoffiziers des W.B. Südost beim Höh. Kdo. LXV (13.9.1941).
44 Ebd.
45 Ein entsprechender Befehl des Höh. Kdos. LXV vom 12. September bezeichnete selbst eine Stärke von 30–35 Mann als zu wenig; vgl. BA/MA, RW 40/11 KTB-Eintrag vom 12.9.1941.
46 BA/MA, RH 24-65/6 Befehl des Höh. Kdos. LXV an alle Divisionen (4.10.1941) sowie RH 19 XI/81 (Die Bekämpfung der Aufstandsbewegung im Südostraum, Teil I), S. 38.
47 Besonders ausführlich zu dieser Entwicklung Karchmar, *Draža Mihailović*, S. 201–220.

schen Reststaat unter den Nachbarländern aufzuteilen[48]; bei weiterem Fortschreiten der Rebellion, so ein wenige Tage später abgefaßter Lagebericht, sei nämlich in absehbarer Zeit mit der Möglichkeit zu rechnen, das ganze Land regelrecht zurückerobern zu müssen[49]. Die Erkenntnis, daß in einer solchen Situation, in der die Besatzer sich nur noch auf den wesentlichsten Objektschutz konzentrieren konnten und eine Eingreifreserve (wenn überhaupt) nur noch in Bataillonsstärke verfügbar war, Hilfe nur noch von außen kommen konnte, war inzwischen auch in Athen und Berlin gereift. Daß die Ereignisse in Serbien im Begriff waren, in eine neue, entscheidende Phase zu treten, wird anhand von zwei Weisungen deutlich, die beide am 16. September ergingen. So beschloß einerseits der Hauptstab Serbien der Partisanen, das größte zusammenhängende befreite Gebiet im Raum Krupanj/Loznica auf ganz Westserbien auszudehnen[50], während andererseits ein Grundsatzbefehl selben Datums aus dem Führerhauptquartier den Einsatz einer vollzähligen Frontdivision für Serbien zusagte und außerdem Geiselerschießungen in Höhe von 50–100 Geiseln für jeden getöteten Deutschen anordnete. Darüber hinaus wurde der Dualismus, der zwischen dem Höheren Kdo. LXV und dem Befehlshaber Serbien bestand, dadurch aufgehoben, daß das Generalkommando XVIII. unter dem General der Infanterie Franz Boehme (»Der Bevollmächtigte Kommandierende General in Serbien«) mit der Niederschlagung des serbischen Aufstandes beauftragt wurde[51].

Als Boehme am 19. September mit seinem Stab in Belgrad eintraf, sah er sich mit einem ganzen Strauß von Problemen militärischer, politischer und administrativer Natur konfrontiert. In militärischer Hinsicht strebte die Aufstandsbewegung ihrem Höhepunkt entgegen. Wenngleich zu diesem Zeitpunkt bis auf das Banat, das Belgrader Stadtgebiet und den Südosten um Niš das ganze Land Aufstandsgebiet war, lag der Schwerpunkt weiterhin im Westen und Nordwesten. Obwohl der Grund hierfür sowohl in deutschen Denkschriften[52] als auch der neueren Forschungsliteratur[53] oft in der rebellischen »Tradition« dieser Region (insbesondere der Nordwestprovinz Sumadija) gesucht wurde, dürfte der Umstand, daß sich viele der besitzlosen Flüchtlinge aus Kroatien hier angesammelt hatten und die Kommunisten außerdem in den Industrierevieren von Užice, Valjevo, Čačak und Krupanj über eine

---

48 BA/MA, RL 21/218 Fkdtr. 809 (Nisch) an Befehlshaber Serbien (18.9.1941).
49 Monatsbericht der Fkdtr. 809 (25.8.–24.9.1941) an Befehlshaber Serbien; in ebd.
50 Rodoljub Colakovic, *Winning freedom* (London 1962), S. 145.
51 Martin Moll (Hrsg.), *»Führer-Erlasse« 1939–1945* (Stuttgart 1997), S. 198 f. Zur Vorgeschichte dieses Befehls: BA/MA, RH 19 XI/81 (Die Bekämpfung der Aufstandsbewegung im Südostraum, Teil I), S. 41–48.
52 BA/MA, RH 24-18/85 KTB-Eintrag vom 25.10.1941; RW 40/13 Denkschrift des Bev. Kdr. Generals über die Aufstandsbewegung (1.11.1941); BA-Lichterf., R 26 VI/701 Denkschrift des Kriegsverwaltungsrates Dr. Frhr. v. Reiswitz *»über die Disposition der Bevölkerung Restserbiens zu bewaffneten Aktionen«* (o.D.).
53 Karchmar, *Draža Mihailović*, S. 84.

ihrer wenigen serbischen Hochburgen verfügten[54], eine mindestens ebenso wichtige Rolle gespielt haben. Boehme war formell kaum in sein Amt eingeführt worden, als der Umfang dieses befreiten Gebietes durch den Verlust von Užice (21. September), Pozega, Gornji Milanovac (29. September) und Čažak (1. Oktober) noch einmal erheblich erweitert wurde. Die von starken Kräften berannten Städte Valjevo und Kraljevo konnten zwar vorläufig behauptet werden, waren aber von der Außenwelt abgeschnitten. Ganz Serbien westlich der Linie Belgrad-Kraljevo befand sich nun in der Hand der Aufständischen[55]. Besonders schwer wog dabei, daß ihnen in Užice eine intakte Waffenfabrik überlassen worden war; die bald wieder einsetzende Produktion konnte auch durch sporadische Luftangriffe nicht unterbunden werden[56]. Die krisenhafte Zuspitzung der Lage wurde am 22. September offensichtlich, als ein Versuch der Aufständischen, die Stadt Kruševac erobern, bei Tage durchgeführt wurde. Obwohl der Angriff bei 23 deutschen Gefallenen abgewehrt werden konnte, war diese neue Vorgehensweise doch ein klares Indiz für das gewachsene Selbstvertrauen der Aufständischen[57]. Eine Zwischenbilanz dieser stürmischen Entwicklung zog das ZK der KPJ auf einer am 26. September in Stolice abgehaltenen Strategiebesprechung. Hier wurde vor allem eine Straffung und Vereinheitlichung der militärischen Struktur der Aufstandsbewegung beschlossen. So wurde die Führung der Rebellion in den einzelnen Provinzen dafür bestimmten »Hauptstäben« übertragen, während das zentrale Führungsorgan mit Tito an der Spitze seine endgültige Bezeichnung »Oberster Stab der Partisanenabteilungen der Volksbefreiung Jugoslawiens« erhielt[58]. Das bereits existierende befreite Gebiet sollte ausgedehnt

---

54 Ebd. S. 184.
55 Zur krisenhaften Entwicklung jener Tage: BA/MA, RW 40/11 Lagebericht der Fkdtr. 816 für September.
56 Obwohl nach der deutschen Räumung von Užice zunächst eine unklare Lage entstand, ermöglichte das zögerliche Vorgehen der Cetnik-Führung den Kommunisten die Sicherung der Stadt: Karchmar, *Draža Mihailović*, S. 213–215. Die Produktion der in ein Bankgewölbe verlegten Waffenfabrik belief sich nach offiziöser jugoslawischer Darstellung auf 16.500 Gewehre, vgl. Donlagic/Atanackovic/Plenca, *Jugoslawien im Zweiten Weltkrieg*, S. 57. Karchmar schätzt sie auf 10.000–12.000, vgl. Karchmar, *Draža Mihailović*, S. 326.
57 BA/MA, RL 21/218 Monatsbericht der Fkdtr. 809, 25.8.–24.9.1941; BA/MA, RH 19XI/81 (Die Bekämpfung der Aufstandsbewegung im Südostraum, Teil I), S. 57.
58 Bedingt durch die Stalinschen Säuberungen, setzte sich der Oberste Stab aus zumeist jüngeren ZK- und Politbüromitgliedern zusammen. Eigentliche Entscheidungsträger waren neben Tito: Milovan Djilas (Montenegriner), Edvard Kardelj (Slowene), Ivo-Lola Ribar (Kroate) und Alexander-Leka Ranković (Serbe). Eine nachgeordnete Bedeutung kam den KPJ-Verteranen Mosa Pijade (Serbe), Svetozar Vukmanović-Tempo (Montenegriner), Ivan Milutinovic (Montenegriner) sowie dem Berufsoffizier Arso Jovanovic (Montenegriner) zu. Mitglieder, die ehrenhalber oder aus politischen Motiven in den Stab aufgenommen worden waren (z.B. der serbisch-orthodoxe Geistliche Vlado Zecevic), waren von wesentlichen Entscheidungsprozessen ausgeschlossen. Durch Abkommandierungen an Nebenkriegsschauplätze und zu Auslandsmissionen war die Gesamtbesetzung einer gewissen Fluktuation unterworfen. Zu Aufbau und Struktur des Obersten Stabes: Frederick William Deakin, *The embattled mountain* (London u.a. 1971), S. 88–94; Befragung Dr. Vladimir Velebit, Zagreb (9. u. 10.5.1998).

werden und mittelfristig auch die ruhigeren Regionen im Osten des Landes einschließen[59]. Die Pläne, mit denen sich in diesen Tagen Teile der deutschen Führung in Belgrad und Athen trugen, schienen diesen Optimismus durchaus zu rechtfertigen. So schlug am 28. September Bader dem Bevollmächtigten General die Räumung des umzingelten Valjevos vor, wo der Stab der 704. ID festsaß[60], und der Chef des Stabes des Wehrmachtbefehlshabers Südost kam in einem Memorandum vom 6. Oktober gar zu Schlußfolgerungen, die aus der Sicht der siegesgewohnten Wehrmachtsführung wohl ohne Präzedenzfall gewesen sein dürften. So schwebte Oberst Hermann Foertsch eine allgemeine Rückzugsbewegung bis zu einer Linie vor, hinter der sich die deutsche Besatzungsmacht im wesentlichen nur noch auf den Schutz der Bahn- und Straßenverbindungen zwischen Belgrad und Niš sowie des Förderbetriebes in Bor beschränkt hätte. Weit über die Hälfte des Landes wäre so der Aufstandsbewegung überlassen worden[61]. Auch wenn der Wehrmachtbefehlshaber Südost diesen Plan ablehnte, so vermittelt seine bloße Vorlage doch eine gute Vorstellung von der völlig verfahrenen Lage, die Boehme zu bereinigen hatte.

In politischer Hinsicht war die Frage zu klären, welche Rolle man einheimischen Kräften bei der Niederschlagung des Aufstandes zuzubilligen bereit war. Am unproblematischsten war das Hilfsangebot, das am 14. September von der faschistoiden »Zbor«-Bewegung des ehemaligen Ministers Dimitrje Ljotić ausging[62]. Seine »Freiwilligen« (ab Januar 1943: Serbisches Freiwilligenkorps, kurz SFK) sollten sich in Folge trotz ihrer geringen Stärke (unter 4.000 Mann) und mangelhaften Bewaffnung als die bei weitem schlagkräftigste und loyalste serbische Truppe unter deutschem Oberbefehl erweisen. Trotz der Verbindung, die Ljotić und mindestens einer seiner Kampfgefährten während des Krieges zu Mihailović aufrechterhielten[63], zeichneten sich die Freiwilligen – anders als die Gendarmerie – dadurch aus, daß sie auch der Konfrontation mit Mihailović-Verbänden nicht aus dem Weg gingen.

Grundlegend anders sollte sich von Anfang an die Zusammenarbeit mit den Cetniks des Kosta Pećanac gestalten. Diese war erst am 8. September vom Wehrmacht-

---

59 Ausführlich zur Besprechung von Stolice siehe Colakovic, *Winning freedom*, S. 153–161; Donlagic/Atanackovic/Plenca, *Jugoslawien im Zweiten Weltkrieg*, S. 65 f.
60 BA/MA, RH 24-65/6 Bader an den Bev. Kdr. Gen. in Serbien (28.9.1941).
61 Denkschrift Foertschs vom 6.10.1941, abgedruckt in: BA/MA, RH 19 XI/81 (Die Bekämpfung der Aufstandsbekämpfung im Südostraum, Teil I), S. 52–55.
62 Cohen, *Secret war*, S. 37. Trotz einer betont antisemitischen, antidemokratischen und antikommunistischen Haltung hob sich »Zbor« vor allem durch den privilegierten Platz, den sie der Landesreligion einräumte, von den Staatsparteien Italiens und Deutschlands ab.
63 Noch Anfang Dezember 1941 versuchte der Kommandeur der Freiwilligen, Oberst Kosta Musicki, eine Verbindung zu Mihailović herzustellen; vgl. hierzu Fernschreiben des Kommandierenden Generals an den Wehrmachtbefehlshaber Südost (10.12.1941), zit. in BA/MA, RH 19 XI/81 (Die Bekämpfung der Aufstandsbewegung im Südostraum, Teil I), S. 82. Ljotić sollte bis 1944 diverse Male als Vermittler zwischen Mihailović und Besatzungsmacht fungieren, siehe hierzu BA/MA, RW 40/41 KTB-Eintrag vom 1.5.1943 u. RW 40/42 KTB-Eintrag vom 11.6.1943.

befehlshaber Südost eher widerstrebend und nur unter dem Vorbehalt gutgeheißen worden, daß eine enge Beaufsichtigung und schrittweise Reduzierung dieser Verbände anzustreben sei[64]. Vorerst sah Boehme sich jedoch genötigt, am 10. Oktober loyale Cetniks als »*Verstärkungsgendarmerie*« in aller Form in die Front der Regierungsverbände aufzunehmen und auch ihre Belieferung mit Munition (»*in kleinen Mengen, fallweise*«) zu gestatten[65]. Die zurückhaltende Auslegung dieses Befehls hielt der Bevollmächtigte Kommandierende General allerdings schon deshalb für nötig, weil einige der nationalserbischen Abteilungen, die sich zunächst von Pećanac ab- und Mihailović zugewandt hatten, mit der Zunahme der Spannungen zwischen Cetniks und Kommunisten wieder – und sei es nur vorübergehenden – Anschluß an die Organisation des Traditionsverbandes suchten[66].

Jenseits solch praktischer Erwägungen blieb die Frage der deutsch-serbischen Kollaboration aber vor allem eine eminent politische. So hatte List hinsichtlich der Regierung Nedić bereits am 8. September in einem Bericht an das OKW, als der serbische Ministerpräsident noch keine zwei Wochen im Amt war, moniert, daß dessen Ernennung noch immer keine Wende erbracht habe[67]. Auch wenn sich in diesem letzten Fall die Vermutung aufdrängt, daß der bei der Amtseinführung von Nedić übergangene Generalfeldmarschall der Versuchung nachgab, die Entscheidung eines Untergebenen in Frage zu stellen, kann ebensowenig geleugnet werden, daß hier eine argwöhnische Grundhaltung zutage trat, die zum beherrschenden Element der serbisch-deutschen Beziehungen der nächsten drei Jahre werden sollte. Durch den Putsch vom 27. März und den Aufstand im Spätsommer in ihren zum Teil tiefsitzenden slavophoben oder zumindest serbienfeindlichen Vorurteilen bestätigt, taten sich viele deutsche Offiziere schwer damit, den Organen des neuen serbischen Staates das Vertrauen entgegenzubringen, das für eine wirklich produktive Zusammenarbeit unerläßlich gewesen wäre. Die Frage nach den Kräften hinter dem serbischen Aufstand stellte in diesem Zusammenhang gewissermaßen eine Art Lackmustest dar. Für die skeptisch eingestellten war dieser ein Produkt des ursprünglichsten serbischen Nationalismus und somit ein klarer Beweis dafür, daß man sich inmitten einer kompromißlos feindlich eingestellten Bevölkerung befinde. Eine 1941 noch klar in der Minderheit befindliche Gruppe sah hingegen in der Rebellion vor allem einen bolschewistischen Umsturzversuch und vertraute darauf, die hierdurch freigesetzten landeseigenen antikommunistischen Kräfte für die eigene Sache einzusetzen. Während List, Boehme und Bader zweifellos zur Fraktion der Skeptiker zu zählen

---

64 BA/MA, RH 19 XI/81 (Die Bekämpfung der Aufstandsbewegung im Südostraum, Teil I), S. 28.
65 NA, PG T 314, rl 1457, fr 362 XVIII. Geb.AK, Tätigkeitsbericht der Abteilung Ic für die Zeit vom 19.9.–6.12.1941 (Eintrag vom 10.10.1941).
66 Ausführlich hierzu Karchmar, *Draža Mihailović*, S. 211–213.
67 BA/MA, RH 19 XI/81 (Die Bekämpfung der Aufstandsbewegung im Südostraum, Teil I), S. 28.

waren[68], gab es bereits in dieser frühen Phase in Belgrad einige hochrangige Repräsentanten der Besatzungsmacht, die für einen Ausbau der Zusammenarbeit mit der Pećanac-Gruppe sowie eine großzügige Förderung der Regierung Nedić eintraten. Neben dem dritten Befehlshaber Serbien, General der Flieger Heinrich Danckelmann[69], und dem Gesandten Felix Benzler[70] ist in diesem Zusammenhang vor allem die Person des Chefs der Militärverwaltung, Staatsrat Harald Turner[71], zu nennen. Im Gegensatz zu Benzler, der sich im Laufe der Zeit zum prominentesten deutschen Fürsprecher der Ljotić-Bewegung entwickeln sollte[72], neigte Turner dazu, neben Nedić vor allem auf die Person des ersten Ministerpräsidenten und gegenwärtigen Innenministers, Milan Aćimović, zu setzen[73]. In seiner Sympathie für Nedić ging der Verwaltungschef sogar so weit, Boehme in einem Schreiben vom 21. September dazu zu raten, den Ministerpräsidenten zu einem zeitlich befristeten Rückzug aus der Politik zu bewegen, um ihn durch die jetzt zu erwartenden Vergeltungsmaßnahmen in den Augen seiner Landsleute nicht zu kompromittieren[74] – eine Option, die auch Nedić selbst zumindest kurzfristig erwogen zu haben scheint[75]. Der Bevollmächtigte General sah jedoch davon ab, gleich nach seiner Ankunft irgendwelche politischen Eingriffe vorzunehmen; in Anbetracht der kritischen Lage wären diese auch nur schwer zu rechtfertigen gewesen. Die Kollaboration mit den Pećanac-Cetniks wurde bestätigt und alle Zweifel über einen Verbleib von Nedić in seinem Amt im persönlichen Gespräch mit diesem ausgeräumt[76].

---

68 Siehe hierzu beispielsweise Schreiben Boehmes an List vom 25.9.1941; in ebd., S. 49 f. Zu den Differenzen zwischen Bader und Danckelmann vgl. ebd., S. 35.

69 Zur Person Danckelmanns hielt Nedić in einem Schreiben vom Februar 1944 fest, *»daß während seines Wirkens die Zusammenarbeit zwischen der Regierung und den deutschen Besatzungsbehörden die allerbeste war, sie hätte nicht besser sein können«.* Vgl. Milan Nedić an den Militärbefehlshaber Südost, General der Infanterie Felber (22.2.1944) in: Hnilicka, *Balkan*, S. 312–320.

70 Ein besonders gutes Beispiel hierfür ist Benzlers Schreiben vom 3. Dezember, in dem er die Verdienste Nedićs um die Befriedung des Landes besonders hervorhebt (*»Unbeirrt von allen Anfeindungen, unerschüttert durch die Schmähungen, die von London kommen, geht dieser alte Soldat seinen schweren Weg.«*); vgl. ADAP, Serie D, Bd. XIII.2, S. 768–771 Benzler an Auswärtiges Amt (3.12.1941).

71 Exemplarisch für dessen Haltung: BA-Lichterf., NS 19/1730 Politischer Monatsbericht vom 3.12.1941 sowie NS 19/1728 Turner an den Stabschef des Wehrmachtbefehlshabers Südost, Oberst Foertsch (6.2.1942).

72 BA/MA, RW 40/42 KTB-Eintrag vom 29.6.1943.

73 BA/MA, RW 40/28 KTB-Einträge vom 7.4. und 19.8.1942.

74 BA/MA, RH 24-18/87 Staatsrat Turner an den Bev. Kdr. Gen. (21.9.1941).

75 BA/MA, RH 24-18/86 Der Bevollmächtigte Kommandierende General in Serbien an den Wehrmachtbefehlshaber Südost (15.11.1941).

76 BA/MA, RH 24-18/87 Zehntagemeldung des Bev. Kdr. Generals an den Wehrmachtbefehlshaber Südost (1.10.1941).

Im Gegensatz zu den oben angesprochenen Problemkomplexen war die Schaffung klarer Befehlsverhältnisse in Belgrad in Anbetracht der kritischen Gesamtlage und der umfassenden Vollmacht, mit der Boehme nach Serbien gekommmen war, ein relativ leicht zu lösendes Problem. In einem an Generalfeldmarschall List gerichteten Brief vom 25. September warf Boehme Danckelmann vor, in den vergangenen Wochen die Lage generell unterschätzt und sich für die Niederschlagung des Aufstandes praktisch nur auf die serbische Gendarmerie verlassen zu haben; abschließend forderte er die Abberufung des Luftwaffengenerals[77]. Ob ein an Boehme adressiertes Schreiben selben Datums, in dem Danckelmann seine faktische Kaltstellung in scharfen Worten in Frage stellte[78], den Bevollmächtigten General überhaupt erst zu diesem radikalen Schritt bewog oder ihn in seiner Auffassung nur bestätigte, dürfte nicht mehr nachvollziehbar sein. Jedenfalls kann die am 10. Oktober erfolgte Abberufung Danckelmanns als ein weiterer folgerichtiger Schritt zur Vereinfachung der Befehlsverhältnisse in Serbien gesehen werden; hatte doch die Position des Befehlshabers als die eines faktischen »Königs ohne Land«, der noch dazu von einer anderen Waffengattung kam, eine eingespielte Reaktion auf die sich entwickelnde Rebellion nicht unerheblich erschwert[79]. Unabhängig von diesen Ereignissen wurde während derselben Woche auch an der Spitze der 12. Armee eine Ablösung vorgenommen: Anstelle des schwererkrankten Generalfeldmarschalls List übernahm General der Pioniere Walter Kuntze am 15. Oktober die Doppelfunktion als Armeeoberbefehlshaber und Wehrmachtbefehlshaber Südost. Obwohl der Zusatz »stellvertretender«, den Lists Nachfolger vor beiden Titeln zu führen hatte, ein unübersehbarer Hinweis auf den provisorischen Charakter des Arrangements bzw. auf Kuntzes zu niedrigen Rang darstellte, sollte er diese Funktion immerhin fast zehn Monate lang ausüben.

Noch wichtiger als das Stühlerücken in Belgrad und Athen war jedoch die Ankunft der Einheiten in Serbien, die in den folgenden Monaten die Operationsreserve Boehmes darstellen sollten: die 342. ID (Generalleutnant Dr. Walter Hinghofer) und

---

77 Schreiben Boehmes an den Wehrmachtbefehlshaber Südost (25.9.1941), in: BA/MA, RH 19 XI/81 (Die Bekämpfung der Aufstandsbewegung im Südostraum, Teil I), S. 49 f.

78 BA/MA, RW 40/11 Der Befehlshaber Serbien an den Bevollmächtigten Kommandierenden General in Serbien (25.9.1941).

79 Die Ursachenforschung nach der mangelhaften Zusammenarbeit zwischen dem Höheren Kommando und dem Befehlshaber während des Sommers scheint mit persönlichen Antipathien bzw. Sympathien untrennbar verbunden zu sein. Der Kritik Boehmes an Danckelmanns Amtsführung hielt beispielsweise Staatsrat Turner in einem Brief an Himmler am 16. Februar 1942 entgegen: »Besonders als General Danckelmann Befehlshaber wurde, ist von dem Höh. Kommando nahezu jeder Befehl sabotiert worden.« Vgl. BA-Lichterf., NS 19/1730 Gesamtsituationsbericht an den Reichsführer SS (16.2.1942). Aus der Retrospektive ist in jedem Fall die Unzweckmäßigkeit des bestehenden zweigleisigen Arrangements als entscheidender Faktor zu sehen.

das 125. IR. Während letzteres bis Ende Oktober im wesentlichen die Verbindung nach Valjevo und das südliche Vorfeld von Belgrad freizukämpfen hatte, war der Einsatz der 342. ID von vornherein darauf angelegt, durch schwerpunktmäßiges Vorgehen gegen Brennpunkte der Rebellion die entscheidende militärische Konfrontation zu erzwingen. Die erste Region, die ins Visier dieser Strategie geriet, war die im Drinabogen gelegene Macva. Diese Wahl war aus zwei Gründen naheliegend: erstens, weil auf diese Weise der Rebellion ein wichtiges landwirtschaftliches Überschußgebiet entrissen werden konnte, und zweitens, weil sich hier die Möglichkeit bot, die anrollende Division in einer vom Aufstand noch unberührten Nachbarprovinz (dem kroatischen Syrmien) zum Angriff zu formieren[80]. Von Nachteil war freilich, daß es hier im äußersten Nordwesten schon seit einiger Zeit zu einer gedeihlichen Kooperation zwischen Partisanen und Cetniks gekommen war[81]; Hinghofer mußte also mit der Möglichkeit rechnen, einer geeinten Front gegenüberzustehen. Möglicherweise war es diese Aussicht, die Boehme und Hinghofer dazu bewog, fehlende militärische Stärke durch eine Vorgehensweise zu kompensieren, die auch bei großzügigster Betrachtungsweise nur als terroristisch bezeichnet werden kann. Schon bei der Sicherung der Kleinstadt Šabac, die der Division als erster Brückenkopf auf serbischem Territorium dienen sollte, bekam Hinghofer Gelegenheit, Boehmes Tagesbefehl vom 22. September (*»Durch rücksichtslose Maßnahmen muß erreicht werden, daß ein abschreckendes Beispiel, das in kurzer Zeit in ganz Serbien bekannt wird, geschaffen wird.«*)[82] konsequent in die Tat umzusetzen. Die bei Eintreffen der Spitzen der Division noch tobenden Kämpfe zwischen deutscher Garnison und serbischen Belagerern wurden zum Anlaß einer mehrtägigen »Auskämmaktion« genommen, bei der unter anderem 5.000 männliche Einwohner der Stadt Šabac in das provisorische Anhaltelager Jarak und dann wieder zurückgetrieben wurden. Über 150 Serben, die sich »widersetzlich« zeigten oder auf dem Marsch nicht mithalten konnten, wurden von Hinghofers Soldaten kurzerhand erschossen; die Suche nach Waffen blieb freilich ergebnislos[83]. Weder diese für die Besatzer enttäuschende Bilanz noch die Meldung, daß in der Macva eine umfassende Absetzbewegung der Aufständischen nach Süden in Gang sei[84], vermochten Boehme dazu zu bewegen, für den folgenden Operationsabschnitt eine neue Vorgehensweise zu wählen.

---

80 Zu diesen Überlegungen: BA/MA, RH 19 XI/81 (Die Bekämpfung der Aufstandsbewegung im Südostraum, Teil I), S. 42–45.
81 Karchmar, *Draža Mihailović*, S.226 f. Der örtliche Cetnikführer (Hauptmann Dragoslav Račić) hatte sich schon Ende August mit den Partisanen ins Einvernehmen gesetzt; in dem im November einsetzenden Bürgerkrieg sollte er dann zu einem ihrer erbittertsten Gegner werden.
82 BA/MA, RH 24-18/87 XVIII. AK Ia, Befehl für die Säuberung des Save-Bogens (22.9.1941).
83 BA/MA, RH 26-342/8 342. ID Abt. Ia, KTB-Eintrag vom 25.9.1941.
84 BA/MA, RH 24-18/87 XVIII. AK Ia, Zehntagemeldung an den Wehrmachtbefehlshaber Südost (1.10.1941).

Der in Šabac vorgegebene Trend erfuhr daher beim Vorstoß in die Macva (28. September bis 9. Oktober) sowie den anschließenden Operationen gegen das südlich angrenzende Cer-Gebirge (10. bis 15. Oktober) und die Stadt Krupanj (19./20. Oktober) noch eine erhebliche Steigerung. Sowohl die geringfügigen Kampfhandlungen als auch die geringe Waffenbeute standen in auffälligem Gegensatz zur Höhe der an der Zivilbevölkerung vorgenommenen Erschießungen (1.130 im ersten, 1.081 im zweiten und 1.800 im dritten Fall)[85], deren Höhe sich zumindest anfänglich daraus erklärt, daß praktisch jeder *»im Zwischengelände«* angetroffene männliche Zivilist, ganz gleich ob bewaffnet oder nicht, dem Generalverdacht unterlag, ein flüchtiger Aufständischer zu sein. Über Leben und Tod entschied in einem solchen Fall, ob von ihm *»feindliche Handlungen vermutet werden können«*[86]. Boehmes drakonischer Befehl, der für eine verbindliche Regelung des anstehenden »Erschießungssolls« sorgte, langte erst am 10. Oktober bei der Division an. Erst ab diesem Datum galten die so vorgenommenen Erschießungen als »Sühne« für die von der Division erlittenen Ausfälle[87]. Hierdurch ergab sich die paradoxe Situation, daß Boehmes 1:100-Befehl, der in der Literatur oft als die extremste Form deutscher Repressalienpolitik dargestellt worden ist, im Bereich der 342. ID sogar für eine gewisse Abmilderung der Erschießungspraxis sorgte. Nach dieser Weisung hätte die Division in den ersten acht Tagen ihres Operationszyklus auf serbischem Boden genau 100 Erschießungen als Vergeltung für den einen Gefallenen, den sie bis dahin gehabt hatte, vornehmen dürfen. Die statt dessen *»unterschiedlos gegen die gesamte Bevölkerung«*[88] durchgeführten Repressalien hatten bis zum 30. September insgesamt schon 830 Erschießungen zur Folge gehabt[89].

Die eigentliche Suche nach abgetauchten Aufständischen erfolgte unterdessen in zwei provisorischen Durchgangslagern, durch die sämtliche Männer im waffenfähigen Alter, derer die 342. ID in der Macva habhaft werden konnte (21.500), geschleust wurden. Die eingehenderen Untersuchungen, die dort stattfanden, ermöglichten die Identifizierung von 233 Kommunisten, die ebenfalls erschossen wurden. Die überfüllungsbedingte schrittweise Freilassung der Internierten gegen Mitte des Monats wurde von Hinghofer in einem Brief an Boehme als verfrüht angesehen und

---

85 BA/MA, RH 19 XI/81 (Die Bekämpfung der Aufstandsbewegung im Südostraum, Teil I), S. 5 u. 51 f.; RH 26-342/12 Zehntagemeldung vom 9.10.1941.

86 BA/MA, RH 26-342/12 342. ID Abt. Ia, Divisionsbefehl zum Vorstoß auf Orid (8.10.1941).

87 Vgl. auch die gleichlautende Weisung an die 704. ID in BA/MA, RH 26-104/14 Befehl vom 10.10.1941.

88 So die vom Ic-Offizier der Division in seinem Abschlußbericht verwendete Formulierung; vgl. BA/MA, RH 26-342/80 Tätigkeitsbericht der Abt. Ic (14.2.1942).

89 BA/MA, RH 26-342/12 342. ID, Ia an Bev. Kdr. Gen. (30.9.1941). Zu widersprechen ist daher Karchmar, der das selbständige Vorgehen der 342. ID, gemessen an den Vorgängen im restlichen Serbien, noch als *»relatively humane«* bezeichnet. Vgl. Karchmar, *Draža Mihailović*, S. 227.

heftig kritisiert[90]. Hierbei dürfte allerdings auch seine Enttäuschung über die nur sehr durchlässig durchgeführte Absperrung des Cer-Gebirges eine erhebliche Rolle gespielt haben; hatten doch die hierbei entwichenen Aufständischen auf diese Weise die Gelegenheit erhalten, sich in der Macva wieder unter die Bevölkerung zu mischen[91]. Mit der Entsetzung Valjevos am 26. Oktober endete der erste Abschnitt der Unternehmung der 342. ID in Serbien; eine mehrtägige Ruhepause im Raum Ub–Valjevo–Ratkovci schloß sich an[92].

Obwohl der Einsatz von Hinghofers Division Boehme sicherlich die Rückgewinnung der Initiative ermöglichte, war die Oktoberbilanz in militärischer Hinsicht immer noch unbefriedigend. So war es dem Gegner immer gelungen, rechtzeitig auszuweichen: Ein schwereres Gefecht war nur einmal (bei Loznica, am 6. Oktober), eine gelungene Einkesselung nicht ein einziges Mal zustande gekommen. Besonders enttäuschend war auch die geringe Zahl der erbeuteten Waffen. Dies legte einerseits die Vermutung nahe, daß es sich bei den festgenommenen und zum Teil erschossenen Landesbewohnern zum größten Teil um unbeteiligte Zivilisten gehandelt hatte; andererseits scheint sich die Division gerade durch die überhastete und wahllose Erschießung von *»Bandenverdächtigen«* um so manchen Informanten gebracht zu haben. Boehme scheint in einem Befehl, den er schon am 27. September erließ, diese Eventualität vorhergesehen zu haben[93]; bereits am 1. Oktober sahen sich der Ia und Ic der Division genötigt, die Truppe auf die Notwendigkeit hinzuweisen, Gefangene nicht immer *»sofort«* zu erschießen[94].

Trotz dieser rabiaten Vorgehensweise hatte dieser gut zwei Jahre später von Glaise von Horstenau nur schlicht als *»Boehmes Blutwerk in der Macva«* bezeichnete Operationsabschnitt[95] keine Entscheidung gebracht; in Anbetracht der zeitlich befristeten Bereitstellung der 342. ID war somit der Erfolg des gesamten Feldzugs in Frage gestellt.

Die am 5. November erfolgte Ablösung von Generalleutnant Hinghofer, die von diesem völlig zu Recht als Maßregelung empfunden wurde, war das sichtbarste Ergebnis dieser wenig zufriedenstellenden Lage. Ob die hierfür als Begründung angegebenen Zweifel an einigen operativen Entscheidungen der alleinige Grund

---

90 BA/MA, RH 26-342/13 Generallt. Hinghofer an den Bev. Kdr. Gen. (15.10.1941).
91 Ebd.
92 BA/MA, RH 19 XI/81 (Die Bekämpfung der Aufstandsbewegung im Südostraum, Teil I), S. 59.
93 Vgl. BA/MA, RH 26-342/8 Divisionsbefehl vom 27.9.1941, wo von der Notwendigkeit die Rede ist, Aufständische zwecks Verhör wenigstens *»teilweise«* gefangenzunehmen.
94 BA/MA, RH 26-342/12 Ia u. Ic an IR 697, 698 und 699 (1.10.1941).
95 Broucek, Peter (Hrsg.): *Ein General im Zwielicht. Die Erinnerungen Edmund Glaises von Horstenau, Bd. 3. Deutscher Bevollmächtigter General in Kroatien und Zeuge des Untergangs des »Tausendjährigen Reiches«* (Wien u.a. 1988), S. 343 (Eintrag vom Dezember 1943).

waren, ist nachträglich nicht mehr festzustellen[96]. Obwohl die Höhe der von Hinghofer angeordneten Erschießungen bei seiner Entlassung offensichtlich keine Rolle spielte, war die Anwendung dieser Zwangsmaßnahme zu Monatsende auch Gegenstand kritischer Betrachtung. Neben der 1:100-Quote des Befehls vom 16. September waren es vor allem zwei Zusatzbefehle Boehmes, die den Geiselerschießungen in Serbien eine völlig neue Qualität verliehen hatten[97]. Diese entbanden den ausführenden Offizier weitgehend von der Verantwortung, bei der Auswahl der Opfer Kriterien zu berücksichtigen, die eine minimale Verbindung mit der zu sühnenden Tat darstellten (regionale Abstammung, politische Herkunft der Täter). Unter diesen Bedingungen mußte eine Vergeltungsmaßnahme, die an sich schon klare Züge der Willkür trug, zu einer reinen Terrormaßnahme ausarten. Dies zeigte sich am deutlichsten bei der Aussonderung der jüdischen Gemeinde des Landes, die im Laufe mehrerer Geiselgestellungen weitgehend ausgelöscht wurde, sowie der Massenerschießungen von Kragujevac (20.–21. Oktober) und Kraljevo (15.–24. Oktober). Obwohl regelrechte Massaker dieser Art fast unvermeidlich waren, wenn die Quote 1:100 erfüllt werden sollte, führten insbesondere die näheren Umstände der Erschießungen von Kragujevac (2.300 Tote) zu ersten Protesten deutscher Dienststellen. Zunächst bewog das bis dahin ruhige Verhalten der Bevölkerung den Stadtkommandanten Hauptmann von Bischoffshausen zu einer erfolglosen Intervention in Belgrad[98]. Obwohl diese scheiterte, brachte die (verspätete) Erkenntnis, daß sich unter den Opfern auch Frauen, Arbeiter kriegswichtiger Betriebe und sogar einige Kollaborateure befanden, eine Bestätigung der Vorbehalte des Stadtkommandanten. Der keineswegs serbophile Boehme mußte dem Protest des Gesandten Benzler[99] stattgeben und sprach in einem Befehl vom 25. Oktober von »nicht wiedergutzumachenden Fehlgriffen«, zu denen es in Kragujevac gekommen sei[100]; ferner untersagte er für die Zukunft die Erschießung von Frauen[101].

Daß diese Bedenken auch auf operativer Ebene durchaus einen konkreten Niederschlag fanden, läßt sich am Befehl des Generalkommandos XVIII. für das

---

96 Unter anderem hatte der Wehrmachtbefehlshaber Südost kritisiert, daß beim Einmarsch in die Macva anstelle eines frontalen Vorstoßes kein Umfassungsversuch unternommen worden war; vgl. BA/MA, RH 19 XI/81 (Die Bekämpfung der Aufstandsbewegung im Südostraum, Teil I), S. 52. Von seiten Boehmes wurden Hinghofer außerdem nicht genehmigte Verhandlungen mit Cetnik-Führern vorgeworfen. Hinghofers Stellungnahme zu diesen Vorwürfen findet sich in BA/MA, RH 26-342/16 Hinghofer an den Bev. Kdr. Gen. (4.11.1941).

97 Siehe Befehl Keitels vom 16. September 1941 in Hans-Adolf Jacobsen (Hrsg.), Kriegstagebuch des Oberkommandos der Wehrmacht, Bd. I (Frankfurt a. M. 1965), S. 1068 f. sowie Boehmes Befehl vom 10.10.1941 in BA/MA, RH 26-342/16 342. ID, Ia Divisionsbefehl (11.11.1941).

98 BA/MA, RW 40/12 Bericht an Fkdtr. 610 und Befehlshaber Serbien (o.D.).

99 ADAP, Serie D, Bd. XIII.2, S. 579 f. Benzler an Auswärtiges Amt (29.10.1941).

100 BA/MA, RH 26-342/14 Grundsatzbefehl des Bev. Kdr. Gen. (25.10.1941).

101 Vgl. ebd. und BA-Lichterf., NS 19/1730 Gesamtsituationsbericht an den Reichsführer SS (16.2.1942).

nächste Unternehmen ablesen: Zu erschießen, so Boehme, sei während des Operationsverlaufs künftig nur noch, *»wer mit der Waffe in der Hand angetroffen wird«* [102].

Eine unbeabsichtige Folge der deutschen Repressalienpolitik war die Erhöhung der Spannungen innerhalb der labilen Allianz, die sich mittlerweile zwischen national-serbischen und kommunistischen Widerstandsgruppen gebildet hatte. Bis Anfang Oktober hatten sich – ohne Anweisung Draža Mihailovićs – eine wachsende Zahl von Cetnikgruppen den kommunistischen »odreds« angeschlossen und spielten nun eine gewichtige Rolle beim Krieg gegen die Besatzer. So wurden beispielsweise die Belagerungsringe um Kraljevo und Valjevo zu ungefähr gleichen Teilen von Cetniks und Partisanen gehalten; die Eroberung Gornji Milanovacs und die Gefangennahme der deutschen Garnison von ca. 80 Mann am 29. September war sogar ein vornehmlich nationalserbischer Erfolg mit einem nur geringen kommunistischen Beitrag [103]. Am 10. Oktober gab Mihailović schließlich dem Drängen sowohl seiner militanteren Anhänger wie seiner britischen Verbündeten nach und wies all seine Abteilungen an, fortan mit den Partisanen zu kooperieren [104]. Die Spannungen, die sich im Laufe der letzten fünf Wochen zwischen beiden Widerstandsorganisationen aufgebaut hatten, erfuhren dadurch jedoch keine Milderung. Selbst da, wo ein prinzipieller Konsens über die Priorität, die dem Kampf gegen die Besatzer zukam, bestand, mußte die Frage der politischen Kontrolle über befreite Gebiete zu Reibereien führen. Sowohl in bezug auf die Möglichkeit, in einem bestimmten Raum Ersatz auszuheben, wie auf das Bestreben beider Organisationen, in ihren jeweiligen Gebieten die politische Vorkriegsordnung zu stürzen bzw. zu halten, taten sich unüberbrückbare Gegensätze auf. Der Übergang zu einer offiziellen Allianz beider Widerstandsorganisationen verschlimmerte diese Situation im Grunde genommen sogar, weil jetzt auch noch die Frage eines gemeinsamen Oberbefehls geklärt werden mußte [105]. Obwohl sowohl Tito wie Mihailović zumindest kurzfristig um ein funktionierendes Bündnis bemüht gewesen zu sein scheinen und zweimal auch versuchten, ihre Differenzen im persönlichen Gespräch auszuräumen (19. September und 26. Oktober), machten dieser Problemkomplex und die Übergiffe undisziplinierter Unterführer beider Seiten ein gedeihliches Auskommen unmöglich. Erschwerend kam hinzu, daß die deutschen Massenerschießungen Mihailović in seinen schlimmsten Befürchtungen bestätigten und die Rebellion Ende Oktober ihren

---

102 BA/MA, RH 26-342/15 Bev. Kdr. Gen. Ia, Befehl für die Vernichtung der Aufständischen südostwärts Šabac (1.11.1941).

103 Karchmar, *Draža Mihailović*, S. 205–213. Zu einer entsprechenden Einschätzung der 342. ID vgl. BA/MA, RH 26-342/13 342. ID, Ia-Tagesmeldung vom 14./15.10.1941 (15.10.1941).

104 Milazzo, *Chetnik movement*, S. 27; Trew, *Britain and the Chetniks*, S. 66–75.

105 Am ausführlichsten zu dieser Frage Karchmar, *Draža Mihailović*, S. 185–243.

Scheitelpunkt offensichtlich überschritten hatte, ohne einen militärischen Durchbruch erreicht zu haben: Daran, daß der Aufstand zu früh ausgelöst worden war, konnte kein vernünftiger Zweifel mehr bestehen. Eine Weisung der jugoslawischen Exilregierung vom 28. Oktober, die Mihailović ausdrücklich vor den Folgen eines solchen Schrittes warnte[106], kam zwar zu spät, dürfte den Cetnikführer aber in seinem Vorsatz bestätigt haben, sich möglichst bald dem kommunistischen Kurs entgegenzustellen.

Eine rein militärische Nebenwirkung der deutschen Operationen im äußersten Westen des Landes war die Konzentration der nedićtreuen serbischen Verbände, die hierdurch ermöglicht wurde. So waren Boehme und der serbische Staatschef schon am 28. September übereingekommen, das Gebiet östlich der Kolubara im wesentlichen der Gendarmerie und den Cetniks des Kosta Pećanac, die jetzt auch über den Südosten hinaus Präsenz zeigten, zu überlassen[107]. Der zunehmende Antagonismus zwischen Partisanen und Mihailović-Verbänden sollte den Einsatz insbesondere der Gendarmerie bald vielversprechender erscheinen lassen, als es noch Anfang des Monats der Fall gewesen war. Sowohl ihre Ortskenntnis als auch die Bereitschaft der Partisanen, sich diesen Verbänden zum Kampf zu stellen, eröffnete ihnen operative Möglichkeiten, die deutschen Einheiten in der Regel versagt blieben[108]. Trotz einer mangelhaften Ausrüstung vermochten serbische Einheiten in der zweiten Oktoberhälfte das in sie gesetzte Vertrauen wieder voll zu rechtfertigen: Sie brachten den Partisanen empfindliche Verluste (400 Gefallene) bei und erbeuteten obendrein noch 106 Gewehre[109]. Die Härte, mit der einige dieser Kämpfe ausgetragen wurden, stand, ganz besonders bei Beteiligung der Freiwilligen, den deutscher Operationen kaum nach: So wurden 600 Aufständische, die sich am 23. November nach einem Gefecht mit Besatzern und Freiwilligen ergeben hatten, von letzteren unmittelbar nach der Gefangennahme erschossen[110]. Auch die direkte Zusammenarbeit mit der deutschen Truppe nahm wieder organisierte Formen an und brachte in Folge gute Ergebnisse. Diese Entwicklung findet sich in der Entschiedenheit reflektiert, mit der der keinesfalls serbophile Boehme Mitte November den serbischen Ministerpräsidenten vor anhaltender Kritik aus dem OKW in Schutz nahm. Die

---

106 Ebd., S. 241.
107 BA/MA, RH 24-18/87 Bev. Kdr. Gen. an den Wehrmachtbefehlshaber Südost (1.10.1941).
108 Vgl. hierzu BA-Lichterf., NS 19/1730 Gesamtsituationsbericht vom 16.2.1942: »Es hat sich nämlich herausgestellt, dass die Aufständischen dem Kampf mit der deutschen Truppe auswichen, sich aber den serbischen Einheiten stellten.« In einem Rückblick auf die Ereignisse des November hatte Turner bereits konstatieren können: »Die serbische Gendarmerie und Hilfspolizei hat im Laufe des Monats Oktober alle größeren Banden zersprengt, welche in Mittelserbien ihr Unwesen trieben«; Vgl. NS 19/1730 Politischer Monatsbericht (3.12.1941).
109 BA/MA, RH 24-18/87 Zehntagemeldung des Bev. Kdr. Gen. an den Wehrmachtbefehlshaber Südost (30.10.1941).
110 BA/MA, RH 26-114/3 Monatsbericht der 714. ID für November 1941 (o.D.).

Amtsführung Nedićs, so der Kommandierende General, sei immer *»über das Korrekte hinaus loyal«* gewesen, ihre Fortsetzung auf jeden Fall *»dem deutschen Interesse zweckdienlich«*[111].

Die nächste Operationsphase führte die 342. ID, diesmal in Begleitung von Teilen des IR 125, in die Gegend zwischen Šabac und Koceljevo, östlich des Cer-Gebirges. Der hier zwischen dem 1. und 9. November durchgeführte Umfassungsversuch (Unternehmen »Šabac«) verlief allerdings ähnlich enttäuschend wie die Unternehmungen im Vormonat[112]. Weit schwerer wog aber noch die Tatsache, daß dadurch die Möglichkeit vertan wurde, durch einen direkten Vorstoß nach Užice vom offenen Bürgerkrieg zu profitieren, der in diesem Raum am 2. November zwischen Partisanen und Mihailović-Cetniks ausgebrochen war.

Ausgehend von einem gescheiterten Angriff eines von Mihailovićs Unterführern auf das kommunistische Machtzentrum in Užice war dieser Zwischenfall zum offenen Krieg eskaliert, weil die Partisanen im Laufe der Kampfhandlungen ein Flugfeld besetzt hatten, welches Mihailović zur Abfertigung künftiger Waffenlieferungen aus dem Nahen Osten unbedingt zu benötigen glaubte. Auf die kommunistische Weigerung, das bewußte Gebiet zu räumen, reagierte der Cetnikführer mit einem umgehenden Generalangriff[113].

Bei der nun ausgebrochenen Konfrontation gerieten die Cetniks, obwohl der erste Zug von ihnen ausgegangen war, schnell ins Hintertreffen. Aus ihren Reihen waren viele nur schwer für den Bruderkrieg zu begeistern, und die Partisanen erwiesen sich im Kampf nicht nur als kompetenter geführt, sondern auch, dank der Produktion aus Užice, als besser bewaffnet. Gleich in den ersten Tagen vermochten sie mit der Einnahme von Čačak und des westlichen Morava-Tals die Kontrolle über eine Schlüsselstellung zur Verteidigung des befreiten Gebietes zu erringen[114]. In dieser kritischen Lage blieb Mihailović nur die Hoffnung auf Hilfe von außen: Noch bevor die erste, außerordentlich dürftige britische Waffenlieferung eintraf (9. November), nahm er Kontakt mit den Deutschen auf und erschien auf die Zusage von freiem Geleit am Abend des 11. November zu einem Treffen mit Offizieren aus dem Stab des Kommandierenden Generals in der Ortschaft Divci. Trotz des Engagements des landeskundigen Abwehrhauptmanns Josef Matl, durch dessen Kontakte die Besprechung überhaupt erst möglich geworden war, beschränkte sich das deutsche

---

111 BA/MA, RH 24-18/86 Der Bev. Kdr. Gen. in Serbien an Wehrmachtbefehlshaber Südost (15.11.1941).

112 Feindlichen Verlusten von 53 Gefallenen und 248 *»Erschossenen«* stand diesmal immerhin eine Beute von einem Geschütz, einem MG und 41 Gewehren gegenüber: BA/MA, RH 26-342/16 Zehntagesbericht der 342. ID (11.11.1941).

113 Die bei weitem beste Darstellung der Ereignisse dieser Tage findet sich bei Karchmar, *Draža Mihailović*, S. 243–255.

114 Ebd., S. 251.

Verhandlungsangebot auf eine (vergebliche) Aufforderung zur bedingungslosen Kapitulation[115]; obwohl Mihailovićs offensichtlich verzweifelte Lage[116] eine glänzende Gelegenheit zu bieten schien, zum eigenen Nutzen etwas Öl in die Flammen des serbischen Bürgerkriegs zu gießen, blieb diese Chance ungenutzt. Trotz dieses Rückschlags kam die rettende Hilfe für die Cetniks, wenn auch nicht von deutscher Seite, so doch aus Belgrad[117]. So ließ der Gendarmerieoffizier Milan Kalabić, dessen Sohn einer von Mihailovićs Unterführern war, sich dazu bewegen, durch eine einmalige Lieferung von acht LKW-Ladungen Waffen und Munition der nationalserbischen Bürgerkriegspartei über den schlimmsten Engpaß hinwegzuhelfen[118]. Die Stabilisierung der Fronten, die dadurch eintrat, sowie der unmittelbar bevorstehende deutsche Großangriff auf das Herz des befreiten Gebietes bewogen Tito, Mihailović den Abschluß eines vorübergehenden Waffenstillstands anzubieten, der am 21. November in Kraft trat[119].

Auf deutscher Seite brachte die Ankunft der zweiten angekündigten Frontdivision (113. ID) die deutsche Kampfkraft auf den höchsten Stand seit Juni. Dies ermöglichte Boehme bei der Planung der nächsten Großoperation eine sehr viel umfassendere und daher auch erfolgversprechendere Zangenbewegung. Diese sollte erheblich weiter südlich ansetzen als der bisherige Operationszyklus und hatte die Rückeroberung des westlichen Morava-Tals und der Stadt Užice zum Ziel. Sowohl die dort nach wie vor in Betrieb stehende Waffenfabrik als auch die Tatsache, daß der seit geraumer Zeit mit seinem Stab hier residierende Tito die Stadt zum politischen Zentrum seiner stetig anwachsenden Räterepublik auserkoren hatte, machten Užice zu einem Hauptziel für Boehme[120]. Aufgrund einer OKW-Weisung vom 16. November, die sowohl die Zufuhr einer dritten Frontdivision nach Serbien ablehnte als auch den Schutz der wirtschaftlich wichtigen Objekte in Serbien anmahnte, stand die Operation von Anbeginn unter einem besonderen Zeitdruck; war doch bei solchen Prioritäten und nach dem Abzug der beiden gegenwärtig zur Verfügung ste-

---

115 Zum Treffen mit Mihailović: BA-Lichterf., R 26 VI/701 Protokoll über das Treffen mit Oberst Mihailović (12.11.1941); NA, PG T 314, rl 1457, fr 1314-1322 Niederschrift über das Treffen mit dem serb. Generalstabsoberst Draža Mihailović am 11. November 1941 (12.11.1941).

116 Obwohl die in Divci gegebene Verhandlungssituation es eigentlich dringend geraten erscheinen lassen mußte, jede Offenbarung eigener Schwäche zu vermeiden, bat Mihailović seinen deutschen Verhandlungspartner im Verlauf einer achtzig Minuten dauernden Unterredung insgesamt dreimal, ihm noch im Laufe derselben Nacht Munitionsvorräte zukommen zu lassen. Vgl. ebd..

117 Eine erste Kontaktaufnahme der Regierung Nedić mit Mihailović (anfänglich von deutscher Seite angeregt) hatte für diesen bereits eine finanzielle Unterstützung von mindestens 3.500.000 Dinar erbracht. Die Höhe des Betrags wurde von Nedić im Gespräch mit Kriegsverwaltungschef Turner allerdings bestritten; BA-Lichterf., R 26 VI/701 Turner an den Bev. Kdr. Gen. (6.11.1941).

118 Karchmar, *Draža Mihailović*, S. 261.

119 Ausführlicher zu Titos Beweggründen: ebd., S. 268–271.

120 BA/MA, RH 26-342/16 Befehl für die Vernichtung des Feindes im westlichen Moravatal und in der Gegend Užice (18.11.1941).

henden Frontdivisionen damit zu rechnen, daß der Aufstand spätestens im nächsten Frühjahr wieder aufflammen würde[121]. Auf Boehme lastete in der zweiten Novemberhälfte daher ein schwerer Erfolgsdruck.

Die 342. ID war bis zum 23. November noch im Raum Valjevo im Einsatz, wo sie die im Laufe des Vormonats schon zweimal durchgeführte »Säuberung« der weiteren Umgebung noch einmal wiederholte. Von dort stieß sie dann ab dem 25. November nach Süden auf die Hauptstadt der Partisanen vor. Die 113. ID setzte sich aus ihrem Ausladeraum Jagodina-Kruševac, wo sie erst am 24. November vollzählig eingetroffen war, am folgenden Tag in Richtung Westen in Bewegung[122]. Flankierend waren auch vier Bataillone der Besatzungsdivisionen und – soweit im Westen eine Neuheit – Verbände der serbischen Gendarmerie im Einsatz. Diesen Kräften standen nach deutschen Schätzungen im Raum Čačak/Užice ca. 10.000 Partisanen gegenüber. Die bis zum 4. Dezember andauernde Operation, die mit der Eroberung des Kernlandes des Tito-Staates endete, wies in ihrem Verlauf auffällige Parallelen zu vorangegangenen Unternehmungen auf: So mußten beide Divisionen in zum Teil sehr unwegsamem Gelände zwar zahlreiche Straßensperren überwinden, aber der Widerstand, der ihnen entgegenschlug, wurde durchweg als »schwach« oder »gering« bezeichnet. Dies wird auch durch die Zahl der deutschen Verluste (11 Gefallene, 35 Verwundete) belegt[123]. Obwohl die Umfassung wieder nicht lückenlos genug war, um eine vollständige Vernichtung des Gegners zu ermöglichen, vermochten Tito und sein Oberster Stab nur dank deutscher Führungsfehler Boehmes Zugriff zu entgehen. So hatte die Partisanenführung die Geschwindigkeit des Vorstoßes der 342. ID auf Užice unterschätzt und mußte Hals über Kopf nach Süden in Richtung auf den italienisch besetzten Sandžak fliehen[124]. Hierbei kam ihr zugute, daß eine solche Fluchtroute im deutschen Einsatzbefehl entweder übersehen oder als unwahrscheinlich verworfen worden war[125]. Noch weitaus schwerer wog allerdings, daß die Spitzen der 342. ID bei Erreichen der Grenze zum Sandžak auf ausdrücklichen Befehl des Divisionskommandeurs die Verfolgung einstellten[126]. In einer anschließenden 10-Tage-Meldung der Division wurde dies damit erklärt, daß eine

---

121 BA/MA, RH 20-12/104 Tätigkeitsbericht des Wehrmachtbefehlshabers Südost für November (o.D.).

122 BA/MA, RH 19 XI/81 (Die Bekämpfung der Aufstandsbewegung im Südostraum, Teil I), S. 65, 72.

123 Ebd., S. 73–78 u. BA/MA, RW 40/14 10-Tage-Meldung der 342. ID an den Bev. Kdr. Gen. (10.12.1941).

124 Djilas, *Wartime*, S. 103–115.

125 Im Einsatzbefehl vom 18. November ist nur von der Notwendigkeit die Rede, den Fluchtweg nach Westen (ins italienisch besetzte Ostbosnien) zu versperren; vgl. BA/MA, RH 26-342/16 Einsatzbefehl zum Unternehmen Užice (18.11.1941).

126 BA/MA, RH 26-342/9 342. ID, Ia an Gruppe A (1.12.1941, 8.25 h): »*Befehl an alle drei Gruppen, Grenze nicht zu überschreiten. Überläufer werden durch die Italiener an die deutsche Wehrmacht ausgeliefert.*«

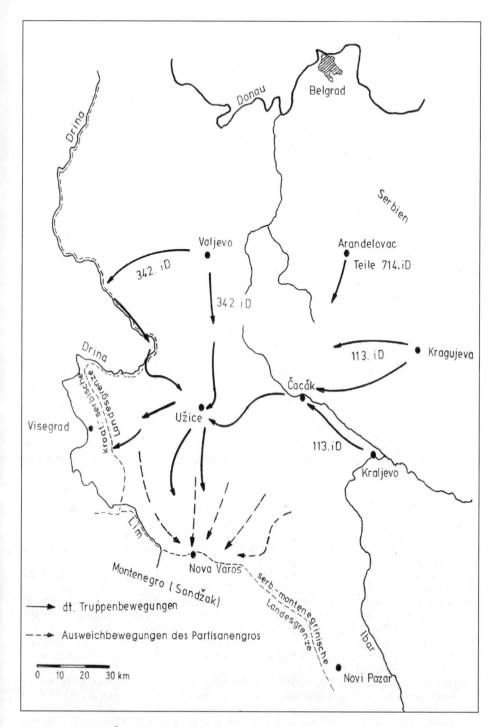

Das Unternehmen UŽICE (25.11. bis 4.12.1941)

79

Fortsetzung nicht mehr »*sinnvoll*« erschienen sei[127]; es ist anzunehmen, daß sich hinter dieser Bemerkung ein Hinweis auf eine Absprache mit dem italienischen Truppenkommando Montenegro zur Abriegelung der Grenze verbarg[128]. Da die italienische Seite diesem Gesuch aber offensichtlich nicht nachgekommen war, läßt sich der Haltebefehl eigentlich nur noch aus übertriebener Rücksichtnahme auf die bekannten Empfindlichkeiten des Bundesgenossen bei der Bewahrung seiner Einflußsphäre erklären. Obwohl diese mehr auf Prestigewahrung als den operativen Erfolg abstellende Kooperation der Achsenpartner während der nächsten anderthalb Jahre zu einem regelrechten Leitmotiv der Partisanenbekämpfung werden sollte, traten die hierdurch »verpaßten Chancen« nie wieder so deutlich zutage wie an diesem 1. Dezember: Bei einem Abgleichen deutscher und jugoslawischer Gefechtsberichte wird deutlich, daß zu diesem Zeitpunkt die Gruppe um Tito und den Obersten Stab nur einige Minuten Vorsprung vor ihren deutschen Verfolgern hatte und bei einem Vorstoß der 342. ID in die italienische Besatzungszone mit hoher Wahrscheinlichkeit im Kampf getötet worden oder in Gefangenschaft geraten wären[129].

Dennoch war der Umfang der sichergestellten Beute und besonders das Zahlenverhältnis zwischen dieser und der Zahl der Feindtoten ein sicheres Indiz dafür, daß der Aufstandsbewegung diesmal ein wirklich schwerer Schlag versetzt worden war: 2.000 Gefallene standen 2.723 erbeuteten Gewehren gegenüber[130]. Obwohl in deutschen Berichten jener Tage von zahlreichen »*Gefangenen*« und »*Festgenommenen*« die Rede ist, deren Einbringung für diese Operation durch einen Befehl vom November erstmalig verbindlich geregelt worden war[131], bestätigt zumindest eine Quelle, daß auch bei dieser Operation – wie auch schon in der Macva – oft der »*Augenschein*« eines Festgenommenen darüber entschieden haben muß, ob er an Ort

---

127 BA/MA, RW 40/14 342. ID/Ia, 10-Tage-Meldung vom 30.11. bis 10.12.41 (10.12.1941).
128 Vgl. hierzu DDI, Nona serie, Vol. VII, S. 814 f. Il ministro a Belgrado, Mameli, al ministro degli esteri, Ciano (1.12.1941), in dem der italienische Geschäftsträger in Belgrad darauf verweist, daß das Truppenkommando Montenegro über einen wahrscheinlichen Übertritt der fliehenden Partisanen rechtzeitig (»*tempestivamente*«) informiert worden sei.
129 Djilas, *Wartime*, S. 109–113; BA/MA, RW 40/14 342. ID/Ia 10-Tage-Meldung vom 30.11. bis 10.12.41 (10.12.1941).
130 In einem ersten Bericht vom 5. Dezember wird die Beute mit 18 MG und 1.537 Gewehren beziffert; vgl. BA/MA, RH 20-12/121 Der Bev. Kdr. General an den Wehrmachtbefehlshaber Südost (5.12.1941). In der 10-Tage-Meldung der 342. ID vom 10. Dezember ist von 28 MG und 2.723 Gewehren die Rede; vgl. RW 40/14. Unklar ist, inwiefern bei diesen Angaben auch die außerhalb des Gefechtsfeldes (in Užice und in Waggons auf der Bahnstrecke Užice–Vardiste) sichergestellten Waffen inbegriffen sind.
131 Obwohl der ursprüngliche Einsatzbefehl, vgl. BA/MA, RH 26-342/16 Gen.Kdo. XVIII Abt. Ia, Befehl für die Vernichtung des Feindes im westl. Moravatal und in der Gegend Užice (18.11.1941) die Möglichkeit der Gefangennahme nur für Mihailović-Cetniks vorsah, wurde diese am 24. November auch auf die Partisanen ausgedehnt; vgl. BA/MA, RH 26-342/17 Div.-Befehl für Vernichtung des Gegners im Raum Užice (24.11.1941).

und Stelle erschossen oder in Gewahrsam genommen wurde[132]. Obwohl in den folgenden Tagen neben einer weiteren Großoperation gegen Mihailovićs Hauptquartier südlich von Valjevo (5.–7. Dezember)[133] noch weitere »Nachsäuberungsaktionen« im westlichen Serbien durchgeführt wurden, stellte Unternehmen »Užice« eindeutig den Höhepunkt der deutschen Bemühungen dar, den serbischen Aufstand zu ersticken. Obwohl die hierbei seit Ende September angewandte Operationsmethode entweder zu einem großen Teil verpufft oder zu Lasten unbeteiligter Zivilisten gegangen war, schien der Erfolg Boehme recht zu geben: So war beispielsweise im Bereich der 714. ID (Nordwestserbien) die Zahl der statistisch erfaßten Sabotageakte und Überfälle im Laufe des Herbstes rapide zurückgegangen. Den 92 im September registrierten Anschlägen folgten 47 im Oktober und ganze 7 im November; im Dezember blieben Angehörige und Einrichtungen der deutschen Wehrmacht sogar völlig unbehelligt[134]. Für die deutschen Besatzer stellte sich in diesem Zusammenhang natürlich die Frage, ob diese Entwicklung auch mit einem langfristigen Erfolg gleichzusetzen war. Da Boehme mit seinem Generalkommando Serbien bereits am 6. Dezember in Richtung Ostfront verließ, dürfte er kaum in der Gewißheit abgereist sein, seinen Auftrag restlos erledigt zu haben. Sein Nachfolger auf dem Posten des Bevollmächtigten Generals, General der Artillerie Paul Bader, zeigte sich in einem Schreiben vom 10. Dezember an den Wehrmachtsbefehlshaber Südost hinsichtlich der mittelfristigen Wirkungen der bisher geleisteten Arbeit denn auch nur begrenzt zuversichtlich: Nachdem er den in den vergangenen Wochen erzielten Erfolg nicht zuletzt als Ergebnis der »drakonischen Sühnemaßnahmen« erklärte, meinte er abschließend: »*Trotzdem kann aber die serbische Aufstandsbewegung noch nicht als endgültig niedergeschlagen gelten. Die jetzt eingetretene relative Beruhigung darf nicht darüber hinwegtäuschen, daß es sich hier vielleicht nur um einen vorübergehenden Zustand handelt. Die größte Gefahr besteht zweifellos darin, daß sich in den Händen der Serben – in Händen zahlreicher illegaler und sogenannter legaler Organisationen – noch eine Menge Gewehre und Munition befinden. Es muß daher damit gerechnet werden, daß mit Eintritt der wärmeren*

---

132 Im undatierten Manuskript einer Divisionsgeschichte der 113. ID findet sich der folgende (nachträglich durchgestrichene) Vermerk über das Vorgehen der Division bei der Verfolgung der Partisanen in Richtung Süden:» *Wen Augenschein oder Untersuchung als Teilnehmer am Aufstand erwiesen, wurde erschossen*«; BA/MA, RH 26-113/54. Bei den 389 Gefangenen (von 1.107), die zur »Sühne« erschossen wurden, soll es sich laut Djilas zumindest teilweise um bewegungsunfähige Verwundete gehandelt haben: Djilas, *Wartime*, S. 113. Zahlenangaben aus BA/MA, RH 19 XI/81 (Die Bekämpfung der Aufstandsbewegung im Südostraum, Teil I), S. 78.

133 Hierbei gelang Mihailović unter ähnlich dramatischen Umständen wie Tage zuvor Tito die Flucht; die 342. ID konnte ohne eigene Verluste 484 Gefangene einbringen und 317 Gewehre sicherstellen; BA/MA, RW 40/14 10-Tages-Bericht vom 30.11. bis 10.12.1941, Anlage 2 (10.12.1941).

134 BA/MA, RH 26-114/3 Tätigkeitsberichte der Abt. Ia vom 1. bis 30.9.1941, 1. bis 31.10.1941, 1. bis 30.11.1941 und 1. bis 31.12.1941 (jeweils o.D.).

Jahreszeit die Aufstandsbewegung wieder auflebt, vor allem dann, wenn die Gesamtlage eine Herausziehung größerer Truppenverbände aus Serbien erforderlich machen sollte.«[135] Baders Äußerung zu den »*sogenannten legalen Organisationen*« dürfte nicht nur seinem grundsätzlichen Unbehagen gegenüber der Zusammenarbeit mit den Pećanac-Cetniks entsprungen sein, sondern sich vor allem auf die seit November feststellbaren Versuche großer Teile der DM-Bewegung beziehen, durch eine Legalisierung ihres Status der Verhaftung und Deportation zu entgehen[136]. Neben den langjährigen beruflichen und verwandtschaftlichen Verbindungen, die zwischen den Unterführern Mihailovićs und einem Großteil der Waffenträger des Nedić-Staates bestanden, war es vor allem die inzwischen offen zutage getretene gemeinsame Frontstellung gegen den Kommunismus, die zu einer Durchlässigkeit der jeweiligen Fronten führte und die den Übertritt sowohl einzelner als auch ganzer »odreds« ohne größere Schwierigkeiten ermöglichte. Zu Winterbeginn sollte dies ein geradezu inflationäres Anschwellen der Kräfte, die sich unter Nedić zum Kampf gegen den Kommunismus bereit erklärten, zur Folge haben[137]. Aus deutscher Sicht wurde diese an sich zu begrüßende Entwicklung erwartungsgemäß mit gemischten Gefühlen registriert. Von der berechtigten Sorge um eine Unterwanderung des eigenen Sicherheitsapparates einmal abgesehen, mußte diese Art von Seitenwechsel die schon seit Wochen unternommenen Versuche, die irregulären Bundesgenossen durch verschiedene Maßnahmen (Festlegung genauer Soll-Stärken, rudimentäre Uniformierung, Lichtbildausweise) stärker der eigenen Befehlsgewalt zu unterstellen, natürlich ad absurdum führen[138]. Die vorläufige Trennung der als Ausdruck ihres provisorischen Charakters oft als »*Hilfspolizei*« oder »*Hilfsgendarmerie*« angesprochenen Cetnikabteilungen in »*freie*« und »*Pećanac*«-Cetniks war Ausdruck der ersten (nur bedingt erfolgreichen) Versuche, einen Gradmesser für die Zuverlässig-

---

135 Der Bev. u. Kdr. Gen. an den Wehrmachtbefehlshaber Südost (10.12.1941), in: BA/MA, RH 19 XI/81 (Die Bekämpfung der Aufstandsbewegung im Südostraum, Teil I).

136 Nach Karchmar, *Draža Mihailović*, S. 260 erfolgte die erste Legalisierung dieser Art am 15. November: Nach Überreichung einer »Mitgift« von 107 gefangenen Partisanen gelang es zwei »odreds« des Mihailović, in einen regierungstreuen Verband aufgenommen zu werden. Folgt man jedoch einer 10-Tage-Meldung aus dem KTB des Bev. Kdr. Gen., waren zwei solche Übertritte schon vor dem 29. Oktober erfolgt; BA/MA, RW 40/12 10-Tage-Meldung vom 29.10. Durch einen Befehl vom 11. November versuchte das Höh. Kdo. LXV. vergeblich (»*nur bedingungslose Kapitulation*«), dieser Entwicklung einen Riegel vorzuschieben.

137 Nach einer Angabe in BA/MA, RW 40/190 8. Lagebericht des Verwaltungsstabes beim Befehlshaber in Serbien (6.1.1942) zählten die serbischen Kräfte zu diesem Zeitpunkt 14.895 Mann (davon 5.255 Cetniks und 2.779 sog. »Hilfsgendarme«). Eine auf den 20. Januar datierte Meldung Baders kommt bereits auf 19.770 Mann (davon 8.135 Cetniks und 4.120 »Hilfsgendarme«); vgl. BA/MA, RW 40/16 Der Bev. u. Kdr. General in Serbien an den W.-Bfh. Südost (20.1.1942).

138 Zu diesen Bemühungen Denkschrift in BA/MA, RW 40/12 Feststellungen und Vorschläge betreffend der Organisation der Tschetniki (o.D., o.U.), in der vor allem immer wieder die »*lose Zusammensetzung*« der Cetnik-Verbände beklagt wird.

keit der einzelnen Abteilungen zu finden[139]. Selbst im März 1942 mußte Bader gegenüber seinem Vorgesetzten in dieser Frage noch eine gewisse Hilflosigkeit einräumen: »*Die Zahlen der Polizei und ihrer Hilfsformationen (Hilfsgendarmerie, Freiwilligen-Abteilungen, Cetniks) sind keine feststehenden und sie können nicht zuverlässig gemeldet werden, da die Stärken schwanken und auch der Regierung nicht genau bekannt sind. Der Zuwachs ist so zu erklären, daß einerseits die im Dezember gemeldeten Hilfsformationen, im besonderen die Cetnik-Verbände, sich vermehrt haben, andererseits Cetnik-Verbände sich der Regierung zur Verfügung gestellt haben, die vorher zahlenmäßig noch nicht erfaßt waren.*«[140]

Der zu diesem Zeitpunkt bereits eingeleitete Plan, durch Umorganisation der Gendarmerieformationen in eine neu zu bildende Serbische Staatswache (SSW) eine schrittweise Entwaffnung der »*legalen*« Cetniks zu ermöglichen, sollte die deutsche Besatzungsmacht aus verschiedenen Gründen allerdings noch bis Anfang 1943 in Anspruch nehmen.

Trotz aller Vorbehalte dürften Bader und Kuntze zur Jahreswende ob der eingetretenen Beruhigung dennoch eine gewisse Erleichterung verspürt haben: Die Kerntruppen der Aufstandsbewegung waren zerstreut oder sogar über die Grenzen getrieben worden, die Zahl der Anschläge war auf ein Minimum zurückgegangen, die wichtigsten Industrie- und Bergbaubetriebe hatten die Arbeit wiederaufnehmen können, und die Stabilisierung der serbischen Polizei und Verwaltung sollte in Folge die seit Oktober anvisierte »*Auskämmung*« in ihre Heimatorte zurückgekehrter Aufständischer ermöglichen[141]. Deutlichster Ausdruck des herrschenden verhaltenen Optimismus war die Weisung Baders vom 22. Dezember, die Quote für »*Sühneerschießungen*« von 1:100 auf 1:50 herabzusetzen[142]. Neben der allgemeinen Beruhigung der Lage dürfte diese Maßnahme vor allem auch darauf zurückzuführen gewesen sein, daß die Umsetzung der alten Quote sich als völlig unrealistisch erwiesen hatte. Selbst die »Verrechnung« der auf dem Marsch der 342. ID mehr oder weniger willkürlich erschossenen Zivilisten mit dem »Opfersoll« hatte nicht ausgereicht, um die angestrebte Gesamtzahl zu erreichen[143].

---

139 BA/MA, RW 40/29 Kopfstärken der Freiwilligen- und Cetnikabteilungen in Serbien mit Stand vom 15.5.1942.

140 BA-Lichterf., NS 19/1730 Der Kommandierende General und Befehlshaber in Serbien an den Wehrmachtbefehlshaber Südost (27.3.1942).

141 Siehe hierzu Befehl des Militärverwaltungschefs Harald Turner an sämtliche Feld- und Kreiskommandanturen (10.10.1941) in BA-Lichterf., R 26 VI/ 701.

142 BA/MA, RH 26-114/3 Befehl des Bev. u. Kdr. Gen. an die 714. ID (22.12.1941).

143 BA/MA, RW 40/14 Der Bev. Kdr. Gen. in Serbien Abt. Ia, Betr.: Zehn-Tage-Meldung (20.12.1941) sowie RH 26-342/16 Abschrift der Anlage 3 zu Bev. Kdr. Gen. i. Serb. Ia, Nr. 4600/41 geheim (o.D.).

Auf der Seite der Partisanen war die Vertreibung aus Serbien Anlaß zu grundlegenden Überlegungen über das weitere Vorgehen. Die erste Gelegenheit, eine vorläufige Bilanz der jüngsten Ereignisse zu ziehen, ergab sich bei einer improvisierten Politbürositzung, die am 7. Dezember in Drenovo (Sandžak) abgehalten wurde. Die kritische Lage der Partisanenbewegung ließ sich am besten an der Tatsache ablesen, daß Tito unter dem Eindruck der doppelten Niederlage von Užice und Plevlja (siehe unten) seinen Rücktritt als Generalsekretär der KPJ anbot; obwohl dieses Ansinnen einstimmig abgelehnt wurde, waren die Beschlüsse die in Drenovo getroffen wurden, dennoch von erheblicher Bedeutung für den weiteren Verlauf des bewaffneten Kampfes. So erging in politischer Hinsicht eine Resolution, die den inzwischen zum Weltkrieg ausgeweiteten Konflikt zum Klassenkampf unter Führung der Sowjetunion deklarierte[144]. Wenngleich die radikalen Tendenzen innerhalb der KPJ, die während der letzten Wochen dem kommenden Bürgerkrieg insbesondere in Montenegro und der Herzegowina Vorschub geleistet hatten, nicht ausdrücklich angesprochen worden waren, so konnten sich ihre Vertreter dennoch indirekt bestätigt fühlen. Im militärischen Bereich machten die Auflösungserscheinungen, die beim Rückzug von Užice eingetreten waren, eine Diskussion über Größe und Struktur der bewaffneten Einheiten unvermeidlich. Hatten doch weder der bei Stolice beschlossene Versuch, die bestehenden »odreds« zu regulären Bataillonen zusammenzufassen, noch die am 30. September verfügte Einführung der Wehrpflicht im befreiten Gebiet ausgereicht, um nach einer schwereren Niederlage mit anschließender Absetzbewegung Massendesertionen zu vermeiden[145]. Da vor allem die territoriale Bindung ganzer Einheiten immer noch zu groß war, kündigte Tito in Drenovo an, noch einen Schritt weiterzugehen. Aus der Kerntruppe, die auch in dieser Stunde der Not noch um den Obersten Stab verblieben war, wurde daher am 21. Dezember die 1. Proletarische Brigade gebildet. Diese 1.200 Mann starke Formation und ihre Nachfolgeeinheiten sollten in Zukunft die militärische Speerspitze der Partisanenbewegung bilden. Neben einer bevorzugten Ausstattung zeichneten sie sich besonders durch einen hohen Grad an Mobilität aus. Ihre Mitglieder waren nicht zuletzt auch nach dem Kriterium der »politischen« Zuverlässigkeit so ausgewählt, daß ihnen auch eine langandauernde Verwendung außerhalb ihrer jeweiligen Heimatprovinz zuzumuten war[146]. Der Einsatz dieser Formationen sollte innerhalb eines knappen Jahres nicht nur dem Kampf gegen die Besatzungsmacht quasi reguläre Züge verleihen, sondern den Bürgerkrieg gegen Cetniks und Ustascha geradezu revolutionieren.

---

144 Zur Bestandsaufnahme von Drenovo vgl. Djilas, *Wartime*, S. 118 f.

145 Nach den Berechnungen von Lucien Karchmar dürfte die Zahl der Partisanen, die sich Ende November/Anfang Dezember unerlaubt von der Truppe absetzten, auf mindestens 10.000 belaufen haben. Vgl. Karchmar, *Draža Mihailović*, S. 360.

146 Djilas, *Wartime*, S. 120 f.

Das dringendste Problem, mit dem sich die Partisanenführung in diesen Tagen auseinanderzusetzen hatte, betraf freilich die Frage, wohin der Schwerpunkt des bewaffneten Kampfes verlegt werden sollte; die jüngsten politischen Erfolge der Dangić-Gruppe ließen eine Verlagerung nach Ostbosnien geraten erscheinen, während die vorläufige Passivität der Italiener im Sandžak und die erfolgreiche Bildung eines kleinen befreiten Gebietes um Nova Varos ein Ausharren in dieser Region nahelegten. Der besondere Vorzug dieser Option lag in der Möglichkeit, in naher Zukunft wieder auf den serbischen Kriegsschauplatz zurückkehren zu können. Tito umging das Dilemma, indem er es riskierte, seine schwachen Kräfte zu teilen: 2.000 Mann unter Milovan Djilas wurden mit dem Auftrag in Nova Varos belassen, möglichst bald wieder einen Vorstoß nach Serbien zu unternehmen. Tito selbst zog mitsamt der neugegründeten Brigade und dem Obersten Stab über Rogatica in die ostbosnische Romanija.

Die italienische Herrschaft in Montenegro war gleich von den ersten Wochen an von dem Wunsch getragen, eine zumindest passive Zustimmung der Bevölkerungsmehrheit zur Eingliederung in den italienischen Herrschaftsbereich herbeizuführen. Die Grundvoraussetzungen hierfür schienen gar nicht mal schlecht, konnten sie doch mindestens auf die Unterstützung durch die Minderheitspartei der Zelenasen (Grünen) zählen, die sich dem Beitritt des selbst von den Osmanen nie unterworfenen Königreiches Montenegro zum neuen jugoslawischen Staat in einem langjährigen Bürgerkrieg (1918–1925) ebenso beharrlich wie letztendlich erfolglos widersetzt hatten[147]. Um dieser gescheiterten Idee wieder neues Leben einzuhauchen, ließ die italienische Besatzungsmacht unter Hochkommissar Graf Mazzolini nichts unversucht, um die Bevölkerung für sich einzunehmen. So wurde die Militärpräsenz auf ein absolutes Minimum eingeschränkt, Beamte und Gendarme des untergegangenen Staates auf ihren Posten belassen und die Versorgung der Bevölkerung durch großzügige Lebensmittellieferungen sichergestellt. Selbst repressive Maßnahmen gegen die im Untergrund agierende KPJ, die proportional zur Bevölkerungszahl hier stärker vertreten war als in irgendeinem anderen Landesteil, blieben aus[148]. Die völlige Ruhe der ersten drei Monate, die selbst einen mehrtägigen Besuch des italienischen Königs Mitte Juni zugelassen hatte, ging jedoch am 13. Juli ohne Übergang in eine bewaffnete Revolte über, die für den Verlauf einer spontanen Volkserhebung geradezu prototypisch war. Die treibenden Kräfte hinter dieser Bewegung wiesen augenfällige Parallelen zu denen in Serbien auf: Mochte die Verstümmelung des

---

147 Hierzu u. a. BA/MA, RH 19 XI/7 Bericht der Abwehrstelle Kroatien über die Lage in Montenegro (26.3.1943) sowie Frank Philip Verna, *Yugoslavia under Italian rule 1941–1943. Civil and military aspects of the Italian occupation* (unveröffentlichte Phil. Diss., Univ. of Cal. 1985), S. 164–167.
148 Ebd., S. 168–180.

ursprünglichen Regierungsbezirkes Montenegro um wesentliche Gebietsstreifen im Osten und Westen unter Umständen noch durch die Einverleibung des größten Teils des Sandžak aufgewogen worden sein, so war das mit der »Neuordnung« Jugoslawiens verbundene Flüchtlingselend sehr viel eher geeignet, Unruhe in die Bevölkerung zu tragen. Im montenegrinischen Fall handelte es sich dabei sowohl um Opfer der Volkstumspolitik des NDH-Staates als auch der Folgen des Anschlusses des Kosovo an das italienische »Großalbanien«, der alsbald Pogrome gegen die christlich-orthodoxe Bevölkerung dieser Region nach sich zog[149]. Anders als in Serbien hatte diese Mischung von aufgestautem Unmut und schwacher Militärpräsenz der Besatzungsmacht jedoch keine stufenweise Steigerung, sondern einen explosionsartigen Ausbruch der Rebellion zur Folge. Als auslösendes Element diente der italienische Versuch, die De-facto-Annexion des Landes durch die Zustimmung einer handverlesenen »Nationalversammlung« legalisieren zu lassen. Die am 12. Juli in der historischen Hauptstadt Cetinje abgehaltene Zeremonie verlief zwar noch reibungslos, aber am folgenden Tag befand sich das gesamte Umland im Umkreis von 30 km im offenen Aufruhr. Die geringe Größe des Landes sowie seine archaische, auf clanartig organisierten Stämmen beruhende Sozialstruktur ermöglichte eine lauffeuerartige Ausbreitung, so daß nach zehn Tagen fast ganz Montenegro in der Hand der Aufständischen war; neben dem Küstenstreifen waren der Besatzungsmacht nur noch die Städte Cetinje, Podgorica, Nikšić und Pljevlje verblieben[150]. Obwohl ein Großteil dieses Raumes den Rebellen wegen fehlender Sicherung natürlich kampflos in die Hände fiel, erlagen auch ausreichend gesicherte Ziele ihrem Ansturm: In Berane, Andrijevica und Danilovgrad streckten selbst Garnisonen in Bataillonsstärke die Waffen[151]. Das Ausmaß der erlittenen Niederlage ließ beim italienischen Außenminister Graf Galeazzo Ciano vorübergehend sogar die Befürchtung aufkommen, daß die Bereinigung auch dieses Debakels nicht ohne deutsche Hilfe möglich sein würde[152]. Die ungebremste Spontanität und Volkstümlichkeit dieser Bewegung war von so elementarer Natur, daß selbst die KPJ von ihr völlig überrumpelt wurde und sich bei dem Versuch, den Weisungen des ZK zu folgen, in der völlig ungewohnten Rolle des Bremsers wiederfand. Erst mit mehreren Tagen Verspätung schloß sich die Parteiführung unter Milovan Djilas und Mosa Pijade der Rebellion vorbehaltlos an und ließ in Folge nichts unversucht, dem bis

---

149 Sehr aufschlußreich hierzu der Abschlußbericht, den Mazzolini Außenminister Ciano vorlegte; abgedruckt in ebd., S. 205–211.
150 Karchmar, *Draža Mihailović*, S. 373–376.
151 Verna, *Italian rule*, S. 198 spricht in diesem Zusammenhang vom »verbissenen Widerstand«, den die Besatzungsdivision »Messina« den Aufständischen entgegensetzte; sehr viel kritischer die Bewertung von Karchmar, *Draža Mihailović*, S. 375 und Djilas, *Wartime*, S. 30.
152 Renzo de Felice (Hrsg.), *Galeazzo Ciano. Diario 1937–1943* (Mailand 1994, pb), S. 534 (Eintrag vom 17.7.1941).

dato erfolgreichsten Aufstand auf jugoslawischem Gebiet ihren politischen Stempel aufzudrücken[153]. Neben dem Versuch, den einzelnen Aufständischengruppen als »Volksverbindungsoffiziere« getarnte politische Kommissare beizugeben, zeigte sich dies am deutlichsten bei der Besetzung des am 18. Juli gegründeten provisorischen Oberkommandos: Von seinen sechs Mitgliedern waren vier führende KPJ-Veteranen, während der fünfte (der Generalstabsoffizier Arso Jovanovic) sich unmittelbar vor Ausbruch der Rebellion den Partisanen angeschlossen hatte[154]. Die Konflikte, die der kommunistische Führungsanspruch in jedem Fall hervorrufen mußte, wurden durch die italienische Gegenoffensive jedoch zunächst in den Hintergrund gedrängt. Nach dem offensichtlichen Scheitern des politischen Experiments, Montenegro mit einem Minimum an Zwang dem neuen römischen Reich Mussolinis einzuverleiben, erfolgte am 24. Juli die Abberufung Graf Mazzolinis und die Übertragung der Befehlsgewalt für den neuen Kriegsschauplatz an den Oberbefehlshaber der 9. Armee (Tirana), Generaloberst Alessandro Pirzio-Biroli[155]. Die eigentliche Durchführung der Rückeroberung Montenegros oblag General Luigi Mentasti; für die Dauer der Operationen wurden seinem XIV. Armeekorps erhebliche Kräfte unterstellt: Neben den Resten der »Messina«, die dem ersten Ansturm standgehalten hatten, beteiligten sich noch die Infanteriedivisionen »Venezia«, »Taro«, »Marche« sowie die Gebirgsjägerdivisionen »Pusteria« und »Cacciattori delle Alpi« am Sturm auf das befreite Gebiet. Durch den Einsatz zahlreicher albanischer Hilfstruppen machte sich Mentasti zudem das Zerstörungspotential alter balkanischer Animositäten zunutze[156]. Durch diese zahlenmäßige Überlegenheit und die Möglichkeit aus Albanien, dem Kosovo sowie der Herzegowina gleichzeitig vorzustoßen, erfolgte die Niederlage der Rebellion fast genauso plötzlich wie ihr Ausbruch[157]. Am 12. August, vier Tage bevor die letzte größere Ortschaft in der Hand der Aufständischen (Žabljak) wieder besetzt war, konnte Pirzio-Biroli dem Comando Supremo melden, daß seine Aufgabe im wesentlichen abgeschlossen war[158]. Trotz der augenscheinlich eindrucksvollen Bilanz erwiesen sich in den folgenden Monaten unternommene Versuche, diesen Erfolg auch in eine politische Lösung umzusetzen, jedoch als verfrüht. Vermochten doch weder die Proklamation der »Unabhängigkeit« des Landes am 3. Oktober noch das Angebot einer großzügigen Amnestie (31. Oktober 1941)[159]

---

153 Djilas, *Wartime*, S. 21–25; Karchmar, *Draža Mihailović*, S. 373 f.
154 Ebd., S. 379–381.
155 Verna, *Italian rule*, S. 204.
156 Karchmar, *Draža Mihailović*, S. 383–385.
157 Nach Schätzung Karchmars befanden sich mindestens 65.000 Italiener im Einsatz, womit auf fünf Landesbewohner ein Soldat gekommen wäre; ebd., S. 422.
158 Verna, *Italian rule*, S. 212.
159 Ebd., S. 218. Der Text der Amnestieproklamation findet sich in ebd., S. 220–223. Ferner Giacomo Scotti u. Luciano Viazzi, *Le aquile delle Montagne Nere. Storia dell'occupazione e della guerra italiana in Montenegro, 1941–1943* (Mailand 1987), S. 282–295 u. 328–340.

über den begrenzten Erfolg der italienischen Säuberungsoperation hinwegzutäuschen. Diese hatte sich nämlich im wesentlichen entlang der größeren Straßen und Wege abgespielt und den größten Teil des gebirgigen Hinterlandes den Aufständischen als Rückzugsgebiet belassen. In dieser Pattsituation kam die Clanstruktur der montenegrinischen Gesellschaft, der sich auch die Kommunisten nicht zu entziehen vermochten, erneut in entscheidender Weise zum Tragen: Die Furcht vor weiteren Strafexpeditionen sowie die Notwendigkeit, in der gegenwärtigen Lage den moslemischen Nachbarn im Kosovo und Sandžak keine offenen Flanken zu bieten, erbrachte eine klare Mehrheit für eine vorübergehende Waffenruhe[160]. Dies sowie die Schwierigkeiten, unter den gegenwärtigen Bedingungen das Programm, das in der Besprechung von Stolice (26. September) ausgearbeitet worden war, umzusetzen, hatte eine erhebliche Verstimmung seitens der KPJ-Führung in Serbien zur Folge und sollte Ende Oktober schließlich sogar zur Abberufung von Milovan Djilas führen[161]. Ungeachtet dieser abwartenden Haltung vermochten die montenegrinischen Partisanen durch ein unvorhergesehenes Ereignis ihre Position dennoch erheblich auszubauen: Aus Sorge um die Aufrechterhaltung des Nachschubs im Winter beschloß Pirzio-Biroli Mitte Oktober, den Gebietsstreifen zwischen den Flüssen Piva und Tara vorübergehend zu räumen. Die nachrückenden Partisanen erhielten so Gelegenheit zu einer erheblichen Erweiterung des von ihnen gehaltenen Gebiets[162]. In diesem übten sie eine Herrschaft aus, die im auffälligen Gegensatz zur erzwungenen militärischen Passivität stand: Nicht nur, daß die kommunistische Natur ihres Regimes unter Zurückstellung aller Volksfrontelemente immer offener zutage trat, die gegen tatsächliche oder vermeintliche politische Gegner geübte Repression nahm geradezu terroristische Formen an und legte die Saat für den Bürgerkrieg, der zu Neujahr ausbrechen sollte[163]. Zwei Ereignisse, die sich zur Monatswende November/Dezember 1941 zutrugen und besonders geeignet waren, den kommunistischen Führungsanspruch über die Rebellion in Montenegro in Frage zu stellen, hatten in dieser Hinsicht eine geradezu katalytische Wirkung. Die ersten Sendungen der BBC über die Rolle des Draža Mihailović als vermeintlicher Führer des serbischen Aufstandes gaben den bis dahin, nicht zuletzt durch die Geographie des Landes, isolierten Nichtkommunisten unter den Aufständischen eine durch die Exilregierung legitimierte Leitfigur, die in der Lage sein würde, ihr weiteres Vorgehen politisch und militärisch zu koordinieren[164]. Mindestens ebenso bedeutend war aber das Scheitern des Versuches, mit einer unter kommunistischer

---

160 Karchmar, *Draža Mihailović*, S. 388 f.
161 Schilderung dieser Ereignisse in Djilas, *Wartime*, S. 79–88.
162 Scotti/Viazzi I, S. 289 f.; Karchmar, *Draža Mihailović*, S. 389.
163 Ebd., S. 391–394.
164 Ebd., S. 391.

Führung organisierter Hilfsexpedition (3.700 Mann) nach Serbien zur Unterstützung des dortigen Aufstands durchzubrechen. Da die moslemische Vorherrschaft im Sandžak die Eroberung einer Ausgangsbasis im serbisch-montenegrinischen Grenz-raum ratsam machte, wurde daher die Einnahme der Kleinstadt Plejvlja geplant. Beim Versuch zu diesem Zweck in der Nacht vom 1./2. Dezember 1941 die italie-nische Garnison des Ortes zu überwältigen, erlitten die Montenegriner eine verhee-rende Niederlage und mußten sich wieder nach Süden zurückziehen[165]. Den Schaden, den das Ansehen der KPJ durch dieses Debakel erlitten hatte, quittierte diese mit einer noch schwereren Welle des Terrors gegen Andersdenkende. Dieser Belastung war auch der außerordentliche hohe Homogenitätsgrad der montenegrini-schen Aufstandsbewegung auf Dauer nicht gewachsen. Der in Serbien bereits weit-gehend abgeschlossene Entwicklungsprozeß, der dort eine immer undurchlässigere Grenze zwischen nationalserbischen und kommunistischen Freischärlern geschaffen hatte, ging jetzt auch im südlichen Nachbarstaat seiner Vollendung entgegen.

3.2. 1941 im NDH-Staat

Anders als Serbien und Montenegro war der gleich nach seiner Gründung von Deutschland und Italien anerkannte NDH-Staat kein besetztes Feindesland, sondern nahm durch seinen Status als Bundesgenosse Deutschlands und Italiens einen privi-legierten Platz im »neuen Europa« der Achsenmächte ein. Die innenpolitische Ausgangssituation, wie sie sich nach der Staatsgründung darstellte, wies freilich von Anbeginn eine deutliche Schwachstelle auf. So konnte die radikalfaschistische Ustascha-Partei des Dr. Ante Pavelić bei Übernahme der Regierung nach 12 Jahren im italienischen Exil nur eine minimale Anhängerschaft und noch weniger Regierungserfahrung vorweisen und war eigentlich nur aufgrund ihrer Weltan-schauung und ihrer Abhängigkeit gegenüber Italien als staatstragende Bewegung legitimiert. Andererseits berechtigte die herausragende Rolle, die Kroaten und bos-nische Moslems in den Streitkräften der k.u.k. Monarchie gespielt hatten, doch zu der Hoffnung, daß diese Volksgruppen zu einem weiteren Stützpfeiler, wenn nicht des neuen Regimes, dann doch des Dreimächtepakts werden würden, dem der junge Staat am 15. Juni beitrat[166].

---

165 Die bei weitem ausführlichste Schilderung dieses Gefechtes findet sich bei Scotti/Viazzi I, S. 389–441.
166 Die Tagebucheintragungen, in denen Der Deutsche General in Agram, Generalmajor Edmund Glaise von Horstenau, seine ersten Agramer Eindrücke festhielt, sprechen in dieser Hinsicht eine deutliche Sprache. Broucek, *General im Zwielicht*, S. 79–118 (Einträge vom April und Mai 1941).

Daß Pavelić und seine Gefolgsleute sich allerdings in keiner Weise dem geistigen Erbe der Doppelmonarchie verpflichtet fühlten, zeigte sich noch im Laufe desselben Frühjahrs. In dem Bestreben, einen ethnisch homogenen Nationalstaat zu schaffen, begannen die bewaffneten Formationen der Ustascha mit der Ermordung bzw. Vertreibung der serbischen Minderheit. Der fehlende logistische Apparat und ein immer unkontrollierteres Vorgehen der Täter ließen das Vorhaben letztendlich scheitern, wobei die von Region zu Region recht unterschiedlichen Ergebnisse der Mordaktion für Entwicklung und Verlauf der folgenden Rebellion von erheblicher Bedeutung sein sollten[167]. Dort, wo die Anfangsphase des Plans, welche die Eliminierung der serbischen Führungsschicht vorsah, zur Durchführung gekommen war, sollte es der KPJ in Folge relativ leichtfallen, die Führung der desorientierten Überlebenden zu übernehmen. In Regionen, in denen sich die Verheerungen der Ustascha kaum oder gar nicht ausgewirkt hatten, waren es vor allem die Vertreter der politischen Vorkriegsordnung (Gendarmerie- und Heeresoffiziere, orthodoxe Geistliche, Bürgermeister), die von ihren intakten Dorfgemeinschaften an die Spitze der Rebellion gestellt wurden[168]. Folglich mußten nur sechs Wochen vergehen, bis sich die meisten serbischen Siedlungsgebiete in offener Rebellion gegen die neue Staatsgewalt befanden. In der östlichen Herzegowina, wo bereits bestehende Klassen- und Volkstumsgegensätze zwischen Serben und Moslems die kommende Konfrontation vorwegnahmen, war dieser Zustand schon Mitte Juni erreicht[169]; es folgten Ostbosnien (Mitte Juli), Westbosnien (Ende Juli) sowie die serbischen Siedlungsgebiete in den kroatischen Provinzen Kordun, Banjia und Lika (Ende Juli/Anfang August)[170].

Zur Eindämmung dieses willkürlich entfachten Flächenbrandes standen zu Sommerbeginn militärische Kräfte zur Verfügung, die, wenn auch zahlreich, in ihrer Einsatzbereitschaft aus unterschiedlichen Gründen zum Teil erheblich eingeschränkt waren. Auf deutscher Seite lagen zu diesem Zeitpunkt neben zwei Landesschützenbataillonen nur die zweigliedrige 718. ID (Generalmajor Johann Fortner) in Kroatien und Bosnien. Ihre vordringlichste Aufgabe bestand vor allem in der Sicherung der im Großraum Sarajevo–Tuzla–Zenica gelegenen Industrie- und Bergwerksanlagen sowie dem Schutz der wichtigsten Bahnlinien (Agram–Belgrad und

---

167 Karchmar, *Draža Mihailović*, S. 435–441.
168 Ebd., S. 440–444.
169 Die kroatische Volksgruppe war aufgrund ihres geringen Bevölkerungsanteils (weniger als 5%) in dieser Region weitgehend unbeteiligt; ebd., S. 444–447.
170 Ebd., S. 457–461. Beurteilungen der Ereignisse jener Monate aus deutscher Sicht finden sich u.a. in BA/MA, RH 20-12/454 Bericht der Wehrmachtverbindungsstelle Belgrad (15.7.1941); RH 26-118/3 KTB-Eintrag vom 9.8.1941; RH 24-18/166 718. ID, Ia, Stimmungsbericht für die Zeit vom 16. August bis 15. September 1941 (18.9.1941). Die Ustaschaausschreitungen waren bald als Hauptursache der eskalierenden Volkstumskämpfe ausgemacht.

Bosanski Brod–Sarajevo)[171]. Mehr noch als der gewisse Grad an Ortsgebundenheit, der sich durch diese Aufgabenstellung ergab, war es vor allem die Unerfahrenheit der 718. ID, die einer uneingeschränkten Einsatzbereitschaft im Wege stand. Schließlich war die Division erst am 1. Mai desselben Jahres aufgestellt worden und stand somit noch mitten in der Ausbildung; Anfang August wurden für den Abschluß derselben bis zur Bataillonsebene noch zwei Monate veranschlagt[172]. Erst die Ankunft von drei weiteren Landesschützenbataillonen Anfang Oktober ermöglichte die Planung größerer Operationen[173], die, so das Höhere Kommando LXV. am 1. des Monats, aufgrund der fortgeschrittenen Aufstandslage auf gar keinen Fall mehr unter Bataillonsstärke durchgeführt werden dürften[174]. An eine wirkliche Großoperation, so Fortner am 14. Oktober an das Höhere Kommando und an den Deutschen General in Agram, sei überhaupt erst nach Zusammenfassung aller Divisionsbestandteile zu denken[175].

Die Schwäche der deutschen Militärpräsenz im Norden des Landes wies der 2. italienischen Armee unter Generaloberst Vittorio Ambrosio südlich der Demarkationslinie eine um so bedeutendere Rolle zu. Dieser vier Generalkommandos und 9 Divisionen zählende Großverband hatte am 19. Mai in dem von ihm besetzten Gebiet die Zivilverwaltung an die neuen kroatischen Behörden übertragen und ab Ende Juni mit einer schrittweisen Rückzugsbewegung in Richtung auf die Küste begonnen. Die durch die Ustascha-Ausschreitungen provozierte Aufstandsbewegung und die Gefahr eines Übergreifens der Kampfhandlungen auf die annektierten Gebiete der Zone I sollten diese Maßnahme jedoch bald in Frage stellen. Die Ereignisse, die sich zwischen Juli und August im küstennahen Knin abspielten, sollten geradezu wegweisende Wirkung entfalten: In Anbetracht der völligen Auflösung der kroatischen Staatsgewalt hatte der Kommandierende General des hier dislozierten VI. Korps vorübergehend die Zivilgewalt übernommen (30. Juli) und erst auf Weisung Ambrosios am 2. August wieder den Kroaten überantwortet[176]. In einem Brief vom 11. August sprach sich dann der Gouverneur des annektierten Dalmatiens, Giuseppe Bastianini, dafür aus, die gesamte demilitarisierte Zone (Zone II) auf diese Weise wieder unter italienische Kuratel zu stellen. Er begründete dies vor allem mit dem notwendigen Schutz der Bahnlinie Fiume–Split sowie der Sicherung der Küste gegen gegnerische Landungsversuche[177]. Bereits zwei Tage später befahl Mussolini

---

171 BA/MA, RH 19 XI/81 (Die Bekämpfung der Aufstandsbewegung im Südostraum, Teil I), S. 101.
172 BA/MA, RH 20-12/121 OB-Reise Serbien (o.D., verm. Anfang August).
173 BA/MA, RH 19 XI/81 (Die Bekämpfung der Aufstandsbewegung im Südostraum, Teil I), S. 90.
174 BA/MA, RH 26-118/3 Befehl an die 718. ID (1.10.1941).
175 BA/MA, RH 26-118/3 KTB-Eintrag vom 14.10.1941.
176 Odonne Talpo, *Dalmazia. Una cronaca per la storia*, 1941 (Rom 1995), S. 507–517.
177 Appunto per Mussolini predisposto dal Governatore della Dalmazia e dal ministro Luca Pietromarchi sulla precarieta della situazione ai confini della Dalmazia (11.8.1941) in: ebd., S. 592 f.

den Abbruch der laufenden Rückzugsbewegung und die erneute Sicherung der Zone II, die am 19. August mit der Besetzung Livnos eingeleitet wurde[178]. Ungeachtet der Bitten Pavelićs, von einer völligen Entmachtung der kroatischen Staatsorgane abzusehen, wandte sich Ambrosio am 7. September mit einer Proklamation an die Bevölkerung der Zone II, die in ihren Hauptpunkten einer Wiedereinführung des Besatzungsrechts gleichkam; lediglich ein Zivilkommissar als Berater beim Hauptquartier der 2. Armee in Karlovac wurde den Kroaten zugestanden[179]. Der in Anbetracht der immer noch tobenden Aufstandsbewegung nächste folgerichtige Schritt – die erneute Besetzung der Zone III – ließ nicht mehr lange auf sich warten. Insbesondere das direkt an die demilitarisierte Zone angrenzende Drvar, das seit dem 25. Juli den Schwerpunkt des kommunistisch gesteuerten Teils der Aufstandsbewegung in Westbosnien bildete, konnte unter den gegebenen Umständen schlecht sich selbst überlassen werden. Im Zangenangriff zweier Kolonnen nahmen Teile der Divisionen »Sassari« und »Bergamo« unter geringen Verlusten Drvar in den Mittagsstunden des 25. September ein[180]. Bereits drei Tage zuvor hatte Generalfeldmarschall List den Deutschen General im Hauptquartier der italienischen Wehrmacht, Generalleutnant Enno von Rintelen, angewiesen, dem Comando Supremo die Besetzung der gesamten Zone III nahezulegen; die vornehmlich politischen Bedenken, die Glaise von Horstenau in diesem Zusammenhang geltend machen wollte, konnten aufgrund eines technischen Defekts der Verbindung nach Athen nicht mehr berücksichtigt werden[181]. Trotzdem wurde der Antrag von italienischer Seite eher dilatorisch behandelt: Am 2. Oktober schien das Comando Supremo sogar bereit, den Vormarsch aus Rücksicht auf die Bedenken von kroatischer Seite einstweilen zurückzustellen. Eine erneute Vorsprache von Rintelens am 3. Oktober, in der er sein Anliegen noch mal bekräftigte, versetzte die italienische Führung freilich in die glückliche Lage, sämtliche kroatischen Einwände durch den Hinweis auf die »Forderung« (so von Rintelen in seinem Bericht an das OKW) des deutschen Verbündeten förmlich vom Tisch zu wischen[182]. Am 9. Oktober begann daher der Zug von Teilen des V. und VI. Korps bis zur Demarkationslinie. Wie auch schon beim Vormarsch auf Drvar wurde nur geringer Widerstand angetroffen; dies war vor allem eine Folge der zahlreichen Kontakte, die seit Ende Juli zu den Führern der nationalserbischen Freischärler geknüpft worden waren und die schließlich am 1. September in das Stillhalteabkommen von Pagene (bei Knin) gemündet hatten. Kern desselben war die weitgehende Entmachtung der Organe des NDH-Staates durch die

---

178 Ebd., S. 518–521.
179 Ebd., S. 532 f., 611–614.
180 Ebd., S. 543–547.
181 BA/MA, RH 31 III/1 Der Deutsche General in Agram an das OKW (6.10.1941).
182 BA/MA, RH 31 III/1 Der Deutsche General in Agram an das OKW (11.10.1941).

italienische Besatzungsmacht[183]. Nach der demilitarisierten Zone verfuhr Ambrosio nun auch in der Zone III nach diesen Grundsätzen. Kurzfristiges Ergebnis dieser Übereinkunft war eine Neutralisierung der meisten nationalserbischen Gruppen, die Isolierung der Kommunisten und das sofortige Unterbinden des Wirkens der Ustascha. Selbst der überaus italienkritisch eingestellte Deutsche General in Agram mußte einräumen, daß vor allem letztere Maßnahme den Italienern nicht unbeträchtliche Sympathien bei der serbischen und zum Teil auch kroatischen Bevölkerung einbrachte[184]. Dennoch war er sich mit dem Gesandten Kasche darin einig, daß der eigentliche Grund des italienischen Vormarsches in dem Bestreben zu suchen war, durch eine umfassende Revision der Römischen Verträge vom 18. Mai den kroatischen Staat gezielt zu destabilisieren. Hinweise darauf, daß dieser Verdacht nicht ganz unbegründet war, gab es mehrere. Nicht nur, daß die italienische Regierung gleichzeitig mit der Machtübernahme in der Zone II noch laufende Verhandlungen über den endgültigen Grenzverlauf zwischen Kroatien und dem annektierten Dalmatien abbrach, nach dem Aufschluß zur Demarkationslinie brachte sie außerdem die im Mai schon einmal gestellte Forderung nach einem Sonderzollgebiet erneut ins Gespräch[185]. Darüber hinaus hatte die Art und Weise, in der die Entmachtung der kroatischen Verwaltung in der Zone II erfolgt war, in Agram ungute Erinnerungen an die ursprünglichen italienischen Maximalforderungen vom Mai geweckt, die Italienisch-Dalmatien einen Grenzverlauf gegeben hätten, der mit der gegenwärtigen Trennlinie zwischen den Zonen II und III fast identisch war[186].

Schließlich und endlich schien auch die Tatsache, daß nach der Wiederbesetzung beider Zonen nicht nur die bewaffneten Verbände der Ustascha, sondern auch die meisten Domobraneneinheiten in den deutschen Einflußbereich verwiesen wurden[187], ein klarer Hinweis auf die Absicht Roms zu sein, die kroatische Souveränität nur noch auf dem Papier bestehen zu lassen. Wenngleich diese Entscheidung im teilweisen Gegensatz zu seinen Bestrebungen stand, Pavelić zu stützen, scheint Musso-

---

183 Talpo, *Dalmazia I*, S. 527–532.
184 Der Deutsche General in Agram an den Wehrmachtbefehlshaber Südost (21.11.1941), in: BA/MA, RH 19 XI/81 (Die Bekämpfung der Aufstandsbewegung im Südostraum, Teil I), S. 98 f.
185 PA/AA, StS Kroatien, Bd. 2, 682 Kasche an Auswärtiges Amt (16.10.1941). Die damaligen Perspektiven (deutsche Einmischung aus italienischer, ungehemmter italienischer Expansionismus aus deutscher Sicht) finden sich auch in gegenwärtigen Interpretationsversuchen reflektiert; vgl. Talpo, *Dalmazia I*, S. 518–526, 914–921 und Gert Fricke, *Kroatien 1941–1944. Der »Unabhängige Staat« in der Sicht des deutschen Bevollmächtigten Generals, Glaise v. Horstenau* (Freiburg 1972), S. 20, 42–52.
186 Olshausen, *Zwischenspiel auf dem Balkan*, S. 185 f.
187 DDI, Nona serie, vol. VII, S. 472 f. Il ministro a Zagabria, Casertano, al ministro degli esteri, Ciano (16.8.1941); ebd., S. 666 Il ministro a Zagabria, Casertano, al ministro degli esteri, Ciano (19.10.1941).

lini die Entscheidung über das Ausmaß, in dem die Entmachtung der kroatischen Organe vollzogen werden sollte, im wesentlichen der Heeresführung bzw. der 2. Armee überlassen zu haben[188].

Die Ereignisse, die keine zwei Wochen nach der italienischen Rückkehr an die Demarkationslinie auf dem bosnischen Kriegsschauplatz eintraten, schienen allerdings geeignet, die verstärkte Präsenz der 2. Armee zu einer absoluten Notwendigkeit zu machen.

Bedingt durch die Schwäche der deutschen Besatzungsmacht und den schrittweisen Rückzug der 2. italienischen Armee aus den Zonen II und III, waren es die Streitkräfte des jungen kroatischen Staates, die während des Sommers die Hauptlast der Aufstandsbekämpfung in den serbischen Siedlungsgebieten zu tragen hatten. Unter dem Kommando des ehemaligen k.u.k. Obristen und Ustascha-Veteranen Slavko Kvaternik entstand eine zahlenmäßig (bis Ende 1941 46 Bataillone mit insgesamt 55.000 Mann) mehr als ausreichende Truppe, die im wesentlichen aus Beständen der königlich jugoslawischen Armee ausgerüstet war; im Hinblick auf weiterführende Ausbildung und modernere Bewaffnung war Kvaternik bemüht, eine möglichst enge Anlehnung an den deutschen Bündnispartner unter Zurücksetzung der eigentlichen Vormacht Italiens zu finden[189]. Die sieben Gruppen zählende Luftwaffe (Zrakoplovsto NDH) bestand im wesentlichen aus Maschinen der alten jugoslawischen Streitkräfte und zunehmend auch deutschen und italienischen Mustern[190]. Da die deutsche Luftwaffe bis zum Frühjahr 1943 nicht in der Lage war, genügend Kräfte für einen permanent in Jugoslawien stationierten Kampfverband zu entbehren, kam dem Einsatz der kroatischen Luftwaffe in der Folgezeit eine nicht unerhebliche Bedeutung zu. Der an sich naheliegende Aufbau einer Kriegsmarine in den adriatischen Heimatgewässern mußte aufgrund italienischer Bedenken allerdings unterbleiben; nur an der Ostfront (am Schwarzen Meer) konnte unter deutscher Aufsicht der Grundstein einer kleinen kroatischen Marine gelegt werden[191]. Den regulären Streitkräften waren die bewaffneten Verbände der Ustascha-Miliz zur

188 DDI, Nona serie, vol. VII, S. 478 Il capo di gabinetto, Anfuso, al ministro a Zagabria, Casertano (20.8.1941). Auch in den folgenden Monaten zeigte Mussolini sich eher zögerlich, hinsichtlich dieser Frage oder der umstrittenen Cetnikbewaffnung von sich aus eine klare Linie durchzusetzen; vgl. Renzo de Felice, *Mussolini l'alleato, Vol. I. L'Italia in guerra 1940–1943* (Turin 1990), S. 431 f., 438.

189 Zum Aufbau der kroatischen Streitkräfte 1941 siehe BA/MA, RH 24-15/9 Bericht des Gen. Kdo. XV. an Pz. AOK 2 vom 27.8.1943 (»Entstehung des kroatischen Heeres«). Zur Einstellung Kvaterniks vgl. DDI, Nona serie, vol. VII, S. 398–400 Il ministro a Zagabria, Casertano, al ministro degli esteri, Ciano (25.7.1941) sowie ebd., S. 544 f. Il ministro a Zagabria, Casertano, al ministro degli esteri, Ciano (5.9.1941).

190 Nigel Thomas, Kuroslav Mikulan u. Darko Pavelić, *Axis forces in Yugoslavia 1941–1945* (London 1995), S. 18; Hans-Dieter Neulen, *Am Himmel Europas. Luftstreitkräfte an deutscher Seite 1939–1945* (München 1998), S. 178–191.

191 Ebd.

Seite gestellt. Im Laufe des Jahres 1941 kamen zwölf Bataillone und einige Sonderverbände mit einer Gesamtstärke von 15.000 Mann zur Aufstellung[192]. Der privilegierte Status dieser »politischen Soldaten« des Regimes kam vor allem in besserer Ausrüstung, höherer Besoldung und kürzeren Einsatzzeiten zum Ausdruck. Obwohl in der Literatur zum Teil bis in die heutige Zeit ihre »Härte« gegenüber Gefangenen und Zivilisten in eine direkte Relation zu ihrer »rücksichtslosen Kampfbereitschaft« gesetzt wird[193], waren sich deutsche Beobachter vor Ort in der Regel darüber einig, daß der durch Massenmorde und Brandschatzungen verursachte politische Schaden in keinem vertretbaren Verhältnis zu den sporadischen militärischen Erfolgen der Miliz stand[194]. Die Einsatzbereitschaft der regulären Armee wurde aber nicht nur durch die Zurücksetzung gegenüber der Ustascha beeinträchtigt: Im Offizierskorps verlief ein tiefer Graben zwischen den Generationen, die noch im k.u.k. Heer gedient und jenen, die das Militärhandwerk erst im jugoslawischen Staat erlernt hatten. Bei der Truppe war es vor allem die schmale politische Basis des neuen Regimes und das zunehmende Bewußtsein, als Instrument in einem ohne Not vom Zaune gebrochenen Volkstumskampf zu dienen, die ein übriges taten, um die Moral der einfachen Soldaten bald auf den Nullpunkt sinken zu lassen[195].

In der Zeit, die diese inneren Widersprüche jedoch brauchten, um zur vollen Entfaltung zu kommen, vermochte die »Kopnena vojska« sich durchaus überzeugend zu schlagen. So gelang es ihr mit nur geringer Hilfe in mühsamen Kämpfen, die erste Aufstandswelle im Sommer 1941 aufzufangen, die wichtigsten Verkehrsverbindungen zu sichern und den Aufständischen den Zugriff auf die mittleren und größeren Bevölkerungszentren zu verwehren. Insbesondere die ersten Versuche der KPJ, in ihren bosnischen Hochburgen in den Räumen Sarajevo und Tuzla eigene »odreds« zu organisieren, wurden bis Anfang September durch den schnellen Zugriff der kroatischen Streitkräfte weitgehend zunichte gemacht[196]. In der zweiten Oktoberhälfte kam es in Ostbosnien jedoch zur ersten folgenschweren Krise. Dort war es dem ehemaligen Gendarmeriemajor Jezdimir Dangić im Laufe der letzten Monate gelungen, sich das Gros der noch ungebundenen Gruppen zu unterstellen und sogar ein erträgliches Verhältnis zu den örtlichen Partisanenabteilungen aufzubauen. Diesen war es nach den ersten Rückschlägen gelungen, durch eine

---

192 Ebd., S. 16.
193 So z. B. in ebd., S. 17.
194 Als durchaus repräsentatives Beispiel zu diesem Thema kann folgende von der 718. ID wiedergegebene Einschätzung gelten: »*Im übrigen konnte auch bei früheren Unternehmungen festgestellt werden, daß die Ustascha keinen Angriffsgeist besitzt, wenn es darauf ankommt, gleich starke feindliche Kräfte zu schlagen, und nur sich tapfer zeigt gegen völlig unterlegene Feindgruppen oder unbewaffnete zivile Bevölkerung*«; vgl. BA/MA, RH 26-118/12 KTB-Eintrag vom 7.7.1942.
195 Zu diesen inneren Spannungen: Broucek, *General im Zwielicht*, S. 98 (Eintrag vom April 1941) u. Fricke, *Glaise von Horstenau*, S. 28–33.
196 Karchmar, *Draža Mihailović*, S. 460 f.

Schwerpunktbildung in dem östlich Sarajevo gelegenen Romanija-Gebirge endlich eine dauerhafte Machtbasis in Ostbosnien zu etablieren. Am 1. Oktober vereinbarten ihre Führer mit Dangić gemeinsame Operationen unter einem vereinigten Oberkommando[197]. Das wichtigste Ergebnis dieser kurzfristigen Allianz war die Eroberung des südostbosnischen Rogaticas, bei dessen Einnahme am 23. Oktober den verbündeten Rebellengruppen eine reiche Beute in die Hände fiel. Die gleichzeitige Belagerung des benachbarten Višegrad und das Scheitern eines aufwendigen (sechs Bataillone) Entsetzungsversuches durch die kroatische Armee führten zu einer Situation, die ganz eindeutig in den Aufgabenbereich der deutschen Besatzungsmacht fiel[198]. Das Dilemma einer fehlenden Reserve war zum gegenwärtigen Zeitpunkt jedoch noch dadurch verschärft worden, daß die 718. ID gerade im Begriff war, eines ihrer Bataillone für einige Wochen an den serbischen Kriegsschauplatz abzugeben. Nachdem der Wehrmachtbefehlshaber Südost die Möglichkeit einer zusätzlichen Verstärkung ausgeschlossen hatte, blieb Glaise nichts weiter übrig, als die 2. italienische Armee nicht einmal, sondern in Anbetracht der kritischen Entwicklung der Lage sogar zweimal hintereinander (29. Oktober und 4. November) um Hilfe zu bitten[199]. Die Ereignisse, die sich dann in den Wochen nach dem italienischen Einmarsch (8. November) im südostbosnischen Raum abspielten, stellen gewissermaßen eine Art Vorschau auf den Dauerkonflikt zwischen Deutschen und Italienern dar, der sich durch ihre gegensätzlichen Einstellungen zu den verschiedenen Bürgerkriegsparteien im NDH-Staat ergab. So war es im vorliegenden Fall das Einvernehmen, zu dem das Oberkommando der 2. Armee mit den meisten Cetnik-Verbänden seines Verantwortungsbereichs gekommen war, das den Vorstoß auf Višegrad erleichterte: Anstatt sich den Weg durch den Ring der Belagerer freikämpfen zu müssen, ermöglichte ein Abkommen mit Dangićs Stabschef Bosko Todorovic die kampflose Übernahme der Stadt. Dies war freilich nur unter der Bedingung möglich gewesen, die kroatische Garnison der Stadt zu verweisen und auch einer möglichen Ablösung den Zugang zu verwehren[200].

Während die kroatische Regierung die Angelegenheit zum Gegenstand eines ebenso energischen wie aussichtslosen Protestes machte, konnten sich Kasche und Glaise durch diese Entwicklung in ihrem Argwohn hinsichtlich eines zügellosen italienischen Expansionsdrangs voll und ganz bestätigt fühlen. Obwohl während dieser Zeit im Hauptquartier Ambrosios in der Tat mittelfristig die Besetzung ganz Bosniens und sogar die Ausrufung eines unabhängigen bosnischen Staates ins Auge gefaßt

---

197 Eine besonders ausführliche Schilderung dieser Übergangsphase findet sich in den Memoiren des hohen KPJ-Funktionärs Rodoljub Colakovic; ders., *Winning Freedom*, S.164–209.
198 BA/MA, RH 19 XI/81 (Die Bekämpfung der Aufstandsbewegung im Südostraum, Teil I), S. 91 f.
199 Ebd., S. 92 f.
200 Karchmar, *Draža Mihailović*, S. 479.

wurde[201], nahmen die Ereignisse Ende November eine unerwartete Wende, durch die der bisherige Argwohn von deutscher und kroatischer Seite nicht nur gesteigert, sondern vor allem auch um eine neue Facette bereichert wurde. Parallel zum Teilrückzug der Truppen in Montenegro verfügte Ambrosio nämlich die vorübergehende Räumung des benachbarten oberen Drinatales in Südostbosnien mit den Städten Goražde und Foča. Um eine Übernahme dieses Gebietes durch die Kommunisten zu verhindern, erfolgte wieder eine Kontaktaufnahme mit Dangić, der sich unverzüglich bereit erklärte, die beiden Ortschaften samt Umgebung seinem wachsenden Machtbereich einzuverleiben[202]. Einen schwerwiegenden Präzedenzfall schufen die Italiener freilich weniger durch diese Art der Übergabe als durch die Tatsache, daß sie bei der Räumung Fočas 82 Gendarme des mit ihnen verbündeten kroatischen Staates den anrückenden Cetniks überließen, von denen sie dann zusammen mit einem Großteil der in der Stadt lebenden kroatischen und bosnischen Zivilisten (je nach Darstellung bis zu 6.000) ermordet wurden[203]. Diese an Deutlichkeit nicht mehr zu überbietende Parteinahme im tobenden Bürgerkrieg sollte kein Einzelfall bleiben, sondern vielmehr bis 1943 das täglich Brot der italienisch-kroatischen Beziehungen bleiben. Dieses anhaltende Phänomen erklärt sich nicht zuletzt daraus, daß der Stab der 2. Armee ein regelrechter Hort königstreuer Offiziere war, die aus ihrer Distanz zum faschistischen Regime und zur Allianz mit Deutschland keinen Hehl machten[204]. Auch die eine oder andere Ermahnung Mussolinis, das Bündnis mit Agram nicht allzu großen Belastungen auszusetzen, vermochte daher in den folgenden Monaten weder Ambrosio noch seinen Nachfolger Mario Roatta daran zu hindern, den italienischen Brückenkopf am östlichen Adriaufer durch Inanspruchnahme aller politischen und militärischen Mittel möglichst weit ins Landesinnere vorzutreiben. Ganz gleich, ob man in diesem Vorgehen ein humanitäres Unterfangen zugunsten von Juden und Serben oder einen Ausfluß des traditionellsten (präfaschistischen) italienischen Imperialismus sah, so hatte die verstärkte Truppenpräsenz südlich der Demarkationslinie zumindest Anlaß zu der Erwartung gegeben, daß der Spielraum der bosnischen Aufständischen eine erhebliche Einschränkung erfahren würde. Die überstürzte Räumung von Goražde und Foča hatte solchen Hoffnungen freilich einen spürbaren Dämpfer versetzt.

Vor dem Hintergrund der Ereignisse im abgelegenen Südostbosnien mußte die OKW-Weisung vom 15. Dezember, zum Zweck der Truppeneinsparung ganz Kroatien der 2. Armee zu überlassen, Glaise und den Wehrmachtbefehlshaber

---

201 Talpo, *Dalmazia I*, S. 931 f.
202 Karchmar, *Draža Mihailović*, S. 481.
203 Bericht über diese Ereignisse in PA/AA, Nachlaß Kasche 6.2., Kulturabteilung Dr. Katschinka; Bericht für den Herrn Gesandten (23.6.1942).
204 Ciano, *Diario*, S. 600 f. (Eintrag vom 15.3.1942); BA/MA, RH 24-15/10 Gen.Kdo.XV.Geb.AK Ia, Lagebeurteilung für die Zeit vom 16.8.–15.9.43 (19.9.1943).

Südost für die Aufrechterhaltung des letzten Restes an staatlicher Ordnung in Kroatien das Schlimmste befürchten lassen. Wenngleich es in Anbetracht der kritischen Lage der Heeresgruppe Mitte vor Moskau unmöglich schien, sich der Logik des OKW-Befehls (»*Es kann nicht mehr verantwortet werden, daß 6 deutsche Divisionen im serbisch-kroatischen Raum gebunden bleiben, obwohl bulgarische und italienische Kräfte in reichem Maße zur Verfügung stehen.*«)[205] zu entziehen, waren sich die Militärs und Diplomaten vor Ort in ihrer ablehnenden Haltung einig. Während Kasche und Glaise vor allem die politische und wirtschaftliche Existenz des NDH-Staates gefährdet sahen (Glaise: »*Das verstärkte Auftreten der italienischen Wehrmacht wird die Agramer Regierung bei der Raffsucht, die unsere Bundesgenossen mitunter auszeichnet, auch vor neue wirtschaftliche Schwierigkeiten stellen ...*«)[206] und auch die Prestigefrage ins Feld führten, berief Kuntze sich auf Punkt zwei des Befehls, der eine andauernde Besetzung der kriegswirtschaftlich wichtigsten Objekte durch deutsche Truppen vorsah. In einem ausführlichen Antwortschreiben vom 20. Dezember an das OKW führte er – ohne die Notwendigkeit des italienischen Einmarsches grundsätzlich in Frage zu stellen – im Detail auf, welche Kräfte auch der auf den reinen Objektschutz reduzierte Kampfauftrag der deutschen Besatzungstruppen weiterhin erfordern würde. Hierbei kam er zu dem Schluß, daß nach dem (sowieso fest eingeplanten) Abzug der beiden Frontdivisionen aus Serbien die vier Sicherungsdivisionen immer noch die Minimalbesetzung für den serbisch-kroatischen Raum darstellten, eine wirkliche Einsparung also gar nicht zu realisieren war. Falls diese Stärke, so Kuntze weiter, nicht garantiert werden könne, müsse, um wenigstens die Sicherung Serbiens zu gewährleisten, eben ganz Kroatien einschließlich sämtlicher Wirtschaftsobjekte den Italienern überlassen werden[207]. Dieser Argumentation vermochte man sich schließlich auch im Führerhauptquartier nicht zu entziehen: Obwohl eine grundsätzliche Zusage von italienischer Seite seit dem 18. Dezember vorlag[208], mußte General von Rintelen dem Comando Supremo am 24. Dezember mitteilen, daß die geplante Besetzung ganz Kroatiens durch die 2. Armee hinfällig geworden war. Lediglich die Besetzung Südostserbiens durch ein bulgarisches Korps zur Jahreswende wurde aufrechterhalten[209].

205 Chef OKW, OKW/WFSt, Abt. L, Weisung Nr. 39 a (15.12.1941) in: Walter Hubatsch, *Hitlers Weisungen für die Kriegführung* (Koblenz 1983), S. 175.
206 Der Deutsche General in Agram an den Wehrmachtbefehlshaber Südost (24.12.1941); in: BA/MA, RH 19 XI/81 (Die Bekämpfung der Aufstandsbewegung im Südostraum, Teil I), S. 107.
207 Der Wehrmachtbefehlshaber Südost an das OKW (20.12.1941); in: ebd., S. 103–105.
208 Die auf italienischer Seite zu diesem Zweck getroffenen Vorbereitungen sahen u.a. die Zuführung von fünf zusätzlichen Divisionen vor. Ausführlich hierzu Talpo, *Dalmazia I*, S. 934–939.
209 BA/MA, RH 19 XI/81 (Die Bekämpfung der Aufstandsbewegung im Südostraum, Teil I), S. 107 f. Zu letzter Maßnahme siehe Kapitel 7.1.

3.3. Zusammenfassung

Das herausragendste Merkmal der Entwicklung der Aufstandsbewegung in Jugoslawien war die lawinenartige Geschwindigkeit, mit der sie im Sommer 1941 die improvisierte Friedensordnung der Achsenmächte unter sich begrub. Obgleich zur Jahresmitte nur in der östlichen Herzegowina Kampfhandlungen zu verzeichnen waren, genügten die folgenden sechs Wochen, um die meisten serbisch besiedelten Gebiete in einen Zustand des offenen Aufruhrs zu versetzen; lediglich in den Räumen, die die Ustascha noch nicht im großen Stil hatte heimsuchen können (insbesondere Syrmien und Zentralslawonien), herrschte vorläufig noch eine gespannte Ruhe. Während dieses Sommers rächte sich die Hast, mit der nicht nur der Aprilfeldzug, sondern auch die Aufteilung und Besetzung des geschlagenen Landes durchgeführt worden waren.

Die wichtigsten Merkmale dieser ersten Phase war der hohe Grad an Spontaneität, von dem der Aufstandsgedanke beseelt war, und die Übergangsphase, die vergehen mußte, bevor die späteren Bürgerkriegsparteien der Nationalserben/Cetniks und Kommunisten/Partisanen sich aus der zum Teil völlig desorganisierten Masse der Aufständischen herauskristallisiert hatten. Während dieses Herausbildungsprozesses war die Minderheitspartei KPJ bemüht, die Rebellion, ganz gleich ob vom Kampf gegen Fremdherrschaft (Serbien, Montenegro) oder vom nackten Überlebenswillen (NDH-Staat) getragen, vollständig oder zumindest in Teilen der Führung ihrer Kader zu unterstellen. Von einer Führerrolle der KPJ von Anbeginn an kann höchstens in Serbien die Rede sein: Hier verlief die Entwicklung zum offenen Volksaufstand am schleppendsten, was der kommunistischen Führung wiederum die Möglichkeit gab, lenkend einzugreifen und das Tempo der Eskalation zumindest teilweise selbst zu bestimmen. Dennoch standen auch hier die späteren Fronten nicht vom ersten Tag an fest: Auf die während der Sommermonate von deutscher Seite wegen ihrer künftigen Haltung argwöhnisch beäugten »Cetniks« traf diese Bezeichnung meistens nur insofern zu, als es sich hier um Gruppen handelte, die nicht (oder noch nicht) unter kommunistischer Führung standen und auch noch nicht mit der Besatzungsmacht in Konflikt geraten waren. Diese zumeist unpolitischen »Banden« ihren jeweiligen Führungsapparaten zu unterstellen, blieb bis weit in den Herbst hinein das wichtigste politische Anliegen Titos und Mihailovićs; das Hin- und Herwechseln ganzer Abteilungen von einer Organisation zur anderen sollte auch nach Ausbruch des Bürgerkrieges noch monatelang gang und gäbe bleiben und zum entscheidenden Gradmesser für Erfolg oder Mißerfolg einer Partei im innerserbischen Kampf werden. Bei diesem Werben um das Wehrpotential des serbischen Volkes beiderseits der Drina war die KPJ auch schon vor ihrer Konsolidation Mihailović gegenüber deutlich im Vorteil: Während letzterer bis zum Einsetzen der ersten BBC-Sendungen über seine Tätigkeit praktisch auf reine Mundpropaganda angewiesen war[210] und ihm, bedingt durch den Seitenwechsel des Kosta Pećanac, selbst die Organisationsstruktur des Traditionsverbandes verwehrt blieb, konnten sich die Kommunisten gleich vom ersten Tag an auf ein Netz von Kadern stützen, das, wenn auch in unterschiedlicher Stärke, fast das gesamte Land umspannte. Aus diesen ungleichen Startbedingungen ergab sich für Mihailović ein Manko, das seine Organisation bis Kriegsende plagen sollte. Da seine Emissäre in allen Aufstandsgebieten außerhalb Serbiens, die sie aufsuchten, bereits auf spontan entstandene und im Kampf bewährte nationalserbische Rebellenarmeen stießen, konnte die Frage der Unterstellung meistens nur auf dem Weg eines Kompromisses geregelt werden. Dies hatte zur Folge, daß diese Großverbände eine erhebliche Autonomie behielten: Eine auf unbedingtem Gehorsam basierende Befehlsgliederung, wie sie bei den Partisanen vorhanden war, blieb die Ausnahme.

Neben diesem strukturellen Unterschied waren es vor allem die grundverschiedenen Zielsetzungen, die den beiden Widerstandsorganisationen ihr eigenes Profil verliehen. Bei Mihailović erzwang der angestrebte Erhalt der politischen Vorkriegsordnung und die militärisch ungünstige Lage eine Zurückhaltung, die ihn politisch angreifbar machte und die nicht immer von all seinen Unterführern vorbehaltlos mitgetragen wurde. Dagegen waren die Kommunisten in der glücklichen Lage, daß bei ihnen militärische und politische Ziele (Kampf gegen den Besatzer bzw. Sturz der monarchischen Ordnung) nicht nur miteinander kompatibel, sondern geradezu deckungsgleich waren. Selbst das Morden der Ustascha in Kroatien und die Repressalienpolitik der deutschen Besatzer in Serbien mußten die KPJ mittel- bis langfristig insofern begünstigen, als hierdurch das Heer der Entwurzelten und Verzweifelten, aus dem die Partisanen ihren Ersatz rekrutierten, mit jedem Tag zunahm. In Anbetracht der maßgeblichen Rolle, welche die KPJ im Frühsommer 1941 in Serbien bei der Aufstandsentfesselung spielte, scheint die Behauptung Harald Turners, bei rechtzeitigem Zugreifen hätte die Rebellion noch bis Ende Juli mit rein polizeilichen Mitteln im Keim erstickt werden können[211], gar nicht einmal abwegig. Im August jedoch wurde aus der Anschlagserie, die bis dato mehr dem serbischen Staat als den deutschen Truppen gegolten hatte, durch die Beteiligung immer breiterer Volksschichten eine flächenbrandartige Rebellion. Daß erst jetzt (am 10. August) die Aufnahme von Nichtkommunisten in die Partisanenabteilungen geregelt wurde, ist zusammen mit der Vorgeschichte des Aufstands in Montenegro ein klarer Beweis dafür, daß die KPJ Ende Juni gar nicht mit der Möglichkeit eines weitflächigen Aufstandes gerechnet hatte. Die rasante Entwicklung während des Monats September drängte dieses Versäumnis jedoch bald in den Hintergrund: Der

---

210 Christie Lawrence, *Irregular adventure* (London 1948), S. 133 f. u. 168 f.
211 BA-Lichterf., NS 19/1730 Gesamtsituationsbericht Harald Turners an den Reichsführer SS (16.2.1942).

Handlungsspielraum der Besatzer wurde praktisch auf reine Defensivmaßnahmen reduziert, eine politische Vereinnahmung der noch im Aufbau befindlichen DM-Organisation schien durchaus im Bereich des Möglichen zu liegen, und selbst die erste Großoperation der 342. ID war, rein militärisch betrachtet, ein klarer Fehlschlag. Um so bemerkenswerter erscheint, aus der Retrospektive betrachtet, der Zusammenbruch der Rebellion bis Anfang Dezember und die überstürzte Flucht der beiden Führungsstäbe.

Obwohl der zeitliche Zusammenhang zwischen dem Auftreten kampferprobter Verbände (IR 125 und 342. ID) und dem Zurückdrängen der Aufständischen kaum zu leugnen ist, fällt es dem Historiker schwer, bei näherer Untersuchung hier einen konkreten kausalen Nexus festzustellen. Schließlich zeichnete sich Boehmes Strategie der Punktschläge bis zum Vorstoß auf Užice vor allem durch drei konstante Merkmale aus:

- Eroberte Ortschaften mußten aus Kräftemangel in der Regel nach einigen Tagen wieder preisgegeben werden, ihre Sicherung durch serbische Regierungsverbände blieb nicht selten dem Zufall überlassen[212].
- Der Feind vermochte es fast immer, Gefechte zu vermeiden oder zumindest nach eigenem Gutdünken wieder abzubrechen[213]; die Einkesselung größerer Feindgruppen erbrachte höchstens bescheidene Teilerfolge.
- Bei den meisten Operationen war ein auffallendes Mißverhältnis zwischen der Zahl der erschossenen »Bandenverdächtigen« und der erbeuteten Waffen zu konstatieren.

Lediglich die geringe Zahl der bei diesen Unternehmungen eingetretenen eigenen Verluste schien die Richtigkeit des in jenen Tagen aufgestellten Postulats zu bestätigen, daß die Bekämpfung eines irregulären Gegners nur durch anhaltende Offensivoperationen Aussicht auf Erfolg hatte[214]; darüber hinaus schien das Militärpotential

---

212 BA/MA, RH 24-18/87 Fernschreiben des Bev. Kdr. Gen. an Höheres Kdo. LXV. zur Möglichkeit, in geräumter Zone zwischen Kruševac und Kraljevo Cetniks der Pećanac-Gruppe zu belassen (24.10.1941).

213 BA/MA, RH 26-342/13 Unterredung Generalleutnant Hinghofers mit dem Chef des Stabes des Bev. Kdr. Gen. (17.10.1941): »*Die Taktik des Feindes ist es, sich nicht fassen zu lassen, sondern rechtzeitig auszuweichen, um an anderer Stelle in Flanke und Rücken wieder zu erscheinen. Die Div. könne den Feind nur abdrücken, ihm nachzulaufen könne nicht in Frage kommen.*«

214 In einem Befehl vom 20.12.1941 wies der Kommandierende General wiederholt auf die Notwendigkeit hin, die Bandenbekämpfung auch in den folgenden Monaten offensiv zu gestalten; vgl. BA/MA, RW 40/14 Grundsätzliche Weisungen für den Winter (20.12.1941). Tatsache ist, daß der Großteil der deutschen Verluste in Serbien auf die Überwältigung kleinerer Abteilungen und Garnisonen der 700er-Divisionen während der Monate August und September zurückgeführt werden kann, so z. B. beim Fall Gornji Milanovacs am 29. September und Krupanjs am 9. Oktober (75 bzw. 175 Gefangene), Überfälle auf Kruševac am 24. September (23 Gefallene), bei Topola am 2. Oktober (28 Gefallene) und bei Stragari am 4. Oktober (44 Gefangene). Bei den offensiven Operationen der nach Serbien verlegten Frontverbände traten dagegen nur geringe Verluste ein.

der Aufständischen (Cetniks wie Partisanen) am Vorabend des Vorstoßes auf Užice nur unwesentlich geschwächt worden zu sein.

Der durchschlagende Erfolg dieser Operation ist nur nachvollziehbar, wenn man ihn vor dem Hintergrund der materiellen, politischen und psychologischen Faktoren betrachtet, die im Herbst des Jahres 1941 das Stimmungsbild unter den serbischen Aufständischen prägten. So hatten diese beispielsweise Ende Oktober durch das Abernten der Felder und dem hiermit verbundenen Verlust von Deckung und frei verfügbaren Nahrungsvorräten[215] bereits eine erste Einschränkung ihrer Bewegungsfreiheit und Mobilisierungsfähigkeit[216] erfahren müssen.

In psychologischer Hinsicht hatte die Rebellion bereits Ende September ihren Scheitelpunkt erreicht; nach dieser Hochphase hatten das Ausbleiben der erwarteten Kriegswende[217] sowie der Umfang der jetzt verschärft einsetzenden deutschen Repressalien[218] eine niederschmetternde Wirkung. Obwohl der mögliche Abschreckungseffekt solch radikaler Zwangsmaßnahmen schon damals in Zweifel gezogen wurde und mit weiterem Kriegsverlauf auch zunehmend an Wirkung verlieren sollte, spricht doch vieles dafür, daß zumindest im Herbst 1941 der eingetretene Schockeffekt die von Boehme gewünschte demoralisierende Wirkung zeitigte[219].

Auch die Veränderungen, die sich bis November 1941 im Bereich der serbischen Innenpolitik ereignet hatten, begünstigten die deutsche Besatzungsmacht. So konnte die serbische Regierungsgewalt, die sich bei der Demission der Regierung Acimović im Zustand zunehmender Auflösung befunden hatte, bis Mitte Oktober als weitgehend wiederhergestellt gelten, was neben der Unterstützung durch Pećanac und die »Zbor«-Bewegung nicht zuletzt auch als ein persönliches Verdienst des

---

215 Zur Ernährung der Aufständischen vom Land vgl. Lawrence, *Irregular*, S. 113, 121 u. 131.

216 Nach ebd., S. 108 mußten die Belagerer von Kruševac Anfang Oktober bereits mehrere hundert Freiwillige aus Nahrungsmittelmangel zurückweisen.

217 Nach Einschätzung eines britischen Zeitzeugen waren die Schwierigkeiten der Partisanenbewegung, nach 1941 in Serbien wieder Fuß zu fassen, eine direkte Folge dieser enttäuschten Erwartungen: »(...) *one of the reasons the Partisan movement was at that time weak in Eastern Serbia was because in 1941 its leaders in that part of the country had encouraged the people to rise in the belief that the Russian armies would soon be there to deliver them. They rose, the Russians did not come, and they were squashed. So they did not like the Partisans.*« Vgl. Jasper Rootham, *Miss Fire. The chronicle of a British mission to Mihailović 1943* (London 1946), S. 88.

218 NA, PG T 314, rl 1457, fr 1314–1322 Niederschrift über das Treffen mit dem serb. Generalstaboberst Draža Mihajlović am 11. November 1941 (12.11.1941). Bei dieser Unterredung beschrieb der Cetnikoffizier Pantic seinen deutschen Gesprächspartnern die Gemütslage unter einem Großteil der Aufständischen wie folgt: »*Es mußten 3 Monate vergehen, bis die Volksmassen einsahen, wohin sie der Kommunismus führte und daß es kein Kampf auf nationaler Grundlage war. Als diese Einsicht in Verbindung mit den Strafexpeditionen kam, stellte das Volk in seiner großen Masse fest, daß es verführt war.*«

219 Venceslav Glisic, *Der Terror und die Verbrechen des faschistischen Deutschland in Serbien von 1941 bis 1944* (unveröffentl. Phil. Diss, Berlin-Ost 1968), S. 99 f., S. 313–323.

neuen Ministerpräsidenten zu werten ist. Kaum weniger bedeutungsvoll ist der Ausbruch des serbischen Bürgerkrieges einzuschätzen, wobei es weniger die rein militärische Seite dieses Ereignisses als das Ende der kurzlebigen »Volksfront« der Widerstandsgruppen war, die in den folgenden Jahren die Arbeit von Bader und seinem Nachfolger Felber erheblich erleichtern sollte. Die Rolle, die das militante Auftreten der KPJ sowohl bei der Stabilisierung der Regierung Nedić als auch beim Bruch zwischen Mihailović und Tito spielte, kann gar nicht hoch genug eingeschätzt werden: Entgegen entsprechenden Anweisungen der Komintern machte sie – insbesondere nach den ersten militärischen Erfolgen – keinerlei Hehl daraus, daß die Vertreibung der Besatzer auch mit dem Umsturz der alten Ordnung einhergehen müsse; die kompromißlose Forderung nach der Einführung der Volksbefreiungsausschüsse war hier nur das augenfälligste Symptom[220].

Die weitgehende politische Isolierung der KPJ, die sich im Oktober/November 1941 abzeichnete, kann als Vorankündigung des stillen Konsens zwischen DM-Organisation und serbischer Regierung gesehen werden, der in nicht unerheblichem Maß dazu beitragen sollte, daß Serbien größeren kommunistischen Verbänden bis zum Sommer 1944 als Operationsfeld im wesentlichen verwehrt blieb.

Die politische Fehlkalkulation, die Boehme bei der Durchführung des Unternehmens »Užice« jedoch am unmittelbarsten entgegenkommen sollte, war die verfrühte Ausrufung eines befreiten Gebietes in geographisch zentraler Lage und in dem sich Ende November – bedingt durch den Bürgerkrieg – außerdem noch das Gros der bewaffneten Abteilungen konzentriert hatte. In dieser Lage bot sich Boehme erstmalig ein Ansatz für einen konventionellen Angriff, der zwar nicht die völlige Vernichtung, aber doch die weitgehende Entwaffnung und Zerstreuung des Gegners zur Folge hatte; das einsetzende Winterwetter und die veränderte politische Lage verhinderten anschließend das in der Vergangenheit so oft erfolgte Neugruppieren des Gegners. Die Geschwindigkeit, mit der Titos Kerntruppe Anfang Dezember auf gerade mal 2.000 Mann zusammenschmolz, macht deutlich, daß die Partisanen nicht zuletzt Opfer einer viel zu schnellen Expansion und somit ihres eigenen Erfolges geworden waren. Die Aussicht auf einen Neuanfang war jetzt aber nur noch jenseits der serbischen Grenzen zu finden.

---

220 Diese Tendenz war auch an Äußerlichkeiten festzumachen, wie z.B. durch die Einführung (am 1. Oktober 1941) einer neuen Nationalflagge mit rotem Sowjetstern und des Grußes mit geballter Faust; Vlado Strugar, *Der jugoslawische Volksbefreiungskrieg 1941 bis 1945* (Berlin-Ost 1969), S. 53.

4. 1942: Das Gebiet des NDH-Staates als Hauptkriegsschauplatz

4.1. Die Lage zu Jahresbeginn

Obwohl die chaotischen Zustände innerhalb des NDH-Staates den Partisanen während der nächsten zweieinhalb Jahre ideale Bedingungen für den Aufbau ihrer Bewegung bieten sollten, wurde die kommunistische Führung bei ihrer Ankunft in Ostbosnien zunächst mit einer schwerwiegenden politischen Krise in den eigenen Reihen konfrontiert. Die starke Position der Cetnik-Gruppe um Dangić sowie von diesem gezielt lancierte Gerüchte, daß ein unmittelbar vor dem Abschluß stehendes Abkommen mit den deutschen Besatzern den Anschluß Ostbosniens an das Gebiet der deutschen Militärverwaltung in Serbien ermöglichen würden, hatten die Kommunisten in die politische Defensive gedrängt[1]. Dies äußerte sich vor allem in der wachsenden Zahl von Überläufern, die ob nun einzeln oder gleich abteilungsweise den Weg zu Dangić fanden[2]. Aus kommunistischer Sicht war diese Entwicklung primär auf ungenügende »politische Arbeit« bzw. die »Rückständigkeit« der örtlichen Landbevölkerung zurückzuführen[3]; sehr viel bedeutender war jedoch der Umstand, daß in Bosnien bis dato die Rebellion gleichbedeutend gewesen war mit dem Selbstschutz der örtlichen Serben gegen den versuchten Genozid durch den NDH-Staat. Für den Fall, daß diese Bedrohung wegfallen sollte, war mit der Möglichkeit zu rechnen, daß die unpolitische Mehrheit der in kommunistischen Abteilungen kämpfenden bosnischen Serben sich einer weiteren Beteiligung am bewaffneten Kampf entziehen würde. Diese Tendenz sowie die tiefverwurzelte balkanische Tradition eines saisonabhängigen Guerrillakampfes sollten Tito und seinen Stab bei dem Versuch, westlich der Drina an ihre Erfolge vom Vorjahr anzuknüpfen, vor scheinbar unüberwindbare Probleme stellen.

---

1 Hierzu u.a. Brief Titos an die serbische KPJ (14.12.1941); in: Military History Institute of the Yugoslav People's Army (Hrsg.), *The National Liberation War and Revolution in Yugoslavia (1941-1945). Selected documents* (Belgrad 1982), S. 164–170.
2 Brief Titos an den Hauptstab Montenegro (28.12.1941), in: ebd., S. 174–178. Außerdem Vladimir Dedijer, *The War Diaries of Vladimir Dedijer, Vol. 1* (Ann Arbor 1990), S. 71 (Eintrag vom 25.12.1941).
3 Military History Institute, S. 174–178 Tito an den Hauptstab Montenegro (28.12.1941). Diese ausgesprochen stereotyp klingende Erklärung wird durch das spätere Zeugnis eines deutschen Beobachters allerdings in Teilen bestätigt; PA/AA, Nachlaß Kasche 6/2 Bericht für den Herrn Gesandten. Betr.: Fahrt durch Bosnien mit deutschen Journalisten (23.6.1942).

Mit politischen Problemen sah sich zu dieser Zeit auch Titos Rivale Draža Mihailović konfrontiert. In Anbetracht der weitgehenden Demobilisierung seiner Anhänger sowie der Stabilisierung der Regierung Nedić hätte auch für ihn die umgehende Flucht nach Westen oder Süden eine naheliegende Option darstellen können. Da zur Jahreswende 1941/42 von einer landesweiten DM-Organisation aber noch keine Rede sein konnte[4], mußte jeder Versuch, außerhalb Serbiens eine neue Basis zu errichten, zwangsläufig auf Kosten bereits etablierter serbischer Rebellenführer gehen. Die einzigen Trümpfe, die Mihailović dabei ausspielen konnte, waren seine Ernennung zum Kriegsminister durch die Exilregierung am 22. Januar 1942 sowie das Prestige, das ihm die Mitte November 1941 einsetzenden Propagandasendungen der BBC verliehen hatten[5]. Daß die Bezeichnung »Cetnik« und hiermit eingehende monarchistische und antikommunistische Gesinnung noch lange nicht ausreichend war, um klare Befehls- und Gehorsamsstrukturen zu etablieren, hatte sich im Herbst 1941 bereits im Falle Dangić gezeigt. Dieser hatte zwar Mihailovićs Abgesandten Bosko Todorovic als seinen Stabschef eingesetzt, sich aber ansonsten jeder Einschränkung seiner Hausmacht hartnäckig widersetzt; selbst eine Bitte von Mihailović, ihm im serbischen Bürgerkrieg beizustehen, kam der um das labile politische Gleichgewicht in Ostbosnien besorgte Dangić nicht nach[6]. Einen zumindest zwiespältigen Eindruck dürfte auch das bisherige Verhalten des montenegrinischen Cetnik-Führers Pavle Djurišić hinterlassen haben. Dieser hatte sich zur Jahreswende zwar auf eine von Mihailović unterzeichnete Weisung berufen, um im nördlichen Montenegro den Widerstand gegen die Kommunisten zu organisieren; hieraus übereilte Schlußfolgerungen über Djurišić's Bereitschaft zu ziehen, sich Mihailović zu unterstellen, wäre jedoch zumindest verfrüht gewesen. Nach Untersuchungen Lucien Karchmars kann nämlich mit an Sicherheit grenzender Wahrscheinlichkeit angenommen werden, daß Djurišić das fragliche Schriftstück zur Aufwertung seiner eigenen Person gefälscht hat[7]. Unter diesen Umständen nimmt es nicht wunder, daß Mihailović trotz des hiermit für ihn verbundenen Risikos, zunächst zögerte, seiner Basis Serbien den Rücken zu kehren. Ob und wann es ihm unter diesen Umständen gelingen würde, auch außerhalb der Landesgrenzen zum unangefochtenen Anführer des nationalen Serbentums zu werden, war Anfang 1942 ungewisser denn je.

---

4   In den abgelegeneren Provinzen Montenegro und Herzegowina trafen die ersten Emissäre Mihailovićs erst im Januar bzw. Februar 1942 ein. Vgl. Lucien Karchmar, *Draža Mihailović and the rise of the Chetnik movement* (New York und London 1987), S. 452.
5   Karchmar, *Draža Mihailović*, S. 270 f., 656–662; zu den politischen Hintergründen dieser Ernennung vgl. Simon Trew, *Britain, Mihailović and the Chetniks, 1941–1942* (London u. New York 1998), S. 100 f.
6   Karchmar, *Draža Mihailović*, S. 477 f.
7   Ebd., S. 397 f.

Aus italienischer Sicht ergab die Zwischenbilanz der Jahreswende 1941/42 ein ambivalentes Bild: Während die unbefriedigende Pattsituation in Montenegro nach wie vor einer dauerhaften Lösung harrte und am 1. Dezember sogar die Bildung eines eigenständigen, dem Comando Supremo direkt untergeordneten Truppenkommandos (»Comando Truppe Montenegro«) nötig machte, hatte sich die Lage in Kroatien aus Sicht des Oberkommandos der 2. italienischen Armee dafür um so positiver entwickelt. Hatten die Kroaten sich gegenüber der italienischen Hegemonialmacht anfangs skeptisch bis ablehnend gezeigt, so boten die Volkstumskämpfe zwischen Kroaten und Serben und die damit einhergehende Diskreditierung des NDH-Regimes Ambrosio die Möglichkeit, unter dem Vorwand des Einschreitens gegen die Exzesse der Ustascha den italienischen Machtanspruch per Kriegsrecht durchzusetzen. Die zunehmende Verständigungspolitik gegenüber jenem Teil der serbischen Freischärler, der sich nicht zuletzt unter dem Eindruck dieser Ereignisse schrittweise dem kommunistischen Führungsanspruch entzog, eröffnete zudem die attraktive Perspektive, neben der eigenen Kräfteersparnis ein Druckmittel gegen die kroatische Regierung in der Hand zu behalten.

Für Rom war besonders erfreulich, daß von seiten des deutschen Verbündeten diese Entwicklung höchstens dahingehend kommentiert wurde, daß Agram wiederholt der gute Rat gegeben wurde, sich mit Italien ins Benehmen zu setzen[8]. Darüber hinaus waren die deutschen Hilfegesuche vom 4. November (Entsetzung von Višegrad) und 16. Dezember 1941 (Besetzung ganz Kroatiens) auch kaum geeignet, einen ernsthaften deutschen Konkurrenzanspruch zu begründen. Für den Fall, daß sich ein solcher doch noch abzeichnen sollte, war Außenminister Ciano aber auch bereit, eine Aufgabe der italienischen Beteiligung an der Besetzung Kroatiens in Erwägung zu ziehen[9]. Der Grund für diese zwiespältige Einstellung dürfte vor allem in den durchaus spürbaren Verlusten gelegen haben, die die 2. Armee während ihres ersten jugoslawischen Kriegswinters zu verzeichnen hatte und die sich nach einem Bericht von Cianos Bevollmächtigtem in Abazzia sogar schon sichtbar auf die Kampfbereitschaft der Truppe ausgewirkt hatten[10]. Zusammen mit den Verstärkungen, die der 2. Armee bis Ende des Winters zugeführt werden mußten – 5 Divisionen und ein

8 So z.B. in der Instruktion von Ribbentrops an den Gesandten Kasche vom 21.8.1941 in Akten zur deutschen auswärtigen Politik (ADAP), Serie D, Bd. XIII.2, S. 282 f. von Ribbentrop an die Gesandtschaft in Agram (21.8.1941).
9 Renzo de Felice (Hrsg.), *Galeazzo Ciano. Diario 1937–1943* (Mailand 1996, pb), S. 567 (Eintrag vom 15./16.12.1941). Ciano sprach von der Möglichkeit, »die Fahne einzurollen und nach Hause zurückzukehren«.
10 Ebd., S. 578 (Eintrag vom 6.1.1942); Ciano war zu Ohren gekommen, daß angeblich ganze Abteilungen sich gefangennehmen ließen, ohne nennenswerten Widerstand zu leisten. Zurückzuführen war dieser Eintrag vermutlich auf ein Gefecht, bei dem am 23.12.1941 in der Nähe von Rudo 124 Soldaten der Alpini-Division »Pusteria« in Gefangenschaft der Partisanen geraten waren; vgl. Francesco Fattuta, Cronache di guerriglia in Jugoslavia (Luglio-Dicembre 1941) in: Stato Maggiore dell Esercito. Uffici Storico (Hrsg.), *Studi Storico-Militari 1992*, S. 467–519.

Generalkommando[11] – , waren diese Ausfälle der eindeutigste Beleg dafür, daß die Vormachtstellung im neuen Kroatien neben Nutzen vor allem auch mit Kosten verbunden war.

Die Behauptung der neuen Einflußsphäre sowohl gegen den militärischen Widerstand der Partisanen als auch den politischen der Kroaten scheint von italienischer Seite also bereits zur Jahreswende 1941/42 als Grenze des Zumutbaren angesehen worden zu sein.

Für die deutsche Besatzungsmacht lag die große Herausforderung des Jahres 1942 darin, die in Serbien versäumte Vernichtung der kommunistischen Kerntruppe nun auf dem Gebiet westlich der Drina nachzuholen. Wenngleich die Ausgangslage hierfür durch das Verhandlungsangebot des ostbosnischen Cetnik-Führers Dangić[12] recht vielversprechend schien, sollte das Unternehmen durch spezifische, in Serbien nicht gegebene Faktoren eine nicht unwesentliche Erschwerung erfahren. So wies der neue Hauptkriegsschauplatz Bosnien-Herzegowina ein Landschaftsbild auf, die einer gründlichen »Geländedurchkämmung« noch größere Hindernisse in den Weg stellte, als dies bei der hügeligen Topographie Serbiens der Fall gewesen war. Innerhalb der vorherrschenden Mittelgebirgslandschaft waren es vor allem die etwas höher gelegenen Gebirgszüge mit z. T. hochgebirgsähnlichem Charakter, die von den Aufständischen als Stützpunkte und Rückzugsgebiete genutzt wurden[13] und deren systematische Durchsuchung besonders im Winter eine nicht gebirgsmäßig ausgerüstete Truppe immer wieder vor unüberwindbare Probleme stellte.

Als mittel- bis langfristig sehr viel bedeutsamer sollte sich jedoch das durch die Politik des NDH-Staates geschaffene Umfeld erweisen; war das Wirken der Ustascha-Bewegung doch nach wie vor geeignet, den Aufständischen weitere Rekruten zuzuführen und somit jede langfristige Befriedungsaktion unmöglich zu machen. Von deutscher Seite waren die Mordaktionen der politischen Soldaten des kroatischen Staates schon seit dem vergangenen Sommer eindeutig als die Hauptursache des tobenden Bürgerkrieges ausgemacht worden; darüber hinaus war schon sehr früh bekanntgeworden, daß die Ustascha sich bei der Ausführung ihrer Untaten offen auf deutsche Befehle berief und damit einen zusätzlichen Unruhefaktor ins Spiel brachte[14]. Einer teilweisen oder vollständigen Entmachtung des Regimes in Agram stand aber der Status eines souveränen Verbündeten im Wege. Hitler selbst hatte beim

---

11 Hierbei handelte es sich um das am 1. Juli 1941 aufgestellte XVIII. AK. Vgl. hierzu Pier Paolo Battistelli, *Commandi e divisioni del Regio Esercito italiano, 10 giugno 1940–8 settembre 1943* (unveröffentl. Studie, Rom 1995), S. 11 f.
12 Hierzu Kapitel 4.2.
13 BA/MA, RH 26-118/3 Eintrag im KTB der 718. ID anläßlich eines Überfalls auf eine übende Kompanie: »... *daß das Ozren-Waldgebiet der Sammelpunkt der Aufständischen ist ...«* (10.9.1941).
14 BA/MA, RH 20-12/454 Der Deutsche General in Agram an den Wehrmachtbefehlshaber Südost (19.7.1941).

ersten Staatsbesuch aus Kroatien diesem nicht nur zu einer intoleranten Volkstumspolitik geraten[15], sondern auch wenige Wochen später die ersten von seiten des
Wehrmachtbefehlshabers Südost in dieser Frage geäußerten Bedenken in scharfen
Worten zurückgewiesen[16]. Bei einer politisch derart verfahrenen Situation hätte die
einzige Alternative noch in einer dauerhaften Präsenz starker deutscher Truppenverbände liegen können. In Anbetracht der kritischen Lage an der Ostfront und dem
vom OKW schon mehrmals angemahnten Abzug der 342. ID stand diese Möglichkeit aber nicht zur Debatte; ab dem 25. Januar würde die 718. ID wieder sich selbst
überlassen bleiben. Auch der Notlösung, die in einer verstärkten Mobilisierung der
Volksdeutschen des NDH-Staates zu liegen schien, waren durch die im deutsch-
kroatischen Abkommen vom 16. September 1941 vereinbarten Quoten[17] sowie der
Notwendigkeit, die Siedlungen der Volksgruppe vor Angriffen zu schützen[18], klare
Grenzen gesetzt.

Zu Jahresbeginn 1942 waren in Kroatien somit sämtliche Voraussetzungen gegeben,
um die Aussage des kroatischen Außenministers Mladen Lorković vom 28.
November 1941, die Achse würde *»auf keinen Fall in Kroatien irgendwelchen
Kummer erleben«*[19], auf spektakuläre Weise Lügen zu strafen.

4.2. Die Verlagerung des Operationsschwerpunktes nach Ostbosnien

Der Verzicht auf eine italienische Besetzung ganz Kroatiens machte seinerseits ein
verstärktes deutsches Engagement westlich der Drina unerläßlich. Die entsprechende OKW-Weisung vom 24. Dezember 1941 an den Wehrmachtbefehlshaber Südost

---

15 Anläßlich von Pavelićs Besuch am 6. Juni 1941. Vgl. hierzu ADAP, Serie D, Bd. XII, S. 813-816
   Aufzeichnung über die Unterredung und dem kroatischen Staatsführer Pavelić in Anwesenheit des
   Reichsmarschalls Göring, des RAM, des Generals Bodenschatz und des Gesandten Hewel am 7.(6.)
   6.1941 (9.6.1941).

16 BA/MA, RH 20-12/454 Amt Ausland Abwehr an AOK 12 über eine handschriftliche
   Randbemerkung vom Chef OKW: *»Der Führer hat Kvaternik geraten, scharf durchzugreifen; die
   deutsche Wehrmacht geht das nichts an.«* (29.7.1941)

17 Besagter Vertrag gab lediglich 10 % eines Rekrutenjahrgangs für den Dienst in der deutschen
   Wehrmacht frei; vgl. Valentin Oberkersch, *Die Deutschen in Syrmien, Slawonien, Kroatien und
   Bosnien. Geschichte einer deutschen Volksgruppe in Südosteuropa* (Stuttgart 1989), S. 400 f.

18 PA/AA, Inland IIg 309, 2570 Der Deutsche General in Agram an das OKW (31.7.1942). Zu diesem
   Zeitpunkt erforderten die Anschläge der Partisanen bereits den Einsatz der
   regimentsstarken »Einsatzstaffel« sowie mehrerer ortsgebundener Heimwehren.

19 ADAP, Serie D, Bd. XIII.2, S. 722–723 Aufzeichnung über die Unterredung zwischen dem Reichsaußenminister und dem kroatischen Außenminister Lorković in Berlin am 28. November 1941
   (30.11.1941).

sah hierfür den Zeitraum bis Ende Januar als ausreichend an[20]; diese Beschränkung ergab sich aus der Notwendigkeit, die 342. ID innerhalb der gegebenen Frist für die Ostfront freizumachen. Dem OKW scheint dabei eine Wiederholung des Schlages gegen die »Republik Užice« vorgeschwebt zu haben, der sich auch in einem ähnlichen zeitlichen und räumlichen Rahmen abgespielt hatte und ebenfalls von zwei Divisionen durchgeführt worden war. Um eine Wiederholung des auf die ungenügende Absprache mit dem italienischen Verbündeten zurückzuführenden Ausganges dieser Operation zu vermeiden, wurde die Führung der 2. Armee bereits am 26. Dezember von dem Wunsch in Kenntnis gesetzt, ab dem 15. Januar in Höhe der Demarkationslinie (Raum Goražde) eine Absperrung mit Front nach Norden zu bilden[21]. Weitgehend unberücksichtigt blieben bei diesem optimistischen Szenario der viel zu enge Zeitrahmen, die ungleich schwereren Geländeverhältnisse sowie die Tatsache, daß beide Divisionen für einen winterlichen Feldzug im Gebirge kaum ausgerüstet waren. Besonders der Zeitfaktor machte sich schon vom ersten Tag an störend bemerkbar. Schon am 7. Januar deutete Generaloberst Ambrosio die Möglichkeit einer Zeitverzögerung von italienischer Seite an; diese war vom Kommandierenden General in Serbien freilich schon vorausgesehen worden und konnte in den Planungen wenigstens teilweise berücksichtigt werden[22]. In der Besprechung, die am folgenden Tag in Belgrad stattfand, trat jedoch recht bald das eigentliche Kernproblem des Unternehmens »Südostkroatien« hervor: Vom Gesandten Kasche zum voraussichtlichen Operationsablauf befragt, wies General Bader wiederholt darauf hin, daß aufgrund der zeitlichen Vorgaben an eine »regelrechte Durchkämmung« des Geländes bzw. »systematische Durchsuchung« von Ortschaften gar nicht zu denken sei. Infolgedessen müßten Personen, die im Gelände angetroffen würden, in aller Regel »als Feind angesehen« werden[23]. Dieser blutrünstigen Diktion zum Trotz stellten die Befehle, die Bader wenige Tage später an die Truppe ausgab, gegenüber Boehmes Vorgehen vom vergangenen Herbst dann doch einen erheblichen Fortschritt dar[24].

Daß bei den gegebenen Voraussetzungen der geplante Entscheidungsschlag Stückwerk und der nordöstlich von Sarajevo geplante Kessel vermutlich leer bleiben würde, muß Bader eigentlich bewußt gewesen sein. Jedenfalls hielt es ihn nicht davon ab, die kroatischen Teilnehmer der Besprechung zum wiederholten Male auf die Notwendigkeit hinzuweisen, die Bekämpfung der Rebellion möglichst bald in

---

20 BA/MA, RH 19 XI/81 (Die Bekämpfung der Aufstandsbewegung im Südostraum, I. Teil), S. 107.
21 Ebd., S. 109 f.
22 Ebd., S. 115.
23 BA/MA, RW 40/16 Aktennotiz über die Besprechung am 8. Januar im Belgrader Parlament (o.D.).
24 So wurde die 342. ID angewiesen, kapitulationsbereite Gegner und selbst Zivilisten, in deren Häusern Waffen gefunden worden waren, als Kriegsgefangene zu behandeln: BA/MA, RW 40/48 Der Bev. u. Kdr. Gen. an die 342. ID (21.1.1942).

die eigenen Hände zu nehmen[25]. Vor diesem Hintergrund mußte der Verlauf des als Voroperation gedachten Vorstoßes in das Ozrengebirge nördlich von Sarajevo (9. bis 15. Januar) geradezu wie ein böses Omen wirken: Nachdem den deutsch-kroatischen Angreifern unerwartet schwerer Widerstand entgegengeschlagen war, zwang der Zeitplan von »Südostkroatien« zum vorzeitigen Abbruch des Unternehmens[26]. Obwohl die Hauptoperation theoretisch die Durchkämmung des gesamten Gebietes innerhalb des Vierecks Sarajevo–Tuzla–Zvornik–Višegrad vorsah, spielten sich die Kampfhandlungen witterungsbedingt im wesentlichen entlang der Vormarschrouten der fünf eingesetzten deutschen Regimenter ab. Während die 718. ID von Tuzla und Sarajevo je ein Regiment ansetzte, überschritt die 342. ID die serbisch-kroatische Grenze bei Zvornik in umfassender Bewegung Richtung Vlasenica (IR 697 u. IR 699) und bei Višegrad mit Ziel Rogatica (IR 698)[27]. Da es dem Gegner in aller Regel möglich war, dem deutschen Vormarsch auszuweichen, blieben Verluste wie Erfolge gering; die relativ hohe Zahl der erbeuteten Waffen (22 MG, 855 Gewehre) erklärt sich daraus, daß die Cetniks der Dangić-Gruppe Befehl hatten, die Gefechtsberührung mit den Deutschen unbedingt zu vermeiden und es im Falle einer Begegnung vorzogen, sich widerstandslos entwaffnen zu lassen[28]. Der Erfolg, den ein Bataillon des IR 698 gegen eine Nachhut der 1. Proletarischen Brigade bei Pjenovac erzielte, blieb die Ausnahme[29]. Dem Gros dieses Verbandes gelang gemeinsam mit dem Obersten Stab der Rückzug über die Demarkationslinie, wo die italienische Absperrung anstelle der zugesagten Divisions- nur in Bataillonsstärke aufmarschiert war[30]. Mindestens so schwer wie die im Kampf erlittenen Verluste wogen für die Partisanen die Ausfälle, die ihre Hauptgruppe beim Marsch über das Igman-Massiv bei Sarajevo durch Erfrierungen erlitt[31].

Die anschließende Fortsetzung der abgebrochenen Operation gegen das Ozren-Gebirge (29. Januar bis 4. Februar) ergab eine ähnlich enttäuschende Bilanz: Obwohl die Relation von eingesetzten Kräften (drei deutsche Regimenter) zur abzusuchenden Fläche diesmal ungleich günstiger war, verhinderten die Schneehöhe von

---

25 Bereits vier Tage vor der Besprechung in Belgrad hatte Bader die Verlegung von vier Landesschützenbataillonen nach Serbien zum Anlaß einer entsprechenden Ermahnung genommen: BA/MA, RH 20-12/139 KTB-Eintrag vom 4.1.1942.
26 BA/MA, RW 40/16 10-Tage-Meldung vom 20.1.1942 an den Wehrmachtbefehlshaber Südost (20.1.1942).
27 A/MA, RH 19 XI/ 81 (Die Bekämpfung der Aufstandsbewegung im Südostraum, Teil I), S. 117 f.
28 BA/MA, RW 40/16 10-Tages-Meldung vom 20.1.1942 an den Wehrmachtbefehlshaber Südost sowie RW 40/93 Der Bev. u. Kdr. Gen. an den Wehrmachtbefehlshaber Südost (5.2.1942).
29 Military History Institute, S. 228–235 Bericht Titos an Edvard Kardelj und Ivo Lola Ribar (4.2.1942). Bemerkenswerterweise findet dieser wichtigste Erfolg der gesamten Operation in deutschen Quellen so gut wie keine Erwähnung.
30 BA/MA, RH 19 XI/81 (Die Bekämpfung der Aufstandsbewegung im Südostraum, I. Teil), S. 118.
31 60 Tote und 10 Gefangene bei Pjenovac standen 160 schweren Erfrierungsfällen gegenüber: Military History Institute, Tito an Kardelj und Ribar (4.2.1942), S. 231.

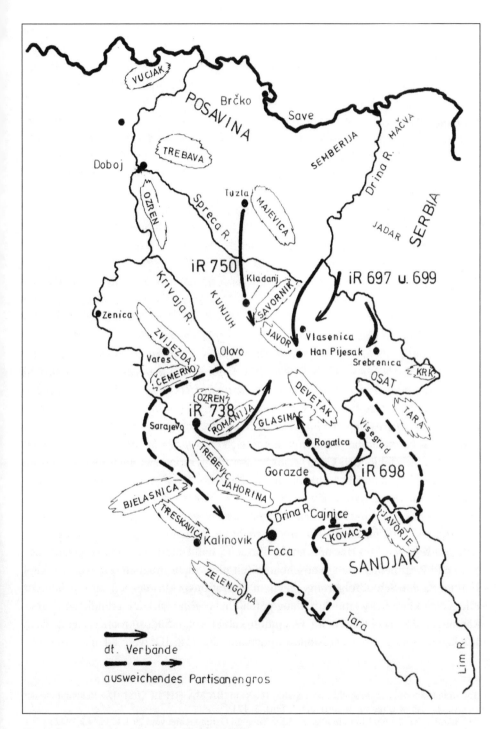

Unternehmen Südostkroatien (15.1. bis 23.1.1942)

111

bis zu 1,5 m und das dichtbewaldete Gebirgsgelände einen größeren Erfolg. In einem Brief an den Wehrmachtbefehlshaber Südost schilderte der Kommandeur des IR 698, Oberst Strauhs, die besonderen Probleme, die diese Art von Kriegführung mit sich brachte: »*Es ist ganz ausgeschlossen, vom Tal aus, noch dazu in dieser Jahreszeit, im kniehohen Schnee diese Leute auszuheben. Das geht übrigens auch nicht im Sommer, so unwahrscheinlich das erscheinen mag. Es ist ein ungeheuer zerrissenes, zerklüftetes Gelände mit senkrechten Felswänden. Es ist völlig unmöglich, bei dem fabelhaften Nachrichtensystem der Banden, deren Späher unsichtbar irgendwo in den Felsen, unter einem Busch, am Waldrand lauern, ohne Tarnkappe heranzukommen.*«[32]

Ähnlich, wenn auch im Hinblick auf zukünftige Operationen weniger pessimistisch äußerte sich der Kommandeur der 718. ID, Generalmajor Johann Fortner, in seinem Abschlußbericht zum Ozren-Unternehmen: »*Wenn der Erfolg gering war im Vergleich zur aufgewandten Kraft, so ist das ein Beweis für die Richtigkeit der Anschauung der Division, den zu säubernden Raum der Zahl der vorhandenen Kräfte entsprechend zu bemessen. Wenn der Erfolg nicht ausbleiben soll, muß man den Raum lückenlos umstellen und engmaschig durchkämmen. Man muß sich also mit einem kleinen Gebiet, das ungefähr den verfügbaren Kräften entspricht, begnügen. Es genügt nicht, an der Straße entlang eine Säuberung durchzuführen. Die Aufständischen haben nämlich Befehl, falls deutsche Truppen kommen, sich einzeln ins Gebirge oder in den Wald zurückzuziehen und sich, falls sie dennoch gefangen werden, als harmlose Bauern auszugeben. (...) Die hier gestellte Aufgabe ist bei entsprechender Ausrüstung (Gebirgsausrüstung) in der günstigen Jahreszeit wohl zu lösen, besonders dann, wenn der eingesetzten Truppe die nötige Zeit gelassen wird.*«[33] In der fehlenden Gebirgstauglichkeit der Truppe sah auch Paul Bader die Hauptschwäche deutscher Operationen: »*Zum Nachstoßen gegen diese Teile der Banden fehlt der Division die Gebirgstruppe. Nur sie kann verhindern, daß der Gegner, wie bisher stets geschehen, neben der vormarschierenden Truppe, fast in Tuchfühlung mit ihr, ausweicht, um nach ihrem Durchmarsch an den alten Platz zurückzukehren.*«[34] Im Bewußtsein der Tatsache, daß Unternehmen in vergleichbarer Stärke (5 Regimenter) nun in absehbarer Zeit nicht mehr möglich sein würden, kam Fortner zu der Schlußfolgerung, daß dem Operationszyklus der letzten Wochen vor allem eine klare Schwerpunktbildung gefehlt habe. Eine wirklich gründliche Durchkämmung des wichtigsten im Operationsgebiet von »Südostkroatien« gelegenen Rückzugraumes, so der Divisionskommandeur der 718. ID, wäre allemal vorzuzie-

---

32 Strauhs an Wehrmachtbefehlshaber Südost (o.D.) in: BA/MA, RH 19 XI/81 (Die Bekämpfung der Aufstandsbewegung im Südostraum, I. Teil), S. 121.
33 BA/MA, RH 24-65/7 Bericht über die Säuberung im Ozren-Gebiet vom 29.1.42 bis 4.2.1942 (o.D.).
34 BA/MA, RW 40/48 Beurteilung und Ergebnis des Ozren-Unternehmens (10.2.1942).

hen gewesen: »*Abschließend muß gesagt werden, daß eine gründlich durchgeführte Unternehmung (Romanija) sich auf die Niederkämpfung der Aufstandsbewegung im großen gesehen besser ausgewirkt hätte, als die Durchführung von 2 Unternehmungen, von denen die erste wegen Zeitmangels vorzeitig abgebrochen werden mußte.*«[35] In den folgenden Tagen gelang es der Hauptgruppe um Tito im Raum um Goražde und Foča eine neue Bleibe zu finden. Zusammen mit bereits kommunistisch kontrollierten Territorien im Sandžak, der östlichen Herzegowina und Montenegro bildete dieser Teil Südostbosniens ein neues zusammenhängendes befreites Gebiet, dessen Beseitigung in absehbarer Zeit einen erneuten Großeinsatz der Besatzungsmächte erfordern würde.

Unterdessen hatte das militärische Scheitern den deutschen Stäben in Belgrad und Saloniki Anlaß zu einigen grundsätzlichen Überlegungen über Art und Umfang des deutschen Militärengagements auf kroatischem Gebiet gegeben. Bereits am 21. Januar richtete der Wehrmachtbefehlshaber Südost, General der Pioniere Walter Kuntze, eine Denkschrift an das OKW, in der bereits sämtliche Punkte zu finden sind, die in den folgenden anderthalb Jahren (und z. T. darüber hinaus) die Niederkämpfung der Aufstandsbewegung am nachhaltigsten behindern sollten. An erste Stelle setzte der über das Ausbleiben der zugesagten italienischen Absperrung äußerst ungehaltene Kuntze das »*offenkundige Versagen*« und die »*Inaktivität*« des italienischen Bundesgenossen. Als weitere Gründe, die einer erfolgreichen Aufstandsbekämpfung im Wege stünden, nannte er die Rolle der Ustascha-Miliz sowie das Fehlen eines Oberbefehlshabers für den kroatischen Kriegsschauplatz, dem alle eingesetzten deutschen, italienischen und kroatischen Verbände zu unterstehen hätten[36]. In einem abschließenden Bericht über »Südostkroatien«, den er am 29. Januar nachreichte, wiederholte Kuntze diese Forderungen und wies zudem auf die Belastung der 718. ID hin, deren zwei Regimenter mit der Sicherung der nördlichen Hälfte des NDH-Staates eindeutig überfordert waren[37]. Die Antwort vom Chef des Stabes des OKW, Generalfeldmarschall Wihelm Keitel (1. Februar), ging nur auf diesen letzten Punkt ein. Da mit Verstärkung in absehbarer Zeit nicht zu rechnen sei, belehrte Keitel Kuntze, daß es seine Aufgabe sei, »*diejenigen Methoden anzuwenden, die den Erfolg garantieren*«. Da er gleich zu Beginn seines Fernschreibens bemängelt hatte, daß die Zahl der Liquidierten zu gering und die der Gefangenen viel zu groß sei, dürften dem Empfänger kaum Zweifel über die Natur der gewünschten »*Methoden*« geblieben sein[38]. Nicht zum ersten Mal sollte unterschiedslose Re-

---

35 BA/MA, RH 24-65/7 Bericht über die Säuberung im Ozren-Gebiet vom 29.1.42 bis 4.2.42 (7.2.1942). Zu einer ähnlichen Bewertung kam auch Tito: Military History Institute, S. 232 Tito an Kardelj und Ribar (4.2.1942).

36 In BA/MA, RH 19 XI/81 (Die Bekämpfung der Aufstandsbewegung im Südostraum, Teil I), S. 122 f.

37 Ebd., S. 124 f.

38 Ebd., S. 125 sowie BA/MA, RW 40/26 Der Wehrmachtbefehlshaber Südost an den Bev. u. Kdr. Gen. (7.2.1942).

pression das Fehlen ausreichender militärischer Mittel kompensieren. Einige grundsätzliche Überlegungen zu diesem Dilemma hatte während der letzten Tage auch der Kommandierende und Bevollmächtigte General Paul Bader angestellt. Auch er war zu dem Schluß gekommen, daß mit den gegenwärtig zur Verfügung stehenden Kräften eine flächendeckende »Befriedung« Bosniens völlig ausgeschlossen sei. Da er überdies in seiner Einstellung zur Kollaboration mit dem nationalen Serbentum seit dem letzten Sommer eine gewisse Wandlung vollzogen hatte, war es naheliegend, daß er, im Gegensatz zu seinen Vorgesetzten im fernen Berlin, nicht nur bereit war, einer politischen Lösung den Vorzug zu geben, sondern diese auch eigenmächtig in die Wege zu leiten. In einem Schreiben vom 5. Februar an den Wehrmachtbefehlshaber Südost, in dem er diese Position und die politischen Initiativen, die sich aus ihr ergeben hatten, verteidigte, begründete er seinen Schritt folgendermaßen: *»Der Versuch, den Unruheherd in Ostbosnien zu beseitigen, ist nicht geglückt. Das wird auch in Zukunft nicht möglich sein, weil bei der Größe des Raumes und der Schwierigkeit des Geländes mindestens 6 Divisionen eingesetzt werden müßten, um ihn Schritt für Schritt so zu säubern, daß kein männlicher Waffenträger übrigbleibt. Dabei wäre es ganz gleichgültig, ob es sich um Serben oder Kroaten handelt. Dazu wäre eine Zeit von 6–8 Wochen nötig. Wenn der letzte waffenfähige Mann aus Ost-Bosnien verschwunden sein wird, ist immer noch zu erwarten, daß die Weiber sich gegenseitig totschlagen werden.«*[39] Auch in bezug auf die Hilfe, die in dieser Hinsicht aus Agram zu erwarten war, ließ Bader es nicht an deutlichen Worten fehlen: *»Der kroatische Staat ist ein gegebener Faktor, der nicht auszuschalten ist, obwohl er die Quelle der Unruhe ist und nur vom militärischen Standpunkt aus gesehen die größte Gefahr für die militärische Lage auf dem Balkan bedeutet.«*[40]

Baders Vorstoß, der zu diesem Zeitpunkt bereits gescheitert war, hatte sich ein äußerst ehrgeiziges Ziel gesetzt: Zur Befriedung des Gebietes zwischen Bosna und Drina sollten sich die Cetniks des Jezdimir Dangić deutschem Kommando unterstellen und die Polizeigewalt im größten Teil Ostbosniens übertragen bekommen. Für Dangić sprach dabei die Stärke seiner Truppe, seine persönliche Deutschfreundlichkeit[41] sowie die Tatsache, daß die Abwehrstelle Belgrad zur Jahreswende schon die ersten Kontakte zu ihm hergestellt hatte[42]. Wenn man dem Abschlußbericht Baders Glauben schenken darf, ging die Aufforderung an Dangić, zu Besprechungen

---

39 BA/MA, RW 40/93 Der Bev. u. Kdr. Gen. an den Wehrmachtbefehlshaber Südost (5.2.1942).
40 Ebd.
41 Diese faßte der Dolmetscher Sonderführer Matern in folgenden Worten zusammen: *»Wenn seine betonte Deutschfreundlichkeit vielleicht auch nicht ganz aus dem Herzen kommt, so ist sie doch in bezug auf die allgemeine Stimmung seiner Leute richtig.«* Vgl. BA/MA, RW 40/93 Aktennotiz über »Eigene Betrachtungen und Feststellungen anläßlich der Verhandlungen mit Major D.«.
42 BA/MA, RH 26-342/21 KTB-Eintrag vom 13.1.1942.

nach Belgrad zu kommen, auf eine spontane Initiative seines Stabschefs Oberst i.G. Kewisch zurück. Dieser hatte Dangić erstmals am 30. Januar in der Nähe von Zvornik gesprochen und ihm für eine Reise ins Hauptquartier des Bevollmächtigten und Kommandierenden Generals freies Geleit zugesagt[43]. In den Gesprächen, die dann am 31. Januar und 1. Februar in Belgrad stattfanden, kristallisierte sich recht bald eine Kompromißlösung heraus, die auf eine weitgehende Entmachtung des NDH-Regimes in Ostbosnien hinausgelaufen wäre. So sollten beispielsweise in den grenznahen Bezirken Bijeljina, Zvornik, Vlasenica, Sokolac, Rogatica, Kladanj, Srebrenica und Višegrad überhaupt gar keine kroatischen Waffenträger, in den weiter westlich gelegenen nur solche des regulären Heeres zugelassen werden[44]. Faktisch hätte die Umsetzung dieses Abkommens zumindest eine Vorstufe zur Herauslösung dieses Territoriums aus dem kroatischen Staatsverband und seine Angliederung an das deutsch besetzte Serbien bedeutet[45]. Die Verhandlungen mit Dangić verliefen so einvernehmlich, daß der zu unterzeichnende Vertrag am Vormittag des 1. Februar 1942 bereits fertig vorlag[46]. Wie nicht anders zu erwarten, scheiterte das Vorhaben jedoch am Einspruch der kroatischen Regierungsvertreter, die sich gemeinsam mit dem Gesandten Kasche und dem Militärbeauftragten Glaise von Horstenau der Gesprächsrunde erst am 2. Februar anschlossen[47]. Trotz dieses enttäuschenden Endes zeigten sich Bader und Kewisch bemüht, ihren serbischen Gast auf besonders herzliche Weise zu verabschieden; auf die Möglichkeit, den bereits geknüpften Gesprächsfaden in naher Zukunft wiederaufzunehmen, wurde mehrmals hingewiesen[48]. Ein Rüffel des über so viel Eigenmächtigkeit empörten Keitels an den Wehrmachtbefehlshaber Südost[49], den dieser in verschärfter Form (»*Aufgabe des Militärbefehlshabers Serbien in Ostbosnien bleibt die Sicherung der Industrieanlagen und der wichtigsten Verkehrswege*«) an Bader weiterreichte[50], setzte einen vorläufigen Schlußstrich unter die »Affäre Dangić«. Wenngleich die Beweggründe des Kommandierenden Generals für diese Initiative durchaus nachvollziehbar sind, gibt die Erwartungshaltung, mit der er in die Gespräche mit Dangić ging,

43 BA/MA, RW 40/93 Der Bev. u. Kdr. Gen. an den Wehrmachtbefehlshaber Südost (5.2.1942).
44 BA/MA, RW 40/93 Die wesentlichen Punkte der Verhandlung vom 2.2.1942 (4.2.1942) sowie RW 40/93 Der Bev. u. Kdr. Gen. an den Wehrmachtbefehlshaber Südost (5.2.1942).
45 Der Deutsche General in Agram hatte sich bereits durch die Verlängerung des deutschen Oberbefehls im Anschluß an »Südostkroatien« dazu veranlaßt gesehen, vor eben einem solchen Schritt zu warnen; BA/MA, RW 40/48 Niederschrift über die Besprechung des Bev. Kdr. Generals i.S. bei dem Deutschen General in Agram (26.1.1942).
46 BA/MA, RW 40/93 Vereinbarung zwischen dem Bevoll. Kdr. General in Serbien und Major Dangić (1.2.1942). Eine Erwähnung der praktischen Entmachtung des NDH-Staates in den betreffenden Gebieten wird im Vertragstext interessanterweise vermieden.
47 BA/MA, RW 40/93 Der Bev. u. Kdr. Gen. an den Wehrmachtbefehlshaber Südost (5.2.1942).
48 BA/MA, RW 40/93 Aktenvermerk (4.2.1942).
49 BA/MA, RW 40/26 Der Chef des OKW an den Wehrmachtbefehlshabers Südost (10.2.1942).
50 BA/MA, RW 40/26 Der Wehrmachtbefehlshaber Südost an den Bev. u. Kdr. Gen. (12.2.1942).

immer noch Rätsel auf. Insbesondere die Beiläufigkeit, mit der Bader in seinem Rechenschaftsbericht an Kuntze vom 5. Februar auf die Notwendigkeit eingeht, bei den Verhandlungen die Kroaten hinzuzuziehen, wirft gezwungenermaßen die Frage auf, inwiefern er sich überhaupt der Tatsache bewußt war, hier einem voraussichtlich unüberwindbaren Hindernis gegenüberzustehen. Nach übereinstimmender Schilderung des Gesandten Benzler und des Kriegsverwaltungschefs Turner ging diese Unbekümmertheit sogar so weit, daß die Unterzeichnung des bereits ausformulierten Vertragswerks am Vormittag des 1. Februar lediglich aufgrund eines eher technischen Einwands von seiten Dangićs aufgehalten wurde. Diese Gelegenheit will Benzler dann zum Anlaß genommen haben, Bader zur Seite zu nehmen und auf die Hinzuziehung der deutschen Repräsentanten in Agram sowie kroatischer Regierungsvertreter zu drängen[51]. Gesetzt den Fall, daß Benzlers Schilderung den tatsächlichen Ablauf der Ereignisse wiedergibt – die Übereinstimmungen mit Turners Bericht[52] legen diese Vermutung nahe –, so bleibt man für eine Entschlüsselung von Baders Verhalten im wesentlichen auf Mutmaßungen angewiesen. Da der erhaltene Briefwechsel zwischen Belgrad und Saloniki keine sichtbaren Anhaltspunkte für eine Absprache mit Kuntze aufweist, liegt die Vermutung nahe, daß Bader darauf abzielte, Verbündete und Vorgesetzte gleichermaßen vor ein Fait accompli zu stellen. Hierbei könnte die Einbeziehung des deutschen Gesandten so geplant gewesen zu sein, daß bei einem optimalen Zeitablauf, d.h. bei umstandsloser Unterzeichnung durch Dangić, Benzler nicht mal die Zeit zum Vorbringen einer Protestäußerung geblieben wäre.

Die plausibelste Erklärung für dieses waghalsige Vorgehen könnte in einem Vorvertrag zu finden sein, den Dangićs Repräsentanten südlich der Demarkationslinie am 11. Januar mit einem Stabsoffizier des italienischen VI. AK (Renzo Dalmazzo) abgeschlossen hatten. Dieses Abkommen sah vor, daß in einem von der 2. Armee besetzten Ostbosnien die NDH-Behörden weitgehend entmachtet werden sollten; die vollziehende Gewalt sollte zu gleichen Teilen bei Italienern und Nationalserben liegen[53]. Falls Bader bis Ende des Monats schon im Besitz genauerer Informationen über diese Vereinbarung gewesen sein sollte, dürfte ihm die Gewißheit, sich in jedem Fall auf einen durch die 2. Armee geschaffenen Präzedenzfall berufen zu können, zusätzliche Sicherheit gegeben haben; die subjektiv empfundene Notwendigkeit,

---

51 PA/AA, Büro d. StS. Jug. Bd. 4, 672 Bemerkungen zu dem Fernschreiben vom Sonderzug Westfalen vom 3. März (Nr. 222) an den Herrn Staatssekretär.
52 BA-Lichterf., NS 19/1728 Staatsrat Turner an Oberst Foertsch, Stabschef des WBSO (6.2.1942). Turner hatte sich bei der fraglichen Besprechung durch Kriegsverwaltungsrat Dr. Georg Kiessel vertreten lassen.
53 Jozo Tomasevich, *The Chetniks. War and Revolution in Yugoslavia, 1941–1945* (Stanford 1975), S. 214. Obwohl diese Kontaktaufnahme als Vorbote der italienischen Expansionsversuche vom Frühjahr 1942 erscheint, könnte sie auch eine »Spätfolge« der im Dezember 1941 geplanten Totalbesetzung gewesen sein.

den Italienern zuvorkommen zu müssen, würde überdies den überstürzten Vollzug der Verhandlungen erklären[54].

Ob ein Pakt mit Dangić die gewünschte Wirkung gezeitigt hätte, kann keinesfalls als sicher angesehen werden. Zum einen, weil der kroatischen Regierung auch für den Fall einer in Belgrad gelungenen Überrumpelungsaktion die Möglichkeit einer Demarche in Berlin immer noch unbenommen geblieben wäre. Zum anderen, weil erste, bereits Anfang Februar aufkommende Zweifel an der Schlagkraft von Dangićs Truppe[55] mit Übergreifen des serbischen Bürgerkriegs auf Ostbosnien als durchaus berechtigt erweisen sollten. Die Ustascha-Übergriffe, die, ungeachtet des fortbestehenden »Operationsgebietes« in Ostbosnien, gleich nach Abzug des deutschen Truppengros wieder einsetzten[56], lassen Baders schon fast verzweifelt anmutende Suche nach einer wie auch immer gearteten Alternative jedenfalls verständlich erscheinen. Auch in einer Stellungnahme vom 13. Februar, die sich primär auf den Vorwurf der Laschheit durch das OKW bezog, griff Bader das Thema erneut auf. Hierbei gab er indirekt sogar zu, daß ein Abkommen mit Dangić für ihn im Idealfall nur einen ersten Schritt dargestellt hätte. »*Durchgreifende Abhilfe*«, so Bader an Kuntze, sei auf dem bosnischen Kriegsschauplatz nämlich nur von erheblichen Truppenverstärkungen sowie einer »*Verlegung der serbisch-kroatischen Grenze nach Westen bis zur Bosna, um dem Staate Serbien die unerläßliche Grundlage für seine wirtschaftliche und nationale Entwicklung zu geben*«[57], zu erwarten.

Die von Bader befürchtete Überbeanspruchung der schwachen deutschen Besatzungsmacht trat schon einige Tage nach dem Abzug der 342. ID offen zutage. Im westbosnischen Prijedor wurde das zum Schutz der örtlichen Erzgruben eingesetzte Landesschützenbataillon von einer Partisanenabteilung abgeschnitten und geriet in Gefahr, überwältigt zu werden. Zu seiner Entsetzung mußten drei Bataillone eingesetzt werden, die vom 15. Februar bis zum 10. März im Einsatz standen. Die im Januar bereits gemachten Erfahrungen bestätigten sich jetzt noch einmal unter sehr viel widrigeren Bedingungen: Die nicht wintermäßig ausgerüstete Truppe konnte sich den Weg nur unter schweren Verlusten (34 Gefallene, 48 Verwundete) und dank

---

54 Inwieweit Bader Kenntnis von diesem ersten Abkommen hatte, läßt sich anhand der vorliegenden Quellen nicht belegen. In seiner Rechtfertigungsschrift vom 13. Februar geht er jedenfalls nicht darauf ein; vgl. BA/MA, RW 40/26 Der Bev. u. Kdr. Gen. an den Wehrmachtbefehlshaber Südost (13.2.1942).

55 So äußerte beispielsweise der deutsche Militärbeauftragte in Agram, Glaise von Horstenau, schwere Zweifel am Zusammenhalt und der Verläßlichkeit von Dangićs Truppe; BA/MA, RH 31 III/3 Der Deutsche General in Agram an das OKW (4.2.1942).

56 Bericht des Chefs der Sicherheitspolizei und des SD an den Reichsführer SS über die Lage im Südostraum (17.2.1942) als Beilage zu einer Notiz des Gesandten Hewel an den Reichsaußenminister (23.2.1942); in: ADAP Serie E, Bd. I, S. 515–520.

57 BA/MA, RW 40/26 Der Bev. u. Kdr. Gen. an den Wehrmachtbefehlshaber Südost (13.2.1942).

ihrer überlegenen Feuerkraft (Granatwerfer, schwere MG) freikämpfen[58]. Die anschließende Aufgabe Prijedors, das erst am 10. Juni zurückerobert werden konnte, rundete dieses deprimierende Bild ab.

Langfristige Abhilfe versprach sich das OKW in dieser Lage von einer umfassenden Zusammenarbeit mit dem italienischen Verbündeten, wie sie die Führerweisung vom 15. Dezember 1941 vorsah. Obwohl die italienische Beteiligung an »Südostkroatien« in dieser Hinsicht nicht gerade einen vielversprechenden Auftakt dargestellt hatte, schrieb Keitel am 4. Februar an seinen italienischen Gegenüber Ugo Cavallero einen Brief, in dem er ein koordiniertes Vorgehen beider Besatzungsmächte gegen die Krisenherde auf dem Gebiet des NDH-Staates vorschlug[59]. In zwei Vorbesprechungen, die Kuntze in Belgrad (24. Februar) und Agram (27. Februar) mit den Diplomaten und Befehlshabern seines Befehlsbereichs abhielt, wurde die deutsche Position für die Verhandlungen mit dem italienischen Bundesgenossen festgelegt[60]. Bereits in diesem frühen Stadium zeichneten sich die vornehmlich politischen Probleme ab, die eine umfassende militärische Zusammenarbeit mit der 2. Armee mit sich bringen würde.

Vor dem Hintergrund des zunehmenden Argwohns und Mißtrauens zwischen beiden Bundesgenossen[61] war vor allem die Frage nach dem gemeinsamen Oberkommando geeignet, für erhebliche Schwierigkeiten zu sorgen. Zu diesem frühen Zeitpunkt war Kuntze noch bestrebt, diese Klippe durch das Ansetzen zweier gleichzeitig durchzuführender Operationen zu umschiffen. Die größere von beiden, gegen das ostbosnische Zentrum des neuen Partisanenstaates gerichtete, sollte dabei das Gros der zur Verfügung stehenden deutschen Truppen beanspruchen und daher auch unter deutschem Kommando stehen; die untergeordnete mit Stoßrichtung auf das westbosnische Unruhegebiet würde dagegen mit höchstens einem Landesschützenbataillon auskommen müssen und konnte daher bedenkenlos einem italienischen Oberbefehl anvertraut werden[62]. Konfliktpotential barg auch die Frage, inwiefern der Verlauf der Kampfhandlungen zu einer vorübergehenden italienischen Besetzung kroatischen Territoriums nördlich der Demarkationslinie führen würde. Neben der kroatischen

58 BA/MA, RH 26-118/18 Erfahrungsbericht über das Unternehmen vom 15.2.42 bis 10.3.42 (o.D.); RH 26-118/18 Schlußbericht über das Unternehmen »Prijedor« (4.4.1942); RH 26-118/18 Abschlußmeldung über das Prijedor-Unternehmen (24.3.1942).
59 BA/MA, RH 19 XI/81 (Die Bekämpfung der Aufstandsbewegung im Südostraum, Teil I), S. 143–145.
60 Ebd., S. 150–155.
61 Daß diese Einstellung auch zu diesem frühen Zeitpunkt schon auf Gegenseitigkeit beruhte, zeigt ein Fernschreiben Glaise von Horstenaus aus diesen Tagen. Darin sprach er sich dagegen aus, für die Entsetzung Prijedors italienische Hilfe aus dem nahen Sanski Most anzufordern, da man hierdurch dem Bundesgenossen ein Bild der Schwäche böte; BA/MA, RW 40/49 Der Deutsche General in Agram an den Bev. u. Kdr. Gen. (16.2.1942).
62 BA/MA, RH 19 XI/81 (Die Bekämpfung der Aufstandsbewegung im Südostraum, Teil I), S. 152.

Regierung hegte insbesondere der Gesandte Siegfried Kasche den naheliegenden Verdacht, daß die italienische Führung eine solche Situation zum Anlaß nehmen würde, auf eine dauerhafte Expansion ihrer kroatischen Einflußzone zu drängen[63]. Das dritte potentielle Konfliktfeld bestand im Dissens der zwischen den Verbündeten bezüglich der Möglichkeit des Paktierens mit nationalserbischen Gruppierungen herrschte. Gegenüber den beiden erstgenannten Problemkomplexen scheint diese Frage, die in Folge zur Dauerbelastung des Achsenbündnisses auf dem Balkan werden sollte, am Vorabend des Treffens der beiden Oberkommandos aber noch eine untergeordnete Rolle gespielt zu haben[64].

Im Laufe der Verhandlungen, die am 2. und 3. März 1942 im Hauptquartier der 2. Armee, dem istrischen Seebad Abbazia (heutiges Opatija), stattfanden, trat der italienische Hegemonialanspruch über den kroatischen Staat klar hervor. So war es beispielsweise dem neuen Oberbefehlshaber der 2. Armee, Mario Roatta, schon vor Besprechungsbeginn gelungen, eine Zusage des OKW zur zeitlich begrenzten Unterstellung deutscher Verbände unter seinem Oberbefehl zu erreichen[65]. Auch in anderen kritischen Bereichen vermochten die Italiener sich durchzusetzen: So wurde anstelle eines gleichzeitig in Ost- und Westbosnien durchzuführenden Unternehmens, wie Kuntze vorgeschlagen hatte, die Operation in zwei Phasen unterteilt und der Vorstoß gegen Westbosnien auf den Frühsommer verschoben[66]. Ferner wurde in Punkt 8 des am Nachmittag des 3. März unterzeichneten Abkommens festgehalten, daß die Entscheidung über die Überantwortung zurückgewonnenen Gebietes an die kroatische Verwaltung beim Oberbefehlshaber der 2. Armee liegen würde. Lediglich in bezug auf die Behandlung nationalserbischer Freischärler hatte Roatta sich dem deutschen Standpunkt angeschlossen[67] (Punkt 10). Wie nicht anders zu erwarten, stellte Punkt 8 in den Augen der kroatischen Regierung einen Freibrief zur weiteren Ausdehnung des italienischen Machtbereichs dar, der vermutlich in einer Verschiebung der Demarkationslinie über Sarajevo hinaus gipfeln würde. Darüber hinaus bemängelte der zweite Mann im NDH-Staat, Marschall Eugen Kvaternik, gegenüber dem Wehrmachtbefehlshaber Südost, daß die bisherige Erfolgsbilanz der 2. Armee ein Ausgreifen nach Norden in keiner Weise rechtfertige; so wäre in

---

63 Der Staatssekretär des Auswärtigen Amts Frhr. v. Weizsäcker an den Sonderzug RAM (7.3.1942); in: ADAP, Serie E, Bd. II, S. 27–29.
64 Allerdings hatte Keitel in seinem Brief vom 4. Februar dieses Problem schon besonders hervorgehoben; BA/MA, RH 19 XI/81 (Die Bekämpfung der Aufstandsbewegung im Südostraum, Teil I), S. 145.
65 Ebd., S. 156.
66 Ebd., S. 158.
67 BA/MA, RW 40/26 Protokoll über die am 3.3.1942 in Abbazia erfolgte Besprechung über die Zusammenarbeit zwischen den italienischen, deutschen und kroatischen Kräften zur restlosen Säuberung Kroatiens von den Rebellen (3.3.1942). Das 50seitige Wortprotokoll der Besprechung findet sich in BA/MA, RH 2/680.

Anbetracht der dortigen Lage eine Großoperation in der Herzegowina die eigentlich naheliegende Option[68]. Daß diese Bedenken durchaus ihre Berechtigung hatten, geht aus mehreren Tagebucheintragungen Ugo Cavalleros[69] sowie einem Schreiben, das Ambrosio am 5. März an den Chef des Comando Supremo richtete, hervor. In diesem äußerte er seine Zuversicht, im Hinblick auf die in Abbazia erzielte Übereinkunft eine mehr oder weniger umfangreiche Truppenpräsenz der 2. Armee nördlich der Demarkationslinie garantieren zu können. Hiermit, so Ambrosio weiter, sei der italienischen Diplomatie die Möglichkeit gegeben, diese Machtbereichsverschiebung außenpolitisch zu zementieren[70]. Die Furcht vor solchen italienischen Hintergedanken scheint sich in den Tagen nach Abbazia über Agram hinaus auch bis ins Führerhauptquartier verbreitet zu haben. Die spärlichen Quellen, die über Kuntzes anschließenden Besuch in Deutschland (6. bis 13. März 1942) vorliegen, legen die Schlußfolgerung nahe, daß dem Wehrmachtbefehlshaber Südost dort in aller Deutlichkeit der Vorwurf gemacht wurde, er habe sich von den Italienern übervorteilen lassen[71]. Diesem angesammelten Unmut zum Trotz wurde der Operationsplan einschließlich der taktischen Unterstellung Baders unter Roatta am 17. März von Hitler genehmigt[72]. Dies hielt den Gesandten Kasche und den Militärbeauftragten Glaise von Horstenau jedoch nicht davon ab, sich weiterhin zum Sprachrohr kroatischer Bedenken zu machen. Während ersterer bestrebt war, Punkt 8 des Abkommens von Abbazia durch einen nachträglich einzufügenden Zusatz wenigstens abzuschwächen, führte Glaise von Horstenau sehr viel schwerwiegendere Bedenken an. In einem Schreiben vom 26. März an den Wehrmachtbefehlshaber Südost gab er zwar zu, daß kroatische Schwierigkeiten und deutsche Schwäche in Bosnien italienische Hilfe eigentlich naheliegend erscheinen lassen mußten, diese jedoch durch die Animositäten, die sie bei Moslems und Kroaten hervorrufen würde, mehr als aufgewogen würde[73]. Diese noch wenig konkreten Verdächtigungen nahmen, als in den nächsten Tagen die ersten Berichte über Verhandlungen von italieni-

---

68 Schreiben Marschall Kvaterniks an den Wehrmachtbefehlshaber Südost (4.3.1942) in: BA/MA, RH 19 XI/81 (Die Bekämpfung der Aufstandsbewegung im Südostraum, Teil I), S. 162–164.

69 In seinem Tagebuch bezeichnete der Chef des italienischen Wehrmachtführungsstabes Ostbosnien als eine »Lunge für Italien« (12.2.1942) und einen »Wall«, dessen Besetzung die Befriedung Montenegros erleichtern würde; vgl. AUSSME, Diario Cavallero, Diari Storici N1-11, Box 1346 (Eintrag vom 16.2.1942).

70 Nota del Capo di Stato Maggiore dell'Esercito, generale Vittorio Ambrosio, sulla riunione di Abbazia (5.3.1942) in: Odonne Talpo, *Dalmazia. Una cronaca per la storia* (Rom 1995), Bd. 2, S. 176–179.

71 Hierzu Peter Broucek, *Ein General im Zwielicht. Die Erinnerungen Edmund Glaises von Horstenau, Bd. 3* (Wien 1988), S. 142 (Eintrag vom August 1942) sowie BA/MA, RH 19 XI/81 (Die Bekämpfung der Aufstandsbewegung im Südostraum, Teil I), S. 168.

72 BA/MA, RH 20-12/139 KTB der 12. Armee (Eintrag vom 17.3.1942).

73 Der Deutsche General in Agram an den Wehrmachtbefehlshaber Südost (25.3.1942) in: BA/MA, RH 19 XI/81 (Die Bekämpfung der Aufstandsbewegung im Südostraum, Teil I), S. 166 f.

scher Seite mit den bosnischen Cetniks des Jezdimir Dangić bekannt wurden, immer schärfere Konturen an. Wie sich Anfang April bestätigen sollte[74], lag diesen Gesprächen ein Plan zur Aufteilung Ostbosniens in italienische und nationalserbische Einflußzonen zugrunde. Entsprechende Angebote italienischer Unterhändler an die Regierung in Belgrad[75] rundeten dieses für die deutsche Balkanpolitik nicht gerade verheißungsvolle Bild ab. In Anbetracht dieser verfahrenen Lage (Bader: *»Die italienische Politik hat die deutsche überspielt.«*[76]) plädierte der Kommandierende General in einem Brief vom 27. März an den Wehrmachtbefehlshaber Südost gar für den möglichst baldigen Abbruch der Operation[77]. Vor dem Hintergrund dieser Bedenken waren Kuntze und Bader nun bestrebt, das am Verhandlungstisch Versäumte im Rahmen der operativen Planung nachzuholen. Ermöglicht werden sollte dies durch einen Aufmarschplan, der bei der ersten Operationsphase gegen das seit dem 10. März belagerte Rogatica die eigentlich naheliegende Belegung Sarajevos mit einer italienischen Division unbedingt vermied. Hierbei nahm Bader sogar bewußt in Kauf, daß der italienische Aufmarsch sich so wahrscheinlich umständlicher und zeitraubender gestalten würde, als es unter Zuhilfenahme des Verkehrszentrums Sarajevos der Fall wäre. Auch die Stationierung italienischer Luftwaffenverbände auf dem Flugplatz von Sarajevo suchte er mit dem nicht gerade stichhaltigen Hinweis auf die *»Unübersichtlichkeit des an sich kleinen Operationsraumes«* zu vermeiden[78]. Obwohl Roatta diesem ersten Operationsentwurf überraschenderweise sogar zustimmte, hielt er sich die Option auf Belegung Sarajevos mit Luft- und Landstreitkräften bewußt offen[79].

Als bei der anschließenden Besprechung in Laibach (28./29. März 1942) diese und andere strittige Fragen erneut zur Diskussion standen, erwies sich der Oberbefehlshaber der 2. Armee erneut als ein *»mit allen Salben geschmierter«*[80] Verhandlungsführer. Statt sich, wie vermutlich erwartet, auf eine langwierige Diskussion über das Für und Wider von Operationen nördlich der Demarkationslinie einzulassen, überrumpelte er seine deutschen Gesprächspartner mit der Ankündigung, nun doch in Verhandlungen mit nationalserbischen Aufständischengruppen treten zu wollen. Als Begründung gab er die Tatsache an, daß Vertreter des NDH-Staates schon seit eini-

---

74 BA/MA, RH 31 III/2 Der Deutsche General in Agram an das OKW (6.4.1942) sowie PA/AA, StS Kroatien, Bd. 3, 685 Kasche an Auswärtiges Amt (6.4.1942).
75 Vgl. hierzu Kapitel 7.2.
76 Bader an den Wehrmachtbefehlshaber Südost (27.3.1942) in: BA/MA, RH 19 XI/81 (Die Bekämpfung der Aufstandsbewegung im Südostraum, Teil I), S. 174.
77 Ebd.
78 Ebd., S. 171–173.
79 Ebd., S. 172.
80 So Glaise über den Oberbefehlshaber der 2. Armee; Broucek, *General im Zwielicht*, S. 142 (Eintrag vom August 1942) u. S. 434 (Eintrag vom Oktober 1944).

gen Wochen in Verhandlungen mit den Aufständischen der Herzegowina stünden[81]. Den zaghaften Einwand des kroatischen Generalstabschefs, daß dies aufgrund der vermeintlich fehlenden großserbischen Ausrichtung der herzegowinischen Cetniks keinen Präzedenzfall darstellen dürfe, wollte sich noch nicht einmal Paul Bader zu eigen machen[82]. Nachdem er die Sitzung mit einem solchen Paukenschlag eröffnet hatte, ging Roatta daran, auch bezüglich der Belegung Sarajevos die italienische Position durchzusetzen. In entwaffnender Offenheit gab er Bader sogar zu verstehen, daß politisch motivierte Vorbehalte von kroatischer Seite in dieser Frage schon deshalb zwecklos seien, weil eine Besetzung der Stadt durch die 2. Armee »*früher oder später*« sowieso nicht zu vermeiden sei[83]. Lediglich mit seinem Bestreben, in der zweiten Operationsphase einen klaren Schwerpunkt gegen das (südlich der Demarkationslinie gelegene) Zentrum des neuen Tito-Staates im Raum Goražde–Foča zu bilden, vermochte Bader sich bei Roatta durchzusetzen[84].

Roattas Überraschungscoup in Laibach bildete den Auftakt zu einer Kontroverse, die während der folgenden vierzehn Monate wie keine andere Frage die Beziehungen zwischen den Achsenpartnern in Jugoslawien belasten sollte. Die gelungene Überrumpelung läßt sich am besten daran ablesen, daß Wehrmacht und Auswärtiges Amt Ende März in der Behandlung dieser kritischen Frage noch nicht mal eine gemeinsame Linie vorweisen konnten. So hielt der gegenüber Italien nicht gerade im Ruf der Nachgiebigkeit stehende Kasche den von Roatta vorgeschlagenen Weg zumindest für »*gangbar*«[85], was im übrigen einer Instruktion seines Ministers vom 18. März entsprach[86]. Ganz anders hingegen der Wehrmachtbefehlshaber Südost: Einmal abgesehen davon, daß ein solcher Kompromiß einen von ihm erst kurz zuvor erlassenen drakonischen Grundsatzbefehl zur Behandlung gefangener Aufständischer ad absurdum führen mußte[87], war er eingedenk seiner in Abbazia gemachten Erfahrungen nicht gewillt, den einzigen Teilerfolg, den er dort hatte verbuchen können, wieder rückgängig machen zu lassen. Über das OKW und den

81 BA/MA, RW 40/26 Niederschrift der Besprechungspunkte der Zusammenkunft Laibach (29.3.1942); RH 31 III/3 Der Deutsche General in Agram an das OKW (31.3.1942). Die Möglichkeit eines Übereinkommens mit den Cetniks war bereits am 18. März Thema einer Unterredung zwischen Roatta und dem kroatischen Zivilkommissar Vrancic gewesen; vgl. Talpo, *Dalmazia II*, S. 1299.

82 BA/MA, RW 40/26 Niederschrift der Besprechungspunkte der Zusammenkunft Laibach (29.3.1942).

83 Ebd.

84 BA/MA, RH 19 XI/81 (Die Bekämpfung der Aufstandsbewegung im Südostraum, Teil I), S. 178.

85 ADAP, Serie E, Bd. II, S. 172 Kasche an Auswärtiges Amt (3.4.1942).

86 PA/AA, Büro RAM, R 28867 von Ribbentrop an Kasche (18.3.1942).

87 Der Kernsatz dieser Weisung besagte: »*Gefangene Aufständische sind grundsätzlich zu erhängen oder zu erschießen; werden sie zu Aufklärungszwecken verwendet, so bedeutet dies nur einen kurzen Aufschub ihres Todes.*« Vgl. BA/MA, RH 20-12/218 Grundsatzbefehl des Wehrmachtbefehlshabers Südost (19.3.1942).

Deutschen General beim Hauptquartier der italienischen Wehrmacht ließ er das Comando Supremo wissen, daß er Roattas Absichten für unbedingt korrekturbedürftig halte; Bader ging sogar noch weiter und erneuerte in einem Schreiben an Kuntze vom 4. April seine Forderung nach einem baldigen Abbruch der Operation[88]. Bevor es dazu kommen konnte, willigte das Comando Supremo am 6. April darin ein, Punkt 10 in seiner ursprünglichen Fassung zu belassen[89], was Roatta aber noch am selben Tag zu dem Gegenvorschlag veranlaßte, die Cetniks im vorgesehenen Operationsgebiet doch wenigstens zu »*neutralisieren*«[90]. Gleichzeitig traten unvorhergesehene Ereignisse ein, die selbst Baders Forderung, das ganze Unternehmen abzusagen, scheinbar in den Bereich des Möglichen rückten. Zur näheren Erläuterung bedarf es an dieser Stelle eines kurzen Rückblickes auf die Frühgeschichte des serbischen Bürgerkrieges in Bosnien.

Wie eingangs bereits erwähnt, hatte sich die kommunistische Führung in Ostbosnien zu Jahresbeginn vor der Situation gesehen, daß ihre brüchige Allianz mit den verschiedenen nationalserbisch geführten Formationen der Region in zunehmender Weise zu ihren Lasten ging. Der zunächst noch mit politischen Mitteln geführte Kampf um die weltanschaulich noch relativ ungebundenen Formationen der Gegenseite entlud sich schließlich, wie auch schon zuvor in Serbien, Montenegro und der Herzegowina, in Kampfhandlungen, die anfänglich noch den Charakter vereinzelter Zwischenfälle trugen. Sowohl das Fehlen einer allseits anerkannten politischen Führung auf der nationalserbischen Seite als auch der Unwille vieler serbischer Waffenträger, sich an einem Bürgerkrieg zu beteiligen, hatten eine außerordentlich schleppende Entwicklung des Konflikts zur Folge. Selbst nachdem am 20. Februar in der Majevica (östlich von Tuzla) die örtlichen Cetniks durch einen Handstreich gegen den örtlichen Partisanenstab die Macht in dieser Region an sich gerissen hatten[91], konnte von klar abgesteckten Fronten noch keine Rede sein. Der eigentliche Bürgerkrieg fand vornehmlich noch in Form immer blutigerer »Coups« und »Gegencoups«[92] statt, durch die einzelne nationalserbisch oder kommunistisch geführte Abteilungen ins jeweils gegnerische Lager überführt wurden. Da der hierbei vorherrschende Trend nach wie vor zum Nachteil der Kommunisten ausfiel, beschloß Tito, diese unbefriedigende Situation mit einem Befreiungsschlag zu beenden. Aus der 2. und dem größten Teil der 1. Proletarischen Brigade bildete er eine Einsatzgruppe, die unter dem Kommando von Koca Popovic den Auftrag erhielt,

88 BA/MA, RW 40/26 Der Kommandierende General an den Wehrmachtbefehlshaber Südost (4.4.1942).
89 BA/MA RH 19 XI/81 (Die Bekämpfung der Aufstandsbewegung im Südostraum, Teil I), S. 183.
90 Talpo, *Dalmazia II*, S. 78.
91 Karchmar, *Draža Mihailović*, S. 496.
92 Zusammen mit »Putsch« die damals übliche Bezeichnung. Vgl. hierzu einen Artikel Titos aus der zweiten Märzhälfte 1944 in: Military History Institute (Hrsg.), *The National Liberation War and Revolution in Yugoslavia (1941–1945). Selected documents* (Belgrad 1982), S. 639.

nach Norden in das von Dangić beherrschte Gebiet vorzustoßen und dort die entscheidende Konfrontation mit dem innerserbischen Gegner zu erzwingen[93]. Die wenigsten Cetnik-Verbände waren dem Kampf mit den schwerbewaffneten und disziplinierten Brigaden gewachsen; einer Niederlage folgte zudem nicht selten die völlige Auflösung, weil die besiegten Freischärler meist keine grundsätzlichen Einwände dagegen hatten, in den Reihen einer ebenfalls ausschließlich serbischen Truppe weiterzudienen. Schon am 16. März konnte Popovic Dangićs provisorische Hauptstadt Vlasenica besetzen[94].

Eine besondere Relevanz für die deutsch-italienischen Operationen in Ostbosnien erhielten diese Ereignisse freilich erst, als sich den Partisanen ein unverhoffter Bundesgenosse zur Seite stellte. Unter dem Eindruck der Pläne, die Roatta allem Anschein nach für eine Expansion seiner Besatzungszone schmiedete, beschloß die kroatische Führung mit einer Doppelstrategie zu kontern. Um die Abspaltungstendenzen innerhalb der aufständischen Serben zu fördern, knüpfte der kroatische Zivilkommissar beim Stab der 2. Armee, Dr. Vjekoslav Vrancic, in der zweiten Märzhälfte erste Kontakte zu den Anführern, die sich bereits als nichtkommunistisch zu erkennen gegeben hatten, und unterbreitete ihnen Vorschläge für Stillhalteabkommen[95]. Um der Planung für »Trio« die eigentliche Grundlage zu entziehen, beschloß die kroatische Führung außerdem, Roatta in einer Art Präventivschlag wenigstens seines serbischen Brückenkopfes zu berauben. Zu diesem Zweck konnte sie auf den neu aufgestellten Ustascha-Verband »Schwarze Legion« (Obstlt. Jure Francetic) zurückgreifen, der seit seiner Ankunft in Sarajevo durch Rekrutierungen unter den Moslems der Region seine ursprüngliche Bataillonsstärke (ca. 800 Mann) binnen kürzester Zeit hatte vervierfachen können[96].

Entgegen deutschen Anweisungen beschränkte sich dieser Verband nun nicht darauf, Positionen für den Vorstoß auf Rogatica zu beziehen, sondern tat es den Partisanen gleich und stieß Anfang April gegen Dangićs Hochburg im Drinabogen westlich von Vlasenica vor. Während der folgenden zwei Wochen bot sich den verblüfften Deutschen das bizarre Schauspiel einer faktischen Waffenbrüderschaft zwischen Ustaschen und Partisanen[97]. Auch wenn die hierfür deutscherseits gebrauchte

93 Karchmar, *Draža Mihailović*, S. 497 f.
94 Ebd.
95 Talpo, *Dalmazia II*, S. 74–76.
96 Appunto per il Duce del ministero degli affari esteri circa quanto esposto dal ministro croato Kosak durante la sua visita a Roma (15.5.1942; o.U., vermutl. Ciano) in: Talpo, *Dalmazia II*, S. 508–510.
97 Nach der 10-Tage-Meldung des Kommandierenden Generals vom 20. März war diesem Vorstoß eine gezielte Kontaktaufnahme zwischen der kommunistischen Einsatzgruppe und der »Schwarzen Legion« vorausgegangen; vgl. BA/MA, RL 21/218 Lagebericht vom 11.–20.3.1942 (20.3.1942). Auch Draža Mihailović sprach in einem Bericht an die Exilregierung (22.3.1942) von einer regelrechten »Allianz« zwischen beiden Gruppen. Zitiert bei Simon Trew, *Britain and the Chetniks*, S. 117 f.

Redewendung vom Vorgehen »*Schulter an Schulter*« vermutlich nicht allzu wörtlich zu nehmen ist, sah Dangić sich faktisch dennoch einem wohlkoordinierten Angriff ausgesetzt; in den 10-Tage-Meldungen im KTB des Kommandierenden Generals wird sogar zweimal von kroatischen Munitionslieferungen für die Partisanen berichtet[98]. Der anschließende völlige Zusammenbruch von Dangićs Machtposition zog vielseitige politische Folgen nach sich. Zunächst unternahm er eine mit Bader nicht abgesprochene Reise nach Serbien, um dort Hilfe von der Regierung Nedić zu erbitten. Durch eine in Valjevo vor Cetnikführern gehaltene Rede erfuhr schließlich auch der Kommandierende General von diesem Besuch[99]. Sein Versuch, es zunächst bei einer Ausweisung zu belassen, ließ sich aber nicht aufrechterhalten[100], so daß Dangićs Reise mit seiner Verhaftung (13. April) und Abschiebung (17. April) in ein deutsches Kriegsgefangenenlager endete. Daß das OKW ausgerechnet diesen Zeitpunkt wählte, um bei Bader die Frage einer Allianz mit dem bosnischen Cetnikführer anzuschneiden[101], entbehrt in Anbetracht der »verpaßten Chance« vom 2. Februar nicht einer gewissen Ironie. Im Hinblick auf die damaligen Ereignisse ist natürlich nicht auszuschließen, daß Bader, als er diese Frage verneinte[102], sich von einem Gefühl des verletzten Stolzes leiten ließ. Wahrscheinlicher ist jedoch, daß die schnelle Niederlage von Dangić ihm schmerzlich vor Augen geführt hatte, wie zutreffend die Warnung Glaise von Horstenaus vor einer möglichen Überschätzung des Cetnikführers gewesen war[103].

Die Folgen, die Dangićs Verschwinden für das politische Gefüge des nationalen Serbentums westlich der Drina haben sollte, waren von eher langfristiger Natur und werden daher an anderer Stelle zu besprechen sein. Für die deutsch-italienische Zusammenarbeit auf dem Gebiet des NDH-Staates wirkten sich die geschilderten Ereignisse jedoch ohne jede Zeitverzögerung aus, schienen sie Bader und Kuntze doch einen möglichen Weg aus ihrem selbstgemachten Dilemma zu bieten. Obgleich

98 BA/MA, RL 21/218 Lageberichte vom 21.–30.3.1942 und 31.3.–9.4.1942.
99 BA/MA, RW 40/28 Der Kdr. Gen. u. Bfh. in Serbien an Ministerpräsident Nedić (4.4.1942).
100 Der Ablauf der Ereignisse, die den Kommandierenden General dazu bewogen, Dangić doch festnehmen zu lassen, läßt sich aus den vorliegenden Quellen nur bruchstückhaft rekonstruieren. Als Kuntze Bader am 10. oder 11. April wegen seines Zögerns in dieser Frage rügte, war der Haftbefehl schon ausgestellt worden. Kuntzes Fernschreiben scheint also nicht der auslösende Faktor gewesen zu sein; BA/MA, RH 20-12/139 KTB der 12. Armee (Eintrag vom 11.4.1942). Neben der Möglichkeit, daß Dangić durch seinen andauernden Aufenthalt (er wurde am 13. beim Versuch, nach Bosnien zurückzukehren, festgenommen) Baders Geduld einfach überstrapaziert haben könnte, gibt es auch einen Hinweis, der eine Einflußnahme Kasches oder Benzlers auf den Kdr. Gen. möglich erscheinen läßt; vgl. ADAP, Serie E, Bd. II, S. 247 f. Aufzeichnung des Botschafters Ritter (17.4.1942). Für die naheliegende Vermutung, daß die Verhaftung von Dangić vor allem dem Zweck dienen sollte, die Italiener ihres ostbosnischen Verbündeten zu berauben, lassen sich keine quellenmäßigen Belege finden.
101 BA/MA, RH 20-12/139 KTB der 12. Armee (Eintrag vom 15.4.1942).
102 BA/MA, RH 20-12/139 KTB der 12. Armee (Eintrag vom 16.4.1942).
103 Vgl. hierzu BA/MA, RH 31 III/3 Der Deutsche General in Agram an das OKW (4.2.1942).

Roattas Bestrebungen, mit den Aufständischen Verhandlungen anzuknüpfen sowie die kroatischen Staatsorgane auszuschalten, am 11. bzw. 12. April durch zwei Kompromisse ihre antikroatische Spitze genommen worden war[104], sorgte die Frage einer italienischen Besetzung Sarajevos weiterhin für Spannungen zwischen den Verbündeten. Darüber hinaus hatte sich am 9. April eine von Roatta drei Tage zuvor gemachte Prognose über eine mögliche Verspätung der von Süden anmarschieren-den italienischen Divisionen erfüllt; als frühestes Datum für den gemeinsamen Beginn der Operation gegen Rogatica wurde jetzt der 25. April genannt[105]. Unter die-sen Umständen kam Kuntze der Überraschungserfolg der »Schwarzen Legion« wie gerufen: Am 11. und erneut am 14. April stellte er Bader anheim, die Gunst der Stunde zu nutzen und mit den bereits zur Verfügung stehenden deutschen und kroa-tischen Truppen nach Süden auf Rogatica vorzustoßen[106]. Aber erst aufgrund der immer kritischer werdenden Lage der Garnison von Rogatica sowie von Berichten des deutschen Verbindungsoffiziers bei der 2. Armee über weitere Zeitverzögerun-gen des italienischen Aufmarsches (17. und 19. April) vermochte Bader sich am 19. dazu durchzuringen, seinen nominellen Vorgesetzten Roatta zu übergehen und für den 22. den Angriff zu befehlen[107].

Nach der Überwindung dieser inneren Hürde geriet Bader über die Perspektiven, die dieser Schritt scheinbar eröffnete, geradezu ins Schwärmen: In zwei Fernschreiben schlug er Kuntze am 20. und 21. April u.a. die sofortige Rückführung der in Sarajevo bereits angetroffenen italienischen Vorhuten und die schnellstmögliche Auflösung seiner Kampfgruppe vor; darüber hinaus sei den Italienern eine gründliche Säuberung ihres eigenen Besatzungsgebietes »nahezulegen«[108]. Dieser letzte, etwas anmaßend wirkende Vorschlag wird dann verständlich, wenn man berücksichtigt, daß der stockende italienische Vormarsch für »Trio I« vor allem auf anhaltende Kämpfe in der Herzegowina und Montenegro zurückzuführen war; um so mehr als Slavko Kvaternik schon am 4. März dazu geraten hatte, den geplanten

---

104 Roatta sagte zu, nördlich der – für die Dauer von »Trio« eigentlich aufgehobenen – Demarkations-linie keine solche Verhandlungen zu führen; PA/AA, Büro StS Jug., Bd. 4, 673, Kasche an Aus-wärtiges Amt (16.4.1942). Im Gegenzug verfügte Bader, daß Cetniks, die sich widerstandslos hat-ten entwaffnen lassen, wie auch schon beim Unternehmen »Südostkroatien«, als Kriegsgefangene zu behandeln seien; BA/MA, RW 40/50 Richtlinien für die Operationen in Bosnien (10.4.1942). In der Frage der Militärverwaltung hatte der OB der 2. Armee sich insofern durchgesetzt, als er sich den Zeitpunkt der Wiedereinsetzung kroatischer Organe ausdrücklich vorbehielt; vgl. PA/AA, Büro StS Jug., Bd. 4, 673 Kasche an Auswärtiges Amt (16.4.1942). Lediglich die Formulierung des Ab-kommens war durch zwei Einschübe, die den vorübergehenden Charakter der Maßnahme betonen sollten, etwas abgeschwächt worden; BA/MA, RH 20-12/143 Fernschreiben des Wehrmacht-befehlshabers Südost an Kampfgruppe Bader vom 10. und 12.4.1942.
105 BA/MA, RH 19 XI/81 (Die Bekämpfung der Aufstandsbewegung im Südostraum, Teil I), S. 187.
106 Ebd., S. 189 f.
107 Ebd., S. 191–195.
108 Ebd., S. 195 f.

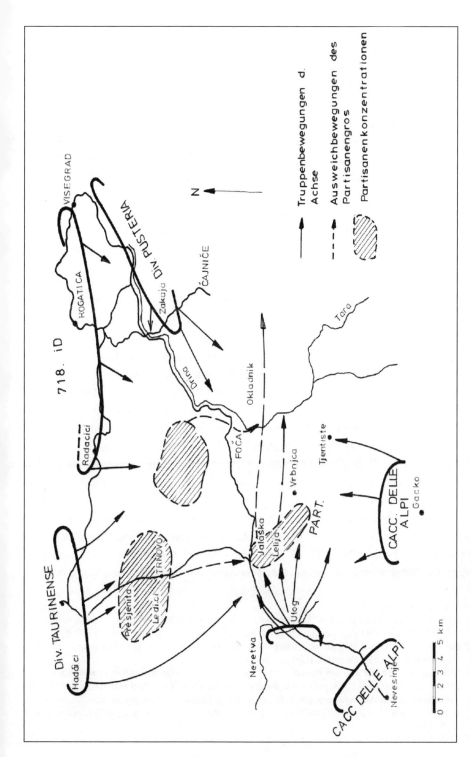

Das Unternehmen TRIO II/FOCA (2.5. bis 15.5.1942)

Operationszyklus vernünftigerweise in der Herzegowina anlaufen zu lassen[109]. Baders Euphorie übertrug sich auch auf den deutschen Gesandten in Agram. Dieser schloß sich am 23. April nicht nur der Bewertung des Kommandierenden Generals an, sondern schlug außerdem vor, bei dieser Gelegenheit gleich auch noch die italienische Besetzung der Zone 3 rückgängig zu machen[110]. Daß selbst Roatta – bei gleichzeitigem Beharren auf den vorgesehenen Plänen – im Gespräch mit Bader am 21. April die eingeleitete Operation als eigentlich hinfällig bezeichnete[111], konnte eigentlich nur als Bestätigung der deutschen Bedenken gesehen werden. Die Eintracht, mit der Bader, Kuntze und Kasche in dieser Frage nun an einem Strang zogen, kam freilich nicht gegen die völlig anders gelagerten Prioritäten der deutschen Kroatienpolitik an. Schon am 22. April erging ein »Führerbefehl«, durch den sich jede weitere Diskussion erübrigte; an den bisherigen Unterstellungsverhältnissen sei ebenso festzuhalten wie an der Weiterführung des Operationszyklus in Ostbosnien[112]. Der anschließende deutsch-kroatische Vorstoß auf Rogatica (22.–29. April) war dennoch ein nicht unwesentlicher »politischer« Erfolg für Bader und Kuntze; rein militärisch wurde außer der Entsetzung der kroatischen Garnison zwar wenig erreicht, aber durch die Erledigung dieses Teilziels konnte Ostbosnien nördlich der Demarkationslinie im wesentlichen als »bereinigt« gelten[113]. Das Vorhaben einer dauerhaften Stationierung italienischer Truppen in diesem Raum war hiermit zumindest seines operativen Vorwandes beraubt worden.

Interessanterweise hatte Kuntze sich aber schon vor der Entsetzung Rogaticas mit dem Gedanken an eine Fortsetzung der Operationen versöhnt. Eine entscheidende Rolle scheint hierbei Roattas Zusicherung vom 21. April gespielt zu haben, der Oberbefehl über die eingesetzten Truppen würde auch nach Überschreiten der Demarkationslinie auf jeden Fall in deutscher Hand bleiben. Im Gegensatz zu seinem Untergebenen Bader vermochte Kuntze dem Gedanken, südlich der Demarkationslinie das Kommando über italienische Truppen zu führen, durchaus etwas abzugewinnen. Er versprach sich davon nicht zuletzt die Chance, die Italiener in ihrem eigenen Machtbereich *»zu einer aktiveren Kampfführung anhalten zu können«*[114].

Daß – anders als beim Vorstoß auf Rogatica – die »Kampfgruppe Bader« am Vorabend der Zangenoperation gegen die Hauptstadt der Partisanenbewegung endlich

---

109 Ebd., S. 162–164.
110 PA/AA, StS Kroatien Bd. 3, 685 Kasche an Auswärtiges Amt (23.4.1942).
111 BA/MA, RH 19 XI/81 (Die Bekämpfung der Aufstandsbewegung im Südostraum, Teil I), S. 198
112 Pery Ernst Schramm (Hrsg.), *Kriegstagebuch des Oberkommandos der Wehrmacht, Bd. II.1* (Frankfurt a. M. 1963), S. 326 f. (Eintrag vom 22.4.1942).
113 Von den nördlich der Demarkationslinie ausgemachten Zielgebieten verblieb jetzt nur noch das Igmanmassiv bei Sarajevo. Seine geographische Lage machte es wiederum möglich, seine *»Durchkämmung«* in den Anfang der anschließenden Operationsphase südlich der Demarkationslinie zu integrieren; BA/MA, RH 19 XI/81 (Die Bekämpfung der Aufstandsbewegung im Südostraum, Teil I), S. 205.
114 Ebd., S. 199 f.

vollzählig bereitstand, gab jedenfalls zu der Hoffnung Anlaß, daß die in Abbazia abgestimmte Kooperation vielleicht doch noch zu einem vorzeigbaren Ergebniss führen würde. So konnten ab dem 2. Mai gegen ein Gebiet, das im Groben von der Linie Sarajevo–Goražde–Foča–Kalinovik begrenzt war, eine Streitmacht von einer deutschen und drei italienischen Divisionen angesetzt werden. Während die 718. ID von Nordosten vorzustoßen hatte, trat die inzwischen weitgehend vollzählig in Sarajevo eingetroffene 1. italienische Gebirgsdivision »Taurinense« aus nordwestlicher, die im herzegowinischen Nevesinje dislozierte 22. ID »Cacciatori delle Alpi« aus südlicher Richtung an. Nach Osten war die Sicherung des Drinabschnitts zwischen Goražde und Foča der 5. Gebirgsdivision »Pusteria« anvertraut worden[115]. Das Unternehmen »Trio II« (oder, je nach Sprachregelung, »Foca«) war aber noch keinen Tag alt, als die italienische Retourkutsche auf die deutsch-kroatische Blockadepolitik der letzten Woche erfolgte. Entgegen der Versicherung, die Roatta Bader am 21. April gegeben hatte, verfügte Generaloberst Ugo Cavallero am 3. Mai, daß die drei italienischen Divisionen der Kampfgruppe zu entziehen und dem für diesen Raum zuständigen italienischen VI. Armeekorps (General Renzo Dalmazzo) zu unterstellen seien. Nur dem Protest von Rintelens war es zu verdanken, daß wenigstens die »Pusteria«, die zu keinem Zeitpunkt dem VI. AK angehört hatte, unter Baders Kommando verblieb[116].

Der weitere Operationsverlauf wies, allen gegenteiligen Bemühungen zum Trotz, auffällige Parallelen zur vorangegangenen Operation gegen Rogatica auf. Zum einen, weil wieder keine größeren Feindkräfte zum Kampf gestellt wurden[117], zum anderen, weil aufgrund des verzögerten Aufschließens der »Cacciatori« auch diesmal keine rechtzeitige Südabsperrung hergestellt werden konnte[118]. Diese Lücke war es auch, die es Tito und seinem Stab ermöglichte, sich über Žabljak nach Pluzine im herzegowinisch-montenegrinischen Grenzgebiet abzusetzen[119]. Inwiefern eine engere Umfassung auch einen entscheidenden Erfolg gebracht hätte, muß allerdings

---

115 BA/MA, RW 40/26 Kampfgruppe General Bader, Befehl zur Bildung der Einschließungsfront (30.4.1942).
116 KTB OKW, II.1, S. 334 (Eintrag vom 3.5.1942); BA/MA, RH 20-12/145, Der Deutsche General beim Hauptquartier der italienischen Wehrmacht an den Wehrmachtbefehlshaber Südost (3.5.1942).
117 BA/MA, RW 40/26 Abschlußbericht »Unternehmen Foča« (20.5.1942).
118 Ebd.
119 Obwohl die Schilderungen bei Djilas, *Wartime*, S. 173–175 und Dedijer, *War Diaries I*, S. 156–175 (Einträge vom 9.5.–20.5.1942) darin übereinstimmen, daß die Gruppe um Tito während des Rückzuges aus Foča zu keinem Zeitpunkt in unmittelbarer Gefahr war abgeschnitten zu werden, wurde nach Giacomo Scotti/Luciano Viazzi, *L'inutile vittoria. La tragica esperienza delle truppe italiene in Montenegro* (Mailand 1989), S. 331, die von Süden herankommende Division »Cacciatori« nur durch den Befehl, der am 15.5. die Einstellung der »Trio«-Operation verfügte, daran gehindert, Tito und seinem Stab den Weg zu verlegen. Dr. Vladimir Velebit, Zagreb, hat dies dem Verfasser gegenüber nachdrücklich verneint; Befragung von Dr. Vladimir Velebit in Zagreb (9. u. 10. Mai 1998).

bezweifelt werden: Abgesehen von der Tatsache, daß der eigentliche Schwerpunkt des Partisanenstaates nach wie vor in Nordmontenegro lag, wurde der Begriff der »Säuberung« bzw. »Durchkämmung« durch die in Südostbosnien gegebene Topographie erheblich relativiert. Als auf einer Chefbesprechung des Stabes des Wehrmachtbefehlshabers Südost am 11. Mai die Sprache auf dieses Thema kam, wies Kuntzes Stabschef Foertsch auf »*Größte Schwierigkeiten der Kriegsführung in diesen Gebieten für nicht gebirgsmäßig ausgerüstete Truppen*« hin, »*die hier Schweres auszustehen hatten. Ein Durchkämmen dieser Gebiete unmöglich, nur an den Hauptstraßen kann durchgekämmt und gesäubert werden. Was 718. ID hier geleistet hat, ist um so anerkennenswerter*«[120].

Über die langfristigen Auswirkungen der Operationen der letzten Wochen gab man sich auf deutscher Seite freilich keinerlei Illusionen hin. Im deutlichen Gegensatz zu den optimistischen Prognosen, die in erster Linie dazu dienten, dem italienischen Bundesgenossen eine Fortsetzung der Operationen nördlich der Demarkationslinie auszureden, standen die Werturteile, die die Repräsentanten der deutschen Wehrmacht in vertraulichen Schriftsätzen über die kroatische Verwaltung und deren Arbeit in den kürzlich wiedereroberten Gebieten fällten. In einer Besprechung vom 6. Mai beurteilte Bader Regierung und Behörden des kroatischen Verbündeten als »*ungemein schwerfällig*« und sah es als sicher an, daß diese »*verwaltungsmäßig nicht nachkommen*« würden[121]. Kuntzes Stabschef Foertsch stimmte dem nicht nur zu, sondern plädierte gar für die Einführung einer deutschen Militärverwaltung[122]. Zwei Wochen später, bei einer Lagebesprechung im Hauptquartier des Wehrmachtbefehlshabers Südost, wurde Baders Stabschef noch deutlicher: »*Die Unfähigkeit der Kroaten, zu führen und zu verwalten, trat auf allen Gebieten klar zutage.*« Als besonders kritikwürdig hob er dabei das Verhalten der kroatischen Gendarmerie hervor. Es habe sich wiederholt die Unmöglichkeit gezeigt, diese »*selbständig handeln zu lassen, da sie gegen rückgeführte Flüchtlinge vorging, durch deutsche Wehrmacht verteiltes Vieh beschlagnahmte und rücksichtslos Vieh schlachtete und auf eigene Rechnung verkaufte*«[123]. Der am selben Tag abgefaßte Abschlußbericht der »Kampfgruppe Bader« brachte das Dilemma auf den Punkt: Eine dauerhafte Befriedung Ostbosniens konnte eigentlich nur dann Aussicht auf Erfolg haben, wenn soviel Besatzungstruppen zurückgelassen wurden, daß sowohl die Absperrung nach Osten (Drinagrenze) und Süden (Demarkationslinie) als auch die »*Beaufsichtigung der kroatischen Behörden*« jederzeit garantiert waren. Da dies bekanntermaßen nicht der Fall war, kam der Verfasser zu dem Schluß, daß eine Beschränkung der 718. ID

---

120 BA/MA, RH 20-12/145 Aktennotiz über die Chefbesprechung am 11.5.1942.
121 BA/MA, RW 40/26 Führungsstab Kampfgruppe General Bader. Protokoll der Besprechung am 6.5.42, 9.00–11.15 h in Sarajevo (10.5.1942).
122 Ebd.
123 BA/MA, RW 40/29 Lagebesprechung am 20.5.42 im Hauptquartier des W.B. Südost (21.5.1942).

auf ihre ursprüngliche Aufgabe (Schutz der wehrwirtschaftlich wichtigen Objekte) sowie die »*tatkräftige Unterstützung*« der (soeben als unfähig eingestuften) kroatischen Behörden noch am »*zweckmäßigsten*« sei[124]. Wies diese Schlußfolgerung schon deutliche Züge des Absurden auf, so nahm die Diskussion durch den Vorschlag, den gerade erst hergestellten Frieden wenn nicht durch Besatzungstruppen, dann wenigstens durch Dorfwehrgemeinschaften zu sichern, endgültig kabaretthafte Formen an. Da Bader der Idee, noch mehr Waffen unter der bosnischen Zivilbevölkerung zu verteilen, aus nachvollziehbaren Gründen wenig abzugewinnen vermochte, konterte er allen Ernstes mit dem Vorschlag »*Bewaffnung der Dorfwehrgemeinschaften nicht vorgesehen. Als Bewaffnung sollen Hacken, Beile, Messer und Sensen dienen, (...) um Angriffen von Partisanen geschlossen als festgeführte Gemeinschaft entgegentreten zu können.*«[125] Seine eigene Prognose vom 20. April, in der er die Möglichkeit einer wirksamen Befriedung als »*kaum aussichtsreich*« bezeichnet hatte, begann also schon Tage nach dem Abschluß der »Trio«-Operationen in Erfüllung zu gehen[126].

Die Einstellung des Unternehmens »Foča« im Einvernehmen zwischen OKW und Comando Supremo (15. Mai) bedeutete das vorläufige Ende einer direkten deutsch-italienischen Zusammenarbeit auf jugoslawischem Boden. Ein Vorschlag Roattas, den Operationszyklus in Richtung auf Mostar fortzusetzen, wurde von Kuntze trotz der dortigen deutschen Wirtschaftsinteressen (Bauxitvorkommen) nach wie vor höchst abträglichen Aufstandslage abgelehnt. Statt dessen erfolgte die Auflösung des Stabes der Kampfgruppe Bader (28. Mai) sowie die Abkommandierung des Großteils der 718. ID zum Schutz des freigekämpften ostbosnischen Industriereviers. Dort wurde dann zur Sicherung der Bahnlinie Sarajevo–Brod vom 3. bis 22. Juni 1942 das Unternehmen »Zenica« durchgeführt[127]. Die offensive Bekämpfung der Kerntruppe Titos mußte, wenigstens von deutscher Seite, als vorläufig eingestellt betrachtet werden.

Ungeachtet des militärischen Mißerfolges sollten die beim Operationszyklus »Trio« gemachten Erfahrungen für die deutschen Stäbe in Agram, Belgrad und Saloniki von nicht unerheblicher Bedeutung sein. So war an erster Stelle zu konstatieren, daß eine Wiederholung des Erfolges vom Vorjahr in Serbien – die zumindest vorübergehende Ausschaltung der Rebellion durch eine Großoperation – aufgrund der im NDH-Staat gegebenen Operationsbedingungen zumindest erheblich erschwert war. Obwohl die vorliegenden Quellen keinen Hinweis auf eine direkte kausale Verbindung liefern, liegt der Schluß doch nahe, daß nachweisliche Bemühungen des Kommandeurs der 718. ID und seines Vorgesetzten Bader, im Anschluß an »Trio« den Krieg

124 BA/MA, RW 40/26 Abschlußbericht »Unternehmen Foča« (20.5.1942).
125 BA/MA, RH 26-118/26 Bader an 718. ID (19.5.1942).
126 BA/MA, RW 40/50 Besprechung in Sarajevo am 19. und 20. April (o.D.).
127 BA/MA, RH 26-118/27 Divisionsbefehl Nr. 11 (28.5.1942).

in Bosnien nach Möglichkeit zu deeskalieren, eine Folge der Einsicht waren, daß es keinen Sinn hatte, mit den zur Verfügung stehenden Kräften eine rein militärische Lösung anzustreben. Beginnend mit dem Einsatzbefehl für »Zenica«, ergingen bis Anfang Juli eine ganze Reihe von Weisungen, die Kuntzes Grundsatzbefehl vom 19. März sowohl dem Geiste wie den Buchstaben nach widersprachen: Das Abbrennen von Behausungen als Vergeltungsmaßnahme[128] hatte ebenso zu unterbleiben wie die willkürliche Auswahl von Geiseln[129] und die Erschießung von Überläufern. Letzteres hatte Kuntze zwar schon am 23. März zugestanden, aber nur unter der Maßgabe, daß sämtliche auf diese Weise gemachten Gefangenen zur Zwangsarbeit nach Norwegen zu deportieren seien[130]; Fortner ordnete aber in mindestens einem Fall an, Überläufer gleich welcher politischer Provenienz zu entwaffnen und in die Freiheit zu entlassen[131]. Erst die Ankunft eines neuen Wehrmachtbefehlshabers Südost, verbunden mit einem ab September wieder sporadisch einsetzenden Interesses des Führerhauptquartiers an diesem Kriegsschauplatz, machte dieser Entspannungsphase ein Ende[132].

In politischer Hinsicht hatte die größte Überraschung von »Trio« zweifellos im Erfolg der Gruppe Francetic und ihrer vorübergehenden Allianz mit der 1. und 2. Proletarischen Brigade gelegen. Möglicherweise ist ein übertriebenes Gefühl der Dankbarkeit dafür, daß der Vorstoß der »Schwarzen Legion« die Absage an den ungeliebten italienischen Bundesgenossen ermöglicht hatte, dafür verantwortlich zu machen, daß einige deutsche Offiziere während der folgenden Wochen unter dem Eindruck standen, die Ustascha habe ihre »Flegeljahre« nun endlich hinter sich gelassen[133]. Den Gegenbeweis für diese Annahme sollte Francetics Verband selbst freilich binnen weniger Wochen liefern[134].

---

128 Vgl. BA/MA, RH 26-118/27 Ergänzung zu Divisionsbefehl Nr. 11 (29.5.1942) und RH 26-118/28 Grundsatzbefehl der Division (1.7.1942).
129 BA/MA, RW 40/30 Grundsatzbefehl des Bev. u. Kdr. Gen. (21.6.1942).
130 BA/MA, RH 20-12/139 Wehrmachtbefehlshaber Südost an den Bev. u. Kdr. Gen. (23.3.1942).
131 BA/MA, RH 26-118/27 Besondere Anordnungen zum Div.-Befehl Nr. 11 für Kampfführung und Behandlung Aufständischer (29.5.1942).
132 Siehe auch Kapitel 4.6.
133 BA/MA, RL 21/218 10-Tage-Meldung des Kdr. Generals, 21.–30. April 1942: »*In der Ustascha scheint mit Erfolg daran gearbeitet zu werden, die unsauberen Elemente auszumerzen und disziplinierte, schlagkräftige Einheiten herauszubilden.*« (30.4.1942).
134 Am 12. Juni 1942 wurde eine Kompanie der »Schwarzen Legion«, die im ostbosnischen Sokolac mehrere serbische Zivilisten ermordet hatte, von deutscher Feldgendarmerie entwaffnet und festgenommen. Als Grundlage diente ein Befehl Baders vom 10. April, der die »*Ahndung von Greueltaten verbündeter Truppen mit den schärfsten Mitteln*« vorsah. Eine Intervention Hitlers verhinderte jedoch eine Verhandlung vor einem deutschen Militärgericht und erzwang die Übergabe der Gefangenen an die kroatischen Behörden. Zu diesen Vorgängen: BA/MA, RW 40/30 Tagesmeldung vom 7.6.1942; KTB OKW, II.1, S. 418 (12.6.1942) sowie RH 31 III/2 Der Deutsche General in Agram an das OKW (16.6.1942).

Als sehr viel heikler, da mit einer bündnispolitischen Komponente behaftet, hatte sich die gegenüber den Cetniks einzuhaltende Politik erwiesen. Am Anfang stand die Erfahrung, daß es ein erhebliches Maß an Beharrlichkeit und diplomatischem Geschick erfordern würde, den italienischen Bundesgenossen in dieser Frage auf eine auch nur vorübergehend verbindliche Linie einzustimmen. Der Unmut über Roattas opportunistische Einstellung erfuhr freilich spätestens in dem Moment eine erhebliche Relativierung, als selbst die kroatische Regierung sich willens zeigte, die »Serbenfrage« vorläufig nicht mehr auf dem Weg des Genozids zu lösen. Beginnend mit den ersten Gesprächen, die der kroatische Zivilkommissar Dr. Vjekoslav Vrancic im März in der italienischen Besatzungszone führte, mündeten diese Verhandlungen in zwei Stillhalteabkommen, von denen das erste (27. April) die westbosnischen, das zweite (28. Mai) die Mehrheit der ostbosnischen Cetniks betraf[135]. In der Praxis liefen diese Vereinbarungen auf die Errichtung von mehr oder weniger fest umrissenen Schutzzonen für die bosnisch-serbische Bevölkerung hinaus; Teile der Abkommen, die darüber hinaus ein gemeinsames Vorgehen gegen die Partisanen vorsahen, wurden nur gelegentlich in die Praxis umgesetzt[136].

Wie nicht anders zu erwarten, zwangen diese Ereignisse auch den Wehrmachtbefehlshaber Südost und den Kommandierenden General zu einer vorsichtigen Annäherung an das nationalserbische Element nördlich der Demarkationslinie; dies stellte aber insofern ein Problem dar, als das anläßlich der Affäre Dangić vom Chef des OKW ausgesprochene Verbot von Kontaktaufnahmen mit irregulären Gegnern[137] durch die jüngste Entwicklung noch eine zusätzliche politische Dimension erhalten hatte: Nach einem OKW-Befehl vom 6. April galt nämlich mittlerweile *»jede Verhandlungsaufnahme auch mit nationalserbischen Aufständischen als gegen die Abmachungen von Abbazia verstoßend«* und war somit aus *»grundsätzlichen Erwägungen«* kategorisch verboten[138]. Erste Hinweise auf ein Zuwiderhandeln deutscher Stellen finden sich jedoch bereits nach nur 15 Tagen. So berichtete der Deutsche General in Agram am 21. April von deutschen *»Kommandos«,* die nordöstlich von Sarajevo bei der *»Heimkehr und Entwaffnung kampfmüder Cetnici«* mitwirken würden[139]. Am 2. Mai scheint Glaise dann schon sichtlich bemüht, die

---

135 Ausführlicher hierzu: Jozo Tomasevich, *The Cetniks. War and revolution in Yugoslavia, 1941–1945* (Stanford 1975), S. 226–231 und Matteo J. Milazzo, *The Chetnik Movement and the Yugoslav resistance* (Baltimore u. London 1975), S. 78–81.
136 Ebd., S. 80.
137 BA/MA, RW 40/26 Der Chef des Oberkommandos der Wehrmacht an Wehrmachtbefehlshaber Südost (10.2.1942).
138 BA/MA, RW 40/28 KTB-Eintrag vom 6.4.1942. Im Laufe desselben Jahres vom Wehrmachtbefehlshaber Südost noch zweimal bekräftigt, vgl. RW 40/28 KTB-Eintrag vom 18.4.1942 sowie RH 20-12/139 KTB-Eintrag vom 13.11.1942.
139 BA/MA, RH 31 III/3 Der Deutsche General in Agram an das OKW (21.4.1942). Es dürfte sich hierbei um ehemalige Angehörige der Gruppe um Dangić gehandelt haben, die sich nach seiner Niederlage zerstreut hatten und nun den Weg nach Hause suchten.

Bedeutung dieser neuen Verbindung gegenüber dem OKW erst mal runterzuspielen: Es seien, so berichtet er, »gewisse« Verhandlungen mit »einzelnen« Cetnikgruppen im Gange, um die Möglichkeit einer Waffenniederlegung zu erörtern[140]. Eine weitere politische Dimension erhielt das Cetnikproblem dadurch, daß nicht alle auf dem Gebiet des NDH-Staates operierenden nationalserbischen Verbände sich aus bosnischen Serben rekrutierten. Wie vom Gesandten Kasche wiederholt moniert, unterstützte die Regierung Nedić den Kampf der bosnischen Cetniks nämlich nicht nur mit Geld und Waffen, sondern auch durch die regelmäßige Abkommandierung legaler Cetnikabteilungen in die Kampfgebiete westlich der Drina[141]. Das Dilemma, das sich daraus ergeben konnte, brachte der Kommandeur des im serbisch-kroatischen Grenzgebiet dislozierten IR 737 wie folgt auf den Punkt: »... daß Teile der vor den deutschen Truppen über die Drina nach Serbien ausweichenden Leute serbische Cetniks gewesen seien, mit denen sein Regiment lange Zeit zusammengearbeitet habe. (...) Diese Cetniks habe er, als sie anläßlich der Aktion der Kampfgruppe General Bader nun wieder über die Drina zurückgekommen seien, nicht gefangengenommen, da sie ja doch zu den Leuten gehörten, mit denen die deutschen Truppen in Serbien zusammenarbeiteten.«[142] Die Zusammenarbeit, die sich während der folgenden Monate schließlich zwischen Nationalserben und Deutschen auf kroatischem Boden entwickelte, blieb, obwohl militärisch in der Regel gewinnbringend, politisch gesehen immer noch etwas heikel. Obwohl der erste Fall direkter Zusammenarbeit zwischen bosnischen Cetniks und deutscher Wehrmacht bereits für die zweite Junidekade 1942 belegt ist[143], war es beispielsweise Ende August immer noch nötig, den neuen Oberbefehlshaber Generaloberst Alexander Löhr mit der Beteuerung zu beschwichtigen, daß die serbischen Freiwilligeneinheiten »nicht in unmittelbarer Fühlung mit deutschen oder kroatischen Verbänden« stünden[144]. In Baders Stab sah man hingegen vor allem die positiven Seiten des gegenwärtigen Arrangements. In einer 10-Tage-Meldung des Kommandierenden Generals vom 20. September hieß es sogar, die Cetniks hätten »im Zusammenwirken mit der deutschen Wehrmacht besseres geleistet als die kroatischen Wehrmachtteile«[145].

Weit mehr Sorgen als die Zusammenarbeit mit Ustaschas und Cetniks bereitete den deutschen Befehlshabern im Südosten jedoch das Verhältnis zum Bundesgenossen

140 KTB OKW, Bd. II.1, S. 333 (Eintrag vom 2.5.1942).
141 PA/AA, StS Kroatien, Bd. 3, Nr. 685 Kasche an Auswärtiges Amt (13.4.1942).
142 BA/MA, RH 26-118/25 Notiz über den Besuch des Regimentskommandeurs Inf.-Rgt. 737, Oberst v. Saldern, bei 718. Inf.-Div. (5.5.1942).
143 BA/MA, RL 21/218 Lagebericht des Kdr. Generals für die Zeit vom 11.–20.6.1942 (20.6.1942). Die erwähnten Kampfhandlungen im Raum Zavidovići–Zenica dürften sich im Verlauf des Unternehmens »Zenica« ereignet haben.
144 BA/MA, RH 20-12/149 Aktennotiz über Reise OB nach Belgrad und Agram vom 28.8.–1.9.42 (2.9.1942).
145 BA/MA RH 26-114/12 10-Tage-Meldung für die Zeit vom 11.9.–20.9.42 (20.9.1942).

und balkanischen Seniorpartner Italien. Hatte Glaise von Horstenau im vergangenen Oktober noch geglaubt, die Kroaten vor der ständig drohenden Vereinnahmung durch Rom bewahren zu müssen, gab er nach Abschluß der »Trio«-Operationen zu, die italienische Politik nicht mehr durchschauen zu können: *»Die Frage, was Italien mit dem jungen Staate will, kann hier niemand beantworten.«*[146] Der Grund für diese Ratlosigkeit war vor allem in den Schwankungen zu suchen, die die italienische Besatzungspolitik seit Beginn des Jahres zu verzeichnen gehabt hatte.

Hierbei muß vorausgeschickt werden, daß der vorangegangene, außerordentlich harte Winter der Führung der 2. Armee erstmalig die möglichen Kosten einer weitflächigen Besetzung ihres Einflußbereichs vor Augen geführt hatte. Einige der abgelegeneren Garnisonen (besonders in der Zone III) waren sowohl durch das Winterwetter als auch durch die Partisanen von der Außenwelt abgeschnitten worden und hatten sich auf die kostspielige Luftversorgung angewiesen gesehen[147]; mehrere Entsetzungsversuche waren nach verlustreichen Rückschlägen aufgegeben worden und konnten z. T. erst im Frühjahr erfolgreich durchgeführt werden[148]. Diese Rückschläge hatten zur Folge, daß bereits zur Jahreswende – keine vier Monate nach der erneuten Besetzung der Zone III – die Möglichkeit eines Teilrückzugs erwogen worden war. So richtete Ambrosio am 2. Januar 1942 ein Schreiben an Heeresgeneralstabschef Mario Roatta, in dem er von der Möglichkeit sprach, die 2. Armee auf die Gebirgskämme der Dinarischen Alpen zurückzuziehen; das weitere Verharren weiter nördlich müsse, weil es der einheimischen Bevölkerung ein Bild fortgesetzter italienischer Ohnmacht böte, als geradezu prestigeschädigend angesehen werden[149]. Roatta kam auf einer anschließenden Inspektionsreise zu ähnlichen Schlußfolgerungen, empfahl aber als Kompromißlösung zunächst eine stärkere Konzentrierung der gegenwärtig vorhandenen Standorte[150]. Verwirrend wurde es für den deutschen Bündnispartner allerdings anläßlich des Wechsels im Oberbefehl der 2. Armee am 19. Januar. Während Ambrosio kurz vor seiner Ablösung gegenüber einem deutschen Verbindungsoffizier von der Notwendigkeit sprach, am besten alle drei Zonen südlich der Demarkationslinie dem italienischen Staat anzuschließen[151], kündigte sein Nachfolger Roatta, auf dasselbe Thema angesprochen, eine weitgehende Entblößung des Landes an[152]. Hinter den Kulissen fanden Roatta und der seinerseits zum Generalstabschef des Heeres ernannte Ambrosio relativ schnell zu einem

---

146 BA/MA RH 31 III/3 Lagebericht über Kroatien, zweite Maihälfte 1942 (19.5.1942).
147 Odonne Talpo widmet der »*crisi invernale*« nicht weniger als 96 Seiten; Talpo, *Dalmazia II*, S. 13–63, 121–167.
148 So konnten beispielsweise die Garnisonen von Drvar und Bosanski Petrovac die Verbindungen zur Außenwelt erst am 8. April bzw. 5. Mai wiederherstellen; ebd., S. 63.
149 AUSSME, M 3/6 Comando 2a Armata allo Stato Maggiore Regio Esercito (2.1.1942).
150 AUSSME, M 3/6 Promemoria N. 76 per l'ecc. il capo di S. M. Generale (10.1.1942).
151 BA/MA, RH 19 XI/81 (Die Bekämpfung der Aufstandsbewegung im Südostraum, Teil I), S. 129 f.
152 Ebd., S. 146.

Konsens, der am 26. Februar endgültig abgesegnet wurde: Bei anhaltender Militär-präsenz in allen drei Zonen sollten die insgesamt 166 Standorte zunächst auf 63 reduziert werden[153]. Der Versuch des Kommandeurs des im herzegowinischen Raums dislozierten VI. AK, den ursprünglich von Ambrosio selbst propagierten Gedanken einer Evakuierung der Zone III wieder ins Gespräch zu bringen, wurde vom gewesenen Oberbefehlshaber der 2. Armee jetzt allerdings mit dem Hinweis auf die politischen Auswirkungen einer solchen Schwerpunktverlagerung zurückge-wiesen[154].

Das Bestreben Ambrosios und Roattas, dem Feind fortan eine möglichst geringe Angriffsfläche zu bieten, sollte sich in Zukunft als das bestimmende Element italie-nischer Strategie in Jugoslawien schlechthin erweisen. Langfristig sollte dieser Kurs durch eine immer größere Zurückhaltung bei der Partisanenbekämpfung, zuneh-mende Preisgabe wichtiger Stellungen und Bewaffnung so gut wie unkontrollierba-rer Cetnikgruppen zu einer immer schwereren Belastung des Achsenbündnisses führen; Anfang 1942 scheint die Führung der 2. Armee dabei aber durchaus noch in Übereinstimmung mit der politischen Führung in Rom gehandelt zu haben. So beschrieb der kroatische Zivilkommissar beim Stabe Roattas, Vrancic, gegenüber dem Deutschen General in Agram seine Eindrücke diesbezüglich folgendermaßen: *»Roatta sei lediglich bestrebt, mit möglichst geringen italienischen Blutopfern den Frieden in seiner Besetzungszone herzustellen und damit gegenüber seinen ›Konkurrenten‹ Dalmazzo und Ambrosio mit einem weit sichtbaren Erfolg aufwar-ten zu können.«*[155]

Bevor aber Roattas neue Politik sich auswirken konnte, folgten die Besprechungen von Abbazia und Laibach und die hiermit verbundene Kontroverse um eine weitere Ausdehnung der italienischen Besatzungszone. Diese erneute Wende dürfte im wesentlichen auf zwei Faktoren zurückzuführen gewesen sein. Zum einen darauf, daß Cavallero Ostbosnien zur Chefsache erklärt und Roattas Einfluß weitgehend ausgeschaltet hatte[156], zum anderen, daß sowohl die Erfolgschancen einer einmaligen deutsch-italienischen Großoperation[157] als auch die Möglichkeiten, die sich durch ein Abkommen mit der Dangić-Gruppe abzeichneten[158], weit überschätzt worden waren. Zugleich war mit dieser Initiative aber auch schon der Zenith italienischer Expansionsbestrebungen im ehemaligen Jugoslawien erreicht. Sowie das Scheitern des Griffs über die Demarkationslinie offenkundig geworden war, richtete Ambrosio

---

153 AUSSME, M 3/86 Cdo. 2a Armata allo Stato Maggiore Regio Esercito (11.2.1942).
154 AUSSME, DS 2077 Stato Maggiore Regio Esercito al Cdo. della 2a Armata (8.2.1942).
155 BA/MA, RH 31 III/2 Der Deutsche General in Agram an das OKW (6.4.1942).
156 Neben den Tagebucheintragungen Cavalleros sprechen vor allem Ambrosios Anwesenheit in Abazzia (wo von deutscher Seite kein Generalstabschef des Herres teilnahm) und seine Bewertung der Besprechungsergebnisse für diese Erklärung.
157 AUSSME, M 3/86 Stato Maggiore Regio Esercito al Cdo. della 2a Armata (13.2.1942).
158 In diesem Sinne auch die Interpretation von Milazzo, *Chetnik Movement*, S. 72 f.

ein Schreiben an den Chef des Comando Supremo, Ugo Cavallero, in dem er sich angesichts der deutschen Blockadepolitik dafür aussprach, die Besetzung der Zonen II und III endgültig aufzugeben und alle Ressourcen auf die Verteidigung der annektierten Gebiete zu konzentrieren[159]. Einerseits schien sich hiermit Cianos Prognose vom Dezember zu erfüllen, andererseits konnte Roatta jetzt mit dauerhafter politischer Rückendeckung für seinen neuen Kurs rechnen. In diesem Zusammenhang stellt sich natürlich die Frage, wie ernst es dem Oberbefehlshaber der 2. Armee im März mit der Verschiebung der Demarkationslinie und der Besetzung Sarajevos überhaupt gewesen war. Die Offenheit und scheinbar auch Vehemenz, mit der er gegenüber Bader und Kuntze ein Ausgreifen der 2. Armee über die Demarkationslinie verfochten hatte[160], ließen ihn fortan als den profiliertesten Repräsentanten einer italienischen Kroatienpolitik erscheinen, die im neuen Bundesgenossen jenseits der Adria vor allem ein Hindernis für die eigenen Expansionsbestrebungen erblickte. In zumindest teilweisem Gegensatz zu dieser Politik standen allerdings seine bis auf den Februar zurückgehenden Planungen für eine engere Zusammenfassung bereits existierender Garnisonen. Wenn man von der Möglichkeit absieht, daß auch Roatta die sich durch einen Pakt mit Dangić bietenden Chancen weit überschätzt haben könnte, muß man sich auch der Möglichkeit zuwenden, daß er eine Besetzung Ostbosniens weder für realisierbar noch wünschenswert hielt, auf dieser Forderung aus taktischen Gründen aber selbst dann noch bestand, als der günstigste Zeitpunkt für ihre Umsetzung längst verstrichen war. Die Möglichkeit einer italienischen Besetzung Sarajevos könnte daher von ihm in erster Linie als Verhandlungsmasse angesehen worden sein, die ihm vor allem bei der Durchsetzung anderer Forderungen (insbesondere bei der Cetnikfrage) zugute kam.

Alles in allem hatte sich deutschen Soldaten und Diplomaten im Laufe von »Trio« das Grundproblem ihrer Besatzungspolitik in Kroatien in bis jetzt noch nicht gekannter Deutlichkeit offenbart: Die kroatische Regierung empfand die italienische Besatzung in erster Linie als eine Bedrohung, die nur geringfügig hinter der der Partisanen rangierte; die italienische Politik schwankte unentschlossen zwischen Expansion und Rückzug und war zudem im Begriff, durch die Unterstützung des nationalserbischen Elements einen zusätzlichen Unruhefaktor zu schaffen; und schließlich war die schwache deutsche Präsenz im Norden des Landes faktisch zur letzten Barriere geworden, die zwischen dem NDH-Staat und seiner Auslöschung stand – sei es durch die Aufständischen, sei es durch die Italiener. Wenn man zudem bedenkt, daß das unmittelbare Interesse des Deutschen Reiches am neuen Staat

---

159 Ambrosio an Cavallero (25.4.1942), zit. bei Talpo, *Dalmazia II*, S. 82.
160 So in der (nach deutscher Darstellung) hitzig geführten Besprechung, die er am 21. April in Mostar mit Bader hatte; BA/MA, RH 19 XI/81 (Die Bekämpfung der Aufstandsbewegung im Südostraum, Teil I), S. 198.

primär dem reibungslosen Funktionieren einiger weniger Wirtschaftsobjekte und Verkehrswege galt, nimmt es nicht wunder, daß auch die Möglichkeit einer italienischen Totalbesetzung gelegentlich wieder Erwähnung fand. Auf einer Besprechung am 6. Mai in Sarajevo brachte der deutsche Militärbeauftragte in Agram dieses Problem in besonders drastischer Weise zur Sprache. Noch ganz unter dem Eindruck des italienischen Versuchs, die Demarkationslinie nach Norden zu verschieben, meinte Edmund Glaise von Horstenau: »*Wenn wir keine dauernden Interessen haben, sind hier deutsche Soldaten eine Negertruppe für Italien. Die 8 wehrwirtschaftlichen Betriebe könnten die Italiener in Ordnung halten.*«[161] Die Ereignisse der folgenden Wochen sollten den Wert dieser Aussage allerdings bald erheblich relativieren.

4.3. Die politische Krise der Partisanenbewegung

Obwohl der zweite Versuch deutsch-italienischer Zusammenarbeit auf dem Gebiet des NDH-Staates neben bescheidenen militärischen Ergebnissen vor allem politische Friktionen zwischen den Achsenpartnern erbracht hatte, muß der Mai 1942 trotzdem als Krisenmonat der Partisanenbewegung angesehen werden. Dies allerdings weniger als eine Folge der deutsch-italienischen Operationen, als vielmehr der letzten Ereignisse im serbischen Bürgerkrieg. Mitte April hatte es noch so ausgesehen, als ob Titos Verbände unmittelbar vor einem entscheidenden Durchbruch stehen würden. Nicht nur, daß das nationale Serbentum in Bosnien mit Dangić seine einzige Führungspersönlichkeit von Rang verloren hatte, seine Gefolgsleute waren außerdem noch zu einem großen Teil zu den Partisanen übergelaufen. Die Zukunftspläne, die in diesen Tagen im Obersten Stab in Foča geschmiedet wurden, sahen für die nahe Zukunft sogar eine Verbindung des befreiten Gebietes im montenegrinisch-ostbosnischen Raum mit den kommunistisch beherrschten Regionen in Westbosnien vor[162]. Die einzigen Serben, die sich in dieser Lage dem scheinbar allmächtigen kommunistischen Führungsanspruch noch zu entziehen suchten, waren paradoxerweise die meisten Mitglieder der im Ozren-Gebirge dislozierten Partisanenabteilung. Ihre Gehorsamsverweigerung beschränkte sich jedoch nur auf den politischen Bereich – in militärischer Hinsicht waren sie nach wie vor bereit, den Weisungen des Obersten Stabes Folge zu leisten[163]. In Anbetracht der Bemühungen der Partisanen, über die im Januar gegründeten »Freiwilligenabteilungen« möglichst viele unpolitische

---

161 BA/MA, RW 40/26 Protokoll der Besprechung am 6.5.42, 9.00–11.15 h in Sarajevo (10.5.1942).
162 Military History Institute, S. 290–293 Tito an den Hauptstab Kroatien (7.4.1942).
163 Karchmar, *Draža Mihailović*, S. 502.

Rekruten anzuwerben[164], hätte die Lage am Ozren theoretisch auch als Chance begriffen werden können, den volksfrontähnlichen Charakter der Partisanenbewegung hervorzuheben. Statt dessen wurde eine ausgewählte Truppe unter Führung des Chefs des Hauptstabes Bosnien-Herzegowina, Vukmanović-Tempo, mit der Aufgabe betraut, die abtrünnige Einheit zu disziplinieren. Dieser mit ungenügenden Kräften durchgeführte Versuch endete freilich in einem Debakel und der überstürzten Flucht Tempos und seiner Leute[165]. Bis auf wenige Linientreue, die sich der Absetzbewegung anschlossen, war die Ozren-Abteilung durch diese Ereignisse für die Sache der Partisanen endgültig verloren. Weitere Rückschläge ergaben sich als Folge der Offensiven gegen Rogatica (»Trio I«) und Foča (»Trio II«). Zunächst fielen die Freiwilligenabteilungen bei dieser ersten Belastungsprobe der fast völligen Auflösung anheim: Nach wenigen Gefechtsberührungen waren die meisten ihrer Mitglieder entweder in ihre Heimatdörfer desertiert oder zu nichtkommunistischen Abteilungen übergelaufen[166]. Aber auch eine Großzahl regulärer »odreds« wurde von einer Serie von »coups« erschüttert und reihte sich in den ersten Maitagen beim nationalserbischen Bürgerkriegsgegner ein. Selbst die einstige Partisanenhochburg in der Romanija ging auf diese Weise verloren[167]. Daß bis Mitte Mai der bewaffnete Arm der KPJ durch die Offensive der Achsenmächte aus fast ganz Ostbosnien vertrieben worden war, wog weit weniger schwer, als daß durch die politischen Ereignisse der letzten Wochen die Möglichkeit zur Rückkehr und Neugruppierung vereitelt worden war.

Wären die Partisanen noch in der Lage gewesen, sich auf ihre eigentliche Basis, den »Sowjetstaat«[168] in Montenegro, zurückzuziehen, hätten die Ereignisse in Ostbosnien noch als Rückschläge vorübergehenden Charakters abgetan werden können. In Anbetracht der handfesten Krise, die sich dort in den vergangenen Monaten zusammengebraut hatte, konnte in der zweiten Maihälfte 1942 von einer solchen Option aber nicht mehr die Rede sein. Vor dem Hintergrund der terroristischen Methoden, mit denen die KPJ in Montenegro und der angrenzenden Herzegowina ihren Führungsanspruch durchgesetzt hatte, hatte sich zu Jahresbeginn um die Berufsoffiziere Pavle Djurišić und Bajo Stanišić eine wachsende Widerstandsbewegung gebil-

---

164 Ebd., S. 486 f. Neben dem Verzicht auf kommunistische Embleme und politische Indoktrinierungsversuche zeichneten sich diese Formationen vor allem dadurch aus, daß in ihren Reihen keine politischen Kommissare anzutreffen waren.

165 Ebd., S. 502 f.

166 Ebd., S. 504. Ferner Dedijer, *War Diaries I*, S. 148, 155 u. 156 (Einträge vom 5.5., 8.5. und 9.5.1942).

167 Karchmar, *Draža Mihailović*, S. 504 f.

168 So die vom Deutschen General in Agram geprägte Bezeichnung; BA/MA, RH 31 III/3 Lagebericht über Kroatien, zweite Maihälfte 1942 (19.5.1942). Vgl. auch Djilas, *Wartime*, S. 146, wo die Bedeutung Montenegros als wichtigste Basis der KPJ während dieses Zeitraums hervorgehoben wird.

det[169]. Unabhängig voneinander hatte der erste in Nord-, der zweite in Zentralmonte-negro damit begonnen, Teile der bis jetzt homogenen Widerstandsfront um sich zu sammeln und gegen die Kommunisten in den Kampf zu führen. Auf erste militäri-sche Erfolge, wie der Einnahme des kommunistischen Stützpunktes in Kolasin (23. Februar 1942), folgte die Kontaktaufnahme mit der italienischen Besatzungsmacht; ausgehend von einem ersten Stillhalteabkommen (27. Februar), kam es im März zu Vereinbarungen mit beiden Cetnikführern, die sowohl die Versorgung ihrer Truppe als auch die Abgrenzung der jeweiligen Einflußzonen regelten[170]. Im April folgte dann die politische Einigung zwischen Djurišić und Stanišić: Darin kamen die bei-den Offiziere überein, sich gemeinsam dem nominellen Oberbefehl des Generals und ehemaligen Provinzgouverneurs Blažo Djukanović zu unterstellen; die für die Kommunisten an sich naheliegende Hoffnung, daß ihre Gegner schon beim Aufbau einer gemeinsamen politischen Front scheitern würden, war somit zerstoben[171]. Die Kämpfe der folgenden Wochen waren in ihrer Gesamtheit nicht nur in militärischer Hinsicht ein großer Erfolg für die antikommunistische Partei; wie zur gleichen Zeit in Ostbosnien, kam es auch hier in der Führung zahlreicher kommunistischer »odreds« zu den »coups«, die der eigentliche Gradmesser für Erfolg oder Mißerfolg im serbischen Bürgerkrieg jener Tage waren[172]. Als Tito nach der Räumung Focas (10. Mai 1942) sich nach Montenegro zurückzog, beschränkte sich das Rückzugs-gebiet, das er dort noch vorfand[173], im wesentlichen auf den von den Flüssen Piva und Tara begrenzten Nordwesten des Landes. Auf den vergeblichen Versuch, mit einem Vorstoß auf Kolasin (16. Mai) das Kriegsglück noch einmal zu wenden, folg-te ein Zangenangriff auf das verbliebene Gebiet von Norden (Djurišić) und Süden (Stanišić)[174]. Ein Ausdruck der Siegesgewißheit der Nationalmontenegriner mag darin gesehen werden, daß gegen Ende des Monats Draža Mihailović bei ihnen ein-traf, um der Schlußphase der Offensive beizuwohnen.

Seine politische Krönung sollte dieser Feldzug nach Vertreibung der Partisanen in einem Abkommen erfahren, welches am 24. Juli zwischen Gouverneur Pirzio-Biroli und – stellvertretend für die antikommunistischen Kräfte des Landes – Djukanović abgeschlossen wurde. Dieses legte die Grenzen dreier Einflußbereiche fest, inner-halb derer die neuen montenegrinischen Bundesgenossen (die Großserben Pavle Djurišić und Bajo Stanišić sowie der Separatist Krsto Popovic)[175] weitgehend auto-

---

169 Karchmar, *Draža Mihailović*, 398–400.
170 Ebd., S. 401 f.
171 Ebd.
172 Ebd., S. 403.
173 Die Stellung in der östlichen Herzegowina war Mitte Mai schon weitgehend zusammengebrochen; Karchmar, *Draža Mihailović*, S. 457.
174 Ebd., S. 404 f. Außerdem Djilas, *Wartime*, S. 170–172.
175 Djurišić bekam den Norden (ausschließlich des Sandžak), Stanišić die Mitte und Popovic den Küstenbereich zugeteilt. Siehe auch die bei Karchmar, *Draža Mihailović*, S. 458 abgedruckte Karte.

nom regieren konnten. Darüber hinaus wurden jedem von ihnen eine 1.500 Mann starke, italienisch besoldete Streitmacht zugebilligt; die Aufstellung zusätzlicher Verbände wurde von der Besatzungsmacht zwar registriert, aber nie unterbunden[176]. Auch die Kontrolle der Italiener über den neu eingesetzten »Nationalrat« sowie ihre Weisungsbefugnis über die neugeschaffenen bewaffneten Verbände scheint im wesentlichen nur auf dem Papier bestanden zu haben[177]. Weniger das Ausmaß dieser Konzessionen als die Tatsache, daß sie in einem regelrechten Staatsvertrag schriftlich festgehalten wurden, hat den Historiker Stephen Clissold von einem regelrechten italienisch-montenegrinischen »Kondominium«[178] sprechen lassen. Obwohl diesem Experiment mittelfristig ein gewisser Erfolg nicht abgesprochen werden konnte, sollte es schon bald den Argwohn des deutschen Achsenpartners erwecken[179].

Für die im Grenzgebiet zur Herzegowina zusammengedrängte Kerntruppe Titos stellte sich Anfang Juni die Frage, welche Region in Zukunft ihr »befreites Gebiet« beherbergen sollte[180]. Obwohl rein zahlenmäßig selbst eine Rückkehr nach Montenegro im Bereich des Möglichen zu liegen schien[181], ließen vor allem der Mangel an Munition und Nahrungsmitteln ein Ausweichen in eine Region ratsam erscheinen, wo zumindest mittelfristig mit einem geringeren Feinddruck zu rechnen sein würde. Allein schon diese Erwägung schloß die (politisch an sich erstrebenswerte) Möglichkeit einer Rückkehr nach Serbien aus und machte ein Verbleiben südlich der Demarkationslinie im Grunde genommen unvermeidbar[182]. Innerhalb dieses

---

176 Ebd., S. 408 f.
177 So zumindest die Einschätzung von Lucien Karchmar; vgl. ebd.
178 Stephen Clissold, *Whirlwind: An Account of Marshal Tito's rise to Power* (London 1949), S. 83.
179 Geradezu exemplarisch BA/MA, RH 19 XI/7 Abwehrstelle Kroatien, Bericht über die Lage in Montenegro unter besonderer Berücksichtigung von Landemöglichkeiten und seiner Eignung als Aufstandszentrum (26.3.1943).
180 Inwiefern die Vertreibung der Partisanen aus Montenegro und der östlichen Herzegowina im Frühjahr 1942 eher den Cetniks oder den gleichzeitig durchgeführten Operationen der italienischen Besatzungstruppen zuzuschreiben ist, ist ein in Memoiren- und Forschungsliteratur heftig umstrittenes Thema. Während Karchmar, *Draža Mihailović*, S. 405 den italienischen Beitrag als geringfügig bezeichnet, ist Milazzo, *Chetnik movement*, S. 47 der Ansicht, die Rolle der Cetniks sei »obskur« gewesen. Djilas, *Wartime*, S. 146, 182 f. weist den Italienern zwar die Hauptrolle zu, betont aber, daß ihre militärischen Erfolge nur aufgrund der Wende im serbischen Bürgerkrieg von Dauer waren. In einer Besprechung, die die Partisanenführung am 11. Juni abhielt, wurde die Niederlage in Serbien militärischen, die in Montenegro und der Herzegowina primär politischen Gründen zugeschrieben; vgl. Dedijer, *War diaries I*, S. 196 (Eintrag vom 11.6.1942). Scotti/Viazzi II, S. 289–483 bieten zwar eine ausführliche Schilderung der Kampfhandlungen, lassen sich aber nicht auf eine abschließende Analyse ein. Ein deutscher Versuch, sich über eben diese Fragen Klarheit zu verschaffen, wurde Anfang Juni vom Comando Supremo abgeblockt; vgl. BA/MA, RH 20-12/147 Wehrmachtbefehlshaber Südost an den Deutschen General in Rom (5.6.1942).
181 So zumindest die Einschätzung von Djilas, *Wartime*, S. 182 f.
182 Nach Dedijer war es die größere militärische Schlagkraft der in Serbien anzutreffenden Feindkräfte, die den Ausschlag gegen die serbische Option gab. Dedijer, *War diaries I*, S. 213, 219 (Einträge vom 20.6 und 23.6.1942).

Gebietes mußte wiederum das serbisch besiedelte Westbosnien als die naheliegendste Option erscheinen. Zum einen, weil die örtlichen Partisanenverbände im
Bürgerkrieg gegen die örtlichen Antikommunisten nach wie vor die Oberhand hatten, zum anderen, weil durch den beginnenden Rückzug der 2. Armee aus dieser
Region (Sanski Most am 13. März, Varkar Vakuf am 27. April, Kljuc am 12. Mai)
hier ein unerwartetes Machtvakuum im Entstehen begriffen war[183]. Als Tito Ende
Mai/Anfang Juni in Vorbereitung des Marsches nach Westen die ihm verbliebenen
»odreds« zu vier weiteren Proletarischen Brigaden formierte[184], trat deutlich zutage,
daß die vorläufige Niederlage im Bürgerkrieg auch eine Klärung der Fronten
bewirkt hatte: Die Verbände, die Tito jetzt noch geblieben waren, konnten, obwohl
zahlenmäßig klein (ca. 5.000 Mann), als politisch absolut zuverlässig und gegenüber
Unterwanderungsversuchen durch den Bürgerkriegsgegner als weitgehend resistent
angesehen werden. Diese Entwicklung war auch für die deutschen Besatzer, die in
ihrem ersten Jahr in Jugoslawien oft ihre liebe Not damit gehabt hatten, nominelle
»Partisanen« von nominellen »Cetniks« zu unterscheiden, von großer Bedeutung.
Der Propagandareferent der deutschen Botschaft in Agram, Dr. Robert Katschinka,
brachte diese auf einer Bosnienreise gemachte Erfahrung auf den Punkt, als er am
23. Juni fast erleichtert konstatierte: »*Die Trennung zwischen Cetnici und Partisanen
erscheint überall nahezu restlos vollzogen.*«[185] Die Phase, in der der serbische
Bürgerkrieg sich hauptsächlich als eine Folge von »Coups« und »Gegencoups«
innerhalb der bewaffneten Abteilungen manifestierte, war hiermit zu ihrem
Abschluß gekommen.

4.4. Der Teilrückzug der 2. Armee

Nach dem für Italien in jeder Hinsicht unbefriedigenden Ausgang des Operationszyklus »Trio« zeichnete sich in Rom eine erneute Umorientierung der italienischen
Kroatienpolitik ab. Die Verstimmung über die deutsch-kroatische Blockadepolitik,

---

183 Talpo, *Dalmazia II*, S. 59–63. Die angegebenen Daten beziehen sich immer auf den Beginn der
  jeweiligen Evakuierungsoperation.
184 Die 1. Krajiska wurde am 21. Mai, die 3. Proletarische am 5. Juni, die 4. Proletarische am 10. Juni
  und die 5. Proletarische am 12. Juni aufgestellt; Francesco Fattuta, Cronache di guerriglia in
  Jugoslavia, Parte 2a. Gennaio – Giugno 1942; in: Stato Maggiore dell'esercito. Ufficio Storico
  (Hrsg.), *Studi Storico-militari* 1993 (Rom 1996), S. 301 f.
185 PA/AA, Nachlaß Kasche 6.2. Bericht für den Herrn Gesandten. Betr.: Fahrt durch Bosnien mit
  deutschen Journalisten (23.6.1942), S. 3.

die Bedürfnisse anderer Fronten[186] sowie die kritische Lageentwicklung in den annektierten Gebieten in Dalmatien[187] und Slowenien[188] ließen es geraten erscheinen, die von Roatta im Februar vorgelegten Umgruppierungspläne nun einer beschleunigten Umsetzung zuzuführen und dabei auch vor einer weitgehenden Aufgabe der Zone III nicht zurückzuschrecken. Da sich ausgerechnet in diesen Tagen die Forderungen von kroatischer Seite nach einer spürbaren Truppenreduzierung wieder einmal häuften[189], bot diese Maßnahme zudem die unverhoffte Gelegenheit, in Agram außenpolitische Pluspunkte zu sammeln. Vor diesem Hintergrund ist auch die am 9. Mai verfügte Verkürzung des Befehlsweges zwischen der 2. Armee und Rom zu sehen: Der in Kroatien dislozierte Großverband erhielt die Bezeichnung »Comando Superiore delle Forze Armate Slovenia-Dalmazia« (kurz: Supersloda) und unterstand in Zukunft nicht mehr dem Generalstab des Heeres, sondern unmittelbar dem Comando Supremo; hierbei ist die Vermutung nicht von der Hand zu weisen, daß es Cavallero bei dieser Umstrukturierung vor allem darum ging, seinem Rivalen Roatta bei der Umsetzung der neuen Politik nicht zu viel eigenen Spielraum zu lassen[190]. Dergestalt abgesichert, bestellte Cavallero seinen Untergebenen nach Rom und erteilte ihm am 18. Mai die Weisung, zur Freimachung zweier Divisionen seine Kräfte in Jugoslawien enger zusammenzufassen; drei Wochen nach dem versuchten Griff über die Demarkationslinie vollzog die italienische Kroatienpolitik somit eine erneute 180-Grad-Wende[191].

Eine erste Vorankündigung des anstehenden Kurswechsels hatten die Kroaten bereits am 13. Mai erhalten, als Außenminister Ciano im Gespräch mit dem kroatischen Finanzminister Kosak die Möglichkeit andeutete, die 2. Armee vollständig

---

186 Nachdem Hitler Anfang Dezember 1941 schließlich Mussolinis Drängen auf eine stärkere Beteiligung an der Ostfront nachgegeben hatte, wurden dem dort dislozierten Korps (vier Divisionen) noch zwei weitere Generalkommandos (zu je drei Divisionen) zugeführt. Vgl. hierzu ADAP, Serie E, Bd. I, S. 93 f. Fernschreiben des Deutschen Generals im Hauptquartier der italienischen Wehrmacht von Rintelen (22.12.1941); ausführlicher hierzu Horst Boog u.a., *Der Angriff auf die Sowjetunion* [= Das Deutsche Reich und der Zweite Weltkrieg, Bd. 4] (Stuttgart 1983), S. 900.

187 Die wachsende Zahl von Anschlägen und Hinterhalten, die auch in den annektierten Gebieten (Zone I) zu beklagen war, hatten vor dem Hintergrund einer schon länger andauernden Diskussion über das Verhältnis von ziviler und militärischer Gewalt zu einer erbitterten Kontroverse zwischen Gouverneur Giuseppe Bastianini und dem Kommandeur des XVIII. AK., Quirino Armelini, geführt. In geradezu erschöpfender Ausführlichkeit hierzu Talpo, *Dalmazia II*, S. 211–376.

188 In Slowenien hatte das Umgreifen der von weiten Bevölkerungskreisen getragenen Rebellion im Mai 1942 ein Stadium erreicht, in dem die italienischen Besatzern selbst die Kontrolle über das Stadtgebiet von Laibach zu entgleiten drohte; Ciano, *Diario*, S. 621 (Eintrag vom 18.5.1942).

189 Talpo, *Dalmazia II*, S. 1304–1306.

190 Ciano, *Diario*, S. 582 (Eintrag vom 22.1.1942).

191 Talpo, *Dalmazia II*, S. 1306. Zur Besprechung, die dieser Weisung vorausging, vgl. Antonello Biagini, Fernando Frattolillo, Silvio Saccarelli (Hrsg.), *Verbali delle reunioni tenute dal capo di SM Generale, Vol. III* (Rom 1985), S. 487 f.

abzuziehen und durch zwei Divisionen der »Schwarzhemden« zu ersetzen[192]. Diese völlig unrealistische Ankündigung dürfte, sofern sie nicht als reine Unmutsäußerung zu werten ist, mit ziemlicher Sicherheit dem Zweck gedient haben, den Kroaten eine gegenüber dem gegenwärtigen Zustand nicht minder inakzeptable Alternative samt den sich daraus ergebenden Konsequenzen (Fortbestand der anhaltenden Entmündigung im ersten, weitgehender Zusammenbruch der öffentlichen Ordnung im zweiten Fall) vor Augen zu führen. Es ist nicht auszuschließen, daß Ciano hoffte, auf diese Weise dem geplanten Teilabzug aus dem größten Teil der Zone III eine um so größere Akzeptanz zu verschaffen.

Während der folgenden Monatswende begann die italienische Rückzugsbewegung allmählich einen systematischen Charakter anzunehmen. Wo die ersten Evakuierungen der vorherigen Wochen noch primär taktischen Erwägungen entsprungen waren, wurde Roattas Plan nun im großen Umfang in die Tat umgesetzt: Auf die Evakuierung von Bosanski Petrovac (25. Mai) folgten im kurzen Zeitabstand die von Drvar (30. Mai), Prozor (1. Juni) und Glamoč (1. Juni)[193]. Die anschließende Umgruppierung ermöglichte die Verlegung zweier Divisionen (»Perugia« und »Taurinense«) nach Montenegro, wo sie ihrerseits zwei weitere Großverbände (»Taro« und »Pusteria«) für Aufgaben im Heimatbereich freimachten[194]. Problematischer stellte sich die Lage in bezug auf die weitere Dislozierung und Verwendung der verbliebenen, zahlenmäßig immer noch sehr starken[195] Verbände dar.

So war der Befehlshaber des XVIII. Korps, General Qurino Armelini, entgegen der ursprünglichen Begründung, die vorsah, durch diese Verschiebungen eine »mobile Reserve« zu gewinnen, bestrebt, dem offensichtlich defensiven Charakter der Truppenverschiebung auch gebührend Rechnung zu tragen. In einer Denkschrift vom 29. Mai trat er für eine rein defensive Besatzungspolitik ein, die mittelfristig nur die Behauptung des annektierten Gebietes sowie von Teilen der Zone II zum Ziel haben sollte[196]. Armellinis Gegenüber beim VI. Korps, General Renzo Dalmazzo, vertrat dagegen das Konzept einer aktiven Vorneverteidigung. Obwohl er zu Beginn des Jahres selber noch für eine Evakuierung plädiert hatte[197], schien die als Folge der

---

192 So zumindest die von Kosak weitergegebene Version des Gesprächs; PA/AA, StS Kroatien, Bd. 3, 685 Kasche an Auswärtiges Amt (13.5.1942). In einer »Notiz für den Duce«, die Ciano am 15. Mai anfertigte, heißt es hingegen, der Vorschlag, die Besatzungsaufgaben an die »Schwarzhemden«-Verbände zu übergeben, sei von Kosak ausgegangen; Talpo, *Dalmazia II*, S. 508–510.

193 Ebd., S. 1307 f.

194 Siehe die Aufstellung in AUSSME, fondo Diari Storici, busta 2189. Vgl. auch Pier Paolo Battistelli, *Comandi e divisioni del Regio Esercito italiano, 10 giugno 1940-8 settembre 1943* (unveröffentl. Manuskript, 1995), S. 40 f. u. 147 f.

195 So zählte die 2. Armee am 1. August 1942 noch genau 242.083 Mann; vgl. AUSSME, fondo Diari Storici, busta 2189.

196 Talpo, *Dalmazia II*, S. 1308. Vgl. auch Armelinis Memo vom 1. Juli in ebd., S. 364–369.

197 Siehe Kapitel 4.2.

nationalserbischen Waffenerfolge im Bürgerkrieg eingetretene Beruhigung seines Befehlsbereichs ihn zwischenzeitlich von der Möglichkeit einer anhaltenden italienischen Truppenpräsenz überzeugt zu haben. Nun prognostizierte er in einem Fernschreiben an Roatta für den Fall eines Rückzugs den Abfall kollaborationswilliger Cetniks, die Rückkehr der Ustascha sowie ein Wiedererstarken der Partisanen[198]. Ein konkretes Echo auf diese weitsichtige Prognose blieb jedoch aus. Ein etwas schwerer zu ergründendes und vielleicht deshalb von Dalmazzo auch nicht angesprochenes Problem lag in der möglichen Reaktion des deutschen Bundesgenossen. Hier ist es bezeichnend für den Tiefpunkt, den die deutsch-italienischen Beziehungen mit »Trio« erreicht hatten, daß Glaise und Kasche in den ersten drei Wochen der italienischen Rückzugsbewegung ausschließlich auf Informationen von kroatischer Seite angewiesen waren. Bemerkenswerterweise scheinen die in Agram und Rom akkreditierten Diplomaten die Quintessenz dessen, was sich in der Zone III tat, sehr viel schneller erfaßt zu haben als der Wehrmachtbefehlshaber Südost oder gar der Deutsche General in Agram. So unterrichtete Kasche erstmalig am 30. Mai[199] und dann, sehr viel detaillierter, am 10. Juni[200] das Auswärtige Amt über die laufenden Rückzugsbewegungen. Sein Kollege in Rom, von Mackensen, erkannte bereits am 9. Juni[201], daß die italienische Regierung dazu übergegangen war, die Besatzungspolitik nach rein militärischen Gesichtspunkten neu zu ordnen.

Demgegenüber scheinen die Vertreter der deutschen Wehrmachtführung bis Mitte Juni in völliger Unkenntnis der neuen Sachlage gewesen zu sein. Glaise von Horstenau hatte seit seinem Temperamentsausbruch vom Vormonat wieder ganz zu seiner kroatophilen Linie zurückgefunden und wies in einem Privatbrief, den er am 12. Juni an Generalleutnant Walter Warlimont vom Wehrmachtführungsstab richtete, auf die jüngsten italienischen Expansionsbestrebungen in Richtung Sarajevo hin[202]. Diese seien schon deshalb zu fürchten, weil, so Glaise, »die Italiener sehr wahrscheinlich dort, wo sie ›demonstrativ‹ aufmarschieren, auch bleiben würden«. Daß diesen Ausführungen weniger eine italophobe Einstellung als eine völlige Unkenntnis der tatsächlichen Lage zugrunde lag, zeigte auch ein drei Tage später vorgelegter Lagebericht des Wehrmachtbefehlshabers Südost. Auch hier wurde der seit knapp drei Wochen laufende italienische Rückzug mit keiner Silbe erwähnt[203].

---

198 Dalmazzo an Supersloda (9.6.1942) in: Talpo, *Dalmazia II*, S. 515–517.
199 PA/AA, StS Kroatien, Bd. 3, 686 Kasche an Auswärtiges Amt (30.5.1942).
200 Ebd., Kasche an Auswärtiges Amt (10.6.1942).
201 ADAP, Serie E, Bd. II, S. 476–478 Von Mackensen an das Auswärtige Amt (9.6.1942).
202 BA/MA, RH 31 III/12 Glaise an Walter Warlimont (12.6.1942). Roatta hatte eine tätliche Auseinandersetzung zwischen Italienern und Kroaten in Sarajevo zum Anlaß genommen, eine militärische »Demonstration« vor der Stadt anzudrohen.
203 BA/MA, RH 20-12/147 Beurteilung der Lage im Bereich des W.-Bfh. Südost, Mitte Juni 1942 (15.6.1942).

Daß besagtes Papier durch die am selben Tag erfolgte offizielle Ankündigung Roattas über die Räumung der Zone III[204] auf der Stelle obsolet wurde, entbehrte nicht einer gewissen Komik und warf ein bezeichnendes Licht auf die Zusammenarbeit der Achsenpartner auf dem jugoslawischen Kriegsschauplatz. Im Laufe der folgenden Tage zeigte sich dann, daß es Roatta – ob nun mit oder ohne Absicht – wieder einmal gelungen war, seine deutschen und kroatischen Verbündeten völlig zu überrumpeln. Während die Kroaten über das zunehmende Tempo der Rückzugbewegung klagten[205], mußte der Wehrmachtbefehlshaber Südost erst einmal in Agram bei Glaise von Horstenau anfragen, wie denn die Zonen II und III überhaupt entstanden seien und entlang welcher Grenzen sie verlaufen würden[206]. Bei diesem Kenntnisstand nimmt es nicht wunder, daß eine erste deutsche Reaktion auf Roattas neuesten Schachzug erst nach einiger Zeit erfolgte. Unterdessen war am 19. Juni in Agram bereits die Unterzeichnung des italienisch-kroatischen Vertragswerks erfolgt, das die Modalitäten des Rückzugs und der Rückgabe eines Teils der zwischenzeitlich aufgehobenen Hoheitsrechte an die Kroaten zu regeln hatte[207]. Der militärischen Defensive zum Trotz, hatte Roatta zumindest in politischer Hinsicht das Gesetz des Handelns auf ganzer Linie behaupten können.

Kuntze hingegen war durch seinen Informationsrückstand derart ins Hintertreffen geraten, daß seine erste umfassende Stellungnahme erst am 2. Juli beim OKW einging[208]. Darin äußerte er ähnliche Bedenken wie drei Wochen zuvor Renzo Dalmazzo. Insbesondere fürchtete er angesichts der bekannten Unterlegenheit der nachrückenden kroatischen Streitkräfte gegenüber Nationalserben und Partisanen die Bildung eines »zusammenhängenden Unruheherdes«, der früher oder später auch auf die Gebiete nördlich der Demarkationslinie übergreifen würde. Besonders bedenklich schien ihm die Räumung der nördlichen Herzegowina, da dadurch die Transportwege für das im Raum Mostar geförderte Bauxit dem feindlichen Zugriff preisgegeben würden. Eine erneute Besetzung dieser Gebiete, so Kuntze abschließend, sei daher umgehend vom Comando Supremo zu fordern.

---

204 BA/MA, RH 20-12/147 Überblick über die Lage im Bereich des W.-Bfh. Südost (23.6.1942).

205 BA/MA, RH 31 III/2 Der Deutsche General in Agram an das OKW (18. und 21.6.1942). Die z. T. überstürzt erfolgte Räumung einiger Ortschaften ließ sowohl Kasche als auch Glaise von Horstenau argwöhnen, Roattas eigentliches Motiv liege in der von italienischer Seite betriebenen Destabilisierung des kroatischen Staates.

206 BA/MA, RH 20-12/146 Der Wehrmachtbefehlshaber Südost an den Deutschen General in Agram (19.6.1942).

207 Eine deutsche Übersetzung des Vertragswerks ist unter PA/AA, Nl. Kasche Paket 1, Pol. 3 Nr. 4 zu finden. Aus italienischer Perspektive Talpo, *Dalmazia II*, S. 424–431.

208 Abgedruckt in BA/MA, RH 19 XI/81 (Die Bekämpfung der Aufstandsbewegung im Südostraum, Teil I), S. 225. Kuntzes Stabschef Foertsch, der sich zum fraglichen Zeitpunkt gerade in Potsdam aufhielt, hatte die erste provisorische Stellungnahme des Wehrmachtbefehlshabers Südost dem OKW am 22. Juni vorgetragen. Zu diesem Zeitpunkt (eine Woche nach Roattas Ankündigung) verwechselte Kuntze die Zone II immer noch mit der Zone III, vgl. ebd. und BA/MA RH 20-12/146 Der Wehrmachtbefehlshaber Südost an Generalmajor Foertsch (22. und 23.6.1942).

Zu einer völlig anderen Einschätzung der Lage kam hingegen der Gesandte Kasche. Unter direkter Bezugnahme auf Kuntzes Schreiben vom 2. Juli trat er dessen Forderung nach einer erneuten Besetzung des Gebietes zwischen Mostar und Foča entschieden entgegen[209]. Zum einen gab er zu bedenken, daß der Raum um Goražde und Foča von der 2. Armee schon seit Dezember des Vorjahres dem Feind überlassen worden war, zum anderen vertrat er die Ansicht, daß *»italienische Truppen in diesem Gebiet nicht Sicherung, sondern Hervorrufen von Unruhen bewirken«* würden. Ungeachtet der teilweise zutreffenden Argumentation ist nicht zu übersehen, daß der Gesandte sich hierbei erneut von einer Fehleinschätzung des NDH-Staates im allgemeinen und der seiner bewaffneten Macht im besonderen leiten ließ, die ihn sehr bald in einen unversöhnlichen Gegensatz zu sämtlichen Militärbefehlshabern des Raumes führen sollte[210].

4.5. Sommerfeldzüge in Westbosnien und Nordkroatien

Noch vor Auflösung des Stabes seiner Kampfgruppe gab Bader am 23. Mai die ersten Befehle für die nächste Phase der Operationen in Bosnien aus. Diese hatten die Freikämpfung des westbosnischen Raums nördlich der Demarkationslinie sowie die endgültige Sicherung der wichtigen Erzbergwerke bei Prijedor zum Ziel[211]. Kernelement des neuen Feldzugplans war die gründliche Durchkämmung des dichtbewaldeten Kozaragebirges, das insbesondere seit der Wiederbesetzung der Zone III durch die 2. Armee das wichtigste Rückzugsgebiet der westbosnischen Partisanen darstellte. Die erste gegen die Kozara gerichtete »Säuberungsoperation« (November 1941) war in gleich mehrfacher Weise ein Schulbeispiel für eine in jeder Hinsicht kontraproduktive Form der Partisanenbekämpfung gewesen. Bedingt durch fehlende Kräfte und vor allem eine viel zu kurze Dauer des Unternehmens (zwei Tage) war die Durchkämmung auf einen Teil des Massivs beschränkt worden und mußte daher ein Teilerfolg bleiben[212]. Darüber hinaus hatten die Ausschreitungen der beteiligten Ustascha-Verbände eher für eine langfristige Beunruhigung als Befriedung der Region gesorgt[213]. Die Gründlichkeit, mit der Bader das nun im Anschluß an »Trio« durchzuführende Unternehmen plante, machte deutlich, daß die zweite Kozaraoperation mit der ersten lediglich das Zielgebiet gemeinsam haben würde: So wur-

209 PA/AA, StS Kroatien, Bd. 3, 686, Kasche an Auswärtiges Amt (4.7.1942).
210 Broucek, *General im Zwielicht*, S. 187 (Eintrag vom Februar 1943): *»Übrigens sind auch alle anderen Generale (neben Löhr; Anm. d. Verf.), Warlimont mit inbegriffen, auf Kasche böse.«*
211 BA/MA, RH 19 XI/81 (Die Bekämpfung der Aufstandsbewegung im Südostraum, Teil I), S. 216.
212 BA/MA, RH 24-65/7 Bericht über die Unternehmung in der Kozara am 25., 26.11.41 (1.12.1941).
213 BA/MA, RH 31 III/2 Lage in Kroatien Mitte Dezember 1941 (14.12.1941).

den zur Unterstützung aus der Luft und vom Wasser her ein deutsch-kroatischer Fliegerführer »Westbosnien« aufgestellt bzw. Teile der ungarischen Donauflottille angefordert[214]. Die kroatischen Streitkräfte würden anstelle der undisziplinierten Ustaschaverbände diesmal drei neu aufgestellte Gebirgsbrigaden ins Gefecht werfen, die im Urteil des Deutschen Generals in Agram die militärischen Hoffnungsträger einer neu zu bildenden Wehrmacht des NDH-Staates darstellten[215]. Für den Ablauf der in mehrere Phasen aufgeteilten Operation wurde nicht wie im Vorjahr mit Tagen, sondern mit mehreren Wochen gerechnet. Durch einen ganz bestimmten Aspekt hob sich »Kozara« jedoch nicht nur von der Vorläuferoperation, sondern von praktisch allen anderen, vergangenen wie zukünftigen, Großoperationen der deutschen Wehrmacht auf jugoslawischem Boden ab. Dieser lag in dem Versuch, die Region durch eine großangelegte Deportationsaktion als Rückzugsgebiet für die Partisanen auf Dauer uninteressant zu machen. Praktisch die gesamte im Kampfgebiet angetroffene Zivilbevölkerung sollte, sofern nicht »bandenverdächtig«, erfaßt und in andere Gebiete verbracht werden[216]. Die offensichtliche Schwachstelle dieser umfassenden Vorbereitungen lag in der Truppenstärke. Da Bader seit dem Abzug der 342. ID ohne operative Reserve war, das eben freigekämpfte Ostbosnien zu sichern hatte und außerdem eine Wiederaufnahme der Kooperation mit der 2. Armee nicht zur Debatte stand, schien ein Aufmarsch in Größenordnung der »Trio«-Operation zunächst völlig ausgeschlossen. Neben den drei erwähnten kroatischen Brigaden wies der Bestand der »Kampfgruppe Westbosnien« unter Generalmajor Friedrich Stahl bei Beginn der Operation (10. Juni 1942) daher nur drei deutsche Bataillone, ein Landesschützenbataillon sowie vier Batterien Artillerie auf. Selbst diese ausgesprochen bescheidene Gruppierung war nur dadurch zustande gekommen, daß Bader dem in Serbien dislozierten IR 721 (714. ID) zwei seiner Bataillone entzog und zur neugebildeten Kampfgruppe westlich der Drina abkommandierte[217].

Die erste Phase des Unternehmens, die einen konzentrischen Vorstoß von Westen und Osten auf Prijedor und Ljubija vorsah, diente sowohl der Freikämpfung des wichtigen Erzbergwerks als auch der Bildung einer südlichen Abriegelung des Zielgebiets. Sobald diese Linie eingenommen war, sollten die von Westen antretende 1. und 2. kroatische Gebirgsbrigade mit einer Durchkämmung der Kozara bis zur Linie Prijedor–Bosanska Dubica beginnen[218]. Obwohl die beiden auf Prijedor vorstoßenden Kampfgruppen sich bereits am 12. Juni die Hände reichen konnten, wurde die von ihnen aufgebaute Sperrlinie durch mehrere Angriffe der Einge-

---

214 BA/MA, RW 40/30 Der Kdr. Gen. an den Wehrmachtbefehlshaber Südost (20.6.1942).
215 BA/MA, RW 40/29 Lagebesprechung am 20.5.42 im Hauptquartier des W.B. Südost (21.5.1942).
216 Datum der Ausgabe und Urheberschaft dieses Befehls lassen sich anhand der KTBer des Kommandierenden Generals und Wehrmachtbefehlshabers Südost allerdings nicht rekonstruieren.
217 BA/MA, RH 19 XI/81 (Die Bekämpfung der Aufstandsbewegung im Südostraum, Teil I), S. 215.
218 Ebd., S. 217 f.

kesselten gleich in den ersten Tagen auf ihre Durchlässigkeit getestet: am 13. Juni etwa durch eine 1.500 Mann zählende Gruppe, die ihren Durchbruchsversuch erst nach Verlust von 200 Gefallenen aufgab[219]. Die am 14. Juni in Richtung Osten in Marsch gesetzten Gebirgsbrigaden erreichten zwar pünktlich am 19. Juni die vereinbarte Linie, wurden dort jedoch auf der Stelle in schwere Kämpfe verwickelt, die das Unternehmen während der nächsten Tage in eine schwere Krise stürzten. Die 2. Gebirgsbrigade mußte noch am selben Tag und erneut am 21. schwere Rückschläge hinnehmen; am 22. traf es dann auch die 1. Gebirgsbrigade. In einem deutschen Bericht ist in diesem Zusammenhang von »auseinanderbrechenden Fronten« und »panikartigem Zurückfluten« die Rede: Insgesamt waren bei den fraglichen Verbänden bis zum 25. Juni 235 Gefallene, 521 »Vermißte« sowie hohe Verluste an Gerät (darunter 68 Maschinengewehre) zu beklagen[220]. Obwohl die Lage durch das Einschieben deutscher Verbände bis zum 23. stabilisiert und die Absperrung wiederhergestellt werden konnte, war die erfolgreiche Durchführung von »Kozara« ernsthaft in Frage gestellt worden. So mußte, nachdem Stahl gemeldet hatte, daß den beiden angeschlagenen Brigaden keine weiteren Angriffsoperationen zuzutrauen wären, der Plan aufgegeben werden, den Kessel gleichzeitig von Süden und von Westen zu verengen[221]. Gleichzeitig rang Bader sich zum Zweck einer erfolgreichen Kriegführung in Bosnien zu einer bisher noch nicht dagewesenen Schwächung seiner Truppe in Serbien durch: Noch am 23. begann der Abtransport von vier Bataillonen und eines Regimentsstabes der 714. ID an die bosnische Front, wo sie die Kampfgruppe Borowski bildeten; das deutsche Kontingent der Kampfgruppe wurde somit auf einen Schlag mehr als verdoppelt[222]. Bis zum Eintreffen dieser Verstärkung (in den Tagen nach dem 26. Juni) hatte Stahl alle Hände voll zu tun, den gebildeten Kessel gegen Ausbruchsversuche von innen und Entsetzungsversuche von außen (primär aus der inzwischen freigegebenen Zone III) zu behaupten. Erst ab dem 28. begann die Südgruppe wieder mit einem schrittweisen Heranarbeiten an die Kämme der Kozara, um dann am 5. Juli wieder das konzentrische Vorgehen von Süden und Westen wiederaufzunehmen[223]. Die Nordabsperrung des nun täglich schrumpfenden Kessels wurde weiterhin durch die ungarischen Flußmonitore und

---

219 Ebd., S. 219.
220 Ebd., S. 221 f.
221 Ebd., S. 222 f. und RW 40/46 Zwischenbericht, Zeitraum 5.6.–4.7.42 (5.7.1942).
222 BA/MA, RH 19 XI/81 (Die Bekämpfung der Aufstandsbewegung im Südostraum, Teil I), S. 227. Die vom Wehrmachtbefehlshaber Südost wenig später vergeblich beim Reichsführer SS beantragte Freigabe zweier Bataillone der noch in der Aufstellung begriffenen SS-Division »Prinz Eugen«, scheint in keinem direkten operativen Zusammenhang mit der Kozaraoperation bzw. den sich unmittelbar anschließenden Unternehmungen gestanden zu haben. Vgl. schriftliche Mitteilung Herrn Ulrich von Fumettis (ehem. Adjutant des Wehrmachtbefehlshabers Südost) an den Verfasser Ende Juli 1998 sowie BA/MA, RW 40/31 KTB-Einträge vom 21.7., 23.7., 24.7., 25.7., 26.7. und 27.7.1942.
223 BA/MA, RH 19 XI/81 (Die Aufstandsbekämpfung im Südostraum, Teil I), S. 228–230.

Unternehmen KOZARA (10.6. bis 18.7.1942)

einen deutschen Panzerzug erheblich erleichtert, so daß am 14. Juli praktisch übergangslos die Durchkämmung des nördlich angrenzenden Vorgebirges der Prozara eingeleitet werden konnte. Nachdem auch dieser Abschnitt am 18. erfolgreich beendet worden war, führte die unter dem Befehl des Kommandeurs der 704. ID stehende Kampfgruppe Borowski noch eine »Nachsäuberung« der von der 1. und 2. kroatischen Gebirgsbrigade zwischen dem 14. und 19. Juni bereits durchstreiften Westkozara durch (23. Juli bis 3. August)[224]. Obwohl der bei »Kozara« erzielte Erfolg alle bisherigen auf dem Gebiet des NDH-Staates durchgeführten Operationen bei weitem in den Schatten stellte, sollte die dabei angewandte Deportationsmethode ein Unikum bleiben. Neben den Vorbehalten, diese Vorgehensweise in Gebieten anzuwenden, deren Bewohner nicht nachweislich eine dauerhafte und irreversible Verschmelzung mit den Aufständischen eingegangen waren[225], ließen die vom NDH-Staat geschaffenen Rahmenbedingungen eine Daueranwendung wenig ratsam erscheinen. So beklagte beispielsweise der in solchen Fragen sicherlich nicht überempfindliche Sicherheitsdienst (SD) der SS am 16. Juli, daß die kroatischen Behörden die durchgeführten Umsiedlungen dazu benutzt hatten, sich völlig unbescholtener, aber in materieller Hinsicht bedürftiger Personen (Alte, chronisch Kranke, Vollwaisen) zu entledigen[226]. Gleichermaßen entmutigend war die während der folgenden Wochen und Monate immer wieder gemachte Erfahrung, daß eine Wiederansiedlung der Verschleppten an einem anderen Ort angesichts der zunehmenden Auflösungserscheinungen der kroatischen Staatsgewalt ein langfristig wenig sinnvolles Unterfangen darstellte[227]. Schließlich und endlich dürfte auch die erwiesene fortgesetzte Benutzung der Kozara durch die Partisanen[228] dazu beigetragen haben, von einer Wiederholung abzusehen.

Für die Partisanenbewegung stellte der Ausgang der Kozaraoperation ohne Zweifel die schwerste Niederlage seit dem deutschen Vorstoß auf Užice vom vergangenen November dar. Die 2. Kraijna-Odred, die die Hauptlast der Kämpfe trug, hatte Ausfälle in Höhe von 50 % zu beklagen[229], wobei eine Errechnung der Gesamtverluste insofern schwierig ist, als die überlieferten deutschen Berichte keine genaue Aufschlüsselung der als »umfangreich« bezeichneten Beute an sichergestellten

---

224 Ebd., S. 234.
225 Dies war beispielsweise einer der Gründe, warum bei der nächsten Operation in der angrenzenden Samarica nicht nach denselben Methoden verfahren wurde; ebd., S. 237.
226 PA/AA, Inland II g, 1955 Der Chef der Sicherheitspolizei und des SD an Unterstaatssekretär Luther (16.7.1942).
227 BA/MA, RH 24-15/4 Feindlagebericht der Kampfgruppe Westbosnien (14.8.1942).
228 BA/MA, RH 26-114/13 Ic-Lagebericht des Kdr. Gen. vom 10.10.1942.
229 Fattuta, Cronache di guerriglia (Teil I), S. 516.

Waffen geben[230]. In der jugoslawischen Nachkriegsliteratur wird diese Niederlage nicht selten als Tragödie, die sich aufgrund ihres epischen Ausmaßes der Ursachenforschung entziehe, beschrieben[231]; nur gelegentlich finden sich Andeutungen zu etwaigen zu spät gegebenen Rückzugs- bzw. Durchbruchsbefehlen[232]. Wenn man berücksichtigt, daß die Verteidiger der Kozara, zu einem Zeitpunkt als Titos Marsch nach Westbosnien noch in seiner Anfangsphase steckte, erst drei und schließlich sieben deutsche Bataillone banden, liegt der Schluß natürlich nahe, daß der Oberste Stab ein begründetes Interesse am Andauern der Kesselschlacht im fernen Nordwestbosnien hatte. Inwiefern die Konzentration der Kampfgruppe Westbosnien bei Kozara Tito und seine vier Brigaden tatsächlich davor bewahrte, abgefangen und vernichtet zu werden, ist schwer zu sagen. Obwohl Bader schon am 3. Juli die ersten Meldungen über den »*Marsch der großen beweglichen Brigade*« nach Nordwesten erhielt[233], scheint ihm zumindest bis Mitte des Monats, soweit nachvollziehbar, die politische und militärische Tragweite dieser Kräfteverschiebung nicht wirklich bewußt geworden zu sein. Ferner gilt es zu berücksichtigen, daß die von Titos zwei Kolonnen gewählte Marschroute – entlang der Demarkationslinie bzw. südlich davon – in jedem Fall eine konzertierte deutsch-italienische Operation erfordert hätte, die sich in Anbetracht der Erfahrungen vom Frühjahr entweder gar nicht oder, falls doch, vermutlich zu spät ausgewirkt hätte.

Auf diese Weise bekam nur das in Südostbosnien dislozierte IR 738 (718. ID) Gelegenheit, sich Titos »langem Marsch« in den Weg zu stellen: Am 6. Juli geriet es mit der hart südlich an Sarajevo vorbeimarschierenden 4. Brigade ins Gefecht, und zwischen dem 27. und 29. Juli gelang ihm die weitgehende Vernichtung der Vorhut der 5. Brigade, die aus nicht nachvollziehbaren Gründen dieselbe Marschroute durch den Südrand der deutschen Besatzungszone gewählt hatte. In beiden Fällen ermöglichte die Nähe der Demarkationslinie den Partisanen jedoch ein schnelles und wir-

---

230 In einem Bericht vom 23. Juli bezifferte Gesandtschaftsrat Troll die Verluste der Partisanen mit 3.500 im Kampf gefallenen und 300 standrechtlich erschossenen; ferner wurden 9.000 Männer sowie 23.000 Frauen und Kinder teils zur Zwangsarbeit deportiert, teils umgesiedelt; PA/AA, Inland II g 401, 2818. Heeresarchivrat Ernst Wißhaupt nennt in seiner Geschichte der Aufstandsbekämpfung im Südostraum für den Zeitraum vom 24. Juni bis 23. Juli die Zahl von 6.589 im Kampf gefallenen, 777 »zur Sühne« erschossenen und 15.490 Gefangenen (= Deportierten); vgl. BA/MA, RH 19 XI/81 (Die Bekämpfung der Aufstandsbewegung im Südostraum, Teil I), S. 230–232. Wißhaupts Angabe zu den Gefallenen ist möglicherweise zu hoch gegriffen; in seinem zweiten Zwischenbericht gibt Stahl für die Zeit vom 5. Juni bis 31. Juli 4.310 »Tote« an. Obwohl seine Zählung früher als die von Wißhaupt einsetzt, muß berücksichtigt werden, daß in den ersten zehn Tagen der Operation Verluste wie Erfolge gering waren; BA/MA, RW 40/46 Zwischenbericht Nr. 2, 5.7.–4.8 (6.8.1942).
231 Donlagic/Atanackovic/Plenca, *Jugoslawien im Zweiten Weltkrieg*, S. 95 f.; Djilas, *Wartime*, S. 206 f.
232 Ebd.
233 BA/MA, RH 26-118/12 KTB-Eintrag vom 3.7.1942.

kungsvolles Absetzmanöver[234]. Die Eroberung Livnos (7. August 1942) war für Titos Truppe dann Ende und Neubeginn zugleich: Während weiter östlich eroberte Ortschaften wie Konjic und Prozor nach wenigen Tagen wieder aufgegeben worden waren, setzte hier die Bildung des neuen, mit den westbosnischen Partisanenhochburgen zu verschmelzenden befreiten Gebietes ein[235]. Darüber hinaus zwang die Wichtigkeit der benachbarten Bauxitgruben Bader und Glaise nicht nur dazu, von dieser neuen Bedrohung endlich Notiz zu nehmen, sondern sollte ihnen auch einen ersten Einblick in die politischen Prioritäten ihres gefährlichsten Gegners ermöglichen.

Trotz der bedeutenden Erfolge des Monats Juli kam in den Reihen der deutschen Besatzer nur verhaltener Optimismus auf. In einer vom Wehrmachtbefehlshaber Südost am 12. Juli vorgelegten Denkschrift über die künftige Kampfführung in Kroatien[236] wurden neben dem in der Zone III entstandenen Machtvakuum vor allem die im Ausbau begriffene »Organisation Mihailović«[237] als zukünftiges Hauptproblem ausgemacht. Interessanterweise erhob Kuntze zur Eindämmung insbesondere des ersten Problems nicht nur die üblichen Forderungen nach Truppenverstärkung und beweglicher Kampfführung, sondern befaßte sich erstmals auch mit der Möglichkeit, durch auf Dauer angelegte Stützpunkte (insbesondere Varkar Vakuf, Donji Vakuf und Jajce) seinen Befehlsbereich von dem der 2. Armee defensiv abzuschirmen[238]. Ein weiteres Problem, das nach wie vor einer dauerhaften Lösung harrte, betraf das Verhältnis zur kroatischen Staatsbewegung Ustascha. Nachdem diese sich schon durch den deutschen Oberbefehl in einem klar umrissenen »Operationsgebiet« nicht von ihren Mord- und Plünderungsaktionen hatte abhalten lassen, war nach Hitlers Intervention vom 12. Juni der deutschen Truppe ein Dazwischengehen auch für den Fall untersagt, daß sie Zeuge solcher Ausschreitungen werden sollte. Was dies beispielsweise für den Frieden im gerade freigekämpften Ostbosnien bedeutete, erläutert ein Eintrag im KTB der 718. ID: *»Solange die Division das Recht hatte, mit allen Mitteln gegen die Ustascha einzugreifen, herrschte Ruhe in der Bevölkerung. Durch ihr völlig undiszipliniertes Verhalten schafft die Ustascha wieder Grundlage für neue Aufstände.«*[239] Obwohl

---

234 Zu diesen Gefechten: BA/MA, RH 26-118/28 Abschlußmeldung über die Kämpfe gegen die V. Montenegrinische Partisanenbrigade und den Vorstoß auf die Bitovna Pl, 25.7.–4.8.1942 (6.8.1942).
235 Besonders ausführlich zur Einnahme Livnos: Djilas, *Wartime*, S. 194–198.
236 BA/MA, RH 20-12/148 Kampfführung Kroatien ab Juli 1942 (12.7.1942). In dieser Denkschrift wird als wahrscheinliches Ziel des »langen Marsches« erstmals die Bildung eines neuen befreiten Gebietes genannt.
237 Ebd. Diese Prognose des Wehrmachtbefehlshabers Südost ist um so bemerkenswerter, als der gerade erst aus Serbien eingetroffene Mihailović seinen Führungsanspruch im außerserbischen Bereich erst 10 Tage später durch ein Abkommen mit den Cetnikführern Trifunovic-Brcanin, Santic und Jevdjević begründen sollte. Vgl. hierzu Milazzo, *Chetnik movement*, S. 94–96.
238 BA/MA, RH 20-12/148 Kampfführung Kroatien ab Juli 1942 (12.7.1942).
239 BA/MA, RH 26-118/12 KTB-Eintrag vom 21./22.7.1942.

diese Probleme auch weiterhin ungelöst blieben, stellte der Übergang vom Juli zum August 1942 dennoch eine gewisse Zäsur in der deutschen Kriegführung auf dem Gebiet des NDH-Staates dar: Zum einen zog Bader die aus den Kämpfen an der Kozara unvermeidliche Konsequenz und gab am 31. Juli Befehl, auch den Rest der 714. ID auf Dauer nach Bosnien zu verlegen[240]; zum anderen sah sich die Kampfgruppe Westbosnien gezwungen, ihren Operationsradius auf Gebiete nördlich der Save auszuweiten, die im Februar noch als weitgehend ruhig gegolten hatten[241]. Hinsichtlich einer Eindämmung der Rebellion schienen die Bemühungen von Bader und Stahl keine Erleichterung erbracht zu haben; um das Unruhegebiet südlich der Demarkationslinie wenigstens halbwegs in Schach zu halten, ging Stahl am 6. August gar so weit, in Anlehnung an Kuntzes Vorschlag vom 12. Juli den Bau eines regelrechten »Schutzwalls« mit Front zur Zone III zu fordern[242].

Der nächste Kampfauftrag für die Kampfgruppe Westbosnien bestand in der Durchkämmung des im Bereich des Vierecks Petrinja–Kostajnica–Bosanski Novi–Glina gelegenen Gebirges der Samarica (heutige Zrinska Gora). Daß der zwischen dem 8. und 20. August von Nordosten nach Südwesten durchgeführte Vorstoß wenig erbrachte, dürfte einerseits daran gelegen haben, daß die Kampfgruppe mit einer gegenüber dem vorherigen Unternehmen geschwächten Truppe[243] antrat, andererseits Stahl auf eine von ihm selbst vorgetragene Anregung hin[244] am 12. das IR 734 der Samaricaoperation entzog und in das weiter östlich gelegene Psunj-Gebirge verlegen mußte. Dort bildete es mit je einem Bataillon der IR 737 und 741 erneut die Kampfgruppe Borowski und durchstreifte das neue Operationsgebiet bis zum 22. August[245]. Die dürftigen Ergebnisse, die auch hier wiederum erzielt wurden, lassen den Schluß zu, daß auch diesmal – wie schon Ende Januar/Anfang Februar bei den Unternehmen »Südostkroatien« und »Ozren« – ein zu enger Zeitplan zu Lasten der Gründlichkeit gegangen war. Hierbei ist natürlich zu berücksichtigen, daß in einer Zeit, in der nach einer 10-Tage-Meldung des Kommandierenden Generals »*das gesamte Kroatien (...) als Aufstandsgebiet zu betrachten*« sei, die Entscheidung über

---

240 BA/MA, RW 40/31 KTB-Eintrag vom 31.7.1942.

241 BA/MA, RH 31 III/3 Bericht über die Lage in Kroatien 2. Hälfte Februar 1942 (25.2.1942): *»Nördlich der Save in Slavonien ist die Aufstandsbewegung bisher auf kleine Überfälle beschränkt geblieben, denen nicht selten Ust.-Unternehmen vorauszugehen pflegten.«*

242 BA/MA, RW 40/46 Zwischenbericht Nr. 2, Zeitraum 5.7.–4.8 (6.8.1942).

243 Dies galt vor allem für die seit Ende März im Einsatz stehenden 1. und 2. kroatische Gebirgsbrigaden, BA/MA, RH 19 XI/81 (Die Bekämpfung der Aufstandsbewegung im Südostraum, Teil I), S. 236.

244 Stahl scheint bei dieser Entscheidung nicht zuletzt von der Sorge um die unter immer stärkeren Druck geratenen Siedlungen der Volksdeutschen nördlich der Save getrieben worden zu sein. Siehe hierzu seine Denkschrift vom 10. August in: ebd., S. 238 f. und BA/MA, RW 40/46 Kampfgruppe Westbosnien, Ia, Beurteilung der Lage und Vorschläge (10.8.1942).

245 BA/MA, RH 19 XI/81 (Die Bekämpfung der Aufstandsbewegung im Südostraum, Teil I), S. 239–241.

künftige Operationsschwerpunkte weniger bei Bader oder Löhr als bei Titos Oberstem Stab lag[246]. Erst die Großoperation gegen das Hauptrückzugsgebiet der syrmischen Partisanen, die Fruska Gora (26. August bis 3. September 1942), brachte wieder etwas bessere Resultate. Die zwei örtlichen Partisanenabteilungen erlitten nach übereinstimmenden deutschen und jugoslawischen Darstellungen schwere Verluste, die möglicherweise auch für ihre im November erfolgende Verlegung nach Ostbosnien mitursächlich waren[247]. Weniger positiv stellte sich die Lage jedoch in Westbosnien im Bereich der Demarkationslinie dar: Nach einer kurzen Übergangsphase der Konsolidierung versagte Tito sich die an sich naheliegende Option, das neue befreite Gebiet auf den Bereich südlich der Demarkationslinie zu beschränken, und ging stattdessen auch gegen den deutschen Herrschaftsbereich offensiv vor. Bereits am 26. August sah sich ein deutsches Bataillon bei dem Versuch, südlich von Banja Luka den ersten dieser Einfälle abzublocken, weit überlegenen, auch mit erbeuteten Panzern und Geschützen bewaffneten Verbänden gegenüber; nur mit Hilfe von 2.000 bosnischen Cetniks, die den Deutschen zu Hilfe eilten, gelang es bis Ende des Monats, die Partisanen wieder nach Süden abzudrängen[248].

Obwohl weit weniger dramatisch, wurde den Ereignissen, die sich unterdessen in der Herzegowina abspielten, in Berlin ungleich größeres Gewicht beigemessen. Seit dem Abzug der 2. Armee hatten sich die Verbindungswege der wichtigen Bauxitgruben westlich von Mostar einem unregelmäßigen, aber wachsenden Druck durch die Partisanen ausgesetzt gesehen. Am 6. August hatte die Lage einen Punkt erreicht, an dem zwar nicht eine bevorstehende Eroberung, dafür aber ein auf Nahrungsknappheit zurückzuführendes Überlaufen der Belegschaft unmittelbar bevorzustehen schien[249]. Eine weitere Verschärfung der Lage trat ein, als die 1. Proletarische Brigade im Anschluß an die Eroberung Livnos in diesen Raum vorstieß: Nach der Eroberung Posušjes (17. August) arbeitete sich dieser Verband im Laufe der nächsten zehn Tage bis auf wenige Kilometer an die westlichsten Gruben des Bauxitgebietes heran[250]. Die Ergebnislosigkeit der verschiedenen deutschen Demarchen in Rom und beim Oberbefehlshaber der 2. Armee führte schließlich dazu, daß selbst

---

246 BA/MA, RW 40/32 Kdr. Gen. u. Bhf. in Serbien, Ia, Zehntagemeldung für die Zeit vom 1.–10.8.42 (11.8.1942).
247 Strugar, *Volksbefreiungskrieg*, S. 86; Colakovic, *Winning freedom*, S. 251. BA/MA, RH 19 XI/81 (Die Bekämpfung der Aufstandsbewegung im Südostraum, Teil I), S. 241 spricht von 353 Feindtoten, versäumt es aber wieder, Angaben über erbeutete Waffen zu machen.
248 BA/MA, RH 19 XI/81 (Die Bekämpfung der Aufstandsbewegung im Südostraum, Teil I), S. 244. Der neue Wehrmachtbefehlshaber Südost Alexander Löhr reagierte auf die Kunde von dieser Ad-hoc-Allianz im Felde sofort mit der Forderung nach der Entwaffnung der bewußten Cetnik-Gruppe, ließ sich dann aber doch noch von der Unhaltbarkeit des Befehls überzeugen. Vgl. RW 40/32 KTB-Einträge vom 27.8. und 28.8.1942.
249 BA/MA, RH 20-12/149 Wehrmachtbefehlshaber Südost an OKW (6.8.1942).
250 Military-Historical Institute of the Yugoslav People's Army (Hrsg.), *Historical Atlas of the Liberation war of the peoples of Yugoslavia, 1941–1945* (Belgrad 1957).

ein persönliches Schreiben Hitlers an Mussolini zur Lösung der Krise ernsthaft in Betracht gezogen wurde[251]. Gleichzeitig veranschaulichte die Bauxitkrise dieses Spätsommers, in was für eine Sackgasse von Ribbentrop und Kasche die deutsche Kroatienpolitik manövriert hatten: So forderte der deutsche Gesandte am 11. August den »*ordnungsgemäßen Schutz*« der Gruben sowie die »*systematische Vernichtung der Partisanen*« durch die 2. Armee[252]. Auf die einzig mögliche Lösung dieses Problems – die Neubesetzung der Zone III – reagierte er vier Tage später aber mit der Bitte, dies »*unter allen Umständen (...) zu vermeiden. Italiener würden hier auf deutschen Wunsch hinweisen und Maßnahmen ergreifen, welche für unsere Stellung gegenüber Kroatien nachteiligsten Einfluß haben müssen*«[253]. Die völlige Unbrauchbarkeit des Grundaxioms deutscher Diplomatie in Kroatien – den Italienern zwar den Vortritt zu lassen, es aber nach Möglichkeit ihnen wie den Kroaten gleichermaßen recht zu machen – offenbarte sich in diesen Tagen aber nicht nur in der Bauxitkrise. Ein sehr viel krasseres Beispiel boten die Begleitumstände der Neubesetzung Fočas durch Verbände des Truppenkommandos Montenegro (XIV. AK). Dieser Schritt war von Ugo Cavallero zur Sicherung des dortigen Drinaüberganges bereits am 10. August angeregt, von Pirzio-Biroli unter Berufung auf logistische Probleme aber zunächst abgelehnt worden[254]. Auf die Nachricht, daß Foča und seine kroatische Garnison von Cetniks angegriffen wurden, erneuerte er seinen Vorschlag in Befehlsform[255]. Nach dem Fall Fočas kam es wie auch schon im vorherigen Dezember zu einem Massaker unter den Überlebenden der kroatischen Garnison und der ansässigen moslemischen Zivilbevölkerung, dem ca. 1.000 Menschen zum Opfer fielen[256]. Ob hierbei, wie in einem deutschen Bericht vermerkt, »*die Italiener Gewehr bei Fuß standen*«[257] und ob die Angreifer bei der Eroberung tatsächlich artilleristische Unterstützung von italienischer Seite erhielten, läßt sich anhand der Quellen nicht mit endgültiger Sicherheit sagen. Unbestritten ist jedoch, daß die Entsatztruppe aus Montenegro am Abend des 22. August eintraf und ungeachtet der derweil an ihren kroatischen Verbündeten begangenen Greueltaten den Ort kampf-

---

251 PA/AA, StS Kroatien, Bd. 3, 688 Vermerk betreffend Bauxit in Kroatien (15.9.1942).
252 PA/AA, StS Kroatien, Bd. 3, 687 Kasche an Auswärtiges Amt (11.8.1942).
253 ADAP, Serie E, Bd. III, S. 319 Kasche an Auswärtiges Amt (15.8.1942).
254 Siehe hierzu die entsprechenden Fernschreiben im Anhang des Diario Cavallero: AUSSME, Diari storici N1-N11, Box 1348.
255 Ebd.
256 BA/MA, RW 40/32 Kdr. Gen. u. Bfh. in Serbien, Ia, Lageberichte für die Zeit vom 11.8.–20.8.1942 (21.8.1942).
257 Ebd.

los und im freundlichen Einvernehmen mit den siegreichen Cetniks übernehmen konnte[258].

Einen kaum weniger verheerenden Eindruck als diese Vorgänge dürften auf der deutschen Seite schließlich noch die sich in diesen Wochen häufenden Meldungen gemacht haben, die darauf hinwiesen, daß die italienische 2. Armee dazu übergegangen war, in Gefangenschaft der Partisanen geratene Männer mit Waffenlieferungen (einschließlich vereinzelter Feldgeschütze) freizukaufen[259]. Anders als bei früheren Meldungen über Waffenverkäufe durch einzelne Soldaten, die auf eine wenn auch besorgniserregende Demoralisierung hinwiesen[260], mußte bei solchen Fällen natürlich die Sanktionierung dieser Praxis durch höhere Dienststellen angenommen werden. Nach einer Notiz Glaises vom 1. Oktober zu urteilen, waren deutsche Dienststellen sich der Brisanz dieser Nachricht nur zu bewußt: *»Von deutscher Seite ist aus Loyalität gegen die Bundesgenossen nie den zahlreichen, z.T. sehr präzisen Gerüchten über die Herkunft der Waffen der Aufständischen nachgegangen worden. Es steht aber fest, daß die Aufständischen überwiegend mit italienischen Waffen ausgestattet sind.«*[261]

Daß diese Vorfälle sowie andere Belege für die zunehmend unhaltbaren Zustände in Kroatien mit der Ablösung des amtierenden (»stellvertretenden«) Wehrmachtbefehlshabers Südost zusammenfielen, sollte erstmalig seit Gründung des NDH-Staates die Grundvoraussetzung für die Möglichkeit einer grundlegenden politischen Umorientierung erschaffen.

Die Gründe, die Hitler dazu bewogen haben könnten, Generaloberst Alexander Löhr das Kommando über die im Südabschnitt der Ostfront kämpfende Luftflotte 4 zu entziehen und ihm den Oberbefehl über den Südosten zu übertragen, lassen sich nicht mit letzter Sicherheit bestimmen. Hitler selbst hat in diesem Zusammenhang häufig von der Notwendigkeit gesprochen, diese Stelle einem wirklich landes- und

---

258 Obwohl das Gros der Eroberer abzog, hinterließen sie einen Beobachtungsstab und eine eigene Gerichtsbarkeit; PA/AA, StS Kroatien, Bd. 3, 687 Kasche an Auswärtiges Amt (29.8.1942). Ferner Talpo, *Dalmazia II*, S. 727–729.

259 Erste Berichte über diese Praxis erreichten den Wehrmachtbefehlshaber Südost bereits im Mai 1942; danach war der gerade gängige »Tarif« für einen Soldaten ein Gewehr, für einen Unteroffizier ein Maschinengewehr. Schriftliche Mitteilung Herrn Ulrich von Fumettis (Adjutant beim Wehrmachtbefehlshaber Südost) an den Verfasser (8.8.1998).

260 Der Gesandte Benzler hatte bereits im Januar 1942 berichtet, daß italienische Soldaten wiederholt Waffen gegen Lebensmittel eingetauscht hätten; vgl. ADAP, Serie E, Bd. I, S. 341 f. Benzler an Auswärtiges Amt (30.1.1942).

261 BA/MA, RH 31 III/8 Aufzeichnung des Deutschen Generals in Agram betreffend Verhalten der Italiener gegenüber Partisanen vom 1. Oktober 1942. Es ist zu vermuten, daß Glaise von Horstenau mit dem »überwiegend« italienischen Ausrüstung allerdings weniger Handfeuerwaffen als Mörser und Geschütze sowie die für diese Waffen benötigte Munition gemeint hat. Siehe auch Djilas, *Wartime*, S. 234.

sprachenkundigen Offizier anzuvertrauen; zwei längere Gespräche, die der Diktator in der Vergangenheit mit dem polyglotten Löhr über Probleme des Balkanraums geführt hatte, scheinen ihm demnach von dessen Qualifiktion für den Posten überzeugt zu haben[262]. Darüber hinaus liegen Indizien vor, daß auch die Differenzen, die Löhr sowohl mit seinem Vorgesetzten Göring als auch mit seinem Untergebenen Wolfram von Richthofen (VIII. Fliegerkorps) über die Einsatzweise seiner Luftflotte hatte, zu seiner Versetzung beigetragen haben könnten[263]. Daß der »*sehr ellenbogentüchtige*« (Glaise)[264] von Richthofen auch gleich Löhrs Nachfolger wurde, hinterließ bei diesem jedenfalls den Eindruck, daß es primär darum gegangen wäre, »*dem Generaloberst von Richthofen jene Flotte freizumachen, die den entscheidenden Stoß führt und wo man daher bald FM (Feldmarschall, Anm. d. Verf.) werden kann*«[265].

Nach einem zweiwöchigen Heimaturlaub löste Löhr Kuntze am 8. August als Wehrmachtbefehlshaber Südost ab. Elf Tage später trat er eine längere Inspektionsreise an, die ihn durch alle Räume seines Befehlsbereiches führen sollte und bezüglich des NDH-Staates bei ihm einen verheerenden Eindruck hinterließ; im Vergleich zum neuen Kroatien, so der neue Wehrmachtbefehlshaber Südost in einem Brief an einen befreundeten Offizier, nehme sich der besetzte Feindstaat Serbien wie ein richtiges Musterland aus[266].

Die erste Möglichkeit, die Folgen des kroatischen Chaos zumindest abzumildern, bot sich Löhr schon wenige Tage nach seiner Ankunft aus einer völlig unerwarteten Richtung, in Form einer funktionierenden Verbindung zum Obersten Stab der Partisanen. Obwohl ein erster erfolgloser Versuch, Verhandlungen mit den Partisanen aufzunehmen, sich bereits für den April/Mai 1942 nachweisen läßt[267], scheint der erste funktionierende Kontakt dieser Art erst durch den Vorschlag des Ingenieurs Hans Ott, ihn und sieben weitere bei der Eroberung Livnos (7. August 1942) in Gefangenschaft geratene Reichsdeutsche gegen eine ähnliche Zahl hochrangiger

---

262 Am ausführlichsten zu dieser Frage Erwin Pitsch, *Generaloberst Alexander Löhr. Bilder–Daten–Dokumente* (Wien, o.J.), S. 511–519.

263 Löhr hatte sich in den vergangenen Monaten verschiedentlich gegen eine zu rücksichtslose – und somit verlustreichere – Vorgehensweise ausgesprochen. Vgl. ebd.

264 Broucek, *General im Zwielicht*, S. 142 f. (Eintrag vom August 1942).

265 Alexander Löhr an Jaromir Diakow (8.7.1942), abgedruckt in: Pitsch, *Generaloberst Alexander Löhr*, S. 516–518. Richthofens Ernennung zum Generalfeldmarschall erfolgte am 16. Februar 1943.

266 Alexander Löhr an Jaromir Diakow (5.9.1942), zitiert in ebd., S. 550.

267 In BA/MA, RH 31 III/2 Der Deutsche General in Agram an den Wehrmachtbefehlshaber Südost (o.D., verm. April 1942) berichtet Glaise von Horstenau von »*laufende(n) Verhandlungen zum Gefangenenaustausch*«, die aber scheinbar noch zu keinem Abschluß gekommen waren. Dedijer, *War Diaries I*, S. 149 (Eintrag vom 5.5.1942) erwähnt von einem durch einen deutschen Major überbrachtes Verhandlungsangebot, das darauf hinauslief, die Partisanen in einem Teil des Landes unbehelligt zu lassen, wenn dafür die wichtigsten Schienenwege von Anschlägen verschont blieben. Das deutsche Ansinnen wurde »*selbstredend*« zurückgewiesen.

Partisanen auszutauschen, zustande gekommen zu sein. Obwohl zunächst skeptisch, ging Tito schließlich auf den Vorschlag ein und gestattete Ott, zur Kontaktaufnahme mit deutschen Behörden ins nahe Mostar zu fahren[268]. Nach Otts Rückkehr folgten weitere Verhandlungen in Agram, die schließlich in einem Gefangenenaustausch am 5. September bei Posušje (auf halbem Wege zwischen Livno und Mostar) gipfelten[269]. Wichtiger als die Tatsache des Austausches an sich ist allerdings die Frage nach den anderen Punkten, die bei dieser Gelegenheit noch zur Sprache kamen. So scheint neben der Möglichkeit einer Aufgabe Livnos durch die Partisanen[270] vor allem die eines Waffenstillstands zur Sprache gebracht worden zu sein, wobei sich allerdings nicht mit letzter Sicherheit sagen läßt, welche der beiden Seiten den kritischen ersten Schritt tat.

So kann beispielsweise aus den Eindrücken, die einige der Deutschen aus ihrer Gefangenschaft mitbrachten, geschlossen werden, daß der Wunsch, das Terrain für weitreichendere Nachfolgeverhandlungen zu sondieren, von Tito ausging. Nur vor diesem Hintergrund, so der deutsche Polizeiattaché in Agram in einem umfangreichen Bericht, den er für Heinrich Himmler zusammenstellte, wurde auch die ausgesucht gute Behandlung, die die Gefangenen genossen hatten, verständlich: *»Die loyale Behandlung im Stabsquartier ging sogar so weit, daß die Deutschen am Sonntag zum Mittagessen eingeladen wurden. Der Tisch war weiß gedeckt und es wurde wie in einem erstklassigen Hotel serviert. Auch die Speisefolge war dementsprechend. Beachtlich sind politische Äußerungen des Partisanen-Oberbefehlshabers Tito. Er vertrat gelegentlich eines Gesprächs mit einem Deutschen die Ansicht, daß man trotz des gegenwärtigen furchtbaren Blutbades an der Ostfront eine Verständigung zwischen Deutschland und Rußland herbeiführen müßte. Es bestünde andernfalls die Gefahr, daß England und Amerika am Ende wieder als Sieger hervorgingen und der Sieg dieser Regime würde der Untergang und die Unterjochung der arbeitsamen Teile der Völker bedeuten.«*[271] Auch in einem weiteren, drei Tage später verfaßten Bericht, der eigentlich der Zusammenarbeit zwischen Cetniks und Italienern gewidmet war, kam der Polizeiattaché erneut auf die Verhandlungsbereitschaft der Partisanen und die möglichen Gründe dafür zu sprechen: *»Man konnte von seiten der Partisanenführung wiederholt hören, daß sie das gegenwärtige kroatische Regime und auch die italienische Bevormundung ablehnen. Es fiel auch die Bemerkung: wenn die Italiener mit den Cetniks verhandeln, warum*

---

268 Schriftliche Mitteilung von Dr. Vladimir Velebit an den Verfasser (28.3.1998); Befragung von Dr. Vladimir Velebit in Zagreb (9. u. 10.5.1998).
269 Ebd.
270 So zumindest die Darstellung bei Sekula Joksimovic, The People's Liberation Movement of Yugoslavia as a party of war and the exchange of prisoners in 1942; in: Vojnoistorijski Glasnik 1983, Vol. 34 (Nr. 1), S. 198–217. Nach dieser Darstellung wurde der deutsche Vorschlag abgelehnt.
271 PA/AA, Inland II g 99, 1956 Der Polizeiattaché in Zagreb an den Reichsführer SS (21.9.1942).

können dann nicht die Deutschen mit den Partisanen verhandeln? Aus den fortlau-
fenden Beobachtungen der Partisanenbewegung kann geschlossen werden, daß ihre
einheitliche Führung durch die im Juli durchgeführte Kozara-Aktion stark gelitten
und eine spürbare Unsicherheit in ihre Reihen getragen hat.«[272]
In scheinbarem Widerspruch zu diesem Bericht steht die Schilderung der Ereignisse
aus der Sicht des Partisanenunterhändlers Marijan Stilinovic. Gemeinsam mit Hans
Ott war er Mitte August nach Agram gereist, um dort zu ermitteln, welche der gefangenen Partisanen, deren Freilassung als Gegenleistung angestrebt war, für ein
Tauschgeschäft zur Verfügung standen. In seinen 1952 erschienen Memoiren beschreibt er, wie bei Abschluß der Verhandlungen, denen neben mehreren deutschen
Offizieren auch ein Mitglied der deutschen Gesandtschaft[273] beigewohnt hatte, letzterer zum Abschied die Hoffnung äußerte, daß man in naher Zukunft vielleicht auch
den Abschluß eines Waffenstillstandsvertrages anstreben könne[274]. Wenn man nun
die Wahrscheinlichkeit in Rechnung stellt, daß das Festbankett für die deutschen
Gefangenen nicht gleich in den ersten Tagen nach ihrer Gefangennahme gegeben
wurde, liegt die Vermutung nahe, daß die zuvorkommende Behandlung in dieser
Form erst einsetzte, nachdem Ott mit der Nachricht von der deutschen Bereitschaft
zum Gefangenenaustausch zurückgekehrt war (13. oder 14. August) oder Stilinovic
die bei seinem Agramer Besuch gesammelten Eindrücke (insbesondere das deutsche
Interesse an Waffenstillstandverhandlungen) weitergegeben hatte. Bei einem solchen Ereignisablauf würden die Berichte des jugoslawischen Unterhändlers und der
deutschen Gefangenen sich nicht mehr widersprechen, sondern ergänzen.
Die eben beschriebenen Verhandlungen waren kaum zu einem vorläufigen Abschluß
gekommen, als wiederum Ereignisse eintraten, die geeignet waren, der Überprüfung
des deutsch-kroatischen Verhältnisses die höchste Dringlichkeitsstufe zu verleihen.
Im gerade erst von der Kampfgruppe Westbosnien freigekämpften Syrmien kam es
unter Führung des hochrangigen kroatischen Polizeioffiziers Mirko Tomic in der

---

272 PA/AA, Inland II g 99, 1956 Der Polizeiattaché in Zagreb an den Reichsführer SS (24.9.1942).
273 Dieser von Stilinovic mit dem Namen Kreiner bezeichnete Diplomat dürfte identisch sein mit dem
    Emmerich Kreiner, der auf einer Angehörigenliste vom 11.11.1943 als Handelssachverständiger
    geführt wird; vgl. Gesandtschaftsakten Zagreb, 47/1 Verbalnote an das Protokoll des Ministeriums
    des Äußeren des Unabhängigen Staates Kroatien (11.11.1943).
274 Marijan Stilinovic, *Bune i otpori* (Zagreb 1952). Laut Stilinovic waren neben ihm und Ingenieur
    Ott an der Unterredung noch beteiligt: Oberst Albrecht von Funck (Stabschef des Deutschen
    Generals in Agram), Oberstleutnant Scheffer, Oberstleutnant Schardt (Wehrwirtschaftsoffizier in
    Agram), Major von Pott (Adjutant des Deutschen Generals in Agram), Hauptmann Heuss (deut-
    scher Wehrwirtschaftsoffizier in Mostar) und Kreiner. Das Interesse der Gesandtschaft an einem
    solchen Abkommen ist auch anderweitig nachweisbar, so z.B. in PA/AA, Nachlaß Kasche 2/2
    Kasche an den Deutschen General in Agram (28.8.1942). Gegenüber dem Verfasser hat Dr.
    Vladimir Velebit jedoch die Vermutung geäußert, daß Glaise die eigentliche treibende Kraft hinter
    der Verhandlungsbereitschaft deutscher Stellen in Agram gewesen sein dürfte; vgl. Befragung Dr.
    Vladimir Velebit in Zagreb (9. u. 10.5.1998).

ersten Septemberhälfte zu Serbenpogromen, die nicht nur über 1.000 Menschen das Leben kosteten[275], sondern auch ein Hauptgrund für die Rücktrittserklärung des serbischen Ministerpräsidenten Nedić (16. September) und die anschließende Regierungskrise in Belgrad waren[276]. Als besonders demütigend dürfte Glaise dabei empfunden haben, daß diese Ausschreitungen von kroatischer Seite nicht nur im Juni in aller Offenheit angekündigt[277], sondern durch eine deutsche Militäraktion überhaupt erst ermöglicht worden waren und von der Ustascha nun unter Berufung auf deutsche Befehle durchgeführt wurden[278].

Ihre besondere Brisanz erhielten diese Ereignisse nicht zuletzt dadurch, daß sie sich unmittelbar vor Pavelićs zweitem Besuch bei Hitler ereigneten und in der Zwischenzeit der Posten des Wehrmachtbefehlshabers Südost von einem Offizier übernommen worden war, dank dem, so Glaise, *»über dem kroatischen Wirrwar bald ein schärferer Wind«*[279] blies.

Überlegungen zur Absetzung des Pavelić-Regimes waren in der Vergangenheit von der dazu berufenen deutschen Militärdienststelle – der des Deutschen Generals in Agram – nur in vorsichtigen Ansätzen angestellt worden. Erstmalig brachte Glaise diese Option in einem Bericht vom Februar zur Sprache, allerdings nur, um sie dann im selben Atemzug für zu riskant zu erklären[280]. Monate später stellte er auch gegenüber dem Unterstaatssekretär des Auswärtigen Martin Luther sowie dem italienischen Militärbeauftragten Oberst Gian Carlo Re diese Möglichkeit, wenn auch eher andeutungsweise, zur Diskussion[281].

Soweit nachvollziehbar, scheint Glaise diese unsichere Haltung auch auf den Neuankömmling Löhr übertragen zu haben. Aus einem Stichwortkatalog, den die beiden Offiziere anläßlich Löhrs erstem Besuch im Führerhauptquartier als Wehrmachtbefehlshaber Südost zusammenstellten, läßt sich entnehmen, daß ihre Hauptsorge vor allem der Absetzung der beiden Kvaterniks sowie einer möglichen Verschiebung

---

275 Es handelte sich dabei zu einem großen Teil um Überlebende der Deportationsaktion von der Kozara (Juli 1942), die aus dem überfüllten Konzentrationslager Sajmiste verlegt werden sollten; vgl. BA/MA, RW 40/33 KTB-Eintrag vom 14.9.1942.

276 PA/AA, Inland II g 99, 1956 Der Polizeiattaché in Zagreb an den Reichsführer SS (25.9.1942). Zur Regierungskrise in Serbien vgl. ADAP, Serie E, Bd. III, S. 497–500 Benzler an Auswärtiges Amt (16.9.1942).

277 PA/AA, StS Jug. Bd. 4, 673 Gesandtschaftsrat Feine (Belgrad) an Auswärtiges Amt (17.6.1942).

278 PA/AA, Inland II g 99, 1956 Der Polizeiattaché Zagreb an den Reichsführer SS (25.9.1942).

279 Broucek, *General im Zwielicht*, S. 143 (Eintrag vom August 1942).

280 BA/MA, RH 31 III/3 Bericht über die Lage in Kroatien, zweite Hälfte Februar 1942 (25.2.1942). Glaise gab zu bedenken, daß ein solches Vorgehen *»uns allerdings auf dem heißen Boden des Balkans vor eine ganz neue Situation stellen würde.«*

281 Broucek, *General im Zwielicht*, S. 139 (Eintrag vom August 1942); Relazione del colonello Gian Carlo Re, capo della missione militare italiana a Zagabria circa un colloquio avuto con il generale Edmund Glaise Horstenau (21.10.1942) in: Talpo, *Dalmazia II*, S. 881.

der Demarkationslinie galt; die Einrichtung eines »*Militärgouvernements*« sollte erst vorbehaltlich einer weiteren Verschlechterung der Lage erfolgen[282].

Beim anschließenden Aufenthalt im Führerhauptquartier (17.–19. September), der zur Vorbereitung des kommenden Staatsbesuches diente, gab Löhr zwar ein ungeschminktes Bild der katastrophalen Lage des NDH-Staates im allgemeinen und seiner Streitkräfte im besonderen[283], ohne aber dabei – soweit nachvollziehbar – das Existenzrecht des Ustascha-Regimes grundsätzlich in Frage zu stellen. Nichtsdestotrotz ließ er bei seiner Rückkehr aus Saloniki Glaise wissen, auch »*der Führer neige eher zur scharfen Lösung hin*«[284]. Erstmals seit Erschaffung des NDH-Staates schien sich also die Chance abzuzeichnen, das kroatische Problem einer politischen Lösung zuzuführen.

4.6. Krise des NDH-Staates und militärische Umorientierung der deutschen Besatzungspolitik

Die Veränderungen innerhalb des NDH-Staates, auf die Glaise und Löhr sich am 17. September vor dessen Abflug ins Führerhauptquartier geeinigt hatten (deutsche Einflußnahme auf den Aufbau der kroatischen Streikräfte, Absetzung des Kriegsministers Slavko Kvaternik sowie des Staatssekretärs für innere Sicherheit, Eugen Kvaternik, »*vernünftige Lösung des Serbenproblems*«)[285], waren als durchaus maßvoll zu bezeichnen. Als bedrohlich konnten aus kroatischer Sicht eigentlich nur zwei andere Punkte wirken, die dort ebenfalls aufgeführt waren: So sprachen sich die beiden Offiziere im Hinblick auf die sich daraus ergebenden Aufklärungsmöglichkeiten für eine Fortsetzung der Verhandlungen mit dem Oberkommando der Partisanen aus[286] und wollten zudem für den Fall einer weiteren Lageverschlechterung auch die

---

282 BA/MA, RH 31 III/12 Besprechung mit dem Oberbefehlshaber Herrn Generaloberst Löhr, Sofia 17.9.1942. Die Demarkationslinie sollte entweder einige Korrekturen erfahren oder aber durch eine Verschiebung auf eine Nord-Süd-Achse die gesamte Herzegowina im deutschen Einflußbereich lassen.

283 KTB OKW, Bd. II.1, S. 734 f. (Eintrag vom 17.9.1942). Im Gespräch mit dem Chef des Wehrmachtführungsstabes sprach Löhr sogar von der Möglichkeit eines völligen Zusammenbruchs der kroatischen Regierung.

284 Broucek, *General im Zwielicht*, S. 145 (Eintrag vom September 1942).

285 BA/MA, RH 31 III/12 Besprechung mit dem Oberbefehlshaber Herrn Generaloberst Alexander Löhr, Sofia 17.9.1942.

286 Vgl. ebd. Drei Wochen zuvor hatte Löhr sich noch strikt gegen die Pflege solcher Kontakte ausgesprochen, vgl. BA/MA, RH 20-12/149 Aktennotiz über Reise O.B. nach Belgrad und Agram vom 28.8.–1.9.42 (2.9.1942). Es ist anzunehmen, daß dieser Sinneswandel auf den Einfluß Glaise von Horstenaus zurückzuführen war.

287 BA/MA, RH 31 III/12 Besprechung mit dem Oberbefehlshaber Herrn Generaloberst Alexander Löhr, Sofia 17.9.1942.

Einsetzung einer deutschen Militärverwaltung nicht ausschließen[287]. Pavelić muß bei seinem Eintreffen im Führerhauptquartier im ukrainischen Vinniza (23. September 1942) aber schon aufgrund der jüngsten Ustascha-Exzesse in Syrmien damit gerechnet haben, von einem äußerst ungehaltenen Hitler ins Kreuzverhör genommen zu werden. Die Finte, mit der es ihm gelang, bei der Unterredung mit seinem wichtigsten Verbündeten vom eigenen Versagen abzulenken, wirft zugleich ein bezeichnendes Schlaglicht auf die deutsche Kroatienpolitik und rechtfertigt es daher, an dieser Stelle die Überlieferung eines unmittelbar Beteiligten in toto wiederzugeben. In seinen tagebuchähnlichen Aufzeichnungen beschreibt Edmund Glaise von Horstenau die Szene wie folgt: *»Dagegen erhielt jetzt endlich der Poglavnik zur Schilderung der Aufstandslage das Wort. Er war sichtlich eingeschüchtert und rang mit den Ausdrücken, half sich aber doch wunderbar heraus. Ostbosnien, Westbosnien, Syrmien, Slavonien ... alles sei befriedet, nur südlich der Demarkationslinie sähe es sehr schlecht aus. Mit dieser Feststellung hatte der schlaue Mann die Schlacht gewonnen. Alles stürzte sich auf die italienische Frage und die ja wirklich äußerst seltsame Politik Roattas. Für mich war das natürlich ganz besonders ein gefundenes Fressen. Ich zog eine noch von Lombardi[288] stammende Karte mit der Dislokation der italienischen 2. Armee heraus. Der Führer fragte mich nach der Truppenstärke. Ich meinte ein guter Kerl zu sein und daher sagen zu wollen, daß sich im kroatischen Raume etwa 100 Bataillone befänden, in Wirklichkeit seien von den 198, die sich noch im Frühjahr dort befanden, 120 übriggeblieben. Kasche sekundierte mir, und Hitler riß die Augen auf. Ein Wort ergab das andere, und der Führer sagte schließlich, er wolle bei der nächsten Zusammenkunft mit Mussolini diese Dinge zur Sprache bringen. (...) Auch die Unterstützung der Juden durch die Italiener wurde gebührend hervorgehoben, wobei der Poglavnik mit dem Brustton der Überzeugung hervorhob, daß dort, wo die kroatische Regierung ihres Amtes walten könne, die Judenfrage gelöst sei. Und als er in diesem Zusammenhang noch gar mit Achselzucken den Vatikan erwähnte und Adolf Hitler gleich entrüstet wie triumphierend über den kleinen Kreis hinwegblickte, da hatte der kroatische Staatschef gewonnen.«*[289] Die Fragen, die im weiteren Verlauf der Sitzung besprochen wurden (u.a. die Einsetzung eines selbständigen deutschen Oberkommandos für den kroatischen Kriegsschauplatz sowie die Freigabe an der Ostfront eingesetzter kroatischer Verbände), waren dann kaum noch dazu geeignet, den kroatischen Staatschef in

---

288 Italienischer Oberst, Mitglied der italienischen Militärmission in Agram; Broucek, *General im Zwielicht*, S. 147 (Eintrag vom September 1942).
289 Ebd..
290 Besprechungsprotokoll in ADAP, Serie E, Bd. III, S. 530–538 Aufzeichnung über die Unterredung zwischen dem Führer und dem Poglavnik in Anwesenheit des RAM, des Generalfeldmarschalls Keitel, des Gesandten Kasche, des Generals Glaise von Horstenau und des Gesandten Hewel im Führerhauptquartier am 23. September 1942 (25.9.1942).

schwere Erklärungsnot zu bringen[290]. Wohl konnte Pavelić nach Beendigung des anschließenden zweitägigen Frontbesuchs im Bereich der Heeresgruppe Süd Glaise gegenüber seine Zufriedenheit über den Verlauf des Besuchs ausdrücken: »*Vor dem Schlafengehen rief mich noch, knapp vor 1 Uhr früh, der Poglavnik zu sich, der in mir den künftigen Höchstkommandierenden von Kroatien sieht und sich über den Gesamterfolg seiner Reise sehr freut. Er darf dies wirklich tun, wobei für ihn viel wertvoller das ist, worüber nicht gesprochen wurde, als das Besprochene und Abgehandelte.*«[291]

Daß Glaise und Löhr von Hitler mit der Weisung entlassen worden waren, gemeinsam mit Kasche eine detaillierte Denkschrift über die gegenwärtigen Verfehlungen des italienischen Verbündeten zu erstellen[292], war in der Tat der beste Beleg für den Erfolg der von Pavelić praktizierten Ablenkungstaktik; diese hatte ihre Wirkung aber auch nur deshalb ungehindert entfalten können, weil keiner der anwesenden deutschen Würdenträger es gewagt hatte, kompromißlos Stellung gegen den NDH-Staat zu beziehen. Kasche und Glaise hatten beide nicht gezögert – wenn auch aus unterschiedlichen Gründen –, dem unliebsamen italienischen Bundesgenossen die Hauptschuld an der unhaltbaren Lage in Kroatien zuzuschieben; der weitaus kritischer eingestellte Alexander Löhr hatte entweder am 19. oder am 23. September gegenüber Hitler die Möglichkeit einer Beseitigung des Pavelić-Regimes – wenn auch ohne allzu großen Nachdruck – immerhin als eine denkbare Option ins Gespräch gebracht[293]. Der deutsche »Führer« lehnte diese Idee allerdings mit Hinweis auf die erwiesene Loyalität des »Poglavnik« ab. Die »*guten Kroaten*«, so seine Erwiderung, sollten sich »*nur austoben*«[294].

Die Möglichkeit, dieses Versäumnis wiedergutzumachen, hätte natürlich darin bestanden, der von Hitler gewünschten Denkschrift einen entsprechenden Schwerpunkt zu geben. Das am 1. Oktober abgezeichnete Dokument ging jedoch vor allem auf das gespannte italienisch-kroatische Verhältnis ein und führte mehrere Beispiele

---

291 Broucek, *General im Zwielicht*, S. 157 (Eintrag vom September 1942).

292 Ebd., S. 148 (September 1942) sowie zwei Notizen des Gesandten Ritter in PA/AA, Handakten Ritter (Kroatien) 7644 (24. und 28.9.1942).

293 In seinen Aufzeichnungen vermittelt Glaise von Horstenau den Eindruck, als ob Löhr sich während der Besprechung – möglicherweise aufgrund der Gegenwart der kroatischen Besucher – nicht getraut hätte, seine Anliegen offen zur Sprache zu bringen; Broucek, *General im Zwielicht*, S. 148 (Eintrag vom September 1942). Hierbei ist jedoch zu bedenken, daß Löhr die wesentlichsten Punkte bereits am 19. September vorgetragen haben dürfte und außerdem am selben Tag nach der Abreise der Kroaten erneut die Gelegenheit erhalten sollte, Hitler unter vier Augen bzw. im kleinen Kreis zu sprechen; PA/AA, Handakten Ritter (Kroatien) 7644, Notiz vom 28.9.1942. Hierbei scheint die Möglichkeit einer Absetzung des Pavelić-Regimes zumindest kurz angesprochen worden zu sein; vgl. hierzu BA/MA, RH 31 III/9 Protokoll der Besprechung beim Wehrmachtbefehlshaber Südost am 31. Okt. 42. Laut Löhr habe Hitler zum Ausdruck gebracht, »*daß er an eine Entfernung des Poglavnik vorläufig noch nicht denke*«.

294 Broucek, *General im Zwielicht*, S. 149 f. (Eintrag vom September 1942).

für eine direkte oder indirekte Begünstigung der Aufständischen durch die 2. italienische Armee an; die Mängel des NDH-Staates wurden zwar anerkannt, aber als reformierbar dargestellt (*»Die positiven Kräfte der Ustascha weiterzufördern und die zerstörenden auszumerzen, liegt im gemeinsamen Kriegsinteresse.«*)[295]. So weit nachvollziehbar, wurde dieses Memorandum von Glaise und Kasche erstellt und von Löhr mitunterzeichnet[296], was in Anbetracht seiner nachweislich abweichenden Meinung eher befremdlich wirkt. Die Vermutung liegt nahe, daß er sich als Neuankömmling auf diesem Kriegsschauplatz damit abfand, in dieser Frage Glaise den Vortritt zu lassen. Dieser wiederum dürfte zu dem Schluß gekommen sein, daß bei einer gemeinsam unterzeichneten Denkschrift die Chancen, wenigstens die eine oder andere Verbesserung durchzusetzen, größer sein, als wenn die militärischen Repräsentanten eine abweichende Meinung vertreten würden. Auch seine Überzeugung, daß die italienische Besatzungspolitik für die Zustände im Land mindestens soviel Verantwortung trug wie der Ustaschastaat sowie das gute Arbeitsverhältnis, das Glaise zum Gesandten unterhielt (*»Mit Grantigsein macht man keine Politik«*)[297] könnte ihn mit dazu bewogen haben, seine Kritik am Pavelić-Regime zurückzustellen.

Da Hitler, anders als geplant, die Denkschrift seinem Bundesgenossen Mussolini jedoch nie vorlegte[298] und die Frage einer Sicherung des Bauxitgebietes durch deutsche Truppen in Vinniza scheinbar überhaupt nicht zur Diskussion gestellt wurde[299], sollten die Septemberbesprechungen auch im Hinblick auf die deutsch-italienischen Beziehungen nur eine Verschiebung bestehender Probleme erreichen.

Ob Glaise und Löhr bei ihrem Aufenthalt in Vinniza dafür eintraten, den gerade erst hergestellten Kontakt zu den Partisanen auszubauen, geht aus den überlieferten Quellen nicht hervor; gewisse Ausführungen Hitlers könnten hier jedoch als Indiz gewertet werden. So hielt beispielsweise Glaises Stabschef von Funck in einer Notiz vom 2. Oktober fest, daß der »Führer« unter anderem moniert habe, daß straffällig gewordene Zivilisten viel zu milde abgeurteilt würden (*»Todesstrafe!«*) und außer-

---

295 ADAP, Serie E, Bd. IV, S. 1–8 Aufzeichnung für den Führer und Begleitschreiben Kasches an das Auswärtige Amt (1.10.1942).

296 Ebd. Zwei Schriftstücke, die sich in den Papieren des Botschafters Ritter finden und welche sich mit den genauen Modalitäten der »Überreichung« der Denkschrift an Hitler befassen, vermitteln ein lebendiges Bild von den Versuchen des Auswärtigen Amtes, durch eifersüchtiges Beharren auf ständig schrumpfenden Zuständigkeitsbereichen gegen die kriegsbedingte Bedeutungslosigkeit anzukämpfen; PA/AA, Handakten Ritter (Kroatien) 7644 Notiz des Botschafters Ritter (28.9.1942); ebd., Legationsrat v. Grote an Botschafter Ritter (1.10.1942).

297 Mit diesen Worten sollte Glaise im Februar 1943 die gut funktionierende Verbindung beschreiben, die er, grundsätzlichen Meinungsverschiedenheiten zum Trotz, zum Gesandten Kasche aufrechterhielt; Broucek, *General im Zwielicht*, S. 187 (Eintrag vom Februar 1943).

298 Ebd., S. 162 (Eintrag vom November 1942).

299 Nach dem in PA/AA, StS Kroatien, Bd. 3, 683 Vermerk betreffend Bauxit in Kroatien (15.9.1942) wiedergegebenen Standpunkt wäre eine mittelfristige Sicherung der Herzegowina allerdings schon an der fehlenden Truppenstärke gescheitert.

dem zu viele Gefangene gemacht würden (*»Es werden noch viel zu wenig Fest-genommene auf der Flucht erschossen.«*)[300]. Ähnliche Eindrücke hatte auch Kasche aus Vinniza mitgenommen. Obwohl für seine Nachsichtigkeit gegenüber der Ustascha geradezu notorisch, teilte der Gesandte in einem Schreiben vom 12. Oktober Staatssekretär von Weizsäcker mit, daß Hitler in Vinniza sich im Beisein von Pavelić und Löhr so vehement über die angeblich fehlende Schärfe bei der Partisanen-bekämpfung ausgelassen habe, daß zu befürchten sei, daß der »Poglavnik« dies als Aufforderung zu einer weiteren Steigerung seiner Serbenverfolgung verstanden haben könnte[301]. Auch wenn in Anbetracht der zahllosen Äußerungen, die von Hitler zum Thema fehlender »Härte« oder »Schärfe« überliefert sind, dieser Ausbruch auch ohne Hintergedanken erfolgt seien könnte, läßt die Absicht Glaises und Löhrs, die Verhandlungen mit Tito zur Sprache zu bringen, es auch zu, an eine andere Möglichkeit zu denken. So wäre es bei Hitlers altbekannter Abneigung gegenüber jeder Form von politischem Kompromiß[302], die nirgendwo deutlicher zutage trat als bei seiner Einstellung gegenüber irregulären Gegnern[303], durchaus denkbar, daß sei-ne Äußerungen vor allem dem Zweck dienen sollten, einen kaum in Gang gebrach-ten Deeskalationsprozeß auf der Stelle wieder rückgängig zu machen. Daß eine bloße Willensäußerung wie die hier beschriebene dafür ebenso gut sein konnte wie

300 BA/MA, RH 31 III/12 Notiz unter dem Stichwort »Allgemeines« (2.10.1942). Obwohl ohne Brief-kopf und Adressat, erlauben es Datum und Unterschrift Funcks, die Aufzeichnung der Besprechung von Vinniza zuzuordnen.

301 PA/AA, Gesandtschaftsakten Zagreb R 29857 Kasche an Staatssekretär v. Weizsäcker (12.10.1942).

302 Unabhängig von bereits vorhandenen Wesenszügen dürften es vor allem die Ereignisse unmittelbar vor der sogenannten »Machtergreifung« (30.1.1933) gewesen sein, die Hitler dazu bewogen, fortan in kritischen Situationen nie den Ausweg eines politischen Kompromisses zu suchen. Damals hatte sein Beharren auf der Kanzlerschaft in einer neu zu bildenden Regierung der »nationalen Einheit« zu einem Zeitpunkt Früchte getragen, an dem die meisten politischen Beobachter bereits die Ansicht vertraten, die NSDAP habe durch überzogene Forderungen ihre Chance verpaßt. Vgl. hier-zu u.a. Broucek, *General im Zwielicht*, S. 284 (Eintrag vom Oktober 1943).

303 Dr. Werner Best, der in seiner Eigenschaft als Reichsbevollmächtigter in Dänemark mehrmals mit der Forderung Hitlers, aufkeimenden Widerstand durch immer schärfere Vergeltungsmaßnahmen zu brechen, konfrontiert wurde, gab hierzu folgende Interpretation: *»Er sah grundsätzlich jeden Widerstand gegen ihn und seine Maßnahmen als rechtlich und moralisch unberechtigt, als Sakrileg gegen die rechtgläubige Sache an. Er glaubte, alle Gegner durch Gewalt und Härte abschrecken und einschüchtern zu können, weil er ihnen – da sie für keine oder für eine falsche ›Idee‹ kämpf-ten – nicht ebensoviel Charakter, Mut und Opferwillen zutraute wie sich und seinen rechtgläubigen Getreuen.«* Vgl. hierzu Siegfried Matlok (Hrsg.), *Dänemark in Hitlers Hand. Der Bericht des Reichsbevollmächtigten Werner Best über seine Besatzungspolitik in Dänemark mit Studien über Hitler, Göring, Himmler, Heydrich, Ribbentrop, Canaris u.a.* (Husum 1988), S. 130 f.

304 Bereits am 4. September hatte Paul Bader seine im kroatischen Raum stehenden Verbände darauf hingewiesen, daß *»nach einer Willensmeinung des Führers (...) jede Verhandlung mit Feinden (Kommunisten, Banden, D.M.-Banden) verboten ist«*. Vgl. BA/MA, RH 26-118/28 Betr.: Sicherung von Kroatien (4.9.1942). Auch diese Ermahnung dürfte bereits mit an Sicherheit grenzender Wahrscheinlichkeit als eine erste Reaktion auf die laufenden Verhandlungen zum Gefangenen-austausch erfolgt sein.

eine schriftliche Weisung[304], sollte sich noch vor Ende des folgenden Monats zeigen. Die Besprechungsergebnisse von Vinniza blieben weit hinter dem zurück, was für eine großflächige Befriedung des kroatischen Staates erforderlich gewesen wäre. Die einzige konkrete Maßnahme, die auf der Stelle umgesetzt wurde, bestand in der Entlassung des Kriegsministers Kvaternik und seines Sohnes Slavko im Rahmen der am 6. Oktober vorgenommenen Regierungsumbildung. Obwohl die beiden Kvaterniks in den Augen von Glaise und Kasche zu regelrechten Synonymen für die Ineffizienz (der Vater) und die Zügellosigkeit (der Sohn) des Regimes geworden waren[305], sollte sich ihre Entfernung aus dem öffentlichen Leben bald als eine kosmetische Operation erweisen, die die eigentliche Wurzel des Übels unberührt ließ. Lediglich die Verheerung ganzer Landstriche durch die Mordaktionen der Ustascha ging vorübergehend spürbar zurück[306]; die systematische Ermordung politisch und ethnisch mißliebiger verlagerte sich bis zum nächsten Sommer statt dessen auf die verschiedenen Konzentrationslager, die die kroatische Staatsbewegung unterhielt. Dies und die Ausrufung einer kroatisch-orthodoxen Kirche einige Monate zuvor[307] stellten die Hauptelemente eines völlig unzulänglichen Versuchs zur Entschärfung der für den NDH-Staat spezifischen volkstumspolitischen Problematik dar.

Als nicht weniger unzulänglich muß die Genehmigung Hitlers, die unter deutscher

---

305 ADAP, Serie E, Bd. IV, S. 479–482 Kasche an Unterstaatssekretär Luther (10.9.1942).

306 Die Zahl derer, die bis zu diesem Zeitpunkt (September/Oktober 1942) den verschiedenen Formationen der kroatischen Staatsbewegung zum Opfer gefallen waren, läßt sich schon allein aufgrund der politisch motivierten Übertreibungen jugoslawischer Darstellungen der Nachkriegszeit nur schwer quantifizieren. Politische Hintergedanken haben aber auch schon bei zeitgenössischen Schätzungen eine wesentliche Rolle gespielt. So nannte ein kroatischer Beamter moslemischen Glaubens im Juni 1942 gegenüber einer deutschen Delegation die Zahl von 50.000 Toten; vgl. PA/AA, Nl. Kasche 6.2. Bericht für den Herrn Gesandten (23.6.1942). Der serbophile Militärverwaltungschef in Belgrad schätzte dagegen in einem kurz darauf gehaltenen Vortrag für den Wehrmachtbefehlshaber Südost die Zahl der allein bis Oktober 1941 ermordeten auf 200.000; vgl. BA/MA, RW 40/32 Vortrag von Staatsrat Dr. Turner am 29.8.1942 beim WB-Südost, Generaloberst Löhr (o.D.). In einer Denkschrift, die auf eine Teilentmachtung des Pavelić-Regimes abzielte, gab Alexander Löhr unter Berufung auf Angaben der Ustascha Ende Februar 1943 schließlich eine Zahl von 400.000 an; RW 4/667 Vorschlag für notwendige politische, verwaltungsmäßige und wirtschaftliche Reformen in Kroatien nach Durchführung der militärischen Operationen (27.2.1943). Die beiden letzten Schätzungen dürften allein schon im Hinblick auf die Todesopfer sämtlicher jugoslawischer Volksgruppen für die gesamte Kriegsdauer (ca. 1,05 Mio.) deutlich zu hoch liegen. Allerdings weist auch die jüngste kroatische Historiographie noch erhebliche Diskrepanzen auf: So kommt Vladimir Zerjavic beispielsweise auf eine Gesamtzahl von ca. 76.000 Menschen; zit. bei Philip J. Cohen, *Serbia's secret war. Propaganda and the deceit of history* (College Station 1996), S. 110 f. Ivo Banac schätzt dagegen allein die bis Kriegsende in Konzentrationslagern Ermordeten auf ca. 120.000.; zit. bei Marcus Tanner, *Croatia. A nation forged in war* (New Haven u. London pb 1997), S. 152. Eine gute überblickartige Darstellung zur Geschichte des »Zahlenstreits« um die jugoslawischen Kriegstoten ist Dunja Melcic, Das titoistische Versteckspiel mit den Toten. Verhängnisvolle Folgen einer Lügen-Legende; in: Frankfurter Allgemeine Zeitung (19.3.1998), S. 10.

307 Relazione del generale Mario Roatta sulla situazione della Croazia (12.6.1942); in: Talpo, *Dalmazia II*, S. 524–532.

Führung aufgestellten und für die Ostfront bestimmten Verbände der kroatischen »Legion« in der Heimat einzusetzen, angesehen werden. Über eine gewisse militärische Entlastung hinaus war auch hiervon keine grundsätzliche Besserung der Dauerkrise des NDH-Staates zu erwarten[308].

Unterdessen hatten sich die Ereignisse in Westbosnien und der Herzegowina weiter zugespitzt. Nachdem Roatta sich zu einer kurzfristigen Sicherung des Gebietes um Mostar außerstande erklärt hatte, löste er das Problem, indem er diesen Raum einem größeren Cetnikverband unter Dobroslav Jevdjević überließ[309]. Obwohl diese Maßnahme tatsächlich dazu beitrug, den Druck der Partisanen auf das Bauxitgebiet zu beseitigen[310], offenbarte sie auch in aller Deutlichkeit die Nachteile der italienischen Cetnikpolitik. Anders als in Serbien, wo die deutsche Besatzungsmacht den vorhandenen Cetnikabteilungen in bezug auf Munitionierung und Bewegungsfreiheit die schärfsten Auflagen machte, war Roatta in Anlehnung an die Politik seines Amtskollegen Pirzio-Biroli seit Juni dazu übergegangen, in seinem Befehlsbereich operierende Cetnikverbände weitgehend unkontrolliert aufzurüsten und zu versorgen[311]. Parallel hierzu erfolgte die Aufstellung der »Milizia Voluntaria Anticomunista« (M.V.A.C.), die sich ebenfalls vornehmlich aus Nationalserben rekrutierte, aber in kleinere Verbände gegliedert war und von italienischer Seite nicht nur ausgerüstet, sondern auch besoldet und uniformiert wurde; sie waren den italienischen Divisions- bzw. Generalkommandos unmittelbar unterstellt. Dieser Versuch zur »Domestizierung« der Cetnikbewegung scheint höchstens ein Teilerfolg gewesen zu sein; die Grenze zwischen freien (bzw. DM-hörigen) Cetniks und den

---

308 Die Freiwilligenverbände der kroatischen »Legion« stellten den Beitrag des NDH-Staates zum Feldzug gegen die Sowjetunion dar. Im Herbst umfaßten sie ein Infanterieregiment (369.) sowie eine Jagdflieger- und Bomberstaffel, darüber hinaus war in Döllersheim eine Infanteriedivision in der Aufstellung begriffen. Bedingt durch den Untergang des 369. IR bei Stalingrad, kam Hitlers Befehl nur für die Infanteriedivision und den Bomberverband zur Durchführung. Vgl. hierzu PA/AA, StS Kroatien, Bd. 4, 690 Kasche an Auswärtiges Amt (11.12.1942). Ausführlicher zum kroatischen Kriegsbeitrag an der Ostfront vgl. Hans Werner Neulen, *An deutscher Seite. Internationale Freiwillige von Wehrmacht und Waffen-SS* (München 1985) sowie ders., *Am Himmel Europas. Luftstreitkräfte an deutscher Seite 1939–1945* (München 1998).

309 Talpo, *Dalmazia II*, S. 736–741.

310 In diesem Zusammenhang ist allerdings auch zu berücksichtigen, daß die westliche Herzegowina als geschlossen kroatisches Siedlungsgebiet und Hochburg der Ustaschabewegung zur Ausweitung eines noch ausschließlich serbischen Aufstandes eher ungeeignet war. Soweit nachvollziehbar, war ein weiteres Vordringen der 1. Proletarischen Brigade in Richtung Mostar daher auch gar nicht vorgesehen; Befragung von Dr. Vladimir Velebit in Zagreb (9. und 10. Mai 1998).

311 Talpo, *Dalmazia II*, S. 431–456. Nach Angaben seines Operationsoffiziers Giacomo Zanussi ließ Roatta in seiner Zeit an der Spitze der 2. Armee den Cetniks des NDH-Staates an die 30.000 Gewehre und 500 Maschinengewehre zukommen; sein Nachfolger Robotti ließ bis zur endgültigen Einstellung solcher Lieferungen im Juni/Juli 1943 noch weitere 6.000 Gewehre und 350 Maschinengewehre folgen; vgl. hierzu Verna, *Italian rule*, S. 467.

M.V.A.C-Verbänden scheint, je nach den örtlichen Bedingungen, recht fließend gewesen zu sein[312], was sich allein schon daran ablesen läßt, daß beide Formationen in italienischen Auflistungen mitunter noch nicht mal getrennt aufgeführt wurden. Auch die nachträgliche »Adelung« eines nachweislich selbständigen Cetnikverbandes mit dem Etikett M.V.A.C. ist in mindestens einem Fall vorgekommen[313]. Sowohl die Stärke dieser Einheiten (im September 1942 ca. 22.000 Bewaffnete)[314] als auch die leicht zu ersehende Tatsache, daß die meisten ihrer Führer sich mittlerweile Draža Mihailović untergeordnet hatten und ihm zum Aufbau einer neuen Hausmacht im montenegrinisch-herzegowinischen Raum verhalfen[315], waren für deutsche Dienststellen Grund genug, dieser Form von Kollaborationspolitik skeptisch bis ablehnend gegenüberzutreten[316]. Im vorliegenden Fall waren es Massaker an der kroatischen Bevölkerung zu beiden Seiten der Neretva sowie schwerwiegende Eingriffe in den Straßen- und Bahnverkehr zwischen Metkovic, Mostar und Konjic, die das Eingreifen des Jevdjević-Verbandes zu einem Fiasko werden[317] und Kasche erneut argwöhnen ließen, Hintergrund einer solchen Vorgehensweise könne nur eine zum Nachteil des NDH-Staates methodisch betriebene Destabilisierungspolitik sein[318]. Noch bevor die zur endgültigen Freikämpfung des Bauxitgebietes durchgeführte Operation »Dinara« (Phase »Alfa«, 5. bis 9. Oktober) eine erneute Bestätigung dieser Erkenntnisse brachte, sah Roatta sich gezwungen, eine gewisse *»Unbotmäßigkeit«* seiner Bundesgenossen einzuräumen und ihren Rückzug auf das östliche Neretvaufer ins Auge zu fassen[319]; die Aufstellung als Gegengewicht zu den Cetniks gedachter antikommunistischer moslemischer Milizen, die die 2. Armee bald darauf im Sandžak und Südostbosnien einleitete, dürfte als direkte Folge dieses

---

312 Vgl. hierzu Sunto del colloquio col voivoda Trifunovic del 10 settembre 1942 (o.D.) in: Talpo, *Dalmazia II*, S. 828–831. Aus diesem Protokoll einer Besprechung mit dem Cetnikführer Trifunović-Brčanin geht klar hervor, daß dieser die 3.200 M.V.A.C.-Cetniks im Bereich des XVIII. AK noch nicht mal als nominell italienisch befehligte Truppen ansah.

313 Davide Rodogno, *Le politiche d'occupazione dell'Italia fascista nei territori dell'Europa mediterranea conquistati durante la Seconda Guerra Mondiale* (Phil. Diss., Universite de Geneve 2001), S. 313–319.

314 Talpo, *Dalmazia II*, S. 738 f.

315 Ausführlicher zu dieser entscheidenden Phase in der Entwicklungsgeschichte des nationalserbischen Widerstandes: Milazzo, *Chetnik Movement* 90-103; Tomasevich, *The Chetniks* 209-219.

316 BA/MA, RH 26-118/28 Bericht über die am 4.9.42 stattgefundene Unterredung mit dem Cetnik-Kommissar Jeftevic. In dieser Besprechung lehnte die (durch zwei Majore vertretene) 718. ID Jevdjevićs Angebot ab, den Bereich zwischen Demarkationslinie und der Bahnlinie Sarajevo-Višegrad als »Sicherungsabschnitt« zu übernehmen. Die einzige Übereinkunft, die erzielt werden konnte, betraf die gegenseitige Benachrichtigung bei Truppenbewegungen der Partisanen über die Demarkationslinie.

317 PA/AA, StS Kroatien, Bd. 7, 689 Kasche an Auswärtiges Amt (6.10.1942, 21.30 h und 22.30 h).

318 ADAP, Serie E, Bd. IV, S. 49–51 Kasche an Auswärtiges Amt (8.10.1942).

319 Ebd. und PA/AA, StS Kroatien, Bd. 4, 689 Kasche an Auswärtiges Amt (16.10.1942).

320 PA/AA, StS Kroatien, Bd. 4, 690 Kasche an Auswärtiges Amt (20.11.1942).

Debakels zu werten sein[320]. Der folgende Operationsabschnitt (Phase »Beta«, 21. bis 24. Oktober), der mit der Rückeroberung Livnos endete, wurde mit nur noch geringer Beteiligung der nationalserbischen Hilfstruppen durchgeführt. Immerhin konnte ein deutscher Beobachter am 28. Oktober konstatieren, in den Bauxitgebieten scheine »*nun eine sehr wesentliche Entspannung eingetreten zu sein*«[321].

Weiter westlich sah sich die 714. ID derweil mit weiteren Versuchen Titos konfrontiert, sein befreites Gebiet auf den deutschen Besatzungsraum auszudehnen. Am 24. September erreichten den Stab der Nachbardivision die ersten Meldungen über die Einnahme der knapp nördlich der Demarkationslinie liegenden Kleinstadt Jajce. Die Wiedereinnahme (4. Oktober) erforderte den viertägigen Einsatz zweier Kampfgruppen in Regimentsstärke, wobei der Versuch einer Einkesselung am harten Widerstand des Gegners scheiterte[322]. Auch bei der »Säuberung« des Gebiets südlich der Stadt (»Jajce II«) konnten keine entscheidenden Ergebnisse erzielt werden. Der Einsatz der beteiligten NDH-Verbände erbrachte zudem eine Bestätigung bereits bekannter Erfahrungen, was vor dem Hintergrund der Abgeschiedenheit des Ortes wenig Gutes für die Zukunft verhieß: »*Die Anwesenheit eines kroatischen Truppenteils in einem von deutschen Truppen weit entfernten Orte ist für Cetniks wie Partisanen geradezu ein Anreiz geworden, sich hier auf bequeme Weise Waffen zu verschaffen.*«[323] Erwähnenswert ist noch, daß der Kommandeur der 718. ID seinen Abschlußbericht über das Unternehmen zum Anlaß nahm, die Führung darauf hinzuweisen, daß in seiner Division nach bald anderthalbjährigem Bosnieneinsatz nur einige zu diesem Zweck gebildete »Gebirgskompanien« über richtige Bergstiefel verfügten[324].

Obwohl die Kämpfe um Jajce deutlich gemacht hatten, daß Titos Partisanen auch nicht vor einer immer offener ausgetragenen Konfrontation mit der deutschen Wehrmacht zurückschreckten, sollte sich die weitere Expansion des kommunistischen Staatsgebildes vornehmlich noch südlich der Demarkationslinie abspielen. So leitete die Führung der Volksbefreiungsarmee als nächstes eine Großoperation mit sieben Brigaden ein, die durch die Eroberung Bihaćs und des oberen Unatals eine dauerhafte Verbindung zwischen dem befreiten Westbosnien und den kroatischen Unruhegebieten Lika, Kordun und Banija herstellen sollte. Nachdem Bihać nach zweitägigen Kämpfen bereits am 4. November gefallen war, folgten in den nächsten

---

321 ADAP, Serie E, Bd. IV, S. 194 f. Aufzeichnung ohne Unterschrift (28.10.1942).
322 BA/MA, RH 26-118/29 Abschluß- und Erfahrungsbericht über das Unternehmen Jajce im Okt. 42 (12.10.1942).
323 Ebd.
324 Ebd.
325 Historical Atlas, *The offensive of Proletarian and Shock Brigades to Western Bosnia and the Bihac operation in 1942* (ohne Pag.).

11 Tagen noch Slunj, Bosanska Krupa, Velika Kladusa, Otoka und Cazin[325]. Einheiten der 2. Armee, die den zahlenmäßig unterlegenen Domobranen[326] hätten beistehen können, traten während dieser Kämpfe nicht in Erscheinung. Eine besondere Bedeutung kam diesem Sieg nicht nur durch den erzielten strategischen Erfolg und den Umfang der gemachten Beute[327], sondern auch durch die Tatsache zu, daß Bihać die bei weitem größte Stadt war[328], die der NDH-Staat bis dahin an die Partisanen verloren hatte. Da mit diesem Erfolg der größte Teil der serbischen Siedlungsgebiete Westkroatiens zu einem kommunistisch regierten Staatswesen zusammengefaßt worden waren, hätte eine winterliche Gefechtspause zur Konsolidierung der eigenen Position die naheliegende Folge sein müssen. Statt dessen sollte sich auch während der letzten sechs Wochen des Jahres zeigen, daß die Volksbefreiungsarmee weit davon entfernt war, sich durch Geländegewinne zu einer defensiven Grundhaltung verleiten zu lassen.

Paradoxerweise hatte die Intensivierung der Kampfhandlungen keinen Abbruch, sondern vielmehr eine Belebung der im August zwischen Deutschen und Partisanen hergestellten Kontakte zur Folge. Anfänglich war dies nur eine Folge der Bemühungen, mehrere bei der Einnahme von Jajce (24. September) in Gefangenschaft geratene Deutsche und Kroaten freizubekommen. Wie auch schon im August, nutzten beide Seiten dann die Gelegenheit, im Laufe der in diesem Zusammenhang geführten Gespräche auch sehr viel weitreichendere Fragen zu erörtern. So scheint vor allem die bereits drei Monate zuvor angeschnittene Frage der ungestörten Ausbeutung der Ressourcen des Landes durch die Besatzungsmacht Thema ausführlicher Erörterungen gewesen zu sein. Der Ic des Kommandierenden Generals hielt am 30. Oktober hierzu folgende Eindrücke fest: »*Tito hält eine wirtschaftliche Zusammenarbeit der Partisanen als gleichberechtigte Partner mit Deutschland auch im jugoslawischen Raum durchaus für möglich.*«[329]

Der Gedanke dieser »Gleichberechtigung« scheint bis zum Tag des Gefangenenaustauschs (17. November) immerhin schon so ausgereift gewesen zu sein, daß einer der Unterhändler der Partisanenseite, der Agramer Anwalt Dr. Vladimir Velebit, diese Gelegenheit wahrnahm, um der deutschen Seite in aller Form die Anerkennung der Volksbefreiungsarmee als legale kriegführende Macht und eine beiderseitige Respektierung der Haager Landkriegsordnung vorzuschlagen[330]. Ein erfolgloser

---

326 Ebd., gibt die Zahl der kroatischen Verteidiger mit 4.500 an; ihnen gegenüber standen 6.900 Partisanen.
327 Nach Dedijer, *War Diaries I*, S. 369 (Eintrag vom 5.11.1942) wurden unter anderem eine Million Schuß Gewehrmunition erbeutet.
328 Djilas, *Wartime*, S. 208 nennt in diesem Zusammenhang die Zahl von 15.000 Einwohnern.
329 BA/MA, RH 26-114/14 Die kommunistische Aufstandsbewegung im Raum des ehemaligen Jugoslawien (30.10.1942).
330 Befragung von Dr. Vladimir Velebit in Zagreb (9. u. 10.5.1998).

Versuch von Löhrs Stabschef Foertsch, Ende Dezember bei einem Besuch im OKW dieses Thema zur Sprache zu bringen, war mit hoher Wahrscheinlichkeit auf diese Initiative zurückzuführen[331]. Da, anders als bei den ersten Austauschverhandlungen, für diesen Fall keine Bemerkung Hitlers überliefert ist, liegt die Vermutung nahe, daß Keitel und Jodl in Anbetracht der vorhersehbaren Reaktion des »Führers« von einer Weiterleitung des Foertschen Vorschlags absahen.

Ein weiteres Politikum des Herbst 1942 war die auffallende Häufigkeit und Offenheit, mit der die politischen Gründe des tobenden Konflikts im Schriftverkehr deutscher Dienststellen diskutiert wurden. Auch wenn es sich hierbei um eine rein zufällige Häufung handeln kann, drängt sich dem Betrachter doch der Schluß auf, daß sich in den auf die enttäuschende Vinnizabesprechung folgenden Wochen ein lange aufgestauter Unmut nun endlich seine Bahn brach. Den Anfang machte am 30. September eine Zehntagemeldung des Kommandierenden Generals, in der die Lage in den Gebieten nördlich der Save beschrieben wurde. Um möglichen Mißverständnissen vorzubeugen, sei darauf hingewiesen, daß die hierbei angewandte NS-Diktion sich auf die Staatsbewegung eines verbündeten Mitgliedes des Dreimächtepakts bezog: *»Ausrottung und Ausplünderung der recht- und schutzlosen serbischen Bevölkerung sind die Ziele des sich hier austobenden Untermenschentums. Die Zustände treiben auch dem Kommunismus fernstehende Bevölkerungsteile in die Wälder.«*[332] Als nächster legte der Polizeiattaché dem Gesandten mit Datum vom 10. Oktober eine Beschwerde des Ustascha-Amtswalters aus Prnjavor (50 km südlich Agrams) vor, die Äußerungen gerade eingetroffener deutscher Truppen zum Gegenstand hatte. Diese hätten die Kroaten im allgemeinen und die Ustascha im besonderen wiederholt als minderwertig bezeichnet; zur näheren Erläuterung hieß es, *»diese deutschen Einheiten seien aus Serbien gekommen, wo sie viel besser gelebt und die Serben als bessere Freunde gehalten hätten«*[333]. Am 23. Oktober war die Reihe dann mal wieder am Kommandeur der 718. ID, dem deutschen Militärbeauftragten in Agram sein Herz auszuschütten: *»(...) dann kann der deutschen Truppe nicht zugemutet werden, daß sie in den von der Ustascha besetzten Gebieten durch ihre Anwesenheit ein derartiges Vergehen deckt. Die Bevölkerung schenkt sowieso dem vielfach ausgesprengten Gerücht, daß die Ustascha bei ihren eigenartigen Kampfmethoden im Auftrag der deutschen Wehrmacht handle, Glauben.«*[334] Eine wenige Tage später nachgereichte Tagesmeldung desselben Verbandes rundete das Bild

---

331 K.W. Böhme, *Die deutschen Kriegsgefangenen in Jugoslawien 1941–1949* [= Zur Geschichte der deutschen Kriegsgefangenen des Zweiten Weltkriegs, Bd. I/1, hrsg. von Erich Maschke] (München 1962), S. 373.

332 BA/MA, RH 26-114/12 Kommandierender General und Befehlshaber in Serbien Ia, Lagebericht für die Zeit vom 21.9.–30.9.1942 (30.9.1942).

333 PA/AA, Gesandtschaftsakten Zagreb 66/2, Polizeiattaché an Gesandten (10.10.1942).

334 PA/AA, Gesandtschaftsakten Zagreb 66/3, Generalmajor Fortner an den Deutschen General in Agram (23.10.1942).

noch ab: »*Aufstandsaktionen bei und ostwärts Rogatica durch Verhalten der Ustascha hervorgerufen, die, solange sie in der Mehrzahl ist, tapfer raubt, mordet und plündert, wenn sie sich jedoch gleich starkem oder stärkerem Feind gegenüber sieht, sich feige zurückzieht und erwartet, daß durch Einsatz deutscher Truppe Lage wieder so hergestellt wird, daß sie erneut ihrer alten Tätigkeit nachgehen kann.*«[335] Daß solche Ansichten nicht nur auf die kämpfende Truppe beschränkt waren, zeigt schließlich ein Schreiben, in dem Kriegsverwaltungsrat Sauer-Nordendorf am 20. November dem Kommandierenden General über seine soeben beendete Detachierung zum Stab Glaise von Horstenaus in Agram berichtete. Während er die Tätigkeit des Gesandten Kasche zwar in einer äußerst kritischen, aber durchaus noch um Sachlichkeit bemühten Diktion beurteilte, vermochte er in der Ustaschamiliz nichts weiter als »*eine staatlich konzessionierte Räuberbande*« zu sehen[336].

Eingedenk Hitlers Intervention vom 12. Juni ist es um so bemerkenswerter, daß diese Stimmung nicht nur in bloßen Unmutsäußerungen, sondern auch in einer zuneh-menden Verhärtung der Einstellung von Baders Truppen zur Ustascha ihren Niederschlag fand. So ist beispielsweise für den 21. Oktober ein Befehl des Kommandierenden Generals überliefert, in dem er die Panzerabteilung der 714. ID anweist, bei ihrem Aufklärungsvorstoß im Raum Kostajnica »*jeden Plünderer (Ustascha)*« zu erschießen[337]. Wenige Tage später kam es gar zu einer Wiederholung des Vorfalls vom Juni, als deutsche Truppen erneut eine Kompanie Ustascha entwaffneten und zehn des Massenmordes und der Meuterei beschuldigten und einem (scheinbar deutschen) Standgericht überlieferten[338]. Da aus den vorliegenden Quellen nicht hervorgeht, ob Baders Befehl konkrete Folgen oder die Verhaftungsaktion ein politisches Nachspiel hatte, ist es praktisch unmöglich zu ermitteln, ob dieser scheinbaren Wende ein Versuch zur Selbsthilfe oder ein Wink aus Saloniki zugrunde lag. Eine kausale Verbindung zwischen dem Bescheid, den Löhr aus Vinniza mitgebracht hatte (»*Gegen die Serbenmorde wird eine Unterstützung von oben nicht zugesagt*«)[339], und den genannten Vorfällen erscheint jedenfalls, obwohl nicht beweisbar, geradezu zwingend. Allerdings wäre es falsch, in diesen Ereignissen den Beginn eines dauerhaften und grundlegenden Wechsels zu sehen. Obwohl rigoroses Vorgehen gegen die Ustascha im Felde auch bloß aufgrund mündlicher Befehle denkbar gewesen wäre und auch die restlose physische Eliminierung klei-

---

335 PA/AA, Gesandtschaftsakten Zagreb 66/2, Der Deutsche General in Agram an den Gesandten (30.10.1942).
336 BA-Lichterf., R 26 VI/701 Kriegsverwaltungsrat Sauer-Nordendorf an den Kommandierenden General (20.11.1942).
337 BA/MA, RW 40/34 Funkspruch des Kdr. Gen. an 714. ID (21.10.1942).
338 BA/MA, RH 26-114/14 Lagebericht des Kdr. Gen. für die Zeit vom 30.10.–8.11.1942 (9.11.1942). Der Bericht macht leider weder über Ort und Datum der Festnahme noch über die Einheit, die diese durchführte, irgendwelche Angaben.
339 BA/MA, RW 40/34 Chefbesprechung Saloniki (2.10.1942).

nerer Trupps nicht ausgeschlossen werden kann, so scheint es doch mehr als unwahrscheinlich, daß die Kunde von einer solchen Kehrtwende früher oder später nicht auch Agram erreicht hätte und somit zum Politikum geworden wäre. Es ist daher anzunehmen, daß es sich hier um durch besondere Umstände ermöglichte Einzelfälle gehandelt hat, die keine Schule machten.

Weder anhaltende Kontakte zur Partisanenführung noch eine zunehmende Konfliktbereitschaft gegenüber der Ustascha konnten freilich darüber hinwegtäuschen, daß die deutsche Besatzungsmacht im Herbst nach wie vor mit einer politisch völlig verfahrenen Situation konfrontiert war, die praktisch nur noch den Rückgriff auf Maßnahmen militärischer oder auch rein repressiver Natur zuließ. Letzter Fall trat ein, als Alexander Löhr den am 18. Oktober ergangenen»Kommandobefehl« für seinen Befehlsbereich mit einem Zusatz versah, der mit an Sicherheit grenzender Wahrscheinlichkeit auf Hitlers in Vinniza ausgesprochene »Anregung« zurückzuführen war. Die darin enthaltenen Ausführungen über das rechtlich nicht abgedeckte Handeln des Freischärlers im allgemeinen gipfelten in dem Satz *»Erst wenn jeder Aufständische weiß, daß er in keinem Falle mit dem Leben davonkommt, ist zu erwarten, daß die Besatzungstruppen Herr jeder Aufstandsbewegung werden.«*[340] Inwiefern Löhr im vorliegenden Fall aus vorauseilendem Gehorsam oder aus innerer Überzeugung handelte, kann anhand der vorliegenden Quellen nicht mit letzter Sicherheit gesagt werden. Immerhin hatte er auch schon auf seiner ersten Rundreise durch seinen Befehlsbereich Anlaß gesehen, im Kampf gegen den irregulären Gegner besondere *»Härte und Rücksichtslosigkeit«* anzumahnen[341]. Die insbesondere von Fortner und Bader seit März unternommenen Versuche, durch verschiedene, deeskalierend wirkende Maßnahmen den Gegner vom Kampf bis zur letzten Patrone abzuhalten und vielleicht sogar zum Überlaufen zu motivieren, waren somit auf einen Schlag zunichte gemacht worden.

Eine weitere Veränderung, die direkt auf die Besprechung von Vinniza zurückzuführen war, betraf den Oberbefehl über die auf kroatischem Gebiet dislozierten deutschen und kroatischen Truppen. Die von Pavelić dort vorgeschlagene Aufteilung des Befehlsbereichs des Kommandierenden Generals in Belgrad war insofern eine naheliegende Maßnahme, als das administrative Zentrum deutscher Kriegführung in der Region nach wie vor in Belgrad lag, der Schwerpunkt der Operationen sich aber schon seit längerer Zeit auf das Gebiet des NDH-Staates verlagert hatte. Nachdem Löhrs Vorschlag, dem deutschen Militärbeauftragten in Agram auch die operative

---

340 BA/MA, RH 19 XI/7 Zusätze W.-Bfh. Südost (28.10.1942).
341 BA/MA, RH 20-12/149 Aktennotiz über Reise OB nach Belgrad und Agram vom 28.8.–1.9.42 (2.9.1942).

Kriegführung in seinem Befehlsbereich zu übertragen, am Einspruch Hitlers scheiterte[342], wurde Generalleutnant Rudolf Lüters mit Wirkung vom 16. November zum »Befehlshaber der deutschen Truppen in Kroatien« ernannt. Hiermit zeichnete sich aber gleich ein neues Problemfeld ab, weil der dienstältere Lüters Glaise, der seit dem 1. November als »Deutscher Bevollmächtigter General in Kroatien« die Befugnisse eines Wehrkreisbefehlshabers ausübte, in territorialer Hinsicht unterstellt war[343]. Die wichtigste Änderung, die an diesem Tag in Kraft trat, betraf jedoch das Verhältnis zum kroatischen Bundesgenossen. Nach dem Wortlaut früherer Dienstanweisungen war jeder Einsatz der kroatischen Streitkräfte – da Waffenträger einer verbündeten Macht – unter Einschaltung der Dienststelle des Deutschen Generals in Agram anzufordern[344]; der von deutscher Seite dann ausgeübte Oberbefehl war primär Ausdruck der deutschen Vormachtstellung und zudem auf bestimmte Operationsgebiete und/oder zeitliche Abschnitte beschränkt[345]. Ein Versuch Baders und Glaise von Horstenaus, diesen wenig zweckmäßigen Zustand durch eine Erklärung des gesamten kroatischen Staates zum Operationsgebiet zu beenden, war am 7. September 1942 am Widerstand von Pavelić und des älteren Kvaternik gescheitert[346].

Löhr beschloß daraufhin, das Thema bei seinem Besuch im Führerhauptquartier zur Sprache zu bringen[347]; obwohl über die diesbezüglich geführten Gespräche keine Aufzeichnungen zu existieren scheinen[348], legen die Formulierungen, mit denen der neue Aufgabenbereich Lüters umrissen wurde, die Vermutung nahe, daß die Frage

---

342 Vgl. PA/AA, StS Kroatien, Bd. 4, 689 Notiz des Botschafters Ritter (10.10.1942) sowie Broucek, *General im Zwielicht*, S. 165 (Eintrag vom November 1942), wonach Hitler vermeiden wollte, daß Glaise sich »*durch den Partisanenkrieg vorzeitig abnütze*«. Die Sorge, die Glaise davor hatte ohne vorherige Aussprache zum neuen Befehlshaber ernannt zu werden, war somit grundlos; siehe hierzu BA/MA, RH 31 III/12 Glaise an OKW (16.10.1942); bemerkenswert an diesem Fernschreiben ist die Tatsache, daß Glaise den drohenden Kompetenzkonflikt zwischen seiner und der neu einzurichtenden Dienststelle zum Anlaß nahm, hier zum ersten Mal in aller Form seinen Rücktritt anzubieten.

343 Broucek, *General im Zwielicht*, S. 164 (Eintrag vom November 1942). Verstärkt wurde das Problem dadurch, daß Lüters bereits am 1. Januar 1943, Glaise jedoch erst am 1. September 1943 zum General der Infanterie befördert wurde; dennoch erwähnt Glaise in seinen Aufzeichnungen der folgenden Monate keine größeren Schwierigkeiten im Umgang mit Lüters.

344 Vgl. hierzu Hitlers Befehl vom 16. September 1941 zur Niederschlagung des Aufstandes im Südostraum, der auf die Notwendigkeit hinweist, »*im Benehmen mit der kroatischen Regierung*« vorzugehen. Vgl. hierzu BA/MA, RH 24-18/87 Der Führer und Oberste Befehlshaber der Wehrmacht an den Mil. Bef. in Serbien (16.9.1941).

345 BA/MA, RW 40/33 KTB-Eintrag vom 2.9.1942: »*Es herrsche in Kreisen der kroat. Regierung große Erregung über Befehl der 718. ID, wonach alle kroat. Verbände in ihrem Bereich der Div. unterstellt sind. Chef veranlaßt, daß der Befehl aufgehoben wird.*«

346 BA/MA, RW 40/33 KTB-Eintrag vom 7.9.1942; Broucek, *General im Zwielicht*, S. 510 (Eintrag vom Januar 1945).

347 BA/MA, RH 20-12/150 Generaloberst Löhr an den Deutschen General in Agram (13.9.1942).

348 Der Eintrag im Kriegstagebuch des OKW über Löhrs Vortrag vom 17. September 1942 erwähnt diese Frage mit keinem Wort; vgl. KTB OKW, Bd. II.2, S. 734–736 (Eintrag vom 17.9.1942).

ganz im Sinne des Wehrmachtbefehlshabers Südost gelöst wurde. In einem ersten Entwurf, der noch von der Konzentrierung aller operativen und militärdiplomatischen Fragen in einer Dienststelle (»Der Deutsche Kommandierende General in Kroatien«) ausgegangen war, wurde die Zusammenarbeit nach wie vor als der anzustrebende Regel-, die Unterstellung als Ausnahmefall dargestellt[349]; die endgültige Fassung sprach dagegen schon von der Unterstellung *alle(r) im deutschbesetzten Teil Kroatiens liegenden Truppenteile und bewaffneten Verbände der kroatischen Wehrmacht, soweit diese zur Erfüllung seiner Aufgaben notwendig sind*[350]. Als optische Konzession an den Verbündeten wurden in Anlehnung an die bisherige Praxis seine Streitkräfte formell nicht Lüters, sondern dem Bevollmächtigten General unterstellt, bei dem ihr Einsatz nach wie vor zu beantragen war[351]; darüber hinaus wurde dem kroatischen Generalstab eine *»begrenzte Zusammenarbeit«*[352] zugestanden.

An deutschen Truppen konnte Lüters am Tage seines Dienstantritts über folgende Verbände verfügen: die 714. ID lag im westbosnischen, die 718. ID im ostbosnischen Raum, während die in diesen Tagen gerade eingetroffene 187. Reservedivision (Generalmajor Josef Brauner von Haydringen) in der Umgebung von Agram disloziert war. Ein den syrmischen Raum sicherndes Regiment der 717. ID war vom Kommandierenden General in Belgrad »entliehen« und Lüters daher nur taktisch unterstellt. Die Reservedivision war in erster Linie für den Objektschutz sowie als »Ausbildungshilfe« für das kroatische Heer gedacht; über diesen Verband durfte Lüters daher nur bei drohender Gefahr verfügen[353]. Die mit der Verlegung der Reservedivision verbundene Hoffnung, daß die bloße Anwesenheit deutscher Truppen schon ausreichen würde, um ein bestimmtes Gebiet frei von Partisanen zu halten, sollte jedoch bald enttäuscht werden[354]. Eine gewisse Erleichterung sollte Lüters' Aufgabe allerdings durch die zwischenzeitlich mit Roatta getroffene Absprache über das Operieren deutscher Einheiten in der Zone III erfahren[355]; eine am 18. Oktober vereinbarte Ergänzung dieses Abkommens regelte zudem die dau-

---

349 BA/MA, RH 31 III/12 Dienstanweisung für den »Deutschen Kommandierenden General in Kroatien« (o.D.).
350 BA/MA, RH 20-12/151 Dienstanweisung für den Befehlshaber der deutschen Truppen in Kroatien (28.10.1942).
351 BA/MA, RH 31 III/11 Der Bev. General in Kroatien an den OB Südost (19.6.1943). Die entsprechende Vereinbarung wurde am 10. November 1942 zwischen Glaise und Pavelić ausgehandelt.
352 Ebd.
353 Zur deutschen Truppendislozierung im Spätherbst 1942 siehe u.a. PA/AA, StS Kroatien, Bd. 4, 690 Kasche an Auswärtiges Amt (11.12.1942).
354 BA/MA, RH 20-12/153 Lagebeurteilung W.-Bfh. Südost, November 1942 (29.11.1942).
355 BA/MA, RW 40/34 KTB-Eintrag vom 2.10.1942. Vgl. außerdem die RH 26-114/13 beiliegende Standortkarte der 714. ID, in der bereits mit Datum vom 30. September 1942 ein Bataillon (III./741) südlich der Demarkationslinie (zwischen Kljuc und Previja) angegeben ist.
356 BA/MA, RW 40/34 Der Kdr. Gen. an die 714. und 718. ID (18.10.1942).

erhafte Besetzung von Ortschaften südlich der Demarkationslinie[356].

Lüters' Dienstantritt stand ganz im Zeichen der durch die zweite Alameinschlacht eingeleitete und die Landung in Französisch-Nordafrika besiegelte Kriegswende im Mittelmeerraum. Vor diesem Hintergrund gewann auch das seit September besprochene Projekt einer Großoperation gegen die Schwerpunkte der kommunistischen und nationalserbischen Freischärlerbewegungen[357] an Bedeutung. Als Zielgebiete boten sich hierfür sowohl der neue Schwerpunkt der D.M.-Organisation in Montenegro und der östlichen Herzegowina als auch das »Partisanenreich«[358] in Westbosnien an. Während ersteres Gebiet sich aufgrund seiner geographischen Lage einer alliierten Landungsflotte als geradezu optimales Einfallstor anbieten mußte[359], schien die politische und militärische Bedrohung, die vom stetig expandierenden Titostaat ausging, nach Einschätzung des Oberbefehlshabers Südost im Herbst 1942 sogar geeignet, den NDH-Staat auch ohne Hilfe von außen zum Einsturz zu bringen[360].

Der Ernst der Lage wird nicht zuletzt dadurch gut dokumentiert, daß auch die kroatische Führung, in dessen Interesse es hätte liegen können, die Situation aus politischen Gründen herunterzuspielen, nicht davor zurückscheute, die Initiative zu ergreifen. In einem Gespräch, das sie am 20. November mit dem deutschen und italienischen Militärbeauftragten führten, drängten der Außenminister Lorković und der Stabschef Prpic nicht nur auf verstärkte Ausrüstungshilfe, sondern auch auf eine möglichst bald (erste Dezemberdekade) durchzuführende Großoperation gegen die nördlichsten Ausläufer des befreiten Gebietes im Kordun und der Banija. Nachdem diese unmittelbare Bedrohung der Hauptstadt ausgeschaltet sei, könne dann mit Frühjahrsbeginn die Hauptoperation gegen den westbosnischen Raum eingeleitet werden[361].

Soweit nachvollziehbar, scheint Hitler seiner Sorge über diese offene Flanke in ausführlicher Form erstmals am 7. Dezember 1942 Ausdruck gegeben zu haben[362]. Obwohl sein Augenmerk zu diesem Zeitpunkt vor allem der Möglichkeit einer Landung im südgriechischen Raum (insbesondere dem italienischen Dodekanes) galt[363], mußte das Potential der beiden jugoslawischen Widerstandsbewegungen

357 PA/AA, Handakten Ritter (Kroatien) 7644 Aufzeichnung von Ribbentrops (24.9.1942).
358 Von Glaise geprägter Begriff für den Titostaat südlich der Demarkationslinie: BA/MA, RH 31 III/3 Privatbrief Glaise an Löhr (16.11.1942).
359 So jedenfalls die Einschätzung beim Wehrmachtbefehlshaber Südost: BA/MA, RH 20-12/431 Chefbesprechung vom 7. Dezember 1942.
360 So z. B. die Quintessenz von Löhrs Vortrag bei Hitler im September: KTB OKW, Bd. II.1, S. 734 f. (17.9.1942).
361 Relazione del colonnello Gian Carlo Re, capo della Missione militare italiana a Zagabria, su una riunione con il ministro croato Lorkovic, li generale tedesco Glaise Horstenau, ed il generale croato Pripic per una azione comune contro i partigiani (20.11.1942) in: Talpo, *Dalmazia II*, S. 914–920.
362 KTB OKW, Bd. II.2, S. 1092 (7.12.1942).
363 Ebd.

schon allein aufgrund der Nähe ihrer Machtzentren zur Bahnlinie Agram–Belgrad–Niš, bei einer Landung im griechischen Raum zu einer tödlichen Gefahr für die Nachschublinien der Besatzer werden.

Die politische Dimension dieser strategischen Umorientierung ergab sich aus der Lage beider Aufstandsgebiete südlich der Demarkationslinie sowie der schieren Größe des kommunistisch beherrschten Territoriums[364]; eine Wiederaufnahme der direkten Zusammenarbeit mit der 2. Armee, die allen Beteiligten vom Frühjahr her noch in unguter Erinnerung war, würde sich also kaum vermeiden lassen. Anders als am Vorabend der »Trio«-Operation war diesmal allerdings nicht zu befürchten, daß Roatta oder seine Vorgesetzten in Rom ein solches Unternehmen zur Verschiebung der Demarkationslinie bzw. zur faktischen Beseitigung des kroatischen Staates benutzen würden. Die Frage nach dem gemeinsamen Oberbefehl und der gegenüber den nationalserbischen Aufständischen einzunehmenden Haltung war jedoch aktueller denn je. So hatte beispielsweise der Kommandeur der 718. ID trotz der an sich positiven Erfahrungen, die sowohl er als auch seine Nachbardivision seit Juli im Umgang mit den bosnischen Cetniks gemacht hatten, wiederholt darauf hingewiesen, daß die umfassende Entwaffnung aller Cetniks beiderseits der Demarkationslinie das anzustrebende Endziel bleiben müsse. Fortners Hauptaugenmerk richtete sich hierbei jedoch vor allem auf die von Roatta ausgerüsteten Großverbände, die für die im deutschen Bereich operierenden Gruppen Führungszentrale, Waffenarsenal und Ersatzheer darstellten; ihre Zerschlagung, so Fortner weiter, würde auf die Moral der Gruppen nördlich der Demarkationslinie eine »lähmende« Wirkung ausüben[365].

Noch im November sollte sich jedoch zeigen, daß die deutsche Seite sich kaum den Luxus leisten konnte, Roattas so stark kritisierte Politik des »divide et impera« in Bausch und Bogen abzulehnen: Eine Weisung Löhrs vom 28. Oktober, die Entwaffnung der Cetniks nördlich der Demarkationslinie bei den ersten Anzeichen »feindlicher Gesinnung« umgehend einzuleiten[366], brachte ihm eine schon fast väterliche Belehrung von Glaise (»Es läßt sich eben weder militärisch noch politisch zwischen Kirkenes und dem Äquator und zwischen Casablanca und dem Ural alles auf

---

364 Gegen Ende 1942 umfaßte das befreite Gebiet praktisch die gesamte Zone III zwischen Karlovac und Glamoč sowie nördliche Randgebiete der Zone II; BA/MA, RH 20-12/153 Lagebeurteilung W.-Bfh. Südost November 1942 (29.11.1942). In einem Tagebucheintrag vom 24. Dezember schätzte der Politoffizier Vladimir Dedijer den Umfang des kommunistisch kontrollierten Gebietes auf 48.000 Quadratkilometer, was in etwa der Größe der heutigen Slowakei (49.036 km^2) entsprechen würde; vgl. Dedijer, *War Diaries II*, S. 29 (Eintrag vom 24.12.1942). Eine deutsche Schätzung aus demselben Zeitraum geht hingegen von maximal 25.000 Quadratkilometern aus; BA/MA, RH 24-15/2 Bfh. d. dt. Tr. i. Kroat., Ia, Lagebeurteilung vom 17.–26.12.1942 (o.D.).

365 BA/MA, RH 26-118/29 Fortner an Kdr. Gen. (13.11.1942).

366 BA/MA, RH 20-12/139 KTB-Eintrag vom 13.11.1942; RH 26-118/29 Bindung mit feindlich gesinnten Kreisen in Serbien und Kroatien (15.11.1942).

einen Leisten schlagen.«), verbunden mit dem Hinweis ein, daß man angesichts der gerade zur Verfügung stehenden Kräfte durch eine solche Aktion Gefahr liefe, »*das letzte Mindestmaß an Rückenfreiheit einzubüßen*«[367]. Bereits am 17. November erging Weisung an die Divisionen, den Befehl vorerst nicht auszuführen[368].

Wenn Löhr also nur sehr bedingt dazu berufen war, in der Cetnikfrage den ersten Stein zu werfen, so konnte er einem italienischen Anspruch auf den operativen Oberbefehl sehr viel gelassener entgegensehen. Die Schwäche der italienischen Verhandlungsposition in dieser Frage kann daran veranschaulicht werden, daß Roatta diese Forderung am 18. November praktisch in einem Atemzug mit der Ankündigung der nächsten italienischen Rückzugbewegung (aus dem gerade erst wiederbesetzten Foča) aussprach[369]. Darüber hinaus gab er Löhr zu verstehen, daß die 2. Armee während des Winters eine rein defensive Haltung einnehmen würde; eine Wiedereinnahme des gerade erst verlorengegangenen Bihać sei ebensowenig vorgesehen, wie eine systematische Beunruhigung des Partisanengebietes in der Zone III[370]. In Anbetracht der Folgen, die sich aus einer solchen Haltung zwangsläufig ergeben mußten (Foertsch: »*Wie die Entwicklung in Kroatien weitergehen soll, ist selbst alten Balkankennern schleierhaft.*«[371]), scheute Löhr sich nicht, die leidige Frage eines permanenten Oberkommandos erneut beim OKW zur Sprache zu bringen. Wie schon sein Vorgänger Kuntze sprach auch er sich nun für die Einsetzung eines deutschen Heeresgruppenstabes aus, dem sämtliche verbündeten Kräfte im Südostraum zu unterstehen hätten[372].

Eine Besprechung, die der Oberbefehlshaber der 2. Armee am selben Tag mit seinen Korpskommandeuren abhielt, hätte den Wehrmachtbefehlshaber Südost in seinem Vorhaben sicherlich bestätigt. Roatta kündigte bei diesem Anlaß eine Fortsetzung der Rückzugsbewegung vom Juni an, begründete diese aber nicht, wie im Frühjahr, mit einer Verstärkung rein italienischer Interessensgebiete (Slowenien und Montenegro), sondern mit der Notwendigkeit, mehrere Großverbände für die Verteidigung des italienischen Mutterlandes freizubekommen[373]. Wenngleich ein solcher Prioritätenwechsel in Anbetracht der im Mittelmeer eingetretenen Kriegswende nur zu verständlich war, kam sie doch einer weitgehenden Aufkündigung italienischer

---

367 BA/MA, RH 31 III/3 Privatbrief Glaises an Löhr (16.11.1942).
368 BA/MA, RH 26-118/29 Divisionsbefehl (17.11.1942).
369 BA/MA, RH 20-12/153 W.-Bfh. Südost an OKW (21.11.1942). Die völlige Aussichtslosigkeit dieses Vorschlags hatte Cavallero zu diesem Zeitpunkt bereits dazu bewogen, ihn zu verwerfen; AUSSME, Diario Cavallero, Bd. 1351 (Aktennotiz vom 18.11.1942).
370 BA/MA, RH 20-12/153 W.-Bfh. Südost an OKW (21.11.1942).
371 BA/MA, RH 20-12/153 Aktennotiz über die Chefbesprechung 23.11.42.
372 BA/MA, RH 20-12/153 Wehrmachtbefehlshaber Südost an OKW (23.11.1942).
373 Talpo, *Dalmazia II*, S. 1139.

Verpflichtungen in Kroatien gleich. Besonders deutlich trat dies bei der geplanten Aufgabe zweier längerer Küstenstreifen[374] und bei der bereits Anfang Dezember eingeleiteten Räumung des Vorfelds von Knin zutage[375]. Während erstgenannte Maßnahme in Anbetracht einer erstmalig schärfere Konturen annehmenden Invasionsgefahr zumindest befremdlich anmutete, sollte die im zweiten Fall entstehende Lücke durch den Einsatz von ca. 10.000 herzegowinischen Cetniks gefüllt werden. Dies stand nicht nur in deutlichem Widerspruch zu einer am 15. Oktober zwischen Pavelić und Roatta getroffenen Absprache[376], sondern führte erwartungsgemäß auch zu einer Belebung der örtlichen Volkstumskämpfe[377]. Die unterschiedlichen Reaktionen, die auf diesen Plan erfolgten, werfen ein interessantes Licht auf die unterschiedlichen Prioritäten der Dreimächtepartner Kroatien, Italien und Deutschland zu Beginn des vierten Kriegsjahres. Während der Wehrmachtbefehlshaber Südost unter Hinweis auf die so zu erwartende Ausdehnung des Tito-Staates »*schwerste Bedenken*«[378] äußerte, offenbarte sich die Zwickmühle, in die sich der Gesandte Kasche durch seine Berichterstattung gebracht hatte, noch deutlicher als es bei der ersten Phase des italienischen Rückzugs der Fall gewesen war. Die seitdem eingetretene kritische Zuspitzung der Lage machte es Kasche spürbar schwieriger, seinen Vorgesetzten noch einmal die Vorstellung zu vermitteln, daß die kroatische Armee einen gleichwertigen Ersatz für die abziehende 2. Armee darstellen könne; gleichzeitig sah er sich aber auch außerstande, in denen als Ersatz angebotenen Cetnikverbänden eine akzeptable Kompromißlösung zu sehen. In einem Fernschreiben vom 3. Dezember trat das Dilemma des Gesandten in seiner ganzen Aberwitzigkeit zutage. So vertrat er nach wie vor die Ansicht, daß »*Der Einsatz italienischer Truppen in Kroatien war, ist und wird sein, so oder so, ein Nachteil für die Gesamtkriegführung*«, kam dann aber nicht drumherum, wenige Zeilen später die Notwendigkeit einer anhaltenden Präsenz der 2. Armee in den Zonen II und III zumindest indirekt einzugestehen: »*Der neue italienische Rückzug auf engere italienische Interessensgebiete jetzt, wo Partisanen die stärksten Angriffe gegen deutsch-*

---

374 Es handelte sich im wesentlichen um die Abschnitte nördlich und südlich des annektierten Dalmatien: die Lika südlich von Senj sowie die Herzegowina westlich der Neretvamündung. Roatta vertrat die Ansicht, daß die Besetzung des dalmatinischen Inselgürtels ausreichend Schutz vor feindlichen Landungen bieten würde; AUSSME, Diario Cavallero, Bd. 1350 (Aktennotiz vom 18.11.1942).

375 Talpo, *Dalmazia II*, S. 1158–1166.

376 Nach dieser Vereinbarung hatte Roatta sich dazu verpflichtet, westlich der Linie Ulog–Nevesinje–Stolac–Ravno keine »ortsfremden«, d.h. montenegrinischen und herzegowinischen, Cetniks einzusetzen; Supersloda an Comando Supremo (18.10.1942) in: Talpo, *Dalmazia II*, S. 874 f.

377 Ebd., S. 1166-1175. Versuche des XVIII. AK, diesen Verband einer engeren Führung zu unterwerfen, förderten alsbald die von Roatta schon im Oktober eingeräumte »Unbotmäßigkeit« zutage.

378 BA/MA, RH 20-12/139 KTB-Eintrag vom 29.11.1942.

379 Gemeint sind Jajce und Banja Luka.

kroatische Truppen bei Jaice und Banjahrka[379] *durchführen, sollte zum Anlaß genommen werden, Gesamtfrage der Niederkämpfung der Unruhen in Kroatien unter deutschem Befehl und ohne Rücksicht auf Demarkationslinie umfassend zu prüfen und sofort zu entscheiden.«*[380]

Noch ein gutes Stück absurder stellte sich die Situation der Kroaten dar. Obwohl von allen Reaktionen auf den italienischen Rückzug, die aktenkundig geworden sind, die von Ante Pavelić die nüchternste und treffendste war (*»Die italienische Armee aber, die eineinhalb Jahre im Küstengebiet die Verantwortung getragen habe, habe mit den Partisanen nicht fertig werden können und ziehe sich jetzt zurück. Das sei für die Gesamtkriegslage eine außerordentlich bedeutsame Entwicklung.«*[381]), sah sich sein Regime in Anbetracht der eigenen Schwäche außerstande, aus dieser Entwicklung in irgendeiner Weise politisches Kapital zu schlagen. Ein Gespräch, das der kroatische Gesandte Budak am 3. Dezember mit Staatssekretär von Weizsäcker führte, brachte das Dilemma auf den Punkt. Nachdem Budak erläutert hatte, daß kroatische Truppen nicht zur Verfügung stünden und die angebotenen Cetniks eine Zumutung darstellten, versicherte er von Weizsäcker, daß ein Verbleiben der 2. Armee aber auch nicht im Sinne seiner Regierung sei; statt dessen trug er die Bitte nach einer zusätzlichen deutschen Division für die frei werdenden Gebiete vor[382]. In identischem Sinn äußerte sich auch der kroatische Außenminister; gegenüber Glaise von Horstenau gab er sogar zu erkennen, daß selbst eine bulgarische Division willkommen wäre[383].

Wie zuvor schon im Juni, wurde Roattas neuester Rückzug auch diesmal wieder von einer kritischen Stimme aus den eigenen Reihen begleitet. Ebenso wie vor ihm Renzo Dalmazzo äußerte sich auch Generalleutnant Paolo Berardi (Kommandeur der Infanteriedivision »Sassari«) besorgt wegen der Wirkung, die die Evakuierung weiter Gebiete durch die 2. Armee auf ihre nationalserbischen Bundesgenossen haben würde. In Anbetracht des Abhängigkeitsverhältnisses, das sich zwischen dem XVIII. Armekorps und seinen örtlichen Cetniks entwickelt hatte, befürchtete Berardi, daß diese beim Wegfall italienischer Unterstützung zu einem großen Teil zu den Partisanen übergehen würden[384]. Gegenüber den zunehmenden Bestrebungen der italienischen Führung, sich durch eine Konzentration starker Reserven im

---

380 ADAP, Serie E, Bd. IV, S. 433 f. Kasche an Auswärtiges Amt (1.12.1942).
381 Wiedergabe durch den Gesandten Kasche, zit. in ebd.
382 PA/AA, StS Kroatien, Bd.4, 690 von Weizsäcker an den Reichsaußenminister (3.12.1942).
383 BA/MA, RH 31 III/3 Glaise an den Wehrmachtbefehlshaber Südost (2.12.1942).
384 Bezüglich der Lage der Cetniks in seinem Divisionsbereich hatte Berardi seine Sorgen bereits in einem Schreiben vom 16. November Ausdruck gegeben; vgl. Nota del generale Paolo Berardi, comandante della divisione »Sassari« al comando del XVIII Corpo d'Armata, sulla precaria situazione della Milizia Volontaria Anti Comunista (16.11.1942) in: Talpo, *Dalmazia II*, S. 1247–1249. Hinsichtlich des Rückzugs legte Berardi seinem Korpskommandeur diese Bedenken am 3. und 24. Dezember schriftlich vor; zit. in ebd. S. 1261 f. und 1267 f.

Heimatgebiet gegen eine ungewisse Zukunft zu versichern, waren solche Einwände natürlich nur von einem minimalen Gewicht[385]; Berardis Warnungen verhallten ebenso ungehört wie ein halbes Jahr zuvor die von Renzo Dalmazzo.

Ungeachtet des Rückschlages, den die italienischen Rückzugspläne darstellten, hielten Hitler, das OKW und ihr Territorialbefehlshaber vor Ort an der Absicht fest, den beiden großen Aufstandsbewegungen auf jugoslawischem Boden durch mehrere Großoperationen das Rückgrat zu brechen. Löhrs Befehl vom 7. Dezember (»Verschärfte Bandenbekämpfung Winter 42/43«) war mit seinem eher appellähnlichen Charakter ganz darauf zugeschnitten, seine Truppen auf eine neue Gangart (»*Den Begriff ›Winterquartier‹ gibt es nicht*«) bei den kommenden Kampfhandlungen einzustimmen[386]. Am 16. Dezember folgten dann vom OKW bereits die ersten Befehle für den späteren Operationszyklus »Weiß«[387] sowie ein vorbeugender Straferlaß für alle bei der »Bandenbekämpfung« begangenen Straftaten[388]. Von seinem Inhalt her unschwer als Abkömmling des berüchtigten »Barbarossa-Kriegsgerichtsbarkeiterlasses« zu erkennen, sollte seine Anwendung eine Kriegführung mit »*allerbrutalsten Mitteln*« garantieren. Bedenken bezüglich einer möglichen »*Verwilderung*« der Truppe, wie sie Kuntze noch am 19. März in diesem Zusammenhang geäußert hatte[389], tauchten im neuen Befehl noch nicht mal mehr ansatzweise auf.

Als nächster Schritt galt es die grundsätzliche Kooperationszusage Cavalleros für gemeinsame Winteroperationen, die seit dem 8. Dezember vorlag, mit Leben zu erfüllen[390]. Die Chancen, dies noch vor der Jahreswende zu erreichen, waren auch in der zweiten Dezemberhälfte eher schlecht: schien die Führung Roattas doch mal wieder ganz darauf ausgerichtet zu sein, den deutschen Bestrebungen diametral entgegenzuarbeiten. So am 18. Dezember, als der Oberbefehlshaber der 2. Armee seinen Korpskommandeuren mitteilte, welche Heimatverlegungen er sich zum Ziel gesetzt hatte: Im Laufe der Rückzugsbewegung sollte es möglich sein, im dalmatinischen Bereich (XVIII. AK) eine, im herzegowinischen (VI. AK) gar bis zu zwei

---

385 Erste Tendenzen zu einer solchen »Rückversicherungspolitik«, die sich ja faktisch nur gegen den Achsenpartner richten konnte, sind bereits für den März 1942 nachweisbar. Hierzu Ciano, *Diario*, S. 602 f. (Eintrag vom 24.3.1942).

386 BA/MA, RH 20-12/154 Verschärfte Bandenbekämpfung im Winter 42/43 (7.12.1942). In einer am selben Tag abgehaltenen Besprechung äußerte auch Löhrs Stabschef Foertsch sich in diese Richtung: »*Wir werden uns (...) ganz andere Lebensverhältnisse als bisher vor Augen halten müssen.*«; N 67/29; Chefbesprechung am 7.12.1942.

387 KTB OKW, Bd. II.2, S. 1143 (16.12.1942).

388 BA/MA, RH 20-12/218 Betr.: Bandenbekämpfung (16.12.1942).

389 BA/MA, RH 20-12/218 Bekämpfung der Aufständischen in Serbien und Kroatien (19.3.1942).

390 AUSSME, Diario Cavallero, Bd. 1351, Cavallero an Supersloda (8.12.1942).

391 Disposizioni del generale Mario Roatta, comandante di Supersloda (2a Armata) per l'assunzione dello schieramento secondo la linea »15 Gennaio« (18.12.1942), abgedruckt in: Talpo, *Dalmazia III*, S. 505–509.

Divisionen einzusparen[391]. Der Besuch Cianos und Cavalleros im Führerhauptquartier, der für denselben Tag angesetzt war, stand also zunächst ganz im Zeichen der Bemühungen Hitlers und von Ribbentrops, ein zumindest vorübergehendes Anhalten dieser Truppenverschiebung zu erreichen[392]. Der Erfolg, der ihnen in dieser Frage beschieden sein sollte (am 29. Dezember gab das Comando Supremo seine Zustimmung zum gewünschten Stopp[393]), war aber auch schon das einzig greifbare Ergebnis der Gespräche von Rastenburg: Die heikle Frage des Oberkommandos wurde ausgeklammert, und die deutsche Forderung nach einem energischen Vorgehen gegen die Mihailović-Cetniks stieß bei Cavallero nur auf zögerliche Zustimmung. Lediglich Ciano, der in diesem Fall mit seinem deutschen Amtskollegen ausnahmsweise mal einer Meinung war, erklärte sich einverstanden[394]. Die irritierende Erfahrung, daß ein Plazet der politischen und militärischen Spitzen des italienischen Staates keinesfalls gleichzusetzen war mit der Zustimmung der Korps- und Armeestäbe in Kroatien oder Montenegro, lag für Keitel und Löhr zu diesem Zeitpunkt freilich noch einige Wochen in der Zukunft.

Ihren vorläufigen Abschluß fanden die deutschen Abwehrvorbereitungen im Südosten mit der »Führerweisung« Nr. 47 vom 28. Dezember, durch die die Verteidigung des Südostraums neu geregelt wurde. Als wichtigste Änderung war die Einrichtung eines Heeresgruppenstabes (Heeresgruppe E) für den Südostraum in Saloniki zu nennen; Löhr selbst hatte ab dem 1.1.1943 den Titel »Oberbefehlshaber Südost« zu führen und unterstand in dieser Eigenschaft direkt dem OKW bzw. Hitler[395]. Der hiermit verbundene Machtzuwachs war aber weit davon entfernt, Löhrs Forderungen vom 22. November zu entsprechen. Insbesonders die von ihm mit Nachdruck verlangte direkte Unterstellung aller verbündeten Truppen wurde ihm erst für den Fall einer anglo-amerikanischen Großlandung in Aussicht gestellt. Lediglich die Verordnung, die kroatisches Territorium, auf dem deutsche Truppen auch nur vorübergehend operierten, automatisch zum Operationsgebiet erklärte, stellte eine gewisse Verbesserung gegenüber Lüters' Dienstanweisung vom 28.

392 ADAP, Serie E, Bd. IV, S. 540–555 Besprechungen Hitler-Ciano (18.12.1942); S. 558 f. Ribbentrop-Ciano (19.12.1942); S. 562–564 Ribbentrop-Ciano in Anwesenheit Cavalleros und Keitels (19.12.1942) sowie S. 582–585 Hitler-Ciano (20.12.1942).
393 BA/MA, RH 20-12/139 KTB-Eintrag vom 29.12.1942.
394 ADAP, Serie E, Bd. IV, S. 562–564 Besprechung Ribbentrop-Ciano in Anwesenheit Cavalleros und Keitels (19.12.1942).
395 Der Führer, OKW/WfSt, Weisung Nr. 47 für die Befehlsführung und Verteidigung des Südostraums (28.12.1942) in: Walther Hubatsch, *Hitlers Weisungen für die Kriegführung 1939–1945. Dokumente des Oberkommandos der Wehrmacht* (Koblenz 1983), S. 209–214.
396 Ebd. Ein Antrag des OKW vom 24.1.1943, alle im Balkanraum dislozierten italienischen Heeresverbände der neuen Heeresgruppe zu unterstellen, wurde von einem erbosten Cavallero umgehend zurückgewiesen; Talpo, *Dalmazia III*, S. 34.

Oktober dar[396].

Während in Rastenburg, Saloniki und Agram all diese Vorbereitungen für die entscheidende Offensive gegen den Tito-Staat getroffen wurden, hatten Lüters' zwei »bosnische« Divisionen nach wie vor alle Hände voll zu tun, die Expansion dieses Staates in erträglichen Grenzen zu halten. In Anbetracht des erneuten Verlusts von Jajce (26. November) und anhaltenden Angriffen auf Bosanski Novi konnte Löhrs Stabschef Foertsch am 30. November nur resignierend konstatieren, daß die Bekämpfung dieser Einbrüche nur durch Entblößung anderer Sektoren und dem »*vorübergehenden Verlust des einen oder anderen Industriewerks*«[397] zu bewerkstelligen sein würde. Diese Prognose erwies sich insofern als zutreffend, als der erneute Gegenstoß auf Jajce (Unternehmen Jajce III, 1. bis 7. Dezember 1942)[398] unter weitgehenden Verzicht auf eine Verfolgung des Gegners gleich nach Eroberung der Stadt abgebrochen werden mußte. Als Begründung gab Lüters in seiner Zehntagemeldung den »*fast völlig entblößten Sicherungsbereich der Division*« (718. ID) sowie die sich hieraus ergebende Bedrohung von Tuzla und Zenica an[399]. Gleichzeitig hatten sich weiter westlich stärkere Partisanenkräfte bis an das Bevölkerungszentrum Banja Luka herangearbeitet. Flankiert wurde dieser Vorstoß von Angriffen auf Sanski Most (45 km westlich Banja Luka). Während der Angriff auf Banja Luka am 14. Dezember 15 km vor der Stadt endgültig zum Stehen gebracht werden konnte, gelang Titos Kräften am selben Tag eine vorübergehende Besetzung des Westteils von Sanski Most[400]. In diesem Raum sollten sich die Kämpfe noch bis zum 22. Dezember hinziehen.

Bei derartig konstant bleibendem Feinddruck vermochte Lüters dem bereits 1941 festgelegten Grundsatz, Partisanenbekämpfung möglichst offensiv zu gestalten, nur noch abseits des befreiten Gebietes, in Ostbosnien, nachzukommen. Dort fand vom 14. bis 20. Dezember das Unternehmen Tuzla-Bijelina (»Tuzla II«)[401] statt. Die deutsch-kroatische Kampfgruppe unter dem Regimentskommandeur des IR 738 Oberst Suchnig hatte sich zum Ziel gesetzt, eine auf ca. 1.000 Mann geschätzte Feindgruppe innerhalb eines durch die Flußläufe von Save und Drina und die Linie Zvornik–Tuzla–Brcko begrenzten Vierecks zu stellen und zu vernichten. Überraschend geführte Schläge gegen ein Ustaschabataillon ermöglichten der Partisanen-

---

397 BA/MA, RH 20-12/153 Chefbesprechung am 30.11.1942 – Aktennotiz.
398 BA/MA, RH 26-118/30 Abschlußbericht über Unternehmen Jajce III (23.12.1942).
399 BA/MA, RH 24-15/2 Beurteilung der Lage vom 26.11.–6.12.1942.
400 KTB OKW, Bd. II.2, S. 1136 f. (Eintrag vom 14.12.1942).
401 Ein Unternehmen »Tuzla I« läßt sich in den KTBs der 714. und 718. ID nicht nachweisen; die Vermutung liegt aber nahe, daß es sich hierbei entweder um eine am 12. Dezember 1942 gegen eine Cetnikgruppe in der Majevica gerichtete Entwaffnungsaktion (siehe unten) oder eine im November nordwestlich von Tuzla durchgeführte Operation gehandelt hat, die vermutlich derselben Partisanengruppe wie »Tuzla II« galt; BA/MA, RH 20-12/153 Lagebeurteilung W.-Bfh. Südost November 1942 (29.11.1942).

gruppe jedoch, der ihr zugedachten Einkesselung zu entkommen und in der Nacht vom 17./18. Dezember nach Süden zu entweichen. Nur die Tatsache, daß sie sich auf ihrer Flucht mit dem Angriff auf einen kroatischen Stützpunkt aufhielten, ermöglichte es einer motorisierten deutschen Reserveeinheit, das Gefecht aufzunehmen und mit einem kleinen Erfolg zu beenden[402].

Neben der naheliegenden Erkenntnis, daß Staatswesen und Armee des kommunistisch beherrschten Gebietes nach wie vor in einem steten Wachstumsprozeß begriffen waren, ermöglichten die Kampfhandlungen der letzten sechs Wochen des Jahres 1942 der deutschen Führung vor allem zwei Schlußfolgerungen von besonderer Bedeutung: Während der anhaltende Verfall der kroatischen Streitkräfte die Fortsetzung einer bekannten Entwicklung darstellte, gab die zunehmende Professionalisierung der Partisanenstreitkräfte (ab dem 19. November 1942: Volksbefreiungsarmee) vor allem vor dem Hintergrund ihrer gleichzeitigen Expansion Anlaß zu besonderer Sorge. Erstere Entwicklung war nicht zuletzt an der Routine abzulesen, mit denen Domobraneneinheiten mittlerweile von den Partisanen entwaffnet wurden. Wie Lüters in einer Zehntagemeldung berichtete, wäre für die Partisanen eine anschließende Gefangennahme und Verpflegung der so in Gewahrsam genommenen nicht nur viel zu aufwendig, sondern geradezu kontraproduktiv gewesen: »*Gefangene Domobranen werden nach Teilnahme an einer ›K.d.F‹-Vorstellung und guter Behandlung zu ihrer Truppe zurückgesandt und bilden hier eine erhebliche propagandistische Gefahr.*«[403] Versagen in der operativen Führung bereiteten dem Befehlshaber der deutschen Truppen in Kroatien aber kaum geringere Sorgen. Auch wenn man, so Lüters am 28. Dezember, berücksichtige, daß es kroatische Einheiten von unterschiedlichem Wert gebe, so blieb der Gesamteindruck doch ein ausgesprochen negativer: »*Die kroat. Wehrmacht hat die Tendenz, in den Orten kleben zu bleiben und allem untätig zuzusehen, was sich in der engeren und weiteren Umgebung ereignet. Der Ausbildungsstand ist sehr niedrig. Für die Lage und Erfüllung ihres Auftrages bringen sie weder Verständnis noch guten Willen auf. Des Nachts zünden sie aus Furcht große Lagerfeuer an und verraten so die eigene Stellung. Das Offizierskorps hat weder Verständnis für die Fürsorge für die Truppe noch für deren taktische Ausbildung. (...) Für die Ustascha-Verbände gilt das gleiche wie für die Verbände der kroatischen Wehrmacht. Nur das Offz.-Korps der Ustascha steht wertmäßig noch unter der Landwehr.*«[404]

Gleichzeitig vermochten viele deutsche Offiziere der Leistungssteigerung der Partisanen eine gewisse Bewunderung nicht zu versagen. So tat beispielsweise Generalmajor Fortner dem im Laufe der Unternehmen Jajce I und II angetroffenen Gegner

---

402 BA/MA, RH 26-118/30 Gefechtsbericht Unternehmen Tuzla II (28.12.1942).
403 BA/MA, RH 24-15/2 Beurteilung der Lage vom 26.11.–6.12.1942.
404 BA//MA, RH 26-118/30 Gefechtsbericht Unternehmen Tuzla II (28.12.1942).

gar die Ehre an, ihn mit seiner selbstgewählten Bezeichnung zu titulieren (*»Teile des Nationalen Partisanen- und Freiwilligen-Heeres Jugoslawiens«*)[405]; auch in anderen Berichten ist gegen Ende des Jahres immer häufiger die Rede von *»planmäßiger und entschlossener Kampfführung«*[406] oder *»Zähigkeit und eine(r) beachtliche(n) Höhe militärischen Könnens«*[407]. Lüters fand gleich in seiner ersten Zehntagemeldung nicht nur für die militärischen Leistungen der KPJ lobende Worte. Nach seiner Ansicht war der Erfolg des kommunistischen *»Staatengebildes«* südlich der Demarkationslinie vor allem auf politische Gründe zurückzuführen: *»Durch eine straffe Organisation, geregelte Steuererhebungen, Feldposteinrichtungen und gründliche Überwachung des gesamten Eisenbahnverkehrs herrscht hier Ruhe und Sicherheit für die Bevölkerung. Als Ausdruck dieser Erstarkung des kommunistischen Staates sind die kräftigen und häufig geführten Vorstöße in den von Deutschen gesicherten Raum Kroatiens zu werten. Die straff organisierten kommunistischen Brigaden haben sich auch hinsichtlich ihrer bisherigen Kampfesweise geändert und verbessert. Während sie bisher vor deutschen und überlegenen Kräften ausgewichen sind, stellen sie sich jetzt durchwegs zum Kampf.«*[408]

Um einiges ambivalenter stellte sich Ende 1942 dagegen das Verhältnis dar, das sich mittlerweile zwischen deutscher Wehrmacht und bosnischen Cetniks entwickelt hatte. So hatte beispielsweise die Tatsache, daß nicht einer der Verträge, die der NDH-Staat mit einem Großteil der Cetnikgruppen abgeschlossen hatte, von den deutschen Besatzern anerkannt worden war[409], diese nicht daran gehindert, bei Operationen gegen die Partisanen die Zusammenarbeit der nationalserbischen Verbände zu suchen. Im westbosnischen Bereich der 714. ID entwickelte sich daraus bald eine regelrechte Allianz, die nicht zuletzt darauf zurückzuführen war, daß in diesem an das *»Partisanenreich«* angrenzenden Raum die Cetniks eindeutig die schwächere Bürgerkriegspartei und somit auf fremde Hilfe angewiesen waren. Etwas komplizierter lagen die Dinge hingegen in Ostbosnien. Dort hatte die enge Verzahnung moslemischer und serbischer Siedlungsgebiete zur Folge, daß bei den einzelnen Gruppen der ursprüngliche Charakter einer ortsgebundenen Selbstschutztruppe sehr viel deutlicher hervortrat als westlich der Bosna. Die Beschränkungen, die sich daraus für den Kampf gegen die Partisanen ergaben, erläuterte der Kommandeur der 718. ID folgendermaßen: *»Immer wieder beteuern sie, daß ihr Kampf nur der Sicherheit ihrer serbischen Dörfer gelte und daß sie nur gegen*

405 BA/MA, RH 26-118/29 Unternehmen I u. II (19.11.1942).
406 BA/MA, RH 20-12/153 Wehrmachtbefehlshaber Südost an OKW (29.11.1942).
407 BA/MA, RH 26-114/15 Lagebericht des Kdr. Gen. und Befh. in Serbien für die Zeit vom 10.12.–19.12.1942 (19.12.1942).
408 BA/MA, RH 24-15/2 Bfh.d.dt.Tr.i.Kroat. Ia, Beurteilung der Lage vom 15.–25.11.1942.
409 BA/MA, RH 26-118/42 Div.Kdo. 718. ID, Abt. Ic, Notiz zur Lage der Cetniks nördlich der Demarkationslinie (20.3.1943).

Ustasa, muselm. Miliz und Partisanen kämpfen würden. (...) Ein Zusammengehen mit diesen Cetniks bei Aktionen gegen Partisanen ist nur in Gebieten möglich, wo sich keine Ustasa oder muselm. Miliz befindet, d.h. im Sicherungsbereich der 718. ID nur in ganz wenigen Räumen. In diesen Räumen herrscht jedoch im allgemeinen, infolge Fehlens der Ustasa und der muselm. Miliz, Ruhe.«[410]

Gegen Ende des Jahres sollte die Ambivalenz der deutsch-serbischen Waffenbrüderschaft auf kroatischem Boden freilich einen absoluten Höhepunkt erreichen: Während auf der einen Seite der Wehrmachtbefehlshaber Südost den bereits erwähnten vergeblichen Anlauf zur Entwaffnung der Cetniks unternahm[411], häuften sich anderseits in der Folgezeit die Hinweise, daß die deutschen Besatzungsdivisionen in Nachahmung italienischer Gewohnheiten mit einer wenn auch bescheidenen Bewaffnung ihrer nationalserbischen Verbündeten begonnen hatten. So kann im Fall der 718. ID konstatiert werden, daß ihr Kommandeur Generalmajor Johann Fortner am 13. Oktober[412] und erneut am 13. November[413] dem Kommandierenden General schriftlich versicherte, »*nicht 1 Schuß Munition*« geliefert zu haben, am 12. Januar 1943 aber einen Befehl erließ, dessen Wortlaut (»*Munition wird in Zukunft nur noch an solche Cetnikverbände abgegeben, die unter deutscher Führung an Kämpfen gegen Partisanen teilnehmen.*«)[414] sehr wohl eine gegenteilige Schlußfolgerung zuläßt. Ähnlich unzweideutige Weisungen der 714. ID sind zwar nicht erhalten geblieben, aber die generell reibungslose Zusammenarbeit mit den örtlichen Cetnikgruppen sowie diverse Indizien lassen vermuten, daß auch in diesem Raum die Munitionsversorgung der Cetniks nicht allein den Kroaten[415] überlassen wurde. Neben der Schnelligkeit, mit der die zur Jahreswende in diesen Raum verlegte 717. ID den Kontakt zu örtlichen Cetnikgruppen suchte[416] und – nach einer Darstellung – diese auch mit Munition versorgte[417], läßt vor allem die Art und Weise, in der das

---

410 BA/MA, RH 26-118/29 Verhältnis zu den Cetniks (13.10.1942).

411 BA/MA, RH 26-118/29 Befehl der 718. ID (15.11.1942).

412 BA/MA, RH 26-118/29 Verhältnis zu den Cetniks (13.10.1942).

413 BA/MA, RH 26-118/29 718. ID an den Kdr. Gen. u. Befh. in Serbien (13.11.1942).

414 BA/MA, RH 26-118/32 Befehl an die Cetnikführer Cvijetan Todic, Golub Mitrovic, Savo Derikonja, Radivoj Kosoric, Bozo Plemic und Dusan Kovacevic (12.1.1943).

415 Kroatische Munitionslieferungen scheinen eher unregelmäßig erfolgt zu sein, was unter anderem darauf zurückzuführen sein dürfte, daß die in den meisten Verträgen vorgesehenen gemeinsamen Operationen von Kroaten und Cetniks gegen die Partisanen nur selten zustande kamen. Vgl. hierzu BA/MA, RH 26-118/42 Aussprache mit dem Cetnikführer Kovacevic (16.1.1943) sowie RH 26-118/42 Aussprache mit Djukanovic Mirko und Hilic Milan, Adjutanten und Sekretär des Cetnikführers Kerovic (10.2.1943).

416 BA/MA, RH 26-117/5 Div. Kdo. 717. ID an Kdt. Sanabrücke (28.1.1943).

417 Dedijer, *War Diaries II*, S. 67 (Eintrag vom 28.1.1943).

zwischenzeitlich ergangene Verbot solcher Lieferungen auf einer Kommandeurs-besprechung der 714. ID am 9. März 1943 erörtert wurde[418], die Vermutung zu, daß gegen Ende 1942 deutsche Munitionslieferungen schon zur Normalität der deutsch-serbischen Zweckallianz in Westbosnien gehörten.

In Anbetracht dieser Lage nimmt es nicht wunder, daß Bestrebungen zur Entwaffnung der Cetnikformationen nördlich der Demarkationslinie bis Ende des Jahres nur ein einziges Mal konkrete Gestalt annahmen. Die aufgrund jüngster Ereignisse als *»unzuverlässig«* angesehene Gruppe des Radivoj Kerovic in der nord-ostbosnischen Majevica wurde am 12. Dezember Ziel einer Entwaffnungsaktion, die allerdings nur einen Teil der anvisierten Formation erfaßte und daher gerade mal 189 erbeutete Gewehre erbrachte[419]. Daß eine vollständige Entwaffnung aber vermutlich auch gar nicht im Sinn dieses als Strafaktion geplanten Unternehmens war, läßt sich daraus ablesen, daß die Kooperation mit der deutschen Wehrmacht nach einigen Wochen wiederaufgenommen und Kerovic immer noch zu den *»loyalen«* Cetniks gezählt wurde[420]. Auch ein an alle Volksgruppen gerichteter Entwaffnungsbefehl des Befehlshabers der deutschen Truppen in Kroatien vom 24. Dezember, der, da von keinen umfassenden Zwangsmaßnahmen begleitet, von den Cetniks weitgehend unbeachtet blieb und im Bereich der 718. ID hauptsächlich die noch nicht in ver-gleichbaren Strukturen organisierte moslemische Zivilbevölkerung erfaßt zu haben scheint[421], zeigte, daß man Ende 1942 von der Lösung des *»Cetnikproblems«* weiter denn je entfernt war.

4.7. Zusammenfassung

Wenn die KPJ 1941 in der glücklichen Lage gewesen war, sich an die Spitze einer spontan entstandenen Rebellion stellen zu können, so sah sie sich 1942 zunächst ein-

---

418 BA/MA, RH 26-114/18 Kdeur.- und Stabsbesprechung 9.3.43, Banja Luka (11.3.1943): *»Gegen-über Cetniks nicht vom Verbot der Lieferung von Waffen und Munition sprechen, sondern ihr Verlangen danach ständig hinauszuschieben versuchen.«* Da kaum anzunehmen ist, daß es der 714. ID seit ihrer Ankunft in diesem Raum (Juli 1942) gelungen war, die örtlichen Cetniks in einem fort zu vertrösten, kann diese Äußerung sich nur auf das Ende der bisher praktizierten Politik beziehen.

419 BA/MA, RH 26-118/42 Aussprache mit Djukanovic Mirko und Hilic Milan, Adjutanten und Sekretär des Cetnikführers Kerovic (10.2.1943) sowie RH 26-118/42 Div.Kdo. 718. ID, Abt. Ic, Notiz zur Lage der Cetniks nördlich der Demarkationslinie (20.3.1943). Eine Operationsakte zu diesem Unternehmen konnte nicht ermittelt werden.

420 Ebd.

421 PA/AA, Inland IIg 401, 2821 Standartenführer Willy Requard, Bericht über Dienstreise nach Sarajevo (2.6.1943): *»... da in erster Linie hiervon die muselmanische Bevölkerung erfaßt wurde«;* BA/MA, RH 26-118/33 718. ID Ia, Lagebeurteilung (17.2.1943): *»Die auf Befehl des Bfh.d.dt.Tr.i.Kr. durchgeführte Entwaffnungsaktion hatte bisher nur geringen Erfolg. Die Waffen werden nur von der Zivilbevölkerung in Orten abgegeben, in denen deutsche Besatzungen liegen.«*

mal mit der Aufgabe konfrontiert, außerhalb Serbiens einen Neubeginn zu versuchen. Die Ausgangslage war dafür insofern recht vielversprechend, als zumindest die Basis Montenegro Anfang 1942 noch unter unangefochtener kommunistischer Herrschaft stand. In Ostbosnien hatte die Partisanenbewegung jedoch fast von Anfang an im Schatten der mächtigen Gruppe um Dangić gestanden. Der fundamentale Interessenskonflikt zwischen beiden Verbündeten trat mit der deutschen Offensive Ende Januar in aller Deutlichkeit zutage und sollte in den folgenden Wochen zum offenen Bruch führen. Die vorübergehenden Erfolge in der ersten Bürgerkriegsphase in Bosnien (bis Mitte April) wurden im Laufe des folgenden Monats jedoch durch die »Trio«-Offensive der Besatzer sowie den Verlauf des antikommunistischen Aufstandes in Montenegro und der Herzegowina weitgehend zunichte gemacht. Daß diese Kombination aus politischen und militärischen Rückschlägen der Partisanenbewegung nicht den Rest gab, war nicht zuletzt dem Umstand zu verdanken, daß die Hauptsorge der Achsenpartner bei diesem Feldzug weniger der Vernichtung der feindlichen Hauptstreitmacht als der eifersüchtigen Bewachung der jeweiligen Einflußsphäre galt. Ferner wäre in diesem Zusammenhang zu berücksichtigen, daß insbesondere die auf Altserbien und die DM-Organisation fixierte deutsche Besatzungsmacht in jenen Tagen noch weit davon entfernt war, in Titos Kommunisten die eigentliche Bedrohung ihrer Herrschaft im geteilten Jugoslawien zu erkennen. Ein am 23. Juni eingereichter Bericht des Propagandareferenten der deutschen Gesandtschaft, der sich ausführlich mit der vielseitigen politischen Arbeit, die die KPJ in befreiten Gebieten leistete, auseinandersetzte, stellte diesbezüglich die große Ausnahme von der Regel dar[422]. In der Weitsichtigkeit seiner Prognosen seiner Zeit mindestens um ein halbes Jahr voraus, blieb er ohne größeres Echo.

Nachdem Titos befreites Gebiet Anfang Juni 1942 auf ein kleineres Territorium im herzegowinisch-montenegrinischen Grenzgebiet zusammengeschrumpft war und die KPJ sich im wesentlichen in derselben Lage wiederfand wie ein halbes Jahr zuvor, bot nur noch die Lageentwicklung auf dem bisherigen Nebenkriegsschauplatz Westbosnien einen Hoffnungsschimmer. Das Gros der Partisanenstreitmacht in diese Region zu verlegen, kam insofern dem Eingeständnis einer Niederlage gleich, als hierdurch eine Rückkehr nach Serbien, dem politischen Kernland des jugoslawischen Staates, in weite Ferne rückte[423]. Die Vorteile, die sich hierdurch kurz- und mittelfristig ergeben würden, wogen in der gegenwärtigen Situation jedoch ungleich schwerer: So bot die Stärke der örtlichen Partisanenabteilungen einen sicheren Brückenkopf, während die geographische Lage ein späteres Ausgreifen auf die ebenfalls serbischen Siedlungsgebiete der Lika, Banija und des Kordun in

---

422 PA/AA, Nl. Kasche 6.2 Bericht für den Herrn Gesandten (23.6.1942).
423 Dedijer, *War Diaries I*, S. 219 (Eintrag vom 23.6.1942).

Aussicht stellte. Darüber hinaus hatten die Erfahrungen der vergangenen Monate gelehrt, daß bei einem Verharren südlich der Demarkationslinie mit erheblich geringerem Feinddruck zu rechnen sein würde als bei einer Schwerpunktbildung nördlich davon. Nur schwer zu beantworten ist freilich die Frage, ob das Wissen um die ersten italienischen Rückzugsbewegungen im Westen den Ausschlag für diese Option gab[424]. Für die von einigen deutschen Dienststellen schon 1942 geäußerte Vermutung, daß dem »langen Marsch« gar eine geheime Absprache zwischen Roatta und Tito zugrunde lag, lassen sich beim gegenwärtigen Stand der Forschung nur einige Indizien, nicht jedoch Beweise erbringen[425]. Für den NDH-Staat hatte unterdessen die Abdrängung der Partisanen aus dem ostbosnischen Raum sowie die vorübergehende Neutralisierung mehrerer Cetnikgruppen eine spürbare Entlastung in Aussicht gestellt, die überdies durch den Abzug der Italiener aus der Zone III auch noch eine politische Krönung zu erfahren schien. Der sichtbarste Versuch des Regimes, diese Situation zu einer langfristigen Stabilisierung des Staates zu nutzen, bestand aber in der Gründung einer kroatisch-orthodoxen Kirche (7. Juni 1942); in Anbetracht des Unrechts, das der serbischen Volksgruppe bis dahin angetan worden war, mußte diese optische Konzession freilich völlig bedeutungslos bleiben. Ansonsten hatte das vorübergehend in Bosnien erzielte Gleichgewicht der Kräfte nur zur Folge, daß die Ustascha ihr Tätigkeitsfeld in Räume wie Syrmien verlegte, in denen die serbische Volksgruppe noch nicht die Möglichkeit zur Bildung geschlossener Schutzzonen gehabt hatte. Die weitere Ausweitung der Aufstandsbewegung war die unausweichliche Folge.

Nach einer kurzen Konsolidierungsphase und ohne, daß der deutsche Erfolg in der Kozara den westbosnischen Neubeginn hätte ernsthaft beeinträchtigen können, ging Tito daran, die Grenzen seines neuen Staates nach allen Seiten zu erweitern. Wenn der unvermittelte Halt vor den herzegowinischen Bauxitvorkommen Anfang September 1942 noch der Illusion Vorschub geleistet haben mag, daß die Partisanen bemüht waren, zur Vermeidung einer Konfrontation deutsche Interessensgebiete zu umgehen, so wurden Bader und Lüters in den folgenden Wochen bald eines

---

424 Nach der Darstellung von Ahmet Donlagic, Zarko Atanackovic u. Dusan Plenca, *Jugoslawien im Zweiten Weltkrieg* (Belgrad 1967), S. 101 kam der Nachricht vom italienischen Rückzug entscheidende Bedeutung zu. Im deutlichen Widerspruch hierzu die Aussage von Dr. Vladimir Velebit, Zagreb (9. und 10.5.1998).

425 Die vorübergehende Räumung des auf der Route des »langen Marsches« liegenden Konjic durch die italienische Garnison legt diesen Schluß zumindest nahe; BA/MA, RH 26-118/28 Anlage 7 zu 718. ID, Ia, Nr. 2554/42 geh. Der SD-Offizier Wilhelm Höttl berichtet in diesem Zusammenhang in seinen Memoiren von der 1942 erfolgten Gefangennahme eines Kuriers der Partisanen, der »den Weg zwischen Tito und Roatta schon mehrmals zurückgelegt hatte«. Durch das Fehlen jeglicher Angaben über Ort, Zeit und nähere Umstände wird der Wert dieser Quelle allerdings erheblich gemindert; Wilhelm Höttl, *Einsatz für das Reich. Im Auslandsgeheimdienst des Dritten Reiches* (Koblenz 1997), S. 223 f.

Besseren belehrt. Obwohl der Schwerpunkt der kommunistischen Expansion, wie durch die Einnahme von Bihać verdeutlicht, nach wie vor südlich der Demarkations-linie lag, nahmen die Vorstöße nach Norden spätestens mit der ersten Einnahme von Jajce immer mehr den Charakter von auf dauerhaften Landgewinn ausgerichteten Operationen an. Gleichzeitig hatten die Ustaschaexzesse es Tito ermöglicht, nörd-lich der Save, in den serbischen Siedlungsgebieten Zentralslawoniens, einen weite-ren Nebenkriegsschauplatz zu eröffnen. Dieser mußte schon allein aufgrund der Bedeutung der durch diese Region laufenden Bahnlinie Agram–Belgrad eine deut-sche Schwerpunktbildung in Bosnien beträchtlich erschweren.

Aus kroatischer Sicht kaum weniger besorgniserregend stellte sich die Lage in bezug auf die zunehmende Zahl an Cetniks dar, die Draža Mihailović seinem Oberbefehl zu unterstellen versuchte. Während diesem Bestreben nördlich der Demarkationslinie klare Grenzen gesetzt waren, bot der italienische Besatzungs-bereich optimale Voraussetzungen für den Ausbau der DM-Organisation. Neben den umfangreichen Waffenlieferungen Roattas und Pirzio-Birolis war es vor allem die Verwandlung der italienischen Besitzung Montenegro in ein italienisch-nationalser-bisches Kondominum, die den antikommunistischen Freischärlern die Möglichkeit eröffnete, praktisch als gleichberechtigte Partner der Italiener aufzutreten und zudem einen regelrechten Staat im Staate zu bilden.

Daß dieser dem »Partisanenreich« an subversivem Potential kaum nachstehen würde, stand aus deutscher Sicht schon deshalb fest, weil das Fehlen starker Parti-sanenkräfte sowie die unmittelbare Gegenwart von Draža Mihailović den montene-grinischen und herzegowinischen Gruppierungen ein Selbstbewußtsein gab, das sich unter den richtigen Bedingungen (Feindlandung) vermutlich in offener Form gegen die Besatzer richten würde.

Zur Bereinigung dieser desolaten Lage boten sich im Frühherbst mehrere Lösungs-möglichkeiten an: Nachdem sowohl eine Kontaktaufnahme zu den Partisanen als auch eine Beseitigung des NDH-Regimes von Hitler abgelehnt worden waren, blieb als weitere politische Lösung nur noch eine Beschneidung der italienischen Vormachtstellung, um so eine aktivere Aufstandsbekämpfung betreiben zu können. Obwohl die Denkschrift vom 1. Oktober den Beginn einer solchen außenpolitischen Wende anzudeuten schien, wurde sie nicht – wie ursprünglich vorgesehen – Mussolini überreicht, sondern verschwand in der Schublade[426]. Ausschlaggebend für dieses Zurückstecken könnten neben der nach wie vor dominanten Rücksichtnahme auf italienische Empfindlichkeiten auch militärische Erwägungen gewesen sein. Hatte doch schon eine wenige Wochen zurückliegende Überprüfung ergeben, daß selbst die Sicherung eines so wichtigen Objekts wie der herzegowinischen Bauxit-

---

426 Broucek, *General im Zwielicht*, S. 162 (Eintrag vom November 1942).

vorkommen – von der Übernahme des Seniorparts bei der Besetzung Jugoslawiens ganz zu schweigen – bei der gegenwärtigen Truppenstärke gar nicht zu realisieren war[427]; eine Verschiebung der Demarkationslinie nach Süden zum gegenwärtigen Zeitpunkt mußte sich also geradezu von selbst verbieten.

Das Bild der Gesamtlage, das sich Ende 1942 somit ergab, wies mit dem zwölf Monate zuvor insofern bemerkenswerte Ähnlichkeiten auf, als auch diesmal eine politisch verfahrene Lage durch einen militärischen Befreiungsschlag dauerhaft gelöst werden sollte. Unterschiedlich stellte sich jedoch die Lage vis-a-vis Verbündeten und Gegnern dar: Während ein Jahr zuvor die Option, Italien auch den Raum nördlich der Demarkationslinie zu überlassen, noch Gegenstand ernsthafter Diskussion gewesen war, ging es jetzt darum, den Achsenpartner überhaupt zum weiteren Verweilen zu bewegen. Eine ähnliche radikale Wende hatte auch zur anderen Seite hin stattgefunden: Während Titos Kerntruppe Ende 1941 aus kaum 2.000 Mann bestanden hatte, stand ihm ein Jahr später gut das Zehnfache an größtenteils kampferfahrenen und gut bewaffneten Partisanen zur Verfügung.

427 PA/AA, StS Kroatien, Bd. 3, 688 Vermerk betreffend Bauxit in Kroatien (15.9.1942).

5. 1943: Das Jahr der Großoperationen

5.1. Die Lage zu Jahresbeginn

Anfang 1943 hatten die KPJ und ihr bewaffneter Arm, die Volksbefreiungsarmee Jugoslawiens, den bisherigen Höhepunkt ihrer Machtentfaltung erreicht. Das von ihnen beherrschte Gebiet hatte sich von einem relativ überschaubaren Kern um das Grmec-Gebirge auf den größten Teil Westbosniens sowie weite Gebiete der kroatischen Provinzen Kordun, Banija und Lika ausgedehnt. In politischer Hinsicht hatte die kommunistische Führung die Chance auf einen Neubeginn dadurch genutzt, daß sektiererische Stimmen in den Hintergrund gedrängt und statt dessen unter Betonung des nationalen Befreiungskampfes ein breiter Konsens geschaffen wurde, der auch für Nichtkommunisten und Nichtserben akzeptabel war[1]. Besonders augenscheinlich wurden diese Bemühungen bei der konstituierenden Versammlung der ersten Legislative (Antifaschistischer Rat der Nationalen Befreiung, kurz AVNOJ) des befreiten Gebietes, die am 26. November 1942 in Bihać stattfand. Die 54 Delegierten, unter denen sich kaum KPJ-Veteranen befanden, stimmten bei Abschluß der Sitzung demonstrativ für die Bewahrung des Privateigentums sowie das Abhalten freier Wahlen bei Kriegsende. Selbst die an sich naheliegende Ausrufung einer jugoslawischen Gegenregierung wurde auf sowjetischen Druck hin unterlassen. Der Gegensatz dieser politischen Ordnung zur Willkürherrschaft, die im Frühjahr 1942 in einem erheblichen Maße zum Wegbruch der kommunistischen Basis Montenegro geführt hatte, hätte kaum auffälliger sein können.

Mindestens genauso beeindruckend wie die politische Aufbauarbeit nahm sich die Entwicklung der Volksbefreiungsarmee aus. Die Prognose von Vladimir Dedijer vom Juni 1942, in der er jeden Teilnehmer am »Langen Marsch« als einen künftigen Kompaniechef oder Bataillonskommandeur sah[2], schien sich bis zur Jahreswende 1942/43 weitgehend bewahrheitet zu haben: Zu diesem Zeitpunkt hatten sich den fünf Brigaden, mit denen Tito nach Westbosnien gezogen war, 22 weitere hinzugesellt. Bereits im November wurde der größte Teil dieser Verbände zu acht Divisionen

---

1   Vgl. die in ADAP, Serie E, Bd. V, S. 212 f. Kasche an Auswärtiges Amt (12.2.1943) ins Deutsche übersetzte Proklamation der KPJ.
2   Vladimir Dedijer, *The War Diaries of Vladimir Dedijer*, Vol. I (Ann Arbor 1990), S. 213 (Eintrag vom 20.6.1942).

(3 Brigaden pro Division) umgebildet[3] und den ersten Generalkommandos unterstellt[4]. Die Aufstellung einer Küstenmarine[5], einer geregelten Militärgerichtsbarkeit[6] sowie einer Akademie für angehende Offiziere und Unteroffiziere[7] trugen weiter dazu bei, Titos »Partisanenarmee« immer regulärere Züge zu verleihen. Bei dem Ausmaß und dem Zeitrahmen dieses Expansionsprogramms hätte ein Abfallen in der Gefechtsfeldleistung eigentlich die zwingende Folge sein müssen. Deutsche Operationsberichte vom Herbst 1942 stimmen jedoch weitgehend darin überein, daß die Vorstöße der Volksbefreiungsarmee über die Demarkationslinie nicht nur von hohem Angriffsgeist, sondern auch zunehmender Professionalität getragen waren und führten dies nicht zuletzt auf die politische Struktur seiner Bewegung zurück: *»Die Stärke des Kommunistenführers ›Tito‹ liegt vor allem darin, daß er im Gegensatz zu D.M. nicht mit dem Ehrgeiz und Geltungsbedürfnis seiner Unterführer zu rechnen hat. Er verfügt über ein gut diszipliniertes Führerkorps und hat es verstanden, in seinem Bereich eine einheitliche militärische und politische Leitung durchzuführen.«*[8]

Mit dieser militärischen und politischen Macht im Rücken konnte Tito sich für das neue Jahr eine umfangreiche Agenda vornehmen: Während die weitere Expansion des befreiten Gebietes die naheliegendste militärische, die schrittweise Gewinnung der bosnischen Moslems für die Sache der KPJ die wichtigste politische Priorität[9] war, plante der Oberste Stab zum Zweck der immer noch ausstehenden Entscheidung im serbischen Bürgerkrieg mittelfristig auch eine Rückkehr an den Schauplatz der Niederlage vom Frühjahr 1942[10].

---

3 Francesco Fatutta, Cronache di guerriglia in Jugoslavia (parte 3a); in: Stato Maggiore dell'esercito. Ufficio Storico (Hrsg.), *Studi Storico-Militari 1994* (Rom 1996), S. 794–799.

4 Dedijer, *War Diaries III*, S. 391 (o.D.).

5 Weisung Titos an den Hauptstab Kroatien (28.12.1942) in: Military History Institute (Hrsg.), *The National Liberation War and Revolution in Yugoslavia (1941–1945). Selected Documents* (Belgrad 1982), S. 403 f. Ausführlich zum Kleinkrieg in den dalmatinischen Küstengewässern: Francesco Fattuta, Dalmazia 1941–1943. Guerriglia e controguerriglia sul mare; in: Rivista Marittima Vol. 126 (1993) Nr. 12, S. 89–109.

6 Weisung Titos vom 29.12.1942 in: Military History Institute, S. 409 f.

7 Weisung Titos vom 4.11.1942, in ebd., S. 368.

8 BA/MA, RH 26-104/53 Kommandierender General und Befehlshaber in Serbien, Ic Lagebericht für die Zeit vom 20.12.–30.12.1942 (30.12.1942).

9 Nach Vladimir Dedijer war bis Dezember 1942 immerhin eine weitgehende »Neutralisierung« der moslemischen Bewohner des befreiten Gebietes gelungen; Dedijer, *Diaries II*, S. 12 (Eintrag vom 7.12.1942) u. S. 19 (Eintrag vom 14.12.1942). Besonders aufschlußreiche Einblicke in das Werben der KPJ um die moslemische Minderheit bietet der in BA/MA, RH 24-15/63 114. Jägerdivision, Abt. Ic Vernehmung von Ferid Djanic (o.D.; Juli 1943) zu findende Bericht eines Überläufers.

10 Milovan Djilas, *Wartime* (London u. New York 1977), S. 212.

Nach der zahlenmäßigen Stärke seiner Militärstreitmacht[11] und der Größe des von ihm beherrschten Gebietes zu urteilen, konnte Draža Mihailović Anfang 1943 über ein Machtpotential verfügen, das dem seiner kommunistischen Gegner mindestens ebenbürtig zu sein schien. Darüber hinaus befand er sich in der beneidenswerten Position, sowohl von seinen britischen Verbündeten als auch seinen italienischen Gegnern mit Waffen versorgt zu werden[12]; erstere unterstützten ihn außerdem noch propagandistisch, während letztere ihn vor Angriffen seiner kroatischen Bürgerkriegsgegner abschirmten[13]. Ungeachtet dieser augenscheinlichen Stärke stand die DM-Organisation am Vorabend ihrer nächsten Konfrontation mit den Kommunisten vor einer ganzen Reihe ungelöster Probleme. In politischer Hinsicht war es vor allem das Fehlen einer politischen Plattform, das sich auf lange Sicht am gravierendsten auswirken sollte. Mihailović selbst scheint in dieser Hinsicht weitgehend vom Einfluß seiner Umgebung abhängig und daher bereit gewesen zu sein, die Ausformulierung eines politischen Programms einigen der wenigen serbischen Politiker, die den Weg in sein Hauptquartier gefunden hatten, zu überlassen. Diese hatten ihre bereits vorhandenen Vorurteile durch die Übergriffe der Ustascha so überzeugend bestätigt gefunden, daß sie für eine Nachkriegsordnung plädierten, in der die serbische Prädominanz innerhalb des jugoslawischen Staates durch verschiedene politische und polizeiliche Maßnahmen für alle Zeiten verankert werden sollte. Als zwingend notwendig wurde ferner eine blutige Abrechnung mit dem kroatischen und moslemischen Volksteil angesehen, die rein zahlenmäßig dem geschätzten Umfang der Ustaschamorde (mindestens 600.000) entsprechen müsse. Zur Durchsetzung dieser Ziele schwebte Mihailovićs Beratern eine diktatorische Übergangsphase von bis zu 25 Jahren vor, in der das Land praktisch von den Führern der Cetnik-Bewegung in ihrer gegenwärtigen Form regiert werden würde[14]. Spätere

---

11 Eine präzise Zahlenangabe über die Stärke der meisten Cetnikverbände konnte aufgrund ihrer heimwehrähnlichen Struktur meistens nur in (oft weit auseinanderliegenden) Schätzwerten ermittelt werden. Für den montenegrinisch-herzegowinischen Raum errechnete eine 10-Tage-Meldung des Kommandierenden Generals vom November 1942 26.500, eine Schätzung des Befehlshabers der deutschen Truppen in Kroatien ein halbes Jahr später 29.500 Bewaffnete; vgl BA/MA, RH 26-114/14 Kommandierender General und Befehlshaber in Serbien, Ic-Lagebericht für die Zeit vom 9.11.–18.11.1942 (18.11.1942); – RS 3-7/v. 16 Der Befehlshaber der deutschen Truppen in Kroatien an den OB Südost (14.4.1943).

12 Hierbei ist zu berücksichtigen, daß die italienischen Waffenlieferungen (allein 1942 über 30.000 Gewehre und 500 automatische Waffen) die britischen um das Fünfzehnfache übertrafen; Lucien Karchmar, *Draža Mihailović and the rise of the Cetnik movement* (New York und London 1987), S. 850 f., 860 f.

13 So sah Jure Francetic sich gezwungen, einen für November 1942 geplanten Vorstoß seiner »Schwarzen Legion« in die östliche Herzegowina auf italienischen Druck hin abzusagen; BA/MA, RH 26-114/15 Kommandierender General und Befehlshaber in Serbien Ic, Lagebericht für die Zeit vom 19.11.–29.11.1942 (29.11.1942).

14 Ausführlicher zum politischen Programm der Mihailovićbewegung: Karchmar, *Draža Mihailović* S. 569–637 u. Jozo Tomasevich, *The Chetniks. War and Revolution in Jugoslavia, 1941–1945* (Stanford 1975), S. 166–195.

Versuche einer stärkeren Betonung des jugoslawischen Gedankens, wie die im Dezember 1942 erfolgte Erweiterung des »Nationalen Komitees« sowie die Aufnahme einiger Repräsentanten der kroatischen und moslemischen Volksteile in dieses Gremium, blieben nicht nur weit hinter dem zurück, was für eine politische Wende notwendig gewesen wäre, sondern wurden schon wenige Wochen später ad absurdum geführt. Anfang Januar und Anfang Februar 1943 unternahm Mihailovićs Unterführer Pavle Djurišić zwei Vorstöße in die moslemischen Siedlungsgebiete des Sandžak und Südostbosniens, bei denen an die 10.000 moslemische Zivilisten, zumeist Frauen und Kinder, massakriert wurden[15]. Obwohl es bei der äußerst rudimentär ausgebildeten Kommandostruktur der DM-Organisation durchaus denkbar ist, daß diese Pogrome nicht auf direkten Befehl von Mihailović erfolgten[16], kann die Rede, die er am 28. Februar im montenegrinischen Lipovo hielt und in der er den Volkstumskampf gegen Kroaten und Moslems über den Widerstand gegen den Besatzer stellte, durchaus als eine Billigung einer solchen Politik »ethnischer Säuberungen« angesehen werden[17]. In diesem Zusammenhang ist es wichtig zu betonen, daß dieses »Regierungsprogramm« sich in seiner ganzen Radikalität nur auf das Wertesystem der bäuerlich-patriarchalischen Gesellschaft Serbiens aus der Zeit von vor 1914 stützen konnte; eine totalitäre Weltanschauung, die so extremen Ambitionen eigentlich angemessener gewesen wäre, konnten nur Mihailovićs Gegner im serbischen Bürgerkrieg (Partisanen und »Zbor«-Bewegung) vorweisen.

Ein politisches Problem, das sich Ende 1942 schon sehr viel deutlicher abzeichnete, betraf die propagandistische Unterstützung durch die Alliierten. Die Sowjetunion hatte sich der im November 1941 einsetzenden Überhöhung der Person Mihailovićs in den westlichen Medien insofern gefügt, als sie Tito wiederholt anwies, mit diesem – auch um den Preis der Unterstellung – nach Möglichkeit eine gemeinsame Front zu bilden. Daß Moskau sich zunächst auch nicht von Meldungen beirren ließ, die die attentistische Haltung des Cetnikführers belegten, führte zur ersten Vertrauenskrise zwischen der KPJ und ihrer sowjetischen Mutterpartei[18]. Ein am 6. Juli 1942 ausgestrahlter Beitrag des sowjetischen Jugoslawiensenders leitete jedoch eine überraschende Wende ein: Von nun machten sich auch die Propagandaorgane der UdSSR die Kritik an der Mihailović-Bewegung zu eigen. Von Bedeutung war diese Entwicklung vor allem deshalb, weil in den folgenden Wochen und Monaten

15 Ebd., S. 258 f.; Ferner BA/MA, RH 24-15/4 »Die nationale Aufstandsbewegung der Cetniks im Unabhängigen Staat Kroatien, Slowenien und Montenegro« (5.5.1943).
16 Nach einer vermutlich durch Dechiffrierung des Cetnik-Funkverkehrs ermöglichten Lagemeldung des Kommandierenden Generals soll Djurišić zumindest bei seinem ersten Vorstoß in die moslemischen Siedlungsgebiete allerdings »befehlsgemäß« gehandelt haben, vgl. BA/MA, RH 26-114/16 Kommandierender General und Befehlshaber in Serbien, Ic-Lagebericht für die Zeit vom 9.1.–18.1.1943 (19.1.1943).
17 Walter R. Roberts, *Tito, Mihailović and the Allies, 1941–1945* (Durham 1987 pb), S. 93 f.
18 Djilas, *Wartime*, S. 143 f.

zahlreiche linke Presseorgane in den USA und Großbritannien diese Vorwürfe aufgriffen und in ausführlicher Form zur Diskussion brachten. Obwohl das Foreign Office Ende 1942 noch bemüht war, dem Druck der veröffentlichten Meinung zu widerstehen und weiterhin zu »seinem« Mann in Jugoslawien stand, blieb diese Entwicklung nicht ohne Folgen. Insbesondere der fortan immer häufiger auftauchende Vergleich mit den Partisanen hatte zur Folge, daß Mihailovićs britische Gönner nicht umhin kamen, ihm fortan mit einer z.T. stark überhöhten Erwartungshaltung zu begegnen[19].

Von sehr viel unmittelbarerer Bedeutung waren für Mihailović jedoch die Defizite, die seine Organisation auf militärischem Gebiet aufwies. Das wahrscheinlich wichtigste betraf das Fehlen einer klaren Befehlsstruktur des Militärapparates, was darauf zurückzuführen war, daß die außerserbischen Gruppen 1941 aus eigener Kraft entstanden waren und sich im folgenden Jahr aus opportunistischen Beweggründen dem jugoslawischen Kriegsminister mehr angeschlossen als unterstellt hatten. So konnte es passieren, daß Mihailović auch in der Hochburg seiner Bewegung, in Montenegro und der östlichen Herzegowina, auf die Zusammenarbeit bzw. das Entgegenkommen der örtlichen Machthaber Bajo Stanišić und Pavle Djurišić angewiesen war. In Ostbosnien, Dalmatien und der Lika konnte er nur von Fall zu Fall damit rechnen, daß seine Weisungen auch zur Durchführung kommen würden, während die Loyalitätsbekundungen der westbosnischen Cetnikgruppen bestenfalls den Wert eines Lippenbekenntnisses hatten[20]. Zur Jahreswende 1942/43 kam noch erschwerend hinzu, daß seine eigentliche Hausmacht in Serbien durch die weitgehende Entwaffnung der »legalen« Abteilungen sowie die Fahndungsmaßnahmen gegen den in der Illegalität existierenden Teil seiner Organisation schweren Schaden genommen hatte[21]. Bei dieser Lage der Dinge konnte Mihailović noch nicht mal die Gewißheit haben, daß sein Befehl, an einem festzulegenden Tag schlagartig zur geplanten Entwaffnung aller italienischen Verbände zu schreiten, auch vorbehaltlos befolgt werden würde[22].

Trotz dieser wenig vielversprechenden Ausgangssituation gab Mihailović am 2. Januar 1943 eine Weisung an seine Unterführer heraus, die ein schon oft besprochenes Projekt zum Gegenstand hatte: eine Kesselschlacht gegen die kommunistisch beherrschten Gebiete in Westbosnien unter Aufbietung aller ihm – und sei es nur nominell – unterstehenden Cetnikgruppen[23]. Ein solches Unterfangen mußte nicht

---

19 Die ausführlichste und beste Analyse dieses Abschnitts in den Beziehungen der DM-Bewegung zu Großbritannien findet sich bei Simon Trew, Britain, *Mihailović and the Cetniks, 1941–1942* (London u. New York 1998).
20 Karchmar, *Draža Mihailović*, S. 525–568.
21 Siehe hierzu Kapitel 7.2.
22 Karchmar, *Draža Mihailović*, S. 715.
23 Tomasevich, *The Chetniks*, S. 234.

zuletzt aufgrund der bloßen geographischen Entfernung sowie der Tatsache, daß seine Hauptkräfte seit über einem halben Jahr keine größeren Kämpfe mehr bestanden hatten, als zumindest höchst gewagt erscheinen. In Anbetracht der Ereignisse der folgenden Wochen kann wohl vermutet werden, daß den Cetniks, auf sich allein gestellt, noch nicht mal die Bildung eines auch nur annähernd lückenlosen Einschließungsrings gelungen wäre[24]. Der gleichzeitige Beginn einer Operation der Besatzungsmächte mit demselben Ziel sollte Mihailović aber die Möglichkeit bieten, sein Vorhaben zumindest ansatzweise zur Durchführung zu bringen.

Ende 1942 war die italienische Kroatienpolitik an einem Punkt angelangt, an dem Cianos Vorhersage, daß man unter gewissen Bedingungen »die Fahne einholen und nach Hause gehen müsse«[25], in Begriff war, in Erfüllung zu gehen. Bis zum April 1942 war es noch die erklärte Absicht vor allem der italienischen Heeresleitung gewesen, den italienischen Hegemonialanspruch auch um den Preis ernsthafter Verstimmungen mit dem neuen Verbündeten bei jeder Gelegenheit und soweit wie möglich durchzusetzen. In den folgenden Monaten hatte diese Politik insofern eine Korrektur erfahren, als sie nur noch dann Anwendung fand, wenn damit zu rechnen war, daß sie mit einem Minimum an militärischem Aufwand zu realisieren sein würde. Es lag in der Konsequenz dieser Entwicklung, daß Mussolini im Oktober 1942 einen sichtlich verdutzten Hermann Göring darauf hinwies, daß die von ihm gewünschten Großaktionen nicht möglich wären, weil »*die italienischen Soldaten darauf nicht vorbereitet seien*«[26]. Das Zurückweichen vor dem expandierenden Tito-Staat in der Zone III und die zunehmende Konzentrierung auf rein italienische Belange waren die logische Kehrseite dieser Vorgehensweise. Daß hierdurch wirtschaftliche Objekte, die vor allem für den Achsenpartner von Bedeutung waren (Bauxitgruben), dem feindlichen Zugriff preisgegeben und die geräumten Gebiete durch die Verlegung großer Cetnikverbände Schauplatz neuer Volkstumskämpfe wurden, scheint im Stab der 2. Armee nicht unbedingt als Nachteil angesehen wor-

---

24 Wohl im Bewußtsein dieser Unwägbarkeiten ließ Mihailović am 2.1.1943 dem Großgespan von Knin ein schriftliches Bündnisangebot für einen nationalserbisch-kroatischen Feldzug gegen die Partisanen zukommen. Die beteiligten kroatischen Heeresverbände (natürlich unter Ausschluß der Ustascha) sollten dabei für die Absperrung im nördlichen Operationsbereich sorgen. Die Notiz, in der der kroatische Kriegsminister seine italienischen Verbündeten von diesen Vorgängen in Kenntnis setzte, ist wiedergegeben in Odonne Talpo, *Dalmazia. Una cronaca per la storia 1942* (Rom 1990), S. 1271–1273.

25 Renzo de Felice (Hrsg.), Galeazzo Ciano, *Diario 1937–1943* (Mailand 1990), S. 567 (Eintrag vom 15./16.12.1941).

26 Akten zur deutschen auswärtigen Politik (ADAP), Serie E, Bd. IV, S. 173 f. Aufzeichnung über die Unterredung zwischen Reichsmarschall Göring und dem Duce im Palazzo Venezia am 23. Oktober 1942 (26.10.1942). Görings Verwunderung läßt sich daran ablesen, daß er seine Frage (wohl in der Hoffnung, Opfer eines Mißverständnisses geworden zu sein) sofort wiederholte.

den zu sein[27]. Eine kausale Verbindung zwischen dieser eigentümlichen Politik und dem zunehmenden Verfall der Kampfkraft der 2. Armee, der Anfang 1943 auch in offiziellen Schriftsätzen immer unverblümter angesprochen wurde[28], kann mit an Sicherheit grenzender Wahrscheinlichkeit angenommen werden. Sehr viel schwerer zu beantworten ist allerdings die Frage, ob dies eher als eine Ursache oder als eine Folge des schrittweisen Rückzugs auf die Küste anzusehen ist. Ein Ausgleich für die eigene militärische Schwäche hätte höchstens in einer weitsichtigen Bündnispolitik gegenüber dem neuen Satellitenstaat Kroatien liegen können. Dies hätte z.B. die Chance geboten, die im Aufbau befindlichen kroatischen Streitkräfte im italienischen Sinne zu prägen und mittelfristig in ihnen einen verläßlicheren Verbündeten zu finden, als dies bei den Ende 1942 immer »unbotmäßiger« werdenden Cetniks der Fall war. Halbherzige Versuche, das durch die Verbannung kroatischer Waffenträger in den deutschen Einflußbereich entstandene Vakuum mit der Aufstellung einiger territorial gebundener Ustaschaverbände[29] und einer kleinen kroatischen »Legion«[30] zu kompensieren, kamen jedoch über bescheidene Ansätze nicht hinaus[31] oder wurden durch den weiteren Kriegsverlauf hinfällig[32].

In Anbetracht der Tatsache, daß Italien die Chance zu einer nachhaltigen militärpolitischen Einflußnahme aber vermutlich schon durch die Annexion Dalmatiens verwirkt hatte, lag es durchaus in einer gewissen Logik, daß Rom und die 2. Armee während des Jahres 1942 alles nur Erdenkliche getan hatten, um den kroatischen Staat politisch wie militärisch zu schwächen. So wurde selbst der positive Impuls, der von der Entmachtung der Ustascha südlich der Demarkationslinie ausgegangen war, dadurch ins Gegenteil verkehrt, daß auf die nun einsetzenden Ausschreitungen der Cetniks entweder gar keine oder nur verspätete Reaktionen der Besatzungsmacht

---

27 So bezeichnete Ambrosio bereits am 14. März 1943 im Gespräch mit Carlo Geloso (Oberbefehlshaber der 11. Armee in Griechenland) die Räumung Mostars als höchst wünschenswert, weil dieses Gebiet doch nur für die Deutschen von Interesse sei; zit. bei Odonne Talpo, *Dalmazia. Una cronaca per la storia, 1943–44* (Rom 1994), S. 385.

28 So in einem Befehl eines Regimentskommandeurs der Division »Murge« an seine Offiziere (15.1.1943), zitiert bei Talpo, *Dalmazia III*, S. 119 f.

29 Convegno italo-croato di Ragusa; sintesi degli accordi (31.8.1942) in: Talpo, *Dalmazia II*, S. 681–683.

30 Comunicazione del capo di S.M.G., generale Vittorio Ambrosio, al Ministero degli Affari esteri, circa la collaborazione militare italo-croata (14.4.1943) in: Talpo, *Dalmazia III*, S. 710 f. In Anlehnung an einen früheren, 3.500 Mann starken Verband sollte diese schwache (zwei Bataillone) Formation in Italien ausgebildet, bewaffnet und anschließend als Teil der italienischen Streitkräfte zum Einsatz kommen.

31 Nach ebd., S. 606 waren bis Juni 1943 nur sieben Kompanien dieser »Territorial-Ustascha« aufgestellt worden.

32 Die Rekruten für die Legion trafen erst im Laufe des Monats Juli in Italien ein und wurden dort am 8. September vom italienischen Kriegsaustritt überrascht; in Anbetracht der allgemeinen Kriegslage hatte das Comando Supremo bereits am 1. August sein Desinteresse an einer Erweiterung des Projekts erklärt; vgl. ebd., S. 605 f.

erfolgten[33]. Einen nicht minder verheerenden Eindruck hinterließ eine Ausbeutungs- und Requirierungspolitik, die einem um die Zukunft der italienisch-kroatischen Beziehungen besorgten Mussolini schon Anlaß zu kritischen Ermahnungen gegeben hatte[34]. So war beispielsweise vertraglich festgelegt, daß der kroatische Staat nicht nur für die Besatzungskosten und die Ernährung der gesamten 2. Armee, sondern auch für die Versorgung der annektierten Gebiete in Dalmatien und im Raum Fiume aufzukommen hatte. Auch der freie Handel zwischen den beiden Staaten erfuhr insofern eine schwerwiegende Verzerrung, als die Ausfuhr nach Italien weder durch die Demarkationslinie noch durch die Grenze zu den annektierten Gebieten einer Zollbeschränkung unterworfen war[35]. Was die italienische Wirtschaftspolitik in kroatischen Augen jedoch am deutlichsten von der deutschen unterschied, war eine Requirierungspraxis, die, ganz gleich ob bei der Demontage großer Industrieanlagen oder der Ausplünderung einzelner Haushalte, nicht die geringste Rücksicht auf die Bedürfnisse der Bevölkerung nahm[36]. Eine weitere Belastung der italienisch-kroatischen Beziehungen ergab sich aus der Ungeklärtheit des rechtlichen Status des kroatischen Staates gegenüber Italien. Zweifellos kann die Weigerung des italienischen Königskandidaten, kroatischen Boden auch nur zu betreten, als der deutlichste Ausdruck dieses Schwebezustands angesehen werden. Darüber hinaus waren es aber vor allem periodisch wiederkehrende italienische Initiativen, ein aus den Zonen I und II zu bildendes »Königreich Dalmatien« in Personalunion mit Kroatien zu verbinden oder aber das annektierte Gebiet der Zone I gegen einen Protektoratsstatus einzutauschen, die den Kroaten sowohl ihr Abhängigkeitsverhältnis als auch die Schwäche ihrer vermeintlichen Hegemonialmacht in schon fast provozierender Weise vor Augen führten[37]. Vor diesem Hintergrund nimmt es nicht wunder, wenn selbst die z. T. erheblichen Verbesserungen der Infrastruktur, die Gouverneur

---

33 Einigen kroatischen Berichten kann entnommen werden, daß die italienischen Dienststellen, um die »Italienisierung« der annektierten Gebiete zu fördern, diese Übergriffe sogar gezielt förderten, so im Bereich des XVIII. AK (Umberto Spigo). Hierzu Bericht des Polizeiattachés in Agram in PA/AA, Inland IIg 99, 1957 Bericht aus der Gespanschaft Cetina (11.11.1942).

34 DDI, Nona serie, Vol. VIII, S. 547 Il capo dell'ufficio armistizio-pace, Pietromarchi, al ministro degli esteri, Ciano (29.4.1942).

35 Ausführlich zu dieser Problematik: BA-Lichterf., NS 19/319 Abschrift einer »Note der kroatischen Regierung nach Berlin betreffs der italienischen Okkupation und Unmöglichkeit der Erfüllung von Verbindlichkeiten aus den Handelsverträgen«, o.D. (April 1942).

36 Recht aufschlußreich in diesem Zusammenhang die Aussagen, die ein von den Partisanen gefangener Ustaschamilizionär im Verhör machte: Dedijer, *War Diaries I*, S. 343 (Eintrag vom 25.10.1942). Ferner ADAP, Serie E, Bd. II, S. 280–286 Aufzeichnung des Sonderbeauftragten Veesenmayer (27.4.1942).

37 ADAP, Serie E, Bd. II, S. 103 f. Kasche an Auswärtiges Amt (22.3.1942) u. Bd. IV, S. 374 f. Kasche an Auswärtiges Amt (23.11.1942).

Bastianini in den annektierten Gebieten vornahm[38], von vielen Kroaten eher als Affront denn als Gewinn angesehen wurden.

Als Ende 1942 Roatta die zweite Phase der italienischen Rückzugbewegung einleitete, wurde dies von Freund wie Feind als eine weitgehende Abdankung Italiens von der Rolle als Hegemonialmacht angesehen. Da aufgrund der Zusage an den deutschen Verbündeten vom 29. Dezember 1942 die Truppenstärke aber stabil bleiben mußte, blieb der Umfang des Rückzugs bis Anfang 1943 allerdings deutlich hinter den Planungen zurück, die Roatta am 18. Dezember 1942 vorgelegt hatte[39]. Anstatt allein aus den Reihen der 2. Armee drei Divisionen für den Heimateinsatz freizugeben, blieb es zunächst bei der Ende 1942 schon weitgehend abgeschlossenen Verlegung der Elitedivision »Granatieri di Sardegna« aus Nordwestkroatien (V. AK) nach Mittelitalien; eine weitere Division (»Alpi Graie«) wurde im Januar 1943 dem zu diesem Zeitpunkt noch weitgehend ruhigen Truppenkommando Montenegro (XIV. AK) entzogen. Der ebenfalls für diesen Monat geplante Rückzug der Infanteriedivision »Sassari« (XVIII. AK) mußte bis Mai 1943 verschoben werden[40]. Die hierdurch ermöglichte Aufrechterhaltung des größten Teils des seit Juli 1942 bestehenden Besatzungsraums – so wurden bis Ende März 1943 nur im Bereich des XVIII. AK einige Positionen aufgegeben – sollte jedoch nicht ausreichen, um dem wachsenden Mißtrauen von Roattas nationalserbischen Verbündeten zu begegnen.

Deren Zweckbündnis mit der italienischen Besatzungsmacht hatte durch die Bewaffnung moslemischer Milizen in Südostbosnien schon die ersten größeren Risse bekommen, als die beginnende Evakuierung der Zone II sie in ihrem Verdacht bekräftigte, daß sie es mit einem Bündnispartner zu tun hatten, der in absehbarer Zeit von sich aus keinen nennenswerten Machtfaktor mehr darstellen würde[41]. Den langfristigen Bankrott von Roattas Politik, der jetzt immer deutlicher zutage trat, hatte der deutsche Polizeiattaché in Agram bereits im September vorhergesehen. In einer Meldung an Heinrich Himmler hatte er die Politik des italienischen Militärs südlich der Demarkationslinie folgendermaßen charakterisiert: »*In der Nachahmung englischer Methoden – innerpolitische Gegner wechselseitig zu unterstützen, um als lachender Dritter den Nutzen daraus zu ziehen – sind sie scheinbar ganz tüchtig. Leider fehlt ihnen aber im entscheidenden Augenblick die nötige Strenge, Einsatz-*

---

38 Sehr ausführlich hierzu Odonne Talpo, *Dalmazia. Una cronaca per la storia, 1942* (Rom 1990), S. 931–1116.

39 Siehe auch Kapitel 4.6.

40 AUSSME, fondo Diari Storici, busta 2189; Pier Paolo Battistelli, *Comandi e divisioni del Regio Esercito italiano, 10 giugno 1940–8 settembre 1943* (unveröffentl. Manuskript, 1995), S. 48 f., 79 f. u. 106 f. Am 31.1.1943 betrug die Ist-Stärke der 2. Armee noch 229.752, die des Truppenkommandos Montenegro 70.725 Mann.

41 Siehe hierzu auch Talpo, *Dalmazia III*, S. 103.

bereitschaft und Kraft, sich diesen Nutzen zu sichern.«[42] Wie es Rom und Abazzia gelingen sollte, von einer derart geschrumpften Machtbasis aus den Status eines »primus inter pares« in Kroatien zu erhalten, war eine Frage, die vor allem in Anbetracht der militärischen Anforderungen, die sich mit dem neuen Operationszyklus stellen würden, schwerer denn je zu beantworten sein würde.

Die deutsche Perzeption der Lage in Kroatien hatte sich zur Jahreswende 1942/43 insofern grundlegend gewandelt, als die rapide Verschlechterung der Kriegslage im Mittelmeerraum einen Befehlsbereich, der im Vorjahr kaum wahrgenommen worden war, nun zu einem regelrechten Nebenkriegsschauplatz befördert hatte. Dessenungeachtet behielten die Parameter, die die deutsche Politik in diesem Raum bis dahin bestimmt hatten, zunächst ihre Gültigkeit. An erster Stelle wäre hier die Sicherheit der Bahnstrecke Agram–Belgrad–Saloniki sowie einiger weniger Industrie- und Bergbauobjekte zu nennen, die für die deutsche Kriegswirtschaft von herausragender Bedeutung waren. In außenpolitischen Fragen, die das Verhältnis der Achse zum kroatischen Staat betrafen, war dem italienischen Bündnispartner nach wie vor der Vorrang zu lassen.

Neben den politischen Verwicklungen, die sich aus der Rücksichtnahme auf Rom ergaben, lag eines der Hauptprobleme deutscher Planungen zur Jahreswende 1942/43 in der wachsenden Zahl von Truppen, die für die an sich beschränkten Aufgaben im kroatischen Raum nötig geworden waren.

Da das Grunddilemma deutscher Strategie, wie es sich erstmalig in der Winterkrise 1941 vor Moskau manifestiert hatte, an eine langfristige Verlegung kampfkräftiger Frontverbände nach Kroatien gar nicht denken ließ, hatten Lüters und Löhr sich zunächst auf anderem Wege behelfen müssen: Neben der schrittweisen und widerstrebenden Entblößung Serbiens zugunsten des neuen Hauptkriegsschauplatzes auf dem Balkan wurde im Spätsommer 1942 erstmalig auch erwogen, für den Krieg gegen die Volksbefreiungsarmee nicht voll einsatzfähige Verbände heranzuziehen. Nachdem mehrere Versuche, *»eine Ruhedivision aus dem Osten«* zu bekommen, gescheitert waren[43], wurde im November 1942 mit der Verlegung einer Ausbildungsformation (187. Res. ID) eine mindestens genauso fragwürdige Variante der ursprünglich angestrebten Lösung umgesetzt. Erst mal an einem solchen Punkt angelangt, lag es nahe, sich im verstärkten Maße der Erschließung bis dahin z.T. noch völlig ungenutzer, weil nichtdeutscher »Menschenreservoirs« zuzuwenden.

Während die Wehrmacht im Reich zur Behebung personeller Engpässe vor allem darauf angewiesen gewesen war, UK-Stellungen und Untauglichkeitsbescheinigungen rückgängig zu machen bzw. fortan seltener zu erteilen, standen der Waffen-SS

---

42 PA/AA, Nachlaß Kasche Pol. 3, Nr. 4, Paket 64 Polizeiattaché Zagreb an Reichsführer SS (24.9.1942).

43 BA/MA, RW 40/32 KTB-Eintrag vom 20.8.1942; RW 40/33 KTB-Eintrag vom 3.9.1942.

Heinrich Himmlers zwei Wege offen. Zum einen wurde das im Reichsgebiet geltende Freiwilligkeitsprinzip 1942 immer häufiger umgangen bzw. durchbrochen[44], zum anderen ermöglichte Himmlers Stellung als »Reichskommissar für die Festigung des deutschen Volkstums« die Anwerbung von Volksdeutschen aus dem Südostraum. Während die Aufstellung der sich hauptsächlich aus Banater Schwaben zusammensetzenden »Freiwilligen-Gebirgsdivision Prinz Eugen« im besetzten Feindesland erfolgte und daher frei von politischen Rücksichtnahmen durchgeführt werden konnte, erforderten die Werbeaktionen in Rumänien, Ungarn und Kroatien eine enge Abstimmung mit dem Auswärtigen Amt. Trotz von Ribbentrops grundsätzlichem Einverständnis (14. Juli 1942)[45], waren im NDH-Staat aufgrund der Animosität des Gesandten Kasche gegenüber der »Schutzstaffel« sowie der Tatsache, daß von den ca. 27.000 Volksdeutschen im wehrfähigen Alter bereits über 5.000 in verschiedenen Formationen der kroatischen oder deutschen Wehrmacht dienten[46], Friktionen geradezu vorprogrammiert. Um die kroatischen Volksdeutschen kam es in den folgenden Monaten zu einem erbitterten Streit, der im Zeichen einer merkwürdigen Zweckallianz zwischen der Wehrmacht und dem SA-Gesandten Kasche stand und Anfang November mit dem völligen Zerwürfnis zwischen Unterstaatssekretär Luther und dem Leiter des SS-Ersatzamtes, Obergruppenführer Gottlob Berger, einen vorläufigen Höhepunkt erreichte[47].

Ende des Jahres vermochte die Wehrmacht zumindest einen Teilerfolg in dieser Frage zu erzielen: im Gegensatz zu den noch nicht erfaßten Volksdeutschen, deren Musterung schon vor der formellen Billigung durch das kroatische Außenministerium angelaufen war[48], sollte die an der Seite der Besatzungsdivisionen kämpfende »Einsatzstaffel« erst nach Abschluß des bevorstehenden Operationszyklus dem Zugriff des zuständigen SS-Ersatzkommandos preisgegeben werden[49].

---

44 Hierzu Bernd Wegner, *Hitlers politische Soldaten: Die Waffen-SS 1933–1945* (Paderborn 1982), S. 273–277.

45 PA/AA, StS Kroatien, Bd. 3, 686 von Ribbentrop an Kasche (14.7.1942).

46 Valentin Oberkersch, *Die Deutschen in Syrmien, Slawonien, Kroatien und Bosnien. Geschichte einer deutschen Volksgruppe in Südosteuropa* (Stuttgart 1989), S. 413. Obwohl der Konflikt in dieser Frage vermutlich sowieso unvermeidlich gewesen wäre, erfuhr er durch Himmlers Forderung vom 3. Juli 1942, die bereits in Einsatzstaffel oder Bahnschutz dienenden Volksdeutschen als erste heranzuziehen (»*Es handelt sich jetzt darum, daß die deutsche Wehrkraft (...) gestärkt wird und nicht, daß mit hundert Ausreden einzelne weiche Leute a) sich eine Privatwehrmacht halten, b) einzelnen Drückebergern die Chance geben zu tun, als ob sie Wehrdienst leisten, während sie aber schön bei Muttern zu Hause bleiben.*«), eine vorhersehbare Verschärfung. Zit. in ebd., S. 406.

47 BA-Lichterf., NS 19/319 Staatssekretär Martin Luther an SS-Obergruppenführer Wolff (9.11.1942).

48 In zwei Einberufungsaktionen (September/November 1942 und Februar 1943) wurden insgesamt 12.000 Mann mobilisiert. Die entsprechende Verbalnote der kroatischen Regierung datiert dagegen vom 10.10.1942. Siehe hierzu Oberkersch, *Volksgruppe*, S. 412–419.

49 Die insgesamt fünf Bataillone wurden schließlich zwischen dem 5. und 20. April 1943 aufgelöst. Vgl. hierzu Antun Miletic, The Volksdeutschers of Bosnia, Slavonia and Srem regions in the struggle against the People's Liberation Movement (1941–1944); in: Institute for Contemporary History (Hrsg.), *The Third Reich and Yugoslavia, 1933–1945* (Belgrad 1977), S. 591.

Als das OKW diesen Standpunkt zur Jahreswende endlich durchzusetzen vermochte[50], hatte die Diskussion um neue Rekrutierungsmöglichkeiten im kroatischen Raum aber schon eine ganz andere Ebene erreicht. So hatte Himmler – möglicherweise im Bewußtsein der Tatsache, in der Volksdeutschenfrage an einem toten Punkt angelangt zu sein – schon am 6. Dezember 1942 bei Hitler die Aufstellung einer hauptsächlich aus bosnischen Moslems bestehenden SS-Division angeregt. Von der skurrilen Sympathie des Reichsführers SS für die »kriegerische« Religion des Islam einmal abgesehen, empfahl sich diese Idee vor allem aus zwei Gründen: erstens, weil diese Volksgruppe im Dienste der k.u.k. Monarchie eine beachtliche Militärtradition begründet hatte, auf der jetzt möglicherweise aufgebaut werden konnte. Zweitens, weil die Moslems, obwohl zeitweilig von der Ustascha umworben und von den Cetniks auf das schwerste bedrängt, immer noch einen Fremdkörper im NDH-Staat darstellten. Da ihnen gleichzeitig eine eigenständige politische Kraft fehlte, beschränkte sich die Bildung spezifisch moslemischer Formationen innerhalb der kroatischen Streitkräfte auf diverse Milizen und Heimwehren, die teils der Ustascha, teils der Landwehr unterstellt waren. Eine Vorstellung von ihrem militärischen Wert vermittelt die Tatsache, daß selbst die wichtigste dieser Einheiten, die ostbosnische Miliz des Majors Muhamed Hadziefendic, von deutschen Dienststellen wahlweise als *»Terrorgruppe schlimmster Art«*[51] oder *»reine Räuber- und Plündererbande«*[52] bezeichnet wurde. Aus Himmlers Sicht mußte diese Kombination aus politischer Identitätssuche und brachliegendem Wehrpotential die idealen Rahmenbedingungen für die Rekrutierung einer SS-Division abgeben[53]. Möglicherweise war es die Bestrebung, den Reichsführer-SS an einer Ausdehnung dieses Gedankens auf die gesamten kroatischen Streitkräfte zu hindern, die das OKW Ende des Jahres dazu veranlaßte, sich mit dieser Frage etwas näher zu befassen, als es bisher der Fall gewesen war[54]. Eine erste Handhabe bot in dieser Hinsicht die erweiterte Dienstanweisung, die der Deutsche General in Agram mit seiner Beförderung zum Wehrkreisbefehlshaber am 1. November erhalten hatte. Wo Glaise bis dahin eine eher unverbindlich gehaltene Beratertätigkeit ausgeübt hatte, hieß es jetzt u.a., daß er sich für Reformen innerhalb der kroatischen Streitkräfte zu *»verbürgen habe«*[55]. Zur Jahreswende ging das OKW daran, diese immer noch etwas unbe-

---

50 Percy Ernst Schramm (Hrsg.), *Kriegstagebuch des Oberkommandos der Wehrmacht* (Frankfurt a. M. 1963). Bd. II.2, S. 1181 (Eintrag vom 24.12.1942); Bd. III.1, S. 67 (Eintrag vom 24.1.1943).
51 BA/MA, RH 26-114/13 Kommandierender General und Befehlshaber in Serbien Abt. Ic, Lagebericht für die Zeit vom 19.10.–29.10.1942 (29.10.1942).
52 BA/MA, RH 26-118/29 Beurteilung der Lage im Sicherungsbereich der 718. Inf.-Div. (14.11.1942).
53 Ausführlicher zu Himmlers Plänen: Lepre, *Bosnian division*, S. 16–27.
54 Zum Thema einer umfassenderen Mobilisierung von kroatischen Wehrpflichtigen für die deutsche Wehrmacht lag bis zu diesem Zeitpunkt lediglich eine unverbindliche Äußerung Hitlers (*»Der Führer hat die Absicht …«*) vor; KTB OKW, Bd. II.1, S. 406 (Eintrag vom 6.6.1942).
55 BA/MA, RH 31 III/9 Protokoll der Besprechung beim Wehrmachtbefehlshaber SO am 31. Okt. 42 (o.D.)

stimmte Weisung mit Leben zu erfüllen: Erstmalig am 24. Dezember 1942 und dann wieder am 10. und 30. Januar 1943 hält das Kriegstagebuch des OKW die ersten Planungen fest, die darauf abzielten, die kroatische Landwehr auch über den rein operativen Bereich hinaus deutscher Kontrolle zu unterstellen[56]. Bereits am 2. Februar trug Glaise Pavelić die wesentlichsten Punkte vor: Neben der beschleunigten Aufstellung zweier weiterer Legionsdivisionen und dem weiteren Ausbau der zumindest teilweise erfolgreichen Gebirgsbrigaden war die Aufstellung von vier neuen Brigaden, die zu Ausbildungszwecken *»in enger Anlehnung«* an die auf kroatischem Boden dislozierten deutschen Divisionen operieren sollten, vorgesehen. Zur verbesserten Offiziers- und Unteroffiziersausbildung war schließlich ein neu zu bildendes deutsch-kroatisches Lehrbataillon ausersehen. Das Programm fand die grundsätzliche Zustimmung des »Poglavnik«; da die deutsche Absicht, ein Vorhaben dieser Größe vor den Italienern zu verheimlichen, ihm aber nicht realisierbar schien, plädierte er dafür, den Bundesgenossen von vornherein ins Vertrauen zu ziehen[57]. Die vom Reichsführer SS für die neu zu bildende SS-Division gewünschte einheitliche ethnische Zusammensetzung wurde vom Pavelić-Regime jedoch alsbald als Förderung separatistischer Bestrebungen angesehen und sollte sich binnen Jahresfrist zu einer ernsten Belastung der deutsch-kroatischen Beziehungen entwickeln[58].

Wenngleich den zur Jahreswende 1942/43 getroffenen Beschlüssen und die ein gutes halbes Jahr zuvor eingeleiteten Aufstellungen (erste Legionsdivision und »Prinz Eugen«) im gleichen Maße ein gesteigerter Rekrutierungsbedarf zugrunde lag, so unterschieden sie sich doch in einem wesentlichen Punkt: Während im letzteren Fall die Entscheidung für eine Verwendung auf dem jugoslawischen Kriegsschauplatz erst im nachhinein fiel[59], war Ende 1942 die Mobilisierung kroatischen Wehrpotentials bereits gleichbedeutend geworden mit einem Einsatz in diesem Raum. Im Laufe des kommenden Jahres würde sich dann entscheiden, ob diese Maßnahmen es ermöglichen würden, die deutsche Truppenpräsenz zumindest mittelfristig auf einem gleichbleibenden Niveau zu halten.

---

56 KTB OKW, Bd. II.2, S. 1181 (Eintrag vom 24.12.1942); Bd. III.1, S. 30 f. (Eintrag vom 10.1.1943) u. S. 82 f. (Eintrag vom 30.1.1943).

57 ADAP, Serie E, Bd. V, S. 171 f. Kasche an Auswärtiges Amt (3.2.1943). Ferner KTB OKW, Bd. III.1, S. 119 (Eintrag vom 12.2.1943).

58 Auch die gezielte Abwerbung von kroatischen Einheiten führte zu nachhaltigen Irritationen, vgl. Peter Broucek (Hrsg.), *Ein General im Zwielicht. Die Erinnerungen Edmund Glaises von Horstenau, Bd. 3* (Wien, Köln u. Graz 1988), S. 241 (Eintrag vom Juli/August 1943). Ausführlicher zu diesen Fragen Lepre, *Bosnian division*, S. 19–35.

59 Die Entscheidung, die in Aufstellung begriffene »Prinz Eugen« im jugoslawischen Raum einzusetzen, fiel erst am 12. Mai 1942; KTB OKW, Bd. II.1, S. 351 (Eintrag vom 12.5.1942).

5.2. Der Operationszyklus »Weiß«

Nachdem der Besuch des italienischen Außenministers Ciano im Führerhauptquartier (18. bis 20. Dezember 1942) einen weitgehenden Konsens zwischen den Achsenpartnern über die Notwendigkeit einer großräumigen »Säuberungsoperation« zur Stabilisierung des vom inneren Zusammenbruch bedrohten NDH-Staates erbracht hatte, erfolgte während der nächsten Tage die Ausarbeitung eines Stufenplans für das gemeinsame Unternehmen. Hierbei scheint allerdings bis zur Jahreswende Ungewißheit hinsichtlich des ersten Operationsziels geherrscht zu haben. Einerseits lassen eine Weisung Löhrs[60] sowie eine spätere Aufzeichnung Glaise von Horstenaus vermuten, daß der spätere Ablauf, der ein Aufrollen des Partisanenstaates südlich der Demarkationslinie von West nach Ost vorsah, im wesentlichen schon am 30. Dezember feststand[61]. Andererseits legen sowohl ein Korpsbefehl des Befehlshabers der deutschen Truppen in Kroatien vom 1. Januar 1943[62] als auch ein Aktenvermerk über eine Chefbesprechung beim Oberbefehlshaber Südost vom 4. Januar 1943[63] den Schluß nahe, daß man auf der deutschen Seite zumindest »*einstweilen*«[64] einer Großoperation im nordkroatischen Slawonien den Vorzug zu geben schien. Soweit nachvollziehbar, scheint die endgültige Entscheidung zugunsten einer Operation gegen den westlichen Bereich des befreiten Gebietes erst im Gespräch zwischen Löhr und Roatta am 3. und 4. Januar 1943 in Rom gefallen zu sein[65].

In seiner endgültigen Form sah der Plan zur Eroberung des Tito-Staates drei aufeinanderfolgende Phasen vor. Die erste (»Weiß I«) war im wesentlichen eine erweiterte Fassung des von General Prpic am 20. November des Vorjahres unterbreiteten Operationsplans zur Rückeroberung des Raumes westlich der Una. Durch eine im Raum Bosanski Petrovac abzuschließende Zangenbewegung sollte neben dem Kordun und der Banija auch der größte Teil Westbosniens mit einbezogen werden[66].

---

60 BA/MA, RH 20-12/154 Wehrmachtbefehlshaber Südost an den Deutschen General beim Hauptquartier der italienischen Wehrmacht, Ia (29.12.1942, 11.00 h).

61 Broucek, *General im Zwielicht*, S. 175 (Eintrag vom Februar 1943).

62 BA/MA, RH 26-117/5 Bfh.d.dt.Tr.i.Kroatien Ia, Korpsbefehl für die Versammlung zum Unternehmen »Weiß« (1.1.1943).

63 BA/MA, RH 19 VII/1 Chefbesprechung vom 4.1.1943.

64 Ebd. Auch Lüters' Befehl vom 1.1.1943 zeichnet sich insofern durch eine gewisse Ambivalenz aus, als der befohlene Versammlungsraum sich sowohl für einen Vorstoß in den Raum südlich wie nördlich der Save anbot; darüber hinaus ordnete er »*unauffällige Aufklärung*« des späteren Operationsraumes um Bihać und Bosanski Petrovac an.

65 AUSSME, Diari Storici N1-N11 Diario Cavallero, Box 1351 (Eintrag vom 3.1.1943). Der erwähnte Aktenvermerk über die Chefbesprechung in Saloniki ließe sich dadurch erklären, daß Löhr zu diesem Zeitpunkt noch nicht nach Saloniki zurückgekehrt war.

66 BA/MA, RH 26-117/5 Bfh.d.dt.Tr.i.Kroatien Ia, Operationsbefehl für das Unternehmen »Weiß« (12.1.1943).

Die Fortsetzungsoperation »Weiß II« galt dem angrenzenden zentralbosnischen Raum um Bosanski Petrovac–Livno–Donji Vakuf–Kljuc, während »Weiß III« die Herzegowina und insbesondere die Entwaffnung der nationalserbischen Großverbände in diesem Raum zum Ziel hatte[67]. Die Durchführung der dritten Phase mußte natürlich dadurch zu einem Politikum werden, als sie am letzten noch vorhandenen Fundament der italienischen Besatzungsherrschaft in Kroatien und Montenegro – dem Zweckbündnis mit den Cetniks – gerührt hätte. 2. Armee und Comando Supremo sollten während der folgenden Wochen und Monate bei dem Versuch, diese heikle Frage solange wie nur irgendwie möglich aufzuschieben, beachtliches Verhandlungsgeschick an den Tag legen. So wurde in Rom vereinbart, die Durchführung von »Weiß III« dem italienischen VI. AK – möglicherweise mit Unterstützung einer deutschen Division – zu übertragen[68]; eine direkte Einflußmöglichkeit Lüters' oder Löhrs war damit weitgehend ausgeschlossen. Zugleich kehrte der Oberbefehlshaber Südost in dem Glauben nach Saloniki zurück, Cavallero und Roatta davon überzeugt zu haben, im Hinblick auf eine drohende alliierte Großlandung »Weiß II« und »Weiß III« nicht hintereinander, sondern gleichzeitig durchzuführen[69] – so weit nachvollziehbar, wurde dies jedoch nicht in einer gemeinsamen Erklärung schriftlich fixiert und in Folge von italienischer Seite einfach ignoriert[70]. Obwohl dieses Problem erst mit einigen Wochen in den Mittelpunkt deutsch-italienischer Koalitionskriegführung rücken sollte, stand auch die Vorbereitungsphase der Operation »Weiß« – wie zuvor schon »Trio« – im Zeichen mehrerer politischer Kontroversen.

An erster Stelle wäre in diesem Zusammenhang die durch den Führerbefehl vom 16. Dezember 1942 dekretierte Vorgehensweise bei der Partisanenbekämpfung zu nennen; erste Befehle, die ganz im Zeichen dieser neuen Politik standen, waren schon zur Jahreswende erteilt worden[71]. Auch die ersten Weisungen für »Weiß« machten nicht nur *alle Ortsfremden oder sonst auf dem Gefechtsfeld Angetroffenen* praktisch zu Vogelfreien, sondern sahen auch die Deportation der gesamten im Kampfgebiet angetroffenen männlichen Zivilbevölkerung im Alter von 15–50 Jahren vor[72].

---

67 In BA/MA, RH 19 VII/7 KTB-Eintrag vom 28.1.1943 ist in diesem Zusammenhang von *der Säuberung des Raumes südlich der deutsch-ital. Dem.-Linie zwischen Bugojno und Visegrad* die Rede; rein geographisch gesehen war das eigentliche Machtzentrum der Cetniks (Montenegro) also nicht ausdrücklich ausgenommen worden.

68 KTB OKW, Bd. III.1, S. 19 (Eintrag vom 5.1.1943) u. S. 89 (Eintrag vom 31.1.1943).

69 Vgl. ebd.

70 Vgl. Disposizioni del Maresciallo Ugo Cavallero, Capo di S.M.G., al generale Mario Roatta, comandante di Supersloda per le operazioni invernali italo-tedesche-croate (10.1.1943) in: Talpo, *Dalmazia III*, S. 198 f., wo ein stufenweiser Ablauf festgelegt ist.

71 BA/MA, RH 26-114/16 Divisionsbefehl für die Säuberung des Raumes Prijedor, Bronzani Majdan, Sanski Most (4.1.1943).

72 BA/MA, RH 26-118/32 Befehl für die Kampfführung im kroatischen Raum (12.1.1943).

Bei der Befehlsausgabe am 30. Dezember in Belgrad sah Glaise sich durch diese drakonischen Maßnahmen zu einem Protest veranlaßt, den er während der folgenden Tage noch ausführlicher begründete[73].

In einem Brief, den er am 4. Januar 1943 an Löhr richtete, gab Glaise zu bedenken, daß das geplante Vorgehen vor allem zu Lasten von Zivilisten gehen würde, die lediglich aufgrund der Tatsache, daß sie unter Partisanenherrschaft gelebt hatten, als Feinde eingestuft wurden. Wie auch schon einige andere deutsche Offiziere vor ihm hatte er mittlerweile erkannt, daß die meisten außerhalb des deutschen Herrschaftsbereichs lebenden Zivilisten, wenn sie denn das nackte Leben retten wollten, gar keine andere Wahl gehabt hätten, als den Schutz der gerade siegreichen Bürgerkriegspartei zu beanspruchen. Diese Gruppe in die in Belgrad ausgegebenen *»Ausrottungspläne«* mit einzubeziehen, sei schon deshalb ein Fehler, weil in Kroatien, so Glaise, *»sich alles besonders freut, wenn man die Falschen als Geisel erschießt«*[74]. Daß die in den folgenden Tagen erwirkte Abmilderung dieser Maßnahmen beim Oberbefehlshaber der 2. italienischen Armee Roatta beispielsweise auf völliges Unverständnis stieß[75], läßt vermuten, daß Glaise mit dieser zynischen Bemerkung der Wahrheit recht nahe gekommen war.

Ein diplomatisches Problem ergab sich gleichzeitig dadurch, daß Löhr und das OKW bemüht waren, die kommende Offensive sowohl vor den Kroaten als auch der eigenen Gesandtschaft geheimzuhalten[76]. Obwohl als Grund hierfür vor allem Sicherheitsbedenken angegeben wurden, dürften zwei weitere Faktoren ebenfalls eine gewichtige Rolle gespielt haben. Zum einen ließen die drakonischen Maßnahmen, die in der ursprünglichen Fassung von »Weiß«[77] vorgesehen waren, es dringend geraten erscheinen, die Kroaten vor vollendete Tatsachen zu stellen. Zum anderen versprach auch die Regelung der vollziehenden Gewalt im Operationsgebiet problematisch zu werden. Während bei den Unternehmungen der vergangenen Monate

---

73 Hierzu Glaises eigene Darstellung in Broucek, *General im Zwielicht*, S. 175 f. (Eintrag vom Februar 1943).

74 BA/MA, RH 31 III/12 Privatbrief Glaises an Löhr (4.1.1943).

75 BA/MA, RH 31 III/9 Aktenvermerk über Besprechung mit General Lüters am 26.1.1943 (26.1.1943). Der genaue Zeitpunkt, an dem diese Abänderung stattgefunden hat, läßt sich anhand der vorliegenden Quellen jedoch nicht bestimmen. Da im Einsatzbefehl für die 717. ID vom 15. Januar, anders als in vergleichbaren Schriftstücken drei Tage zuvor, eine Massendeportation der waffenfähigen Bevölkerung nicht mehr ausdrücklich erwähnt wird, liegt der Schluß nahe, daß besagtes Operationsziel an diesem Tag stillschweigend aus dem Kampfauftrag entfernt wurde; vgl. hierzu BA/MA, RH 26-117/5 Divisionsbefehl für Unternehmen »Weiß« (15.1.1943). Anders hingegen PA/AA, Nachlaß Kasche 6/2 Reisebericht des Gesandtschaftsrats Kühn (Anlage zu Bericht vom 2.2.1943 Nr. G WR 3 B-4657/43); nach dieser Darstellung lag der »Prinz Eugen« nach wie vor der alte Befehl vor, von dessen Durchführung die Division jedoch aus rein praktischen Gründen (ungenügende Transportmittel, unsichere Wege) absah.

76 Broucek, *General im Zwielicht*, S. 178 (Eintrag vom Februar 1943).

77 BA/MA, RH 26-118/32 Befehl für die Kampfführung im kroatischen Raum (12.1.1943); RH 26-117/5 Operationsbefehl für das Unternehmen »Weiß« (12.1.1943).

die Übertragung der Souveränitätsrechte der kroatischen Regierung auf die deutsche Wehrmacht immer auf einzelne Regierungsbezirke (Großgespanschaften) beschränkt geblieben war[78], sah die Planung für »Weiß« die präzedenzlose Ausweitung dieses Rechts auf den ganzen bosnischen Raum vor. Obwohl die Löhr durch die Führerweisung Nr. 47 übertragenen Vollmachten diesen Kontingenzfall eigentlich problemlos abdeckten, scheint er es vorgezogen zu haben, durch eine Umgehung des Gesandten eine langwierige Diskussion über die Abwägung politischer Prärogativen und militärischer Notwendigkeiten zu vermeiden[79]. Dies gelang insofern, als Kasche zunächst ohne klare Instruktionen aus dem Auswärtigen Amt blieb, während Glaise am 7. Januar Pavelić – ohne genaue Angaben über das künftige Operationsgebiet zu machen – die faktische Ausschaltung der NDH-Behörden im Kampfraum ankündigte[80]. Der Divisionskommandeur der 718. ID, Fortner, machte von den Möglichkeiten, die ihm dieser Rechtszustand eröffnete, bereits am 14. Januar Gebrauch und enthob prompt den Großgespan von Sarajevo seines Amtes[81]. Möglicherweise war es diese Absetzung, die den deutschen Außenminister, wenn auch mit beträchtlicher Verspätung, dazu veranlaßte, die Angelegenheit zur Chefsache zu erklären und auf der Prärogative seines Amtes zu beharren[82]. Auf diese Intervention hin leugnete selbst das OKW, Glaise irgendeinen Befehl erteilt zu haben, Kasche zu übergehen[83], und Löhr sah sich gezwungen, den Änderungswünschen des Poglavnik wenigstens teilweise entgegenzukommen: Zwar schloß das Operationsgebiet ganz West- und Ostbosnien ein, aber zum Ausgleich mußte die Einsetzung eines kroatischen »Chefs der Zivilverwaltung«, der als Schaltstelle zwi-

---

78 Siehe z. B. BA/MA, RW 40/32 KTB-Eintrag vom 28.8.1942. Durch die Ausweitung der Kampfhandlungen war die hierdurch bedingte Machtübernahme Anfang 1943 allerdings schon ziemlich weit fortgeschritten. Im ostbosnischen Operationsgebiet der 718. ID bestand am 6.1.1943 nur noch auf gut einem Fünftel der Gesamtfläche (besonders in der Nähe von Ballungsräumen und Verkehrswegen) *der volle Einfluß der kroatischen Verwaltungsorgane.* Vgl. hierzu die Karte selben Datums in RH 26-118/32.

79 PA/AA, StS Kroatien, Bd. 4, 691 Aufzeichnung des Botschafters Ritter (19.1.1943).

80 PA/AA, StS Kroatien, Bd. 4, 690 Kasche an Auswärtiges Amt (8.1.1943). Laut Ritter (vgl. Fn. 74) war es ursprünglich das OKW in Gestalt Walter Warlimonts gewesen, welches das Auswärtige Amt ersucht hatte, Pavelić die Frage der vollziehenden Gewalt vorzutragen. Es ist daher anzunehmen, daß entweder die Kunde von dieser Abmachung noch nicht bis Agram und Saloniki vorgedrungen war oder daß Warlimont sie in Unkenntnis von Löhrs gegensätzlichen Plänen erst nach Glaises Vortrag bei Pavelić getroffen hat.

81 ADAP, Serie E, Bd. V, S. 99 Kasche an Auswärtiges Amt (15.1.1943).

82 PA/AA, StS Kroatien, Bd. 4, 691 von Ribbentrop an Kasche (18.1.1943).

83 PA/AA, StS Kroatien, Bd. 4, 691 Notiz des Botschafters Ritter (19.1.1943). In Glaises tagebuchähnlichen Aufzeichnungen werden diese Vorgänge folgendermaßen beschrieben: *»Zuletzt war auch noch das Auswärtige Amt beleidigt, und natürlich erlitt Saloniki dabei eine Schlappe, wie es bei der bekannten Rückensteife des Oberkommandos der Wehrmacht nicht anders zu erwarten war. Mir persönlich gelang es zuletzt, nicht havariert aus der Schlacht hervorzugehen.«* Broucek, *General im Zwielicht,* S. 178 (Eintrag vom Februar 1943).

schen Besatzungsmacht und Bevölkerung fungieren sollte, akzeptiert werden[84]. Die durch Glaise von Horstenau am 19. Januar überbrachte Zusicherung an Kasche, daß in Zukunft »*die notwendigen politischen Eröffnungen an hiesige Regierung*« auf jeden Fall Sache des Auswärtigen Amtes bleiben würden[85], setzten einen vorläufigen Schlußpunkt unter ein weiteres der zahllosen »Nachhutgefechte«, mit denen von Ribbentrop in diesen Tagen seine Position im Führerhauptquartier zu behaupten suchte.

Von sehr viel gravierenderer Natur waren die potentiellen Reibungsflächen, die derweil einer deutsch-italienischen Zusammenarbeit im Wege standen. So bedurften Anfang 1943 drei Fragenkomplexe noch einer verbindlichen Regelung: der Oberbefehl für »Weiß«, die Besetzung der im Laufe der Operation wiederzuerobernden Zone III und ganz besonders Zeitpunkt und Vorgehensweise bei der Entwaffnung der in italienischen Diensten stehenden Cetnikverbände. Die erste in einer ganzen Serie von deutsch-italienischen Besprechungen, die die Klärung dieser Fragen zum Ziel hatten, fand im Rahmen des bereits erwähnten Treffens am 3. und 4. Januar 1943 in Rom statt. Zu einer ausführlichen Diskussion über die Cetnikfrage und den Aufbau von Verbindungsstäben waren neben Löhr und Cavallero noch der Generalstabschef des italienischen Heeres sowie die italienischen Territorialbefehlshaber für Kroatien, Montenegro und Griechenland erschienen[86]. Da Löhr auf das Versprechen Cavalleros, die Waffenlieferungen an die Nationalserben auszusetzen und mittelfristig ihre Entwaffnung in die Wege zu leiten, nicht weiter auf diesem Thema insistierte, wurde die übrige Gesprächszeit fast vollständig von der Absprache der einzelnen Phasen der kommenden Großoperation und den neuen Unterstellungsverhältnissen eingenommen. Die Regelung, die in diesem Zusammenhang für die Befehlsführung von »Weiß« getroffen wurde, spiegelte die graduelle Machtverschiebung wider, die im letzten halben Jahr in der Region stattgefunden hatte: So war die deutscherseits immer noch anerkannte Vormachtstellung Italiens durch die Aufgabe der Zone III und die Passivität der 2. Armee mittlerweile so ausgehöhlt worden, daß ein erneuter Oberbefehl Roattas nie ernsthaft zur Diskussion stand. Da aber auch die Etablierung eines klaren militärischen Übergewichts deutscher Kräfte in der Region sich gerade erst abzuzeichnen begann, wäre auch die Unterstellung von Teilen der 2. Armee unter den Befehlshaber der deutschen Truppen in Kroatien kaum weniger problematisch gewesen. Um diesem

---

84 PA/AA, StS Kroatien, Bd. 4, 691 Kasche an Auswärtiges Amt (19.1.1943).

85 Ebd. Von den ursprünglich geplanten Massendeportationen ließ Glaise von Horstenau aber, soweit nachvollziehbar, nichts verlauten; von diesen Plänen scheint Kasche erst durch den Bericht eines für die Dauer der Operationen der »Prinz Eugen« zugeteilten Botschaftsangehörigen erfahren zu haben; PA/AA, Nachlaß Kasche 6/2 Reisebericht des Gesandtschaftsrats Kühn (Anlage zu Bericht vom 2.2.1943 Nr. G WR 3 B-4657/43).

86 Gesprächsprotokoll zu finden in AUSSME, Diari Storici N 1-N 11 Diario Cavallero, Box 1351 (Eintrag vom 3.1.1943).

Dilemma zu entgehen, verfielen Cavallero und Löhr auf die an sich naheliegende Lösung, die Operation ohne einen gemeinsamen Oberbefehlshaber anlaufen zu lassen. Immerhin wurde Löhr vom Comando Supremo eine *»koordinierende Rolle«* zugestanden[87]. Der scheinbare Dissens, der sich in der Cetnikfrage zwischen Cavallero und Roatta offenbart hatte, scheint Löhr keine größeren Sorgen bereitet zu haben; daß der Ranghöhere von beiden sich scheinbar unmißverständlich für den deutschen Standpunkt ausgesprochen hatte, scheint Löhr Zusicherung genug gewesen zu sein. Da die Frage der Neubesetzung der Zone III in Rom ausgeklammert worden war, blieb es Glaise überlassen, sie bei Roattas Besuch in Agram am 9. und 10. Januar anzusprechen. Hierbei offenbarte sich wieder einmal der gähnende Abgrund, der sich mittlerweile zwischen Anspruch und Wirklichkeit der italienischen Kroatienpolitik aufgetan hatte. Roatta, so Glaise, ließ *»wohl keinen Zweifel darüber, daß er uns sehr gerne wieder nördlich der Demark.-Linie sähe, aber nicht daran dächte, mit seinen Truppen in diesen Raum zurückzukehren, sondern die Sicherung ausschließlich den Kroaten überlassen möchte«*[88]. Da dieses Problem aber erst mal in der Schwebe blieb, wurde die deutsch-italienische Zusammenarbeit der folgenden Wochen vor allem durch die unterschiedlichen Auffassungen, die auf beiden Seiten in der Cetnikfrage vorherrschten, belastet. Obwohl die deutsche Seite vor allem Mario Roatta als den Spiritus rector dieser Politik ansah und deshalb im Januar auch eine gewisse Bereitschaft zeigte, das Problem bis zu seiner für die nahe Zukunft angekündigten Versetzung aufzuschieben[89], war auch der in den eigenen Reihen als deutschhörig[90] verschriene Cavallero nicht gewillt, dem deutschen Führungsanspruch ohne weiteres zu folgen. Dies zeigte sich bereits einen Tag nach der Besprechung mit Löhr, als er zusammen mit Roatta bei Mussolini vorsprach und sich als Fazit der gerade abgeschlossenen Gesprächsrunde die Fortsetzung der bisherigen Cetnikpolitik bestätigen ließ[91]. Die derweil von deutscher Seite geübte Zurückhaltung ging sogar so weit, daß bei Roattas Besuch in Agram Lüters das Thema überhaupt nicht ansprach[92], während Glaise (nach einer italienischen Quelle) gar zustimmende Worte für die Cetnikpolitik der 2. Armee fand[93]. Die kroatische

87 Ebd.

88 BA/MA, RH 31 III/3 Der Deutsche General in Agram an den OB Südost (31.1.1943).

89 KTB OKW, Bd. III.1, S. 90 (Eintrag vom 31.1.1943).

90 Ciano, *Diario*, S. 695 (Eintrag vom 3.2.1943).

91 AUSSME, Diari Storici N1-N 11 Diario Cavallero, Box 1351 (Eintrag vom 4.1.1943); siehe auch DDI, Nona Serie, Bd. IX, S. 516. Il capo dell'ufficio di collegamento con il comando della seconda armata, Castellani, al ministro degli esteri, Ciano (18.1.1943).

92 Telescritto del generale Mario Roatta, comandante di Supersloda (2a Armata) al Comando Supremo sui colloqui con il generale Rudolf Luters, comandante delle forze tedesche in Croazia (13.1.1943) in: Talpo, *Dalmazia III*, S. 205.

93 Resconto del console Vittorio Castellani circa le conversazioni del generale Mario Roatta, comandante di Supersloda (2a Armata) con i comandanti delle forze tedesche in Croazia e con il Poglavnik sui cetnici (o.D.), in ebd., S. 200–204.

Regierung vermochte sich dieser Einschätzung nicht anzuschließen: Im Gespräch mit Pavelić mußte Roatta diesem versprechen, aus der soeben erfolgten Verlegung von 2.000 herzegowinischen Cetniks nach Knin keinen Präzedenzfall zu konstruieren und die fragliche Gruppe möglichst bald wieder in ihre Heimat zurückzutransportieren. Ferner sagte er dem Poglavnik zu, sich in Richtung Entwaffnung und Reduzierung der Nationalserben zu »orientieren«[94]. Diese Zusage, die in ihrer Formulierung schwammiger gar nicht hätte sein können, besiegelte nach der Ansicht Glaises Roattas unbedingte Absicht, an seinen serbischen Bundesgenossen festzuhalten[95].

Ihre Bestätigung erfuhr diese Einschätzung, als durch eine Anfrage, die der Oberbefehlshabers Südost am 31. Januar an das OKW richtete, das Wann und Wie der Cetnikentwaffnung erneut zur Diskussion gestellt wurde[96]. Der Zeitpunkt, den Löhr dafür gewählt hatte, kam den Italienern allerdings insofern entgegen, als erst am Tag zuvor im Comando Supremo ein bedeutender Wachwechsel stattgefunden hatte: Auf Ugo Cavallero war der bisherige Generalstabschef des Heeres und vormalige Oberbefehlshaber der 2. Armee, Vittorio Ambrosio, nachgefolgt. Dieser nahm sogleich die Chance wahr, die sich ihm durch diese Zäsur bot und ließ das OKW durch den Deutschen General in Rom wissen, daß ihm von einer am 3. Januar in Rom getroffenen Vereinbarung zur Entwaffnung der Nationalserben nichts bekannt sei[97]. Obgleich auch Roatta sich diese Ansicht zueigen machte, war er gegenüber seinem deutschen Gesprächspartner Oberst Baade insofern aufrichtiger, als er sich darauf berief, daß die Entwaffnungsaktion noch nicht in »bindender Form« besprochen worden sei[98]. Darüber hinaus verstand er es, das deutsche Ansinnen unter Hinweis auf ein weiteres ungeklärtes Problem abzuschwächen: Unter der Voraussetzung, daß seine Cetniks in Waffen blieben, so Roatta, könne er sich eventuell auch die von Löhr gewünschte Neubesetzung der Zone III durch vornehmlich italienische und kroatische Truppen vorstellen. Nicht genug damit, brachte er zu guter Letzt auch noch die Frage des gemeinsamen Oberbefehls erneut ins Spiel: diese müsse in Anbetracht der bevorstehenden Operation »Weiß II« eigentlich noch einmal völlig neu zur Diskussion gestellt werden[99]. Wenn man im OKW nun mit dem Weggang des »schlauen Fuchses« (Glaise)[100] am 5. Februar auf eine schnelle und allgemeinverbindliche Regelung dieser leidigen Fragen gehofft hatte, wurde

---

94 Ebd.
95 BA/MA, RH 31 III/12 Privatbrief Glaises an Löhr (13.1.1943).
96 KTB OKW, Bd. III.1, S. 89 (Eintrag vom 31.1.1943).
97 Ebd., S. 92 (Eintrag vom 2.2.1943).
98 Ebd., S. 99 (Eintrag vom 4.2.1943).
99 Ebd.
100 BA/MA, RH 31 III/12 Privatbrief Glaises an Löhr (13.1.1943).

man bereits einen Tag später eines Besseren belehrt. An diesem 6. Februar brachte Walter Warlimont anläßlich seines Antrittsbesuches bei Ambrosio sowohl die Entwaffnung der Cetniks als auch die Neubesetzung der Zone III ins Gespräch. Obwohl der neue Chef des Comando Supremo seinen Standpunkt vom 2. Februar insofern revidierte, als er eine Entwaffnungsaktion für die Zeit nach »Weiß 2« nicht mehr grundsätzlich ausschloß, überraschte er Warlimont mit der Ankündigung, keine Ahnung vom deutschen Wunsch einer Neubesetzung der Zone III zu haben; falls Cavallero bei seinem Besuch in Rastenburg im Dezember diesbezüglich irgendwelche Zusagen gemacht habe, müsse er es versäumt haben, sie aktenkundig zu machen[101]. Nach dieser Einführung muß der Oberbefehlshaber Südost zumindest gewußt haben, von welchen Grundlagen er bei seinem ersten Treffen mit dem neuen Oberbefehlshaber der 2. Armee, Mario Robotti (am 8. Februar, in Belgrad), ausgehen konnte. Die Instruktionen, die der scheidende Roatta seinem Nachfolger vier Tage zuvor mit auf den Weg gegeben hatte, betrafen vor allem die Notwendigkeit, die Deutschen aus der Herzegowina herauszuhalten und eine Neubesetzung der Zone III zu vermeiden. Soweit aus der überlieferten Gesprächsnotiz hervorgeht, wurde die Cetnikfrage nicht angesprochen[102].

Obwohl mit an Sicherheit grenzender Wahrscheinlichkeit angenommen werden kann, daß Löhr über das Ergebnis von Warlimonts Reise umgehend informiert und Robotti somit der Möglichkeit beraubt wurde, unbelastet in die Verhandlungen zu gehen, sollten diese dennoch zu einem vielversprechenden Auftakt seiner Amtszeit als Oberbefehlshabers der 2. Armee werden. Nicht auszuschließen ist, daß die Offenheit, mit der er – anders als noch eine Woche zuvor Roatta – in bezug auf die Neubesetzung der Zone III seine Karten auf den Tisch legte, in Belgrad für ein positives Gesprächsklima sorgte. Er gestand nicht nur offen ein, daß ein Verharren in diesem Raum seine Möglichkeiten deutlich übersteigen würde, sondern verzichtete im Hinblick auf die Verpflichtungen, die sich daraus ergeben würden, auch auf eine Unterstellung nachrückender kroatischer Verbände unter sein Kommando. Als Löhr seinerseits auf die Notwendigkeit hinwies, diesen einige deutsche Verbände zum Flankenschutz beizugeben, nahm Robotti auch dies ohne Protest hin. Dieses im Grunde genommene ebenso unvermeidliche und wie überfällige Eingeständnis militärischer Schwäche wurde durch den Erfolg, den der Oberbefehlshaber der 2.

---

101 Zum Verlauf dieses Gesprächs siehe Talpo, *Dalmazia III*, S. 37. In Anbetracht der Tatsache, daß Glaise schon seit dem 9. Januar von der italienischen Weigerung, die Zone III erneut zu besetzten, wußte, ist nur schwer nachzuvollziehen, warum diese Mitteilung Warlimont am 6. Februar noch überrascht haben soll. Die Fehler im Kommunikationsbereich scheinen in diesem Fall eindeutig auf deutscher Seite gelegen zu haben.

102 Sintesi del colloquio fra il generale Vittorio Ambrosio, Capo di Stato Maggiore Generale, il generale Mario Roatta ed il generale Mario Robotti, nuovo comandante di Supersloda (4.2.1943) in: Talpo, *Dalmazia III*, S. 208 f.

Armee in der Cetnikfrage für sich verbuchen konnte, mehr als ausgeglichen. Zunächst gelang es ihm, die Früchte von Roattas und Ambrosios zermürbender Verhandlungstaktik der vergangenen Wochen zu ernten: Im Austausch für die prinzipielle Einwilligung Robottis in die Cetnikentwaffnung (»*col tempo e con le precauzioni necessarie*«) fügte Löhr sich in die endgültige Absage des dritten Operationsabschnitts, der auf eine parallel zu »Weiß II« durchzuführende Entwaffnung der Cetnikgroßverbände in der Herzegowina herausgelaufen wäre. Anschließend, bei der Besprechung der italienischen Beteiligung für »Weiß II«, brachte Robotti auch noch das Kunststück fertig, dem Oberbefehlshaber Südost mehrere Cetnikverbände zum vorübergehenden Flankenschutz des deutschen Vormarschs anzudienen[103]. Mit diesem Verhandlungsergebnis war es Robotti und Ambrosio gelungen, das leidige Cetnikthema wieder einmal ad calendas graecas zu verschieben. Im OKW sah man sich nun der Tatsache gegenüber, daß eine Frage, die man seit der Jahreswende als eigentlich verbindlich geregelt angesehen hatte, nichts von ihrer Aktualität eingebüßt hatte.

Etwas zufriedenstellender hatte sich unterdessen der rein militärische Aspekt deutsch-italienischer Zusammenarbeit entwickelt. Unter Beteiligung dreier italienischer Divisionen hatte am Morgen des 20. Januar die gegen das westbosnische Herz des Tito-Staates gerichtete Großoperation »Weiß I« begonnen. Kernstück dieser Unternehmung war der schnelle Vorstoß der 7. SS-Division »Prinz Eugen« von Karlovac und der 717. ID von Banja-Luka/Mrkonjigrad aus: Ungefähr auf der Höhe von Kljuc sollten die beiden Divisionsspitzen aufeinandertreffen und damit den Einschließungsring um die als »*natürliche Festung des Kommunistenstaates*«[104] bezeichnete Grmec Planina legen. Der 369. (kroat.) ID, die bei diesem Einsatz ihre Feuertaufe zu bestehen hatte, fiel die Aufgabe zu, von Norden über Prijedor auf Bosanski Petrovac vorzustoßen und dort Anschluß an den linken Flügel der »Prinz Eugen« zu suchen. Der Raum zwischen der Legionsdivision und der 717. ID wurde von der 714. ID eingenommen; diesem Verband war im Rahmen von »Weiß I« aber nur die »*Säuberung*« und Behauptung des Raums Bosanski Novi/Prijedor zugedacht[105].

Der italienische Beitrag fiel insofern etwas schwächer aus, als die drei beteiligten Divisionen (»Lombardia«, »Re« und »Sassari«) des V. Korps sich nicht in voller Stärke, sondern nur mit Kampfgruppen in Regimentsstärke an der Operation betei-

103 »Memoria« sui colloqui del comandante di Supersloda (2a Armata), generale Mario Robotti a Belgrado con il generale Alexander Löhr (18.2.1943) in: ebd., S. 210–215.
104 BA/MA, RH 24-15/2 Bfh. d. dt. Tr. i. Kroat., Ia-Lagebeurteilung für die Zeit vom 27.1.–6.2.43 (o.D.).
105 Ebd.

ligten. Ihrem Gefechtsauftrag kam allerdings insofern eine besondere Bedeutung zu, als sie mit ihren Vorstößen von Ogulin in Richtung Slunj, Gospic in Richtung Bosanski Petrovac, Gracac in Richtung Drvar die durch die weit ausholende Bewegung um das Grmecgebirge besonders bedrohte rechte Flanke der SS-Division deckten[106]. Da das Kommando über die Nebenkriegsschauplätze Slawonien und Syrmien mit Wirkung vom 7. Januar an den Bevollmächtigten General übertragen worden war, konnte Lüters bis Sommeranfang seine ungeteilte Aufmerksamkeit der Entscheidungsschlacht gegen Titos Hauptstreitmacht widmen[107].

Dem Umfang des seit dem April 1941 größten Aufmarschs der Achsenmächte angemessen, war auch die Luftwaffenbeteiligung: Während bei der letzten gemeinsam durchgeführten Operation (April/Mai 1942) die Luftunterstützung noch vornehmlich in den Händen der Regia Aeronautica gelegen hatte, standen diesmal 100 deutsche und kroatische Maschinen unter dem Kommando des »Fliegerführers Weiß« (Major von Buchholtz) zur Verfügung[108].

Die Ausgangslage war für Deutsche und Italiener insofern schwierig, als Tito spätestens 10 Tage vor Angriffsbeginn Gewißheit über die Absichten seiner Gegner hatte[109]; Vorbereitungen zur Abwehr erfolgten besonders durch zahlreiche Straßen- und Brückensprengungen, die den Vormarsch der Angreifer gleich vom ersten Tag an wesentlich erschwerten. Nur die »Prinz Eugen« hatte aufgrund mangelhafter Aufklärungsarbeit des Gegners in ihrem Frontabschnitt zumindest das taktische Überraschungsmoment auf ihrer Seite[110]. Die Härte der Kämpfe der folgenden Wochen dürfte ihre Erklärung vor allem darin finden, daß die Volksbefreiungarmee, ungeachtet einer grassierenden Typhusepidemie, in diesem Raum zwischen 25.000–30.000 Mann an kampferprobten und relativ gut bewaffneten Kämpfern aufbieten konnte, die zudem – jedenfalls gemessen an späteren Kampfphasen – relativ ausgeruht und gut genährt waren. Ihnen gegenüber stand ein Gegner, dem es trotz sehr viel besserer Bewaffnung weiterhin an richtiger Gebirgsausrüstung (mit Ausnahme der »Prinz Eugen«) und zum Teil sogar an jeglicher Kampferfahrung (im Falle der 369. ID) fehlte. Als exemplarisch kann in diesem Zusammenhang die gleich zu Beginn der Operation erfolgte Einkesselung eines Bataillons der 717. ID westlich von Sanski Most angesehen werden; diese blieb nur deshalb ohne schwe-

---

106 Croazia-Ciclo operativo »Weiss«-1a fase, 20 gennaio–15 febbraio 1943 (17.3.1943), abgedruckt in: Talpo, *Dalmazia III*, S. 225–228.
107 Broucek, *General im Zwielicht*, S. 179 (Eintrag vom Februar 1943). Bezeichnenderweise war Glaise von Horstenau das einzige Truppenkommando, das er jemals innehatte, in seinem Tagebuch nur einige wenige Eintragungen wert.
108 BA/MA, RH 2/683 OB Südost, Lagebeurteilung für Februar 1943 (2.3.1943).
109 Siehe hierzu sein Funkspruch an die Komintern vom 10.1.1943, in: Military History Institute, S. 418–421.
110 Dedijer, *War Diaries II*, S. 207 (Eintrag vom 28.1.1943).

rere Folgen, weil die Einheit bis zur Entsetzung durch Teile der 714. ID drei Tage lang (29. bis 31. Januar) aus der Luft versorgt werden konnte[111].

Von Bedeutung für den weiteren Kriegsverlauf in dieser Region war, daß in Anbetracht der Weite des wiederzuerobernden Gebietes die Durchkämmung einzelner Landstriche eher oberflächlich bleiben mußte. In diesem Zusammenhang an die Adresse des italienischen V. Korps gerichtete Vorwürfe mochten in der Sache zwar zutreffen[112], dürften aber kaum nur für den Bundesgenossen Gültigkeit besessen haben: Auch in Befehlen der »Prinz Eugen« tauchten in diesen Tagen Begriffe wie *»sprungweises Durchkämmen«* auf[113]. Diese Vorgehensweise sollte es Tito ermöglichen, noch während des Rückzugs einen Teil seiner Kräfte in die soeben vermeintlich »befriedeten« Gebiete zurückzuschicken, um den Kampf gegen den Besatzer dort umgehend wiederaufzunehmen.

Daß die Schlußbilanz von »Weiß I« auch in anderer Hinsicht eher enttäuschend ausfallen sollte, hatte vielfältige Gründe. Zunächst ist zu konstatieren, daß die schiere Größe des befreiten Gebiets mit den besten Schutz für Titos Einheiten darstellte. Dies hatte nämlich die geradezu unausweichliche Folge, daß Lüters mit seiner beschränkten Zahl an Truppen von vornherein nur eine Kesselbildung anstreben konnte, die kaum die Hälfte des Partisanenstaates umfaßte. Selbst wenn also die vollständige Vernichtung sämtlicher zwischen Karlovac und Kljuc dislozierten Brigaden gelungen wäre, hätte dies in Anbetracht der sich noch außerhalb des Kessels befindlichen Großverbände[114] einen sehr schweren, aber sicher nicht tödlichen Schlag für die Volksbefreiungsarmee dargestellt.

In diesem Zusammenhang gilt es allerdings zu untersuchen, inwiefern die deutschen Planer überhaupt mit der Möglichkeit eines solchen Erfolges gerechnet hatten. Wenn dem so gewesen sein sollte, stellt sich allerdings die Frage, wieso der östliche Arm der Umfassungsbewegung einer Division (der 717. ID) überantwortet wurde, die bei Beginn der Operation kaum die Stärke eines Regiments (3.500 Mann) aufwies[115]. Bei einem solchen Kräftegleichgewicht nimmt es natürlich nicht wunder, daß der Ring um die Grmec Planina erst am 8. Februar geschlossen werden konnte. Von einer Kesselbildung, die einem größeren Teil von Titos Hauptkräften wirklich hätte

---

111 BA/MA, RH 24-15/2 Erfahrungen bei Unternehmen Weiß I (22.2.1943), Anlage 3.

112 BA/MA, RH 24-15/2 Bfh. d. dt. Tr. i. Kroat., Ia-Lagebeurteilung für die Zeit vom 6.2.–15.2.43 (o.D.)

113 Divisionsbefehl für das Unternehmen »Weiß« (18.1.1943), auszugsweise abgedruckt in: Otto Kumm, *»Vorwärts Prinz Eugen!« Geschichte der 7. SS-Freiwilligen-Gebirgs-Division »Prinz Eugen«* (Osnabrück 1978), S. 57–60.

114 Es waren dies die 1. und 2. Proletarische Division, die 3. und 7. Stoß-Division sowie die neu aufgestellte 9. Dalmatinische Division. Diese Verteilung war nicht zuletzt auch eine Folge der beginnenden Verlagerung nach Osten, wo im Frühjahr ein Vorstoß nach Montenegro geplant war. Obwohl das XVIII. und VI. italienische Korps diese Bewegung Ende 1942 registrierten, scheint diese Information nicht an den deutschen Bundesgenossen weitergegeben worden zu sein; Talpo, *Dalmazia III*, S. 47 f.

115 BA/MA, RH 24-15/2 Erfahrungen bei Unternehmen »Weiss I« (22.2.1943).

gefährlich werden können, konnte strenggenommen überhaupt nicht die Rede sein; lediglich die 4. Krajina-Stoßdivision, die zuletzt auf dem Grmec ausgeharrt hatte, erlitt in den letzten Tagen noch schwere Verluste[116]. Der wenige Tage später an die Adresse Mussolinis gerichtete Vorwurf Hitlers, der verspätete Anschluß des V. italienischen Korps an die linke Flanke der »Prinz Eugen« habe das Absetzen des feindlichen Gros ermöglicht, mußte insofern ins Leere gehen, als die Partisanen auch im deutschen Frontsektor Gelegenheit genug gehabt hatten, nach Süden bzw. Südosten zu entweichen[117]. Vielmehr drängt sich dem Betrachter der Eindruck auf, daß deutscherseits nicht nur Feindwiderstand und Geländeschwierigkeiten deutlich unterschätzt worden waren[118], sondern daß die Planungen zu »Weiß I« von vornherein von dem Wunsch überschattet gewesen waren, dem Gegner bis zu einem bestimmten Zeitpunkt möglichst viel Land entrissen zu haben. Der Zeitplan der »Prinz Eugen«, der für die ersten 24 Stunden die Überwindung von 80 Kilometern schwierigem Gelände sowie die Einnahme von Bihać vorgesehen hatte, spricht in dieser Hinsicht eine überdeutliche Sprache[119]. Gegenüber diesem schon ans Utopische grenzenden Kampfauftrag scheint die gezielte Vernichtung der wichtigsten feindlichen Formationen oder gar die Aushebung von Tito und seinem Stab hingegen eine völlig nachgeordnete Rolle gespielt zu haben.

Zwei Ereignisse, die sich unterdessen etwas abseits des eigentlichen Operationsgebietes zugetragen hatten, sollten für die Fortsetzung der Operation den Charakter eines Menetekel annehmen. Da Roatta mittlerweile seine Zusage zum Transport viertausend montenegrinischer Cetniks in den Raum von Prozor zurückgezogen

---

116 Strugar, *Volksbefreiungskrieg*, S. 119. Anläßlich eines späteren Rückblicks auf die Operationen der letzten Monate kritisierte Tito an der deutschen Operationsführung von »Weiß I«, daß der Druck zur Verengung des Kessels (seitens der 369. ID) vor der endgültigen Schließung des Belagerungsrings (durch »Prinz Eugen« und 717. ID) und somit viel zu früh eingesetzt habe; Military History Institute, »The Fifth enemy offensive«, S. 493 f.

117 So ermöglichte beispielsweise der verspätete Anschluß der Italiener an die rechte Flanke der »Prinz Eugen« bei Priboj das Ausweichen der 8. Division; Dedijer, *War Diaries II*, S. 209 (Eintrag vom 16.2.1943). Der Ausbruch von 2–3 Brigaden südlich von Bosanski Kostajnica erfolgte freilich an einer Stelle des Einschließungsrings, die in den deutschen Zuständigkeitsbereich fiel; hierzu BA/MA, RH 2/ 683 Kurze Zusammenfassung der Durchführung des Unternehmen »Weiß« (10.4.1943)

118 Zu beachten wäre in diesem Zusammenhang, daß keiner der Stäbe, die schon Erfahrungen in einem Winterfeldzug in Bosnien hatten sammeln können (Höheres Kommando LXV., 342. ID, 718. ID), an der Planung von »Weiß I« beteiligt gewesen waren.

119 BA/MA, RH 26-117/5 Operationsbefehl für das Unternehmen »Weiß« (12.1.1943). Der Divisionskommandeur der »Prinz Eugen« bezeichnete den geplanten Einsatz seines Verbandes gar als *»Wolkenschieberei«*; vgl. TB Phleps, Eintrag vom 12.1.1943. Hierzu auch RH 31 III/12 Privatbrief des Bevollmächtigten Generals an Generaloberst Löhr (4.1.1943), in dem Glaise für eine deutliche Verkleinerung des künftigen Operationsgebietes plädierte. Vgl. auch die zutreffende Kritik bei Talpo, *Dalmazia III*, S. 47. Die Spitzen der »Prinz Eugen« erreichten Bihać schließlich mit achttägiger Verspätung.

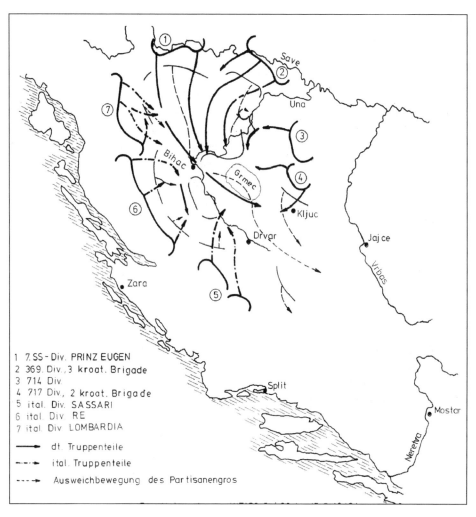

Das Unternehmen WEISS I (20.1. bis 15.2.1943)

hatte[120], sollte sich die Umsetzung von Mihailovićs ehrgeizigem Umfassungsplan vom 2. Januar im wesentlichen auf die zur Jahreswende in den Raum um Gracac (nördlich Knin) erfolgte Verlegung eines 2.000 Mann starken herzegowinischen Verbandes beschränken. Der Einsatz dieser Gruppe und örtlicher Cetniks durch das italienische XVIII. Korps zwischen dem 23. und 28. Januar zog nicht nur die üblichen Meldungen über Greueltaten an kroatischer Zivilbevölkerung nach sich, sondern endete zudem in einem Debakel, das die Schwächen solcher Freischaren im offenen Kampf gegen professionell geführte Großverbände schonungslos offenleg-

---

120 Matteo J. Milazzo, *The Chetnik movement and the Yugoslav resistance* (Baltimore u. London 1975), S. 117 f.

te[121]. Besonders die örtlichen Verbände des orthodoxen Geistlichen Momčilo Djujić, so eine Denkschrift des Korpskommandeurs Umberto Spigo, würden für den weiteren Einsatz einer grundlegenden Umorganisation bedürfen[122]; die weitere Beteiligung der montenegrinischen und herzegowinischen Großverbände an »Weiß« sollte sich auf die weitgehend statische Verteidigung des Vorfeldes des Neretva-Bogens beschränken.

Noch sehr viel besorgniserregender war jedoch der Rückschlag, den die Division »Sassari« in der Schlußphase von »Weiß I« erlitt. Bei dem Versuch, durch die Einnahme von Kulen Vakuf (ca. 55 km nördlich von Knin) näher zum rechten Flügel der »Prinz Eugen« aufzuschließen, wurde sie in verlustreiche Kämpfe verwickelt, die bis zum 22. Februar 159 Gefallene und 650 Verletzte kosteten[123]. Was zu dem Zeitpunkt noch wie ein – wenn auch kostspieliger – Schlußstrich unter die italienische Beteiligung an deutschen Großoperationen gewirkt haben muß, sollte sich im Laufe der nächsten Wochen als der Anfang einer verheerenden Serie erweisen.

Unterdessen hatte die kurze Gefechtspause zwischen »Weiß I« und »Weiß II« der deutschen Führung die Möglichkeit geboten, den Dauerstreit um die Cetnikentwaffnung wiederaufzunehmen. Gerade mal 24 Stunden nach dem Abschluß des Unternehmens »Weiß I« (15. Februar) machte Hitler mit einem Brief an Mussolini deutlich, daß er diese Frage, zu der er sich seit dem 20. Dezember des Vorjahres nicht mehr geäußert hatte, nun zur Chefsache gemacht hatte. Wenn das mehrseitige Schreiben auch auf verschiedene Aspekte der gemeinsamen Kriegführung einging, so stand die Lage auf dem Balkan und die Fortsetzung des laufenden Operationszyklus doch klar im Mittelpunkt der Ausführungen des deutschen »Führers«. Die von den italienischen Oberkommandos in Kroatien und Montenegro abgeschlossenen Zweckbündnisse bezeichnete er als »künstliche Gebilde politischer Konstruktionen« die im Falle einer möglichen Feindlandung sofort in sich zusammenfallen und einer gemeinsamen Front aller Freischärler gegen die Achsenmächte Platz machen würden. Zur Beseitigung dieser Gefahr sei nicht »politische Schlauheit«, sondern vielmehr »die Anwendung einer rücksichtslosen Gewalt« gefragt[124].

Mit diesem Machtwort hoffte Hitler offensichtlich eine Debatte, die sich nicht zuletzt durch italienisches Verhandlungsgeschick nur noch im Kreis gedreht hatte, endlich zu einem aus deutscher Sicht akzeptablen Abschluß zu bringen. Schließlich hatte bis zu diesem Zeitpunkt die einzige italienische Konzession darin bestanden, den im Vorfeld von »Weiß I« geplanten größeren Aufmarsch montenegrinischer

---

121 Ebd., S. 118.
122 Talpo, *Dalmazia III*, S. 372–377. Bei den fraglichen Verbänden soll es sich laut Milazzo nur um solche aus der Herzegowina gehandelt haben; Talpo zufolge waren vor allem die örtlichen M.V.A.C.-Verbände betroffen.
123 Ebd., S. 42–45.
124 ADAP, Serie E, Bd. V, S. 227–232 Hitler an Mussolini (16.2.1943).

Cetniks im Raum Prozor rückgängig zu machen[125]. Ansonsten war es bei unverbindlichen Zusagen geblieben, deren Erfüllung immer wieder aufgeschoben oder – wie im Fall von »Weiß III« – gar mit deutscher Zustimmung ganz abgesagt wurde. Geradezu groteske Züge nahm diese Pattsituation an, als der Deutsche General in Rom dem Comando Supremo am 21. Februar Mitteilung vom Wunsch des OKW machte, doch wenigstens dafür Sorge zu tragen, daß bei der kommenden Operation deutsche Truppen und Cetniks auf gar keinen Fall miteinander in Berührung kommen könnten[126]. Wenn man berücksichtigt, daß deren Einsatz am unmittelbaren Rand des deutschen Operationsgebiets noch am 8. Februar Löhrs Zustimmung gefunden hatte, dürfte diese Bitte wenig geeignet gewesen sein, das Comando Supremo von der Konsistenz und Stichhaltigkeit deutscher Argumente in dieser Frage zu überzeugen. Als Ambrosio sich am folgenden Tag erneut zu diesem Thema äußerte und darauf verwies, daß eine Schwächung der Nationalserben durch fortgesetzten Einsatz der Cetnikverbände in den folgenden Wochen den Erfolgschancen einer späteren Entwaffnungsaktion durchaus förderlich war[127], dürfte er dies im Bewußtsein getan haben, zumindest zum gegenwärtigen Zeitpunkt, die besseren Argumente auf seiner Seite zu haben.

Den deutscherseits erhofften Durchbruch sollte eine Reise nach Rom bringen, die Reichsaußenminister Joachim von Ribbentrop und der stellvertretende Chef des Wehrmachtführungsstabes Ende des Monats (25. bis 28. Februar) unternahmen. Während Walter Warlimont beim Comando Supremo Fragen der militärischen Zusammenarbeit klärte, wandte sich von Ribbentrop der undankbaren Aufgabe zu, die italienische Staats- und Militärführung von der Notwendigkeit einer grundsätzlichen Revision ihrer bisherigen Cetnikpolitik zu überzeugen.

Zur Untermauerung seiner Argumente überreichte der deutsche Außenminister Mussolini gleich zu Beginn ihrer ersten Begegnung »von deutscher Seite zusammengetragenes Material«, aus dem hervorging, daß »alle Gruppen insgeheim dem Befehl von Mihailović folgten, d. h. im Grunde genommen vom englischen Generalstab geleitet wurden«[128]. Obwohl auch im weiteren Verlauf der Gespräche nicht ausdrücklich als solches bezeichnet, kann es sich bei diesem »Material« nur um abgefangene Meldungen des Funkverkehrs der DM-Organisation gehandelt haben, der von deutscher Seite seit Mai oder Juni 1942 regelmäßig mitgelesen

---

125 Milazzo, *Chetnik movement*, S. 117 f. In Ermangelung schriftlicher Quellen kann nur vermutet werden, daß Roatta befürchtete, daß eine zu weit nördliche Dislozierung den fraglichen Cetnikverband der Gefahr einer Begegnung mit deutschen Truppen aussetzen würde.
126 KTB OKW, Bd. III.1, S. 156 (Eintrag vom 23.2.1943).
127 Ebd., S. 153 f. (Eintrag vom 22.2.1943).
128 ADAP, Serie E, Bd. V, S. 294 Aufzeichnung über die Unterredung zwischen dem RAM und dem Duce im Palazzo Venezia am 25. Februar 1943 in Anwesenheit der Botschafter von Mackensen und Alfieri und des Staatssekretärs Bastianini (27.2.1943).

wurde[129]; die gewisse Brisanz, die diesen Funksprüchen anhaftete, ergab sich aus der Offenheit, mit der Mihailovićs Unterführer immer wieder von der Notwendigkeit sprachen, vor dem unvermeidlichen Seitenwechsel ihre italienischen Bundesgenossen um so viele Waffenlieferungen wie möglich zu prellen[130].

Die naheliegende Vermutung, daß der italienische Heeresnachrichtendienst SIM sich diese Quelle bis zum Februar 1943 auch schon längst erschlossen haben mußte, läßt sich mit letzter Sicherheit weder bestätigen oder verneinen; die meisten Indizien sprechen jedoch für letztere Annahme. Ein italienisches Versagen auf diesem Gebiet wird beispielsweise durch ein Fernschreiben des Befehlshabers des Truppenkommando Montenegros vom 20. März, in dem er großes Interesse an einem beschleunigten Dechiffrierprozeß bekundete[131], sowie eine sechs Tage später verfaßte Anfrage Löhrs an OKW und Comando Supremo bezüglich direkter Weiterleitung der in Belgrad dechiffrierten Sprüche an die betroffenen italienischen Truppenkommandos nahegelegt[132]. Auch die Tatsache, daß der deutsche Militärattaché in Rom den ganzen März über und bis weit in den April damit fortfuhr, von deutscher Seite dechiffrierte Funksprüche an das Comando Supremo weiterzuleiten[133], läßt vermuten, daß die Starthilfe von deutscher Seite hier die entscheidende Rolle gespielt hat.

Andererseits ist zu berücksichtigen, daß der Oberbefehlshaber der 2. Armee in Kroatien in einem Schreiben vom 8. März bereits von einer »*regolare decrittazione*« sprach, die u.a. die interessante Erkenntnis erbracht hatte, daß viele der bis dahin von deutscher Seite übergebenen Cetnik-Funksprüche um die Passagen verstümmelt worden waren, die Hinweise auf die Kooperation enthielten, die sich mittlerweile –

---

129 Vgl. KTB OKW, Bd. III.1, S. 169 (Eintrag vom 28.2.1943) sowie ADAP, Serie E, Bd. V, S. 315, 318 Aufzeichnung über die Unterredung zwischen dem RAM und dem Duce im Palazzo Venezia am 26. Februar 1943 in Anwesenheit des Botschafters Ritter sowie der Generäle Warlimont und Ambrosio (1.3.1943). Ausführlicher zur Dechiffrierung dieses Funkverkehrs Kapitel 7.

130 So etwa NA, PG T 821, rl 356, fr 105 Mihailović an Hauptmann Radmilovac (26.10.1942): »*Belügen Sie die Italiener so viel und so gut sie können.*« Bei denen unter NA, PG T 821, rl 356 gesammelten Unterlagen handelt es sich zu einem großen Teil um von deutscher Seite dechiffrierte und ins Italienische übertragene Cetnikfunksprüche, die nach dem 8. September 1943 erbeutet und vom Sprachendienst des Auswärtigen Amtes teilweise wieder ins Deutsche übersetzt wurden. Die Datierung (24. Februar 1943) sowie Zusammensetzung der auf fr 97–107 gesammelten Sprüche (eine bunte Mischung verschiedenster Mitteilungen von Oktober 1942 bis Februar 1943) legt die Vermutung nahe, daß dies die »Kostprobe« war, die von Ribbentrop Mussolini am 25. Februar überreichte.

131 NA, PG T 821, rl 356, fr 307 Govern. Montenegro al Comando Supremo (20.3.1943). Pirzio-Biroli wünschte Angaben über Wellenlänge, Sendezeiten und Funkschlüssel, um die Dechiffrierung selber vor Ort vornehmen zu können.

132 NA, PG T 821, rl 356, fr 349 Der Deutsche General beim Hauptquartier der ital. Wehrmacht, Ia Telefonata ten. Col. Mellano – magg. di S.M. von Plehwe del 26-3. (26.3.1943).

133 NA, PG T 821, rl 356, fr 97–151; die letzte Meldung von erkennbar deutscher Provenienz trägt das Datum vom 9. April 1943.

insbesondere in der Schlußphase von »Weiß II« – zwischen Deutschen und Nationalserben angebahnt hatte[134]. Einem Bericht derselben Dienststelle vom 27. März, der auf diesen Sachverhalt noch näher einging, läßt sich freilich indirekt entnehmen, daß die Feindaufklärung der 2. Armee bereits mit dem Abfangen von Cetnik-Meldungen begonnen hatte (spätestens am 4. März), bevor die für eine routinemäßige Dechiffrierung nötigen Angaben über Funkschlüssel zur Verfügung standen – was freilich dann kurz darauf der Fall gewesen zu sein scheint. Durch dieses Vorgehen wurde dann die erwähnte Überprüfung der von deutscher Seite bereits vor Tagen oder Wochen vorgenommenen und dann weitergleiteten Dechiffrierungen ermöglicht[135]. Daß bei der 2. Armee spätestens ab dem 8. März eine »*regolare decrittazione*« gang und gäbe gewesen zu sein scheint, während das Truppenkommando Montenegro am 20. März noch auf die Gaben des OKW angewiesen war, dürfte auf die größere politische Brisanz, die den Beziehungen der Besatzer zu den Nationalserben auf kroatischem Boden innewohnte, sowie Erwägungen politischer Natur von italienischer Seite zurückzuführen gewesen sein. So liegt die Vermutung nahe, daß die Vorwürfe, mit denen von Ribbentrop Mussolini am 28. Februar konfrontiert hatte, auf italienischer Seite eine umgehende Suche nach Beweisen für ähnliche Kontakte der deutschen Seite auslöste, die notgedrungen nur auf dem Boden des NDH-Staates stattgefunden haben konnten. Daher scheint es nur logisch, daß die zur Entschlüsselung der Cetnik-Codes benötigten Erkenntnisse zunächst an das Hauptquartier der 2. Armee weitergegeben wurden.

Obwohl von Ribbentrop bei seinem Besuch im Palazzo Venezia auch andere Fragen, die die gemeinsame Kriegführung betrafen, zur Sprache brachte, nahm der Krieg in Kroatien schon bei der ersten Sitzung mit Mussolini, der außerdem noch Staatssekretär Bastianini sowie die Gesandten von Mackensen und Alfieri beiwohnten, einen herausragenden Platz ein[136]. Bei der Besprechung des folgenden Tages, an der anstelle der Diplomaten Cavalleros Nachfolger Ambrosio und Walter Warlimont teilnahmen, hatte diese Frage dann alle weiteren verdrängt: Selbst dem im nachhinein angefertigten Gedächtnisprotokoll[137] ist noch ohne weiteres zu entnehmen, daß beide Seiten diese z.T. durchaus polemisch geführte Aussprache als die

---

134 NA, PG T 821, rl 31, fr 335–336 Gen. Mario Robotti al Comando Supremo (8.3.1943).
135 NA, PG T 821, rl 356, fr 125–126 Generalmajor C. Primieri an das Oberkommando I. Abteilung Operationsbüro der Streitkräfte im Ostraum (27.3.1943). Der in dieser Meldung wiedergegebene Cetnikfunkspruch wurde zwar bereits am 4. März »*aufgenommen*«, aber erst am 27. dechiffriert.
136 ADAP, Serie E, Bd. V, S. 286–296 Aufzeichnung über die Unterredung zwischen dem RAM und dem Duce im Palazzio Venezia am 25. Februar in Anwesenheit der Botschafter von Mackensen und Alfieri und des Staatssekretärs Bastianini (27.2.1943).
137 Ebd., S. 314–321 Aufzeichnung über die Unterredung zwischen dem RAM und dem Duce im Palazzo Venezia am 26. Februar 1943 in Anwesenheit des Botschafters Ritter sowie der Generäle Warlimont und Ambrosio (1.3.1943).

Entscheidungsschlacht in einer Frage ansahen, die wie keine andere die bündnisinternen Spannungen jenseits der Adria zu verkörpern schien. Für von Ribbentrop stellte die vorbehaltlose Achsenfeindlichkeit der DM-Organisation und die Gefahr, die sich damit im Falle einer feindlichen Großlandung ergeben konnte, eine Grundsatzfrage dar, die nur eine rein militärische Antwort erlaube, für deren Durchführung es selbstredend »*unerhörter Brutalität*« bedürfen würde. Bei dem Versuch, ihre bisherige Politik zu verteidigen, gerieten die Italiener gleich in eine doppelte Zwickmühle: Einerseits stand der Versuch, die Zahl »ihrer« Cetniks zu minimieren, in deutlichem Widerspruch zu der immer wieder angeführten Behauptung, eine Entwaffnungsaktion sei militärisch nicht zu machen. Andererseits wäre es auch kaum zu vertreten gewesen, den Deutschen die wahren Zahlen zu nennen, weil dann offensichtlich geworden wäre, daß auch die schon im Vorjahr gegebene Zusage, die weitere Bewaffnung einzustellen, nicht eingehalten worden war[138]. Darüber hinaus gaben Ambrosio und Mussolini sich im weiteren Gesprächsverlauf einige Blößen, die der Glaubwürdigkeit der italienischen Position nicht sonderlich zuträglich gewesen sein dürften. So dürften die resignierenden Bemerkungen des »Duce«, »*er sei nicht imstande, darüber eine klare Meinung auszusprechen*« (obwohl er dies im weiteren Diskussionsverlauf sehr wohl tat) und es seien einfach »*zu wenig Truppen vorhanden*« (bei ca. 300.000 Mann in Kroatien und Montenegro), bei seinen deutschen Gesprächspartnern im günstigsten Fall auf deutliches Befremden gestoßen sein. Auch die Behauptung Ambrosios, die Cetnikverbände würden »*gute Disziplin*« bewahren und seien vom Comando Supremo außerdem »*scharf überwacht*«, war auch bei großzügigster Auslegung dieser Begriffe mit der kroatischen Realität des Jahres 1943 nun wirklich nicht in Einklang zu bringen.

Da Mussolini sich dennoch prinzipiell für eine schrittweise Entwaffnung erklärte, schieden sich die Geister vor allem am Zeitpunkt, an dem diese durchgeführt werden sollte. Während von Ribbentrop sich dafür aussprach, dieses Vorhaben auch schon vor der endgültigen Niederringung der Partisanen in Angriff zu nehmen,

---

138 Ebd., S. 317. Die von Ambrosio genannte Zahl von 8.000 Mann (für das Territorium des NDH-Staates) kann sich höchstens auf die M.V.A.C.- Verbände bezogen haben, die von den Italienern nicht nur bewaffnet, sondern auch besoldet, ernährt und z.T. auch uniformiert wurden. Glaise hatte noch im Januar die Zahl sämtlicher Cetniks, die sich auf kroatischem Boden unter Roattas wenn auch oft nur nominellem Befehl befanden, auf insgesamt 19.000 beziffert; BA/MA, RH 31/ III 12 Privatbrief Glaises an Löhr (13.1.1943). Eine detaillierte Aufstellung der 2. Armee vom 28. Februar 1943 gibt sogar eine Gesamtzahl von 29.627 an; abgedruckt bei Tomasevich, *The Chetniks*, S. 217. Die Ermittlung einer genauen Zahl wird nicht zuletzt dadurch erschwert, daß im Bereich mindestens eines italienischen Generalkommandos (dem V. AK) auch eigenständige Cetnikformationen noch nachträglich als M.V.A.C.-Verbände geführt wurden. Vgl. Davide Rodogno, *Le politiche d'occupazione dell'Italia fascista nei territori dell'Europa mediterranea conquistati durante la Seconda Guerra Mondiale* (Phil. Diss., Universite de Geneve 2001), S. 316–318.

sahen die Italiener eine solche Vorgehensweise als überstürzt an und führten dagegen verschiedene Argumente an. Nicht nur, daß ihnen eine reale Invasionsgefahr solange nicht gegeben schien, wie in Tunesien noch gekämpft würde, auch für die Zeit danach böte die Küste Jugoslawiens aufgrund der Hindernisse, die es vor und nach einer Landung zu überwinden gelte (Meerenge von Otranto bzw. Dinarische Alpen), ein denkbar unattraktives Ziel für eine angloamerikanische Invasionsflotte. Schließlich und endlich bestünden zwischen Nationalserben und Kommunisten mittlerweile solche Gegensätze, daß selbst im Falle einer alliierten Landung nicht mit der Bildung einer gemeinsamen Front gegen die Achsenmächte zu rechnen sei. Wenngleich letzteres Argument rückblickend betrachtet in der Tat zutraf, war es auch für den Zivilisten von Ribbentrop ein leichtes, die Fadenscheinigkeit des ersten Einwands zu entlarven: Ein weitflächiger Aufstand, so der Reichsaußenminister, wäre mit hoher Wahrscheinlichkeit auch schon bei einer Landung an der westgriechischen Küste zu erwarten; in einem solchen Fall wäre es dann ohne weiteres möglich, daß die im Kampf gegen die anlandenden Westalliierten stehenden Soldaten der Achse von ihrer wichtigsten Nachschubroute (der Bahnlinie Agram–Belgrad–Niš) abgeschnitten würden[139].

Im Laufe der Unterredung trat klar zutage, daß es Warlimont und von Ribbentrop letztendlich darum ging, das Unternehmen »Weiß III« wieder auf die Tagesordnung zu setzen (»... *daß nach Abschluß der Operationen gegen die Kommunisten sofort mit der Demobilisierung der im Operationsgebiet befindlichen Cetnikabteilungen begonnen wird*«[140] – nach Lage der Dinge konnte damit nur die Herzegowina gemeint sein); bezeichnenderweise scheinen sie zu dem Zeitpunkt noch davon ausgegangen sein, die Italiener würden diese Operation weitgehend selbständig durchführen. Erst danach sollte der Vorstoß in »*das Zentrum der Mihailović-Bewegung*« (die im Laufe der Verhandlungen benutzte Umschreibung für Montenegro)[141] erfolgen.

Obwohl die deutsche Delegation am 26. Februar ein grundsätzliches Einverständnis zur Cetnikentwaffnung erhalten hatte, holte Warlimont sich bei dem Versuch, am folgenden Tag im Comando Supremo diese und andere besprochene Fragen (Umfang der italienischen Beteiligung an »Weiß II«, Befehlsführung im Bereich des VI. AK, sofortiger Teilrückzug der Cetniks im Neretvabogen, Sicherung des Raums um Mostar) in eine konkrete Weisung zu verwandeln, eine Abfuhr auf ganzer Linie. Nach langwierigen Gesprächen gab Ambrosio zunächst in einigen Fragen taktisch-

---

139 ADAP, Serie E, Bd. V, S. 317 Aufzeichnung über die Unterredung zwischen dem RAM und dem Duce im Palazzo Venezia am 26. Februar 1943 in Anwesenheit des Botschafters Ritter sowie der Generäle Warlimont und Ambrosio (1.3.1943).
140 KTB OKW, Bd. III.1, S. 172 (Eintrag vom 28.2.1943).
141 Vgl. ebd.

operativer Natur nach und sagte schließlich auch einen umgehenden Stopp sämtlicher Waffenlieferungen sowie die Entwaffnung der kroatischen Cetniks nach Abschluß der Operationen zu; ein am selben Nachmittag Warlimont überreichtes Memorandum zu dieser Unterredung stellte mehrere Punkte jedoch sogleich wieder in Frage und klammerte die heikle Frage einer Operation gegen Draža Mihailović in Montenegro einfach aus. Als der stellvertretende Chef des Wehrmachtführungsstabes am Morgen des 28. Februar in dieser Angelegenheit noch einmal nachhakte, mußte er feststellen, daß Ambrosio letztere Operation mit dem Hinweis auf allgemeinen Truppenmangel rundheraus ablehnte[142].

Eine nun unvermeidlich gewordene erneute Rücksprache beim »Duce« am selben Tage erbachte schließlich das erwünschte Ergebnis in Form einer schriftlichen Zusage, in der ein gemeinsames Vorgehen gegen die montenegrinische Basis DM's (»*sobald wie möglich nach Abschluß der laufenden Operationen*«) verbindlich zugesagt wurde[143]. Ambrosios ermüdender Verhandlungstaktik des Gebens und Nehmens war aber trotz dieser scheinbaren Niederlage auch diesmal ein gewisser Erfolg nicht versagt geblieben.

Pirzio-Biroli und Robotti, die er am 3. März zu einer ausführlichen Lagebesprechung empfing, erläuterte er, daß die »*Sobald-wie-möglich*«-Klausel schon allein aufgrund der gerade zur Verfügung stehenden Kräfte als dehnbarer Begriff anzusehen wäre und daß ferner eine Entwaffnung der montenegrinischen Cetniks ganz unterbleiben sollte. Letzterer Schritt ließe sich laut Ambrosio dadurch begründen, daß der Begriff »Montenegro« während der Verhandlungen gar nicht gefallen sei[144]. Daß Ambrosio sich über die Warlimont gemachten Versprechungen allerdings auch nicht vollständig hinwegsetzen wollte, läßt sich daran erkennen, daß er Robotti anwies, den deutschen Wünschen mittelfristig »auf halbem Wege« entgegenzukommen[145]; dieser sollte seinerseits am 8. März eine schrittweise Entwaffnung vorschlagen, die sich in der Praxis zunächst aber auf eine Beschränkung der Munitionszufuhr beschränkte[146].

Zwei weitere Punkte, in denen die Deutschen fast unwillkürlich nachgegeben hatten, wurden in der Unterredung vom 3. März nur gestreift. So hatte Warlimont, dessen

---

142 Vgl. ebd.
143 Ebd. sowie ADAP, Serie E, Bd. V, S. 321–323 Aufzeichnung über die Unterredung zwischen dem RAM und Botschafter Alfieri am 28. Februar 1943 in der Villa Madama in Rom (1.3.1943). Die in NA, T 821, rl 31, fr 342–344 Riassunto delle riunioni italo-tedesche avenute in Roma il 26-27-28 febbraio e delle decisioni relative (2. Marzo 43/XXI) zu findende Zusammenfassung klammert Teile der Kontroverse weitgehend aus.
144 Verbale del colloquio fra i generali Vittoro Ambrosio, Capo di Stato Maggiore Generale, Alessandro Pirzio Biroli, Governatore del Montenegro, e Mario Robotti, comandante di Supersloda, 2a Armata (3.3.1943) in: Talpo, *Dalmazia III*, S. 192–197.
145 Ebd.
146 Comunicazione del generale Mario Robotti, comandante di Supersloda al Comando Supremo sul l'organizzazione cetnica di Draža Mihailović (8.3.1943) in: ebd., S. 251 f.

Verhandlungsführung zuletzt ganz auf die Durchsetzung der Montenegrooperation fixiert gewesen war, ungeachtet eines vorliegenden Führerbefehls, nicht bis zuletzt auf der Besetzung des Bauxitgebiets westlich Mostar durch deutsche Truppen bestanden[147]. Darüber hinaus war von deutscher Seite auf den sofortigen Rückzug sämtlicher Cetniks hinter den Neretvabogen in das Innere der östlichen Herzegowina verzichtet worden, so daß der Aufmarsch dieser Verbände in enger Anlehnung an die Truppen des VI. AK, der von italienischer Seite als der Hauptgrund für die Unmöglichkeit einer sofortigen Entwaffnung angeführt wurde, ebenso erhalten blieb wie die Möglichkeit, auf diese Weise einen wenn auch begrenzten Einfluß auf den Vormarsch des deutschen Verbündeten zu nehmen[148]. Zusammen mit dem anhaltenden Widerstand der 2. Armee gegenüber dem deutschen Eindringen in die Herzegowina (siehe unten), der die deutsche Präsenz schließlich auf die Westhälfte dieses Landesteils beschränken sollte, trugen diese unwillkürlichen Konzessionen dazu bei, daß bei Abschluß von »Weiß II« das Heimatgebiet der herzegowinischen Cetniks weitgehend frei von deutschen Truppen und die faktische Entscheidung über Zeitpunkt und Art der Umsetzung von »Weiß III« nach wie vor in italienischer Hand blieb.

Obwohl ohne Frage ein erneuter Beleg für das Verhandlungsgeschick von Mussolinis Generalität, konnte dieses Ergebnis doch nicht über die Hinfälligkeit des italienischen Herrschaftsmodells in Kroatien hinwegtäuschen: Nach weniger als einem Monat sollte es durch die Ereignisse auf dem Schlachtfeld nicht nur hinfällig werden, sondern sich sogar gegen seine Architekten wenden.

Die Fortsetzung des Operationszyklus »Weiß« (»Weiß II«) sah den erneuten Versuch einer Kesselbildung, diesmal im zentralbosnischen Raum vor. Wie auch schon beim vorangegangenen Unternehmen, wurden auch diesmal beide Umfassungsarme von der »Prinz Eugen« (aus dem Raum Kljuc–Drvar über Bosansko Grahovo auf Livno) und der 717. ID (aus dem Raum Jajce–Donji Vakuf) gestellt, während die 369. (kroat.) ID trotz ihrer mittlerweile erwiesenen mangelhaften Geländegängigkeit von Mirkonjic Grad auf Glamoč unter Säuberung des Gebirgsgeländes vorzustoßen hatte. Wie auch schon bei »Weiß I«, sollte die von der SS-Division vorgenommene

---

147 Der »Führerbefehl«, der gleichermaßen auf der Sicherung des Bauxitgebietes wie der Operation gegen Montenegro bestand, wurde Warlimont am Nachmittag des 28. Februar zugestellt. In Anbetracht des kritischen Stadiums der Verhandlungen und um die endgültige Zusage zur Montenegrounternehmung nicht zu kompromittieren, muß der stellvertretende Chef des Wehrmachtführungsstabes beschlossen haben – wohl unter Berufung auf ein Telefongespräch mit dem OKW vom Vortag (»Die Frage der Sicherung im Raum von Mostar ... ist bis zum Abschluß der dortigen Kämpfe zurückzustellen.«) –, vorläufig auf die Durchsetzung dieses Punktes zu verzichten. Vgl. KTB OKW, Bd. III.1, S. 172 f. (Eintrag vom 28.2.1943).

148 So akzeptierte Warlimont die Vermeidung von Zusammenstößen den »Vereinbarungen durch die örtlichen Dienststellen« zu überlassen; vgl. ebd.

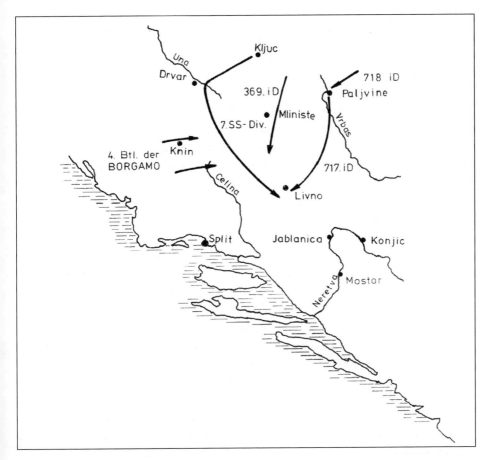

Das Unternehmen WEISS II (geplant)

ausholende Bewegung an der rechten Flanke durch italienische Verbände (4 Bataillone der Division »Bergamo«) abgeschirmt werden[149]. Schließlich und endlich hatte die den ostbosnischen Raum sichernde 718. ID noch eine unterstützende Rolle zu spielen, indem sie, um Bedrohungen der linken Flanke der 369. (kroat.) ID bzw. des Rückens der 717. ID auszuschließen, das Gelände westlich der Linie Jajce–Donji Vakuf »säuberte«[150].

Unabhängig von den bereits angesprochenen achseninternen Friktionen war die Durchführung von »Weiß II« unterdessen aber auch in operativer Hinsicht in Frage gestellt worden. So hatte Titos Entscheidung, die außerhalb des Kampfraums um die Grmec Planina stehende 2. Proletarische Division auf das Bauxitgebiet westlich von

---

149 BA/MA, RH 26-117/7 Bfh.d.dt.Tr.i.Kroat. Ia, Befehl für Unternehmen »Weiss II« (12.2.1943).
150 Ebd.

Mostar anzusetzen, die gewünschte Wirkung gezeitigt. Bereits am 13. Februar registrierte das Kriegstagebuch des OKW mit Sorge erste Eroberungen im Vorgelände[151]; das wiederholte Ersuchen an das Comando Supremo, das italienische VI. Korps anzuweisen, diesen Vorstoß abzuwehren, wurde mit dem Hinweis auf mangelnde Kräfte abgelehnt. Wie auch schon im August des Vorjahres, sollte sich die Bedrohung der Bergwerke jedoch nur als vorübergehend erweisen; gemeinsam mit der eben erst aufgestellten 9. Dalmatinischen Division schwenkte die 2. Proletarische nach Nordwesten ab, um dort an der tiefen Flanke der nach Südosten zurückweichenden Hauptgruppe (1. Proletarische sowie 3. und 7. Division) zu operieren[152].

Die vorübergehende Bedrohung der Bauxitgebiete, die zudem vom Gesandten Kasche als besonders dramatisch geschildert worden war[153], sollte dennoch genügen, um der bevorstehenden Großoperation »Weiß II« einen neuen Schwerpunkt zu verleihen. Das ostbosnische Besatzungsgebiet der 718. ID wurde weitgehend entblößt, um je eine regimentsstarke Kräftegruppe von Nordwesten (Kampfgruppe Vogel aus Bugojno) und Nordosten (Kampfgruppe Annacker aus Sarajevo) mit Stoßrichtung auf Jablanica bzw. Konjic anzusetzen (Unternehmen »Mostar«)[154]; am 22. Februar erging dann ein Befehl Hitlers, daß das Bauxitgebiet zumindest mittelfristig durch deutsche Besatzungstruppen zu sichern sei[155]. Gegenüber dem Gesandten Schnurre brachte Walter Warlimont bereits am 20. Februar zum Ausdruck, daß, »um im Bauxit-Gebiet endgültig Ordnung zu schaffen, andere strategische Planungen in Ost- und Westbosnien zurückgestellt werden müßten«[156]. Bevor die an »Weiß II« beteiligten Verbände auch nur ihre Aufmarschräume erreicht hatten, war der Erfolg der Operation durch die kurzfristige Umdirigierung der 718. ID bereits in Frage gestellt worden[157].

Um einiges schwerer wogen jedoch die Bewegungen von Titos Hauptgruppe: Die drei Divisionen hatten ihre teils durch die Stoßrichtung der »Weiß«-Operation vorgegebene, teils durch eigene strategische Prioritäten (Invasion Montenegros) bestimmte schrittweise Absetzbewegung in Richtung Südosten und Neretvabogen fortgesetzt und dabei in den frühen Morgenstunden des 17. Februar die von Soldaten der

---

151 KTB OKW, Bd. III.1, S. 122 (Eintrag vom 13.2.1943).
152 Strugar, Volksbefreiungskrieg, S. 119 f.
153 PA/AA, Handakten Ritter Kroatien, 7641 Aktenvermerk Welcks über einen Anruf des Gesandten Kasches (19.2.1943); StS Kroatien, Bd. 4, 691 Aufzeichnung zu dem Drahtbericht aus Agram Nr. 774 vom 18. Februar d. J. (20.2.1943).
154 KTB OKW, Bd. III.1, S. 148 (Eintrag vom 20.2.1943); BA/MA, RH 19 VII/7 KTB-Eintrag vom 21.2.1943.
155 KTB OKW, Bd. III.1, S. 153 (Eintrag vom 22.2.1943).
156 PA/AA, StS Kroatien, Bd. 4, 691 Aufzeichnung zu dem Drahtbericht aus Agram Nr. 774 vom 18. Februar d. J. (20.2.1943).
157 KTB OKW, Bd. III.1, S. 148 (Eintrag vom 20.2.1943).

Division »Murge« verteidigte Ortschaft Prozor genommen. Diese war seit ihrer Wiederbesetzung Ende Oktober 1942 (Unternehmen »Dinara«) festungsähnlich ausgebaut und mit einem ganzen Bataillon (641 Mann) belegt worden. Die Einnahme von Prozor brachte den Partisanen daher eine beträchtliche Beute an schweren Waffen, Munition, Nahrungsmitteln und Medikamenten ein und stellte den schwersten Rückschlag dar, den italienische Besatzungstruppen bis dahin in Jugoslawien erlitten hatten. Dies auch deshalb, weil nur wenigen Garnisonsmitgliedern die Flucht gelang; sofern sie nicht im Kampf fielen, gerieten sie in Gefangenschaft, in der sie fast ausnahmslos zugrunde gingen[158]. Für die Partisanenführung bestand die nächste Aufgabe jetzt darin, den von italienischen Garnisonen gesicherten Neretvabogen so weit wie möglich feindfrei zu bekommen, um so der Nachhut mit den Verwundeten und Kranken eine Übergangsstelle zu sichern. In Erwartung dieses nächsten Zuges hatte das italienische VI. AK bereits mehrere der kleineren Garnisonen zurückgezogen bzw. in Konjic und Jablanica zu Verteidigungsschwerpunkten zusammengefaßt. Obwohl die Besatzung des letzteren Ortes durch diese Maßnahmen auf 700 Mann anschwoll, wurde auch sie am 23. Februar von der 2. Proletarischen Division überrannt[159]. Lediglich im weiter westlich gelegenen Konjic vermochten Italiener und Cetniks mit Hilfe der zu ihnen durchgebrochenen Vorhut der Kampfgruppe Annacker, ihre Stellung gegenüber der 1. Proletarischen Division zu behaupten[160]. Bereits am 20. Februar setzten dann die ersten Partisanenvorhuten bei Jablanica auf das linke Neretvaufer über und bildeten dort einen Brückenkopf[161]. Da Tito sich mit diesen Bewegungen der geplanten Zangenbewegung von »Weiß II« bereits weitgehend entzogen hatte[162], suchte Lüters bei Löhr am 23. Februar um die Absage der Operation nach; dieser lehnte jedoch ab und verfügte statt dessen eine Anpassung des existierenden Plans: Während die Marschrouten der SS-Division »Prinz Eugen« sowie der 369. (kroat.) ID dieselben zu bleiben hatten und lediglich die Auskämmung des durchschrittenen Geländes vernachlässigt werden sollte, erhielt die 717. ID Weisung, beim Erreichen Gornji Vakufs sich zum Abdrehen nach Osten und dem Anschluß an die rechte Flanke der Kampfgruppe Vogel bereitzuhalten[163]. Die mit Beginn der so modifizierten Operation »Weiß II« im OKW geäußerte Hoffnung (»... *so daß Aussicht auf Einkesselung des Feindes nördl. der Narenta-*

---

158 Ausführlich zum Fall Prozors: Talpo, *Dalmazia III*, S. 53–56. Vgl. auch den sehr kritischen Bericht eines deutschen Diplomaten in PA/AA, Inland IIg 401, 2821 Standartenführer Willy Requard, Bericht über Dienstreise nach Sarajevo, Anlage 8 (2.6.1943).
159 Ebd., S. 57 f.
160 Zum bis zum 1. März anhaltenden Kampf um Konjic vgl. BA/MA, RH 26-118/31 KTB-Einträge vom 22.2., 28.2. und 1.3.1943 sowie RH 26-118/33 Bericht über Unternehmen Konjic (26.3.1943).
161 Djilas, *Wartime*, S. 223 f.
162 TB Phleps (Eintrag vom 20.2.1943): »*Es konzentrieren sich die Nachrichten, daß Tito mit der Masse seiner Truppen nach Montenegro ausweicht und vor uns nur Nachhuten stehen.*«
163 BA/MA, RH 19 VII/7 KTB-Eintrag vom 23.2.1943.

Linie besteht«)[164] erfuhr mit der Kontaktaufnahme der beiden Verbände am 27. Februar bereits eine erste Bestätigung[165]; am folgenden Tag wurde die Schwerpunktverschiebung nach Südosten vom OKW in aller Form bestätigt[166].

Kaum daß der Ansatz zweier Kampfgruppen der 718. ID von Nordwesten und Nordosten gemeinsam mit den von Westen bzw. Nordwesten anrückenden drei Divisionen (»Prinz Eugen«, 369. kroat., 717. ID) die Möglichkeit einer neuen Kesselbildung in Aussicht gestellt hatte, war dieser durch die Überschreitung der Neretva durch die Partisanen auch schon wieder in Frage gestellt. Interessanterweise scheint diese Entwicklung während der letzten Februartage in Saloniki und Banja Luka kaum wahrgenommen worden zu sein. Dort war man eher mit den politischen Problemen beschäftigt, die, so Glaise, das bevorstehende *»Stelldichein von Deutschen, Italienern, Kroaten, Partisanen und Cetniks rund um Mostar«*[167] mit sich bringen würde.

Besagtes *»Stelldichein«* barg in gleich dreifacher Hinsicht bündnispolitischen Sprengstoff. Erstens, weil Ambrosio und Robotti naturgemäß dazu tendierten, in einer deutschen Truppenpräsenz in der Herzegowina eher einen unzulässigen Expansionsversuch als eine Hilfeleistung des Bundesgenossen zu sehen; von einem italienischen Einverständnis zur Besetzung des Bauxitgebietes westlich von Mostar konnte Anfang März daher auch noch keine Rede sein. Zweitens, weil bei einem solchen Vormarsch eine Begegnung deutscher Truppen mit Mihailović-Cetniks kaum zu vermeiden sein würde. Drittens, weil die Verschiebung des operativen Schwerpunktes von »Weiß II« nach Südosten nun eine Erweiterung des italienischen Aufmarsches an der rechten Flanke der »Prinz Eugen« notwendig machte, die weit über die am 8. Februar vereinbarten vier Bataillone hinausgehen würde[168].

Um diese Entwicklung unter Kontrolle zu halten, unternahm das VI. italienische AK bereits am 23. Februar einen ersten Versuch, alle in seinem Befehlsbereich operierenden Einheiten seinem Befehl zu unterstellen[169]. Nachdem dieses Ansinnen erst einmal zurückgewiesen worden war, trug Ambrosio es Warlimont bei dessen Rombesuch am 26. Februar erneut vor. Der deutscherseits gewünschte Abstand zu den Cetniks, so der Chef des Comando Supremo, erfordere sowohl einen Oberbefehl des VI. AK als auch die Beschränkung des deutschen Operationsgebiets auf den Raum nördlich der Linie Prozor–Ramatal–Neretvatal–Konjic[170]. Daß Warlimont

---

164 KTB OKW, Bd. III.1, S. 162 (Eintrag vom 25.2.1943). Einen Tag später erfolgte die formelle Verschmelzung der beiden laufenden Operationen zum Unternehmen »Weiß-Mostar«.
165 KTB OKW, Bd. III.1, S. 165 (Eintrag vom 27.2.1943).
166 KTB OKW, Bd. III.1, S. 171 (Eintrag vom 28.2.1943).
167 BA/MA, RH 31 III/11 Glaise an Löhr (25.2.1943).
168 So galt es nun, den gesamten Raum zwischen Livno und Mostar abzusperren; KTB OKW, Bd. III.1, S. 171 (Eintrag vom 28.2.1943).
169 BA/MA, RH 19 VII/7 KTB-Eintrag vom 23.2.1943.
170 KTB OKW, Bd. III.1, S. 170 (Eintrag vom 28.2.1943).

beide Vorschläge ablehnte, hinderte Ambrosio indes nicht daran, den Oberbefehlshaber Südost am 28. Februar über Supersloda mitzuteilen, daß das OKW den italienischen Vorschlägen zugestimmt habe[171]. Obwohl diese Fehlinformation ohne Folgen blieb, ist nicht anzunehmen, daß ihr ein wie auch immer geartetes Mißverständnis zugrunde lag: Wie auch schon am Tag zuvor, als ein verstärktes italienisches
Engagement an der Flanke der 7. SS-Division erst zugesagt und wenige Stunden
später wieder zurückgenommen wurde[172], ist anzunehmen, daß es sich auch in diesem Fall um einen weiteren Versuch Ambrosios gehandelt haben dürfte, durch
umgehende Infragestellung gerade erst getroffener Vereinbarungen beim Verhandlungspartner ein unwillkürliches Nachgeben in einzelnen Punkten zu erreichen.
In Anbetracht des tatsächlichen Kräftegleichgewichts an der Front dürfte es
Warlimont relativ leichtgefallen sein, die Italiener in der Frage des Oberbefehls in
die Schranken zu weisen; in bezug auf das Problem des Abstandhaltens zu den
Cetniks stand es um die deutsche Glaubwürdigkeit allerdings sehr viel schlechter.
Der Einsatz nationalserbischer Großverbände beim »Weiß«-Zyklus war von Roatta
schon in der zweiten Januarhälfte im großen Stil in die Wege geleitet worden und
stieß insofern auf keine Probleme, als er bereits existierenden Plänen der Führungsspitze der DM-Organisation entgegenkam[173]. Entgegen den Zusagen, die er noch
wenige Tage zuvor Alexander Löhr gegeben hatte, fand auch Cavallero sich dazu
bereit, diese Vorgehensweise abzusegnen[174]. Nachdem der Versuch einer Kräftekonzentration im Raum Prozor gescheitert war, beschloß Mihailović angesichts des
steten Vormarschs der Partisanen am 17. Februar die Bildung einer durchgehenden
Front entlang der Neretva[175]. Neben den örtlichen herzegowinischen Verbänden des
Dobroslav Jevdjević waren auch die der montenegrinischen Führer Pavle Djurišić
und Bajo Stanišić beteiligt. Der Aufmarsch von ca. 20.000–30.000 Mann, der dann
bis Ende Februar erfolgte, wurde allerdings von schweren Streitigkeiten mit den
Italienern und innerhalb der Cetnikführung selbst überschattet. Im wesentlichen
ging es hierbei um die Frage, ob die Schlacht schon am rechten Ufer angenommen
werden sollte oder ob es besser wäre, sich hinter dem Flußlauf zu verschanzen[176]. So
sah sich beispielsweise der italienische Divisionskommandeur Amico am 25.
Februar gezwungen, eine Cetnikgruppe, die von Mostar aus das rechte Neretvaufer
vorstoßen sollte, durch die Drohung, ihr sämtliche Nachschublieferungen vorzuent-
halten, in Marsch zu setzen[177]. Aus deutscher Sicht war es vor allem die auch nur

---

171 BA/MA, RH 19 VII/7 KTB-Eintrag vom 1.3.1943.
172 KTB OKW, Bd. III.1, S. 173 (Eintrag vom 28.2.1943).
173 Siehe Kapitel 4.1.
174 Milazzo, *Chetnik movement*, S. 115.
175 Tomasevich, *The Chetniks*, S. 240.
176 Milazzo, *Chetnik movement*, S. 122–124.
177 Ebd., S. 124.

vorübergehende Präsenz größerer Cetnikverbände im Stadtgebiet von Mostar sowie im Bauxitgebiet westlich der Neretva[178], die diesem Aufmarsch sein bedrohliches Gepräge gab.

Das erwähnte deutsche Glaubwürdigkeitsproblem rührte nun daher, daß noch in denselben Tagen, in denen Walter Warlimont in Rom die Forderung nach der Zurücknahme sämtlicher Cetnikverbände hinter die Neretva vorbrachte, deutsche Soldaten auf dem Schlachtfeld die von seiten herzegowinischer Cetniks angebotene Waffenhilfe bereits dankbar angenommen hatten[179]. Anders als noch im August des Vorjahres, als Glaise sich genötigt gesehen hatte, Tatsachen dieser Art vor Löhr zwar nicht zu leugnen, aber doch erheblich zu beschönigen, konnte er diesmal in aller Offenheit sogar die Möglichkeit eines förmlichen Stillhalteabkommens mit dem Führer der herzegowinischen Cetnikverbände Jevdjević ansprechen[180]. Es überrascht daher auch nicht, wenn in einer Chefbesprechung vom 1. März in Saloniki in aller Offenheit von der »Waffenhilfe tapferer Cetniks« die Rede war[181].

Sei es, weil er sich an die Weisungen des OKW gebunden fühlte oder weil er von eigenen Kontakten zur nationalserbischen Seite ablenken wollte, bestand Löhr noch am 5. März gegenüber Robotti darauf, er sähe sich nach wie vor »nicht in der Lage, die antikomm. Cetnikverbände als ital. Hilfstruppen anzuerkennen«, und drohte für den Fall zufälliger Begegnungen weiterhin ihre Bekämpfung an[182]. Da die Situation nun langsam Züge des Absurden annahm, die selbst für den jugoslawischen Kriegsschauplatz ungewöhnlich waren, rang das OKW sich schließlich dazu durch, Löhr aus seinem Dilemma zu befreien. Noch am selben Tag erhielt er einen Befehl, der es ihm gestattete, gegenüber Robotti auf die Forderung nach Rückzug der

---

178 BA/MA, RH 19 VII/7 KTB-Eintrag vom 22. Februar; RH 31 III/11 Der Deutsche Bevollmächtigte General an den Oberbefehlshaber Südost (25.2.1943). Als besonders besorgniserregend dürften vor diesem Hintergrund die Eindrücke des Führers einer kleinen Kampfgruppe der 718. ID, die in Mostar lag, angesehen worden sein: »Herren der Situation in Mostar sind Cetniks. Den Italienern scheint Führung aus der Hand geglitten zu sein. Jedenfalls haben sie bis jetzt nicht eingegriffen und jede Eintscheidung vermieden.« Vgl. RH 26-118/33 718. ID an Befehlshaber der deutschen Truppen in Kroatien (26.2.1943).

179 So z. B. in den Kämpfen im Raum Prozor und bei der Verteidigung Konjics. Bei Ende der Operationen kam Lüters zu folgendem abschließenden Urteil: »Die im ›Weiss II‹-Einsatz befindlichen Divisionen äußerten sich übereinstimmend günstig über das Verhalten der Cetnikverbände. Durch wertvolle Kundschafterdienste und Entlastungsangriffe haben sie der Truppe geholfen, obwohl in keinem Falle deutscherseits Unterstützung erbeten worden war.«; vgl. BA/MA, RH 24-15/2 Bfh. d. dt. Tr. i. Kroat., Ia-Lagebeurteilung für die Zeit vom 1.3.–15.3.43 (16.3.1943).

180 BA/MA, RH 31 III/11 Deutsch.Bevollm.Gen.i.Kroatien an OB Südost (25.2.1943). Ob es tatsächlich zum Abschluß eines solchen Abkommens kam, läßt sich aus deutschen Quellen nicht nachweisen. In einer jugoslawischen Quellenedition der achtziger Jahre wird unter Berufung auf von den Partisanen erbeutete Cetnikdepeschen ein Abkommen über die Abgrenzung der jeweiligen Operationsbereiche zwischen Lüters und Jevdjević auf den 23. Februar 1943 datiert. Vgl. Military History Institute, S. 438 f. (Fußnote zu Dokument Nr. 125).

181 BA/MA, RH 19 VII/7 Aktennotiz über die Chefbesprechung am 1.3.1943 (1.3.1943).

182 BA/MA, RH 19 VII/7 Richtlinien für die Fortführung der Operationen (5.3.1943).

Nationalserben hinter Mostar zu verzichten[183]. Die befreiende Wirkung dieser Weisung – die nur die letzte Konsequenz der Besprechungsergebnisse von Rom darstellte – läßt sich daran ablesen, daß bereits am übernächsten Tag verbündeten Cetniks 30.000 Schuß Gewehrmunition überlassen wurden[184].

Unterdessen hatte die Anfangsphase von »Weiß II« ganz im Zeichen der improvisierten Schwerpunktverlagerung nach Südosten gestanden. Anstatt wie vorgesehen eine möglichst hermetische Kesselbildung anzustreben, waren alle beteiligten Verbände bestrebt, den neuen Kampfraum um die Neretva so bald wie möglich zu erreichen: Die Durchkämmung des durchschrittenen Geländes wurde auf ein Minimum beschränkt, und die »Prinz Eugen« stieß vor, ohne die Abriegelung des Gebietes durch den möglichst weiten Vorstoß der 717. ID in Richtung auf Livno abzuwarten[185]. Der angetroffene Widerstand war wie erwartet schwach; am 28. Februar gab Lüters bereits eine bemerkenswert präzise Prognose über den weiteren Operationsverlauf: Die Hauptgruppe um Tito würde vermutlich in die Herzegowina durchbrechen, während ein kleinerer Teil möglicherweise den Durchbruch nach Norden durch die Lücke zwischen den Spitzen der beiden Kampfgruppen der 718. ID versuchen würde[186]. Obwohl in den letzten Tagen die Sicherung der Bauxitgebiete immer mehr in den Vordergrund gerückt war, fand sich der Oberbefehlshaber Südost am 1. März in einer Weisung über die »Weiterführung der Operationen« dazu bereit, der Schließung des Kessels um Titos Kernverbände vorübergehend wieder Priorität einzuräumen: Die Kräftegruppe, die auf Jablanica vorstieß (717. ID und Kampfgruppe Vogel), sowie die Kampfgruppe Annacker wurden angewiesen, so schnell wie möglich miteinander Fühlung aufzunehmen und den Belagerungsring nach Norden zu schließen; erst danach sei weiter in Richtung Mostar vorzugehen[187]. Harte Kämpfe sollten die Ausführung dieses Befehls allerdings so lange verzögern, bis ein Teil der Eingeschlossenen die von Lüters prognostizierte Durchbruchmöglichkeit nach Ostbosnien wahrgenommen hatte[188]. Zu dem Zeitpunkt, als Löhr diese Weisung erteilte, konnte am Neretvabogen schon in Anbetracht der verheerenden italienischen Niederlagen der letzten Tage natürlich nur von einer ansatzweisen Kesselbildung die Rede sein. Zwischen Livno und Mostar klaffte immer noch eine große Lücke, und das linke Neretvaufer war hauptsächlich von Großverbänden der Cetniks gesichert, über die die Deutschen gar

---

183 KTB OKW, Bd III.1, S. 191 (Eintrag vom 5.3.1943).
184 BA/MA, RH 19 VII/7 KTB-Eintrag vom 7.3.1943. Noch am 3. März hatte das OKW es »strikt« abgelehnt, deutsche Munition an Cetniks zu liefern; KTB OKW, Bd. III.1, S. 183 (Eintrag vom 3.3.1943).
185 BA/MA, RH 19 VII/7 KTB-Eintrag vom 23.2.1943.
186 BA/MA, RH 24-15/2 Bfh.d.dt.Tr.i.Kroat. Abt.Ia, Lagebeurteilung in der Zeit vom 17.–26.2.1943 (28.2.1943).
187 BA/MA, RH 19 VII/7 Richtlinien für die Weiterführung der Operationen (1.3.1943).
188 BA/MA, RH 19 VII/7 Aktennotiz über die Chefbesprechung vom 8.3.1943.

keine und die Italiener nur eine sehr eingeschränkte Befehlsgewalt ausübten. In dieser Lage war es Tito selbst, der Lüters und Robotti die unverhoffte Chance bieten sollte, den Ring um seine Verbände doch noch lückenlos zuzuziehen. Am 28. Februar zog er die Verbände, die bereits auf dem linken Neretvaufer standen, zurück und befahl überdies die Sprengung der fünf Brücken zwischen Jablanica und Konjic, mit der Folge, daß sich den vielen Sperriegeln menschlicher Natur, von denen seine Truppe ohnehin schon umgeben war, jetzt noch ein natürlicher hinzugesellte[189]. Als der im Grunde genommene unvermeidliche Neretvaübergang zwischen dem 7. und 15. März dann doch noch erfolgte, geschah dies unter sehr viel dramatischeren Umständen und aufgrund der größeren Nähe des Feindes auch schwereren Verlusten. In offiziellen jugoslawischen Darstellungen der Nachkriegszeit ist diese bizarre Rückzugbewegung entweder ganz unterschlagen[190] oder aber als eine Maßnahme dargestellt worden, die dem Zweck dienen sollte, den Feind über die Richtung des geplanten Durchbruchs zu täuschen[191]. Auch die Absicht, durch einen solchen Schachzug eine mögliche Vereinigung von Cetniks und Deutschen zu verhindern[192], ist in diesem Zusammenhang genannt worden. Westliche Autoren haben sich mitunter gleich beide Erklärungen zu eigen gemacht[193] oder aber in der Aufgabe des Brückenkopfes am linken Ufer ein tatsächliches Ausweichen vor einem überlegenen Feind gesehen[194]. Eine sehr viel plausiblere Erklärung findet sich jedoch im Zeugnis zweier prominenter Zeitzeugen. So stimmen Milovan Djilas und Vladimir Velebit darin überein, daß der Befehl zur Brückensprengung im Vertrauen auf den am 27. Februar scheinbar unmittelbar bevorstehenden Fall des weiter westlich gelegenen Neretvaübergangs Konjic gegeben wurde. Diese seit Tagen heftig umkämpfte Ortschaft hatte den Vorzug, daß sie einen direkten Anschluß an die Straße ermöglichte, die vorbei am Prenjgebirge aus dem Neretvabogen direkt ins Zentrum der östlichen Herzegowina führte. Eine solche Verbindung wäre schon allein in Anbetracht der vielen bewegungsunfähigen Verwundeten und Typhuskranken natürlich von unschätzbarem Wert und den anderen Übergängen allemal vorzuziehen gewesen[195]. Die kritische Lage, in die Tito sich und seine Truppe durch sein überstürztes Handeln gebracht hatte, mußte in den folgenden Tagen gezwungenermaßen auf dem Schlachtfeld kompensiert werden. Hierbei kam den Partisanen zugute, daß Anfang März ein Großteil der feindlichen Verbände für die angestrebte Kesselschlacht immer noch falsch positioniert war. Die 7. SS-Division hatte mit der Sicherung des

---

189 Djilas, *Wartime*, S. 224.
190 Donlagic/Atanackovic/Plenca, *Jugoslawien im Zweiten Weltkrieg*, S. 122–128.
191 Military History Institute, S. 444 f. (Erläuterung zu Titos Fernschreiben an die Komintern vom 2.3.1943).
192 Strugar, *Volksbefreiungskrieg*, S. 124.
193 Tomasevich, *The Chetniks*, S. 241 f.
194 Talpo, *Dalmazia III*, S. 104 f.
195 Djilas, *Wartime*, S. 224; Befragung Dr. Vladimir Velebit, Zagreb (9. u. 10.5.1998).

Bauxitgebietes die ursprünglich der 718. ID zugedachte Aufgabe übernommen und würde für einen Einsatz am oberen Neretvabogen voraussichtlich überhaupt nicht in Frage kommen; die 369. (kroat.) ID würde unterdessen noch einige Tage brauchen, bevor sie – nach der Einnahme Livnos am 3. März – nach Nordosten abschwenken und im Raum Kupres an der rechten Flanke der 717. ID ins Kampfgeschehen eingreifen würde[196]. Von der gemischten Kampfgruppe aus Italienern und Cetniks, die von Mostar aus am rechten Neretvaufer entlang nach Norden marschierte, ging nur eine sehr begrenzte Gefahr aus. Während der ersten Märzwoche mußten Titos fünf Divisionen ihre Positionen also vor allem gegen die Kampfgruppe Annacker aus Nordosten sowie die 717. ID und die Kampfgruppe Vogel aus Nordwesten behaupten. Die Gruppe Annacker hatte durch Vorwerfen eines verstärkten Bataillons (23. Februar) ins umkämpfte Konjic zwar die Behauptung dieser Schlüsselstellung gemeinsam mit Italienern, Kroaten und Cetniks ermöglicht; anhaltender Widerstand der Partisanen zwangen nach Eintreffen des Gros (1. März) aber zunächst zu einer rein verteidigungsmäßigen Behauptung der Linie Iwan Sattel–Konjic, um einen Durchbruch Titos an dieser Stelle zu verhindern. Dies ermöglichte der Partisanenführung eine vorübergehende Schwerpunktbildung im Westen, wo sich vier Brigaden der zweiten Kräftegruppe in den Weg stellten. In schweren Kämpfen nordwestlich von Prozor (2.–4. März), bei denen die von den Italienern zwei Wochen zuvor erbeuteten Geschütze eine herausragende Rolle spielten[197], gelang es ihnen, erst die Kampfgruppe Vogel und dann die 717. ID zu werfen und zum Rückzug hinter Gornji Vakuf zu zwingen. Zudem wurden einige deutsche Bataillone abgeschnitten und mußten durch die 369. (kroat.) ID, die am 7. März auf dem Schlachtfeld erschien, befreit werden[198]. In der Zwischenzeit war es den Partisanen gelungen, durch einen Handstreich auf eine Cetnikstellung bei Jablanica einen neuen Brückenkopf zu gewinnen und anschließend auf den Trümmern der dortigen Eisenbahnbrücke einen neuen Übergang zu improvisieren. Obwohl die Gruppe Annacker sich auf wenige Kilometer an diese Position herangearbeitet hatte, wurde vom 7. bis 15. März die Evakuierung sämtlicher Kämpfer, Verwundeten und Kranken auf das andere Ufer durchgeführt[199]. Selbst unter Berücksichtigung der Verspätung, mit der auf seiten der Achse dieser Abzug wahrgenommen wurde, hätte ein Übersetzen von Teilen der »Prinz Eugen« über die Neretva mit einem anschließenden Vorstoß nach Nordosten möglicherweise noch rechtzeitig genug erfolgen können, um Tito den

196 BA/MA, RH 19 VII/7 KTB-Eintrag vom 5.3.1943.
197 BA/MA, RH 26-118/34 718. ID Abt. Ic, Lagebericht für die Zeit vom 27.2.–6.3.1943 (6.3.1943).
198 BA/MA, RH 19 VII/1 Aktennotiz über die Chefbesprechung vom 8.3.1943. Die 717. ID hatte während dieser drei Tage die ungewöhnlich hohe Verlustzahl von 72 Gefallenen und 144 Verwundeten zu verzeichnen: RH 26-117/10 KTB-Einträge vom 2., 3. und 4. März.
199 Donlagic/Atanackovic/Plenca, *Jugoslawien im Zweiten Weltkrieg*, S. 127.

Unternehmen WEISS II und MOSTAR (21.2. bis 15.3.1943); Stand: 5.3.1943

1 Kampfgruppe VOGEL
2 Kampfgruppe ANNACKER
3 717. iD
4 369. iD
5 7 SS. Div.
6 Gegenangriff der Partisanen
7 Ausweichbewegung der Partisanen
8 Riegelstellung der Partisanen

Weg nach Süden zu verlegen[200]. Daß diese Möglichkeit – soweit nachvollziehbar – weder beim Oberbefehlshaber Südost noch beim Befehlshaber der deutschen Truppen in Kroatien erörtert wurde, erklärt sich nicht zuletzt daraus, daß Robotti in genau diesen Tagen seinen Bundesgenossen wieder einmal unmißverständlich klargemacht hatte, daß ihre Präsenz in der Herzegowina im hohen Maße unerwünscht sei. So ließ er Löhr am 6. März wissen, daß der Raum um Mostar als befriedet gelten könne und deutsche Verbände zur Vermeidung von Zusammenstößen mit DM-Cetniks daher an der Linie Konjic–Rama–Prozor haltmachen sollten[201]. Deutscherseits war dieser Punkt am 28. Februar in Rom zwar angesprochen, dann aber nicht in letzter Konsequenz durchgesetzt worden, so daß die Italiener hier, formell gesehen, im Recht waren. In Anbetracht der auf dem Schlachtfeld geschaffenen Fakten vermochte Robotti das unvermeidliche aber lediglich um einige Tage hinauszuschieben. So wurde Lüters zwar am 7. März angewiesen, seine Verbände zunächst nicht über die Linie Imotski–See Blidinje hinauszuführen[202] und in den Erörterungen, die Stabschef Foertsch zu diesem Thema auf der Chefbesprechung vom 8. März machte, schien die Frage, wer denn nun in Zukunft die Sicherung dieses Gebietes übernehmen solle, auf einmal wieder völlig offen zu sein[203]. Noch am selben Tag ging jedoch eine Weisung des OKW ein, daß am Führerbefehl vom 28. Februar festzuhalten sei[204]. Im Gespräch mit Lüters am folgenden Tag genehmigte Robotti (vorbehaltlich der Bestätigung durch das Comando Supremo) dann doch den weiteren Vormarsch; eine Entscheidung, die am 11. März auch von Mussolini selbst abgesegnet wurde[205]. Das bei weitem gewichtigste Argument, das die Deutschen bei dieser Debatte ins Feld führen konnten, betraf die einfache Tatsache, daß die Bauxitfelder auch zum gegenwärtigen, von Robotti als ruhig bezeichneten Zeitpunkt nun einmal mehrheitlich von Cetniks kontrolliert wurden. Diese unterstanden aber zum einen einer italienischen Kontrolle, die bestenfalls als höchst relativ zu bezeichnen war, und dürften zum anderen die Sicherung deutscher Rohstoffvorkommen vermutlich nicht zu ihren Prioritäten zählen – ein Umstand, auf den der Gesandte Kasche schon 1942 in beredten Worten hingewiesen hatte[206]. Wie auch schon im vorigen Frühjahr, sahen sich Supersloda und das Comando Supremo im März 1943

---

200 Obwohl die »Prinz Eugen« sich am 14. März noch gut 20 km vor Mostar befand, stieß die Division in den folgenden Tagen kaum noch auf feindlichen Widerstand und hätte für einen schnellen Vorstoß über die Neretva vermutlich Kräfte entbehren können; KTB OKW, Bd. III.1, S. 214 (Eintrag vom 14.3.1943). Ob ein solches Vorgehen im Divisionsstab diskutiert wurde, ist nicht bekannt; Otto Kumm spricht diese Möglichkeit in seiner Divisionsgeschichte jedenfalls nicht an.
201 Talpo, *Dalmazia III*, S. 106.
202 BA/MA, RH 19 VII/7 KTB-Eintrag vom 6.3.1943.
203 BA/MA, RH 19 VII/1 Aktennotiz über die Chefbesprechung vom 8.3.1943.
204 BA/MA, RH 19 VII/7 KTB-Eintrag vom 8.3.1943.
205 KTB OKW Bd. III.1, S. 203 f. (Eintrag vom 11.3.1943).
206 ADAP, Serie E, Bd. IV, S. 49–51 Kasche an Auswärtiges Amt (8.10.1942): *»Daß die Cetniki unsere Bauxit-Interessen unterstützen, dürften auch die Italiener nicht annehmen.«*

mit der unangenehmen Tatsache konfrontiert, daß im besetzten Jugoslawien der Anspruch auf ein bestimmtes Gebiet letztendlich mit der Bereitschaft stand und fiel, den fraglichen Raum mit größeren Truppenkontingenten zu belegen und auch gegen Feindwiderstand zu behaupten. Dies im Falle der herzegowinischen Bauxitvorkommen zu tun, hatte sich Mario Robotti auch bei annähernd 230.000 Soldaten unter seinem Kommando letztendlich außerstande gesehen.

Für Tito war der über die Neretva erzielte Durchbruch ein ebenso politischer wie militärischer Triumph. Politisch, weil aufgrund der Rettung einer größeren Zahl von Gehunfähigen sowie der dramatischen Begleitumstände des Übergangs die Überlieferung dieser Schlacht geradezu epische Proportionen annehmen und weit über das Kriegsende hinaus zu einem Eckpfeiler des Selbstverständnisses der Partisanenbewegung werden sollte. Militärisch, weil Titos Streitmacht von fünf Divisionen (ca. 40–50 % der Hauptverbände der Volksbefreiungsarmee)[207] nicht nur der beinahe sicheren Vernichtung entgangen war, sondern außerdem Gelegenheit bekam, aus der Bewegung heraus den Cetnikformationen in der östlichen Herzegowina eine ganze Reihe kriegsentscheidender Schläge zu versetzen[208].

Für den Historiker kaum weniger bemerkenswert ist jedoch der scheinbare Gleichmut, mit dem diese Ereignisse im Hauptquartier des Oberbefehlshabers Südost registriert wurden. Obwohl auf der Lagebesprechung vom 8. März die Lage an der Neretva noch mit einem siegesgewissen *»Damit wird diese Angelegenheit abgeschlossen sein«* kommentiert worden war[209], scheint weder die vorhersehbare Durchlässigkeit der Cetnikabsperrung[210] noch die Tatsache von Titos Ausbruch nach Süden[211] Anlaß zur Diskussion gegeben zu haben. Die naheliegendste Erklärung für dieses bizarre Verhalten wäre im inzwischen reichlich strapazierten Verhältnis zum Achsenpartner zu suchen. So dürfte Löhr nach Robottis letztem Versuch, die Deutschen aus dem Gebiet zwischen Livno und Mostar herauszuhalten, nur noch wenig Lust verspürt haben, seinem italienischen Gegenüber auch noch einen politisch ungleich heikleren Einmarsch in die östliche Herzegowina schmackhaft zu

---

207 Vgl. hierzu die bei Dedijer, *War Diaries III*, S. 390 f. zu findende Auflistung der Generalkommandos und Divisionen der Volksbefreiungsarmee.

208 Siehe hierzu Kapitel 5.3.

209 BA/MA, RH 19 VII/1 Aktennotiz über die Chefbesprechung vom 8.3.1943.

210 Eine Äußerung Hitlers vom 5. März (Teil eines nur bruchstückhaft erhaltenen Protokollfragments) legt allerdings die Vermutung nahe, daß zumindest er selbst nicht mit der Möglichkeit eines massiven Einbruchs der Partisanen in das Herrschaftsgebiet Mihailovićs gerechnet zu haben scheint. Vgl. hierzu Helmut Heiber (Hrsg.), *Hitlers Lagebesprechungen. Die Protokollfragmente seiner militärischen Konferenzen 1942–1945* (Stuttgart 1962), S. 167 (5.3.1943, mittags).

211 Dafür, daß die vermeintlich als Täuschung gedachten Brückensprengungen Lüters oder Löhr dazu verleitet hätten, dem südlichen Frontabschnitt weniger Aufmerksamkeit zu schenken, gibt es nicht den geringsten Hinweis. Lediglich die Schwere der Kämpfe vor Prozor vom 2. bis 4. März ließ vorübergehend den Verdacht aufkommen, ein Durchbruchsversuch könne in diesem Raum erfolgen; BA/MA, RH 19 VII/7 KTB-Eintrag vom 5.3.1943.

machen. Hinzu kam, daß Löhr damals noch glaubte, daß ein deutscher Vorstoß in diese Region die dort beheimateten Cetnikformationen ganz oder teilweise in eine gemeinsame Front mit den Kommunisten zwingen würde[212]. Wenn man schließlich noch bedenkt, daß die in ihrer ursprünglichen Ausrichtung praktisch ins Leere laufende Operation »Weiß II« am 1. März gleich zwei Schwerpunkte erhalten hatte (Einkesselung von Titos Hauptgruppe nördlich des Neretvabogens und Sicherung der Bauxitvorkommen), wird nachvollziehbar, wieso man in Saloniki geneigt gewesen sein könnte, durch den Vorstoß Richtung Mostar wenigstens das Problem, das sich seit dem letzten August zu einem regelrechten Dauerbrenner entwickelt hatte, endlich einer langfristigen Lösung zuzuführen.

Nicht viel anders die Sichtweise beim Stab des Befehlshabers der deutschen Truppen in Kroatien: Dort wurde in einer Lagebeurteilung vom 16. März weniger Bedauern über eine verpaßte Chance, als vielmehr die Befürchtung laut, die Italiener könnten versuchen, den eben in ihren Herrschaftsbereich eingebrochenen Tito wieder nach Norden »*umzudirigieren*«[213]. Wenn man außerdem berücksichtigt, daß Tito sich in ein Gebiet geflüchtet hatte, das binnen eines Monats Ziel der nächsten deutschen Großoperation werden würde, so wird verständlich, wieso Lüters und Löhr sich vorläufig auch mit einem Abdrängen der gegnerischen Truppe begnügt haben könnten. Zulässig, wenn auch schon ausgesprochen spekulativ, ist die Annahme, daß Titos Durchbruch dadurch begünstigt worden sein könnte, daß Löhr und einige Mitglieder seines Stabes sich während der entscheidenden Tage von »Weiß II« bereits einem völlig anderen Aufgabenbereich zugewandt hatten. Nahm doch während dieser Zeit eine Initiative Gestalt an, an deren Ende, so Foertsch in einer Chefbesprechung vom 8. März, »*die politische Säuberung Kroatiens*«[214] stehen sollte.

Die Idee, durch eine Entmachtung des Pavelić-Regimes den Faktor zu beseitigen, der wie kein anderer die Aufstandsbewegungen in den serbischen Siedlungsgebieten des NDH-Staates am Leben hielt, war von Löhr bereits bei seinem Besuch im Führerhauptquartier am 19. September 1942 vorgetragen worden. Die Absage, die Hitler diesem Ansinnen erteilte, sowie Löhrs Unterschrift unter die Denkschrift vom 1. Oktober 1942, die weit davon entfernt war, einer Beseitigung der Ustaschaherrschaft das Wort zu reden, hätten zu der Annahme verleiten können, daß der Oberbefehlshaber Südost sich in das scheinbar Unvermeidliche gefügt hatte. Falls dies tatsächlich so gewesen sein sollte, spricht viel dafür, daß es zwei Mitglieder seines Stabes waren, die es auf sich nahmen, ihn in seiner kritischen Haltung zu bestärken und zu einer erneuten Initiative bei Hitler zu ermutigen. Sein Ic, Oberstleutnant i. G.

---

212 BA/MA, RH 19 VII/1 Aktenvermerk über die Chefbesprechung am 22.3.1943.
213 BA/MA, RH 24-15/2 Bfh.d.dt.Tr.i.Kroat. Abt.Ia, Lagebeurteilung für die Zeit vom 1.3.–15.3.43 (16.3.1943).
214 BA/MA, RH 19 VII/1 Aktennotiz über die Chefbesprechung vom 8.3.1943.

Behle, wurde von Glaise von Horstenau ob seiner »umstürzlerischen« Ideen gar als »gefährlich« eingestuft[215]; sein Stabschef Generalmajor Hermann Foertsch hatte sich bereits im Mai 1942 für die Einführung einer Militärverwaltung in Kroatien ausgesprochen[216]. Foertsch war es auch, der in den wöchentlichen Chefbesprechungen wiederholt auf die Notwendigkeit hingewiesen hatte, der Aufstandsbewegung auch auf politischem Weg entgegenzutreten; militärischen Maßnahmen allein räumte er keine großen Erfolgschancen ein[217]. Selbst der in politischen Fragen sich meist bedeckt haltende Rudolf Lüters stellte Mitte März fest, daß eine Besserung der Lage »nur durch die Beseitigung des gegenwärtigen Regimes herbeigeführt werden (könne), das nur von etwa 2 % der Bevölkerung gestützt wird«[218]. Auch bei Löhr muß diese innere Überzeugung irgendwann Anfang 1943 wieder zum Vorschein gekommen sein, wobei die Antipathie, die er gleichzeitig gegen die Person des Gesandten Kasche entwickelte, möglicherweise verstärkende oder gar katalytische Wirkung gehabt haben mag[219]. Die an sich naheliegende Erwartung, daß auch der ustaschakritisch eingestellte Bevollmächtigte General in Kroatien sich einer solchen Initiative anschließen würde, sollte jedoch enttäuscht werden. Dieser sollte in letzter Konsequenz davor zurückschrecken, den vernichtenden Werturteilen, die er in seinem Tagebuch über Pavelić festhielt[220], auch Taten folgen zu lassen. Nirgendwo wurde dies deutlicher als in einem Brief, den er am 15. Februar an Walter Warlimont vom Wehrmachtführungsstab richtete. Obwohl sich zu diesem Zeitpunkt noch kein Ereignis zugetragen hatte, das eine Stellungnahme für oder gegen das NDH-Regime erfordert hätte, kann mit an Sicherheit grenzender Wahrscheinlichkeit angenommen werden, daß es der Kontakt mit zwei OKW-Offizieren auf Inspektionsreise im Südostraum war, der Glaise dazu bewog, seine Position in der herannahenden Kontroverse klar zu definieren. Anhand der vorhandenen Quellen ist es nicht möglich zu rekonstruieren, welcher Art die Verbindung von Oberstleutnant i.G. Boehncke und Hauptmann i.G. Dr. Cartillieri zum Stab des Oberbefehlshabers Südost war und ob ihre Reise möglicherweise sogar in einem direkten Zusammenhang mit den Bemühungen Löhrs zur Beseitigung des Ustaschastaates stand[221].

---

215 Broucek, *General im Zwielicht*, S. 188 (Eintrag vom Februar 1943).
216 BA/MA, RW 40/26 Protokoll der Besprechung am 6.5.42, 9.00–11.15 h in Sarajevo (10.5.1942).
217 BA/MA, RH 19 VII/1 Aktennotiz über Chefbesprechung am 11.1.1943.
218 BA/MA, RH 24-15/2 Bfh.d.dt.Tr.i.Kroat. Abt.Ia, Lagebeurteilung für die Zeit vom 1.3. – 15.3.1943 (16.3.1943).
219 Eine sehr ausführliche Schilderung des gespannten Verhältnisses zwischen Löhr und Kasche aus der Sicht des Gesandten findet sich in PA/AA, Handakten Ritter Kroatien, 7642 Kasche an Ritter (20.1.1943).
220 Siehe hierzu Broucek, *General im Zwielicht*, S. 171 (Eintrag vom November 1942): »*Als ich meinem lieben Obergruppenführer Kasche, unserem Gesandten, einmal sagte, indem ich auf das Bild des Poglavnik wies: »Schauen Sie sich den Kerl an! Lassen Sie ihm den Kopf scheren und ziehen sie ihn mit einem Sträflingskleid an, und Sie haben den schönsten Schwerverbrecher vor sich.«*
221 Boehncke und Cartillieri bereisten vom 9. bis 26. Februar Kroatien, Serbien, Bulgarien und Griechenland; in Kroatien hielten sie sich vom 9. bis 14. Februar auf: BA/MA, RH 2/683.

Sicher ist nur, daß das Urteil, zu dem sie in zwei Berichten[222] über den NDH-Staat kamen, gar nicht verheerender hätte ausfallen können. Den Eindruck, den sie unter anderem von den Domobranen (*»Landstreicherbande«*), den Ustaschaverbänden (*»feige Mordbrenner«*) und den verschiedenen Ortswehren (*»Räuberhaufen aus einem Dorf«*) gewonnen hatten, ließ in ihren Augen nur eine Schlußfolgerung zu: *»Beiseiteschieben des Poglavnik, Lüftung der Regierung, Auflösen der Ustaschen«*[223]. Ferner sprachen sie sich für die Einsetzung des *»Landeskenners«* Glaise von Horstenau als obersten Territorialbefehlshaber aus[224]. Die Wahrscheinlichkeit unterstellt, daß sie sich Glaise gegenüber ähnlich unverblümt geäußert hatten, kann es kaum ein Zufall sein, daß dieser ausgerechnet an dem auf ihre Abreise aus Agram folgenden Tag[225] einen Brief an Walter Warlimont aufsetzte, der im nachhinein als ein Versuch erscheinen muß, eine Initiative aufzuhalten, die in ihren möglichen Auswirkungen dem Verfasser nicht zuletzt aus persönlichen Gründen höchst unangenehm gewesen wäre. Hierbei sparte Glaise nicht mit Kritik am existierenden Regime und gab vor, auch dem Gedanken an eine Militärverwaltung durchaus nicht ablehnend gegenüberzustehen. Gleichzeitig wies er den Chef des Wehrmachtführungsstabes aber auch auf den politischen und militärischen Preis hin, der nach seiner Meinung für eine solch einschneidende Änderung wohl zu entrichten sein würde. Nicht nur, daß er dann für eine Übergangszeit erst einmal *»5–6 bewegliche deutsche Divisionen«* forderte, er gab auch zu bedenken, daß bei der gegenwärtigen Kriegslage die Mitarbeit der Bauernpartei für einen politischen Neuanfang höchstens um den Preis einer weiteren Reduzierung der italienischen Präsenz zu haben sein würde. Wohl im vollen Bewußtsein der Unerfüllbarkeit solcher Forderungen trat Glaise dann auch für ein *»Fortwursteln mit den jetztigen Leuten«* ein, verbunden mit dem Versuch, in Zukunft die Ereignisse *»mehr hinter den Kulissen«* zu steuern[226]. Gerade aufgrund seiner kritischen und abwägenden Diktion dürfte dieses äußerst diplomatisch gehaltene Plädoyer für die Erhaltung des Status quo eine ungleich größere Wirkung entfaltet haben, als dies bei den stark apologetisch gehaltenen Memoranden des Gesandten Kasche der Fall war.

Glaise kam der Denkschrift Löhrs, von dessen Entstehung er zumindest geahnt haben muß, um genau zwölf Tage zuvor; in diesem umfangreichen Memorandum sprach sich sein Verfasser Behle u.a. für eine *»Scheinstellung«* des *»Poglavnik«*, die Bildung einer Regierung unter dem Maček-Stellvertreter August Kosutic, die

---

222 BA/MA, RH 2/683; BA/MA, RH 2/682 Reisebericht Oberstlt. Boehncke und Hptm. Cartillieri (9.–26.2.1943).
223 Ebd.
224 BA/MA, RH 2/683.
225 Nach BA/MA, RH 2/682 Reisebericht Oberstlt. Boehncke und Hptm. Cartillieri (9.–26.2.1943) meldeten sich die beiden Offiziere am 14. Februar bei Glaise ab.
226 BA/MA, RH 31 III/12 Privatbrief Glaises an Walter Warlimont (15.2.1943).

Abberufung Kasches und die Einsetzung Glaises als *»Reichssonderbeauftragten und Befehlshaber der deutschen Truppen in Kroatien«* in einer Person aus[227]. Daß dieses schon aufgrund seines Umfangs (29 Seiten) für eine Vorlage bei Hitler denkbar ungeeignete Konvolut von OKW-Chef Alfred Jodl nicht weitergereicht wurde, ist insofern nicht entscheidend, als Löhr am 3. März persönlich in Winniza erschien[228] und so Gelegenheit erhielt, die wichtigsten Punkte noch mal im mündlichen Vortrag zur Diskussion zu stellen. Nach einer Notiz des Kriegstagebuchführers Helmuth Greiner gelang es dem »Führer« jedoch – wie schon so oft –, der Besprechung eines ihm unliebsamen Themas auszuweichen, indem er seinem Gegenüber ein Gespräch über rein operative Fragen aufdrängte[229]. In einer solchen Lage die Gesprächsführung wieder an sich zu reißen, erforderte eine Willenskraft, die aufzubringen Alexander Löhr sich offensichtlich außerstande sah.

Hitlers einzige Konzession bestand darin, zwei geringere Anliegen des Oberbefehlshabers Südost – die Verlängerung der Hoheitsgewalt der deutschen Wehrmacht im Operationsgebiet von »Weiß« sowie den Einsatz deutscher Gendarmerie in den zurückeroberten Gebieten – in einen Befehl zur »Befriedung des von Kommunisten befreiten Gebietes Kroatiens« (10. März 1943)[230] mit aufzunehmen. Schließlich bekamen auch Kasche und Glaise noch Gelegenheit, sich in aller Form zu Löhrs Vorschlägen zu äußern; letztendlich sprachen sich beide gegen eine Ablösung von Pavelić aus, wobei Glaise erneut vom scheinbar unvermeidlichen *»Fortwursteln«* sprach[231]. Nachdem Generalfeldmarschall Keitel dann noch Foertsch am 28. April im persönlichen Gespräch angewiesen hatte, sich *»die Idee einer Machtübernahme aus dem Kopf zu schlagen«*[232], kam der Vorgang zu den Akten.

Einen ähnlichen Abschluß hatte beinahe gleichzeitig eine diplomatische Initiative etwas anderer Art gefunden, die ebenfalls eine »politische« Lösung des auf dem Gebiet des NDH-Staates tobenden Konflikts anstrebte. Anknüpfend an die zwei vorangegangenen Austauschaktionen vom August und November 1942, hatte die Führung der Partisanen auf dem Höhepunkt der Neretvaschlacht beschlossen, einen

---

227 BA/MA, RW 4/667 Denkschrift: Vorschlag für notwendige politische, verwaltungsmäßige und wirtschaftliche Reformen in Kroatien nach Durchführung der militärischen Operationen (27.2.1943). Auszugweise abgedruckt bei Johannes Wuescht, *Jugoslawien und das Dritte Reich. Eine dokumentierte Geschichte der deutsch-jugoslawischen Beziehungen von 1933 bis 1945* (Stuttgart 1969), S. 319–321.
228 BA/MA, RH 19 VII/7 KTB-Eintrag vom 3.3.1943.
229 BA-Kobl., Nachlaß Greiner, Bd. 20 (Eintrag vom 3.3.1943).
230 Martin Moll (Hrsg.), *Führer-Erlasse* (Stuttgart 1997), S. 328 f.
231 ADAP, Serie E, Bd. VI, S. 32–38 Ritter an Kasche (4.5.1943), Anlage 1 zu diesem Fernschreiben ist eine Abschrift von Löhrs Denkschrift, Anlage 2 Glaises Stellungnahme (26.4.1943) dazu.
232 Broucek, *General im Zwielicht*, S. 221 (Mai 1943). In einer Chefbesprechung am 3. Mai 1943 in Saloniki konstatierte Foertsch resignierend: *»Praktisch wird die Zukunft erweisen, daß wir recht haben.«* vgl. BA/MA, RH 19 VII/1 Aktennotiz über die Chefbesprechung am 3.5.1943.

deutschen Gefangenen (Major Arthur Strecker von der 718. ID) ein Verhandlungs-angebot aufsetzen und dieses der deutschen Seite per Kurier zukommen zu lassen[233]. Obwohl diesmal nicht nur über den Austausch von Gefangenen, sondern auch über einen Waffenstillstand gesprochen werden sollte, wurde diese Initiative nicht von der Hoffnung geleitet, dem Kessel an der Neretva vielleicht auf dem Verhandlungswege zu entkommen. Vielmehr unterstellte Tito seinem deutschen Gegner die Absicht, die Verfolgung noch bis weit in die östliche Herzegowina fortsetzen zu wollen und erwartete von einer Feuerpause die Chance, etwas Abstand zu gewinnen und seinen serbischen Bürgerkriegsgegnern in dieser Region und in Montenegro ungestört ent-gegentreten zu können[234]. Zu diesem Zweck sollte der deutschen Seite vorgeschla-gen werden, daß bei Überlassung eines Rückzugsgebietes für die Hauptstreitmacht der Partisanen im Raum des Sandžak/nördlichen Montenegro ein Waffenstillstand vereinbart werden könne[235]. Nachdem über Strecker eine Verbindung hergestellt worden war, begab sich eine dreiköpfige Verhandlungsdelegation (Dr. Vladimir Velebit, Milovan Djilas, Koca Popovic) am 11. März zum Gefechtsstand der 717. ID in Gornji Vakuf; dort trugen sie dem Divisionskommandeur Generalmajor Benignus Dippold Titos Angebot vor. Noch am selben Tag wurde es von der 717. ID an Lüters und von dort zur Dienststelle des Bevollmächtigten Generals in Agram weitergelei-tet, was strenggenommen schon eine Verletzung der *»Willensmeinung«* Hitlers vom September 1942 darstellte[236]. Selbst der gerade in Wien weilende Löhr wurde noch am selben Tag informiert[237].

Die Vermutung liegt nahe, daß diese schnelle Reaktion eine direkte Folge auf die Natur der bei Gornji Vakuf ausgesprochenen Verhandlungsangebote war. Nach einem Aktenvermerk, den einer von Glaises Stabsoffizieren anlegte, wurde nicht nur ein erneuter Austausch von Gefangenen, eine *»Regularisierung«* der Kriegführung sowie der Abschluß eines Waffenstillstandes angestrebt. Die Partisanen würden *»erklären, nicht gegen den kroatischen Staat und keinesfalls gegen die Deutschen zu kämpfen, sondern ausschließlich gegen die Cetnici. Sie wären bereit, gegen jeden*

---

233 BA/MA, RH 26-118/42 Strecker, Major. Bericht über meine Gefangennahme am 4.3.1943 (21.3.1943).

234 Djilas, *Wartime*, S. 229 f.; schriftliche Mitteilung Dr. Vladimir Velebit (Zagreb) an den Verfasser (28.3.1998).

235 So die Darstellung bei Djilas, *Wartime*, S. 230 f. In einer Unterredung, die einige Zeit später statt-fand (vermutl. am 30. März), beschrieb Dr. Velebit dem Ic-Offizier der 718. ID in Sarajevo das gewünschte Rückzuggebiet als *»im Westen durch die Naretwa und im Norden durch die Linie Konjic–Kalinovic–Foča (begrenzt)«;* nach Südosten ließe *»sich eine Grenze nicht angeben«.* Vgl. hierzu BA/MA, RH 26-118/42 Aussprache (durchgestrichen u. durch handschriftl. »Unterredung« ersetzt) mit Dr. Vladimir Petrovic, Partisanen-Stab (31.3.1943).

236 Daß Lüters sich in dieser Frage umgehend als *»nicht zuständig«* erklärte, ist wohl nicht zuletzt auch vor diesem Hintergrund zu sehen; vgl. BA/MA, RH 31 III/9 Aktenvermerk über Ferngespräch mit Oberst Pfafferot am 11.3.1943.

237 Ebd.

von uns bezeichneten Feind mit der Waffe in der Hand aufzutreten, auch gegen landende Engländer.«[238] Zu diesem Zeitpunkt lag auch schon eine schriftlicher Fixierung der Verhandlungsposition der Volksbefreiungsarmee mit den Unterschriften der drei Unterhändler vor[239].

Nachdem die Position der Partisanenführung dergestalt klargestellt worden war, ließ eine Reaktion von deutscher Seite zunächst auf sich warten; als der Bevollmächtigte General am 16. März zur Weiterreise nach Agram ein Flugzeug nach Sarajevo schickte, waren zwei der Parlamentäre (Djilas und Popovic) zur Einholung weiterer Instruktionen schon wieder ins Partisanenhauptquartier abgereist[240].

Bei den Gesprächen, die Velebit am 16. März erst mit Glaise von Horstenau und anschließend dem italienischen Militärbeauftragten Re führte, scheint es aber noch vornehmlich um die Frage des kommenden Gefangenenaustauschs gegangen zu sein; die politische Dimension seiner Mission scheint, soweit nachvollziehbar, bei mehreren Gesprächen mit dem ihm seit September 1942 bekannten Hans Ott im Vordergrund gestanden zu haben. Dieser hatte Velebit bei seiner Ankunft in Agram erwartet und sollte ihm in Eigenschaft eines von der Gesandtschaft beigestellten *»Gewährsmannes«* während der folgenden Tage nicht mehr von der Seite weichen[241]. Gemeinsam flogen sie am 18. März nach Sarajevo, um dort die erwartete Rückkehr von Djilas abzuwarten. Dieser hatte unterdessen bei Tito die Freilassung der ersten Gruppe deutscher Gefangener durchgesetzt; zwei Tage nach ihrer Freilassung trafen sie am 21. März in Sarajevo ein[242]. Velebits Bericht von der erfolgreichen Fortsetzung der Gespräche in Agram zog gleich noch die Freilassung einer weiteren Gruppe Gefangener (einschließlich Streckers) nach sich[243]. Auch in Agram fiel die Reaktion auf die erste Kontaktaufnahme positiv aus: Kasche ging im ersten Über-

---

238 Ebd. In identischem Sinne BA/MA, RH 26-117/5 Gedächtnisprotokoll der Unterredung in Gornji Vakuf, 11.3.1943. In einer schriftlichen Mitteilung an den Verfasser (29.5.1998) hat Dr. Vladimir Velebit die Vermutung geäußert, daß das vermeintliche Bündnisangebot für den Fall einer anglo-amerikanischen Landung wohl auf eine Äußerung zurückzuführen war, die am selben Tag im Laufe einer längeren Unterhaltung mit zwei deutschen Offizieren in Gornji Vakuf fiel. Diese hatten nach dem Verhalten der Volksbefreiungsarmee im Falle einer Großlandung gefragt und von den überraschten Unterhändlern (die auf diese Frage gar nicht gefaßt waren) nach kurzem Zögern die Antwort erhalten, daß für den Fall, daß eine solche ohne Absprache mit dem Obersten Stab erfolgen solle, mit einer bewaffneten Reaktion der Partisanen zu rechnen wäre. Eine ausführliche Schilderung dieses Gesprächs findet sich in Djilas, *Wartime*, S. 233–236.
239 BA/MA, RH 26-117/5 Gornji Vakuf, den 11. März 1943. In diesem Papier wird ein Waffenstillstand nicht nur als Fernziel, sondern auch schon zur Begleitung der laufenden Verhandlungen vorgeschlagen; von der Möglichkeit eines gemeinsamen Vorgehens gegen ein alliiertes Expeditionskorps ist allerdings nicht die Rede.
240 Miso Lekovic, *Martovski Pregovori 1943* (Belgrad 1985), S. 111.
241 ADAP, Serie E, Bd. V, S. 416 f. Kasche an Auswärtiges Amt (17.3.1943).
242 BA/MA, RH 26-118/42 Sammel-Vernehmung (21.3.1943).
243 BA/MA, RH 26-118/42 Sammelvernehmung (23.3.1943) sowie RH 26-118/42 Strecker, Major. Bericht über meine Gefangennahme am 4.3.1943 (21.3.1943).

schwang sogar so weit, in seinem ersten Fernschreiben ans Auswärtige Amt von einem Angebot zu sprechen, das nicht nur einen Waffenstillstand, sondern auch eine öffentliche Absage der Partisanen an London und Moskau und auf lange Sicht sogar die Auflösung ihrer Bewegung in Aussicht stellte[244]. Da Kasche selbst keinem der Gespräche beigewohnt hatte, liegt der Schluß nahe, daß Ott, was die beiden letzten Angebote betrifft, entweder Opfer eines Mißverständnisses wurde oder aber bewußt übertrieben hat. Die Weiterleitung so haarsträubend unglaubwürdiger Vorschläge an Berlin sollte sich – Kasches Absichten zum Trotz – aber noch als Stolperstein für den weiteren Verhandlungsverlauf erweisen.

Die anschließende Rückkehr Velebits nach Agram (diesmal in Begleitung von Milovan Djilas) läutete die entscheidende Gesprächsrunde ein, die zur großen Überraschung der beiden Unterhändler diesmal ohne die Beteiligung des Bevollmächtigten Generals erfolgte (23. und 24. März). Obwohl von den beiden längeren Unterredungen, die während dieses Zeitraums stattfanden (je eine in der Gesandtschaft und der Dienststelle des Bevollmächtigten Generals), keine Mitschrift erhalten geblieben ist, können die zur Diskussion gebrachten Punkte mit Hilfe anderer Quellen recht genau rekonstruiert werden[245]. Die Unterhändler wiesen erneut auf die absolute Priorität hin, die der Bürgerkrieg gegen die Cetniks für die Partisanenführung hatte; wenn ihrer Hauptstreitmacht ein Territorium, das ungefähr dem gegenwärtigen Schauplatz der Kämpfe gegen Mihailović entspreche, als Rückzugsgebiet überlassen würde, garantierten sie eine Einstellung der Feindseligkeiten einschließlich der für die deutsche Seite so belastenden Anschläge auf den Straßen- und Bahnverkehr. Für den Fall, daß die deutsche Seite sich interessiert zeige, wären sie bereit, die Seriosität ihres Angebots mit einer sofortigen vorübergehenden Waffenruhe in Slawonien und Ostbosnien unter Beweis zu stellen[246]. Wohl in Anbetracht des großen Interesses, welches die deutsche Seite bei den ersten Vorgesprächen in Gorni Vakuf an dieser Frage gezeigt hatte, wiesen die beiden Unterhändler erneut auf die Möglichkeit eines regelrechten Bündnisses im Falle einer alliierten Landung hin[247]. Hervorzuheben war schließlich noch, daß Djilas und Velebit an eine wie auch immer geartete Einbeziehung der Italiener oder des kroatischen Staates aber nicht unbedingt gedacht zu haben scheinen. In Anbetracht der Tatsache,

---

244 ADAP, Serie E, Bd. V, S. 416 f. Kasche an Auswärtiges Amt (17.3.1943).
245 Vgl. insbesondere BA/MA, RH 26-118/42 Aussprache (durchgestrichen und durch handschriftl. Zusatz »Unterredung« ersetzt) mit Dr. Vladimir Petrovic, Partisanen-Stab (31.3.1943).
246 Lekovic, *Martovski Pregovori*, S. 135. Eine Waffenruhe in Slawonien mußte aufgrund der hierdurch ermöglichten Wiederherstellung störungsfreien Eisenbahnverkehrs auf der Strecke Agram–Belgrad für die deutsche Seite ein unwiderstehliches Angebot darstellen. Die Einbeziehung Ostbosniens diente hingegen lediglich dem Zweck, der Partisanenführung die Verlegung einer dort kämpfenden Brigade (6. Ostbosnische) auf den Hauptkriegsschauplatz in der östlichen Herzegowina zu ermöglichen.
247 Ebd., S. 137.

daß eine Überlassung des nördlichen Montenegro und/oder der östlichen Herzegowina als freies Kampffeld auch auf ein Sich-selbst-Überlassen der dort in zunehmende Bedrängnis geratenen italienischen Truppenverbände durch ihre deutschen Verbündeten hinausgelaufen wäre, lag dies sogar in der Logik des von den Partisanen angestrebten Abkommens. Vladimir Velebit sollte dies gegenüber einem deutschen Offizier später in aller Offenheit als »*sehr bedauerlich, doch das Schicksal von Verbündeten*«[248] bezeichnen.

Auf deutscher Seite stand das schon im September 1942 klar hervorgetretene Interesse des Gesandten und des Bevollmächtigten Generals an einem Abkommen mit der Volksbefreiungsarmee der skeptisch-ablehnenden Einstellung ihrer vorgesetzten Dienststellen im Reich gegenüber. Unabhängig von der Tatsache, daß Hitler und OKW in den vergangenen Jahren schon wenig Neigung gezeigt hatten, Freischärler als kriegführende Macht anzuerkennen, geschweige denn verbindliche Abkommen mit ihnen zu schließen, hatte Kasche durch seine überoptimistische Berichterstattung über die erste Kontaktaufnahme seiner Sache gewissermaßen einen Bärendienst erwiesen; zu den grundsätzlichen Bedenken, die er bei seinen Vorgesetzten ohnehin hätte überwinden müssen, gesellte sich nun noch ein handfestes Glaubwürdigkeitsproblem[249]. Da im Verlauf der zweiten Agramer Gesprächsrunde aber noch keine unwiderrufliche Ablehnung aus Berlin eintraf, waren Glaises und Kasches Stellvertreter bemüht, den ihnen (noch) zur Verfügung stehenden Spielraum nach Kräften auszunutzen. So wurde den beiden Vertretern der Volksbefreiungsarmee unter anderem versichert, daß die politische Nachkriegsordnung Jugoslawiens kein Hindernis für weitere Gespräche darzustellen brauche, da mit weiteren deutschen Expansionsplänen in diesem Raum auf gar keinen Fall zu rechnen sei. Darüber hinaus wurde Djilas und Velebit bedeutet, daß der Gesandte Kasche auf lange Sicht sehr an einem Treffen mit Tito interessiert sei[250]. Mittelfristig einigte man sich aber zunächst auf die Einzelheiten der Freilassung der Gefangenen, die der Partisanenführung zustanden, sowie darauf, daß diese als »Geste des guten Willens« vor allem die Anschläge gegen die Hauptverkehrsader im deutsch besetzten Jugoslawien – die Bahnstrecke zwischen Agram und Belgrad – für einen bestimmten Zeitraum einstellen solle.

Tito, der von seinen beiden am 27. März zum Obersten Stab zurückgekehrten Unterhändlern über dieses Angebot unterrichtet wurde, empfand vor allem die

---

248 BA/MA, RH 26-118/42 Aussprache (durchgestrichen und durch den handschriftl. Zusatz »Unterredung« ersetzt) mit Dr. Vladimir Petrovic, Partisanen-Stab (31.3.1943).

249 Bereits am 19. März hatte der Bevollmächtigte des Auswärtigen beim OKW, Ritter, die »*Ernsthaftigkeit*« der von Kasche zwei Tage zuvor übermittelten Vorschläge in Frage gestellt; vgl. ADAP, Serie E, Bd. V, S. 501 f. von Ribbentrop an Kasche (29.3.1943), Fußnote 2.

250 Nach Aussage der beiden Unterhändler der Volksbefreiungsarmee; vgl. Lekovic, *Martovski Pregovori*, S. 135. In seinen Fernschreiben an von Ribbentrop ließ Kasche diesen Vorstoß allerdings unerwähnt.

Tatsache als ermutigend, daß in der Zwischenzeit die befürchtete deutsche Verfolgung seiner Hauptgruppe unterblieben war. Den Eindrücken nach zu urteilen, die seine Unterhändler in Agram und Sarajevo gesammelt hatten, konnte dies – insbesondere die Weigerung, dem östlich der Neretva mittlerweile arg bedrängten italienischen VI. AK beizustehen – zweifelsohne als Hinweis auf die Bereitschaft des Oberbefehlshabers Südost, die vorübergehende Deckungsgleichheit der Interessen von Besatzungsmacht und Partisanen anzuerkennen, gesehen werden[251]. Daher zögerte Tito nicht, der Umsetzung der Waffenruhe zuzustimmen. Wie sich jedoch bald zeigen sollte, entsprach dieses Bild nur insofern der wirklichen Lage der Dinge, als – mit Ausnahme von Lüters[252] – die diplomatischen und militärischen Repräsentanten des Deutschen Reiches in Kroatien sich gleich vom ersten Tag an als fast vorbehaltlose Fürsprecher eines Abkommens erwiesen hatten.

Glaises Zustimmung zu einer Waffenpause kann in Anbetracht seiner allgemeinen Skepsis gegenüber der Durchsetzungsfähigkeit des kroatischen Staates nicht überraschen[253]; bemerkenswert ist jedoch, daß sich auch der Gesandte Kasche, der sich bis dato noch gegen jeden noch so kleinen Eingriff in die Souveränität des Pavelić-Regimes ausgesprochen hatte, praktisch vom ersten Tag an zu einem geradezu begeisterten Befürworter einer solchen Vereinbarung wurde. Kaum weniger erstaunlich war, daß er trotz des Angebotes der Unterhändler, die Verhandlungen ausschließlich bilateral zu führen, ohne Verzögerung den kroatischen Außenminister und den italienischen Gesandten ins Vertrauen zog[254]; Wochen später von italienischer Seite geäußerte Verdächtigungen über deutsche »Geheimkontakte«[255] waren also ungerechtfertigt und entweder auf ausgebliebene Unterrichtung einiger italienischer Dienststellen oder auf einige im April und Mai vom SIM dechiffrierten

251 Lekovic, *Martovski Pregovori*, S. 159.
252 Rudolf Lüters hatte schon am ersten Tag erklärt, daß eine so »*politische*« Angelegenheit nicht in seinen Zuständigkeitsbereich falle; BA/MA, RH 31 III/9 Aktenvermerk über Ferngespräch mit Oberst Pfafferott am 11.3.1943. Siehe auch PA/AA, StS Kroatien, Bd. 4, 692 Kasche an Auswärtiges Amt (30.3.1943).
253 Vgl. Broucek, *General im Zwielicht*, S. 220 f. (Eintrag vom Mai 1943): »*Ohne in Einzelheiten einzugehen, hätte sich in alledem mancherlei Politik machen lassen, mit der ausnahmsweise sogar Kasche einverstanden gewesen wäre. Aber was kann man schon machen, wenn einem ununterbrochen von allen Seiten ins Handwerk gepfuscht wird ...*«
254 ADAP, Serie E, Bd. V, S. 416 f. Kasche an Auswärtiges Amt (17.3.1943); PA/AA, StS Kroatien, Bd. 4, 692 Kasche an Auswärtiges Amt (26.3.1943). Dr. Velebit war auch bei Glaises italienischem Gegenüber, Oberst Gian Carlo Re, vorstellig geworden, wobei allerdings nur die Frage eines Gefangenenaustauschs zur Sprache gekommen war; schriftliche Mitteilung Dr. Vladimir Velebits an den Verfasser (29.5.1998).
255 Promemoria del Servizio Informazini Esercito su contatti fra le autorita germaniche ed i partigiani (25.5.1943) in: Talpo, Dalmazia III, S. 276 f.

Funksprüche der Cetnikführung zurückzuführen, in denen von einem erfolgreichen Abschluß der Gespräche zwischen Deutschen und Partisanen die Rede war[256]. Kasches Fürsprache war vermutlich auf drei Faktoren zurückzuführen: Das italienische Verhalten in der zweiten Märzhälfte (überstürzte Räumung der Lika, Hilferufe Robottis um deutschen Beistand in der östlichen Herzegowina) signalisierte einen absoluten Tiefstand der Koalitionskriegführung der Achse in Kroatien. Das Aufeinandertreffen der Hauptstreitkräfte von Tito und Draža Mihailović östlich der Neretva war eine aus deutscher Sicht durchaus begrüßenswerte Entwicklung und ließ eine Verschiebung des eigenen Vorstoßes in diese Region sinnvoll erscheinen[257]; ferner war da die Aussicht auf ein Abkommen, das seinem Architekten in gewisser Hinsicht die Möglichkeit gegeben hätte, an den Höhepunkt nationalsozialistischer Außenpolitik – den Hitler-Stalinpakt von 1939 – anzuknüpfen.

Wohl eingedenk der ersten ungläubigen Reaktionen, die er aus dem Auswärtigen Amt erhalten hatte, fiel Kasches Berichterstattung über die zweite Gesprächsrunde (23./24. März) etwas gedämpfter aus als beim ersten Mal. Daß er nach eigener Aussage den Partisanen gegenüber auf eine Loslösung von ihren Verbündeten als Bedingung für weitere Verhandlungen bestanden haben will, könnte allerdings dafür sprechen, daß er tatsächlich ernsthaft an eine solche Möglichkeit geglaubt hat[258].

Von Ribbentrops Absage vom 29. März fügte sich nahtlos in das Bild der deutschen Außenpolitik jener Jahre, die, einer aussichtslosen Kriegslage zum Trotz, sich selbst ganz bewußt jede diplomatische Option versagt[259]. Andererseits gilt es auch zu berücksichtigen, daß das gerade erst den Italienern unter beträchtlichen Mühen abgerungene Einverständnis zur Cetnikentwaffnung ein fast unüberwindbares politisches Hindernis auf dem Weg zu einem auch nur kurzfristigen Waffenstillstand mit der Volksbefreiungsarmee dargestellt hätte. So befürchtete der deutsche Außenminister nicht ganz zu Unrecht, *»daß wir uns gegenüber Italien wegen dessen früheren Verhandlungen mit den Cetnici vollständig desavouieren würden. Wenn wir jetzt mit Tito verhandeln oder eine Vereinbarung treffen würden, fürchte ich, daß Italien das zum Anlaß nehmen könnte, die klaren deutsch-italienischen Vereinbarungen von*

---

256 Vgl. NA, PG T 821, rl 356, fr 203 Abgehörte Funksprüche der Cetniks (22.5.1943) sowie PA/AA, StS Italien, Bd. 13, von Mackensen an Auswärtiges Amt (25.5.1943), wo irrtümlicherweise »Partisanen« als Absender angegeben sind.

257 Siehe insbesondere PA/AA, StS Kroatien, Bd. 4, 692 Kasche an Auswärtiges Amt (30.3.1943).

258 PA/AA, StS Kroatien, Bd. 4, 692 Kasche an Auswärtiges Amt (26.3.1943). In diesem Zusammenhang muß natürlich die Möglichkeit in Betracht gezogen werden, daß Kasche gemeint hat, Hitler und von Ribbentrop ein so revolutionäres Abkommen, wie das, was sich abzuzeichnen schien, nur auf dem Umweg über eine »Quasikapitulation« verkaufen zu können.

259 Das bekannteste Beispiel hierfür ist immer noch die Zurückweisung sowjetischer Friedensfühler vom Dezember 1942 und März 1943. Ausführlich hierzu Bernd Martin, Verhandlungen über separate Friedensschlüsse 1942 bis 1943; in: Militärgeschichtliche Mitteilungen 1976, Heft 2, S. 95–113.

Rom wegen einem entschiedenen Vorgehen gegen die Cetnici und gegen Mihailović wieder in Frage zu stellen.«[260]

Kasches Antwort vom 30. März ist in vielerlei Hinsicht ein bemerkenswertes Dokument. Anders als bei seinen Ausführungen zum Ustascha-Staat bewies er ein Gespür für die Realität, welches, gemesssen am damaligen Zeitgeist, schon fast an Defätismus grenzte. So ließ er beispielsweise seinen Dienstherrn wissen, daß die »Partisanenfrage bei uns grundsätzlich verkannt wird. Partisanenbekämpfung bisher ja auch überall wenig erfolgreich gewesen. Sie wurzelt vielmehr in politischen Verhältnissen als in militärischen. Völlige Niederwerfung der Partisanen bis zum letzten Mann militärisch und polizeilich ausgeschlossen.« Ferner wies er darauf hin, daß Titos Marsch in den Sandžak sowieso nicht mehr aufzuhalten sei, die Italiener derweil keine Anstalten machten, ihre Haltung zu den Cetniks zu überdenken und eine deutsche Überquerung der Neretva im schlimmsten Falle sogar zu einer gemeinsamen Front von Partisanen und Cetniks führen könne.

Möglicherweise hatte er auch gemerkt, daß es keinen Zweck hatte, seine Vorgesetzten mit allzu übertriebenen Erwartungen ködern zu wollen; eine Auflösung bzw. Kapitulation der Volksbefreiungsarmee (Kasches Fernschreiben vom 17. März hatte ja zumindest etwas Vergleichbares in Aussicht gestellt) schloß er diesmal unmißverständlich aus[261]. Wann genau Glaise von Horstenau vom OKW zum umgehenden Abbruch der Verhandlungen aufgefordert wurde, läßt sich anhand der erhaltenen Quellen nicht mehr nachvollziehen. Immerhin scheinen Lüters, Glaise und Kasche sich bereits am 1. April zu einer Besprechung getroffen zu haben, in der es nur noch darum ging, sich gegenseitig die politische Verantwortung für die gescheiterten und – wenn man immer noch gültige »Führerbefehle« berücksichtigt – strenggenommen sogar gegen den ausdrücklichen Willen der eigenen Führung eingeleiteten Gespräche zuzuschieben[262].

Als Vladimir Velebit am 31. März wieder in Sarajevo eintraf, konnte er also nicht ahnen, daß die »Märzgespräche« im Grunde genommen schon gescheitert waren. Daß man auf seiten der Partisanen bezüglich einer solchen Möglichkeit freilich nicht ganz blind war, läßt sich daran ablesen, daß Velebit Instruktionen erhalten hatte, die nächste Verhandlungsrunde auf jeden Fall so lange wie möglich in die Länge zu ziehen[263]. So wies er im Gespräch mit dem Ic-Offizier der 718. ID in Sarajevo auf die Möglichkeit hin, der deutschen Seite bei einem späteren Treffen Ablichtungen von kurz zuvor erbeuteten Cetnikdokumenten zur Verfügung zu stellen, die Aufschluß über das Ausmaß der Kooperation zwischen Italienern und Nationalserben bieten

---

260 ADAP, Serie E, Bd. V, S. 501 f. von Ribbentrop an Kasche (29.3.1943).
261 PA/AA, StS Kroatien, Bd. 4, 692 Kasche an Auswärtiges Amt (30.3.1943).
262 So die Darstellung in Lekovic, *Martovski Pregovori*, S. 149 f., die allerdings keine Primärquelle angibt.
263 Ebd., S. 160 f.

würden[264]. Auf die anschließende Kontaktaufnahme mit dem Stab der 6. Ostbosnischen Brigade (1. April)[265] folgte ein mehrtägiger Aufenthalt in Agram und die Weiterreise (9. April) in das Gebiet der slawonischen Partisanen. Da diese zur Zeit ohne Funkverbindung zum Obersten Stab waren, wurde Velebit aufgrund des Anliegens, das er vortrug, mit großem Mißtrauen empfangen; erst nachdem der ebenfalls in diesem Raum anwesende Chefunterhändler vom Spätsommer 1942, Marijan Stilinovic, für ihn bürgte, wurden seine Anweisung, die Angriffe auf die Bahnlinie Agram–Belgrad für 15 Tage einzustellen, in die Tat umgesetzt[266].

Unterdessen nahm Kasche trotz von Ribbentrops unmißverständlicher Absage am 17. April die inzwischen erfolgte Räumung der Lika durch die Italiener zum Anlaß, erneut für eine Absage oder zumindest Verzögerung der Operation gegen Montenegro zu plädieren. Schon der vorgeschaltete deutsche Vorstoß auf das ostbosnische Foča zur Entsetzung eines italienischen Bataillons würde, so Kasche, wahrscheinlich ausreichen, um zur vorläufigen Beilegung des serbischen Bürgerkriegs in den angrenzenden Territorien (Montenegro und östliche Herzegowina) zu führen. Bezüglich etwaiger Bündnisverpflichtungen solle man sich besser keinen Illusionen hingeben: »*Schlagen wir jetzt bei Foča Italiener heraus, geben wir lediglich günstige Lage aus der Hand, ohne daß sie uns dies militärisch danken werden.*« Die guten Kontakte, die man inzwischen zum Hauptquartier der Partisanen geknüpft habe, seien außerdem die Garantie dafür, daß man über den Verlauf der Kampfhandlungen zwischen Mihailović und Tito detailliert auf dem laufenden gehalten werden würde[267].

Von Ribbentrops Antwort bestand im wesentlichen in einer Wiederholung seiner Argumente vom 29. März[268] und veranlaßte Kasche, das Thema vorläufig ruhen zu lassen. Kurz zuvor war Velebit aus Slawonien zurückgekehrt und vom Bevollmächtigten General endlich über die Ablehnung des Verhandlungsangebots unterrichtet worden. Die Redewendung, die Hitler in diesem Zusammenhang benutzte (»*Mit Rebellen wird nicht verhandelt, Rebellen werden erschossen.*«)[269], machte deutlich, daß auch an eine Wiederaufnahme zu einem späteren Zeitpunkt oder unter anderen Voraussetzungen nicht gedacht war. Kasche selbst sollte allerdings noch fast bis Kriegsende die Hoffnung auf ein Abkommen mit Tito nicht aufgeben[270].

---

264 BA/MA, RH 26-118/42 Aussprache (durchgestrichen und durch den handschriftl. Zusatz »Unterredung« ersetzt) mit Dr. Vladimir Petrovic, Partisanen-Stab (31.3.1943).

265 Zur anschließenden Verlegung dieser Einheit vgl. BA/MA, RH 26-104/53 Kdr. Gen. u. Bfh. in Serbien, Ic-Lagebericht für die Zeit vom 2.4.–7.4.1943 (18.4.1943).

266 Lekovic, *Martovski Pregovori*, S. 189–197; schriftliche Mitteilung Dr. Vladimir Velebits an den Verfasser (23.11.1998).

267 ADAP, Serie E, Bd. V, S. 616–618 Kasche an Auswärtiges Amt (17.4.1943).

268 ADAP, Serie E, Bd. V, S. 668 f. von Ribbentrop an Kasche (21.4.1943).

269 Befragung Dr. Vladimir Velebit, Zagreb (9. u. 10.5.1998).

270 PRO, GFM 25 Nachlaß Kasche, Vermerk für den Herrn Reichsaußenminister über vom Führer anl. d. Vortrages am 14.8.44 u.a. gemachte Äußerungen (18.8.1944): »*Meinen Hinweis auf die 1943*

Obwohl die vorliegende Schilderung dieser Ereignisse von deutscher und jugoslawischer Seite also kaum Diskrepanzen aufweisen, ist in der Literatur wiederholt der Verdacht geäußert worden, die sogenannten »Märzverhandlungen« hätten insofern schon konkrete Ergebnisse gebracht, als sie vermutlich Titos Durchbruch an der Neretva ermöglicht[271] und/oder den deutschen Halt am rechten Flußufer arrangiert[272] hätten. Wenngleich die erste Hypothese mit Leichtigkeit widerlegt werden kann (am Tag der ersten Kontaktaufnahme war die Neretva bereits überwunden und ein großer Teil der Hauptgruppe schon auf dem linken Ufer), erfordert die zweite Behauptung eine etwas eingehendere Untersuchung. Daß Löhr auch ohne eine Vereinbarung mit den Partisanen gute Gründe hatte, seine Truppen Mitte März an der Neretva haltmachen zu lassen, ist bereits dargestellt worden. Von entscheidender Bedeutung ist in diesem Zusammenhang aber die Tatsache, daß er bei dieser Haltung auch blieb, als das Haupthindernis für eine Flußüberschreitung – der Widerstand des Oberbefehlshabers der 2. Armee – von diesem selbst aus dem Weg geräumt worden war. Der anscheinend unaufhaltsame Vormarsch der Partisanen und die Bedrohung Nevesinjes hatten Robotti nämlich dazu bewogen, den Oberbefehlshaber Südost auf dem Umweg über das Comando Supremo am 22. März um deutsche Waffenhilfe auch auf dem linken Neretvaufer zu ersuchen[273] – in Anbetracht seiner gerade mal zwei Wochen zurückliegenden Bemühungen, den Deutschen den Zugang selbst zur westlichen Herzegowina zu verweigern, eine höchst bemerkenswerte Entwicklung. Daß bei der Ablehnung dieses Gesuchs auch Unmut über die notorische italienische Unfähigkeit, die eigenen, weit überzogenen Ansprüche auch nur ein einziges Mal aus eigenen Kräften militärisch durchzusetzen, eine Rolle gespielt haben könnte, ist zwar denkbar, aber anhand der vorhandenen Quellen nicht nachweisbar. Im Protokoll der Chefbesprechung, die am selben Tag in Saloniki stattfand, hieß es vielmehr: *»Interessant ist, daß die Italiener von uns verlangen, daß wir jetzt unmittelbar nach Beendigung der Operation mit mindestens 5 Btl. über die Naretwa weiter vorstoßen, um die bei Nevesinje auftretenden Kommunisten zu zerschlagen. Wir lehnen dies aber ab, denn wenn wir jetzt über die Naretwa gehen, so wird Mihailović dies als eine Kriegserklärung ansehen, und wir würden den Kampf mit den*

---

gegeben gewesene Möglichkeit eines Einstellens der Kämpfe mit Tito nahm der Führer mit der Bemerkung auf, wir hätten dann ja den Poglavnik fallenlassen müssen. Dazu erklärte ich, daß dies nicht notwendig gewesen wäre, wir auch mit Tito nicht weitgehende staatspolitische Vereinbarungen hätten zu treffen brauchen. Den von mir vertretenen Gesichtspunkt, daß auch heute noch derartige Möglichkeiten gebgen wären, wenn auch schwieriger als 1943, ich solche auch nicht ungenutzt lassen möchte, lehnte der Führer nicht ab.«

271 Richard West, *Tito* (London u.a. 1994), S. 152; Salvatore Loi, *Le operazioni delle unita italiane in Jugoslavia, 1941–1943* (Rom 1978), S. 218.
272 Talpo, *Dalmazia III*, S. 126 f.; Tomasevich, *The Chetniks*, S. 248 f.
273 BA/MA, RH 19 VII/7 KTB-Eintrag vom 22.3.1943.

Mihailović-Kräften früher eröffnen, als wir wollen. Wir werden also den Antrag des Cdo. Supremo mit der Begründung ablehnen, daß unsere Truppen einstweilen der Ruhe bedürfen.«[274]

Diese Aussage scheint aus zweierlei Gründen zumindest angreifbar: einmal aufgrund des Passus, der die unbedingte Ruhebedürftigkeit der eigenen Truppe doch zumindest in Zweifel zu ziehen scheint; somit wäre nicht mit absoluter Sicherheit auszuschließen, daß es neben dem strategischen Kalkül, Mihailović in Sicherheit zu wiegen, nicht noch einen weiteren, ungenannten, Grund für die Einstellung der Verfolgung des Gegners gegeben haben könnte. Ferner bleibt unerwähnt, daß die Neretva zu diesem Zeitpunkt keine unverletzbare Grenze mehr darstellte; deutsche Truppen waren während der letzten Woche nicht nur mehrere Kilometer in den Norden des Neretvabogens vorgedrungen, sondern erhielten an diesem Tag auch noch die Weisung, die dort erreichten Stellungen zur Sicherung der Straße von Konjic nach Grabovica zu halten[275]. Da zu diesem Zeitpunkt Velebits erstes Treffen mit Glaise von Horstenau zudem bereits sechs Tage zurücklag, wäre es zumindest theoretisch denkbar, daß bei dieser Gelegenheit die Einstellung der Verfolgung von Titos Hauptstreitmacht vereinbart worden war. Dagegen sprechen freilich mehrere Faktoren: erstens die schlichte Tatsache, daß ein tieferes Eindringen in die östliche Herzegowina aufgrund der hiermit verbundenen politischen Probleme sowieso erst für den nächsten Operationsabschnitt vorgesehen war; zweitens läßt sich in den überlieferten Kriegstagebüchern der betroffenen Verbände weder ein Beleg für eine ursprünglich geplante Fortsetzung des Feldzuges in die östliche Herzegowina noch dessen abrupte Absage nach dem 16. März finden; drittens ist zu bedenken, daß die deutsche Seite mit einem solchen Schritt eine enorme Vorleistung erbracht hätte, für die die anschließende vorübergehende Einstellung der Anschläge auf die Bahn Agram–Belgrad keine auch nur annähernd vergleichbare Gegenleistung dargestellt hätte. Schließlich ist kaum zu erwarten, daß die massiven Bedenken, die andere deutsche Dienststellen – besonders die des Befehlshabers der deutschen Truppen in Kroatien – gegen einen solchen Schritt vorgebracht hätten, nicht den geringsten Niederschlag in den überlieferten Aktenbeständen gefunden hätten.

Zu guter Letzt ist noch zu berücksichtigen, daß man schon in Anbetracht des geringen Glaubens, dem man in Berlin dem bei Velebits erstem Besuch vorgetragenem Angebot schenkte, eine solche Handlungsweise – wenn überhaupt – schon aus Zeitgründen nur als Eigenmächtigkeit des Oberbefehlshabers Südost denkbar wäre. Die Tatsache, daß nichts in Alexander Löhrs bisheriger Laufbahn auf eine Neigung zu so massiver Insubordination schließen ließ sowie die hohe Priorität, der man im Führerhauptquartier einem entscheidenden Schlag gegen die Mihailović-Cetniks

---

274 BA/MA, RH 19 VII/1 Aktenvermerk über die Chefbesprechung am 22.3.1943.
275 BA/MA, RH 26-118/34 Befehlshaber der deutschen Truppen in Kroatien an 718. ID (22.3.1943).

einräumte, lassen vermuten, daß Foertschs Schlußfolgerung vom 22. März die wahre Lageeinschätzung wiedergab und nicht der Verschleierung eines geheimen Abkommens diente.

Soweit nachvollziehbar, hat das einzig dauerhafte Ergebnis der sogenannten »Märzgespräche« im Aufbau einer Verbindung bestanden, die in den folgenden zwei Jahren aber vor allem dem fortgesetzten Austausch von Gefangenen diente. Daß die Zahl der so Freigekommenen sich allerdings in recht engen Grenzen hielt[276], dürfte vornehmlich auf die Natur des Krieges in Jugoslawien an sich zurückzuführen gewesen sein: Die Machtlosigkeit des Pavelić-Regimes sowie der schwindende Einfluß der deutschen Repräsentanten in Agram brachte es mit sich, daß mit fortschreitender Kriegsdauer der Austausch von deutschen Gefangenen immer häufiger von den direkt betroffenen Divisionen und Generalkommandos mit den ihnen gegenüberliegenden Einheiten der Volksbefreiungsarmee ausgehandelt wurde[277]. Der Versuch einer zahlenmäßigen Erfassung der auf diesem Wege Freigekommenen dürfte aufgrund des hierfür zur Verfügung stehenden Quellenmaterials (oft nur fragmentarisch erhaltene Divisionskriegstagebücher) allerdings kaum verläßliche Resultate erbringen.

Da bis Ende März die beiden naheliegendsten politischen Optionen zur Entschärfung des Krieges in Jugoslawien erneut verworfen worden waren, kam den Ergebnissen der militärischen Operationen der vergangenen Monate eine um so größere Bedeutung zu. Die Tatsache, daß die Abschlußbilanz von »Weiß I« und »II« deutlich substantieller ausfiel als die der »Trio«-Operationen vom Frühjahr 1942, darf in diesem Zusammenhang allerdings nicht als entscheidender Meßwert genommen werden.

So wäre in rein militärischer Hinsicht auf das deutliche Mißverhältnis zwischen gemeldeten Feindtoten (11.915) und sichergestellten Waffen (47 MG, 589

---

276 Nach Aussage des an der Abwicklung der Austauschaktionen beteiligten Sonderführers Willibald Nemecek wurden bis April 1945 ca. 2.000 Mann jeder Seite ausgetauscht; zit. bei Broucek, *General im Zwielicht*, S. 36 (Einleitung). Nach jugoslawischen Angaben, vgl. ebd., hat die Zahl der auf diese Weise in die Freiheit Entlassenen höchstens 1.600 (je zur Hälfte Deutsche und Jugoslawen) betragen. Glaise von Horstenaus Stabschef von Selchow schätzte in einer Aussage vor dem Nürnberger Kriegsverbrechertribunal, »*daß in der Zeit seit Herbst 1943 bis Kriegsende im Durchschnitt monatlich etwa 50 Geiseln gegen deutsche Soldaten ausgetauscht worden sind*«, vgl. K.W. Böhme, *Die deutschen Kriegsgefangenen in Jugoslawien 1941–1949* [= Zur Geschichte der deutschen Kriegsgefangenen des Zweiten Weltkrieges, Bd. I/1] (München 1962), S. 380 f.

277 Ebd., S. 85; BA/MA, RS 3-7 v.11 Schreiben eines Obersturmführers der »Prinz Eugen« an den Kommandanten des III. Korps, Herrn Generalmajor Kosta Nadj (22.3.1944); Franz Schraml, *Kriegsschauplatz Kroatien: die deutsch-kroatischen Legionsdivisionen – 369., 373., 392. Inf.-Div. (kroat.) – ihre Ausbildungs- und Ersatzformationen* (Neckargemünd 1962), S. 72, 198; Wilhelm Tieke, *Tragödie um die Treue* (Osnabrück 1968), S. 16; Bosnier in der Waffen-SS. Die Division »Handschar«. Dokumentation von Mirko Tomic (Erstausstrahlung am 1.8.1996, SWF 3).

Gewehre)[278] hinzuweisen; dies wird zumindest in Teilen auf die undiskriminierte Erschießung angetroffener *»Bandenverdächtiger«*, ebenso aber auf die Tatsache zurückzuführen gewesen sein, daß jetzt immer mehr Partisanen in Verbänden von Bataillons- (Brigade) bzw. Regimentsstärke (Division) kämpften, was die Bergung der Waffen von Gefallenen und Verwundeten beim Rückzug erheblich erleichtert haben dürfte. Es unterliegt zwar keinem Zweifel, daß diese »neue« Partisanenarmee ihre Feuerprobe bei »Weiß« bravourös bestand und dem Gegner auch spürbare Verluste beibrachte; dennoch stellt sich die Frage, ob die von Tito angewandte Strategie, insbesondere die Zusammenfassung aller Verwundeten und Typhuskranken zu einem großen Flüchtlingstreck[279], Lüters' Aufgabe nicht erheblich erleichtert hat. Selbst nachdem der Großteil der Landeseinwohner, die sich der Fluchtbewegung angeschlossen hatten, wieder zurückgeschickt worden war[280], bot die sich durch die verschneite Landschaft[281] vorkämpfende Hauptgruppe Titos bei gutem Wetter immer noch ein leichtes Ziel. Insbesondere die Bomberpiloten des Fliegerführers »Weiß« erhielten so die Gelegenheit, die Skeptiker, denen der Einsatz eines so großen Flugzeugverbandes gegen Freischärlerformationen wenig sinnvoll erschienen war[282], in überzeugender Weise Lügen zu strafen[283].

Obwohl Titos Hauptverband auf seinem Weg nach Osten also schwere Verluste einstecken mußte, wurde das eigentliche Operationsziel von »Weiß«, die dauerhafte Wiedereingliederung des Territoriums des »Partisanenreiches« in den kroatischen Staatsverband, klar verfehlt. Dies war aber nicht nur eine Folge des vorhersehbaren Scheiterns des kroatischen Versuchs, in den freigekämpften Gebieten einen starken Verwaltungs- und Polizeiapparat zu etablieren[284]. Die Verbände der Volksbefreiungsarmee waren inzwischen auch zahlreich und die politische Präsenz der KPJ in den serbischen Siedlungsgebieten Westkroatiens gefestigt genug, um noch während der

---

278 BA/MA, RH 2/683 Lagebeurteilung OB Südost (Okdo. H.Gr. E) März 1943 (1.4.1943).

279 Djilas, *Wartime*, S. 218 und Dr. Vladimir Velebit (schriftliche Mitteilung an den Verfasser, 29.5.1998) sehen beide darin einen schweren Fehler; ersterer allerdings unter der Einschränkung, daß die Bildung eines Zentrallazaretts die Folge einer unkontrollierten Entwicklung und nicht Absicht gewesen sei.

280 Über den Zeitpunkt, an dem diese Entscheidung fiel, liegen unterschiedliche Angaben vor: Djilas, *Wartime*, S. 217 f. spricht von den ersten, BA/MA, RH 26-369/4 369. (kroat.) ID, Tätigkeitsbericht Abt. Ic vom 22.2.–4.3.1943 von den letzten Februartagen.

281 Djilas, *Wartime*, S. 217; Dedijer, *War Diaries II*, S. 59 (22.1.1943).

282 BA/MA, RH 19 VII/1 Aktennotiz über die Chefbesprechung vom 8.3.43.

283 Noch schwerer als die tatsächlich durch Fliegereinwirkung erlittenen Verluste wogen allerdings die moralische Wirkung sowie die eingeschränkte Bewegungsfreiheit; vgl. hierzu Dedijer, *War Diaries II*, S. 61 (Eintrag vom 24.1.1943) sowie BA/MA, RH 26-118/42 Sammel-Vernehmung der Herren: Dipl.-Ing. Siglhuber, Othmar; Bayer, Otto; Konohek, Franz; Erdelji, Ivan, Ing. Chem.; Mlakar Ivan, Ing. Chem; Sdkarica, Nebodar, Chem.-Prof. (21.3.1943).

284 Eine Entwicklung, die im Stab der »Prinz Eugen« bereits im Monat Januar vorhergesehen wurde; vgl. PA/AA, Nachlaß Kasche 6/2 Reisebericht des Gesandtschaftsrats Kühn (Anlage zu Bericht vom 2.2.1943 Nr. G WR 3B-467/43). Auch ein ausgewiesener Apologet des NDH-Staates wie der

Kampfhandlungen ein Zurücksickern in die soeben von Lüters und Robottis Truppen »*durchkämmten*« Gebiete zu ermöglichen. Wo der Befehlshaber der deutschen Truppen in Kroatien am 28. Februar die von diesen Verbänden ausgehende Gefahr noch mit dem Hinweis minimiert hatte, daß diese »*versorgungsmäßig und moralisch durch Unternehmen Weiß stark gelitten haben*«[285], mußte er bereits am 16. März einräumen, daß in einigen der im Verlauf von »Weiß I« durchkämmten Gebiete schon wieder »*Verbände in Bataillonsstärke*«[286] festgestellt worden seien.

An Erkenntnisgewinn hatte »Weiß« vor allem die Bestätigung mehr oder weniger bekannter Tatbestände erbracht. Hierbei ist freilich zu berücksichtigen, daß das verheerende Wirken der Ustascha, die Unfähigkeit der kroatischen Verwaltung, die Schwierigkeiten einer lückenlosen Kesselbildung oder einer wirklich gründlichen Geländedurchkämmung Probleme darstellten, um deren Natur man seit einem Jahr (oder länger) wußte; sehr viel interessanter war die Feststellung, daß die Volksbefreiungsarmee sich der Vorschußlorbeeren, die ihr deutscherseits im Spätherbst verliehen worden waren, auch unter den ungleich schwereren Kämpfen von »Weiß« als würdig erwiesen hatte. Entsprechend urteilte der Kommandeur der 117. Jägerdivision in einem Bericht vom 8. April über den Feind, der ihm während der letzten Wochen gegenübergestanden hatte: »*Man mußte den Gegner als schlecht ausgerüstete Truppe, aber nicht als ›Banden‹ ansprechen.*«[287]

In Anbetracht solcher Erkenntnisse hätte es natürlich nahegelegen, die bis dahin praktizierte Geiselpolitik zu überdenken und vielleicht sogar das von seiten Titos jetzt schon zum zweiten Mal vorgetragene Angebot einer Anerkennung der Volksbefreiungsarmee als kriegführende Macht einer wohlwollenden Prüfung zu unterziehen. Wenngleich letztere Idee vermutlich in jedem Fall am Einspruch Hitlers gescheitert wäre, sind für das erste Jahresquartal zumindest einige Versuche überliefert, sowohl die bisherige Repressalienpolitik weniger willkürlich als bisher zu gestalten als auch dem Feind einem Anreiz zum Überlaufen zu geben. So schlug der Bevollmächtigte General Anfang Januar seinem Vorgesetzten Löhr vor, die Gefangenen, die im Laufe von »Weiß« anfallen würden, nicht an Ort und Stelle zu erschießen, sondern zum Aufbau eines »*Geiselreservoirs*« einzusetzen[288]. Einer

---

Gesandtschaftssekretär SA-Standartenführer Willy Requard mußte dies bereits am 20. Februar 1943 bestätigen; vgl. PA/AA, Inland IIg 401, 2821 Anlage Nr. 5 zum Bericht Deutsche Gesandtschaft, Zagreb Pol. 8 N.1-A 248/43 g.Rs. vom 2. Juni 1943.
285 BA/MA, RH 24-15/2 Bfh. d. dt. Tr. i. Kroat., Ia-Lagebeurteilung in der Zeit vom 17.–26.2.1943 (28.2.1943).
286 BA/MA, RH 24-15/2 Bfh. d. dt. Tr. i. Kroat., Ia-Lagebeurteilung für die Zeit vom 1.3.–15.3.43 (16.3.1943).
287 BA/MA, RH 26-117/12 117. Jägerdivision an den Befehlshaber der deutschen Truppen in Kroatien (8.4.1943).
288 BA/MA, RH 31 III/12 Privatbrief Glaises an Löhr (4.1.1943).

Vortragsnotiz vom 3. März, die Glaise anläßlich einer Besprechung bei Pavelić anlegte, ist zu entnehmen, daß die Umsetzung dieses Gedankens in der Zwischenzeit schon erste Konturen angenommen hatte[289].

Zur gleichen Zeit zeigten auch Lüters und einige seiner Kommandeure sich bemüht, die im Vorfeld von »Weiß« erteilten Befehle etwas abzuschwächen[290] und die Behandlung von Überläufern verbindlich zu regeln[291]. Daß diesen Bemühungen wohl nur ein begrenzter Erfolg zuteil wurde, legt nicht nur das bereits angesprochene Mißverhältnis zwischen den bei »Weiß I und II« gezählten »Feindtoten« einerseits und den sichergestellten Waffen andererseits dar. So sind für den Verlauf dieser beiden Operationen Fälle belegt, in denen nicht nur gefangene Partisanen[292], sondern auch Frauen und Kinder sowie Überläufer aus – wie es scheint – reiner Bequemlichkeit von der Truppe erschossen wurden[293].

Langfristig sehr viel problematischer stellte sich schließlich die Entwicklung der Lage in bezug auf Fälle dar, in denen deutsche Truppenteile, die Opfer von Anschlägen geworden waren, darauf verzichteten, bei den kroatischen Behörden eine »Sühnemaßnahme« zu beantragen[294], und statt dessen an Ort und Stelle Vergeltung übten. Da diese in der Regel auf die Niederbrennung einer bestimmten Ortschaft, die man mit dem Anschlag, und sei es nur indirekt, in Verbindung brachte, sowie oft genug auch auf die Erschießung eines Teils (zumeist des männlichen) der Einwohnerschaft hinauslief, wurde das Element der Willkür, das solchen Repressalien ohnehin schon anhaftete, eher noch verstärkt und trug somit zur weiteren folgenschweren Radikalisierung des Krieges bei. Proteste, die von den kroatischen Behörden vorgebracht wurden, blieben aus naheliegenden Gründen (Glaubwürdigkeitsproblem) ohne Wirkung und trugen nur noch zu einem zunehmenden Entfremdungsprozeß zwischen beiden Verbündeten bei.

---

289 BA/MA, RH 31 III/9 Vorsprache des Deutschen Bevollmächtigten Generals beim Poglavnik am 3. März 1943.

290 BA/MA, RH 26-118/32 Befehl für die Kampfführung im kroat. Raum (12.1.1943); RH 26-114/18 Kdeur.- und Stabsbesprechung 9.3.43 Banja Luka (11.3.1943).

291 BA/MA, RH 26-114/17 Behandlung von Überläufern (1.2.1943).

292 Kurt Mehner (Hrsg.), *Die geheimen Tagesberichte der deutschen Wehrmachtführung im Zweiten Weltkrieg 1939–1945, Bd. 6, 1.12.1942–31.5.1943* (Osnabrück 1989), S. 207 (Eintrag vom 6.3.1943): »*SS-Div. hat mit Masse Linie 1210-Kalab 1505 erreicht. (...) Feind 195 Tote, 54 Gefangene (nach Vernehmung erschossen).*«

293 BA/MA, RH 24-15/2 Erfahrungsbericht über Unternehmen »Weiß II« und Mostar (26.3.1943), zur Erschießung einer 60 Köpfe zählenden Flüchtlingsgruppe durch eine Einheit der »Prinz Eugen«. RH 26-118/33 Div.-Kdr.-Besprechung in Sanski Most am 16.2.43, 13.00 Uhr, mit einer Ermahnung von Lüters an seine Kommandeure: »*Überläufer mit unseren Bestätigungen, die Aussagen machen, wurden erschossen, teilweise nur deshalb, weil sie nicht sofort zurückgeschafft werden konnten. Dieser Standpunkt ist unmöglich!*«

294 Dies war nicht zuletzt auch darauf zurückzuführen, daß bei den Deutschen der Eindruck vorherrschte, daß die kroatischen Polizeibehörden mit der Erfüllung dieses »Solls« meistens im Rückstand blieben; BA/MA, RH 31 III/9 Vorsprache des Deutschen Bevollmächtigten Generals beim Poglavnik (3.3.1943).

Obwohl solche Fälle von unkontrollierten Vergeltungsmaßnahmen sich auch schon 1942 zugetragen hatten[295], sollten sie erst im Laufe des Jahres 1943 zur weitverbreiteten Praxis werden. Die Gründe hierfür waren mannigfaltiger Natur: Neben der zunehmenden Verrohung, die der seit Sommer 1941 ununterbrochen tobende Guerrillakrieg mit sich brachte, dürfte auch die weitere Ausdehnung der Rebellion hierbei eine Rolle gespielt haben. Mittlerweile konnten sich deutsche Soldaten auch in vornehmlich von Moslems oder Kroaten bewohnten Gebieten, die 1942 noch als ruhig gegolten hatten, nicht mehr sicher fühlen; da nun der größte Teil des ländlichen Gebietes des NDH-Staates sowie alle dort lebenden Volksgruppen als zumindest potentiell feindlich gelten mußten, stiegen die ohnehin schon gegebenen Schwierigkeiten, »Feind« von »Freund« zu unterscheiden, ins Unermeßliche[296]. Darüber hinaus dürften die Eindrücke von den innerjugoslawischen Volkstumskämpfen sowie die Rolle, die die vermeintlich staatstragende Ustaschabewegung dabei spielte, die deutschen Soldaten eher noch in ihrer Überzeugung bestätigt haben, daß das neue Kroatien faktisch einen rechtsfreien Raum darstellte, in dem nur die Anwendung des Faustrechts gewisse Überlebenschancen garantierte. Ein Großverband, der diese Einstellung scheinbar schon bei der Aufstellung aufgenommen hatte, war die 7. SS-Freiwilligen-Gebirgsdivision »Prinz Eugen«. Diese war schon im Herbst 1942 in einem relativ ruhigen Operationsgebiet (Südserbien) dadurch aufgefallen, daß sie »verdächtig« erscheinende Ortschaften bei den geringsten Anlässen dem Erdboden gleichmachte[297]. Obwohl Paul Bader dies noch am 31. Oktober 1942 als eine beinahe lobenswerte Anpassung an »*Balkanmethoden*« bezeichnet hatte[298], sprechen doch viele Indizien dafür, daß die Repressalienpraxis dieser Division das bis dahin auf dem kroatischen Kriegsschauplatz übliche deutlich

---

295 So z. B. beim Einsatz der 7. Kompanie des Regiments »Brandenburg« in Syrmien Anfang Juni 1942; BA/MA, RH 31 III/3 Glaise an den Kommandierenden General in Serbien (8.6.1942); ferner RW 40/30 Der Kommandierende General in Serbien an den Gesandten Kasche (18.6.1942).

296 BA/MA, RH 24-15/2 Bfh.d.dt.Tr.i.Kroat. Abt.Ia, Lagebeurteilung für die Zeit vom 16.6.–15.7.1943 (18.7.1943). Hierin heißt es u.a.: »*Die Auffassung, daß die deutsche Wehrmacht in einem befreundeten Lande steht, ist längst überholt. Der größte Teil der Bevölkerung unterstützt die Aufständischen, teils aus Überzeugung, teils aus Angst, teils aus Berechnung im Hinblick auf die von ihnen erwartete Änderung der Lage.*«

297 So bei der Zerstörung der Ortschaft Kriva Reka am 12./13.10.1942; IWM, International Military Tribunal, Case VII, Vol. 130, S. 811 Der Kommandierende General an den Wehrmachtbefehlshaber Südost (15.10.1942) sowie Aufzeichnung Benzlers in BA/MA, RW 40/93 Gedächtnisnotiz (auszugweise) über meine Besprechung mit Nedić am 19. Oktober (20.10.1942). Vgl. auch Venceslav Glisic, *Der Terror und die Verbrechen des faschistischen Deutschland* (Ost-Berlin 1968), S. 174 f.

298 BA/MA, RH 31 III/9 Protokoll der Besprechung beim Wehrmachtbefehlshaber SO am 31. Okt. 42.

übertraf und somit eine Begrenzung deutscher Vergeltungsmaßnahmen weiter erschwerte[299].

Eine Anfang April erstellte Zwischenbilanz des seit Jahresbeginn Erreichten hätte ein durchwachsenes und widersprüchliches Bild ergeben.

Der gegenwärtige Operationsraum von Titos Hauptgruppe würde dem Angreifer in geographischer Hinsicht natürlich einige unbestreitbare Vorzüge bieten[300]; dies war aber insofern keine Folge deutscher Feldherrenkunst, als Tito diese Stoßrichtung vor allem aus eigenem Antrieb gewählt hatte. Dasselbe galt für die verheerende Niederlage der DM-Großverbände, die versucht hatten, den Partisanen den Weg in die östliche Herzegowina zu verlegen. Die Geschwindigkeit, mit der sich dieses Debakel und (ab dem 6. April) seine Fortsetzung in Montenegro vollzog, dürfte deutscherseits außerdem mit eher gemischten Gefühlen verfolgt worden sein: Einerseits schien eine deutliche Schwächung der Cetnikgruppen bis zum Beginn der nächsten Operation garantiert, andererseits bot der höchst einseitige Verlauf dieser bis dahin größten Schlacht des serbischen Bürgerkriegs keine Gewähr dafür, daß Cetniks und Partisanen sich in den folgenden Tagen auch im ausreichenden Maße *»gegenseitig totschlagen«*[301] würden.

Demgegenüber stellte die erfolgreiche Bewährung der zwei Großverbände, die in den folgenden Monaten die Hauptlast der Kämpfe tragen sollten (369. ID und »Prinz Eugen«), einen wichtigen Pluspunkt dar[302]. Auch die Luftwaffe, die bei der Partisanenbekämpfung bis dahin eher ein Schattendasein geführt hatte, erhielt jetzt den ihr gebührenden Platz in Lüters Schlachtordnung: Mit Wirkung vom 1. April wurde das Provisorium Fliegerführer »Weiß« in die permanente Dienststelle des Fliegerführers Kroatien (Generalmajor Wolfgang von Chamier-Glisczinski) umge-

---

299 Vgl. BA/MA, RW 40/36 KTB-Eintrag vom 11.12.1942, in dem der Kommandierende General die »Prinz Eugen« anweist, gegenüber unbewaffneter Zivilbevölkerung *»vermeidbare Härten«* wie *»Erschießungen von Frauen und Kindern, Abbrennen von Dörfern und Häusern«* künftig zu unterlassen. In Kroatien wurde im Juli 1943 ein Versuch des Regimentskommandeurs Brigadeführer Oberkamp, die Erschießung von Frauen und Kindern in einem Dorf bei Sarajevo als *»Panne«* hinzustellen, von einem Mitglied des Stabes des neuen Polizeibeauftragten gar mit der Bemerkung *»Seitdem ihr hier seid, passiert leider eine Panne nach der anderen«* quittiert; BA-Lichterf., NS 19/1434 Aktennotiz über die Besprechung des Reichsführers SS mit SS-Obergruppenführer Phleps am 28.7.43.

300 Der Kampf der Hauptgruppe der Partisanen mit den Mihailović-Cetniks verlagerte sich ab dem 6. April aus der Herzegowina nach Montenegro; dort war im Falle eines feindlichen Einkesselungsversuchs der Wahl der möglichen Fluchtrouten aufgrund der vorhandenen geographischen (Adria), politisch-ethnischen (Albanien) und militärischen (deutsch besetztes Serbien) Barrieren sehr enge Grenzen gesetzt.

301 BA/MA, RW 40/44 KTB-Eintrag vom 29.4.1943.

302 Die Bürgerkriegssituation, der sich die neu aufgestellte 369. (kroat.) ID ausgesetzt sehen würde, war in deutschen Stäben am Vorabend von »Weiß I« Anlaß zu einiger Sorge gewesen; vgl. BA/MA, RH 31 III/12 Privatbrief Glaises an Löhr (4.1.1943).

wandelt[303]. Als episodisch muß dagegen der Versuch gewertet werden, die Sicherung der im Laufe von »Weiß« eroberten Gebiete durch den Aufbau einer neuen, mit deutschen Führungskräften durchsetzten kroatischen Gendarmerie zu gewährleisten. Der Kampfauftrag dieses Verbandes unter dem Kommando des »Beauftragten des Reichsführers SS für Kroatien« (SS-Brigadeführer Konstantin Kammerhofer)[304] war insofern kontrovers, als er eine weitgehende Ausschaltung bzw. Umgehung kroatischer Verwaltungsorgane vorsah. Spätestens als sich am 5. April herausstellte, daß anstelle der angeforderten 5.000 reichs- und volksdeutschen Polizisten mittelfristig nur 250 für diese Aufgabe zur Verfügung stehen würden[305], wurde klar, daß der vorläufige Nutzen dieser Initiative in kaum einem vertretbaren Verhältnis zum diplomatischen Schaden stand, der durch sie verursacht wurde[306]. Nachdem die ersten Einsätze im bosnischen Raum auch noch von einigen ernsten Rückschlägen überschattet wurden[307], erfolgte bis Anfang September die Verlegung des neuen Verbandes auf den Nebenkriegsschauplatz nördlich der Save[308].

Abschließend wäre zu konstatieren gewesen, daß die für die deutsch-italienische Herrschaft in Jugoslawien bedeutsamste Folge von »Weiß« nicht in der zugegebenermaßen erheblichen Schwächung einiger Partisanenbrigaden, sondern in einer weiteren Gewichtsverschiebung innerhalb der Achsenallianz lag. Am deutlichsten trat dies bei einer Besprechung zutage, auf der Glaise von Horstenau und Kasche am 5. April mit ihren italienischen Gegenübern die Fragen besprachen, die sich aus der Wiederaufnahme des zur Jahreswende eingestellten Rückzugs der 2. Armee auf die Küste ergeben würden. Wenn die Tatsache dieser Umgruppierung an sich schon ein unübersehbarer Hinweis auf das abnehmende Engagement Italiens in seinem vermeintlichen Satellitenstaat darstellte, sollte die den Verbündeten gegenüber als »Schwerpunktverschiebung« dargestellte Maßnahme durch mehrere

---

303 BA/MA, RH 2/683 Lagebeurteilung OB Südost (Okdo.H.Gr. E) März 1943 (1.4.1943).

304 Die Stellung entsprach der eines Höheren SS- und Polizeiführers. Siehe hierzu Hitlers Befehl vom 10. März 1943 in: Moll, *Führer-Erlasse*, S. 328 f.

305 BA/MA, RH 19 VII/7 KTB-Eintrag vom 5. April (»Polizeikräfte für Kroatien«). Noch am selben Tag prognostizierte Lüters aufgrund dieser neuesten Entwicklung den Verlust des bei den »Weiß«-Operationen gerade erst eroberten Gebiets. Vgl. RH 24-15/3 Befehlshaber der deutschen Truppen in Kroatien an OB Südost (5.4.1943).

306 PA/AA, StS Kroatien, Bd. 4, 693 Kasche an Auswärtiges Amt (11.4.1943) sowie ADAP, Serie E, Bd. V, S. 576–578 Aufzeichnung des Staatssekretärs des Auswärtigen Amts Freiherr von Weizsäcker (12.4.1943). Vgl. hierzu auch eine in PA/AA, StS Kroatien, Bd. 4, 693 Kasche an Auswärtiges Amt (5.5.1943) wiedergegebene Äußerung Himmlers zu Löhr: »*Der Reichsführer bat den Generaloberst, eine Auswirkung des Polizeieinsatzes Kammerhofer vor einem halben Jahr nicht zu erwarten.*«

307 BA/MA, RH 24-15/2 Bfh.d.dt.Tr.i.Kroat., Ia an OB Südost (24.8.1943).

308 BA/MA, RH 19 XI/39 Der Deutsche Bevollmächtigte General an den Militärbefehlshaber Südost (14.9.1943); zu den Kämpfen in diesem Raum siehe u.a. BA/MA, P-055 b Karl Gaisser, Partisanen-Kämpfe in Kroatien (August 1950) [= »Foreign Military Studies«, Project 41 b].

Forderungen des italienischen Militärbevollmächtigten Gian Carlo Re zu einem regelrechten Eingeständnis eigener Ohnmacht werden.

An erster Stelle stand der Versuch Res etwas in die Wege zu leiten, was eine spätere Generation wohl die »Kroatisierung« des Krieges genannt hätte. Nachdem die 2. Armee nach dem Sommer 1941 alles daran gelegt hatte, die kroatische Militärpräsenz südlich der Demarkationslinie auf ein absolutes Minimum zu beschränken, erhob Re nun die Forderung nach 20 kroatischen Bataillonen, mit denen der Versuch unternommen werden sollte, den kurz vor der endgültigen Räumung stehenden Teil der Zone II gegen die Partisanen zu behaupten. Hiermit verband er allerdings die an die deutsche Adresse gerichtete Ermahnung, dafür Sorge zu tragen, daß die Kroaten während der Abwesenheit der 2. Armee nicht gegen die Artikel der Römischen Verträge vom 18. Mai 1941 verstießen, die die Anlage militärischer Installationen (Befestigungen und Flugplätze) in der Zone II untersagten.

Der bei weitem wichtigste Gesprächspunkt betraf jedoch die Frage der Dislozierung deutscher Truppen südlich der Demarkationslinie. Nachdem Robotti schon im Gespräch mit Löhr am 8. Februar Bereitschaft gezeigt hatte, einer permanenten Stationierung deutscher Truppen in der Zone III zuzustimmen, und eine Woche darauf auch das Comando Supremo sein prinzipielles Einverständnis erklärt hatte[309], stimmte Re nun auch einer – wenn auch nur »zeitweiligen« – Präsenz deutscher Verbände in der Zone II zu[310].

Obwohl Linie und Zoneneinteilung de jure also bestehen blieben und auch der Gesandte Kasche in einem Fernschreiben vom 12. April noch nicht von einem endgültigen Arrangement sprechen wollte[311], kann dieses Datum doch als der vorläufige Schlußpunkt einer Entwicklung angesehen werden, die gut vierzehn Monate zuvor mit der Räumung von Bosanski Petrovac begonnen hatte. Dieser augenscheinliche Beginn einer neuen Phase in der Kroatienpolitik der beiden Achsenmächte bot natürlich Anlaß zur Hoffnung, daß bei der Suche nach einer Lösung für die zahllosen Probleme des NDH-Staates die latenten Spannungen zwischen Rom und Berlin nun endlich einer sachlichen, vom Prestigedenken freien Diskussion über den bisherigen Status Kroatiens als italienischer Satellit Platz machen würden. So ermöglichte das sichtliche Fehlen eines noch ernstzunehmenden italienischen Expansionismus beispielsweise Staatssekretär von Weizsäcker bereits am 12. April, eine überzogene kroatische Protestnote, die sich unter anderem auf die angeblich erneut drohende Gefahr einer Grenzrevision von italienischer Seite berief, praktisch der Lächerlich-

---

309 KTB OKW, Bd. III.1, S. 132 (Eintrag vom 15.2.1943).
310 PA/AA, StS Kroatien, Bd. 4, 692 Kasche an Auswärtiges Amt (6.4.1943).
311 BA/MA, RH 31 III/7 Kasche an Glaise (12.4.1943).

keit preiszugeben (»*Ich habe den Gesandten (...) gefragt, ob ich eigentlich den Schluß des Punktes 3 seiner Aufzeichnung ernst nehmen solle.*«)[312].

Wie nicht anders zu erwarten, hatte sich zu diesem Zeitpunkt aber bereits gezeigt, daß diese »neue Sachlichkeit« nicht bis in die höchsten Regierungsebenen hinaufreichen würde.

5.3. Das Unternehmen »Schwarz«

Bereits am 3. März 1943 war Alexander Löhr ins Führerhauptquartier nach Vinniza geflogen, um dort die materiellen und personellen Anforderungen der Operation zu erörtern, die den am 20. Januar südlich von Agram initiierten Großfeldzug abschließen sollte. In bezug zur ursprünglichen Planung gesetzt, war das von Hitler endgültig am 31. März gebilligte Unternehmen »Schwarz«[313] lediglich eine erweiterte Fassung des bereits am 3. Januar in Rom vereinbarten und am 8. Februar auf italienisches Drängen verschobenen Unternehmens »Weiß III«. Waren mit dieser Operation lediglich die – politisch schon problematische – Entwaffnung der nationalserbischen Großverbände der Herzegowina ins Visier genommen worden, mußte die Ausdehnung des Operationsgebietes auf den Großteil der Cetnikhochburg Montenegro gleich mehrere politische Problembereiche berühren. So hatte Ambrosio dem hartnäckigen Drängen von deutscher Seite, endlich gegen die Cetnikverbände vorzugehen, am 28. Februar zwar eine schriftliche Zusage erteilt, wenige Tage darauf im vertraulichen Gespräch mit Robotti und Pirzio-Biroli aber vereinbart, eine solche Entwaffnungsaktion in Kroatien nur in kleinen Schritten und in Montenegro überhaupt nicht zuzulassen[314].

Eine weitere politische Imponderabilie ergab sich daraus, daß »Schwarz« das erste Unternehmen seit dem Vorstoß auf Užice (November 1941) war, das gleichermaßen die Vernichtung der Hauptgruppe der Partisanen wie der um Draža Mihailović zum Ziel hatte. Die Befürchtungen, daß eine solche Operation notgedrungenermaßen beide Todfeinde zu einer Notgemeinschaft zwingen würde, wurden nicht nur vom Gesandten Kasche geäußert. In einem Monatsbericht des Oberbefehlshabers Südost wird – interessanterweise ohne jede Wertung – eine solche Möglichkeit sogar als so gut wie sicher dargestellt[315]. Eine Variable von völlig unbekannter Größenordnung stellten schließlich die im Süden Montenegros beheimateten Separatisten

---

312 ADAP, Serie E, Bd. V, S. 576 f. Aufzeichnung des Staatssekretärs des Auswärtigen Amts Freiherr von Weizsäcker (12.4.1943).
313 BA/MA, RH 2/681 OKW/WFSt an Oberbefehlshaber Südost (31.3.1943).
314 Ausführlicher hierzu Kapitel 4.2.
315 BA/MA, RH 2/686 Lagebeurteilung Oberbefehlshaber Südost vom April 1943 (29.4.1943).

(»Grünen«) dar. Obwohl Teil der antikommunistischen Allianz, die Pirzio-Biroli im Laufe des Frühjahrs 1942 geschmiedet hatte, waren sie im Januar/Februar 1943 dem Zug der Cetniks zur Verteidigung der Herzegowina ferngeblieben[316]. Darüber hinaus gab es Indizien, die auf Verbindungen zur kommunistischen Führung hinwiesen, was natürlich eine denkbare Erklärung für die Verschonung ihres Gebiets durch die Anfang April in Montenegro einmarschierende Volksbefreiungsarmee gewesen sein könnte[317].

Der eigentlich naheliegenden Schlußfolgerung, das Unternehmen so lange zu verschieben, bis wenigstens einer der beiden Gegner bürgerkriegsbedingt ausgefallen war, standen allerdings gewichtige politische und strategische Argumente entgegen. So mußte von dem Moment an, an dem klar wurde, daß der Fall des Brückenkopfs Tunis nur noch eine Frage der Zeit war, eine anschließende alliierte Landung irgendwo in Südeuropa als sicher angenommen werden; nicht zuletzt aufgrund der eigenen Schwäche vor Ort sprach vieles dafür, daß eine solche Operation irgendwo an der westgriechischen Küste stattfinden würde[318]. Die Bestätigung dieser Vermutungen aus einer scheinbar sicheren Quelle am 12. Mai[319] war somit wenig geeignet, die »Säuberung« des unmittelbaren Hinterlandes des künftigen Schlachtfeldes auch nur um einen Tag aufzuschieben. Diese Situation kam deutschen Absichten insofern entgegen, als sie einen triftigen Grund bot, dem italienisch-nationalserbischen Kondominium in Montenegro ein für allemal den Garaus zu machen und somit den politischen und militärischen Schwerpunkt der Cetnik-Bewegung überhaupt zu beseitigen.

Da auf die italienische Beteiligung am Unternehmen »Weiß« Robottis Hilferuf vom 22. März und wenige Tage später die Wiederaufnahme des Ende Dezember abgebrochenen Teilrückzugs in Richtung Küste[320] sowie die faktische Aufhebung der Demarkationslinie folgte, hätte es eigentlich nahegelegen, anläßlich des deutsch-italienischen Gipfels bei Kleßheim (7.–10. April 1943) Italiens Position als kroatische »Hegemonialmacht« von Grund auf neu zu definieren. Dagegen standen italienisches Prestigedenken sowie Hitlers andauernde Bemühungen, den stark angeschla-

---

316 Milazzo, *Chetnik movement*, S. 113–117.
317 So spricht ein bei ebd., S. 131 wiedergegebener Befehl der 3. Stoß-Division vom 20. April von der Notwendigkeit, alle Kräfte auf die Mihailović ergebenen Verbände zu konzentrieren.
318 BA/MA RH 2/686 Lagebeurteilung OB Südost (Okdo. H.Gr.E) April 1943 (29.4.1943); Broucek, *General im Zwielicht*, S. 231 (Eintrag vom Juni 1943): »*Alles blickt hier augenblicklich – wie ein Kaninchen auf die Kobra – gespannt nach dem Peloponnes und Griechenland überhaupt. Die Nachrichten, daß die Angelsachsen hier landen wollen, verdichten sich offenbar. Die Situation ist auch zu einladend.*«
319 ADAP, Serie E, Bd. VI, S. 58 Der Botschafter in Madrid Dieckhoff an das Auswärtige Amt (12.5.1943).
320 Talpo, *Dalmazia III*, S. 393–395.

genen Bundesgenossen politisch zu stärken. Obwohl von den Kleßheimer Gesprächen der beiden Diktatoren kein Protokoll überliefert ist[321], liegen doch genug Indizien vor, um einige Rückschlüsse über das zu erlauben, was zwischen ihnen zum Thema Kroatien besprochen wurde. Mit am wichtigsten ist in diesem Zusammenhang ein Tagebucheintrag Glaise von Horstenaus. Ende April befand auch er sich in Kleßheim, um dem Treffen Hitlers mit Pavelić am 27. April 1943 beizuwohnen. Hierbei gelang es ihm auch, einiges über die Besprechungsergebnisse des ersten Besuchs der »Salzburger Saison« in Erfahrung zu bringen: *»Bei der Besprechung Hitler–Duce hatte der letztere, wohl auf Betreiben seines neuen, überaus anglophilen Staatssekretärs Bastianini, früheren Präfekten von Dalmatien, der wie keiner die Kroaten haßte, die neuerliche Auslieferung ganz Kroatiens an die Italiener (vielleicht auch als Entgelt für Libyen) gefordert und erlangt. Botschafter Ritter sagte mir abends: ›Der Führer möchte von Kroatien am liebsten überhaupt nichts wissen.‹«*[322] Von den ersten konkreten Auswirkungen dieser Zusage hatte der Gesandte Kasche bereits in einem Fernschreiben vom 25. April berichten können: So war der italienische Gesandte Raffaele Casertano am 18. April aus Rom angewiesen worden, auf einer Pressekonferenz darzustellen, daß Italiens Stellung als Hegemonialmacht in Kleßheim eine erneute Bestätigung erfahren habe[323]. Fast mehr noch als die Meldung selbst war es die unvermittelte Art und Weise, mit der der italienische Gesandte den Kroaten diese neueste Entwicklung verkündete, die Kasches Argwohn weckte[324]. Sechs Tage später folgte dann der Rücktritt des kroatischen Außenministers Mladen Lorković, der bei den Italienern schon längere Zeit im Rufe übermäßiger Deutschfreundlichkeit gestanden hatte. All dies ließ in der Tat vermuten, daß der Äußerung Casertanos, *»daß jetzt der italienische politische Vorrang in Kroatien durchgesetzt werden würde«*[325], ein zumindest prinzipiell ernstzunehmender Vorsatz zugrunde lag. Trotz der durchaus auch zutreffenden Einwände, die Kasche in diesem Zusammenhang ins Feld führte (*»Bei der heutigen Konsistenz und der steigenden Einschaltung der kroatischen Kräfte in den Kriegseinsatz kann ein solches Vorgehen uns nur den Verlust kroatischer Kräfte kosten, ohne daß dadurch*

---

321 Nur von den Besprechungen der Außenminister sind drei Gesprächsprotokolle überliefert: Ministero degli Affari Esteri (Hrsg.), *I Documenti Diplomatici Italiani* (DDI) Nona Serie, Vol. X (Rom 1990), S. 257 f. Colloquio del sottosegretario agli affafi esteri, Bastianini, con il ministro degli esteri tedesco, Ribbentrop (7.4.1943); ADAP, Serie E, Bd. V, S. 543–548 Aufzeichnung über die Unterredung zwischen dem RAM und dem Staatssekretär Bastianini in Anwesenheit der Botschafter von Mackensen und Alfieri im Schloß Kleßheim am 8. April 1943 nachmittags (10.4.1943); ebd., S. 566–571 Aufzeichnung über die Unterredung zwischen dem RAM und Staatssekretär Bastianini in Anwesenheit der Botschafter von Mackensen und Alfieri im Schloß Kleßheim am 9. April vormittags (11.4.1943).
322 Broucek, *General im Zwielicht*, S. 209 (Eintrag vom Mai 1943).
323 PA/AA, StS Kroatien, Bd. 4, 693 Kasche an Auswärtiges Amt (10.4.1943).
324 ADAP, Serie E, Bd. V, S. 687–690 Kasche an Auswärtiges Amt (25.4.1943).
325 Ebd.

die italienischen oder diejenigen der mit ihnen verbundenen Cetnici stärker oder überhaupt zum Kriegseinsatz kommen würden«)[326], handelte er sich lediglich eine erneute Ermahnung von Ribbentrops ein, dafür Sorge zu tragen, daß *»aus dem Verhalten der deutschen Stellen in Agram deutsch-italienische Schwierigkeiten nicht entstehen dürfen«*[327]. Von ungleich größerer Bedeutung als das diplomatische Schattenboxen in der kroatischen Hauptstadt[328] war natürlich die Frage, inwiefern irgendwelche in Kleßheim von Hitler oder von Ribbentrop gemachten Zusagen auch einen konkreten Niederschlag auf militärischer Ebene finden würden. So hatte beispielsweise Ambrosio bei seiner Besprechung mit Keitel am 8. April scheinbar umstandslos in die deutsche Bitte eingewilligt, den Ende März neu aufgenommenen Rückzug des V. Korps aus der westkroatischen Lika so lange anzuhalten, bis deutsche und kroatische Truppen in der Lage wären, die geräumten Positionen zu sichern[329]. Die Instruktionen, die der Chef des Comando Supremo diesbezüglich wenige Tage später Robotti erteilte, stellten dann allerdings eine sehr eigenwillige Interpretation der Lage dar. Ausgehend von einer in seinen Augen immer noch unangefochtenen italienischen Befehlsgewalt über die Zone II, negierte Ambrosio nicht nur jedes deutsche Mitspracherecht bei der Neubesetzung der geräumten Gebiete, sondern wies den Oberbefehlshaber der 2. Armee auch darauf hin, daß nachrückende Truppen der Verbündeten unter seinem Befehl zu stehen hätten[330]. Die zweite Weisung mußte schon deshalb zu Irritationen führen, weil ein grundsätzliches italienisches Einverständnis zur Abgabe der Kommandogewalt in der Zone II spätestens seit dem 5. April vorlag[331]. Freilich war Ambrosios jüngste Weisung nun so formuliert, daß die Durchsetzung dieses unrealistischen Programms im wesentlichen Robottis Verhandlungsgeschick überlassen blieb, von einem verbindlich festgelegten Befehl also (scheinbar) keine Rede sein konnte. Denkbar wäre natürlich, daß

---

326 Ebd.

327 ADAP, Serie E, Bd. VI, S. 3 von Ribbentrop an Kasche (1.5.1943).

328 Daß die konkreten politischen Folgen der *»neuerlichen Auslieferung Kroatiens an die Italiener«* sich in sehr engen Grenzen hielten, läßt sich daran ablesen, daß am 14. Mai bereits die nächste italienische Beschwerde über deutsche Parteilichkeit gegenüber kroatischen Stellen vorlag; ADAP, Serie E, Bd. VI, S. 72–74 Botschafter Mackensen (Rom) an das Auswärtige Amt (14.5.1943).

329 Promemoria dei colloqui italo-tedeschi a Kleßheim, dal 7 al 10 aprile 1943 (12.4.1943) in: Talpo, *Dalmazia III*, S. 519–527.

330 Verbale de un colloquio fra i generale Vittorio Ambrosio, Capo di S.M.G., Ezio Rosi, Capo di S.M. dell'Esercito, e Mario Robotti, comandante di Supersloda (12.4.1943), abgedruckt in: ebd., S. 534 f. Außerdem Istruzioni del Capo di Stato Maggiore Generale, Vittorio Ambrosio, allo Stato Maggiore dell'Esercito circa lo schieramento »15 gennaio« e l'atteggiamento da assumere con i comandi tedeschi (12.4.1943) in: ebd., S. 536 f.

331 PA/AA, StS Kroatien, Bd. 4, 692 Kasche an Auswärtiges Amt (6.4.1943). Mario Robotti scheint bereits am 8. Februar dem Oberbefehlshaber Südost die Übertragung der Befehlsgewalt in den Zonen II und III angeboten zu haben. Vgl. Memoria sui colloqui del comandante di Supersloda (2a Armata), generale Mario Robotti a Belgrado con il generale Alexander Löhr (18.2.1943); abgedruckt in: ebd., S. 210–215.

Ambrosio dabei das Verhandlungsergebnis vor Augen hatte, welches der neue Oberbefehlshaber der 2. Armee im Februar von seiner ersten Besprechung mit Löhr mitgebracht hatte und nun auf eine Wiederholung dieses Überraschungserfolges hoffte. Soweit nachvollziehbar, scheint Robotti bei seinem Treffen mit dem Oberbefehlshaber Südost am 5. Mai allerdings von Anfang darauf verzichtet zu haben, den italienischen Anspruch auf die Befehlsgewalt in der Zone II vorzutragen. Die Schwäche der italienischen Position trat aber auch bei der Besprechung eher technischer Fragen schon deutlich zutage. Die bereits einen Monat zuvor von Casertano in Agram geforderte Verlegung kroatischer Truppenverbände in diesen Raum wurde von Löhr zwar nicht rundweg abgelehnt, aber auf einen deutlich späteren Zeitpunkt aufgeschoben bzw. als kaum realisierbar bezeichnet[332]. In der Frage der deutschen Truppenpräsenz in der Zone II bestand Robotti darauf, diese auf den Schutz der Straße Livno–Bosansko Grahovo–Drvar zu beschränken, um dann praktisch im selben Atemzug seinen Gesprächspartner nach der deutschen Bereitschaft zur kurz- bis mittelfristigen Übernahme weiterer italienischer Besatzungsgebiets zu fragen[333]. Die einzige Zusage, die der Oberbefehlshaber Südost in diesem Zusammenhang geben wollte (bzgl. Mostars), wurde vier Wochen später auch schon in die Tat umgesetzt (siehe unten).

Es ist natürlich nicht auszuschließen, daß es die offensichtliche Kluft zwischen Anspruch und Wirklichkeit italienischer Militärpräsenz in Kroatien war, die Robotti davor zurückschrecken ließen, Ambrosios abwegige Ideen zum Vortrag zu bringen. Da andererseits Löhr und Lüters in den folgenden Wochen nicht mehr das Thema des italienischen Rückzugs aus der Lika zur Sprache brachten, ist natürlich auch ein nicht aktenkundig gewordener »Kuhhandel« denkbar[334].

Ein weiteres Problem, dessen unzweideutige Klärung in Kleßheim versäumt worden war, betraf die angestrebte Entwaffnung aller Cetnikverbände[335]. An sich hätten die Ereignisse der letzten Wochen Deutschen wie Italienern Anlaß genug sein müssen, ihre bisherigen Positionen in dieser Frage gründlich zu überdenken. So hatten Löhr und Lüters im Laufe von »Weiß« oft genug feststellen müssen, daß die starre Haltung ihrer Seite nicht nur realitätsfremd war, sondern immer häufiger auch noch von der eigenen Truppe unterlaufen wurde und somit auch noch Gefahr lief,

---

332 Gesprächsprotokoll in DDI, Nona Serie, Vol. X, S. 401 f. Il ministro a Zagabria, Casertano, al capo del governo e ministro degli esteri, Mussolini (8.5.1943), Anlage: Colloquio del generale Löhr con il generale Robotti (5.5.1943).

333 Ebd.

334 Talpo, *Dalmazia III*, S. 401 vermutet, daß mit der Klärung der Lage in der Herzegowina das deutsche Interesse an der Lika abnahm.

335 Promemoria dei colloqui italo-tedeschi a Kleßheim, dal 7 al 10 aprile 1943 (12.4.1943), in: ebd., S. 519–527. Der einzige erzielte Fortschritt bestand darin, daß von italienischer Seite Pirzio-Biroli als der Ansprechpartner für das Aushandeln der Entwaffnungsfrage bestellt wurde.

unglaubwürdig zu wirken. Auf der italienischen Seite hätten Titos entscheidende Siege über seine serbischen Bürgerkriegsgegner beim Neretvaübergang und anschließend beim weiteren Vordringen in die Herzegowina die Einsicht fördern müssen, daß der Wert dieser Bundesgenossen von den italienischen Oberbefehlshabern in Montenegro und Kroatien erheblich überschätzt worden war. Eine offene Aussprache beider Achsenpartner zu diesem Thema hätte vermutlich recht bald die Erkenntnis zutage gefördert, daß es weniger der Unterhalt solcher Verbände an sich, als vielmehr ihre Größe und mangelhafte Beaufsichtigung durch die meisten italienischen Korps- und Divisionsbefehlshaber war, die von der deutschen Seite als ernstes Sicherheitsproblem angesehen wurde[336]. Statt dessen blieb das Klima, in dem zwischen beiden Bundesgenossen die Cetnikfrage besprochen wurde, auch während des Frühjahrs von gegenseitigem Mißtrauen und Argwohn geprägt. Während auf der deutschen Seite eine steigende Bereitschaft zu verzeichnen war, einige ausgesuchte Cetnikverbände, die sich als besonders zuverlässig erwiesen hatten, von der zukünftigen Entwaffnung auszunehmen[337], zeigte die 2. Armee nach wie vor wenig Neigung, auf die schrittweise Einstellung der Waffenlieferungen auch die tatsächliche Entwaffnung von zumindest einiger der ihr verbündeten Freischärlergruppen folgen zu lassen. Ein in diesem Zusammenhang nicht ganz unbedeutender Faktor dürfte darin zu sehen sein, daß die 2. Armee mit Wirkung vom 13. April dem Comando Supremo entzogen und erneut dem Generalstab des Heeres unterstellt wurde. Dessen Generalstabschef Mario Roatta legte dem Comando Supremo auch schon gegen Ende des Monats nahe, in Kroatien die Fortsetzung der von ihm begründeten Cetnikpolitik in ihrer ursprünglichen Form wieder zuzulassen[338].

Bereits wenige Tage später machten sich die Auswirkungen dieser unverhofften Rückendeckung im Hauptquartier der 2. Armee bemerkbar: Der Bevollmächtigte des italienischen Außenministeriums beim Stab wurde davon in Kenntnis gesetzt, daß die Verbände der Herzegowina noch im Kampf gebraucht würden und man die Cetniks der Lika mittlerweile »*controllatissime*« habe; die Umsetzung der aus Rom vorliegenden Richtlinien zur Entwaffnung würde zum gegenwärtigen Zeitpunkt als noch nicht »opportun« angesehen[339].

---

336 Zu eben dieser Einschätzung sollte in Kürze auch der Bevollmächtigte des italienischen Außenministeriums beim Stab der 2. Armee gelangen; Relazione del console Pierantoni, al Ministero degli Affari esteri, in merito ai cetnici ed alla opportunita di cercarne ancora la collaborazione (11.6.1943) in: Talpo, *Dalmazia III*, S. 700–703.

337 BA/MA, RH 19 VII/1 Aktenvermerk über die Chefbesprechung am 8.3.1943.

338 Appunti del console Vittorio Castellani per il sottosegretario di Stato al Ministero degli Affari Esteri, Giuseppe Bastianini, sulla situazione delle forze della M.V.A.C. nella Lika, in Dalmazia ed in Erzegowina (26.4.1943) in: Talpo, *Dalmazia III*, S. 539 f.

339 Telespresso del console Vittorio Castellani al Ministero degli Affari Esteri in merito alle formazione cetniche nei settori del V. (Lika), XVIII. (Dinara) e VI. (Cattaro) Corpo d'Armata (6.5.1943) in: ebd., S. 663 f.

Vor diesem Hintergrund wird ein Befehl verständlich, der den absoluten Tiefstand deutsch-italienischer Zusammenarbeit auf dem jugoslawischen Kriegsschauplatz signalisieren sollte: Sowohl die 2. Armee als auch das Truppenkommando Montenegro blieben nicht nur von den Vorbereitungen zur Operation »Schwarz« gegen die Cetnik-Hochburg Montenegro ausgeschlossen, sondern sollten erst mit Operationsbeginn überhaupt erst informiert werden. Entsprechende Befehle Löhrs wurden von Hitler Ende März und Anfang Mai noch verschärft[340]. Diese aus dem nicht ganz unbegründeten Verdacht bestimmte Vorgehensweise, daß Beteiligung italienischer Stäbe und Überraschung von Cetnikverbänden sich gegenseitig ausschließen würden, war natürlich allein schon deshalb ein politisch heikles Unterfangen, weil die uneingeschränke italienische Souveränität Italiens in Montenegro nicht zur Debatte stand und auch durch die gegenwärtige Rückzugbewegung der 2. Armee nicht berührt worden war. Die Berufung auf einen (nicht existenten) Befehl des »Duce«, der die umfassende Entwaffnung aller Cetniks zum Gegenstand habe, war insofern schon legitim, als diese Vorstellung auf die eher allgemein gehaltene, aber auch unmißverständliche Zusicherung zurückzuführen war, die das Comando Supremo am 28. Februar dem OKW in schriftlicher Form gemacht hatte. Daß die meisten der deutschen Befehlshaber (z.B. Lüters)[341] anscheinend in aufrichtiger Weise von der Existenz eines solchen Befehls ausgingen, konnte jedoch nichts an der Tatsache ändern, daß die damalige Zusage aufgrund von Ambrosios Absprache mit Robotti und Pirzio-Biroli[342] noch nicht in eine gültige Weisung umgesetzt worden war und den untergeordneten italienischen Kommandostellen in der Herzegowina und Montenegro daher auch gar nicht bekannt sein konnte[343].

In Anbetracht der Tatsache, daß die von den Achsenpartnern vereinbarte Rücksprache zur Cetnikentwaffnung in Montenegro nicht stattgefunden hatte, ist jeden-

---

340 BA/MA, RH 19 VII/1 Aktenvermerk über die Chefbesprechung am 29.3.43. Sämtliche Exemplare eines detaillierten Befehls vom 2. Mai wurden vier Tage später auf Weisung Hitlers eingezogen und vernichtet; durch die britische Funkentzifferung ist allerdings eine englische Übersetzung erhalten geblieben. Vgl. Nicholas Brashaw, *Signals intelligence, the British and the war in Yugoslavia* (Phil. Diss., University of Southampton 2001), ohne Pag.

341 BA/MA, RH 24-15/2 Bfh.d.dt.Tr.i.Kroat. Abt.Ia, Lagebeurteilung für die Zeit vom 16.4.–15.5.1943: *»Der Befehl des Duce über Entwaffnung aller Cetniks ist bei italienischen Dienststellen anscheinend noch immer nicht bekannt.«*

342 Verbale del colloquio fra i generali Vittorio Ambrosio, Capo die Stato Maggiore, Alessandro Pirzio Biroli, Governatore del Montenegro e Mario Robotti, comandante di Supersloda, 2a Armata (3.3.1943) in: Talpo, *Dalmazia III*, S. 192–197. Anfang Mai wies der Generalstab des Heeres Robotti lediglich auf die »in naher Zukunft vermutlich zu erwartende Auflösung« (*probabile prossimo sbandamento«*) der Cetnikverbände hin; Telespresso del console Vittorio Castellani al Ministero degli Affari esteri in medrito alle formazione cetniche nei settori del V. (Lika), XVIII. (Dinara) e VI. (Cattaro) Corpo d'Armata (6.5.1943) in: ebd., S. 663 f.

343 PA/AA, StS Kroatien, Bd. 5, 694 Kasche an Auswärtiges Amt (1.6.1943) gibt ein gutes Bild von dem Dilemma, mit dem sich italienische Soldaten aufgrund dieser Lage konfrontiert sahen.

falls kaum zu leugnen, daß die Durchführung von »Schwarz« zumindest in subjektiver Hinsicht[344] einem schweren Vertrauensbruch am Verbündeten gleichkam; aus deutscher Sicht mußte die bisherige italienische Cetnikpolitik, verbunden mit der Aussicht auf eine baldige alliierte Landung, jedenfalls Anlaß genug für einen vollständigen Bruch mit der bisherigen Bündnispolitik bieten.

Dies läßt sich schon daran erkennen, daß die deutsche Führung, um schließlich am X-Tag (15. Mai) einen stichhaltigen Vorwand für das unvermittelte Vorgehen gegen die Cetniks zu haben, bei Mostar im Bereich der »Prinz Eugen« die regelrechte Inszenierung eines bewaffneten Zwischenfalls plante[345]; der entsprechende Befehl ist, da sämtliche Exemplare eingezogen und vernichtet wurden, der Nachwelt nur durch die Arbeit der britischen Funkaufklärung erhalten geblieben[346]. Angesichts solcher Vorbereitungen glaubte selbst der nicht gerade im Rufe der Italophilie stehende Kasche am 14. Mai einige ernste Bedenken anmelden zu müssen[347].

Erleichtert wurde Löhr und Lüters Vorgehen allerdings durch die nicht ganz unerhebliche Tatsache, daß am Vorabend der Operation im Norden und Osten des Landes deutsche Verbände auf italienischen Wunsch bereits Position bezogen hatten. So war bereits am 24. April – gegen den anfänglichen Protest des italienischen Militärgouverneurs[348] – ein verstärktes Regiment der 104. Jägerdivision im Sandžak einmarschiert und hatte so der in diesem Raum dislozierten Division »Taurinense« ermöglicht, sich an der Abwehrschlacht gegen die zwei Wochen zuvor in Montenegro eingebrochenen Partisanen zu beteiligen[349]. Der ungünstige Verlauf dieser Kämpfe (siehe unten) hatte zur Folge, daß dem Oberbefehlshaber Südost keine zwei Wochen später bereits das nächste Hilfegesuch vorlag: Nachdem Pirzio-Biroli am 7. Mai bereits um den Einsatz zweier Bataillone der im benachbarten Mazedonien liegenden 1. deutschen Gebirgsdivision gebeten hatte, ersuchte er 24 Stunden später bereits darum, doch gleich die gesamte Division in den Raum Berane–Andrijevica zu verlegen[350]. So ergab es sich, daß ein nicht abgesprochener Grenzübertritt zu Beginn von »Schwarz« (15. Mai) nur im Abschnitt der aus der

---

344 Objektiv betrachtet, kann das deutsche Vorgehen als einzig mögliche Antwort auf die Weisung Ambrosios, in Montenegro grundsätzlich keine Entwaffnungen zuzulassen, gesehen werden.

345 Broucek, *General im Zwielicht*, S. 219 f. (Eintrag vom Mai 1943). Das Kriegstagebuch des OKW erwähnt für den 13. Mai einen Anschlag auf einen Versorgungsstützpunkt der »Prinz Eugen«; der gesonderte Vermerk zur Urheberschaft (»*Cetniks wurden einwandfrei erkannt*«) legt die Vermutung nahe, daß es sich hierbei um die von Glaise erwähnte Aktion handelte; vgl. KTB OKW, III.1, S. 473 (Eintrag vom 13.5.1943). Im selben Sinne äußerte sich der Ic-Offizier der »Prinz Eugen« gegenüber dem Verfasser, vgl. Befragung Balthasar Kirchners (27. u. 28. Dezember 2000).

346 Brashaw, *Signals intelligence*.

347 PA/AA, StS Kroatien, Bd. 4, 693 Kasche an Auswärtiges Amt (14.5.1943).

348 DDI, Nona Serie, Bd. X, S. 307 f. Il ministro a Belgrado, Mameli, al capo del governo e ministro degli esteri, Mussolini (19.4.1943).

349 BA/MA, RH 19 VII/7 KTB-Eintrag vom 24.4.1943.

350 BA/MA, RH 19 VII/7 KTB-Einträge vom 7. und 8.5.1943.

westlichen Herzegowina heranrückenden »Prinz Eugen« unvermeidlich sein würde. Neben der bevorstehenden Grenzverletzung sollte vor allem die deutscherseits angestrebte Entwaffnung bzw. – wo nötig – Niederkämpfung aller Cetnikverbände für politischen Zündstoff sorgen.

Daß diese auch auf deutscher Seite nicht ganz unumstritten war, zeigte sich, als am 10. Mai ein auf das Hauptquartier von Mihailović angesetzter Stoßtrupp der Division »Brandenburg« unter Führung eines Oberstleutnants mit dem montenegrinischen Cetnikführer Pavle Djurišić Kontakt aufnahm. Dieser unterbreitete dem deutschen Offizier auf der Stelle ein Bündnisangebot gegen Tito und stellte eine wie auch immer geartete Unterstellung unter Mihailović energisch in Abrede[351]. In dem Bericht, welchen er am folgenden Tag für den Befehlshaber der deutschen Truppen in Kroatien aufsetzte, sprach der Stoßtruppführer sich beinahe vorbehaltlos für die Waffenbrüderschaft mit dieser Cetnikgruppe aus[352]. Auch nachdem am 14. Mai Djurišić in seinem Hauptquartier Kolasin von einer Vorausabteilung der 1. Gebirgsdivision festgesetzt und entwaffnet worden war, fanden sich noch Befürworter einer deutsch-nationalserbischen Zusammenarbeit in Montenegro. Dies war vor allem darauf zurückzuführen, daß, wie auch schon in der Schlußphase von »Weiß II«, deutsche Truppen in mindestens einem Fall die von Cetniks spontan angebotene Waffenhilfe bereits angenommen hatten: Teile des Grenadierregiments 98 der 1. Gebirgsdivision waren nach der Einnahme Kolasins auf überlegene Kräfte der Volksbefreiungsarmee gestoßen und waren gemeinsam mit einer stärkeren Cetnikgruppe, die im selben Raum angetroffen wurde, gegen die Partisanen vorgegangen. Nach erfolgreicher Beendigung dieses Operationsabschnitts setzte sich die Division beim Befehlshaber der deutschen Truppen in Kroatien für die Beibehaltung der Cetniks als Hilfstruppe im weiteren Kampf und zur späteren Befriedung des Landes ein[353]; obwohl Lüters inzwischen auch neueste nachrichtendienstliche Erkenntnisse über ein durch Djurišićs Kollaborationsbereitschaft ausgelöstes Zerwürfnis zwischen ihm und Mihailović vorlagen[354], lehnte der Befehlshaber diesen Vorschlag ebenso ab wie den vorherigen.

Eine besondere Bedeutung kommt diesen Kontakten aus zwei Gründen zu: zum einen, weil sie ein interessantes Schlaglicht auf die wenn auch unterschwelligen Konflikte wirft, die die Cetnikentwaffnung auch auf deutscher Seite auslöste, zum anderen, weil der erfolgreiche Zugriff der 1. Gebirgsdivision am 14. Mai in Kolasin mit an Sicherheit grenzender Wahrscheinlichkeit nur dadurch ermöglicht worden war, daß die bloße Tatsache der zufälligen Kontaktaufnahme zwischen dem deut-

---

351 BA/MA, RH 28-1/95 Fernschreiben an Bfh. Kroatien, Ia (11.5.1943).
352 Ebd.
353 BA/MA, RH 28-1/96 Besprechungsnotizen für Korps (21.5.1943).
354 Vgl. hierzu die von britischer Seite abgefangenen Meldungen der Abwehrstelle Pristina bei Brashaw, *Signals intelligence*, ohne Pag.

schen Stoßtruppführer und Djurišić diesem bezüglich künftiger deutscher Absichten ein falsches Gefühl der Sicherheit gegeben haben dürfte[355].

Es kann natürlich nicht überraschen, daß die jeder Koalitionskriegführung hohnsprechende Art des deutschen Vorgehens vor allem in der Cetnikfrage eine vollständige Verweigerungshaltung beinahe aller italienischer Kommandobehörden nach sich ziehen mußte. Der Befehlshaber des VI. AK, Sandro Piazzoni, wies die ihm unterstellten Einheiten an, den Deutschen jede Zusammenarbeit bei der Entwaffnung der Cetniks zu verweigern[356]; eine entsprechende Mitteilung Ambrosios vom 18. Mai ans OKW stellte klar, daß dieser Befehl keinesfalls die Eigenmächtigkeit eines widerspenstigen Untergebenen darstellte[357]. Gleichzeitig versuchten sowohl Piazzoni als auch der Befehlshaber des angrenzenden XIV. AK, Ercole Roncaglia, die ihnen unterstellten Cetniks durch eine umfassende Evakuierungsaktion dem deutschen Zugriff zu entziehen[358]. Die in Anbetracht der deutschen Vorgehensweise und der gegensätzlichen Interessenlage der Verbündeten unvermeidlichen Reibereien hatten bereits am Vorabend der Operation einen Höhepunkt erreicht, als italienische Truppen sich anschickten, den von der 1. Gebirgsdivision am 14. Mai in Kolasin festgenommenen Cetnikführer Pavle Djurišić mit Waffengewalt zu befreien[359]. Zwischenfälle dieser Art sowie eine Verweigerungshaltung italienischer Kommandostellen, die gar den Erfolg des Unternehmens in Frage zu stellen drohten[360], mußten natürlich eine Reaktion auf hoher politischer Ebene hervorrufen; im vorliegenden Fall nahm diese die Gestalt eines Briefes an, den Adolf Hitler am 19. Mai an seinen Bundesgenossen Mussolini richtete. Vom Inhalt her brachte dieses Schreiben im wesentlichen nur eine Wiederholung der bereits am 15. Februar vorgetragenen Argumente dar, wobei die ungewöhnlich scharfe Diktion (*»Die Ansichten des Generals Pirzio-Biroli interessieren mich nicht im geringsten.«*) allerdings den wachsenden Unmut des deutschen Diktators deutlich machte[361].

---

355 In diesem Zusammenhang ist daran zu erinnern, daß Wehrmacht und Polizei bei ihren zahllosen Versuchen, in der Illegalität operierende Cetnikführer gefangenzunehmen, fast nur Mißerfolge vorzuweisen hatten: Neben der Operation gegen Djurišić stellte die Festnahme von Dangić im April 1942 (die allerdings außerhalb seines angestammten »Reviers« erfolgte) die einzige Ausnahme dar.

356 NA, PG T 821, rl 356, fr 215–217 Abgehörte Funksprüche der Cetniks (29.5.1943).

357 Talpo, *Dalmazia III*, S. 567.

358 Vgl. BA/MA, RH 19 VII/7 KTB-Eintrag vom 16.5.1943; KTB OKW, III.1, S. 486 u. 501 (Einträge vom 16.5. u. 19.5.1943) sowie NA, PG T 821, rl 356, fr 215–216 Abgehörte Funksprüche der Cetniks (29.5.1943).

359 Sehr ausführlich zu diesen Vorgängen: BA/MA, RH 2/682 Meldung über eine Besprechung des Kommandeurs der 1. Geb.-Div. mit dem italienischen Kommandierenden General, Exzellenz Roncaglia, am 14.5.43 um 10 Uhr in Berane (19.5.1943), mit zwei Anlagen.

360 Lüters fürchtete insbesondere eine Stockung des Nachschubs: BA/MA, RH 24-15/2 Bfh.d.dt.Tr.i.Kroat. Ia, Lagebeurteilung für die Zeit vom 16.4.–15.5.1943 (16.5.1943).

361 Das deutsche Original dieses Schreibens ist im Politischen Archiv des Auswärtigen Amtes nicht mehr auffindbar; die Übersetzung ins Italienische findet sich in DDI, Nona Serie, Vol. X, S. 448–454 Il cancelliere del Reich, Hitler, al capo del governo, Mussolini (19.5.1943).

Mussolinis Antwortschreiben vom 22. Mai schloß dann mit einer Abschrift der Weisung zum gemeinsamen Vorgehen mit den Deutschen, die er Pirzio-Biroli erteilt hatte[362]. Für den Bereich des VI. AK erließ das Comando Supremo am 26. Mai eine Weisung, die die baldige Cetnikentwaffnung immerhin als wünschenswert (»e opportuno e conveniente«) bezeichnete[363]. Ein verbindlicher Befehl in dieser Frage folgte dann am 31. Mai[364].

Eine Besprechung Pirzio-Birolis mit Löhr zwei Tage später in Saloniki beschloß dann diese vorläufig letzte Etappe des achseninternen Nervenkriegs um die Cetniks. Hierbei präsentierte sich der Gouverneur Montenegros von zwei Seiten: indem er von Löhr über das Ende der laufenden Operationen hinaus die Belassung deutscher Kräfte zur vollständigen Entwaffnung noch verbliebener Djurišić-Kräfte erbat, schien er den Eifer des frisch Konvertierten zu zeigen; gleichzeitig erbat er vom Oberbefehlshaber Südost eine Ausnahmeregelung für die Verbände von Bajo Stanišić und der im Küstenraum heimischen Separatistenpartei (der «Grünen«)[365] und wies ihn auch noch darauf hin, daß die Cetniks der Lika und der Dinara vom neuesten Befehl des Comando Supremo nicht abgedeckt wären und wohl noch einer zusätzlichen Regelung bedürfen würden. Daß Löhr letzteren Einwurf laut Gesprächsprotokoll ohne größeren Protest zur Kenntnis nahm und sich prinzipiell mit der Zusage einer Teilentwaffnung über mehrere Monate zufriedengab, war vermutlich darauf zurückzuführen, daß es ihm vor allem darum ging, die immer noch laufende Entwaffnung der montenegrinischen Großverbände zu einem glücklichen Ende zu bringen[366]. Andererseits wäre in diesem Zusammenhang zu bedenken, daß auch die deutsche Seite von einer restlosen Entwaffnung »ihrer« Cetnikverbände auf dem Gebiet des NDH-Staates noch weit entfernt war. So war beispielsweise die westbosnische Gruppe um Uroš Drenović, die sich mittlerweile den Ruf besonderer Zuverlässigkeit erworben hatte, bereits bei einer Chefbesprechung des Oberbefehlshabers Südost am 8. März von künftigen Entwaffnungsaktionen ausgenommen worden[367]. Bis Anfang Mai waren nördlich der Demarkationslinie überhaupt erst zwei ostbosnische Cetnikgruppen von der 369. (kroat.) ID teilentwaffnet worden, wobei noch hinzugefügt werden muß, daß dieser Maßnahme bewaffnete Übergriffe der Freischärler vor-

---

362 Ebd., S. 471–473 Il capo del governo, Mussolini, al Cancelliere del Reich, Hitler (22.5.1943).
363 Talpo, *Dalmazia III*, S. 585.
364 Ebd., S. 590.
365 Nach der Darstellung in BA/MA, RH 21-2/749 Bericht über die montenegrinische Frage im Zusammenhang mit der Sicherheitsproblematik auf dem Balkan. Auf Grund einer Montenegroreise im Juni 1943 (o.D.), S. 6, scheinen die Italiener die Separatistenmiliz bis Monatsende jedoch aus eigenem Antrieb entwaffnet zu haben.
366 Sintesi dei colloqui di Saloniceo tra il generale Alessandro Pirzio Biroli, governatore del Montenegro, ed il generale Alexander Löhr (2 giugno 1943) in: Talpo, *Dalmazia III*, S. 693–697.
367 BA/MA, RH 19 VII/1 Aktenvermerk über die Chefbesprechung am 8.3.1943.

ausgegangen waren[368]; darüber hinaus wurde sie in einem der beiden Fälle nach kurzer Zeit sogar wieder rückgängig gemacht[369]. Da eine unfangreiche Entwaffnungsaktion auch in den Wochen nach »Schwarz« unterbleiben sollte, hatte auch diese
Operation letztendlich keine umfassende Lösung des sogenannten »Cetnikproblems« bewirkt.

Die bereits erwähnte Verlegung der 104. Jägerdivision Ende April hatte Löhr zwar
die Möglichkeit eines schnellen Zugriffs auf die südlich von diesem Raum beheimateten Djurišić-Cetniks in Aussicht gestellt, war aber zunächst ohne sichtbare
Auswirkung auf das italienische Schlachtenglück geblieben. Obwohl Pirzio-Biroli
und sein Korpskommandeur Luigi Mentasti[370] über eine Streitmacht von vier
Divisionen (»Taurinense«, »Ferrara«, »Venezia«, »Perugia«) mit 74.000 Mann und
mehreren tausend Cetniks geboten, brachten die Kämpfe der folgenden Wochen nur
eine ungebrochene Fortsetzung der seit Februar anhaltenden Debakelserie. Der
Versuch, Titos Kerntruppe gleich nach dem Übertritt über die Drina am 6. April zu
stellen, endete für drei Bataillone der »Taurinense« mit empfindlichen Verlusten und
einem Rückzug auf Plevlja (11. April)[371]. Die siegreichen Partisanen brachen nun in
Nordmontenegro ein und machten sich unverzüglich daran, die im Frühjahr 1942
erlittene Bürgerkriegsniederlage wiedergutzumachen. Die hierbei erzielten Erfolge
gingen auch mit weiteren Rückschlägen der italienischen Besatzungsmacht einher:
Bei dem Versuch, den vordringenden Brigaden den Zugang zum Gebiet um Nikšić
zu verwehren, verlor die Division »Ferrara« ein komplettes Bataillon (2. Mai). Erst
die um den Preis ähnlich hoher Opfer erkaufte Verteidigung des Vorfelds von
Podgorica (14.–18. Mai)[372] stellte den vorläufigen Schlußpunkt einer Reihe an
Debakeln dar, die fast auf den Tag genau drei Monate zuvor im ostbosnischen Prozor
ihren Anfang genommen hatte. Titos nächster Schritt – der Vorstoß auf Kolasin und
Berane, die Hochburgen seines Bürgerkriegsgegners Djurišić[373] – blieb nur deshalb
aus, weil die 1. Gebirgsdivision ihm am 14. Mai zuvorkam.

Der Aufmarsch deutscher und kroatischer Verbände übertraf selbst noch den des
Unternehmens »Weiß« und zeichnete sich vor allem dadurch aus, daß diesmal zwei
vollwertige Gebirgsdivisionen (»Prinz Eugen« und 1. Gebirgsdivision) zur
Verfügung standen. Darüber hinaus waren beteiligt: die für den Kampf im schweren

368 BA/MA, RH 26-369/8 369. (kroat.) ID, Tätigkeitsbericht 1.4.–30.4.1943; ebd., Abschrift eines
    Waffenstillstandvertrages mit einer der betroffenen Cetnikgruppen (1.5.1943).
369 BA/MA, RH 26-369/8 369. (kroat.) ID, Tätigkeitsbericht für die Zeit vom 16.–30.6.1943.
370 Am 12. Mai ging die Befehlsgewalt über das XIV. AK auf General Ercole Roncaglia über. Vgl.
    AUSSME, M3/19 Relazione sul ciclo operativo primavera-estate 1943 contro le forze partigiane in
    Montenegro (o.D.).
371 Ebd.
372 Ebd.
373 Strugar, *Volksbefreiungskrieg*, S. 134 f.

Gelände umgegliederte 718. ID (nun 118. Jägerdivision), zwei Kampfgruppen, die aus je einem verstärkten Regiment der 369. (kroat.) ID und 104. Jägerdivision (ehemalige 704. ID) gebildet worden waren, eine kroatische Jägerbrigade, vier bulgarische Bataillone und ein Bataillon der Division »Brandenburg«[374]. Während die nicht hochgebirgstauglichen Verbände in einem von Cemerno (Herzegowina) nach Brodarevo (Sandžak) reichenden Halbkreis eine nur schrittweise zu verengende Sperre bildeten, blieb es vornehmlich der »Prinz Eugen« und der 1. Gebirgsdivision überlassen, von Süden bzw. Osten kommend, den Kessel zusammenzudrücken[375]. Interessanterweise kam Löhr bereits im ersten Entwurf des Operationsbefehls zu dem Schluß, daß auf eine gewisse italienische Beteiligung nicht verzichtet werden konnte (»*Ganz kann jedoch aus Mangel an eigenen Kräften auf die Mitwirkung der Italiener nicht verzichtet werden.*«)[376] – in Anbetracht der im Operationsplan fest angelegten Brüskierung des Bundesgenossen kam dies dem unausgesprochenen Eingeständnis gleich, daß »Schwarz« schon in seiner Anfangsphase nicht nur ein politisches, sondern auch ein militärisches Vabanquespiel darstellen würde. Zu rechtfertigen wäre dieses Vorgehen höchstens mit dem Hinweis auf die im Südosten des Landes am 14. Mai bereits gegebene Lage gewesen, wo Italiener und 1. Gebirgsdivision praktisch schon einen Teil des künftigen Einschließungsringes gebildet hatten und kaum damit zu rechnen war, daß Pirzio-Biroli und Roncaglia sich durch ihren Unmut über den Bundesgenossen dazu hinreißen lassen würden, einen gemeinsamen Aufmarsch mit Front zu den Partisanen einfach aufzulösen. Hierbei bleibt allerdings unberücksichtigt, daß diese günstige Lage nur durch ein italienisches Hilfeersuchen ermöglicht worden und daher langfristig kaum vorhersehbar gewesen war. Besondere Erwähnung bedarf in diesem Zusammenhang allerdings noch ein OKW-Befehl vom 31. März, der dem Oberbefehlshaber Südost die Kontaktaufnahme zu einzelnen italienischen Kommandostellen gestattete, wo dies »*aus taktischen oder Versorgungsgründen (...) für unvermeidbar erachtet werde*«[377]. Unter Berücksichtigung der Tatsache, daß Hitler selbst die Frage der Geheimhaltung zur Chefsache erklärt hatte, konnte dies eigentlich nur bedeuten, daß eine solche Verbindung nur vertretbar war, wenn zu dem kontaktierenden italienischen Offizier ein Vertrauensverhältnis bestand, durch das die Geheimhaltung in jedem Fall gewahrt blieb. Die Schnelligkeit, mit der die Gebirgsdivision »Taurinense« sich

---

374 BA/MA, RH 24-15/41 Bfh.d.dt.Tr.i.Kroat. Abt.Ia, Gefechts- und Erfahrungsbericht über das Unternehmen »Schwarz« (20.6.1943). Die gerade erst umgegliederte 118. Jägerdivision war allerdings nur mit 60 % ihrer Einsatzstärke beteiligt (6.000–7.000 Mann).
375 BA/MA, RW 40/53 Operationsbefehl für die Operation »Schwarz« (4.5.1943).
376 BA/MA, RH 2/681 Oberbefehlshaber Südost an OKW/Wehrmachtführungsstab (14.3.1943).
377 BA/MA, RH 2/681 OKW/Wehrmachtführungsstab an OB Südost (31.3.1943).

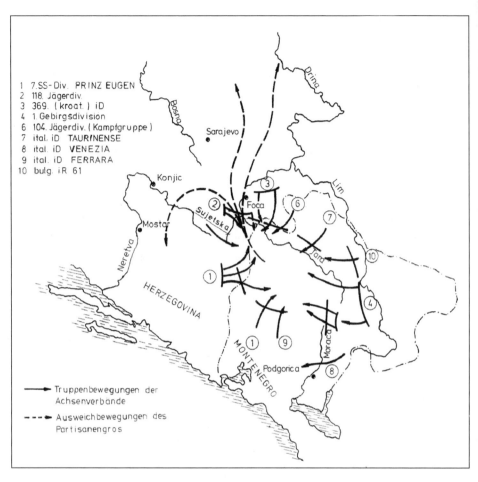

Das Unternehmen SCHWARZ (15.5. bis 16.6.1943)

gleich zu Beginn von »Schwarz« der deutschen Operation anschloß[378], legt jedenfalls die Vermutung nahe, daß in diesem Fall eine entsprechende Absprache vorlag[379]. Die Tatsache, daß im Vorfeld von »Schwarz« Teile der 369. (kroat.) ID gemeinsam mit Teilen der »Taurinense« am 4. Mai ein in Foča eingeschlossenes Bataillon dieser Division befreiten, mag eine so heikle Kontaktaufnahme sicherlich erleichtert

---

378 KTB OKW, III.1, S. 482 (Eintrag vom 15.5.1943), S. 496 (Eintrag vom 18.5.1943). Der Kommandeur der »Taurinense«, Lorenzo Vivalda, erklärte sich auch zur umgehenden Entwaffnung der Cetniks in seinem Bereich bereit.
379 Vgl. hierzu eine Stellungnahme des OKW/WfSt zum ersten Operationsentwurf des OB Südost in KTB OKW, Bd. III.1, S. 240 (Eintrag vom 24.3.1943): »... *Der Beschränkung der Italiener auf die Absperrung wird zugestimmt, aber der offensive Einsatz wenigstens der Geb.-Div. ›Taurinense‹ muß angestrebt werden.*«

haben[380]. Ob das Werturteil über die Persönlichkeit des Divisionskommandeurs Lorenzo Vivalda (»*offen, gerade, guter Führer, gute Zusammenarbeit*«)[381] Ausgangs- oder Schlußpunkt dieses seltenen Falls reibungsloser deutsch-italienischer Zusammenarbeit war, läßt sich anhand der vorhandenen Quellen allerdings nicht rekonstruieren.

Die Reaktion von Vivaldas Vorgesetzten und Kameraden auf das deutsche Eindringen nach Montenegro fiel freilich deutlich ungehaltener aus. Obwohl Pirzio-Biroli mit neuen Hilfegesuchen vom 8. und 13. Mai[382] den Deutschen den optimalen Vorwand für den zwei Tage später von Ost und West erfolgenden Einmarsch gelie- fert hatte, standen sich die beiden Achsenpartner während der ersten Woche von »Schwarz« eher als potentielle Feinde denn als Freunde gegenüber. Neben dem schon am 14. Mai erfolgten Zugriff auf Djurišić war es vor allem der praktisch ohne Vorwarnung[383] erfolgte Einmarsch der SS-Division »Prinz Eugen« in die östliche Herzegowina, der zu einer kleinen Eiszeit der deutsch-italienischen Beziehungen im Operationsgebiet führen sollte. Trotz der seit Monaten bekannten deutschen Haltung in der Cetnikfrage beharrten Robotti und seine Untergebenen auf dem Standpunkt, daß Operationen im montenegrinisch-herzegowinischen Raum auf jeden Fall unter Schonung ihrer Cetnikverbündeten durchzuführen seien[384]. Aus Sicht der Italiener drohte Löhrs kompromißloses Vorgehen sowohl in politischer wie militärischer Hinsicht verheerende Folgen zu zeitigen: So waren Robotti und Pirzio-Biroli vor allem darum bemüht, den durch den deutschen Einmarsch eingetretenen Prestige- verlust in Grenzen zu halten, mußten gleichzeitig aber auch alles Denkbare tun, um in den ersten kritischen Tagen Zusammenstöße zwischen ihren deutschen und natio- nalserbischen Alliierten zu vermeiden. Das Dilemma dieser Situation offenbarte sich bereits am 16. Mai, als Alessandro Piazzoni (VI. AK) den Cetniks seines Befehls- bereichs einerseits seiner fortgesetzten Unterstützung versicherte, dies allerdings nur unter der Voraussetzung, daß sie den einrückenden Deutschen keinen Widerstand entgegensetzten[385]. Sein Vorgesetzter Robotti unternahm am 17. Mai den Versuch, den deutschen Vormarsch durch die Festlegung einer Haltelinie und das Verbot, nördlich davon größere Ortschaften zu betreten, in etwas kontrollierbarere Bahnen zu lenken. Löhr lehnte dies ab, sagte aber zu, den deutschen Vormarsch nur im Einvernehmen mit den italienischen Besatzungstruppen zu gestalten. Falls dieses, so

---

380 BA/MA, RH 26-369/8 369. (kroat.) ID, Entwurf zum Tätigkeitsbericht vom 1.5.–15.5.1943.
381 BA/MA, RH 24-15/5 Kurzbeurteilung bekannter italienischer Führer (o.D.).
382 BA/MA, RH 19 VII/7 KTB-Einträge vom 8. und 13.5.1943.
383 Nach TB Phleps, Eintrag vom 15.5.1943, wurde der italienische Stadtkommandant von Mostar gegen 3.30 h von dem eine Stunde später folgenden Einmarsch in Kenntnis gesetzt.
384 BA/MA, RH 19 VII/7 KTB-Eintrag vom 16.5.1943.
385 Fernschreiben Piazzonis an Division »Emilia« (17.5.1943), abgedruckt in: Talpo, *Dalmazia III*, S. 667–669.

ein Zusatz, aber nicht zu erzielen sei, hätten die deutschen Truppen Weisung, den Durchmarsch zu erzwingen[386]. Daß dies keine leere Drohung darstellte, zeigte sich schon am folgenden Tag, als die Spitzen der »Prinz Eugen« ihrem Ersuchen um Durchlaß bei Bileca (an der Grenze zu Montenegro) durch eine über der Stadt kreisende Stukastaffel Nachdruck verliehen[387]. Trotz dieses Affronts blieben die meisten italienischen Befehlshaber darum bemüht, die kritische Lage nicht noch zu verschärfen. So erhielt Robotti am 19. Mai Weisung vom Generalstab des Heeres, durch eine flexible Handhabung der italienischen Souveränitätsrechte in der Zone II (gemeint in diesem Fall: die östliche Herzegowina) möglichen Konflikten aus dem Weg zu gehen[388]. Am nächsten Tag folgte der Befehl, Cetniks, die bei der italienischen Truppe um Beistand nachsuchten, vorläufig zu entwaffnen[389]. Nur der Kommandeur der Division »Marche«, Giuseppe Amico, machte seinem Unmut über das deutsche Verhalten der letzten Tage dadurch Luft, daß er am 18. Mai versuchte, die Belegung des Flugplatzes Mostar mit Verbänden des Fliegerführers Kroatien zu untersagen[390]. Daß Zwischenfälle dieser Art die Ausnahme von der Regel blieben, dürfte neben italienischer Zurückhaltung vor allem auf die kritische Lage zurückzuführen gewesen sein, in welcher sich das italienische XIV. AK gegenüber der Volksbefreiungsarmee, insbesondere im Südosten Montenegros, immer noch befand[391]. Als Mussolinis Antwort auf Hitlers Brief vom 19. Mai dann zeitlich auch noch mit der deutschen Konzession, den tiefen Süden des Landes nicht in den Operationsplan mit einzubeziehen, zusammenfiel, mußte, um einen Minimalkonsens herbeizuführen, nur noch die leidige Frage des Oberbefehls eine für beide Seiten akzeptable Lösung finden. Der von Pirzio-Biroli bei seiner ersten Unterredung mit Lüters (22. Mai) erhobene Anspruch auf das Kommando wurde von diesem natürlich abgelehnt, so daß man sich schließlich auf die seit »Weiß I« »bewährte« Lösung der Operationsführung mit zwei Oberbefehlshabern einigte[392]. Zu diesem Zeitpunkt war »Schwarz« bereits eine Woche alt.

Für den Verlauf der Operation von entscheidender Bedeutung war zunächst die Tatsache, daß die deutscherseits befürchtete Allianz zwischen Cetniks und Partisanen in Montenegro nicht zustande kam. Mit dem Ausweichen der meisten Cetnikverbände in unwegsames Gelände, den Süden des Landes oder gar nach Serbien,

---

386 BA/MA, RH 19 VII/7 KTB-Eintrag vom 17.5.1943.
387 TB Phleps, Eintrag vom 19.5.1943.
388 DDI, Nona Serie, Vol. X, S. 454, Fußnote 1 zu Il capo dell'Ufficio di collegamento con il comando della Seconda Armata, Castellani, al capo del governo e ministro degli esteri, Mussolini (20.5.1943).
389 Ebd.
390 PA/AA, StS Kroatien, Bd. 5, 694 Kasche an Auswärtiges Amt (29.5.1943) sowie ebd., Kasche an Auswärtiges Amt (7.6.1943) und ebd., Kasche an Auswärtiges Amt (8.6.1943).
391 KTB OKW, III.1, S. 507 (Eintrag vom 20.5.1943).
392 AUSSME, M3/19 Relazione sul ciclo primavera-estate 1943 (o.D.).

wurde die Frage nach dem weiteren Operationsverlauf aufgeworfen. Eine Verfolgung der nationalserbischen Freischärler mußte wenig aussichtsreich erscheinen und würde das gerade erst hergestellte Einvernehmen zwischen Deutschen und Italienern aufs Spiel setzen. So erging am Vorabend der nächsten Operationsphase der Befehl an alle deutschen Verbände, die Entwaffnung der Cetniks vorerst ruhen zu lassen[393]; die vier im Land stehenden Divisionen der Volksbefreiungsarmee[394] waren endgültig zu Lüters Hauptziel geworden. Die Vorbereitungen zur Bekämpfung dieses Gegners, die bereits in den Tagen vor »Schwarz« getroffen worden waren, scheinen allen Verstimmungen der ersten Tage zum Trotz nun eine relativ problemlose Einbindung des italienischen XIV. AK ermöglicht zu haben[395]. Neben der »Taurinense«, die sich im Norden mit sechs Bataillonen sofort in den deutschen Belagerungsring eingereiht hatte, bildeten zehn weitere Bataillone (neben einem weiteren der »Taurinense« sieben der Division »Ferrara« sowie zwei der »Venezia«) zwischen Nikšić und Kolasin das fehlende Stück der Einkesselung[396]. Die an sich naheliegende und von Lüters am 19. Mai auch festgehaltene Befürchtung, daß Tito an genau dieser Stelle einen Durchbruchversuch unternehmen würde[397], sollte jedoch nicht eintreten. Die Vermutung liegt nahe, daß bei seiner Entscheidung vom 26. Mai, der Umklammerung nach Nordwesten auszuweichen[398], vor allem der Wunsch entscheidend war, durch die Rückkehr nach Bosnien die politische und räumliche Bewegungsfreiheit wiederzuerlangen, die – wie sich in den folgenden Tagen zeigen sollte – den Spielraum der Volksbefreiungsarmee in Montenegro so drastisch einschränkte.

Obwohl die ursprüngliche Absicht, die feindlichen Stäbe möglichst schon in der Anfangsphase auszuschalten, nicht erreicht wurde[399], war jedoch bald abzusehen, daß »Schwarz« die seit November 1941 beste Chance bieten würde, die Kerntruppe

---

393 BA/MA, RH 26-104/45 Tätigkeitsbericht der Kampfgruppe von Ludwiger (20.5.–9.6.1943).

394 Die 9. Dalmatinische Division war am 12. April aufgelöst, ihre unverwundeten Kämpfer auf die restlichen vier Divisionen verteilt worden. Vgl. Strugar, *Volksbefreiungskrieg*, S. 128.

395 AUSSME, M3/19 Relazione sul ciclo primavera-estate 1943 (o.D.). Bedauerlicherweise geht Gouverneur Pirzio-Biroli in seinem ansonsten sehr ausführlichen Abschlußbericht nicht auf die Frage ein, ob die in der ersten Woche von »Schwarz« bestehenden Spannungen eine spürbare Verzögerung der italienischen Beteiligung an der Operation gegen die Partisanen zur Folge hatte und wie die spontane – und scheinbar eigenmächtige – Waffenhilfe des Kommandeurs der »Taurinense« zu erklären ist.

396 Ebd.

397 BA/MA, RH 24-15/2 Bfh.d.dt.Tr.i.Kroat. Abt.Ia, Lagebeurteilung für die Zeit vom 16.4.–15.5.1943 (19.5.1943).

398 Djilas, *Wartime*, S. 249.

399 Dem bereits erwähnten Kommandounternehmen der »Brandenburger« gegen den Stab von Mihailović entzog sich der Cetnikführer durch Flucht nach Serbien. BA/MA, RW 40/53 Operationsbefehl für die Operation »Schwarz« (4.5.1943) sowie RW 40/53 Operationsbefehl für den Fall »Schwarz« (6.5.1943) nach zu urteilen, kam der Ausschaltung Titos nur zweitrangige Bedeutung zu. Vgl. jedoch RH 28-1/95 Obstlt. Heinz an Befehlshaber Kroatien (9.5.1943), in denen beiden Anführern dieselbe Bedeutung beigemessen wird. Obwohl, soweit nachvollziehbar, die »Brandenburger« auch gegen Titos Hauptquartier in Žabljak nicht zum Zuge kamen, wurde die

der Volksbefreiungsarmee einschließlich eines Teils ihrer militärischen und politischen Führerschaft zu vernichten. Anders als bei vorherigen Operationen mußte bei der Bildung eines möglichst lückenlosen Belagerungsringes keine Rücksicht auf Einflußzonen und Demarkationslinien genommen werden; an eingesetzten Truppen standen an die 80.000–90.000 Soldaten der Achse (davon ca. zwei Drittel Deutsche oder deutsch geführte Kroaten)[400] 19.000 Partisanen[401] gegenüber. Das stark zerklüftete Gelände Nordmontenegros und Südostbosniens ließ zudem nur wenige (und oft vorhersehbare) Fluchtwege offen und stellte zumindest für die beiden deutschen Gebirgsdivisionen auch kein nennenswertes Hindernis dar. Mindestens genauso schwer wog aber die Tatsache, daß Ziel und Umfang des deutschen Aufmarschs falsch eingeschätzt wurden[402] und Tito auch nach der Entscheidung für den Durchbruch nach Nordwesten noch zwei Tage in Žabljak verweilte, um die Ankunft der ersten britischen Militärmission abzuwarten[403]. Darüber hinaus war die Entscheidungsfreiheit des Obersten Stabes in operativen Fragen durch die Notwendigkeit eingeschränkt, für den Schutz und Weitertransport des Hauptlazaretts Sorge tragen zu müssen. Schließlich und endlich scheiterte ein von Norden kommender Entsetzungsversuch der 5. Division bereits am 26. Mai bei dem Versuch, die Bosna nördlich von Zenica zu überwinden[404]; mit Hilfe von außen konnte somit nicht gerechnet werden. Lediglich das Wetter schien sich gegen Löhr und Lüters verschworen zu haben: Der Jahreszeit zum Trotz, sollten andauernde und heftige Wolkenbrüche die Deutschen daran hindern, den Trumpf, den sie in ihrer Luftwaffe hatten, voll zur Geltung zu bringen; so konnten beispielsweise vom 2. bis 6. Juni gar keine oder nur wenige Aufklärungseinsätze geflogen werden[405].

Ortschaft noch Ziel mindestens eines schweren Luftangriffs (am 20.5. laut KTB OKW, am 23.5. laut Djilas), der sein Ziel aber verfehlte; KTB OKW, Bd. III.1, S. 517 f. (Eintrag vom 22.5.1943) u. Djilas, *Wartime*, S. 247.

400 Die von jugoslawischen Autoren genannten Angaben in Höhe von 100.000–120.000 müssen schon im Hinblick auf das Fehlen größerer Teile der 118. Jägerdivision und 369. (kroat.) ID als zu hoch angesehen werden. Tomasevich, *The Chetniks*, S. 252 scheint bei seiner Schätzung von 117.000 Mann davon ausgegangen zu sein, daß die im weiteren Kampfraum dislozierten italienischen Divisionen sich vollzählig und nicht nur mit vereinzelten Bataillonen an der Operation beteiligt haben.

401 Strugar, *Volksbefreiungskrieg*, S. 136. Djilas, *Wartime*, S. 259 nennt eine Stärke von 18.000 Mann.

402 Eine denkbare Erklärung für dieses Verhalten findet sich in BA/MA, RH 19 VII/1 Aktennotiz über die Chefbesprechung 5.7.1943. Laut Löhrs Stabschef Foertsch läge eine »*Äußerung des Tito vor, daß er nicht damit gerechnet habe, daß unsere Truppen bis in das Hochgebirgsgebiet von Montenegro vordringen werden*«. Die Möglichkeit, daß die »Märzverhandlungen« der Partisanenführung ein falsches Gefühl der Sicherheit vermittelt und den Deutschen daher die Gelegenheit zu einer Überrumpelung gegeben haben könnten, wird von Djilas abwechselnd bezweifelt (Djilas, *Wartime*, S. 244) und bejaht (ebd., S. 248). Vladimir Velebit hat diese Möglichkeit gegenüber dem Verfasser entschieden verneint; Befragung Dr. Vladimir Velebit, Zagreb (9. und 10.5.1998).

403 Frederick William Deakin, *The embattled mountain* (Oxford u.a.1971), S. 7–10.

404 Strugar, *Volksbefreiungskrieg*, S. 136.

405 KTB OKW, Bd. III.1, S. 580–602 (Einträge vom 2.6., 3.6., 4.6., 5.6. und 6.6.1943).

Entscheidend für den weiteren Verlauf der Schlacht war in erster Linie Titos weitsichtige Entscheidung vom 18. Mai, einen Brückenkopf auf dem westlichen Pivaufer zu bilden[406]. Der Versuch der 118. Jägerdivision, den Partisanen diesen Fluchtweg zu verlegen, konnte von einer Vorausabteilung der 7. Kraijna-Brigade am Morgen des 30. Mai buchstäblich in letzter Minute vereitelt werden[407]. Während der folgenden zehn Tage gelang es einem Großteil der eingeschlossenen Kräfte, dieses Nadelöhr in Richtung auf das nächste natürliche Hindernis – die Sujetska – zu passieren. Obwohl die voraussichtliche Stoßrichtung des gegnerischen Durchbruchsversuchs Lüters spätestens zur Monatswende bekannt war[408], entwickelte sich die Umgruppierung eines Teils der Kräfte zu einem regelrechten Wettlauf mit der Zeit. Einerseits ermöglichte es der schrumpfende Kesselumfang, am 6. Juni einen Teil der italienischen Kräfte zur Cetnikentwaffnung und »Nachsäuberung« des durchschrittenen Geländes zu entlassen[409], andererseits erlaubte der Vorteil der inneren Linie es Tito, den Deutschen bei der Sicherung kritischer Positionen (Flußübergänge, Gebirgspfade) immer wieder zuvorzukommen. Auf diese Weise wurde Lüters die an sich naheliegende Option verwehrt, sich bei der Schließung des Kessels auf den Flußlauf der Sujetska abzustützen. Auch hier ermöglichte die erfolgreiche Behauptung eines Brückenkopfes auf dem linken Flußufer Tito und den Resten von drei seiner Divisionen (1. und 2. Proletarische sowie 7.) den Übergang zwischen dem 8. und 10. Juni.[410] Der deutsche Sperrgürtel auf der anderen Seite wies zu diesem Zeitpunkt noch eine Lücke zwischen »Prinz Eugen« und 118. Jägerdivision auf, die zu schließen die 369. (kroat.) ID am Abend des 7. Juni den Auftrag erhalten hatte[411]. Die aus zwei Bataillonen bestehende Kampfgruppe Höhne sah sich jedoch gezwungen, vor dem am späten Abend des 9. Juni einsetzenden Angriff der 1. Proletarischen Division zurückzuweichen und den Partisanen so die Überquerung der Straße Foča–Kalinovik zu ermöglichen[412]. Sowohl der kurzfristige Aufbau einer neuen Sperre entlang der Bahnlinie Sarajevo–Višegrad[413] als auch die generelle Verfolgung

---

406 So die Darstellung in Dedijer, *War Diaries II*, S. 274 (Eintrag vom 28.5.1943).
407 Nach ebd., S. 279 (Eintrag vom 31.5.1943) kamen die Partisanen der 118. Jägerdivision bei der Besetzung der entscheidenden Anhöhe um genau 15 Minuten zuvor.
408 KTB OKW, Bd. III.1, S. 538 (Eintrag vom 26.5.1943) und S. 579 f. (Eintrag vom 2.6.1943).
409 AUSSME, M3/19, Relazione sul ciclo primavera-estate 1943 (o.D.).
410 Strugar, *Volksbefreiungskrieg*, S. 144 f.
411 BA/MA, RH 26-369/8 369. (kroat.) ID an Befehlshaber der deutschen Truppen in Kroatien (15.6.1943).
412 Ebd.
413 Nach der Darstellung von Franz Schraml, *Kriegsschauplatz Kroatien*, S. 51 wurde der Aufbau einer improvisierten Auffanglinie entlang des Flußlaufs der Praca aufgrund eines Befehls des Oberbefehlshabers Südost abgebrochen. Im KTB dieser Dienststelle findet sich allerdings kein Hinweis auf einen solchen Befehl.

der durchgebrochenen Divisionen um Tito[414] scheint an fehlenden Kräften gescheitert zu sein.

Freilich konnten auch die dramatischen Begleitumstände dieses Durchbruchs in letzter Minute nicht darüber hinwegtäuschen, daß die Volksbefreiungsarmee bei »Schwarz« eine empfindliche Niederlage hatte einstecken müssen. Am deutlichsten kam dies in der Entscheidung vom 9. Juni zum Ausdruck, das Zentrallazarett aufzulösen und die bewegungsunfähigen Kranken und Verwundeten in kleinen Gruppen in Wäldern und Höhlen zu verstecken[415]. Die gezwungenermaßen überstürzte Durchführung dieser Idee sowie die fehlende Unterstützung seitens der örtlichen Bevölkerung hatten den weitgehenden Zusammenbruch einer organisierten Krankenversorgung zur Folge[416]; der größere Teil der so Zurückgelassenen fiel entweder späteren »Nachsäuberungsaktionen« von Deutschen und Italienern[417] oder Marodeuren zum Opfer. Als besonders verhängnisvoll erwies sich auch die Verzögerung, mit der Tito den Beschluß faßte, das Lazarett aufzugeben und der zum Begleitschutz dieser Einrichtung detachierten 3. Division die Erlaubnis zum Ausbruch aus dem Kessel zu erteilen. Dieser Verband sah seinen ursprünglich vorgesehenen Fluchtweg in den Sandžak blockiert und wurde bei dem Versuch, dem Fluchtweg der anderen Divisionen zu folgen, fast vollständig vernichtet[418]. Die Gesamtverluste der vier Divisionen beliefen sich auf mindestens 7.000 Gefallene. Die Zahl der erbeuteten Waffen stand in einem deutlichen Kontrast zur Schlußbilanz der »Weiß«-Operationen und kann als klares Indiz für eine weitgehende Auflösung bzw. Vernichtung ganzer Brigaden gesehen werden[419]. Obwohl »Schwarz« vom Ergebnis her ganz klar der bis dahin bedeutendste Erfolg im Kampf gegen die

---

414 Die Entscheidungsfindung auf deutscher Seite läßt sich an dieser Stelle nur bruchstückhaft rekonstruieren. Phleps erwähnt in seinem Tagebuch eine bereits am 12. Juni gefällte Entscheidung Lüters, die Verfolgung nicht aufzunehmen, vgl. TB Phleps, Eintrag vom 12.6.1943. Kumm, *Prinz Eugen*, S. 92 bestätigt dies insofern, als er einen Vorschlag von Phleps zur weiteren Verfolgung erwähnt, der von Löhr oder Lüters (genauere Angaben fehlen) abgelehnt wurde. Daß der Kommandierende General in Serbien, dem die 118. Jägerdivision mit Abschluß von »Schwarz« unterstellt worden war, am 26. Juni unter Hinweis auf den abgekämpften Zustand des Verbandes die von Lüters beantragte Freigabe verweigerte, scheint auf einen späteren Sinneswandel des Befehlshabers der deutschen Truppen in Kroatien hinzuweisen, vgl. BA/MA, RW 40/42 KTB-Eintrag vom 26.6.1943.

415 Djilas, *Wartime*, S. 265.

416 Vgl. hierzu die Eindrücke eines Zeitzeugen in Deakin, *Embattled mountain*, S. 49 f.

417 Das KTB des italienischen XIV. AK erwähnt allein unter dem Datum des 16.6.1943 die Tötung von 150 »nicht Transportfähigen«; zit. bei Gino Bambara, *La guerra di liberazione nazionale in Jugoslavia 1941–1943* (Mailand 1988), S. 229.

418 Sehr ausführlich hierzu Djilas, *Wartime*, S. 259–290.

419 Ebd., S. 301 spricht von 7.000 Gefallenen. Nach BA/MA, RH 24-15/41 Befh.d.dt.Tr.i.Kroat. Abt. Ia, Verlust- und Beutemeldung Unternehmen »Schwarz« (o.D.), wurden 7.489 gefallene Partisanen gezählt und 4.000–5.000 weitere *»geschätzt«*. An Beute erbrachte der Kampf mit der Volksbefreiungsarmee 220 Maschinengewehre und 3.608 Gewehre; bei der Entwaffnung der Cetniks fielen (nur bei deutschen Verbänden) 38 Maschinengewehre und 3.415 Gewehre an.

Partisanen war, wollte im Stab des Oberbefehlshabers Südost keine rechte Siegesstimmung aufkommen. Das Ergebnis der Cetnikentwaffnung war, abgesehen von der Festnahme des Pavle Djurišić und seines Stabschefs, nur als Teilerfolg zu werten, wobei die fortgesetzte Mitarbeit der Italiener während der nächsten Wochen noch eine unbekannte Größe darstellte. Bei der Bewertung der Kesseloperation gegen die Hauptgruppe um Tito waren es weniger die blutigen Verluste der Partisanen als die gleich zweimal verpaßte Chance, eine lückenlose Kesselschließung zu erreichen, die ins Auge stach. Trotz einer denkbar dichten Besetzung des Belagerungsringes, verbesserter Taktik[420], einer gut arbeitenden Funkaufklärung[421] und der Möglichkeit, dem Feind den gewählten Fluchtweg mit deutschen oder zumindest deutsch geführten Truppen den Weg zu verlegen, war gut der Hälfte der Umkreisten erneut der Durchbruch gelungen.

Nicht zuletzt die offensichtliche Unmöglichkeit, die Hauptschuld an diesem Fehlschlag dem italienischen Bundesgenossen zuzuschieben, hatte eine gründliche Ursachenforschung zur Folge. So sprach Foertsch in der Chefbesprechung vom 21. Juni vom regelrechten *»Versagen«* der fraglichen Bataillone und vermerkte, *»daß der Wille der Führung nach unten nicht scharf genug zum Ausdruck kommen kann«*[422]. Der Oberbefehlshaber Südost war über das nach seiner Ansicht zu zögerliche Vorgehen der 118. Jägerdivision gegen die Piva so ungehalten, daß er Weisung gab, eine erste Fassung des Abschlußberichts des Befehlshabers der deutschen Truppen in Kroatien, in dem dieser Umstand nicht deutlich genug hervorgehoben wurde, einzuziehen und neu vorzulegen[423]. Lüters selbst hatte sich seine härteste Kritik für die Legionsdivision aufgehoben: *»Die 369. ID hat trotz besten Willens der Führung in den entscheidenden Lagen versagt. Sie ist für den Einsatz gegen einen*

---

420 Mehrere kritische Stimmen aus dem Lager der Partisanen stimmen darin überein, daß die an »Schwarz« beteiligten deutschen Verbände, gemessen an früheren Operationen, sehr viel flexibler und weniger straßengebunden vorgingen. Siehe hierzu Deakin, *Embattled mountain*, S. 96 f.; Dedijer, *War Diaries II*, S. 253 (Eintrag vom 15.5.1943), S. 261 (Eintrag vom 22.5.1943), S. 264 (Eintrag vom 24.5.1943), S. 340 (Eintrag vom 2.7.1943). Neben dem allgemeinen Zuwachs an Erfahrung sowie dem Einsatz zweier vollwertiger Gebirgsdivisionen dürfte dies paradoxerweise vor allem auf die Wegelosigkeit des Operationsgebietes zurückzuführen gewesen sein; diese zwang nämlich zu unkonventionellen Lösungen (Massenaushebungen von Trägern unter der Zivilbevölkerung sowie Einsatz der Luftwaffe), die ihrerseits ein freieres Operieren ermöglichten.

421 Zu diesem Zeitpunkt konnte der größte Teil des Funkverkehrs der Partisanen dechiffriert werden; es kann mit an Sicherheit grenzender Wahrscheinlichkeit angenommen werden, daß es diese Einblicksmöglichkeit in die gegnerische Entscheidungsfindung war, die es Lüters ermöglichte, der 3. Division den Fluchtweg in den Sandžak zu verlegen; Djilas, *Wartime*, S. 262. Siehe auch Kumm, *Prinz Eugen*, S. 76. Der für den Durchbruch entscheidende Angriff der 1. Proletarischen Division auf die 369. (kroat.) ID in der Nacht vom 9./10. Juni mußte allerdings unerwartet erfolgen, weil die beiden Funkgeräte des jugoslawischen Verbandes ausgefallen waren; Befragung Dr. Vladimir Velebit, Zagreb (9. und 10.5.1998).

422 BA/MA, RH 19 VII/1 Chefbesprechung am 21.6.1943.

423 BA/MA, RH 24-15/41 Oberbefehlshaber Südost an Bfh.d.dt.Tr.i.Kroat. (8.7.1943).

neuzeitlichen Feind noch nicht geeignet, für die Bandenbekämpfung zur Zeit nur bedingt verwendungsfähig. Nur die gründliche Überholung der Div. auf einem Truppen-Übungsplatz und die Ausstattung mit genügend Sprachmittlern kann hier Abhilfe schaffen.«[424] Die Erwähnung des altbekannten Verständigungsproblems legt allerdings den Schluß nahe, daß es im Fall der 369. (kroat.) ID weniger am guten Willen als vielmehr an der Bereitschaft gefehlt hat, den Bedingungen dieses Kriegsschauplatzes ausreichend Rechnung zu tragen. So schloß eine Untersuchung der Division zur Kampfführung des kommandierenden Offiziers der Kampfgruppe Höhne mit folgenden Worten: »*Die angestellten Ermittlungen haben ergeben, daß Mjr. Höhne in bezug auf die Führung der Gruppe keine Vorwürfe gemacht werden können. (...) Der Kdeur. des G.R. 369 bezeichnet Mjr. Höhne als einen ausgezeichneten Btl. Kdeur. Auch der Div.-Kdeur. hat ihn bei dem Angriff am 11.6. am Siljevac durchaus ruhig und umsichtig gesehen. Es ist jedoch klar, daß Mjr. Höhne bei der 369. ID auf falschem Posten steht, da er die kroat. Soldaten nicht zu behandeln und anzufassen versteht und für den Gebirgskrieg keinerlei Ausbildung genossen hat.*«[425] Einen Höhepunkt scheint »Schwarz« allerdings nicht nur in bezug auf den erzielten militärischen Erfolg dargestellt zu haben. Wenngleich die Behandlung der im Operationsgebiet angetroffenen Zivilbevölkerung durch den Versuch, die moslemische Bevölkerung des Sandžak zu gewinnen, teilweise sogar ausgesprochen gut war[426], erreichte die Bereitschaft, Gefangene zu machen, einen absoluten Tiefpunkt. Diese Möglichkeit wurde im Operationsbefehl zwar ausdrücklich offengehalten[427], dann aber, wie es scheint, nur mit äußerster Zurückhaltung in die Praxis umgesetzt. Im Gefechtsbericht der 1. Gebirgsdivision ist bespielsweise festgehalten, daß von insgesamt 498 Gefangenen 411 erschossen wurden[428]. Ferner liegt ein Befehl Lüters vom 10. Juni vor, in dem er, um ein unerkanntes Entweichen insbesondere Titos aus dem Kessel zu verhindern, die Erschießung aller angetroffenen Männer im wehrfähigen Alter anordnete[429]; nach den Aufzeichnungen Glaise von Horstenaus fielen diesem Befehl auch einige Italiener und Kroaten zum Opfer, denen es gelungen war,

---

424 BA/MA, RH 24-15/41 Gefechts- und Erfahrungsbericht über das Unternehmen »Schwarz« (20.6.1943). Bei vorliegendem Exemplar scheint es sich, nach einigen Schlüsselsätzen zu urteilen, um ein »überlebendes« Exemplar des Berichts zu handeln, desssen Einziehung Löhr verfügt hatte.
425 BA/MA, RH 26-369/8 369. (kroat.) ID an Befh.d.dt.Tr.i.Kroatien (15.6.1943).
426 Djilas, *Wartime*, S. 291; BA/MA, RW 40/53 Operationsbefehl für den Fall »Schwarz« (6.5.1943). Obwohl gegen feindlich eingestellte Bevölkerung »*rücksichtslos und mit brutaler Härte*« vorzugehen sei, hieß es anschließend: »*Die Muselmanen sind, soweit sie sich nicht feindlich zeigen, besonders gut zu behandeln.*«
427 Ebd.: »*Kommunisten und Cetniks sind, sofern sie nicht im Kampf vernichtet werden, als Gefangene (nicht Kriegsgefangene) zu behandeln ...*«
428 BA/MA, RH 2/682 Bericht der 1. Gebirgsdivision über den Einsatz in Montenegro (10.7.1943).
429 BA/MA, RH 28-1/96 Der Befehlshaber der deutschen Truppen in Kroatien an die 1. Geb.-Div. (10.6.1943, 18.25 h).

im Verlauf der Operation aus der Gefangenschaft bei den Partisanen zu fliehen[430]. Auch bei den Truppen des italienischen XIV. AK scheint während dieser Operation die umgehende Erschießung von Gefangenen die Regel gewesen zu sein[431]. Daß eine solche Praxis allerhöchstens unter den Bedingungen einer erdrückenden militärischen Überlegenheit der eigenen Seite nachvollziehbar war und daher unter den gegebenen Umständen eigentlich nur der Partisanenführung in die Hände arbeitete, wurde nicht zuletzt durch den Mut der Verzweiflung, mit dem sich die bei »Schwarz« Eingeschlossenen ihren Weg freigekämpft hatten, klar hervorgehoben. In einem Schreiben vom 6. Juli an den Oberbefehlshaber Südost erläuterte der Regimentskommandeur des 4. Rgt. »Brandenburg«, wie seiner Ansicht nach hierdurch ein regelrechter Teufelskreis begründet wurde: »*Die seitherige Methode, alle Partisanen unterschiedlos zu erschießen, konnte niemals zum Erfolg führen. Viele Partisanen sind es erst durch ein Zusammenwirken verschiedener Umstände geworden: Ustascha-, Muselmanen-, oder Cetnik-Greuel, Not und Hunger, Terror und Zwang durch andere Partisanen. Sie bleiben Partisanen, weil der Weg zurück durch die deutschen Befehle verbaut ist. Sie haben Heimat und Familie verloren, so kämpfen sie bis zum Tode.*«[432]

Falls dieser Brief tatsächlich zum Auslöser einer kritischen Selbstüberprüfung geworden sein sollte, scheint dies nicht aktenkundig geworden zu sein; immerhin fällt auf, daß genau einen Monat später der Kommandierende General in Serbien einen Befehl erließ, nachdem im Kampf gefangene Aufständische nur noch zu erschießen seien, wenn »*besondere Umstände*« dies erforderten[433]. Zwölf Tage später folgte gar ein Grundsatzbefehl des OKW, der einer Kehrtwende um 180 Grad gleichkam: »*im Kampf ergriffene oder sich ergebende Bandenangehörige*« waren von nun an als Kriegsgefangene zu behandeln[434]. Ob die Umsetzung einer so revolutionären Anordnung auch gegen eine im Chaos des NDH-Staates gewachsene und mit einer beträchtlichen Eigendynamik versehene Repressionspolitik möglich sein würde, mußte sich freilich noch zeigen.

Noch vor dem eigentlichen Abschluß von »Schwarz« stellte sich dem Oberbefehlshaber Südost die Frage des nächsten Operationsschwerpunkts. Seit längerer

---

430 Broucek, *General im Zwielicht*, S. 309 f. (Eintrag vom November 1943).
431 AUSSME, M3/19 Relazione sul ciclo primavera-estate 1943 (o.D.).
432 BA/MA, RH 24-15/3 Rgt. Brandenburg an Oberbefehlshaber Südost (6.7.1943).
433 BA/MA, RW 40/44 KTB-Eintrag vom 6.8.1943.
434 Im Original nicht auffindbar, im Schriftverkehr der folgenden Monate aber mehrmals erwähnt, so z.B. in BA/MA RW 4/714 b. Am 1.3.1944 auch von Hitler im Gespräch mit dem kroatischen Außenminister bestätigt. Siehe ADAP, Serie E, Bd. VII, S. 472–477 Aufzeichnung über die Unterredung zwischen dem Führer und dem kroatischen Ministerpräsidenten Mandić in Schloß Kleßheim am 1. März 1944 in Anwesenheit des RAM, des kroatischen Außenministers Peric und des Generalfeldmarschalls Keitel (5.3.1944).

Zeit im Gespräch waren sowohl die Lika als auch Slawonien. Darüber hinaus stellten die wenn auch abgekämpften Brigaden um Tito, denen der Durchbruch nach Ostbosnien gelungen war, besonders nach der Vereinigung mit anderen Verbänden eine erhebliche Bedrohung des dortigen Industriegebietes dar. Dies zeigte sich in aller Deutlichkeit, als die 5. Kraijina-Division am 29. Juni auf das rechte Bosnaufer übersetzte und das bei Kakanj gelegene Kohlebergwerk zerstörte[435].

Obwohl der Sicherung der Lika durch deutsche oder kroatische Verbände aufgrund des gerade abgeschlossenen italienischen Rückzugs große Bedeutung zukam, drängten die kroatische Regierung, der deutsche Gesandte und scheinbar auch Glaise von Horstenau vor allem auf eine slawonische Operation[436]. Neben der Sicherung der Bahn Agram–Belgrad ging es ihnen vor allem darum, die Rahmenbedingungen für die Einbringung der Ernte des einzigen Überschußgebietes des Staates zu schaffen[437]. So gab Kasche am 7. Juni seiner Zuversicht Ausdruck, daß gerade abgeschlossene italienische und kroatische Operationen ausreichen würden, die Lika auf absehbare Zeit feindfrei zu halten[438]. In Anbetracht von Kasches inzwischen schon notorischem Zweckoptimismus ist nicht anzunehmen, daß Löhr bei seiner Entscheidungsfindung auf diese zweifelhafte Beurteilung gebaut hat. Noch bevor aber eine endgültige Entscheidung gefallen war, zwang die Bedrohung der ostbosnischen Industrieanlagen zu einer improvisierten Großoperation gegen die Hauptstreitmacht des Gegners. Gemeinsam mit Teilen der »Prinz Eugen« operierte die 369. (kroat.) ID vom 28. Juni bis 18. Juli im Raum zwischen Tuzla und Zvornik gegen mehrere Divisionen der Volksbefreiungsarmee. Die ansatzweise gebildete Umfassung wurde jedoch in der Nacht vom 15. auf den 16. Juli durchbrochen, das Unternehmen am 19. Juli beendet[439]. Aufgrund des anschließenden Abzugs der Gruppe um Tito nach Westen glaubte Lüters einen Teilerfolg verbucht zu haben; ob für diese Entscheidung des Obersten Stabes der deutsche Druck in Ostbosnien oder aber die Absicht des Obersten Stabes sich für die Eventualität der italienischen

---

435 Strugar, *Volksbefreiungskrieg*, S. 147.
436 In diesem Zusammenhang ist daran zu erinnern, daß der Bevollmächtigte General die Befehlsgewalt über diesen Kriegsschauplatz am 23. Juni wieder an Lüters abgegeben hatte; KTB OKW, Bd. III.1, S. 684 (Eintrag vom 22.6.1943).
437 BA/MA, RH 31 III/7 Kasche an Auswärtiges Amt (7.6.1943).
438 Ebd. Zum italienischen Operationsabschnitt (Unternehmen »Lika« u. »Dinara«, 19.5.–5.6.1943) Talpo, *Dalmazia III*, S. 755–788.
439 Der einzig bekannte Deckname des Unternehmens (»369. ID-SS-Division«) kann als deutliches Indiz für den improvisierten Charakter dieser Operation angesehen werden. Da nur noch Fragmente der Kriegstagebücher beider Verbände erhalten sind, ist die Quellenlage als außerordentlich schlecht zu bezeichnen, was auch in den jeweiligen Divisionsgeschichten seinen Ausdruck findet: Während Schraml, *Kriegsschauplatz Kroatien*, S. 54 von der Beteiligung der »*Masse*« der »Prinz Eugen« spricht, erwähnt Kumm, *Prinz Eugen*, S. 92 für den fraglichen Zeitraum lediglich »*kleinere Unternehmen NO Sarajevo.*«

Kapitulation günstig zu positionieren ausschlaggebend war, läßt sich nicht mit letzter Sicherheit sagen[440]. Tito kehrte jedenfalls Ende Juli mitsamt seinem Stab nach Westbosnien zurück, wo seit dem Teilerfolg von »Weiß« das frühere befreite Gebiet im Begriff war, wieder einen ähnlich großen Umfang anzunehmen wie vor Januar 1943. Eine weiträumige Verteilung der existierenden Divisionen[441] und weitere Aufstellungen[442] sollten in Folge die Wiederholung einer Situation, in der – wie Anfang März und Anfang Juni – den Deutschen die Gelegenheit zur Einkesselung von knapp der Hälfte der Großverbände der Volksbefreiungsarmee auf engstem Raum gegeben wurde, praktisch unmöglich machen.

Unterdessen war die Likaoperation, wie vom Gesandten Kasche gefordert, zugunsten einer Unternehmung in Slawonien zurückgestellt worden. Neben den Wünschen der kroatischen Verbündeten[443] war diese Entscheidung auch auf eine Wiederbelebung des alten Streits um die Cetniks zurückzuführen: Als Ende Juni Robotti sich weigerte, wie von Löhr gefordert, die in der Lika und im angrenzenden Norddalmatien operierenden Cetnikverbände (besonders den des orthodoxen Geistlichen Momčilo Djujić) noch vor dem Eintreffen deutscher Verbände in dieser Region zu entwaffnen, hatte dies eine vorläufige Absage von deutscher Seite zur Folge[444]. Die wachsende Bedeutung des slawonischen Kriegsschauplatzes läßt sich daraus ablesen, daß das jetzt anlaufende Unternehmen »Paula« mit Teilen von vier Divisionen und eines motorisierten Regiments[445] durchgeführt wurde und außerdem denselben Großraum zum Ziel hatte (Papukgebirge und Umgebung), der kaum drei Monate zuvor schon von der 187. Res.-Div. und einem Dutzend kroatischer Bataillone durchkämmt worden war (Unternehmen »Braun«, 20. März bis 2. April 1943)[446]. Obwohl »Paula« (8. bis 19. Juli 1943) und die zeitlich etwas versetzt anlaufende Operation »Varazdin« (14. bis 25. Juli 1943) eine recht beträchtliche Beute erbrachten, blieb ein entscheidender Erfolg auch diesmal aus[447].

---

440 BA-Lichterf., R 58/659 Ic-Lagebericht 1.–31. Juli 1943 (1.8.1943). Nach der Darstellung von Djilas, *Wartime*, S. 302 f. scheint ersterer Grund ausschlaggebend gewesen zu sein.

441 Dedijer, *War diaries II*, S. 307 (Eintrag vom 15.6.1943) u. S. 371 (Eintrag vom 10.8.1943). Im selben Zusammenhang scheint auch eine permanente Aufsplitterung des Obersten Stabes erwogen worden zu sein, vgl. ebd., S. 355 (Eintrag vom 18.7.1943).

442 Zwischen Mitte Mai und Mitte Juli 1943 stieg die Zahl der Divisionen der Volksbefreiungsarmee von 11 auf 17. Vgl. Dedijer, *War diaries III*, S. 390, wo die Aufstellung der altserbischen Divisionen allerdings fehldatiert ist.

443 BA/MA, RH 31 III/14 Pavelić an Glaise (3.6.1943). In diesem Brief äußerte der »Poglavnik« die Sorge, daß bei einem Ausbleiben der Operation die gesamte Ernte der Region ausfallen könnte.

444 BA/MA, RH 19 VII/7 KTB-Eintrag vom 27.6.1943.

445 KTB OKW, III.2, S. 765 (Eintrag vom 9.7.1943) erwähnt »*Kampfgruppen der 187. Res.-Div., der 114. und der 100. Jg.-Div., der 373. (kroat.) Inf.-Div. und des Gren.-Rgts. (mot.) 92*«.

446 BA/MA, RH 2/683 Lagebeurteilung OB Südost März 1943 (1.4.1943).

447 Laut BA-Lichterf., R 58/659 Ic-Lagebericht 1.–31.7.1943 (1.8.1943) konnten 6 Maschinengewehre und 438 Gewehre sichergestellt werden. Die ausführlichste Schilderung von »Paula« – wenn auch auf die Perspektive eines der beteiligten Verbände beschränkt – bietet Hanns Neidhardt, *Mit Tanne*

In Anbetracht der Wochen ununterbrochener Kampftätigkeit, die unmittelbar auf »Schwarz« folgten, mußten die Erfolge, die bei diesem als Krönung des seit Januar laufenden Operationszyklus konzipierten Großunternehmens erzielt worden waren, in einem ganz anderen Licht erscheinen. Obwohl ein zwischen Istrien und Albanien anlandender Gegner mittelfristig nicht mehr auf die Unterstützung geschlossen auftretender Großverbände von Partisanen oder Cetniks rechnen konnte, gab sich der Oberbefehlshaber Südost über die Möglichkeit, diesen Raum wirklich dauerhaft zu befrieden, keinen Illusionen hin[448]; selbst in bezug auf den gerade erst freigekämpften montenegrinischen Raum wollte er im Hinblick auf alliierte Landungsversuche nur von einer vorübergehenden Sicherung sprechen[449]. Die Richtigkeit dieser Prognose läßt sich daran ablesen, daß die Partisanen noch während des Rückzugs aus dem Kessel einige ausgesuchte politische Kadergruppen zurückgelassen hatten[450] und bereits am 8. August die 2. Proletarische Division aus Ostbosnien zurück nach Montenegro schickten. Dort sollten die Unfähigkeit der Achsenpartner, ein Sicherheitskonzept zu entwickeln, das an die Stelle von Pirzio-Birolis untergegangenen »Kondominiums« hätte treten können[451], und der Wechsel in den Prioritäten der deutschen Besatzer zu einem Machtvakuum führen, das der Volksbefreiungsarmee in dieser Provinz nach einer kurzen Übergangszeit optimale Entfaltungsmöglichkeiten bieten sollte[452].

Auch abseits des montenegrinischen Schlachtfeldes begünstigte die allgemeine Lageentwicklung die Sache der KPJ: So manifestierten sich inzwischen auch innerhalb der zur Jahreswende 1942/43 noch als weitgehend »neutral« eingestuften moslemischen Volksgruppe deutliche Sympathien für die Partisanen[453]. Volkstumspolitisch kaum weniger bedeutsam war, daß bei der zweiten der kroatischen Legionsdivisionen (der 373. ID) bereits nach zweimonatigem Einsatz einige der Verfallserscheinungen auftraten, die Glaise bereits zu Anfang des Jahres prognostiziert hatte. Dies allerdings nicht nur als Folge einer überstürzten Ausbildung und der Bürgerkriegssituation, in der sich ihre Mannschaften wiederfanden, sondern durch die demoralisierende Wirkung, die die unveränderte Natur des Pavelić-Regimes auf

und Eichenlaub: Kriegschronik der 100. Jäger-Division, vormals 100. leichte Infanterie-Division (Graz u. Stuttgart 1981), S. 242–249. Siehe ferner BA/MA, RH 24-15/4 Lagebericht der Gruppe West vom 27.6.–26.7.1943 (26.7.1943).

448 BA/MA, RH 19 VII/1 Aktenvermerk über die Chefbesprechung am 21.6.1943.
449 BA/MA, RH 2/684 Lagebeurteilung OB Südost (Obkdo. HGr E) Juni 1943 (o.D.).
450 Djilas, Wartime, S. 269 f.
451 Versuche der 118. Jägerdivision, die durch die Pogrome vom Januar und Februar 1943 traumatisierten Moslems des Sandžak für den antikommunistischen Kampf zu gewinnen, wurden von den Italienern beharrlich sabotiert. Vgl. BA/MA, RW 40/43 KTB-Einträge vom 16.7. und 18.7.1943.
452 Djilas, Wartime, S. 303 f.; Strugar, Volksbefreiungskrieg, S. 153.
453 Djilas, Wartime, S. 310; Dedijer, War Diaries II, S. 363 (Eintrag vom 2.8.1943).

die kroatischen Soldaten ausübte[454]. Der Ustascha-Staat hatte die Chance zu umfangreicher Reformarbeit, die die Bedrängung der Partisanen im ersten Halbjahr geboten hatte, ungenutzt verstreichen lassen und zeigte sich unfähiger denn je, dem zerrütteten Staat einen halbwegs soliden Unterbau zu verleihen. In seinem letzten Monatsbericht als Befehlshaber der deutschen Truppen in Kroatien nahm Rudolf Lüters sich dieses Themas geradezu mit besonderer Hingabe an: Die kroatische Wehrmacht bezeichnete er als *»das lebende Waffenarsenal der Kommunisten«*, die Regierung als *»unfähig und ohnmächtig«*. Seine Bemerkung, man könne an *»der völligen Zerrüttung des kroat. Staatswesens nicht weiter vorbeigehen und nur halbe Lösungen suchen«*, dürfte mit hoher Wahrscheinlichkeit als Spitze gegen die Politik des Bevollmächtigten Generals in Agram und dessen Versuche, *»mehr hinter den Kulissen zu steuern«*, zu verstehen gewesen sein. Seine abschließende Bemerkung (*»Die Zeit drängt, wenn die Heilung dieses kranken Staatsgebildes noch ohne Gefahr für Europa erfolgen soll.«*) ist um so bemerkenswerter, als Lüters sich immer als denkbar unpolitischer General verstanden hatte[455].

Trotz eines umfangreichen und noch vor einem knappen Jahr wohl undenkbaren militärischen Aufwandes mußten Lüters und Löhr gegen Ende Juli feststellen, daß von den während der letzten zwei Monate errungenen Erfolgen sich mal wieder nur die als dauerhaft erwiesen hatten, die man dem italienischen Bundesgenossen abgetrotzt hatte. So hatte beispielsweise das deutsche Eindringen in die östliche Herzegowina die Italiener dazu bewogen, Ambrosios Bewertung vom 14. März endlich in die Tat umzusetzen und das Prestigeobjekt Mostar am 5. Juni der 373. (kroat.) ID zu überantworten[456]. Ferner erließ Ambrosio am 12. Juli eine Weisung, die die bisherigen in Cetnikfragen erlassenen Befehle zusammenfaßte und noch einmal bekräftigte: Bis August seien alle noch existierenden Cetnikverbände aufzulösen (die der Lika nach Abschluß der laufenden Operationen), wobei auch an eine Wiederverwendung in anderer Form nicht gedacht sei. Als Grund gab er neben einer verständlichen Enttäuschung über den geringen Gefechtswert dieser Verbände die Sorge über deren Verhalten im Falle einer alliierten Landung sowie interessanterweise auch die kompromißlos ablehnende Haltung des deutschen Verbündeten an[457]. Von einer weitverbreiteten Einsicht italienischerseits, daß in Anbetracht der eigenen Schwäche eine, und sei es nur vorübergehende, Übertragung der eigenen Position in Jugoslawien an den deutschen Bündnispartner unvermeidlich sei, war freilich auch

---

454 BA/MA, RH 24-15/41 373. (kroat.) ID an Befehlshaber der deutschen Truppen in Kroatien (22.7.1943).

455 BA/MA, RH 24-15/63 Bfh.d.dt.Tr.i.Kroat. Abt.Ic, Lagebericht 1.–31.7.1943 (1.8.1943).

456 Testo dell'accordo fra il generale Giuseppe Amico, comandante della divisione »Marche«, ed il generale Zellner per il passaggio delle consegne del presidio di Mostar (28.5.1943); in: Talpo, *Dalmazia III*, S. 679–683.

457 Comunicazione del Capo di S.M.G., generale Vittorio Ambrosio, al Ministero per gli Affari esteri, sulla eventuale riorganizzazione delle formazioni cetniche (12.7.1943); abgedruckt in: ebd., S. 738 f.

jetzt nichts zu spüren. Als recht anschaulich ist in diesem Zusammenhang ein Schreiben zu werten, welches der Unterstaatssekretär für die Marine Admiral Ricardi am 26. Juni an Generalstabschef Ambrosio richtete und in dem er sich zu den Folgen der Ende März wiederaufgenommenen Rückzugbewegung der 2. Armee für die Küstenverteidigung äußerte. Die völlige Entblößung zweier Küstenstriche in Nordwestkroatien (ca. 60 km) und der Herzegowina (ca. 20 km), die sich hieraus ergeben hatte, bereitete Ricardi erhebliche Sorgen; dies allerdings weniger aufgrund denkbarer feindlicher Landungen als der Möglichkeit einer *»inframettenza tedesca«*, durch die spätestens der bei Kriegsende unbedingt wieder anzustrebende *»piu rigoroso totalitario controllo«* in Frage gestellt werden könnte[458].

5.4. Der Seitenwechsel Italiens und der Verlust der Initiative

In der Einschätzung des italienischen Bundesgenossen trat bei Hitler die entscheidende Wende im Monat Mai 1943 ein. Wenn bis dahin sein Unmut über das militärische Versagen des Achsenpartners noch von seiner Überzeugung, in Mussolini einen unbedingt zuverlässigen Verbündeten zu haben, kompensiert worden war, scheint sich diese Einstellung mit dem Fall von Tunis schlagartig geändert zu haben. Zurückzuführen war dies ohne Zweifel auf die Erkenntnis, daß diese Niederlage, anders als frühere militärische Rückschläge, eine unmittelbare Bedrohung des italienischen Mutterlandes darstellte, an der das faschistische Regime in jedem Falle zerbrechen würde. So lag der erste Entwurf für eine Weisung, der im Falle eines Seitenwechsels Italiens zu treffenden Maßnahmen (*»Die Entwicklung der Lage kann es erforderlich machen, daß die Verteidigung des Balkans allein durch deutsche und bulgarische Truppen erfolgen muß.«*) bereits am 19. Mai 1943 unterschriftsfertig vor[459]. Für denselben Tag sind zudem Äußerungen des deutschen Diktators belegt, daß man Sorge tragen müsse, von einer für die nahe Zukunft zu erwartenden *»Schweinerei«* in Italien nicht überrascht zu werden[460]. Anderenfalls, so fügte er einen Tag später hinzu, liefe man insbesondere auf dem Balkan Gefahr, mit einer *»uferlosen Pleite«* konfrontiert zu werden[461].

---

458 AUSSME, Diari Storici, Bd. 1499 Unterstaatssekretär Ricardi an Comando Supremo (26.6.1943).
459 Walther Hubatsch (Hrsg.), *Hitlers Weisungen für die Kriegführung 1939–1945* (Koblenz 1983), S. 217 f.
460 Helmut Heiber (Hrsg.), *Hitlers Lagebesprechungen. Die Protokollfragmente seiner militärischen Konferenzen 1942–1945* (Stuttgart 1962), S. 207 (Besprechung des Führers mit Feldmarschall Keitel am 19. Mai 1943).
461 Ebd., S. 231 (Sonderbesprechung, 20.5.1943).

Trotz einer Vorwarnzeit von gut zwei Monaten scheint die Nachricht von der Absetzung und Verhaftung Mussolinis (25. Juli 1943) Hitler dennoch tief getroffen zu haben. Er drohte damit, *»das ganze Gelichter auszuheben«*[462], und erteilte erste Weisungen, die ein handstreichartiges Vorgehen der gerade in Italien dislozierten Wehrmachtverbände gegen die neue Regierung Badoglio und die gewaltsame Befreiung Mussolinis zum Gegenstand hatten. Nur mit großer Mühe und nachdem immer mehr Indizien gegen einen unmittelbar bevorstehenden Seitenwechsel der neuen Regierung zu sprechen schienen, gelang es einigen seiner militärischen Ratgeber (insbesondere Großadmiral Karl Dönitz und dem Chef des Wehrmachtführungsstabes, Alfred Jodl), ihn bis zum Abend des 28. Juli von dieser Entscheidung wieder abzubringen[463].

Der auf diese Weise erreichte Aufschub mußte nun vor allem dazu dienen, für den unvermeidlichen Tag von Italiens Kriegsaustritt die befürchtete *»uferlose Pleite«* zu vermeiden. Daß diese Einschätzung gar nicht mal eine Übertreibung darstellte, zeigt ein Fernschreiben Lüters an den Oberbefehlshaber Südost vom 29. Juli 1943. Dort beschrieb er die Situation, vor der sich die gegenwärtig unter seinem Kommando befindlichen Verbände sehen würden, falls ihnen die Aufgabe zufallen sollte, die Italiener zu entwaffnen, ihre hierdurch verlängerten Nachschublinien zu decken und gleichzeitig noch den Schutz der dalmatinischen Küste zu übernehmen. Im Hinblick auf die Ausweitung des zu bewachenden Raumes, die so entstehen würde, sowie unter besonderer Berücksichtigung der negativen Auswirkungen, die eine *»Änderung der politischen Lage«* auf den Kampfwert seiner beiden Legionsdivisionen haben würde, hielt Lüters seinen Kampfauftrag für so gut wie undurchführbar: *»Unter diesen Verhältnissen ist eine Entwaffnung der 5 ital. Divisionen und eine Küstenverteidigung unmöglich. Die Notwendigkeit zum Einsatz deutscher Verbände Richtung Küste wird zweifellos auch die Bevölkerung zum allgemeinen Aufstand veranlassen. Ein erheblicher Rückschlag für die deutschen Truppen könnte die Folge sein.«*[464]

In Anbetracht der Verbände, die dem Befehlshaber der deutschen Truppen in Kroatien Ende Juli noch zur Verfügung standen, waren diese Sorgen durchaus nachvollziehbar. So war ihm nach dem Abschluß von »Weiß« erst die 717. ID, nach »Schwarz« die 1. Gebirgsdivision entzogen worden. Darüber hinaus hatte die Fortsetzung der italienischen Rückzugbewegung (April/Mai) aus der Zone II seinem Verantwortungsbereich weitere Gebiete Kroatiens und Bosniens hinzugefügt.

---

462 Ebd., S. 316 (Abendlage vom 25.7.1943).
463 Siehe hierzu die Protokollfragmente der Lagebesprechungen vom 25. und 26. Juli 1943, in ebd., S. 269–368 sowie die Eindrücke eines Teilnehmers der fraglichen Besprechungen in BA/MA, N 671/11 Tagebuch Wolfram von Richthofen, S. 258–266 (Einträge vom 27.7., 28.7. u. 29.7.1943).
464 BA/MA, RH 24-15/5 Lüters an den Oberbefehlshaber Südost (29.7.1943).

Nachdem auch die neu aufgestellte 100. Jägerdivision nach einem zweimonatigen Einsatz in Syrmien und Slawonien (Juni/Juli) abgezogen worden war[465], verblieben Lüters neben der 187. (Res.) ID, die eigentlich reinen Besatzungsaufgaben vorbehalten war, noch die 114. und 118. Jägerdivision, die SS-Division »Prinz Eugen« sowie die 369. (kroat.) ID und 373. (kroat.) ID. Hierbei wäre allerdings noch zu vermerken, daß die Einsatzbereitschaft dieses letzten Verbandes schon Anlaß zu einiger Sorge gegeben hatte und die 118. Jägerdivision noch in Montenegro gebunden war und in dieser Eigenschaft dem Kommandierenden General in Belgrad unterstand. Freilich stellte dieser Aufmarsch in Anbetracht der Absichten, mit denen OKW und Oberbefehlshaber Südost sich noch im Februar getragen hatten, noch eine relativ hohe Truppenkonzentration dar. Wohl unter dem Eindruck der ersten Erfolge von »Weiß« hatte Löhr damals allen Ernstes an die Möglichkeit gedacht, die beiden Legionsdivisionen nach Serbien und die »Prinz Eugen« nach Griechenland zu verlegen. Auf dem Gebiet des NDH-Staates sollte im wesentlichen der Zustand vom Dezember 1942 wiederhergestellt, d.h. ganz Kroatien der 714. und 718. ID, möglicherweise mit Unterstützung der 187. (Res.) ID, überlassen werden[466].

Da Hitlers Hauptsorge bei der Verstärkung des Südostraums[467] natürlich dem invasionsgefährdeten griechischen Raum galt, mußte Lüters Befehlsbereich – wie erstmalig schon im November 1942 geschehen – vor allem mit Verbänden vorliebnehmen, die entweder noch in der Aufstellung begriffen waren oder aber reine Ausbildungsformationen waren. So wurde beispielsweise für den Bereich Syrmien und Slawonien der 187. (Res.) ID bis Ende Juli noch die 173. (Res.) ID zur Seite gestellt. Auch bei der 297. ID, der SS-Division »Nordland« und der SS-Brigade »Nederland« handelte es sich nicht um voll frontverwendungsfähige Verbände. Erstere war die Neuaufstellung einer in Stalingrad untergegangenen Einheit und verband seit Mitte Juli die Ausbildung ihrer Mannschaften mit Besatzungsaufgaben in Serbien. Auch die beiden SS-Verbände, die im August zum III. (germ.) SS-Panzerkorps zusammengefaßt worden waren, sahen sich vor die Herausforderung gestellt, nicht auf einem Truppenübungsplatz, sondern beim Partisanenkampf im Raum um Agram zu einer vollwertigen Einheit zusammenwachsen zu müssen.

Gemeinsam war all diesen Verbänden, daß das OKW in ihrer eingeschränkten Einsatzbereitschaft keinen Hinderungsgrund sah, sie auf diesem Nebenkriegsschauplatz, wo mittelfristig mit keinem »neuzeitlichen« Gegner zu rechnen war, den

465 Neidhardt, *Tanne und Eichenlaub*, S. 249 f.
466 KTB OKW, Bd. III.1, S. 120 (Eintrag vom 12.2.1943), S. 134 (Eintrag vom 15.2.1943). Ursprünglich scheint auch geplant gewesen zu sein, die zu Jahresanfang neugebildeten Jägerbrigaden des kroatischen Heeres gemeinsam mit ihren deutschen »Patendivisionen« nach Griechenland zu schicken; Broucek, *General im Zwielicht*, S. 232 (Eintrag vom Juni 1943).
467 Der entsprechende Befehl geht auf den 15. Juli 1943 zurück; siehe KTB OKW, Bd. II.2, S. 792 (Eintrag vom 15.7.1943).

Platz vollwertiger Divisionen einnehmen zu lassen. Freilich konnte Lüters selbst diese spärlichen Zuteilungen nicht uneingeschränkt für sich beanspruchen: In Anbetracht der besonderen Landungsgefahr, mit der in Montenegro im Falle einer italienischen Kapitulation zu rechnen war, wurde die 297. ID diesem Bereich zugeteilt und verblieb somit vorerst im Befehlsbereich des Kommandierenden Generals in Belgrad[468].

Die Verstärkung des Südostraums ging einher mit einer umfassenden Umbildung der örtlichen Kommandostrukturen. Bereits am 15. Mai hatte das Comando Supremo die Unterstellung der besonders invasionsgefährdeten Räume Herzegowina (VI. AK), Montenegro (XIV. AK), Albanien (9. Armee) und Griechenland (Comando Superiore Forze Armate della Grecia, ab 1. Juni 1943: 11. Armee) unter eine neugebildete Heeresgruppe Est (Ost) unter Generaloberst Ezio Rosi verfügt[469]. Die deutsche Seite hatte sich derweil zwei Ziele gesetzt: einerseits eine grundlegende Vereinfachung der existierenden Befehlswege zu erreichen, andererseits endlich die schon lange angestrebte Unterstellung wenn nicht aller, dann doch eines Großteils der italienischen Truppenverbände unter den Oberbefehlshaber Südost durchzusetzen. Letzteres Anliegen war dem Comando Supremo zuletzt wieder am 4. Juli angetragen worden; anders als zu Beginn des Jahres, sollte die wachsende deutsche Truppenpräsenz in Griechenland sowie die zwischenzeitlich durch die Invasion Siziliens entstandene kritische Lage diesmal den schnellen Abschluß eines Kompromisses ermöglichen. Dieser war ganz auf den deutschen Wunsch zurechtgeschnitten, die Abschnitte, wo eine feindliche Landung am wahrscheinlichsten schien, unter deutsches Kommando zu stellen. Auf diese Weise kam mit Wirkung vom 27. Juli ganz Griechenland mit der 11. Armee (Generaloberst Carlo Vecchiarelli) unter den Oberbefehlshaber Südost, der Peloponnes unter das LXVIII. AK. Zum Ausgleich wurden die in Nord- und Mittelgriechenland, Albanien, Montenegro sowie dem ägäischen Raum dislozierten deutschen Einheiten den örtlichen italienischen Generalkommandos unterstellt[470]. Ähnliches sollte auch für die »küstennahen« Gebiete Kroatiens gelten, die noch von der 2. Armee besetzt waren. Obwohl dies einer Wiederbelebung des alten Streits um die Befehlsgewalt in der Zone II Tür und Tor zu öffnen schien, scheinen sich die konkreten Auswirkungen dieses Befehls in sehr engen Grenzen gehalten zu haben: soweit nachvollziehbar, hat besagte Definition jedenfalls nicht für die Gebiete der demilitarisierten Zone gegolten, die kraft vorausgegangener Vereinbarungen bereits von deutschen Truppen besetzt waren (z.B. Mostar). Die am 20. August erteilte Aufforderung Robottis an den deut-

---

468 KTB OKW, Bd. III.2, S. 735 Schematische Kriegsgliederung (7.7.1943).
469 Battistelli, *Comandi e divisioni*, S. 225. Die Unterstellung Montenegros erfolgte erst am 1.7.1943.
470 KTB OKW, Bd. III.2, S. 841 f (Eintrag vom 26.7.1943).

schen Verbündeten, die Zone II bis zur Küste zu besetzen[471], bedeutete dann auch schon das Ende dieses eher theoretischen Unterstellungsverhältnisses.

Sehr viel weniger eindeutig als die immerhin seit Anfang 1942 angestrebte Lösung dieser Streitfrage fiel das Ergebnis der Bemühungen um die Vereinfachung der vorhandenen Befehlswege aus; Herzstück dieses Reformwerks war die mit Wirkung vom 15. August geschaffene Dienststelle des Militärbefehlshabers Südost in Belgrad (General der Infanterie Hans-Gustav Felber). Diese verband die bisherigen Aufgaben des Kommandierenden Generals in Serbien mit der der obersten territorialen Dienststelle und Spitze der gesamten Militärverwaltung im Südostraum[472]. In der Tat konnte dem Grundgedanken, die übrigen Territorialbefehlshaber im Hinblick auf größere Kampfhandlungen von Aufgaben zu entbinden, die keinen operativen Charakter aufwiesen, eine gewisse Logik nicht abgesprochen werden. Trotzdem waren nicht alle Betroffenen davon überzeugt, daß mit diesem Arrangement eine sinnvolle Lösung gefunden worden war. Ein geradezu bissiges Urteil fällte beispielsweise der Bevollmächtigte General in Kroatien: »*In der Besprechung mit Löhr und Foertsch wurde beschlossen, mich als Bevollmächtigten dem Feldmarschall Weichs zu unterstellen, in allen Territorialfunktionen jedoch dem Militärbefehlshaber Südost, der in Belgrad residieren und zugleich die Militärverwaltung in Serbien führen wird. General der Infanterie Felber, der diese Funktion ausüben wird, soll ein netter, feiner Mann sein. Ihm untersteht ein besonderer Militärbefehlshaber Griechenland. Der ganze Apparat untersteht seltsamerweise nicht Weichs, sondern dem Generalquartiermeister Generalleutnant Wagner im Oberkommando des Heeres. Feldmarschall Weichs ist nur berechtigt, in Dingen der engeren Truppenbedürfnisse Weisungen zu erteilen. Warum denn einfach, wenn es auch kompliziert geht?*«[473]

Wie nicht anders zu erwarten, waren diese Umstrukturierungsprozesse im Südosten auch mit einem erheblichen Stühlerücken verbunden. Das erste Opfer war der Militärgouverneur Montenegros. So war Pirzio-Biroli durch die unstete Politik, die er in den vergangenen Wochen besonders gegenüber dem deutschen Verbündeten betrieben hatte (anfängliche Ablehnung deutscher Militärhilfe, gefolgt von wiederholten Hilferufen, dann erbitterter Widerstand gegen den deutschen Einmarsch bei »Schwarz«, schließlich erneutes Beharren auf fortgesetzter Truppenpräsenz), bei

---

471 BA/MA, RH 31 III/11 Der Bevollmächtigte General in Kroatien an OKW und OB Südost (24.8.1943).
472 KTB OKW, Bd. III.2, S. 786 (Eintrag vom 14.7.1943).
473 Broucek, *General im Zwielicht*, S. 251 (Eintrag vom Juli/August 1943). Zur anhaltenden Kontroverse um die Funktion dieser neuen Dienststelle vgl. BA/MA, RH 19 XI/5 OKH an Mil. Befh. Südost (8.11.1943), Oberbefehlshaber Südost, O.Qu. an OKH (17.11.1943), Militärbefehlshaber Südost an OKH (19.11.1943), Oberbefehlshaber Südost, Ia (20.11.1943) sowie den Abschlußbericht in RW 40/116 b.

Ambrosio und, wie es scheint, auch bei Mussolini selbst in Ungnade gefallen[474]. Unter dem Vorwand, daß die im »Comando Truppe Montenegro« zusammengefaßten Verbände ab dem 1. Juli nicht mehr, wie bisher, unmittelbar dem Comando Supremo, sondern der neu geschaffenen Heeresgruppe Est unterstanden, wurde er an diesem Tag auf den Posten eines Gouverneurs ohne Truppenkommando beschränkt; am 20. Juli mußte er auch diese Stelle räumen. Aus ähnlich gelegenen, wenn auch quellenmäßig schwerer zu belegenden Motiven scheint sich die Ablösung von Generaloberst Alexander Löhr vom Posten des Oberbefehlshabers Südost vollzogen zu haben. Obwohl er sein Heeresgruppenkommando behielt, wurde der Befehlsbereich seiner Dienststelle auf den griechischen Raum reduziert[475]; ein Antrag Löhrs, seine Unterstellung unter den neuen Oberbefehlshaber auf rein taktische Belange zu beschränken, wurde von Generaloberst Jodl abgelehnt[476]. Für den übrigen Balkan wurde am 26. August eine neue Heeresgruppe F geschaffen, deren Befehlshaber (Generalfeldmarschall Maximilian Freiherr von Weichs) zugleich auch neuer Oberbefehlshaber Südost wurde[477]. Bereits einige Tage zuvor war eine Kommandoebene tiefer die Auflösung der Dienststellen des »Befehlshabers der deutschen Truppen in Kroatien« (Lüters) und des »Kommandierenden Generals und Befehlshabers in Serbien« (Bader) vollzogen worden. Während die so frei gewordenen Stäbe zwei neue Generalkommandos im kroatischen (XV. Geb. AK) bzw. montenegrinisch-albanischen Raum (XXI. Geb. AK) übernahmen, wurde Lüters' alter Befehlsbereich, um Albanien und Montenegro erweitert, am 26. August der 2. Panzerarmee (General der Infanterie Lothar Rendulic) unterstellt. Diesem unterstanden nun vier neugeschaffene Generalkommandos: Während das LXIX. (Res.) AK (Dehner) mit seinen beiden Reservedivisionen den slawonischen Raum hielt, trafen das III. (germ.) SS-Korps (Steiner), das XV. (Geb.) AK (Lüters) und das XXI. AK (Bader) Vorbereitungen, um bei der Nachricht von der täglich erwarteten Kapitulation Italiens auf die adriatische Küste vorzustoßen und die ehemaligen Bundesgenossen zu entwaffnen. Dem zahlenmäßig schwächsten SS-Korps fiel dabei die Sicherung des Nordwesten des Landes zu, wobei die Linie Bosanski

---

474 DDI, Nona Serie, Vol. X, S. 563 f. Il capo dell'ufficio territori occupati, Pietromarchi, al sottosegretario agli esteri, Bastianini (16.6.1943).
475 OKW/WfSt, Besondere Anordnungen Nr. 3 zur Weisung Nr. 48 (7.8.1943) in: Hubatsch, *Führerweisungen*, S. 224–227. Broucek, *General im Zwielicht*, S. 250 (Eintrag vom Juli/August 1943) zur Frage der neuen Kommandostruktur: »*Löhr wird offenkundig schlecht behandelt.*« Inwiefern der Ablösung Löhrs ein bestimmter Anlaß (etwa der unbefriedigende Verlauf von »Schwarz«) zugrundelag, dürfte anhand der vorliegenden Quellen nicht mehr zu ermitteln sein; siehe hierzu Erwin Pitsch, *Generaloberst Alexander Löhr. Bilder – Daten – Dokumente*. Ungedr. Manuskript, Wien (o.J.) S. 652–659.
476 Ebd., S. 659.
477 OKW/WfSt, Besondere Anordnungen Nr. 3 zur Weisung Nr. 48 (7.8.1943) in: Hubatsch, *Führerweisungen*, S. 224–227.

Novi–Bihać–Gospic die Grenze zum XV. (Geb.) AK darstellte; diesem war der gesamte übrige Teil des NDH-Staates als Operationsfeld zugewiesen[478]. Da die Wahrscheinlichkeit, gleichzeitig mit der Entwaffnung auch die Abwehr eines alliierten Landungsversuchs durchführen zu müssen, am größten in Albanien und Montenegro war, wies das auf diese Räume angesetzte XXI. AK die größte Truppenkonzentration auf: neben drei Divisionen (100. und 118. Jägerdivision und 297. ID) noch ein motorisiertes Grenadierregiment (Gr. Rgt. 92).[479] Die unmittelbarste Folge dieser Umgruppierung in Richtung Küste war ein weitgehender Verzicht auf *»aktive Bandenbekämpfung mit größeren Kräften«*[480].

Der Krieg gegen die Volksbefreiungsarmee würde sich auf absehbare Zeit auf Vorstöße in Jagdkommandostärke beschränken müssen. Es ist nicht auszuschließen, daß es diese operative Selbstbeschränkung war, die Mitte August den letzten Anstoß zur Einrichtung eines Lehrgangs gab, in dem diese Form des Kleinkriegs nicht mehr als Provisorium, sondern als Chance, die Volksbefreiungsarmee mit ihren eigenen Waffen zu schlagen, aufgefaßt wurde. Unter der Führung eines ehemaligen Ic-Offiziers der 714. ID begannen deutsche und kroatische Soldaten auf einem Gelände bei Banja Luka damit, den Einsatz in *»Volltarnung«*, d.h. als Partisanen verkleidet, zu üben; soweit nachvollziehbar, waren Einsätze vergleichbarer Art bis dahin ausschließlich den Einheiten der Division »Brandenburg« vorbehalten gewesen[481]. Obwohl diese Art der Partisanenbekämpfung in Kriegstagebüchern und Divisionsgeschichten so gut wie gar keinen Niederschlag gefunden hat, scheint sie der Führung der Volksbefreiungsarmee zeitweise doch erhebliche Sorgen bereitet zu haben; nach Ansicht eines prominenten Zeitzeugen ging von ihr gar eine potentiell größere Bedrohung als von den meisten deutschen Großoperationen aus[482].

Wie nicht anders zu erwarten, hatte der bevorstehende Kriegsaustritt Italiens nicht nur Vorbereitungen auf militärischem Gebiet zur Folge. So bot die entscheidende Verlagerung der politischen Gewichte auf dem westlichen Balkan, die mit diesem Ereignis sicherlich eintreten würde, einigen deutschen Entscheidungsträgern eine willkommene Gelegenheit, die im April 1941 erfolgte Gebietsverteilung im allgemeinen und die Gründung des NDH-Staates im besonderen zur Diskussion und

---

478 BA/MA, RH 24-15/25 Armeebefehl Nr. 1 für die Besetzung der Adria-Küste und für die Entwaffnung der ital. Wehrmacht (9.9.1943).

479 BA/MA, RH 21-2/592 Aufstellung für Fall »Achse« (3.9.1943); RW 40/44 KTB-Eintrag vom 7.8.1943: *»OB in Saloniki weist darauf hin, daß Albanien im Vordergrund des Interesses stehe.«*

480 BA/MA, RH 24-15/2 Befehlshaber der deutschen Truppen in Kroatien an den Oberbefehlshaber Südost (24.8.1943).

481 BA/MA, RH 24-15/65 Vorschlag für die Bandenbekämpfung im kroatischen Raum (5.8.1943); RH 24-15/65 Lehrgang Hauptmann Konopatzki. Erfahrungsbericht über den ersten Bandenjägerlehrgang, 23.8.–20.9.43 (23.9.1943).

482 Befragung Dr. Vladimir Velebit in Zagreb (9. u. 10.5.1998).

damit in Frage zu stellen. Den Anfang machte eine Denkschrift des Wehrmachtführungsstabes vom 21. August 1943. Ein Ausscheiden Italiens aus dem Achsenbündnis, so der unbekannte Verfasser, würde *»die einmalige Gelegenheit bringen,
die dortigen durch die bisherige Rücksichtnahme auf italienische Interessen verfahrenen Verhältnisse grundlegend neu zu gestalten«.* Konkret forderte er die
Unabhängigkeit Albaniens, den Anschluß der annektierten italienischen Küstengebiete an den NDH-Staat sowie die Angliederung Montenegros, Syrmiens sowie
der serbisch besiedelten Teile Ostbosniens an die deutsche Militärverwaltung in
Serbien. Um den Eindruck zu vermeiden, daß die deutsche Führung nur aus
Schwäche handeln würde, müßten diese Maßnahmen allerdings so schnell wie möglich nach einer italienischen Kapitulation durchgeführt werden; nur so wäre in dieser Kriegsphase noch der Eindruck zu vermitteln, entsprechende Pläne hätten schon
längere Zeit auf ihre Umsetzung gewartet[483]. Obwohl diese Auflistung interessanterweise das Hauptproblem deutscher Besatzungspolitik auf dem Balkan – den NDH-
Staat – ausklammerte, sollte auch dieser noch Eingang in die nun folgende
Diskussion finden[484]. Zu verdanken war dies in erster Linie dem neuen Befehlshaber
auf dem Kriegsschauplatz Kroatien. So gab Lothar Rendulic bei seinem Antrittsbesuch beim Gesandten Kasche diesem zu verstehen, daß sein Auftrag auch eine
Teilentmachtung kroatischer Behörden beinhalten würde; die Wahrung der kroatischen Souveränität erfordere nach seiner Ansicht lediglich eine *»optische Rücksichtnahme«*[485]. In seiner Antwort vom 21. August bezeichnete der Gesandte Ritter dies
als *»abwegig«* und wies Kasche darauf hin, daß Fragen der Militärverwaltung überhaupt nicht in den Zuständigkeitsbereich der Befehlshabers der 2. Panzerarmee fallen würden[486]. Die Art, in der sich Rendulic eingeführt hatte, scheint im Auswärtigen
Amt jedenfalls die Befürchtung geweckt zu haben, daß der Befehlshaber der 2.
Panzerarmee die durch Italiens bevorstehenden Kriegsaustritt gegebenen Umstände
zu einer weitgehenden Entmachtung des NDH-Staates ausnutzen könnte. Um dem
vorzubeugen, zitierte von Ribbentrop Kasche Ende August zum Vortrag ins

---

483 BA/MA, RW 4/706 WfSt/Qu 2 an Botschafter Ritter (21.8.1943). Siehe auch KTB OKW, Bd. III.2,
S. 962 (Eintrag vom 17.8.1943).
484 Bereits am 2. August 1943 hatte Löhrs Generalstabschef seine diesbezüglichen Hoffnungen deutlich zum Ausdruck gebracht: *»Es wird wahrscheinlich dahin hinauslaufen, Kroatien in den
Ausnahmezustand zu versetzen und unter dem Schutz der deutschen Waffen eine neue Regierung zu
bilden.«* Vgl. BA/MA, RH 19 VII/1 Aktennotiz über die Chefbesprechung am 2.8.1943
(13.8.1943).
485 PA/AA, StS Kroatien, Bd. 5, 696 Kasche an Auswärtiges Amt (19.8.1943).
486 PA/AA, StS Kroatien, Bd. 5, 696 Ritter an Kasche (21.8.1943).

Führerhauptquartier[487]. Dort lieferte der Gesandte im Beisein seines Ministers Hitler in den späten Abendstunden des 30. August ein umfassendes Plädoyer für die Erhaltung des Pavelić-Regimes. Gegebene Mängel stritt er nicht grundsätzlich ab, sondern stellte sie als im Abnehmen begriffen dar; darüber hinaus bestand er darauf, daß der nach wie vor höchst unbefriedigende gegenwärtige Zustand von Verwaltung und Armee des kroatischen Staates vor allem eine Folge der gezielten Vernachlässigung durch die Italiener und (in einem etwas geringeren Maße) den scheidenden Oberbefehlshabers Südost sei[488]. Schließlich führte von Ribbentrop noch einen Punkt an, der ganz besonders in Anbetracht der Kriegslage im Spätsommer 1943 von nicht unwesentlicher Bedeutung war: *»Der Reichsaußenminister unterstrich Notwendigkeit der Beachtung und Beibehaltung der Ustascha als einer geistig besser gefestigten und wegen ihrer Eigenart und der Haltung unserer Feinde ihr gegenüber auf uns um jeden Preis angewiesenen Truppe.«*[489] Wenn man bedenkt, daß zu diesem Zeitpunkt der deutsche »Führer« stündlich mit dem Eintreffen der Nachricht vom Seitenwechsel seines wichtigsten Verbündeten rechnete, ist kaum anzunehmen, daß dieses Argument die von Ribbentrop erhoffte Wirkung verfehlt haben dürfte. Die von Warlimont und Jodl vorgetragenen Fallbeispiele, die unzweideutig den fortschreitenden Verfallsprozeß der kroatischen Streitkräfte belegten, dürften demgegenüber kaum ins Gewicht gefallen sein. Zum Abschluß der Besprechung versicherte Hitler Kasche, daß für die Zukunft weder die Einsetzung einer Regierung der Bauernpartei noch die Einrichtung einer reinen Militärverwaltung in Frage kämen; darüber hinaus müsse der Aufbau der kroatischen Streitkräfte *»energisch vorangetrieben werden«*[490]. Zur Umsetzung letzteren Beschlusses traf am 3. September der Bevollmächtigte General in Kroatien im Führerhauptquartier ein. Glaise von Horstenau war mittlerweile an einem Punkt angelangt, an dem er sich weder über die Natur des Pavelić-Regimes noch über den Sinn der endlosen Umstrukturierung der kroatischen Streitkräfte (*»Ein Thema, das bald zum Kotzen ist.«*)[491] noch die geringste Illusion machte. Zugleich muß ihm in Anbetracht der kritischen Kriegslage und der unmittelbar bevorstehenden Machtumwälzung auf dem Balkan bewußt gewesen sein, daß dies die vermutlich letzte Chance sein würde, eine

---

487 Inwiefern Kasches Vorsprache auch in einem Zusammenhang mit einem zur selben Zeit gerüchteweise bekanntgewordenen Versuch des kroatischen Staatschefs, ein argentinisches Visum zu erlangen, stand, war nicht zu ermitteln. Ein diesbezüglicher Bericht des Landesgruppenleiters der NSDAP/AO in Agram ging sowohl Glaise wie Kasche zu; über eine Weiterleitung an Hitler ist nichts bekannt. Vgl. Landesgruppenleiter Empting an SA-Obergruppenführer Kasche und Generalleutnant Glaise von Horstenau (26.8.1943) in: Fricke, *Kroatien*, S. 185 f.
488 ADAP, Serie E, Bd. VI, S. 503–507 Aufzeichnung des Gesandten in Agram (Zagreb) Kasche (8.9.1943).
489 Ebd., S. 505.
490 Ebd., S. 507.
491 Broucek, *General im Zwielicht*, S. 257 (Eintrag vom September 1943).

Entmachtung der Ustascha zu erreichen. Sei es, weil er angesichts der bereits in der Besprechung mit Kasche erzielten Vorentscheidung resignierte oder aber weil seine persönlichen Motive den Ausschlag gaben, plädierte er bei Hitler auch diesmal für das, was er Monate später als den Weg *»der goldenen Mitte«*[492] bezeichnen sollte. Im wesentlichen scheint ihm dabei ein Kroatien vorgeschwebt zu haben, in dem das Ustascharegime durch eine Koalition mit der Bauernpartei stabilisiert werden sollte. Die kroatische Staatspartei würde dadurch in eine nachgeordnete Rolle gedrängt oder, wie Glaise es ausdrückte, etwas weniger im *»Rampenlicht«* stehen[493]. Das Ergebnis dieser Besprechungen fand schließlich im Führerbefehl zur *»Hebung der kroatischen Wehrkraft«* vom 7. September seinen Niederschlag. Bereits dessen einleitende Sätze (*»Bei der gegenwärtigen Gesamtlage und insbesondere der Lage im Südostraum sind wir im vermehrten Maße auf eine enge Zusammenarbeit mit dem kroatischen Staat und auf weitgehende Einspannung der kroatischen Wehrkraft angewiesen. Dies erfordert eine einheitliche, bejahende Einstellung aller deutschen Dienststellen zum kroatischen Staat.«*)[494] stellten eine denkbar unmißverständliche Absage an alle Entmachtungsbestrebungen der Art dar, wie sie zuletzt von Rendulic vorgetragen worden waren. Des weiteren befaßte sich der Befehl mit der Einrichtung zusätzlicher Verbindungssstäbe, regelmäßigem Offiziersaustausch sowie der Aufwertung der Dienststelle des Deutschen Bevollmächtigten Generals; bei der Ziffer, die sich mit der *»Bekämpfung augenblicklicher Verfallserscheinungen«* befaßte, wurde u.a. die Notwendigkeit hervorgehoben, *»abfällige Äußerungen über Mängel des kroatischen Staates und der kroatischen Wehrmacht zu unterlassen«*[495]. Da auch die Möglichkeit einer Militärverwaltung ausdrücklich verneint wurde, kann nur vermutet werden, daß der Führerbefehl der 2. Panzerarmee noch nicht vorlag, als das III. (germ.) SS-Panzerkorps auf Weisung von Rendulic und unter Billigung des Sonderbeauftragten Neubacher sich am 8. September anschickte, in der kroatischen Hauptstadt die vollziehende Gewalt zu übernehmen. Eine Intervention Glaise von Horstenaus, die den befürchteten *»Pallawatsch«* (Glaise) in scheinbar letzter Minute verhindern konnte[496], wurde dann am folgenden Tag durch einen weiteren Befehl des Wehrmachtführungsstabes noch einmal bekräftigt: *»Der Führer hat entschieden, daß eine Beeinträchtigung der Souveränität des Poglavnik nicht erfolgen darf. Antrag auf Übertragen der vollziehenden Gewalt in Kroatien auf den Oberbefehlshaber der 2. Pz.-Armee und eine über den bisherigen Rahmen hinaus-*

---

492 Ebd., S. 307 (Eintrag vom November 1943).
493 Aufgrund der strikt ablehnenden Haltung der Bauernpartei kam dieser Plan nicht übers Theorethische hinaus. Vgl. ebd., S. 247 (Eintrag vom Juli/August 1943) u. S. 282 (Eintrag vom September 1943).
494 Moll, *Führer-Erlasse,* S. 353–356.
495 Ebd.
496 Broucek, *General im Zwielicht,* S. 267 (Eintrag vom September 1943).

gehende Unterstellung der kroatischen Wehrmacht wird abgelehnt.«[497] Daß Hitler in derselben Weisung auch die seit August angekündigte Ernennung[498] des Bevollmächtigten Generals zum Territorialbefehlshaber für Kroatien[499] verfügte, stellte nur bei oberflächlicher Betrachtung eine recht substantielle Konzession dar. Zum einen, weil der Befehlsbereich der neuen Dienststelle von vornherein auf die Gebiete beschränkt war, die sowieso schon unter deutscher vollziehender Gewalt standen (im wesentlichen Bosnien-Herzegowina)[500]; zum anderen, weil die Praxis der folgenden Wochen zeigen sollte, daß diese neue Institution ohne eigenes Fundament blieb: Da praktisch ganz Kroatien mittlerweile Kriegsgebiet war, sah Glaise sich nicht nur außerstande, Feldkommandanturen einzurichten, die ihre Arbeit auch jenseits der jeweiligen Stadtgrenzen ausüben konnten, sondern wurde auch mit der Unmöglichkeit konfrontiert, genügend Mann für eine eigene, bodenständige Truppe zugeteilt zu bekommen[501]. Unter diesen Bedingungen mußte die neue Dienststelle gezwungenermaßen ein Torso bleiben.

Die eindrucksvolle Bestätigung, die seine bisherige Politik seit der Unterredung mit Hitler erfahren hatte, mag den Gesandten Kasche mit dazu bewogen haben, am 9. September seinerseits auch einen Vorschlag für einen radikalen Kurswechsel der deutschen Kroatienpolitik vorzulegen. Ungeachtet der Abfuhr, die er sich im April in der Frage der Waffenstillstandsverhandlungen bei seinem Minister geholt hatte, plädierte er dafür, den italienischen Kriegsaustritt nicht nur für verstärkte Überläuferpropaganda, sondern auch für eine erneute Kontaktaufnahme zu Tito zu nutzen. Er sei, so Kasche, *»für Ausnützung jeder Möglichkeit, die zum Einstellen seines Kampfes gegen uns führen könnte«.* Interessanterweise hielt der Gesandte in der Frage einer Kontaktaufnahme zu Mihailović dagegen *»größte Vorsicht für geboten«*[502].

Unterdessen war auch das Ereignis eingetreten, das maßgeblich zur Entscheidung Hitlers vom 30. August beigetragen hatte: Am späten Nachmittag des 8. September

---

497 BA/MA, RW 4/714 b OKW an Oberbefehlshaber Südost (9.9.1943).
498 OKW/WfSt, Besondere Anordnungen Nr. 2 für Weisung Nr. 48 in: Hubatsch, *Führerweisungen*, S. 223 f. In der ursprünglichen Fassung der Weisung Nr. 48 (26.7.1943) war die Dienststelle des Befehlshaber der deutschen Truppen in Kroatien für diese Aufgabe vorgesehen; vgl. ebd., S. 218–223.
499 Ebd.
500 ADAP, Serie E, Bd. VII, S. 6 Frohwein an die Gesandtschaft in Agram (Zagreb) und an den Sonderbevollmächtigten des Auswärtigen Amtes für den Südosten (1.10.1943).
501 BA/MA, RH 19 XI/39 Der Deutsche Bevollmächtigte General in Kroatien an den Militärbefehlshaber Südost (20.10.1943).
502 ADAP, Serie E, Bd. VI, S. 511 Kasche an Auswärtiges Amt (9.9.1943). Die Vermutung liegt nahe, daß die Art, in der Hitler sich bei Kasches Vortrag vom 30.8.1943 zu diesem Thema geäußert hatte (*»Der Führer machte hierzu wohl eine ablehnende Bemerkung, ohne sich aber entschieden dagegen zu erklären.«*), den Gesandten zu dieser Initiative ermutigt hatte. Vgl. ebd., S. 503–507 Aufzeichnung des Gesandten in Agram (Zagreb) Kasche (8.9.1943). Eine Antwort von Ribbentrop auf diesen Vorschlag konnte nicht ermittelt werden.

hatte der Oberbefehlshaber der alliierten Streitkräfte im westlichen Mittelmeer, Dwight D. Eisenhower, über Radio Algier die Nachricht von der italienischen Kapitulation verbreitet. Obwohl seit Lüters pessimistischer Prognose vom 29. Juli die deutschen Truppen in Kroatien nicht unwesentliche Verstärkungen erhalten hatten, sah sich sein Nachfolger Rendulic immer noch einer scheinbar unlösbaren Aufgabe gegenüber: Zur Entwaffnung von über 300.000 italienischen Soldaten und der Sicherung von gut 1.000 Kilometern Küste standen ihm nur fünf auch nur annähernd vollwertige Divisionen (»Prinz Eugen«, 369. kroat. ID sowie 100., 114. und 118. Jägerdivision)[503] mit einem eher symbolischen Luftschirm[504] zur Verfügung. Erschwerend kam noch hinzu, daß in Montenegro deutsche Truppen gerade mal in Divisions-, in Albanien gar nur in Regimentsstärke zur Verfügung standen[505].

Mit das einzige, was für einen Erfolg des deutschen Zugriffs (Fall »Achse«) sprach, war die völlige Orientierungslosigkeit, die am Abend des 8. September in den Stäben der italienischen 2. Armee und der Heeresgruppe Est vorherrschte. Zurückzuführen war dies auf die Politik der Regierung Badoglio, die einerseits nach wochenlangen Verhandlungen am 3. September einen Waffenstillstand mit den Westalliierten abgeschlossen, zugleich es aber versäumt hatte, Vorkehrungen für die unvermeidliche Konfrontation mit dem deutschen Bundesgenossen zu treffen. In der älteren italienischen Literatur wird dieser Zustand nicht selten mit der Notwendigkeit zur Geheimhaltung und der mangelhaften Bereitschaft zur Zusammenarbeit seitens der Angloamerikaner begründet[506]. Sehr viel wahrscheinlicher ist jedoch, daß die italienische Militärführung bis zur buchstäblichen letzten Minute bemüht war, sich auch die Option einer fortgesetzten Kriegführung an der Seite Deutschlands offenzuhalten, und je nach Lageentwicklung auch nicht vor der Zurückweisung des

---

503 Beim III. (germ.) SS-Panzerkorps sowie der 297. ID handelte es sich um halbausgebildete Verbände, während das Gren.-Rgt. (mot.) 92 sich zur »Auffrischung« in diesem Raum befand. Keinen Anteil am Vorstoß auf die Küste hatte die ebenfalls halbausgebildete 373. (kroat.) ID sowie die in Nordkroatien dislozierten Reservedivisionen (187. und 173.). Siehe hierzu KTB OKW, Bd. III.2, S. 1018 (Eintrag vom 27.8.1943) sowie BA/MA, RH 24-15/41 373. (kroat.) ID an den Befehlshaber der deutschen Truppen in Kroatien (22.7.1943).

504 BA/MA, RH 24-15/25 Befehl des Fliegerführers Kroatien für die Unterstützung des Heeres bei der Besetzung der Adria-Küste (9.9.1943). Zur Unterstützung der zur Sicherung der Küste vorstoßenden Verbände vermochte der Fliegerführer nur eine Staffel oder Schwarm (12 bzw. 4 Maschinen) Sturzkampfbomber pro Division abzustellen.

505 Da Anfang September erst einige Vorhuten der 100. Jägerdivision auf albanisches Gebiet vorgedrungen waren, mußte Rendulic sich bei seinen Planungen vor allem auf die 6.000 Mann Luftwaffenpersonal stützen, die auf vier Flugplätzen des Landes lagen. Vgl. hierzu Christoph Stamm, Zur deutschen Besetzung Albaniens 1943–1944; in Militärgeschichtliche Mitteilungen 1981, Heft 2, S. 100.

506 Besonders deutlich im Fall der offiziellen Geschichtsschreibung: Mario Torsiello, *Le operazioni delle unita italiane nel Settembre-Ottobre 1943* (Rom 1975), S. 679–687.

bereits unterzeichneten Waffenstillstandsabkommens zurückgeschreckt hätte[507]. Dies zeigte sich unter anderem bei den Gesprächen, die zwei inkognito in Rom weilende amerikanische Offiziere am 7. September mit Marschall Badoglio und dem Kommandierenden General des um Rom dislozierten motorisierten Korps führten und die der Vorbereitung einer amerikanischen Luftlandung bei Rom dienen sollte; bei ihren – letztlich erfolgreichen – Versuchen, dem Ansinnen nach einer unzweideutigen und frühzeitigen Frontstellung gegen die Deutschen auszuweichen, nahmen die beiden Italiener Zuflucht bei den fadenscheinigsten Begründungen[508]. Dieser Trend trat auch in der Diktion der Befehle, die seit dem 3. September an die verschiedenen Armeeoberkommandos ergangen waren, und der Ankündigung, die Badoglio am Abend des 8. September über den Rundfunk verlas, deutlich zutage. Keine dieser Instruktionen erhielt unmißverständliche Weisungen, fortan mit den Alliierten zu kooperieren oder die Deutschen als Feinde anzusehen; lediglich Angriffe des ehemaligen Verbündeten durften abgewehrt werden[509]. Am schlechtesten standen die Verbände der Heeresgruppe Est in Montenegro, Albanien und der Herzegowina da: Während die dem Generalstabschef des Heeres unterstehende 2. Armee zumindest die verklausulierten Warnungen der »Promemoria 44/OP« und »45/OP« erhalten hatten, zog Ambrosio es vor, die Stabschefs der seinem Comando Supremo direkt unterstellten Armeen in Rom sukzessive persönlich zu instruieren und wurde so von den Ereignissen des 8. September überholt[510].

Der Unwillen der Regierung Badoglio, klar Stellung zu beziehen, hatte aber auch noch in einer anderen Hinsicht fatale Folgen. Obwohl nach dem Sturz Mussolinis die Entscheidung zum Waffenstillstand mit den Alliierten eigentlich sämtliche militärischen Entscheidungsprozesse hätte beherrschen müssen und Generalstabschef Roatta daher ganz folgerichtig seine Armeeoberkommandos bereits am 30. Juli anwies, den Deutschen in nächster Zeit keine Schlüsselstellungen mehr zu überlassen[511], sollte in Folge genau dies mehrfach passieren. Dieser italienischen Interessen diametral entgegengesetzte Prozeß trat nirgendwo so deutlich zutage, wie auf der Halbinsel selbst[512], aber auch auf dem Balkan lassen sich Beispiele dafür anführen. Hierbei mögen sich bei der Fortsetzung der Rückzugbewegung auf die Küste und

---

507 Siehe hierzu die überzeugende Beweisführung von Elena Agarossi: diess., *A nation collapses. The Italian surrender of September 1943* (Cambridge 2000), S. 50–102.
508 Ebd., S. 86–89. Clay Blair, *Ridgway's paratroopers. The American Airborne in World War II* (New York 1985), S. 119–143.
509 Frank P. Verna, *Yugoslavia under Italian rule 1941–1943* (University of California PhD 1985), S. 475–486.
510 Talpo, *Dalmazia III*, S. 867–871. Von angloamerikanischer Seite war bei Abschluß des Waffenstillstands nur zu erfahren gewesen, daß dieser bis zum (nicht am) 12. September publik gemacht werden würde.
511 Ebd., S. 859.
512 Torsiello, *Settembre-Ottobre 1943*, S. 24–26.

der endgültigen Räumung der Zone II[513] Vorteile und Nachteile insofern noch die Waage gehalten haben, als hierdurch die Deutschen zwar eine günstige Ausgangsposition gewinnen konnten, Robottis Truppen dafür aber ihren möglichen Evakuierungshäfen näher kamen[514]. Anders verhielt es sich dagegen bei der Überlassung mehrerer Flugplätze in Dalmatien, Montenegro und Albanien[515]; diese Konzession sollte Rendulic die Möglichkeit geben, in den kritischen 48 Stunden nach Verkündung des Waffenstillstands kleinere Truppenkontingente in die Gebiete zu werfen, die sich noch außer Reichweite seiner Divisionsvorhuten befanden. Vielen italienischen Stäben wurde so erst gar nicht die Möglichkeit gegeben, die erste Unsicherheit zu überwinden und den Widerstand zu organisieren.

Neben der beim ehemaligen Bundesgenossen vorherrschenden Ungewißheit war es vor allem die schnelle Durchführung von »Achse« durch die 2. Panzerarmee, die in den folgenden Tagen den Ausschlag gab. Obwohl auch auf deutscher Seite einige gravierende Pannen zu verzeichnen waren[516], gelang doch in den meisten Fällen entweder eine kriegsmäßige Überrumpelung oder, wenn die Lage dies nicht zuließ, eine schrittweise Vereinnahmung der meisten italienischen Kommandostellen. Diese lief in der Regel darauf hinaus, daß zahlenmäßig weit unterlegene deutsche Verbände die Übernahme von Schlüsselpositionen und die Abgabe der Waffen forderten, um dann nach kurzer Verhandlung mit der Auslieferung der schweren Waffen sowie der Mitbenutzung bzw. Besetzung wichtiger Kommunikations- und Verkehrseinrichtungen einen scheinbaren Kompromiß zu akzeptieren. Wenn dann nach wenigen Tagen die völlige Entwaffnung und Internierung eines italienischen Truppenverbandes angekündigt wurde, war dieser in der Zwischenzeit in eine so nachteilhafte Position geraten, daß an bewaffneten Widerstand nicht mehr zu denken war. Für den Erfolg dieser Vorgehensweise war weniger massive Gewaltanwendung als eine Mischung von Bluff, Hinterlist und – im Gegensatz zum befohlenen »rück-

---

513 BA/MA, RH 21-2/613 Verbindungsstab beim ital. AOK 2 an Oberbefehlshaber Südost (20.8.1943). Nach einer Aussage vom September 1946 wollte Robotti den Befehl zur Fortsetzung des Rückzugs erst mehrere Tage später erhalten haben. Die an sich naheliegende Vermutung, daß es sich hierbei um eine Weisung gehandelt haben muß, die bereits der Vorbereitung des Seitenwechsels diente, wird bei Talpo bedauerlicherweise nicht näher untersucht; Talpo, *Dalmazia III*, S. 863.

514 Aus Sicht des Stabes des Oberbefehlshabers Südost lag bei dieser Entwicklung der Vorteil ganz klar auf deutscher Seite; BA/MA, RH 19 VII/1 Aktennotiz über die Chefbesprechung am 23.8.1943.

515 Talpo, *Dalmazia III*, S. 861.

516 Eine verfrühte Auslösung des Falls »Achse« ereignete sich am 1. August 1943 in Athen, als aufgrund eines Mißverständnisses eine Luftwaffeneinheit mit der Entwaffnung italienischer Soldaten begann, vgl. BA/MA, RH 19 VII/1 Aktennotiz über die Chefbesprechung am 2.8.1943 (13.8.1943). In Albanien ergab sich die Situation, daß der deutsche Verbindungsstab bei der Heeresgruppe Est nicht einmal die Bedeutung des in den frühen Morgenstunden des 9. September durchgegebenen Stichworts »Achse« kannte. Zur Einholung näherer Instruktionen mußte mit Erlaubnis von Generaloberst Rosi das italienische Fernsprechernetz benutzt werden; RH 31 X/8 Übersicht über die Ereignisse in Albanien vom 8. bis 15. Sept. 1943 (15.11.1943).

sichtslosen Durchgreifen« – diplomatischem Fingerspitzengefühl vonnöten. Nur so war es möglich, daß bis Mitte September italienische Divisionen oft von Verbänden in Bataillonsstärke entwaffnet werden konnten[517]. Dort, wo italienische Truppen sich allerdings zum bewaffneten Widerstand entschlossen, geschah dies nicht selten, weil eine übereilte Eröffnung der Feindseligkeiten von deutscher Seite ihnen praktisch keine andere Wahl gelassen hatte[518]. In den Fällen, wo der Ablauf der Ereignisse noch Zeit für eine wie auch immer geartete Entscheidungsfindung ließ, hing der Erfolg von »Achse« nicht zuletzt auch von der Haltung der italienischen Befehlshaber auf Armee-, Korps- und Divisionsebene ab. Hierbei kam Rendulic sehr entgegen, daß die Befehlshaber der Heeresgruppe Est (Rosi), der 9. Armee (Dalmazzo)[519] sowie des VI. und XVIII. Korps (Piazzoni bzw. Spigo)[520] den deutschen Forderungen weitgehend entgegenkamen; andere, wie der Kommandeur der Infanteriedivision »Brennero«, erklärten sich gar in aller Form dazu bereit, auf die deutsche Seite überzutreten[521]. Der Oberbefehlshaber der 2. Armee (Robotti) und der Kommandierende General des V. Korps (Scuero) zogen es wiederum vor, ihren Offizieren »Handlungsfreiheit« zu überlassen und sich dann fluchtartig nach Italien abzusetzen[522]. Von den 18 italienischen Großverbänden (16 Divisionen und zwei Sonderformationen), die sich am 8. September im Befehlsbereich der 2. Panzerarmee befunden hatten, waren bis Ende des Monats 11 vollständig entwaffnet und teilweise auch schon nach Deutschland in die Internierung abtransportiert worden[523]. Drei Divisionen waren mehr oder weniger geschlossen zu den Partisanen übergegangen (»Taurinense« und »Venezia« in Montenegro, »Firenze» in Albanien)[524], Teilen von zwei weiteren (»Emilia« in Montenegro, »Murge« in Slowenien) war die Flucht auf dem See- bzw. dem Landweg gelungen[525]. Zu Kampfhandlungen größeren Ausmaßes kam es vor allem bei der Einnahme von Split durch die »Prinz

---

517 So geschehen in Südalbanien, wo 14.000 Soldaten der Divisionen »Arezzo« und »Pinerolo« von 1.090 Mann des 2. Regiments der Division »Brandenburg« entwaffnet wurden; BA/MA, RH 21-2/603 Division Brandenburg an Heeresgruppen E und F (16.10.1943).

518 BA/MA, RH 31 X/8 Übersicht über die Ereignisse in Albanien vom 8. bis 15. Sept. 1943 (15.11.1943). Der Verfasser des Berichts sprach in diesem Zusammenhang vom »*Vorprellen einzelner deutscher Truppenteile.*«

519 Ebd.

520 Verna, *Italian rule*, S. 509–513.

521 BA/MA, RH 21-2/590 KTB-Eintrag vom 21.9.1943.

522 Verna, *Italian rule*, S. 505, 508 u. 513; Talpo, *Dalmazia III*, S. 1085–1097.

523 BA/MA, RH 21-2/753 Anlage 4 zu PzAOK 2, Ic/AO Nr. 342/43: Stand der Entwaffnung der italienischen Divisionen bis zum 1.10.1943.

524 Ebd.; Verna, *Italian rule*, S. 496 f., 522–525. Die »Taurinense« wurde bis zum 9.10.1943 allerdings im Raum Grahovo von der 118. Jägerdivision gestellt, das Gros der Truppe geriet nach kurzem Kampf in Gefangenschaft. Vgl. BA/MA, RH 24-21/84 KTB-Einträge vom 5.10., 6.10., 7.10. und 9.10.1943.

525 Verna, *Italian rule*, S. 520 f. Ein Übersetzen nach Italien gelang auch den ca. 5.000 Mann der im Raum Ploce (Herzegowina) dislozierten Küstenschutzbrigade: Talpo, *Dalmazia III*, S. 1082.

Eugen«; dort leistete ein Teil der Division »Bergamo« (Becuzzi) gemeinsam mit der 9. Division der Volksbefreiungsarmee teils hartnäckigen Widerstand, der erst am 27. September gebrochen werden konnte[526]. Einen kaum weniger bedeutenden Erfolg hatte während desselben Zeitraums allerdings auch Titos Volksbefreiungsarmee erzielt: Durch die Auflösung der 2. Armee war den Partisanen mit Ausnahme der größeren Hafenstädte die Kontrolle über die gesamte dalmatinische Küste einschließlich der vorgelagerten Inseln zugefallen[527]. Darüber hinaus war es ihnen gelungen, vielerorts den Deutschen bei der Entwaffnung der Italiener zuvorzukommen; am folgenschwersten sollte sich dies bei der Kapitulation der Divisionen »Cacciatori delle Alpi», »Isonzo» (Slowenien) und »Macerata« (Nordwestkroatien) auswirken: Praktisch das gesamte Arsenal dieser drei Großverbände floß in die Aufstellung neuer Brigaden der Volksbefreiungsarmee[528]. Zusammen mit der Beute, die bei der Entwaffnung kleinerer Verbände anfiel, sowie dem Material, das die überlaufenden Divisionen mitbrachten, fielen den Partisanen auf diese Weise über 50.000 Gewehre und fast unbegrenzte Munitionsvorräte in die Hände.

Die Erfolge, die Tito beinahe gleichzeitig im Landesinneren erzielen konnte, waren allerdings kaum weniger bedeutsam. Bedingt durch die Konzentrierung deutscher Kräfte auf die Sicherung des Küstenbereichs und der dort hinführenden Hauptstraßen, mußten weite Teile Bosniens praktisch dem Zugriff der Volksbefreiungsarmee preisgegeben werden. Das im Herbst des vergangenen Jahres noch so heißumkämpfte Jajce mitsamt seinen Industrieanlagen wurde bereits Mitte August geräumt[529], was Tito eine strategisch wichtige Abrundung seines neuen befreiten Gebietes in Westbosnien ermöglichte. Noch weitaus dramatischer entwickelte sich die Lage weiter östlich, wo Rendulic sich gezwungen gesehen hatte, die Sicherung Ostbosniens fast vollständig den Streitkräften des NDH-Staates zu überlassen[530]. In einem Feldzug, der mit der Eroberung der Industriestadt Tuzla (2. Oktober 1943) eingeleitet wurde, gelang es dem sieben Brigaden zählenden I. Bosnischen Korps

---

526 Ebd., S. 1135–1169. Hierbei konnte von einem geschlossenen und zentral gelenkten Einsatz der »Bergamo« allerdings keine Rede sein; im Urteil von Gerhard Schreiber, *Die italienischen Militärinternierten im deutschen Machtbereich* (München 1990), S. 200 wurde der Widerstand im wesentlichen von den Partisanen getragen. Nach dem Fall der Stadt wurden mindestens 60 Offiziere der »Bergamo« von einem Standgerichtverfahren zum Tode verurteilt und erschossen; vgl. ebd., S. 202. Eine ausführliche (wenn auch höchst selektive) Schilderung der Ereignisse aus der Sicht eines deutschen Zeitzeugen findet sich bei Kumm, *Vorwärts Prinz Eugen*, S. 95–114.

527 In Military History Institute, S. 509 findet sich Titos Komunique vom 14.9.1943, in dem er eine Zwischenbilanz der bis dahin vorgefallenen Ereignisse zieht; zu diesem Zeitpunkt befanden sich an der Küste lediglich Pola, Triest und Rijeka in deutscher Hand.

528 Verna, *Italian rule*, S. 496 f., 506.

529 BA/MA, RH 21-2/609 Bfh.d.dt.Tr.i.Kroat., Ia-Lagebeurteilung für die Zeit vom 16.7.–15.8.43 (17.8.1943).

530 BA/MA, RH 24-15/10 Gen.Kdo.XV.Geb.AK, Ia-Lagebeurteilung für die Zeit vom 16.8.–15.9.43 (19.9.1943).

der Volksbefreiungsarmee, bis Monatsende fast den gesamten Raum zwischen Drina und Bosna zu besetzen[531]. Selbst die Cetniks vermochten durch die Einnahme des an Serbien angrenzenden Višegrads von diesem Machtvakuum zu profitieren, stellten durch die anschließend durchgeführten Massaker an Kroaten und Moslems aber sogleich unter Beweis, daß die Ereignisse der letzten Monate keinerlei Einfluß auf ihre volkstumspolitischen Prioritäten gehabt hatten[532].

Daß die selbständige Einnahme Višegrads innerhalb des Jahres 1943 schon fast als die Regel bestätigende Ausnahme gelten kann, zeigt die Entwicklung, die die verschiedenen Cetnikgruppen Montenegros und Kroatiens bis dahin durchgemacht hatten. Während es am Vorabend der Neretvaschlacht noch so ausgesehen hatte, als ob die Politik der Kollaboration mit dem italienischen Besatzer im Begriff war, eine bürgerkriegsentscheidende Dividende zu erbringen, hatten die folgenden drei Monate Mihailović und seinen Anhängern statt dessen eine ununterbrochenen Kette an militärischen und politischen Rückschlägen beschert. So folgte auf die militärische Niederlage in der Herzegowina und Montenegro die bei »Schwarz« gewonnene Erkenntnis, daß die Italiener nicht mehr willens oder in der Lage waren, ihre nationalserbischen Bundesgenossen vor deutschem Zugriff zu bewahren. Unmittelbar darauf (23. Juni 1943) beschlosssen die britischen Chiefs of Staff, die ohnehin schon knapp bemessenen Waffenlieferungen für den jugoslawischen Widerstand fortan zu gleichen Teilen Partisanen und Cetniks zukommen zu lassen[533]; die mehr im politischen als militärischen Bereich angesiedelte Bedeutung dieses Kurswechsels sollte allerdings erst im Laufe der folgenden Monate voll zu Tage treten. Genau umgekehrt verhielt es sich dagegen mit dem letzten Rückschlag, den die Cetnikbewegung während dieses Zeitraums erlitt. Durch die Weigerung der meisten italienischen Divisions- und Generalkommandos, nach Abschluß von »Schwarz« ihre alte Rolle als Waffen- und Munitionslieferanten wiederaufzunehmen, sahen sich vor allem die Cetnikformationen aus dem herzegowinischen und montenegrinischen Raum außerstande, die durch die Kämpfe mit den Partisanen oder die Entwaffnungsaktion der Deutschen entstandenen Fehlbestände wieder zu ersetzen; eine nur vorübergehende Schwächung drohte jetzt dauerhaften Charakter anzunehmen. Wie bereits angedeutet, war diese Wende der italienischen Politik nicht nur eine Folge des deutschen Drucks, sondern auch der Enttäuschung über das militärische Versagen der Cetniks sowie der Erkenntnisse, zu denen der SIM mittlerweile durch

---

531 Colakovic, *Winning freedom*, S. 275 f.; Dedijer, *War Diaries III*, S. 50 (Eintrag vom 6.10.1943); BA/MA, RH 24-15/66 Gen.Kdo.XV.Geb.AK, Ic-Lagebericht vom 27.9. bis 27.10.1943 (28.10.1943).

532 Ebd.

533 Michael Howard, *Grand Strategy, Vol. IV* (London 1972), S. 482 f.; siehe auch Mark Wheeler, *Britain and the war for Yugoslavia 1940–1943* (New York 1980).

April 1941: die jugoslawische Armee hat kapituliert.

In den ersten Wochen kroatischer Unabhängigkeit erfeute sich das Ustascharegime noch einer kaum zu leugnenden Volkstümlichkeit. Im Bild: der »Poglavnik« Ante Pavelić (Mitte, mit erhobenem Arm) und der deutsche Gesandte SA-Obergruppenführer Siegfried Kasche bei einem Rundgang durch die kroatische Hauptstadt (April 1941).

Einer ustaschakritischen Einstellung zum Trotz vermied es Edmund Glaise von Horstenau während der dreieinhalb Jahre, die er als deutscher Militärbeauftragter in Kroatien verbrachte, sich unzweideutig für die Beseitigung des Pavelićregimes auszusprechen. Gemeinsam mit der ustaschafreundlichen Linie des Gesandten Kasche hatte dies zur Folge, daß eine Diskussion über die Möglichkeit eines Machtwechsels in Agram auf deutscher Seite viel zu spät in Gang kam. Im Bild: Auftritt Glaise von Horstenaus (zweiter v. r.) bei einem offiziellen Anlaß in Agram.

Der zweite Wehrmachtbefehlshaber Südost, General der Pioniere Kuntze, hatte diese Position nur »in Stellvertretung« seines erkrankten Vorgängers List inne.

Die Ruhe vor dem Sturm: der italienische Hochkomissar für das besetzte Montenegro Graf Mazzolini (in Zivil) zu Besuch bei der Division »Messina«. Rechts neben Mazzolini der Divisionskommandeur Carlo Tucci.

oben:
Der Oberbefehlshaber des Truppenkommando Montenegro, Generaloberst Alessandro Pirzio-Biroli.

oben rechts:
Anfang März 1942 trafen sich die Spitzen der deutschen und italienischen Besatzungsmacht in Abbazia, um über das weitere Vorgehen gegen die jugoslawischen Partisanen zu beraten. V.l.n.r.: Vittorio Ambrosio, ital. Heersgeneralstabschef; Enno von Rintelen, »Deutscher General beim Hauptquartier der italienischen Wehrmacht«; Mario Roatta, seit Ende Januar Oberbefehlshaber der 2. italienischen Armee.

rechts:
Mario Roatta, Oberbefehlshaber der für Südslowenien und Kroatien zuständigen 2. Armee. Roattas Zeit an der Spitze der 2. Armee stand im Zeichen eines abnehmenden italienischen Engagements im Krieg gegen die Partisanen. Seinen Versuchen, diese faktische Abdankung der Besatzungsmacht durch die Bewaffnung nationalserbischer Freischärler zu kompensieren, waren nur kurzfristige Erfolge vergönnt.

III

Das Waffensystem Panzer vermochte seine Stärken im bosnischen Mittelgebirge nur selten zur Entfaltung zu bringen.

Nachdem der Kommandierende General und Befehlshaber in Serbien Paul Bader Anfang 1942 mit einem Versuch zur weitgehenden Entmachtung des Ustaschastaates in Ostbosnien gescheitert war, bezog er zu politisch kontroversen Fragen seines Befehlsbereichs nur noch sehr verhalten Position. Das Bild zeigt Bader (erster v. l.) und Kuntze im Juni 1942 im Gespräch mit dem Kommandeur eines ungarischen Flußkanonenbootes.

Die Verbände, die 1941/42 auf deutscher Seite die Hauptlast der Kämpfe in Kroatien zu tragen hatten, waren für den Einsatz im Mittelgebirge nur mangelhaft ausgerüstet.

Mit der Bildung der ersten M.V.A.C.-Verbände im Frühsommer 1942 versuchte die italienische Besatzungsmacht wenigstens einen Teil des antikommunistischen Potentials der serbischen Volksgruppe in konventionelle militärische Strukturen einzubinden.

Oktober 1942: Der Gouverneur des annektierten Dalmatien, Giuseppe Bastianini, und der Kommandeur der Infanteriedivision »Zara«, Carlo Viale, schreiten die Front einer M.V.A.C.-Formation ab.

Obwohl der Einsatz nationalserbischer Freischärler durch die Besatzungsmächte auch östlich der Drina von Kontroversen begleitet war, wurde er nur auf dem Gebiet des NDH-Staates zu einem regelrechten Politikum, das wiederholt alle anderen Fragen an den Rand drängte. Das Bild zeigt kroatische Cetniks bei einer Operation mit einem italienischen Heeresverband.

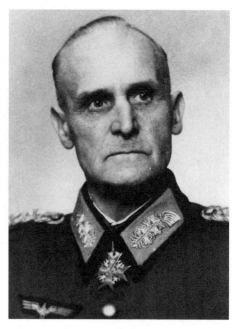

Obwohl auch der dritte Wehrmachtbefehlshaber Südost Alexander Löhr besonders in den ersten Monaten seiner Amtszeit als Befürworter unterschiedloser repressiver Maßnahmen hervortrat, ging von ihm der einzige ernstzunehmende Versuch aus, durch die Beseitigung des Pavelić-Regimes die Partisanenbewegung auch politisch zu bekämpfen.

Die Aufstellung eines nur für den Bereich des NDH-Staates zuständigen Generalkommandos (»Befehlshaber der deutschen Truppen in Kroatien«) unter Generalleutnant Rudolf Lüters (Bild) war sowohl als Konzession gegenüber der kroatischen Regierung als auch eine verspätete Reaktion auf die Verlagerung des Hauptkriegsschauplatzes in den Raum westlich der Drina zu verstehen.

Die zwölfmonatige Aus-
bildungszeit, die der 7. SS-
Freiwilligen-Gebirgsdivision
»Prinz Eugen« im Kriegsjahr
1942 zur Verfügung gestellt
wurde, hob sie deutlich über
das Gros der Verbände des
deutschen Feldheeres heraus.

Durch zahlreiche Brücken-
sprengungen gelang es der
Volksbefreiungsarmee in der
Anfangsphase des Unternehmens »Weiß I« den Vormarsch
der deutschen Spitzen erheblich zu verzögern. Im Bild:
deutsche Pioniere beim Bau
einer provisorischen Brücke.

Ein im Rahmen der Operation »Weiß I« vorstoßende deutsche Einheit erwidert Feuer aus der Flanke.

Die kroatischen Legionsdivisionen waren als reine Infanteriedivisionen ausgelegt und verfügten dementsprechend nur über eine mangelhafte Geländegängigkeit.

Die Gefährdung der Bauxitgruben in der westlichen Herzegowina (im Bild) hatte Ende Februar 1943 eine improvisierte Schwerpunktverschiebung der Großoperation »Weiß II« zur Folge.

Im Frühjahr 1943 entbrannte zwischen Deutschen, Kroaten und Partisanen ein politischer Kampf um die Mobilisierung des Wehrpotentials der moslemischen Volksgruppe. Im Bild: Plakatwerbung für die in der Aufstellung befindliche 13. SS-Division; Inspektion bei einem moslemischen Bataillon der regulären kroatischen Streitkräfte.

Am 5. Mai 1943 traf der Reichsführer SS Heinrich Himmler zu einem Kurzbesuch in der kroatischen Hauptstadt ein um Fragen zu klären, die sich hinsichtlich der Aufstellung der 13. SS-Division und dem Einsatz der neuen deutsch-kroatischen Gendarmerie ergeben hatten. Nach einem Besuch in der Gesandtschaft stand als nächstes eine Audienz bei Ante Pavelić auf dem Programm. Erste Reihe, v.l.n.r.: Himmler, der Gesandte Kasche, Generalleutnant Edmund Glaise von Horstenau, der Kommandeur der 7. SS-Division SS-Gruppenführer Arthur Phleps sowie der »Beauftragte des Reichsführers SS für Kroatien«, SS-Brigadeführer Konstantin Kammerhofer.

Der Divisionsstab der SS-Division »Prinz Eugen« bei einem Manöver wenige Tage vor Beginn der Operation »Schwarz«. Erste Reihe, zweiter v. r.: der Divisionskommandeur SS-Gruppenführer Arthur Phleps.

1943 waren die Hauptverbände der Volksbefreiungsarmee bereits stark genug, um Bombenangriffen der deutschen Luftwaffe ein lohnendes Ziel zu bieten: beim Unternehmen »Schwarz« eingesetzte Ju 87 auf dem Rückflug in ihren Heimathafen.

Am 26. August 1943 übernahm Generalfeldmarschall Maximilian von Weichs die Stellung des Oberbefehlshaber Südost. Die Aufnahme zeigt von Weichs in der Zeit, in der er als General der Kavallerie noch Kommandierender General des XIII. Armeekorps war.

Knin, am frühen Vormittag des 9. Septembers 1943: der Divisionskommandeur der 114. Jägerdivision, Generaleutnant Karl Eglseer (zweiter v. r.), erreicht auf dem Verhandlungswege die Übergabe der italienischen Garnison.

Die reibungslose Entwaffnung des ehemaligen Achsenpartners auf jugoslawischem Gebiet nach dem 8. September 1943 wäre ohne die Kooperation der meisten italienischen Dienststellen völlig undenkbar gewesen. Im Bild: Vor der Kommandantur im dalmatinischen Zara halten ein deutscher Posten und ein italienischer Militärpolizist gemeinsam Wache.

Nach dem 8. September 1943: in einem jugoslawischen Hafen warten entwaffnete italienische Soldaten auf ihre Verschiffung nach Norden.

Der Krieg gegen die Volksbefreiungsarmee mußte zu einem großen Teil mit veralteten Beutewaffen bestritten werden, welche die deutsche Wehrmacht während der siegreichen Feldzüge der ersten Kriegsjahre sichergestellt hatte.
Französischer Panzer vom Typ Renault R 35.

Kroatische Domobranen bringen ein tschechisches leichtes MG in Stellung.

Nach dem 8. September 1943 in deutsche Dienste überführte italienische Panzerspähwagen vom Typ AB 41.

Gleich nach der Entwaffnung der italienischen Verbände in Jugoslawien und Albanien galt im Frühherbst 1943 die erste Priorität des neu eingesetzten Panzerarmeeoberkommandos 2 der Sicherung der Küste und der dalmatinischen Inseln gegen eine mögliche alliierte Landung.
Da der Großteil des mitteldalmatinischen Archipels nicht dauerhaft besetzt werden konnten, wurde die Inseln nach vorheriger Sprengung vorgefundenen militärischen Geräts (im Bild ein Geschütz aus dem 1. Weltkrieg) durch periodische »Säuberungen« gesichert.

Die größte Achillesferse der Landungsoperationen gegen die größeren Inseln war der Mangel an geeigneten Übersetzmitteln.

Auf der Halbinsel Peljesać mußte im September/Oktober 1943 unerwartet hartnäckiger Widerstand der Volksbefreiungsarmee überwunden werden.

Der Armeeoberbefehlshaber, General der Infanterie Lothar Rendulic, (zweiter v. l.) inspiziert eine Geschützstellung an der dalmatinischen Küste.

Jäger der 1. Gebirgsdivision beim Winterfeldzug des V. SS-Gebirgs-Armeekorps 1943/44.

Die zwangsweise Aushebung ortsansässiger Zivilisten als Führer war bei Partisanen wie Besatzern weitverbreitete Praxis.

Die vom deutschen Polizeioffizier Krempler aufgestellte Moslemmiliz des Sandžäk leistete 1943/44 einen wichtigen Beitrag zur vorübergehenden Sicherung dieser für die Verteidigung Serbiens so wichtigen Provinz. Im Bild: Teile der Miliz auf dem Marsch.

In den Wochen, die unmittelbar auf die deutsche Besetzung Dalmtiens folgten, zeigte sich der Cetnikführer Momčilo Djujić (erster v. l.) zwar kollaborationsbereit, ohne aber persönlich in Erscheinung zu treten. Ein nach und nach zunehmendes Vertrauensverhältnis machte schließlich auch persönliche Besprechungen außerhalb seines Einflußbereiches, wie hier in der westlichen Herzegowina, möglich.

Die angloamerikanische Luftherrschaft entwickelte sich für
die 2. Panzerarmee 1944 zum
unlösbaren Problem. In Anbetracht der eigenen Unterlegenheit in der Luft lag die Abwehr
zunehmend bei der Flak, deren
sporadischen Abschußerfolge
so gut wie keinen Eindruck
beim Gegner hinterließen. Im
Bild: improvisiertes Fla-MG;
Flakbesatzung feiert den Ab-
schuß einer amerikanischen
B 24.

Hauptelement der von Arthur
Phleps ersonnenen »freien
Jagd« war ein konstantes Tempo bei der Verfolgung auswei-
chender Partisanenbrigaden.
Um dieses zu erreichen, war
die laufende Nachführung aus-
geruhter Verbände per LKW
vorgesehen. Im Bild: eine
LKW-Ladung Maulesel hat
den Einsatzort erreicht.

Der Oberbefehlshaber Südost,
Generalfeldmarschall Maximilian von Weichs, zu Besuch
bei einer Kommandostelle der
Kriegsmarine an der dalmatinischen Küste im Spätsommer
1944. Die Kontroverse, die
Kriegsmarine und Heer um die
Behauptung der größeren dalmatinischen Inseln ausgetragen hatten, sollte bereits in
wenigen Wochen durch die
weitere Lageentwicklung
gegenstandslos werden.

die Dechiffrierung des Funkverkehrs der DM-Organisation gelangt war[534]. Da dieses Waffenembargo aber von keiner Entwaffnungsaktion flankiert wurde und sich außerdem vielerorts den regionalen Begebenheiten anpaßte, konnten die alten Kontakte zwischen dem Oberkommando der 2. Armee und der politischen Führung der Cetnik-Bewegung aber weitgehend beibehalten werden. Die Beziehungen zwischen Italienern und Nationalserben traten für den Zeitraum der nächsten drei Monate vorerst in eine Art Schwebezustand ein[535], der erst mit den Ereignissen vom 8. September ein jähes Ende finden sollte. Daß diese Übergangsphase nicht gezwungenermaßen auf eine Zementierung der durch »Schwarz« geschaffenen Fakten hinauslaufen mußte, läßt sich aus diversen Quellen ablesen. So belegt ein Tagebucheintrag des italienischen Diplomaten Luigi Bolla vom 4. August, daß ein Angebot Draža Mihailovićs vorliege, für den Fall des absehbaren Kriegsaustritts Italiens eine gemeinsame Front gegen die Deutschen zu bilden[536]. Und am 1. September schlug der Oberbefehlshaber der Heeresgruppe Est, Rosi, dem Comando Supremo vor, in Zukunft seinen beiden dafür in Frage kommenden Generalkommandos (VI. und XIV. AK) in der Zusammenarbeit mit den Cetniks wieder völlig freie Hand zu lassen[537].

Die eine Woche später erfolgte Kapitulation Italiens bereitete solchen Gedankenspielen ein schlagartiges Ende und beraubte die Cetniks zugleich ihres wichtigsten Ansprech- und Bündnispartners. Da unterdessen der serbische Bürgerkrieg weiterhin zugunsten Titos verlief und der Anteil, den sich die Cetniks an der italienischen Beute hatten sichern können, ausgesprochen bescheiden ausgefallen war, liefen die verschiedenen nationalserbischen Gruppierungen Gefahr, gegenüber dem deutschen Besatzer wie der Volksbefreiungsarmee zur völligen Bedeutungslosigkeit herabzusinken. Der naheliegendste Ausweg aus diesem Dilemma lag natürlich in der Möglichkeit, durch Einstellen der Widerstandtätigkeit oder des Bürgerkriegs sich einer Seite anzuschließen und so eine Klärung der Fronten zu bewirken. Ein Versuch in die zweite Richtung war bereits im Juli unternommen worden. Unter Berufung

---

534 Ausführlicher hierzu Talpo, *Dalmazia III*, S. 610–625; Milazzo, *Chetnik movement*, S. 140–158. Eine Anfang August ausgegebene Weisung Mihailovićs an seine Unterführer, auf dem Gebiet des NDH-Staates schon mal mit der Entwaffnung der kleineren italienischen Garnisonen zu beginnen, wurde von diesen zwar nicht befolgt, dürfte aber kaum dazu beigetragen haben, Ambrosio und Robotti zu einem Umdenken in der Cetnikfrage zu veranlassen; vgl. NA, PG T 821, rl 356, fr 262–263 Abgehörte Funksprüche der Cetniks (12.8.1943).

535 Vgl. hierzu NA, PG T 821, rl 356, fr 475–476 Abgehörter Funkspruch der Mihailovic-Bewegung (5.7.1943): »*Major Bacevic an General Mihailović: Die Italiener versicherten mir, daß der derzeitige Zustand nur vorübergehend sei, und betonten wörtlich, daß man die Beziehungen in einem anderen Augenblick mit neuen Mitteln und Methoden wiederaufnehmen kann.*«

536 Zit. in Talpo, *Dalmazia III*, S. 618.

537 Comunicazione del generale Ezio Rosi, comandante del Grupo Armate Est al Comando Supremo, sulla questione cetnica e sugli intendimenti del generale Mihajlovic (1.9.1943), in: Talpo, *Dalmazia III*, S. 740–743.

auf eine Grußbotschaft Peters II. zum serbischen Nationalfeiertag (28. Juni) war Milovan Djilas zu einer – freilich ergebnislos verlaufenden – Gesprächsrunde mit hohen Cetnikführern zusammengekommen[538]. Wenngleich bei der Zurückweisung dieses Gesprächsangebots dem Veto des Oberhaupts der DM-Organisation noch entscheidende Bedeutung zugekommen war[539], ist die Rolle, die er bei der anschließenden Annäherung an die Deutschen spielte, nur bruchstückhaft belegt. Hierbei ist natürlich in Rechnung zu stellen, daß Mihailović sich im Mai wieder nach Serbien begeben hatte[540] und daher während des Spätsommers seine ohnehin schon geringen Einflußmöglichkeiten insbesondere auf die bosnischen Freischärlerverbände durch die geographische Entfernung weiter eingeschränkt sah. Andererseits dürfte ihm auch bewußt gewesen sein, daß eine Zusammenarbeit mit der deutschen Wehrmacht eine ungleich brisantere Angelegenheit sein mußte, als die Verträge mit Roatta und Pirzio-Biroli, die von einigen der ihm zuarbeitenden SOE-Offiziere in Kairo sogar gefördert worden waren[541]. So äußerte sich der oberste Cetnikführer hinsichtlich der Zusammenarbeit mit dem Okkupator am 31. Oktober dahingehend, daß eine solche Entscheidung erst vertretbar sei, »wenn die Not groß ist«[542]. Eine Weisung an den dalmatinischen Cetnikführer Djujić drei Wochen später fiel dagegen schon deutlich weniger sybillinisch aus: In Anbetracht der Tatsache, daß die nationale Sache Serbiens verraten sei, solle Djujić »mehr als bisher« mit den Deutschen zusammenarbeiten; in bezug auf seine Person konstatierte Mihailović, daß er »wegen Volksmeinung nicht mitmachen (könne)«[543]. Auch diesen ehernen Grundsatz – jeden Kontakt mit den Vertretern der Besatzungsmacht, der unzweideutig zu ihm zurückverfolgt werden konnte, unbedingt zu vermeiden – sollte Mihailović nur noch gut fünf Monate aufrechterhalten können.

Gegen eine Annäherung von Deutschen und Cetniks sprach natürlich die von vielen Nationalserben immer noch gehegte Hoffnung auf eine alliierte Großlandung, die zumindest bis Ende September aufrechterhalten wurde. Auch die im Gefolge von »Weiß« und »Schwarz« erzielten Erfolge des Bürgerkriegsgegners scheinen insbesondere bei einigen der ostbosnischen Gruppen eine nachhaltige Verunsicherung zur

---

538 NA, PG T 821, rl 356, fr 479–480 Intercettazioni radio-cetniche (18.7.1943); siehe auch Talpo, *Dalmazia III*, S. 611 f. Eine Bestätigung dieser Kontaktaufnahme findet sich in BA/MA, RH 21-2/739 Bericht über das am 16.9.43 gestellte Begleitkommando nach Berane zur Div. »Venezia« (16.10.1943).

539 NA, PG T 821, rl 356, fr 481–482 Intercettazioni radio cetniche (20.7.1943).

540 Milazzo, *Chetnik movement*, S. 144.

541 Trew, *Britain and the Chetniks*, S. 135 f., 274.

542 NA, PG T 311, rl 196, fr 221 Dienststelle F.P. Nr. 31208 an Heeresgruppe F/Ic (7.11.1943).

543 NA, PG T 311, rl 196, fr 223 Pz.AOK 2/Ic an Obkdo. Heeresgruppe F (21.11.1943).

Folge gehabt zu haben[544]. Die Zusammenarbeit mit Wehrmachtverbänden erfolgte daher oft nur unter Wahrung einer gewissen Distanz[545]; vereinzelt kam es auch zu Übergriffen gegen deutsche Soldaten[546]. In dieser Phase scheint, von den schon seit 1942 bewährten westbosnischen Formationen einmal abgesehen, Art und Umfang der Zusammenarbeit mehr von den örtlichen Begebenheiten und der Initiative einzelner Kommandeure als von irgendwelchen Weisungen aus Mihailovićs oder von Weichs' Hauptquartier bestimmt gewesen zu sein[547].

Am besten läßt sich diese Übergangssituation anhand zweier bei Lüters eingegangenen Divisionsmeldungen veranschaulichen. So berichtete die 369. (kroat.) ID am 17. August, daß nach einer schon vier Wochen zurückliegenden einmaligen Ausnahme *»sämtliche Anträge auf Lieferung von Munition an Cetniks unter Hinweis auf das Verbot des Korps, an Cetniks Waffen und Munition zu liefern, abgelehnt«* worden seien[548]. Wie häufig dieser Befehl Mitte August schon umgangen oder unterlaufen worden war, läßt sich anhand der überlieferten Quellen nicht mit Sicherheit sagen; eine Passage aus einem zwei Wochen später abgezeichneten Monatsbericht der SS-Division »Prinz Eugen« stellt jedoch mit sehr hoher Wahrscheinlichkeit eine unverblümte Kritik an eben dieser Weisung dar. Ohne die Munitionsfrage direkt anzusprechen, beschreibt der Verfasser die Einstellung der Cetniks im Divisionsbereich (Herzegowina) wie folgt: *»Die Serben haben sich z.T. weiterhin als die zuverlässigsten Verbündeten im Kampf gegen die roten Banden und damit gegen den Kommunismus erwiesen. Im Kampf gegen die Banditen sind sie jederzeit bereit, mit der deutschen Wehrmacht zusammenzugehen und sich ihr sogar zu unterstellen.«*[549]

---

544 Sehr aufschlußreich in diesem Zusammenhang die von der Gruppe um Milovan Djilas auf dem Rückzug durch Südostbosnien gesammelten Eindrücke: Djilas, *Wartime*, S. 296–300. Nach einem Ic-Lagebericht des Kommandierenden Generals und Befehlshabers in Serbien vom 18.4.1943 waren die bodenständigen Cetniks Ostbosniens gar *»in ihrer Mehrzahl zu den Kommunisten übergegangen«*; BA/MA, RH 26-104/53 Kommandierender General und Befehlshaber in Serbien, Ic-Lagebericht für die Zeit vom 2.4.–17.4.1943 (18.4.1943). Es ist anzunehmen, daß der Verfasser aus einigen bekanntgewordenen Fällen Rückschlüsse auf das putative Verhalten der gesamten Bewegung schloß; eine Übertrittswelle dieser Art hat nicht stattgefunden.

545 Schraml, *Kriegsschauplatz Kroatien*, S. 160. Ein Bataillonskommandeur der 373. (kroat.) ID über eine Anfang Juli 1943 stattgefundene Begegnung im zentralbosnischen Raum: *»In Semenovici hatten wir die erste Berührung mit Cetniks, mit denen die Division augenblicklich zusammenarbeitete. Sie haben z. Zt. ebenfalls Bewegungen in diesem Raum; wir berochen uns gegenseitig mißtrauisch und machten einen großen Bogen umeinander.«*

546 BA-Lichterf., R 58/659 Einsatzgruppe der Sicherheitspolizei und des SD. Allgemeine Stimmung und Lage (25.8.1943).

547 Ein in diesen Tagen verfaßtes italienisches Memorandum, das dem Bundesgenossen sogar Kontakte zu den herzegowinischen Cetniks vorwirft, deren Entwaffnung keine drei Monate zuvor zu einer Krise im Achsenbündnis geführt hatte, versäumt es leider die deutsche Stelle zu identifizieren, von der diese Initiative ausging. Vgl. Informativa del Servizio Informazioni dell'Esercito sui tentativi di accordo fra tedeschi e cetnici della Bosnia e dell'Erzegovina (10.8.1943) in: Talpo, *Dalmazia III*, S. 734 f.

548 BA/MA, RH 24-15/2 369. (kroat.) ID an Befehlshaber der deutschen Truppen in Kroatien (17.8.1943).

549 BA/MA, RH 24-15/10 SS-Freiw.-Div. »Prinz Eugen« an Gen.Kdo. XV. Geb. AK. (5.9.1943).

Das Ende dieser Übergangsphase ließ jedoch nicht lange auf sich warten. Als das XV. Geb. AK am 23. September die in Nord- und Zentraldalmatien dislozierte 114. Jägerdivision anwies, den Cetnikführer Djujić, dessen Entwaffnung vor dem 8. September schon diverse Male bei Robotti angemahnt worden war, dingfest zu machen, wies der Divisionskommandeur Karl Eglseer auf die praktische Undurchführbarkeit sowie die Kontraproduktivität eines solchen Unterfangens hin. In den wenigen Wochen, die seit Einrücken der Division in diesen vormaligen italienischen Besatzungsraum vergangen waren, hatten es die Cetniks nämlich verstanden, sich durch den Schutz der Verbindungswege (insbesondere der Bahn Knin–Drnis) praktisch unentbehrlich zu machen. Bei einer Festnahme Djujić's zum gegenwärtigen Zeitpunkt, so Eglseer, würde die Truppe einen »*ständigen Kampf um den eigenen Nachschub*« bestehen müssen[550].

Anders als noch vor einem Jahr, ließ es die kritische Kriegslage mittlerweile nicht mehr zu, solche Einwände einfach beiseite zu schieben. Bereits am 29. September erging daher ein Befehl der 2. Panzerarmee, der die Zusammenarbeit mit und beschränkte Munitionsversorgung von Cetnikformationen grundsätzlich sanktionierte[551]. Der veränderten Kriegslage zum Trotz sollten bestimmte Gesetzmäßigkeiten, die sich bereits bei den ersten Kontakten zwischen bosnischen Cetniks und Deutschen 1942 ergeben hatten, auch jetzt noch ihre Gültigkeit behalten. Die wichtigste betraf zweifelsohne die Art und Weise, in der das innerserbische Gleichgewicht der Kräfte sich auf die Einsatzfreudigkeit dieser Hilfstruppen auswirkte. Dies bedeutete konkret, daß die Bereitschaft der örtlichen Cetnikgruppe, sich deutschem Kommando zu unterstellen, in aller Regel in einem direkt proportionalen Verhältnis zur gegenwärtigen Stärke des kommunistischen Gegners in derselben Region stand; auf diese Weise ergab sich die paradoxe Situation, daß die wachsende Stärke der Volksbefreiungsarmee und die zunehmende Ausbreitung ihrer befreiten Gebiete dem deutschen Besatzer einen größeren bündnispolitischen Spielraum bot, als dies früher der Fall gewesen wäre. Während Djujić es gewohnt war, in Norddalmatien ein Gebiet zu verteidigen, das an kommunistisches Kernland angrenzte[552], mußte der Montenegriner Djordje Lašić diese beunruhigende Erfahrung erst nach dem 8. September machen, als der Großteil der ehemaligen Cetnik-Hochburg Montenegro schlagartig an Tito fiel[553]. Gemeinsam war beiden, daß sie in dieser Situation nicht zögerten, sich um Hilfe an den verbliebenen Achsenpartner zu wenden und diese in aller Regel auch erhielten.

---

550 BA/MA, RH 24-15/6 114. Jägerdivision, Abt. Ic an Gen.Kdo. XV. Geb. AK (4.10.1943).
551 BA/MA, RH 24-15/6 Befehl des Pz.AOK 2 vom 29.9.43 (29.9.1943).
552 BA/MA, RH 24-15/10 114. Jägerdivision an Gen.Kdo. XV. (Geb.) AK (9.10.1943).
553 BA/MA, RH 21-2/617 Feldkommandantur 1040 an Pz. AOK 2 (30.10.1943).

Der Gesandte Kasche befand sich angesichts dieser Entwicklung in einer ausgesprochen zwiespältigen Situation; einerseits hatte er noch vor wenigen Monaten für eine Förderung des serbischen Bürgerkrieges zu deutschen Zwecken plädiert, andererseits aber auch den Einsatz von Nationalserben (so er von den Italienern gesteuert wurde) als eine unerträgliche Belastung für den kroatischen Staat angesehen. Den offensichtlichen Vorzügen der gegenwärtigen Situation vermochte aber auch er sich nicht zu entziehen. So ermahnte er beispielsweise am 14. Oktober die Abwehrstelle Agram, den Cetniks mit möglichst viel Verständnis zu begegnen, weil diese doch durch das Ereigniss der italienischen Kapitulation *»gewissermaßen verwaist«* seien[554].

Unterdessen hatte der zunehmende Verfall der kroatischen Streitkräfte sowie Titos beeindruckende Geländegewinne der letzten Zeit im OKW die Diskussion um die Ausübung der Staatsgewalt in Kroatien nicht abreißen lassen. Nachdem Hitler noch am Vorabend der italienischen Kapitulation die Möglichkeit einer Militärverwaltung ausdrücklich ausgeschlossen hatte, wurde jetzt im OKW die Möglichkeit erwogen, unter formeller Respektierung kroatischer Souveränität einfach den landesweiten Ausnahmezustand auszurufen[555]. Sowohl der Oberbefehlshaber Südost als auch der Deutsche Bevollmächtigte General wurden hierzu am 21. Oktober um Stellungnahme ersucht[556]. Einig waren von Weichs und Glaise sich darin, daß eine faktische Übernahme der Regierungsgewalt zumindest kurzfristig einen Mehraufwand an einzusetzenden Kräften bedeuten würde. Während der Oberbefehlshaber Südost aber eine gewisse Neigung an den Tag legte, diese Maßnahme gutzuheißen[557], war Glaises Antwort von der für diesen Offizier typischen Ambivalenz geprägt. Wie auch schon bei früheren Beurteilungen, scheute er auch diesmal vor radikalen Einschnitten zurück (er glaubte beispielsweise, sich der Ustascha am wirksamsten über *»Entstaatlichung und langsames Absterben«* entledigen zu können) und plädierte erneut für möglichst unsichtbare Eingriffe von deutscher Seite (*»Möglichst nicht regieren, sondern kontrollieren ...«*). Neu war, daß er jetzt die Möglichkeit, den Poglavnik zu exilieren, ins Gespräch brachte und zudem die Einsetzung eines *»Reichsbevollmächtigten für Kroatien«* befürwortete[558]. Dies sowie die Tatsache, daß Glaises Stabschef von Selchow am Tag der OKW-Anfrage beim Militärbefehlshaber Südost in Belgrad fast identische Ideen vortrug[559], ist um so bemerkenswerter, als

---

554 BA/MA, RH 31 III/7 Kasche an Abwehrstelle Agram (14.10.1943).
555 Inwiefern diese Initiative ihren Ursprung in Foertschs Vorschlag vom 2.8.1943 hatte, kann anhand der vorliegenden Quellen nicht ermittelt werden; BA/MA, RH 19 VII/1 Aktennotiz über die Chefbesprechung am 2.8.1943 (13.8.1943).
556 KTB OKW, Bd. III.2, S. 1233 f. (Eintrag vom 30.10.1943).
557 Ebd.
558 BA/MA, RH 31 III/11 Der Deutsche Bevollmächtigte General an OKW/WfSt (26.10.1943).
559 BA/MA, RW 40/81 Vermerk über Vortrag des Chefs des Dt. Bev. Generals in Kroatien, Oberst von Selchow, beim Chef des Mil. Befh Südost am Donnerstag, dem 21. Oktober 1943 (25.10.1943).

nach gegenwärtiger Lage der Dinge für einen solchen Posten eigentlich nur er selbst in Frage kommen konnte[560]; hatte Glaise sich bis dahin doch immer einer auffälligen Zurückhaltung befleißigt, wenn es so aussah, als ob eine Aufwertung seiner Stellung sie ihres halbdiplomatischen Charakters, an der ihm so viel zu hängen schien, berauben könnte. Die Entsendung von Selchows nach Belgrad könnte daher als Versuch des Bevollmächtigten Generals verstanden werden, in der sich abzeichnenden Diskussion über die Zukunft Kroatiens – Glaise hatte höchstwahrscheinlich nicht nur von den Bestrebungen Neubachers (siehe unten)[561], sondern vermutlich auch von der bevorstehenden OKW-Anfrage Kenntnis – Position zu beziehen und, wenn irgendwie möglich, noch lenkend einzugreifen[562]. Im Gegensatz zur an sich vergleichbaren Lage vom Februar 1943, als Löhrs Initiative zur Demontage des Pavelić-Regimes ausgearbeitet wurde, war es ihm aufgrund des fortgeschrittenen Verfalls des kroatischen Staates aber nicht mehr möglich, der Frage der Einsetzung eines Militärbefehlshabers aus dem Weg zu gehen. Das Antwortschreiben, in dem er diesmal statt dessen – wenn auch unter zigfachen Vorbehalten – einer faktischen Beseitigung des Pavelić-Regimes das Wort zu reden schien, war aufgrund der hiermit verbundenen Vorbedingungen, wie die dauerhafte Belassung von drei neuen, uneingeschränkt einsatzfähigen reichsdeutschen Divisionen[563], kaum dazu geeignet, seinen Adressaten die Entscheidung zu erleichtern. In Anbetracht so schwerwiegender caveats ließ das OKW die Idee fallen (»... *ein Experiment (...), dessen Rückwirkung auf Volk und Wehrmacht in Kroatien nicht mit Sicherheit vorauszusehen sei*«) und fügte sich in das scheinbar Unvermeidliche (»*Daher muß die bisherige politische Linie gegenüber Kroatien wenigstens für die nächste Zeit unverändert bleiben.*«)[564]. Nicht nachweisbar ist die Verbindung zwischen diesem Vorstoß und einer anderen Initiative zur Einschränkung kroatischer Souveränität, die ebenfalls in diesen Tagen scheiterte. Der seit dem 24. August als »Sonderbevollmächtigter des Auswärtigen Amts für den Südosten« mit Sitz in Belgrad amtierende Sondergesandte Hermann Neubacher[565] hatte es sich zum Ziel gesetzt, innerhalb des deutsch beherrschten Balkans eine Aufwertung der serbischen Nation im allgemeinen und der Regierung Nedić im besonderen zu erreichen. Als im Oktober eine Erweiterung seiner Befugnisse im Gespräch war, scheint Neubacher mit Unterstützung von Weichs und Foertsch alles daran gesetzt zu haben, seinen Wirkungsbereich auch auf

---

560 Von Selchow brachte sogar explizit die Möglichkeit einer Übernahme der vollziehenden Gewalt durch den Bevollmächtigten General ins Gespräch. Vgl. ebd.

561 Broucek, *General im Zwielicht*, S. 288 f. (Eintrag vom Oktober 1943).

562 Peter Broucek vertritt dagegen die Ansicht, daß Glaises Vorstoß wahrscheinlich ernst gemeint und möglicherweise von dem Willen getragen war, eine rein deutsche Militärverwaltung durch die 2. Panzerarmee zu verhindern. Vgl. ebd., S. 29 (Einleitung).

563 BA/MA, RH 31/11 Der Deutsche Bevollmächtigte General an OKW/WfSt (26.10.1943).

564 KTB OKW, Bd. III.2, S. 1233 f. (Eintrag vom 30.10.1943).

565 Ausführlicher zur Ernennung Neubachers Kapitel 7.2.

den NDH-Staat auszudehnen[566]. Der Zeitpunkt dafür war insofern günstig, als auch Hitler langsam begonnen hatte, dem Ustascha-Regime mit deutlich mehr Skepsis zu begegnen als bisher. Bei einer Besprechung, die der deutsche Diktator anläßlich der Unterzeichnung der erweiterten Vollmacht für Neubacher (*»Die einheitliche Führung des Kampfes gegen den Kommunismus im Südosten«*) mit von Ribbentrop und mehreren Gesandten führte, trat dies offen zutage. Obwohl es Kasche und von Ribbentrop gelang, Hitler davon zu überzeugen, Neubacher in Kroatien nur sehr beschränkte Befugnisse einzuräumen[567], scheint der deutsche »Führer« innerlich mit dieser Entscheidung doch sehr gehadert zu haben: *»Kennzeichnend war eine starke Zurückhaltung, ja Skepsis des Führers gegenüber Kroatien. Offensichtlich hatte sich diese Auffassung durch die militärische und die Berichterstattung der Reichsführung-SS gebildet.«*[568] Das Ausmaß von Hitlers Unmut läßt sich daran able-sen, daß er sogar bereit schien, sich in ernsthafter Weise mit einem völlig wirklich-keitsfremden Vorschlag Neubachers auseinanderzusetzen, der unter Berufung auf die Tradition der k.u.k. »Militärgrenze« die Eingliederung Kroatiens in den Reichs-verband vorsah[569]. Möglicherweise war es die schmerzhafte Erkenntnis, daß seine Politik mittlerweile selbst durch solch haarsträubende Ideen in Frage gestellt werden konnte[570], die den Gesandten – des errungenen Erfolges zum Trotz – scheinbar erst-malig am Erfolg seiner Mission zweifeln ließ.

Nachdem er, nach Agram zurückgekehrt, dem Bevollmächtigten General in aus-führlicher Weise sein Leid geklagt hatte, kam dieser in seinen tagebuchähnlichen Aufzeichnungen zu folgender Einschätzung der Lage: *»Wohl brachte Kasche auf dem Papier den Erfolg mit, daß der heilige Poglavnik und die heilige Ustase noch einmal von höchster Stelle anerkannt worden seien. Aber Kasche hatte das Gefühl, absolut nur mit einem Pyrrhussieg heimgekommen zu sein. Meine Lage ist sehr schlecht, jammerte er. Der Führer habe zwar das gewünschte Protokoll unterzeich-net, aber sich irgendwie geäußert, daß es doch für die Katze sein werde. Daß es noch einmal zu einer solchen Lösung kam, ist erstens dem Temperament Neubachers zu verdanken, der viel mehr verspricht, als er zu verhalten vermag. Zweitens wohl sei-*

566 Sehr aufschlußreich in dieser Hinsicht die Ausführungen, die Neubacher Mitte Oktober bei einem Besuch in Agram Glaise gegenüber machte; Broucek, *General im Zwielicht*, S. 287–289 (Eintrag vom Oktober 1943).

567 Nach Ziffer 9 der Weisung war *»in Kroatien (...) auf Grund der besonderen politischen Umstände die antikommunistische Aktion mit dem Vertreter des Reiches bei der kroatischen Regierung, Gesandten Kasche (...), abzustimmen und von diesem durchzuführen«*; vgl. Moll, *Führer-Erlasse*, S. 368 f.

568 ADAP, Serie E, Bd. VII, S. 180 f. Aufzeichnung des Gesandten in Agram (Zagreb) Kasche (11.11.1943).

569 Ebd. und Broucek, *General im Zwielicht*, S. 307 (Eintrag vom November 1943).

570 Während der folgenden Wochen sollte es Kasche allerdings doch noch gelingen, Hitler und von Ribbentrop von dieser Vorstellung wieder abzubringen; vgl. ebd., S. 374 (Eintrag vom Januar 1944) sowie PRO, GFM 25 Nachlaß Kasche, Kasche an von Ribbentrop (5.11.1943).

nem Herrn und Meister Ribbentrop, für den das Poglavnik-Ustasa-Kroatien sozusagen der letzte Überrest eines einst stolzen Gebäudes ist.«[571]

Die völlige Unwirklichkeit, die solchen Diskussionen mittlerweile anhaftete, wird am besten durch eine Bemerkung des Kommandierenden Generals des III. (germ.) SS-Panzerkorps illustriert, die dieser wenige Tage zuvor in einem Gespräch mit dem Bevollmächtigten General getan hatte. Glaise von Horstenau gibt die Begegnung wie folgt wieder: *»Am 31. nachmittags suchte ich General der Waffen-SS und Obergruppenführer Steiner in seiner Höhle, das heißt in seinem Casino im Hotel Esplanade auf. (...) In Zagreb gilt Steiner als graue Eminenz, zumal er es bei seinem schon sechswöchigen Aufenthalt versäumt hat, dem Poglavnik seine Aufwartung zu machen. Ich fragte ihn, warum er sich so verhalte. Er sagte, es sei für seine Popularität dringend notwendig, sich von Pavelić völlig fernzuhalten. Mit Pavelić wolle niemand im Lande etwas zu tun haben.«*[572]

Trotz einzelner Aktiva wie der schnellen Entwaffnung der Italiener und der wachsenden Kollaborationsbereitschaft vieler Cetnikverbände bot die Lageentwicklung im jugoslawischen Raum Ende Oktober 1943 wenig, was auf eine dauerhafte Trendwende im Krieg gegen Tito oder eine auch nur vorübergehende Stabilisierung des NDH-Staates hinwies. Eine solche hatte man sich beispielsweise von deutscher Seite durch die Eingliederung des ehemaligen italienischen Dalmatiens in den kroatischen Staatsverband erhofft; angesichts der allgemeinen Kriegslage sowie der völligen Entfremdung, die zwischen Regime und Volk bestand, sah sich Pavelić jedoch außerstande, aus diesem Zugewinn politisches Kapital zu schlagen[573]. In der Einstellung zur deutschen Wehrmacht wurde vielerorts sogar eine Verschlechterung der Lage beobachtet, die darauf zurückgeführt wurde, daß viele Kroaten darüber enttäuscht waren, daß Deutschland die durch Italiens Kriegsaustritt eingetretene Umwälzung nicht dazu genutzt hatte, auch noch den verhaßten Ustascha-Staat abzusetzen[574]. Eine ähnliche Reaktion zeigte paradoxerweise auch eine wachsende Zahl von Vertretern des Pavelić-Regimes. Bei ihnen waren es allerdings die zunehmende Kooperation der Wehrmacht mit den Cetniks[575], die vorläufige deutsche Weigerung, dem NDH-Staat die italienischen Gebiete um Zara und Fiume zuzuschlagen[576],

571 Broucek, *General im Zwielicht*, S. 306 (Eintrag vom November 1943).
572 Ebd., S. 303 (Oktober 1943).
573 BA/MA, RH 24-15/65 XV. Geb.AK, Ic-Lagebericht. Stand vom 1. einschl. 26.9. (27.9.1943).
574 BA/MA, RH 24-15/10 Lagebeurteilung, 373. (kroat.) ID (10.10.1943).
575 PA/AA, StS Kroatien, Bd. 5, 698; in dieser abgefangenen und dechiffrierten Anweisung des kroatischen Außenministers an den Gesandten in Berlin (26.10.1943) ist gar von einer *»deutschen serbophilen Politik«* die Rede, die sich für Deutsche wie Kroaten *»katastrophal«* auswirken müsse. Siehe auch BA/MA, RH 21-2/596 Unterhaltung Minister Lorković mit Gesandten Neubacher am 13.10.43 (13.10.1943).
576 ADAP, Serie E, Bd. VII, S. 90 Aufzeichnung des Staatssekretärs des Auswärtigen Amtes Baron von Steengracht (22.10.1943). Letzteres Gebiet war als *»Operationszone Adriatisches Küstenland«* dem Herrschaftsbereich des Kärntner Gauleiters Dr. Friedrich Rainer unterstellt worden.

sowie – in etwas geringerem Ausmaß – die Verlegung des Hauptquartiers der 2. Panzerarmee nach Serbien[577], die für Unmut sorgten. Unterdessen hatten sich die Partisanen erneut ein zentral gelegenes befreites Gebiet geschaffen, das sowohl vom Umfang wie der geographischen Lage her weitgehend dem entsprach, was im Laufe des Operationszyklus »Weiß« unter erheblichen Opfern erobert worden war[578]. Von einer Wiederholung des damals betriebenen Kräfteaufwands konnte allerdings keine Rede sein; für Rendulic konnte es sich in den folgenden Wochen nur darum handeln, die Ausdehnung dieses Staatsgebildes in Richtung Serbien und Küste zumindest teilweise wieder rückgängig zu machen. Die Kräfte, die ihm dafür zur Verfügung standen, waren rein zahlenmäßig sicher sehr eindrucksvoll (gegenüber dem Vorjahr hatte sich die Ist-Stärke der in Kroatien dislozierten deutschen Verbände praktisch vervierfacht)[579], waren zum großen Teil aber mit der Sicherung von Gebieten gebunden, die ein Jahr zuvor entweder noch ruhig gewesen waren oder aber in den Verantwortungsbereich der Italiener fielen. Ein besonders gutes Beispiel für diese Entwicklung bietet der Nebenkriegsschauplatz Slawonien im Norden des Landes. Eine Gegend, die im Frühjahr 1942 noch gar nicht von der Rebellion erfaßt worden war, band nun nicht nur drei deutsche Divisionen unter einem eigenen Generalkommando (LXIX. Res. AK)[580], sondern auch den größten Teil der neu aufgestellten deutsch-kroatischen Gendarmerie, die ursprünglich die durch »Weiß« zurückgewonnenen Gebiete auf Dauer sichern sollte[581]. An eine auch nur vorübergehende Entlastung der 2. Panzerarmee durch kroatische Verbände war schließlich aufgrund der Verfassung, in der diese sich mittlerweile befanden, gar nicht zu denken. Daß der Verfallsprozeß der NDH-Streitkräfte im Oktober einen vorläufigen Höhepunkt erreicht hatte, läßt sich daran ablesen, daß

---

577 Daß Rendulic sich für das westserbische Vrnjačka Banja entschieden hatte, war insofern psychologisch ungeschickt, als die hiermit verbundene faktische Lenkung des kroatischen Staatswesens vom serbischen Boden aus vielen Zeitgenossen eine Fortsetzung jugoslawischer Verhältnisse suggerierte. Nach einem Monatsbericht der Abwehrstelle Agram soll die Verlegung des Hauptquartiers der 2. Panzerarmee zumindest vorübergehend »ein Hauptanliegen« der kroatischen Regierung gewesen sein. Vgl. Lagebericht Kroatien März 1944, Anlage zu F.A.T. 176 Nr. 186/44 gKdos v. 3.4.1944 in: Hnilicka, *Balkan*, S. 283–292.

578 Der einzig nennenswerte Unterschied zur Lage acht Monate zuvor lag darin, daß die Städte Bihać und Bosanski Petrovac von deutschen Kräften behauptet wurden; Dedijer, *War Diaries II*, S. 386 (Eintrag vom 12.8.1943).

579 BA/MA, RH 21-2/609 Lagebeurteilung des Befehlshabers der deutschen Truppen in Kroatien für die Zeit vom 16.7.–15.8.1943 (17.8.1943.). Zu diesem Zeitpunkt, also unmittelbar vor Einsetzung des Armeeoberkommandos Rendulic, betrug die Ist-Stärke der dem Befehlshaber der deutschen Truppen in Kroatien unterstellten Verbände des Feldheeres ca. 80.000 Mann. Am 31. Oktober 1942 hatten die auf kroatischem Boden dislozierten Verbände noch ca. 20.000 Mann gezählt, vgl. RH 20-12/151 Notiz zur Gefechtsstärke (31.10.1942).

580 BA/MA, RH 24-15/63 Tätigkeitsbericht Bfh.d.dt.Tr.i.Kroatien Abt. Ic, Juli 1943 (1.8.1943); RH 21-2/590 KTB-Eintrag vom 28.10.1943. Die 173. (Res.) Div. war bis zum 28. Juli, die 1. Kosakendivision bis zum 28. Oktober komplett eingetroffen.

581 BA/MA, RH 21-2/590 Pz.AOK 2 an Oberbefehlshaber Südost (10.10.1943).

bei der Eroberung der bosnischen Städte Tuzla (2. Oktober), Sanski Most (21. Oktober) und Vares (21. Oktober) das Gros der jeweils über 1.000 Mann zählenden Garnisonen samt Waffen zu den Angreifern überging[582]; auch die einzige Domobraneneinheit, die sich seit über einem Jahr durchweg bewährt hatte (3. Gebirgsbrigade), begann jetzt die Auflösungserscheinungen zu zeigen, die beim Rest der kroatischen Streitkräfte schon lange die Norm waren[583]. Als mindestens genauso besorgniserregend mußte die Tatsache angesehen werden, daß auch den deutsch geführten Legionsdivisionen in einem Bericht vom 15. Oktober nur noch *»ein Drittel des Kampfwerts einer deutschen Division«* attestiert wurde; eine Beurteilung, die wiederum die niederschmetternde Einstufung *»zur Abwehr bedingt geeignet«* zur Folge hatte[584]. Daß eine größere Gruppe von hauptsächlich moslemischen Versprengten und Deserteuren der Domobranen in diesen Tagen im westbosnischen Cazin unter Führung des ehemaligen Partisanen Husko Miljovic einen schlagkräftigen antikommunistischen Selbstschutz bildeten, mochte unter diesen Bedingungen noch wie ein schwacher Lichtblick erscheinen[585]; andererseits ließ die Tatsache, daß Wehrpflichtige des kroatischen Staates, auf sich allein gestellt, Wehrpotential effektiver zu mobilisieren vermochten, als unter professioneller militärischer Führung, die Vergeblichkeit erahnen, die in allen deutschen Bemühungen lag, auf dem Fundament des Pavelić-Regimes eine schlagkräftige Streitmacht aufzubauen.

Anlaß zur Sorge bot im Oktober schließlich noch ein Ereignis, das auf die Entwicklung auf einem völlig anderen Kriegsschauplatz zurückzuführen war: Gestützt auf die am 27. September eingenommenen Flugplätze im Raum um Foggia (Unteritalien), flogen alliierte Jäger und Bomber erste Einsätze gegen Ziele im jugoslawischen Raum[586]. Im Kampf mit den viel zu schwachen Kräften des Fliegerführers Kroatien sollten sie im Laufe der folgenden Monate den deutschen Besatzern den letzten Vorteil streitig machen, den diese bis dahin im Kampf mit den Partisanen immer noch gehabt hatten: die unangefochtene Beherrschung des Luftraums.

In dieser verfahrenen Lage konterten Rendulic und von Weichs mit einer zweigleisigen Politik, die nur scheinbar widersprüchlich war. So wurde zum einen eine Bündnispolitik praktiziert, die der italienischen gefährlich nahe kam und die noch

---

582 BA/MA, RH 24-15/12 Anlage 1 zur Lagebeurteilung des Gen. Kdo. XV. Geb.AK vom 17.11.1943: »Erfolg des Einsatzes kroatischer Truppenteile.«
583 BA/MA, RH 24-15/10 Lagebeurteilung Gen. Kdo. XV. Geb. AK für die Zeit vom 16.8.–15.9.43 (19.9.1943).
584 BA/MA, RH 21-2/609 Notiz des Pz AOK 2/Ia (15.10.1943).
585 BA/MA, RH 24-15/74 Der Kommandeur der Sicherheitspolizei Banja Luka an den Polizeigebietsführer Banja Luka und an den Befehlshaber der deutschen Truppen in Kroatien, Abt. Ic (22.9.1943). Die Stärke dieser Miliz scheint zwischen 300 und 1.000 Mann geschwankt zu haben.
586 Wesley Craven u. James Cate, Europe: *Torch to Pointblank* [=The Army Air Forces in World War Two, Vol. II] (Chicago 1949), S. 555.

vor einem knappen halben Jahr vom Oberbefehlshaber Südost vermutlich entrüstet zurückgewiesen worden wäre. Diese äußerte sich sowohl in der weitgehenden Kollaboration mit den meisten Cetnikverbänden wie in der Weisung aus Saloniki vom 28. Oktober, beim gerade tobenden Konflikt zwischen kommunistischen und DM-Kräften in Ostbosnien ja nicht zugunsten der einen oder anderen Seite einzugreifen, sondern vielmehr dafür Sorge zu tragen, daß man am Ende der lachende Dritte sei[587].

Der Stellenwert, den Rendulic dagegen einer verstärkten Zusammenarbeit mit dem NDH-Staat beimaß, läßt sich schon daran ablesen, daß der Befehlshaber der 2. Panzerarmee noch nicht mal davor zurückschreckte, in seinem KTB den entsprechenden Führerbefehl vom 7. September offen in Frage zu stellen[588]. Die Kehrseite dieser Politik war der (erneute) Versuch, offensichtlichen Kräftemangel durch verschärfte Repressionsmaßnahmen zu kompensieren. So drängte Lothar Rendulic beispielsweise am 28. September beim Bevollmächtigten General darauf, die Familienmitglieder kroatischer Deserteure noch stärker als bisher in Sippenhaftung zu nehmen: die Verhängung der Todesstrafe sollte nach seiner Ansicht allgemeinüblich werden, die Abschiebung in ein KZ nur den »weniger schweren Fällen« vorbehalten bleiben[589]. Bereits drei Wochen später erfolgte der nächste Vorstoß des Befehlshabers der 2. Panzerarmee. Ohne die kroatische Regierung, den Gesandten oder den Bevollmächtigten General zu konsultieren, erließ er einen Befehl, der für jeden Sabotageakt oder Anschlag auf deutsche Soldaten den Tod von 50 »Sühnegefangenen« vorsah[590]. Die nachhaltige Irritation des Bevollmächtigten Generals schien allerdings weniger von der Tatsache herzurühren, daß Rendulic die Kroaten übergangen hatte, als daß der neue Befehl in deutlichem Widerspruch sowohl zum Führerbefehl vom 18. August als auch den gegebenen Kräfteverhältnissen stand. So vermerkte er in seinen privaten Aufzeichnungen: »Von den Kroaten erfuhr ich, daß er kürzlich einen Befehl herausgegeben hat, nach welchem bei Sabotageakten und dergleichen für jeden deutschen Soldaten 50 Geiseln erschossen werden sollen. Andererseits hat der Führer selbst kürzlich wider Erwarten den Partisanenkrieg völkerrechtlich auf den Kopf gestellt, indem er befahl, daß gefangene Partisanen nicht mehr, wie es bisher ausnahmslos zu geschehen hatte, erschossen, sondern – man höre und staune – als ›Kriegsgefangene‹ zu behandeln seien. Wie sich damit die Weisung des dummen Rendulic verträgt, weiß der liebe Gott!«.[591] Im Gegensatz zu manch anderen Vorfällen beschränkte Glaise seine Unmutsäußerungen auch nicht

---

587 BA/MA, RH 21-2/590 KTB-Eintrag vom 28.10.1943.
588 BA/MA, RH 21-2/590 KTB-Eintrag vom 12.9.1943.
589 BA/MA, RH 21-2/596 Der Befehlshaber der 2. Panzerarmee an den Deutschen Bevollmächtigten General (28.9.1943).
590 BA/MA, RH 31 III/7 Der Deutsche Bevollmächtigte General an den Gesandten (13.10.1943).
591 Broucek, General im Zwielicht, S. 287 (Eintrag vom Oktober 1943).

auf die Seiten seines Tagebuches, sondern versuchte, in einem Fernschreiben vom 15. November den »*Wüterich*«[592] Rendulic von den verderblichen Auswirkungen solcher Befehle zu überzeugen. Hierbei hob er besonders auf die Widersinnigkeit ab, die darin liegen mußte, auf der einen Seite zwecks »Sühnemaßnahme« mit hoher Wahrscheinlichkeit Unschuldige hinzurichten, zugleich aber gefangenen Partisanen den Status von Kriegsgefangenen zuzubilligen. Darüber hinaus könne es in Anbetracht des eigenen Kräftemangels gar keine Alternative zur fortgesetzten Zusammenarbeit mit den Kroaten geben[593]. Aus Stellungnahmen dieser Art sollte dem Bevollmächtigten General freilich bald ein neues Dilemma erwachsen: Da die Exzesse, die er einzudämmen bemüht war, nicht zuletzt darauf zurückzuführen waren, daß die Besatzungsmacht jede Form von Kooperation mit den kroatischen Behörden faktisch aufgekündigt hatte[594], fand er sich während der folgenden Monate immer häufiger in die Rolle eines Fürsprechers der Souveränität des NDH-Staates wieder. An der fortgesetzten Zusammenarbeit mit dem Gesandten, über den er innerlich schon längst ein vernichtendes Urteil gefällt hatte (»*... ist aber doch ein völlig verbohrter Kerl, den anzuhören schon zur Qual wird*«)[595], führte in dieser Lage natürlich kein Weg vorbei.

In einem Rückblick auf die Ereignisse der letzten zwei Monate, den er am 1. November 1943 vorlegte, kam der Oberbefehlshaber Südost zu einem außerordentlich pessimistischen Fazit. Wohl rechnete er, witterungsbedingt, für die nächsten Monate nicht mehr mit einer alliierten Landung, hob aber hervor, die Kampfhandlungen innerhalb seines Befehlsbereichs hätten »*den Charakter des Bandenkrieges verloren*« und würden in absehbarer Zeit zur Bildung »*eines bolschewistischen Kampfraumes im ganzen Südosten, unmittelbar an der Grenze des Reiches führen*«[596]. Noch weit bedeutsamer war die Erkenntnis, daß der Verlust Ostbosniens und Nordmontenegros eine unmittelbare Bedrohung Serbiens mit sich brachte und der deutschen Führung somit eine rein defensive Strategie aufzunötigen drohte. Unter diesen Bedingungen nimmt es nicht wunder, daß von Weichs den Kampf gegen Tito sogar noch höher einstufte als die Sicherung der invasionsgefährdeten Adriaküste[597]. Robert Katschinkas weitsichtige Einschätzung der Partisanenbewegung vom Juni 1942 fand nun, wenn auch mit reichlich Verspätung, eine längst überfällige Bestätigung: Tito, so der Oberbefehlshaber Südost, sei eindeutig »*der gefährlichste Gegner*«[598].

---

592 Ebd., S. 303 (Eintrag vom Oktober 1943).
593 BA/MA, RH 31 III/12 Der Deutsche Bevollmächtigte General an das Oberkommando der 2. Panzerarmee (15.11.1943).
594 Vgl. Broucek, *General im Zwielicht*, S. 370 (Eintrag vom Januar 1944) »*Kasche befindet sich gegenüber dem schlechten kroatischen Regime im Zustand ständiger Umarmungen. (...) Die Truppe wieder und Führer à la Rendulic haben im Gegensatz hierzu nur die Fußtritte, wie sie eben eine so ausgesprochene Herrenrasse wie wir zu vergeben haben. Einen Mittelweg gibt es nicht.*«
595 Ebd., S. 283 (Eintrag vom September 1943).
596 BA/MA, RH 21-2/592 Beurteilung der Lage im Südostraum Ende Oktober 1943 (1.11.1943).
597 KTB OKW, Bd. III.2, S. 1268 (Eintrag vom 10.11.1943).

5.5. Die Jahreswende in Bosnien: von »Kugelblitz« bis »Waldrausch«

In Anbetracht der Anspannung der deutschen Kräfte im jugoslawischen Raum Anfang November 1943 sahen sich Weichs und Rendulic mit der Notwendigkeit konfrontiert, bei ihren weiteren Planungen auch die gezielte Vernachlässigung wichtiger Kriegsschauplätze mit einzukalkulieren. Lediglich in Istrien und im südlichen Slowenien war es durch den vorübergehenden Einsatz des zur Heeresgruppe B (Nord- und Mittelitalien) gehörenden II. SS-Panzerkorps möglich gewesen, einen größeren Kräfteschwerpunkt zu bilden[599]. Der hierbei durchgeführte Operationszyklus (Unternehmen »Istrien«, 25. September bis 12. November 1943) erbrachte die wahrscheinlich größte Waffenbeute, die während einer Operation auf jugoslawischem Boden jemals sichergestellt wurde[600]; in bezug auf die Niederkämpfung größerer Verbände der Volksbefreiungsarmee liegen unterschiedliche Bewertungen vor[601].

Ganz anders hingegen die Lage bei den viel zu schwachen Kräften, die den Sandžak[602] sowie den Süden Montenegros[603] hielten. Diese mußten sich weitgehend selbst überlassen bleiben, wodurch die Versuche des Sondergesandten Neubacher,

---

598 BA/MA, RH 21-2/592 Beurteilung der Lage im Südostraum Ende Oktober 1943 (1.11.1943). Zu derselben Einschätzung war zwei Wochen zuvor auch Hitler gekommen; vgl. ADAP, Serie E, Bd. VII, S. 91–102. Aufzeichnung über die Unterredung zwischen dem Führer und den Mitgliedern des bulgarischen Regentschaftsrats Prinzen Cyrill, Exzellenz Filloff in Anwesenheit des RAM im Führerhauptquartier »Wolfsschanze« am 18.10.1943 (22.10.1943).

599 Beteiligt waren vier verstärkte deutsche Regimenter (darunter eines der »SS-Leibstandarte Adolf Hitler«) sowie die neu aufgestellte 162. (Turk.) ID; vgl. BA/MA, RH 20-14/83 Abschlußbericht über die Säuberungskämpfe im istrisch-slowenischen Raum in der Zeit v. 9.9.–22.11.1943 (25.11.1943). Dem gleichzeitigen Funkspiel, welches durch Verwendung veränderter Rufzeichen die Operation einer ganzen Armee vortäuschen sollte, ist offensichtlich auch die offizielle britische Geschichtsschreibung der Nachkriegszeit zum Opfer gefallen. Vgl. Francis H. Hinsley u.a., *British intelligence in the Second World War. Its influence on strategy and operations, Vol. III.1* (London 1984), S. 157.

600 Nach BA/MA, RH 20-14/83 Abschlußbericht über die Säuberungskämpfe im istrisch-slowenischen Raum in der Zeit v. 9.9.–22.11.1943 (25.11.1943), wurden insgesamt 716 Maschinengewehre und 12.427 »Handfeuerwaffen« gezählt. Es dürfte sich dabei größtenteils um von den Partisanen nach dem 8. September erbeutete italienische Bestände gehandelt haben.

601 So lassen sich die in ebd. genannten Verluste von 12.355 Gefangenen und 9.186 Feindtoten anhand des KTBs der Heeresgruppe kaum nachvollziehen; vielmehr ist dort mehr als einmal von einem eher enttäuschenden Operationsverlauf die Rede. Vgl. IWM, AL 1709/1 (14.9.–20.10) u. 2 (21.10.–20.11.), insbes die Einträge vom 29.9., 25.10. und 30.10.

602 Die Sicherung dieser Region lag von August bis Dezember 1943 in den Händen einer moslemischen Miliz, die der SS-Hauptsturmführer Karl von Krempler weitgehend im Alleingang aufgebaut hatte; vgl. hierzu BA/MA, RH 21-2/749 Krempler an V. SS-Geb.Korps (22.12.1943).

603 PA/AA, Handakten Ritter (Montenegro) 7647 Neubacher an Auswärtiges Amt (15.12.1943). Zu diesem Zeitpunkt war beispielsweise die historische Hauptstadt Cetinje (Ausgangspunkt des Aufstandes vom Juli 1941) von 96 deutschen Soldaten gesichert.

nach der Einsetzung einer provisorischen Regierung in Albanien (14. September 1943)[604] auch in Montenegro alle antikommunistischen Kräfte des Landes in einem »Nationalen Verwaltungsausschuß« zusammenzubringen, erheblich erschwert wurden[605].

In Dalmatien waren die ersten Versuche zur Rückgewinnung der Küste einschließlich des Inselvorfelds von der Weigerung des Fliegerführers Kroatien überschattet gewesen, seine unbegleiteten Bomber in Küstennähe südlich des 44. Breitengrades einzusetzen[606]; Abhilfe konnten hier aber nur die zwei Jagdgruppen (III. und IV. JG 27) verschaffen, die gegenwärtig noch bei der Rückeroberung des Dodekanes gebunden waren und erst in der zweiten Novemberhälfte wieder zur Verfügung stehen sollten[607]. Mindestens genauso kritisch stellte sich die Lage aus der Sicht der Kriegsmarine dar: Auch die wenigen für Landungsoperationen besonders geeigneten Siebelfähren, über die das Marinegruppenkommando Süd verfügte, waren fast vollzählig in der Ägäis versammelt[608].

Der Verlauf der bis Ende Oktober im Küstenbereich eingeleiteten Operationen ließ es dann auch geraten erscheinen, die Eroberung dieses Raumes um mehrere Wochen zu verschieben. Die vor Sibenik gelegene Inselgruppe mußte nach erfolgter Säuberung aus Kräftemangel bis zum 28. Oktober wieder geräumt werden[609], eine improvisierte Landung auf Brač (Unternehmen »Seeräuber«) endete ebenfalls mit einem Rückzug[610], und die auf drei Tage veranschlagte Eroberung der Halbinsel Pelješac (Unternehmen »Herbstgewitter«), mit der ursprünglich ein einziges Bataillon beauftragt worden war, nahm statt dessen 19 Tage (23. Oktober bis 11. November) und den Einsatz von vier Bataillonen in Anspruch[611]. Die bei dieser

---

604 Recht vielsagend in diesem Zusammenhang die Bemerkung, mit der Felber gegenüber dem Oberbefehlshaber Südost die Einsetzung der albanischen Regierung kommentierte: »*Sogenannte ›Regierung‹ wird kaum am Ruder bleiben. Lauter kleine Existenzen, z.T. Banditen.*« Vgl. BA/MA, RW 40/81 KTB-Eintrag vom 20.10.1943.

605 ADAP, Serie E, Bd. VI, S. 588–590 Gesandte Ringelmann und Veesenmayer (Dienststelle des Sonderbevollmächtigten des Auswärtigen Amtes für den Südosten) an Auswärtiges Amt (26.9.1943); BA/MA, RH 21-2/617 Feldkommandantur 1040 an Pz.AOK 2 (30.10.1943).

606 BA/MA, RH 21-2/590 KTB-Eintrag vom 22.10.1943.

607 Die Besetzung mehrerer Inseln des italienischen Dodekanes nach dem 8.9.1943 durch britische Streitkräfte zog eine deutsche Gegenoffensive nach sich, die in der Eroberung des ehemaligen italienischen Flottenstützpunkts Leros (12.–16.11.1943) gipfelte. Ausführliche Darstellungen bei Peter C. Smith u. Edwin Walker, *War in the Aegean* (London 1974) sowie Jeffrey Holland, *The Aegean Mission: Allied operations in the Dodecanese* (New York 1988).

608 BA/MA, RH 21-2/590 KTB-Eintrag vom 29.10.1943.

609 Kurt Mehner (Hrsg.), *Die geheimen Tagesberichte der deutschen Wehrmachtführung im Zweiten Weltkrieg 1939–1945, Bd. 8, 1. September 1943 bis 30. November 1943* (Osnabrück 1988), S. 306 (Eintrag vom 28.10.1943).

610 Während nach der Darstellung von Kumm, *Vorwärts Prinz Eugen*, S. 114 »Seeräuber« nur dem Zweck diente, eine auf Brač isolierte Ustaschaeinheit von 120 Mann zu evakuieren, hält eine Ic-Lagebericht des XV. Geb. AK hierzu fest: »*Die eigene Landung auf Brač haben die Banden abwehren können.*« BA/MA, RH 24-15/66 XV. Geb.AK, Ic-Lagebericht vom 27.9. bis 27.10.1943 (28.10.1943).

611 Sehr ausführlich hierzu Kumm, *Vorwärts Prinz Eugen*, S. 114–134.

Operation erlittenen Rückschläge waren allerdings nicht nur eine Folge des unerwartet harten Widerstands der Partisanen und des schwierigen Geländes, sondern auch des Einsatzes der alliierten Luftwaffe, die hier erstmalig direkt in die Kampfhandlungen eingriff[612].

Kaum weniger problematisch stellten sich die Vorbereitungen für den ersten Versuch Rendulics dar, einen größeren Teil der Volksbefreiungsarmee zum Kampf zu stellen und zu vernichten. Diese seit Mitte Oktober zur Diskussion stehende Operation scheint zumindest urprünglich mit der Hoffnung verbunden worden zu sein, einen entscheidenden Schlag gegen den Partisanenstaat in Ostbosnien zu führen[613]. Im Laufe der folgenden Wochen rückte jedoch das eher defensive Ziel der Abwehr eines geplanten Einfalls der Volksbefreiungsarmee aus diesem Raum nach Serbien in den Vordergrund[614]. Wie dechiffrierten Funksprüchen zu entnehmen war, war der Entschluß Titos für dieses gewagte Unternehmen primär eine Folge alliierter Vorschläge, durch eine Aufteilung kommunistischer und nationalserbischer Operationsgebiete Mihailović faktisch zu einem unangreifbaren Reservat in Serbien zu verhelfen. Insbesondere die Besprechungsergebnisse der Moskauer Außenministerkonferenz (19. bis 30. Oktober 1943) scheinen von Tito in dieser Hinsicht als Hinweis auf eine unmittelbar bevorstehende Bedrohung angesehen worden zu sein. Durch einen erfolgreichen Einbruch in Südserbien wäre einem solchen Vorhaben natürlich auf der Stelle die Grundlage entzogen worden[615]. Obwohl es von Weichs nach mehreren Anläufen schließlich gelang, zur Abwehr dieses Angriffs die Genehmigung zum Einsatz der als Reserve für einen feindlichen Landungsversuch zurückgehaltenen 1. Gebirgsdivision zu erhalten[616], sollte die Stärke der 2. Panzerarmee Rendulic bei der kommenden Operation nur einen minimalen Spielraum lassen.

Hierbei muß u.a. bedacht werden, daß selbst der Zugang der 181. ID im Oktober 1943 durch die bis Ende November abgeschlossene Verlegung des III. (germ.) SS-

---

612 BA/MA, RH 24-15/66 XV. Geb.AK, Ic-Lagebericht vom 27.9. bis 27.10. (28.10.1943). Der in diesem Bericht geäußerte Verdacht über den Ursprung dieser Angriffe (»... *wurde wahrscheinlich von den engl. Verbindungs-Offizieren veranlaßt*«) findet seine Bestätigung in Fitzroy MacLean, *Eastern Approaches* (London 1991, pb), S. 375–377.

613 Vgl. hierzu BA/MA, RH 21-2/616 Pz.AOK 2 an OB Südost (15.10.1943) sowie Mehner, Bd. 8, S. 351 (Eintrag vom 5.11.1943), wo von der »*Bereinigung*« bzw. »*Säuberung*« Ostbosniens die Rede ist.

614 In den Tagesberichten des Wehrmachtführungsstabes war erstmals am 26. November nicht mehr von der »*Säuberung*« des bewußten Raumes, sondern nur noch von der »*Vernichtung stärkerer Bandenkräfte in Ostbosnien*« die Rede; vgl. ebd., S. 465 (Eintrag vom 26.11.1943).

615 Ebd., S. 363 f. (Eintrag vom 7.11.1943); KTB OKW, Bd. III.2, S. 1260 (Eintrag vom 7. November 1943); Lothar Rendulic, *Gekämpft, gesiegt, geschlagen* (Heidelberg 1952), S. 195–199. So war beispielsweise der Wunsch Titos auf die Anerkennung des AVNOJ als provisorische Regierung durch die Konferenz von Molotov abgelehnt worden; vgl. Detlef Brandes, *Großbritannien und seine osteuropäischen Alliierten 1939–1943* (München 1988), S. 518.

616 KTB OKW, Bd. III.2, S. 1266 (Eintrag vom 9.11.1943).

Panzerkorps an die Ostfront aufgewogen wurde[617] und somit keine spürbare Erleichterung brachte. Auch die am 26. Oktober erfolgte Eingliederung eines neuen Generalkommandos (V. SS-Gebirgs-Armeekorps) in die Schlachtordnung der 2. Panzerarmee hatte, da nicht von Verstärkungen begleitet, nur eine administrative bzw. führungstechnische Entlastung bringen können[618]. Die nächsten zwei Großverbände, die in Rendulics Befehlsbereich eintrafen, stellten eine Fortsetzung des im Oktober des Vorjahres begonnenen Versuches dar, die Kämpfe auf dem jugoslawischen Nebenkriegsschauplatz mit entbehrlichen, weil nur beschränkt einsatzfähigen Truppen zu bestreiten. Bei der Verlegung der neu aufgestellten 1. Kosakendivision spielten gar militärische und politische Erwägungen eine Rolle: militärische, weil der unbefriedigende Ausbildungsstand keinen Kampf mit einem regulären Gegner erlaubt hätte[619], und politische, weil ein Befehl Hitlers vom 19. September 1943 in Anbetracht der eingetretenen Kriegswende die Verlegung aller »Ostverbände« an Fronten verfügt hatte, wo sie nicht der zum erneuten Frontübertritt auffordernden Propaganda der Roten Armee ausgesetzt sein würden[620].

Bei der 264. ID lag das Problem hingegen in der »Bodenständigkeit«, d.h. dem höchst rudimentären Fuhrpark des Verbandes. Der eher statische Gefechtsauftrag der Division (Küstenschutz in Zentraldalmatien) ließ dieses Problem zwar zunächst nicht akut werden, nahm dabei aber das Risiko in Kauf, daß der Verband – wie Anfang Dezember 1944 dann tatsächlich geschehen – bei einem feindlichen Durchbruch der weitgehenden Vernichtung anheimfallen würde[621].

Noch ein gutes Stück zweifelhafter war der Beitrag der drei Divisionen, die noch bis Jahresende zur 2. Panzerarmee verlegt wurden. Nicht genug damit, daß die ersten beiden – die 367. ID ebenso wie die 277. ID – noch in der Aufstellung begriffen waren, der Oberbefehlshaber Südost mußte am 6. Dezember obendrein noch erfahren, daß er zur Bildung des ersten Verbandes Stämme aus seinem eigenen Befehlsbereich zur Verfügung zu stellen hatte[622]. Die 371. ID, die im Dezember eintreffen

---

617 Die Division »Nordland« verließ Kroatien Ende November, die Brigade »Nederland« Ende Dezember. Vgl. Wilhelm Tieke, *Tragödie um die Treue. Kampf und Untergang des III. (germ.) SS-Panzerkorps* (Osnabrück 1968), S. 17.

618 BA/MA, RH 21-2/590 KTB-Eintrag vom 26.10.1943. Das Korps bekam einen Operationsraum zugewiesen, der Ostbosnien, die Herzegowina, Süddalmatien samt Inselvorfeld sowie (bis zum 21.1.1944) Montenegro umfaßte; Kommandierender General war der ehemalige Divisionskommandeur der SS-Division »Prinz Eugen«, SS-Obergruppenführer Arthur Phleps.

619 BA/MA, RH 21-2/590 KTB-Eintrag vom 20.10.1943: *»Der Besuch bei der 1. Kos.Div. zeigte, daß sowohl der Ausbildungsstand der Division als auch die Ausrüstung zusammen mit der durch die landsmannschaftlich bedingte Eigenart dieses Verbandes für Unternehmungen größeren Ausmaßes noch nicht voll geeignet erscheint.«*

620 Hans Werner Neulen, *An deutscher Seite. Internationale Freiwillige von Wehrmacht und Waffen-SS* (München 1985), S. 331.

621 Zum Untergang der 264. ID im Raum Knin vgl. Schraml, *Kriegsschauplatz Kroatien*, S. 205–212.

622 KTB OKW, Bd. III.2, S. 1341 (Eintrag vom 6.12.1943).

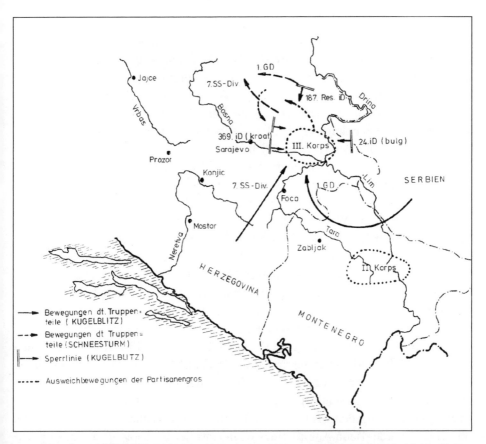

Die Unternehmen KUGELBLITZ, 2. bis 16. Dezember 1943, und SCHNEESTURM, 18. bis 27. Dezember 1943

sollte, konnte noch als einer der hochwertigsten Verbände angesehen werden, der seit längerer Zeit nach Jugoslawien verlegt worden war. Gemeinsam war diesen drei Divisionen, daß sie de facto nur eine Leihgabe des OKW darstellten, die Rendulic helfen sollte, die für ihn besonders kritische Phase Dezember 1943/Januar 1944 zu überbrücken; bis Ende Januar wurden die 277. und 371. ID[623], bis Ende März auch die 367. ID an eine der Hauptfronten verlegt. Noch schwerer wog der Mitte Januar 1944 erfolgende Abgang der 114. Jägerdivision, die zweifelsohne zu den bewährtesten Formationen dieses Kriegsschauplatzes zu zählen war[624]. Die gleichzeitig ein-

---

623 Aus einem Gefechtsbericht der 371. ID geht sogar hervor, daß eine Rückführung ursprünglich schon zu Weihnachten 1943 geplant gewesen war; vgl. BA/MA, RH 24-15/33 Gefechtsbericht Unternehmen »Panther« (31.12.1943).

624 BA/MA, RH 24-15/47 XV. Geb. AK Abt. Ia, Lagebeurteilung vom 15.12.43–15.1.44 (14.1.1944). Nach diesem Bericht mußte aufgrund dieser Verlegung im betroffenen Bereich »auf aktive Bandenbekämpfung verzichtet werden«.

treffende 392. (kroat.) ID konnte aufgrund der altbekannten Schwächen der Legionsdivisionen, die bei dieser Formation eher noch ausgeprägter und frühzeitiger auftraten als bei ihren beiden Schwesterdivisionen[625], als kein wirklich gleichwertiger Ersatz angesehen werden. Von einer Verstärkung der 2. Panzerarmee konnte somit nur für einen Zeitraum von knapp zwei Monaten die Rede sein; die anschließende Entwicklung (neben der Abgabe der 114. Jägerdivision vor allem die Umstände der Aufstellung der 367. ID) stellte für Rendulic und von Weichs zweifelsohne ein regelrechtes Verlustgeschäft dar.

Wie schon bei »Schwarz«, sollten die 1. Gebirgsdivision und die SS-Division »Prinz Eugen« als die einzig uneingeschränkt geländegängigen Großverbände die Hauptlast der kommenden Kämpfe in Ostbosnien (Unternehmen »Kugelblitz«) tragen. Während die im Westen (369. ID und Gren.Rgt. 92), Norden (187. Res.Div.) und Osten (24. bulgarische Division sowie Teile eines deutschen Polizeiregiments und des Russischen Schutzkorps) sperrenden Verbände den Belagerungsring in ihren Abschnitten nur schrittweise zu verengen hatten, blieb es den beiden Gebirgsjägerdivisionen überlassen, durch schnellen Vorstoß aus dem Sandžak (1. Gebirgsdivision) und der Herzegowina (»Prinz Eugen«) den Gegner in einem östlich von Sarajevo zu bildenden Kessel zusammenzutreiben und zu vernichten[626]. Ziel dieser Umfassungsbewegung waren das II. (2. und 5. Division) und III. Korps (5., 17. und 27. Division) der Volksbefreiungsarmee, die im Sandžak bzw. in Ostbosnien Position für den geplanten Vorstoß nach Südserbien bezogen hatten[627]. »Kugelblitz« sollte insofern als eine ungewöhnliche Operation in die Annalen deutscher Kriegführung in Jugoslawien eingehen, als der größte Erfolg des Unternehmens gleich am ersten Tag erzielt wurde. Beim Angriff eines Regiments der Division »Brandenburg« auf die Schlüsselstellung Prijepolje wurde nicht nur die Brücke über den Lim intakt genommen, sondern auch die beiden sichernden Brigaden in schwere Kämpfe verwickelt, bei denen eine der beiden (I. Sumadija) weitgehend vernichtet wurde[628]. Den restlichen Verbänden des II. Korps gelang es in den folgenden Tagen allerdings, der ihnen zugedachten Umklammerung auszuweichen; obwohl diesbezüglich rechtzeitige Aufklärungsmeldungen vorgelegen zu haben scheinen[629], setzte die 1. Gebirgsdivision ihren Marsch nach Nordwesten fort, wo sie am 7. Dezember mit ihrem linken Flügel Anschluß an die »Prinz Eugen« fand. Eine weiter ausholende Bewegung zur Erfassung des im Rückzug begriffenen II. Korps hätte vermutlich die-

---

625 Ebd., »... *zeigte jedoch bereits zu Anfang den geringen Kampfwert dieser Division auf*«.

626 BA/MA, RH 21-2/592 Armeebefehl Nr. 3 für das Unternehmen »Kugelblitz« (18.11.1943).

627 Strugar, *Volksbefreiungskrieg*, S. 186 f.

628 Sehr ausführlich hierzu die Schilderung bei Dedijer, *War Diaries III*, S. 265–270 (o. D.). Siehe auch Helmuth Spaeter, *Die Brandenburger, eine deutsche Kommandotruppe zbV 800* (München 1978), S. 385–389. Djilas, *Wartime*, S. 376 bezeichnet die betroffene Einheit als »Dritte serbische Brigade«.

629 Nach der Darstellung des deutschen Milizenchefs Hauptsturmführer Krempler; vgl. BA/MA, RH 21-2/749 Krempler an das V. SS-Geb.-Korps (22.12.1943).

sen Zeitplan und damit das ganze Unternehmen in Frage gestellt. Dem III. Korps gelang es, nachdem es die Versuche zur Überwindung der Drina aufgegeben hatte, in der Nacht vom 15. auf den 16. Dezember bei Han Pijesak die Sperrlinie der 187. (Res.) ID unbemerkt zu überqueren[630] und sich nach Nordwesten abzusetzen. Daß der bis zu diesem Zeitpunkt erzielte Erfolg (2.926 »gezählte« Feindtote, 1.604 Gewehre, 107 Maschinengewehre)[631] trotz seiner Höhe nicht den an diese Operation ursprünglich gerichteten Erwartungen (»... *eine der seltenen Gelegenheiten, einen wirklich durchschlagenden und entscheidenden Erfolg zu erringen«*)[632] entsprach, läßt sich schon an Hitlers Reaktion ablesen. Nach einem Tagebucheintrag Alfred Jodls war er über den erzielten »*Luftstoß*« so ungehalten, daß er sogar die völlig unrealistische Forderung erhob, in Zukunft pro Division ein Bataillon als Fallschirmjäger auszubilden[633].

In der Hoffnung, den enttäuschenden Ausgang von »Kugelblitz« doch noch zu revidieren, schloß sich beinahe ohne Unterbrechung am 18. Dezember das Unternehmen »Schneesturm« an. Ziel war es diesmal, mit den bereits bei »Kugelblitz« eingesetzten Kräften sämtliche gegenwärtig im ostbosnischen Raum operierende Großverbände der Volksbefreiungsarmee (neben den bei der Voroperation erfaßten noch die 12. und 16. Division) nach Westen abzudrängen und jenseits der Bosna zu vernichten[634]. Vermutlich eingedenk des unbefriedigenden Ausgangs von »Kugelblitz«, ging der Kommandierende General des V. SS-Gebirgskorps, SS-Obergruppenführer Arthur Phleps, in seinem Einsatzbefehl für »Schneesturm« sehr ausführlich auf das Grundproblem aller bisherigen deutschen Einkreisungsoperationen in diesem Raum ein. Während die Sätze, mit denen er seine Ausführungen einleitete (»*Die Divisionen müssen durch Vorstaffelung der Flügel und durch Nachführen von Reserven hinter den Flügeln ein Ausbrechen des Gegners verhindern und den umfassenden Einsatz vorbereiten.«*)[635], noch fast wie zigfach gebrauchte Allgemeinplätze wirkten, bezog er im folgenden Absatz überraschenderweise Position gegen die bis dahin gültige Orthodoxie, die beim Fortschreiten einer Kesseloperation vor allem das enge Kontakhalten zu beiden Seiten vorgeschrieben hatte: »*Eine Kesselbildung*

---

630 BA/MA, RH 21-2/590 KTB-Eintrag vom 16.12.1943.
631 BA/MA, RH 21-2/595a Abschlußmeldung Kugelblitz (19.12.1943). Bei den meisten der 2.668 Gefangenen handelte es sich um ehemalige Angehörige der italienischen Streitkräfte.
632 Mit diesen Worten hatte der Stabschef des Pz.AOK 2 auf einer Besprechung zu den Vorbereitungen für »Kugelblitz« die sich hier bietende Chance beschrieben; BA/MA, RH 21-2/592 Protokoll über die Besprechung für das Unternehmen »Kugelblitz« am 19.11.1943, 10.30–12.40 h.
633 IWM, Tagebuch Alfred Jodl AL 930/4/3. Soweit nachvollziehbar, scheint Hitler an die Möglichkeit geglaubt zu haben, durch kurzfristigen Einsatz von Luftlandetruppen die Durchbruchstellen, durch die die Partisanen den gegen sie gerichteten Großoperationen immer wieder entkamen, rechtzeitig abzuriegeln.
634 BA/MA, RH 21-2/611 Korps-Befehl für Unternehmen »Schneesturm« (18.12.1943).
635 Ebd.

ist nicht beabsichtigt, dagegen muß insbesondere von den Führern auch kleiner Kampfgruppen eine Umfassung des Feindes immer wieder angestrebt werden und die Kämpfe von Nachbartruppen durch Stöße in Flanken und Rücken der vor diesen stehenden Feindkräfte sofort unterstützt werden.«[636] Mit dieser Weisung hatte Phleps letztendlich nichts anderes getan, als die Begrenzungen, denen er und Rendulic sich mit Beginn des laufenden Operationszyklus auf strategischer Ebene unterworfen hatten (mehrere Operationen mit begrenzter Zielsetzung anstatt einer großen, allumfassenden), auch auf die operative Ebene zu übertragen: Wenn schon der Versuch, mehrere Großverbände der Partisanen in einer Einkreisung zu fassen, anscheinend zum kontinuierlichen Scheitern verurteilt war, so mußte man sich eben mit Erfolgen auf Bataillons- und Regimentsebene zufriedengeben. Trotz dieses bemerkenswerten Versuchs, den operativen Ansatz an die zur Verfügung stehenden Mittel anzugleichen, sollte »Schneesturm« einen noch enttäuschenderen Verlauf nehmen als »Kugelblitz«. Obwohl bis zum 25. Dezember die erneute Einkesselung der 5. und 27. Division zwischen Vares und Kakanj gelang, erfolgte noch in der folgenden Nacht der Durchbruch der beiden Verbände in nordöstlicher bzw. südwestlicher Richtung[637]; die vom Kommandierenden General des V. SS Geb. AK gewünschte fortgesetzte Verfolgung wurde zugunsten der planmäßigen Durchführung der nächsten Operationsphase (Unternehmen »Waldrausch«) zurückgesetzt[638]. Da beide Divisionen sich außerdem anschließend in der ostbosnischen Romanija sammelten, war auch das ursprüngliche Operationsziel der *»Säuberung Ostbosniens«* klar verfehlt worden[639]. Lediglich die erfolgreiche Abwehr des Angriffs auf Banja Luka, den vom 31. Dezember bis 2. Januar sechs Brigaden zur Entlastung des bedrängten III. Korps durchführten, kann als ein zumindest indirekter Erfolg von »Schneesturm« gesehen werden[640].

Mit ähnlich bescheidenen Erfolgen waren in diesen Tagen zwei kleinere Unternehmen im dalmatinisch-herzegowinischen Grenzraum bzw. in Westkroatien abgeschlossen worden. Erstere Operation (»Ziethen«, 4. bis 12. Dezember 1943) hatte sich mit der Einnahme Livnos eine eher begrenzte Aufgabe gestellt; hierbei stand nicht – wie es noch 1942 der Fall gewesen wäre – die Rückeroberung eines wichtigen Wirtschaftsobjektes im Vordergrund, sondern vielmehr die Ausschaltung eines

---

636 Ebd.
637 Kumm, *Vorwärts Prinz Eugen*, S. 153. Die Verluste, die dem Feind bis zu diesem Zeitpunkt zugefügt worden waren, betrugen nach einer eher zu hoch gegriffenen Schätzung im Kriegstagebuch des OKW (siehe unten) »über 2.000 Mann«; vgl. KTB OKW, Bd. III.2, S. 1396 (Eintrag vom 31.12.1943).
638 TB Phleps, Eintrag vom 27.12.1943.
639 Strugar, *Volksbefreiungskrieg*, S. 187 f.
640 BA/MA, RH 24-15/36 Gefechtsbericht über die Verteidigung von Banja Luka vom 31.12.43–3.1.44 (4.1.1944).

»*Bandenversorgungszentrums*«[641], von dem ein Großteil der sowohl auf dem Luft- wie Seeweg in immer größeren Mengen eintreffenden Waffenlieferungen aus Italien an die kämpfenden Einheiten der Volksbefreiungsarmee verteilt wurde. Die mit schwachen Kräften durchgeführte Operation erreichte zwar ihr Ziel, wobei der Umfang der eingebrachten Beute (204 Gewehre, 29 Maschinengewehre) allerdings eher enttäuscht haben dürfte. Sowohl die Entdeckung einer wenn auch rudimentären Luftwaffenorganisation der Partisanen im Hinterland als auch die Tatsache, daß operative Möglichkeiten aufgrund von Treibstoffmangel ungenutzt blieben, machten deutlich, welch ein Wandel während des letzten halben Jahres auf diesem Kriegs- schauplatz stattgefunden hatte[642].

Deutlich ehrgeiziger in Zielsetzung und Umfang war das Unternehmen »Panther«, das ab dem 7. Dezember in den Raum der Petrova Gora und der angrenzenden Samarica in Westkroatien vorstieß. Da beide Waldgebirge schon seit längerer Zeit als Rückzugsräume der Volksbefreiungsarmee bekannt waren, zielte die Operation vor allem darauf ab, die für den Winter angesammelten Vorräte entweder zu erbeu- ten oder zu vernichten sowie möglichst viele Behausungen zu zerstören. Bemerkens- werterweise war außerdem – erstmals seit »Kozara« – eine großangelegte Deportationsaktion, wenn auch nicht der gesamten Bevölkerung, dann doch der Männer im wehrfähigen Alter, vorgesehen[643]. Wenngleich letzte Maßnahme auf- grund der Evakuierungsmaßnahmen der Partisanen weitgehend ins Leere stieß, konnten bei der Erfassung der Lebensmittelvorräte ansehnliche Ergebnisse erzielt werden[644]. Aus deutscher Sicht kaum weniger erfreulich war auch die Einsatzbereit- schaft der moslemischen Miliz des Husko Miljovic, die im Rahmen von »Panther« erstmalig an einer deutschen Großoperation teilnahm[645]. Daß die eigenen Verluste mit 70 Gefallenen relativ hoch ausfielen, wurde von der 371. ID (dem am schwer- sten betroffenen Verband) mit der Unerfahrenheit ihrer jungen Mannschaften in die- ser Art von Kriegführung begründet[646]. Es war somit nicht zu übersehen, daß die kon-

---

641 BA/MA, RH 21-2/590 KTB-Eintrag vom 15.12.1943.

642 BA/MA, RH 21-2/612 Abschlußmeldung »Ziethen« (12.12.1943).

643 BA/MA, RH 24-15/33 Operationsbefehl für das Unternehmen »Panther« (1.12.1943).

644 Nach BA/MA, RH 24-15/33 Gefechtsbericht Unternehmen »Panther« v. 7.–20.12.43 (o.D.), wur- den neben 47 Maschinengewehren und 189 Gewehren auch 60 Tonnen Lebensmittel erbeutet sowie 3.027 Stück Groß- und Kleinvieh abgetrieben. Ferner wurden 40 Tonnen Getreide vernichtet. Ge- zielte Beutezüge dieser Art sind auch für das folgende Jahr belegt, so das Unternehmen »Wechsel- balg« der 392. (kroat.) ID im August 1944. Vgl. hierzu Kurt Mehner (Hrsg.), *Die geheimen Tagesberichte der deutschen Wehrmachtführung im Zweiten Weltkrieg 1939–1945, Bd. 10* (Osna- brück 1985), S. 484 (Eintrag vom 27.8.1944) sowie Schraml, *Kriegsschauplatz Kroatien*, S. 259–261.

645 BA/MA, RH 24-15/68 Generalkommando XV. Geb. AK, Ic-Lagebericht 1.12.43 bis 10.1.44 (12.1.1944).

646 BA/MA, RH 24-15/33 Gefechtsbericht Unternehmen »Panther« (31.12.1943).

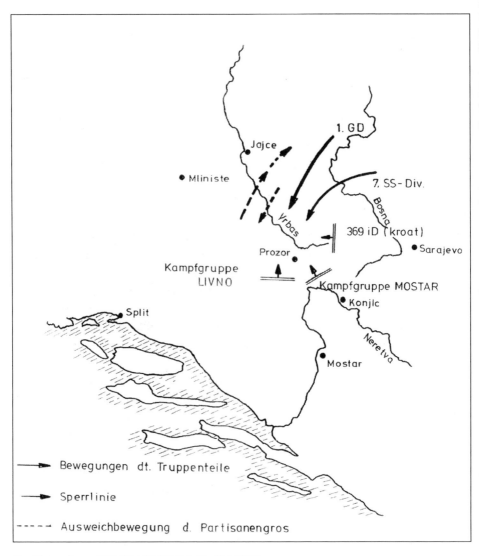

Das Unternehmen WALDRAUSCH (4.1. bis 18.1.1944)

tinuierlichen Versuche Hitlers und des OKW, den Krieg in Jugoslawien mit Neuaufstellungen und Reserveformationen zu bestreiten, ihren Preis hatten[647].

Bereits in das neue Jahr fiel die dritte und letzte Phase des am 2. Dezember mit
»Kugelblitz« eingeleiteten Operationszyklus. Auch dieser Operation (»Waldrausch«) lag insofern ein defensiver Kampfauftrag zugrunde, als sie eine im Raum

---

647 Zu einer vergleichbaren Erfahrung der 173. (Res.) Div. wenige Wochen zuvor vgl. BA/MA RH 19
     XI/39 OB Südost an OKW/WfSt (4.9.1943).

Mirkonjic Grad–Travnik–Kupres–Glamoč versammelte Kräftegruppe (1., 6. und 11. Division) zum Ziel hatte, mit deren Vorstoß auf Montenegro gerechnet wurde[648]. Den beiden Gebirgsjägerdivisionen kam hierbei die Aufgabe zu, durch einen weit ausholenden, sichelschnittartigen Vorstoß aus dem Raum südlich Doboj und Kakanj und über die Linie Jajce–Travnik–Busovaca den Feind im oberen Vrbas-Tal zusammenzudrängen und dort zu vernichten. Während zur Unterstützung dieser Bewegung zwei motorisierte Regimenter vorgestaffelt am rechten Flügel der 1. Gebirgsdivision operierten, sollten Ausbruchsversuche des Gegners in östliche, südöstliche bzw. südliche Richtung von drei hierfür gebildeten Kampfgruppen aufgefangen werden[649]. Zur Abschirmung der tiefen rechten Flanke dieser Operation wurde praktisch zeitgleich im Raum zwischen der Save und der Linie Doboj–Banja Luka von der Eingreifgruppe der 187. (Res.) ID und einer Brigade der 1. Kosakendivision das Unternehmen »Napfkuchen« durchgeführt[650]. Trotz dieses zahlenmäßig sehr eindrucksvollen Aufmarsches sollte auch diese Doppeloperation letztendlich an einer zu ehrgeizigen Zielsetzung und fehlenden Mitteln scheitern.

So mußte eines der beiden motorisierten Regimenter, die in ausholender Bewegung gewissermaßen die Speerspitze der Unfassungsbewegung darstellten, bereits nach vier Tagen nach Agram verlegen, um von dort in einen neuen Einsatzraum abtransportiert zu werden[651]; noch weit schwerer wog die Verlegung der 114. Jägerdivision, die im Rahmen von »Waldrausch« für die Sicherung im westlichen Rand des Operationsbereichs vorgesehen gewesen war und nun ersatzlos ausfiel[652]; zwei Tage vor Beginn der Operation räumte das Pz.AOK 2 gegenüber dem Oberbefehlshaber auch folgerichtig ein, daß »*ein Ausweichen des Gegners nach W(esten) nicht mit Sicherheit verhindert werden (könne)*«[653]. Daß es bei »Waldrausch«, anders als bei den zwei vorangegangenen Unternehmen, zu gar keiner engeren Umfassung des Gegners kommen sollte, war allerdings nicht auf diesen Umstand zurückzuführen. Vielmehr scheint es so gewesen zu sein, daß insbesondere Teile der »Prinz Eugen« durch den seit Anfang Dezember praktisch ununterbrochenen Einsatz so mitgenommen waren, daß sie nur noch über eine erheblich eingeschränkte Kampfkraft verfügten[654]. So gelang es auch zwei der beteiligten Großverbänden der Volksbefreiungs-

648 BA/MA, RH 24-15/35 Korps-Befehl für das Unternehmen »Waldrausch« (29.12.1943).
649 Ebd.; BA/MA, RH 19 XI/39 Pz.AOK 2 an OB Südost (6.1.1944). Es handelte sich dabei im einzelnen: die Kampfgruppen »Livno« (4. Regiment Brandenburg mit einer unterstellten Aufklärungsabteilung), »Mostar« (Alarmeinheiten aus Mostar und kroatische Truppenteile) sowie vier Bataillone der 369. (kroat.) ID.
650 Ebd.
651 Ebd.
652 Obwohl die 114. Jägerdivision im Operationsbefehl vom 29.12.1943 nicht ausdrücklich erwähnt wird, scheint ihre Beteiligung während der folgenden Tage beim XV. Geb. AK beantragt worden zu sein; vgl. ebd.
653 Ebd..
654 Kumm, *Vorwärts Prinz Eugen*, S. 155 f.

armee (1. und 11. Division), sich der Verfolgung nicht durch ein klassisches Durchbruchgefecht, sondern durch eine einfache Kehrtwende von 180 Grad zu entziehen: Die tags zuvor in Südrichtung überquerte Straße Travnik–Jajce wurde in der Nacht zum 9. Januar einfach wieder in umgekehrter Richtung passiert, die beiden Divisionen standen damit wieder im Rücken ihrer »Verfolger«[655]. Mit Ausnahme von feindlichen Verlusten (1.162 Tote, 295 Gefangene), die – wie schon bei »Schneesturm« – deutlich hinter denen von »Kugelblitz« zurückblieben[656], lag das einzig greifbare Ergebnis von »Waldrausch« in der Vertreibung Titos und seiner soeben ausgerufenen Regierung (siehe unten) aus ihrer Hauptstadt Jajce.

Mit einer zwei Wochen später eingeleiteten Operation, bei der es der 1. Gebirgsdivision unmittelbar vor ihrer Verlegung nach Ungarn dann noch gelang, westlich von Knin die 19. Division anzuschlagen (Unternehmen »Emil«), war der am 2. Dezember begonnene Winterfeldzug der 2. Panzerarmee schließlich an seinem Endpunkt angelangt[657].

In der Zwischenzeit hatte die Verlegung der IV./JG 27 in den südjugoslawischen Raum die Wiederaufnahme der zurückgestellten Eroberung des dalmatinischen Inselvorfelds ermöglicht[658]. Während die provisorische »Säuberung«[659] der Inseln Uljan, Osljak, Rivanj, Setrunj und Pasman vor Zara (Unternehmen »Delphin«, 22. bis 29. November 1943) weitgehend ereignislos verlief, gelang es mit der Landung auf Korčula (Unternehmen »Herbstgewitter II«, 22. bis 27. Dezember 1943), Vorbereitungen der Volksbefreiungsarmee für eine Rückkehr nach Pelješac um wenige Tage zuvorzukommen; bei den anschließenden Kämpfen wurde die betroffene Partisanenbrigade fast vollständig aufgerieben[660]. Aus Schaden klug geworden, leisteten Titos Einheiten bei den anschließenden Landungen auf Miljet (Unternehmen »Herbstgewitter III«, 31. Dezember 1943), Solta (»Haifisch II«, 12. Januar 1944),

---

655 Ebd. S. 157; Strugar, *Volksbefreiungskrieg*, S. 191.

656 KTB OKW, Bd. IV, S. 646. Aus Angaben bei Kumm, *Vorwärts Prinz Eugen*, S. 158 geht außerdem hervor, daß von den während des gesamten Operationszyklus 2.470 erbeuteten Gewehren 1.604 im Verlauf von »Kugelblitz« sichergestellt wurden.

657 BA/MA, RH 24-15/48 1. Gebirgsdivision, Ia-Lagebeurteilung für die Zeit vom 26.1.–10.2.44 (10.2.1944). Nach diesem Bericht konnten zwei der drei Brigaden der Division »*im wesentlichen zerschlagen werden*«. Vgl. auch Strugar, *Volksbefreiungskrieg*, S. 191 f.

658 Hans Ring/Werner Girbig, *Jagdgeschwader 27. Die Dokumentation über den Einsatz an allen Fronten 1939–1945* (Stuttgart 1979), S. 279. Die fragliche Einheit wies zwischenzeitlich allerdings gerade mal Staffelstärke (12–14 Maschinen) auf.

659 Aufgrund fehlender Mittel mußten solch periodisch durchgeführte Operationen bei den kleineren Inseln an die Stelle einer dauerhaften Besetzung treten; bereits am 30.1./1.2.1944 erfolgte die nächste »Säuberung« der mitteldalmatinischen Inselgruppe; vgl. BA/MA, RH 24-15/55 Operationsakte zu »Uljan« (o.D.).

660 BA/MA, RH 21-2/595a Abschlußmeldung »Herbstgewitter II«, in der die Beute auf 824 Gewehre und 60 Maschinengewehre beziffert wird. Nach KTB OKW, Bd. III.2, S. 1393 (Eintrag vom 30.12.1943) wurden auch mindestens 220 Gefangene gemacht. Dedijer, *War Diaries III*, S. 275 (o.D.) räumt den Verlust von 532 Toten, Verwundeten und Vermißten ein.

Brač (»Morgenwind«, 13. Januar 1944) und Hvar (»Herbstgewitter IV«, 19. Januar 1944), um nur die wichtigsten zu nennen, entweder nur noch hinhaltenden oder gar keinen Widerstand. Zur »Säuberung« des Küstengebietes in den Abschnitten zwischen Novi und Karlobag sowie Fiume und Zara wurden schließlich bis zum 20. Januar die Unternehmen »Adler I« und »Adler II« durchgeführt[661]; anders als bei den Inseleinnahmen konnte hier natürlich nicht mit wirklich dauerhaften Ergebnissen gerechnet werden. Gemeinsam war all diesen Unternehmungen ihre improvisierte Natur sowie der minimale Kräfteaufwand, der für sie betrieben wurde; letzterer hatte zur Folge, daß schon verhältnismäßig kleine Rückschläge, wie die Beschädigung eines einzigen Landungsbootes, die Absage oder Verschiebung einer Operation nach sich ziehen konnte. Ein solcher Fall trat beispielsweise ein, als der Verlust einer Siebelfähre durch Luftangriff am 3. Dezember den Aufschub der eigentlich schon für den 29. November geplanten Landung auf Solta erzwang[662]; vier Tage später mußte die Operation zugunsten der inzwischen fälligen Landung auf Korčula erneut zurückgestellt werden[663]. Als nun auch dieses Projekt u.a. daran zu scheitern drohte, daß nicht genügend Schwimmwesten für alle einzuschiffenden Soldaten zur Verfügung standen, befahl ein inzwischen sichtlich verzweifelnder Rendulic die Durchführung des Unternehmens ohne Rücksicht auf die Zahl der vorhandenen Rettungsmittel[664]. Obwohl ihm der Erfolg in diesem Fall letztendlich recht gab, sind diese Beispiele doch ein deutlicher Beleg dafür, daß die Kräfte, die Luftwaffe und Kriegsmarine für diese Operationen aufzubieten vermochten, im Falle einer mehr als sporadischen Intervention der in Italien dislozierten alliierten See- und Luftstreitkräfte völlig chancenlos gewesen wären.

Jenseits seiner überschaubaren militärischen Resultate lag die Bedeutung des mit »Kugelblitz« initiierten Operationszyklus vor allem darin, daß er zu einem regelrechten Strategiestreit zwischen Lothar Rendulic und dem am 1. November eingesetzten Kommandierenden General des XV. Geb. AK, Ernst von Leyser, führte. Ihren Anfang nahm diese Kontroverse mit einem Fernschreiben, das von Leyser am 24. Dezember 1943 an den Befehlshaber der 2. Panzerarmee richtete und in dem er das vorherrschende Konzept der Großoperation als Königsweg zur Partisanenbekämpfung einer kritischen Prüfung unterzog. Unternehmen wie das gerade abgeschlossene »Kugelblitz« schienen ihm auf Dauer schon deshalb wenig gewinnbringend, weil sie in aller Regel nicht mit einer langfristigen Sicherung des freigekämpften Raums einhergingen und somit das Vertrauen der Einwohnerschaft in die Besatzungsmacht eher unterhöhlten als stärkten. Darüber hinaus erforderte die-

---

661 BA/MA, RH 19 XI/39 OB Südost an OKW/WfSt (29.12.1943).
662 BA/MA, RH 21-2/590 KTB-Eintrag vom 3.12.1943; RH 24-15/7 Gliederung des KTB des XV. Geb. AK.
663 BA/MA, RH 21-2/590 KTB-Eintrag vom 7.12.1943.
664 Ebd., KTB-Einträge vom 18. und 21.12.1943.

ser Operationstypus eine Kräftekonzentration, die zwangsläufig zu Lasten der Sicherung anderer Gebiete ging, und hatte zudem einen Kräfteverschleiß zur Folge, der nur selten in einem vertretbaren Verhältnis zu den erzielten Ergebnissen stand. Als Konsequenz plädierte von Leyser für eine dauerhafte und möglichst dichte Besetzung einzelner Landstriche; sobald dort eine gewisse Befriedung erreicht worden sei, müsse man versuchen, auch angrenzende Gebiete durch abschnittweise Eroberung in diesen Raum mit einzubeziehen[665]. Bereits vier Tage später reichte der Kommandierende General des XV. Geb. AK eine umfangreiche Denkschrift nach, in der er dieselben Gedanken in noch sehr viel detaillierterer Form zur Diskussion stellte. Als zusätzliches Argument brachte er nun den Vorschlag ins Spiel, durch eine neue Dislozierung sowie die Aufteilung seiner Verbände in ortsgebundene Sicherungskräfte und eine bewegliche Reserve die Zahl der für die reine Küstenverteidigung (ein besonderes Anliegen Rendulics) zur Verfügung stehenden Verbände mit einem Schlag zu verdoppeln[666]. Ungeachtet der durchaus berechtigten Kritik am Konzept der Großoperation, die ihr zugrunde lag[667], wies von Leysers Alternativstrategie zwei unübersehbare Schwachstellen auf. Vom militärtheoretischen Standpunkt aus betrachtet, stellte sie einen eher fragwürdigen Versuch dar, das in den französischen Kolonialkriegen der Jahrhundertwende praktizierte Vorgehen des »Ölflecks« (»tache d'huile«) auf einen Kriegsschauplatz zu übertragen, auf dem völlig andere Rahmenbedingungen vorherrschten und der zu bekämpfende Gegner außerdem einen ungleich höheren Organisationsgrad aufwies[668]. Noch weit schwerer wog jedoch von Leysers realitätsferne Annahme, bei der verwaltungsmäßigen Erschließung freigekämpfter Gebiete auch die Behörden und Waffenträger des NDH-Staates zu konstruktiver Arbeit heranziehen zu können[669]. Obwohl Rendulic in seiner umfangreichen Antwort vom 21. Februar 1944 das Konzept seines Untergebenen rundweg ablehnte, unterließ er es interessanterweise – seiner eigenen kritischen Einstellung zur Ustascha zum Trotz – diese offensichtlichen Denkfehler

665 BA/MA, RH 24-15/41 XV. Geb. AK an PzAOK 2 (24.12.1943).
666 BA/MA, RH 24-15/12 XV. Geb. AK an PzAOK 2 (28.12.1943).
667 Zu diesem Thema findet sich folgender Passus in den Aufzeichnungen des Bevollmächtigten Generals: *»Inzwischen hat sich die Atmosphäre zwischen uns und den Kroaten außerordentlich verschlechtert. Manche berechtigte Klage spielt hinein, so die Tatsache, daß die Kroaten nicht über ein Bataillon verfügen und zusehen müssen, wie die Strategie des Rendulic einen kroatischen Ort nach dem anderen preisgibt, um ihn 8 Tage später als Trümmerhaufen zurückzuerobern.«* Vgl. Broucek, *General im Zwielicht*, S. 358 (Eintrag vom Januar 1944).
668 Diese von Joseph Gallieni eingeführte und von Hubert Lyautey weiterentwickelte Vorgehensweise beruhte auf dem Grundsatz, daß die systematische Verbessserung der materiellen Lage der Einwohnerschaft eroberter Gebiete deren Befriedung entscheidend fördern und so die Ausgangsbasis für weitere Eroberungen bilden würde. Vgl. Francis Toase, The French experience; in: Ian Beckett (Hrsg.), *The roots of counter-insurgency* (London 1988), S. 40–59; Douglas Porch, Bugeaud, Gallieni, Lyautey: The development of French colonial warfare, in: Peter Paret (Hrsg.) *Makers of modern strategy from Machiavelli to the Nuclear Age* (Oxford 1986), S. 376–407.
669 BA/MA, RH 24-15/12 XV. Geb. AK an PzAOK 2 (28.12.1943).

hervorzuheben. Statt dessen wies er vor allem darauf hin, daß einer solchen Strategie neben dem gegebenen Kräftemangel vor allem die Notwendigkeit, die Großformationen der Volksbefreiungsarmee unter kontinuierlichen Druck zu setzen, im Wege stünde[670]. Darüber hinaus verwahrte er sich gegen den Kritikpunkt, die Großoperationen der letzten Monate hätten zu keinen greifbaren Ergebnissen geführt: So seien für die letzten vier Monate des Jahres 1943 mindestens 30.000, für den Januar 1944 allein 19.000 Feindtote nachgewiesen[671]. Obwohl diese astronomisch anmutenden Zahlenangaben im wesentlichen den offiziellen Erfolgsmeldungen entsprachen, die die 2. Panzerarmee an das OKW absetzte, ist nicht anzunehmen, daß von Leyser durch sie überzeugt wurde. Nach einer Aussage des scheidenden Kommandeurs der SS-Division »Prinz Eugen«, Karl Reichsritter von Oberkamp, zu urteilen, muß es in deutschen Stäben nämlich ein mehr oder weniger offenes Geheimnis gewesen sein, daß solchen Ziffern weniger eine systematische »Aufrundung« als ganz einfach die blanke Unwahrheit zugrunde lag. So zeigte sich der Bevollmächtigte General über diese Nachricht – oder vielmehr ihre Bestätigung – auch nicht sonderlich überrascht: »*Oberkamp ist auch mit der Führung des Krieges in Ostbosnien – wohl mit Recht – sehr unzufrieden. Er bestätigt, daß die Erfolgsmeldungen des Rendulic absolut falsch sind und die Herumhetzerei die Truppe nur um jede Kampfkraft bringt. Seine Division sei zur Zeit überhaupt kampfunfähig und müsse auf drei Monate auf einen Truppenübungsplatz.*«[672]

Das heute noch zur Verfügung stehende Quellenmaterial ermöglicht eine nähere Überprüfung dieses »Zahlenstreits«. So bezifferte Rendulic gegenüber dem OKW beispielsweise die im Laufe von »Kugelblitz« erlittenen Verluste der Volksbefreiungsarmee am 20. Dezember mit 9.000 Mann[673]. Da die am Vortag abgefaßte Abschlußmeldung der 2. Panzerarmee nur auf 2.926 gezählte Tote und 2.668 Gefangene kam[674], kann die bestehende Differenz nur durch mindestens 3.000 weitere »geschätzte« Tote überbrückt worden sein – eine Kategorie, die im Laufe des Jahres 1943 immer häufiger Eingang in die Abschlußberichte gefunden hatte, aber ausnahmslos gesondert anzugeben war. Zu guter Letzt sei noch darauf hingewiesen, daß der größte Teil der eingebrachten Gefangenen (fast 2.000) ehemalige Angehörige der italienischen Streitkräfte waren[675] und somit einer Gegnergruppe angehör-

---

670 BA/MA, RH 24-15/48 Der Oberbefehlshaber der 2. Panzerarmee an den Kdr. Gen. des XV. Geb. AK (21.2.1944).
671 Ebd. Rendulic legte besonderen Wert auf die Feststellung, daß diese Zahlen »*sich nur auf Kommunisten und nicht auf Italiener*« beziehen würden.
672 Broucek, *General im Zwielicht*, S. 362 (Eintrag vom Januar 1944). Hierbei muß allerdings berücksichtigt werden, daß Phleps und von Oberkamp im Streit auseinandergegangen waren, vgl. BA-Lichterf., Personalakte (SSO) Carl Ritter von Oberkamp, Himmler an von Oberkamp (12.2.1944).
673 KTB OKW, Bd. III.2, S. 1372 (Eintrag vom 20.12.1943).
674 BA/MA, RH 21-2/595a Abschlußmeldung »Kugelblitz« (19.12.1943).
675 Ebd.

ten, die Rendulic – seinen Ausführungen gegenüber von Leyser nach zu urteilen – für gewöhnlich gar nicht in seine Erfolgsmeldungen aufzunehmen pflegte. Ähnlich verhielt es sich mit den Feindverlusten in Höhe von 23.000 Mann, die Rendulic für den gesamten Monat Dezember meldete[676]. Eine Addition der in den Abschlußmeldungen der wichtigsten während des fraglichen Monats durchgeführten Unternehmen (»Kugelblitz«, »Schneesturm«, »Ziethen«, »Panther« und »Herbstgewitter II«) aufgeführten Verluste ergibt jedoch eine maximale Höchstzahl von 10.200 gefallenen oder gefangenen Gegnern[677]. Die Vermutung liegt nahe, daß es neben seiner ostentativ zur Schau getragenen Regimetreue vor allem Meldungen dieser Art waren, die dazu beitrugen, daß Rendulic im Führerhauptquartier dauerhaft *»eine ganz große Nummer«* (Glaise) hatte[678]. Inwiefern sein Verhältnis zu von Leyser neben dem bestehenden Dissens in Fragen der Strategie auch durch solche Manipulationen beeinträchtigt wurde, kann anhand der vorliegenden Quellen nicht bestätigt werden. Belegt ist lediglich, daß der Streit zwischen beiden Generälen fortwährte und bis Mai 1944 Formen annahm, die sogar einen offiziellen Schlichtungsversuch notwendig machten[679]. Die Versetzung Rendulics am 23. Juni 1944 setzte der Kontroverse schließlich ein Ende.

Weit bedeutender als die Versuche der 2. Panzerarmee, im Winter 1943/44 Boden gut zu machen, waren indes die politischen Ereignisse, die sich zeitgleich im Lager Titos abspielten. So konstituierte sich auf der zweiten Sitzung des AVNOJ, die am 29. November 1943 in Jajce stattfand, dieses Organ als einzige legale Volksvertretung des neuen jugoslawischen Staates; unter den Resolutionen, die verabschiedet wurden, waren die hervorzuheben, die Titos Ernennung zum Marschall sowie die Abhaltung einer Volksabstimmung über die Rückkehr des Königs verfügten[680]. Die Reaktionen von seiten der Alliierten fielen durchweg positiv aus: Bereits in der Abschlußerklärung der Teheraner Konferenz am 1. Dezember wurde die »größtmögliche« Versorgung der Volksbefreiungsarmee zu einem Kriegsziel der Vereinten Nationen erklärt. Am 15. Dezember folgte dann die Anerkennung Titos als eines gleichberechtigten alliierten Befehlshabers durch Großbritannien und die USA[681].

676 KTB OKW, Bd. III.2, S. 1396 (Eintrag vom 31.12.1943).
677 Diese Rechnung setzt sich zusammen aus den Abschlußmeldungen der jeweiligen Operationen oder wo keine ermittelt werden konnte, der entsprechenden (zumeist schon deutlich »aufgerundeten«) Angabe im Kriegstagebuch des OKW. Für »Herbstgewitter II« ergibt sich so eine Schätzung von 1.000 Mann feindlichen Verlusten anstelle der sehr viel wahrscheinlicheren 500–700. Vgl. ebd., S. 1389 (Eintrag vom 28.12.1943).
678 Broucek, *General im Zwielicht*, S. 320 (Eintrag vom November 1943). Siehe auch Goebbels, Tagebücher Bd. 9, S. 580 (Eintrag vom 23.9.1943).
679 Broucek, *General im Zwielicht*, S. 402 (Eintrag vom Mai 1944).
680 Sehr ausführlich zu Vorbereitungen und Verlauf der AVNOJ-Sitzung Djilas, *Wartime*, S. 353–363.
681 Die Regierung der USA bestand freilich auch jetzt darauf, in der exiljugoslawischen Regierung die einzig legale Vertretung des Landes zu sehen. Vgl. Dedijer, *War Diaries III*, S. 200–202; Brandes, *Alliierte*, S. 531–543.

Die Sowjets zeigten sich aufgrund der Tatsache, daß Stalin die jugoslawische Initiative als Eigenmächtigkeit empfand, zunächst zurückhaltend, zogen dann aber nach und anerkannten das AVNOJ gar als einzige legale Regierung Jugoslawiens an. Obwohl der auf der 2. AVNOJ-Sitzung durchgeführte politische Befreiungsschlag zunächst noch im Schatten des unmittelbar zuvor (27. November) auf katastrophale Weise fehlgeschlagenen Versuchs, die erste eigene Auslandsmission auszufliegen, stand[682], kam ihm für den weiteren Verlauf des Bürgerkrieges eine gar nicht zu überschätzende Bedeutung zu. Erstens, weil aufgrund der anschließenden Desavouierung der Exilregierung durch ihre Gastgeber Mihailović auf einen Schlag seines wichtigen Bundesgenossen verlustig gegangen war[683]. Zweitens, weil mit dieser diplomatischen Wende die Wahrscheinlichkeit einer oft befürchteten militärischen Intervention der Westalliierten zugunsten nationalserbischer Kräfte als außerordentlich niedrig anzusehen war.

Interessanterweise ist für genau diese Tage auch ein erneuter Versuch der Partisanenführung, sich zur anderen Seite hin zu versichern, festzustellen. Aus den zwei Gedächtnisvermerken über mehrere Gespräche in Agram, die der kroatische Politoffizier Marijan Stilinovic am 26. und 27. November mit dem ihm seit August 1942 bekannten Ingenieur Ott sowie einem Mitglied der deutschen Gesandtschaft führte, geht klar hervor, daß die Partisanenführung daran interessiert war, die im April abgebrochenen Waffenstillstandsverhandlungen wiederaufzunehmen[684]. So soll Stilinovic im Laufe dieses Meinungsaustauschs, der anscheinend der Vorbereitung eines Besuchs Otts bei der Partisanenführung diente, unter anderem folgende Äußerungen getan haben: »*Weiter hat erwähnter Kommissar erneut früher schon geäußerte Wünsche auf Waffenstillstand vorgebracht. Hierbei insbesondere hat er anerkannt, daß hiesige Kämpfe doch nicht kriegsentscheidend sein würden. Im übrigen sei es den Titopartisanen lieber, deutsche Truppen sind im Lande, als anglo-amerikanische.*«[685] Was genau Tito mit der Erneuerung seines Angebots vom März

---

682 Nachdem eine anhaltende Schlechtwetterperiode die Landung einer alliierten Transportmaschine tagelang verhindert hatte, fiel die Entscheidung, die Mission mit einem deutschen Bomber, mit dem eine kroatische Besatzung Tage zuvor desertiert war, auszufliegen. Unmittelbar vor dem Start in den frühen Morgenstunden des 27.11.1943 wurde die Maschine von einem deutschen Aufklärungs-flugzeug gesichtet und durch Bombenwürfe und MG-Feuer vernichtet. Unter den Toten befand sich auch der designierte Führer der Delegation, das Politbüromitglied Ivo Ribar. Obwohl die Parti-sanenführung darin einen geplanten Hinterhalt sah und sogar einen Verdächtigen ermittelte, spre-chen die meisten Indizien doch für eine zufällige Begegnung. Ausführlich hierzu Djilas, *Wartime*, S. 358–363; Dedijer, *War Diaries III*, S. 199 f. (o. D.); MacLean, *Eastern approaches*, S. 396–398; Befragung Dr. Vladimir Velebit in Zagreb (9. und 10.5.1998).

683 Die Waffenlieferungen an die DM-Organisation wurden ab Dezember 1943 auf ein absolutes Minimum reduziert, der Abzug der Militärmission bei Mihailović im Februar 1944 angekündigt. Vgl. Karchmar, *Draža Mihailović*, S. 742, 790.

684 ADAP, Serie E, Bd. VII, S. 208–211 Vermerk für den Herrn Gesandten (o.U., 29.11.1943).

685 PA/A, StS Ungarn 1320 Die Gesandtschaft in Agram an das Auswärtige Amt (o.U., 29.11.1943)

zu diesem Zeitpunkt bezweckte, ist schwer zu sagen[686]. Gegen die Ernsthaftigkeit dieser Initiative spricht der Umstand, daß, anders als zu Beginn des Frühjahrs, die Partisanen ein Bündnis mit den Briten eingegangen waren und außerdem bereits mehrere britische Militärmissionen in ihrer Mitte duldeten. Ein Waffenstillstandsabkommen, das in zeitlicher und räumlicher Hinsicht nicht gerade engen Beschränkungen unterworfen war, wäre vor dem neuen Bundesgenossen auf Dauer also nur sehr schwer zu verheimlichen gewesen. Der Verlust der gerade erst im großen Umfang eingeleiteten Waffenlieferungen aus Italien sowie die erneute Hinwendung der Westalliierten zu Mihailović wären die möglichen denkbaren Folgen gewesen. Es kann daher nicht ausgeschlossen werden, daß Stilinovics Vorschlag lediglich dem Zweck diente, die Deutschen am Vorabend ihres nächsten großen Operationszyklus zu verunsichern und sie vielleicht sogar zum Verschieben des unmittelbar bevorstehenden Unternehmens »Kugelblitz« zu veranlassen.

Trotz der bei »Kugelblitz«, »Panther« und »Herbstgewitter II« erzielten Erfolge sah Rendulic sich zu Ende des Jahres immer noch mit einer weitgehend unbefriedigenden Lage konfrontiert. Das kommunistische Kerngebiet Westbosnien befand sich immer noch weitgehend in Titos Hand, der mehrwöchige Einsatz von zwei vollzähligen Gebirgsjägerdivisionen hatte bis dahin nur begrenzte Erfolge gebracht, und die zunehmende feindliche Luftwaffenpräsenz über den Küstengebieten ließ für die nahe Zukunft eine spürbare Einschränkung der eigenen Bewegungsfreiheit befürchten. Der z. T. noch vor Abschluß des »Kugelblitz«/»Schneesturm«/»Waldrausch«-Zyklus erfolgte Abzug mehrerer Einheiten (insbesondere der 1. Gebirgsdivision und der 114. Jägerdivision) sollte die 2. Panzerarmee von Februar bis April 1944 überdies zu einer Kleinkriegführung in Bataillons- und Regimentsstärke zwingen, durch die bestenfalls eine periodische Beunruhigung kommunistisch beherrschter Gebiete zu erwarten war[687].

Daß die langfristigen Aussichten für eine dauerhafte Befriedung der nach dem 8. September übernommenen Gebiete sich eher schlecht darstellten, hatte aber auch noch andere Gründe: Neben der Rückkehr einer seit dem Spätsommer 1943 wieder besonders militant auftretenden Ustascha[688] und dem Eindruck, den die scheinbar

---

686 Gegenüber dem Verfasser hat Dr. Vladimir Velebit diese Initiative als »ein völliges Rätsel« bezeichnet; Befragung Dr. Vladimir Velebit in Zagreb (9. und 10.5.1998).
687 BA/MA, RH 24-15/49 PzAOK 2 an XV. Geb. AK (27.2.1944).
688 Ein Versuch deutscher Stellen zur Identifizierung der treibenden Kräfte hinter dieser seit Juli/August 1943 immer häufiger festgestellten Tendenz scheint erst im Rahmen der allgemeinen Verschlechterung der deutsch-kroatischen Beziehungen im Herbst 1943 eingesetzt zu haben. Nach Ansicht des Bevollmächtigten Generals war der neue »Ustaschakurs« vor allem eine Folge der Massendesertionen, die im Oktober 1943 die Domobranen erschüttert hatten, vgl. BA/MA, RH 19 XI/39 Der Bevollmächtigte General an den Militärbefehlshaber Südost (20.10.1943). Eine spätere Analyse der Abwehrstelle Agram sah hingegen in der erneuten Radikalisierung einen Versuch Pavelićs nach der Absetzung Mussolinis (25.7.) und Italiens Kriegsaustritt (8.9.) unsicher gewor-

ungestörten Einflüge alliierter Bomber- und Jaboverbände bei der Bevölkerung der Küstenbereiche hinterließen[689], ist in diesem Zusammenhang auch die Frage der Nahrungsmittelversorgung zu erwähnen. Da Dalmatien, die Herzegowina und Montenegro in dieser Hinsicht schon immer reine Zuschußgebiete gewesen waren, hatten sie sich nach der Aufteilung des Landes im April 1941 fast ausschließlich auf die Versorgung von jenseits der Adria angewiesen gesehen. Als dieser Weg durch Italiens Kriegsaustritt bzw. die alliierte Besetzung Unteritaliens ausfiel, sahen sich die deutschen Besatzer schon nach drei Monaten außerstande, eine auch nur annähernd ausreichende Versorgung der Bevölkerung auf lange Sicht sicherzustellen[690]. Hierbei war es weitgehend irrelevant, inwiefern der kroatische Staat sich in der Lage sah, größere Nahrungsmittelreserven bereitzustellen; durch die kriegsbedingte Unmöglichkeit, einen halbwegs geregelten Eisenbahnverkehr aufrechtzuerhalten sowie insbesonders abgelegenere Seitenstraßen gegen Anschläge der Partisanen abzusichern, konnten in der Hauptsache nur die wenigen größeren Städte mit einer regelmäßigen Versorgung rechnen. Auch wenn es der deutschen Wehrmacht durch gelegentlichen Einsatz eigenen LKW-Kolonnenraums gelingen sollte, einige der schlimmsten Engpässe zu überbrücken[691], waren mit Beginn des Jahres 1944 immer häufiger Fälle zu verzeichnen, die, so ein deutscher Diplomat, »*nach unseren Begriffen*« Hungersnot darstellten.[692]

Bei dem Versuch, der Frage nachzugehen, wie sich dieses Umfeld auf die deutsche Truppe vor Ort auswirkte, offenbart sich dem Betrachter ein zum Teil widersprüchliches Bild. So hatte der Bevollmächtigte General in den letzten Monaten des Jahres wiederholt Verhaltensweisen bei deutschen Soldaten feststellen müssen, die auf eine fortschreitende Verwahrlosung und Verfall der Moral hindeuteten. Unabhängig von

---

dene Anhänger durch eine Verstrickung in neue Verbrechen unwiderruflich an seine Sache zu ketten, vgl. hierzu Lagebericht Kroatien März 1944, Anlage zu F.A.T. 176 Nr. 186/44 gKdos. v. 4.4.1944 in: Hnilicka, *Balkan*, S. 283–292. Dem würde freilich entgegenstehen, daß eine Wiederbelebung des alten Ustaschakurses auch schon für die Zeit vor dem 25.7. belegt ist, vgl. hierzu BA/MA, RW 40/43 Kdr.Gen. u. Bfh. in Serbien, Ic-Lagebericht vom 16.6.–15.7.1943 (19.7.1943). Die meisten deutschen Berichte beschränken sich darauf, die neue Politik beispielsweise auf eine Stärkung des »*klerikalen*« Flügels innerhalb der Ustascha zurückzuführen, ohne nähere Ursachenforschung zu betreiben, vgl. BA/MA, RH 24-15/12 Gen.Kdo. XV. Geb. AK, Ia-Lagebeurteilung am 15.11.1943 (17.11.1943).

689 BA/MA, RH 24-15/12 264. Inf.-Div. an Generalkommando XV. (Geb.) AK (7.12.1943).
690 BA/MA, RH 21-2/617 Feldkommandantur 1040 an den Deutschen Bevollmächtigten General in Albanien und Militärbefehlshaber Montenegro (20.10.1943). Nach dieser Meldung wurde bereits für Ende des Monats mit einer Erschöpfung der Nahrungsmittelvorräte Montenegros gerechnet.
691 PA/AA, Dienststelle des Sonderbeauftragten für den Südostraum R 27306, Legationsrat Kramarz (Cetinje) an Sonderbeauftragten Neubacher (27.3.1944); ADAP, Serie E, Bd. VII, S. 623 f. Der Chef des Generalstabs des Oberbefehlshabers Südost an das Oberkommando der Wehrmacht/Wehrmachtführungsstab (12.4.1944).
692 PA/AA, Dienststelle des Sonderbeauftragten für den Südostraum R 27306, Legationsrat Kramárz (Cetinje) an Sonderbeauftragten Neubacher (29.4.1944).

denen im Laufe von »Sühneaktionen« vorgenommenen Erschießungen und Verwüstungen wurden in dieser Zeit immer häufiger Fälle von Übergriffen aktenkundig, die, auch bei großzügiger Berücksichtigung der auf diesem Kriegsschauplatz vorherrschenden Bedingungen, den Tatbestand gewöhnlicher Tötungs- oder Eigentumsdelikte erfüllten[693]. Anders als vielleicht zu erwarten gewesen wäre, waren solche Fälle nicht nur bei volksdeutschen oder »fremdländischen«[694], sondern auch bei reichsdeutschen Verbänden zu verzeichnen, deren kurze Einsatzdauer im jugoslawischen Raum zudem eine wie auch immer geartete Anpassung an »Kriegssitten des Balkans« zumindest unwahrscheinlich erscheinen ließ[695]. In zumindest teilweisem Gegensatz zu diesem Bild stehen allerdings die Indizien, die darauf hindeuten, daß die mit dem OKW-Befehl vom 18. August 1943 eingeleitete Politik sehr wohl zu konkreten Verhaltensänderungen bei der Behandlung gegnerischer Gefangener und Überläufer geführt hatte. Gemeinsam mit dem einsetzenden Winterwetter und einer verbesserten Überläuferpropaganda konnte auf diese Weise die Bereitschaft zur Desertion innerhalb der Volksbefreiungsarmee bis Ende 1943 spürbar gesteigert werden[696]. Die Panzerpropagandakompanie 693 sah sich durch diese Erfolge sogar veranlaßt, der 2. Panzerarmee am 20. Dezember ein umfangreiches Programm zur Versorgung, Betreuung und anschließenden Resozialisierung solcher *»Flüchtlinge«* zu unterbreiten[697]. Auch gegenüber im Kampf gemachten Gefangenen läßt sich diese neue Einstellung mehrfach belegen. So geht aus einem Eintrag aus dem Kriegstagebuch des OKW vom 30. Dezember hervor, daß die Erschießung der 220 auf Korčula gemachten Gefangenen zu diesem Zeitpunkt bereits einen Sonderfall darstellte, der auf die Nachricht von der Tötung mehrerer in Hand der Volksbefreiungs-

---

693 BA/MA, RH 19 XI/39 Der Bevollmächtigte General in Kroatien an den Militärbefehlshaber Südost (20.10.1943): »*In den letzten Monaten hat die Zahl der gerichtlich strafbaren Handlungen von Angehörigen der Wehrmacht und des Wehrmachtgefolges in Agram erheblich zugenommen.*« Ferner Broucek, *General im Zwielicht*, S. 293 (Eintrag vom Oktober 1943) u. 334 (Eintrag vom Dezember 1943). Am 1.3.1944 trug der kroatische Außenminister seine Sorgen über diese Entwicklung sogar Hitler selbst vor; vgl. ADAP, Serie E, Bd. VII, S. 472–477 Aufzeichnung des Gesandten I. Klasse Schmidt (5.3.1944).

694 Zu der in dieser Hinsicht besonders »problematischen« Kosakendivision vgl. BA/MA, RH 24-15/47 Erfahrungsbericht in disziplinarer Hinsicht (23.1.1944).

695 So beklagten sich Anfang März 1944 zum Beispiel sowohl die 373. (kroat.) ID als auch die 264. ID über Übergriffe der durch ihre Bereiche abmarschierenden 1. Gebirgsdivision; BA/MA, RH 24-15/49 Inf. Rgt. 384 an 373. (kroat.) ID Ia (3.3.1944) sowie RH 24-15/49 264. ID an Generalkdo. XV. Geb. AK (11.3.1944).

696 BA/MA, RH 24-15/68 XV. Geb.AK, Ic-Lagebericht, 1.12.43 bis 10.1.44. In der Berichtszeit waren im Bereich des XV. Geb. AK bereits an die 1.000 Überläufer gezählt worden, gegenüber 102 im November.

697 BA/MA, RH 21-2/v. 733 Tätigkeitsbericht für die Zeit vom 1.–15.12.43 (20.12.1943). Inwiefern es sich hierbei um eine Fortsetzung oder Neuaufnahme einer bereits nach Abschluß von »Weiß II« von Alexander Löhr ins Leben gerufenen Initiative handelte, konnte nicht ermittelt werden; vgl. RH 26-118/31 KTB-Eintrag vom 12.3.1943.

armee befindlicher Deutscher zurückzuführen war[698]. Noch unmißverständlicher manifestierte sich diese neue Politik im Verlauf des bereits beschriebenen Unternehmens »Panther«. Als bei der Durchkämmung des Geländes durch Truppen der 371. ID ein verstecktes Partisanenlazarett gefunden wurde, wurden die dort vorgefundenen 28 Schwerverwundeten unter erheblichem Aufwand geborgen und zur Weiterversorgung in die nächste Stadt gebracht[699]. Noch ein gutes halbes Jahr zuvor hätte eine solche Entdeckung mit hoher Wahrscheinlichkeit die umstandslose Erschießung der Patienten zur Folge gehabt. Selbst die bis dahin übliche Praxis der Geiselerschießungen wurde noch vor Ende des Jahres durch eine Weisung des Oberbefehlshabers Südost merklich entschärft. Dieser auf Druck des Sonderbeauftragten Neubacher am 22. Dezember erlassene Befehl sah keine festen Erschießungsquoten mehr vor, sondern überließ deutschen Befehlshabern erstmals die Entscheidung darüber, ob eine Geiselerschießung in einem bestimmten Fall vorzunehmen sei und, falls ja, in welcher Höhe[700]. Obwohl diese Form der Repressalie weiterhin beibehalten wurde, konnte so die völlige Unverhältnismäßigkeit, die insbesondere deutsche Vergeltungsmaßnahmen auf serbischem Boden bis dahin ausgezeichnet hatte, in Zukunft vermieden werden.

Anders als in Serbien, wo diese Deeskalationspolitik unter anderem eine Annäherung an den größten Teil der DM-Organisation möglich machte, sind die konkreten Auswirkungen auf dem kroatischen Kriegsschauplatz sehr viel schwerer zu gewichten. Hier stand einer dauerhaften Beruhigung nicht nur das weitere Wirken der Ustascha-Miliz, sondern auch eine aus dem Chaos des NDH-Staates gewachsene Gewaltspirale entgegen, die mittlerweile eine Eigendynamik angenommen hatte, der auch mit neuen Grundsatzbefehlen nicht so ohne weiteres beizukommen war. So scheint die Praxis, Überläufer eigenmächtig zu erschießen, die von Lüters bereits im Februar beklagt worden war[701], zumindest im Bereich des LXIX. (Res.) AK im Dezember immer noch gang und gäbe gewesen zu sein und hatte auch schon einige V-Männer, die sich vom Einsatz zurückmeldeten, das Leben gekostet[702]. Die Vermutung liegt nahe, daß die wenn auch deutlich gestiegene Bereitschaft, Gefangene zu machen, immer noch in recht hohem Maße von örtlichen Rahmenbedingungen (Möglichkeit des Abtransports, Aussichten, in absehbarer Zeit einen Austausch vorzunehmen, Bedürfnis Vergeltung für eigene Verluste zu üben) abhing, die von Fall zu Fall sehr variieren konnten. Daß unter den vorherrschenden Bedingungen nicht mehr zu erreichen sein würde, hatte der Bevollmächtigte General bereits am 15.

---

698 KTB OKW, Bd. III.2, S. 1393 (Eintrag vom 30.12.1943).
699 BA/MA, RH 24-15/33 Gefechtsbericht Unternehmen »Panther« (31.12.1943).
700 BA/MA, RW 40/89 Weisung »Sühnemaßnahmen« (22.12.1943).
701 BA/MA, RH 26-118/33 Div.-Kdr.-Besprechung in Sanski Most am 16.2.43, 13.00 Uhr (o.D.).
702 Befehl des Kommandierenden Generals des LXIX. (Res.) AK, Ernst Dehner, vom 19.12.1943, wiedergegeben in Trials of War Criminals before the Nuernberg Military Tribunals under Control Council Law No. 10, Bd. XI.2 (Washington 1950), S. 1299.

November vorausgesehen. Gehörte es nach seinem Eindruck doch »*zu den Erscheinungen des fünften Kriegsjahres, daß die Truppe auch Führerbefehle mitunter nur mehr bedingt befolgt (...)*«[703].

5.6. Zusammenfassung

Obwohl die Bemühungen der deutschen Besatzungsmacht, während des Jahres 1943 einen wirklich entscheidenden Schlag gegen die Volksbefreiungsarmee zu führen, die des Vorjahres bei weitem übertrafen, konnte gegen Ende des Jahres von einer spürbaren oder gar dauerhaften Schwächung der Partisanenbewegung keine Rede sein; vielmehr war es Tito gelungen, die Ende 1942 an sich schon recht vielversprechende Position in militärischer wie politischer Hinsicht noch deutlich auszubauen. Am deutlichsten läßt sich diese Entwicklung anhand der deutschen strategischen Planungen von Anfang und Ende 1943 exemplifizieren: Während zu Beginn des Jahres noch die komplette Auslöschung des »Partisanenreiches« in einem Feldzug von gerade mal zwei Monaten anvisiert worden war, ging es zwölf Monate später nur noch darum, Titos Brigaden von den Grenzen Serbiens und der Küste Dalmatiens fernzuhalten oder sie durch periodische Vorstöße in ihre Rückzuggebiete zumindest kurzfristig von eigenen Großoffensiven abzuhalten.

Wenngleich diese Entwicklung zu einem erheblichen Anteil auf die veränderte Kriegslage im Mittelmeerraum zurückzuführen war (Landungsgefahr, Luftbedrohung), war es doch unübersehbar, daß es der Volksbefreiungsarmee in harten Kämpfen gelungen war, so etwas wie eine strategische Pattsituation zu erreichen: Obwohl ihre Kräfte (wie sich bei Banja Luka gezeigt hatte) noch lange nicht in der Lage waren, die Besatzungsmacht zum offenen Kampf um wichtige Bevölkerungs- oder Industriezentren herauszufordern, mußten sich die Deutschen ihrerseits damit abfinden, daß mit den zur Verfügung stehenden Kräften ein umfassender Schlag gegen den Partisanenstaat mittlerweile außerhalb ihrer Möglichkeiten lag.

Im großen und ganzen war dieser scheinbar unaufhaltsame Aufstieg auf drei Faktoren zurückzuführen: neben der andauernden Existenz des Pavelić-Regimes und dem zunehmenden Verfall seiner Streitkräfte sowie dem Versagen des nationalserbischen Bürgerkriegsgegners im März und April 1943, nicht zuletzt auch dem Mißerfolg der drei Großoperationen (»Weiß I–II«, »Schwarz«), die den Achsenmächten zumindest rein theoretisch die Chance geboten hatten, mit einem Schlag fast die Hälfte der Großverbände der Partisanenbewegung auszuschalten. Wenn das Scheitern des ersten dieser drei Unternehmen noch auf einen viel zu ehrgeizigen Feldzugplan des deutschen Befehlshabers und den Einsatz zu schwacher Kräfte

---

703 BA/MA, RH 31 III/12 Der Bevollmächtigte General an das Pz.AOK 2 (15.11.1943).

zurückzuführen war, kamen bei »Weiß II« wieder die politischen Faktoren zum Tragen, die im Vorjahr zum enttäuschenden Ergebnis der »Trio«-Operationen beigetragen hatten. Hatte damals das deutsche Bestreben, eine dauerhafte italienische Truppenpräsenz in Ostbosnien zu vereiteln, im Vordergrund gestanden, so wurde die operative Planung diesmal von den nicht weniger beharrlichen italienischen Versuchen, die Deutschen aus der Herzegowina herauszuhalten, begleitet. Hierbei muß allerdings betont werden, daß eine direkte Kausalität zwischen der vorübergehenden Verzögerung des Vormarschs der »Prinz Eugen« in der ersten Märzhälfte und Titos Durchbruch schon deshalb nicht möglich ist, weil keine Indizien für eine auch nur prinzipielle deutsche Bereitschaft, die Verfolgung bis in die östliche Herzegowina fortzusetzen, existieren. Trotzdem kommt der Historiker in Anbetracht des ungenügenden italienischen Engagements, das eine Schwerpunktverlagerung zum Schutz der Bauxitgebiete überhaupt erst notwendig machte, sowie des Versagens des VI. Korps an der Neretva nicht umhin, die Hauptschuld für den unbefriedigenden Ausgang des Unternehmens bei Ambrosio und Robotti zu suchen. Inwiefern dieses dürftige Zwischenergebnis das anschließende deutsche Vorgehen bei »Schwarz« rechtfertigte, ist eine schwer zu beantwortende Frage.

Einerseits spricht vieles für die Annahme, daß die Bewegung, die ab Ende Mai endlich in die Cetnikfrage kam, nur auf diesem Wege zu bewirken war. Andererseits wäre zu berücksichtigen, daß die Ergebnisse der Entwaffnungsaktion eher dürftig waren und dies auch sein mußten, weil die (bekannte) Anwesenheit der kommunistischen Hauptstreitmacht in Montenegro Lüters schon nach wenigen Tagen dazu nötigte, sich seinem eigentlichen Hauptgegner zuzuwenden. Dieser Kampfauftrag erforderte aber wiederum die vorbehaltlose Mitarbeit eines Bundesgenossen, der in der ersten Woche von »Schwarz« wiederholt bloßgestellt und gedemütigt worden war. Daß diese etwas eigenwillige Vorstellung von Koalitionskriegführung letztendlich ohne schwerwiegende Konsequenzen für die weitere Operationsführung blieb, war keineswegs vorauszusehen und kein Verdienst Lüters oder Löhrs. Die unbestrittene Schwächung der Cetnikbewegung außerhalb Serbiens, die zu diesem Zeitpunkt eintrat, war schließlich weniger auf »Schwarz« als auf die im Kampf mit der Volksbefreiungsarmee erlittenen Niederlagen zurückzuführen. In der zweiten Operationsphase war der Durchbruch von ungefähr der Hälfte der an der Sujetska eingekesselten Partisanen vor allem ein Indiz für die neue Größenordnung, die der Krieg in Jugoslawien mittlerweile angenommen hatte. Wenn ein Jahr zuvor der Einsatz zweier Gebirgsdivisionen und zweier Infanteriedivisionen der deutschen Wehrmacht gegen die auf so engem Raum konzentrierte Hauptstreitmacht Titos vermutlich für einen durchschlagenden Erfolg gereicht hätte, mußte die deutsche Führung nun feststellen, daß sie mit ihren Planungen mal wieder einen Schritt zurücklag. So liegt in Anbetracht der von der 118. Jägerdivision und der 369. (kroat.) ID erlittenen Rückschläge die Vermutung nahe, daß es vermutlich des Einsatzes von drei oder vier vollzähligen Gebirgsdivisionen bedurft hätte, um einen wirklich nachhaltigen Erfolg zu ermöglichen.

Die epischen Durchbruchgefechte der Volksbefreiungsarmee an der Neretva und Sujetska sollten freilich nicht darüber hinwegtäuschen, daß der Erfolg Titos nicht zuletzt auch ein politischer war. Insbesondere die Beharrlichkeit, mit der eine überwiegend serbische Bewegung fast vom ersten Tag an für die Beteiligung von Moslems und Kroaten geworben hatte, begann sich im Jahr 1943 vor allem in Form zunehmender Desertionen aus der Landwehr und den Legionsdivisionen auszuzahlen[704]. In umgekehrter Richtung hielt sich der Überläuferstrom dagegen in überschaubaren Grenzen; in einer Lagebeurteilung vom 18. Juli 1943 räumte Lüters ein, daß selbst die Zwangsrekrutierten unter Titos Soldaten nur relativ selten ihr Heil in der Flucht zu den deutschen oder kroatischen Linien suchten[705].

Ein weiteres Indiz für den Wert politischer Arbeit war die Selbstverständlichkeit, mit der die Partisanenbewegung schon zu Beginn des Jahres in soeben vom Feind »gesäuberten« Räumen wieder auftrat und mit dem Wiederaufbau des befreiten Gebietes begann. Der im letzten halben Jahr eingetretene Wandel hätte kaum deutlicher sein können: Noch im Juni 1942 war der Versuch, beim Rückzug aus Montenegro und der östlichen Herzegowina durch Zurücklassen einer Nachhut die baldige Rückkehr vorzubereiten, binnen weniger Wochen gescheitert – eine direkte Folge der eigenen radikalen Politik in dieser Region. Etwas langwieriger gestaltete sich der Wandel in einem anderen Bereich, der ebenfalls die Beziehung zur Zivilbevölkerung betraf. Obwohl in der jugoslawischen Literatur die für eine Guerrillaarmee besonders kritische Frage der Nahrungsmittelversorgung meistens entweder gar nicht erwähnt oder unter Hinweis auf freiwillige Spenden der Bevölkerung abgehakt wird[706], mußte die Volksbefreiungsarmee insbesondere während der Monate zwischen Januar und Juni 1943, in denen sich fast die Hälfte ihrer Großverbände ununterbrochen auf der Flucht befand, häufig umfassende Requirierungen vorneh-

---

704 Die Ausrüstungsverluste der kroatischen Domobranen durch Überläufer und widerstandslose Entwaffnung hatten im zweiten Quartal 1943 bereits ein Ausmaß erreicht (3.000 Gewehre, 118 MGs), daß die Volksbefreiungsarmee ihre bei »Schwarz« erlittenen Verluste allein auf diesem Weg fast schon wieder ausgleichen konnte; vgl. hierzu BA/MA, RH 2/684 Lagebeurteilung des Oberbefehlshabers Südost (Obkdo. Hgr. E) für den Monat Juni 1943.

705 BA/MA, RH 24-15/2 Bfh.d.dt.Tr.i.Kroat., Ia-Lagebeurteilung für die Zeit vom 16.6.–15.7.43 (18.7.1943). Hierbei ist allerdings zu berücksichtigen, daß zu diesem Zeitpunkt noch kein umfassender Versuch erfolgt war, desertionswilligen Partisanen die nicht unberechtigte Furcht vor der Erschießung zu nehmen. Vgl. hierzu RH 21-2/751 Gren. Rgt. 369, Vernehmung des Überläufers Saho Bajic (30.11.1943): »*Die Moral bei den Banditen ist gut, es gibt aber sehr viele, die auch überlaufen möchten, wenn sie wüßten, daß sie nicht erschossen werden.*« (Unterstr. im Orig.)

706 Strugar, *Volksbefreiungskrieg*, S. 51.

men[707]. Diese scheinen dann bis Sommeranfang Ausmaße angenommen zu haben, daß Tito sich genötigt sah, persönlich einzugreifen und zum Eindämmen dieser Praxis einen Befehl von drakonischer Härte zu erlassen[708]. Interessanterweise hatte bereits einige Wochen zuvor eine Notiz Glaise von Horstenaus den Eindruck festgehalten, daß »*in Gebieten, in denen sich Tito in der Nähe befand oder wenigstens die Leute der Ansicht waren, daß dies der Fall wäre, (...) tatsächlich Plünderungen in weitgehendem Maße unterblieben*«[709].

Schließlich und endlich gilt es noch auf die zwei politischen Faktoren einzugehen, die nach Ansicht vieler deutscher Beobachter 1943 am stärksten dazu beigetragen hatten, der Expansion von KPJ und Volksbefreiungsarmee den Boden zu bereiten: die Mißwirtschaft des Pavelić-Regimes und die Politik der italienischen Besatzungsmacht. Die Kritik am Achsenpartner, die 1942 schon allein aufgrund der objektiven Unmöglichkeit, selbst bei italienischem Einverständnis, die Demarkationslinie zu verschieben, ziemlich gedämpft ausgefallen war, wurde jetzt immer häufiger und offener vorgetragen. Sie muß insofern als berechtigt angesehen werden, als zumindest im ersten Halbjahr Robotti und seine Vorgesetzten bei rapide abnehmendem Engagement immer noch darum bemüht waren, Italiens längst ausgehöhlte Rolle als Hegemonialmacht in Kroatien weiter aufrechtzuerhalten. Zudem mußten die wachsenden Bestrebungen der 2. Armee, ihre Aufgaben als Okkupationsmacht an nationalserbische Großformationen zu delegieren, um einen Preis erkauft werden, der in Berlin als zu hoch angesehen wurde. Wenngleich die deutsche Befürchtung, im Falle einer Landung einer gemeinsamen Front von Cetniks und Partisanen gegenüberzustehen, aus der Retrospektive sehr viel weniger zwingend erscheint, als es damals der Fall gewesen sein mag, bleibt dennoch die Tatsache zu verzeichnen, daß Roatta und Pirzio-Biroli sich bis Anfang 1943 erhebliche Hilfstruppenkontingente aufgebaut hatten, deren wiederholte »*Unbotmäßigkeit*« und schwankende Zuverlässigkeit nicht nur Deutschen, sondern auch Italienern schon wiederholt Anlaß zur Sorge gegeben hatte[710]. Schließlich und endlich trug diese Politik auf Grund der Begleiterscheinung, daß sie Kroaten und Moslems in aller Regel ohne jeden Schutz vor ser-

---

707 In diesem Sinne berichteten zumindest aus der Gefangenschaft der Volksbefreiungsarmee ausgetauschte Deutsche und Kroaten, die zu Zeugen dieser Plünderungen geworden waren: BA/MA, RH 26-118/42 Sammel-Vernehmung der Herren: Dipl.-Ing. Siglhuber, Othmar; Bayer, Otto; Konohek, Franz; Erdelji Ivan, Ing. Chem.; Mlakar Ivan, Ing. Chem; Skarica Nebodar, Chemie-Prof. (21.3.1943). Vgl. auch Djilas, *Wartime*, S. 255 f.

708 Ebd., S. 301. Eine deutsche Übersetzung dieses Befehls vom 16.6.1943 findet sich in BA/MA, RH 24-15/63 Befehlshaber der deutschen Truppen in Kroatien, Abt. Ic Feindnachrichtenblatt (21.7.1943).

709 BA/MA, RH 31 III/9 Vermerk über Mitteilung aus der Gegend von Banja Luka (1.5.1943).

710 Siehe z. B. Ciano, *Diario*, S. 686 (Eintrag vom 6.1.1943) sowie Resconto del console Vittorio Castellani circa le conversazioni del generale Mario Roatta, comandante di Supersloda (2a Armata) con i comandanti delle forze tedesche in Croazia e con il Poglavnik sui cetnici (o. D., verm. zweite Januarhälfte 1943), in: Talpo, *Dalmazia III*, S. 200–204.

bischen Übergriffen ließ, auch nicht zur langfristigen Beruhigung des Landes bei. Als wirklich entscheidend muß in diesem Zusammenhang jedoch die Tatsache angesehen werden, daß Hitler sich nicht dazu durchzuringen vermochte, gleichzeitig mit dem Nachlassen des italienischen Einflusses oder spätestens mit seinem völligen Verschwinden am 8. September 1943 auch das Pavelić-Regime zu beseitigen. Diese Unterlassung mußte sich schon deshalb besonders gravierend auswirken, weil die Kriegslage es mit sich brachte, daß das Ausbleiben eines solchen Schrittes zu einer automatischen Aufwertung des NDH-Staates führen mußte, an die vom Bevollmächtigten General immer wieder propagierte Einflußnahme *»hinter den Kulissen«* im Grunde genommen gar nicht mehr zu denken war.

Obwohl die Ereignisse um den 8. September letztendlich die Liquidierung des *»lächerlichen, aufgeblasenen italienischen Imperialismus«* (Glaise)[711] ermöglichte, kennzeichnet dieses Datum auch den Punkt, von dem der deutsche Krieg gegen die Volksbefreiungsarmee endgültig in die defensive Phase trat. Spätestens mit dem Verlust Ostbosniens im Oktober sollte sich außerdem zeigen, daß die Hoffnung, in Zukunft auf eine durch die Rückgewinnung Dalmatiens revitalisierte und moralisch gestärkte kroatische Streitmacht zählen zu können, völlig illusorisch gewesen war. Paradoxerweise war der einzige indogene Faktor, auf den die deutsche Wehrmacht jetzt noch in Jugoslawien bauen konnte, in den Reihen des Feindes angesiedelt: Der unversöhnliche Gegensatz zwischen Kommunisten und Nationalserben sowie die prekäre Lage, in welche letztere durch die Erfolge der Volksbefreiungsarmee geraten waren, sollte es den Deutschen ermöglichen, unter deutlich günstigeren Bedingungen, als sie Roatta oder Robotti gehabt hatten, das Erbe der 2. Armee anzutreten. Obwohl die Masse der Cetnikverbände nach den Niederlagen vom Frühjahr 1943 einer offenen Konfrontation mit Titos Brigaden aus den Weg zu gehen pflegten und deshalb vornehmlich in der Aufklärung oder bei der Sicherung von Verkehrswegen Verwendung fanden, wurden sie von deutscher Seite *»als äußerst rege und zuverlässig«*[712] eingestuft. Im Vergleich mit kroatischen Einheiten schnitten sie fast ausnahmslos als *»der wertvollere landeseigene Selbstschutzverband«*[713] ab.

---

711 Broucek, *General im Zwielicht*, S. 120 (Eintrag vom Juni 1941).
712 BA/MA, RH 24-15/6 114. Jägerdivision an Gen. Kdo. XV. (Geb.) AK (4.10.1943).
713 BA/MA, RH 24-15/47 Ia 264. ID an Generalkommando XV. (Geb.) AK (4.1.1944).

5.7. Die italienische Besatzungsherrschaft in Kroatien und Montenegro. Versuch einer Bilanz

Die Aufteilung Jugoslawiens durch die Achsenmächte im April 1941 hatte Italien die Möglichkeit geboten, lang gehegte irredentische Ambitionen bezüglich des östlichen Adriaufers in fast unbegrenztem Umfang in die Tat umzusetzen. Diese umfaßten neben formellen (Slowenien, Dalmatien) und faktischen (Montenegro) Annexionen noch die Vorherrschaft über den neugeschaffenen kroatischen Staat. Weniger die Dankesschuld des Ante Pavelić gegenüber seinem Schutzpatron Mussolini als die Tatsache, daß die Interessen der beiden Achsenpartner sich bei der Verteilung der Einflußsphären auf dem westlichen Balkan ausnahmsweise einmal auf das optimalste ergänzten, schienen diesem Experiment die besten Zukunftsaussichten zu garantieren. Gegen mögliche militärische Komplikationen schien die Anwesenheit einer Militärstreitmacht von einer Viertel Million Mann eine mehr als ausreichende Versicherung zu bieten. Die ausrüstungsmäßigen Schwächen (z.B. im Bereich der Funkmeßtechnik und panzerbrechenden Waffen), die in Afrika und Rußland für so viele italienische Niederlagen mitursächlich sein sollten, würden auf einem solchen Kriegsschauplatz zudem keine Rolle spielen; vielmehr hätte die in Libyen und Ostafrika gewonnene Kolonialkriegserfahrung dem Regio Esercito erlauben sollen, möglichen Herausforderungen auf diesem Terrain mit Gelassenheit entgegenzusehen. In auffälligem Kontrast zu dieser günstigen Ausgangslage steht das Bild, das sich dem Betrachter im August 1943 als Ergebnis der politischen und militärischen Bemühungen Italiens um Nutzung, Ausdehnung und Behauptung dieser neuen Einflußsphäre bot: das Verhältnis zum vermeintlichen Satellitenstaat Kroatien war vollständig zerrüttet, die Möglichkeiten zur politischen Einflußnahme in Agram auf dem Nullpunkt. Der Versuch, das zunehmend als Bürde empfundene militärische Engagement an die nationalserbischen Cetniks zu delegieren, mußte sowohl aufgrund der zweifelhaften Loyalitäten dieser Gruppen als auch ihrer stetig abnehmenden Kampfkraft gleich als doppelt gescheitert angesehen werden.

Als völlig ausgeschlossen mußte schließlich die – für eine Besatzungsmacht eigentlich naheliegende – Option angesehen werden, diese bündnispolitischen Defizite aus eigener militärischer Kraft zu kompensieren. Die Schlagkraft der in 2. Armee und Truppenkommando Montenegro zusammengefaßten Verbände hatte 1943 einen derartigen Tiefpunkt erreicht, daß auch die freiwillige Räumung weiter Gebiete sowie der Rückzug auf befestigte Stellungen keinen Schutz vor Debakeln wie dem von Prozor zu bieten vermochte. Selbst die italienische Repressalienpolitik, die zeitweilig in puncto Erschießungsquoten der deutschen kaum nachstand[714], scheint aufgrund

---

714 So erließ Pirzio-Biroli für seinen Befehlsbereich Montenegro am 12. Januar 1942 einen Befehl, der für jeden getöteten italienischen Soldaten oder verwundeten Offizier die Erschießung von 50

allzu abrupter und in ihrer Logik oft nicht nachvollziehbaren Wechseln zwischen Strafmaßnahmen und Amnestieangeboten im Urteil von Zeitgenossen[715] wie Historikern[716] nicht sonderlich zur Abschreckung beigetragen zu haben.

Die treibende Kraft, die im Frühjahr 1941 den Kurs der italienischen Kroatienpolitik vorgab, war dieselbe opportunistische Grundhaltung, die schon den Kriegseintritt des Landes an der Seite des scheinbar siegreichen Deutschland im Juni 1940 ermöglicht hatte. Zur Behauptung und Ausbeutung der neuen Einflußsphäre auf dem westlichen Balkan war in Rom zwar ein in optischer Hinsicht beträchtlicher Aufwand vorgesehen, nicht aber die Bereitschaft, diesen Anspruch gegen anhaltenden Widerstand auch durchzusetzen. Die nicht ganz unberechtigte Hoffnung, im Pavelić-Regime einen unbedingt hörigen Statthalter gefunden zu haben, ließ eine Rücksichtnahme auf kroatische Interessen zudem völlig überflüssig erscheinen.

Lange bevor die Kunde von den Übergriffen der Ustascha-Miliz einen triftigen Grund zur Distanzierung oder gar Abwendung vom neuen Verbündeten geboten hätte, hatte die italienische Seite einen Kurs eingeschlagen, der den Kroaten auf fatale Weise vor Augen führte, daß Rom sie einerseits in einem Vasallenstatus zu halten gedachte (Oktroyierung eines italienischen Monarchen, wirtschaftliche Ausbeutung), andererseits aber nicht das geringste Vertrauen in die eigene militärische Kraft zu haben schien, diesen Zustand auch auf absehbare Zeit aufrechtzuerhalten (Verbot einer kroatischen Kriegsmarine, Einrichtung der demilitarisierten Zone). Als im Laufe des Sommers 1941 (in Montenegro) und des Winters 1941/42 (in Kroatien) die ersten schwereren militärischen Rückschläge zu verzeichnen waren, sah sich die italienische Regierung mit einer Lage konfrontiert, die ein Dilemma vorwegnahm, dem sich während der Nachkriegszeit nicht nur die meisten Kolonialmächte, sondern auch die Vereinigten Staaten wiederfinden sollten: Die Notwendigkeit, fernab vom tatsächlichen (oder absehbaren) Hauptkriegsschauplatz in einem begrenzten Konflikt gegen einen durch schwieriges Gelände begünstigten Gegner anzutreten, dessen auf eine totalitäre Weltanschauung fußende Kriegführung ihn gegen viele der Strategien, die in einem klassischen Kolonialkrieg noch Erfolg versprochen hätten, weitgehend resistent gemacht hatte[717]. Nicht anders als es bei den Demokratien

---

Geiseln vorsah; für jeden verwundeten Soldaten seien 10 Geiseln zu erschießen. Vgl. Scotti/Viazzi II, S. 114. In späteren Zeitabschnitten scheinen dann Geiselerschießungen im Verhältnis 1:1 oder 1:2 üblich gewesen zu sein; vgl. ebd., S. 337 sowie Talpo, *Dalmazia II*, S. 1187.

715 Vgl. hierzu den kritischen Bericht des PNF-Funktionärs Rulli an Außenminister Ciano (10.12.1941), abgedruckt in Verna, *Italian rule* 233–237; BA/MA, RH 21-2/749 Bericht über die montenegrinische Frage im Zusammenhang mit dem Sicherheitsproblem auf dem Balkan. Auf Grund einer Montenegroreise im Juni 1943 (o.D.), S. 19.

716 Giorgio Rochat, Gli italiani nel Montenegro (Rezension); in: Italia contemporanea (1989), Nr. 178, S. 177–179.

717 Eingehender zu dieser Problematik der hervorragende Artikel von Mack: Andrew Mack, Why big nations lose small wars: the politics of asymmetric conflict; in: Klaus Knorr (Hrsg.), *Power, strategy and security* (Princeton 1983), S. 126–151.

Frankreich und USA der Fall sein sollte, scheint auch im faschistischen Italien die Zahl der Gefallenen, die auch ein solcher »limited war« mit sich brachte, schnell zum Politikum geworden zu sein. Noch bevor Anfang Mai 1942 die Grundsatzentscheidung für ein schrittweise zu reduzierendes Engagement gefallen war, konnte der Deutsche General in Agram seinen Vorgesetzten berichten, der Oberbefehlshaber der 2. Armee *»sei lediglich bestrebt, mit möglichst geringen italienischen Blutopfern den Frieden in seiner Besetzungszone herzustellen und damit gegenüber seinen ›Konkurrenten‹ Dalmazzo und Ambrosio mit einem weit sichtbaren Erfolg aufwarten zu können«*[718].

Theoretisch gesehen, hätte das abnehmende Interesse am neuen Kroatien, verbunden mit der schon länger vorhandenen Ablehnung des Pavelić-Regimes, der italienischen Politik natürlich die Chance für einen Neuanfang bieten können. Zusammen mit einer zumindest teilweisen Rückgabe der annektierten Gebiete hätte eine Ablösung des Ustaschastaates Italiens Rolle als Schutzmacht festigen, die Hauptursache für die bisherigen Unruhen beseitigen und somit die Notwendigkeit eigener Militärpräsenz erheblich reduzieren können. Soweit quellenmäßig nachvollziehbar, wurde ein solcher Kurswechsel jedoch weder von Mussolini noch vom Comando Supremo jemals in Erwägung gezogen; statt dessen kann jedoch nachgewiesen werden, daß insbesondere der »Duce« und seine Diplomaten trotz aller Unstimmigkeiten Pavelić sehr wohl als »ihren« Mann ansahen und bis zum Schluß bereit waren, sich bei gegen die Ustascha gerichteten Protesten schützend vor ihn zu stellen[719]. Bezüglich der militärischen Führung ist festzuhalten, daß ihre zunehmend kroatienfeindliche Haltung zwar die Form wachsender Unterstützung für serbische Freischärler, nicht aber einer ultimativen Forderung nach einer Beseitigung des Pavelić-Regimes annahm. Die Folge war, daß am Regime selbst zwar grundsätzlich festgehalten wurde, die konkrete Umsetzung dieser Politik kriegsbedingt aber immer häufiger einer Dienststelle – dem Stab der 2. Armee – überlassen wurde, die spätestens ab Herbst 1941 in einem unversöhnlichen Gegensatz zum neuen kroatischen Staat im allgemeinen und der Ustascha-Bewegung im besonderen stand[720]. In

---

718 BA/MA, RH 31 III/2 Der Deutsche General in Agram an das OKW (6.4.1942).

719 Vgl. hierzu u.a. DDI, Nona serie, vol. VII, S. 416–418 Il ministro a Zagabria, Casertano, al ministro degli esteri, Ciano (1.8.1941); ebd., S. 457–459 Il ministro a Zagabria, Casertano, al ministro degli esteri, Ciano (13.8.1941); DDI, Nona serie, Vol. VIII, S. 547 Il capo dell ufficio armistizio-pace, Pietromarchi, al ministro degli esteri, Ciano (29.4.1942); Relazione del dirigente l'ufficio »Stefani« di Zagabria, Dott. G. Solari Bozzi, al presidente de la agenzia (30.10.1942) in: Talpo, *Dalmazia II*, S. 897–905; DDI, Nona serie, Vol. IX, S. 344 Il capo dell ufficio armistizio e territori occupati, Pietromarchi, al ministro degli esteri, Ciano (25.11.1942) sowie PA/AA, StS Kroatien, Bd. 4, 693 Mackensen an Auswärtiges Amt (23.4.1943); dieses Fernschreiben gibt Mussolinis Einschätzung wieder, nach der Pavelić trotz begangener Fehler *»immer noch der beste Kroate sei«*.

720 Nach Talpo, *Dalmazia II*, S. 1190 setzte die Entwicklung, mit der die Pflege der italienisch-kroatischen Beziehungen vom Außenministerium auf die 2. Armee überzugehen begann, im Juni 1942 (Räumung Zone III) ein.

der Zwischenzeit waren bereits mehrere Grundsatzentscheidungen gefallen, die den Kurs der italienischen Besatzungspolitik bis zum 8. September 1943 vorgeben sollten. Zunächst war die Entfernung der meisten kroatischen Waffenträger aus dem Bereich der Zonen II und III (September bzw. Oktober 1941) einem faktischen Verzicht auf das in den Römischen Verträgen ausdrücklich festgehaltene Recht zum Aufbau und Bewaffnung der kroatischen Streitkräfte und einer nicht zu unterschätzenden Einbuße an politischem Einfluß gleichgekommen[721]. Als noch weitaus problematischer sollte sich die wenig später erfolgte Option für die nationalserbische Bürgerkriegspartei und die weitgehende Duldung der von dieser an Moslems und Kroaten begangenen Übergriffen erweisen. Diese entsprach zwar dem bereits angesprochenen Bedürfnis, die eigene Truppe möglichst zu schonen, hatte aber – ebenso wie die in der Zone I betriebene Italianisierungspolitik – zur Folge, daß auch vom Aufstand bis dahin unberührte Volksteile in immer größerer Zahl zu den Partisanen strömten[722]; gleichzeitig schwand die Hoffnung, jemals wieder ein konstruktives Verhältnis zur kroatischen Staatsführung (ganz gleich welcher politischer Provenienz) zu finden.

Diese in militärischer wie politischer Hinsicht gleichermaßen verfahrene Lage reduzierte den Spielraum, der Roatta und Robotti noch für eigene Entscheidungen blieb, auf ein absolutes Minimum. Während deutschen Dienststellen vorgehalten wurde, daß die italienische Besatzungspolitik (im Gegensatz zur deutschen) ihr Fundament in der Gleichbehandlung aller Volksgruppen habe[723], konnte die Führung der 2. Armee es in Anbetracht der schwindenden Kampfkraft ihrer Verbände immer seltener wagen, durch Eingreifen gegen Exzesse der Cetniks eine Verstimmung ihrer nationalserbischen Verbündeten zu riskieren. Ihren Höhepunkt erreichte diese Politik Anfang Febuar 1943, als der montenegrinische Cetnikführer Pavle Djurišić sich anschickte, dem von ihm Anfang Januar im Sandžak durchgeführten Moslempogrom ein noch blutigeres in derselben Region folgen zu lassen. Während wenige Monate zuvor die italienischen Kommandostellen noch willens bzw. in der Lage

---

721 Eine auch von italienischen Stellen kritisch bewertete Entscheidung: Relazione del colonnello Gian Carlo Re, capo della Missione militare italiana a Zagabria, sulla influencia militare germanica ed italiana in Croazia (27.10.1942) in: Talpo, *Dalmazia II*, S. 886–892.

722 Vgl. hierzu u.a. die Aussage eines über längere Zeit bei den Partisanen gefangenen Reichsdeutschen in BA/MA, RH 26-118/42 Vernehmung (25.1.1943): *»Den stärksten Zuzug erhalten die Partisanen in letzter Zeit aus Dalmatien, von wo aus die meisten wegen der italienischen Besatzung zu den Partisanen flüchten. (…) Der Zuzug in ihre Reihen von den Dalmatinischen Inseln her ist besonders groß.«* Vergleichbare Eindrücke brachte auch das deutsche Gesandtschaftsmitglied SA-Standartenführer Willy Requard von einer Dienstreise mit. Vgl. PA/AA, Inland IIg 401, 2821 Bericht über Dienstreise nach Sarajevo, Anlage 3: Partisanen (März 1943): *»Zu verkennen ist jedoch nicht, daß eine größere Anzahl der Partisanen, vor allem aus Dalmatien, aus Unzufriedenheit gegenüber den Italienern in den Wald gegangen sind.«*

723 Memorandum von Cianos Kabinettschef Blasco Lanza d'Ajeta (18.8.1942), zit. bei Jonathan Steinberg, *All or nothing. The Axis and the Holocaust 1941–1943* (New York u. London 1990), S. 56.

gewesen waren, ein ähnliches Vorhaben zu unterbinden[724], wagten sie diesmal nicht nur keinen Protest, sondern erleichterten Djurišić durch vorherige Entwaffnung der von ihnen im Sandžak unterhaltenen Moslemmiliz noch die Durchführung seiner Mordaktion[725]. Die wahrscheinlichste Erklärung für dieses Verhalten dürfte in dem zu diesem Zeitpunkt bereits absehbaren Großoperation gegen die Hauptgruppe der Volksbefreiungsarmee im Raum der Herzegowina gewesen sein: Da hierbei auf eine Mitwirkung größerer Cetnikverbände nicht verzichtet werden konnte, liegt der Schluß nahe, daß Pirzio-Biroli die Notwendigkeit empfunden haben mag, unter seinen Verbündeten für »gute Stimmung«[726] zu sorgen. Ebenfalls denkbar wäre, daß Djurišić und Mihailović, eingedenk der 1941 gemachten Erfahrungen[727], ihre Beteiligung an einem Feldzug außerhalb Montenegros von einer vorherigen Einschüchterung der moslemischen Volksgruppe in den angrenzenden Bezirken abhängig gemacht hatten[728].

Noch weit schwerer als die Förderung von Volkstumskämpfen wog in den Augen des deutschen Verbündeten freilich die Verbindung insbesondere der herzegowinischen und montenegrinischen Cetnikverbände zu Draža Mihailović. Da sich zudem bis zum Frühjahr 1943 die Indizien häuften, die unzweideutig auf seine Entschlossenheit zum Seitenwechsel im Falle einer alliierten Landung hinwiesen,

---

724 BA/MA, RH 26-114/13 Kommandierender General und Befehlshaber in Serbien, Ic-Lagebericht für die Zeit vom 1.10.–10.10.1942 (10.10.1942).

725 Zu diesen Vorgängen siehe u.a. BA/MA, RH 26-118/33 Fernspruch des Inf.-Rgt. 13 vom 7.2.43, 13.00 Uhr; Fernspruch des Inf.-Rgt. 13, 15.05 Uhr; Funkspruch des Inf.-Rgt. 13 vom 7.2.43, 15.30 Uhr; RH 26-118/33 Lagebericht für die Zeit vom 7.2.–16.2.1943 (16.2.1943); RH 21-2/749 Bericht über die montenegrinische Frage im Zusammenhang mit dem Sicherheitsproblem auf dem Balkan. Auf Grund einer Montenegroreise im Juni 1943 (o.D.), S. 3-9; RH 24-15/4 Die nationale Aufstandsbewegung der Cetniks im Unabhängigen Staat Kroatien, Slovenien und Montenegro. Stand: 1.5.1943 (5.5.1943), S. 19–21.

726 BA/MA, RH 21-2/749 Bericht über die montenegrinische Frage im Zusammenhang mit dem Sicherheitsproblem auf dem Balkan. Auf Grund einer Montenegroreise im Juni 1943 (o.D.), S. 9.

727 Zur Bekämpfung des Aufstandes von 1941 hatten die Italiener eine größere Zahl moslemischer Freischärler zum Einsatz gebracht; die hierdurch heraufbeschworene Bedrohung eines Volkstumskrieges an den Grenzen zum Sandžak und Albanien zwang einen Teil der Aufständischen, den Kampf gegen die Besatzer zugunsten der Verteidigung ihrer Heimatdörfer einzustellen. Vgl. hierzu Karchmar, Draža Mihailović, S. 382–387.

728 Recht aufschlußreich die Schlußfolgerungen, zu denen in diesem Zusammenhang der Ic-Offizier des Kommandierenden Generals und Befehlshabers in Serbien in seinen 10-Tage-Meldungen kam: BA/MA, RH 26-114/16 Lagebericht für die Zeit vom 31.12.42–8.1.1943 (8.1.1943): »Die Aktionsfähigkeit der montenegrinischen DM-Verbände scheint nach wie vor durch die Haltung mohammedanischer Gruppen beeinträchtigt zu sein«; RH 26-114/16 Lagebericht für die Zeit vom 9.1.-18.1.1943 (19.1.1943): »Um sich für den Kampf gegen die Kommunisten im Lika und Dinara-Gebiet den Rücken frei zu machen, will er (Mihailović, Anm. d. Verf.) zunächst die muselmanischen Formationen, die mit Unterstützung der Italiener bewaffnet wurden, bekämpfen.«; RH 26-114/17 Lagebericht für die Zeit vom 30.1.–8.2.1943 (8.2.1943): »Es hat hiernach den Anschein, daß DM sich jetzt stark genug fühlt, seine Herrschaftsgebiete Montenegro-Herzegowina von den noch bestehenden, ihm sich nicht eindeutig zuneigenden Muselmanenkräften zu säubern, um so den Rücken nach Westen und Süden freizubekommen.«

wurde das italienische Zögern in dieser Frage von deutscher Seite mit zunehmender Verständnislosigkeit und Irritation registriert. Anders als bei manch anderen Facetten der italienischen Besatzungspolitik fällt es dem Historiker allerdings schwer, in dieser Frage zu einem klaren Werturteil zu kommen. Zum einen ist der Hauptgrund für die Hochrüstung einer nur mangelhaft beaufsichtigten, mehrere zehntausend Mann zählenden Freischärlerarmee unschwer im Unwillen bzw. der Unfähigkeit der auf jugoslawischem Boden stehenden Teilen der italienischen Streitkräfte zu erkennen, den Kampf mit der Volksbefreiungsarmee zu suchen und zu bestehen[729]. Daß die italienische Seite sich der Präzedenzlosigkeit dieses Arrangements sehr wohl bewußt war, läßt sich unter anderem daran erkennen, daß in der Kontroverse um die Entwaffnung dieser Verbände Mussolini und seine Diplomaten so gut wie nie auf das (eigentlich naheliegende) Gegenargument von der ebenfalls gegebenen Zusammenarbeit der Deutschen mit einigen Cetnikverbänden zurückgriffen[730].

Auf der anderen Seite kann auch nicht bestritten werden, daß Hitler und von Ribbentrop das Cetnikproblem, unter weitgehender Ausklammerung der tatsächlichen Situation vor Ort, zu einer politischen Grundsatzfrage hochstilisierten, bei der

---

729 Das weitgehende militärische Versagen der italienischen Streitkräfte in der Zeit der Weltkriege ist wiederholt Gegenstand ausführlicher Untersuchungen geworden, wobei der Kriegsschauplatz Jugoslawien allerdings meistens ausgeklammert wurde; vgl. hierzu u.a. die bei Williamson Murray u. Alan Millet (Hrsg.), *Military effectiveness, Vol. I–III* (London und New York 1988) gesammelten Beiträge. Aus zahlreichen Dokumenten läßt sich entnehmen, daß italienische Stäbe spätestens ab 1943 das Versagen ihrer Truppen auf jugoslawischem Boden als ernsthaftes Problem wahrzunehmen begannen. So wies der Bevollmächtigte des Außenministeriums bei der 2. Armee am 1.3.1943 darauf hin, daß die vorübergehende Behauptung des Neretvabogens nicht den vier Divisionen des VI. AK, sondern vornehmlich dem Einsatz der montenegrinischen Cetniks zu verdanken sei, vgl. DDI, Nona Serie, Bd. X, S. 91 Il Capo dell'ufficio di collegamento con il comando della Seconda Armata, Castellani, al capo del governo e ministro degli esteri, Mussolini (1.3.1943). Als er wenige Wochen später den drohenden Verlust der gesamten Herzegowina zu erklären hatte, kam er nicht umhin einzuräumen, daß die Truppe gegenwärtig wohl »un po'demoralizzata« sei, vgl. Appunti del console Vittorio Castellani per il sottosegretario di Stato al Ministero degli Affari Esteri, Giuseppe Bastianini, sulla situazione delle forze della M.V.A.C. nella Lika, in Dalmazia ed in Erzegovina (26.4.1943) in: Talpo, *Dalmazia III*, S. 539 f. Commando della 2a Armata all'eccellenza il generale Spigo comandante del XVIII corpo d'armata (28.6.1943), abgedruckt in: ebd., S. 979–984 beinhaltet eine vernichtende Kritik des Armeeoberbefehlshabers Robotti, in der er den Truppen des XVIII. AK den kaum verschleierten Vorwurf der Feigheit vor dem Feinde macht. So beschwor er den Kommandierenden General u.a., seine Soldaten endlich davon zu überzeugen, daß »sie sich im Kriege befänden« (»*bisogna che tutta la truppa del C.d.A ... si convinca che ›siamo in guerra‹*«). Auch nach Einschätzung von Veteranen der Volksbefreiungsarmee waren italienische Niederlagen wie die bei Prozor vornehmlich auf eine ungenügende Kampfmoral zurückzuführen, vgl. Befragung von Dr. Vladimir Velebit in Zagreb (9. und 10.5.1998) und Dedijer, *War Diaries II*, S. 127 f. (Eintrag vom 7.3.1943). Zum Versagen der Regia Aeronautica vgl. Djilas, *Wartime*, S. 180 f. sowie Dedijer, *War Diaries II*, S. 134 (Eintrag vom 11.3.1943) und S. 151 (Eintrag vom 21.3.1943).

730 Lediglich in der Besprechung vom 25.2.1943 ging Mussolini (wenn auch nur am Rande) auf diese Frage ein, vgl. ADAP, Serie E, Bd. V, S. 294 Aufzeichnung über die Unterredung zwischen dem RAM und dem Duce im Palazzo Venezia am 25. Februar 1943 in Anwesenheit der Botschafter von Mackensen und des Staatssekretärs Bastianini (27.2.1943).

sie sich zu keinerlei Kompromiß bereit zeigten. Besonders bezeichnend ist in diesem Zusammenhang, daß einige der mit der Problematik direkt befaßten deutschen Offiziere im Frühjahr 1943 verhaltene[731] oder gar offene[732] Kritik an der Praxisferne der deutschen Cetnikpolitik zu äußern begannen. Daß einige deutsche Divisionsstäbe dann bereits in den Tagen vor dem 8. September erste Kontakte zu den Freischärlerverbänden zu knüpfen begannen, gegen die sie drei Monate zuvor selber noch vorgegangen waren, und die 2. Panzerarmee nach dem italienischen Kriegsaustritt eine Cetnikpolitik aufnahm, die sich von der Roattas nur graduell unterschied, kann, rückblickend betrachtet, zumindest als ein moralischer Sieg der italienischen Seite angesehen werden.

Die Unfähigkeit beider Achsenpartner, in dieser Frage einen Kompromiß zu finden, der den Sicherheitsbedürfnissen aller Betroffenen genügt hätte, war nicht zuletzt auch eine indirekte Folge des Grundproblems der deutsch-italienischen Herrschaft über das ehemalige Jugoslawien im allgemeinen und den NDH-Staat im besonderen. Dieses bestand im wesentlichen darin, daß der grundsätzlichen Bereitschaft der deutschen Führung, dem Achsenpartner diesen Raum als Einflußsphäre zuzugestehen, eine schrittweise abnehmende Bereitschaft der italienischen Seite zur Wahrnehmung der hiermit verbundenen militärischen Verbindlichkeiten gegenüberstand, die außerdem mit einem markanten Unwillen einherging, geräumte Stellungen (politischer wie militärischer Art) zweckmäßigerweise dem stärkeren Bundesgenossen zu überlassen. Die Folge war ein eifersüchtiges Registrieren jedes tatsächlichen und vermeintlichen Versuches deutscher Stellen, eine – wenn auch nur noch dem Namen nach vorhandene – italienische Hegemonialstellung zu usurpieren. Da diese Haltung sich auch auf für die deutsche Seite kriegswichtige Belange (z.B. die Sicherung der Bauxitvorkommen) auswirkte, wäre es eigentlich Aufgabe der deutschen Außenpolitik gewesen, Anfang 1943 eine der militärischen Lage angepaßten Neuordnung der Machtverhältnisse im geteilten Jugoslawien anzustreben. Dieser Option stand jedoch Hitlers Entschlossenheit im Weg, dem kriegsmüden italienischen Bundesgenossen im allgemeinen und seinem Freund Mussolini im besonderen allzu offenkundige Brüskierungen zu ersparen – eine Haltung, die er erst am Vorabend des 8. September 1943 aufgeben sollte[733].

---

731 BA/MA, RH 24-15/4 Die nationale Aufstandsbewegung der Cetniks im Unabhängigen Staat Kroatien, Slovenien und Montenegro. Stand: 1.5.1943 (5.5.1943), S. 8. In dieser Denkschrift sprach Lüters sich zwar nicht gegen das bevorstehende Unternehmen »Schwarz« aus, forderte in bezug auf die bosnischen Cetniks aber »*eine geschickte Behandlung«*, die »*in Kroatien Blut spart und somit der Befriedung des Landes dient.*«

732 BA/MA, RH 28-1/96 Besprechungsnotizen für Korps (21.5.1943); RW 40/42 KTB-Eintrag vom 7.6.1943 (Eindrücke des Hauptmanns Stratil-Sauer von der Abwehrstelle Belgrad).

733 ADAP, Serie E, Bd. VI, S. 503–507 Besprechung beim Führer im Führerhauptquartier am 30./31. August 1943 (8.9.1943): »*Der Führer erklärt entschieden, daß ein italienisches politisches Vorrecht nicht mehr von uns berücksichtigt zu werden brauche.*«

Daß dann ausgerechnet in der Frage der Cetnikentwaffnung mit dieser Regel auf so rigorose Weise gebrochen wurde, dürfte – neben der offensichtlichen Priorität, die den Abwehrvorbereitungen gegen eine feindliche Großlandung zukommen mußte – primär auf zwei Gründe zurückzuführen gewesen sein. Zum einen, weil man deutscherseits weder der im Ruf des Antifaschismus stehenden Führung der 2. Armee noch dem neuen Comando Supremo unter Ambrosio eine nachhaltige Umsetzung solcher Befehle zugetraut haben dürfte[734]. Zum anderen, weil die bisherigen Erfahrungen mit italienischer Kroatienpolitik die Vermutung nahelegen mußten, daß der Versuch, dieses Problem auf dem Kompromißweg zu lösen, von seiten des italienischen Militärs zum Anlaß genommen worden wäre, den deutschen Bundesgenossen mit allerlei Kulissenschiebereien über den Stand der tatsächlich durchgeführten Entwaffnungen zu täuschen.

Rückblickend betrachtet, hätte die einzige sinnvolle Lösung darin gelegen, spätestens nach Abschluß von »Weiß II« die italienische Führung von der Zweckmäßigkeit zu überzeugen, eine (faktisch bereits gegebene) deutsche Vorherrschaft im geteilten Jugoslawien zumindest bis Kriegsende hinzunehmen, anstatt ihr andauernd mit Einwänden und Protesten zu begegnen (z.B. bzgl. Besetzung der Herzegowina), die dann durch die weitere Entwicklung sowieso hinfällig wurden. Statt dessen wurde beim Gipfeltreffen beider Diktatoren in Kleßheim im April 1943 das genaue Gegenteil vereinbart: Mussolini bekam zum x-ten Mal eine Vorherrschaft bestätigt, die wirklich auszuüben sein Land sich fast vom ersten Tag an unfähig oder unwillens gezeigt hatte und auch darüber hinaus nie etwas anderes als eine bündnispolitische Belastung dargestellt hatte.

Die Folge war, daß bis zum Sturz Mussolinis und z.T. auch noch darüber hinaus, das Verhältnis zwischen beiden Achsenpartnern auf jugoslawischem Boden von den unvermeidlichen Eifersüchteleien italienischer Kommandostellen gegenüber der »*inframettenza tedesca*« (Admiral Ricardi) geprägt bzw. belastet blieb[735]. Erst in den Tagen, die unmittelbar vor dem 8. September lagen, kündigte sich das überfällige Ende des italienischen Hegemonialmachtanspruchs über den westlichen Balkan an.

---

734 ADAP, Serie E, Bd. V, S. 321–323 Aufzeichnung über die Unterredung zwischen dem RAM und Botschafter Alfieri am 28. Februar 1943 in der Villa Madama in Rom (1.3.1943). Bei dieser Gelegenheit äußerte von Ribbentrop seinen Argwohn gegenüber »*gewissen Tendenzen*« im Comando Supremo, »*die man nicht gerade faschistisch bezeichnen könne*«; in ähnlicher Form hatte sich schon ein Jahr zuvor Gouverneur Bastianini über die Führung der 2. Armee geäußert, vgl. Ciano, *Diario*, S. 600 f. (Eintrag vom 15.3.1942).

735 So beispielsweise im Juli 1943 in Montenegro; vgl. BA/MA, RW 40/43 KTB-Einträge vom 16.7. und 18.7.1943.

6. 1944: Partisanenbekämpfung aus der Defensive

6.1. Die Lage zu Jahresbeginn

Anfang 1944 hatten sich KPJ und Volksbefreiungsarmee innerhalb des von Krieg und Bürgerkrieg zerrissenen Jugoslawiens eine in politischer wie militärischer Hinsicht praktisch unangreifbare Machtposition erkämpft. Wenngleich der nationalserbische Bürgerkriegsgegner immer noch das politische Kernland Serbien behauptete, hatten die Kämpfe vom vorigen Frühjahr doch gezeigt, daß er in einer erneuten offenen militärischen Konfrontation völlig chancenlos sein würde. Die wiederaufgenommene Kollaboration mit dem Besatzer, die notwendig war, um den Kampf auch nur weiterführen zu können, entfremdete ihn zudem sowohl seinen britischen Verbündeten wie weiten Teilen der eigenen Bevölkerung. Der faktische Bruch, der im Dezember 1943 zwischen der Regierung Churchill und der DM-Bewegung erfolgt war, stellte nicht nur eine erhöhte Versorgung der Volksbefreiungsarmee mit beinahe allen kriegswichtigen Materialien in Aussicht, sondern war auch der erste Hinweis auf die grundsätzliche Bereitschaft der Westmächte, Tito und die AVNOJ als die künftige legale Regierung Jugoslawiens anzuerkennen. Die (zeitlich gesehen) längst überfällige Ankunft der ersten sowjetischen Militärmission am 23. Februar 1944 stellte demgegenüber, obwohl vom Obersten Stab natürlich gebührend gefeiert, ein Ereignis von nachgeordneter Bedeutung dar[1].

In militärischer Hinsicht unterschied sich die Lage der Partisanenbewegung von der des Vorjahres durch eine deutlich schwächere Position der deutschen Besatzer, die umfangreichen, im Winter 1943/44 nur z. T. wieder verlorenen Geländegewinne sowie die Stärke der Volksbefreiungsarmee (Stand vom 1. Januar 1944: 10 Generalkommandos, 31 Divisionen und knapp 100 ortsgebundene Abteilungen)[2]. Diese Rahmenbedingungen gewährten der Partisanenführung eine zwar nicht absolute, aber doch erhebliche Sicherheit vor deutschen Versuchen, mittels vorübergehender Schwerpunktbildungen in einer einzigen Operation (wie bei »Schwarz«), eine militärische Entscheidung zu erzwingen.

---

1 Zur Ankunft der sowjetischen Mission vgl. Milovan Djilas, *Wartime* (New York und London 1977), S. 373 f.
2 Angaben nach Vlado Strugar, *Der jugoslawische Volksbefreiungskrieg* (Berlin-O 1969), S. 56 sowie Ahmet Donlagic; Zarko Atanackovic; Dusan Plenca, *Jugoslawien im Zweiten Weltkrieg* (Belgrad 1967), S. 171 und Vladimir Dedijer, *The War Diaries of Vladimir Dedijer, Vol. III* (Ann Arbor 1990), S. 390 f.

Strategisch gesehen wog der Verlust des Inselvorfelds weit weniger schwer als die Behauptung des größten Teils Montenegros; wurde die deutsche Führung hierdurch doch mit der Gefahr eines jederzeit möglichen Einfalls der Großverbände der Volksbefreiungsarmee in das bisher verhältnismäßig ruhige Serbien konfrontiert und somit geradezu zwangsläufig in die Defensive gedrängt.

Einen gleichsam politisch wie militärisch bedeutsamen Bonus stellte schließlich die anhaltende Existenz des Pavelić-Regimes in Agram dar. Während die Volkstumspolitik des Regimes für ungebrochenen Zulauf zur Partisanenbewegung sorgte, waren die im ununterbrochenen Verfall begriffenen Streitkräfte dieses Staates ein regelrechter Garant für die Versorgung der Volksbefreiungsarmee mit Waffen, Munition und militärisch wichtigen Informationen[3]. Selbst wenn die deutsche Seite sich nun zur Entmachtung des Regimes durchgerungen hätte, so hätte dies aufgrund des mittlerweile angerichteten politischen Schadens vermutlich kaum noch eine nennenswerte politische Schwächung der Partisanenbewegung bewirken können. Eine Entwaffnung der kroatischen Streitkräfte wäre aus Titos Sicht zwar eher zu fürchten, war aber aufgrund der in den Tagen nach dem 8. September 1943 gemachten Beute sowie den im größeren Umfang einsetzenden alliierten Lieferungen wahrscheinlich auch zu verwinden gewesen.

Im unübersehbaren Gegensatz zum andauernden Expansionsprozeß der Partisanenbewegung stand die desolate Lage, in der sich Anfang 1944 die Widerstandsbewegung des Draža Mihailović wiederfand. Nachdem auch die Hoffnungen, vom italienischen Kriegsaustritt zu profitieren, auf das Ärgste enttäuscht worden waren, hatte sich ein großer Teil der auf dem Boden Montenegros und Kroatiens operierenden Cetnikformationen nach einer Übergangszeit von nur wenigen Wochen den deutschen Besatzern zur Verfügung gestellt. Anders als 1942/43, wo die Passivität der italienischen 2. Armee zuweilen eine regelrechte Abhängigkeit von ihren nationalserbischen Bundesgenossen zur Folge gehabt hatte, befanden sich die bosnischen und herzegowinischen Cetniks nun sowohl gegenüber der Volksbefreiungsarmee wie auch der deutschen Wehrmacht in der Position des eindeutig Schwächeren. Eine Wiederaufnahme der Politik vergangener Tage, die im wesentlichen darin bestanden hatte, in Erwartung einer alliierten Landung eine ständig wachsende Streitmacht mit Waffenlieferungen des Besatzers auszurüsten, war schon aufgrund der größeren deutschen Zurückhaltung in dieser Frage und dem Fehlen einer küstennahen Hochburg (wie es Montenegro gewesen war) zum Scheitern verurteilt. Wo Cetnikgruppen aber nicht mehr bereit waren, sich vorbehaltlos dem Besatzer zu unterstellen, sahen sie sich in Zukunft immer häufiger dazu gezwungen, zur Waffen- und Munitions-

---

3 Djilas, *Wartime*, S. 325.

versorgung entweder versprengte Partisanen abzufangen[4] oder auf den Schauplätzen gerade stattgefundener Schlachten regelrechte Leichenfledderei zu betreiben[5].

Eine ähnlich ambivalente Situation hatte sich unterdessen auch in der letzten Bastion der DM-Organisation, in Serbien, ergeben. Da einerseits mit einer alliierten Landung während der Wintermonate kaum zu rechnen war, andererseits aber Serbien mit einiger Sicherheit das nächste Hauptziel der Volksbefreiungsarmee sein würde, ging ab Mitte November 1943 auch hier eine wachsende Zahl von Cetnikführern dazu über, Waffenstillstandsverträge mit dem Besatzer abzuschließen. Obwohl diese Abkommen zeitlich und räumlich sehr genauen Beschränkungen unterlagen, sahen sie ein gemeinsames Vorgehen gegen die Partisanen, Munitionslieferungen und ärztliche Versorgung verwundeter Cetniks in deutschen Lazaretten vor, unterschieden sich somit kaum von den westlich der Drina abgeschlossenen Verträgen[6]. Anders als im kroatischen Raum, wo solche Zweckbündnisse vor allem dem Schutz serbischer Siedlungsgebiete vor der Ustascha dienten, stellten sie in Serbien aufgrund des naheliegenden Kollaborationsvorwurfs allerdings eine schwerwiegende politische Hypothek dar, die über kurz oder lang der Partisanenbewegung zugute kommen mußte.

Der längst überfällige Versuch, durch eine politische Initiative der in- und ausländischen Öffentlichkeit ein Bild der Cetnikbewegung zu präsentieren, welches sowohl eine kompromißlose Deutschfeindlichkeit wie auch die grundsätzliche Bereitschaft zur Zusammenarbeit mit den nichtserbischen Völkern Jugoslawiens vermitteln sollte, wurde vom 23. bis 27. Januar 1944 im Dorf Ba (bei Ravna Gora, Westserbien) unternommen. Unter Teilnahme zahlreicher serbischer Vorkriegspolitiker verabschiedete die Cetnikführung eine Erklärung, die die Ausweitung des politischen Zentralorgans der DM-Bewegung, des »Nationalen Zentralkomitees« zu einer »Jugoslawisch Demokratischen Nationalunion«, prinzipielle Gleichberechtigung von Serben, Kroaten und Slowenen sowie eine konstitutionelle Monarchie mit staatssozialistischen Zügen für die Nachkriegszeit vorsah. Mihailović selbst schwor allen diktatorischen Bestrebungen sowie kollektiven Racheplänen ab[7]. Daß diese Resolution nicht den Charakter eines Befreiungsschlages annehmen sollte, war z. T. bereits am ersten Tag der Versammlung abzusehen. So war das Verhältnis zwischen

---

4   Als erste scheinen die in der Spätphase von »Schwarz« von der Entwaffnung durch Deutsche und Italiener bedrohten montenegrinischen Cetniks systematischen Gebrauch von dieser Taktik gemacht zu haben; vgl. Dedijer, *Diaries II*, S. 328 (Eintrag vom 22.6.1943).

5   Ein besonders gutes Beispiel für diese Praxis im nordostbosnischen Raum ist bei George Lepre überliefert: George Lepre, *Himmler's Bosnian division. The Waffen-SS Handschar Division 1943–1945* (Atglen, PA 1997), S. 230 f. Siehe auch zur post-»Schwarz«-Phase NA, PG T 821, rl 356, fr 250–251 Abgehörte Funksprüche der Cetniks (24.7.1943).

6   Jozo Tomasevich, *The Chetniks* (Stanford 1975), S. 321–337.

7   Am ausführlichsten zum Ba-Kongreß: ebd., S. 399–404 und Lucien Karchmar, *Draža Mihailović and the rise of the Chetnik movement, 1941–1942* (New York und London 1987), S. 602–610.

serbischen und nichtserbischen Delegierten (274 Serben/2 Kroaten, 1 Slowene, 1 Moslem) ein unmißverständlicher Hinweis auf die Glaubwürdigkeit der DM-Bewegung als politisches Forum für die anderen Völker Jugoslawiens[8]. Sehr viel schwerer wog jedoch, daß durch den Zeitpunkt der Erklärung von Ba der absolute Tiefpunkt, den der nationalserbische Widerstand mittlerweile erreicht hatte, nur noch deutlicher hervortrat: Nicht nur, daß seit fast einem Jahr eine Niederlage die nächste jagte, mit dem in Etappen bereits eingeleiteten Abzug der britischen Militärmission hatte die Bewegung nun auch ihren ersten schweren außenpolitischen Rückschlag erlitten. Darüber hinaus konnte es nicht ausbleiben, daß der gewählte Zeitpunkt den Kongreß wie eine überstürzt einberufene Gegenveranstaltung zur 2. AVNOJ-Tagung erscheinen ließ[9]. So fand Draža Mihailović sich Anfang 1944 ohne Verbündete in einer Situation wieder, in der seine Befehlsgewalt nun endgültig auf altserbisches Territorium beschränkt und eine Invasion der Volksbefreiungsarmee nur noch eine Frage von Monaten war. Zur Abwehr ebendieser war eine seine Bewegung langfristig schwächende Kollaborationspolitik jedoch unvermeidlich.

Trotz der augenscheinlichen Erfolge des Winterfeldzugs sowie des Ausbleibens einer alliierten Invasion sah sich Lothar Rendulic Anfang 1944 in seinem Befehlsbereich mit einer Lage konfrontiert, die mittlerweile Formen einer regelrechten Dauerkrise angenommen hatte. Nicht genug damit, daß die Volksbefreiungsarmee trotz der im Winter erlittenen Verluste kurz davorstand, die Stärke von 300.000 zu erreichen, der Abzug wichtiger Einheiten auf andere Kriegsschauplätze hatte die 2. Panzerarmee praktisch ihrer operativen Reserve beraubt und zu einer Lage geführt, in der selbst geringe Zeitverzögerungen bei der Ablösung einzelner Divisionen umgehende Gebietsverluste zur Folge hatten[10]. Der Volksbefreiungsarmee fiel es entsprechend leicht, die meiste Zeit über wenigstens eine der zwei bis drei Versorgungsrouten (sogenannte »Bandenkanäle«) offenzuhalten, über die die Güter, die von den Alliierten jetzt auch auf dem sehr viel wirtschaftlicheren Seeweg herbeigeschafft wurden, ihren Weg ins Landesinnere fanden[11]. Einen spürbaren Beitrag zur

---

8 Ebd., S. 602.
9 Nach ebd. war die Zusammenkunft ursprünglich für den 1. Dezember 1943, also praktisch zeitgleich mit der AVNOJ-Tagung, angesetzt, mußte aber aufgrund des zögerlichen Verhaltens einiger der geladenen Politiker immer wieder verschoben werden.
10 So z. B. bei der Ablösung der 371. ID in Nordwestkroatien durch die 392. (kroat.) ID in der ersten Januarhälfte 1944; BA/MA, RH 24-15/47 Gen.Kdo.XV.Geb.AK, Ia-Lagebeurteilung vom 15.12.43–15.1.44 (14.1.1944).
11 Während des dritten Jahresquartals 1943 waren gerade mal 144 Tonnen Nachschubgüter nach Jugoslawien eingeflogen worden, die überdies noch zu einem erheblichen Teil an die Mihailović-Organisation gegangen waren. Die insgesamt 2.175 Tonnen (125 Tonnen auf dem Luft-, 2.050 Tonnen auf dem Seeweg), die Jugoslawien während der letzten drei Monate des Jahres erreichten, waren dagegen schon größtenteils für die Volksbefreiungsarmee bestimmt. Angaben nach Michael Howard, *Grand Strategy, Vol. IV August 1942–September 1943* (London 1972), S. 486 und John Ehrman, *Grand Strategy, Vol. V August 1943–September 1944* (London 1956), S. 80.

Eindämmung der Partisanenbewegung hatten schließlich die neuen Gendarmerieverbände des Höheren SS- und Polizeiführers Kammerhofer genausowenig leisten können wie die Ernennung des Bevollmächtigten Generals zum Territorialbefehlshaber.

Ziemlich genau an der Nahtstelle zwischen solchen rein militärischen Problemen und dem politischen Bereich war der Kampf anzusiedeln, den seit Frühjahr 1943 Deutsche, Kroaten und Partisanen um das Wehrpotential des moslemischen Volksteils austrugen[12]. Während die im Sandžak vom SS-Hauptsturmführer Karl von Krempler angeführte »Legion« trotz mangelhafter Ausrüstung immer noch gute Dienste leistete, zeigte die unlängst noch hochgelobte Miliz des Husko Miljovic in Westbosnien im Februar 1944 bereits Zeichen einer »*unklaren Haltung*«[13], die im März schließlich die Desertion dieser Einheit zu den Partisanen bzw. ihre weitgehende Auflösung zur Folge haben sollte[14]. Auch mit dem bis dahin wichtigsten Versuch zur Einbindung jugoslawischer Moslems in die deutsche Kriegführung, der SS-Division, stand es Anfang 1944 nicht zum Besten: Der noch in der Aufstellung begriffene Verband wurde am 17. September 1943 im französischen Villefranche de Rouergue durch eine von einem ehemaligen Partisanen angeführte Meuterei erschüttert; vierzehn Todesurteile und die Aussonderung von 825 als unzuverlässig angesehene Rekruten waren die Folgen. Obwohl die Bedeutung, die Heinrich Himmler dem Projekt beimaß, seine Forsetzung garantierte, war der Beitrag, den die Bosnier zum Krieg in ihrer Heimat leisten würden, durch diese Ereignisse zu einer kaum kalkulierbaren Größe geworden[15].

Ähnlich ungewiß stellte sich zur Jahreswende auch die Zukunft der deutsch-kroatischen Beziehungen dar. Anders als in vergangenen Jahren war es aber nicht der deutsche Unmut über das politische wie militärische Versagen des Pavelić-Regimes, sondern vielmehr von kroatischer Seite wiederholt vorgebrachte Beschwerden, die dem angespannten Verhältnis beider Staaten in den folgenden Monaten sein Gepräge geben sollten. Neben der allgemeinen Kriegsbelastung, der deutschen Kommandogewalt über den größten Teil der kroatischen Streitkräfte, den Übergriffen einiger Wehrmachtverbände sowie der Art und Weise, in der die SS unter dem moslemischen Volksteil für die neue Division geworben hatte, war es vor allem die verstärkte Zusammenarbeit der deutschen Wehrmacht mit bosnischen und herzegowinischen

---

12 BA/MA, RH 26-104/53 Kommandierender General und Befehlshaber in Serbien, Ic-Lagebericht für die Zeit vom 2.4.–17.4.1943 (18.4.1943), in dem der Verfasser in eindringlicher Weise für die Mobilisierung der Moslems des Sandžak für die deutsche Sache eintrat. Zur zeitgleich eingeleiteten Aufstellung der SS-Division »Handschar« und der Beraterrolle des 1937 aus Palästina geflohenen Muftis von Jerusalem, Lepre, *Bosnian division*, S. 19–80.
13 BA/MA, RH 24-15/73 Gen.Kdo.XV.Geb.AK, Ic-Lagebericht 11.I.–12.II.1944 (12.2.1944).
14 BA/MA, RH 24-15/74 Fernschreiben des Abwehrtrupps 172 (9.5.1944).
15 Die ausführlichste Schilderung dieser Ereignisse bietet die hervorragende Divisionsgeschichte von Lepre: Lepre, *Bosnian division*, S. 81–108.

Cetnikgruppen, die für anhaltende Irritationen der kroatischen Seite sorgte[16]. Gerade bei letztgenannter Problematik trat wie bei keiner anderen allerdings auch deutlich hervor, daß die unvermeidliche deutsche Übernahme der italienischen Vormachtrolle nun eine automatische Umleitung kroatischer Beschwerden auf den verbliebenen Achsenpartner zur Folge hatte[17]. Roatta und Robotti hätten, wenn sie denn die Möglichkeit dazu gehabt hätten, enorme Genugtuung aus der Lektüre der Fernschreiben geschöpft, mit denen Rendulic und von Weichs in diesen Tagen die Rolle der Cetniks zu minimieren suchten[18]; in Diktion wie Argumentation waren diese von den Beteuerungen, mit denen die 2. Armee 1942/43 ihre Cetnikpolitik gerechtfertigt hatte, praktisch nicht zu unterscheiden.

Im höchsten Maße bemerkenswert ist allerdings die Intensität und Heftigkeit, mit der insbesondere Teile der Ustascha auf diese Verschlechterung der Beziehungen zu Deutschland reagierten. Ungeachtet der Tatsache, daß, wie der deutsche Außenminister im August 1943 schon treffend bemerkt hatte, die kroatische Staatsbewegung »wegen ihrer Eigenart« auf Gedeih und Verderb mit der deutschen Sache verbunden war, sollten bei ihr in nächster Zeit Tendenzen zutage treten, die auf eine offene Feindseligkeit hinausliefen: So mußte die 264. ID beispielsweise am 7. Februar 1944 an das XV. Geb. AK melden: »*Obwohl die Ustascha-Bewegung zum staatstragenden Element des kroat. Staates bestimmt ist, tut sie nicht das Geringste, um die positive Entwicklung vorwärts zu treiben. Im Gegenteil! In Ustascha-Kreisen im Raum Split z. B. ist eine zunehmende Zersetzung festzustellen. Die Ustascha betreibt, wie aus Meldungen hervorgeht, Wühlarbeit, sympathisiert stark mit kommunistischen Kreisen und zeigt zum Teil angloamerikanische Einstellung*«.[19] Zugleich war aber auch eine erneute Verschärfung der Serbenpogrome zu verzeichnen, die sowohl eine weitgehende Befriedung der neu hinzugewonnenen Gebiete als

---

16 Siehe hierzu die vom Außenminister Peric bei seinem Besuch im Führerhauptquartier (1.3.1944) vorgebrachten Beschwerden in ADAP, Serie E, Bd. VII, S. 472–477 Aufzeichnung des Gesandten I. Klasse Schmidt (5.3.1944). Die Werber der SS hatten bei ihren Kundgebungen u.a. eine Autonomie Bosniens in Aussicht gestellt und damit den Unmut der kroatischen Regierung und des Gesandten Kasche erregt; vgl. hierzu Lepre, *Bosnian division*, S. 19–43.

17 So in PRO, GFM 25 Nachlaß Kasche 302.129. Aufzeichnung (15.1.1944). In dieser Mitschrift eines Gesandtschaftsmitgliedes über ein am 13. Januar mit den Ministern Lorković und Kosak geführtes Gespräch ist die Äußerung Lorkovićs festgehalten, die 2. Panzerarmee »*sei im Begriff, in die Fußstapfen der 2. Armata zu treten*«.

18 Geradezu exemplarisch in dieser Hinsicht das unter BA/MA, RH 19 XI/10a zu findende Fernschreiben des Oberbefehlshabers Südost an den Bevollmächtigten General (23.1.1944), in dem v. Weichs der Frage nach der Gesamtzahl der in deutschen Diensten stehenden Cetniks insofern ausweicht, als er sich auf die in Dalmatien operierenden Gruppen konzentriert (5.000 Mann). In einem Bericht, den Glaise von Horstenau wenige Wochen später (26.2.1944) zusammenstellte, wird die Zahl der Cetniks, die auf dem Gebiet des NDH-Staates deutschen Befehlen folgten, mit insgesamt 17.500 angegeben; zit. bei Tomasevich, *The Chetniks*, S. 354.

19 BA/MA, RH 24-15/48 264. ID Abt. Ia an Generalkommando XV. (Geb.) AK (7.2.1944).

auch jeden Versuch zur längst überfälligen Bildung einer gemeinsamen Front aller antikommunistischen Kräfte im Keim erstickte. Bereits am 12. Januar hatte ein Ic-Lagebericht des XV. Geb. AK die hierdurch entstandene Lage wie folgt beschrieben: *»Dieser erfreulichen Entwicklung wirkt leider die Untätigkeit kroat. Stellen und der wiederauflebende Ustascha-Terror entgegen. Bei letzterem lassen die bish. Vorkommnisse und Äußerungen immer klarer erkennen, daß sich hier eine gegen das Reich gerichtete Stimmung ausbreitet und eine militärische Macht geschaffen wird. Auch bei positivster Einstellung zum kroatischen Staat und Anerkennung der Ustascha als staatstragende Bewegung muß festgestellt werden, daß Kräfte am Werke sind, die die Befriedungsmaßnahmen der deutschen Wehrmacht vorsätzlich und planmäßig sabotieren.«*[20]

Die Ohnmacht, mit der die deutschen Dienststellen in Kroatien dieser Lage gegenüberstanden, machte deutlich, daß das Abhängigkeitsverhältnis zwischen Vormacht und Satellitenstaat mittlerweile kriegsbedingt nicht nur auf Gegenseitigkeit beruhte, sondern sich schrittweise sogar zugunsten des letzteren zu verschieben begann. Belegt wird dies in geradezu schmerzhafter Deutlichkeit durch einen Bericht, den der Ic-Offizier des Oberbefehlshabers Südost, Oberstleutnant Franz von Harling, am 3. März 1944 einreichte. Nachdem er unumwunden zugegeben hatte, daß der fehlende militärische Spielraum zur gegenwärtigen Politik gar keine Alternative ließ (*»... daß unsere Kräfte im kroatischen Raum durch Abzug an andere Fronten so schwach geworden sind, daß ein Rückgreifen auf die Ustascha zum notwendigen Übel geworden ist«*), kommentierte er die einige Wochen zuvor erfolgte Neubesetzung des kroatischen Kriegsministeriums mit folgenden, recht vielsagenden Worten: *»Der neue Kriegsminister Vokic gilt im Gegensatz zu vielen anderen Ustascha-Führern als nicht deutschfeindlich und ist darüber hinaus – das im Gegensatz zur Masse der anderen Ustascha-Führer – kriminell verhältnismäßig wenig vorbelastet.«* Wohl um einem aufgrund solch aufbauender Neuigkeiten zu erwartenden ungebremsten Optimismus des Lesers vorzubeugen, schloß von Harling seinen Bericht mit dem Hinweis darauf, daß trotz allem das *»kroatische Problem mehr denn je als ungelöst bezeichnet«* werden müsse[21].

Als Teil dieses *»kroatischen Problems«* mußte natürlich auch der anhaltende Verfall der Streitkräfte des NDH-Staates angesehen werden. Dieser war mittlerweile so fortgeschritten, daß Glaise von Horstenau bereits bei einem Besuch im OKW am 7. Juni 1943 vorübergehend dafür eingetreten war, in Abweichung von dem im Januar eingeleiteten Aufbauprogramm künftig nur noch Legionsdivisionen aufzustellen[22]. Aus

---

20 BA/MA, RH 24-15/68 XV. Geb.AK, Ic-Lagebericht 1.12.43 bis 10.1.44 (12.1.1944).
21 BA/MA, RH 19 XI/10b Aktenvermerk zur Reise nach Agram (3.3.1944).
22 KTB OKW, Bd. III.2, S. 740 (Eintrag vom 2.7.1943).

nur schwer nachzuvollziehenden Gründen[23] sprach er sich jedoch bereits zehn Tage später in einem Fernschreiben an Löhr für eine Fortsetzung des Projekts aus. Als Begründung gab er an, daß deutsch ausgebildete Domobranenverbände zumindest *»beschränkt einsatzfähig«* seien, das so gebundene Wehrpotential zumindest (noch) nicht auf Partisanenseite zum Einsatz käme und überhaupt jedes Zögern in dieser Frage von den Kroaten als Unsicherheit angesehen würde. Bezeichnenderweise fügte er noch hinzu, daß eine Ausrüstung der neuen Brigaden mit deutschen Waffen (die, weil munitionsmäßig mit dem Infanteriegewehr der jugoslawischen Vorkriegsarmee kompatibel, bei den Partisanen besonders begehrt waren) erst dann erfolgen würde, wenn ihre Loyalität wenigstens *»einigermaßen«* erwiesen sei[24]. Löhr wies ihn daraufhin an, mit Übergabe seines Kommandos nördlich der Save *»den Aufbau der kroatischen Wehrmacht als seine Hauptaufgabe vorwärtszutreiben«,* und sagte zu, die betroffenen kroatischen Truppenteile während der nächsten Zeit möglichst aus dem Kampfgeschehen herauszuhalten[25]. Trotz wenig ermutigender Zwischenergebnisse wurde dieser Kurs Mitte August in einem Schriftwechsel zwischen dem Bevollmächtigten General und dem OKW noch einmal ausdrücklich bestätigt[26]. Während diese Bestrebungen eindeutig von der Motivation geleitet waren, in einer kritischen Kriegsphase eine möglichst vollständige Ausschöpfung der kroatischen Wehrkraft zu erreichen[27], tendierten die deutschen Truppenkommandeure in Jugoslawien zu einer ganz anderen Sichtweise. Mehr noch als der dürftige Beitrag, den kroatische Verbände auf dem Schlachtfeld zu leisten pflegten, waren es vor allem die immer organisierter Formen annehmenden Massendesertionen zu den Partisanen unter Mitnahme von Waffen und Gerät, die hier für eine ablehnende Haltung sorgten. So konnte es im Urteil des Ia der SS-Division »Prinz Eugen« nur einen Ausweg aus dem gegenwärtigen Dilemma geben: *»Die Auflösung des sogenannten kroat. Militärs und die Zuführung ihrer Männer in deutsch geführte Verbände oder ihr Einsatz für sonstige Zwecke scheint die einzige praktische Lösung zu sein.«*[28] Da diese Erkenntnis sich allem Anschein nach spätestens im November auch beim Bevollmächtigten General durchgesetzt hatte[29], hätte der Antrittsbesuch des kroati

---

23 Die Passage in Glaises tagebuchähnlichen Aufzeichnungen, die näheren Aufschluß über die Gespräche, die er zu diesem Thema am 7. Juni 1943 beim OKW führte, geben könnte, ist leider nicht vollständig überliefert; Peter Broucek (Hrsg.), *Ein General im Zwielicht. Die Erinnerungen Edmund Glaises von Horstenau, Bd. 3* (Wien 1988), S. 232 (Eintrag vom Juni 1943).

24 BA/MA, RH 31 III/11 Der Deutsche Bevollmächtigte General in Kroatien an den Oberbefehlshaber Südost (17.6.1943).

25 BA/MA, RH 2/684 Lagebeurteilung des Oberbefehlshabers Südost (Ob.kdo. H.Gr. E) Juni 1943.

26 KTB OKW, Bd. III.2, S. 991 f. (Eintrag vom 22.8.1943).

27 Vgl. auch ebd., wo Hitlers Interesse am weiteren Ausbau der kroatischen Streitkräfte klar zum Ausdruck kommt.

28 BA/MA, RH 24-15/10 SS-Freiw.-Geb.-Division »Prinz Eugen« an Gen.Kdo. XV. Geb. AK (5.9.1943).

29 Broucek, *General im Zwielicht*, S. 314 (Eintrag vom November 1943).

schen Kriegsministers Navratil bei Hitler (22. November 1943) eigentlich einen willkommenen Anlaß für einen längst überfälligen Kurswechsel in dieser Frage bieten können. Statt dessen schreckte Glaise von Horstenau wieder einmal davor zurück, für Maßnahmen einzutreten, die das labile Machtgefüge des NDH-Staates möglicherweise endgültig zum Einsturz hätten bringen können. So gelang es Navratil neben der Bestätigung des laufenden Programms, auch eine Zusicherung zu erhalten, die – gegen den Protest des Generalquartiermeisters des OKW – die Versorgung der im Ausbau befindlichen Einheiten (vier Jäger- und vier Gebirgsbrigaden) aus deutschen Beständen sicherstellte[30]. In dieser Lage blieb den betroffenen deutschen Dienststellen kaum mehr übrig, als sich möglichst um Schadensbegrenzung zu bemühen: Wie aus einem Eintrag im Kriegstagebuch des OKW vom 4. Dezember 1943 hervorgeht, war man inzwischen trotz erheblicher hiermit verbundener Schwierigkeiten dazu übergegangen, die neuen Brigaden mit italienischen Beutegewehren auszustatten[31].

Auf der operativen Ebene sah sich Lothar Rendulic am 27. Februar 1944 gar veranlaßt, seine Korpsbefehlshaber anzuweisen, kroatische Verbände möglichst häufig zu verlegen, um so einer *»etwaigen Verbindungsaufnahme mit örtlichen Banden«* entgegenzuarbeiten[32]. Ähnliche Überlegungen wurden zu dieser Zeit beim XV. Geb. AK und der 2. Panzerarmee auch schon bezüglich der immer noch relativ zuverlässigen Legionsdivisionen angestellt. So erschien etwa von Leyser am 6. Februar 1944 die Verstärkung des deutschen Stammpersonals bei den Legionsdivisionen besonders dringend, *»da die politische Entwicklung zu immer größerer Unzufriedenheit der Kroaten geführt hat und durch Verstärkung des deutschen Personals bei plötzlichen Ereignissen wenigstens Waffen und Gerät sichergestellt werden könnten«*[33]. Paradoxerweise waren es ausgerechnet Teile der Machtgruppe, deren Wirken ohne Zweifel als Hauptursache für besagte *»politische Entwicklung«* gelten konnte, die in dieser Situation für den einzigen Lichtblick sorgten. Während der größte Teil der Ustaschamiliz gegenüber dem deutschen Bündnispartner eine Haltung an den Tag legte, die oft genug an Sabotage grenzte, hatte sich unter einer Minderheit der *»balkanischen Prätorianergarde«* (Glaise)[34] endlich die Erkenntnis durchgesetzt, daß es

---

30 Zum Besuch Navratils bei Hitler: ebd., S. 317–321 (Eintrag vom November 1943) sowie KTB OKW, Bd. III.2, S. 1299–1302 (Eintrag vom 22.11.1943) und Kurt Mehner (Hrsg.), *Die geheimen Tagesberichte der deutschen Wehrmachtführung im Zweiten Weltkrieg 1939–1945, Bd. 8: 1.9.1943–30.11.1943* (Osnabrück 1988), S. 444. Abgelehnt wurden hingegen die Verlegung des Pz.AOK 2 nach Kroatien sowie die Einrichtung eines unter kroatischem Oberbefehl stehenden Operationsgebietes nördlich der Linie Karlovac–Banja Luka–Sarajevo. Vgl. ebd.

31 KTB OKW, Bd. III.2, S. 1334 (Eintrag vom 4.12.1943).

32 BA/MA, RH 24-15/49 Pz.AOK 2 an XV. Geb.AK (27.2.1944).

33 BA/MA, RH 24-15/44 XV. Geb.AK, KTB-Eintrag vom 6.2.1944.

34 So der vom Bevollmächtigten General in einem Bericht vom Jahresende benutzte Begriff: ADAP, Serie E, Bd. VII, S. 298–305 Die kroatische Wehrmacht an der Jahreswende 1943–1944 (31.12.1943).

für sie zur Allianz mit Deutschland keine denkbare Alternative mehr gab. Am stärksten scheint sich diese Tendenz unter einigen Bataillonen der IV. Ustascha-Brigade manifestiert zu haben, die im Bereich der Lika der 392. (kroat.) ID zur Seite standen. Das Verhältnis wurde von der Division als »*sehr gut*« und die Ustaschaverbände, weil »*Träger des nationalen Lebenswillens*«, als besonders förderungswürdig beschrieben[35]. Die bedingte Zustimmung, die diese Einschätzung von zwei anderen deutschen Kommandostellen erfuhr, sollte, da eher von Resignation als von ehrlicher Überzeugung getragen, allerdings nicht überbewertet werden[36].

Obwohl dem Anschein nach ein rein militärisches Problem, wies die Entwicklung der Luftlage in den ersten Wochen des Jahres 1944 deutliche Parallelen zum Verhältnis der deutschen Besatzer zur Ustaschabewegung auf. Ebenso wie dieses stellte sie eine direkte Folge von und einen unmißverständlichen Hinweis auf die militärische Ohnmacht Deutschlands dar; darüber hinaus wirkte sie sich in wenn auch unterschiedlicher, aber doch ähnlich verheerender Weise auf die Moral der direkt betroffenen Bevölkerung aus. Diese hätte schon Anlaß zur Sorge gegeben, wenn sich neben einigen Angriffen auf ausgewählte Verkehrsziele[37], die Einflüge auf die besonders gestraften Städte des Küstenbereichs[38] beschränkt hätten. Statt dessen zeigte sich mit Jahresbeginn, daß insbesondere die amerikanische 15. Air Force über genügend Reserven verfügte, um neben ihren Hauptaufgaben (Bekämpfung kriegswichtiger Rüstungs- und Energieversorgungsziele im Raum von Wien und Ploesti) auch noch Kampfaufträge durchzuführen, deren politische Zielsetzung evident war. Bot sich doch bei Angriffen auf die weitgehend ungeschützten Hauptstädte der osteuropäischen Verbündeten Deutschlands die Möglichkeit, bei minimalem Einsatz eine moralisch und daher auch politisch gesehen unverhältnismäßig große Wirkung zu erzielen[39]. Am deutlichsten trat dies beim vierten Angriff, den das bulgarische Sofia über sich ergehen lassen mußte (10. Januar 1944), hervor; schwerer noch als der rein

---

35 BA/MA, RH 24-15/48 392. (kroat.) ID Abt. Ia, Lagebeurteilung, Stand 6.2.1944 (6.2.1944). Vgl. auch RH 24-15/50 Lagebeurteilung, Stand 4.4.1944 (5.4.1944) sowie Franz Schraml, *Kriegsschauplatz Kroatien* (Neckargemünd 1962), S. 242.

36 BA/MA, RH 24-15/48 1. Kosaken-Division Abt. Ia an Gen.Kdo. XV. (Geb.) AK (9.2.1944); RH 24-15/73 XV. Geb.AK, Ic-Lagebericht 11.I.–12.II.1944 (12.2.1944).

37 Diese nahmen im Oktober 1943 mit Angriffen auf die Bahnknotenpunkte Niš und Skopje ihren Anfang; vgl. Wesley Craven/James Cate, Europe: *Torch to Pointblank* [= The Army Air Forces in World War II, vol. II], (Chicago 1949), S. 558.

38 So mußte beispielsweise das dalmatinische Zara im Zeitraum vom 2. November 1943 bis 3. März 1944 insgesamt elf Luftangriffe über sich ergehen lassen; vgl. Odonne Talpo, *Dalmazia. Una cronaca per la storia, Bd. III* (Rom 1994), S. 1587 f.

39 Vgl. hierzu Elke Fröhlich (Hrsg.), *Die Tagebücher von Joseph Goebbels, Bd. 11* (München u.a. 1994), S. 340 (Eintrag vom 24.2.1944): »*Auch Agram ist leicht von einer Reihe von amerikanischen Bombern angegriffen worden. Die dort angerichteten Schäden sind nicht von Bedeutung. Aber so kleine Luftangriffe, die wir überhaupt nicht ernst nehmen, bilden doch in den Hauptstädten der uns verbündeten Länder eine wichtige Angelegenheit. Die Bevölkerung ist nicht darauf vorbereitet, und jeder solche Luftangriff schwächt die Stellung der kriegführenden Regierung.*«

materielle Schaden, den er hinterließ, wirkte sich die weitgehende Lähmung des öffentlichen Lebens aus, die darauf zurückzuführen war, daß ein Großteil der Einwohnerschaft (Beamte eingeschlossen), der hierzu in der Lage war, die Stadt fluchtartig verließ und auch nach über einer Woche noch nicht an Rückkehr dachte[40]. Am 22. Februar folgte dann (wenn auch mit weniger verheerenden Folgen) der erste Luftangriff auf die kroatische Hauptstadt Agram[41]. Entscheidend war, daß die deutsche Luftwaffe vor dem Hintergrund der Bedrohung des Reichsgebiets sowie des Ölförderzentrums Ploesti (Rumänien) kaum noch Kräfte zur Behauptung des Luftraums über Kroatien, Serbien und Bulgarien entbehren konnte. Der für das Gebiet des NDH-Staates zuständige Fliegerführer Kroatien mußte die wenigen ihm noch verbliebenen Jagdflieger in Anbetracht der feindlichen Überlegenheit bereits am 22. Dezember 1943 anweisen, Einsätze nur noch in Stärke von mindestens acht Maschinen zu fliegen[42]; nach der Verlegung der IV./JG 27 Anfang März 1944 bestand der Luftschirm, den er der 2. Panzerarmee stellen konnte, schließlich nur noch aus Aufklärern und leichten Bombern[43].

Anders als in Serbien und Kroatien, wo aufgrund des herrschenden Besatzungsrechts bzw. des schon jahrelang anhaltenden Kriegszustandes nicht zu erwarten war, daß die Luftbedrohung zu einer weiteren Beeinträchtigung der Beziehungen zu Deutschland führen würde, scheint die deutsche Führung im bulgarischen Fall doch die möglichen politischen Folgen dieser neuen militärischen Bedrohung gefürchtet zu haben. Hitlers Ausweg aus diesem potentiellen Dilemma kann als geradezu charakteristisch angesehen werden: Wohl in dem Bewußtsein, daß es nichts fruchten würde, seinen Verbündeten weitere (nicht vorhandene) militärische Verstärkungen in Aussicht zu stellen, beschloß er statt dessen, unter Anführung des deutschen Beispiels, seinen bulgarischen Besuchern die Vorstellung von der grundsätzlichen Bedeutungslosigkeit von Luftangriffen auf Großstädten zu vermitteln: »*Auch der Hinweis auf die fortschreitende Zerstörung der deutschen Städte könne ihn (den Führer) nicht beeindrucken. (...) Es komme nicht darauf an, Bauten zu schonen, die wiederhergestellt werden könnten, sondern die Volkssubstanz zu erhalten, die nicht wiederhergestellt werden könne, wenn sie einmal vernichtet sei.*«[44]

---

40 BA/MA, RH 19 XI/50 Aufzeichnung des Militärattachés und Wehrkreisbefehlshabers Bulgarien/Abt. Ic (13.1.1944). ADAP, Serie E, Bd. VII, S. 271 f. Gesandter Beckerle an Auswärtiges Amt (23.12.1943) und S. 349 f. Gesandtschaft in Sofia an Auswärtiges Amt (23.1.1944).
41 Broucek, *General im Zwielicht*, S. 389 (Eintrag vom Mai 1944). Im April wurden auch Budapest (3. April.), Bukarest (4. April) und Belgrad (16. April) in die Angriffsserie mit einbezogen.
42 Hans Ring/Werner Girbig, *Jagdgeschwader 27. Eine Chronik über den Einsatz an allen Fronten* (Stuttgart 1979), S. 281.
43 Ebd., S. 290.
44 ADAP, Serie E, Bd. VII, S. 526–538 Aufzeichnung über die Unterredung zwischen dem Führer und den Mitgliedern des bulgarischen Regentschaftsrates auf Schloß Kleßheim im Anschluß an die Abendtafel am 16. März 1944 in Anwesenheit des RAM, Generalfeldmarschalls Keitel und Generaloberst Jodl (21.3.1944).

6.2. Die Entwicklung des deutsch-kroatischen Verhältnisses

Nachdem die Intensität der Kampfhandlungen auf kroatischem Boden mit Abschluß des bosnischen Winterfeldzugs der 2. Panzerarmee merklich nachgelassen hatte, standen die ersten Wochen des Jahres 1944 ganz im Zeichen politischer Veränderungen innerhalb des NDH-Staates und der Reaktionen, die darauf von deutscher Seite erfolgten. Ausgangspunkt waren die Bestrebungen des »Poglavnik«, die anhaltenden Machtkämpfe zwischen Domobranen und Ustascha endgültig zugunsten der letzteren zu lösen. Eine katalytische Wirkung dürfte hierbei der am 9. Januar 1944 per Flugzeug erfolgten Flucht des Oberstleutnants Ivo Babic ins süditalienische Bari zugekommen sein[45]. Zwei Wochen nach der Desertion dieses der Bauernpartei nahestehenden Offiziers entließ Pavelić den noch keine fünf Monate amtierenden Kriegsminister Mirosloav Navratil mit der Begründung, er habe die Ustascha vernachlässigt und sich außerdem als serbophil erwiesen; zum Nachfolger ernannte er den Ustaschaobristen Ante Vokic[46]. Erstmalig seit Gründung des NDH-Staates waren die regulären kroatischen Streitkräfte hiermit einem Vertreter der Ustaschabewegung unterstellt. Bemerkenswert war dieser Vorgang aber auch, weil sowohl Kasche als auch Glaise unter Hinweis auf Navratils gerade erst erfolgten Besuch im Führerhauptquartier sowie eingedenk des guten Eindrucks, den er dort hinterlassen hatte, von diesem Schritt abgeraten hatten. Hitler zog es jedoch vor, diese Personalentscheidung nicht als persönliche Brüskierung aufzufassen und unterband statt dessen sogar eine Initiative des OKW zur Stützung Navratils. Darüber hinaus erhielten der Wehrmachtführungsstab und der Bevollmächtigte General Weisung, sich jeder Einflußnahme auf die kroatische Regierungsumbildung zu enthalten[47]. Auch die Fürsprache, die der Kommandierende General des V. SS Geb. AK, Arthur Phleps, am 28. Januar bei einem Vortrag im Führerhauptquartier für den kroatischen Kriegsminister einlegte, blieb ohne Ergebnis[48].

Daß der sogenannten »*Ministerkrise*« nicht zuletzt auch ein gesteigerter kroatischer Wunsch nach Selbstbehauptung zugrunde gelegen hatte, zeigte auch der beinahe gleichzeitig einsetzende Versuch, Mannschaften von den unter deutscher Aufsicht aufgestellten Brigaden zur Ustascha abzuziehen. Dies geschah unter der vordergründigen Herauslösung der Gendarmerie aus der Ustascha und ihre Umgliederung

---

45 Zu diesem Vorfall Broucek, *General im Zwielicht*, S. 356, 359 (Eintrag vom Januar 1944).

46 KTB OKW, Bd. IV, S. 737 f.

47 Ausführlicher zu diesen Vorgängen ebd. sowie Broucek, *General im Zwielicht*, S. 373–376 (Eintrag vom Januar 1944).

48 Aus Phleps' Sicht war Navratil das einzig brauchbare Mitglied der kroatischen Regierung; vgl. IWM, Tagebuch Jodl AL 930/4/3 (Eintrag vom 28.1.1944).

zu »Bezirksgendarmerie-Sturmabteilungen« und »Ortsgendarmerie-Schutzabteilungen«, wobei letztere den bisherigen Ortswehren entsprachen. Bedenklich erschien der deutschen Seite weniger die Umstrukturierung an sich, als daß sie mit der Verfügung einherging, die es sämtlichen bereits in einem anderen Teil der kroatischen Wehrmacht dienenden Wehrpflichtigen erlaubte, in eine der neuen Formationen überzutreten[49]. Selbst wenn es sich bei dieser Maßnahme nicht um eine kroatische Retourkutsche für die im Vorjahr von der SS geübten Werbepraktiken handeln sollte, war sie immer noch im hohen Maße dazu geeignet, über den Umweg einer *»kalten Abrüstung«*[50] die an den neuen Brigaden geleistete Aufbauarbeit zunichte zu machen. Die vom Bevollmächtigten General und dem Oberbefehlshaber Südost in dieser Sache vorgetragenen Bedenken blieben auch nach einigen Zugeständnissen der Kroaten bestehen; der Oberbefehlshaber der 2. Panzerarmee erteilte gar Weisung, alle unter deutschem Kommando stehenden Kroaten, die von diesem Angebot Gebrauch machten, als Fahnenflüchtige zu behandeln[51].

Zur Klärung dieser und anderer noch anstehenden Fragen fanden sich Ministerpräsident Mandić und Außenminister Peric am 1. März 1944 zu einer Unterredung mit Hitler in Schloß Kleßheim ein. Obwohl dieser Begegnung schon im Hinblick auf den gerade mal fünf Wochen zuvor erfolgten Richtungswechsel in Agram eine nicht unerhebliche Bedeutung beizumessen war, scheint der deutsche Diktator dieses Treffen mehr als Höflichkeitsbesuch aufgefaßt zu haben und war (so Glaise) *»baß erstaunt, als die Kroaten mit einem riesigen militärischen Bukett aufwarteten«*[52]. Besagtes *»Bukett«* bestand zwar zum großen Teil aus einer Wiederholung der bereits am 22. November 1943 von Navratil vorgetragenen Anliegen (Umzug des Pz.AOK 2 von seinem serbischen Standort nach Agram, Zuteilung eines eigenen Operationsgebietes, Aufstellung eines Ortsschutzes in Höhe von 15.000 Mann)[53], beinhaltete aber auch einige neue Forderungen, die als eine unübersehbare Folge der politischen Veränderungen im NDH-Staat zu werten waren. So stellte sich beispielsweise die Frage des Ortsschutzes insofern neu dar, als sie durch die bereits erwähnten Umbildungen innerhalb der Gendarmerie nun unter völlig anderen Vorzeichen erhoben wurde; darüber hinaus stellte die mit ihr verbundene Forderung nach 20.000 Gewehren[54] eine beträchtliche Erhöhung gegenüber dem vorigen November dar. Das eigentliche Novum war jedoch die Bitte um eine verstärkte Bewaffnung der Ustaschamiliz. In diesem Zusammenhang muß daran erinnert wer-

---

49 KTB OKW, Bd. IV, S. 738 f.
50 So der innerhalb des Wehrmachtführungsstabes des OKW verwendete Begriff; vgl. ebd., S. 740.
51 Ebd., S. 739.
52 Broucek, *General im Zwielicht*, S. 382 (Eintrag vom Mai 1944).
53 KTB OKW, Bd. III.2, S. 1300 (Eintrag vom 22.11.1943).
54 BA/MA, RH 31 III/7 Vermerk betr. Besprechungen des Ministerpräsidenten Mandić und des Außenministers Peric beim Führer und RAM am 1.3.1944 (2.3.1944).

den, daß Kasche dies im Sinne einer Gleichstellung von Domobranen und Ustascha bereits bei seinem Besuch im Führerhauptquartier am 30./31. August 1943 angeregt hatte[55], es Glaise aber gelungen war, die Ausformulierung des folgenden Führerbefehls über die Hebung der kroatischen Wehrkraft (7. September 1943) so zu beeinflussen, daß diese Forderung unter den Tisch fiel[56]. Auch die Korrektur dieser Auslassung durch die Führerweisung vom 29. Oktober zur einheitlichen *»Führung des Kampfes gegen den Kommunismus im Südosten«*[57] zeitigte nicht die gewünschte Wirkung, weil Navratil und Glaise sich darin einig gewesen waren, sämtliche Anstrengungen auf die Ausbildung und Ausrüstung der Domobranenbrigaden zu konzentrieren: Die Ergebnisse der Unterredung vom 22. November belegen, daß der Versorgung der Ustascha immer noch eine nachgeordnete Priorität zukam[58]. Es kann daher nicht ausgeschlossen werden, daß der Vortrag dieser Bitte am 1. März wenigstens teilweise auch auf Drängen Kasches zurückzuführen war.

In für die Deutschen geradezu schmerzhafter Ausführlichkeit brachten die beiden kroatischen Minister schließlich zwei Themen zur Sprache, die Navratil im November offenbar ganz ausgespart hatte: das Verhältnis der Besatzungsmacht zur Cetnikbewegung sowie Übergriffe von Wehrmachtverbänden im allgemeinen und der 1. Kosakendivision im besonderen, wobei Peric sogar in der Lage war, sich höchstselbst als ein Opfer dieser Praktiken darzustellen[59]. Obwohl Hitler die Zusicherung der Kroaten, daß die Partisanenbewegung *»fast in Auflösung begriffen«* sei, mit größter Skepsis aufnahm, zeigte er sich prinzipiell bereit, den meisten kroatischen Anliegen nachzukommen: Die einzigen Forderungen, die er rundheraus ablehnte, betrafen die gewünschten Verlegungen der Kosakendivision und des Pz.AOK 2[60]. Sowohl der Ausrüstung und Betreuung der Ustascha durch deutsche Stellen als auch der Entwaffnung der noch existierenden Cetnikgruppen gab er hingegen seine unein-

55 PA/AA, StS Kroatien, Bd. 5, 696 Aufzeichnung betreffend Besprechung mit General Jodl, OKW, in Wolfschanze am 31. August 1943 (1.9.1943).
56 Broucek, *General im Zwielicht*, S. 265 (Eintrag vom September 1943); PA/AA, StS Kroatien, Bd. 5, 698 Kasche an Reichsaußenminister von Ribbentrop (13.10.1943).
57 Martin Moll, *Führer-Erlasse 1939–1945* (Stuttgart 1997), S. 368. Im Schlußsatz dieses Erlasses hieß es wörtlich: *»Die Ustascha-Miliz ist als Teil der kroatischen Wehrmacht in gleicher Weise zu unterstützen wie das kroatische Heer und besonders gegen den Kommunismus einzusetzen.«*
58 Recht bezeichnend in dieser Hinsicht Glaises Kommentar zum Verlauf der Besprechung am 22.11.1943: *»Das sachliche Ergebnis widersprach zu meiner schon etwas perversen Freude wieder einmal dem letzten Führerbefehl, den Kasche mit gemischten Gefühlen Ende Oktober aus dem Hauptquartier gebracht hatte.«* Vgl. Broucek, *General im Zwielicht*, S. 320 (Eintrag vom November 1943). Ferner ADAP, Serie E, Bd. VII, S. 221 f. Kasche an Auswärtiges Amt (4.12.1943).
59 ADAP, Serie E, Bd. VII, S. 472–477 Aufzeichnung über die Unterredung zwischen dem Führer und dem kroatischen Ministerpräsidenten Mandić in Schloß Kleßheim am 1. März 1944 in Anwesenheit des RAM, des kroatischen Außenministers Peric und des Generalfeldmarschalls Keitel (5.3.1944). Wenige Wochen zuvor war Perics Haus in seinem Heimatort Ston von deutschen Soldaten ausgeplündert worden.
60 Ebd.

geschränkte Zustimmung, wobei allerdings nicht auszuschließen ist, daß er sich bezüglich der Bedeutung der nationalserbischen Formationen für die 2. Panzerarmee ein falsches Bild gemacht hatte[61]. Auch hinsichtlich der Plünderungsvorwürfe wurde umgehende Prüfung zugesagt. Weniger klar ist die Überlieferung hingegen bezüglich der Bewaffnung des neuen Ortsschutzes: Während nach einer Aufzeichnung Kasches auch diese Bitte umstandslos gewährt wurde, geht aus der Mitschrift des Protokollführers des Auswärtigen Amtes lediglich hervor, daß Mandić diesen Punkt zur Sprache brachte, ohne jedoch eine verbindliche Antwort zu erhalten[62]. Die Frage der Übernahme kroatischer Wehrdienstleistender in die neuen Gendarmerieverbände scheint in Gegenwart Hitlers schließlich überhaupt nicht zur Sprache gekommen zu sein; nach dem Kriegstagebuch des OKW hat es den Anschein, daß Keitel oder Jodl dieses Thema am Rande des offiziellen Besuchsprogramms zwar anschnitten, ohne jedoch eine endgültige Klärung zu erreichen[63].

Trotz der scheinbar reibungslosen Einführung des neuen Ustaschakurses beim Führerhauptquartier sollte die Besprechung vom 1. März noch ein Nachspiel haben. Da Hitlers Überraschung über die kroatischen Forderungen zumindest teilweise Folge einer ungenügenden Berichterstattung durch den Gesandten Kasche war, beschloß der »Führer« diesem seinen falschen Optimismus dadurch auszutreiben, indem er ihn gegen den ustaschakritischen Walter Warlimont vom Wehrmachtführungsstab »*in die Arena*« (Glaise) treten ließ[64]. Nach Lage der Dinge hatte es also ganz den Anschein, als ob die etwas unbestimmte, von Hitler erstmalig Ende Oktober manifestierte Skepsis nun im Begriff war, endlich schärfere Konturen anzunehmen. Wenn man zudem in Rechnung stellt, daß Kasches Position auch innerhalb des Auswärtigen Amtes, wo er sich mittlerweile den einflußreichen Verbindungsmann Himmlers im Auswärtigen Amt, Legationsrat Horst Wagner, zum Feind gemacht hatte, keineswegs unangefochten war[65], schien auch die Enthebung von sei-

---

61 Ebd., S. 475. Ob Hitler ehrlich davon überzeugt war, daß Abkommen zwischen Cetniks und deutscher Wehrmacht nur »*an einigen Orten*« bestünden oder ob es sich dabei um eine Schutzbehauptung handelte, ist schwer einzuschätzen; ein Tagebucheintrag Glaises, der auf eine diesbezügliche Unkenntnis Warlimonts vom OKW/WfSt anspielt, läßt die erste Möglichkeit zumindest denkbar erscheinen; vgl. Broucek, *General im Zwielicht*, S. 368 (Eintrag vom Januar 1944).

62 ADAP, Serie E, Bd. VII, S. 472–477 Aufzeichnung über die Unterredung zwischen dem Führer und dem kroatischen Ministerpräsidenten Mandić in Schloß Kleßheim am 1. März 1944 in Anwesenheit des RAM, des kroatischen Außenministers Peric und des Generalfeldmarschalls Keitel (5.3.1944) sowie BA/MA, RH 31 III/7 Vermerk betr. Besprechung des Ministerpräsidenten Mandić und des Außenministers Peric beim Führer und RAM am 1.3.1944 (2.3.1944).

63 KTB OKW, Bd. IV, S. 740.

64 Broucek, *General im Zwielicht*, S. 383 (Eintrag vom Mai 1944).

65 PA/AA, Inland IIg 309, 2578 Schreiben Kasches an Staatssekretär Steengracht (o.D.); ebd., 2579 Vortragsnotiz Wagners zur Vorlage beim Reichsaußenminister (3.12.1943).

nem Posten in Agram durchaus im Bereich des Möglichen zu liegen. Diesen wenig verheißungsvollen Aussichten zum Trotz gelang es dem Gesandten bei der Unterredung, die am 8. März auf dem Obersalzberg stattfand, seine Position im wesentlichen zu behaupten[66]. Hierbei kam ihm neben einigen in den letzten Wochen festzustellenden positiven Entwicklungsansätzen vor allem die einfache Tatsache zustatten, daß die den Kroaten am 1. März gemachten Zusagen als eine Bestätigung seiner bisherigen Politik aufgefaßt werden konnten. Darüber hinaus kann vermutet werden, daß Glaise von Horstenau, der Warlimont in den vorangegangenen Tagen über die Verhältnisse in Kroatien unterrichtet hatte, auf die Beibehaltung Kasches in Agram gedrängt hatte[67]. Obwohl eine Erfüllung von Warlimonts Forderung nach einer Militärverwaltung für Kroatien – soweit nachvollziehbar – nie ernsthaft zur Debatte stand, vermochte Hitler sich aber auch nicht zu einer Absetzung Kasches durchzuringen. Das vorläufige Endergebnis der Besprechungen vom 1. und 8. März 1944 bestand in einer Weisung, die am 19. März an den Oberbefehlshaber Südost und den Bevollmächtigten General erging[68].

Obwohl darin die den Kroaten gemachten Zusagen prinzipiell bestätigt wurden, ging aus den gleichzeitig angeführten Vorbehalten (*»Beweis der Zuverlässigkeit ... muß vielfach erst erbracht werden«*) klar hervor, daß Hitler nur sehr bedingt davon überzeugt war, auf diesem Weg eine dauerhafte Besserung der Lage in Kroatien zu erreichen. Ferner ließ bereits der einleitende Satz (*»Die grundlegende Zusammenarbeit mit der kroatischen Wehrmacht und Staatsgewalt bleibt unverändert.«*) erahnen, daß die zu gewährende Unterstützung den Rahmen des bereits laufenden Hilfsprogramms nicht wesentlich übersteigen sollte. Bei der Ustascha sollte die Unterstützung zwar nach denselben Prinzipien erfolgen wie bei den Domobranenbrigaden, ohne jedoch – was eigentlich anzunehmen gewesen wäre – mit der Zuführung von zusätzlichem Ausbildungspersonal einherzugehen. Eine deutscherseits zu gewährende Versorgung der Ustascha wurde schließlich unzweideutig ausgeschlossen und auch die Ausrüstung mit deutschen Waffen in einer Ziffer des Befehls zumindest in Frage gestellt[69]. Noch ein gutes Stück verschwommener stellte sich die Lage in bezug auf die Ortsschutzfrage dar. Während der vorangegangenen Gespräche war

---

66 ADAP, Serie E, Bd. VII, S. 588–591 Vermerk über Vortrag beim Führer am 8. März 1944 um 14 Uhr auf dem Berghof (30.3.1944).

67 In diesem Zusammenhang äußerte der seit dem 6. März ebenfalls in Berchtesgaden weilende Glaise dem Gesandten gegenüber, er sei *»jetzt in der seltsamen Lage, Ihre Politik verteidigen zu müssen, so sehr sie mir gegen den Strich ging.«* Vgl. Broucek, *General im Zwielicht*, S. 384 (Eintrag vom Mai 1944).

68 ADAP, Serie E, Bd. VII, S. 519 f. OKW/WfSt an den Deutschen Bevollmächtigten General in Kroatien Glaise von Horstenau (19.3.1944).

69 Ebd. Aus dem entsprechenden Passus geht allerdings nicht klar hervor, ob die Ustascha als Ganzes oder nur einige Einheiten, deren Versorgungsstärke in den letzten Wochen stark angeschwollen war, gemeint sind.

die Aufstellung solcher Gendarmerieverbände von Hitler (scheinbar) bejaht, von Warlimont ohne Wenn und Aber abgelehnt worden. Die Weisung vom 19. März beschränkte sich schließlich darauf, vor der »*ungeregelten Aufstellung*« solcher Formationen »*zu warnen*«[70]. Nach dem Kriegstagebuch des OKW wurde jedoch in einem erläuternden Befehl, der entweder zeitgleich oder kurz darauf an den Oberbefehlshaber Südost erging, die Bewaffnung sowohl der Ustascha als auch der sogenannten »Gendarmerie-Schutzabteilungen« mit italienischen Beutewaffen verfügt[71], was wiederum den Schluß nahelegt, daß Warlimont mit seiner Warnung nicht durchgedrungen war.

Lediglich hinsichtlich der Zusammenarbeit der 2. Panzerarmee mit den Cetniks brachte der Befehl vom 19. März eine unmißverständliche Klarstellung. Nationalserbische Freischärler, die aus Gebieten östlich der Drina kämen, müßten unverzüglich in diese abgeschoben werden; solche, die auf dem Gebiet des NDH-Staates heimisch waren, seien, »*sofern sie zur Unterstützung der deutschen Truppe benötigt werden, in kleinste Einheiten oder als Hilfswillige in die deutsche Truppe einzugliedern*«[72]. Die Schwierigkeiten, die damit verbunden waren, einen solchen Befehl in dem besonderen Umfeld des jugoslawischen Kriegsschauplatzes, in dem (so Glaise) die Truppe »*Führerbefehle nur mehr bedingt befolgt(e)*«[73], auch umzusetzen, sollten allerdings dafür sorgen, daß die Cetnikfrage auch während der folgenden Monate noch im Mittelpunkt der deutsch-kroatischen Beziehungen stehen sollte.

In der Zwischenzeit hatte sich der Schwerpunkt der Kampfhandlungen, der Mitte Januar 1944 noch in Zentralbosnien gelegen hatte, wieder den Grenzen des deutschen Herrschaftsgebiets in Serbien genähert. Eine besondere Bedeutung kam dabei dem Vorfeld von Südostbosnien und Nordmontenegro zu, wo das III. bzw. II. Korps der Volksbefreiungsarmee nach wie vor auf eine Gelegenheit zum Vorstoß ins südliche Serbien warteten. In Montenegro führte die Beherrschung der Mitte des Landes durch die Volksbefreiungsarmee dazu, daß das im Süden dislozierte deutsche Truppengros sich außerstande sah, einen Beitrag zur Behauptung des nördlichen Sandžak zu leisten. Die Verteidigung dieses Raums mußte daher zu einem erheblichen Teil indogenen Kräften überlassen werden, wobei es dem als »König des Sandžak« bezeichneten SS-Offiziers Karl von Krempler bis zur Jahreswende sogar gelungen war, einen haltbaren Burgfrieden zwischen der von ihm kommandierten

---

70 Ebd.
71 KTB OKW, Bd. IV, S. 742.
72 ADAP, Serie E, Bd. VII, S. 519 f. OKW/WfSt an den Deutschen Bevollmächtigten General in Kroatien Glaise von Horstenau (19.3.1944).
73 BA/MA, RH 31 III/12 Der Bevollmächtigte General an den Befehlshaber der 2. Panzerarmee (15.11.1943).

moslemischen Legion und den örtlichen Cetnikgruppen herzustellen[74]. Eine noch weitergehende Mobilisierung der Kräfte, die ab Juni 1942 Montenegro fast ein Jahr lang zur Hochburg des serbischen Antikommunismus gemacht hatte, schien zudem im Dezember 1943 durch eine Übereinkunft zwischen dem Sonderbeauftragten Südost Hermann Neubacher und Pavle Djurišić in greifbare Nähe gerückt. Letzterem war die Flucht aus dem deutschen Kriegsgefangenenlager gelungen, in welches er nach seiner Ergreifung im Mai 1943 verbracht worden war. Nachdem er bei seiner Rückkehr nach Belgrad im November verhaftet worden war, erwirkte Neubacher seine Freilassung und konnte ihn im persönlichen Gespräch dafür gewinnen, seine alte Rolle als Vorkämpfer des nationalen Serbentums in Montenegro wiederaufzunehmen[75]. Des weiteren schwebte Neubacher vor, Djurišić an die Spitze eines noch zu bildenden montenegrinischen Pendants zum serbischen Freiwilligenkorps zu stellen, was einerseits die Kontrolle von deutscher Seite erleichtert, andererseits durch deutsche Bewaffnung und Munitionsversorgung die mittlerweile erdrückende waffenmäßige Überlegenheit von Titos Brigaden etwas ausgeglichen hätte. Da Hitler sich jedoch nicht dazu durchzuringen vermochte, den vor gerade mal sieben Monaten unter erheblichem Aufwand dingfest gemachten Djurišić nun in den Dienst der deutschen Wehrmacht zu stellen, beschränkte sich die Starthilfe, die der Cetnikführer für seine Rückkehr nach Montenegro erhielt, auf eine bescheidene Waffenlieferung sowie die vorübergehende Detachierung eines Bataillons des SFK auf diesen Kriegsschauplatz[76]. Die Aufstellung eines montenegrinischen Freiwilligenkorps (MFK) wurde mit mehrmonatiger Verzögerung im Mai 1944 schließlich wieder aufgegriffen[77]; aufgrund der Entwicklung der Kriegslage sowie Hitlers beharrlicher Weigerung, als einen Wechsel auf die serbisch-montenegrinische Einheit eine gemeinsame Kommandostruktur von SFK und MFK zuzulassen, hatte der ursprüngliche Gedanke aber mittlerweile erheblich an politischer Zugkraft eingebüßt[78].

Diese Vernachlässigung des im serbischen Bruderstaat vorhandenen antikommunistischen Potentials mußte sich um so negativer auswirken, als die nach der Verlegung der 118. Jägerdivision im wesentlichen auf sich allein gestellte 181. ID hauptsächlich im Küstenschutz und der Sicherung einiger Verkehrswege gebunden war. So

---

74 BA/MA, RH 21-2/749 SS-Hauptsturmführer Karl von Krempler an V. SS-Geb.Korps (22.12.1943).

75 Hermann Neubacher, *Sonderauftrag Südost 1940–1945. Bericht eines fliegenden Diplomaten* (Wien 1957), S. 183–185.

76 KTB OKW, Bd. IV, S. 638; BA/MA, RW 40/88 Militärbefehlshaber Südost, Abt. Ia an OB Südost (24.5.1944).

77 Bis zur endgültigen Absegnung durch Hitler und das OKW mußte freilich noch mal ein weiterer Monat vergehen, vgl. BA/MA, RW 40/88 Vortrag OB beim Feldmarschall, 13.5.1944 und RW 4/709 WfSt an Gen.St. d. H./Org. (13.6.1944).

78 Vgl. hierzu die Einschätzung des Oberbefehlshabers Südost in BA/MA, RH 19 XI/15 Oberbefehlshaber Südost an OKW/WfSt (5.7.1944).

war offensive Partisanenbekämpfung in Montenegro bis Anfang August 1944 so gut wie immer gleichbedeutend mit dem Einsatz der örtlichen Cetnik- und Gendarmerieverbände unter dem Kommando der bewährten Antikommunisten Djurišić und Lasić; die deutsche Seite steuerte neben der operativen Planung meistens nur einige wenige Kompanien bei, die durch den Einsatz ihrer schweren Waffen diese sich immer häufiger offenbarende Schwäche der Cetniks kompensieren halfen. Hierin lag aber auch die militärische Achillesferse der Allianz zwischen Deutschen und Nationalserben: Wenn – wie es meist unvermeidlich war – ein deutsches Kontingent sich nach Erringung eines operativen Erfolges anderen Aufgaben zuwandte, hatte dies ausnahmslos den unmittelbar darauffolgenden Verlust des gerade erst freigekämpften Gebietes an die nachdrängende Volksbefreiungsarmee zur Folge. So war es dann auch, daß sowohl den zahllosen zur Freikämpfung des unmittelbaren Vorfeldes der Hauptstadt Podgorica durchgeführten Unternehmen (»Bora«, »Baumblüte«, »Vorfrühling«)[79] als auch dem einzigen im größeren Umfang unternommenen Versuch zur Aufspaltung des kommunistisch beherrschten Zentrums (»Frühlingserwachen«, 10. bis 23. April 1944)[80] kein dauerhafter Erfolg beschieden war. Strategische Bedeutung kam letzterem Fehlschlag vor allem aufgrund der hierdurch erfolgten Zementierung der Trennung zwischen den deutschen Herrschaftsgebieten im Süden und Norden (Sandžak) der Provinz zu. In Anbetracht der angespannten Kräftelage war die einzige Konsequenz, die der Oberbefehlshaber Südost mittelfristig aus dieser Lage zu ziehen vermochte, administrativer Natur: Am 23. April verfügte er die Ernennung des SS-Standartenführers Krempler zum »Kreiskommandanten Sandžak« und seine direkte Unterstellung unter den Militärbefehlshaber Südost[81].

Anders als in Montenegro, wo langfristig gesehen keine Aussicht bestand, etwas an dieser unbefriedigenden Lage und der damit verbundenen Bedrohung Serbiens zu ändern, wurden in Syrmien und im angrenzenden Ostbosnien im März 1944 zwei Projekte eingeleitet, die den verstärkten Willen zur zumindest zeitweiligen Zurückdrängung der Volksbefreiungsarmee in diesen Regionen zum Ausdruck brachten. So wurde der erstgenannte Raum am 4. März einem eigenständigen Kommandanten des rückwärtigen Armeegebiets (Korück 582) unterstellt, der nicht dem LXIX. AK z.b.V., sondern der 2. Panzerarmee direkt unterstellt war; seine ursprüngliche

---

79 BA/MA, RH 24-21/98 Abschluß- und Erfahrungsbericht Unternehmen »Bora« (9.3.1944); RH 24-21/100 Funkspruch an Pz.AOK 2 (13.4.1944); RH 24-21/100 Tagesmeldung vom 15.4.1944; RH 24-21/100 Fernschreiben an Pz.AOK 2 (28.4.1944); RH 24-21/102 Lagebericht an Panzerarmeeoberkommando 2 (12.5.1944).
80 BA/MA, RH 24-21/100 Fernschreiben an 181. Inf.Div. (8.4.1944); RH 24-21/100 Fernschreiben an 181. Inf.Div. (24.4.1944).
81 BA/MA, RH 24-21/100 »Befehlsverhältnisse in Montenegro« (23.4.1944).

Dienststellung (Inspektion der Eisenbahnsicherung Kroatien) war ein klarer Hinweis auf die operativen Prioritäten, die die Abkommandierung eines solchen Stabes zu einer Aufgabe, die – rein räumlich gesehen – eher einer Feld- oder Kreiskommandantur zugekommen wäre, notwendig gemacht hatten[82].

Militärisch wie politisch um einiges heikler war der Wachwechsel, der südlich davon stattfand. So sah der Kampfauftrag der neu aufgestellten 13. SS-Division »Handschar« nicht nur die Rückeroberung, sondern auch die anschließende Behauptung des nordostbosnischen Raums vor, der von den Flüssen Bosna, Spreca, Drina und Save begrenzt war[83]. Dieser neue operative Ansatz war allerdings keine indirekte Folge des Strategiestreits zwischen Rendulic und von Leyser, sondern ausschließlich auf das Grundkonzept zurückzuführen, das der Aufstellung dieses Großverbandes ursprünglich zugrunde gelegen hatte. Dieses hatte vorgesehen, sich die Bedrängnis, in der die moslemische Volksgruppe durch die Volkstumskämpfe auf dem Gebiet des kroatischen Staats geraten war, dadurch zunutze zu machen, indem man das bis dahin nur ansatzweise mobilisierte Wehrpotential dieses Volksteils für den Kampf gegen den Kommunismus unter deutscher Führung nutzbar machte[84].

Das besondere Interesse, das Himmler an diesem Experiment zeigte, war zugleich auch Gewähr dafür, daß das bei der Freiwilligenwerbung immer wiederholte Versprechen, die künftige Division nur in ihrem engeren Heimatbereich einzusetzen, auch gehalten wurde; nach einer Kontroverse um den vorübergehenden Einsatz von Teilen der Division außerhalb des als »Sicherheitszone« designierten Operationsraums sollte der Reichsführer SS selbst die Verlegung einzelner Kompanien von seiner persönlichen Zustimmung abhängig machen[85].

Im Vergleich zu den meisten anderen deutschen bzw. deutsch geführten Verbänden, die während des letzten halben Jahres für kürzere oder längere Zeit auf dem jugoslawischen Kriegsschauplatz gekämpft hatten, wies die »Handschar« einige unübersehbare Vorteile auf: Da Himmler sich sämtlichen Gesuchen, die Division möglichst schnell nach Kroatien zu überführen, hartnäckig widersetzt hatte[86], hatte der Verband einen weitgehend vollständigen Ausbildungszyklus durchlaufen können – ein Privileg, das im Sommer des Vorjahres der zweiten Legionsdivision bereits verwehrt worden war. Auch die zahlenmäßige Stärke (Stand vom 15. Februar 1944: 21.018 Mann)[87] sowie der überdurchschnittlich gut bestückte Artilleriepark hoben die SS-

---

82 BA/MA, RH 24-69/12 KTB-Einträge vom 8.2., 9.2. und 4.3.1944.
83 Lepre, *Bosnian division*, S. 143–145.
84 Siehe auch Kapitel 4.1.
85 Himmlers entsprechender Befehl vom 12. Mai 1944 an das V. SS-Geb.Korps ist wiedergegeben bei Lepre, *Bosnian division*, S. 192.
86 So z. B. gegenüber dem Gesandten Kasche; PA/AA, StS Kroatien, Bd. 5, 696 Aufzeichnung betreffend Besprechung mit Reichsführer SS Himmler in Wolfschanze am 31. August 1943 (1.9.1943).
87 Tabellarische Aufstellung der Divisionsstärke, abgedruckt bei Lepre, *Bosnian division*, S. 138.

Division von den meisten anderen, zumeist zweigliedrigen Großverbänden ab, die das OKW in der Regel dem jugoslawischen Kriegsschauplatz zuwies.

Es ist daher auch wenig erstaunlich, daß die »Handschar« ihre Feuertaufe im März 1944 ohne größere Schwierigkeiten meisterte: Nachdem im Sammlungsbereich Syrmien noch das Waldgebiet des Bosut (ein Rückzuggebiet der in Bosnien operierenden Partisanen) durchkämmt worden war (Unternehmen »Wegweiser«, 10. bis 12. März 1944), folgte bereits wenige Tage später die Überquerung der Save und der Vorstoß in den späteren Operationsraum Nordostbosnien (Unternehmen »Save«, 15. bis 19. März 1944). Auch die nach einer dreiwöchigen Konsolidierungsphase durchgeführte Fortsetzung des Vorstoßes nach Süden (Unternehmen »Osterei«, 12. bis 23. April 1944), bei dem den Partisanen unter anderem die Städte Janja, Srebrnik und Gradacac entrissen und die Bosna erreicht wurde, erfolgte weitgehend reibungslos[88]. Nachdem sich die Division auch erfolgreich an der Abwehr eines Vorstoßes mehrerer Großverbände der Volksbefreiungsarmee (Unternehmen »Maibaum«[89]) in diesem Raum beteiligt hatte, gelang es dem Reichsführer SS, Hitlers Genehmigung zur Aufstellung einer zweiten »bosnisch-herzegowinischen« Division zu bekommen; in Erwartung der Einsatzbereitschaft dieses Verbandes wurde im Juni in der ungarischen Etappe für beide Divisionen schon mal die Grundstruktur eines eigenen Generalkommandos (IX. Waffen-Gebirgskorps der SS) geschaffen. Den 1942/43 bereits mit der Aufstellung von »Prinz Eugen« und »Handschar« betrauten Kommandierenden General des V. SS Geb. AK, Obergruppenführer Arthur Phleps, wies er am 10. Mai an, bis Jahresende die Sicherung des gesamten bosnischen und albanischen Raums mit ausschließlich einheimisch rekrutierten SS-Verbänden (zwei Generalkommandos zu je zwei Divisionen) zu gewährleisten. Im Gegensatz zu den von der 2. Panzerarmee gesetzten Prioritäten sah Himmler es nämlich »... *als unendlich vorteilhaft an, wenn unter Ihrem Kommando die zwei verschiedenen Möglichkeiten, einen Raum zu befrieden, wahrgenommen werden; die eine soldatisch-taktische durch Verfolgung des Gegners und den Versuch der Einkesselung und Zerschlagung seiner Verbände, soweit dies bei dem Gelände möglich ist, und die andere Methode der territorialen Befriedung, welche geordnete Zustände in dem Gebiet schafft, den Gegner radikal mit den Wurzeln aushebt und durch die Art des Vorgehens das geistige Sprengpulver für die Verbände Titos ist. Ich kann mir nicht vorstellen, daß diese beiden Methoden von einem Kommandeur, der diesen schwierigen Balkanraum so gut wie kennt wie Sie, nicht in gleicher Weise meisterhaft unter seinem Kommando gehandhabt werden könnten. Auf die Dauer gesehen wird die territoriale Methode die ausschlaggebende sein.*«[90]

---

88 Ausführlich zu diesen drei Operationen ebd., S. 143–169.
89 Vgl. Kapitel 6.3.
90 BA-Lichterf., Personalakte (SSO) Arthur Phleps, Heinrich Himmler an SS-Obergruppenführer Phleps (10.5.1944).

Die Kontroverse, die im Vorjahr um die Rekrutierung der Division zwischen Deutschen und Kroaten entbrannt war, fand in Folge allerdings eine nahtlose Fortsetzung; so sahen sich die Kroaten aufgrund der Selbstverwaltung, die die SS-Division in ihrer »Sicherheitszone« einrichtete, in ihren schlimmsten Befürchtungen bezüglich eines von deutscher Seite geförderten bosnisch-moslemischen Separatismus bestätigt[91]. Obwohl der Gesandte Kasche sich auch in dieser Frage zum Fürsprecher des Pavelić-Regimes machte, vermochte er keine wesentlichen Änderungen zugunsten der Souveränitätsansprüche des NDH-Staates durchzusetzen. Bis zur Aufgabe der Sicherheitszone Ende Oktober 1944 sollte die Frage der vollziehenden Gewalt in Nordostbosnien, neben der leidigen Cetnikfrage, das Hauptproblem der deutsch-kroatischen Beziehungen bleiben.

Im auffälligen Kontrast zum Siegeszug der »Handschar« stand die kritische Lage, die sich zeitgleich weiter südlich entwickelt hatte. Südlich von Višegrad hatten zwei von Titos besten Divisionen (2. Proletarische und 5. Kraijna) den Lim überschritten und waren am 21. März auf serbisches Gebiet vorgedrungen. Die mittlerweile stark ausgedünnte deutsche Truppenpräsenz in Serbien sowie die langsame Reaktionszeit der bulgarischen Verbände, die ihnen gegenüberstanden, ermöglichten es den beiden Divisionen, innerhalb der nächsten Tage weit über 100 Kilometer in serbisches Gebiet vorzudringen; erst entlang des Flußlaufs des Ibar gelang es einer bunt zusammengewürfelten Kampfgruppe aus Serben, Bulgaren und Deutschen, ihren Vormarsch Anfang April aufzuhalten[92]. Da diese Kräfte ihrerseits aber viel zu schwach waren, ihren Abwehrerfolg mit einer Kesseloperation zu krönen, zogen sich die Kämpfe in diesem Raum noch über weitere sechs Wochen hin. Erst nachdem ein Entsetzungsversuch mit zwei weiteren Divisionen von Ostbosnien aus gescheitert war, gab Tito den Befehl zum Rückzug in den Sandžak, der bis zum 20. Mai abgeschlossen war[93].

In politischer Hinsicht wurde das Frühjahr 1944 weitgehend von einem Ereignis beherrscht, durch das zwei der Problemkomplexe, die Mandić und Peric bei ihrem Besuch bei Hitler gerade erst zur Sprache gebracht hatten, über Nacht gleich wieder zum beherrschenden Thema der deutsch-kroatischen Beziehungen wurden. Zunächst begingen Teile der SS-Division »Prinz Eugen« am 28. März 1944 ein Massaker an der Einwohnerschaft mehrerer Dörfer im Hinterland von Split (Otok, Gruda, Dolac)[94], welches sich schon aufgrund der Zahl der Opfer (je nach

---

91 Vgl. hierzu das Protokoll einer Unterredung, die der kroatische Gesandte am 30.6.1944 mit Unterstaatssekretär Hencke führte: ADAP, Serie E, Bd. VIII, S. 162–165 Aufzeichnung des Unterstaatssekretärs Hencke (4.7.1944).
92 KTB OKW, Bd. IV, S. 648–652; Strugar, *Volksbefreiungskrieg*, S. 201 f.
93 Ausführlicher zu diesen Kämpfen Kapitel 7.3.
94 Obwohl diese drei Dörfer am häufigsten genannt wurden, ist in PA/AA, Inland IIg 401, 2824 Kasche an Auswärtiges Amt (16.4.1944), von insgesamt 22 betroffenen Ortschaften die Rede.

Darstellung bis zu 2.000 Tote) deutlich von allen anderen durch deutsche Soldaten auf kroatischem Boden begangenen Übergriffen abhob[95]. Die eigentliche Brisanz erhielt dieser Vorfall allerdings erst durch die Tatsache, daß es sich bei den Getöteten ausschließlich um Kroaten handelte, deren Verwandte überdies zu einem großen Teil in deutschen Legionsdivisionen oder als Arbeiter in Deutschland dienten. Die Indizien, die zudem auf eine völlig willkürlich begangene Tat hinwiesen, sollten sich bald als so erdrückend erweisen, daß der Versuch des Kommandierenden Generals des V. SS-Gebirgskorps, Arthur Phleps, die Ereignisse von Otok als Folge von Kampfhandlungen hinzustellen, noch nicht mal bei Lothar Rendulic auf Resonanz stieß[96]. Eine Verquickung mit dem zweiten Hauptproblem deutscher Besatzungspolitik in Kroatien ergab sich daraus, daß bereits in den ersten kroatischen Berichten über den Hergang des Massenmords im Dienste der »Prinz Eugen« stehende Cetniks wahlweise als Anstifter, Mit- oder gar Haupttäter genannt wurden[97]. Als die kroatischen Behörden daraufhin in einer ersten Reaktion 70 gerade in Spilt anwesende Cetniks verhafteten, fand sich das XV. Geb. AK unverhofft in einer Situation wieder, die mit der der Italiener vom letzten Frühjahr eine mehr als nur flüchtige Ähnlichkeit aufwies. Bei dem Versuch, drei der Inhaftierten, die als V-Leute über deutsche Ausweise verfügten, freizubekommen, kam es zwischen Deutschen und Kroaten zu erheblichen Spannungen; der Leiter der deutschen Abwehrstelle in Split kommentierte die so entstandene Situation mit Worten, die mittlerweile vermutlich die Zustimmung der meisten Stäbe und Truppenteile der deutschen Wehrmacht auf kroatischem Boden gefunden hätte: »*Man könne doch den einzigen Verbündeten (Cetnici) in diesem Sauland (Kroatien) nicht im Stich lassen.*«[98]

Nicht nur aufgrund dieser Vorkommnisse mußte die Frage nach einer Beteiligung nationalserbischer Freischärler an den Ereignissen von Otok von eminenter politischer Bedeutung sein. So ging der kroatische Außenminister gar so weit, in der Note vom 11. April, die er – wie es scheint, auf Drängen Kasches[99] – zu dieser Frage an die deutsche Regierung richtete, die Tat auf »*in deutsche Uniformen gekleidete Tschetnici*«[100] zu schieben und die SS-Division lediglich einer indirekten Beteiligung zu bezichtigen.

---

95 Nach ebd. war eine erste Schätzung von deutscher Seite auf 486 Toten, gekommen, eine Zahl, die vom Gesandten Kasche als »*bei weitem zu niedrig gegriffen*« bezeichnet wurde; eine Schätzung des kroatischen Kriegsministeriums ging dagegen von ungefähr 1.000 Toten aus, vgl. ebd. Im 1947 abgehaltenen Prozeß gegen die »Südostgeneräle« nannte die Anklage schließlich die Zahl von 2.014 Toten. Vgl. Trials of War Criminals, Vol. XI.2, S. 768.

96 Broucek, *General im Zwielicht*, S. 396 (Eintrag vom Mai 1944).

97 PA/AA, Inland IIg 401, 2824 Kasche an Auswärtiges Amt (9.4.1944).

98 PA/AA, Inland IIg 401, 2824 Kasche an Auswärtiges Amt (16.4.1944).

99 KTB OKW, Bd. IV, S. 745.

100 PA/AA, Inland IIg 401, 2824 Notiz des Gesandten von Erdmannsdorf (12.4.1944); ADAP, Serie E, Bd. VII, S. 649–652 Reichsaußenminister von Ribbentrop an die Gesandtschaft in Agram (20.4.1944).

In Anbetracht der Tatsache, daß selbst Erkundigungen, die Glaise von Horstenau Anfang Mai vor Ort einzog, keine letzte Gewißheit über die Beteiligung von Cetniks erbrachten[101], ist es eher unwahrscheinlich, daß Peric hierzu bereits am 11. April unanfechtbare Informationen vorlagen. Es ist daher nicht auszuschließen, daß er in den ersten Gerüchten über nationalserbische Mittäter eine willkommene Gelegenheit sah, die Deutschen in der Cetnikfrage unter Druck zu setzen. Denkbar wäre allerdings auch, daß – so die Interpretation Glaises – diese Sprachregelung primär dem Wunsch entsprach, den zu erwartenden Gesichtsverlust des deutschen Bundesgenossen und somit die Belastung der beidseitigen Beziehungen in einem noch erträglichen Rahmen zu halten[102].

Falls diese Hoffnung die Leitlinie von Perics Politik gewesen sein sollte, wurde sie bald auf das heftigste enttäuscht. Am 20. April ließ von Ribbentrop seinen kroatischen Amtskollegen wissen, daß er seine Protestnote sowohl dem Inhalt wie der Form nach zurückweisen und überdies jede weitere Zusammenarbeit mit ihm aufkündigen müsse. Es läge nahe, die Sprache, der sich der deutsche Außenminister dabei bediente (»*… die kroatische Regierung ersuchen müsse, sich in Zukunft in ihren Mitteilungen an die Reichsregierung einer Form zu befleißigen, wie sie der Stellung Kroatiens dem Großdeutschen Reiche gegenüber entspricht*«. »*Die Reichsregierung müsse es grundsätzlich ablehnen, von dem kroatischen Staat (…) überhaupt irgendwelchen ›Protest‹ oder ›Forderungen‹ entgegenzunehmen*«)[103], als einen dem innersten Wesen der Außenpolitik des Dritten Reiches durchaus angemessenen Umgangston anzusehen; viel wahrscheinlicher scheint jedoch, daß von Ribbentrop hier eine der immer seltener vorkommenden Gelegenheiten ergriff, dem NDH-Staat seine Abhängigkeit von Deutschland klarzumachen, um so seine wachsende Frustration über das Fiasko der deutschen Kroatienpolitik abzureagieren.

Obwohl die politischen Turbulenzen, die das Massaker von Otok ausgelöst hatte, mit der Entlassung des kroatischen Außenministers am 29. April 1944 ein vorläufiges Ende fanden, harrte die Frage nach der Täterschaft immer noch einer zufriedenstellenden Erklärung. Nach Glaise von Horstenau machten die vielen widersprüchlichen Angaben über den Tathergang sowie das Fehlen eines überzeugenden Motivs Otok gar zu einem regelrechten »*Geheimnis*«. Die Erklärung, die in seinen Augen noch den höchsten Wahrscheinlichkeitsgrad für sich beanspruchen konnte, war, daß die SS-Soldaten die beginnende Zwangsumsiedelung volksdeutscher Siedlungen in Slawonien als eine weitere Willkürmaßnahme des Ustaschastaates aufgefaßt und ihren Unmut darüber an den Bewohnern der kroatischen Dörfer zwischen Sinj und

---

101 Broucek, *General im Zwielicht*, S. 394–397 (Eintrag vom Mai 1944).
102 Ebd.
103 ADAP, Serie E, Bd. VII, S. 649–652 Reichsaußenminister von Ribbentrop an die Gesandtschaft in Agram (20.4.1944).

Split ausgelassen hatten[104]. Die Möglichkeit, die Schuld deutsch uniformierten Cetniks anzulasten, mußte bei einem solchen Szenario natürlich entfallen. Von einer rein deutschen Täterschaft ging allerdings auch der Chef des Stabes des Oberbefehlshabers Südost, Generalleutnant Foertsch, aus. Bereits zu einem relativ frühen Zeitpunkt (21. April) gab er in einer Besprechung seiner *»persönlichen Meinung Ausdruck, daß schuldhaftes Verhalten deutscher Truppe kaum zu bezweifeln«* sei[105]. In Anbetracht dieses selbstkritischen Eingeständnisses ist es um so bemerkenswerter, daß es ausgerechnet seine Parteinahme für die Kroaten in diesem konkreten Fall war, die den Gesandten Kasche während der vier Jahre seiner Amtszeit der Entlassung am nächsten brachte. So erhielt er bereits am 13. April ein umfangreiches Fernschreiben seines Ministers, aus dem sowohl Hitlers fortgesetzte Unzufriedenheit (*»… daß Sie offenbar geneigt seien, das als wahr und richtig anzusehen, was Ihnen von kroatischer Seite gesagt werde«*) als auch die wenig beruhigende Tatsache hervorging, daß von Ribbentrop seinem »Führer« unlängst in aller Form den Rücktritt des Gesandten angeboten hatte[106]. Obwohl Hitler es abgelehnt hatte, von diesem Angebot Gebrauch zu machen, war die nun schon seit über sechs Wochen vor sich hin schwelende *»Gesandtenkrise«*[107] auch mit diesem erneuten Rüffel noch nicht ausgestanden. 24 Stunden nachdem Kasche am 6. Mai überraschend zur Berichterstattung ins Auswärtige Amt bestellt worden war, erhielt die Dienststelle des Bevollmächtigten Generals Meldung über die binnen weniger Tage zu erwartende Abberufung des Gesandten[108]. Obwohl sich dann nach zwei Wochen herauskristallisierte, daß Kasche vorerst doch noch bleiben sollte, wurde dies in Agram nur als Aufschub aufgefaßt: Nach Einschätzung Glaises, der sich im übrigen am 12. Mai für ein Verbleiben Kasches aussprach[109], war diese Verzögerung primär auf die Schwierigkeit zurückzuführen, einen Kandidaten mit Eignung für den schwierigen Posten zu finden. Soweit nachvollziehbar, scheint auch bei Kasches Rückkehr in die kroatische Hauptstadt Anfang Juni das letzte Wort in dieser Frage noch nicht gespro-

---

104 Broucek, *General im Zwielicht*, S. 396 f. (Eintrag vom Mai 1944); PA/AA, Inland IIg 401, 2824 Kasche an Auswärtiges Amt (16.4.1944).
105 BA/MA, RH 31 III/9 Besprechung bei Heeresgruppe F (21.4.1944). Nach Darstellung von Kumm, *Vorwärts Prinz Eugen*, S. 383 unterstand das beteiligte Bataillon (III./14) zum fraglichen Zeitpunkt der 2. Panzerarmee direkt; die Zerstörung Otoks, an der auch andere Einheiten beteiligt gewesen sein sollen, sei als Repressalie für die Vernichtung einer Nachschubkolonne in diesem Raum angeordnet worden.
106 ADAP, Serie E, Bd. VII, S. 625 f. Reichsaußenminister von Ribbentrop an Kasche (13.4.1944).
107 So der vom Bevollmächtigten General geprägte Begriff; Broucek, *General im Zwielicht*, S. 400 (Eintrag vom Mai 1944).
108 Ebd., S. 399 (Eintrag vom Mai 1944).
109 BA/MA, RH 31 III/12 Der Bevollmächtigte General an den Chef des Wehrmachtführungsstabes (12.5.1944).

chen worden zu sein[110]; obwohl er nicht weniger als vier Wochen in Berlin verbracht hatte, sprach er gegenüber Glaise von noch ausstehenden Besprechungen mit Hitler und von Ribbentrop, bei denen dann voraussichtlich die endgültige Entscheidung über die Besetzung des Agramer Postens fallen würde. Selbst Anfang Juli, so ein späterer Tagebucheintrag des Bevollmächtigten Generals, soll die Abberufung des SA-Obergruppenführers immer noch »*beinahe sicher*«[111] gewesen sein.

Daß eine Neubesetzung des Postens bis Kriegsende dann doch nicht erfolgte, wirft gezwungenermaßen die Frage auf, wieso Hitlers Unmut in dieser Frage sich monatelang hatte aufstauen können, ohne schließlich und endlich zu einer klaren Entscheidung zu führen. Hierfür muß man sich zunächst vor Augen führen, daß der Zeitabschnitt (erste Märzdekade), in dem Hitlers Argwohn gegenüber dem Gesandten anscheinend erstmals in offenen Ärger umschlug, mit der Vorbereitungsphase der militärischen Besetzung Ungarns (Unternehmen »Margarethe«), die zu einem erheblichen Teil mit vom jugoslawischen Kriegsschauplatz verlegten Truppenteilen bestritten werden sollte (19. März 1944), zusammenfiel. Eingedenk der hierdurch entstandenen Entblößung des kroatischen Raums sowie den Warnungen Glaise von Horstenaus, daß Eingriffe politischer Natur im NDH-Staat nur bei gleichzeitiger Bereitstellung einer substantiellen Verstärkung durch reichsdeutsche Verbände zu verantworten seien, könnte Hitler beschlossen haben, aus Rücksicht auf das labile Pavelić-Regime vorerst von einer Abberufung Kasches abzusehen. Die Verstimmung im deutsch-kroatischen Verhältnis, die sich als Folge von Otok ergab, und Kasches offene Parteinahme für die Kroaten in dieser Frage scheinen dann der Tropfen gewesen zu sein, der das Glas dann doch noch zum Überlaufen brachte.

Warum jedoch auch diesmal von einer Entlassung des Gesandten abgesehen wurde, läßt sich aus den vorliegenden Quellen nicht mit letzter Sicherheit erschließen; denkbar wäre, daß ein ganzes Bündel von Motiven eine Rolle spielte.

Von dem eingeschränkten außenpolitischen Spielraum, der neben der Förderung der Ustascha praktisch keine weiteren Optionen mehr zuließ, sowie der Intervention Glaise von Horstenaus zugunsten des Gesandten war bereits die Rede; zu berücksichtigen wäre außerdem noch die Möglichkeit, daß es höchstwahrscheinlich Hitlers notorische Entscheidungsschwäche in Personalfragen[112], die altgediente NS-

---

110 Broucek, *General im Zwielicht,* S. 400 f. (Eintrag vom Mai 1944).

111 Ebd., S. 441 (Eintrag vom Oktober 1944).

112 Vgl. hierzu ebd., S. 401 (Eintrag vom Mai 1944): »*Die Gesandtenkrise scheint nun doch ihrem Abschluß entgegenzugehen. Metzger erfuhr dies während meiner Abwesenheit in Wien (20. Mai) zuerst von Warlimont, der mir am 25. Mai mitteilte, das Verbleiben Kasches sei auf einen direkten Führerentschluß zurückzuführen (›da man sich dort zu durchgreifenden Akten schwer entschließe‹), aber von einer Dauer könne doch nicht die Rede sein.*«

Veteranen betrafen[113], war, die zumindest vorübergehend den Ausschlag zugunsten Kasches gab. Obwohl aus den Quellen nicht direkt zu belegen, ist doch unübersehbar, daß hierdurch das Problem so lange verschoben wurde, bis mit dem Attentat vom 20. Juli ein Ereignis eintrat, durch das in den Augen seiner Vorgesetzten Kasches mangelnde Qualifikation endgültig von seiner erwiesenen Loyalität überlagert werden mußte[114].

Inwiefern es der durch das Massaker von Otok ausgelösten politischen Turbulenzen bedurfte, um eine wenigstens ansatzweise Umsetzung des Führerbefehls vom 19. März anzumahnen, läßt sich nicht mit Sicherheit sagen. Jedenfalls ließ Lothar Rendulic sich mit dem Versuch, die Rahmenbedingungen für die künftige Beteiligung der Cetniks seines Befehlsbereichs am Kampf gegen Tito in einer Weise zu kodifizieren, die, wenn schon nicht die Kroaten, dann wenigstens das OKW zufriedenstellen würde, bis zum 11. Mai Zeit. Der Befehl, den er an diesem Datum erließ, knüpfte die weitere Versorgung von Cetnikabteilungen an die Bedingung, daß in ihnen nur Serben mit »*loyaler Einstellung gegenüber dem kroatischen Staat*« zu dienen hätten; wohl um diese Loyalität nach außen hin zu dokumentieren, seien Cetnikabteilungen, die an deutscher Seite kämpften, künftig als »Kroatische Kampfgemeinschaften« (KKG) zu bezeichnen. Um eine möglichst enge Anlehnung an die eigene Truppe zu gewährleisten, sollten Cetnikverbände in Kompaniestärke nach Möglichkeit einem deutschen Bataillon fest zugewiesen und durch deutsches Verbindungspersonal eng überwacht werden. Als erstrebenswertes Endziel nannte Rendulic die Eingliederung aller »Kampfgemeinschaften« als bodenständige Sicherungsverbände in die kroatische Wehrmacht[115]. Interessanter als diese z. T. völlig unrealistischen Forderungen sind allerdings die Einschränkungen, die in den folgenden Ziffern des Befehls folgten. So waren Cetniks, die sich der neuen Gliederung verweigerten, nur bei »*offensichtlich feindlicher Haltung*« zu entwaffnen; ansonsten war ihnen nur die Versorgung zu entziehen. In bezug auf altserbische Cetnikgruppen

---

113 Interessant in diesem Zusammenhang folgender Wortwechsel, der am 17. September 1944 zwischen Hitler (H.) und dem Gesandten von Sonnleithner (v. S.) stattfand und der eine deutliche Neigung des »Führers« verrät, Kasche in der »Kampfzeit« erworbene Verdienste besonders hoch anzurechnen:
v. S.: »*Bezüglich Kasches, mein Führer, hat Ihnen der Außenminister immer schon vorgeschlagen, ihn abzulösen, weil der Außenminister meint, daß Kasche ein sehr ordentlicher Mann sei, aber in gewisser Beziehung verrannt.*«
H.: »*Er ist auch ein ordentlicher Mann. Es ist nur so, daß ordentliche Männer, sowie sie ins Auswärtige Amt hineingeraten, völlig vor die Hunde gehen.*«
v. S.: »*Weil sie den schwierigen Aufträgen nicht gewachsen sind.*«
H.: »*Kasche war früher ein Draufgänger ersten Ranges.*«
Vgl. hierzu Heiber, *Lagebesprechungen*, S. 668 (Abendlage vom 17.9.1944).
114 Broucek, *General im Zwielicht*, S. 441 (Eintrag vom Oktober 1944).
115 BA/MA, RH 19 XI/10 b Richtlinien über Einsatz und Unterstellung kroat. Kampfgemeinschaften (11.5.1944).

wurde zwar die Auslieferung ihrer Anführer an die kroatischen Behörden verlangt; die Abschiebung dieser Formationen als Ganzes blieb als Fernziel aber lediglich *»anzustreben«.* Der deutlichste Hinweis auf den Spielraum, den die deutschen Besatzer in dieser Frage im Frühjahr 1944 überhaupt noch hatten, ist jedoch im Schlußsatz des Befehls enthalten: *»Im Hinblick auf die völlig verschiedenartige Einstellung der Cetnikverbände in den einzelnen Gebieten muß den Gen.Kdos. die Art der Durchführung der mit vorstehenden Ziff. 1–6 befohlenen Maßnahmen überlassen bleiben. Sie sind jeweils unter Berücksichtigung der örtlichen Verhältnis- und Truppenbelange durchzuführen.«*[116]

Wieweit der Versuch zur »Domestizierung« der kroatischen Cetniks in der Folgezeit gedieh, ist im Einzelfall oft schwer nachzuvollziehen. Neben den anhaltenden kroatischen Beschwerden über die Bevorzugung der Cetniks durch die deutsche Wehrmacht gibt es allerdings auch vereinzelte Quellen, die die Vermutung nahelegen, daß der Befehl vom 11. Mai nichts weiter als ein Versuch war, ein politisches Problem durch eine neue Sprachregelung zumindest vorübergehend verschwinden zu lassen. So konnte Anfang Juli ein OKW-Offizier auf Inspektionsreise durch Serbien und Kroatien im Bereich der 373. (kroat.) ID zwar die Feststellung machen, daß der für die Zusammenarbeit mit den örtlichen Cetniks abkommandierte deutsche Unteroffizier voll des Lobes über seine nationalserbischen Verbündeten war (*»Cetniks sind die einzigen brauchbaren Mitkämpfer«*) und diese auch so weit unter Kontrolle hatte, daß ein plötzlicher Frontenwechsel zumindest höchst unwahrscheinlich erschien[117]. Der Versuch, die Nationalserben mit der Bildung der »Kroatischen Kampfgemeinschaften« enger an ihren ungeliebten Staat zu binden, hatte dagegen noch nicht mal das Versuchsstadium erreicht, wofür es nach Aussage des bewußten Unteroffiziers auch gute Gründe gab: *»Cetniks kennen diesen Begriff nicht und würden bei Bekanntgabe feindselige Haltung einnehmen.«*[118]

6.3. Von »Maibaum« bis »Rösselsprung«

Am 21. April 1944 erging eine Weisung Titos an das III. Korps der Volksbefreiungsarmee, die die Entsetzung der in Südostserbien kämpfenden 2. und 5. Division zum Gegenstand hatte. Südlich von Zvornik sollte die 36. Vojvodiner in der Nacht zum 29. April der 16. und 17. Bosnischen Division den Weg über die Drina freikämpfen,

---

116 Ebd.
117 BA/MA, RH 19 XI/15 Erfahrungsbericht über Dienstreise Serbien–Kroatien in der Zeit vom 20.6.–4.7.1944 (5.7.1944).
118 Ebd. Vgl. auch BA/MA, RH 19 XI/29 OKW/WfSt, Gruppe Ic/Ao Vortragsnotiz für Außenchefbesprechung am 25.7.1944 (23.7.1944): *»Cetniks (...) unsere natürlichen Verbündeten. Sie allein kämpfen! ›Kroatische Kampfgemeinschaft‹ steht nur auf dem Papier.«*

während die 27., 36. und 38. Division zur Ferndeckung bereitstanden[119]. Die unmittelbare Nähe der neugeschaffenen Sicherheitszone der 13. SS-Division sollte der 2. Panzerarmee die unverhoffte Möglichkeit bieten, diesem Vorstoß eine regelrechte Großoperation entgegenzustellen, wie sie auf kroatischem Territorium schon seit über drei Monaten nicht mehr stattgefunden hatte. Unternehmen »Maibaum« sah einen Einkesselungsversuch der zum Drinaübergang angetretenen Partisanenverbände vor, wobei das von Norden antretende Gros der »Handschar« (zwei verstärkte Regimenter und eine Aufklärungsabteilung) bei Han Pijesak auf ein von Süden (Ausgangslinie Rogatica–Sokolac) vorstoßendes verstärktes Regiment der »Prinz Eugen« treffen und der feindlichen Divisionsgruppe den Rückzug nach Osten abschneiden sollte[120].

In wechselhaften Kämpfen gelang es beiden Verbänden bis zum 4. Mai, die Übersetzversuche des III. Korps zu vereiteln; Titos Versuche, seine bedrängten Divisionen über Funk zu größerem Einsatz anzuspornen, scheinen in zumindest einem Fall mit einer regelrechten Gehorsamsverweigerung quittiert worden zu sein[121]. Da die 13. SS-Division jedoch am 6. Mai in ihre Sicherheitszone zurückbeordert wurde[122] und Tito am Vortag eine Wiederholung des Übersetzversuchs befohlen hatte[123], fanden die Kämpfe in diesem Raum zunächst eine fast nahtlose Fortsetzung. Erst ab dem 14. Mai leiteten die 16. und 17. Division eine weit nach Westen ausholende Absetzbewegung ein, um einer weiteren Gefechtsberührung zu entgehen. Die Versuche der »Prinz Eugen«, in laufender Verfolgung Teile des gegnerischen Verbandes erneut zum Kampf zu stellen, fanden erst am 25. Mai in der Nähe des alten Sujetska-Schlachtfeldes ein Ende, ohne daß ein entscheidender Schlag gelungen wäre[124]; ein solcher hätte aber in jedem Fall die fortgesetzte Mitwirkung der »Handschar« erfordert, was wiederum nicht ohne die vorübergehende Aufgabe der gerade erst etablierten »Sicherheitszone« im Norden zu machen gewesen wäre. Daß ein solcher Prioritätenwechsel gar nicht zur Debatte stand, läßt sich schon am Verlauf der Kontroverse ablesen, die aufgrund der kurzfristigen Verwendung des Divisionsgros südlich der Spreca entstand: Der Divisionskommandeur Karl-Gustav Sauberzweig geriet mit dem Kommandierenden General des V. SS-Geb. AK über diese als Zweckentfremdung empfundene Verwendung seines Großverbandes dermaßen in Streit, daß letztendlich kein Geringerer als Heinrich Himmler eingreifen

---

119 Strugar, *Volksbefreiungskrieg*, S. 202 f.; Lepre, *Bosnian division*, S. 187.
120 Ebd., S. 187–189.
121 Diese durch Entzifferung des Funkverkehrs gewonnene Erkenntnis wurde vom Kommandierenden General des V. SS-Geb. AK in einem Tagebucheintrag festgehalten; vgl. TB Phleps, Eintrag vom 11.5.1944.
122 Lepre, *Bosnian division*, S. 193.
123 Strugar, *Volksbefreiungskrieg*, S. 203.
124 Kumm, *Vorwärts Prinz Eugen*, S. 175 f.

mußte[125]. Obwohl der Reichsführer SS sich bemüht zeigte, beiden Seiten Gerechtigkeit widerfahren zu lassen, war der Ausgang der Kontroverse eine Bestätigung des Territorialitätsprinzips und somit ein klarer Sieg für Sauberzweig: Fortan, so ein Befehl Himmlers vom 12. Mai, würde selbst die Verlegung einzelner Kompanien außerhalb der Sicherheitszone seiner persönlichen Genehmigung bedürfen[126].

Die Großoperation, die unmittelbar auf »Maibaum« folgte, muß insofern als eine besondere Zäsur im Krieg der 2. Panzerarmee gegen Tito angesehen werden, als sie den ersten größeren Versuch darstellte, die mit den Ereignissen vom 8. September 1943 verlorengegangene strategische Initiative wiederzugewinnen. Anders als in der ersten Jahreshälfte 1943, in der sowohl das Kräfteverhältnis als auch der Zeitrahmen einzelner Operationen das Führen großangelegter Kesselschlachten gegen das Gros der Volksbefreiungsarmee ermöglicht hatte, sollte diesmal ein mit chirugischer Präzision geführter Schlag gegen die Führungszentrale der Volksbefreiungsarmee die Entscheidung bringen: Im Zentrum von Unternehmen »Rösselsprung« stand die »Ausschaltung« von Marschall Tito samt seinem Obersten Stab. Der Umstand, daß diese Zielsetzung erst im letzten Kriegsjahr Eingang in eine deutsche Großoperation fand, könnte natürlich zu der Annahme verleiten, daß es sich hier um eine aus der Not geborene Verzweiflungstat gehandelt haben könnte. Daß dem nicht so war, wird durch die Tatsache klar belegt, daß der Krieg während der ersten zwei Jahre in Jugoslawien von den deutschen Besatzern als Hauptgegner ausgemachte Draža Mihailović bereits Anfang Juni 1942 zum Ziel einer – wenn auch ungleich kleineren – Operation geworden war. Obwohl der Zugriff (Unternehmen »Forstrat«, 31. Mai bis 4. Juni 1942) der 7. Kompanie des Regiments »Brandenburg« damals fehlschlug, blieb er insofern nicht ohne Folgen, als er den Cetnikführer dazu bewog, sein Hauptquartier nach Montenegro zu verlegen[127].

Im folgenden Jahr waren mindestens zwei Versuche einer Wiederholung dieses Handstreichs zu verzeichnen: Sowohl in den Tagen vor Beginn des Unternehmens »Schwarz«[128] als auch Mitte Juli 1943 in Serbien (Unternehmen »Morgenluft«)[129] wurden in Volltarnung operierende Stoßtrupps der Division »Brandenburg« erneut auf den Stab des obersten Cetnikführers angesetzt; außer dem Fehlschlag beider Unternehmen liegen – wie auch schon im Falle von »Forstrat« – aufgrund einer

---

125 BA-Lichterf., SSO-Akte Arthur Phleps, Reichsführer SS an SS-Obergruppenührer Arthur Phleps (10.5.1944).

126 Ebd.

127 Karchmar, *Draža Mihailović*, S. 284, 367.

128 BA/MA, RH 28-1/95 Funkspruch an Befehlshaber Kroatien, Ia (9.5.1943); RH 28-1/95 Fernschreiben an Bfh. Kroatien, Ia (11.5.1943).

129 BA/MA, RW 40/42 KTB-Eintrag vom 30.6.1943; RW 40/43 KTB-Eintrag vom 9.7.1943.

außergewöhnlich schlechten Quellenlage allerdings nur wenige gesicherte Erkenntnisse über Planung und Verlauf vor[130].

Der Gedanke, handstreichartige Unternehmen dieser Art mit Hilfe von Luftlandetruppen durchzuführen, mußte insofern naheliegen, als dem Oberbefehlshaber Südost seit dem 26. April 1943 ein Angebot des OKW vorlag, zur Bekämpfung von Eisenbahnsabotagetrupps Fallschirmjägereinheiten in den jugoslawischen Raum zu verlegen[131]. Dennoch mußten noch einige Wochen vergehen, bis der Vorschlag des Kommandierenden Generals in Belgrad vom 19. August, diese Art von Truppengattung zur Bekämpfung gegnerischer Stäbe einzusetzen, allen weiteren Planungen auf diesem Gebiet eine buchstäblich neue Dimension verlieh[132].

Obwohl Bader sich in dem fraglichen Lagebericht auf die Organisationsstäbe der DM-Organisation auf altserbischem Gebiet bezogen hatte, war es natürlich nur eine Frage der Zeit, bevor im Zusammenhang mit der Möglichkeit einer Luftlandung das einzige Ziel genannt wurde, das in einem angemessenen Verhältnis zu einer so aufwendigen Operation stand: der Oberste Stab der Volksbefreiungsarmee mitsamt den angeschlossenen ausländischen Militärmissionen. So erhielt der Oberbefehlshaber Südost am 15. Oktober 1943 Weisung vom OKW, möglichst bald Vorschläge für Unternehmen *»gegen die Führerpersönlichkeiten der im Südostraum tätigen Banden, insbesondere gegen Tito«*, zu unterbreiten[133]. Noch am selben Tag beantragte die 2. Panzerarmee beim Oberbefehlshaber Südost zu eben diesem Zweck die Rückführung der Fallschirmjägerkompanie des 4. Regiments der Division »Brandenburg«[134]. Die ungefähr zur selben Zeit erfolgte Verlegung eines weiteren Sonderverbandes von »Brandenburg« (Einheit Kirchner) nach Banja Luka, dürfte ebenfalls in Zusammenhang mit diesen Weisungen zu sehen sein. Im engen Verbund mit den Cetniks der Drenović-Gruppe führte diese Einheit zahlreiche Aufklärungs-

---

130 Sowohl die Divisionsgeschichte als auch die wenigen im Bundesarchiv erhaltenen Fragmente der Kriegstagebücher machen zu diesem Thema so gut wie keine Angaben. Vgl. Helmuth Spaeter, *Die Brandenburger. Eine deutsche Kommandotruppe zbV 800* (München 1978); BA/MA, RH 26-1002/3 bis RH 26-1002/6.

131 BA/MA, RH 19 VII/7 KTB-Eintrag vom 26.4.1943. Löhr sah den vorgeschlagenen Verwendungszweck zwar als wirklichkeitsfremd an, begrüßte die Zuführung von Luftlandetruppen aber mit der Begründung, daß sich in Zukunft genug Situationen ergeben würden, *»in denen schneller Einsatz deutscher Kräfte durch Fallschirmabsprung erwünscht und möglich ist«.* Daß Hitler am folgenden Tag im Gespräch mit Pavelić diese Idee in beinahe identischer Form zur Sprache brachte, legt den Schluß nahe, daß diese Anregung auf ihn persönlich zurückging; vgl. ADAP, Serie E, Bd. V, S. 704–710 Aufzeichnung über die Unterredung zwischen dem Führer und dem Poglavnik in Anwesenheit des RAM, des kroatischen Außenministers Dr. Budak, des Staatsministers Lorković, des Generalfeldmarschalls Keitel, der Generäle Zeitzler und Glaise-Horstenau, des kroatischen Staatssekretärs Begic und des kroatischen Generals Prpic in Schloß Kleßheim am 27. April 1943 (27.4.1943).

132 BA/MA, RW 40/44 Kdr.Gen. u. Bfh. in Serbien, Abt. Ia-Lagebericht für den Zeitraum vom 16.7.–15.8.43 (19.8.1943).

133 BA/MA, RH 19 XI/39 OKW/WfSt an Oberbefehlshaber Südost (15.10.1943).

134 BA/MA, RH 21-2/616 PzAOK 2 an Oberbefehlshaber Südost (15.10.1943).

und Sabotageaufträge im Hinterland des befreiten Gebietes in Westbosnien durch[135]. Anfang Dezember schloß sich dem Verband eine weitere Gruppe »Brandenburger« unter dem landeskundigen Hauptmann Boeckl an, der vorübergehend auch das Kommando übernahm. Im Laufe weiterer Detachierungen sollte diese Einheit bis März 1944 schließlich Bataillonsstärke erreichen[136]. Bezüglich der Pläne für ein handstreichartiges Unternehmen gegen Tito hatte der Kommandeur der Division »Brandenburg«, Generalmajor von Pfuhlstein, bereits am 12. November 1943 eine Denkschrift mit ersten Vorschlägen vorgelegt[137]. Der Gedanke, die Ausschaltung des Obersten Stabes mittels einer Luftlandung zu bewerkstelligen, war in diesem Schriftstück aber wieder in den Hintergrund getreten. So schwebte von Pfuhlstein zwar der Einsatz von zwei Fallschirmjägerbataillonen gegen das Partisanenhauptquartier vor, aber nur unter der Maßgabe, daß der eigentliche Anschlag zur gleichen Zeit durch eine in »Volltarnung« operierende Sondereinheit (als Partisanen uniformierte Brandenburger) durchgeführt werden solle[138]. Eine erste Chance zur Realisierung dieser freilich noch sehr unausgereiften Pläne hätte natürlich die 2. AVNOJ-Sitzung (29. November 1943) geboten, die den doppelten Vorzug bot, daß hier der größte Teil der politischen Führung der KPJ aus einem kaum zu verheimlichenden Anlaß an einem Ort zusammenkommen würde. Aus mehreren Funksprüchen, die Mitte November zu diesem Thema zwischen Oberbefehlshaber Südost und 2. Panzerarmee ausgetauscht wurden, läßt sich zwar entnehmen, daß das vermutete Datum des Treffens (»um den 25.11.«) dem wirklichen bemerkenswert nahekam[139], als Tagungsort jedoch fälschlicherweise erst Otocac und dann Bugojno angenommen wurde. Darüber hinaus sahen die im jugoslawischen Raum bereitstehenden Teile von »Brandenburg« sich zu diesem frühen Zeitpunkt noch außerstande, ein Unternehmen von solcher Komplexität binnen zweier Wochen zu improvisieren[140]; neben der Möglichkeit eines Luftangriffs blieb somit nur noch die eines Sonderunternehmens durch Teile des III. (germ.) SS-Panzerkorps, das jedoch, soweit nachvollziehbar, ebenfalls nicht zur Durchführung kam[141].

Einem gezielten Vorgehen gegen die Führungsspitze der Volksbefreiungsarmee eher hinderlich war schließlich die am 7. Januar erfolgte Eroberung Jajces im Laufe der

---

135 Spaeter, *Die Brandenburger*, S. 433 f.; Karl-Dieter Wolff, Das Unternehmen »Rösselsprung«. Der deutsche Angriff auf Titos Hauptquartier in Drvar im Mai 1944 in: Vierteljahreshefte für Zeitgeschichte 1970, Nr. 4, S. 482 f.
136 Ebd., S. 483.
137 BA/MA, RH 21-2/608 Div. Brandenburg an Panzer-Armeeoberkommando 2 (12.11.1943).
138 Ebd.
139 BA/MA, RH 19 XI/39 Oberbefehlshaber Südost an 2. Panzer-Armee (18.11.1943).
140 BA/MA, RH 19 XI/39 PzAOK 2 an Oberbefehlshaber Südost (13.11.1943).
141 Die Möglichkeit eines Unternehmens des III. (germ.) Pz.AK wird erwähnt in ebd. Die Verbandsgeschichte macht hierzu keinerlei Angaben: Wilhelm Tieke, *Tragödie um die Treue* (Osnabrück 1968), S. 14–18.

Großoperation »Waldrausch«. Tito und sein Stab hatten – wie meistens bei Vor-stößen dieser Art – Zeit genug, um sich abzusetzen und waren durch die Tatsache ihrer Flucht deutschen Aufklärungsmaßnahmen zunächst entzogen. Erst im Laufe des Monats März 1944 scheint es der deutschen Funkaufklärung gelungen zu sein, Titos Standort im westbosnischen Drvar auszumachen[142]. Zu welchem Zeitpunkt dann welche Dienststelle einen größeren Fallschirmjägereinsatz gegen dieses Ziel angeregt hat, kann anhand der vorliegenden Quellen nicht ermittelt werden. Ein möglicher Hinweis auf einen relativ späten Zeitpunkt könnte aber darin gesehen werden, daß Drvar den Großteil des Frühjahrs über Ziel deutscher Luftangriffe blieb. Für den Fall bereits existierender Planungen für einen Überraschungsschlag hätte eine solche Vorgehensweise aber als im hohen Maße kontraproduktiv angesehen werden müssen, wie denn auch Titos durch die Luftbedrohung motivierter Umzug aus Drvar in eine sechs Kilometer außerhalb liegende Gebirgshöhle beweist[143]. Diese Verlegung sollte deutscherseits unbemerkt bleiben und in entscheidender Weise zum Scheitern des Unternehmens »Rösselsprung« beitragen.

Der erste dokumentarische Beleg für deutsche Planungen zur Aushebung von Titos Hauptquartier in Drvar findet sich in der entsprechenden Weisung des Oberbefehls-habers Südost an die 2. Panzerarmee vom 6. Mai 1944[144]. Sechs Tage später kamen im Hauptquartier des Pz. AOK 2 Vertreter der Armeeoberkommandos sowie der Generalkommandos (XV. Geb. AK, V. SS Geb. AK, Fliegerführer Kroatien), denen die eigentliche Durchführung obliegen würde, zu einer ausführlichen Besprechung zusammen[145]; am 21. Mai erging dann der endgültige Korpsbefehl zum Einsatz gegen Drvar[146]. Hierbei fiel vor allem die Schwäche der an »Rösselsprung« beteilig-ten Verbände auf[147]. Neben einem verstärkten Regiment der »Prinz Eugen« (Geb.Jg.Rgt. 13) waren noch beteiligt das Gren. Rgt. (mot.) 92 mit einem kroati-schen Regiment, das 1. Rgt. der Division »Brandenburg« sowie eine Kampfgruppe (ebenfalls in Regimentsstärke) der 373. (kroat.) ID. Das 500. SS-Fallschirmjäger-bataillon, das den eigentlichen Schlag gegen Drvar zu führen hatte, setzte sich ledig-lich aus 654 Offizieren und Mannschaften zusammen[148], die nach ihrer Landung auf baldige Entsetzung durch die erdgebundenen Einheiten angewiesen sein würden.

---

142 Wolff, Rösselsprung, S. 483.
143 Ebd., S. 493.
144 KTB OKW, Bd. IV, S. 661 f.
145 Nach Erkenntnissen der britischen Funkaufklärung; vgl. hierzu Ralph Bennet, Knight's move on Drvar: Ultra and the attempt on Titos life, 25 May 1944; in: Journal of Contemporary History, Vol. 22 (1987), S. 206.
146 Abgedruckt in Kumm, *Prinz Eugen*, S. 178–180.
147 Nach KTB OKW, Bd. IV, S. 662 war selbst dieser bescheidene Kräfteaufwand nur *»unter vorü-bergehender rücksichtsloser Entblößung anderer Gebiete«* zu realisieren gewesen.
148 Wolff, Rösselsprung, S. 487.

Ein nennenswerter Beitrag der Luftwaffe war schließlich nur durch vorübergehende Verlegungen von anderen Fronten (II./JG 51, I./StG 2) möglich[149].

Freilich gab es auch Faktoren, die für den Erfolg von »Rösselsprung« sprachen: Neben der Tatsache, daß Tito am 25. Mai vor Ort nur von äußerst schwachen Kräften geschützt war[150], wäre in diesem Zusammenhang vor allem ein vollständig bewahrtes Überraschungsmoment[151] zu nennen. Obwohl den Aufklärungsorganen der Volksbefreiungsarmee am Vorabend der Luftlandung zwar verschiedene Indizien vorlagen, die auf eine Gefährdung Drvars hinwiesen, waren die Sicherheitsmaßnahmen, die ergriffen wurden, vor allem auf den Schutz vor einer erneuten Serie von Bombenangriffen ausgerichtet. Lediglich die alliierte Militärmission sah sich unmittelbar vor dem Angriff durch die Zunahme deutscher Aufklärungsflüge zu einem kurzfristigen Standortwechsel veranlaßt[152]. Neben dem Erfolg der scharfen Geheimhaltungsvorkehrungen dürfte diese Arglosigkeit des Gegners nicht zuletzt darauf zurückzuführen gewesen sein, daß deutsche Fallschirmjäger weder bei der Invasion des Landes im April 1941 noch – entgegen entsprechender Planungen – bei der späteren Aufstandsbekämpfung jemals zum Einsatz gekommen waren[153]. Schließlich und endlich hatten die Angreifer auch die Möglichkeit einer rechtzeitigen Absetzbewegung Titos und des Obersten Stabes vorausgesehen. Um eine solche zu unterbinden, war vorgesehen, vom ersten Tag an in »Volltarnung« operierende Jagdkommandos von »Brandenburg« und »Prinz Eugen« entlang der möglichen Fluchtwege patrouillieren zu lassen[154].

Die Entscheidung über den Erfolg oder Mißerfolg von »Rösselsprung« fiel binnen weniger Stunden am Vormittag des 25. Mai. Titos eigentlicher Standort außerhalb Drvars wurde nur mit Verspätung und dann nur von einem Teil der Luftlandetruppen angegriffen[155]; bis der Schwerpunkt der Kämpfe sich in diese Richtung verlagert

---

149 Bennet, Knight's move, S. 201–203.
150 Da eine zum Schutz des Hauptquartiers abkommandierte Brigade am 15. Mai abgezogen wurde, standen 10 Tage später lediglich ein Begleitbataillon von 350 Mann sowie – etwas außerhalb von Drvar – 137 Offiziersschüler zur Verfügung; vgl. Wolff, *Rösselsprung*, S. 501.
151 In der Nachkriegszeit geäußerte Vermutungen, die Partisanen hätten rechtzeitig genug Kenntnis von den Vorbereitungen zu »Rösselsprung« erhalten, um Gegenmaßnahmen zu treffen, lassen sich durch die Anwesenheit Titos beim Angriff mit Leichtigkeit widerlegen; vgl. Kumm, *Vorwärts Prinz Eugen*, S. 224.
152 Wolff, Rösselsprung, S. 493–502.
153 Unabhängig von den bereits seit April 1943 erörterten Plänen, war der Einsatz von Luftlandetruppen in Jugoslawien nur ein einziges Mal (beim Unternehmen »Maibaum«) fest vorgesehen gewesen; damals hatte eine schlechte Wetterprognose zur Absage des Unternehmens geführt. Vgl. KTB OKW, Bd. IV, S. 651 f.
154 Ein Vorhaben, das im Falle des 1. Rgts. »Brandenburg« allerdings mit der Begründung, daß zu wenig Kampfdolmetscher zur Verfügung stünden, vom Kommandeur abgelehnt wurde; vgl. BA/MA, RH 24-15/59 Erfahrungsbericht »Rösselsprung« (6.6.1944).
155 Wolff, Rösselsprung, S. 504; siehe auch die Schilderung der Ereignisse, die Tito selbst anläßlich des 30. Jahrestags der Ereignisse gab, abgedruckt in: Kumm, *Vorwärts Prinz Eugen*, S. 219–223.

hatte, waren jedoch die ersten Verstärkungen von außerhalb eingetroffen, denen es in harten Kämpfen gelang, die Deutschen auf einen nahe gelegenen Friedhof abzudrängen und ihnen bis zum Eintreffen des Entsatzes am nächsten Tag schwere Verluste beizubringen[156]. Tito selbst gelang die Flucht nach Kupresko Polje, von wo aus er sich am 4. Juni von einer sowjetischen Transportmaschine nach Italien ausfliegen ließ; zwei Tage später verlegte er sein Hauptquartier auf die dalmatinische Insel Vis. Obwohl die deutschen Verfolger am 1. Juni bei einer kurzen Gefechtsberührung mit der Gruppe des Obersten Stabes theoretisch gesehen erneut eine Möglichkeit zum Zugriff bekamen[157], entwickelte »Rösselsprung« sich nach dem Fehlschlag bei Drvar zu einer gewöhnlichen Großoperation, die sich von anderen Unternehmen dieser Art nur insofern unterschied, als der Vernichtung der im Raum um Drvar befindlichen Versorgungs- und Kommunikationseinrichtungen der Volksbefreiungsarmee eine besondere Bedeutung beigemessen wurde. Bei den Kämpfen mit den zwischen Sanski Most und Glamoč dislozierten Divisionen der Volksbefreiungsarmee (1. Proletarische, 4. Kraijna, 6. Lika, 9. Dalmatinische, 39. »Banja Luka«) ergab sich im wesentlichen das Bild vergangener Jahre: Einerseits verliefen Gefechtsberührungen, die sich nicht auf einen einzigen Feuerschlag beschränkten, in der Regel erfolgreich für die deutsche Seite, andererseits verhinderten zu ehrgeizig gesteckte Ziele und die Schwierigkeiten des Geländes mal wieder eine lückenlose Kesselbildung.

Es war daher auch zu erwarten, daß sich die eigenen Erfolge innerhalb eines für eine solche Operation gewohnten Rahmens (1.916 »gezählte« Tote, 419 erbeutete Gewehre) bewegten[158]. Daß die Verluste mit 213 Gefallenen und 881 Verwundeten hingegen relativ hoch ausfielen, war primär auf die hohen Ausfälle der SS-Fallschirmjäger in Drvar zurückzuführen, die erst am Mittag des 26. Mai durch die Spitzen der 373. (kroat.) ID entsetzt wurden[159]. In auffälligem Gegensatz zur Bilanz der Kämpfe am Boden stand jedoch die Entwicklung der Luftlage. Obwohl in Italien stationierte alliierte Jagdbomber auch schon bei früheren Gelegenheiten über dem jugoslawischen Kriegsschauplatz in Erscheinung getreten waren, hatte dies bis dahin zwar störende, kaum aber wirklich einschränkende Folgen gehabt. In Anbetracht der kritischen Lage, die bei »Rösselsprung« für die Partisanenführung entstand, erkämpften und behaupteten Briten und Amerikaner ab dem zweiten Tag die uneingeschränkte Luftherrschaft über dem Einsatzgebiet und fügten insbesondere den

---

156 Aus den Darstellungen beider Seiten geht hervor, daß die Kämpfe mit außergewöhnlicher Härte geführt wurden. Vgl. Fitzroy MacLean, *Eastern Approaches* (London 1991, pb), S. 452; Schraml, *Kriegsschauplatz Kroatien*, S. 192 f.
157 Strugar, *Volksbefreiungskrieg*, S. 213. Soweit aus deutschen Quellen nachvollziehbar, scheint sich die deutsche Seite dieser »zweiten Chance« allerdings nicht bewußt gewesen zu sein.
158 BA/MA, RH 24-15/59 XV. Geb. AK an Pz.AOK 2 (7.6.1944).
159 Ebd.; Schraml, *Kriegsschauplatz Kroatien*, S. 191–193.

weitgehend ungeschützten deutschen LKW-Kolonnen schwere Verluste (144 zerstörte, 73 beschädigte Kfz) zu[160]. Auf der Gegenseite hatte die deutsche Luftwaffe es am ersten Tag zwar auf die Rekordhöhe von 440 Einsätzen gebracht, war ab dem zweiten Tag aber praktisch nicht mehr in Erscheinung getreten. Obwohl dies sicherlich als Folge der umgehend eingeleiteten Rückverlegung der von anderen Fronten ausgeliehenen Verbände zu sehen war, weisen einige Quellen darauf hin, daß der Fliegerführer Kroatien in Anbetracht der gegnerischen Luftüberlegenheit noch vor Abschluß von »Rösselsprung« die ihm noch verbliebenen Verbände mit einem Startverbot belegt hatte[161]. Dem XV. Geb. AK blieb in dieser Lage nicht viel mehr übrig, als Befehle auszugeben, durch die einerseits Binsenweisheiten wiederholt, andererseits vor allem die eigene Ohnmacht betont wurde. So verfügte ein Korpsbefehl vom 10. Juni, daß *»zwecks Tieffliegerabwehr fortan jedermann an jedem Ort das Gewehr mitzuführen habe«*[162]; wenn man bedenkt, daß eine solche Bewaffnung des einzelnen Soldaten in einem von Aufständischen nur so wimmelnden Land eigentlich eine Selbstverständlichkeit darstellte, drängt sich der Eindruck auf, daß die alliierten Luftangriffe der letzten beiden Wochen in dieser Hinsicht einen nachhaltigeren Eindruck hinterlassen hatten als die Erfahrungen von beinahe drei Jahren Guerrillakrieg.

Ungefähr zeitgleich mit diesem Befehl wurde die 2. Panzerarmee auch noch des letzten Refugiums beraubt, das ihr bis dahin noch ein gewisses Maß an Schutz vor den Nachstellungen der britischen und amerikanischen Luftwaffe gewährt hatte: Der seit einigen Monaten immer öfter bei Dunkelheit erfolgende Nachschubverkehr der Armee sah sich im zunehmenden Maße Angriffen durch Nachtjäger ausgesetzt. Hatte es schon eine Verzweiflungstat dargestellt, in einem von einer Untergrundarmee beherrschten Gebiet LKW-Verkehr in die Nachtstunden zu verlegen[163], so erfuhr dieses Hasardspiel durch die Weisung vom 12. Juni, bei Nacht fortan nur noch mit Standlicht zu fahren, noch eine weitere Steigerung[164].

Obwohl das präzedenzlose Ausmaß alliierter Luftangriffe der deutschen Führung im Grunde genommen die Möglichkeit bot, das Scheitern von »Rösselsprung« auf das überraschende Auftreten einer neuen Variable zu schieben, nahm man beim XV. Geb.AK den *»beinahe geglückten Tito-Fang«*[165] zum Anlaß einer unnachsichtigen

---

160 BA/MA, RH 24-15/59 XV. Geb. AK an PzAOK 2 (7.6.1944).
161 Siehe hierzu den bei Kumm, *Prinz Eugen*, S. 195–209 abgedruckten Erfahrungsbericht der SS-Division »Prinz Eugen« (3.7.1944). Unter Ziffer 7 heißt es u.a.: *»Vom 2. Tage des Unternehmens an ist ein Luftwaffeneinsatz weder mit Kampf- noch mit Aufklärungseinsätzen erfolgt. (...) Aufs äußerste befremdend wirkte der Umstand, daß die kroat. Luftwaffe jederzeit auf Anforderung der Div. startete, während die eigene Luftwaffe stets Startverbot hatte und nicht fliegen konnte.«*
162 BA/MA, RH 24-15/52 Korpsbefehl vom 10.6.1944.
163 BA/MA, RH 21-2/602 PzAOK 2 an unterstellte Generalkommandos (11.11.1943).
164 BA/MA, RH 24-15/44 XV. Geb. AK, KTB-Eintrag vom 12.6.1944.
165 So die von Franz Schraml gebrauchte Bezeichnung: Schraml, *Kriegsschauplatz Kroatien*, S. 189.

Selbstkritik. In einem Erfahrungsbericht vom 6. Juni wurden das mangelhafte Nachrichtenwesen, die kurzfristige Verlegung des Korpsgefechtsstandes sowie verschwommene Zuständigkeitsgrenzen zwischen Korps und Armee für eine reaktionsschwache Führung verantwortlich gemacht[166] Darüber hinaus wurden auch die Mängel der beteiligten Einheiten einer kritischen Betrachtung unterzogen[167]. Bei den kroatischen Verbänden fällt die klare Präferenz für das Modell der Legionsdivision auf. Während die 2. kroatische Jägerbrigade wieder einmal einen klaren Beleg für das Scheitern des Glaisschen Konzepts zur Festigung der kroatischen Domobranenstreitmacht geliefert hatte, habe, so der Erfahrungsbericht etwas zweideutig, die 373. (kroat.) ID bei allen bekannten Schwächen immerhin *»die in sie gesetzten Erwartungen erfüllt«*[168]. Nicht weniger unnachsichtig wurde mit den beteiligten deutschen Verbänden ins Gericht gegangen. Zwar bekam die »Prinz Eugen« *»Einsatzbereitschaft, Draufgängertum«* sowie *»gute, klare Führung«* bescheinigt, aber dafür wurden die anderen Einheiten um so stärker kritisiert. Die Ausführlichkeit der Analyse rechtfertigt an dieser Stelle die Wiedergabe etwas längerer Auszüge. So hieß es zum Beispiel über das Gren. Rgt. (mot.) 92: *»Die früheren Erfahrungen scheinen sich zu bestätigen, wonach das Rgt. ungern von der Straße ins Gelände geht, dadurch den Feind nie wirklich packt. Zweifellos ist das Rgt. durch seine fast pausenlosen Einsätze abgestumpft, setzt sich nicht voll ein, tritt aber der Bevölkerung gegenüber schroff auf. Fälle von unnötiger Brandstiftung, Fehlen jeglicher Beute und Beutepapiere sind die bei jedem Einsatz des Rgts. gemachten Feststellungen; die Angelegenheit wird von hier weiter verfolgt.«*[169]

Die Kritik am 1. Regiment »Brandenburg« sowie die darauf folgende Replik sind insofern von besonderem Interesse, als sie ein weiteres Schlaglicht auf die nun schon seit Monaten währende Suche dieser Sondereinheit nach einem ihren ursprünglichen Verwendungszweck angemessenen Aufgabenfeld werfen. Im vorliegenden Fall bemängelte das XV. Geb. AK., daß einerseits der vorgesehene Z.b.V.- Einsatz vom Kommandeur abgelehnt worden war[170], andererseits sich das Regiment im gewöhnlichen infanteristischen Einsatz *»an keiner Stelle dem Feind gegenüber durchgesetzt habe«.* *»Für den Fall einer Landung«*, so hieß es weiter, *»darf vom Kampfwert und dem geplanten Gegenangriff des Rgts. nicht zuviel erwartet werden.«* Obwohl dieser unbefriedigende Zustand zu einem erheblichen Teil auf die ungenügende Ist-Stärke

---

166 Ernsthafte Koordinierungsschwierigkeiten auf Korpsebene hatten sich beispielsweise bei der kurzfristigen Verlegung des Geb. Jg. Rgt. 13 aus dem Zuständigkeitsbereich des V. SS Geb. AK in den des XV. Geb.AK gezeigt, vgl. 7. SS-Freiw. Geb.-Div., Ia-Erfahrungsbericht Unternehmen »Rösselsprung« (3.7.1944), abgedruckt in: Kumm, *Prinz Eugen*, S. 195–209.
167 BA/MA, RH 24-15/59 Erfahrungsbericht »Rösselsprung« (6.6.1944).
168 Ebd.
169 Ebd.
170 Ebd.

des Regiments zurückzuführen sei, sah der Verfasser des Erfahrungsberichtes das Hauptproblem vor allem darin, daß die Gliederung des bewußten Verbandes das Ergebnis eines unklaren Gefechtsauftrags war, der gleichermaßen gewöhnliche Infanterie- wie Sondereinsätze vorsah[171]; eine diesbezügliche Klarstellung schien dringend erwünscht.

Mit »Rösselsprung« hatte die deutsche Führung die letzte Chance zu einem entscheidenden Schlag gegen die Tito-Bewegung als Ganzes vertan. Obwohl der vorübergehende Ausfall des Obersten Stabes eine kurzzeitige Lähmung des Führungsapparates der Volksbefreiungsarmee zur Folge hatte, kam dies nur einer kurzen Gefechtspause für die 2. Panzerarmee gleich; in absehbarer Zeit mußte daher mit einem erneuten Vorstoß auf Serbien gerechnet werden.

Wenn dem Verlauf sowie dem bescheidenen Ergebnis von »Rösselsprung« durchaus etwas Vertrautes anhaftete, hätte eine umfassende Bilanz über die Ereignisse des Frühjahrs aber auch unübersehbare Belege für die im hohen Maße dynamischen Veränderungsprozesse erbracht, die dem jugoslawischen Konflikt in militärischer und politischer Hinsicht zugrunde lagen.

Daß diese Kräfte sich selbst zu Beginn des letzten Kriegsjahres nicht zwangsläufig nur zugunsten der Volksbefreiungsarmee auswirken mußten, trat nirgendwo deutlicher zutage als in den nordwestkroatischen Regionen des Kordun und der Lika. So hatte bereits im März der Gesandte Kasche Hitler gegenüber das Anwachsen der Überläuferbewegung von den Partisanen namentlich in Dalmatien und »Nordkroatien« hervorgehoben[172]; eine Behauptung, die in deutschen Lageberichten dieser Tage eine zumindest teilweise Bestätigung findet. Im Mai erwähnt eine Weisung an die 373. (kroat.) ID gar eine regelrechte »antikommunistische Bewegung«, die im Kordun im Entstehen begriffen sei[173], und eine Lagebeurteilung des XV. Geb. AK vom 19. Juni spricht gar von den »Zersetzungserscheinungen«, denen sich die Partisanenbewegung in dieser Region ausgesetzt sähe[174]. Soweit nachvollziehbar, war diese überraschende Entwicklung in den beiden Regionen auf unterschiedliche Gründe zurückzuführen. An erster Stelle stand zweifelsohne die ethnische Komponente des jugoslawischen Bürgerkriegs, von der auch die in dieser Frage vorgeblich vorurteilsfreie Partisanenbewegung nicht verschont blieb. Obwohl es sich bei vielen

---

171 Auffällig ist, daß sich ausgerechnet im Erfahrungsbericht des Regiments einer der seltenen Fälle dieser Zeit von prinzipieller Kritik an kollaborierenden Cetniks findet; in Anbetracht des Aufgabenbereichs der Einheit wäre eigentlich eine reibungslose Zusammenarbeit mit den serbischen Antikommunisten zu erwarten gewesen. Vgl. BA/MA, RH 24-15/60 1. Regiment Brandenburg an Generalkommando XV. (Geb.) A.K. (19.6.1944).
172 ADAP, Serie E, Bd. VII, S. 588–591 Vermerk über Vortrag beim Führer am 8. März 1944 um 14 Uhr auf dem Berghof (30.3.1944).
173 BA/MA, RH 24-15/44 XV. Geb.AK, KTB-Eintrag vom 20.5.1944.
174 BA/MA, RH 24-15/52 XV. Geb. AK Abt. Ic, Lagebeurteilung. Stand vom 10.6.44 (19.6.1944).

der auf diese Weise angelockten Deserteure zweifellos um Personen gehandelt haben dürfte, die sich der Volksbefreiungsarmee in Erwartung eines baldigen Kriegsendes nach dem 8. September 1943 angeschlossen hatten, ist auch zu berücksichtigen, daß für die aus den erwähnten Regionen stammenden Kroaten mit dem Ende der italienischen Herrschaft eines ihrer Motive zur Aufnahme des bewaffneten Kampfes buchstäblich über Nacht weggefallen war. Zugleich schien die seit 1941 erstmalig wieder auftretende Ustaschamiliz die Möglichkeit zu bieten, sich für durch die Italiener gedeckte serbische Übergriffe zu rächen[175]. In der Lika war zudem dem Kommandeur der 392. (kroat.) ID die Durchsetzung eines vorübergehenden Burgfriedens zwischen Kroaten und örtlichen Cetnikverbänden gelungen, ohne daß dadurch aber die Kooperationsbereitschaft der örtlichen Ustaschaeinheiten beeinträchtigt worden wäre[176].

Spezifisch für das Kordun war schließlich ein Konflikt innerhalb der örtlichen kroatischen KP, in dem es um die empfundene Bevormundung kroatischer Serben durch die kroatische Parteiführung ging; ihren deutlichsten Ausdruck fand diese Krise in zwei von höheren Offizieren angeführten Massendesertionen serbischer Partisanen im April bzw. Mai[177]. Dem Entstehen einer Überläuferbewegung im großen Stil sollte die kommunistische Führung durch rechtzeitige politische Maßnahmen jedoch einen Riegel vorschieben[178].

Kaum zu quantifizieren sind in diesem Zusammenhang schließlich noch die Auswirkungen der gegen Ende 1943 einsetzenden systematischen Bemühungen von deutscher Seite zur Ermutigung von Überläufern sowie der Folgen der Dislozierung der Einheiten der 2. Panzerarmee in diesem Raum. So war die durch den Kampfauftrag des Küstenschutzes bestimmte Aufstellung der 392. (kroat.) ID (Lika), 264. ID (Nord- und Zentraldalmatien) sowie der 118. Jägerdivision (Süddalmatien samt Inselvorfeld) eine weitgehend statische. Die Ortsgebundenheit, die sich hierdurch ergab, mußte, theoretisch gesehen, eine Chance zur Umsetzung des vom Kommandierenden General des XV. Geb. AK Ende 1943 postulierten Programms der schrittweisen und dauerhaften Rückgewinnung »bandenverseuchter« Gebiete bieten. Dafür, daß dies zumindest in Ansätzen allerdings nur im Gebiet der Lika gelang,

---

175 Ein überraschend hoher Zulauf zur Ustascha ist unter anderem in BA/MA, RH 24-15/12 264. ID an Generalkommando XV. (Geb.) AK (7.12.1943) sowie RH 24-15/73 Gen.Kdo. XV. Geb. AK Ic-Lagebericht, 11.I.–12.II.1944 (12.2.1944) festgehalten.

176 Heinz Richter u. Gerd Kobe, *Bei den Gewehren. General Johann Mickl. Ein Soldatenschicksal* (Graz 1983), S. 130–135; *Schraml, Kriegsschauplatz Kroatien*, S. 254–257.

177 Jill A. Irvine, *The Croat Question. Partisan politics in the formation of the Yugoslav Socialist state* (Boulder u.a. 1993), S. 172 f. Am 26. April desertierten »mehrere hundert«, am 15. Mai ca. neunzig Partisanen zu den Deutschen.

178 Anstatt zu rein repressiven Maßnahmen zu greifen, stellte die kroatische KPJ den meisten Deserteuren bei Wiederkehr eine Amnestie in Aussicht; ein großer Teil scheint von diesem Angebot Gebrauch gemacht zu haben; vgl. ebd.

sind vor allem zwei Gründe erkennbar. Neben der relativen Abgeschiedenheit dieser Region (in Dalmatien mußte sich in jedem Fall die Nähe zum zentral- und ostbosnischen Hauptkriegsschauplatz störend auswirken) wäre vor allem – wie bereits erwähnt – die Präsenz einer sich mit ungewöhnlicher Zuverlässigkeit und Kampfbereitschaft einsetzenden Ustaschamiliz zu nennen, deren Verwendung sich bis zu einem gewissen Punkt sogar mit der gleichzeitigen Mobilisierung des antikommunistischen Serbentums vereinbaren ließ[179].

Es ist kaum anzunehmen, daß vereinzelte Lichtblicke dieser Art in Lothar Rendulic die Hoffnung auf eine grundlegende Wende des Krieges gegen Staat und Armee des Josip Broz Tito geweckt haben könnten. Dagegen stand nicht nur das sich stetig verschlechternde deutsch-kroatische Verhältnis, sondern ganz besonders die bald hydraähnliche Ausmaße annehmenden Erneuerungskräfte der Volksbefreiungsarmee. Erfolge auf dem Schlachtfeld, die ein Jahr zuvor noch berechtigten Anlaß zur Hoffnung auf den baldigen Zusammenbruch der Partisanenbewegung gegeben hätten, waren im April oder Mai 1944 nur noch als Indizien für den exponentialen Wachstumsprozeß der Volksbefreiungsarmee zu werten. Am deutlichsten zeigte sich dies anhand der Zahl der erbeuteten Waffen: Die im Bereich der Lika durchgeführten Großoperationen »Keulenschlag« (17. bis 24. April) und »Morgenstern« (7. bis 16. Mai) erbrachten eine Beute, die nur noch in metrischen Tonnen bemessen werden konnte[180], ohne daß dies aber zu einer entscheidenden Lähmung der örtlichen Partisanenverbände geführt hätte. Ähnliche Erfahrungen sind auch aus anderen Regionen des NDH-Staates belegt[181]. Diese Entwicklung war natürlich auch insofern von Bedeutung, weil sie mit einem steigenden Gefechtswert der Verbände der Volksbefreiungsarmee einherging. Obwohl diese die Überlegenheit deutscher bzw. deutsch geführter (Legionsdivisionen, »Handschar«) Verbände in den Bereichen Führung und Bewaffnung nie ganz kompensieren sollte, konnten die Partisanen sich doch gewisse Chancen ausrechnen, ihrem vormaligen Angstgegner jetzt zumindest auf Bataillons- oder Regimentsebene spürbare Schläge zu versetzen. Ein solcher Fall ereignete sich beispielsweise in den frühen Abendstunden des 8. Juni 1944 im nordostbosnischen Lopare. Bei einem Versuch der Volksbefreiungsarmee, in der

---

179 BA/MA, RH 24-15/48 392. (kroat.) ID Abt. Ia, Lagebeurteilung (6.2.1944). Ausführlicher zum Einsatz der IV. Ustascha-Brigade die Erinnerungen eines Artillerieoffiziers der 392. (kroat.) ID: Adolf von Ernsthausen, *Die Wölfe der Lika. Mit Legionären, Ustaschi, Domobranen und Tschetniks gegen Titos Partisanen* (Neckargemünd 1959), S. 80–131.

180 So wurden allein bei ersterem Unternehmen 30 Tonnen Infanterie- und 15 Tonnen Geschützmunition sichergestellt: Schraml, *Kriegsschauplatz Kroatien*, S. 186 u. 248–252. Vgl. auch die Angaben in BA/MA, RH 24-15/51 XV. Geb. AK, Ic Anlage zu Ia 753/44 gKdos (11.5.1944).

181 So beim Unternehmen »Heiderose«, das die 13. SS-Division vom 17. bis 25.7.1944 in ihrem Sicherungsbereich durchführte; vgl. Lepre, *Bosnian division*, S. 235–240.

Sicherheitszone der SS-Division »Handschar« wieder Fuß zu fassen, wurde ein Bataillon dieses Großverbandes von der 16. Vojvodina-Division überwältigt und unter hohen Verlusten zersprengt. Obwohl die anschließende Abwehrschlacht (Unternehmen »Vollmond«, 8. bis 12. Juni 1944) letztendlich doch mit einem deutschen Erfolg endete, übertraf der hierfür entrichtete Blutzoll (205 Gefallene, 528 Verletzte), proportional gesehen, die bei früheren Großoperationen wie »Schwarz« oder »Kugelblitz« erlittenen Verluste um ein Vielfaches[182].

Noch weitaus deutlicher manifestierte sich die feindliche Übermacht im dalmatinischen Inselvorfeld, wo die angloamerikanische See- und Luftherrschaft sowie die von der seit dem 8.9.1943 in Partisanenhand befindlichen Insel Vis (Lissa) ausgehende Bedrohung die längere Behauptung der zur Jahreswende eroberten Inseln in Frage stellte. Die an sich naheliegende Eroberung des Eilands stellte aber aus mehreren Gründen eine deutlich riskantere Operation dar als der Feldzug zur Einnahme der küstennahen Inseln im Dezember 1943/Januar 1944. Zunächst einmal war damit zu rechnen, daß die relativ große Entfernung zum Festland (Split–Vis: ca. 30 km) die Invasionsflotte mit sehr hoher Wahrscheinlichkeit der Gefahr einer Begegnung mit überlegenen alliierten Seestreitkräften aussetzen würde. Nicht weniger schwer wog, daß sich das britische Oberkommando auf Anregung des Verbindungsoffiziers MacLean zu Beginn des Jahres dazu entschlossen hatte, das bis dahin unverteidigte Vis zu einer Ausgangsbasis für die weitere Versorgung der Volksbefreiungsarmee sowie späterer Angriffe auf die deutsch besetzten Inseln im Norden zu machen[183]. Mehr noch als die daraufhin zum Schutz dieses neuen Stützpunktes abkommandierten Kräfte[184] hätte aber die Präsenz starker angloamerikanischer Luftstreitkräfte im weniger als 30 Flugminuten entfernten Raum um Foggia den Versuch einer Invasion zu einem ausgesprochen riskanten Unterfangen gemacht.

All diese Faktoren machten die geplante Eroberung der Insel (Unternehmen »Freischütz«) in deutschen Führungskreisen zu einer höchst umstrittenen Frage. Während die Kriegsmarine in Gestalt der Seekriegsleitung und des Marinegruppenkommandos Süd für ein baldiges Vorgehen eintrat, überwog auf seiten des OKW und des Oberbefehlshabers Südost eine eher skeptische Haltung. Aufgrund anderweitiger Prioritäten (u.a. die Besetzung Ungarns), die eine mehrmalige Verschiebung der Operation erzwangen, wurde erst im Laufe des April in endgültiger Form über »Freischütz« befunden. Bei verschiedenen Vorträgen im Führerhauptquartier zeigte sich dann, daß die Kriegsmarine nach wie vor die Mindermeinung vertrat.

---

182 Ausführlicher hierzu ebd. S. 213–223.
183 MacLean, *Eastern approaches*, S. 409–412.
184 Die Stärke der britischen Garnison auf Vis schwankte im Frühjahr 1944 zwischen 2.000 und 3.000 Mann; die Volksbefreiungsarmee beteiligte sich mit drei Brigaden (ca. 3.000 Mann) am Schutz der Insel; vgl. hierzu C.J.C. Molony u.a., *Victory in the Mediterranean, Part I. 1st April to 4th June 1944* [= The Mediterranean and Middle East, Vol. VI] (London 1984), S. 391 f.

Sowohl der Kommandierende General des V. SS Geb. AK[185] als auch der Chef des Wehrmachtführungsstabes[186] sowie ein Abgesandter des OKW, der die Operationsbedingungen vor Ort erkundet hatte[187], sprachen sich unmißverständlich gegen die Operation aus. Die von ihnen vorgebrachten Bedenken – insbesondere bzgl. der zu erwartenden Luftüberlegenheit des Gegners – erwiesen sich schon deshalb stärker als die Argumente der Kriegsmarine, weil die von dieser ausgesprochene Befürchtung bzgl. einer schrittweisen Vernichtung des verbliebenen deutschen Schiffraums in der Adria im Falle eines Fehlschlags von »Freischütz« in einer einzigen Nacht eintreten würde. Am 23. April verfügte Hitler, daß die Landung auf unbestimmte Zeit »zurückgestellt« werden müsse[188].

Unterdessen hatten Briten und Partisanen Vis als Ausgangsbasis für eine ganze Reihe von amphibischen Vorstößen auf die zur Jahreswende von der 2. Panzerarmee eroberten Inseln genutzt[189]. Während aus britischer Sicht diese Landungsoperationen vor allem als bewaffnete Aufklärung, die auch der Ablenkung des Gegners diente, verstanden wurden, nutzten die Partisanen diese Vorstöße auf Feindgebiet auch zur Aushebung der waffenfähigen Inselbewohner. Ermöglicht wurde diese Zielsetzung vor allem durch die Zeitspanne von mehreren Tagen, die in aller Regel bis zur Landung einer deutschen Entsetzungstruppe vom Festland oder einer der Nachbarinseln verstrich. Auf deutscher Seite wurde diesem langfristig unhaltbaren Zustand zunächst mit einer schier endlosen Kontroverse zwischen allen betroffenen Wehrmachtsstellen über Sinn und Zweck der dauerhaften Besetzung auch nur der wichtigsten dieser Eilande begegnet[190]. Nach der Absage von »Freischütz« entschloß Rendulic sich dann zu einem Schritt, durch den einerseits die deutsche Ohnmacht in diesem Raum offen dokumentiert, andererseits die Beziehungen zu Agram einer erneuten Belastung ausgesetzt wurden: Nachdem in den vergangenen Monaten bereits verschiedene Vorstöße der Armee und des V. SS Geb.AK zur weiträumigen

---

185 BA/MA, RW 4/670 Vermerk über den Vortrag des Kommandierenden Generals des V. SS Geb. AK (3.4.1944).
186 KTB OKW, Bd. IV, S. 658.
187 Ebd.
188 Ebd.
189 Mit Beginn der letzten Märzdekade wurden Solta (21.3.–29.3., 10.–11.5) und Miljet (16.4.–22.4., 22.5.–24.5.) zweimal, Hvar (22.3.–29.3.) und Korčula (22.4.–26.4.) je einmal angegriffen. Vgl. hierzu aus britischer Sicht Michael McConville, *A small war in the Balkans: British military involvement in wartime Yugoslavia 1941–1945* (London 1986).
190 KTB OKW, Bd. IV, S. 660 f. Bei dieser Auseinandersetzung trat die um die Abschirmung des schwach gesicherten Küstenverkehrs besorgte Kriegsmarine für die Behauptung, 2. Panzerarmee und Oberbefehlshaber Südost für die teilweise Aufgabe der Inselkette ein. Die unmittelbar betroffene 118. Jägerdivision plädierte dagegen für eine völlige Räumung, eine Ansicht, der auch der Kommandierende General des V. SS Geb. AK zuzuneigen schien. Vgl. hierzu TB Phleps, Eintrag vom 24.4.1944: *»Inseln fressen das Festland – das ist keine Taktik!«*

Evakuierung des dalmatinischen Küstenstreifens entweder an politischen[191] oder praktischen[192] Einwänden gescheitert waren, gelang es ihm, zumindest die Zwangsevakuierung der meisten männlichen Inselbewohner durchzusetzen[193]. Unabhängig davon waren es aber zwei unerwartete deutsche Abwehrerfolge, die dazu beitrugen, den Feinddruck auf das Inselvorfeld während der Sommermonate in einem erträglichen Maß zu halten. Während die Abwehr einer Landung auf Šolta am Abend des 10. Mai noch unter erheblichen Verlusten erfolgte[194] und somit kaum als unzweideutiger Beweis für die Richtigkeit einer starken Truppenbelegung dieses exponierten Raums gelten konnte, ließen Verlauf und Ergebnis der Kämpfe auf Brač drei Wochen später eine solche Interpretation schon eher zu. Dort waren in den frühen Morgenstunden des 2. Juni britisch-jugoslawische Kräfte mit dem Kampfauftrag gelandet, durch Aushebung der drei deutschen Stützpunkte auf der Insel die 2. Panzerarmee an der reibungslosen Durchführung des noch laufenden Unternehmens »Rösselsprung« zu hindern[195]. Trotz der Beteiligung eines ungewöhnlich starken Kontingents regulärer britischer Truppen (über 1.900 Mann)[196] und Unterstützung aus der Luft gelang es den zahlenmäßig unterlegenen deutschen Verteidigern, so gut wie alle bedeutenden Positionen zu behaupten. In der Schlußphase des Kampfes konnten sogar noch mehrere Gefangene gemacht werden, darunter auch der stellvertretende Kommandeur des auf Vis stationierten 2. Commando-Bataillons, Oberstleutnant Jack Churchill (ein Neffe des britischen Premiers)[197].

Da das Scheitern des Invasionsversuchs überdies binnen 48 Stunden feststand, wurde auch das Ziel einer Ablenkung der deutschen Führung nur ansatzweise erreicht; ein Bataillon der »Prinz Eugen«, das zur Entsetzung der Inselbesatzung

---

191 Broucek, *General im Zwielicht*, S. 372 (Eintrag vom Januar 1944); PA/AA, Gesandtschaftsakten Zagreb 14/5 Der deutsche Gesandte an den Deutschen Bevollmächtigten General, Anlage 3 (23.2.1944).

192 Dem »weltanschaulichen Führer« des V. SS Geb. AK, Standartenführer Bayer, scheint sogar allen Ernstes die Deportation der gesamten männlichen Bevölkerung des NDH-Staates zwischen dem zwölften und siebzigsten Lebensjahr vorgeschwebt zu haben. Vgl. hierzu Schreiben des SS-Brigadeführers und Generalmajors der Waffen-SS, Ernst Fick, an den Reichsführer SS, Heinrich Himmler (16.3.1944) in: Hnilicka, *Balkan*, S. 292–294.

193 TB Phleps, Eintrag vom 28.4.1944. Ein erneuter Anlauf der 2. Panzerarmee zu einer Massendeportation – diesmal für die gesamte Adriaküste von Susak bis Dubrovnik (Ragusa) – scheiterte Ende August 1944 am Einspruch des Bevollmächtigten Generals, vgl. Broucek, *General im Zwielicht*, S. 443 f. (Eintrag vom Oktober 1944).

194 Nach BA/MA, RH 24-15/51 Vorläufiger Abschlußbericht Šolta (12.5.1944), fiel über die Hälfte der Inselbesatzung (200 Mann) durch Tod, Verwundung oder Gefangennahme aus.

195 Die beste Schilderung dieses Unternehmens bietet aus britischer Sicht Molony, *Mediterranean*, S. 394–401.

196 Vgl. ebd. Die Volksbefreiungsarmee beteiligte sich mit 2.530 Mann.

197 Nach Angaben von ebd. betrugen die Verluste von Briten und Partisanen ca. 200 Mann an Toten, Verwundeten und Gefangenen. Arthur Phleps berichtet dagegen von 476 gezählten Feindtoten; vgl. TB Phleps, Eintrag vom 15.6.1944.

abkommandiert worden war, konnte auf dem Transport noch umdirigiert und wieder anderen Aufgaben zugeführt werden[198].

Hervorzuheben ist schließlich noch eine politische Folge der Kampfhandlungen auf diesem Nebenkriegsschauplatz: Anders als im Landesinneren, wo der deutsch-kroatische Streit um die Frage der vollziehenden Gewalt in Operationsgebieten seit 1942 einer dauerhaften Lösung harrte, setzte Rendulic am 23. Mai für den Raum der invasionsgefährdeten Küstengebiete die Übertragung dieses Hoheitsrechts auf das XV. Geb. AK sowie das V. SS Geb. AK durch[199]. Interessanterweise haben sich die politischen Folgen dieser Teilentmachtung des NDH-Staates, soweit nachvollziehbar, in recht überschaubaren Grenzen gehalten. Während die gewichtigsten Hypotheken der deutsch-kroatischen Beziehungen – die Waffenbrüderschaft zwischen Deutschen und Cetniks sowie die Herrschaft der »Handschar« über ihre nordostbosnische Sicherheitszone – bis in den Herbst nichts von ihrer Brisanz einbüßen sollten, scheint die Frage der vollziehenden Gewalt im Küstengebiet im krisengeschüttelten Verhältnis beider Verbündeter nur eine nachgeordnete und vorübergehende Rolle gespielt zu haben[200].

Auf dem bosnischen Hauptkriegsschauplatz standen die letzten Frühjahrstage derweil ganz im Zeichen eines verspäteten Versuches, das operative Vorgehen gegen Titos Kernverbände zu flexibilisieren. SS-Obergruppenführer Arthur Phleps hatte im Laufe des letzten Jahres das Konzept, einmal erkannte Großformationen der Volksbefreiungsarmee mit vier bis sechs Divisionen einkesseln und vernichten zu wollen, wiederholt als viel zu aufwendig und schematisch kritisiert. Weniger als den immer wieder vergeblichen Versuch einer lückenlosen Einkesselung empfand Phleps vor allem das starre Festhalten an einem bestimmten Zeitplan, der wiederholt dazu gezwungen hatte, von der vielversprechenden Verfolgung eines angeschlagenen Gegners abzulassen (insbesondere bei »Schwarz« und »Schneesturm«), als wirklichkeitsfremd. Hingegen war es für den Befehlshaber der einzigen durchweg geländegängigen Division nur naheliegend, das Konzept einer verbesserten »freien Jagd«,

---

198 Ebd., Eintrag vom 5.6.1944. Unzutreffend die Schilderung bei Molony, *Mediterranean*, S. 401.
199 TB Phleps, Eintrag vom 23.5.1944. Nach der Darstellung Glaise von Horstenaus ging die Idee für diese Kompetenzübertragung von seiner Dienststelle aus; vgl. hierzu Broucek, *General im Zwielicht*, S. 404 (Eintrag vom Mai 1944). Die Ausübung der vollziehenden Gewalt erfolgte über zwei kroatische Militärverwaltungen, die den jeweiligen Kommandierenden Generälen direkt unterstellt waren. Der Text der Verordnung findet sich bei Karl Hnilicka, *Das Ende auf dem Balkan. Die militärische Räumung Jugoslawiens durch die deutsche Wehrmacht* (Göttingen 1970), S. 303.
200 In einem Gespräch über kroatische Beschwerden, das der kroatische Gesandte am 30. Juni mit Unterstaatssekretär Hencke führte, fand diese Frage überhaupt keine Erwähnung. Vgl. ADAP, Serie E, Bd. VIII, S. 162–165 Aufzeichnung des Unterstaatssekretärs Hencke (4.7.1944). Gleiches gilt für mehrere Unterredungen, die Kasche in den Tagen vor dem 15. Juli mit dem kroatischen Außenminister führte; vgl. ebd., S. 219 f. Kasche an Auswärtiges Amt (15.7.1944).

wie sie schon im September 1943 in Serbien ausprobiert worden war, auf die Divisionsebene zu übertragen: Die Bekämpfung bzw. die Verfolgung einer bestimmten feindlichen Formation wurde nicht an das Erreichen einer bestimmten räumlichen oder zeitlichen Trennlinie gebunden, sondern so lange fortgesetzt, bis eigene Erschöpfung oder die weitgehende Vernichtung des Feindes den Abbruch der Operation zwingend machten[201]. In einem Gefechtsbericht vom 3. Juli beschrieb Phleps diesen Idealfall wie folgt: *»Das Ziel jedes Unternehmens muß die Vernichtung des Feindes sein. Dieses Ziel zu erreichen, ist bei planmäßigem Ansatz der Kräfte, vorausschauender Bereithaltung entsprechender auf KfZ verlasterter Reserven durchaus möglich. (...) Ist ein stärkerer Feindverband in eine bestimmte Richtung abgedrängt, muß zur pausenlosen Verfolgung bis zur Erschöpfung und Vernichtung des Feindes übergegangen werden. Hierzu müssen die taktischen Reserven so herangehalten werden, daß sie auf dem kürzesten Wege aufs Gefechtsfeld geführt, die bisherigen ablösen und die Verfolgung fortsetzen können. Nicht die Stärke der zur Verfolgung angesetzten Truppe ist entscheidend, sondern der unbeirrbare Wille, den Gegner nicht mehr zur Ruhe kommen zu lassen.«*[202] Obwohl höhere Kommandostellen dieser Idee, aus Gründen, die sich quellenmäßig nicht ganz erschließen lassen, scheinbar anhaltenden Widerstand entgegensetzten[203], scheint es Phleps irgendwann in der ersten Junihälfte gelungen zu sein, die Zustimmung zu einem Versuch zu erhalten[204]. Mit Beendigung von »Rösselsprung« setzte die »Prinz Eugen« die Verfolgung der 1. Proletarischen Division, die Titos Rückzug gedeckt hatte, in Richtung Osten fort; am 12. Juni ging diese Bewegung in das Unternehmen »Amor« über, bei dem sich die SS-Division neben der 1. auch noch der 10. Division gegenübersah. Eine versuchte Umfassung im Raum westlich von Sarajevo blieb jedoch nur ein Teilerfolg; unterstützt von der 17. und 27. Division, gelang es der 1. Proletarischen Division, sich ab dem 6. Juli zwischen Goražde und Foča über die Drina abzusetzen und dort die zur Invasion Serbiens bereitstehende Kräftegruppe zu verstärken[205]. Nichtsdestotrotz scheinen die Erfolge, die sowohl in Phleps' Tagebuch wie auch in der Divisionsgeschichte der »Prinz Eugen« für dieses

---

201 Vgl. hierzu TB Phleps, Einträge vom 12.6.1943, 27.12.1943 und 2.1.1944; telefonische Befragung von Balthasar Kirchner (1942–1945 Ic-Offizier der »Prinz Eugen«) am 11.3.1999.

202 7. Freiw. Geb.-Div. »Prinz Eugen«, Ia-Erfahrungsbericht Unternehmen »Rösselsprung« (3.7.1944) in: Kumm, *Prinz Eugen*, S. 195–209.

203 Nach TB Phleps, Eintrag vom 21.1.1944, war es weniger die 2. Panzerarmee als das OKH (sic!), das in dieser Frage *»kein Verständnis«* zeigte.

204 Strugar, *Krieg der Partisanen*, S. 215 erwähnt einen auf Flexibilisierung der operativen Vorgehensweise ausgerichteten Befehl der 2. Panzerarmee, der am 13. Juni an alle Generalkommandos erging, gibt aber keine Quellenangabe an. Das Fehlen jedes Hinweises auf eine solche Genehmigung in den noch vorhandenen Juni-KTBs des XV. und XXI. Geb. AK legt jedoch den Schluß nahe, daß nur Phleps' Generalkommando (V. SS Geb. AK) die bewußte Weisung erhielt.

205 Kumm, *Prinz Eugen*, S. 225–240.

Unternehmen und eine Ende Juli zwischen Vares und Zenica folgende Operation (»Feuerwehr«) festgehalten sind[206], die in den Stäben der Division und des V. SS Geb. AK weitverbreitete Ansicht zu stützen, daß die Idee der »freien Jagd« einen zumindest potentiellen Königsweg zur Bekämpfung der Volksbefreiungsarmee darstellte.

Durch das Fehlen offizieller Primärquellen[207] – insbesondere einer Operationsakte –, die genaue Angaben über gezählte feindliche Gefallene und, in Verbindung damit, sichergestellte Waffen beinhalten, bleibt der Historiker bei der Bewertung der »freien Jagd« im wesentlichen auf Mutmaßungen angewiesen. Obwohl die Phlepssche Kritik an der bisherigen Operationsführung sicherlich berechtigt war, kann ihr zugleich aber entgegengehalten werden, daß sie insofern, als die vorgeschlagene operative Vorgehensweise natürlich nur für eine Gebirgsdivision eine wirkliche Alternative darstellte, an der Wirklichkeit des bosnischen Kriegsschauplatzes vorbeiging. Bei den Ausmaßen, die der Kampf gegen Tito überdies 1944 erreicht hatte, hätte sich auch eine frühzeitige Umsetzung vermutlich nur bei der dauerhaften Verlegung von mindestens zwei weiteren Gebirgsdivisionen spürbar auswirken können. Der unmittelbar bevorstehende Zusammenbruch der deutschen Südoststellung im Spätsommer 1944 sollte alle weiteren Überlegungen in diese Richtung zu müßigen Betrachtungen über »verpaßte Chancen« machen.

In politischer Hinsicht fand das ereignisreiche Frühjahr 1944 mit dem Ende der »Ära Rendulic« seinen Abschluß. Bedingt durch den Unfalltod des Befehlshabers der in Lappland dislozierten 20. Gebirgsarmee, Eduard Dietl (23. Juni 1944), wurde Rendulic überstürzt von seinem Posten abberufen, um die im äußersten Norden des deutschen Machtbereichs entstandene Lücke auszufüllen[208]. Sein Nachfolger, General der Gebirgstruppe Franz Boehme, der aufgrund seiner 1941 auf diesem Kriegsschauplatz gewonnenen Erfahrungen sowie seiner Einstellung zur Repressalienfrage den Eindruck eines von Rendulic selbst ausgesuchten Oberbefehlshabers gemacht haben mag, mußte (ebenfalls unfallbedingt) schon nach drei Wochen ausscheiden. An seine Stelle trat am 18. Juli General der Artillerie Maximilian de Angelis, der die Armee bis Kriegsende führen sollte. In militärischer

---

206 Neben der 1. und 10. wurde auch noch die 11. Division (bei »Feuerwehr«) als weitgehend vernichtet gemeldet; vgl. ebd..

207 Für den fraglichen Zeitraum ist keines der relevanten KTBs (2. Panzerarmee, V. SS Geb. AK, SS-Division »Prinz Eugen«) überliefert. Die einzige Quelle, die in diesem Zusammenhang ermittelt werden konnte, ist der bei Kumm abgedruckte Gefechtsbericht zu »Rösselsprung« vom 3.7.1944, der die in dieser eindeutigen Form einzige bekannte Anweisung zur »freien Jagd« auf Divisionsebene darstellt, vgl. auch die übereinstimmenden Angaben von Balthasar Kirchner, tlf. Befragung vom 11.3.1999. Denkbar wäre, daß in diesem Bericht auch schon während der Verfolgung der 1. und 10. Division gemachte Erfahrungen (zweite Junihälfte) eingeflossen sind.

208 Lothar Rendulic, *Gekämpft–gesiegt–geschlagen* (Wels u. Heidelberg 1952), S. 228–235.

Hinsicht lag die wichtigste Folge der Ablösung Rendulics in der sich hierdurch eröffnenden Möglichkeit, wieder eine rigorosere Handhabung der Statistik über feindliche Verluste durchzusetzen. Dies war schon deshalb von großer Bedeutung, weil einige Indizien dafür sprechen, daß die vom Oberbefehlshaber der 2. Panzerarmee geübte Praxis, sich die Gunst vorgesetzter Dienststellen durch weit überhöhte Angaben über feindliche Verluste zu erhalten, mittlerweile auch auf Teile der kämpfenden Truppe übergegriffen hatte. Am 11. Juli 1944 sah sich der Ic-Offizier der 369. (kroat.) ID diesbezüglich zu einer deutlichen Ermahnung veranlaßt: *»Bei Meldungen über Feindverluste sind als Gefangene und Feindtote nur zu melden, wer mit der Waffe in der Hand gefangen bzw. im Kampf getötet wurde. Alle übrigen gelten als festgenommene Zivilisten oder sonstige Tote.«*[209]

In politischer Hinsicht ist Rendulics Ablösung von vielen Beobachtern vor allem mit Erleichterung registriert worden. Sowohl der Gesandte[210] als auch der Bevollmächtigte General[211] scheinen die Möglichkeit begrüßt zu haben, dem arg strapazierten deutsch-kroatischen Verhältnis die zusätzliche Belastung, die sich durch Rendulics häufige Affronts des Bundesgenossen ergeben hatten, in Zukunft zu ersparen. Einer Lösung des eigentlichen Grundproblems der Beziehungen zwischen Berlin und Agram – dem kroatischen Unwillen, der Ohnmacht im eigenen Lande entweder mit grundsätzlichen Reformen oder aber der freiwilligen Selbstaufgabe gegenüber der deutschen Besatzungsmacht zu begegnen – war man freilich auch damit nicht wesentlich nähergekommen.

6.4. Friedensfühler der Ustascha und der Sturz des Bevollmächtigten Generals

Im Bereich der Außenpolitik hatten sich sowohl Briten als auch Deutsche seit Beginn des Jahres 1944 mit einer krisenhaften Entwicklung der Beziehungen zu ihren jugoslawischen bzw. exjugoslawischen Klientelregierungen konfrontiert gesehen. Während in London die Verstimmung ihren Ursprung in der attentistischen Haltung weiter Teile der DM-Organisation hatte, waren die deutsch-kroatischen Beziehungen vornehmlich in einem teufelskreisähnlichen Dilemma gefangen, das

---

209 BA/MA, RH 26-369/20 Feindnachrichtenblatt (Ic) über den südlichen Teil des Divisionsbereiches (11.7.1944).
210 PRO, GFM 25 Nachlaß Kasche, Kasche an Unterstaatssekretär Hencke (14.7.1944).
211 Broucek, *General im Zwielicht*, S. 421 (Eintrag vom Juni 1944): *»Als mich wenige Tage später Schmundt wegen der Güte der Wahl fragte, meinte ich, mir ein militärisches Urteil nicht anmaßen zu können; politisch sei das Abgehen Lothars aus dem Balkanraum jedenfalls für diesen eine Erleichterung.«*

eine mehr als nur flüchtige Ähnlichkeit mit dem Grundproblem der italienisch-kroatischen Beziehungen von 1941–1943 aufwies: Eine kaum verborgene Abneigung der deutschen Führungsstäbe vor Ort für den NDH-Staat, die zu gleichen Teilen auf die Unfähigkeit und wachsende Deutschfeindlichkeit kroatischer Stellen zurückzuführen war, zog Maßnahmen – insbesondere Unterstützung der Cetniks – nach sich, die mittelfristig zwar eine Besserung der militärischen Lage, langfristig aber vor allem eine weitere Verhärtung der beiderseitigen Beziehungen mit sich brachten.

In beiden Fällen sollte während der Sommermonate erst eine Zuspitzung, gefolgt von einer aus der Not geborenen Bereinigung des Konflikts erfolgen. Die Krise zwischen der Regierung Churchill und der jugoslawischen Exilregierung ist in der Vergangenheit bereits Gegenstand diverser Untersuchungen gewesen und soll an dieser Stelle daher nur kurz zusammengefaßt werden[212].

Ausgehend von der Ende 1943 eingeleiteten und mit Churchills Unterhausrede vom 22. Februar 1944 besiegelten Abwendung von der nationalserbischen Widerstandsorganisation des Draža Mihailović[213], sah sich das britische Kriegskabinett in den folgenden Monaten vor der praktisch unlösbaren Aufgabe, diesen an der Exilregierung begangenen Vertrauensbruch wenigstens diplomatisch zu kaschieren. Nach Lage der Dinge konnte dies nur bedeuten, Tito zu einem Abkommen zu bewegen, welches König Peter II. und seiner Regierung zumindest die langfristige Aussicht auf eine Beteiligung an der politischen Machtausübung in einem künftigen wiedervereinigten Jugoslawien bieten würde. Die politischen Voraussetzungen für eine solche Annäherungspolitik wurden durch die Demission der Regierung von Bozidar Puric und die gleichzeitige Entlassung Mihailovićs aus seinem bisherigen Amt als jugoslawischer Kriegsminister geschaffen (18. Mai 1944). Am 16. Juni 1944 traf dann der neue Premierminister, der Kroate Ivan Subašić, auf Vis ein, um im Gespräch mit Tito die Möglichkeiten zur Bildung einer gemeinsamen politischen Front auszuloten. Hierbei zeichnete sich sehr bald ab, daß das völlige Fehlen eines nennenswerten militärischen Potentials der Exilregierung im Grunde genommen keine andere Wahl ließ, als die von Tito diktierten Bedingungen in toto zu akzeptieren. Dies hatte zur Folge, daß die Regierung Subašić im wesentlichen zu einem Instrument degradiert wurde, das vor allem für die Vermittlung alliierter Hilfslieferungen sowie die mittelfristige Überstellung ihr noch verbliebener militärischer Aktiva (insbesondere Reste von Kriegs- und Handelsflotte) unter die Befehlsgewalt der neuen Machthaber zu sorgen hatte. Forderungen nach Bildung einer Koalitions-

---

212 Das folgende Resümee beruht im wesentlichen auf den Angaben in Walter Roberts, *Tito, Mihailović and the Allies 1941–1945* (Durham pb 1987), S. 189–303; Djilas, *Wartime*, S. 395–404; Donlagic/Atanackovic/Plenca, *Jugoslawien im Zweiten Weltkrieg*, S. 183–189; Tomasevich, *The Chetniks*, S. 359–372.

213 Ebd., S. 365–370. Am 1. März wurden Mihailović und die Exilregierung von der britischen Entscheidung in Kenntnis gesetzt, alle bei Cetnikstäben Dienst tuenden Militärmissionen abzuziehen.

regierung sowie nach der Rückkehr des Königs wurden von Tito rundweg abgelehnt. Auch mehrere Versuche von seiten der Briten und Subašić, Tito während der folgenden Wochen noch die eine oder andere, z.t. schon fast symbolische, Konzession (wie z.B. ein Treffen mit Peter II.) abzuringen, blieb der Erfolg versagt. Selbst Churchill mußte sich im Laufe einer dreitägigen Besprechung (12. bis 15. August 1944) mit der Zusage zufriedengeben, daß die künftige Staatsform des Landes sowie die Rückkehr des Monarchen nach Beendigung des Krieges einem Volksentscheid überlassen werden würde. Es spricht für die ausweglose Situation, in der sich die königliche Regierung mittlerweile befand, daß auch diese kompromißlose Haltung der Gegenseite keine Revision der einmal eingeschlagenen Politik zur Folge hatte. Obwohl beispielsweise Titos einzige Reaktion auf den Verzicht des Königs auf den Oberbefehl in seiner Heimat (24. August) in einer erneuten Zurückweisung eines Koalitionsangebots durch Subašić bestand, fügten die Exiljugoslawen sich auch in die letzte Konsequenz ihrer am 16. Juni beschlossenen Politik: Am 12. September forderte der König in einer Rundfunkansprache alle seine Untertanen auf, sich im Kampf gegen die Besatzungsmacht dem Befehl Titos zu unterstellen. Die gemeinsame Regierung, die dann im November im befreiten Belgrad gebildet wurde, diente nur noch dem Zweck, den Übergang zur kommunistischen Alleinherrschaft legalistisch zu kaschieren.

Trotz der unterschiedlichen Ausgangssituation war auch bei dem sich im Laufe des Jahres 1944 rapide verschlechternden deutsch-kroatischen Verhältnisses die Möglichkeit eines Bündniswechsels zumindest im Hintergrund präsent. Obwohl den meisten deutschen Beobachtern ein Ausscheiden des Ustascha-Staates aus der Allianz schon allein aufgrund der bekannten »Eigenart« des Regimes als objektive Unmöglichkeit erscheinen mochte, war die Grundvoraussetzung hierfür – Kontakte zum Feind – schon seit längerer Zeit gegeben. Verbindungen zwischen KPJ und Ustascha bestanden schließlich schon seit der Vorkriegszeit, und vieles spricht dafür, daß sie im April 1942 nicht nur wiederbelebt, sondern auch zu einer Absprache über das gemeinsame Vorgehen gegen die nationalserbische Bürgerkriegspartei genutzt wurden[214].

Auch für die folgenden anderthalb Jahre liegen (wenn auch nur fragmentarische) Indizien für anhaltende Verbindungen zwischen den beiden weltanschaulichen Erzfeinden vor. Einer Notiz des italienischen Außenministeriums vom September 1942 läßt sich beispielsweise entnehmen, daß Partisanen und Kroaten – im vorliegenden Fall Heerestruppen – auch im Bereich der Herzegowina Vorbereitungen für ein gemeinsames Vorgehen gegen DM-Cetniks getroffen hatten[215]. Auf derselben

---

214 Vgl. hierzu Kapitel 3.
215 Appunto per Ciano, a firma del ministro Luca Pietromarchi, in relazione alle attivita antiitaliene in Dalmazia, probabilemente ispirate da Zagabria (15.9.1942) in: Talpo, *Dalmazia II*, S. 697.

Linie lagen Erkenntnisse, die ein Monat später deutschen Dienststellen vorlagen. So meldeten die 718. ID und die Ic-Dienststelle des Kommandierenden Generals Ende Oktober 1942 übereinstimmend, daß im Raum Rogatica Ustascha und Partisanen eine Zweckallianz gebildet hätten, die u.a. auch der Durchführung gemeinsamer Plünderungszüge diente[216]. Daß ein wenige Wochen später (Anfang Dezember 1942) von einem höheren Ustaschaführer aus dem dalmatinischen Raum unternommener Versuch, Kontakt zur Partisanenführung in Bihać aufzunehmen, von dieser sehr ernst genommen wurde, läßt sich schon daran erkennen, daß ein Politbüromitglied (Milovan Djilas) als Unterhändler ausgesandt wurde; die Herstellung einer Verbindung scheiterte nur am Ausbruch von Kampfhandlungen, die Djilas und seinen Begleiter Velebit zur Umkehr zwangen[217]. Für den folgenden Monat ist der Besuch einer dreiköpfigen Ustaschadelegation in Livno durch die Aussage eines deutschen Augenzeugen belegt[218].

Ende Mai 1943 lag dann der erste Hinweis darauf vor, daß die Volksbefreiungsarmee nicht nur in den Reihen der Domobranen über Informanten verfügte: Ein Ustascha-Mitglied, das auf dem Austauschweg aus dem Gewahrsam der Volksbefreiungsarmee freigekommen war, berichtete dem Ic-Offizier der 118. Jägerdivision, er habe während seiner Gefangenschaft erfahren, daß die Partisanen in Sarajevo über einen hochrangigen Informanten in den Reihen der Ustascha verfügten, von dem sie regelmäßig über »*militärische Angelegenheiten*« auf dem laufenden gehalten wurden[219].

Die bereits erwähnte Verschlechterung des deutsch-kroatischen Verhältnisses, die in den ersten Monaten nach dem Kriegsaustritt Italiens zu verzeichnen war, trat nirgendwo deutlicher als in den Reihen der Ustascha zu Tage und scheint einige ihrer Führer zu Annäherungsversuchen an den Feind veranlaßt zu haben, die einen ganz anderen Charakter aufwiesen, als die bis dahin gelegentlich abgeschlossenen Zweckallianzen gegen die Nationalserben. So lag dem Bevollmächtigten General im März 1944 die Meldung eines V-Mannes über ein geheimes Treffen zwischen Partisanen und einer Ustascha-Abordnung am 13. März bei Split vor. Im Laufe des Gesprächs hätten sich beide Parteien auf einen Nichtangriffspakt und für den Fall einer Invasion auf ein gemeinsames Vorgehen gegen die Deutschen geeinigt[220]. Die

---

216 BA/MA, RH 26-118/12 KTB-Eintrag vom 20.10.1942; RH 26-118/41 718.ID, Ic-Lagebericht für die Zeit vom 17.10.– 26.10.1942 (26.10.1942); RH 26-114/13 Kdr. Gen. u. Bfhls. in Serbien, Ic-Lagebericht für die Zeit vom 19.10.–29.10.1942 (29.10.1942).
217 Befragung von Dr. Vladimir Velebit in Zagreb (9. u. 10.5.1998).
218 BA/MA, RH 26-118/42 718. ID Abt. Ic, Vernehmung (25.1.1943). Der reichsdeutsche Staatsangehörige Franz Leinschütz gab u.a. folgende Aussage zu Protokoll: »*Als ich vorige Woche in Livno war, sah ich einen Ustascha-Offizier in Uniform, doch ohne Waffen. Die Partisanen sagten mir, es wären noch zwei andere hier. Alle drei waren nach Angabe der Partisanen zwecks Unterhandlungen nach Livno gekommen.*«
219 BA/MA, RH 26-118/43 Vernehmung des Ustascha-Mannes Ivan Pribanic (31.5.1943).
220 PA/AA, Gesandtschaftsakten Zagreb 66/4 Der Bevollmächtigte General an die deutsche Gesandtschaft Agram (24.3.1944).

Vermutung liegt nahe, daß eine von Hitler am 8. März gegenüber dem kroatischen Ministerpräsidenten geäußerte Befürchtung über eine Infiltration der kroatischen Staatsbewegung und ihrer bewaffneten Organe durch die Partisanen zumindest teilweise auf Berichte aus dieser Quelle zurückzuführen war[221].

Im Laufe des Monats Juni verdichteten sich die Hinweise auf einen in Vorbereitung befindlichen Seitenwechsel, wenn nicht des kroatischen Staates, dann doch eines Teils seiner politischen Elite. So hielt der deutsche Polizeiattaché am 13. Juni fest, daß bei einem wenige Tage zuvor abgehaltenen Treffen *»alter Ustascha-Kämpfer«* in Agram (7. Juni) Maßregelungen gegen Mitglieder der Bewegung ausgesprochen worden seien, die sich dem deutschen Bundesgenossen gegenüber zu kooperationswillig gezeigt hätten und außerdem eine neue Positionsbestimmung im Hinblick auf den künftigen Kriegsverlauf vorgenommen wurde. Darin hieß es, daß von nun an die *»Wahrung des kroatischen Staates ohne Rücksicht darauf, wer aus dem Krieg als Sieger hervorgeht«*, absoluten Vorrang haben müsse[222].

In einer Lagebeurteilung des XV. Geb. AK vom 19. Juni findet sich außerdem neben den üblichen Meldungen über Versuche der Ustascha, durch Mordanschläge und Plünderungszüge eine deutsch-nationalserbische Kooperation zu sabotieren, auch ein weiterer Hinweis auf umstürzlerische Bestrebungen der dalmatinischen Ustascha[223], über die die 264. ID schon im Februar berichtet hatte. Bereits drei Tage zuvor hatte Rendulic diese bedrohliche Lage sowie die Konsequenzen, die sich aus ihr für die 2. Panzerarmee ergaben, in einem Befehl an seine Korpsbefehlshaber zusammengefaßt. Darin ließ er sie wissen, daß unmittelbar vor, während oder nach einer möglichen alliierten Landungsoperation an der jugoslawischen Küste mit einem Versuch zumindest von Teilen der Ustascha zu rechnen sein würde, sich auf die Seite des Gegners und künftigen Siegers zu schlagen[224]. Für die deutsche Seite sprach in dieser Lage nach Ansicht des Befehlshabers der 2. Panzerarmee nicht etwa die erwiesene Loyalität von zumindest einem Teil der Miliz, sondern lediglich die Tatsache, daß nach dem gegenwärtigen Kenntnisstand eine alliierte Landung ziemlich unwahrscheinlich schien. Trotzdem war auch in dieser Weisung keine Rede davon, der drohenden Gefahr etwa mit einem präventiven Vorgehen zu begegnen; statt dessen betonte Rendulic – wohl im Wissen um entsprechende Neigungen sei-

---

221 Einer Notiz in den Gesandtschaftsakten Zagreb läßt sich entnehmen, daß bereits vor dem 7. März mehrere Hinweise dieser Art eingegangen sein müssen; vgl. Gesandtschaftsakten Zagreb 66/4, Notiz vom 7.3.1944.
222 Gesandtschaftsakten Zagreb 66/4, Bericht über Geheimkonferenz alter Ustascha-Kämpfer (13.6.1944).
223 BA/MA, RH 24-15/52 XV. Geb.AK, Lagebeurteilung, Stand vom 10.6.1944 (19.6.1944).
224 BA/MA, RH 19 XI/82 Pz.AOK 2 an LXIX. AK, XV. Geb. AK, V. SS Geb. AK und Befh. Syrmien (16.6.1944)

ner Kommandierenden Generäle –, daß bei Erfolgen einer deutschen Gegenreaktion diese zunächst auf »*zwingende Einzelfälle*«[225] beschränkt bleiben müsse.

In deutlichem Gegensatz zu dieser Weisung stand die Lageeinschätzung des Kommandierenden Generals des V. SS Geb. AK, SS-Obergruppenführer Arthur Phleps. Aus seiner Sicht stellte sich die Lage vielmehr so dar, daß es noch nicht zu spät war, den Mängeln des NDH-Staates radikal zu Leibe zu rücken. Obwohl eine grundsätzliche Auseinandersetzung zu diesem Thema zwischen Phleps und seinen Vorgesetzten bei der 2. Panzerarmee in den Quellen nicht nachweisbar ist, läßt die Tatsache, daß er sich am 10. Juli in dieser Frage unmittelbar an den Reichsführer-SS wandte, doch vermuten, daß er auf dem gewöhnlichen Dienstweg nicht das gewünschte Echo erhalten hatte. In einer Denkschrift, die sowohl in bezug auf Umfang (19 Seiten und sechs Anhänge)[226] als auch Tenor den Vergleich mit Löhrs Memorandum vom Februar 1943 nicht zu scheuen brauchte, forderte Phleps unter anderem die Ausdehnung der soeben im Küstenraum eingeführten Militärverwaltung auf das ganze Staatsgebiet, die faktische Übernahme des kroatischen Kriegsministeriums durch einen deutschen General sowie die Entfernung des Gesandten Kasche und seines gesamten Mitarbeiterstabes. Natürlich stellten weder diese Forderungen noch die zahlreichen angeführten Beispiele über die jedes Vorstellungsvermögen übersteigende Ineffizienz des kroatischen Staatsapparates im allgemeinen und seiner Streitkräfte im besonderen etwas Neues dar. Neu war dagegen der Wandel, den Phleps in der Einstellung der kroatischen Staatsbewegung zu ihrem wichtigsten Bundesgenossen registriert hatte. Obwohl schon seit dem letzten Oktober in einer fortschreitenden Krise begriffen, war seit Anfang Mai eine so rapide Verschlechterung eingetreten, daß Phleps sich sicher war, »*daß es sich hierbei um eine systematische Aufwiegelei und Haßaktion handelt, die gegen den Okkupator (deutsche Armee) bei den Ustascha-Verbänden betrieben wird*«[227].

Vor diesem Hintergrund mußten die vom Kommandierenden General des V. SS-Geb. AK gesammelten Indizien über Kontakte zum Feind natürlich Anlaß zu besonderer Sorge sein. Nach Phleps' Bericht hatte beispielsweise die schon fast traditionelle Rolle der Domobranen als Waffenlieferanten der Volksbefreiungsarmee insofern eine bemerkenswerte Erweiterung erfahren, als die 1. Jägerbrigade im Juni das ihr anvertraute deutsche Depot bei Derventa – wie es scheint, nach Absprache – der Volksbefreiungsarmee für mehrere Stunden zur Ausplünderung preisgegeben hatte[228]. Noch um einiges gravierender stellte sich die Lage in bezug auf die Ustascha

---

225 Ebd.
226 BA-Lichterf., NS 19/2154 Gen.Kdo. V. SS-Geb. Korps, Der Kommandierende General an den Reichsführer-SS (10.7.1944).
227 Ebd.
228 Ebd.

im Korpsbereich dar: Nicht nur, daß auch hier vereinzelt Kontakte zur Volks-befreiungsarmee nachweisbar waren[229], auf einem Treffen hochrangiger Offiziere Anfang Juli in Sarajevo wurde außerdem erneut die Möglichkeit eines Vorgehens gegen den deutschen Verbündeten im Falle einer alliierten Landung erörtert[230].

Daß es soweit überhaupt gekommen war, war nach Phleps nicht zuletzt auch eine Folge der deutschen Versuche der letzten Monate, die Ustascha bevorzugt auszu-statten: *»Durch die Ausbildung von Ustaschen-Offizieren im Reich und Stellung von Instruktionsoffizieren, Belieferung mit modernen Waffen und Munition mästen wir uns selbst die Viper, die uns morgen beißen wird.«*[231] Daß darüber hinaus die seit letz-tem Herbst wieder erhöhte Priorität genießenden Massenmorde an Serben auch Befehlsverweigerungen ganzer Ustaschabrigaden zur Folge hatte[232], mochte da noch wie eine Erinnerung an die »besseren« Zeiten von 1941/42 gewirkt haben.

Obwohl um die Monatsmitte des Juli bereits mehrere Versuche kroatischer und deut-scher Stellen zur Herbeiführung einer Entspannung nachweisbar sind[233], stand der eigentliche Höhepunkt der Krise noch bevor. So legte am 26. Juli der Oberbefehls-haber Südost dem OKW ein Memorandum über den Zustand der Domobranen vor, als dessen Konsequenz er die *»sofortige Durchsetzung aller kroat. Truppenteile mit deutschen Soldaten«* und den völligen Verzicht auf rein kroatische Verbände forder-te[234]. Er begründete diesen radikalen Schritt, der eine weitgehende Entmachtung des kroatischen Offizierskorps bis zur Bataillonsebene bedeutet hätte, mit Argumenten sowohl pragmatischer als auch grundsätzlicher Natur. So glaubte er zum einen, nur auf diesem Wege der anhaltenden Überläuferbewegung sowie den Unwägbarkeiten kroatischen Verhaltens im Falle einer alliierten Landung wirksam begegnen zu kön-nen[235]; zum anderen gab der Oberbefehlshaber Südost zu bedenken, daß die gegen-

---

229 Ebd. Bei einem im Neretvadelta zur Eisenbahnsicherung dislozierten Bataillon lag laut Phleps der dringende Verdacht auf Bahnsabotage in Zusammenarbeit mit den Partisanen vor; ferner war min-destens ein Fall belegt, in dem Munition an den Gegner verkauft worden war.

230 Ebd., Beilage 1.

231 Ebd.

232 Ebd. Die I. Ustascha-Brigade war im Vormonat von ihrem kommandierenden Offizier eigenmäch-tig aus dem zugewiesenen Sicherungsraum Sarajevo nach Nordostbosnien verlegt worden, um dort die Konfrontation mit dem serbischen Volksteil zu suchen.

233 So war beispielsweise der kroatische Außenminister bemüht, gegenüber dem Gesandten Kasche die mangelnde Kooperationsbereitschaft kroatischer Stellen nicht näher bezeichneten *»Kreisen jünge-rer Kroaten, (...) die den Erfordernissen der Zusammenarbeit nicht immer alles Verständnis entge-gengebracht haben«* zuzuschieben; vgl. hierzu ADAP, Serie E, Bd. VIII, S. 219 f. Kasche an Auswärtiges Amt (15.7.1944). Drei Tage später fand im kroatischen Außenmisterium eine Be-sprechung zwischen Deutschen und Kroaten statt, um zu einer einvernehmlichen Klärung der Cetnikfrage zu gelangen (Teilnehmer u.a.: Ministerpräsident Mandić, Außenminister Alajbegovic, Gesandter Kasche und Bevollmächtigter General Glaise von Horstenau); vgl. PA/AA, Gesandt-schaftsakten Zagreb 65/4, Niederschrift o.D.

234 KTB OKW, Bd. IV, S. 745 f.

235 Ebd.

wärtige Kriegslage eine wie auch immer geartete politische Rücksichtnahme auf die kroatische Souveränität einfach nicht mehr gestatte. Die Wehrmacht des NDH-Staates müsse nun »*allein für deutsche Zwecke*« eingesetzt werden[236].

Obwohl, wie nicht anders zu erwarten, sowohl Kasche als auch Glaise für eine deutliche Abschwächung dieses revolutionären Vorhabens eintraten, hatte es zunächst ganz den Anschein, als ob die Geduld der zuständigen Stellen des Reiches diesmal endgültig erschöpft sein könnte. So gab Hitler dem Weichsschen Konzept am 4. August seine Zustimmung und bedang sich, um eine reibungslose Umsetzung zu garantieren, lediglich die Hinzuziehung des Auswärtigen Amtes aus[237]. Einen noch deutlicheren Ausdruck deutschen Unmuts gab am selben Tag der Chef des Reichssicherheitshauptamtes, SS-Obergruppenführer Ernst Kaltenbrunner. Im Laufe einer Besprechung im Auswärtigen Amt, die zur Abstimmung der Zusammenarbeit aller deutschen Dienststellen in Kroatien anberaumt worden war, ließ er die anderen Teilnehmer der Runde wissen, »*daß sich bei seiner Dienststelle die Auffassung gebildet hätte, die Beseitigung des Poglavnik würde das Tito-Problem im wesentlichen lösen und den Großteil aller Schwierigkeiten beheben*«[238]. Hitler sollte in seinem wachsenden Unmut wenig später sogar so weit gehen, daß er für die Nachkriegszeit nicht nur die schon einmal angekündigte Ablösung des »Poglavnik«[239], sondern gar die Auflösung des kroatischen Staates auf dem Wege eines »Anschlusses« an das Deutsche Reich[240] in Aussicht stellte.

Die Frage, inwiefern aus dieser Äußerung auf eine auch nur rudimentär vorhandene Bereitschaft Hitlers geschlossen werden kann, wenn schon nicht die Auflösung des kroatischen Staates, dann doch wenigstens die weitgehende Entmachtung des Pavelić-Regimes auch schon vor Kriegsende durchzuführen, sollte durch die Ereignisse der folgenden Tage allerdings hinfällig werden: Noch vor Ende der ersten Septemberwoche war es dem »Poglavnik« gelungen, sich eines seiner wichtigsten deutschen Kritiker zu entledigen, einen Großteil der Opposition in den eigenen Reihen auszuschalten sowie in den Augen Hitlers wieder den Status eines Verbündeten zu erlangen, dessen Schwäche durch seine unbedingte Loyalität mehr als aufgewogen wurde. Obwohl diese ebenso dramatische wie unerwartete Aufwertung des Ustascha-Staates natürlich nur vor dem Hintergrund der zeitgleich erfolgenden

236 Ebd.
237 Ebd.
238 PA/AA, Inland IIg 401, 2825 Vermerk des Gesandtschaftsrats Werkmeister (4.8.1944).
239 Am 6. Mai im Gespräch mit dem Sonderbevollmächtigten Neubacher; vgl. Neubacher, *Sonderauftrag Südost*, S. 161.
240 NA, PG T 311, rl 192 fr 802–812 Aktennotiz zum Vortrag des Oberbefehlshabers Südost, Herrn Generalfeldmarschall Frhr. von Weichs beim Führer am 22.8.1944 (17.45–20.00). Eine Idee, die vermutlich auf eine Initiative Neubachers vom September 1943 zurückging; vgl. Kapitel 5.4.

Kapitulation Rumäniens (23. August) und des anschließenden Zusammenbruchs der Südoststellung zu verstehen ist, kam auch dem weitgehend ohnmächtigen kroatischen Regime und seinem Führer bei dieser Wende noch eine wichtige Rolle zu. Die Abfolge der Ereignisse, die sich Ende August/Anfang September 1944 in der kroatischen Hauptstadt abspielten, läßt sich dank einer relativ guten Quellenlage beinahe lückenlos rekonstruieren; was die Motive einiger der handelnden Personen angeht, bleibt der Historiker allerdings auf Vermutungen angewiesen.

Am 21. August unterrichtete Pavelić den Gesandten davon, daß zwei seiner Minister (Lorković und Vokic) in ihren heimlichen Bestrebungen, für Kroatien einen Weg aus dem Bündnis mit Deutschland zu finden, offenbar durch höchst defätistische Äußerungen des Bevollmächtigten Generals bestätigt worden seien. Aus Sorge um die Geheimhaltung der geplanten Maßnahmen gegen diese Gruppe bat Pavelić Kasche darum, diese Information direkt an seine Vorgesetzten weiterzuleiten, ohne Glaise Gelegenheit zu einer Stellungnahme zu geben[241]. Der Gesandte entsprach diesem Wunsch, wurde aber wenige Tage später in einer Besprechung im Führerhauptquartier von seinem Minister angewiesen, das Versäumte umgehend nachzuholen; andernfalls stehe zu befürchten, das Hitler die ganze Angelegenheit nur als »Angeberei« auffassen würde[242].

Nach Agram zurückgekehrt, wartete Kasche dennoch erst einmal den erfolgreichen Vollzug der von Pavelić angekündigten Verhaftungswelle ab. Neben den beiden Ministern, die am Abend des 30. August ihrer Ämter enthoben wurden, kam es im Laufe der folgenden Nacht noch zur Verhaftung mehrerer Beamter und Militärs, darunter auch der Polizeichef von Agram und der ihm vorgesetzte »Hauptdirektor für öffentliche Ordnung und Sicherheit«[243]. Auch außerhalb der Hauptstadt kam es zu mehreren Verhaftungen[244]. Die frei gewordenen Posten wurden durchgehend mit Personen besetzt, deren Loyalität aufgrund ihrer besonderen Nähe zum Staatschef oder ihres bekannten Radikalismus (besonders in der Serbenfrage) garantiert schien[245].

Die Wirkung dieser Ereignisse auf den Bevollmächtigten General dürfte ganz im Sinne des »Poglavnik« gewesen sein: Zu der Desavouierung, die dieser ohne jede Rücksprache mit ihm durchgeführte Regierungswechsel für den Bevollmächtigten General bedeutete, gesellte sich am Mittag des 31. August noch das Eingeständnis Kasches, daß die mögliche Neubesetzung seines Postens in Berlin und Agram nun

---

241 PRO, GFM 25 Nachlaß Kasche, Abgang der kroatischen Minister Lorković und Vokic und Angelegenheit des Gen. Glaise v. Horstenau (1.9.1944). Die offensichtlich fehldatierte Aufzeichnung behandelt auch Vorgänge des 2. und 3.9.1944.
242 Ebd.
243 Ebd.
244 So z. B. bei der IV. Ustaschabrigade im Bereich der Lika; vgl. Ernsthausen, *Wölfe der Lika*, S. 196 f.
245 BA-Lichterf., NS 19/319 Der Leiter der Volksdeutschen Mittelstelle an den Reichsführer SS (20.10.1944).

schon seit zehn Tagen im Gespräch war[246]. Zu den gegen seine Person gerichteten Vorwürfen räumte Glaise Kasche gegenüber ein, daß er im Gespräch mit Lorković dessen Pessimismus vielleicht nicht *»mit der gebotenen Entschiedenheit«* entgegengetreten und auch einer Diskussion über die möglichen Folgen eines deutschen Rückzuges aus Kroatien nicht ausgewichen sei[247]. Einig war er sich mit Kasche allerdings darin, daß nach den Ereignissen der letzten Tage sein weiteres Verbleiben auf dem Agramer Posten völlig ausgeschlossen war; von der Reise zum Führerhauptquartier, die er zur Rücksprache mit seinem Vorgesetzten im OKW in den nächsten Tagen plante, werde er wohl nicht mehr in die kroatische Hauptstadt zurückkehren[248].

Die Krönung (aus Pavelićs Sicht) dieses politischen Umschwungs erfolgte schließlich mit dem vierten (und letzten) Besuch des kroatischen Staatsführers bei Hitler am 18. September 1944. Im Hinblick auf den gerade erst erfolgten Seitenwechsel Rumäniens (25. August) und Bulgariens (5. September) war es dem »Poglavnik« natürlich ein leichtes, die eher undramatisch verlaufene Regierungsumbildung vom 30. August als eine Maßnahme darzustellen, durch die Umsturzpläne bündnisfeindlicher Kreise in letzter Minute vereitelt worden seien[249]. Darüber hinaus stellte er gleich zu Beginn seiner Ausführungen die grundsätzliche Bereitschaft seiner Ustascha-Miliz heraus, landende Angloamerikaner in der gleichen Weise zu bekämpfen wie Partisanen oder Russen[250] – ein demonstrativer Hinweis auf die (vergeblichen) Versuche der anderen osteuropäischen Satellitenstaaten, durch die Öffnung ihrer Grenzen für westalliierte Invasionstruppen einer sowjetischen Besetzung zu entgehen. Einen solchen Verbündeten vermochte Hitler natürlich nicht durch offenen Widerspruch zu enttäuschen – selbst dann nicht, wenn seine Ausführungen, wie am 18. September, offenkundigen Unsinn darstellten[251] oder Anliegen berührten, deren Erfüllung der deutschen Seite offensichtliches Unbehagen bereitete. Letzterer Fall trat ein, als Pavelić mit großem Nachdruck auf einer umfangreichen Bewaffnung neu aufgestellter Ustaschaverbände bzw. der Entwaffnung kroatischer Cetnik-

---

246 Broucek, *General im Zwielicht,* S. 447 f. (Eintrag vom Oktober 1944); PRO, GFM 25 Nachlaß Kasche, Abgang der kroatischen Minister Lorković und Vokic und Angelegenheit des Gen. Glaise v. Horstenau (1.9.1944).

247 Ebd.; Broucek, *General im Zwielicht*, S. 483 (Eintrag vom Ende Oktober 1944).

248 Ebd., S. 448 (Eintrag vom Oktober 1944).

249 ADAP, Serie E, Bd. VIII, S. 462–472 Aufzeichnung über die Unterredung zwischen dem Führer und dem Poglavnik in Anwesenheit des RAM, des Generalfeldmarschalls Keitel, des Außenministers Dr. Alajbegovic und des Generalleutnants Gruic im Führerhauptquartier am 18. September 1944 (20.9.1944).

250 Ebd.

251 Pavelić verstieg sich beispielsweise zu der Behauptung, die Partisanen erhielten ihren Zulauf ausschließlich aus den Reihen der Intellektuellen und der Schustergesellen, *»die traditionsgemäß Kommunisten seien«*. Vgl. ebd.

verbände bestand[252]. Obwohl Hitler während der Unterredung interessanterweise bemüht war, verbindliche Zusagen zu diesen Forderungen zu vermeiden und sich in der Cetnikfrage sogar erstmalig dem Standpunkt der örtlichen Befehlshaber annäherte[253], erging gleich am nächsten Tag ein OKW-Befehl, der einer uneingeschränkten Erfüllung der kroatischen Forderungen gleichkam. Der Ustascha-Kurs, so die erste Ziffer des Befehls, sei künftig »*eindeutig und kompromißlos*« zu unterstützen[254]. Unterstützung der Cetniks »*in irgendeiner Form*« sei sofort einzustellen und zu ihrer Entwaffnung, wo nötig, sogar die Ustascha heranzuziehen. Die neuen Ustaschaverbände, deren Aufstellung Phleps zwei Monate vorher noch so heftig kritisiert hatte, seien weiter zu unterstützen und darüber hinaus noch durch zwei weitere Divisionen zu verstärken[255]. Die Forderung des Oberbefehlshabers Südost nach restloser Übernahme der operativen Führung der kroatischen Armee war hiermit, obwohl in der Weisung nicht ausdrücklich erwähnt, praktisch gegenstandslos geworden[256].

In Anbetracht der Tatsache, daß noch Wochen zuvor gewichtige Indizien für Sonderfriedensabsichten der kroatischen Staatsbewegung vorgelegen hatten, stellt sich natürlich die Frage, was den Poglavnik zu dieser plötzlichen Wende bewogen haben könnte. Zunächst einmal läßt sich natürlich nicht mit Bestimmtheit sagen, inwieweit Pavelić der eigentliche Motor hinter den verschiedenen Kontaktversuchen zur Gegenseite war oder ihnen zunächst nur als interessierter, aber unentschlossener Zuschauer beiwohnte. Glaise von Horstenau kam in den Monaten nach seinem Sturz zu dem Schluß, daß Lorković und Vokic mit der Billigung des Staatschefs die Initiative ergriffen hatten; als dieser dann aber erfuhr, »*die Sache sei über verschiedene V-Männer den Reichsstellen bekanntgeworden*«, habe er sich »*in typisch orientalischer Weise seiner beiden Komplizen mit einem möglichst großen Eklat entledigt, um sich so uns gegenüber zu salvieren*«[257].
Eine in bezug auf Pavelićs Rolle etwas abweichende Darstellung aus einer anderen Quelle erlaubt es sogar, den möglichen Weg zu rekonstruieren, auf dem deutsche Dienststellen von diesen Plänen erfahren haben könnten. So berichtete der Leiter der Volksdeutschen Mittelstelle (VOMI), Lorenz, in einem Bericht vom 20. Oktober von

---

252 Ebd.
253 Nach einer Aufzeichnung Kasches unternahm Hitler sogar den Versuch, seinen kroatischen Besucher vom Nutzen einer fortgesetzten Unterstützung bewährter Cetnikgruppen zu überzeugen; vgl. PRO, GFM 25 Nachlaß Kasche, Vermerk zu Reise des Poglavnik zum Führer am 18. und 19.9.44 ins Führerhauptquartier »Wolfsschanze« (23.9.1944).
254 ADAP, Serie E, Bd. VIII, S. 461 OKW/WfSt an Auswärtiges Amt (19.9.1944).
255 Ebd.
256 Von Weichs' ursprüngliche Forderungen waren bereits in den vorangegangenen Tagen schrittweise abgeschwächt worden, vgl. KTB OKW, Bd. IV, S. 751–755.
257 Broucek, *General im Zwielicht*, S. 511 (Eintrag vom Januar 1945).

folgendem Ereignishergang: »*Von kroatischen Beamten im Innenministerium konnte in Erfahrung gebracht werden, daß die beiden Minister teils aus persönlichem Ehrgeiz, teils aus angeblicher Besorgnis um das Schicksal des kroatischen Volkes Beziehungen zur kroatischen Bauernpartei ohne Wissen des Poglavnik aufgenommen und die zwischen den Angloamerikanern und den kroatischen Emigranten laufenden Verhandlungen zu ihren persönlichen Gunsten zu beeinflussen versucht haben. Minister General Vokic hat angeblich einen Befehl entworfen, demzufolge kroatische Truppen nur Befehle der ihnen taktisch übergeordneten deutschen Befehlsstellen zu befolgen haben, wenn er seine Zustimmung gegeben bzw. diese Befehle gegengezeichnet hat. Dieser Befehl wurde dem Befehlshaber der Bewaffneten Macht, Generalleutnant Canic, zugestellt. In seinem Ehrgeiz gekränkt, weil der Entwurf des Befehls nicht mit ihm abgesprochen war, und befürchtend, bei der zukünftigen Gestaltung in den Hintergrund gedrängt zu werden, machte er einigen anderen höheren kroatischen Offizieren davon Mitteilung, so daß es schließlich auch den deutschen Stellen bekannt wurde.*«[258]

Ein gewichtiges Argument für die Mitwisserschaft Pavelić's liegt allerdings in der erstaunlich milden Behandlung, die den meisten der Verhafteten zunächst zuteil wurde: Lorković und Vokic wurden zwar aus der »Poglavnik-Leibgarde« ausgeschlossen, bekamen aber äußerst erträgliche Haftbedingungen zugestanden[259]. Todesurteile scheinen im Zusammenhang mit der »Säuberung« vom 30./31. August zunächst überhaupt nicht ausgesprochen worden zu sein.

Inwiefern der Sinneswandel des »Poglavnik« durch massive Einflußnahme von deutscher Seite beschleunigt wurde, läßt sich anhand der vorliegenden Quellen nicht mit Bestimmtheit sagen. Sicher ist nur, daß Phleps Bericht vom 10. Juli neben Himmler auch Hitler vorgelegen hat[260] und daß der Chef des SS-Ergänzungsamtes, SS-Obergruppenführer Gottlob Berger, am 5. August zu einem Kurzbesuch in Agram erschien, der nach Glaises Einschätzung nur dem Zweck dienen konnte, Pavelić dazu zu überreden, den kroatischen Staat »*zur Selbstbehauptung*« der SS auszuliefern[261]; die Besetzung der Stelle des Bevollmächtigten Generals mit einem hochrangigen SS-Offizier sei bei dieser Gelegenheit als erster Schritt in diese Richtung vereinbart worden[262].

---

258 BA-Lichterf., NS 19/319 Der Leiter der Volksdeutschen Mittelstelle an den Reichsführer SS (20.10.1944).
259 Broucek, *General im Zwielicht,* S. 451 f. (Eintrag vom Oktober 1944).
260 BA-Lichterf., NS 19/2154 Gen.Kdo. V. SS Geb. AK, Der Kommandierende General an den Reichsführer SS (10.7.1944). Eine diesem Dokument beiliegende Notiz von Himmlers Adjutanten weist auf eine beim Attentat vom 20.7.1944 eingetretene Beschädigung hin; es kann somit mit an Sicherheit grenzender Wahrscheinlichkeit angenommen werden, daß der Inhalt der Denkschrift Hitler entweder schon zum Vortrag gebracht worden war oder dies am folgenden Tag nachgeholt wurde.
261 Broucek, *General im Zwielicht*, S. 442 f. (Eintrag vom Oktober 1944).
262 Ebd., S. 509 (Eintrag vom Januar 1945).

Ein solcher Vorstoß stand zwar in unübersehbarem Gegensatz zur bisherigen Einstellung vieler SS-Führer (Himmler, Kaltenbrunner, Phleps, Kammerhofer) zum Pavelić-Regime, wird aber verständlich, wenn man den Machtzuwachs sowie das neue Rollenverständnis in Rechnung stellt, welche das »Schwarze Korps« seit den Ereignissen um den 20. Juli erlangt hatte. Ein erfolgreicher Abschluß von Bergers Mission in Agram würde auch erklären, warum von Weichs Reformprogramm in einer Besprechung, die am 9. August zwischen den Gesandten Ritter und Kasche sowie Generalleutnant Warlimont stattfand, deutlich entschärft wurde[263].

Für die scheinbar naheliegende Schlußfolgerung, daß Glaise von Horstenau also Opfer einer zwischen SS und Ustascha ausgemachten Intrige wurde, finden sich allerdings keine Indizien. Nach Glaises eigener Einschätzung war es Pavelić wohl vor allem darum gegangen, den bei der bevorstehenden Regierungsumbildung zu erwartenden Protest des Bevollmächtigten Generals zu vermeiden, in dem er ihn mit Kasches Billigung einfach umging[264]. Daß ihm die Einbeziehung des Gesandten auch ohne nennenswerte Probleme gelang, war – so Glaise – wohl primär darauf zurückzuführen, daß Kasche nach seinen vielen erfolglosen Auseinandersetzungen mit Löhr und Rendulic hier die Chance erblickte, sich gegenüber einem Wehrmachtsgeneral endlich mal auf ganzer Linie durchzusetzen[265].

Geradezu typisch für die Person des Bevollmächtigten Generals war freilich, daß selbst die scheinbar völlig passive Rolle, die er in seinen letzten Tagen in Agram spielte, bei näherer Betrachtung etwas Zwielichtiges hatte. Hierzu muß man zunächst berücksichtigen, daß Glaise im Sommer 1944 wohl schon seit einiger Zeit den Vorsatz gefaßt hatte, dem NDH-Staat bei der erstbesten Gelegenheit den Rücken zu kehren. Hierbei scheint er schon allein aus finanziellen Gründen[266] allerdings weniger an einen Abschied als an die Möglichkeit einer politisch weniger exponierten Verwendung als Militärattaché oder Bevollmächtigter General in Ungarn gedacht zu haben[267]. Neben dem offenkundigen Scheitern der von ihm in Kroatien

---

263 KTB OKW, Bd. IV, S. 746 f.; ADAP, Serie E, Bd. VIII, S. 313–315 Aufzeichnung ohne Unterschrift (11.8.1944).

264 PRO, GFM 25 Nachlaß Kasche, Der Bevollmächtigte General an Obergruppenführer Kasche (2.9.1944).

265 Broucek, *General im Zwielicht*, S. 449 (Eintrag vom Oktober 1944). »*Tatsächlich hat dieser (Kasche) seit langem viel Groll gegen die Wehrmacht aufgestapelt. Und als er weder Löhr noch Rendulic hinausbeißen konnte, suchte er die Linie des geringsten Widerstandes, auf der ich mich befand.*«

266 Glaise von Horstenau war, was dieses Problem angeht, in seinen Aufzeichnungen recht freimütig; vgl. Broucek, *General im Zwielicht*, S. 423 f. (Eintrag vom Juni 1944).

267 PA/AA, StS Ungarn, Bd. 12, 1330 Veesenmayer an Auswärtiges Amt (30.5.1944). In diesem Fernschreiben beschrieb der deutsche Gesandte in Ungarn Veesenmayer einen Kurzbesuch Glaise von Horstenaus mit folgenden Worten: »*Soeben besuchte mich General Glaise-Horstenau, der ohne besonderen Anlaß auf einen Tag hierher kam. Aus verschiedenen Bemerkungen habe ich den Eindruck gewonnen, als ob er irgendwelche Ambitionen habe, eventuell hier Militärattaché zu werden. Ähnliche Gerüchte gingen mir schon vor einiger Zeit zu.*«

praktizierten Politik des »goldenen Mittelweges« dürfte dieser Entscheidung vor allem auch die wachsende Furcht zugrunde gelegen haben, bei einem künftigen Tribunal der Sieger in direkte Verbindung mit den von deutschen Frontkommandeuren auf diesem Kriegsschauplatz verantworteten Übergriffen gebracht zu werden[268]. Letztere Erwägung trat Mitte Juni wieder in den Vordergrund, als aufgrund einer vom Höheren SS- und Polizeiführer ausgesprochenen Anregung erst Ost-, dann ganz Slawonien bis vor die Tore Agrams der vollziehenden Gewalt der deutschen Besatzer übertragen werden sollte; zu diesem Zweck sollte das in diesem Raum dislozierte LXIX. (Res.) AK Glaises Befehl unterstellt werden[269]. Zwar gelang es dem Bevollmächtigten General diesen Plan zu durchkreuzen, in dem er sich unter anderem die Rivalitäten zunutze machte, die auf diesem Gebiet zwischen Wehrmacht und SS bestanden[270]; nichtsdestotrotz dürfte diese Initiative – wie auch schon seine Ernennung zum Territorialbefehlshaber – ihm doch unmißverständlich klargemacht haben, daß seine Rolle als Militärdiplomat schon lange keinen adäquaten Schutz vor ungewünschten Verantwortungen und somit künftigen Anklagepunkten bieten konnte.

Nach Aussage eines Zeitzeugen könnte Glaise von Horstenau aber auch noch einen anderen, ungleich brisanteren Grund gehabt haben, die kroatische Hauptstadt möglichst schnell zu verlassen. In seinen 1993 erschienen Memoiren berichtet der bei den slowenischen Partisanen eingesetzte amerikanische Verbindungsoffizier Hauptmann Franklin Lindsay, wie er am 24. Oktober Instruktionen erhielt, sich über einen Kontaktmann in Agram möglichst bald mit Glaise in Verbindung zu setzen[271]. Sinn und Zweck eines solchen Treffens war es, die Ernsthaftigkeit eines ungefähr fünf bis sechs Wochen zurückliegenden Angebots Glaises zu überprüfen, demzufolge er mit Hilfe mehrerer deutscher und kroatischer Offiziere die Kapitulation eines Teils der Kräfte veranlassen wollte, die einer im nordkroatisch-slowenischen Raum landenden alliierten Invasionsarmee hätten Widerstand leisten können[272]. Hierbei ist besonders bemerkenswert, daß der Kurier, der Glaises Verbindung mit der OSS-Zentrale in Bern aufrechterhielt, die Amerikaner von seiner Absetzung rechtzeitig informiert hatte. Er hatte diese Nachricht allerdings mit der Zusicherung verbunden, daß Glaise nicht zuletzt aufgrund seiner zahlreichen Kontakte in Agram mit einer

---

268 Solche Gedankengänge lassen sich in Glaises Notizen mehrfach nachweisen; besonders prägnant in Broucek, *General im Zwielicht*, S. 465–467 (Eintrag vom 22. September 1944).
269 Ebd., S. 417, 422 (Eintrag vom Juni 1944). Daß der Bevollmächtigte General schon einmal ein Truppenkommando auf diesem Nebenkriegsschauplatz innegehabt hatte (erste Jahreshälfte 1943), mag dazu beigetragen haben, daß die Wahl auf ihn fiel.
270 Ebd., S. 425 (Eintrag vom Juli 1944); KTB OKW, Bd. IV, S. 748–750.
271 Franklin Lindsay, *Beacons in the night. With the OSS and Titos partisans in wartime Yugoslavia* (Stanford 1995, pb), S. 219–221.
272 Ebd.

Wiederverwendung auf demselben oder einem ähnlichen Posten in der kroatischen Hauptstadt rechnete[273].

Was könnte der Bevollmächtigte General mit einer so irrealen Zusage bezweckt haben? Die plausibelste Erklärung könnte die sein, daß Glaise ganz einfach darum bemüht war, die eben erst hergestellte Verbindung zu den künftigen Siegern nicht vollständig abreißen zu lassen. Teil dieses Plans wäre es natürlich gewesen, nach dem Krieg seine (absehbare) nicht mehr erfolgte Rückkehr nach Agram mit höherer Gewalt zu erklären.

Seine Pläne für eine Massenkapitulation ihm gar nicht unterstellter Verbände dürften aber bereits mit der blutigen Niederschlagung des 20. Juli einen spürbaren Dämpfer erhalten und spätestens mit Kenntnis von der Säuberung vom 30./31. August (die zweifelsohne auch einige seiner kroatischen Mitwisser erfaßt hatte) in sich zusammengebrochen sein; auf diese Weise hätte er bis zum Zeitpunkt der ersten Aussprache mit Kasche (Mittag des 31. August) auch den Entschluß fassen können, diesem und dem »Poglavnik« die weitere Mitarbeit aufzukündigen. Nicht auszuschließen ist natürlich auch die Möglichkeit, daß Glaise schon vor der kroatischen Regierungsumbildung und nicht zuletzt aus Furcht vor einer drohenden Kontaktaufnahme durch den OSS beschlossen hatte, Agram so schnell wie möglich zu verlassen. In diesem Fall wäre es sogar denkbar, daß er die beanstandete Unterredung mit Lorković ganz gezielt dazu benutzte, um einen plausiblen und unverdächtigen Grund für seinen Abgang zu finden.

Für den sieben Wochen zuvor noch vor dem Aus stehenden Gesandten Kasche stellten die Ereignisse der letzten Augusttage und der Abschied Glaise von Horstenaus natürlich einen großen persönlichen Triumph und eine Bestätigung seiner bisherigen Politik dar. Da seine Position schon in den Wochen davor durch den 20. Juli[274] sowie eine besonders erfolgreich verlaufene Unterredung bei Hitler (14. August 1944)[275] eine erhebliche Stärkung erfahren hatte, wäre eigentlich eine Aufwertung seiner Person im Führerhauptquartier zu erwarten gewesen.

Statt dessen zeigte sich sehr schnell, daß zumindest in diesem Bereich der deutsch-kroatischen Beziehungen alles beim alten bleiben sollte. Als im hohen Maße bezeichnend muß in diesem Zusammenhang bereits von Ribbentrops Sorge angesehen werden, Kasches Bericht über Glaise von Horstenaus Äußerungen könnte von

---

273 Ebd.
274 So jedenfalls die Interpretation Glaise von Horstenaus; vgl. Broucek, *General im Zwielicht*, S. 441 (Eintrag vom Oktober 1944).
275 ADAP, Serie E, Bd. VIII, S. 454–456 Besprechung beim Führer im Hauptquartier »Wolfsschanze« am 14. August 1944 zwischen 17 (Uhr) 30 und 18 Uhr 30 (16.9.1944): »*Der Reichsaußenminister war beeindruckt durch die Haltung des Führers und äußerte sich zu den kroatischen Fragen günstiger als in den vorhergehenden Besprechungen mit ihm allein.*«

Hitler als »*Angeberei*« angesehen werden (26. August 1944)[276]. Als noch ein gutes Stück niederschmetternder dürfte eine Äußerung Hitlers vom 31. August zu werten sein. Nach seiner persönlichen Erfahrung, so der deutsche Diktator, sei »*noch nie eine vom Gesandten Kasche vorausgesagte Entwicklung in Kroatien tatsächlich eingetreten*«[277]. Nachdem Hitler diese Einschätzung am 17. September sinngemäß noch einmal wiederholt hatte (»*Genauso ist Kasche ein Phantast.*«)[278], war es im unmittelbaren Anschluß an Pavelićs Besuch wieder mal soweit, daß der deutsche Außenminister, wie schon ein halbes Jahr zuvor, seinem Dienstherrn in aller Form die Absetzung des Gesandten anbot. Anlaß war ein Streit zwischen von Ribbentrop und Himmler um die in Agram zu vertretende Reichspolitik gewesen. Nach Glaise, der hiervon aus zweiter Hand erfuhr, trug sich die Begebenheit folgendermaßen zu: »*In der Folge kam es nach Keitels Schilderung zu einem Gebrüll zwischen Ribbentrop und Himmler, und Ribbentrop soll dem Führer abermals auch das Haupt Kasches zur Verfügung gestellt haben. Keitel wundert sich, daß Hitler dieses Angebot nie annimmt; irgendwie scheint dieser den Kasche das Ende seines diplomatischen Experimentes erleben lassen zu wollen. Anders können es sich die Leute nicht erklären, daß er sich über Kasche immer lustig macht und ihn dann doch läßt.*«[279]
Wenn für Hitler und Pavelić die Wende in Agram sicherlich einen politischen Neubeginn darstellte, dürfte sie aus der Sicht der deutschen Befehlshaber in Kroatien wohl eher einem Schlußstrich entsprochen haben, der unter ihre z.T. jahrelangen Bemühungen zur Entmachtung des Ustascha-Staates gezogen wurde. Die Folgen dieser deprimierenden Situation wurden vom Oberbefehlshaber Südost am 16. November in einem Schreiben zusammengefaßt, welches wohl als Verhaltensrichtlinie für die Zukunft gedacht war, vom Leser aber ebensogut als versteckte Anklage verstanden werden konnte. Die Ustascha, so von Weichs, zeige sich nach wie vor unwillig oder unfähig, einen konstruktiven Beitrag zur Landesverteidigung zu leisten und habe durch die in den letzten Monaten immer systematischere Formen annehmenden Versuche, Mannschaften von deutsch geführten Verbänden (Legionsdivisionen, »Handschar«) abzuwerben, ihren zahlreichen Verfehlungen noch eine neue hinzugefügt[280]. Anstatt diesem Verhalten direkt entgegenzutreten, empfahl der Oberbefehlshaber durch die Förderung als deutschfreundlich bekannter Offiziere auf

---

276 PRO, GFM 25 Nachlaß Kasche, Abgang der kroatischen Minister Lorković und Vokic und Angelegenheit des Gen. Glaise v. Horstenau (1.9.1944). In derselben Unterredung warf von Ribbentrop Kasche auch vor, er würde sich andauernd zu Belangen äußern, die überhaupt nicht sein Ressort beträfen: »*Ich hätte mich nicht um die Reichspolitik zu kümmern, diese betrieben der Führer und er. (...) Er hätte es satt, sich mit mir um diese Frage herumzustreiten und für meinen Starrsinn immer eintreten zu müssen.*«
277 ADAP, Serie E, Bd. VIII, S. 395, Fußnote 5: Aufzeichnung des Gesandten Sonnleithner (31.8.1944).
278 Heiber, *Lagebesprechungen*, S. 668 (Abendlage vom 17.9.1944).
279 Broucek, *General im Zwielicht*, S. 457 (Eintrag vom Oktober 1944).
280 BA/MA, RW 4/714 b Der Oberbefehlshaber Südost an das OKW/WfSt, Ic (16.11.1944).

einen schrittweisen Besserungsprozeß zu setzen und außerdem *»die Kräfte zu gewinnen und auszunutzen, die sich durch ihr bisheriges Verhalten den breiten Weg in eine ›bessere‹ Zukunft verbaut haben«*[281]. Stellte diese Empfehlung schon eine bemerkenswerte Mischung aus Zynismus und Resignation dar, kam bei der Schlußfolgerung noch die Erkenntnis hinzu, daß auch dieser Weg über kurz oder lang zum Scheitern verurteilt war: *»Es ist Gebot der Stunde, Führung und Truppe von der Notwendigkeit eines ustaschafreundlichen Kurses zu überzeugen und diesen durch Haltung und Unterstützung praktisch zu untermauern. Eine Ablehnung der Ustascha kann nur zu einer feindseligen Reaktion führen, die bei der an sich schon geringen Bereitwilligkeit, alle Feinde Deutschlands auch als die eigenen zu erkennen, sehr schnell die letzten Konsequenzen ziehen wird. Und das muß so lange wie möglich vermieden werden.«*[282]

6.5. Der Verlust Serbiens und Dalmatiens

Im auffälligen Gegensatz zur Stabilisierung der politischen Lage stand derweil die Entwicklung der militärischen Situation. Diese stand in der zweiten Sommerhälfte ganz im Zeichen eines erneuten Versuchs Titos, den Schwerpunkt der Kriegsanstrengungen der Volksbefreiungsarmee auf serbisches Territorium zu verlagern. Obwohl der wenig ermutigende Präzedenzfall vom Frühjahr für ein weiteres Abwarten zu sprechen schien, dürfte die Notwendigkeit, den Bürgerkriegsgegner Mihailović möglichst noch vor der Vertreibung der deutschen Besatzer auszuschalten, den Ausschlag gegeben haben: Bereits am 9. Juli erging die erste Weisung im Zusammenhang mit der geplanten Invasion Serbiens[283]. Anders als bei der Frühjahrsoperation war diesmal schon die Stärke der Invasionsstreitmacht ein unübersehbarer Hinweis darauf, daß diesem Unterfangen nichts Halbherziges oder Experimentelles anhaftete. Zu der sechs Divisionen zählenden Hauptgruppe im nördlichen Montenegro und den drei Divisionen, die einen flankierenden Vorstoß aus Ostbosnien zu führen hatten, kamen noch vier weitere, die im Laufe des Juni aus den bodenständigen Einheiten der Volksbefreiungsarmee in Serbien gebildet worden waren[284]. Den deutschen Versuchen, diesem Aufmarsch zuvorzukommen, war nur ein Teilerfolg beschieden: Während es den beiden SS-Divisionen in einer Operation (Unternehmen »Hackfleisch«), die im wesentlichen dem Ablauf der Frühjahrskämpfe im selben Raum folgte, gelang, das XII. Korps nach Süden abzudrängen und ihm dabei auch schwe-

---

281 Ebd.
282 Ebd.
283 Strugar, *Volksbefreiungskrieg*, S. 215.
284 Ebd., S. 216–219; Tomasevich, *The Chetniks*, S. 407–411.

re Verluste zuzufügen, endete ein ähnliches Unternehmen im nordmontenegrinischen Raum (Unternehmen »Draufgänger«) mit einem Mißerfolg. Nachdem sie dem auf das Versorgungszentrum Berane angesetzten albanischen SS-Verband eine empfindliche Niederlage beigebracht hatten, gelang es den drei Divisionen der Volksbefreiungsarmee, die das Ziel der Operation gewesen waren, sich abzusetzen und nach Südostserbien vorzudringen (3. August 1944). Einen ähnlichen Mißerfolg erlitt eine sehr viel umfangreicher angelegte Operation (Unternehmen »Rübezahl«), die der zweiten Welle der in Nordmontenegro versammelten Invasionsstreitmacht galt. Begünstigt durch alliierte Luftunterstützung und den durch den Seitenwechsel Rumäniens bedingten vorzeitigen Abbruch von »Rübezahl«, vermochten die Partisanen erneut der Vernichtung zu entgehen; wie auch schon bei »Draufgänger«, war auch hier der Einbruch dreier Divisionen der Volksbefreiungsarmee in serbisches Territorium (diesmal im Südwesten des Landes) die direkte Konsequenz des deutschen Mißerfolges[285]. Am 5. und 6. September gelang es dann auch dem angeschlagenen XII. Korps, sich der Schlacht um Serbien anzuschließen, die im politischen Sinne mit der Vernichtung der wichtigsten Cetnikverbände bereits Mitte des Monats entschieden war[286]. Ab dem 28. September ermöglichte die Beteiligung einer von Rumänien einmarschierenden Heeresgruppe der Roten Armee (3. Ukrainische Front) dann auch die Niederkämpfung der mittlerweile im nord- und ostserbischen Raum konzentrierten deutschen Kräfte und die Befreiung Belgrads (20. Oktober 1944)[287].

Daß die sowjetische Kräftegruppe gemäß einer Vereinbarung mit Tito anschließend an die ungarische Front verlegt wurde, sollte dem Oberbefehlshaber Südost die Möglichkeit bieten, entlang der Drina eine neue, halbwegs stabile Front (»Nibelungenstellung«) aufzubauen und somit dem NDH-Staat eine neue Rolle als Auffangstellung für die zurückweichende Heeresgruppe E und Eckpfeiler der neuen Südoststellung zuzuweisen[288]. Nichtsdestotrotz hatte auch das neue Kroatien in den vergangenen Wochen territoriale Einbußen hinnehmen müssen, die als endgültig anzusehen waren. Beginnend mit dem 12. September hatte das auf Vis dislozierte VIII. Korps der Volksbefreiungsarmee mit einer Reihe von Landungsoperationen auf den z.T. bereits geräumten süddalmatinischen Inseln begonnen, die ab dem 15. September auch auf das Festland übergriffen[289]. Bedingt durch die in Serbien statt-

---

285 Ausführlicher zu »Draufgänger« und »Rübezahl« Kapitel 7.4.
286 Tomasevich, *The Chetniks*, S. 414–416.
287 Ebd.
288 KTB OKW, Bd. IV, S. 750–753. Zum Thema des Rückzugs der Heeresgruppe E liegt gegenwärtig noch kein wissenschaftlichen Ansprüchen genügendes Werk vor. Eine lückenhafte Einführung bietet Karl Hnilicka, *Das Ende auf dem Balkan. Die militärische Räumung Jugoslawiens durch die deutsche Wehrmacht* (Göttingen 1970).
289 Strugar, *Volksbefreiungskrieg*, S. 247 f.

findenden Kämpfe, bestand keinerlei Aussicht, den in diesem Raum dislozierten zweigliedrigen Divisionen (118. Jägerdivision und 264. ID) Verstärkungen zuzuführen; an der unhaltbaren Stellung der noch verbliebenen Inselgarnisonen vermochten auch drakonische Durchhaltebefehle der 2. Panzerarmee nichts zu ändern[290]. Mit dem Befehl vom 9. Oktober, der die Zurücknahme der Hauptkampflinie auf die Linie Fiume–Senj–Kamm Velebit-Gebirge–Knin–Livno–Mostar–Nevesinje–Gacko anordnete, fügte das OKW sich schließlich ins Unvermeidliche[291]. Die nachrückenden Partisanen konnten binnen weniger Wochen somit den gesamten Küstenbereich von Split bis zur Neretvamündung besetzen: Dubrovnik fiel am 20., Zara am 31. Oktober, Split am 2. November in die Hände der Volksbefreiungsarmee. Trotz der hiermit gegebenen Möglichkeit, in der tiefen Flanke der deutschen Stellung in Kroatien zu operieren, sollte der weitere Kriegsverlauf seinen Schwerpunkt an der Front in Ostbosnien und Syrmien haben; lediglich die Erweiterung des befreiten Gebietes im Küstenbereich um Knin (4. Dezember 1944) und Mostar (14. Februar 1945) sollte noch zu schwereren Kämpfen in diesem Raum führen[292].

Eine ganz besonders verheerende Wirkung sollte die Entwicklung der Kriegslage auf die jugoslawischen Verbündeten der deutschen Wehrmacht haben, die sich bis dahin als zumindest leidlich zuverlässig erwiesen hatten. So wurde beispielsweise die zweite Eroberung Tuzlas durch die Volksbefreiungsarmee (17. September) dadurch erheblich erleichtert, daß zum erstenmal seit Gründung des NDH-Staates und quasi als Bestätigung der von Arthur Phleps geäußerten Verdächtigungen ein größerer Ustaschaverband (die XII. Brigade) geschlossen zum Gegner überlief[293].

Die Unsicherheit, die sich zur gleichen Zeit auch in den Reihen der Cetniks zu manifestieren begann, verleitete ab September einzelne Gruppen dazu, ernsthaftere Angriffe auf deutsche Verbände durchzuführen. Die »Handschar« registrierte den ersten Zwischenfall dieser Art am 6., die weiter südlich in der Herzegowina dislozierte 369. (kroat.) ID am 22. September[294]. In Anbetracht der nahenden deutschen Niederlage hätte die Vermutung nahe gelegen, daß diese Angriffe auf die überfällige Ausgabe des von Mihailović immer wieder in Aussicht gestellten und dann ebenso oft verschobenen Befehls zum allgemeinen Aufstand gegen den Besatzer zurückzuführen waren. Eine solche Weisung war jedoch auch jetzt nicht ergangen; vielmehr sprach sich der Cetnikführer Ende des Monats gegen dieses Vorgehen aus und enthob einen der beteiligten Unterführer (Lukačević) sogar seines Amtes[295]. Dies

---

290 BA/MA, RH 19 XI/21 Der Oberbefehlshaber der 2. Panzerarmee an OB Südost, Herrn Generalfeldmarschall Freiherr von Weichs, Ia (22.9.1944).
291 PA/AA, Handakten Ritter (Kroatien) 7646 OKW/WfSt an OB Südost (9.10.1944).
292 Vgl. hierzu Schraml, *Kriegsschauplatz Kroatien*, S. 116–123, 205–212.
293 Lepre, *Bosnian division*, S. 252.
294 Ebd. S. 250; Tomasevich, *The Chetniks*, S. 426 f.
295 Ebd.

sowie die Tatsache, daß die Frontstellung gegen die Deutschen sowohl von Partisanen wie Westalliierten völlig ungerührt zur Kenntnis genommen wurde[296], mag dazu beigetragen haben, daß diese Übergriffe nur vereinzelte Nachahmer fanden.

Sehr viel gravierender als die gelegentlichen Zusammenstöße mit den nationalserbischen Freischärlern stellte sich jedoch die Entwicklung bei den deutsch geführten Großverbänden kroatischer Nationalität dar. Auch hier sollte der September 1944 sich als Krisenmonat erweisen. Ausschlaggebend waren hier neben einer katastrophalen Kriegslage vor allem die Aufforderungen zur Desertion, die gleichermaßen von Ustascha und Partisanen ausgingen. Die Aufrufe der letzteren erfuhren während des fraglichen Zeitraums durch Titos auf den 15. September befristetes Amnestieversprechen[297] noch einen besonderen Anreiz.

Das bei den Legionsdivisionen z.T. schon 1943 endemische Überläuferproblem[298], das sich im Laufe des Jahres 1944 konstant gesteigert hatte[299], erfuhr im Spätsommer/Frühherbst somit einen Höhepunkt, der im Oktober sogar in der Ermordung deutschen Rahmenpersonals beim II. Bataillon der 369. (kroat.) ID gipfelte[300]. Daß »nur die verläßlichsten«[301] der kroatischen Legionäre sich dieser scheinbar unwiderstehlichen Entwicklung zu widersetzen vermochten, zeigte, daß auch der bis dato erfolgreichste Versuch zur Einbindung des kroatischen Wehrpotentials in die deutschen Kriegsanstrengungen unweigerlich am Ende war.

Ein etwas abweichendes Bild bot sich im Fall der Division »Handschar«. Mit Bekanntwerden des Zusammenbruchs der Südoststellung entfaltete die von Partisanen und Ustascha gleichermaßen verbreitete Überläuferpropaganda erstmalig eine verheerende Wirkung. So verlor die Division in den ersten zwanzig Septembertagen durch Desertion über 2.000 Mann; durch Mitnahme von Waffen und Ausrüstung verursachten diese Überläufer außerdem den Verlust von 1.578 Gewehren und 61 Maschinengewehren[302]. Wie nicht anders zu erwarten, läuteten diese Ereignisse das Ende von Himmlers ehrgeizigem Projekt zur Rückgewinnung Bosnien-Herzegowinas und Albaniens durch ortsgebundene und aus einheimischen Moslems rekru-

---

296 Ebd.

297 Djilas, *Wartime*, S. 403 f. Der Aufruf richtete sich gleichermaßen an Cetniks, Domobranen und slowenische Heimwehr; ausgenommen war lediglich die Ustascha.

298 Erstmalig besorgniserregende Überläuferzahlen waren bereits in den ersten Wochen des Einsatzes der 373. (kroat.) ID (Juli/August 1943) zu verzeichnen gewesen; vgl. Schraml, *Kriegsschauplatz Kroatien*, S. 164.

299 Nach ebd., S. 86 war man im Juni 1944 bei der 369. (kroat.) ID dazu übergegangen, zur Eindämmung der Desertion kroatischen Soldaten den Urlaub zu verwehren.

300 Ebd., S. 102.

301 Ebd., S. 205.

302 Vgl. hierzu BA/MA, RH 19 XI/20 OB Südost an OKW/WfSt (19.9.1944) sowie Aufstellung des Oberbefehlshabers Südost über »Kroatische Überläufer und Fahnenflüchtige« (20.9.1944); abgedruckt bei Lepre, *Bosnian division*, S. 254

tierten Großverbände ein. Dieses war durch die verheerende Niederlage des ersten albanischen Verbandes (21. SS-Gebirgsdivision »Skanderbeg«) in Nordmontenegro[303] und anhaltenden kroatischen Widerstand, nicht zuletzt in Form der Abschöpfung des für die zweite »kroatische« Division (23. SS-Gebirgsdivision »Kama«) benötigten Rekrutenjahrgänge durch die 1944 rapide expandierenden Ustascha-Verbände, gegen Ende August schon ernsthaft in Frage gestellt worden[304]; der Zusammenbruch der deutschen Südoststellung tat nun ein übriges, auch dem kollaborationswilligsten den Glauben an die deutsche Sache auszutreiben. Die versuchte Verlegung der halb ausgebildeten »Kama«-Rekruten von ihrem ungarischen Ausbildungslager nach Bosnien zog am 17. Oktober eine derart heftige Meuterei nach sich, daß am 31. mit der Auflösung der Division die einzig noch mögliche Konsequenz gezogen wurde. Das gerade erst am 6. Oktober aktivierte IX. Waffen-SS-Gebirgskorps war somit nach drei Wochen bereits überflüssig geworden und wurde zur Wahrnehmung einer anderen Aufgabe nach Budapest verlegt. Im Falle der »Handschar« löste der Versuch, durch Verlegung in den Agramer Raum Ende Oktober die Division »bosnischen Einflüssen« zu entziehen, eine zweite Desertionswelle aus, so daß bis Mitte November schließlich 70 % des bosnischen Mannschaftsbestandes wegen offensichtlicher Unzuverlässigkeit ausgemustert werden mußten[305]. Die auf die Stärke eines schwachen Regiments zusammengeschrumpfte Division bestand nun zu 50 % aus deutschem Rahmenpersonal.

6.6. Zusammenfassung

Zu Beginn des Jahres 1944 hatte sich die deutsche Führung in Jugoslawien vor einer schwierigen Doppelaufgabe gesehen: einerseits war die Volksbefreiungsarmee zu bekämpfen, andererseits aber auch die immer aggressiver auftretende Staatsbewegung des neuen Kroatien in die Schranken zu weisen. Gemeinsam war beiden Konflikten das Fehlen einer totalen Zielsetzung; der Krieg gegen Tito diente seit dem mit »Kugelblitz« initiierten Operationszyklus vornehmlich defensiven Zielen (insbesondere der Verteidigung Serbiens), und bei der Konfrontation mit der Ustascha war es nie um deren Beseitigung, sondern um die Durchsetzung einer Politik gegangen, die die größtmögliche Mobilisierung der materiellen und vor allem menschlichen Ressourcen Kroatiens für die deutschen Kriegsanstrengungen garantierte.

---

303 Vgl. Kapitel 7.4.
304 BA/MA, RH 19 XI/17 Oberbefehlshaber Südost an OKW/WfSt (8.8.1944).
305 Lepre, *Bosnian division*, S. 275.

Neun Monate später zeigte sich dann, daß das Deutsche Reich noch nicht mal mehr zur Umsetzung so bescheidener Ziele in der Lage war: Tito stand mit einem Dutzend Divisionen auf serbischem Territorium, und die politischen Soldaten des Pavelić-Regimes genossen den Status eines unangreifbaren, über aller Kritik stehenden Verbündeten; die die Sache des Antikommunismus in Jugoslawien so lähmenden Volkstumsgegensätze waren weiter im Zunehmen begriffen und hatten sogar begonnen, die Einsatzbereitschaft deutsch geführter Verbände zu beeinträchtigen[306].

Auch wenn man berücksichtigt, daß die Entwicklung der militärischen Lage in dieser Form ohne den Einbruch der Roten Armee in den Südostraum kaum denkbar gewesen wäre, bleibt doch zu konstatieren, daß auch in den ersten acht Monaten des Jahres 1944 gegenüber dem Vorjahr eine unverkennbare Verschlechterung eingetreten war. Zwar wurde eine dauerhafte Vertreibung der Volksbefreiungsarmee aus einem ihrer größeren Rückzugsgebiete durch den Verzicht der 2. Panzerarmee auf eine strategische Offensive weitgehend ausgeschlossen; aber auch die Großoperationen, die nicht zuletzt durch diesen Verzicht ermöglicht worden waren, blieben in ihren Ergebnissen deutlich hinter dem bei »Schwarz« erzielten Erfolg zurück. Dieser Umstand mußte um so schwerer wiegen, als die Zahl der Partisanen sich seitdem mehr als verdoppelt hatte. Neben der gesteigerten Erfahrung der Führungskräfte der Volksbefreiungsarmee war dies zweifelsohne eine direkte Folge der Weigerung Hitlers und des OKWs, dem jugoslawischen Nebenkriegsschauplatz über einen längeren Zeitraum eine größere Zahl vollzähliger Gebirgsjägerdivisionen zuzuteilen, die als einzige über die Geländegängigkeit verfügten, die im bosnischen Mittelgebirge größere Erfolge zwar nicht garantieren, aber doch zu einer kalkulierbaren Größe machen konnte.

Der naheliegende Vorwurf, die deutsche Führung wäre auch 1944 derselben Fehlkalkulation wie 1943 erlegen und hätte in Unterschätzung der Expansionsdynamik der Volksbefreiungsarmee ganz einfach eine falsche Sparsamkeit an den Tag gelegt, muß natürlich vor dem Hintergrund der Kriegslage des Jahres 1944 gesehen werden. Anders als 1943 erfolgten Verlegungen von vorübergehend ruhigen Fronten an andere Brennpunkte nun nicht mehr nach, sondern vornehmlich von Jugoslawien weg (insbesondere zur Besetzung Ungarns im März 1944); wochen- oder gar monatelange Zwangspausen in der offensiven Partisanenbekämpfung waren die unausweichliche Folge.

---

306 Die Forderung eines Großteils der kroatischen Mannschaften der 369. (kroat.) ID, fortan nur noch zur Verteidigung ihres engeren Heimatbereiches (Slawonien) eingesetzt zu werden, scheint im Juli 1944 zu meutereiähnlichen Zuständen geführt zu haben, vgl. TB Phleps, Eintrag vom 26.7.1944. Kurz darauf zwang die Weigerung der Soldaten desselben Verbandes, Seite an Seite mit den Cetniks des Divisionsbereiches (Südostbosnien) eingesetzt zu werden, die deutsche Führung die Verlegung des gesamten Verbandes ernsthaft in Erwägung zu ziehen; vgl. BA/MA, RH 19 XI/17 Reisebericht über die Reise des Herrn Oberbefehlshabers Südost in den Raum des V. SS Geb.AK und XV. Geb.AK in der Zeit vom 7. bis 11.VIII.44 (11.8.1944).

Nichtsdestotrotz muß es schon fast als bezeichnend angesehen werden, daß der einzige Versuch des Jahres, gegenüber der Volksbefreiungsarmee als Ganzes wieder die Offensive zu ergreifen (Unternehmen »Rösselsprung«), nicht zuletzt am Einsatz zu schwacher Kräfte an der kritischen Stelle (Titos Hauptquartier) scheiterte. In Anbetracht der Tatsache, daß ausgebildete Fallschirmjäger in ausreichender Zahl zur Verfügung gestanden hätten und die Information über Titos Anwesenheit in Drvar nicht gleichzusetzen war mit der Kenntnis seines genauen Aufenthaltsortes, ist nur schwer verständlich, warum der Luftlandeeinsatz am 25. Mai nicht wenigstens mit zwei Bataillonen durchgeführt wurde[307]. Wenngleich auch eine solche Vorgehensweise natürlich keine automatische Erfolgsgarantie bedeutet hätte, so wäre doch zumindest die Wahrscheinlichkeit erhöht worden, Titos Versteck gleich im ersten Anlauf und nicht erst nach stundenlanger Suche ausfindig zu machen[308]. In welcher Form der Tod des Führers der Partisanenbewegung sich zu einem so späten Zeitpunkt auf die Kriegführung ausgewirkt hätte, ist schwer zu sagen; eine mehr als nur vorübergehende Lähmung des Führungsapparates scheint aber schon deshalb unwahrscheinlich, weil der Großteil der Führungsspitze von KPJ und Volksbefreiungsarmee sich am 25. Mai außerhalb Drvars in Sicherheit befand und innerhalb kürzester Zeit einen neuen Obersten Stab gebildet hätte[309]. Daher liegt die Vermutung nahe, daß Titos Tod sich vor allem auf den Gang der jugoslawischen Nachkriegsgeschichte ausgewirkt hätte.

In politischer Hinsicht stand 1944 ganz im Zeichen der Krise der deutsch-kroatischen Verstimmung; anders als noch im Vorjahr stellte Hitlers wachsender Unmut über die Berichterstattung des Gesandten Kasche diesmal aber die Möglichkeit einer politischen Lösung in Aussicht. Die für Hitler charakteristische zauderhafte Haltung zögerte jedoch einen schnellen Eingriff, für den es zumindest Anfang 1944 vielleicht noch nicht zu spät gewesen wäre, so lange hinaus, bis die politischen und militärischen Ereignisse vom Juli/August 1944 zur Aussöhnung zwischen Ustascha- und NS-Staat führten. Der verschwommen formulierte OKW-Befehl vom 19. März blieb

---

307 Die in der Literatur häufig geäußerte Kritik, die entscheidende Schwachstelle der Operation habe darin gelegen, nicht auf einem über Titos Höhle gelegenen Felsplateau Truppen gelandet zu haben, muß, da die Lage dieses Verstecks gar nicht bekannt war, zwangsläufig in die Irre führen; vgl. hierzu Janusz Piekalkiewicz, *Krieg auf dem Balkan 1940–1945* (München 1984), S. 251 f.

308 So die Einschätzung des Ic der »Prinz Eugen« gegenüber dem Verfasser, vgl. Befragung Balthasar Kirchners (Linz, 27. und 28.12.2000). Eine mögliche Erklärung könnte darin liegen, daß Rendulic aus politischen Gründen nahegelegt worden war, einen so medienwirksamen Handstreich wie die Gefangennahme Titos dem SS-Bataillon zu überlassen. Eine sichere Klärung dieser Frage dürfte aufgrund des Verlustes des Kriegstagebuchs der 2. Panzerarmee für die erste Jahreshälfte 1944 nicht mehr zu erwarten sein.

309 Nach Angaben in Djilas, *Wartime*, S. 394 befanden sich neben Tito noch Edvard Kardelj, Alexander Ranković und Sreten Zujovic in Drvar.

somit der deutlichste Ausdruck der kurzlebigen *»grundsätzlichen Wendung«*[310] gegen das Pavelić-Regime.

Einer Lösung der Probleme, die die beiderseitigen Beziehungen belastet hatten, war man freilich auch im Spätsommer nicht bedeutend nähergekommen; von wenigen Ausnahmen abgesehen, die hauptsächlich durch den Kriegsverlauf gegenstandslos wurden[311], blieben diese Konflikte (vor allem im Umgang mit den Cetniks) bestehen und sollten die beiden Verbündeten noch bis an den Vorabend ihrer gemeinsamen Niederlage begleiten[312].

---

310 So die reichlich gewagte, in diesem Zusammenhang gebrauchte Formulierung des KTB-Führers des OKW; vgl. KTB OKW, Bd. IV, S. 741.

311 Vor allem die Räumung der nordostbosnischen Sicherheitszone und die weitgehende Auflösung der SS-Division »Handschar«: vgl. Lepre, *Bosnian division*, S. 248–275.

312 So kam es im Herbst und Winter 1944 zu mehreren Übergriffen der Ustascha auf Cetnik- und SFK-Verbände, die unter deutscher Begleitung nach Slowenien unterwegs waren, um dort eine neue Verwendung zu finden. Vgl. hierzu von Ribbentrops Protestnote vom 16.12.1944 in ADAP, Serie E, Bd. VIII, S. 604–606 Reichsaußenminister von Ribbentrop an die Gesandtschaft in Agram (16.12.1944)

7. »Für Balkanverhältnisse ruhig«[1]: Serbien von 1942 bis 1944

7.1. Serbien nach Niederschlagung des Aufstandes von 1941

Für die deutsche Besatzungsmacht in Serbien stellte sich nach der erfolgreichen Bekämpfung der Aufstandsbewegung vom Herbst 1941 die Frage nach dem weiteren Vorgehen. In militärischer Hinsicht stand dabei der unmittelbar bevorstehende Abzug der beiden Frontdivisionen, in politischer das Verhältnis zur Regierung Nedić und den ihr z.T. eng verbundenen Kräften der Cetnikbewegung um ihre Führer Pećanac und Mihailović im Vordergrund.

Trotz der maßgeblichen Rolle, die nationalserbische Verbände bei Eindämmung und Niederkämpfung der Aufstandsbewegung gespielt hatten, scheint das OKW die Möglichkeit einer dauerhaften Einbindung dieser Kräfte zur Sicherung des serbischen Raumes nicht ernsthaft in Betracht gezogen zu haben. Statt dessen sah ein Befehl vom 18. Dezember 1941 vor, den Abzug der 342. und 113. ID durch die Hinzuziehung bulgarischer Okkupationskräfte zu kompensieren[2]. Diese Option bot sich insofern an, als bulgarische Truppen im Südosten des Landes bereits seit Monaten im Bahnschutz eingesetzt waren[3]. Die Idee, von dieser beschränkten Aufgabe zur vollständigen Besetzung des fraglichen Raumes überzugehen, ging vermutlich auf einen Vorschlag zurück, den der bulgarische Gesandte in Ankara gegenüber seinem deutschen Kollegen von Papen gemacht hatte[4]. Das Okkupationskorps würde dem Kommandierenden General in derselben Weise wie ein deutscher Verband unterstellt werden; die Verwaltung des von den Bulgaren zu besetzenden Gebietes würde nach wie vor bei den deutschen Feld- und Ortskommandanturen liegen.

---

1 So zwei durchreisende OKW-Offiziere über die in Serbien im Februar 1943 herrschenden Verhältnisse; vgl. BA/MA, RH 2/683 Reisebericht Oberstleutnant Boencke und Hauptmann Cartillieri (9.–26.2.1943).
2 Akten zur deutschen auswärtigen Politik (ADAP), Serie E, Bd. I, S. 22 f. Aufzeichnung des Botschafters Ritter (16.12.1941).
3 Betroffen war der jeweils serbische Streckenteil der Linien Niš–Skopje und Niš–Sofia. Zu einer früheren bulgarischen Anregung, den bei dieser Aufgabe eingesetzten Truppen ein großzügiges Verfolgungsrecht einzuräumen, vgl. PA/AA, StS Bulgarien, Bd. 3, 94 Beckerle an Auswärtiges Amt (8.11.1941).
4 PA/AA, StS Jugoslawien, Bd. 4, 671 Papen an Auswärtiges Amt (6.12.1941).

Durch die historische Erbfeindschaft zwischen Serben und Bulgaren sowie die Tatsache, daß letztere im April 1941 nicht nur fast ganz Mazedonien, sondern auch einige serbisch besiedelte Gebiete annektiert hatten, mußte auf serbischer Seite geradezu zwangsläufig der Eindruck entstehen, daß die – deutscherseits im Herbst verschiedentlich angedrohte – Aufteilung des serbischen Reststaates unter seinen Nachbarn nun im Begriff war, Realität zu werden. Als Bader Nedić am 29. Dezember 1941 den für den nächsten Tag vorgesehenen Einmarsch des drei Divisionen starken Okkupationskorps (6. ID, 17. ID und 21. ID) ankündigte, drohte der konsternierte serbische Ministerpräsident für den Fall, daß der vorgesehene Besatzungsraum (der von der Linie Pristina–Kraljevo–Kragujevac–Lapovo–Zajecar[5] begrenzte Südosten des Landes) nicht wenigstens eine spürbare Verkleinerung erfahren würde, mit seinem sofortigen Rücktritt[6]. Sowohl der Kommandierende General als auch der Gesandte Benzler setzten sich bei Kuntze bzw. von Ribbentrop für ein Entgegenkommen der deutschen Seite ein[7]; Benzler glaubte sogar, daß durch die Diskreditierung von Nedić und Pećanac (dessen Gebiet inmitten der bulgarischen Besatzungszone lag) langfristig gesehen stärkere deutsche Besatzungskräfte notwendig sein würden, als durch das bulgarische Korps überhaupt eingespart werden könnten[8]. Sowohl der Wehrmachtbefehlshaber Südost als auch der Reichsaußenminister ließen jedoch keinen Zweifel daran, daß eine Demission der serbischen Regierung als politische »Demonstration«[9] aufgefaßt werden würde, die dem »Langmut«[10] der Reichsregierung ein jähes Ende bereiten würde: »Die Folgen würde Serbien sich selbst zuzuschreiben haben.«[11] Obwohl der serbische Ministerpräsident sich dieser offenen Drohung letztendlich beugte, blieb sein Protest doch nicht ohne Wirkung: So gelang es Bader unter Hinweis auf den dann mit Sicherheit zu erwartenden Rücktritt der Regierung, eine Erweiterung der bulgarischen Besatzungszone nach Westen zu vereiteln[12], und Nedić selbst bekam am 19. Januar 1942 zur Stärkung seiner Position die direkte Befehlsgewalt über die serbischen Regierungsverbände (vorbehaltlich deutscher Ansprüche) zugesprochen[13].

---

5   Ungefährer Verlauf; eine detailliertere Angabe findet sich in BA/MA, RW 40/16 Der Bev. u. Kdr. General in Serbien an das Kommando des Königlich-Bulgarischen Okkupationskorps, Nisch (16.1.1942).
6   ADAP, Serie E, Bd. I, S. 130–132 Benzler an Auswärtiges Amt (30.12.1941).
7   Ebd.; BA/MA, RW 40/25 Der Wehrmachtbefehlshaber Südost an den Kommandierenden General (3.1.1942).
8   ADAP, Serie E, Bd. I, S. 130–132 Benzler an Auswärtiges Amt (30.12.1941).
9   BA/MA, RW 40/25 Der Wehrmachtbefehlshaber Südost an den Kommandierenden General (3.1.1942).
10 ADAP, Serie E, Bd. I, S. 165 f. Ritter an Benzler (4.1.1942).
11 Ebd.
12 BA/MA, RW 40/26 Der Kommandierende General an den Wehrmachtbefehlshaber Südost (19.1.1942).
13 *Documenti diplomatici Italiani* (DDI), Nona Serie, Bd. VIII, S. 177 f. Il ministro a Belgrado, Mameli, al ministro degli esteri, Ciano (19.1.1942)

Ihre eigentliche Bedeutung erlangten diese Vorgänge allerdings erst vor dem Hintergrund des Pessimismus, der Anfang 1942 in deutschen und serbischen Kreisen hinsichtlich der Wahrscheinlichkeit eines erneuten Großaufstandes im Frühjahr vorherrschte. So ließ der über die bulgarische Besetzung bedrückte Nedić den Kommandierenden General am 6. Februar wissen[14], daß weder die Pećanac-Cetniks noch die Freiwilligen der »Zbor«-Bewegung als wirklich zuverlässig anzusehen und daher ihre möglichst baldige Entwaffnung anzustreben sei; auch in anderen Bereichen seiner Arbeit (Unterbindung des Schwarzhandels, Bekämpfung der DM-Bewegung, Fortsetzung der Koalitionsregierung mit Dimitrje Ljotić) sehe er keine Aussicht, dauerhafte Erfolge zu erzielen[15]. Nach Bader »*ging der Gesamteindruck der Unterredung (...) dahin, daß im Frühjahr sicher mit dem großen Aufstand zu rechnen wäre und daß N. selbst die Lage der Regierung für ziemlich aussichtslos hielte*«[16]. Obwohl dieser schon fast ostentativ zur Schau gestellte Pessimismus auch mit politischen Hintergedanken verbunden gewesen sein mag, kann doch nicht bestritten werden, daß die militärischen[17] wie zivilen[18] Vertreter der Besatzungsmacht sich in einer ähnlich düsteren Einschätzung der Lage einig waren. Bis Anfang März verdichteten sich die Nachrichten über eine Wiederholung der Ereignisse vom Spätsommer 1941 dann in einer Weise, daß für den Sicherheitsdienst (SD) der SS das Gerücht von einer für den 15. März geplanten handstreichartigen Übernahme Belgrads durch 12.000 bis 15.000 Mann Anlaß zu einer allgemeinen Warnung an alle deutschen Dienststellen war[19].

Bei so phantastisch anmutenden Szenarien stellt sich natürlich die Frage, welcher auch nur potentiellen Bedrohung die deutschen Besatzer im Winter 1942 denn nun tatsächlich gegenüberstanden.

Eine halbwegs zuverlässige Quantifizierung läßt sich am leichtesten für die Partisanen als Hauptverlierer des Aufstandes von 1941 erstellen. Nach einer jugoslawischen Darstellung verfügten diese zu Jahresbeginn 1942 innerhalb Serbiens noch über ungefähr 200 aktive Kämpfer, die überdies so gut wie keine Aussicht mehr auf nennenswerte Unterstützung durch die eingeschüchterte Bevölkerung hat-

---

14 BA/MA, RW 4/668 Aktenvermerk über die Unterredung zwischen dem Kommandierenden General und dem serbischen Ministerpräsidenten (7.2.1942). Zu diesem Zeitpunkt stand immer noch die Möglichkeit einer Erweiterung der bulgarischen Besatzungszone im Raum.
15 Ebd.
16 Ebd.
17 Der Bevollmächtigte u. Kommandierende General an den Wehrmachtbefehlshaber Südost (10.12.1941), zit. in: BA/MA, RH 19 XI/81 (Die Bekämpfung der Aufstandsbewegung im Südostraum, Teil I), S. 81–83.
18 DDI, Nona Serie, Bd. VIII, S. 317–321 Il ministro a Belgrado, Mameli, al ministro degli esteri Ciano (18.1.1942); ADAP, Serie E, Bd. I, S. 341 f. Benzler an Auswärtiges Amt (30.1.1942).
19 BA/MA, RW 40/27 Rundschreiben des Befehlshabers der Sicherheitspolizei und den SD in Belgrad (4.3.1942).

ten[20]. Eine sehr viel größere Bedrohung stellte dagegen die ca. 1.000 Mann starke Nachhut dar, die Tito im angrenzenden Sandžak im Raum von Nova Varos zurückgelassen hatte. Unter der Führung des Politbüromitglieds Milovan Djilas war dieser Einheit die Aufgabe zugefallen, eine Auffangstellung für die Versprengten der Niederlage von Anfang Dezember zu bilden und außerdem die Rückkehr nach Serbien vorzubereiten[21]. Der Versuch, diese Anfang Februar einzuleiten, wurde jedoch von einer größeren Gruppe Pećanac-Cetniks vereitelt, die vom Kommandierenden General den Auftrag zur vorübergehenden Sicherung des (italienischen) Sandžak erhalten hatten[22]. Nach nur kurzer Gefechtsberührung wurde Djilas' Truppe zum Rückzug nach Südostbosnien gezwungen, wo sie sich wieder Titos Hauptgruppe anschloß[23].

Paradoxerweise waren es aber ausgerechnet die dem Nedić-Regime augenscheinlich treu ergebenen Verbände, die nach Ansicht Paul Baders im Falle eines erneuten Aufstandes den größten Unsicherheitsfaktor darstellten.

Bei diesen zu Jahresbeginn fast 20.000 Mann zählenden Kräften sollte sowohl die Gewißheit, daß sie wenigstens zu einem erheblichen Teil der DM-Organisation nahestanden, als auch die bloße Tatsache, »daß sich in den Händen der Serben – in Händen zahlreicher illegaler und sogenannter legaler Organisationen – noch eine Menge Gewehre und Munition befinden«[24], aus der Sicht der meisten deutschen Besatzer ein unüberwindbarer Stein des Anstoßes bleiben. Die Möglichkeit, durch gezielte Förderung der innerhalb Serbiens politisch weitgehend isolierten, militärisch aber außerordentlich schlagkräftigen »Zbor«-Miliz ein Gegengewicht zu den Verbänden (Gendarmerie und Cetniks) zu schaffen, die einer Unterwanderung durch Mihailović am ehesten ausgesetzt waren, scheint auf deutscher Seite – entsprechenden Angeboten zum Trotz[25] – nicht erkannt worden zu sein. Da man zudem der Regierung Nedić nicht nur keine nennenswerte Integrationskraft[26], wohl aber latente Sympathien für Mihailović zutraute[27], setzten Bader und Kuntze vor allem auf eine

---

20 Venceslav Glisic, *Der Terror und die Verbrechen des faschistischen Deutschland in Serbien von 1941 bis 1944* (unveröffentl. Phil. Diss, Berlin-O. 1968), S. 124.

21 Milovan Djilas, *Wartime*, (New York u. London 1977), S. 120.

22 BA-Lichterf., NS 19/1730 Der Kommandierende General an den Wehrmachtbefehlshaber Südost (27.3.1942).

23 Djilas, *Wartime*, S. 130–138; BA/MA, RW 40/27 Aktennotiz über die am 18.3.1942 stattgefundene Besprechung mit Kosta Pećanac (18.3.1942).

24 Der Kommandierende General an den Wehrmachtbefehlshaber Südost (10.12.1941); zit. in: BA/MA, RH 19 XI/81 (Die Bekämpfung der Aufstandsbewegung im Südostraum, Teil I), S. 81–84.

25 So bot der »Zbor« angehörende serbische Wirtschaftsminister Mihailo Olćan Baders Stabschef am 27. Februar die Anwerbung von 5.000-10.000 weiteren Freiwilligen für das SFK an; vgl. BA/MA, RW 4/668 Besprechung mit dem serbischen Minister Mihailo Olćan (27.2.1942).

26 BA-Lichterf., NS 19/1730 Wehrmachtbefehlshaber Südost, Verw. Abt., Auszug Verwaltungsbericht (4.3.1942): »Die Regierung Neditsch mag an sich guten Willens sein, einen wirklichen Rückhalt im serbischen Volk besitzt sie jedoch nicht.«

27 BA/MA, RW 40/28 KTB-Eintrag vom 7.4.1942.

möglichst scharfe Bewachung ihrer serbischen Verbündeten. Geradezu exemplarischen Charakter hatte in dieser Hinsicht der in der Nacht vom 4. auf den 5. Januar 1942 unternommene Versuch, sämtliche im Belgrader Stadtgebiet wohnenden Berufsoffiziere, die der neuen Regierung noch nicht ihre Dienste angeboten hatten, auf einen Schlag dingfest zu machen[28]. Gleiches konnte aber ebenso hohen Vertretern des serbischen Staates widerfahren, die sich dem Verdacht ausgesetzt hatten, mit der DM-Organisation in Verbindung zu stehen: So geschehen im Fall des Kreisvorstehers Milan Kalabić, dessen Festnahme im Februar gar ohne Rücksprache mit seinem deutschen Vorgesetzten, dem Verwaltungschef Harald Turner, erfolgte[29]. Eine in diesem Zusammenhang besonders bedeutende Änderung in der Organisation der deutschen Militärverwaltung trat am 22. Januar in Kraft; an diesem Datum verfügte Hitler die Einsetzung von SS-Gruppenführer und Generalleutnant der Polizei August Meyszner als »Höheren SS- und Polizeiführer Serbien«[30]. Dem Kommandierenden General *persönlich und unmittelbar unterstellt*, sollte sein Zuständigkeitsbereich neben reinen Sicherungsaufgaben sowohl die *»Festigung und Nutzbarmachung des deutschen Volkstums«* als auch die *»Aufsicht, Aufbau und Einsatz der serbischen Polizeikräfte«*[31] umfassen. Letztere Aufgabe ging ab dem 27. Februar mit der unmittelbaren Unterstellung der Ljotić-Freiwilligen, die damit erneut der serbischen Befehlsgewalt entzogen wurden, einher. Im Falle der Staatswache (ehem. Gendarmerie) sowie der Cetniks, die vorerst der Regierung Nedić belassen wurden, war das Unterstellungsverhältnis unter die neue Dienststelle nur ein mittelbares[32]. Die Tatsache, daß Meyszner auch eigene Kräfte in Stärke von fünf Polizeibataillonen mitbrachte[33], konnte natürlich nicht darüber hinwegtäuschen, daß das ihm übertragene Weisungsrecht gegenüber serbischen Behörden die Saat eines Kompetenzkonfliktes mit Turners Dienststelle in sich trug, bei der auch die bisherige serbophile Politik des Militärverwaltungschefs nicht außen vor bleiben würde.

---

28 BA/MA, RW 40/190 8. Lagebericht des Verwaltungsstabes beim Befehlshaber in Serbien (6.1.1942).
29 BA-Lichterf., NS 19/1730 Kriegsverwaltungschef Turner an den Kommandierenden General (1.3.1942).
30 Martin Moll, *Führer-Erlasse 1939–1945* (Stuttgart 1997), S. 228 f.
31 Ebd.
32 BA/MA, RW 40/17 KTB-Eintrag vom 27.2.1942.
33 BA/MA, RH 20-12/147 Reise OB nach Serbien 7.6.–14.6. (o.D.).

7.2. 1942: Stabilisierung der Besatzungsherrschaft und Krise der Regierung Nedić

Während der Einmarsch des bulgarischen Okkupationskorps und die Einsetzung Meyszners Maßnahmen darstellten, deren politische Konfliktträchtigkeit nicht zu übersehen waren, war dies bei der vom Wehrmachtbefehlshaber Südost Anfang 1942 angestrebten Umbildung innerhalb des Stabes des Kommandierenden Generals nur auf den zweiten Blick der Fall. Hintergrund war die angestrebte Beseitigung der verworrenen Befehlsverhältnisse in Serbien, die eine schnelle Reaktion auf den Aufstand vom Spätsommer 1941 erheblich erschwert hatten und durch die Übertragung des Oberbefehls auf Franz Boehme nur vorübergehend beseitigt worden waren[34]. Obwohl dieses Arrangement durch die Nachfolge Paul Baders auf diesem Posten im wesentlichen beibehalten worden war, war die anhaltende Präsenz zweier Stäbe nicht gerade einer reibungslosen Koordination der Besatzungspolitik förderlich: Neben Baders ehemaligem Korps (Höheres Kommando LXV.) gab es auch noch den Stab des eigentlichen Territorialbefehlshabers (Befehlshaber Serbien), der seit der von Boehme erwirkten Absetzung des Luftwaffengenerals Heinrich Danckelmann allerdings verwaist war. Die an sich von reinen Zweckmäßigkeitskriterien bestimmte Zusammenlegung beider Befehlsorgane erhielt dadurch eine politische Spitze, daß der Wehrmachtbefehlshaber Südost in dem Antrag, den er am 21. Januar an das OKW richtete, die Umwandlung von Danckelmanns altem Verwaltungsstab in eine Abteilung und ihre unmittelbare Unterordnung unter den Chef des Stabes der neuen Dienststelle forderte[35]. Da es sich beim Militärverwaltungschef Staatsrat Harald Turner nämlich um einen hohen SS-Führer handelte, der während der vergangenen Monate außerdem wiederholt mit den militärischen Stellen in Belgrad in Konflikt geraten war[36], lag bei dieser faktischen Degradierung der Verdacht einer politisch motivierten Intrige natürlich auf der Hand[37].

---

34 Siehe auch Kapitel 2.1.
35 BA/MA, RH 20-12/142 Der Wehrmachtbefehlshaber Südost an das OKW/WfSt (21.1.1942).
36 Turners Stellvertreter Dr. Kiessel sprach in diesem Zusammenhang gar vom »*pflichtgemäß gegen die militärische Seite geführte(n) Kampf*« seines Vorgesetzten; vgl. BA-Lichterf., NS 19/1728 Sturmbannführer Dr. Kiessel an Obergruppenführer Wolff (6.2.1942).
37 Nach Auskünften eines V-Mannes aus dem OKW, die Dr. Kiessel vorlagen, war dieser Vorstoß eine direkte Folge der bevorstehenden Einsetzung des Höheren SS- und Polizeiführers: »*Nach den Vorgängen im Osten, die den Führer zur persönlichen Übernahme der Führung des Oberkommandos der Wehrmacht veranlaßten, habe sich der Generalstäbler beim Stabe des Wehrmachtbefehlshaber Südost eine regelrechte Panik bemächtigt. Man sei der Meinung gewesen, daß die Vorgänge ein weiterer Schritt auf dem Wege seien, ›die roten Generalstabsstreifen an den Hosen zu entfernen‹ (ich zitiere wörtlich) und der SS die bewaffnete Macht in die Hand zu spielen. In diese Stimmung fuhr wie ein Blitz der Befehl über die Einsetzung eines Höheren SS- und Polizeiführers, der erlassen wurde, ohne daß der Wehrmachtbefehlshaber um seine Meinung gefragt*

So ließ noch am selben Tag ein sichtlich erboster Turner den Stabschef des Wehrmachtbefehlshabers Südost wissen, daß ein solches Vorhaben nur dann gelingen würde, wenn »*man sich eine Kreatur suchen*« würde, »*die sich das gefallen läßt*«[38]. Im Laufe der anschließenden zehnwöchigen Kontroverse um die Zukunft seines Postens vermochte der Verwaltungschef nicht nur einflußreiche Fürsprecher bis hoch zum Reichsführer-SS für seine Sache aufzubieten, sondern hatte im Hinblick auf – von ihm genüßlich sezierte – Fehler der Wehrmacht bei der Bekämpfung der serbischen Rebellion oft auch noch die besseren Argumente auf seiner Seite[39]. Wenngleich diese auch nicht ausreichten, um Turner – wie von seinem Stellvertreter Dr. Kiessel vorgeschlagen – in den Stand eines Reichskommissars für ganz Serbien zu erheben[40], so ging der Staatsrat aus dem Streit um seine Person doch als klarer Sieger hervor: Am 7. April wurde ihm seine direkte Unterstellung unter den Kommandierenden General in aller Form bestätigt[41].

In auffälligem Gegensatz zu diesem Erfolg standen allerdings Ereignisse, die sich in der Zwischenzeit zugetragen hatten und durch die der langfristige Erfolg von Turners kollaborationsfreundlicher Politik in Frage gestellt wurde. Am Anfang hatte paradoxerweise zunächst eine ganze Serie bedeutender Erfolge serbischer und deutscher Kräfte im Kampf gegen die KPJ gestanden. So konnte eine Reihe erfolgreicher Razzien gegen die Überreste der serbischen Kommunisten zwischen dem 10. und 20. März 1942 mit der fast vollständigen Aushebung der Belgrader KPJ-Organisation (über 200 Verhaftungen) gekrönt werden[42]. Ungefähr zeitgleich gelang es der 704. ID gemeinsam mit serbischen Kräften, die noch in der westserbischen Sumadija operierende Partisanenabteilung vollständig aufzureiben[43]. Obwohl ein Zusammenhang nicht unzweideutig beweisbar ist, liegt doch der Schluß nahe, daß es nicht nur seine im Laufe der letzten Wochen wieder gestiegene Zuversicht[44], sondern vor allem diese Erfolge deutsch-serbischer Kollaboration waren, die

---

wurde. Einen dem Reichsführer unmittelbar unterstellten SS-Gruppenführer mit erheblichen Machtbefugnissen im Verein mit einem SS-Gruppenführer als Kriegsverwaltungschef in den eigenen Reihen zu haben, wird als unerträglich betrachtet. Aus diesem Grund müsse Gruf. Turner verschwinden«. Vgl. SS-Sturmbannführer Dr. Georg Kiessel an SS-Obergruppenführer Wolff (31.3.1942) in: Karl Hnilicka, *Das Ende auf dem Balkan. Die militärische Räumung Jugoslawiens durch die deutsche Wehrmacht* (Göttingen 1970), S. 177 f.

38 BA-Lichterf., NS 19/1728 Staatsrat Dr. Turner an Oberst i.G. Foertsch (21.1.1942).
39 Besonders bezeichnend in dieser Hinsicht. BA-Lichterf., NS 19/1730 Gesamtsituationsbericht an den Reichsführer SS (16.2.1942).
40 BA-Lichterf., NS 19/1728 Sturmbannführer Dr. Kiessel an Obergruppenführer Wolff (6.2.1942).
41 BA-Lichterf., Personalakte (SSO) Harald Turner, Staatsrat Dr. Turner an SS-Gruppenführer Richard Hildebrandt (11.4.1942).
42 BA/MA, RW 40/27 Tagesmeldung vom 16.3.1942; siehe auch Glisic, *Serbien*, S. 138 f.
43 Ebd., S. 140.
44 PA/AA, StS Jugoslawien, Bd. 4, 672 Gesandtschaftsrat Feine an Auswärtiges Amt (6.3.1942): »*Ministerpräsident Nedić beurteilt Lage günstiger und rechnet nicht mit solchem Aufstand.*«

Ministerpräsident Nedić dazu ermutigten, dem Kommandierenden General eine grundsätzliche Aufwertung seines Regimes nahezulegen. In einem vierseitigen Schreiben vom 25. März sprach er sich für eine weitgehende Autonomie des unter anderem durch freie Wahlen zu legitimierenden neuen Serbiens aus, bei welcher der deutschen Seite nur noch *»die oberste Kontrolle und die Bestimmung der allgemeinen Grundsätze der wirtschaftlichen und politischen Verwaltung«*[45] bleiben würde. An konkreten Anliegen hob Nedić lediglich die bulgarische Besatzung hervor, *»die einen Stein des Anstoßes für die serbische Regierung«*[46] darstelle. Aus Baders Reaktion läßt sich ersehen, daß er, ungeachtet seiner Vorbehalte gegen die bulgarische Teilbesetzung, noch weit davon entfernt war, sich in der Frage deutsch-serbischer Zusammenarbeit den Standpunkt Turners oder Benzlers zu eigen zu machen. Gegenüber Turner bezeichnete er den Antrag als *»eine Harmlosigkeit, wenn nicht Dreistigkeit«*, die Nedić am besten auf der Stelle zurückziehen solle[47]. Lediglich über *»einzelne Fragen«* ließe sich in einigen Monaten vielleicht wieder sprechen.

Obwohl der Verwaltungschef bei seinem Versuch, Nedić unter Zuhilfenahme allerlei plausibler[48] und abwegiger[49] Argumente von seiner Eingabe abzubringen, letztendlich scheiterte[50], bekam er im Laufe des mehrstündigen Gesprächs immerhin eine denkbar ausführliche Analyse der gegenwärtigen Probleme des serbischen Staates geboten. So beklagte der Ministerpräsident nicht nur die untrennbar mit jedem Besatzungsregime verbundenen Belastungen, sondern wies Turner auch darauf hin, daß das Verhältnis seines Regimes zu zwei Organisationen, die eigentlich als eine seiner wenigen Stützen anzusehen waren (»Zbor«-Bewegung und Russischer Werkschutz), alles andere als ungetrübt war[51]. Die bei weitem größte Bedeutung maß er allerdings der bulgarischen Besatzung zu. Selbst nachdem er Turner gegenüber die

---

45 BA/MA, RW 40/26 Die serbische Regierung an den Bevollmächtigten Kdr. General in Serbien (25.3.1942).

46 Ebd.

47 BA/MA, RW 40/26 Der Kommandierende General u. Befehlshaber Serbien an Staatsrat Turner (27.3.1942).

48 So verwies Turner Nedić u.a. auf die praktische Unmöglichkeit, unter den gegenwärtigen Umständen im Land die von ihm gewünschten Wahlen abzuhalten; vgl. BA/MA, RW 40/26 Niederschrift betreffend die Besprechung zwischen Staatsrat Dr. Turner und Herrn Ministerpräsident Milan Neditch (o.D.)

49 Turner hielt Nedić beispielsweise die Wahl des Datums vor, da dadurch an Jugoslawiens Beitritt zum Dreimächtepakt (25.3.1941) und den folgenden Putsch in Belgrad (27.3.1941) erinnert würde. Nedić gab an, eben diesen Tag gewählt zu haben, um fortan eine positve Besetzung dieses historischen Datums zu ermöglichen. Vgl. ebd.

50 Vgl. hierzu BA/MA, RW 40/26 Der Präsident des Ministerrates an Herrn Staatsrat Dr. Turner (29.3.1942), wo Nedić auf Vorlage des beanstandeten Schreibens besteht.

51 BA/MA, RW 40/26 Niederschrift betreffend die Besprechung am 28. März zwischen Herrn Staatsrat Dr. Turner und Herrn Ministerpräsidenten Milan Neditch (o.D.) Ljotić und seine Anhänger bezichtigte Nedić der offenen Opposition gegen sein Regime; die sog. *»Russenverbände«* hätten sich durch häufige Plünderungsaktionen *»den Haß des serbischen Volkes zugezogen«*.

Chancenlosigkeit seines Programms eingeräumt hatte, beharrte er noch auf dieser Frage: »*... es möge doch noch einmal überlegt werden, ob man – wenn nicht alle Forderungen – so doch wenigstens etwas, insbesondere die Zurückziehung der Bulgaren, erfüllen könne*«[52]. Soweit nachvollziehbar, würdigte Bader auch diesen Appell keiner näheren – geschweige denn wohlwollenden – Prüfung. Dabei hätten die wahrscheinlich unvermeidlichen Probleme, die sich auch im noch ausschließlich deutsch kontrollierten Serbien bei der Zusammmenarbeit mit den Verbündeten des Deutschen Reiches ergaben, dem Gedanken an eine stärkere Einbeziehung serbischer Kräfte bei der Sicherung des Raumes einen zusätzlichen Anreiz verleihen können.

So sollte sich beispielsweise Benzlers pessimistische Prognose hinsichtlich der politischen Auswirkungen bulgarischer Truppenpräsenz insofern eine Bestätigung erfahren, als diese in der Tat einen sichtbaren Autoritätsverfall des Kosta Pećanac zur Folge hatten[53]; gegen Jahresmitte begann sich der bulgarisch besetzte Südosten überdies als Unruhegebiet und Sammelpunkt der verbliebenen Partisanen abzuzeichnen[54]. In politischer Hinsicht sollte in diesem Raum die Grenzziehung zwischen dem italienischen Protektorat Albanien und Bulgarien im Bereich des Ochrid-Sees für einen diplomatischen Schwelbrand sorgen, der gelegentlich auch in bewaffneten Zwischenfällen aufflammte und wiederholte Interventionen von deutscher Seite erfordern sollte[55]. Aber auch die scheinbar unzweideutigen Machtverhältnisse, die in Serbien herrschten, erfuhren 1942 eine zumindest diplomatische Anfechtung. So hatte Nedić Benzler und Turner am 20. bzw. 27. März darauf hingewiesen, daß ihm kurz zuvor von italienischer Seite ein Angebot unterbreitet worden sei, dem serbischen Staat Ostslawonien, Ostbosnien und die östliche Herzegowina anzuschließen. Dabei habe der italienische Unterhändler mit dem Hinweis zur Eile gedrängt, daß nach einem deutschen Sieg an der Ostfront die Klärung solcher Fragen nicht mehr auf dem Verhandlungswege, sondern nur noch per Diktat aus Berlin erfolgen würde[56]. In den folgenden Wochen kam es zu einem ausführlichen serbisch-italieni-

---

52 Ebd.
53 BA/MA, RL 21/218 Lagebericht des Kommandierenden Generals in Serbien für die Zeit vom 20. bis 28.2.1942 (28.2.1942); PA/AA, StS Jugoslawien, Bd. 4, 672 Gesandtschaftsrat Feine an Auswärtiges Amt (6.3.1942).
54 BA/MA, RW 40/30 Lagebericht für die Zeit vom 10. bis 20.6.42 (20.6.1942).
55 ADAP, Serie E, Bd. II, S. 192–194 Reichsaußenminister von Ribbentrop an die Botschaft in Rom (6.4.1942); ADAP, Serie E, Bd. III, S. 260 f. Aufzeichnung des Generalkonsuls in Tirana Schliep (3.8.1942).
56 ADAP, Serie E, Bd. II, S. 96 Benzler an Auswärtiges Amt (20.3.1942); BA/MA, RW 40/26 Niederschrift betreffend die Besprechung am 28. März 1942 zwischen Herrn Staatsrat Dr. Turner und Herrn Ministerpräsidenten Milan Neditch (o.D.).

schen Gedankenaustausch, der allerdings, von einer Ausnahme abgesehen[57], nicht im direkten Gespräch, sondern unter Einschaltung eines serbischen Mittelsmannes[58] abgewickelt wurde. Aufgrund dieses Umstandes ist es auch nicht möglich, mit Sicherheit zu sagen, welche der beiden Seiten die treibende Kraft hinter diesen Gesprächen war[59]. Die von Nedić geübte Zurückhaltung[60] scheint jedenfalls mitentscheidend dafür gewesen zu sein, daß der Meinungsaustausch sich zunächst auf den einzigen Bereich konzentrierte, der gleichermaßen italienische wie serbische Interessen berührte: die Besetzung von einem Teil des nordmontenegrinischen Sandžak durch nedićtreue Cetniks. So bat der Ministerpräsident den italienischen Militärattaché um Erlaubnis, diesen Zustand vorläufig aufrechterhalten zu dürfen und regte überdies eine Ausweitung des besetzten Gebiets an[61]. Die Aussicht, eigenes (im Gegensatz zu kroatischem) Gebiet tatsächlich aufzugeben, ließ das italienische Interesse jedoch schnell erlahmen: Hatte Nedićs Interesse am Kosovo die Italiener schon gleich zu Beginn der Gespräche irritiert[62], so quittierten sie seinen Vorschlag vom 27. April, dem Provisorium im nördlichen Sandžak durch die Bezeichnung »italo-serbische Besatzungszone« einen offiziellen Anstrich zu geben[63], prompt mit der Forderung nach der umgehenden Räumung des bewußten Gebiets[64]. Eine wenige Tage später ins Gespräch gebrachte Idee einer paritätisch (deutsch, italienisch, serbisch) zu besetzenden Kommission »zur grenzübergreifenden Bekämp-

---

57 Am 15. April kam Nedić mit dem italienischen Militärattaché zu einer kürzeren (eineinviertel Stunde) Besprechung zusammen; vgl. DDI, Nona Serie, Vol. VIII, S. 498–500 L'adetto militare a Belgrado, Bonfatti, al ministro a Belgrado, Mameli (15.4.1942).

58 Es handelte sich um den Belgrader Anwalt Vladislav Stakić, der nach Angaben Benzlers ein Bekannter Mussolinis war; vgl. ADAP, Serie E, Bd. II, S. 290–293 Benzler an Auswärtiges Amt (28.4.1942).

59 Da Nedić ein Interesse daran hatte, sich gegenüber den Deutschen als der Umworbene darzustellen, sind seine diesbezüglichen Beteuerungen gegenüber Benzler eine Quelle von zweifelhaftem Wert, vgl. ADAP, Serie E, Bd. II, S. 290–293 Benzler an Auswärtiges Amt (28.4.1942). Obwohl ein ähnliches Motiv (z.B. persönlicher Ehrgeiz) auch beim italienischen Gesandten und seinem Militärattaché vorgelegen haben könnte, müssen ihre möglicherweise leicht geschönten Berichte (».... della anciosa ricerca da parte serba di una collaborazione italiana«) zumindest in diesem Punkt als tendenziell glaubwürdiger angesehen werden. Vgl. DDI, Nona serie, Vol. VIII, S. 581–585 Il ministro a Belgrado, Mameli, al ministro degli esteri, Ciano (12.5.1942).

60 DDI, Nona Serie, Vol. VIII, S. 498–500 L'adetto militare a Belgrado, Bonfatti, al ministro a Belgrado, Mameli (15.4.1942).

61 Ebd.

62 ADAP, Serie E, Bd. II, S. 96 Benzler an Auswärtiges Amt (20.3.1942).

63 DDI, Nona serie, Vol. VIII, S. 582 f. L'adetto militare, Bonfatti, al ministro a Belgrado, Mameli (8.5.1942).

64 ADAP, Serie E, Bd. II, S. 290–293 Benzler an Auswärtiges Amt (28.4.1942). Die italienische Besetzung des Raums erfolgte allerdings erst Anfang Juli; vgl. DDI, Nona serie, Vol. VIII, S. 668 f. Il ministro degli esteri, Ciano, al ministro a Belgrado, Mameli (12.6.1942); BA/MA, RH 26-117/4, 717 ID, Abt. Ic-Lagebericht für die Zeit 1.–15. Juli 1942 (15.7.1942).

fung des Kommunismus«[65] vermochte die Verhandlungen ebensowenig zu beleben wie die Einbeziehung eines ziemlich skeptischen Dimitrije Ljotić[66]. Anfang Juni wies das Comando Supremo den Militärattaché in Belgrad schließlich an, sich aller weiterer Kontakte zur Regierung Nedić zu enthalten[67].

Rückblickend betrachtet, spricht einiges dafür, daß die Gespräche in der zweiten Märzhälfte wahrscheinlich von italienischer Seite initiiert wurden, um die damals mit Hilfe von Jezdimir Dangić geplante Einverleibung Ostbosniens in den Machtbereich der 2. Armee auch östlich der Drina diplomatisch zu flankieren[68]. Dennoch scheinen die meisten der späteren Impulse (Legalisierung der serbischen Sandžakbesetzung, Drei-Männer-Kommission) aber tatsächlich von serbischer Seite ausgegangen zu sein, was sich dadurch erklären ließe, daß Nedić in der Fortsetzung der Verhandlungen mit dem anderen Achsenpartner eine seltene Chance sah, den Deutschen gegenüber eine – und sei es noch so geringfügige – Aufwertung seines Regimes zu erreichen[69].

Die fast völlig auf bloße Selbsterhaltung gerichtete Aktivität der verbliebenen Partisanenabteilungen[70] hatten Bader derweil in die Lage versetzt, eine langfristige Neutralisierung seiner nationalserbischen Verbündeten ins Auge zu fassen. Der erste Schritt in diese Richtung lag in der Fortsetzung der bereits Ende vergangenen Jahres eingeleiteten Bemühungen um eine genauere Kontrolle der zumeist weitgehend selbständig operierenden Verbände. Wichtiger noch als die Ausstellung von Lichtbildausweisen sowie die langfristige Überstellung in die neu organisierte Gendarmerie (seit dem 27. Februar 1942: Serbische Staatswache, kurz SSW)[71] schien Bader dabei eine möglichst enge Unterstellung unter deutsche Dienststellen, die vor allem die Kontrolle der Munitionsversorgung garantieren würde. Um diese zu gewährleisten, wurde zunächst damit begonnen, so ein Bericht vom 10. April, »in die regello-

---

65 ADAP, Serie E, Bd. II, S. 290–293 Anlage 1 zu Benzler an Auswärtiges Amt (28.4.1942) sowie DDI, Nona serie, Vol. VIII, S. 581–584 Annesso 1 zu Il ministro a Belgrado, Mameli, al ministro degli esteri, Ciano (12.5.1942).

66 So hielt Ljotić Stakić vor, daß die bisherige Balkanpolitik Italiens (Einsetzung von Pavelić, Neugründung Montenegros und schwindender Einfluß im neuen Kroatien) nicht gerade geeignet war, serbischen Verhandlungspartnern Vertrauen einzuflößen; vgl. DDI, Nona serie, Vol. VIII, S. 584 f. L'adetto militare, Bonfatti, al ministro a Belgrado, Mameli (9.5.1942).

67 DDI, Nona serie, Vol. VIII, S. 668 f. Il ministro degli esteri, Ciano, al ministro a Belgrado, Mameli (12.6.1942).

68 Siehe auch Kapitel 4.2.

69 Obwohl Nedić Benzler gegenüber bereits am 28. April von einem italienischen Vorstoß zur Bildung der erwähnten Kommission sprach, gab der italienische Militärattaché Bonfatti zu Protokoll, hiervon erstmalig am 2. Mai gehört zu haben – in Form einer serbischen Initiative; vgl. Fußnote 63. Siehe auch die Interpretation des Reichsführer-SS und des Chefs des OKW in BA-Lichterf., Personalakte Turner (SSO) Der Reichsführer-SS an SS-Gruppenführer Meyszner (9.5.1942); BA/MA, RH 20-12/145 Der W.Bfh. Südost (AOK 12) an Chef W.Bfh. Südost (6.5.1942).

70 Glisic, *Serbien*, S. 150.

71 Siehe hierzu u.a. BA/MA, RW 40/28 Der Kommandierende General an 704., 714. und 718. ID (10.4.1942) und RH 20-12/145 Aktennotiz über die Chefbesprechung am 11.5.1942 (11.5.1942).

se Bewaffnung der Cetniks einige Ordnung zu bringen«[72]; am selben Tag erging ein Befehl zur Durchnumerierung sämtlicher Cetnik- und Freiwilligenabteilungen und ihre Unterstellung unter die für ihren Raum zuständige deutsche Division bzw. (in der bulgarischen Zone) Feldkommandantur[73]; die Staatswache blieb der serbischen Regierung bzw. – mittelbar – dem Höheren SS- und Polizeiführer unterstellt.

Durch diese Maßnahmen sollte es Bader bis Mitte Mai schließlich gelingen, Zahl, Soll-Stärke, Einsatzraum und Bewaffnung der zugelassenen Abteilungen verbindlich festzulegen[74]; als letzter Schritt in Richtung auf eine möglichst lückenlose Kontrolle wurde im Juni schließlich die Umrüstung sämtlicher Abteilungen auf Waffen eingeleitet, aus denen weder Wehrmachts- noch jugoslawische Vorkriegsmunition verschossen werden konnte. Soweit nachvollziehbar, scheint der mit dieser Aufgabe betraute Höhere SS- und Polizeiführer hierbei vor allem auf Beutebestände aus dem Westfeldzug zurückgegriffen zu haben[75]. Daß im September die ausgegebenen Waffen bereits regelmäßig auf aufgebohrte Läufe kontrolliert wurden[76], kann einerseits als Indiz auf die relative Unzulänglichkeit all dieser Maßnahmen, andererseits aber auch als Hinweis auf die Routine gesehen werden, mit der deutsche Dienststellen in das Innenleben dieser ursprünglich kaum zu kontrollierenden Freischaren eingriffen.

Baders Bestreben, seine nationalserbischen Verbündeten unter Kontrolle zu halten, zeigte sich auch in der Regelmäßigkeit, mit der er die Entwaffnung und Auflösung ihm unzuverlässig erscheinender Einheiten verfügte[77]. Der Realisierung seines Fernziels – die spürbare Reduzierung serbischer Waffenträger – konnte er jedoch nur durch Entwaffnungen im großen Stil näherkommen. Nachdem die Freiwilligen sich immer häufiger als die zuverlässigste Stütze im Kampf gegen Kommunisten und DM-Organisation erwiesen hatten, offenbarte der Kommandierende General Nedić am 25. Juni, daß die Auflösung sämtlicher Cetnikabteilungen in den nächsten Tagen im bulgarischen Besatzungsraum beginnen würde[78]. Die Verschiebung dieser Maßnahme war wohl einem Zusammenspiel mehrerer Gründe zuzuschreiben: Während Nedićs Hinweis, daß für dieses Vorhaben die herbstliche Jahreszeit geeigneter und überdies die SSW noch lange nicht in der Lage sei, die Aufgaben der Cetnik-

---

72 BA/MA, RH 26-117/4 717.ID, Abt. Ic, Feindlagebericht für die Zeit vom 16. März bis 10. April 1942 (10.4.1942).
73 BA/MA, RW 40/28 Korpsbefehl des Kommandierenden Generals und Befehlshabers in Serbien (10.4.1942).
74 BA/MA, RW 40/36 Der Kdr. General u. Bfh. in Serbien an den WB Südost (1.12.1942).
75 BA/MA, RH 26-117/4 Divisionsbefehl der 717. ID (10.6.1942).
76 BA/MA, RH 26-104/22 KTB-Eintrag vom 2. September 1942.
77 Scheinbar erstmalig in der zweiten Märzhälfte; vgl. BA/MA, RH 26-117/4 717. ID, Abt. Ic, Feindlagebericht für die Zeit vom 16. März bis 10. April 1942 (10. April 1942).
78 PA/AA, Gesandtschaftsakten Belgrad 62/1 Der Präsident des Ministerrats an den Kommandierenden General und Befehlshaber in Serbien (27.6.1942); StS Jugoslawien, Bd. 4, 673 Gesandtschaftsrat Feine an Auswärtiges Amt (30.6.1942).

abteilungen zur Gänze zu übernehmen, Bader zunächst ungerührt ließ[79], scheint der unvorhergesehene Abzug des Gros der 714. ID im Zusammenhang mit der Kozaraoperation in Westbosnien den Ausschlag zugunsten des Aufschubs gegeben zu haben[80]. Da der Kommandierende General zu diesem Zeitpunkt bereits um die baldige Verlegung der neuen SS-Division »Prinz Eugen« in den altserbischen Raum wußte, dürfte ihm diese Verschiebung seiner Pläne keine größeren Sorgen bereitet haben: Schließlich wies dieser Verband eine mehr als doppelt so große Ist-Stärke wie die 714. ID auf (22.000 Mann) und würde mit der Einnahme seines designierten Besatzungsraums Anfang September der Besatzungsmacht einen Kräfteüberschuß geben, der eine weitflächige Cetnikentwaffnung zu einem weitgehend risikolosen Unterfangen machen würde.

Im politischen Bereich erbrachte die Ungewißheit um die Entwaffnung immerhin die interessante Erkenntnis, daß Nedićs Unzufriedenheit mit seinem Koalitionspartner Ljotić in den letzten Monaten eher noch zu- als abgenommen hatte. So bestritt er im Gespräch mit Bader, daß die Freiwilligenabteilungen bis dahin bessere Dienste als die Cetniks geleistet hätten und bestand schon allein im Hinblick darauf, daß die Freiwilligen »im Volke verhaßt seien«, auf einer zeitgleichen Entwaffnung beider Formationen[81]. Keine zwei Wochen später sah Bader sich sogar gezwungen, einen Versuch der serbischen Regierung zu unterbinden, durch Auflösung der Ersatzformation der Freiwilligen eine verdeckte Demobilisierung der »Zbor«-Miliz zu erreichen[82].

Politisch verhängnisvoller als die geplante Entwaffnungsaktion, die im prinzipiellen Einverständnis mit der serbischen Regierung erfolgen sollte, wirkten sich während der Frühlings- und Sommermonate die Kompetenzkonflikte in Belgrad auf das deutsch-serbische Verhältnis aus. Das Grundproblem der deutschen Militärverwaltung lag darin, daß Bader zwar der eigentliche Ansprechpartner für die serbische Regierung war, die ihm unterstellten Vertreter von SS und Polizei (Meyszner)[83],

---

79 Ebd.
80 BA/MA, RW 40/31 KTB-Eintrag vom 2.7.1942; PA/AA, StS Jugoslawien, Bd. 4, 673 Benzler an Auswärtiges Amt (24.7.1942).
81 BA/MA, RW 40/31 KTB-Eintrag vom 8.7.1942.
82 BA/MA, RW 40/31 KTB-Eintrag vom 17.7.1942.
83 Vgl. hierzu einen vielsagenden Appell, den Wilhelm Keitel nach zwei Jahren deutscher Besatzung in Serbien an Himmler richtete: BA/MA, RW 4/709 Der Chef des Oberkommandos der Wehrmacht an den Reichsführer-SS und Chef der deutschen Polizei (15.5.1943): »*Der Kommandierende General und Befehlshaber in Serbien erhält von dem Inhalt der Berichte, die der Höhere SS- und Polizeiführer an Sie erstattet, keine Kenntnis. Seine Stellung und seine Aufgaben erfordern aber, daß er von Vorgängen in seinem Befehlsbereich, gerade wie den hier behandelten Fällen, Kenntnis erhält.*«

Vierjahresplan (Neuhausen)[84], Auswärtiges Amt (Benzler)[85] und selbst der eigenen Verwaltung (Turner) aber in ihren Zuständigkeitsbereichen über einen erheblichen Freiraum verfügten, der auch jederzeitige Rücksprachen mit Nedić sowie (mit Ausnahme Turners) einen eigenen Nachrichtenkanal zu ihrer vorgesetzten Dienststelle in Berlin einschloß. Die unvermeidliche Konsequenz war, daß einerseits – aus deutscher Sicht – die serbische Seite oft in die Lage versetzt wurde, von diesem Kompetenzwirrwar zu profitieren, andererseits – aus serbischer Sicht – die Ausgabe undurchführbarer, weil sich gegenseitig widersprechender Weisungen eine rationale Regierungsarbeit unmöglich machen mußte[86].

Im Mittelpunkt dieser verschiedenen, sich gegenseitig überschneidenden Interessenskonflikte stand im Sommer 1942 wieder einmal die Person des Militärverwaltungschefs SS-Gruppenführer Harald Turner. Kaum der ihm vom Wehrmachtbefehlshaber Südost zugedachten Degradierung entronnen, mußte er die ernüchternde Entdeckung machen, daß der von ihm noch im April als *»ganz vernünftiger Mann«* bezeichnete *»SS-Kamerad«* August Meyszner[87] in kaum weniger beharrlicher Weise darauf hinarbeitete, den Posten des Militärverwaltungschefs überflüssig zu machen.

Der erste entscheidende Schritt in diese Richtung erfolgte, als Meyszner am 9. Mai die Einrichtung von Gebiets- und Polizeikommandanturen dekretierte; diese an sich unanfechtbare Maßnahme geriet zum Politikum, weil die Kommandanturen sich in der Folgezeit von serbischen Behörden auch über Belange unterrichten ließen und dazu Weisungen erteilten, die eindeutig in den Bereich der Militärverwaltung gehörten (Preisüberwachung, Zwangsarbeit usw.)[88]. Gleichzeitig begann der Höhere SS- und Polizeiführer damit, der serbischen Regierung die beschränkte Befehlsgewalt, die sie über den letzten ihr noch unterstellten Verband (der Staatswache) ausübte, Schritt für Schritt wieder zu entwinden[89]. Obwohl in dem nun folgenden monatelan-

---

84 BA/MA, RW 40/115 Abschlußbericht des Chefs der Militärverwaltung Südost (10.4.1945): *»Der GBW (Generalbevollmächtigte für die Wirtschaft) konnte auf dem Wirtschaftsgebiet alle von ihm für notwendig erachteten Weisungen erteilen. Er zeichnete dabei aber in eigenem Namen und war nicht dem Mil.-Befh., sondern nur dem Beauftragten für den Vierjahresplan verantwortlich.«*

85 Ebd.: *»Die fachlichen Richtlinien und Anweisungen erhielt der Bevollmächtigte vom Auswärtigen Amt unmittelbar. Seine Unterstellung unter den Mil.-Bfh. trat praktisch nicht in Erscheinung.«*

86 Der Verfasser des Abschlußberichtes über die deutsche Militärverwaltung in Serbien scheint sich mit einem endgültigen Urteil zu dieser Frage schwergetan zu haben: *»Da dieser Behördenkrieg sich nach aussen sichtbar abspielte und nicht selten vor den Augen der Serben ausgetragen wurde, so bedarf es keiner Darlegung, daß die Autorität und die Stoßkraft der deutschen Behörden dabei empfindlichste Einbußen erlitten haben. Wie schon erwähnt, haben die Serben vielfach Nutzen daraus gezogen. Andererseits ist es aber auch nicht selten gewesen, daß der Krieg zu Lasten der Serben ausgetragen worden ist.«* Vgl. ebd.

87 BA-Lichterf., Personalakte (SSO) Harald Turner, Staatsrat Dr. Turner an SS-Gruppenführer Richard Hildebrandt (11.4.1942).

88 BA-Lichterf., NS 19/1672 Staatsrat Dr. Turner an den Höheren SS- und Polizeiführer SS-Gruppenführer Meyszner (29.8.1942).

89 BA/MA, RW 40/31 KTB-Eintrag vom 3.7.1942.

gen Streit um die schleichende Entmachtung von Turners Dienststelle Meyszner sich nicht zuletzt dadurch angreifbar machte, daß er bei strittigen Fragen der Aussprache mit dem Militärverwaltungschef gezielt auswich und statt dessen mit zunehmender Häufigkeit den Kommandierenden General zum Schiedsrichter in einem Streit zwischen zwei hohen SS-Führern machte[90], wies auch Turners Position gleich zwei entscheidende Schwachstellen auf: Zum einen stellte seine Position als SS-Offizier in einer militärischen Funktion schon eine Anomalie an sich dar, die zu beseitigen der Wehrmachtbefehlshaber Südost sich zu Beginn des Jahres schon alle Mühe gegeben hatte; von seiten seiner vorgesetzten Dienststelle konnte Turner also schon mal keine Schützenhilfe erwarten. Zum anderen mußte er feststellen, daß die von ihm immer wieder befürwortete Kollaborationspolitik ihn nicht nur aus der Sicht Meyszners und Himmlers[91], sondern auch aus der der Wehrmacht im hohen Maße angreifbar machte. In aller Deutlichkeit trat dies bereits Mitte Juli zutage, als der Höhere SS- und Polizeiführer eine Verordnung Turners zur Gründung eines Kabinettsrats bemängelte, die nach seiner Auffassung der serbischen Regierung die Bildung zweier ihr ausdrücklich untersagter Ministerien (Außen- und Kriegsministerium) in verdeckter Form ermöglicht hätte. Da eine Umsetzung des Erlasses unter anderem sämtliche serbische Kräfte dem von Meyszner beaufsichtigten serbischen Innenministerium entzogen hätte[92], kann eine wie auch immer geartete Nachlässigkeit Turners weitgehend ausgeschlossen werden; vielmehr muß diese Maßnahme als wohlüberlegter Schachzug des Verwaltungschefs in seinem Nervenkrieg mit dem Höheren SS- und Polizeiführer angesehen werden. Obwohl Bader für eine rasche Rücknahme des fraglichen Erlasses sorgte, sah auch der Wehrmachtbefehlshaber Südost sich noch zu einer ungewöhnlich scharfen Stellungnahme veranlaßt, die keinen Zweifel an Turners isolierter Lage ließ: »*Die Tatsache, daß der Chef der Verwaltungsabteilung [sic] beim Kommandierenden General in Serbien, Staatsrat Dr. Turner, diese Verordnung unter Umgehung seines Befehlshabers, ohne Fühlungnahme mit dem Chef des Generalstabes und der anderen fachlich beteiligten Dienststellen zugelassen hat, muß ich erneut als Eigenmächtigkeit ansehen, die bei den schwierigen serbischen Verhältnissen schwerste und unabsehbare Folgen nach sich ziehen kann. Ich sehe mich daher gezwungen, erneut die Ersetzung des Staatsrates Dr. Turner durch eine geeignetere Persönlichkeit zu beantragen.*«[93]

---

90 Vgl. ebd.
91 BA/MA, RW 40/79 Der Reichsführer SS an Gruppenführer Turner (23.8.1942).
92 BA/MA, RW 40/93 Der stellv. Wehrmachtbefehlshaber im Südosten und stellv. Oberbefehlshaber der 12. Armee an den Chef des Oberkommandos der Wehrmacht (31.7.1942).
93 Ebd. Nicht auszuschließen ist, daß die Diktion dieses Schreibens durch die Nachricht von der eigenen Ablösung, die Kuntze gerade erst erhalten hatte, mitbestimmt wurde.

Auch die Bildung eines Sportausschusses oder eines serbischen Arbeitsdienstes[94] wurden von Meyszner als unzulässige Konzessionen an eine nach wie vor als uneingeschränkt feindlich anzusehende Nation angesehen; obwohl Bader im letzteren Fall zu Turners Sichtweise neigte, sollte er seine Zustimmung zu dieser Einrichtung aber bezeichnenderweise bis zum Sturz des Verwaltungschefs hinauszögern[95]. Auch der administrative Schritt, durch den Turners Posten endgültig der Redundanz anheimzufallen drohte, wurde von Bader und Meyszner in fast schon harmonischer Zusammenarbeit vollzogen: Mit Wirkung vom 15. September gab der Kommandierende General *»bis auf weiteres«* dem Ersuchen des Höheren SS- und Polizeiführers statt, sämtliche das materielle Polizeirecht betreffende Angelegenheiten auf seine Dienststelle zu übertragen[96].

Trotz des Fortschreitens dieses schleichenden Entmachtungsprozesses war ein endgültiger Sieg Meyszners über Turner schon deshalb keine ausgemachte Sache, weil in der Zwischenzeit beide Kontrahenten ihre Argumente Heinrich Himmler vorgetragen hatten. Auf dieser Entscheidungsebene hätte Turner aber allein schon deshalb die besseren Karten haben müssen, weil er in Gestalt des SS-Obergruppenführers Wolff einen mächtigen Fürsprecher in der unmittelbaren Umgebung des Reichsführers SS hatte. Darüber hinaus bestand Grund zur Annahme, daß die bloße Tatsache, daß Himmlers vergangene Intervention zugunsten von Turners Dienststelle nun durch die Handlungen eines anderen SS-Führers ad absurdum geführt wurde, ihn nicht gerade für diesen einnehmen würde. Obwohl auch zwei kritische Stimmen aus dem Umfeld des Reichsführers SS zu Einschätzungen kamen, die Turner zumindest tendenziell begünstigten[97], endete die Kontroverse Ende September schließlich mit dem Entschluß zu seiner Absetzung[98]. Daß Himmler diese

---

94 BA-Lichterf., Personalakte (SSO) Turner, Der Höhere SS- und Polizeiführer an den Kommandierenden General u. Befehlshaber in Serbien (16.8.1942).

95 BA/MA, RW 40/35 KTB-Eintrag vom 27.11.1942.

96 BA-Lichterf., NS 19/1728 SS-Sturmbannführer Dr. Georg Kiessel an SS-Obergruppenführer Wolff (13.10.1942)

97 BA-Lichterf., Personalakte (SSO) Meyszner, SS-Obergruppenführer Schmitt an den Reichsführer SS (8.10.1942); NS 19/1672 Der Chef des SS-Personalhauptamtes an den Reichsführer SS (12.10.1942). Obwohl beide Gutachter darin übereinstimmten, die Absetzung sowohl Meyszners als auch Turners zu fordern, waren sie sich darin einig, daß Meyszner eine schwerere Schuld traf.

98 Obwohl die Ablösung des Staatsrats spätestens ab dem 6. Oktober beschlossene Sache war, unterrichtete Himmler zunächst nur Turners Widersacher in Wehrmacht und Auswärtigem Amt darüber. Der Militärverwaltungschef, der dann noch bis zum 10. November amtierte, scheint zumindest bis zum 30. Oktober nur gerüchteweise von seiner bevorstehenden Absetzung erfahren zu haben. Vgl. BA/MA, RW 40/34 KTB-Eintrag vom 6.10.1942; BA-Lichterf., Personalakte (SSO) Harald Turner, SS-Gruppenführer Turner an den Reichsführer SS – Abschrift (30.10.1942); BA/MA, RW 40/35 15. Lagebericht des Verwaltungsstabes beim Kdr. General und Bfh. in Serbien für September und Oktober 1942 (10.11.1942). Vgl. auch Christopher Browning, Harald Turner und die Militärverwaltung in Serbien, in Dieter Rebentisch u. Karl Teppe (Hrsg.), *Verwaltung contra Menschenführung im Staat Hitlers. Studien zum politisch-administrativen System* (Göttingen 1986) S. 351–373.

Entscheidung nicht ganz leicht gefallen ist, läßt sich einem Schreiben entnehmen, das er, nachdem die Entscheidung bereits getroffen war, an Meyszner richtete und in dem er ihm unter anderem vorhielt, es gegenüber Turner »*an der nötigen kameradschaftlichen Bindung*« fehlen gelassen zu haben und ihm bei Wiederholung solcher Verfehlungen gar die Enthebung von seinem Posten androhte[99].

In Ermangelung schriftlicher Quellen können über die Motive, die bei Himmler schließlich den Ausschlag zugunsten Meyszners gaben, nur Mutmaßungen angestellt werden. Eine gewisse Rolle dürfte wohl Turners – vom Reichsführer SS ausdrücklich mißbilligte – »Serbophilie« und deren Auswirkungen auf die Beziehungen zur deutschen Volksgruppe im Banat gehabt haben[100]. Als bedeutend schwerwiegender muß jedoch die Lage gesehen werden, in der Himmler sich bei einer Entlassung Meyszners oder gar beider SS-Führer wiedergefunden hätte. Zum Zeitpunkt, als der schwelende Konflikt eine Personalentscheidung schließlich überfällig machte (Ende September/Anfang Oktober 1942), betrieben sowohl Wehrmachtbefehlshaber Südost als auch Auswärtiges Amt bei Hitler eine grundlegende Reorganisation der Befehlsstruktur in Belgrad, die auch vor den Kompetenzen des Höheren SS- und Polizeiführers nicht haltgemacht hätte (siehe unten). Himmler mußte also damit rechnen, durch eine Absetzung seines Belgrader Repräsentanten in genau diesen Tagen ungewollt dem Eindruck Vorschub zu leisten, daß nicht nur die Person Meyszners, sondern die Stelle des Höheren SS- und Polizeiführers als ganzes zur Disposition stand. Dieses Institut hatte sich aber während der vergangenen Jahre wie kaum ein anderes bei der ressortübergreifenden Machtausweitung der SS bewährt[101]; die Auflösung oder auch nur teilweise Demontierung eines einzigen dieser Posten zu einem Zeitpunkt, an dem in den meisten besetzten Ländern oder Satellitenstaaten die Einsetzung eines Höheren SS- und Polizeiführers noch bevorstand[102], hätte als Schule machendes Beispiel Himmlers Expansionsplänen einen schweren Dämpfer versetzen können. Demgegenüber mußte die Auflösung der Stelle eines weitgehend schon entmachteten Militärverwaltungschefs als der bei weitem weniger riskante Weg erscheinen.

---

99 BA-Lichterf., Personalakte (SSO) Meyszner, Der Reichsführer-SS an SS-Gruppenführer Meyszner (25.10.1942).

100 Turner hatte in Begleitung serbischer Regierungsmitglieder das Banat bereist, was in den Augen seiner Kritiker einer offiziellen Anerkennung des serbischen Anspruchs auf dieses unter Sonderverwaltung stehenden Gebiets gleichkam. Vgl. hierzu u.a. BA-Lichterf., Personalakte (SSO) Harald Turner, Der Reichsführer-SS an SS-Gruppenführer Staatsrat Turner (25.10.1942).

101 Ausführlicher hierzu Ruth Bettina Birn, *Die Höheren SS- und Polizeiführer. Himmlers Vertreter im Reich und in den besetzten Gebieten* (Düsseldorf 1986), S. 7–60.

102 Nach September 1942 wurden noch für folgende Einsatzgebiete Höhere SS- und Polizeiführer ernannt: Kroatien, Griechenland, Italien, Adriatisches Küstenland (= Südslowenien und Istrien), Dänemark, Albanien, Ungarn, Belgien/Nordfrankreich und Slowakei. Vgl. ebd. S. 72–78.

Die binnen eines Jahres erfolgte Abberufung eines weiteren (nach Heinrich Danckelmann) ranghohen Befürworters deutsch-serbischer Kollaboration konnte natürlich nicht ohne politische Folgen bleiben. Zum einen konnte durch die mit Wirkung vom 5. Januar 1943 vollzogene Umwandlung von Turners Stab in eine dem Stabschef des Kommandierenden Generals unterstellte Abteilung zunächst einmal die vom Wehrmachtbefehlshaber Südost seit Januar angestrebte Umstrukturierung vollzogen werden. Zum anderen erfuhren zwei Vertreter der Besatzungsmacht, deren Bereitschaft zur Kollaboration entweder an enge fallspezifische Vorgaben geknüpft (Bader) oder überhaupt nicht existent (Meyszner) war, durch den Wegfall von Turners Dienststelle eine erhebliche Aufwertung ihrer Position innerhalb des Belgrader Machtgefüges. Dies mußte schon deshalb von erheblicher Bedeutung sein, weil in genau den Wochen, in denen sich Turners Sturz vollzog, das bisherige Modell deutsch-serbischer Kollaboration vor dem endgültigen Zusammenbruch zu stehen schien.

Obwohl die serbische Regierungskrise vom Herbst 1942 primär auf die tiefe Unzufriedenheit des Ministerpräsidenten über das mangelnde Entgegenkommen der Besatzungsmacht zurückzuführen war, waren ihre Vorboten vor allem Ausdruck einer Spaltung in den Reihen der kollaborationswilligen Serben. So trat die mit zwei Ministern im Kabinett vertretene »Zbor«-Partei unter Dimitrje Ljotić im August 1942 für eine verstärkte Mobilisierung des Staates gegen die DM-Bewegung im allgemeinen und deren Versuche zur Unterwanderung des Staatsapparates im besonderen auf. Diese Initiative war vor allem gegen die Person des vormaligen Ministerpräsidenten und gegenwärtigen Innenministers Milan Acimović gerichtet, der sich zwar der besonderen Protektion Turners erfreute, von Ljotić aber (vermutlich berechtigterweise) verdächtigt wurde, im regelmäßigen Kontakt zu Mihailović zu stehen[103]. Obwohl die Rücktrittserklärung der beiden Minister (19. August 1942) auf einen irreparablen Bruch hinzudeuten schien, ließ der deutscherseits auf Ljotić ausgeübte Druck noch auf eine Wiederaufnahme der Koalitionsregierung hoffen; auch Nedić scheint selbst Anfang September noch auf eine solche Lösung vertraut zu haben[104]. Genau in diesem Zeitabschnitt kam es jedoch zu einer Serie von Ereignissen, durch die die Person des Ministerpräsidenten in den Mittelpunkt der Krise rückte. Als erstes erfolgte ein weiterer Schritt Meyszners zur engeren Kontrolle der bewaffneten Organe des serbischen Staates. So verfügte er am 1. September die Bildung eines vom serbischen Innenministerium unabhängigen »Chef des Staatssicherheitsdienstes« unter dem Belgrader Polizeipräsidenten Dragomir Jovanovic, durch

---

103 DDI, Nona serie, Vol. IX, S. 112–114 L'incaricato d'affari a Belgrado, Spalazzi, al ministro degli esteri, Ciano (5.9.1942).
104 Ebd.

die Nedić auch noch seiner letzten Einflußmöglichkeiten auf die SSW (hauptsächlich im Bereich der Budgetierung und der Stellenbesetzung) beraubt wurde[105]. Als nächstes warfen die Serbenpogrome der Ustascha in Ostsyrmien erneut die schmerzhafte Frage nach der grundsätzlichen Bereitschaft der deutschen Besatzungsmacht auf, in solchen Fällen wirksam zu intervenieren; das Bild völliger Ohnmacht, das seine Regierung bei solchen Anlässen regelmäßig bot, ließ Nedić wiederum fürchten, vor seinen Landsleuten als »*Schlächter des serbischen Volkes*«[106] dazustehen. Das Faß zum Überlaufen brachte, soweit nachvollziehbar, aber erst eine Forderung des Generalbevollmächtigten für die Wirtschaft. Übereinstimmenden Berichten Benzlers und Turners zufolge hatte Neuhausen Anfang Juli Nedić zugesagt, die in Serbien südlich der Donau (ohne Banat) anfallende Ernte zur Ernährung der Zivilbevölkerung und der Besatzungstruppen vollständig im Land zu lassen. Ungeachtet der Tatsache, daß Nedić diese Zusage umgehend zur propagandistischen Untermauerung seiner Regierungsarbeit einsetzte, scheint Neuhausen bei einer Besprechung am 8. August von sich aus seinem Vorgesetzten Hermann Göring die Lieferung von zusätzlichen 100.000 Tonnen Weizen und Mais aus dem serbischen Raum südlich der Donau angeboten zu haben[107]. Anstatt Nedić aber möglichst bald mit dieser veränderten Situation zu konfrontieren, ließ er es zu, daß der Ministerpräsident erst durch die heimlich eingeleitete Ausfuhr von Getreide außer Landes von der Hinfälligkeit der gemachten Zusagen in Kenntnis gesetzt wurde[108]. Seine Wut über diese Behandlung schrieb sich der serbische Ministerpräsident am 16. September mit einem geharnischten Demissionsschreiben vom Leibe. Obwohl Bader und Benzler das Schreiben weiterleiteten, stand der Besatzungsmacht immer noch ein Mittel zur Verfügung, mit dem sich die Krise zwar nicht entschärfen, aber doch erheblich in die Länge ziehen ließ: Wie auch schon im Fall der beiden »Zbor«-Minister Olćan und Marjanovic, weigerte sich die Reichsregierung ganz einfach, das Rücktrittsgesuch entgegenzunehmen[109]. Statt dessen bewog der Gesandte Nedić am 17. September dazu, ein Memorandum über die ihn bewegenden politischen Fragen zu verfassen, welches er ans Auswärtige Amt weiterleiten würde. Obwohl auch Benzler nur für ein teilweises Nachgeben gegenüber Nedić´s Forderungen (neben den bereits angesprochenen Problemen vor allem die Frage einer offiziellen Anerkennung, erweiterten Kompetenzen für seine Exekutive und das Ende der bulgarischen Besetzung) eintrat[110], sprach er sich mit Hinweis auf den andernfalls zu

---

105 Ebd.
106 ADAP, Serie E, Bd. III, S. 497–500 Benzler an Auswärtiges Amt (16.9.1942).
107 PA/AA, Handakten Ritter (Serbien) 7692 Benzler an Auswärtiges Amt (25.11.1942); ADAP, Serie E, Bd. III, S. 497–500 Benzler an Auswärtiges Amt (16.9.1942).
108 Ebd.
109 ADAP, Serie E, Bd. IV, S. 125–127 Benzler an Auswärtiges Amt (21.10.1942).
110 ADAP, Serie E, Bd. III, S. 508–511 Benzler an Auswärtiges Amt (19.9.1942).

erwartenden »*Auftrieb*« für Draža Mihailović doch entschieden für ein Verbleiben des Ministerpräsidenten im Amte aus.[111] Dieser hatte derweil zugesagt, bis zum Eintreffen einer Antwort vorerst die Regierungsgeschäfte weiterzuführen.

Zugleich bot die Krise Benzler natürlich auch die Chance, unter Hinweis auf die Fehlgriffe anderer (insbesondere Neuhausens) für eine Umstrukturierung der Machtverhältnisse in Belgrad einzutreten. So plädierte er bereits am 16. September dafür, dem Militärverwaltungschef Meyszners Aufgabenbereich zur Gänze und den Neuhausens zum Teil zu übertragen; er selbst sollte durch Ernennung zum Reichsbevollmächtigten in allen Fragen, die in irgendeiner Weise politische (nicht nur außenpolitische) Belange betrafen, ein Vetorecht erhalten[112]. Obwohl der Wehrmachtbefehlshaber Südost sich am 19. September bei dem Versuch, bei Hitler eine vergleichbare Vereinfachung der Befehlsstruktur durchzusetzen, eine unmißverständliche Absage holte[113], traf Benzler mit seinem Vorschlag im Auswärtigen Amt auf offene Ohren. Bereits am 5. Oktober unterbreitete der Gesandte Sonnleithner Hitler eine Notiz, in der bereits auf eine schon erfolgte Unterrichtung anderer Regierungsstellen (Vier-Jahres-Plan, SS, Wehrmacht) in diese Richtung verwiesen wurde[114]. Daß von Ribbentrop Benzler dann bereits vier Tage später im gleichen Sinne unterrichtete, läßt vermuten, daß Hitler der Aufwertung der Stelle des Gesandten zumindest seine mündliche Zustimmung gegeben hatte[115]. Wohl in Kenntnis des eklatanten Widerspruches, in dem diese Weisung zu der Ablehnung stand, die Löhr zuteil geworden war, lehnte Bader es jedoch so lange ab, Benzlers neuen Status zur Kenntnis zu nehmen, bis er eine entsprechende Bestätigung vom Wehrmachtbefehlshaber Südost erhalten hatte[116]. Nach späteren Fernschreiben des Gesandten zu urteilen, traf eine solche jedoch nie ein[117]; die (schriftlich festgehaltenen) Kompetenzen eines »Reichsbevollmächtigten« sollte erst ein Jahr später sein Nachfolger Hermann Neubacher erhalten. In Anbetracht des Abgangs seines Verbündeten Turner und der am 9. Dezember erfolgten Erweiterung der Kompe-

---

111 Ebd.

112 PA/AA, StS Jugoslawien, Bd. 4, 674 Benzler an Auswärtiges Amt (16.9.1942).

113 ADAP, Serie E, Bd. IV, S. 340 f. von Weizsäcker an von Ribbentrop (18.11.1942).

114 PA/AA, StS Jugoslawien, Bd. 4, 675 Sonnleithner an Hewel (5.10.1942).

115 Mündliche »Führerbefehle« konnten auch ohne nachträgliche schriftliche Fixierung dieselbe Verbindlichkeit erlangen wie schriftliche. Ein gutes Beispiel hierfür findet sich bei Birn, *Die Höheren SS- und Polizeiführer*, S. 50–52.

116 BA/MA, RW 40/34 KTB-Eintrag vom 11.10.1942.

117 ADAP, Serie E, Bd. IV, S. 125–127 Benzler an Auswärtiges Amt (21.10.1942); PA/AA, Handakten Ritter (Serbien) 7692 Benzler an Auswärtiges Amt (25.11.1942). Obwohl in einer Chefbesprechung vom 8. März 1943 beim Oberbefehlshaber Südost erneut von einer Aufwertung der Position Benzlers kraft einer »*Willensäußerung des Führers*« die Rede ist, hat auch dies keine spürbare Verschiebung im Belgrader Machtgefüge nach sich gezogen. Eine – wie man meinen sollte, mittlerweile nun wirklich überfällige – schriftliche Weisung läßt sich auch für diesen Zeitraum nicht ermitteln. Vgl. BA/MA, RH 19 VII/1 Aktennotiz über die Chefbesprechung vom 8.3.43 und TB Goebbels, Bd. 7, S. 470 f. (Eintrag vom 4.3.1943).

tenzen seines Gegenspielers Neuhausen[118] mußte Benzler die für ihn so verheißungs-voll begonnene Herbstkrise sogar mit einem relativen Einflußverlust beschließen. Diese hatte unterdessen einen Abschluß gefunden, der im wesentlichen einer Bestätigung des Status quo hinauslief. Obwohl neben Benzler auch Bader sich geneigt zeigte, Nedić zu Lasten von Neuhausens Position zu stützen[119], konnte der serbische Ministerpräsident nur geringfügige Konzessionen erreichen: Da von Ribbentrop in einem Fernschreiben vom 9. Oktober die Reduzierung der bulgari-schen Besatzungszone, eine Stärkung der serbischen Exekutive und die umgehende offizielle Anerkennung der Regierung Nedić durch das Deutsche Reich rundweg ablehnte und auch in bezug auf die Serbenmorde in Syrmien und die abzuliefernde Getreidemenge nur ausweichende Antworten gab[120], war Benzler bei seinen Bemühungen, Nedić zum Bleiben zu bewegen, ein denkbar enger Spielraum gesetzt. Mehr noch als eine deutliche Reduzierung der abzuliefernden Getreidemenge ermöglichte schließlich – nach erneutem Drängen Benzlers[121] – eine Zusage von Ribbentrops, Nedić in naher Zukunft zu einem offiziellen Besuch im Auswärtigen Amt zu empfangen, den Durchbruch[122]. Den innerserbischen Problemen, die am Anfang der Krise gestanden hatten, wurde dadurch Rechnung getragen, daß sowohl Acimović als auch die beiden »Zbor«-Minister aus dem Kabinett ausschieden. Obwohl diese Lösung sicherlich einer gewissen Stabilität diente[123], verriet sie auch den deutschen Unwillen, ungeachtet der zusehends kritischen Kriegslage endlich auf die politische Gruppe zu setzen, deren Kollaborationsbereitschaft über alle Zweifel erhaben war. Eine von schon fast krankhaftem Argwohn und Mißtrauen geprägte Serbienpolitik manifestierte sich auch in der Weisung, mit der das Auswärtige Amt auf einen Entwurf Benzlers für eine Rundfunkmeldung zur Regierungsumbildung reagierte. Die Vorstellung des Gesandten, die gerade noch gemeisterte Krise als eine Art Aufbruch zu neuen Ufern darzustellen[124], stieß bei seinen Vorgesetzten auf wenig Gegenliebe: Da auf jeden Fall der Eindruck zu vermeiden war, daß man der neuen

---

118 Am 9. Dezember 1942 erhielt Neuhausen die Ernennung zum »Generalbevollmächtigten für den Metallerzbergbau Südost«; vgl. Karl-Heinz Schlarp, *Wirtschaft und Besatzung in Südosteuropa 1941–1944* (Stuttgart 1986), S. 134.

119 Gegen den ausdrücklichen Willen Neuhausens entschied Bader, daß der offizielle Aufruf zur Ernteauslieferung sich nicht auf das vermeintliche Einverständnis der serbischen Regierung beru-fen würde; vgl. BA/MA, RW 40/34 KTB-Eintrag vom 3.10.1942.

120 ADAP, Serie E, Bd. IV, S. 54–56 Reichsaußenminister von Ribbentrop an Auswärtiges Amt (9.10.1942).

121 ADAP, Serie E, Bd. IV, S. 125–127 Benzler an Auswärtiges Amt (21.10.1942).

122 Ebd., Fußnote 3.

123 PA/AA, StS Jugoslawien, Bd. 4, 675 Benzler an Auswärtiges Amt (4.11.1942): »*Im ganzen genom-men bedeutet die Umbildung innerpolitisch eine Stärkung der Stellung des Ministerpräsidenten und innerhalb des Kabinetts eine größere Homogenität, verbunden mit einer gewissen Entpolitisierung.*«

124 PA/AA, StS Jugoslawien, Bd. 4, 675 Benzler an Auswärtiges Amt (7.11.1942).

Regierung *»Vorschußlorbeeren«* geben wolle, sei höchstens eine *»ganz kurze Mitteilung«* zulässig[125].

Neben der Regierungskrise hatte sich Anfang September noch ein weiteres Problemfeld für die deutschen Besatzer abgezeichnet: nachdem Draža Mihailović die letzten Monate vor allem damit verbracht hatte, das Gros der montenegrinischen und kroatischen Cetnikgruppen seiner wenn auch oft nur symbolischen Befehlsgewalt zu unterstellen, ging er nun daran, in Serbien von einer fast völlig attentistischen Haltung schrittweise wieder zum offenen Widerstand überzugehen. Eingedenk der während des Herbstes 1941 gemachten Erfahrungen galten die Instruktionen, die er im Laufe des August erteilte, aber nicht der Vorbereitung eines weitflächigen Aufstandes, sondern einem »verdeckten« Sabotagefeldzug gegen kriegswichtige Verkehrs-, Kommunikations- und Industrieeinrichtungen, der den Besatzern die Anordnung von repressiven Maßnahmen möglichst erschweren sollte[126]. Die Möglichkeiten, die sich diesbezüglich beim Eisenbahnverkehr boten, sollten das Schienennetz und das rollende Material der serbischen Bahn zu einem Hauptziel dieser Kampagne machen[127]. Um die Gefahr von Repressalien weiter zu minimieren, kam Mihailović zudem mit der Exilregierung überein, die von ihm durchgegebenen Erfolgsmeldungen nicht zur propagandistischen Verwertung an die BBC weiterzureichen, sondern vertraulich zu behandeln[128].

All diese Vorsichtsmaßnahmen sollten jedoch nicht ausreichen, um das schwerste Manko zu kompensieren, mit dem die DM-Organisation im Sommer 1942 zu kämpfen hatte: Seit Juli war die Belgrader Dienststelle der Horchtruppe Südost (Oberst Mücke) in der Lage, mit Ausnahme des Auslandsverkehrs sämtliche Funksprüche des nationalserbischen Widerstandes zu dechiffrieren[129]; das von Mihailović während der letzten Monate mit erheblichem Aufwand aufgebaute Netz von Funkverbindungen[130] war somit im Begriff, zur größten Achillesferse seiner Organisation zu werden[131].

---

125 PA/AA, StS Jugoslawien, Bd. 4, 675 Woermann an von Weizsäcker (8.11.1942).

126 Ausführlicher zur Vorgeschichte Simon Trew, *Britain, Mihailović and the Chetniks, 1941–42* (London u. New York 1998), S. 148 f.

127 Durch Verunreinigung von Schmierstoffen und Anbringen von zeitgesteuerten Sprengladungen war es möglich, den Schadensfall erst eintreten zu lassen, wenn der Zug serbisch besiedeltes Territorium schon verlassen hatte.

128 Trew, *Britain and the Chetniks*, S. 152.

129 BA/MA, RW 40/31 KTB-Einträge vom 4.7. u. 19.7.1942 sowie RH 20-12/217 Nachrichtenaufklärungszug Belgrad (11.9.1942). Nach RW 40/43 KTB-Eintrag vom 6.7.1943 war im Laufe der letzten zwölf Monate der Einbruch in 731 DM (17.067 Funksprüche) und 27 Partisanenschlüssel (523 Funksprüche) gelungen. Im Kriegstagebuch des Kommandierenden Generals wurde als Quelle der so gewonnenen Kenntnisse aus Sicherheitsgründen meistens ein »V-Mann U« genannt.

130 Dies scheint weitgehend ohne britische Hilfe gelungen zu sein. Vgl. hierzu u.a. Christie Lawrence, *Irregular adventure* (London 1948), S. 228.

131 Erste Erkenntnisse über die bei der Eisenbahnsabotage zu erwartende Vorgehensweise lagen Bader bereits am 9. August vor; vgl. BA/MA, RW 40/32 KTB-Eintrag vom 9.8.1942.

Neben einem einzigartigen Einblick in die Planungen des Gegners gab diese Nachrichtenquelle Bader auch die Möglichkeit, durch einen Vergleich der Vollzugsmeldungen von Mihailovićs Unterführern mit der Zahl der tatsächlich gemeldeten Sabotagefälle Rückschlüsse auf den inneren Zusammenhalt des nationalserbischen Widerstandes zu ziehen. Während Mihailović also seiner Regierung bereits am 15. September eine sabotagebedingte Reduzierung des Bahnverkehrs auf der Linie Niš-Sofia um 50 % meldete[132], kam der Ic des Kommandierenden Generals fünf Tage später zu einer völlig anderslautenden Zwischenbilanz: *»Diese unzweifelhafte Aktivierung des DM könnte Besorgnisse erwecken. Es ist aber auffallend, daß trotz aller eindeutigen Befehle des DM und vieler seiner Unterführer bis heute, Wochen nach ihrem Erlaß, nahezu keine Taten gefolgt sind. Weder ist das Eisenbahnnetz oder die Nachrichten-Verbindungen im serbischen Raum bisher irgendwie wesentlich gestört worden noch sind auffallende Schäden am rollenden Material entstanden.«*[133] Der eher schleppende Beginn von Mihailovićs Sabotagefeldzug sollte Bader jedoch nicht davon abhalten, dieser neuen Bedrohung so schnell und umfassend wie möglich entgegenzutreten. Bereits am 3. Oktober erfolgte unter Anleitung des SD bei Pozarevac die Demobilisierung dreier als besonders unzuverlässig eingeschätzer Cetnikabteilungen sowie die erneute Verhaftung des Kreisvorstehers Kalabić[134]; während das Vorgehen gegen die Cetniks vor allem durch die Hinweise mehrerer V-Leute der zuständigen Division ermöglicht worden zu sein scheint[135], waren die gegen Kalabić seit Februar bestehenden Verdachtsmomente durch aus der Funkaufklärung gewonnene Erkenntnisse mittlerweile zur Gewißheit geworden[136]. Bereits wenige Tage später ermöglichte dieselbe Nachrichtenquelle die Aushebung eines Großteils der Sabotageorganisation, die Mihailović innerhalb der serbischen Bahnbetriebe gebildet hatte[137]. Durch eine in der Nacht vom 8. auf den 9. Oktober in Belgrad durchgeführte Verhaftungswelle konnte schließlich ein ganzes Netz von Mihailović-Mitarbeitern an der Spitze der Belgrader SSW dingfest gemacht werden[138].

Ob Baders bereits am 4. Oktober ergangene Weisung, mit der umgehenden Halbierung der Ist-Stärke sämtlicher Pećanac-Abteilungen zu beginnen[139], als unmit-

---

132 Trew, *Britain and the Chetniks*, S. 152.
133 BA/MA, RW 40/33 Die Draža Mihajlović-Bewegung, Anlage zum Lagebericht für die Zeit vom 11.9.–20.9.1942 (20.9.1942).
134 BA/MA, RH 26-104/22 KTB-Einträge vom 1.10., 2.10. und 3.10.1942.
135 Vgl. hierzu die sehr umfangreichen Meldungen der V-Leute der Division (einschließlich der Klarnamen) in den Ic-Anlagen des Kriegstagebuchs, bes. BA/MA, RH 26-104/51.
136 BA/MA, RW 40/32 KTB-Eintrag vom 28.8.1942.
137 BA/MA, RW 40/34 Kommandierender General und Befehlshaber in Serbien an Wehrmacht-Befehlshaber Südost (7.10.1942).
138 PA/AA, StS Jugoslawien, Bd. 4, 674 Feine an Auswärtiges Amt (10.10.1942).
139 BA/MA, RW 40/34 Kommandierender General und Befehlshaber in Serbien an 704. ID, 717. ID, SS-Div. »Prinz Eugen« und Pol. Geb. Kdtr. Nisch (4.10.1942).

telbar flankierende Maßnahme zu den Verhaftungen gedacht war, ist nicht festzustellen; durch die Einblicke in die Struktur der DM-Organisation, die durch die Auswertung des bei der Festnahme von Kalabić sichergestellten Chiffriermaterials ermöglicht worden waren, sollte sich jedoch im nachhinein die Richtigkeit dieses Zuges erweisen: Da der in der Illegalität operierende Teil des nationalserbischen Widerstands im wesentlichen aus einem Gerippe von zahlenmäßig eher schwach besetzten Mobilisierungsstäben bestand, war es lediglich der Unterhalt der legalen Abteilungen, der es Mihailović ermöglichte, eine substantielle Kadertruppe für den Fall eines erneuten Aufstandes unter Waffen und somit jederzeit einsatzbereit zu halten[140]. Diese Erkenntnis dürfte auch wesentlichen Einfluß auf die Entscheidung ausgeübt haben, es im Rahmen der laufenden Demobilisierung bei den Abteilungen, deren Nähe zu Mihailović bereits von Anfang an vermutet worden war (»freie« oder »Mihailović«-Cetniks), nicht bei einer Reduzierung der Soll-Stärke zu belassen, sondern sie noch vor dem Gros der übrigen Cetniks so bald wie möglich der vollständigen Auflösung zuzuführen[141].

Versuche, diesen Druck auch auf die in der Illegalität tätigen Cetniks auszudehnen, waren nur in vereinzelten Fällen vom Erfolg gekrönt: Ein aufwendiger Versuch der gerade nach Südserbien verlegten »Prinz Eugen«, gemeinsam mit einigen bulgarischen Bataillonen die Gruppe um Dragutin Keserović im Kaponik-Gebirge zu stellen (11. bis 14. Oktober 1942), endete beispielsweise mit einem völligen Mißerfolg[142]. Die hierbei ohne erkenntlichen Grund durchgeführte Zerstörung der Ortschaft Kriva Reka offenbarte zugleich eine Vorgehensweise der Division, die Bader bereits zwei Wochen zuvor Anlaß zur Kritik gegeben hatte[143]. Eine abschreckende Wirkung wurde hierdurch jedenfalls nicht erzielt: Drei Tage später wurde das im Divisionsbereich gelegene Antimonwerk Lisa bei einem Anschlag des nationalserbischen Widerstandes schwer beschädigt[144]. Auch die Abstellung einer Kompanie

---

140 BA/MA, RH 26-114/13 Kommandierender General und Befehlshaber in Serbien, Ic-Lagebericht für die Zeit vom 1.10.–10.10.1942 (10.10.1942); RH 26-114/13 Kommandierender General und Befehlshaber in Serbien, Ic-Lagebericht für die Zeit vom 19.10.–29.10.1942 (29.10.1942).

141 Während bis zum 18. November 1942 von 62 Pećanac-Abteilungen lediglich 13 aufgelöst worden waren, war der Bestand an sog. »selbständigen« Cetnikabteilungen bereits auf ganze drei geschrumpft (von ursprünglich 19); vgl. BA/MA, RW 40/35 Korpsbefehl des Kommandierenden Generals und Befehlshabers in Serbien (18.11.1942).

142 Vgl. hierzu Kumm, *Prinz Eugen*, S. 51 f.

143 BA/MA, RW 40/33 KTB-Eintrag vom 23.9.1942; IWM, International Military Tribunal, Case VII Vol. 130, S. 811 Der Kommandierende General an den Wehrmachtbefehlshaber Südost (15.10.1942). Siehe auch die Aufzeichnung Benzlers in BA/MA, RW 40/93 Gedächtnisnotiz (auszugsweise) über meine Besprechung mit Nedić am 19. Oktober 1942 (20.10.1942). Nach Glisic, *Serbien*, S. 174 f. kamen 320 Einwohner der Ortschaft ums Leben.

144 Dieser seit Niederschlagung des Aufstands schwerste Sabotagefall erregte selbst Hitlers Aufmerksamkeit; vgl. BA/MA, RW 40/34 Der Kommandierende General und Befehlshaber in Serbien an SS-Division »Prinz Eugen« (17.10.1942).

»Brandenburger« zur »*Vernichtung höherer DM-Führer*« blieb ohne nachweisliche Erfolge[145].

Am 7. November leitete Mihailović dann auf Drängen der Exilregierung die heiße Phase seiner Widerstandtätigkeit ein. Mehr noch als eine Verschärfung der bereits eingeleiteten Sabotageaktivitäten stand hierbei der öffentliche Aufruf zum massiven zivilen Ungehorsam im Mittelpunkt. Dieser forderte die Beamtenschaft des serbischen Staates zum Rücktritt und die Bauernschaft zum Boykott der bisher praktizierten Abgabe von Vieh und Lebensmitteln auf; die Nichtbefolgung sollte mit dem Tode bestraft werden[146]. Das weitgehende Scheitern dieses Appells, das sich in den Wochen bis Jahresende immer deutlicher abzeichnete, war auf mehrere Gründe zurückzuführen. Zum einen war seine Wirksamkeit durch den offenkundigen Unwillen der meisten von Mihailovićs Unterführern, die angekündigten Sanktionen auch unnachsichtig zu vollstrecken, starken regionalen Schwankungen ausgesetzt[147]. Zum anderen zeigte auch die serbische Regierung – wie aus einer Rundfunkrede des Ministerpräsidenten vom 8. November hervorging – eine ungewöhnlich hohe Bereitschaft, der ihr weltanschaulich nahestehenden DM-Bewegung die Stirn zu bieten; bestärkt wurde sie darin durch einen Erlaß Baders vom 22. November, der künftig auch für den Fall der Ermordung serbischer Beamter Geiselerschießungen androhte[148]. Schließlich brachten einige mit dem Ungehorsamsfeldzug verbundene Maßnahmen, wie die Verbrennung von Gemeindearchiven, Mihailović bei seinen Anhängern in den Ruch, sich Widerstandsmethoden zu bedienen, die bisher den Partisanen vorbehalten gewesen waren. Zugleich kam der nationalserbische Widerstand unter erheblichen Druck der Besatzer: So wurden die Mitglieder der vom SD ausgehobenen Eisenbahnsabotage- und Nachrichtenstäbe zumeist nach kurzem Verhör erschossen[149]; ein Befehl Baders, die bei tödlich verlaufenen Anschlägen üblichen Repressalien auch auf Fälle des Verschwindens einzelner deutscher Soldaten auszudehnen, lag schon seit dem 10. Oktober vor und trug dazu bei,

---

145 BA/MA, RH 2/683 Lagebeurteilung OB Südost Dezember 1942 (2.1.1943); RW 40/26 Wehrmachtbefehlshaber Südost an Kommandierenden General und Befehlshaber in Serbien (18.10.1942).

146 Eine deutsche Übersetzung des auf den 9. November 1942 datierten Aufrufs ist in BA/MA, RH 26-114/15 zu finden.

147 Der von deutscher Seite schon bei einem früheren Anlaß als »*sehr tätig*« bezeichnete Dragutin Keserović (Südwestserbien) scheint als einer der wenigen DM-Führer um eine kompromißlose Durchsetzung des Aufrufs bemüht gewesen zu sein; vgl. BA/MA, RH 26-114/14 Kommandierender General und Befehlshaber in Serbien, Ic-Lagebericht für die Zeit vom 9.11.–18.11.1942 (18.11.1942).

148 PA/AA, StS Jugoslawien, Bd. 4, 674 Benzler an Auswärtiges Amt (23.11.1942).

149 BA/MA, RW 40/34 Vorträge bei der Besprechung Saloniki 31.10./1.11.1942 beim AOK 12 (3.11.1942): »*Der Führungsstab erwartet, daß die gefaßten Angehörigen der Eisenbahn-Sabotagestäbe erschossen werden, ein Abschub solcher Leute ins Gefangenenlager kommt nicht in Frage.*« Vgl. auch Percy Ernst Schramm (Hrsg.), *Kriegstagebuch des Oberkommandos der Wehrmacht*, Bd. *II.2* (Frankfurt a. M. 1963), S. 1125 (Eintrag vom 12.12.1942): »*Serbien. 62 Verhaftungen, darunter 26 Mitglieder des Mihajlovic-Nachrichtenstabes, die nach Vernehmung erschossen werden.*«

Mihailovićs Spielraum noch weiter einzuschränken[150]. All dies dürfte dazu beigetragen haben, daß der Cetnikführer in der zweiten Januardekade 1943 die Aufforderung zum zivilen Ungehorsam schließlich derart einschränkte, daß sie als aufgehoben gelten konnte; gleichzeitig untersagte er »*in Erkenntnis der sich daraus ergebenden Rechtsunsicherheit*«[151] alle weiteren Anschläge auf Gemeindearchive.

Anders als beim offenkundigen Scheitern des Ungehorsamfeldzugs ist eine präzise Einschätzung der weiterhin an Verkehrseinrichtungen betriebenen Sabotage allerdings außerordentlich schwierig. In einem an seine Regierung gerichteten Funkspruch vom 22. Dezember listete Mihailović beispielsweise recht beachtliche Ergebnisse auf: Während der vergangenen Wochen seien allein von den 362 auf der Hauptstrecke Belgrad–Saloniki verkehrenden Lokomotiven 112 durch Sabotage aus dem Verkehr gezogen worden; ähnliche Erfolge seien auf den Nebenstrecken erzielt worden[152].

Daß sich im Kriegstagebuch des Kommandierenden Generals für den fraglichen Zeitraum keine auch nur ansatzweise Bestätigung solcher Zahlen finden läßt, muß in Anbetracht der vom nationalserbischen Widerstand bevorzugten Sabotagemethoden nicht unbedingt einen zwingenden Gegenbeweis darstellen. Verunreinigte Schmierstoffe und beispielsweise an den Waggenpuffern angebrachte Zeitbomben dürften in aller Regel nicht die Zerstörung, sondern lediglich die Beschädigung einer Zugmaschine zur Folge gehabt haben; darüber hinaus ist mit der Möglichkeit zu rechnen, daß eine außerhalb der Grenzen Serbiens erfolgte Entgleisung – wie vom serbischen Widerstand ja beabsichtigt – von Baders Stab nicht immer der DM-Organisation zugeordnet wurde. Eine objektive Bewertung wird dadurch noch erschwert, daß mit der Einsetzung des Befehlshabers der deutschen Truppen in Kroatien am 16. November der NDH-Staat und somit auch der Streckenteil Agram–Belgrad der Aufsicht Baders entzogen wurde; diese Route mußte sich zur Umsetzung des Mihailovićschen Sabotageplans aber schon deshalb besonders gut eignen, weil die Wahrscheinlichkeit, daß Anschläge auf den Bahnverkehr weitgehend unbeachtet bleiben würden, in Anbetracht der in diesem Raum tobenden Kämpfe relativ hoch war.

Somit wäre es immerhin denkbar, daß neben den 25 Sabotageakten, die während der Monate Oktober und November innerhalb Serbiens auf den Bahnverkehr verübt wurden[153], auch einige der während desselben Zeitraums in Kroatien registrierten

---

150 BA/MA, RW 40/34 Grundsatzbefehl des Kommandierenden Generals (10.10.1942).
151 BA/MA, RH 26-114/16 Kommandierender General und Befehlshaber in Serbien, Ic-Lagebericht für die Zeit vom 9.1.–18.1.1943 (19.1.1943).
152 Trew, *Britain and the Chetniks*, S. 155.
153 Vgl. hierzu die Lageberichte des Ic des Kommandierenden Generals: BA/MA, RH 26-114/13 Lagebericht für die Zeit vom 1.10.–10.10.1942 (10.10.1942); RH 26-114/13 Lagebericht für die Zeit vom 11.10.–18.10.1942 (19.10.1942); RH 26-114/13 Lagebericht für die Zeit vom 19.10.–29.10.1942 (29.10.1942); RH 26-114/14 Lagebericht für die Zeit vom 30.10.–8.11.1942 (9.11.1942); RH 26-114/14 Lagebericht für die Zeit vom 9.11.–18.11.1942 (18.11.1942); RH 26-114/15 Lagebericht für die Zeit vom 19.11.–29.11.1942 (29.11.1942).

Anschläge (über 166)[154] auf das Konto der DM-Organisation gingen. Auch ein Ende 1942 erlassener Grundsatzbefehl Baders zu Sicherheitsmaßnahmen auf Bahngeländen, der vermutlich mit der unmittelbar bevorstehenden Verlegung der Division »Prinz Eugen« in Zusammenhang stand, ist ein Hinweis für die zumindest potentielle Bedrohung, die zu diesem Zeitpunkt noch von Mihailovićs Eisenbahnsabotagestäben ausgegangen zu sein scheint[155].

Zwei 10-Tage-Meldungen des Ic-Offiziers des Kommandierenden Generals aus diesen Tagen vermitteln hingegen den Eindruck, daß Baders Weisung wohl eher dem Wunsch entsprungen sein dürfte, keine unnötigen Risiken einzugehen. Mihailovićs Absicht, den Sabotagefeldzug eskalieren zu lassen, wurde darin am 18. November mit folgenden Worten kommentiert: »*Als weitere Auswirkung der Ereignisse in Afrika ist eine zunächst propagandistisch verstärkte Regsamkeit mit dem Ziel, die Verkehrs- und Nachrichtenmittel durch Sabotage zu zerstören, festzustellen. Als Hilfe für die Alliierten sollen in erster Linie die Strecken Niš–Sofia und Niš–Skoplje nachhaltig zerstört werden. Hierbei soll so verfahren werden, daß die Sprengungen außerhalb der von Serben bewohnten Gegenden erfolgen, um so Vergeltungsmaßnahmen an serbischen Volkstumsteilen auszuschließen. Die Durchführung dieses Befehls scheint abgesehen von der Sorge vor Sühnemaßnahmen auch aus technischen Gründen auf Schwierigkeiten zu stoßen.*«[156] Eine Lagemeldung derselben Dienststelle vom 28. Februar 1943 erlaubt die Schlußfolgerung, daß sich in dieser Richtung während der letzten drei Monate allerdings recht wenig getan hatte: »*Besonders zu erwähnen sind wegen ihres erstmalig zahlenmäßig größeren Umfangs die Anschläge auf das rollende Material durch Einbau von Höllenmaschinen auf der Strecke Niš–Skoplje.*«[157] Die Annahme, daß die umsichtige Vorgehensweise der Saboteure es ihnen ermöglicht haben könnte, Art und Umfang des Sabotagefeldzugs bis zu diesem Zeitpunkt vor den Besatzern zu verbergen, wird durch dieselbe Meldung, die auch auf die in den letzten Monaten schon häufiger registrierte primitive »*Art der Ausführung*«[158] verweist, zumindest erschwert.

Keinem Zweifel unterliegt jedoch der Preis, den die DM-Organisation und ihr Umfeld für diese überschaubaren Erfolge entrichten mußten: Nach neuesten Berechnungen scheint die Zahl der von den Besatzern allein im Monat Dezember als

---

154 Nur die bis zum 15. November 1942 (einschl.) registrierten Anschläge.
155 BA/MA, RW 40/36 Kommandierender General und Befehlshaber in Serbien an die Transportkommandantur Belgrad (28.12.1942).
156 BA/MA, RH 26-114/14 Kommandierender General und Befehlshaber in Serbien, Ic-Lagebericht für die Zeit vom 9.11.–18.11.1942 (18.11.1942).
157 BA/MA, RH 26-104/53 Kommandierender General und Befehlshaber in Serbien, Ic-Lagebericht für die Zeit vom 19.2.–28.2.1943 (1.3.1943).
158 Ebd.

Repressalie Erschossenen ungefähr 1.100 betragen haben[159]. Wenn man hierbei bedenkt, daß die ohnehin schon geringe strategische Bedeutung der Linie Belgrad–Saloniki als Versorgungsroute für die Panzerarmee Afrika durch die Räumung der Cyrenaica gegen Null sank, muß die Fortsetzung der Sabotage gegen dieses Ziel auf ausdrücklichen Wunsch nicht nur der Special Operations Executive, sondern sogar der jugoslawischen Exilregierung als zumindest recht fragwürdig angesehen werden[160]. Vor dem Hintergrund der deutschen Dechiffrierfähigkeiten lief der national-serbische Widerstand Gefahr, durch diesen Aktionismus in eine Lage zu geraten, in der er für die Besatzer zumindest mittelfristig keinerlei nennenswerte Bedrohung mehr darstellte[161]. Da auch der kommunistische Widerstand bis Jahresende in keiner nennenswerten Weise in Erscheinung trat, konnte der Kommandierende General am 7. Dezember ohne Bedenken auch noch den Befehl zur Auflösung der verbliebenen Cetnikabteilungen geben[162]. Obwohl die Zahl der aus deutscher Sicht prinzipiell »suspekter« serbischer Waffenträger auch so noch recht hoch blieb, ist kaum anzunehmen, daß Paul Bader – besonders beim Rückblick auf die Prognosen vom Jahresanfang – die letzten zwölf Monate nicht als einen uneingeschränkten Erfolg für sich verbucht haben dürfte.

7.3. 1943: Schwindende Militärpräsenz und »neue Politik«

Die erste Woche des Jahres 1943 war in politischer Hinsicht von zwei Ereignissen geprägt, die gemeinsam ein bezeichnendes Schlaglicht auf die Bemühungen der Regierung Nedić warfen, eine schrittweise Honorierung ihrer Kollaborationsbereitschaft zu erreichen. Als erstes unterbreitete der serbische Ministerpräsident Bader am Neujahrstag eine umfangreiche Denkschrift mit einem neuartigen Konzept zur Umgestaltung der politischen Struktur des serbischen Staates während der folgenden Monate. Diese »national-soziale Organisierung des serbischen Volkes« sah den Führerstaat deutscher oder italienischer Prägung zwar als Vorbild an, sollte ihre

---

159 Trew, *Britain and the Chetniks*, S. 287. Unter den Erschossenen befand sich auch der im Oktober zum zweiten Mal verhaftete Kreisvorsteher Kalabić.
160 Zu den möglichen Gründen für diese Vorgehensweise vgl. ebd., S. 156–161.
161 In städtischen Bereichen scheint dies vorübergehend auch der Fall gewesen zu sein; vgl. BA/MA, RH 26-114/17 Kommandierender General und Befehlshaber in Serbien, Ic-Lagebericht für die Zeit vom 30.1.–8.2.1943 (8.2.1943): *»Die Auswirkung der bisher in Belgrad durchgeführten Verhaftungen von Mitgliedern der DM-Organisation wird von DM derart schwerwiegend empfunden, dass er z. Zt. seine Bewegung in Belgrad nicht mehr als organisiert ansieht.«*
162 BA/MA, RW 40/36 Korpsbefehl des Kommandierenden Generals und Befehlshabers in Serbien (7.12.1942).

eigentliche Kraft aber aus dem traditionellen Konservativismus des Bauerntums und der Dorfgemeinschaft schöpfen (»*Das Dorf wurde bei den Serben seit jeher die Hauptquelle jener Lebenskräfte, die durch ihren Abfluß in die Städte die wahre Volkskultur verbreitet hat.*«)[163]. Hierzu waren auf Gemeinde-, Bezirks-, Kreis- und Landesebene Körperschaften zu bilden, die aber nur beratenden Charakter hatten; dem sogenannten »*Staatsführer*« waren unumschränkte Vollmachten und die alleinige Verantwortung übertragen. Besonders auffällig waren die fast schon übertriebenen Bemühungen Nedićs, diesen Regierungsapparat selbst auf der untersten Ebene ohne jede Form von Wahlgang funktionieren zu lassen[164] – aller Wahrscheinlichkeit nach eine direkte Folge der Einwände, die Turner diesbezüglich am 27. März 1942 vorgebracht hatte.

Ohne Zweifel stellte dieses Memorandum einen Versuch des serbischen Ministerpräsidenten dar, aus den jüngsten Rückschlägen seines gefährlichsten innenpolitischen Gegners Mihailović politisches Kapital zu schlagen; auf der einen Seite bestand die Möglichkeit, enttäuschte oder erschöpfte Anhänger des nationalserbischen Widerstands für sich zu gewinnen, auf der anderen stand zu vermuten, daß es bei der momentanen Beruhigung der Lage in Serbien leichter sein würde, der Besatzungsmacht Konzessionen zu entlocken.

Diese an sich berechtigte Kalkulation wurde jedoch bereits vier Tage später durch ein Ereignis hinfällig, welches Nedić auf einen Schlag des politischen Vorsprungs beraubte, welchen er vorübergehend vor Mihailović gehabt haben mag. Ungeachtet der erneuten Proteste der Gesandtschaft[165] wurde die Verlegung der SS-Division »Prinz Eugen« auf den kroatischen Kriegsschauplatz am 7. Januar durch die Ausweitung der politisch ohnehin schon kontroversen bulgarischen Besatzungszone auf den gesamten Süden des Landes kompensiert. Nach der gerade erst überwundenen Regierungskrise blieb Nedić natürlich nichts anderes übrig, als von einer erneuten Rücktrittsdrohung abzusehen; nach einer späteren Schilderung Benzlers war dies aber nur der Tatsache zu verdanken, daß ihm der bereits versprochene Besuch beim deutschen Außenminister noch für denselben Monat in Aussicht gestellt wurde[166]. Die Frage des von ihm unterbreiteten Verfassungskonzepts erfuhr von deutscher Seite derweil, ungeachtet vereinzelter positiver Reaktionen[167], eine ausgesprochen dilatorische Behandlung: Nachdem Bader die Denkschrift am 26. Januar über das OKH an das Führerhauptquartier weitergereicht hatte, mußten noch zwei Monate ins

163 Der Präsident des Ministerrates an den Kommandierenden General und Befehlshaber in Serbien Herrn General der Artillerie Bader (1.1.1943) in: Hnilicka, *Balkan,* S. 239–252.
164 Ebd.
165 PA/AA, Handakten Ritter (Serbien) 7692 Feine an Auswärtiges Amt (25.12.1942).
166 ADAP, Serie E, Bd. V, S. 247 Benzler an Auswärtiges Amt (18.2.1943).
167 Vgl. hierzu das positive Gutachten, welches Turners Nachfolger zu dieser Frage verfaßte: Kriegsverwaltungsabteilungschef Bönner an den Herrn Kommandierenden General und Befehlshaber in Serbien (22.1.1943) in: Hnilicka, *Balkan,* S. 252–258.

Land gehen, bevor Hitler sich zu einer (selbstverständlich ablehnenden) Antwort bereitfand[168].

Diese erneute Zurückweisung eines umfassenden Kollaborationsangebots von serbischer Seite mußte eine um so größere Bedeutung zukommen, als während der folgenden Monate verschiedene Entwicklungen die anhaltend erfolgreiche Sicherung serbischen Territoriums in Frage stellen sollten. An erster Stelle war die stetig sinkende Ist-Stärke der deutschen und bulgarischen Besatzungstruppen zu nennen. Hierbei schlug weniger die Verlegung der schwerpunktmäßig ohnehin schon länger in Syrmien dislozierten 717. ID als der gleichzeitige Abtransport der SS-Division »Prinz Eugen« zu Buche, durch den die Sicherung Südwestserbiens von einer fast 22.000 Mann starken[169] deutschen Division auf 6 bulgarische Bataillone (ca. 6.000 Mann)[170] überging. Die mit dieser Bewegung verbundene Verdoppelung seines Besatzungsraums mußte das bulgarische Okkupationskorps mit einer Verstärkung von gerade mal zwei Bataillonen durchführen[171].

Dieser ohnehin schon unbefriedigende Zustand erfuhr noch eine weitere Verschlechterung, als Ende Februar die mittelfristig geplante Verlegung der letzten deutschen Division (704. ID) nach Griechenland bekannt wurde. Aus dieser Situation heraus scheint sich der bereits erwähnte Gedanke Löhrs entwickelt zu haben, die Besatzung Nordserbiens mittelfristig der ersten kroatischen Legionsdivision anzuvertrauen. Das zynische Urteil des Oberbefehlshabers Südost zu den Risiken eines Einsatzes von Kroaten in Serbien (»*Die Division wird andererseits aufgrund des Nationalitätenhasses für eine Niederschlagung von Unruhen in Serbien besonders geeignet sein.*«)[172] blieb jedoch nicht unwidersprochen. So meldete nicht nur die Militärverwaltung in Belgrad ernste Bedenken an[173], auch die OKW-Offiziere Boehncke und Cartillieri bezeichneten im Abschlußbericht über ihre Inspektionsreise durch den Südosten eine solche Verlegung als »*... nicht zweckmäßig, da sonst Mord und Totschlag*«[174].

Während dieser Lösungsvorschlag allein schon durch die weitere Lageentwicklung auf dem kroatischen Kriegsschauplatz hinfällig wurde, sollte eine denkbare Alternative OKW und Auswärtiges Amt noch über längere Zeit beschäftigen. Obwohl die Diskussion um eine Beteiligung ungarischer Truppen an der Besetzung Nordser-

168 BA/MA, RW 40/93 KTB-Eintrag vom 30.3.1943.
169 BA/MA, RW 40/26 Wehrmachtbefehlshaber Südost Ia, Notiz zur Gefechtsstärke (31.10.1942).
170 Kurt Mehner (Hrsg.), *Die geheimen Tagesberichte der deutschen Wehrmachtführung im Zweiten Weltkrieg 1939–1945, Bd. 6, 1.12.1942–31.5.1943* (Osnabrück 1989), S. 71 (Eintrag vom 4.1.1943).
171 PA/AA, Handakten Ritter (Serbien) 7692 Feine an Auswärtiges Amt (25.12.1942); NA, PG T 120, rl 380, fr 274.824–274.825 Feine an Auswärtiges Amt (12.2.1943).
172 BA/MA, RH 2/680 Lagebeurteilung des Oberbefehlshabers Südost (30.1.1943).
173 BA/MA, RW 40/38 KTB-Eintrag vom 18.2.1943.
174 BA/MA, RH 2/683 Reisebericht Oberstleutnant Boehncke und Hauptmann Cartillieri (9.–26.2.1943).

biens erst mit dem Gesuch des OKW vom 11. Februar[175] offiziellen Charakter erhielt, scheint sie ihren Ursprung in einer bis auf den vergangenen November zurückgehenden Initiative von ungarischer Seite gehabt zu haben. Diese scheint das Ziel verfolgt zu haben, durch ein freiwilliges Engagement des ungarischen Heeres im Südosten beim deutschen Bundesgenossen eine Reduzierung der an der Ostfront stehenden Verbände (2. Armee) zu erreichen[176]. Obwohl Hitler einem ungarischen Engagement im nördlichen Kroatien aufgrund einer hierdurch denkbaren und von ihm argwöhnisch beäugten Neubelebung der italienisch-ungarischen Allianz der Vorkriegszeit nachweislich skeptisch gegenüberstand[177], konnte ihm eine Beteiligung an der politisch unbedenklicheren Besetzung Serbiens nur recht sein. Die zwischenzeitlich (Januar 1943) erfolgte Vernichtung des Gros des ungarischen Ostheers hatte allerdings eine deutliche Dämpfung der ohnehin schon geringen ungarischen Bereitschaft zur Fortsetzung des Kriegsbündnisses mit Deutschland zur Folge. Die auf Keitels Antrag folgenden Verhandlungen gestalteten sich dementsprechend zähflüssig: Selbst das deutsche Angebot, mindestens zwei Divisionen aus deutschen Beständen aufzurüsten, scheint in den Augen der Ungarn aufgrund der hiermit verbundenen Bedingung, diese Verbände dann auch wirklich außerhalb Ungarns einzusetzen[178], erheblich an Attraktivität eingebüßt zu haben.

Bis Mitte März waren die Aussichten, auf normalem diplomatischem Wege noch einen Durchbruch zu erzielen, so gering geworden, daß Hitler selbst sich der Sache annahm und unter Hinweis auf sein unmittelbar bevorstehendes Gipfeltreffen mit dem ungarischen Staatsführer Horthy eine vorläufige Einstellung der Gespräche verfügte[179]. Nach der offiziellen Mitschrift des Treffens Horthy/Hitler fand diese Frage aber bei keiner der beiden Unterredungen (16. und 17. April) auch nur die flüchtigste Erwähnung[180]. Dies schließt natürlich nicht die Möglichkeit einer Erörterung (und Entscheidung) am Rande des offiziellen Besuchsprogramms aus. Einer älteren Darstellung in der Literatur zufolge war eine offizielle und engültige Ablehnung des deutschen Ansinnens aber bereits am 30. März erfolgt und könnte Hitler somit dazu

---

175 PA/AA, StS Ungarn, Bd. 9, 1310 von Jagow an Auswärtiges Amt (17.2.1943).
176 PA/AA StS Ungarn, Bd. 8, 1308 Woermann an von Weizsäcker (24.11.1942).
177 BA/MA, RW 40/26 Protokoll der Besprechung am 6.5.1942, 9.00–11.15 h in Sarajevo (10.5.1942); KTB OKW, Bd. II.2, S. 1092 (Eintrag vom 7.12.1942).
178 ADAP, Serie E, Bd. V, S. 345 Aufzeichnung des Legationsrat von Grote (5.3.1943).
179 PA/AA, StS Ungarn, Bd. 9, 1311 Werkmeister an Auswärtiges Amt (18.3.1943).
180 ADAP, Serie E, Bd. V, S. 621–640 Aufzeichnung über die Unterredung zwischen dem Führer und dem ungarischen Reichsverweser Admiral Horthy in Anwesenheit des Reichsaußenministers in Kleßheim am 16. April 1943 (18.4.1943); Bd. V, S. 640–644 Aufzeichnung über die Unterredung zwischen dem Führer und Reichsverweser Horthy in Anwesenheit des RAM im Schloß Kleßheim am 17. April nachmittags (18.4.1943).

bewogen haben, das Thema vorerst ruhen zu lassen[181]. Unabhängig vom genauen Ereignishergang trat die Frage einer ungarischen Beteiligung an der Besetzung Jugoslawiens für die nächsten fünf Monate erst mal in den Hintergrund.

In Anbetracht der Tatsache, daß eine Verstärkung der Sicherungskräfte in Serbien weder von ungarischer noch kroatischer Seite zu erwarten war, hätte die Vermutung naheliegen müssen, daß sämtliche deutsche Dienststellen bestrebt sein würden, die zur Verfügung stehenden serbischen Kräfte nicht nur zu erhalten, sondern von Fall zu Fall (besonders hinsichtlich des SFK) sogar noch auszubauen. Statt dessen entwickelte sich ab Anfang März eine erbitterte Kontroverse zwischen SS und Wehrmacht um den Weiterbestand des Russischen Schutzkorps sowie des serbischen Freiwilligenkorps; anders als es bei einer solchen Frage von eher nachgeordneter Bedeutung vielleicht zu erwarten gewesen wäre, wurde der Streit fast von Anfang an auf höchster Ebene zwischen Himmler und dem OKW ausgetragen. Ausgangspunkt der Debatte soll laut der Mitschrift einer Chefbesprechung beim Oberbefehlshaber Südost der von seiten der SS geäußerte Verdacht gewesen sein, die »Zbor«- Führung würde »mit den Italienern paktieren«[182]. Sehr viel plausibler scheint jedoch, daß ein Brief, in dem Bader sich äußerst kritisch über die Einsatzbereitschaft der Meyszner unterstellten SSW geäußert hatte[183], den Höheren SS- und Polizeiführer dazu veranlaßt hatte, seine grundsätzlichen Bedenken bezüglich der »Zbor«-Miliz in überspitzter Form an den Reichsführer SS weiterzuleiten[184]. Diese war von der Auflösung serbischer Hilfsformationen im Herbst 1942 nicht nur weitgehend verschont geblieben, sondern anschließend von ihren zahlenmäßig schwachen Abteilungen zu fünf Bataillonen umgegliedert und, ebenso wie das Russische Schutzkorps, der Wehrmacht direkt unterstellt worden[185]; daß mittlerweile auch der serbische Ministerpräsident seine bisherige Meinung über die Freiwilligen revidiert hatte und nun nachdrücklich für ihre Verstärkung eintrat[186], gab ihnen ein verstärktes politi-

---

181 Vgl. C.A. Macartney, *October fifteenth. A history of modern Hungary* (Edinburgh 1957), S. 149, der allerdings keine Primärquelle angibt. Eine Bestätigung für den Eingang eines solchen Schreibens konnte in den Aktenbeständen des Auswärtigen Amts nicht ermittelt werden. Siehe auch PA/AA, StS Ungarn, Bd. 9, 1314 von Ribbentrop an von Jagow (25.5.1943), in dem der Reichsaußenminister eine ihm von Horthy zugesandte Auflistung sämtlicher deutsch-ungarischer Streitpunkte der letzten Monate kolportiert; die Frage einer ungarischen Besetzung Serbiens taucht dort nicht auf.

182 BA/MA, RH 19 VII/1 Aktennotiz über die Chefbesprechung vom 8.3.1943.

183 Der Kommandierende General und Befehlshaber in Serbien an den Höheren SS- und Polizeiführer (28.2.1943) in: Hnilicka, *Balkan*, S. 233–235.

184 Diese Vermutung wird gestützt durch eine Besprechung zwischen Bader und Meyszner vom 30. April 1943, in der letzterer indirekt zugab, durch Weiterleitung von Meldungen zweifelhaften Wahrheitsgehalts auf eine Diskreditierung des SFK hingearbeitet zu haben; vgl. BA/MA, RW 40/40 KTB-Eintrag vom 30.4.1943.

185 BA/MA, RW 40/39 Der Kommandierende General und Befehlshaber in Serbien an OB Südost (7.3.1943).

186 Ebd. Der Sinneswandel des serbischen Ministerpräsidenten läßt sich erstmalig für den November 1942 belegen; vgl. BA/MA, RW 40/35 KTB-Eintrag vom 13.11.1942.

sches Gewicht. Für Meyszner mußte nicht zuletzt die Tatsache, daß den Freiwilligen ein Abzeichen samt Fahne gewährt worden war, was ihrer königstreuen Haltung klaren Ausdruck verlieh und aus eben diesen Gründen der SSW bereits verwehrt worden war, eine glatte Provokation darstellen[187].

Bereits am 2. März unterrichtete Himmler OKW-Chef Keitel von seinen Bedenken bezüglich des Sonderstatus der Freiwilligen und den vermeintlichen Bestrebungen der Wehrmacht, Nedić wieder die Staatswache zu unterstellen[188]. Einer anderen Quelle zufolge machte er sich gleichzeitig bei Hitler für die Auflösung des SFK stark[189]. Ungeachtet eines umfangreichen schriftlichen Plädoyers für die Freiwilligen, welches Bader über den Oberbefehlshaber Südost an das OKW weiterleitete[190], gab Keitel dem Reichsführer SS insofern nach, als er ihm in seinem Antwortschreiben vom 12. März mitteilte, er habe »*im Sinne Ihrer Anregungen die Neuaufstellung weiterer Verbände verboten und angeordnet, daß die Haltung des Korps ständig scharf überwacht wird*«[191]. Himmler war aber weit davon entfernt, sich mit diesem Teilerfolg zufriedenzugeben; seine nächste Beanstandung (23. April) galt nicht nur den Insignien und der (angeblich zu guten) Verpflegung des SFK[192], sondern auch der probeweisen Verstärkung des Russischen Schutzkorps durch 300 ausgesuchte russische Kriegsgefangene. Auch im zweiten Teil dieses »*Privatkriegs*«[193] um die serbischen Hilfstruppen der Wehrmacht obsiegte letztendlich die SS: Trotz erster ermutigender Beurteilungen[194] wurde die weitere Verstärkung durch russische Kriegsgefangene eingestellt[195] und auch ein Versuch zur Rekrutierung in Rumänien siedelnder, russischer Emigranten auf ein einziges Kontingent von 200 Mann beschränkt[196].

Ungeachtet der im Herbst 1942 gegen die DM-Organisation erzielten Erfolge hatte derweil die Sicherheitslage im ersten Quartal 1943 eine spürbare Verschärfung

---

187 BA-Lichterf., NS 19/1728 Der Höhere SS- und Polizeiführer an den Reichsführer SS und Chef der Deutschen Polizei (15.3.1943).
188 BA/MA, RW 4/709 Der Chef des Oberkommandos der Wehrmacht an den Reichsführer SS und Chef der Deutschen Polizei (12.3.1943).
189 BA/MA, RW 40/39 KTB-Eintrag vom 7.3.1943.
190 BA/MA, RW 40/39 Der Kommandierende General und Befehlshaber in Serbien an OB Südost (7.3.1943).
191 BA/MA, RW 4/709 Der Chef des Oberkommandos der Wehrmacht an den Reichsführer-SS und Chef der Deutschen Polizei (12.3.1943).
192 Im Gegensatz zur SSW erhielt das SFK denselben Verpflegungssatz wie deutsche Einheiten; Meyszner empfand dies als »*Schmutzkonkurrenz*« von seiten der Wehrmacht. Vgl. BA-Lichterf., NS 19/1728 Der Höhere SS- und Polizeiführer an den Reichsführer SS und Chef der Deutschen Polizei (15.3.1943).
193 So der vom Stabschef des Oberbefehlshabers Südost geprägte Begriff; vgl. BA/MA, RH 19 VII/1 Aktennotiz über die Chefbesprechung am 3.5.43.
194 BA/MA, RW 40/40 KTB-Eintrag vom 2.4.1943.
195 BA/MA, RW 4/709 OKW/WfSt an OB Südost (14.5.1943).
196 BA/MA, RW 4/709 Der Chef des Oberkommandos der Wehrmacht an den Dt. Gen. b. Obkdo. d. Rum. Wehrmacht (2.6.1943).

erfahren. Die von Mihailović im Januar verfügte Abschwächung des Ungehorsamkeitsfeldzugs wurde durch eine fast gleichzeitig einsetzende Sabotageaktivität der Kommunisten (Beginn des Operationszyklus »Weiß« in Kroatien) kompensiert, so daß von einer Entspannung schlecht gesprochen werden konnte. Da die Partisanen insbesondere die von Mihailović gerade erst eingestellten Anschläge auf Gemeindearchive übergangslos übernahmen[197] und beide Seiten oft in der Uniformierung ihrer Bürgerkriegsgegner auftraten[198], war es für die deutschen Sicherheitsorgane mitunter unmöglich, die Frage der Täterschaft zufriedenstellend zu beantworten. Die nach wie vor überschaubaren deutschen Verluste in Serbien[199] sowie die geringe Anzahl gezielter Anschläge auf Wehrmachtsangehörige mögen Bader zu einer Neufassung der bisherigen Befehle zu »Sühnemaßnahmen« veranlaßt haben, die am 28. Februar Gültigkeit erlangte[200]. Obwohl vornehmlich als Präzisierung bisheriger Weisungen gedacht, bewirkte sie durch die Einengung des Ermessensspielraums für weitere Repressalienmaßnahmen doch eine gewisse Milderung. Baders Prärogative, einzelne Fälle in besonders scharfer Weise zu »sühnen«[201], blieb davon allerdings unberührt. Trotz dieser, im ganzen noch wenig besorgniserregenden Sicherheitslage war im ersten Quartal doch zugleich der Beginn eines Prozesses zu registrieren, der zu einer schleichenden Unterwanderung der deutschen Besatzungsherrschaft führen sollte. Wenngleich der Angriff der DM-Organisation auf kriegswichtige Betriebe und den Bahnverkehr im wesentlichen abgewehrt worden bzw. erst gar nicht zur Entwicklung gekommen war, hatte der Ungehorsamkeitsfeldzug und die hiermit verbundene Herausforderung der serbischen Staatsorgane deutscherseits erneut ernste Zweifel an der Einsatzbereitschaft der SSW aufkommen lassen. So häuften sich im Laufe des Winters die Fälle, in denen kleinere Einheiten der Staatswache ihrer Entwaffnung durch DM-Cetniks gar keinen oder nur symbolischen Widerstand ent-

---

197 BA/MA, RH 26-104/53 Kdr. General u. Bfh. in Serbien, Abt. Ic, Lagebericht für die Zeit vom 2.4.–17.4.1943 (18.4.1943).

198 BA-Lichterf., NS 19/1728 Der Höhere SS- und Polizeiführer Serbien an den Reichsführer SS und Chef der Deutschen Polizei (15.3.1943).

199 Vom 6. bis 25. Januar 1943 war beispielsweise überhaupt keiner, vom 26. Januar bis 15. Februar 1943 acht gefallene deutsche Soldaten oder Polizisten zu verzeichnen. Vgl. hierzu BA/MA, RH 26-114/16 Kommandierender General und Befehlshaber in Serbien, Ic-Lagebericht für die Zeit vom 9.1.–18.1.1943 (19.1.1943); RH 26-104/53 Kommandierender General und Befehlshaber in Serbien, Ic-Lagebericht für die Zeit vom 19.1.–29.1.1943 (29.1.1943); RH 26-114/17 Kommandierender General und Befehlshaber in Serbien, Ic-Lagebericht für die Zeit vom 30.1.–8.2.1943 (8.2.1943); RH 26-104/53 Kommandierender General und Befehlshaber in Serbien, Ic-Lagebericht für die Zeit vom 9.2.–18.2.1943 (19.2.1943).

200 BA/MA, RW 40/38 Korpsbefehl des Kommandierenden Generals und Befehlshabers in Serbien (28.2.1943).

201 So hatte Bader kurz zuvor entgegen des Befehls vom 22. Dezember 1941 die Ermordung eines deutschen Regimentskommandeurs und seiner Begleitung im alten Verhältnis von 1:100 »sühnen« lassen; BA/MA, RW 40/38 KTB-Eintrag vom 16.2.1943.

gegensetzten oder gleich komplett überliefen[202]. Um dieser Entwicklung zu begegnen, mußte noch vor Ende des Winters mit der engeren Zusammenlegung der kleineren, weit verstreut liegenden Einheiten begonnen werden[203]. Wenngleich diese Maßnahme natürlich eine engere Überwachung suspekter SSW-Verbände ermöglichte, ging sie natürlich mit einer unvermeidlichen Schwächung der serbischen Exekutive auf dem flachen Land einher. Mitte März kam der Ic-Offizier des Kommandierenden Generals diesbezüglich zu einem Fazit, das im auffallenden Gegensatz zu den optimistischen Aussichten stand, die noch zur Jahreswende vorgeherrscht hatten: »*Es läßt sich nicht mehr verkennen, daß DM im unteren Verwaltungsapparat draußen im Lande gegenüber der Nedić-Regierung an Boden gewinnt. (…) Die Ursache des wachsenden Einflusses der DM-Bewegung draußen im Lande dürfte in dem fehlenden Schutz der unteren Verwaltungsinstanzen gegenüber den sie terrorisierenden DM-Anhängern zu sehen sein. Um der Entwaffnung kleiner Postierungen der SSW vorzubeugen, ist diese in größere Einheiten zusammengezogen worden. Bei dem Mangel an Truppen und zuverlässigen Polizeikräften ist es in mehreren abseits der großen Verkehrsstraßen liegenden Landstrichen nicht mehr möglich, die Anordnungen der Landesverwaltung durchzudrücken.*«[204]

Obwohl die offensichtlichen Schwierigkeiten Mihailovićs, im April serbische Rekruten für den Bürgerkrieg in Montenegro zu gewinnen, ein klarer Hinweis auf seine nach wie vor beschränkten Möglichkeiten war[205], stellte das weitere Funktionieren der DM-Organisation, verbunden mit der (so die deutsche Einschätzung) grundsätzlichen Bereitschaft weiter Bevölkerungsteile »*zum offenen Kampf gegen die Besatzungsmächte überzugehen, wenn ein solches Beginnen ungefährlich und aussichtsreich erscheint*«[206], ein bedeutendes Gefahrenpotential dar; die Mitte April verordnete Einführung der Arbeitsdienstpflicht[207] war natürlich geeignet, eine weitere Schwächung der Position der Regierung, verbunden mit einer gleichzeitigen Stärkung des nationalserbischen Widerstandes, herbeizuführen. Auch die nach wie vor in der Minderheit befindlichen Partisanen gewannen langsam wieder an Zulauf;

---

202 BA/MA, RH 26-104/53 Kommandierender General und Befehlshaber in Serbien, Ic-Lagebericht für die Zeit vom 19.2.–28.2.1943 (1.3.1943).

203 BA/MA, RH 26-104/53 Kommandierender General und Befehlshaber in Serbien, Ic-Lagebericht für die Zeit vom 19.1.–29.1.1943 (29.1.1943); RW 40/37 KTB-Eintrag vom 28.1.1943.

204 BA/MA, RH 26-104/53 Kommandierender General und Befehlshaber in Serbien, Ic-Lagebericht für die Zeit vom 1.–17.3.1943 (17.3.1943).

205 Milazzo, *Chetnik movement*, S. 136 f.; BA/MA, RH 26-104/53 Kommandierender General und Befehlshaber in Serbien, Ic-Lagebericht für die Zeit vom 2.4.–17.4.1943 (18.4.1943). Am 1. Mai vermerkt das KTB des Kommandierenden Generals in Serbien sogar eine »*angebliche mündliche Anfrage des Draža Mihailović über Ljotić, ob DM 2.000 Mann nach Montenegro zum Kampf gegen Kommunisten abziehen kann*«. Vgl. RW 40/41 KTB-Eintrag vom 1.5.1943.

206 Ebd.

207 ADAP, Serie E, Bd. V, S. 247 Benzler an Auswärtiges Amt (18.2.1943); BA/MA, RH 26-104/53 Kommandierender General und Befehlshaber in Serbien, Ic-Lagebericht für die Zeit vom 2.4.–17.4.1943 (18.4.1943).

da sie sich in ihrer Vorgehensweise überdies durch eine weitgehende Unempfindlichkeit gegenüber deutschen und bulgarischen Repressalien auszeichneten[208], schreckten sie auch vor Attentaten auf Wehrmachtsangehörige nicht zurück.

Gerade die Tatsache, daß Mihailović eher eine politische als militärische Bedrohung darstellte, machte für Nedić die sichtbare Aufwertung seiner Regierung durch die Besatzungsmacht so unerläßlich. Mehr noch als die Erweiterung der bulgarischen Besatzungszone scheint es das Ausbleiben der zugesagten Einladung nach Berlin gewesen zu sein, der den Elan der neugebildeten Regierung sehr schnell erlahmen ließ[209]. In diese Zeit fallende halbherzige Versuche Baders, die Staatswache dem serbischen Innenministerium zu unterstellen[210] bzw. das kroatische Syrmien seinem Befehlsbereich anzugliedern[211], zielten höchstwahrscheinlich darauf ab, dem politisch angeschlagenen Ministerpräsidenten den Rücken zu stärken; ihr Scheitern kann als geradezu sinnbildlich für die völlige Perspektivlosigkeit der deutschen Serbienpolitik jener Tage gesehen werden. Ähnlich im Falle des Gesandten Benzler: Trotz seines wiederholten Drängens dauerte es noch bis Mitte Mai, bevor im Auswärtigen Amt die Frage des Besuches auch nur ernsthaft ins Auge gefaßt wurde.

Erstmals am 17. und dann wieder am 31. Mai fanden in der Wilhelmstraße Besprechungen statt[212], auf denen geklärt werden sollte, welche politischen Konzessionen dem serbischen Ministerpräsidenten im Rahmen seines geplanten Besuches gemacht werden könnten. Besonders was die von Nedić wiederholt geforderte Verwaltungsautonomie für sein Regime anging, standen die Zeichen allerdings schon deshalb schlecht, weil sich die Gegner einer solchen Regelung (vornehmlich Meyszner und Neuhausen) nicht zuletzt durch das Scheitern eines im Februar gestarteten Versuchs, die Maieinziehung der serbischen Regierung zu übertragen, in ihrer ablehnenden Haltung bestätigt sehen konnten[213]. Eine nicht weniger wichtige Frage betraf das von Nedić wiederholt bemängelte Kompetenzenwirrwarr zwischen den deutschen Stäben in Belgrad. Da eine Einigung in diesem Punkt zwangsläufig auf

---

208 BA/MA, RW 40/39 10-Tage-Meldung des Kommandierenden Generals an den Oberbefehlshaber Südost (1.3.1943): »*Diejenigen Banden, die jetzt noch ihr Unwesen treiben, sind wahrscheinlich durch noch so scharfe Sühnemaßnahmen nicht zu beeindrucken.*«

209 Der Gesandte Benzler sprach in diesem Zusammenhang gar »*von einem Stocken der Regierungsarbeit*«; vgl. ADAP, Serie E, Bd. V, S. 247 Benzler an Auswärtiges Amt (18.2.1943).

210 BA/MA, RW 40/38 KTB-Einträge vom 8.2., 10.2., 20.2.1943; RW 40/39 KTB-Eintrag vom 12.3.1943. Die Umsetzung dieser Idee scheint nicht zuletzt daran gescheitert zu sein, daß Bader die offene Konfrontation mit dem Höheren SS- und Polizeiführer scheute.

211 BA/MA, RW 40/40 KTB-Eintrag vom 26.4.1943. Eine Idee, die allem Anschein nach erstmalig im Januar von Glaise von Horstenau ins Gespräch gebracht worden war; vgl. RH 31 III/12 Handschriftl. Brief Löhrs an Glaise (11.1.1943).

212 Während die erste Sitzung nur den Charakter einer Vorbesprechung hatte, waren bei der zweiten bis auf Bader alle Hauptinteressenten persönlich anwesend; der Kommandierende General ließ sich durch seinen Stabschef vertreten.

213 BA-Lichterf., NS 19/1728 Kdr. General und Befh. in Serbien an alle Feld- und Kreiskommandanturen (9.3.1943).

eine Machtbeschränkung der Dienststellen des Höheren SS- und Polizeiführers und des Wirtschaftsbevollmächtigten hinausgelaufen wäre[214], scheiterte sie vornehmlich am Widerstand Meyszners und Neuhausens. Der diesbezügliche Appell des Auswärtigen Amtes (*»Es dürfte im übrigen auch dem deutschen Ansehen nicht dienlich sein, wenn der serbische Ministerpräsident den Wunsch einer Zentralisierung der deutschen Befehlsgewalt in Serbien vorbringen muß«*)[215] verhallte ungehört. Da Meyszner die Notwendigkeit einer auch nur beschränkten Exekutive über die SSW grundsätzlich bestritt und Militärverwaltung und Vier-Jahres-Plan sich darin einig waren, die Fixierung der Besatzungskosten[216] als *»nicht möglich«* zu bezeichnen[217], war ein Entgegenkommen bei einer der Hauptforderungen des serbischen Ministerpräsidenten schon von vornherein ausgeschlossen. Auch bei den Fragen nachgeordneter Bedeutung konnte nur bei einer einzigen (Wiedereröffnung der Belgrader Universität) Einigkeit erzielt werden[218]. Befremdlich und zugleich bezeichnend war die Übereinstimmung zwischen Baders Stabschef Ritter von Geitner und dem slawophoben Meyszner in der Frage des Ausbaus des SFK. Nedić hatte nämlich nicht nur eine Unterstellung dieser Einheit unter sein Innenministerium, sondern auch eine Verdoppelung der Freiwilligen von gegenwärtig fünf auf insgesamt zehn Bataillone angeregt – ein Vorschlag, der in Anbetracht der in den letzten Monaten immer offensichtlicher zu Tage tretenden Mängel der SSW eigentlich im unbedingten Interesse der Besatzungsmacht liegen mußte. Statt dessen verwies von Geitner auf die gerade erst abgeschlossene Umgliederung der Freiwilligen und daß ein endgültiges Urteil über die neuen Bataillone *»mit Rücksicht auf die Kürze der Zeit«* noch nicht gefällt werden könnte[219].

Ein ausdrückliches Bedauern über das Scheitern der Gespräche ist nur von seiten der Vertreter des Auswärtigen Amts überliefert. Obwohl hierbei berücksichtigt werden muß, daß mit der angestrebten Machterweiterung für den Vertreter des Auswärtigen in Belgrad natürlich partikularistische Interessen im Spiel waren, scheint auch auf-

---

214 Da die Konzentration möglichst vieler Machtbefugnisse auf eine Person zweckmäßigerweise auf eine Stärkung der gegenwärtig bereits wichtigsten Dienststelle hinauslaufen mußte, war eine weitere Machtbeschneidung im Falle des Kommandierenden Generals kaum zu erwarten; im Falle des Gesandten wäre eine weitere Reduzierung seiner Funktion, die ohnehin nur beratenden Charakter hatte, praktisch der Auflösung gleichgekommen.

215 PA/AA, Inland IIg Pers. A-G Niederschrift über die Besprechung betreffend den Besuch des serbischen Ministerpräsidenten Nedić (o.D.).

216 Möglicherweise hatte die am 13. Oktober 1942 versuchsweise erfolgte Fixierung der Besatzungskosten für Griechenland Nedić dazu ermutigt, diesen Wunsch vorzutragen; vgl. Harry Ritter jr, *Hermann Neubacher and the German occupation of the Balkans, 1940–1945* (unveröffentl. Phil. Diss, University of Virginia 1969), S. 120.

217 PA/AA, Inland IIg 401, 2820 Niederschrift über die zweite Besprechung im Auswärtigen Amt am 31. Mai 1943 betreffend die Vorbereitungen für den in Aussicht genommenen Besuch des serbischen Ministerpräsidenten Nedić (31.5.1943).

218 Ebd.

219 Ebd.

richtige Sorge um die Zukunft der deutschen Position in diesem Raum eine Rolle gespielt zu haben: »*In einer anschließenden Unterhaltung mit den Teilnehmern des Auswärtigen Amts an der Sitzung kam allerseits das Bedauern zum Ausdruck, daß sich die mit der Verwaltung von Serbien beauftragten deutschen Stellen nicht entschließen können, in dem Raum mit politischen Mitteln zu arbeiten, sich vielmehr ausschließlich auf militärische und polizeiliche Gewalt stützen wollen. Insbesondere wurde dabei hervorgehoben, daß im Falle einer Invasion auf dem Balkan die tatsächlich zur Verfügung stehenden Kräfte nie ausreichen würden, um einen allgemeinen Aufstand mit Gewalt zu unterdrücken. Um auf die Dauer Ruhe und Ordnung zu schaffen, sei also doch nur eine Lösung auf politischem Wege möglich.*«[220]

Dieses Fazit sollte sich auch in den folgenden Wochen bestätigen, als der Abzug der 704. ID nach Griechenland bis zum 5. Juli eine erneute Erweiterung der bulgarischen Besatzungszone nach sich zog; der ausschließlich von deutschen Kräften besetzte Raum beschränkte sich danach auf das Banat, den Raum um Belgrad sowie den von der Linie Ljubovija–Struganik–Obrenovac begrenzten Nordwesten des Landes. Der aus diesem Anlaß im Laufe des Juni vorgenommene Austausch der drei bulgarischen Frontdivisionen gegen vier Reservedivisionen (22. ID, 24. ID, 25. ID und 27. ID) brachte zwar einen deutlichen Zuwachs an Mannschaftsstärke mit sich[221]; darüber hinaus sollte sich sehr schnell zeigen, daß sowohl die erneute Ausdehnung des zu bewachenden Raumes als auch die deutlich geringere Einsatzbereitschaft dieser Verbände (Glaise: »*ständig wechselndes Rekrutendepot*«)[222] zu einer weiteren Ausdünnung der Truppenpräsenz und nachlassendem Druck auf die Widerstandsbewegungen führte[223].

Zu diesem Zeitpunkt war insbesondere in Teilen Südwestserbiens die bloße Sabotage der staatlichen Verwaltungsarbeit bereits in die Einrichtung einer Parallelregierung der DM-Bewegung übergegangen, deren Weisungen von den örtlichen

220 PA/AA, Inland IIg Pers. A-G Niederschrift über die Besprechung betreffend den Besuch des serbischen Ministerpräsidenten Nedić (o.D.)

221 Obwohl eine gewöhnliche bulgarische Infanteriedivision eine Verpflegungsstärke von 16.066 Mann aufwies, vgl. George F. Nafziger, *Bulgarian order of battle World War II* (Ohio 1995), S. 21, brachten es die drei Divisionen des ersten Korps gerade mal auf 25.000–26.000 Mann. Vgl. BA/MA, RH 20-12/146 Bericht Generalmajor Stantscheffs für den stellvertr. Befehlshaber Südost General Kunze (sic!), über die Lage in dem vom I. Kgl. Bulg. Okkup. Korps besetzten Raume am 12. Juni 1942. Die sie ablösenden Reservedivisionen scheinen im Schnitt um die 10.000 Mann gezählt zu haben, vgl. BA/MA, RW 40/81 Bericht über den Besuch des Herrn Mil.Bfh. Südost in Nisch beim Kgl. Bulg. I. Okk. Korps am 13. Oktober 1943 (o.D.).

222 Peter Broucek (Hrsg.), *Ein General im Zwielicht. Die Erinnerungen Edmund Glaises von Horstenau, Bd. 3* (Wien u.a. 1988), S. 419 (Eintrag vom Juni 1944).

223 BA/MA, RW 40/43 Kommandierender General und Befehlshaber in Serbien, Abt. Ia an das I. Kgl. Bulg. Okk. Korps (3.7.1943).

Behörden in aller Regel auch Folge geleistet wurde[224]; eine vergleichbare Entwicklung – wenngleich auf deutlich kleinere Räume beschränkt – ließ sich auch im Schwerpunktgebiet kommunistischer Aktivität in Südostserbien feststellen[225].

Die Antwort der Besatzungsmacht auf diese Entwicklung bestand in einem erneuten Versuch, der Person des Draža Mihailović habhaft zu werden. Die Möglichkeit eines Zugriffs mußte sich schon deshalb anbieten, weil der Cetnikführer nach seiner Vertreibung aus Montenegro im Juni sein Hauptquartier wieder in der westserbischen Ravna Gora und somit im Herzen des deutschen Machtbereichs aufgeschlagen hatte. Wie auch schon bei der vom Ansatz her vergleichbaren Operation »Forstrat« vom Vorjahr, sollte auch diese (Unternehmen »Morgenluft«, 14. bis 21. Juli 1943) mit relativ geringen Kräften (2 Bataillone und 1 Kompanie der 297. ID sowie die 9. Kompanie des 4. Regiments der Division »Brandenburg«) durchgeführt werden[226]. Unter bewußtem Verzicht auf eine Kesselbildung wurde statt dessen der Versuch unternommen, die beteiligten Truppenteile möglichst vollständig zu motorisieren und gleichzeitig aus verschiedenen Richtungen auf den bekannten Aufenthaltsort des Cetnikführers vorstoßen zu lassen[227]. Durch eine kurzfristige Standortverlegung seines Hauptquartiers am 11. Juli – möglicherweise auf einen Hinweis aus den Reihen der SSW hin[228] – gelang es Mihailović jedoch erneut, den Nachstellungen der Besatzungsmacht knapp zu entgehen. Obwohl insbesondere Teile der bei den Cetniks akkreditierten britischen Militärmission dem deutschen Zugriff nur mit knapper Not entkommen konnten und dabei wichtige Aktenstücke und einen beträchtlichen Devisenbetrag in Gold zurücklassen mußten[229], lag der Mißerfolg von »Morgenluft« doch klar auf der Hand. Während der an der Planung der Operation völlig unbeteiligte Meyszner von einem sichtlich ungehaltenen Heinrich Himmler (»*Die Sicherstellung von Mänteln und Gegenständen interessiert mich gar nicht.*«)[230] zu verschärften Anstrengungen vergattert wurde, gab der Ober-

---

224 BA/MA, RH 2/684 Lagebeurteilung Oberbefehlshaber Südost, Juni 1943; RH 26-104/53 Kommandierender General und Befehlshaber in Serbien, Ic-Lagebericht für die Zeit vom 17.5.–2.6.1943 (3.6.1943): »*In einigen Gegenden (besonders Raum N Blace) wurden von DM eine Art Ortsgruppenleiter eingesetzt, die unabhängig von den Bürgermeistern tätig sind und ohne deren Zustimmung nichts in den Gemeinden geschehen darf.*«

225 Ebd.: »*Besonders im Raum um Leskovac scheint der Einfluß auf die Verwaltung völlig in kommunistische Hände übergegangen zu sein.*«

226 BA/MA, RW 40/43 KTB-Eintrag vom 9.7.1943.

227 Ebd.

228 BA/MA, RW 40/43 KTB-Einträge vom 16.7. und 17.7.1943.

229 BA/MA, RW 40/43 KTB-Einträge vom 18.7. und 21.7.1943. Eine ausführliche Darstellung des Operationsverlaufs aus britischer Sicht findet sich im Abschlußbericht des Chefs der Militärmission, Colonel S.W. Bailey. Vgl. PRO, WO 208-2018A Report on mission to General Mihailović and conditions in Yugoslavia, Appendix 4.

230 BA-Lichterf., NS 19/1433 Der Reichsführer SS an den Höheren SS- und Polizeiführer Serbien (19.7.1943).

befehlshaber Südost eine eher resignierte Einstellung zu erkennen und gestand durch eine großangelegte Flugblattaktion, in der für Hinweise, die zu Mihailovićs Ergreifung führten, eine Prämie von hunderttausend Goldmark ausgesetzt war, das Scheitern des militärischen Lösungsansatzes offen ein. Sowohl im Stab des Kommandierenden Generals[231] als auch in der Gesandtschaft stand man diesem Versuch freilich skeptisch gegenüber. Nach Einschätzung Benzlers war diese Art von Appell nicht nur überflüssig, sondern geradezu kontraproduktiv: *»... da Erfolg nicht zu erwarten und hierdurch nur unnötige Reklame für ihn gemacht wird«*[232].

Obwohl Mihailović auch während des Sommers noch keine Anstalten machte, die Besatzungsmacht durch verschärfte Aufstandstätigkeit herauszufordern, hatte die schleichende Machtübernahme durch seine Anhänger in ländlichen Gegenden nicht zuletzt eine erhebliche Einschränkung des politischen Handlungsspielraums der Besatzungsmacht zur Folge. Während von Geitner beispielsweise am 31. Mai noch die Ansicht geäußert hatte, in der Frage eines möglichen Ausbaus der Freiwilligen ruhig zuwarten zu können, mußte Bader bereits keine drei Monate später indirekt einräumen, daß durch dieses Zaudern eine womöglich letzte Chance zur Mobilisierung des nationalen Serbentums auf deutscher Seite verlorengegangen war. In einem Fernschreiben vom 17. August an den Oberbefehlshaber Südost gab er an, daß Versuche zur Anwerbung *»landeseigener Hilfskräfte«* mittlerweile auf erhebliche Schwierigkeiten stießen. Mehr noch als die ungünstigen materiellen Bedingungen, war es vor allem die Entwicklung der politischen Lage und die Konsequenzen, die sich hieraus für Kollaborationswillige ergaben, die potentielle Rekruten von einer *»Zurverfügungsstellung für die deutsche Wehrmacht«* abhielten[233].

Paradoxerweise war es die allgemeine Verschlechterung der Kriegslage, die der deutschen Besatzungsmacht auf zumindest einem Gebiet – dem der Befehlsregelung – eine spürbare Erleichterung verschaffen sollte. In Anbetracht der geglückten alliierten Landung auf Sizilien und der sich daraus ergebenden Gefahr weiterer amphibischer Vorstöße gegen die Küsten Westgriechenlands, Albaniens, Montenegros oder Dalmatiens erging am 26. Juli aus dem Führerhauptquartier die »Weisung Nr. 48 für die Befehlsführung und Verteidigung im Südostraum«. Herzstück dieser auf eine Vereinfachung der unübersichtlichen Befehlsverhältnisse auf dem Balkan abzielenden Weisung war die Einrichtung eines Territorialbefehlshabers für den gesamten Südosten, der den Oberbefehlshaber Südost von sämtlichen Aufgaben entlasten soll-

---

231 BA/MA, RW 40/43 KTB-Eintrag vom 21.7.1943.

232 ADAP, Serie E, Bd. VI, S. 263 Benzler an Auswärtiges Amt (19.7.1943). Ein zur gleichen Zeit erscheinender, fast identischer Steckbrief Titos ließ Benzler überdies eine gegenseitige Neutralisierung beider Plakate sowie eine Stärkung der Kräfte befürchten, die für eine gemeinsame Front von Partisanen und Cetniks eintraten. Vgl. hierzu PA/AA, Gesandtschaftsakten Belgrad 62/4 Benzler an Auswärtiges Amt (21.7.1943).

233 BA/MA, RW 40/44 Der Kommandierende General und Befehlshaber in Serbien an den Oberbefehlshaber Südost (17.8.1943).

te, die seinem wichtigsten Kampfauftrag – der Abwehr einer Großlandung – nur im Wege standen[234]. Zur Ausübung dieser Aufgabe waren dem seit dem 15. August in Belgrad amtierenden Militärbefehlshaber Südost (General der Infanterie Hans-Gustav Felber) in territorialer Hinsicht der Militärbefehlshaber Griechenland und der Deutsche Bevollmächtigte General in Kroatien unterstellt; der Zuständigkeitsbereich des Kommandierenden Generals und Befehlshabers in Serbien wurde mit der Auflösung dieser Stelle am 25. August Felber direkt übertragen[235]. Viel wichtiger war jedoch die Neuordnung, die innerhalb der deutschen Befehlsstrukturen in Belgrad vollzogen wurde. Da die Weisung Nr. 48 die Eingliederung der nicht-militärischen Dienststellen in den Stab des Militärbefehlshabers vorsah, bot sich nun endlich die Chance, die Reformen umzusetzen, auf die Turner bzw. Benzler in der einen oder anderen Form seit mehr als einem Jahr gedrängt hatten. Die drängende Notwendigkeit einer solchen Neugliederung der Belgrader Kommandostruktur lag auch im Spätsommer 1943 noch klar auf der Hand. Im Falle des Höheren SS- und Polizeiführers war eine gewisse Einbindung in die militärische Befehlsstruktur schon durch die gemeinsame Aufständischenbekämpfung in einem Operationsgebiet des Heeres gegeben[236]; ungeachtet der Meyssnerschen Intrigen gegen SFK und RSK wurde das Verhältnis zwischen Polizei und Kommandierenden General von einem Außenstehenden im August 1943 immerhin als *»befriedigend«* bezeichnet. Derselbe Besucher mußte aber auch konstatieren, daß Neuhausen nach wie vor in der Lage war, ein *»absolutes Eigenleben«* zu führen[237].

Weniger als durch die Tatsache der Unterstellung selbst – diese war sowohl bei Meyszner wie bei Neuhausen schon mit Dienstantritt zumindest auf dem Papier eindeutig festgelegt worden[238] – zeichnete sich die Führerweisung und die aus ihr hervorgehenden Dienstanweisungen für den Militärbefehlshaber dadurch aus, daß sie Meyszner und Neuhausen ihren privilegierten Nachrichtenkanal nahm, mit dem sie bis dahin unter Umgehung Baders jederzeit Rücksprache mit ihren vorgesetzten Dienststellen in Berlin hatten halten können[239]. Dadurch, daß sich der gesamte

---

234 Der Führer/OKW/WfSt, Weisung Nr. 48 für die Befehlsführung und Verteidigung des Südostraums (26.7.1943) in: Walther Hubatsch (Hrsg.), *Hitlers Weisungen für die Kriegführung 1939–1945* (Koblenz 1983), S. 218–223. Siehe auch die ergänzenden Weisungen vom 3. und 7. August 1943 in ebd., S. 223–227.

235 BA/MA, RW 40/115 Dienstanweisung für den Mil.-Bfh. Südost (7.10.1943).

236 Vgl. hierzu das Schreiben Meyszners in BA-Lichterf., SSO-Akte Meyszner, Der Höhere SS- und Polizeiführer an den Reichsführer SS (18.9.1943), in dem Meyszner seine im Bereich der Operationsführung deutlich beschränkten Kompetenzen beklagt.

237 BA/MA, RH 2/682 Oberstleutnant i.G. Klamroth, Gen.St.d.H./Bericht über die Reise auf dem Balkan vom 16.–24.8.43.

238 BA/MA, RW 40/2 KTB-Eintrag vom 12.5.1941; Moll, *Führer-Erlasse*, S. 228 f.

239 BA/MA, RH 2/682 Vorläufige Dienstanweisung für den Militärbefehlshaber Südost (25.8.1943); RW 40/115 Dienstanweisung für den Militärbefehlshaber Südost (7.10.1943).

Schriftverkehr von nun an unter den Augen des neuen Territorialbefehlshabers abspielte, würde es künftig möglich sein, die meisten Reibereien und Zuständigkeitskonflikte gleich im Keim zu ersticken. Im Gegensatz zum Höheren SS- und Polizeiführer, der sich trotz eines Versuches Himmlers, ihm seine privilegierte Position wenigstens teilweise zu erhalten[240], im wesentlichen in die neuen Machtverhältnisse fügen mußte, gelang es Neuhausen, den Verlust an Eigenständigkeit zumindest mit einem relativen Machtzuwachs zu kompensieren. Bereits recht früh (Mitte August) begann er unter Hinweis auf eine naheliegende Zweckmäßigkeit darauf hinzuarbeiten, seinen gegenwärtigen Aufgabenbereich mit dem der Militärverwaltung zu verbinden[241]. Unterstützung für dieses – erstmalig unter den etwas anderen Bedingungen des Sommers 1942 von Benzler ersonnene – Modell fand sich bei einer Besprechung, die Benzlers Nachfolger Neubacher (siehe unten) am 1. Oktober mit Felber abhielt. Neben einer Vielzahl anderer Punkte kam auch hier die bevorstehende direkte Unterstellung des Generalbevollmächtigten für den Vierjahresplan unter den Militärbefehlshaber zur Sprache, wobei Neubacher – scheinbar in dem Bestreben, keine juristischen Schlupflöcher offenzulassen – darauf hinwies, daß Neuhausen zu diesem Zwecke noch die Ernennung zum Militärbeamten fehle[242]. Wie aus späteren Äußerungen Neubachers hervorgeht[243], hatte er dabei aber keineswegs an eine Vereinigung der Art gedacht, wie sie dann zwei Wochen später stattfand und Neuhausen zum Generalbevollmächtigten für den Vierjahresplan und Chef der Militärverwaltung in Personalunion machte[244]. Da der seit dem 5. Januar 1943 nur noch als Abteilung existierende Aufgabenbereich überdies wieder zu einem dem Militärbefehlshaber direkt unterstellten Stab ausgebaut wurde, mußte dieses Arrangement natürlich auf die unerwünschte Stärkung eines Rivalen hinauslaufen, mit dem Neubacher in ebendiesen Tagen bereits erstmalig in Konflikt geraten war[245]; für den entmachteten Verwaltungschef Turner stellte die Vereinigung der für Verwaltung bzw. wirtschaftliche Ausbeutung zuständigen Apparate zweifellos einen späten moralischen Sieg dar.

Ebensowenig wie Turner sollte allerdings der andere Rufer in der Wüste – der Gesandte Benzler – dazukommen, den von ihm angemahnten Wechsel selber durchzuführen. Nachdem wiederholte Versuche, die Position Benzlers durch bloße Beschwörungen des »Führerwillens« aufzuwerten, gescheitert waren, hatte von

---

240 BA/MA, RW 40/81 Militärbefehlshaber Südost an Heeresgruppe F (23.10.1943).
241 BA/MA, RH 2/682 Oberstleutnant i.G. Klamroth, Gen.Std.H/Bericht über die Reise auf dem Balkan vom 16.–24.8.1943.
242 BA/MA, RW 40/81 Inhalt der Besprechung mit Gesandten Neubacher am 1.10.1943, 10.30 Uhr.
243 BA/MA, RW 40/84 Besprechung mit Gesandten Neubacher am 11.1.44.
244 BA/MA, RW 40/81 Besprechung mit Obergruppenführer Neuhausen am 18.10.1943.
245 BA/MA, RW 40/81 KTB-Eintrag vom 3.10.1943.

Ribbentrop Ende Juni einen erneuten Anlauf in dieser Frage unternommen. Hierbei berief er sich auf die Notwendigkeit, dem serbischen Ministerpräsidenten, mit dessen baldigen Besuch gerechnet wurde, wenigstens in der leidigen Frage der unübersichtlichen Befehlsstruktur entgegenzukommen; zu diesem Zweck sollten Wehrmacht, SS und Vier-Jahres-Plan dazu bewegt werden, ihren Verkehr mit der serbischen Regierung nur noch über den Gesandten abzuwickeln[246]. Obwohl kaum anzunehmen ist, daß die bloße Tatsache des Nedić-Besuches ausgereicht hätte, die Konkurrenten des Reichsaußenministers diesmal zu nennenswerten Konzessionen zu bewegen, sollte auch das Auswärtige Amt von der einen Monat danach durch die Weisung Nr. 48 verfügten Vereinfachung der Befehlswege im Südosten profitieren. Unter direkter Bezugnahme auf diese Weisung verfügte Hitler nämlich am 24. August die Ernennung eines »Sonderbevollmächtigten des Auswärtigen Amts für den Südosten« mit Dienstsitz in Belgrad[247]. Dieser blieb von einer Unterstellung unter den Militärbefehlshaber ausgenommen und hatte dem Wortlaut des Befehls nach (»*für die einheitliche Behandlung der außenpolitischen Fragen in diesem Raum Sorge zu tragen*«) eine eher unverbindliche Beratertätigkeit auszuüben, wobei er allerdings in erster Linie auf den guten Willen der beiden Befehlshaber im Raum angewiesen war (»*Dem Sonderbevollmächtigten und den militärischen Dienststellen im Südosten mache ich enge vertrauensvolle Zusammenarbeit zur Pflicht.*«)[248]. Dies, sowie die Tatsache, daß der Befehl sich über die künftige Position des Gesandten Benzler ausschwieg, schien die dauerhafte Klärung der Hauptfrage – die Bestellung eines Ansprechpartners für den serbischen Ministerpräsidenten – wieder mal in weite Ferne zu rücken. Statt dessen gelang es dem neuen Sonderbevollmächtigten – dem Balkankenner und ehemaligen Wiener Oberbürgermeister Dr. Hermann Neubacher[249] –, in den folgenden acht Wochen zur bestimmenden Kraft einer neuen deutschen Südosteuropapolitik zu werden.

An erster Stelle stand die Einverleibung von Benzlers Gesandtenstelle in den Zuständigkeitsbereich des Sonderbevollmächtigten am 2. Oktober. Da sich Neubacher bis zu diesem Zeitpunkt vornehmlich in Albanien und Montenegro aufgehalten hatte, wäre es durchaus denkbar, daß dieser Wechsel, obwohl von Anfang geplant, erst mit fünfwöchiger Verzögerung vollzogen werden konnte; aus den zur Verfügung stehenden Quellen läßt sich jedenfalls nicht ersehen, auf welche Art von

---

246 ADAP, Serie E, Bd. VI, S. 201 f. Aufzeichnung ohne Unterschrift (25.6.1943).
247 Moll, *Führererlasse*, S. 350 f.
248 Ebd.
249 Im Anschluß an seine Tätigkeit als Wiener Oberbürgermeister war Neubacher in die Dienste des Auswärtigen Amts getreten. Seinen Posten als Sonderbevollmächtigter versah er zusätzlich zu seinen früheren Tätigkeitsfeldern als »Sonderbeauftragter für Wirtschaftsfragen bei der Deutschen Gesandtschaft in Bukarest« (seit Januar 1940) und »Sonderbeauftragter des Reiches für wirtschaftliche und finanzielle Fragen in Griechenland« (seit Oktober 1942); vgl. Ritter, *Neubacher*, S. 41–157.

Vereinbarung dieser Machtzuwachs zurückzuführen war. Ähnlich schwer zu ergründen sind die Umstände, welche die Entstehung des Führerbefehls über »die einheitliche Führung des Kampfes gegen den Kommunismus im Südosten« (29.10.1943) ermöglichten. Nach Neubachers Schilderung war diese Weisung in erster Linie das Ergebnis »wochenlangen« Ringens um die Durchsetzung einer flexiblen Repressalienpolitik; nach Schilderung eines Zeitzeugen sah sich der Sonderbevollmächtigte dabei allerdings nicht auf sein bloßes Verhandlungstalent beschränkt, sondern konnte durch die Übermittlung eines Bündnisangebots des in diesen Tagen schwer bedrängten Mihailović (siehe unten) auch eine politische Trumpfkarte ausspielen[250]. Im deutlichen Gegensatz zum Befehl vom 24. August wurden Aufgabenbereich und Befugnisse des Sonderbevollmächtigten diesmal klar aufgezählt: So war er beispielsweise befugt, zur Sicherstellung der Versorgung der Bevölkerung der besetzten Gebiete »die Grundsätze für die Wirtschaftspolitik im Südosten aufzustellen und durchzusetzen«[251]. Diese gemessen an den bisherigen Prioritäten deutscher Besatzungspolitik fast schon revolutionäre Verfügung wurde aber noch durch die übertroffen, welche die Organisation der örtlichen, nationalen antikommunistischen Kräfte sowie die Aufnahme von »Verhandlungen mit Bandenführern« genehmigte; darüber hinaus war auch »die Handhabung der Sühnemaßnahmen« mit dem Sonderbevollmächtigten abzustimmen. Damit vorhersehbare Konflikte, die sich auf diesem Gebiet mit dem Höheren SS- und Polizeiführer ergeben würden, nicht zu einem Arbeitshemmnis wurden, bekam Neubacher das Recht, SS- und Polizeiorganen Weisungen auf politischem Gebiet zu erteilen[252]. Lediglich in einem Bereich kam die Konkretisierung des Auftrags des Sonderbevollmächtigten einer Machtbeschneidung gleich: Die von ihm mit Hilfe des Oberbefehlshabers Südost betriebene Ausweitung seiner Befugnisse auf das Gebiet des NDH-Staates wurde in der letzten Ziffer des Befehls »auf Grund der besonderen politischen Umstände« ausdrücklich ausgeschlossen[253].

Sowohl durch die Wahl des Dienstsitzes als auch die Übernahme der Gesandtengeschäfte in Belgrad war klar zum Ausdruck gekommen, daß Serbien eine zentrale

---

250 Goebbels TB, Bd. 10, S. 165 (Eintrag vom 25.10.1943): »Dr. Neubacher ist im Führerhauptquartier und hält Vortrag über den Südosten. Er bringt ein Angebot von Mihailowitsch mit. Aber im Augenblick ist der Führer nicht geneigt, auf dieses Angebot einzugehen. Ich werde mich über diese Fragen bei meinem Besuch im Führerhauptquartier orientieren lassen und eventuell noch einmal beim Führer plädieren.« Ritter erwähnt in diesem Zusammenhang eine entscheidende Unterredung zwischen Neubacher und Hitler, gibt jedoch keine Quelle an. Vgl. Ritter, Hermann Neubacher, S. 162 f.

251 Moll, Führererlasse, S. 368 f.

252 Ebd.

253 Ebd. Denkbar wäre, daß Neubachers Rolle bei der versuchten Übernahme der vollziehenden Gewalt in Agram durch die 2. Panzerarmee (9.9.1943) die ausdrückliche Ausklammerung der deutsch-kroatischen Beziehungen aus seinem Zuständigkeitsbereich zur Folge hatte; vgl. Broucek, General im Zwielicht, S. 269 (Eintrag vom September 1943).

Rolle bei der »*kommunistischen Gegenaktion*« spielen sollte. Die Chance, die angestrebte Wende in den deutsch-serbischen Beziehungen mit einem medienwirksamen
Ereignis einzuläuten, hatte der Sonderbevollmächtigte bereits am 18. September
erhalten. An diesem Tag traf Milan Nedić in Begleitung Benzlers und Neubachers zu
seinem lange angekündigten Staatsbesuch bei Reichsaußenminister von Ribbentrop
im Rastenburger Führerhauptquartier ein. Obwohl Hitler erst eine Woche zuvor
überraschend eine Verdoppelung des so oft kritisch begutachteten RSK verfügt
hatte[254], war allein der Umstand, daß der serbische Ministerpräsident fast elf Monate
auf diese Einladung hatte warten müssen, ein deutlicher Hinweis auf das bis dahin
vorherrschende Desinteresse der meisten deutschen Stellen an einer spürbaren
Verbesserung der Beziehungen zum serbischen Staat. Daß auch nach den Mai-
besprechungen im Auswärtigen Amt noch der ganze Sommer vergehen mußte, bevor
Nedić sich schließlich auf die Reise machen konnte, war nach Eindruck Glaise von
Horstenaus sowohl eine Folge von Hitlers Kompromißscheu als auch des launen-
haften Wesens des deutschen Außenministers: »*Es gehört offenbar zur Psychologie
des Diktators, sich Zugeständnisse, die zur rechten Zeit Wunder wirken könnten, erst
wenn es zu spät ist, herauspressen zu lassen. Dies gilt auch für den Fall Nedić. Er
hätte schon vor drei Monaten zu Hitler kommen sollen. Ob es damals noch etwas
gewirkt hätte, weiß der Himmel. Jedenfalls legte sich Joachim plötzlich zu Bett, und
der Besuch erfolgte erst jetzt. Die Einladung an Nedić wird natürlich, wie es in
dienstlichen Berichten ausdrücklich heißt, von den Serben als Schwäche gedeutet.*«[255]
Aus der amtlichen Mitschrift des Gesprächs zwischen Nedić und von Ribbentrop
geht hervor, daß der Ministerpräsident auch diesmal wieder eine Verdoppelung des
SFK, Unterstellung serbischer Einheiten unter seine Regierung und eine formelle
Unabhängigkeitserklärung für sein Regime zur Sprache brachte. Erstmalig seit
August 1941 trat Nedić auch für ein Ende deutscher »Sühnemaßnahmen« ein; der
Anschluß Montenegros und des Sandžak an Serbien war schließlich eine völlig neue
Forderung[256]. Keine Erwähnung fand im Besprechungsprotokoll jedoch, daß Nedićs
Weigerung, von Ribbentrops schroffe und fast durchweg ablehnende Haltung durch
die Billigung eines offiziellen Kommuniques auch noch in aller Form gutzuheißen,
zu einem Eklat führte, der die Hinzuziehung Neubachers erforderte. Dessen
Eindruck (»*... der Mißerfolg der Begegnung war sachlich und menschlich ein voll-
kommener*«)[257] veranlaßte ihn, bei von Ribbentrop auf einen sofortigen Empfang des

---

254 BA/MA, RW 40/80 Chef OKW an OB Südost F.A. (12.9.1943). Bezüglich der Möglichkeit der
   Aufstockung des SFK scheint das Auswärtige Amt im Vorfeld des Besuchs zumindest vorgefühlt
   zu haben, vgl. RW 4/709 WfSt/Qu 2 Vortragsnotiz (2.9.1943).
255 Broucek, *General im Zwielicht*, S. 277 (Eintrag vom September 1943).
256 ADAP, Serie E, Bd. VI, S. 556–559 Aufzeichnung über das Gespräch zwischen dem Herrn Reichsaußenminister und dem serbischen Ministerpräsidenten Nedić am 18. September 1943 (19.9.1943).
257 Neubacher, *Sonderauftrag Südost*, S. 135

serbischen Ministerpräsidenten bei Hitler zu drängen; ein – im Besuchsprogramm gar nicht vorgesehenes – Treffen mit dem deutschen »Führer« würde es Nedić gestatten, wenigstens einen Prestigeerfolg mit nach Hause zu nehmen[258]. Das 20-minütige Treffen mit dem deutschen Diktator war dann auch insofern ein Erfolg, als die Liebenswürdigkeit, mit der er den Ministerpräsidenten empfing, dazu beitrug, den verheerenden Eindruck, den von Ribbentrop hinterlassen hatte, zu verwischen. Darüber hinaus fand er sich auch zu einigen Konzessionen bereit, die über das rein Symbolische hinausgingen: Neben der schon vom Reichsaußenminister zugesagten Verdoppelung des SFK[259] scheint er den serbischen Ministerpräsidenten auch ermutigt zu haben, sein Konzept einer Staatsversammlung noch einmal neu vorzulegen[260]. Auch stimmte er der erneuten Unterstellung sowohl der »Zbor«-Miliz als auch der SSW unter den serbischen Ministerpräsidenten zu, der zu diesem Zweck noch das Amt des Innenministers übertragen bekam; das von Meyszner zur weitgehenden Entmachtung des Innenministeriums ersonnene Amt des Chefs der Staatssicherheit fiel ersatzlos weg[261]. Erstmals seit genau einem Jahr sollte die serbische Regierung wieder die Möglichkeit erhalten, ihr wichtigstes Exekutivorgan zumindest ansatzweise nach eigenen Vorstellungen zu führen und einzusetzen.

Diese Konzession – die überdies erst nach zwei Monaten und mit den üblichen Vorbehalten versehen umgesetzt wurde[262] – kam allerdings zu spät, um den anhaltenden Verfall der Staatswache aufzuhalten. So hatte nicht zuletzt der Eindruck, den Italiens Kriegsaustritt und die alliierten Landungen in Unteritalien in Serbien hinterlassen hatten, die Desertionsrate steil ansteigen lassen. Als Nedić nach Rastenburg abreiste, waren für den laufenden Monat bereits 1.428 Überläufer oder durch Cetniks »Verschleppte« gezählt worden[263]; das noch engere Zusammenziehen der Verbände und die weitere Entblößung immer größerer Landstriche war die Folge[264]. Ungefähr zeitgleich mehrten sich die Hinweise auf ein Erstarken des nationalserbischen Widerstandes. Ein erneuter Aufruf Mihailovićs zur Eisenbahnsabotage verhallte zwar ungehört, aber der mit dem Rückzug der Regierungsorgane stetig zuneh-

---

258 Ebd.
259 Ebd.; ADAP, Serie E, Bd. VI, S. 556–559 Aufzeichnung über das Gespräch zwischen dem Herrn Reichsaußenminister und dem serbischen Ministerpräsidenten Nedić am 18. September 1943 (19.9.1943).
260 Vgl. hierzu PA/AA, Handakten Ritter (Serbien) 7691 Junker an Auswärtiges Amt (17.5.1944), wo von einer »grundsätzlichen« Genehmigung Hitlers die Rede ist.
261 Ebd.; BA/MA, RW 40/80 Vermerk über Besprechung mit Min.-Präsident Nedić am 24.9.1943 (o.D.).
262 BA/MA, RW 40/82 Militärbefehlshaber Südost an OB Südost (22.11.1943).
263 BA/MA, RW 40/80 Militärbefehlshaber Südost an OB Südost (22.9.1943).
264 BA/MA, RH 21-2/609 Militärbefehlshaber Südost an OB Südost (22.9.1943).

mende Einfluß des obersten Cetnikführers auf dem flachen Land[265] ermöglichte nun
die Durchsetzung passiver Widerstandsformen, die zu ahnden für die Besatzungsmacht fast unmöglich war. Nach Einschätzung des Chefs des Wehrwirtschaftsstabes
Oberst Braumüller *»... wirkt sich der Einfluß von Mihajlovic (sic) auf die ländliche
Bevölkerung dahin aus, daß diese der Ernteablieferung passiven Widerstand leistet:
die Erntekommandos, zu denen fast die gesamte Polizei eingesetzt worden ist, müssen nicht nur die Ablieferung überwachen, sondern das Getreide selbst erfassen.
Auch die Kohlenproduktion ist (...) weiterhin stark rückgängig.«* Letzterer Umstand,
so Braumüller weiter, sei vornehmlich darauf zurückzuführen, *»daß die Arbeiter
unter dem Einfluß der Aufständischen nur sehr unregelmäßig zur Arbeit erscheinen«*[266].

Daß Mihailović in den folgenden Wochen seinen Unterführern zudem auch in der
offenen Konfrontation mit kleineren deutschen Einheiten mehr Freiraum ließ[267],
konnte als weiteres Indiz für das gewachsene Selbstvertrauen der altserbischen
Cetnikführung gesehen werden.

Da Felber anstelle der von ihm geforderten vollwertigen Division mit Teilen einer
Ausbildungsformation (fünf Bataillone der 173. Res. ID) vorliebnehmen mußte[268]
und auch ein erneuter Versuch zur Beteiligung ungarischer Verbände an der Besetzung des geteilten Jugoslawiens bis Mitte September gescheitert war[269], sah sich der
neue Sonderbevollmächtigte bereits schon vor der Erweiterung seiner Vollmachten
zu umfassenden Maßnahmen zur Stützung der angeschlagenen deutschen Position
veranlaßt.

---

265 BA/MA; RW 29/37 Wehrwirtschaftsstab Südosten, Lagebericht September 1943 (15.10.1943):
   *»Andererseits darf nicht verkannt werden, daß Mihajlovic in gewissen Teilen Serbiens, z.B. Nord-
   ostserbien, so unbeschränkt herrscht, daß irgendwelche Zwangsmaßnahmen gegen die Bevölkerung von seiner Seite nicht mehr notwendig sind.«*
266 BA/MA, RW 29/37 Wehrwirtschaftsstab Südosten, Lagebericht Serbien Juli 1943 (24.8.1943).
267 Vgl. ebd. Im September 1943 wurde im Besatzungsbereich des Bulgarischen Okkupationskorps
   (außer dem Banat und dem Raum um Belgrad ganz Serbien) ein deutlicher Anstieg der Aktivität
   der DM-Organisation registriert: 138 Überfälle (62 im Juli), 30 Morde an Serben (6 im Juli) sowie
   14 Morde an Deutschen und Bulgaren (1 im Juli); vgl. BA/MA, RW 40/81Bericht über den Besuch
   des Herrn Mil.-Bfh. Südost in Nisch beim Kgl. Bulg. I. Okk. Korps am 13. Oktober 1943 (o.D.).
268 BA/MA, RH 21-2/609 Der Militärbefehlshaber Südost an den OB Südost (22.10.1943): *»Die in
   Serbien eingesetzten Teile der 173. Res. Div. kommen infolge mangelnder Ausbildung und Beweglichkeit für eine offensive Bandenbekämpfung nicht in Frage. Die vielen Rekruten bei den Btlen.
   dieser Division beeinträchtigen auch die Sicherung von Bor und des Eisernen Tores.«*
269 Mitte August hatte der ungarische Kriegsminister Csatay von einem Besuch beim OKW den
   Vorschlag mitgebracht, im Austausch gegen eine Beteiligung an Besatzungsaufgaben in Jugoslawien das ungarische Korps an der Ostfront freizugeben. Trotz anfänglicher Fürsprache durch
   Reichsverweser Horthy sprach sich die Regierung am 15. September gegen den Plan aus. Vgl. hierzu Nicholas Kallay, *Hungarian Premier. A personal account of a nation's struggle in the Second
   World War* (New York 1954), S. 309–318; PA/AA, StS Ungarn, Bd. 10, 1317 Pappenheim u. von
   Jagow an Auswärtiges Amt (6.9.1943); StS Ungarn, Bd. 10, 1317 von Pappenheim und von Jagow
   an Auswärtiges Amt (15.9.1943). Von deutscher Seite wurde gemutmaßt, daß der plötzliche

Die ersten Schritte in diese Richtung unternahm Neubacher jedoch nicht in Serbien, sondern im benachbarten Montenegro. Im Gegensatz zur nördlichen Nachbarregion sah er sich hier weniger mit einer schleichenden Unterhöhlung der Fundamente der Besatzungsmacht als vielmehr mit ihrem völligen Verschwinden konfrontiert. Unmittelbar nach dem italienischen Kriegsaustritt war der größte Teil der ehemaligen Cetnikhochburg in die Hände der Volksbefreiungsarmee gefallen: Lediglich der tiefe Süden sowie der moslemische Sandžak im Norden konnten von schwachen Verbänden der Wehrmacht oder mit ihr kooperierender Milizen gehalten werden[270]. Ein Versuch einer Mobilisierung des nationalen Elements in dieser Region konnte aber nur unter Berücksichtigung der politischen und ethnischen Trennlinien innerhalb der montenegrinischen Gesellschaft erfolgen. Wichtiger noch als das kritische Verhältnis von orthodoxer Mehrheit und moslemischer Minderheit waren die Spannungen, die zwischen Befürwortern (»Weiße«) und Gegnern (»Grüne«)[271] eines möglichst engen Anschlusses an Serbien bestanden. Augenscheinlich sprach zunächst alles für eine Annäherung der neuen Besatzungsmacht an die separatistischen »Grünen«: Sie stellten die Mehrheit im deutsch beherrschten (und invasionsgefährdeten) Süden des Landes, waren aufgrund ihrer politischen Gegnerschaft zu den Repräsentanten der großserbischen Richtung nie in Berührung zur DM-Bewegung gekommen und mußten zudem im Falle eines Sieges der Alliierten und der anschließenden Machtergreifung von Mihailović oder Tito mit einer noch engeren und vermutlich unumkehrbaren Anbindung an den serbischen Bruderstaat rechnen.

Es ist daher auch nicht weiter erstaunlich, daß erste Berichte, die von deutscher Seite über das politische Gleichgewicht der Kräfte in Montenegro angefertigt wurden, starke Sympathien für diese Bewegung bekundeten und zu ihrer unbedingten Unterstützung rieten[272]. Aus Neubachers Memoiren geht nicht hervor, ob er anhand dieser Berichte schon mit einem vorgefaßten Bild der Lage nach Cetinje reiste; auffällig ist nur, daß er und seine Mitarbeiter sich veranlaßt sahen, das bis dahin vorherrschende Bild einer zahlenmäßigen Mehrheit der »Grünen« einer deutlichen Revision zu unterziehen. Nach einem Bericht seiner Dienststelle vom 26. September waren diese nicht nur hoffnungslos untereinander zerstritten, sondern machten insgesamt auch

---

Meinungsumschwung in Budapest möglicherweise auf die in genau diesen Tagen bevorstehende Eroberung der Flugplätze im Raum Foggia (Unteritalien) durch die britische 8. Armee zurückzuführen war. Diese würden die Fernbomber der US Army Air Force nämlich in die Lage versetzen, auch ungarische Ziele jederzeit zu erreichen. Vgl. KTB OKW, Bd. IV, S. 186 f.

270 Siehe Kapitel 4.4. und 4.5.

271 Die Bezeichnungen leiteten sich von den Farben der Stimmzettel ab, die 1919 beim Referendum über den Beitritt zu Jugoslawien Verwendung gefunden hatten.

272 BA/MA, RH 21-2/749 Bericht über die montenegrinische Frage im Zusammenhang mit dem Sicherheitsproblem auf dem Balkan. Auf Grund einer Montenegroreise im Juni 1943 (o.D.); RH 19 XI/7 Der Oberbefehlshaber Südost an den Sonderbevollmächtigten des Auswärtigen Amtes im SO, Herrn Gesandten Neubacher (18.9.1943), Anlage 1.

nicht mehr als 30 % der Gesamtbevölkerung aus[273]. Sowohl aufgrund dieser Tatsache als auch der Notwendigkeit, Nedić bald einen sichtbaren politischen Erfolg zu ermöglichen, traten die beiden Verfasser für einen möglichst baldigen Anschluß Montenegros an Serbien »auf föderalistischer Basis« ein[274]. Da Neubacher dennoch darauf bestand, beide politische Gruppen am neu zu bildenden »Volksverwaltungs-ausschuß« zu beteiligen[275], waren langwierige Verhandlungen notwendig, bevor dieses Gremium am 8. November auf Basis einer Koalitionsvereinbarung seine Arbeit aufnehmen konnte[276]. Obwohl der Ausschuß seine Tätigkeit unter, politisch gesehen, günstigen Vorzeichen aufnahm, sollte er während der folgenden Wochen und Monate zu einem Status fast völliger Bedeutungslosigkeit herabsinken. Diese Entwicklung war auf eine ganze Reihe politischer und militärischer Probleme zurückzuführen. Erstere hatten ihren Ursprung darin, daß dem Ausschuß von vornherein nur sehr begrenzte Kompetenzen zugestanden worden waren, die auszuweiten die örtliche Militärverwaltung (Selbständige Feldkommandantur 1040 unter Generalmajor Keiper) auch wenig Neigung zeigte[277]; die genauen Grenzen der neugewonnenen montenegrinischen Souveränität waren bereits vor Einsetzung der Verwaltung Gegenstand einer Auseinandersetzung zwischen Keiper und dem »Volksverwaltungs-aussschuß« gewesen[278]. Da auch Pavle Djurišić als wichtigster Cetnikführer des Landes sich weigerte, dieser Quasi-Regierung beizutreten, war ein deutliches Indiz für den geringen Rückhalt, über den sie verfügte[279]. Bedeutend wichtiger war jedoch die Entwicklung des Krieges gegen die Volksbefreiungsarmee auf montenegrinischem Gebiet. Trotz vereinzelter Erfolge des XXI. Geb. AK sollte es der deutschen Seite und der sie unterstützenden Formationen nie gelingen, die Herrschaft der Volksbefreiungsarmee über den größten Teil Montenegros ernsthaft in Frage zu stellen. Da der Ausschuß sich aber aufgrund fehlender eigener Machtmittel außerstande sah, seine beschränkte Regierungstätigkeit über den von der deutschen

---

273 ADAP, Serie E, Bd. VI, S. 588–590 Veesenmayer u. Ringelmann an Auswärtiges Amt (26.9.1943).
274 Ebd.
275 PA/AA, Handakten Ritter (Montenegro) 7647 Neubacher an Auswärtiges Amt (9.10.1943): »Ich muß auf die Mitwirkung der Grünen Wert legen, weil unter den gegebenen, noch ungeklärten Verhältnissen ein Abschwenken autonomistischer Anhänger zu den kommunistischen Banden zu befürchten wäre, genauso wie eine Ablehnung der stärksten Richtung, der großserbischen, zu einer Auffüllung der Cetniks des Draža Mihailović führen werde.«
276 Vgl. hierzu die Ansprache des deutschen Feldkommandanten mit Nennung sämtlicher Ausschuß-mitglieder in BA/MA, RW 40/116a Abschlußbericht der Militärverwaltung Montenegro (15.2.1945), S. 84.
277 Verschiedenen Interventionen des Sonderbevollmächtigten zugunsten des Verwaltungsauschusses blieb der Erfolg versagt; vgl. Ritter, *Hermann Neubacher*, S. 201 f.
278 Feldkommandantur 1040 an den Herrn Vorsitzenden des Regierungsausschusses Ljubo Vuksanovic (3.11.1943), abgedruckt in: BA/MA, RW 40/116a Abschlußbericht der Militärverwaltung Montenegro (15.2.1945), S. 88 f.
279 PA/AA, SBVollSO R 27306 Kramarz (Cetinje) an Neubacher (7.8.1944).

Besatzungsmacht gehaltenen Raum hinaus auszudehnen, blieb er bis zum Schluß auf den schmalen Gebietsstreifen im äußersten Süden des Landes beschränkt.

Schwerpunkt des Neubacherschen Wirkens sollte jedoch der serbische Raum bleiben. In einem Fernschreiben von programmatischem Charakter skizzierte er dem Auswärtigen Amt am 1. Oktober die großen Linien seiner künftigen Politik vor: Neben einer möglichst schnellen Umsetzung der Nedić bei seinem Besuch in Rastenburg gemachten Zusagen forderte er vor allem eine weitgehende Konzentrierung sämtlicher Kompetenzen auf seine und Felbers Dienststelle und eine damit einhergehende Machtbeschränkung des Höheren SS- und Polizeiführers und des Generalbevollmächtigten für die Wirtschaft[280]. Allzu große Illusionen über die Wirksamkeit dieser Maßnahmen scheint Neubacher sich allerdings nicht gemacht zu haben; ging es doch nach seiner Einschätzung vornehmlich darum, »*aus einem 5prozentigen Ministerpräsidenten unter den gegebenen Umständen einen 30prozentigen Ministerpräsidenten zu machen*«[281]. Wenngleich die endgültige Dienstanweisung für den Militärbefehlshaber Südost (7. Oktober 1943)[282] eine weitgehende Erfüllung der Forderungen des Sonderbevollmächtigten darstellte und er gleichsam als Abrundung der für Nedić durchgesetzten Konzessionen in diesen Tagen auch noch die Beschneidung des Meysznerschen Aufgabenbereichs auf die »Aufsicht« über die serbischen Polizeiverbände durchsetzte[283], sollte er mit seiner ursprünglichen Absicht, den serbischen Ministerpräsidenten »*gegen die Konkurrenz des nationalrevolutionären Draža Mihailović*« zu stützen, alsbald zwischen die Mühlsteine der verschiedenen serbischen Bürgerkriegsparteien geraten.

In der zweiten Septemberhälfte hatte der nationalserbische Widerstand noch deutliche Anzeichen erhöhter Kampfbereitschaft gezeigt und war somit erneut ins Visier der Besatzungsmacht gerückt. Gleichsam als vorbeugende Maßnahme beschloß Felber, mit seiner gesamten mobilen Reserve an deutschen, bulgarischen und serbischen (SFK) Kräften[284] ab dem 3. Oktober in das »*Organisationszentrum*« der DM-Bewegung im Raum um Užice hineinzustoßen[285]. Den ersten drei Operationen des Zyklus (»Maiskolben«, »Krumm«, »Herbstnebel«) war nur ein sehr bescheidener,

---

280 ADAP, Serie E, Bd. VII, S. 9–11 Neubacher an Auswärtiges Amt (1.10.1943).
281 Ebd.
282 BA/MA, RW 40/115 Dienstanweisung für den Mil.-Bfh. Südost (7.10.1943)
283 BA/MA, RW 40/81 Inhalt der Besprechung mit Gesandten Neubacher am 1.10.1943, 10.30 Uhr; RW 40/82 Besprechung zwischen OB und Ministerpräsident Nedić am 2.11.1943 im Palais des Ministerpräsidenten.
284 In BA/MA, RH 21-2/609 Militärbefehlshaber Südost, Ia-Lagebericht für den Befehlsbereich Serbien vom 16.9.–15.10.1943 (22.10.1943) ist von 4 SFK-, 6–8 bulgarischen und 5 deutschen Polizeibataillonen die Rede.
285 BA/MA, RH 21-2/609 Militärbefehlshaber Südost, Ia-Lagebericht für den Befehlsbereich Serbien für die Zeit vom 16.8.–5.9.1943 (22.9.1943).

der vierten (»Hammelbraten«) aufgrund eines innovativen operativen Ansatzes ein scheinbar recht substantieller Erfolg beschieden[286], der sich anscheinend auch spürbar auf die Moral der betroffenen Cetnikeinheiten auswirkte[287]. Anstatt diesen Erfolg jedoch als Ausgangspunkt für ein weiteres entschiedenes Vorgehen gegen Mihailović zu nutzen, wurden in den folgenden Wochen die Grundlagen für die Art von Zusammenarbeit zwischen Besatzungsmacht und Cetniks gelegt, die Mihailović bereits im November 1941 vorgeschwebt zu haben scheint.

Obwohl der Abschluß eines Zweckbündnisses zwischen deutscher Besatzungsmacht und DM-Organisation erst mit Neubachers erweiterten Instruktionen vom 29. Oktober abgedeckt war, sind die Vorbereitungen für einen solchen Kurswechsel bereits schon in den Wochen und Monaten zuvor nachweisbar. So beweist beispielsweise ein KTB-Eintrag vom Februar 1943, daß Kontakte zur DM-Organisation schon zu einem Zeitpunkt bestanden, als der nationalserbische Widerstand nicht nur der wichtigste, sondern strenggenommen sogar der einzige Gegner der deutschen Besatzer war[288]. Im Laufe des Sommers 1943 scheinen dann zumindest einige Kreiskommandanturen dazu übergegangen zu sein, die vollständige Einbringung der Ernte in ihrem Bereich durch Stillhalteabkommen mit den örtlichen Cetnikgruppen abzusichern[289]. Die schrittweise Stärkung der Kommunisten nicht nur westlich der Drina, sondern auch innerhalb Serbiens hatte dann einen auch auf aktive Zusammenarbeit abzielenden Annäherungsprozeß zwischen Deutschen und DM-Organisation zur Folge, wobei die zur Verfügung stehenden Quellen nahelegen, daß die Initiative dazu zwar primär vom nationalserbischen Widerstand ausging, deutscherseits allerdings auf ein Interesse stieß, das ein halbes Jahr zuvor noch völlig undenkbar gewesen wäre. Geradezu exemplarisch für den schrittweisen Annäherungsprozeß ist folgender Gedankenaustausch zwischen dem Ic-Offizier des Oberbefehlshabers Südost und dem Stabschef Felbers am 10. Oktober: *»Mit Oberstlt. von Harling (Ic der Hgr. F) wird besprochen die weitere Behandlung der DM-Bewegung mit Rücksicht auf die sich ständig mehrenden Gegensätze zwischen DM und den Engländern und der unverändert scharfen Stellungnahme des DM gegen die Kommunisten. Es wird Oberstlt. von Harling als Privatansicht des Chefs mitgeteilt, daß er bei der derzeiti-*

---

286 BA/MA, RW 40/82 Auszug aus dem Erfahrungsbericht des SS-Pol. Rgt. 5 Ia Nr. 5220/43 vom 8.11.43 b. Unternehmen »Hammelbraten«. Dem Erfahrungsbericht nach zu urteilen scheint die bei diesem Unternehmen angewandte Vorgehensweise den Modus operandi der »Prinz Eugen« in Bosnien im Juni/Juli 1944 vorweggenommen zu haben: *»Im übrigen wurde den Bataillonen ein nur allgemein begrenztes Arbeitsgebiet zugewiesen. In diesen Gebieten sollten die Bataillone ohne zeitliche und räumliche Bindung an bestimmte Tagesziele auf Grund weiterer eigener Aufklärung durch Vernehmung der Bevölkerung sich die Unterlagen für die Einsätze der Jagdkommandos selbst beschaffen.«*

287 BA/MA, RW 40/81 KTB-Eintrag vom 26.10.1943.

288 BA/MA, RW 40/38 (Eintrag vom 15.2.1943).

289 BA/MA, RH 19 XI/31 Vortrag des OB, Gen.Feldm. Frh. v. Weichs, beim Führer am 22.8.1944. Leistungen der Agrarwirtschaft im Bereich des Militärbefehlshabers Südost (22.8.1944).

gen Lage ein Zusammenarbeiten mit DM für möglich hält, daß eine derartige Zusammenarbeit aber nur von politischen Stellen herbeigeführt werden könne und daß solange die soldatische Bekämpfung von DM fortgesetzt werden müsse.«[290]

In einer zwei Tage darauf stattfindenden Besprechung Neubachers mit den anderen Vertretern der Besatzungsmacht in Belgrad sprach der Sonderbevollmächtigte bereits von der Notwendigkeit, die *»von ihm (DM, Anm. d. Verf.) gewünschten Verhandlungen«* unbedingt *»zu fördern«*[291]. Das erste konkrete Ergebnis dieser Verhandlungen scheint dann in einem konkreten Bündnisangebot des Serbenführers bestanden zu haben, welches Neubacher bei seinem Besuch im Führerhauptquartier (24. oder 25. Oktober 1943) Hitler unterbreiten konnte.

Eine geradezu katalytische Auswirkung auf diesen schrittweisen Annäherungsprozeß scheint der Versuch Titos gehabt zu haben, durch einen begrenzten Vorstoß auf serbisches Gebiet die politische Vorherrschaft seines Bürgerkriegsgegners Mihailović in Altserbien in Frage zu stellen. Die zum II. Korps zusammengefaßten 2. Proletarische und 5. Stoßdivision trieben nach der Eroberung des kroatischen Višegrads ihre Spitzen in den frühen Morgenstunden des 25. Oktober auf serbisches Gebiet vor und verwickelten die das Vorfeld von Užice deckenden Teile der 24. bulgarischen Division während der folgenden Tage in scharfe Gefechte. Obwohl der bulgarische Reservistenverband bei seiner ersten Gefechtsberührung mit einer »regulären« Partisanendivision bedenkliche Schwächen an den Tag legte, waren es vor allem die in diesem Raum operierenden Cetniks, welche die Auswirkungen dieses Vorstoßes und einer sie flankierenden Offensive im Sandžak zu spüren bekamen: Sie wurden fast auf der ganzen Linie zurückgedrängt, die der Unterstützung ihrer Sache verdächtigen Zivilisten von den einmarschierenden Partisanen ohne Prozeß erschossen[292]. Obwohl von deutscher Seite dieser Vorstoß als keine sonderlich ernste Bedrohung angesehen wurde (die einzige mobile Reserve – das 5. SS-Pol. Rgt. – blieb hinter Užice in Stellung)[293], dürfte die hierdurch entstandene Notlage des nationalserbischen Widerstandes dem Gesandten Neubacher doch die Möglichkeit geboten haben, sowohl Hitler als auch den Oberbefehlshaber Südost von der relativen Risikolosigkeit einer vorübergehenden Annäherung an Mihailović zu überzeugen.

Nachdem Neubacher durch die Weisung vom 29. Oktober in der Frage der Verhandlungen mit Aufständischen praktisch unbegrenzte Vollmacht erhalten hatte, setzte er Felber und von Weichs in einer Besprechung am 1. November die Grundzüge seiner künftigen Cetnikpolitik auseinander: *»Bei Angeboten von der DM-Seite*

---

290 BA/MA, RW 40/81 KTB-Eintrag vom 10.10.1943.
291 BA/MA, RW 40/81 Besprechung am 12. Oktober 1943, 11 bis 13.30 Uhr (12.10.1943).
292 Zum kommunistischen Vorstoß auf Užice Ende Oktober/Anfang November vgl. BA/MA, RW 40/82 Bericht über die Dienstreise des Militärbefehlshabers Südost, Herrn General Felber, am 10. Nov. 1943 Belgrad–Kraljevo–Čačak–Užice, Matschkat bei Tschajetina. (o.D.).
293 BA/MA, RW 40/82 KTB-Eintrag vom 4.11.1943.

soll verlangt werden Auslieferung der feindlichen Agenten (Engländer). Leute, die
mit Waffen zurückkehren wollen, soll die Rückkehr in ihre Heimat erleichtert wer-
den. DM-Verbände sollen verpflichtet werden, keine Handlungen gegen die
Deutsche Wehrmacht und ihre Verbündeten zu begehen, deutsche Gefangene auszu-
liefern und sich verpflichten, in bestimmten Räumen unter Überwachung durch
einen deutschen Verb.-Offz. den Kampf gegen die Kommunisten aufzunehmen.«[294]
Von diesem Zeitpunkt an nahm die sich abzeichnende Zweckallianz von Tag zu Tag
schärfere Konturen an: Die einen Monat zuvor schon für den kroatischen
Kriegsschauplatz nachweisbare Praxis, auch prinzipiell deutschfeindlichen Cetniks
bei ihren Kämpfen mit Partisanen nicht in den Rücken zu fallen, wurde vom
Stabschef des Oberbefehlshabers Südost am 4. November zum wiederholten Male
ausdrücklich sanktioniert[295]. Aus einer Aktennotiz, die einen Tag zuvor über eine
Kontaktaufnahme zwischen Deutschen und Cetniks im Raum Užice angelegt wurde,
läßt sich entnehmen, daß darüber hinaus auch schon Belieferungen mit
Sanitätsmaterial stattgefunden hatten und weiterführende Verhandlungen bereits im
Gange waren[296]; die durch die gemeinsame Abwehr des kommunistischen
Vordringens geschaffene Situation hatte bereits am 3. November (»*nur im äußersten*
Notfall«) die ersten beschränkten Munitionslieferungen ermöglicht[297]; drei Tage später verband der Stabschef des Oberbefehlshabers Südost diese Form der Hilfeleistung nur noch mit der Bedingung, daß sie unter der Aufsicht eines fest zugeteil-
ten deutschen Verbindungsoffiziers zu erfolgen habe[298].
Die Dynamik der durch diese Kontakte eingesetzten Bewegung läßt sich daran ablesen, daß der erste Vertrag mit einer Cetnikgruppe östlich der Drina bereits abgeschlossen wurde, bevor der Oberbefehlshaber Südost – dem in solchen Fragen
immer noch das letzte Wort zukam – am 21. November Gelegenheit hatte, die neue
Politik mit einem Grundsatzbefehl abzusegnen[299]. An erster Stelle stand dabei die
Erkenntnis, die DM-Organisation als Ganzes und besonders ihr Führer seien nach
wie vor als Feinde anzusprechen. Gleichzeitig betonte von Weichs sowohl den provisorischen Charakter solcher Vereinbarungen als auch den Umstand, daß gemeinsames Vorgehen gegen die kommunistischen Partisanen nur »*fallweise*« zu erfolgen
habe[300]. Darüber hinaus war der Abschluß weiterer Verträge »*höchster politischer*
und militärischer Stelle vorbehalten«; der Truppe blieb selbst die bloße Aufnahme
von Verhandlungen strengstens verboten[301].

---

294 BA/MA, RW 40/82 KTB-Eintrag vom 1.11.1943.
295 BA/MA, RW 40/82 KTB-Eintrag vom 4.11.1943.
296 BA/MA, RW 40/82 Aktennotiz (3.11.1943).
297 BA/MA, RW 40/82 KTB-Eintrag vom 3.11.1943.
298 BA/MA, RW 40/82 KTB-Eintrag vom 6.11.1943.
299 Weisung des Oberbefehlshabers Südost (21.11.1943) in: Hnilicka, *Balkan*, S. 268 f.
300 Ebd.
301 Ebd.

Obwohl in der zweiten Novemberhälfte der kommunistische Vormarsch in Südwestserbien alsbald ins Stocken geriet und nach einer Flankenbedrohung durch die aus dem Sandžak vorstoßende Legion Krempler[302] sogar in einen Rückzug umschlug, sollte die Notgemeinschaft zwischen Besatzungsmacht und Nationalserben zunächst Bestand haben. Auf den ersten Vertrag, den der Ic des Militärbefehlshabers am 19. November mit dem Cetnikführer Lukačević abgeschlossen hatte, folgten noch drei weitere mit den DM-Unterführern Kalabić und Simic (26. November), Cacic (14. Dezember) und Jovanovic-Patak (25. Dezember); der Vertrag mit Simić wurde in ausführlicher Form am 17. Januar 1944 noch einmal erneuert[303]. Gemeinsam war diesen Vereinbarungen neben ihrer zeitlichen (sechs bis acht Wochen) und räumlichen Begrenzung, daß die nationalserbische Seite sich dazu verpflichtete, keine Kampfhandlungen gegen deutsche oder andere verbündete Truppen vorzunehmen, bestimmte Gebiete und Objekte zu schützen und im Falle gemeinsamer Operationen deutsche Kommandogewalt zu akzeptieren. Im Gegenzug wurde den Cetniks Bewegungsfreiheit innerhalb des vertraglich vereinbarten Gebietes, begrenzte Munitionslieferungen und Versorgung ihrer Verwundeten in deutschen Lazaretten zugesichert; auf die Auslieferung britischer Verbindungsoffiziere war von deutscher Seite naheliegenderweise verzichtet worden[304]. Die von diesen Verträgen abgedeckten Gebiete umfaßten eine Fläche, die knapp der Hälfte Serbiens (ohne das Banat) entsprach und kriegswichtige Objekte wie das Kupferbergwerk Bor umfaßte[305]. Darüber hinaus wirkte sich die Detente zwischen Cetniks und Deutschen zumindest in dem Sinne auch auf andere Gebiete aus, als sich im Laufe der folgenden Wochen auch dort eine faktische Waffenruhe durchsetzte[306].

Für den Sonderbevollmächtigten barg diese an sich begrüßenswerte Entwicklung allerdings auch ein nicht zu unterschätzendes Risiko. Mußte er doch erkennen, daß eine Einbindung der Cetniks in eine breite antikommunistische Front sich schon deshalb problematisch gestalten mußte, weil die Verbindungen, die der serbische Ministerpräsident und die ihn unterstützenden Kräfte (insbesondere das SFK) 1941 noch zu Mihailović unterhalten hatten, im Laufe des Jahres 1942 in kompromißlose Gegnerschaft umgeschlagen waren. Da diese Entwicklung nicht zuletzt auch eine Folge einer steten Einflußnahme von seiten der Besatzungsmacht zurückzuführen gewesen war, mußte die Reaktion insbesondere der »Zbor«-Miliz auf die plötzliche

---

302 BA/MA, RW 40/82 Beurteilung der Lage an der Südwestgrenze. Stand: 24.11.1943 (o.D.)

303 Die Verträge mit Kalabić und Lukačević sind wiedergegeben bei Hnilicka, *Balkan*, S. 269–271. Der erweiterte Simić-Vertrag findet sich bei Tomasevich, *The Chetniks*, S. 326 f.

304 Im zweiten Vertrag mit Simić wurde dieses Problem durch die Zusicherung des Cetnikführers, keine Angehörige von Streitkräften der mit Deutschland im Krieg befindlichen Nationen zu beherbergen, diplomatisch umschifft. Vgl. ebd.

305 Vgl. ebd., S. 324.

306 BA/MA, RW 29/38 Wehrwirtschaftsstab Südost, Lagebericht Serbien Dezember 1943 (15.1.1944).

Annäherung zwischen Deutschen und Cetniks selbst im günstigsten Fall außerordentlich zurückhaltend[307] ausfallen.

Ein Ausweg aus diesem Dilemma hätte lediglich in einer deutlich früheren Aufrüstung des SFK liegen können. In einem solchen Fall hätte Felber über genügend zuverlässige serbische Hilfstruppen verfügen können, um sowohl DM-Cetniks als auch Kommunisten die Stirn bieten zu können. Da die Freiwilligen im November 1943 aber eine Soll-Stärke von 5.000 Mann noch nicht überschritten und die Kommunisten derweil aufgrund ihrer wachsenden Zahl auch in Serbien mit der Aufstellung von Brigaden begonnen hatten, sah Neubacher sich zu einem Burgfrieden mit Mihailović genötigt, durch den das eigentliche Hauptziel seiner Politik – Stärkung der Regierung Nedić – in Frage gestellt wurde.

Einen versuchsweisen Ausgleich für dieses Defizit konnte der Sonderbevollmächtigte vor allem im Bereich der »Sühnemaßnahmen« und einer schrittweise zu vollziehenden Vereinigung Montenegros mit Serbien finden. Beim ersteren Fragenkomplex war Neubacher bereits im September 1943 ein bedeutender Erfolg gelungen, als er mit Hinweis auf den unmittelbar bevorstehenden Besuch des serbischen Ministerpräsidenten im Führerhauptquartier die Aussetzung einer geplanten Geiselerschießung erwirkte. Bei Nedićs Rückkehr gelang es ihm (ohne dazu bevollmächtigt zu sein) dann, diese »Sühnemaßnahme« mit der Begründung aufzuheben, daß ihre Durchführung eine unzulässige Belastung der soeben eingeleiteten Wende in den deutsch-serbischen Beziehungen darstellen würde[308]. Der Rückendeckung durch den Militärbefehlshaber Südost war es zu verdanken, daß auch spätere Versuche Meyszners, doch noch eine Vollstreckung zu erzwingen, vergeblich blieben[309]. Nachdem Neubacher durch die Weisung vom 29. Oktober in aller Form dazu befugt worden war, die Repressalienpolitik mitzubestimmen, gelang es ihm bis Jahresende, dem Oberbefehlshaber Südost eine Regelung abzuringen, die sich insofern von allen anderen diesbezüglichen Weisungen unterschied, als sie weder die Unumgänglichkeit der »Sühne durch Menschenleben« für eine bestimmte Tat noch eine bestimmte Erschießungsquote vorsah (»*Der Umfang der Sühnemaßnahmen ist in jedem Fall vorher festzulegen.*«)[310].

In der Frage einer serbisch-montenegrinischen Vereinigung mußte sich der Sonderbevollmächtigte allerdings einer weniger forschen Vorgehensweise bedienen. Eine

---

307 Die erste kritische Reaktion von seiten der SFK-Führung ist bereits für den 2. November 1943 belegt; vgl. BA/MA, RW 40/82 KTB-Eintrag vom 2.11.1943.

308 BA/MA, RW 40/80 KTB-Eintrag vom 9.9.1943; Neubacher, *Sonderauftrag Südost*, S. 136–139.

309 BA/MA, RW 40/81 Der Militärbefehlshaber Südost an den Höh. SS- und Pol.-Führer Herrn Gen.Lt. der Polizei Gruppenführer Meyszner (27.10.1943).

310 BA/MA, RW 40/89 Befehl des Oberbefehlshabers Südost zu Sühnemaßnahmen (22.12.1943). Aus der Schilderung Neubachers geht allerdings nicht hervor, wieso die Umsetzung der »*sehr leicht*« erzielten Einigung mit von Weichs fast zwei Monate in Anspruch nahm. Vgl. Neubacher, *Sonderauftrag Südost, S. 140.*

Entscheidung von solcher Tragweite bedurfte in jedem Fall der ausdrücklichen Zustimmung Hitlers. Zur Überwindung von dessen tiefsitzender Slawophobie war Neubacher aber im wesentlichen auf die Überzeugungskraft der eigenen Argumente angewiesen; nicht einmal der eigene Außenminister vermochte sich dazu durchzuringen, sich in dieser heiklen Frage offen an die Seite seines Sondergesandten zu stellen. Für Neubacher hätte ein um Montenegro vergrößertes Serbien unter Nedić einen »Isolierblock«[311] zwischen den kommunistischen Aufstandsgebieten im NDH-Staat und Griechenland bilden können. Diese Auffassung begründete er nicht zuletzt mit der auch von seinem Vorgänger Benzler häufig geäußerten Einschätzung, daß die patriarchalisch-kleinbäuerlich geprägte Gesellschaft Serbiens ein besonderes – bis dahin weitgehend ungenutztes – antikommunistisches Potential aufwies[312]. Daß Neubachers Konzept für eine serbisch-montenegrinische Vereinigung den Charakter einer eher losen Föderation aufwies, besaß den doppelten Vorzug, auch Teile der montenegrinischen Separatisten für diesen Plan gewinnen zu können und Hitlers Argwohn möglicherweise etwas abzuschwächen.

Am 14. Dezember trug Neubacher dem »Führer« in einer dreistündigen Unterredung sein Konzept vor. Hierbei konnte der Sonderbevollmächtigte immerhin einen Etappensieg für sich verbuchen: Hitler gab zwar keine Zustimmung, ermutigte Neubacher aber, seinen Plan noch einmal zu überarbeiten und stellte mittelfristig eine erneute, wohlwollende Prüfung des Vorhabens in Aussicht[313].

Wie stand es bei Ende des Jahres 1943 um die Bilanz der »neuen Politik« in Serbien? Positiv war zu vermerken, daß die deutsche Militärverwaltung in Belgrad eine längst überfällige Zentralisierung erfahren hatte und erstmalig auch eine politisch motivierte Rücksicht auf serbische Belange walten lassen mußte; das unheilvolle Wirken des Höheren SS- und Polizeiführers war zwar nicht abgestellt, aber doch erheblich eingeschränkt worden; die Regierung Nedić hatte durch die Unterstellung der SSW und der angestrebten Verdoppelung des SFK eine gewisse Stärkung erfahren; das Bündnis mit einigen DM-Gruppen war zwar als ausgesprochen zweischneidig anzusehen, stellte dafür aber die weitgehende Ausschaltung der schwächeren, aber ungleich militanter auftretenden Aufständischengruppe in Aussicht. Daß dieser Kurs auch von Dauer sein würde, ließ sich am besten an der gewachsenen Machtposition Neubachers ablesen: Nach einigen erfolglosen Versuchen, seine Fehde gegen das RSK fortzusetzen[314] und Meyszner innerhalb des

---

311 BA/MA, RW 40/83 Niederschrift über die Besprechung beim Oberbefehlshaber Südost mit Gesandten Neubacher am 2.12.1943 (4.12.1943). Vgl. auch Neubacher, *Sonderauftrag Südost*, S. 157.
312 Ebd.
313 Ebd., S. 159 f.; Ritter, *Neubacher*, S. 216. Eine Mitschrift der Besprechung konnte nicht ermittelt werden.
314 BA/MA, RW 4/709 Vortragsnotiz Walter Warlimonts (17.12.1943).

neuen Belgrader Machtgefüges eine privilegierte Position zu erhalten[315], fügte sich auch der allmächtige Reichsführer SS in das Unvermeidliche und war fortan um ein gutes Einvernehmen mit dem Sonderbevollmächtigten bemüht[316].

Gleichzeitig war nicht zu bestreiten, daß alle diese Maßnahmen mit reichlich Verspätung und erst unter dem Druck einer widrigen Kriegsentwicklung getroffen worden waren. Dies mußte in gleich doppelter Hinsicht eine schwere Hypothek für Neubachers weitere Politik darstellen: Zum einen aufgrund des offenkundigen Glaubwürdigkeitsproblems, das sich hierdurch ergab; zum anderen sollte er bald feststellen, daß die Probleme, mit denen er sich als direkte oder indirekte Folge deutscher militärischer Rückschläge konfrontiert sah, zu gravierend und zu zahlreich waren, als daß sie durch eine noch so umsichtige Politik zu beheben gewesen wären. Die alliierte Luftherrschaft über Serbien und Montenegro und die erhebliche moralische Wirkung, die sie sowohl auf die Kollaborations- wie Widerstandsbereitschaft vieler Landesbewohner hatte[317], war beispielsweise eine Bedrohung, die auch nur geringfügig einzudämmen völlig außerhalb der Möglichkeiten des Sonderbevollmächtigten lag. Nicht viel besser stand es – um im militärischen Bereich zu bleiben – um die abnehmende Einsatzbereitschaft der bulgarischen Reservistenverbände, denen mittlerweile die militärische Sicherung von fast ganz Serbien oblag, oder die faktische Unmöglichkeit, durch eine länger andauernde militärische Schwerpunktbildung in Montenegro die erneute Vertreibung der Volksbefreiungsarmee aus dieser für die Sache des serbischen Antikommunismus so bedeutenden Provinz zu bewerkstelligen.

Einen gewissen Spielraum boten Neubacher nur noch die Betätigungsfelder, in denen er sich die ethnisch oder politisch bedingten landesspezifischen Spannungen für seine Politik zunutze machen konnte. So war es primär die Entwicklung der Volksbefreiungsarmee innerhalb und an den Grenzen Serbiens zu einer ausgewachsenen *»militärischen Bedrohung«*[318], die ihm unter höchst vorteilhaften Bedingungen die Mobilisierung von Teilen der DM-Bewegung gegen Titos Partisanen ermöglichte. Die Hypothek von zweieinhalb Jahren verfehlter Serbienpolitik machte sich aber auch hier bemerkbar und damit einen fragwürdigen Kompromiß unvermeidlich: Sahen sich doch durch diese Entwicklung die deutscherseits konsequent vernachläs-

---

315 BA/MA, RW 40/81 Der Militärbefehlshaber Südost an Heeresgruppe F (23.10.1943).

316 BA-Lichterf., NS 19/1728 Der Reichsführer SS an den Höheren SS- und Polizeiführer Serbien, SS-Brigadeführer Behrends (18.5.1944).

317 Vgl. hierzu die besonders anschauliche Schilderung von Neubachers Stellvertreter in der montenegrinischen Hauptstadt: *»Haltung Montenegros weitgehend von außen bestimmt. Für begierig alliierte Kriegsereignisse verfolgende Bevölkerung gibt stärksten Eindruck jetzt fast täglicher Einflug von Hunderten viermotoriger Bomber in geschlossenen Formationen, die nach einigen Stunden scheinbar unbehelligt zurückkommen. Außer einem Fieseler Storch waren deutsche Flugzeuge seit Monaten nicht zu sehen.«* PA/AA, Sbvoll. SO R 27306 Kramarz an Neubacher (29.4.1944).

318 BA/MA, RW 40/82 Militärbefehlshaber Südost, Abt. Ia, Lagebericht für den Befehlsbereich Serbien für die Zeit vom 16.10.–15.11.1943 (22.11.1943).

sigte »Zbor«-Bewegung und ihr militärischer Arm in eine Situation gedrängt, in der ihre Isolation vom Hauptteil der serbischen Gesellschaft noch zu- und der Druck auf die Familienmitglieder der Freiwilligen Formen annahm, daß Nedić sich im November 1943 dazu genötigt sah, dieser Formation auch auf dem Wege der Wehrpflicht Gezogene zuzuführen[319]. Auf Anfrage von deutscher Seite hin gab er an, diese gesetzliche Änderung sei vorgeschobener Natur und diene lediglich dem Schutz der Angehörigen neuer SFK-Mitglieder[320]; in Anbetracht des deutlichen Anstiegs der Zahl von Fahnenflüchtigen während der nächsten Wochen und Monate[321] waren Zweifel an dieser Aussage freilich durchaus angebracht. Der Wettlauf gegen Verfallserscheinungen dieser Art sollte im kommenden Jahr zur Hauptaufgabe des Sonderbevollmächtigten werden.

7.4. 1944: Zweckallianz der antikommunistischen Kräfte

Auch in den ersten Wochen des neuen Jahres sollte es Neubacher gelingen, seine Position durch eine ganze Reihe politischer Erfolge weiter auszubauen. Wenngleich von der Übergabe des Belgrader Parlamentsgebäudes an die Regierung Nedić und der schon oft diskutierten und immer wieder verschobenen Wiedereröffnung der Universität[322] keine Signalwirkung ausging und die Verstärkung der Djurišić-Cetniks in Montenegro aufgrund Hitlers Widerspruch deutlich hinter den Erwartungen des Sonderbevollmächtigten zurückblieb[323], gelang es ihm mit der Ausschaltung seines wichtigsten deutschen Kritikers, ein weiteres Zeichen für die Priorität seines politischen Kurses zu setzen. Ein Konflikt des Sonderbevollmächtigten mit dem Höheren SS- und Polizeiführer mußte rückblickend betrachtet schon aus zwei Gründen unvermeidlich erscheinen. Zum einen, weil Meyszner einer Stärkung des serbischen Staates und seiner Organe schon aus grundsätzlichen Erwägungen bzw. purer

319 BA/MA, RW 40/82 Aktenvermerk (11.11.1943).
320 Ebd.
321 BA/MA, RW 40/88 Vermerk über Dienstbesprechung der Offz. des deutschen Verbindungsstabes beim SFK am 26.5.1944. Vgl. auch RW 29/40 Wehrwirtschaftsstab Südost, Lagebericht Serbien Mai 1944 (15.6.1944), wo die schwierige Arbeitseinsatzlage wenigstens teilweise auf »*die Einberufung der Jahrgänge 1919–24 zum serbischen Freiw. Korps*« zurückgeführt wird.
322 BA/MA, RW 40/84 Militärbefehlshaber Südost, Abt. Ia, Lagebericht Befehlsbereich Serbien für die Zeit vom 16.12.43–15.1.1944 (20.1.1944).
323 BA/MA, RW 40/84 KTB-Eintrag vom 4.1.1944. Neubacher hatte sich unter anderem für die von Djurišić erbetene Freilassung von 2.000 seiner im Mai 1943 gefangengenommenen Gefolgsleuten eingesetzt. Vgl. BA/MA, RW 40/84 Besprechung mit Gesandten Neubacher am 11.1.1944 sowie KTB OKW, Bd. IV, S. 638.

Slawophobie[324] heraus ablehnend gegenüberstand. Zum anderen, weil die von Neubacher mit besonderem Nachdruck betriebene Einstellung bzw. Reduzierung der Geiselerschießungen aus Sicht des Höheren SS- und Polizeiführers ohne Frage am Fundament deutscher Sicherheitspolitik in Serbien rührte[325]. Meyszners grundsätzliche Kritik an diesem Kurs hielt auch dann noch unvermindert an, nachdem er durch die Weisung vom 29. Oktober 1943 zur offiziell abgesegneten Reichspolitik geworden war. Da er zudem nicht davor zurückschreckte, die Kontroverse auch außerhalb des dienstlichen Schriftverkehrs auszutragen, wurde der Streit zwischen den beiden prominenten Repräsentanten der Besatzungsmacht alsbald zum Belgrader Stadtgespräch[326]. Den Erfolg, den er ein Jahr zuvor über den letzten Vertreter der serbophilen Linie davongetragen hatte, sowie die Tatsache, daß dieser im Verlauf der Auseinandersetzung ohne jede Schützenhilfe geblieben war, mögen Meyszner zu diesem provokanten Vorgehen ermutigt haben. Der zur Wahrung seines neuen Machtanspruchs bald unausweichlich gewordenen Konfrontation[327] konnte Neubacher jedoch gelassen entgegensehen: Nicht nur, daß selbst Meyszners Vorgesetzter Heinrich Himmler mittlerweile geneigt war, die Prärogative der neuen Serbienpolitik anzuerkennen, Neubacher hatte aufgrund seiner langjährigen Freundschaft mit dem amtierenden Chef des Reichssicherheitshauptamtes, SS-Oberstgruppenführer Ernst Kaltenbrunner, die Gewähr, daß seine Forderung nach Absetzung des Höheren SS- und Polizeiführers zumindest wohlwollend begutachtet werden würde. Wie aus dem entsprechenden Schreiben vom 12. Januar 1944[328] hervorgeht, hatte sich zudem der Meyszner unterstellte Befehlshaber der Sicherheitspolizei, SS-Oberführer Schäfer, dazu bereit erklärt, Neubachers Beschwerden zu bestätigen bzw. zu ergänzen: Noch vor dem eigentlichen Schlagabtausch war es dem Sonderbevollmächtigten also gelungen, Meyszners Machtposition in dessen eigenem Hause zu untergraben. Interessanterweise machte Neubacher seinem Rivalen

---

324 BA/MA, RH 2/682 Oberstleutnant i.G. Klamroth, GenSt.d.H./Bericht über die Reise auf dem Balkan vom 16.–24.8.43: »Der Leitsatz des Höheren SS- und Polizeiführers: ›Ein toter Serbe ist mir lieber als ein lebendiger, scheint allgemein bekannt zu sein.«

325 Neubacher, Sonderauftrag Südost, S. 139 u. 144 f.

326 Ebd., S. 145.

327 Auslöser von Neubachers Forderung nach Meyszners Absetzung könnte möglicherweise dessen brüske Weigerung gewesen sein, das Konzentrationslager Sajmiste zu verlegen. Nach Ansicht des Sonderbevollmächtigten stellte die in Sicht- und (je nach Windrichtung) Hörweite Belgrads gelegene Einrichtung eine vermeidbare Belastung seiner Bemühungen dar, die Wende in der deutschen Serbienpolitik glaubhaft zu vermitteln. Vgl. hierzu BA/MA, RW 40/83 Militärbefehlshaber Südost an den Höh. SS- und Polizeiführer (24.12.1943) sowie RW 40/84 Niederschrift über Besprechung mit SS-Gruppenführer Meyszner am 7.1.1944.

328 BA-Lichterf., SSO-Akte Meyszner, Der Sonderbevollmächtigte des Auswärtigen Amts für den Südosten an den Chef des Reichssicherheitshauptamtes SS-Obergruppenführer Dr. Ernst Kaltenbrunner (12.1.1944).

nicht nur eine Verletzung der Reichsdisziplin zum Vorwurf, sondern übte durch die Verurteilung dessen bisheriger Politik (»*völlig primitive Ausrottungsthese*«)[329] indirekt auch schwere Kritik an der bisherigen Serbienpolitik des Deutschen Reiches. Die mit Wirkung vom 15. März verordnete Absetzung des Höheren SS- und Polizeiführers war für Neubacher schon wegen des Eindrucks, den er in serbischen Kreisen hinterließ, der bis dato wohl wichtigste Erfolg seines Wirkens als »Sonderbevollmächtigter Südost«. Ein anhaltender Interessenskonflikt mit dem Generalbevollmächtigten für den Vierjahresplan, Franz Neuhausen[330], sollte sich aufgrund der größeren Umsicht, die dieser im Umgang mit dem neuen starken Mann walten ließ, allerdings noch länger hinziehen. Obwohl es Neubacher Ende August 1944 gelingen sollte, auch diesen Rivalen noch zu stürzen[331], erfolgte dies zu spät, um daraus noch eine besatzungspolitische Dividende zu schlagen.

Im Gegensatz zur Flurbereinigung des Irrgartens deutscher Machtstrukturen in Belgrad war die möglichst effektive Mobilisierung der antikommunistischen Kräfte des Landes keine Frage des Entweder-Oder, sondern mit zahlreichen fragwürdigen Kompromissen verbunden. Im Falle des serbischen Freiwilligenkorps konnte beispielsweise die verspätete Genehmigung zur Verdoppelung des Eliteverbandes die Irritation über die Annäherung zwischen Cetniks und Deutschen kaum aufwiegen; darüber hinaus ließen Schwierigkeiten, innerhalb des befohlenen Zeitraums für eine ausreichende Ausrüstung aller Neuzugänge zu sorgen[332] und die in bezug auf die Freiwilligkeit der Rekruten gemachten Kompromisse (siehe oben), die Befürchtung aufkommen, daß der quantitative Zuwachs mit einem Abfall an Qualität einhergehen würde. Vor diesem Hintergrund wird auch die Ablehnung Felbers eines Vorschlags Neubachers zur nochmaligen Erweiterung des Korps verständlich[333]; obwohl auch hier die Antipathie vieler deutscher Militärs gegenüber den Freiwilligen Pate gestanden haben mag, wäre bei einer zweiten Vergrößerung binnen dreier Monate der lange Zeit gerade 5 Bataillone umfassenden Formation eine Verwässerung des Geistes, der das SFK schon immer von anderen kollaborierenden Einheiten unterschieden hatte, kaum zu vermeiden gewesen.

Um noch einiges problematischer gestaltete sich derweil die Zusammenarbeit mit den sogenannten »*Vertragscetniks*«. Dies lag daran, daß die Freischärlergruppen, die solche Vereinbarungen mit der Besatzungsmacht eingegangen waren, zwar den Kampf gegen Deutsche und Bulgaren, nicht jedoch gegen ihre innerserbischen

---

329 Ebd.

330 BA/MA, RW 40/81 KTB-Eintrag vom 3.10.1943.

331 Neubacher setzte die Absetzung und Verhaftung Neuhausens wegen Korruptionsvergehen durch. Vgl. Broucek, *General im Zwielicht*, S. 452 (Eintrag vom Oktober 1944).

332 Aufgrund der kritischen Lage bei Bekleidung und Schuhwerk hatte die SFK-Führung sich gezwungen gesehen, die für die neuen Bataillone vorgesehenen Lieferungen für die Einkleidung der alten Mannschaften zu verwenden. Vgl. BA/MA, RW 40/86 KTB-Eintrag vom 2.3.1944.

333 BA/MA, RW 40/84 KTB-Eintrag vom 11.1.1944.

Gegner einstellten. Die (gewünschte) Bekämpfung der Volksbefreiungsarmee ging vielerorts daher eng einher mit der (höchst unerwünschten) Konfrontation mit serbischen Regierungsorganen. Weniger als anhaltende Zwischenfälle mit dem SFK war es hierbei vor allem die fortgesetzte und jetzt immer offener betriebene Verdrängung der Regierung Nedić in ländlichen Gebieten aus allen Bereichen der öffentlichen Verwaltung und die hiermit verbundene Einflußzunahme der DM-Organisation, welche den Unmut des Militärbefehlshabers Südost erregte. Nicht nur, daß in vielen Räumen zahlreiche bis jetzt Unentschlossene sich zur erstarkenden und nun vom Ruch der Illegalität befreiten Mihailović-Partei bekannten, die immer systematischer durchgeführten Zwangsrekrutierungen mußten überdies die Vermutung nahelegen, die Waffenruhe diene dem nationalserbischen Widerstand lediglich dazu, nach einer ungestörten Konsolidierungs- und Ruhephase den Kampf mit der Besatzungsmacht aus einer Position der Stärke wiederaufzunehmen[334].

So war im Zusammenhang mit den Vertragsverletzungen des Cetnikführers Nikola Kalabić bereits am 7. Januar von einem regelrechten *»Sündenregister«* die Rede[335], und Meyszner wies Felber am 19. Januar darauf hin, daß die Truppe, vor die Notwendigkeit gestellt, Übergriffe *»verbündeter«* Cetniks hinzunehmen, nicht mehr wisse, woran sie sei[336]. In auffälligem Gegensatz zu vergangenen Kontroversen erhielt der slawophobe SS- und Polizeiführer in dieser Frage auch noch unerwartete Schützenhilfe: Im Laufe der folgenden Wochen sollten sowohl der serbische Ministerpräsident[337] als auch der Kommandierende General des Bulgarischen Okkupationskorps[338] entschiedenen Protest gegen die neue Cetnikpolitik einlegen; Felber schloß sich dieser Kritik nicht nur an, sondern sprach am 28. Februar sogar von einem regelrechten Gegensatz, der sich in dieser Frage zwischen dem Sonderbevollmächtigten auf der einen und ihm und Meyszner auf der anderen Seite aufgetan habe[339]. Es kann daher auch nicht überraschen, daß die schrittweise Demontage dieses provisorischen Bündnisses bereits Wochen zuvor eingesetzt hatte. Bereits am 20. Januar war Felber der schleichenden Tendenz, die Waffenruhe auf ganz Serbien auszudehnen, durch einen Befehl entgegengetreten, der eine wie auch immer geartete Immunität von Cetnikführern, die keine Verträge abgeschlossen hatten, ausdrücklich

---

334 BA/MA, RW 40/85 Militärbefehlshaber Südost Abt. Ia, Lagebericht für die Zeit vom 22.1.–20.2.44 (25.2.1944): *»Aushebungen und Mobilisierungsmaßnahmen, Waffendiebstähle, Verschleppungen, Gelderpressungen und Übergriffe gegenüber der Besatzungsmacht durch DM-Banden waren an der Tagesordnung. Die Waffenruhe-Verträge sind ausgenutzt worden, um sich zu reorganisieren und zu gegebener Zeit mit neuen Kräften gegen den im Grunde verhaßten Okkupator anzutreten.«*
335 BA/MA, RW 40/84 KTB-Eintrag vom 7.1.1944.
336 BA/MA, RW 40/84 KTB-Eintrag vom 19.1.1944.
337 BA/MA, RW 40/84 KTB-Eintrag vom 23.1.1944.
338 BA/MA, RW 40/85 KTB-Eintrag vom 22.2.1944.
339 BA/MA, RW 40/85 Besprechung OB mit Gen.Ltn. Meyszner am 28.2.1944.

verneinte[340]. Erstmalig am 1. Februar kamen von Weichs und Felber dann auf die Notwendigkeit zu sprechen, von einer Verlängerung der Verträge abzusehen und statt dessen *»wieder zuzuschlagen«*[341]. Am 10. Februar wurde ein Versuch des Cetnikführers Simić, eine am selben Tag ausgesprochene Bündnisaufkündigung wieder rückgängig zu machen, bedingungslos zurückgewiesen[342]. Am folgenden Tag kündigte Felber in einem Schreiben an Meyszner die teilweise Wiederaufnahme der Bekämpfung der DM-Bewegung an (*»überall dort, wo die Cetniks sich nicht an der Kommunistenbekämpfung beteiligen oder gar den Kampf gegen die deutsche Besatzungsmacht oder ihre Verbündeten fortsetzen«*) und wies den Höheren SS- und Polizeiführer an, in diesem Sinne vorsorglich schon mal auf die ihm unterstellte (und für ihre Cetniksympathien bekannte) Serbische Staatswache einzuwirken[343]. Gleich zwei entscheidende Schritte erfolgten am 16. Februar: Gegen den zentralserbischen Herrschaftsraum von Oberst Simić und Hauptmann Kalabić wurde eine größere Strafexpedition eingeleitet (Unternehmen »Treibjagd«, 16. Februar bis 4. März 1944), und eine Anfrage der Feldkommandantur 809 beantwortete Felber mit dem Hinweis, daß anstelle der bisherigen Vertragsabschlüsse nur noch – auf Verantwortung der Feldkommandantur – eine örtlich begrenzte *»stillschweigende Duldung«* erlaubt sei[344]. Ausgenommen von dieser Regelung blieb lediglich – aufgrund der besonderen geographischen Bedeutung des Südwestens als Einfallstor für die Volksbefreiungarmee – das Herrschaftsgebiet von Lukačević[345].

Wenn eine so ambivalente Formulierung noch ausreichend Freiraum für Interpretationen ließ, scheinen der Protest des bulgarischen Korpskommandeurs sowie eine zeitgleich erfolgte erneute Rücktrittserklärung des serbischen Ministerpräsidenten[346] Felber dazu veranlaßt haben, endlich ein klärendes Machtwort zu sprechen. Am folgenden Tag richtete er einen Befehl an alle zuständigen Kommandanturen, in dem er jeden weiteren Abschluß von Verträgen mit Mihailovićs Unterführern ausdrücklich verbat[347]; einem Gesprächsprotokoll vom 28. Februar kann jedoch zumindest indirekt entnommen werden, daß am Bündnis mit Lukačević auch jetzt noch festge-

---

340 BA/MA, RW 40/84 Aktennotiz des Chef des Stabes des Militärbefehlshabers Südost (20.1.1944).
341 BA/MA, RW 40/85 KTB-Eintrag vom 1.2.1944.
342 BA/MA, RW 40/85 KTB-Eintrag vom 10.2.1944.
343 BA/MA, RW 40/85 Militärbefehlshaber Südost an Höh. SS- und Polizeiführer (11.2.1944).
344 BA/MA, RW 40/85 KTB-Eintrag vom 16.2.1944.
345 Vgl. ebd.: *»In einer Aussprache mit General Foertsch (H.Gr. F) wird festgestellt, daß der Vertrag mit Lukačević in Geltung bleiben muß, weil dessen Cetniks in Montenegro zur Bekämpfung der Roten gebraucht werden.«*
346 Vgl. das Präsidium des Ministerrates an den Militärbefehlshaber Südost Herrn General der Infanterie Felber (22.2.1944) in: Hnilicka, *Balkan,* S. 312–320, wo Nedić diesen Schritt vor allem mit der Hinwendung der Besatzungsmacht zur DM-Bewegung und der hiermit einhergehenden Aushöhlung seiner Position begründet.
347 BA/MA, RW 40/85 KTB-Eintrag vom 23.2.1944.

halten wurde[348]. Daß freilich auch in diesem Raum die Lage äußerst angespannt blieb, läßt sich an der am 4. März erfolgten Verhaftung von Lukačevićs Stabschef durch Teile des Regiments »Brandenburg« ablesen[349]; daß der Kontakt zum Cetnikführer selbst zu diesem Zeitpunkt nicht hergestellt werden konnte, weil dieser das Land mit Reiseziel London verlassen hatte, mag als weiteres Indiz dafür gelten, daß die Vorbehalte Meyszners nicht ganz unbegründet gewesen waren.

Inwiefern Mihailovićs Weisungen nicht nur für das Zustandekommen, sondern auch für die schrittweise Zurücknahme der winterlichen Waffenruhe bestimmend waren, läßt sich quellenmäßig schwer nachvollziehen. Neben den zahlreichen Nachrichten über vertragswidrige Handlungen einzelner Cetnikgruppen im Februar und März 1944 lagen dem Militärbefehlshaber Südost auch glaubhafte Meldungen vor, die auf ein ernsthaftes Interesse des Kopfes der DM-Organisation an einem dauerhaften Bündnis mit dem Besatzer hinwiesen[350]. Tatsächlich sprachen aus Sicht der DM-Führung mit Ende des Winters gewichtige politische und militärische Gründe für eine Wiederaufnahme der Feindseligkeiten: Nicht nur, daß mit Frühjahrsbeginn die seit Monaten herbeigesehnte alliierte Großlandung wieder in den Bereich des Möglichen rückte, die auf dem Ba-Kongreß erzielte politische Standortbestimmung und die hiermit verbundene Hoffnung auf einen grundlegenden Stimmungswandel verlangten auch danach, den Worten nun Taten folgen zu lassen. Daß die Annäherung an die Besatzungsmacht außerdem die Entfremdung einer wachsenden Zahl der militantesten Widerstandskämpfer und ihre Abwanderung zu den Partisanen bewirkt hatte, mußte ein weiterer Grund für den Kurswechsel darstellen. Andererseits ließen die seit Ende Februar (Unterhausrede Churchills vom 22. Februar) offenkundig gewordene außenpolitische Isolierung sowie die Möglichkeit eines erneuten Invasionsversuchs der Volksbefreiungsarmee eine Fortsetzung bzw. Wiederaufnahme des Bündnisses mit den Deutschen geraten erscheinen.

In den Wochen, die auf die weitgehende Einstellung der Waffenruhe folgen sollten, zeigte sich jedoch nicht nur, daß die Verbindung zwischen Besatzern und Cetniks aufrechterhalten blieb, sondern daß – ebenso wie im NDH-Staat – die deutsche Seite nach wie vor die umworbene, die nationalserbische die werbende war. Versuche von Mihailović, bereits Anfang März über zwei Mittelsmänner erneut mit deutschen Dienststellen ins Gespräch zu kommen, wurden von diesen ohne Frage als offenes Signal von Schwäche gewertet und von Unterstaatssekretär Hencke vom Auswärtigen Amt dazu genutzt, dem in dieser Hinsicht besonders empfindlichen Gesandten in Agram die Furcht vor einer möglichen erneuten deutsch-nationalserbi-

---

348 BA/MA, RW 40/85 Besprechung OB mit Gen.Ltn. Meyszner am 28.2.1944.
349 BA/MA, RW 40/86 Besprechung für Rücksprache mit Gesandten Neubacher (4.3.1944).
350 PA/AA, Handakten Ritter (Serbien) 7692 Junker an Auswärtiges Amt (12.3.1944).

schen Übereinkunft zu nehmen[351]. Mihailović, so Hencke am 12. März, sähe sich nach Churchills programmatischer Unterhausrede vom 22. Februar außenpolitisch isoliert und sei nun offenkundig bemüht, sich sowohl von der in Ba verabschiedeten Resolution als auch von den den Waffenstillstandverträgen zuwiderlaufenden Übergriffen der vergangenen Wochen zu distanzieren. Deutscherseits, so Hencke weiter, könne man daher aus einer Position der Stärke verhandeln: »*Habe neue Lage mit Militärbefehlshaber Südost eingehend in dem Sinne besprochen, daß wir neue Vorschläge, ohne besonderes Interesse zu zeigen, in aller Ruhe an uns herankommen lassen. Burgfriedenverträge interessieren nicht. Gemeinsamer Kampf gegen Kommunismus ist gerade auf serbischem Boden für uns kein besonderer Anlaß zur Duldung einer illegalen Armee. Im übrigen hat Draža Mihailović im Hinblick auf die Zukunft alle Ursache, die Kommunisten auch ohne Einvernehmen mit uns überall zu bekämpfen, wo er ihnen begegnet. An der Linie Nedić wird eindeutig festgehalten. (...) Es bleibt Sache des Draža Mihailović, präzise und ernsthafte Vorschläge zu machen.*«[352]

Aus Henckes selbstgefälligen Ausführungen ging allerdings nicht hervor, daß auch die deutsche Seite bei ihrem Krieg gegen die Volksbefreiungsarmee vor der Wahl zwischen zwei ähnlich unbefriedigenden und nur sehr bedingt miteinander zu vereinbarenden Lösungen stand: Das Bündnis mit den relativ schwachen Kräften, die hinter Nedić standen und die rechtzeitig aufzubauen und zu fördern man versäumt hatte, stand gegen die Allianz mit der DM-Bewegung, die kurzfristig zwar eine weitgehende Zurückdrängung der Partisanen garantierte, langfristig aber den politischen Verfallsprozeß der Regierungskräfte nur noch mehr beschleunigte. Daß an der Linie Nedić nun so »*eindeutig festgehalten*« werden sollte, war aber nicht nur eine Folge der unbefriedigenden Bilanz, welche die winterliche Waffenruhe abgeworfen hatte, sondern auch einer ultimativen Protestaktion des serbischen Ministerpräsidenten: Am 22. Februar reichte er zum zweiten Mal seine Demission ein. In dem mehrseitigen, an Felber adresssierten Schreiben führte er mehrere Punkte an, die ihn zu diesem Schritt bewogen hatten[353]. Die weitgehende Entmündigung seiner Regierung habe, so Nedić, anstatt spürbar abzunehmen, in einigen Bereichen eher noch zugenommen. Auch die im November zugestandene Befehlsgewalt über SFK und SSW sei aufgrund der von deutscher Seite daran geknüpften Bedingungen gerade mal nomineller Natur[354]. Die politische Belastung durch die bulgarische Besatzung (für

351 ADAP, Serie E, Bd. VII, S. 486 f. Unterstaatssekretär Hencke an Kasche (12.3.1944).
352 Ebd.
353 Das Präsidium des Ministerrates an den Militärbefehlshaber Südost Herrn General der Infanterie Felber (22.2.1944) in: Hnilicka, *Balkan*, S. 312–320.
354 Ein Vorwurf, der sich aus deutschen Quellen bestätigen läßt, vgl. BA/MA, RW 40/82 Besprechung OB mit General Meyszner am 27.11.1943.

Nedić immer noch »*der schmerzlichste Punkt*«) bestände unverändert fort, die Verfolgung der Serben strebe aufgrund jüngster Ereignisse im Kosovo (nach Wegfall der italienischen Besatzung) und in Kroatien (aufgrund der erneuten Radikalisierung der Ustascha) einem neuen Höhepunkt entgegen. Als persönlich zurücksetzend empfand Nedić schließlich, daß seine deutschen Ansprechpartner durch routinemäßige Umgehung seiner Person und in letzter Zeit sogar durch Verhaftungen von Personen aus seinem persönlichen Umfeld zur Aushöhlung seiner noch verbliebenen Machtbasis beitrügen. Am ausführlichsten widmete Nedić sich jedoch der Annäherung der Besatzungsmacht an Mihailović. Obwohl sich das Bestreben der Deutschen, zwei nationalserbische Fraktionen gegeneinander auszuspielen, bereits 1942 bemerkbar gemacht habe, hätte es während des Winters 1943/44 mit den verschiedenen Waffenstillstandsverträgen und der offenen Duldung des Ba-Kongresses ein Ausmaß erreicht, durch das die Regierung in Augen des Volkes jeder Glaubwürdigkeit beraubt würde: »*Und während die Autorität der serbischen Regierung vernichtet wird auf Schritt und Tritt, wird die DM-Organisation allmächtig gemacht: das Volk hat sich dies mit der Schwäche Deutschlands erklärt und eilte in die Reihen Drazas*«. Zu guter Letzt ließ ein sichtlich erschöpfter Nedić seine deutschen Leser in keinem Zweifel darüber, daß er keinen Sinn mehr in einer fortgesetzten Kooperation mit der Besatzungsmacht sehen konnte: »*Nicht nur, daß mir keinerlei Hilfe erwiesen wurde, damit ich und meine Regierung sich erweisen können, wurden seitens der deutschen Politik überhaupt alle Mittel angewandt, daß meine Mission nicht gelingt. Wenn das beabsichtigt war, kann ich Ihnen mitteilen, daß dies vollkommen gelungen ist. Alle meine Bemühungen zu einer loyalen Zusammenarbeit mit den deutschen Organen haben negative Resultate erbracht.*«[355]

Im Gegensatz zu den Ereignissen vom September/Oktober 1942 lassen sich Verlauf und Ausgang der Demissionskrise vom Februar 1944 aufgrund einer ungenügenden Quellenlage nur fragmentarisch rekonstruieren. So findet sich beispielsweise im Kriegstagebuch des Militärbefehlshabers Südost nicht einmal eine Bestätigung für den Eingang von Nedićs Schreiben. Der Eintrag vom 22. Februar erwähnt lediglich gerüchteweise bekannt gewordene »*ernstliche Rücktrittsabsichten*« des serbischen Ministerpräsidenten[356]; zwei Tage später ist eine kurze Meldung von einem Mitarbeiter Neubachers festgehalten: »*(...) daß Ministerpräsident Nedić sehr niedergedrückt sei und sich mit der gegenwärtigen Situation nur sehr schwer abfände*«[357]. Erst eine am 3. März stichwortartig festgehaltene Unterredung Neubachers mit Felber hat als ersten Besprechungspunkt »*die Regierungskrise Nedić*« zum

355 Das Präsidium des Ministerrates an den Militärbefehlshaber Südost, Herrn General der Infanterie Felber (22.2.1944) in: Hnilicka, *Balkan*, S. 312–320.
356 BA/MA, RW 40/85 KTB-Eintrag vom 22.2.1944.
357 BA/MA, RW 40/85 KTB-Eintrag vom 24.2.1944.

Thema[358]. Demselben Eintrag kann auch entnommen werden, daß es dem Sonderbevollmächtigten allem Anschein nach gelungen war, den serbischen Ministerpräsidenten durch die Zusage zur Vereinigung mit Montenegro und der Einrichtung des Nedić schon im September des Vorjahres versprochenen »Volksrats« zwar nicht zur Zurücknahme, aber doch der vorläufigen Aussetzung seines Demissionsgesuchs zu bewegen[359]. Diese Abfolge läßt eigentlich nur den Schluß zu, daß Neubacher angesichts dieses für seine Politik alles andere als schmeichelhaften Vorgangs um Schadensbegrenzung bemüht und daher bestrebt gewesen war, die Angelegenheit unter weitgehendem Ausschluß des Militärbefehlshabers und dessen Stabes zu bereinigen. Obwohl diese Art des Krisenmanagements sich durchaus auch mit stiller Billigung Felbers abgespielt haben kann und im übrigen auch der in der Weisung vom 29. Oktober 1943 vorgesehenen Aufgabenteilung nicht unbedingt widersprach, scheint es doch primär dem Bestreben Neubachers entsprungen zu sein, eine Bankrotterklärung seiner bisherigen Bemühungen zu vermeiden; die völlige Unterschlagung dieser Affäre in seinen Nachkriegsmemoiren mag als weiteres Indiz für diese Interpretation dienen.

Unterdessen schickte Tito sich an, Unterstaatssekretär Henckes Konzept für die im Frühjahr zu betreibende Cetnikpolitik (*»ohne besonderes Interesse zu zeigen«*) einen nachhaltigen Schlag zu verpassen. Am 17. März überschritten die Vorhuten der beiden im November zurückgedrängten Elitedivisionen (2. Proletarische und 5. Sturmdivision) südöstlich von Višegrad wieder die Grenze nach Serbien; drei Tage später stand das nach seinem Führer »Gruppe Moraca« benannte Korps bereits 24 Kilometer südlich von Užice. Der Dechiffrierung ihres Funkverkehrs ließ sich nach einigen Tagen entnehmen, daß der Oberste Stab ihnen die Verstärkung der mittlerweile auch schon zu Brigaden formierten und schwerpunktmäßig im serbischen Südosten zwischen Kruševac und Prokuplje operierenden altserbischen Partisanen aufgetragen hatte[360]. Ohne Frage war auch diese Operation von dem Bestreben getragen, durch einen Einbruch in die Bastion des wichtigsten jugoslawischen Bürgerkriegsgegners politische Fakten zu schaffen[361]; nach Mutmaßungen des Wehrmacht-

---

358 BA/MA, RW 40/86 KTB-Eintrag vom 3.3.1944.

359 Einem Schreiben Neubachers vom 2. Juni läßt sich entnehmen, daß dieser Zustand des *»latenten Rücktritts«* auch nach drei Monaten noch unverändert anhielt. Vgl. ADAP, Serie E, Bd. VIII, S. 95 f. Neubacher an Auswärtiges Amt (2.6.1944).

360 BA/MA, RW 40/87 Beurteilung der Lage am 5.4.1944.

361 Ausschlaggebend für die Wahl des Zeitpunkts könnte neben der allgegenwärtigen Furcht vor einer alliierten Landung im Frühjahr auch das Bestreben gewesen sein, sich eine möglichst vorteilhafte Ausgangsposition für die bevorstehenden Verhandlungen mit der jugoslawischen Exilregierung zu verschaffen. Vgl. hierzu den in einer Tagesmeldung des Militärbefehlshabers Südost wiedergegebenen Inhalt einer dechiffrierten Anweisung Titos an das II. Korps: *»Tito hat s. Qu. zufolge erneut auf die entscheidende Bedeutung der z. Zt. in W-Serbien und O-Bosnien stattfindenden Operationen hingewiesen, von deren Gelingen der Gesamtplan der roten Führung auf dem Balkan abhinge.«* BA/MA, RW 40/88 Tagesmeldung vom 4.5.1944.

führungsstabes könnte auch die gerade erst drei Wochen zurückliegende Ankunft der sowjetischen Militärmission eine beflügelnde Wirkung auf die Entscheidungs-findung des Obersten Stabes gehabt haben[362]. Aus Felbers Perspektive betrachtet, hätte Tito für diesen Vorstoß keinen besseren Zeitpunkt wählen können: Ungeachtet einer durch Funkaufklärung ermöglichten mehrwöchigen Vorwarnung[363], hatte die kurzfristig angesetzte Besetzung Ungarns (Unternehmen »Margarethe«) ihn soeben zur Abstellung seiner einzigen mobilen Reserve (Pol. Rgt. 5 und III./4. Rgt. Brandenburg) gezwungen; die Verteidigung des serbischen Südwestens mußte vor-erst zwei bulgarischen Reservedivisionen, Teilen des Serbischen Freiwilligenkorps sowie den Cetniks des Lukačević überlassen bleiben.

Durch das Winterwetter und einen Ausfall der Funkaufklärung[364] begünstigt, gelang es der kommunistischen Kräftegruppe, den zur Verfolgung angesetzten sechs bulga-rischen Bataillonen auszuweichen; erst das 2. Regiment des SFK konnte am 26. März die Partisanen südwestlich von Ivanjica zum Kampf stellen und nach Süden abdrängen; ihre allgemeine Marschrichtung nach Osten konnten sie jedoch beibe-halten. Am folgenden Tag beschloß der Militärbefehlshaber Südost daher, die wei-teren Verteidigungsmaßnahmen (Unternehmen »Kammerjäger«) auf eine entlang des Flußlaufs des Ibar zu errichtende provisorische Verteidigungslinie in Nord-/Süd-Richtung abzustützen. Diese wurde in der Hauptsache von russischen (ein Regiment RSK) und serbischen (drei Regimenter SFK) Verbänden bemannt; an deutschen Kräften standen lediglich vier Polizeikompanien sowie (als mobile Reserve) drei Kompanien Feldgendarmerie zur Verfügung[365]. Wie nicht anders zu erwarten, brach-ten diese Ereignisse auch den Annäherungsprozeß zwischen Deutschen und Cetniks wieder in Gang: Mihailović reagierte auf die kommunistische Invasion mit einem Befehl an seine Anhänger zur Mobilmachung, und der östlich des Ibar operierende Cetnikführer Keserović bot sich an, den Verteidigern der Ibarlinie den Rücken gegen Angriffe der im Südosten des Landes konzentrierten altserbischen Partisanen frei-zuhalten[366]. Aber nicht nur einzelne Unterführer des nationalserbischen Wider-standes wandten sich in dieser kritischen Lage an die Besatzungsmacht. Deutschen Quellen läßt sich entnehmen, daß Verhandlungsangebote der Cetnikführung, die ein-deutig Mihailović zuzuordnen waren, bereits in den Tagen vor dem Eindringen der

---

362 KTB OKW, Bd. IV, S. 644.
363 Ebd., S. 647; BA/MA, RW 40/86 KTB-Eintrag vom 4.3.1944.
364 Aufgrund eines routinemäßig vorgenommenen Schlüsselwechsels konnten sich beide Divisionen für einige Tage der deutschen Funkaufklärung entziehen. Vgl. BA/MA, RW 40/86 KTB-Eintrag vom 23.3.1944.
365 BA/MA, RW 4/670 WfSt/Op (H) Südost an Führerhauptquartier (29.3.1944); RW 40/86 KTB-Einträge vom 26.3., 27.3., 28.3. und 29.3.1944.
366 BA/MA, RW 40/86 KTB-Eintrag vom 30.3.1944.

Gruppe Moraca vorlagen[367]. Der unzweideutigste Hinweis auf die Federführung Mihailovićs bestand in einem Angebot vom 12. März, die weitere Verhandlungsführung seinem Stabschef für Altserbien, General Miroslav Trifunović, zu übertragen[368]. Die wenig später mit deutscher Billigung erfolgte »offizielle« Kontaktaufnahme zwischen Nedić und dem Führer des nationalserbischen Widerstandes ist ohne Frage als zumindest indirekte Folge dieses Annäherungsprozesses zu verstehen[369].

In der Nacht vom 30./31. März erfolgte dann der Versuch der Gruppe Moraca, bei Usce den Übergang über den Ibar zu erzwingen. Obwohl gegen eine deutsche Polizeikompanie ein Einbruch gelang, scheint vor allem die hartnäckige Verteidigung durch das SFK die Partisanen zu einem Teilrückzug nach Westen bewogen zu haben; zur Überraschung des Militärbefehlshabers traf die Gruppe dort zunächst keine Vorbereitungen für einen zweiten Angriff, sondern machte Anstalten, sich zwecks Versorgung zur vorübergehenden Verteidigung einzurichten[370]. Aufgrund des abgekämpften Zustandes der zum Teil gerade erst aufgestellten SFK-Bataillone sowie der unsicheren und zögerlichen Haltung des Kommandeurs der bulgarischen 24. ID[371] sollte diese Pattsituation über eine Woche anhalten. Erst am 9. April begann das soeben eingetroffene 4. Rgt. Brandenburg gegen die nördliche Flanke der feindlichen Kräftegruppe vorzugehen; am 11. ging diese Bewegung in einen größeren Zangenangriff aller beteiligten antikommunistischen Kräfte über, der auf die

---

367 Wann genau und in welcher Form die erste Kontaktaufnahme zustande kam, die unzweideutig auf eine persönliche Initiative des obersten Cetnikführers zurückzuführen war, läßt sich nicht mit letzter Sicherheit sagen. Der eingangs bereits erwähnte Vorstoß von Anfang März wurde, obwohl er auf einen von Mihailovićs Unterführern zurückging, von Neubacher und Unterstaatssekretär Hencke jedenfalls eindeutig dem Kopf der DM-Organisation zugeordnet; vgl. ADAP, Serie E, Bd. VII, S. 486 f. Unterstaatssekretär Hencke an die Gesandtschaft in Agram (12.3.1944) sowie PA/AA, Handakten Ritter (Serbien) 7692 Junker an Auswärtiges Amt (12.3.1944). Ein Lagebericht Felbers vom 25. März kam hinsichtlich der jüngsten Kontaktaufnahmen zu derselben Schlußfolgerung (»DM hat wiederholt versucht, mit uns ins Gespräch zu kommen.«); die Datierung des untersuchten Zeitraums läßt überdies den Schluß zu, daß besagte Kontakte bereits vor der kommunistischen Invasion zustande kamen; vgl. BA/MA, RW 40/86 Militärbefehlshaber Südost, Abt. Ia, Lagebericht für die Zeit vom 16.2.–15.3.1944 (25.3.1944). Der Chronist des Wehrmachtführungsstabes meinte schließlich einen kausalen Zusammenhang zwischen dem Ende Februar wieder einsetzenden Fahndungsdruck gegen die DM-Organisation im Belgrader Raum und der erneuten Verhandlungsbereitschaft ihres Führers zu erkennen: »Vermutlich unter dem Eindruck dieser deutschen Gegenmaßnahmen versuchte Mihajlovic, Ende März-Anfang April – diesmal persönlich – wieder mit deutschen Dienststellen in Verbindung zu treten.« Vgl. KTB OKW, Bd. IV, S. 640.

368 PA/AA, Handakten Ritter (Serbien) 7692 Junker an Auswärtiges Amt (12.3.1944).

369 BA/MA, RW 40/87 Aktenvermerk (12.4.1944).

370 KTB OKW, Bd. IV, S. 649 f.; BA/MA, RW 40/87 Beurteilung der Lage am 5.4.1944 (7.4.1944).

371 BA/MA, RW 40/87 KTB-Eintrag vom 2.4.1944.

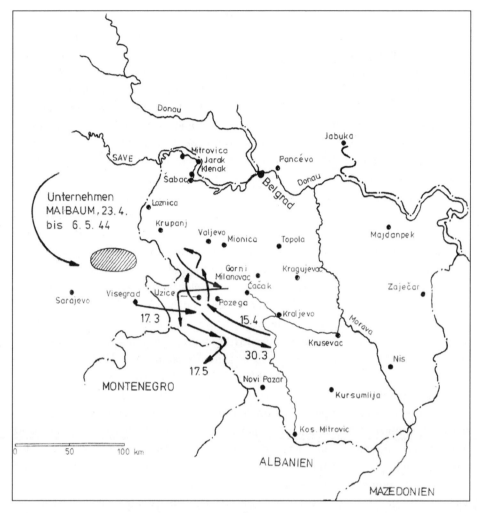

Der Weg der Gruppe MORACA, März bis Mai 1944.

Einkesselung der Gruppe Moraca im Raum Ivanjica abzielte[372]. Obwohl diese scheiterte, sahen sich beide Divisionen ab dem 15. April zur Einleitung einer Rückzugsbewegung gezwungen, die sie im Laufe der folgenden Wochen über Užice bis
knapp südlich von Valjevo führen sollte; Anfang Mai zogen sie in entgegengesetzter
Richtung wieder westlich an Užice vorbei, um sich dann Mitte des Monats in mittlerweile reichlich abgekämpftem Zustand über Kokin Brod in den Sandžak abzuset-

---

372 BA/MA, RW 40/87 KTB-Eintrag vom 9.4.1944.

zen. Obwohl der Tagebuchführer des OKW darin lediglich *»Ausweich- und Absetzbewegungen ohne klar erkenntlichen Zusammenhang«*[373] erkennen mochte, zielte der nach dem Scheitern des Ibarüberganges eingeleitete Marsch nach Norden höchstwahrscheinlich darauf ab, der Kräftegruppe, die sich Ende April im Raum des ostbosnischen Vlasenica versammelt hatte, das Eindringen in Serbien zu ermöglichen. Die Vereitelung dieses Vorhabens durch das V. SS Geb. AK (Unternehmen »Maibaum«)[374] zwang dann auch die Gruppe Moraca zum endgültigen Rückzug. Neben der Rücksichtslosigkeit, mit der Tito seine Soldaten in diese im Grunde genommen verfrühte Operation trieb[375], waren auch noch andere, im Verlauf des Unternehmens »Kammerjäger« gewonnene Erkenntnisse für die weitere Kriegführung im altserbischen Raum von Bedeutung. In rein militärischer Hinsicht konnte Felbers Erfolg nicht darüber hinwegtäuschen, daß die bloße Tatsache, daß zwei konventionell operierende Großverbände der Volksbefreiungsarmee sich fast acht Wochen im Zentrum des deutschen Machtbereichs auf dem westlichen Balkan aufgehalten hatten, ohne der vollständigen Vernichtung anheimzufallen, einigen Erklärungsbedarf nach sich zog. Bei den meisten der betroffenen deutschen Dienststellen und Stäbe war man sich alsbald darin einig, daß es vor allem die Defizite des Bulgarischen Okkupationskorps im allgemeinen und der 24. ID im besonderen waren, durch die ein durchschlagender Erfolg unmöglich gemacht worden war. So war es wiederholt vorgekommen, daß besagte Division unter Hinweis auf erholungsbedürftige Mannschaften oder fehlenden Nachschub dem Befehl zum Antreten nicht nachgekommen war; im Gefecht häuften sich die Fälle, in denen ganze Bataillone bereits bei der ersten Feindberührung zu einer rein defensiven Vorgehensweise übergingen[376]. Wenngleich die meisten deutschen Beobachter dies zunächst auf die Unerfahrenheit und mangelhafte Ausbildung der bulgarischen Reservisten zurückführten, geriet mit fortgesetztem Versagen der Bulgaren im weiteren Verlauf von »Kammerjäger« auch das höhere Offizierskorps ins Kreuzfeuer der Kritik[377]. Den vorläufigen Höhepunkt dieser Serie von Hiobsbotschaften über die Einsatzbereitschaft des wichtigsten deutschen Bundesgenossen im Südosten bildete – obwohl in keinem operativen Zusammenhang mit der Abwehr der Gruppe Moraca

---

373 KTB OKW, Bd. IV, S. 650.

374 Vgl. hierzu die detaillierte Schilderung bei Lepre, *Bosnian division*, S. 187–212.

375 Diesbezügliche Einblicke sind der Nachwelt durch die Arbeit der deutschen Funkaufklärung erhalten geblieben; vgl. BA/MA, RW 40/88 Tagesmeldung vom 5.5.1944: »*Div.-Gruppe Moraca fordert dringend Material und Truppennachschub an und meldet Unzufriedenheit in eigenen Reihen wegen täglich schwerer Kämpfe und Verluste (s. Qu.).*«

376 BA/MA, RW 40/87 Ergebnis der Besprechung mit Kommandeur 25. Bulg. Division, General Grozdanov und Kdr. General I. Bulg. Okk. Korps, General Nikoloff, am 19.4.44, 18.30 h in Kraljevo.

377 BA/MA, RW 40/88 Inhalt der Besprechungen in Užice und Pozega am 29.4.44 durch OB.

stehend – die Nachricht von der Desertion einer 300 Mann starken Kompanie bei Lebane (südlich von Nis) am 18. Mai[378]. Obwohl der Oberbefehlshaber Südost, Generalfeldmarschall Freiherr von Weichs, die sich häufenden Meldungen über die sinkende Kampfkraft bulgarischer Verbände zum Anlaß einer geharnischten Weisung an Felber nahm (»*Ich bitte nunmehr, gegen die Mißstände im bulg. Okkkupationskorps mit äußerster Härte vorzugehen. Rücksichten der Koalitions-kriegsführung sind nicht mehr angebracht, Rücksichten auf die Mentalität der bulg. mittleren und unteren Führung fehl am Platze.*«)[379], sollte sich diese besorgniserregende Entwicklung bis zum Kriegsaustritt Bulgariens viereinhalb Monate später weiter fortsetzen[380]. Aus deutscher Perspektive mußte das Versagen der Bulgaren aufgrund der gleichzeitigen Bewährung des soeben erst erweiterten SFK in einem um so grelleren Licht erscheinen. Trotz mangelhafter Ausrüstung erwiesen sich sowohl die alten, wiederholt bewährten als auch die gerade erst neu aufgestellten Bataillone der Freiwilligen als unbedingt zuverlässig; in puncto Einsatzbereitschaft scheinen sie nicht nur ihre bulgarischen, sondern gelegentlich auch ihre deutschen Verbündeten klar übertroffen zu haben[381].

Mindestens genauso wichtig wie die im Laufe des Frühjahrs gewonnenen militärischen Erkenntnisse mußten aus deutscher Sicht aber die politischen Lehren sein, die aus der gescheiterten Invasion gezogen werden konnten. Diese waren vor allem von der Erfahrung geprägt, daß sich die serbische Landbevölkerung – wie von Benzler und Neubacher prognostiziert – zum wiederholten Male als »*kommunistenfest*« erwiesen hatte; ein Volksaufstand zur Unterstützung der einmarschierenden Partisaneneinheiten war weder spontan noch unter der Regie von Mihailović erfolgt. Letzterer hatte sich zudem während der Kampfhandlungen nicht auf eine wie auch immer geartete neutrale Haltung zurückgezogen, sondern hat, soweit nachvollziehbar, seine Unterführer ausdrücklich angewiesen, die Besatzer im Kampf gegen die Gruppe Moraca zu unterstützen[382]. Felber wiederum sah sich trotz seines erst Ende Februar ausgesprochenen Verbots, weiter mit den Cetniks zu paktieren, in Anbetracht der Ende März entstandenen kritischen Situation nicht in der Lage, das Ange-

---

378 BA/MA, RH 19 XI/50 Oberbefehlshaber Südost an Mil.-Bfh. Südost (20.5.1944); RW 40/88 KTB-Eintrag vom 21.5.1944. Vor der Anfälligkeit bulgarischer Reservistenverbände für kommunistische Zersetzungsversuche hatte Neubacher bereits am 12. März gewarnt; vgl. ADAP, Serie E, Bd. VII, S. 490 f. Aufzeichnung für Herrn Reichsaußenminister (12.3.1944).

379 BA/MA, RH 19 XI/50 Oberbefehlshaber Südost an Mil.-Bfh. Südost (20.5.1944).

380 Zum anhaltenden Verfall der Kampfkraft des Bulgarischen Okkupationskorps vgl. BA/MA, RH 19 XI/50 Deutsches Verb. Kdo. 30 an Obstlt. i. G. Rathgen, Heeresgruppe F (30.7.1944).

381 BA/MA, RW 40/88 Vortrag OB beim Feldmarschall, 13.5.1944; RW 40/88 Vermerk über Dienstbesprechung der Offz. des Deutschen Verbindungsstabes beim SFK am 26.5.1944 (28.5.1944).

382 BA/MA, RW 40/87 Militärbefehlshaber Südost, Abt. Ia, Lagebericht für die Zeit vom 16.3.–15.4.1944 (22.4.1944).

bot einer faktischen Erneuerung des Winterbündnisses zurückzuweisen. Obwohl im Gegensatz zu damals keine schriftliche Fixierung von Vertragsbedingungen erfolgte[383] und der wiederholt von Cetnikseite vorgetragene Wunsch nach Waffen auch diesmal abgelehnt wurde[384], beteiligten sich neben den Cetniks des Lukačević auch die Gruppen um Kalabić, Rakovic und Keserović am Kampf gegen die Partisanen[385]. Der Beteiligung des letzteren mußte aufgrund seiner besonders kompromißlosen Haltung gegenüber dem Besatzer sowie der ihm nachgesagten Sympathien für Tito sogar eine ganz besondere Bedeutung beigemessen werden[386]. Zur Abstimmung des Einsatzes der nationalserbischen Widerstandsgruppen mit dem der anderen Verbände und ihrer Versorgung wurde ein eigener Stab unter dem Ritterkreuzträger Major Weyel eingesetzt; dieser scheint Felber gegenüber ein zumindest verhalten positives Bild von der Bereitschaft seiner Schützlinge zur Fortsetzung des antikommunistischen Kampfes gezeichnet zu haben[387].

Für den Gesandten Neubacher kam die erfolgreiche Beteiligung sowohl des erweiterten SFK als auch der DM-Cetniks an »Kammerjäger« einer uneingeschränkten Bestätigung seiner Politik gleich, die es ihm ermöglichte, weitere Schritte zur Mobilisierung des nationalen Serbentums umzusetzen.

Neben der zweiten Erweiterung des SFK, welche eine Anhebung der Soll-Stärke der Freiwilligen von 10.000 auf fast 14.000 Mann anstrebte[388], sowie der Aufstellung eines an die bereits existierende Cetnikgruppe des Pavle Djurišić angelehnten montenegrinischen Pendants des SFK[389] unternahm der Sonderbevollmächtigte einen weiteren Vorstoß zur schrittweisen Wiedervereinigung Montenegros mit Altserbien. Zur Diskussion stand diesmal die Vereinheitlichung der undurchsichtigen Befehlsverhältnisse im Raum Serbien–Montenegro–Sandžak durch Unterstellung des gesamten Bereichs unter den Militärbefehlshaber Südost und eine damit einhergehende Währungsunion durch Einführung des serbischen Dinars. Da beide Maßnah-

---

383 Vgl hierzu PA/AA, SbvollSO R 27303 Neubacher an Kramarz (21.3.1944): »*Einzelgruppen sind uns indessen als Gefechtspartner an der Partisanenfront genehm und können auch fallweise durch Munition unterstützt werden. Von schriftlichen Vereinbarungen der Wehrmachtteile ist befehlsgemäß auf jeden Fall abzusehen.*«

384 BA/MA, RW 40/88 Militärbefehlshaber Südost/Abt.Ic Betr.: Verhalten gegenüber der DM-Bewegung (16.5.1944).

385 BA/MA, RW 40/88 Vortrag OB beim Feldmarschall, 13.5.1944.

386 BA/MA, RW 40/87 Vermerk (12.4.1944).

387 BA/MA, RW 40/88 KTB-Eintrag vom 27.5.1944.

388 PA/AA, Handakten Ritter (Serbien) 7692 Neubacher an Auswärtiges Amt (9.4.1944); Handakten Ritter (Serbien) 7691 Neubacher an Ritter (16.5.1944). Die angestrebte Soll-Stärke wurde jedoch nicht mehr erreicht; vgl. KTB OKW, Bd. IV, S. 728 und BA/MA, RH 19 XI/31 Militärbefehlshaber Südost Ia, Gegenüberstellung der Feindstärken und der eigenen einsatzfähigen Kräfte im serbischen Raum (21.8.1944), wo die Ist-Stärke des SFK mit 9.886 Mann beziffert wird.

389 BA/MA, RW 40/88 KTB-Eintrag vom 17.5.1944; RW 4/709 OKW/WfSt an Gen.St.d.H. (13.6.1944).

men im ureigensten Interesse der deutschen Besatzungsmacht waren und auch vom Oberbefehlshaber Südost ausdrücklich befürwortet wurden[390], konnte Neubacher sich gute Chancen ausrechnen, Hitlers bereits im Dezember ins Wanken geratene Fundamentalopposition diesmal endlich zum Einsturz zu bringen.

Obwohl der Sonderbevollmächtigte die am 6. Mai auf dem Berchtesgadener Berghof abgehaltene Besprechung zwischen ihm, Hitler und von Ribbentrop in seinen Nachkriegsmemoiren als eine uneingeschränkte Niederlage für seine Sache darstellt[391], scheint das Besprechungsergebnis ihm doch immerhin genügend Freiraum gelassen zu haben, um am nächsten Tag dem Reichsaußenminister eine Notiz zu unterbreiten, in der er »*auf Grund der heutigen [sic] grundsätzlichen Zustimmung des Führers*« unter anderem die »*Errichtung einer eigenen Dienststelle beim Militärbefehlshaber Südost unter dem Titel ›Militärverwaltung Serbien–Sandschak–Montenegro‹*« beantragte[392]. Daß von Ribbentrop darin eine doch sehr eigenwillige Auslegung des »Führerwillens« seitens des Sonderbevollmächtigten sah, läßt sich daran ablesen, daß er dieses Schriftstück zwecks Vorlage bei Hitler umgehend an das OKW weiterreichte[393], wodurch Neubachers wahrscheinliche Absicht, wenigstens einen Teil seines ursprünglichen Konzepts »durch die Hintertür« umzusetzen, gleich im Keim erstickt wurde. Nachdem aufgrund beim OKW für notwendig erachteter Rücksprachen sich die Vorlage bei Hitler auch noch um Wochen verzögerte, folgte dann von seiten des »Führers« Ende des Monats das endgültige Nein[394]. Kurz zuvor war auch dem ohnehin mit völlig unzulänglichen Mitteln unternommenen Versuch, das Erfolgsmodell des SFK auf den montenegrinischen Kriegsschauplatz zu übertragen, durch Hitlers Weigerung, das MFK in die serbische Mutterformation zu integrieren oder es ihr wenigstens zu unterstellen, jede politische Zugkraft genommen worden[395]. Dies mußte schon deshalb von Bedeutung sein, weil damit den geringen Aussichten die eigene militärische Schwäche in Montenegro[396] durch eine verstärkte Mobilisierung örtlicher Elemente zu kompensieren, endgültig der Todesstoß versetzt wurde.

---

390 ADAP, Serie E, Bd. VII, S. 623 f. Der Chef des Generalstabes des Oberbefehlshabers Südost an das OKW/WfSt (12.4.1944).

391 Neubacher, *Sonderauftrag Südost*, S. 160–162.

392 ADAP, Serie E, Bd VIII, S. 24 f. Aufzeichnung für den Herrn Reichsaußenminister (7.5.1944).

393 ADAP, Serie E, Bd. VIII, S. 136 f. Aufzeichnung des Botschafters z.b.V. Ritter (21.6.1944).

394 BA/MA, RW 40/88 KTB-Eintrag vom 29.5.1944. Auch von seiten des OKW wurde Neubacher in dieser Frage keine Unterstützung zuteil; vgl. ADAP, Serie E, Bd. VIII, S. 136 f. Aufzeichnung des Botschafters z.b.V. Ritter (21.6.1944).

395 BA/MA, RH 19 XI/15 Oberbefehlshaber Südost an OKW/WfSt (5.7.1944).

396 Hauptgrund für den Mißerfolg sämtlicher im Fühjahr 1944 gegen das kommunistisch beherrschte Mittelmontenegro angesetzten Unternehmen (»Frühlingserwachen«, »Baumblüte«) war sowohl die eigene ungenügende Truppenpräsenz sowie die viel zu schwache Bewaffnung der kollaborierenden Cetnikeinheiten; vgl. auch Kapitel 6.2. und 6.3.

Lediglich in der Frage des seit über einem Jahr dahindämmernden Projekts einer serbischen Volksversammlung war in diesen Tagen ein gewisser Fortschritt zu verzeichnen. Wie ein Mitarbeiter Neubachers am 17. Mai ans Auswärtige Amt telegraphierte, würde eine entsprechend deutschen Wünschen überarbeitete Fassung (»*Alle Parlamentarier sind ausgemerzt.*«) die letzte Genehmigungshürde mit Sicherheit nehmen[397].

Nach Serbien zurückgekehrt, mußte Neubacher allerdings feststellen, daß nicht nur die Engstirnigkeit des deutschen Diktators, sondern auch der durch den Abzug der Gruppe Moraca wieder zu seinem Recht gelangte politische Alltag des Landes seinen Bemühungen im Wege stand. An erster Stelle stand die – aus deutscher Sicht – Unberechenbarkeit der DM-Organisation bzw. vieler ihrer Unterführer. Kaum daß die Bedrohung durch die Volksbefreiungsarmee etwas abgenommen hatte, nahm die Zahl feindseliger Handlungen gegenüber der Besatzungsmacht wieder rapide zu. Zwar sorgte die sofort wieder aufflammende Fehde der Cetniks gegen das SFK für den größten Teil der registrierten Zwischenfälle, aber durch die Angewohnheit des nationalserbischen Widerstandes, in dem von ihm kontrollierten Gebieten eigenmächtig den Straßen- und Bahnverkehr zu kontrollieren[398] und abgeschossene amerikanische Flieger aufzunehmen[399], wurden die Interessen der Besatzungsmacht in jedem Fall unmittelbar berührt. Auch vor Attentaten gegen hochrangige Amtsträger der Regierung Nedić schreckten die Cetniks mittlerweile nicht mehr zurück[400]. Bereits am 16. Mai hatte der Militärbefehlshaber Südost in einem Grundsatzbefehl versucht, seine Truppe durch Festlegung klarer Verhaltensrichtlinien vor der Verwirrung zu bewahren, die sich während der Waffenruhe des vergangenen Winters verbreitet hatte. Obwohl die erste Ziffer des Befehls (»*Die DM-Bewegung ist und bleibt <u>Feind</u>.*«)[401] den Eindruck absoluter Kompromißlosigkeit erweckte, sah Felber sich erwartungsgemäß außerstande, wieder die offene Konfrontation mit der DM-

---

397 BA/MA, RW 40/88 Militärbefehlshaber Südost Abt. Ia, Lagebericht für die Zeit vom 16.4.–15.5.1944 (23.5.1944); PA/AA, Handakten Ritter (Serbien) 7691 Junker an Auswärtiges Amt (17.5.1944).

398 BA/MA, RW 40/88 Tagesmeldung vom 21.5.1944: »*20.5. Personenzug Belgrad–Čačak bei Ugrinovoi von Cetniks angehalten, 2 dt. Soldaten entwaffnet, 1 nach Gegenwehr erschossen.*«; RH 19 XI/15 Erfahrungsbericht über Dienstreise Serbien–Kroatien in der Zeit vom 20.6.–4.7.1944 (5.7.1944): »*Fahrt durch Cetnik-Gebiet Valjevo-Užice.(...) Cetniks offenbar sehr mißtrauisch, obwohl Einsatzlenkung durch Major Weil. Cetniks hatten anscheinend die Absicht, die Kolonne anzuhalten, nahmen aber vermutlich wegen der 4 Panzerspähwagen hiervon Abstand.*«

399 BA/MA, RW 40/88 Militärbefehlshaber Südost/Ia, Tagesmeldung vom 11.5.1944.

400 Der Ermordung von Staatssekretär Ceka Djordjevic im Mai und des regierungstreuen Cetnikführers Kosta Pećanac im Juni war im März bereits die von Nedićs Kabinettschef Milos Masalovic vorausgegangen. Vgl. BA/MA, RW 40/88 Vortrag beim O.B. Südost (O.B., anschließend Chef) am 30.5., 12.00 Uhr sowie Tomasevisch, *The Chetniks*, S. 260

401 BA/MA, RW 40/88 Militärbefehlshaber Südost, Abt. Ic Betr.: Verhalten gegenüber der DM-Bewegung (16.5.1944).

Organisation zu suchen. Statt dessen hob er auf den vorübergehenden Charakter der bestehenden Zusammenarbeit ab und betonte, daß gegen serbische Regierungsorgane gerichtete Handlungen der Cetniks nach wie vor als *»feindselige Haltung«* zu werten seien. Die Munitionslieferungen, die nach diesem Befehl nur noch im Verlaufe *»akuten Kampfes«* zulässig und weiterhin von der Zustimmung seiner Dienststelle abhängig seien[402], wurden elf Tage später sogar völlig eingestellt[403]. Den zunehmend bedrängten Freiwilligen stellte der Militärbefehlshaber Südost am 29. Mai frei, auf Übergriffe von Cetnikseite mit eigenen Repressalien zu antworten[404].

Die wachsende Militanz von Teilen der DM-Organisation stand freilich in einem auffälligen Gegensatz zur Verhandlungsbereitschaft, die ihre oberste Führung auch nach dem Abzug der Gruppe Moraca noch an den Tag legte. So meldete die Feldkommandantur Šabac am 4. Mai, daß der Cetnikführer Oberst Denis Mihailović anhaltendes Interesse an einem gemeinsamen Kampf gegen Kommunismus bekundet habe, dies allerdings von der Bedingung abhängig gemacht habe, *»daß man sich aber mit einem Offizier des SFK nicht an einen gemeinsamen Tisch setze«*[405].
Gut zwei Wochen später galt auch diese Einschränkung nicht mehr: Mit Billigung sowohl Neubachers als auch des serbischen Ministerpräsidenten trafen sich am 20. Mai der »Zbor«-Gründer Dimitrje Ljotić und der DM-Vertraute General Miroslav Trifunović in Gorni Milanovać um bei einem ausführlichen Gespräch die Möglichkeiten einer langfristig angelegten Kooperation von Regierung und nationalserbischem Widerstand auszuloten. Anders als noch bei den Gesprächen, die den Waffenstillstandsverträgen des Winters 43/44 vorausgegangen waren, lag die Verhandlungsführung nicht in den Händen eines im Alltag meist autonom agierenden Regionalkommandeurs, sondern von Mihailovićs Stabschef für ganz Altserbien; das unmittelbare Engagement des obersten Cetnikführers war somit nicht zu übersehen. Soweit überliefert, stand die Glaubwürdigkeit von Trifunovićs Angeboten (keine Angriffe gegen die Besatzungsmacht und die Regierung Nedić, keine Störung der Verwaltung, keine Störung der SFK- und SSW-Rekrutierungen, Verzicht auf weitere Rekrutierungen seitens DM)[406] in einem diametral entgegengesetzten Verhältnis zur Dreistigkeit seiner Forderungen (Einsetzung eines Verbindungsmannes im Ministerpräsidium; Kreis- und Bezirksvorsteher-Ernennungen nur mit Zustimmung DMs; in allen wichtigen politischen und Verwaltungsfragen müsse die Zustimmung

---

402 Ebd.
403 BA/MA, RW 40/88 Tagesmeldung vom 27.5.1944: *»Bis auf weiteres Einstellung jeder Unterstützung seitens der Besatzungsmacht auch für die im Kampf gegen Kommunismus befindlichen DM-Cetniks befohlen.«*
404 BA/MA, RW 40/88 KTB-Eintrag vom 29.5.1944.
405 BA/MA, RW 40/88 KTB-Eintrag vom 4.5.1944.
406 PA/AA, SbvollSO R 27302 Junker an Neubacher (20.5.1944).

DMs eingeholt werden; im Falle einer Vermehrung der Regierungstruppen müsse DM verständigt werden; DM sei bereit, die Versorgung seiner Einheiten durch Nedić durchführen zu lassen)[407]. Obwohl Mihailovićs Unterhändler in bezug auf die Gewalttaten der letzten Wochen nicht umhin kam, zuzugeben, »*daß DM keine ausreichende Gewalt über seine Unterführer habe*«[408], und die ausbedungene Geheimhaltung zudem ein klarer Hinweis auf Mihailovićs Absicht war, langfristig »*die Wiederherstellung seiner vollen Handlungsfreiheit*«[409] zu erreichen, einigten Ljotić und Trifunović sich auf eine Programm, das im wesentlichen den besprochenen Punkten folgte; der einzige Abstrich bestand in der Weigerung des »Zbor«-Führers, den Cetniks auch noch Waffen zu liefern[410]. Soweit nachvollziehbar, hat Nedić das bewußte Dokument jedoch nie unterzeichnet. Daß die Kunde sowohl von der Ermordung des Staatssekretärs Djordjevic durch Cetnikattentäter als auch der Entlassung des Premierministers der jugoslawischen Exilregierung Ljotić erst nach Abschluß der Verhandlungen in Gorni Milanovac erreicht hatte, gab dem serbischen Ministerpräsidenten Grund genug, erst mal abzuwarten, »*ob es in London gelingt, DM auszubooten*«[411].

Auch für die folgenden Wochen läßt sich eine Umsetzung des Vertragswerks, das auf eine freiwillige Selbstaufgabe des serbischen Staates hinausgelaufen wäre und daher in jedem Fall der Zustimmung der Besatzungsmacht bedurft hätte, nirgends nachweisen. Daß Nedić trotz Mihailovićs Absetzung als Kriegsminister der Exilregierung jedoch daran interessiert gewesen sein muß, den am 20. Mai geknüpften Gesprächsfaden nicht abreißen zu lassen und dafür sogar zum einen oder anderen Zugeständnis bereit war, läßt sich an der Einsetzung des DM-Vertrauten General Miodrag Damjanović im Juni als Nachfolger seines im März ermordeten Kabinettschefs ablesen[412]. Ansonsten dürfte die Bedeutung des Gesprächs vom 20. Mai für die serbische Seite vor allem darin gelegen haben, daß es den Weg für die Annäherung gebahnt hat, die Regierung und antikommunistischer Widerstand gewissermaßen über den Kopf des Militärbefehlshabers Südost hinweg, im August abschließen sollten. Auf deutscher Seite war es vor allem eine neugewonnene Zurückhaltung des Sondergesandten gegenüber der DM-Bewegung bei gleichzeitiger Sorge um die

---

407 PA/AA, SbvollSO R 27302 Junker an Neubacher (24.5.1944).
408 PA/AA, SbvollSO R 27302 Junker an Neubacher (20.5.1944).
409 PA/AA, SbvollSO R 27301 Neubacher an Junker (22.5.1944).
410 PA/AA, SbvollSO R 27302 Junker an Neubacher (20.5.1944).
411 PA/AA, SbvollSO R 27302 Junker an Neubacher (24.5.1944).
412 Neubacher, *Sonderauftrag Südost,* S. 163 f.; Tomasevich, *The Chetniks,* S. 421. Aufgrund der hiermit verbundenen Geheimhaltungsprobleme hatte Neubacher der Idee eines Verbindungsmannes im Kabinettsrang zunächst skeptisch gegenübergestanden: PA/AA, SbvollSO R 27301 Neubacher an Kronholz (22.5.1944).

Stabilität der Regierung Nedić, die ins Auge stach[413] – zweifelsohne eine Folge der Demissionskrise von Ende Februar.

Während auf seiten der deutschen Besatzungsmacht militärische Schwäche sowie die Folgen jahrelanger politischer Unbeweglichkeit Felber dazu zwangen, den nächsten kommunistischen Invasionsversuch passiv abzuwarten, konzentrierten die serbischen Bügerkriegsparteien alle Anstrengungen darauf, ihre Verbände qualitativ und quantitativ auf die kommende Schlacht um Serbien vorzubereiten. Den Anfang machte am 6. Mai Ministerpräsident Nedić mit einem an den Militärbefehlshaber gerichteten Schreiben, in dem er den Waffenbedarf seiner Verbände für die nahe Zukunft auf 3.000 Maschinenpistolen und 10 Millionen Schuß Munition bezifferte[414]; soweit nachvollziehbar, sah Felber sich jedoch außerstande, dieser Bitte innerhalb eines vertretbaren Zeitrahmens zu entsprechen[415]. Dieses Versagen fügte sich nahtlos in die Reihe der Unterlassungssünden, die – gemeinsam mit der Verschlechterung der Kriegslage – schließlich auch beim elitären SFK zu einem spürbaren Verfall der Kampfmoral führten: Im Juni erreichte die Zahl der Deserteure erstmalig besorgniserregende Ausmaße[416]. Die in ihrem Rückzugsgebiet um Prokuplje seit Monaten weitgehend unbehelligt gelassenen altserbischen Partisanen gingen derweil dazu über, aus ihren Anfang des Jahres aufgestellten Brigaden Divisionen zu bilden, so daß bis Ende Juni fünf dieser Großverbände (21., 22., 23., 24. und 25. Serbische Division)[417] zur Unterstützung des nächsten Invasionsversuchs bereitstanden. Anders als für die Partisanen, für die ein solcher Prozeß selbstverständliche, weil seit 1942 schon dutzendfach vollzogene Routine war, kam er im Falle des nationalserbischen Widerstands einer revolutionären Zäsur gleich. Die verspätete Erkenntnis, daß die Großverbände der Volksbefreiungsarmee der eigentliche Trumpf Titos im jugoslawischen Bürgerkrieg waren, sowie die Gewißheit, daß die nächste kommunistische Invasion nicht mehr mit einem, sondern mit mehreren Korps vorgetragen werden würde, ermöglichten es Mihailović bei seinen Unter-

---

413 PA/AA, SbvollSO R 27301 Neubacher an Junker (22.5.1944): »Bis zur Klarstellung Auswirkung der neuen Lage wollen wir uns vom DM-Lager absetzen mit der einzigen Ausnahme der sich im Gelände ergebenden Kampfgemeinschaft gegen die roten Partisanen.«
414 PA/AA; Gesandtschaftsakten Belgrad 60/14 Der serbische Ministerpräsident an den Militärbefehlshaber Südost Herrn General der Infanterie Felber (6.5.1944).
415 Soweit aus den überlieferten Aktenstücken ersehen werden kann, hatte Felber aus unerfindlichen Gründen das bewußte Gesuch auch nach anderthalb Monaten noch nicht weitergeleitet; vgl. PA/AA, Gesandtschaftsakten Belgrad 60/14 Aufzeichnung des Vortragenden Legationsrats Junker (21.6.1944); als auch nach einem weiteren Monat keine Fortschritte zu verzeichnen waren, wandte Nedić sich schließlich an Neubacher, vgl. Gesandtschaftsakten Belgrad 60/14 Der Präsident des Ministerrates an seine Exzellenz den Gesandten Dr.-Ing. Neubacher (25.7.1944).
416 BA/MA, RH 19 XI/15 Oberbefehlshaber Südost an OKW/WfSt (5.7.1944).
417 Strugar, *Volksbefreiungskrieg*, S. 206.

führern im Mai 1944, die Aufstellung von fünf sogenannten »Sturmkorps« durchzusetzen[418]. Mit einer Soll-Stärke von 1.600 ausgesuchten Mann und mit – zumindest theoretisch gesehen – ausreichend automatischen Waffen ausgerüstet, schienen diese Stoßtruppen die längst überfällige Antwort auf die Brigaden der Volksbefreiungsarmee darzustellen. Unberücksichtigt blieben dabei allerdings nicht nur die Beschränkungen eines Hauptstabes, dem lediglich in der Kleinkriegführung einige Kompetenz zugesprochen werden konnte, sondern auch die immer noch nicht sichergestellte Munitionszufuhr sowie die mangelnde Kampferfahrung der meisten Mannschaften.

Die während des Monats Juni eingetretene Pause in den Kampfhandlungen nutzte der Gesandte Neubacher zum Ausspielen der einzigen Karte, die ihm nach dem Scheitern seiner letzten Initiative noch verblieben war: die der kreativen Auslegung von »Führerbefehlen«. Das Ereignis, das er zum Anlaß seines neuen Vorstoßes nahm, ist aufgrund der äußerst lückenhaften Überlieferung des Quellenmaterials für diesen Zeitraum nicht mehr zu ermitteln; es läßt sich lediglich mit Sicherheit feststellen, daß er irgendwann in den ersten Julitagen einen ihm günstig erscheinenden Augenblick dazu benutzte, um von Ribbentrop die Idee der Währungsunion erneut vorzutragen[419]. Vom Auswärtigen Amt auf Hitlers ablehnenden Bescheid vom Mai verwiesen, antwortete Neubacher, daß er damals nicht mit dem Eindruck abgereist sei, *»daß der Führer in dieser Frage eine endgültige Entscheidung getroffen habe, sondern daß der Führer seine Zustimmung zur sofortigen Durchführung einer serbischen Föderation, gegen die er allerdings grundsätzliche Bedenken hat, versagt hat, ohne über die Lösung der serbischen Frage eine endgültige Entscheidung zu treffen. Ich habe daher die Unterredung mit der Überzeugung verlassen, daß die weitere Entwicklung in diesem Raum darüber entscheiden wird, ob ich meine Anträge aufrechterhalten kann oder nicht. Diese weitere Entwicklung hat nun dazu geführt, daß ich aufgund meiner Auffassung (...) keinen anderen Antrag stellen kann als einen solchen, den mir die Einsicht in die hiesige Entwicklung vorschreibt.«*[420]

Noch bemerkenswerter als die Tatsache, daß Neubachers Rechtfertigung die blanke Unwahrheit darstellte, war die – wenn auch reichlich verspätete – Rückendeckung, die ihm diesmal von seiten der Wehrmacht zuteil wurde. So setzte der Oberbefehlshaber Südost am 5. Juli ein Schreiben an das OKW auf, in dem er mit einer für ihn völlig untypischen Deutlichkeit und ohne die politische Dimension der Frage auszulassen, ein ungeschminktes Bild von der gegenwärtigen Lage in Serbien gab. Nach seiner Ansicht erfordere nicht zuletzt die fehlende Aussicht auf Verstärkung

---

418 Lucien Karchmar, *Draža Mihailović and the rise of the Chetnik movement* (New York u. London 1987), S. 553–555.
419 ADAP, Serie E, Bd. VIII, S. 180 f. Neubacher an Auswärtiges Amt (6.7.1944).
420 Ebd.

des serbischen Raums durch reichsdeutsche Einheiten eine unbedingte Förderung sowohl von SFK und MFK, als der einzigen jederzeit einsatzbereiten Verbände der serbischen Regierung[421]. Deren Moral habe in letzter Zeit aber durch die zunehmende Terrorisierung ihrer Familienmitglieder durch die DM-Organisation bzw. die ausweglose militärische Lage in Montenegro schwer gelitten; darüber hinaus waren viele von der beharrlichen deutschen Weigerung, einer auch nur symbolischen Wiedervereinigung der beiden serbischen Teilstaaten zuzustimmen, auf das schwerste enttäuscht. Die wenigen Konzessionen, die Nedić und seinen Anhängern bis jetzt gemacht bzw. angeboten worden waren, tat von Weichs als rein »optische Maßnahmen« ab[422]. Die mahnenden Worte des Oberbefehlshabers Südost hatten insofern eine nachhaltige Wirkung, als auch Walter Warlimont vom OKW, anders als noch im Mai, gegenüber Botschafter z.b.V. Ritter ein gewisses Interesse an der Angelegenheit bekundete[423]. Hitler lehnte Neubachers Vorschlag zwei Tage darauf jedoch wieder ab und hob dabei hervor, »daß diese Ablehnung endgültig sei«[424]. Wenngleich mit dieser Initiative in der Tat der Schlußstrich unter die fast dreijährigen Bemühungen Danckelmanns, Turners, Benzlers und Neubachers zur Förderung der Regierung Nedić gezogen wurde, sollten die in der Mobilisierung des serbischen Antikommunismus liegenden Chancen und Gefahren – wenn auch unter anderen Vorzeichen – deutsche Offiziere und Diplomaten noch eine Weile lang beschäftigen.

Parallel zu den letzten Bemühungen Neubachers hatte nämlich die anhaltende militärische Schwäche der DM-Organisation (insbesondere im Bereich der Munitionsversorgung) sowie die wachsende Ohnmacht des serbischen Regierungsapparates[425], verbunden mit der Enttäuschung, die Nedić über die Vergeblichkeit seiner deutschfreundlichen Politik empfand, zu einer politischen Konstellation geführt, die vor allem von zwei Konstanten bestimmt wurde: Zur Enttäuschung von

---

421 BA/MA, RH 19 XI/15 Oberbefehlshaber Südost an OKW/WfSt (5.7.1944). Nach von Weichs' Einschätzung war das RSK, obwohl mittlerweile über 11.000 Mann stark, aufgrund der nur ansatzweise erfolgten Versuche, auch außerhalb der Landesgrenzen jüngere Jahrgänge anzuwerben, mittlerweile völlig überaltert; vgl. NA, PG T 311, rl 192, fr 802–812 Aktennotiz zum Vortrag des Oberbefehlshabers Südost, Herrn Generalfeldmarschall Frhr. von Weichs beim Führer am 22.8.1944 (17.45-20.00 Uhr) sowie BA/MA, RH 19 XI/31 Militärbefehlshaber Südost Ia, Gegenüberstellung der Feindstärken und der eigenen einsatzfähigen Kräfte im serbischen Raum (21.8.1944).
422 BA/MA, RH 19 XI/15 Oberbefehlshaber Südost an OKW/WfSt (5.7.1944).
423 PA/AA, Handakten Ritter (Serbien) 7691 OKW/WfSt an Botschafter Ritter (18.7.1944).
424 PA/AA, Handakten Ritter (Serbien) 7691 Botschafter Ritter an OKW/WfSt (22.7.1944).
425 So war nach Darstellung von Weichs an eine Einbringung der Ernte nur im Einvernehmen mit Mihailović zu denken; vgl. BA/MA, RH 19 XI/15 Oberbefehlshaber Südost an OKW/WfSt (5.7.1944). Nedić selbst reagierte auf den weitgehenden Verfall seiner Regierungsgewalt, indem er am 3. August einen vorläufigen Verzicht auf das noch zu realisierende Projekt einer Volksversammlung aussprach; vgl. PA/AA, Handakten Ritter (Serbien) 7691 Neubacher an Auswärtiges Amt (3.8.1944).

Mihailović und Nedić über die uneinsichtige Haltung ihrer britischen bzw. deutschen Schutzpatrone kam noch die Gewißheit aller Beteiligten, sich im Spätsommer einer neuen Invasion der Volksbefreiungsarmee gegenüberzusehen. Vor diesem Hintergrund kam es zu einem nicht näher zu bestimmenden Zeitpunkt im Frühsommer zu einer Intensivierung der im März/April mit deutscher Genehmigung initiierten Gespräche zwischen den beiden Leitfiguren des serbischen Antikommunismus; um eine möglichst reibungslose Nachrichtenübermittlung zu garantieren, hatte Nedić im Juni sogar eingewilligt, den Posten seines im März – von Cetnikattentätern – ermordeten Kabinettschefs mit dem DM-Vertrauten General Damjanović zu besetzen[426].

Die Besatzungsmacht wohnte diesem Annäherungsprozeß mit gemischten Gefühlen bei. So kam es im Juni und Juli insbesondere seitens der in *»kommunistenfreien Gebieten«* operierenden Cetnikgruppen immer noch zu feindseligen Handlungen gegen Deutsche und kollaborierende Serben[427] und auch in vielen Räumen, wo ein mehr oder weniger gedeihliches Einkommen möglich war, war die Lage vor allem dadurch gekennzeichnet, daß *»die Regierungsgewalt in weiten Teilen des Landes bei der D.M.-Bewegung«* lag. So war beispielsweise selbst eine reduzierte Kohleförderung vielerorts nur noch in enger Absprache mit den Cetniks möglich: *»Auch in diesem Umfang kann eine ungestörte Arbeit nur durch Abgabe von Geldbeträgen, Lebensmitteln, Rauchware und Kohle an die örtlichen Cetnikführer erreicht werden.«*[428] Da überdies – so derselbe Bericht – *»die D.M.-Bewegung (...) nur soweit zu einer Verständigung bereit ist, als dies ihren augenblicklichen Zielen dient«*[429], konnte von einer soliden Basis für eine erweiterte antikommunistische Front kaum gesprochen werden.

Andererseits ermöglichten die Kontakte zwischen den verschiedenen antikommunistischen Gruppierungen dem Militärbefehlshaber Südost, bei der nächsten Großunternehmung trotz anhaltender Spannungen DM-Cetniks und SFK wieder Seite an Seite gegen die Volksbefreiungsarmee einzusetzen. Die Durchführung des gegen das Rückzugsgebiet der altserbischen Partisanen um Prokuplje gerichteten Operationszyklus (»Trumpf«, 10. bis 18. Juli; »Kehraus«, 19. Juli bis 6. August) blieb so im wesentlichen nichtdeutschen Einheiten vorbehalten. Die Cetniks nutzten diese Gelegenheit für eine Art Generalprobe ihrer neuen »Sturmkorps«, die gemein-

---

426 Neubacher, *Sonderauftrag Südost*, S. 163 f.; Tomasevich, *The Chetniks*, S. 421.
427 Mehner (Hrsg.), Geheime Tagesberichte, Bd. 10, S. 254 (Eintrag vom 6.6.1944); BA/MA, N 19/3 Nachlaß von Weichs, »Tagesnotizen« (Eintrag vom 7.7.1944).
428 BA/MA, RW 29/40 Wehrwirtschaftsstab Südost, Lagebericht Serbien für Juni 1944 (15.7.1944).
429 Ebd.

sam mit anderen Einheiten ein Kontingent von 10.000 Mann ergaben[430]. Obwohl den beiden Operationen ein durchschlagender Erfolg versagt blieb, hatten sie Titos neuen serbischen Divisionen immerhin so zugesetzt, daß sie bei der bevorstehenden deutschen Großoperation in Nordostmontenegro (»Rübezahl«, 12. bis 30. August) für einen an sich zu erwartenden Vorstoß in den Rücken der deutschen Front nicht zur Verfügung standen. Ein weiteres Indiz für die wachsende Annäherung zwischen Cetniks und serbischen Organen war ein vermutlich Ende Juli übermitteltes Angebot des ehemals besonders mihailovićloyalen Cetnikführers Keserović an den serbischen Ministerpräsidenten, sich mit seinen 5.000 Mann im Rahmen des SFK einsetzen zu lassen[431].

Daß bei dieser Bildung dieser innerserbischen Allianz auch die deutsche Besatzungsmacht noch eine Rolle zu spielen haben würde, hatte sich bereits am 14. Juli gezeigt. An diesem Tag war es in der Kreiskommandantur Kruševac zu einer Aussprache zwischen Felber und dem Stabschef der am Unternehmen »Trumpf« beteiligten Cetnikgruppe, Nesko Nedić, gekommen. Ohne sich ausdrücklich auf Mihailović zu beziehen, unterbreitete er dem Militärbefehlshaber Südost ein Angebot zur fortgesetzten Mitarbeit im Austausch gegen Waffen- und Munitionslieferungen. Anders als Keserović bestand er jedoch auf einer fortgesetzten, sichtbaren Trennung zwischen seinen Verbänden und solchen der serbischen Regierung[432]. In einem Fernschreiben, welches er einige Tage später an das OKW weiterleitete, befürwortete Felber unter Berufung auf Weyels übereinstimmende Meinung eine Annahme des Angebots und sprach gar von einer *»letztmaligen Chance, an der vorüberzugehen eine Unterlassung mit schweren Folgen bedeuten könne«*[433].

Der Sonderbevollmächtigte wohnte dieser Entwicklung zunächst noch mit etwas gemischten Gefühlen bei. Die zum Teil sehr widersprüchlichen Signale, die ihn Ende Juli/Anfang August aus dem Lager des nationalserbischen Widerstands erreichten, glaubte er zunächst als Vorboten einer Krise und möglichen Überläuferbewegung werten zu können. Im Gegensatz zu den Chancen, die dies einer starken serbischen Regierung geboten hätte, war bei der gegenwärtigen Lage jedoch zu bedenken, daß *»für einen politisch schwachen Nedić (...) ein solcher Zuwachs nicht ungefährlich (sei)«*[434]. Darüber hinaus war ihm klar, daß die diversen Verhandlungs-

430 Ferner nahmen teil das SFK und Teile von zwei bulgarischen Divisionen. Die deutsche Beteiligung dürfte in Anbetracht der Tatsache, daß Felber zu diesem Zeitpunkt in ganz Serbien an deutschen Truppen lediglich über das Polizeiregiment 5 verfügte, eher bescheiden ausgefallen sein. Vgl. hierzu BA/MA, N 19/3 Nachlaß von Weichs, »Tagesnotizen« (Eintrag vom 5.7.1944). Eine Operationsakte zu »Trumpf« oder »Kehraus« konnte nicht ermittelt werden.
431 PA/AA, SBVollSO R 27301 Neubacher an Auswärtiges Amt (8.8.1944).
432 PA/AA, Handakten Ritter (Serbien) 7691 Militärbefehlshaber Südost an OKW/WfSt (19.7.1944).
433 Vgl. ebd.
434 PA/AA, SbvSO R 27301 Neubacher an Auswärtiges Amt (8.8.1944).

angebote von Cetnikseite weniger einem aufrichtigen Wunsch zum Seitenwechsel als der desolaten Bewaffnungs- und besonders Munitionslage von Mihailovićs kämpfenden Einheiten entsprangen.

Die Botschaft, daß der oberste Cetnikführer eine persönliche Unterredung mit ihm wünsche, nahm Neubacher daher zunächst nur mit vorsichtigem Interesse auf[435]. Selbst das Ergebnis einer Vorbesprechung, die der Ic des Militärbefehlshabers am 11. August bei Topola mit mehreren Cetnikführern abhielt und aus der die Bereitschaft von Mihailović hervorging, seine Organisation ohne Wenn und Aber in eine zu bildende antikommunistische Front einzubringen[436], scheint Neubacher keinen Anlaß zu überstürztem Handeln gegeben zu haben. Erst am 16. August begann der Sonderbevollmächtigte, dem Drängen Felbers und von Weichs nachzugeben und plädierte in einem Fernschreiben an das Auswärtige Amt für *»eine Klarstellung unseres Verhältnisses zu Draža Mihailović«*[437]. Der Hauptgrund für diese völlig uncharakteristische Zurückhaltung Neubachers dürfte neben den bereits genannten Gründen vermutlich in seinem Bestreben zu suchen sein, dem seit Februar auf Abruf demissionierten serbischen Ministerpräsidenten keinen Anlaß zu erneuter Verstimmung zu geben. Gerade weil der Sondergesandte um die Gespräche wußte, die Regierung und DM-Organisation seit April miteinander führten, könnte er es darauf angelegt haben, bei einem erneuten Versuch zur Einbindung des nationalserbischen Widerstandes in eine antikommunistische Allianz diesmal dem serbischen Ministerpräsidenten den Vortritt zu überlassen. Es ist anzunehmen, daß Neubacher zumindest in die Vorbereitungen zur Besprechung, die in eben diesen Tagen außerhalb Belgrads im Dorf Razani stattfand, eingeweiht war: Dort kam es zur – soweit nachvollziehbar – ersten Begegnung zwischen Nedić und Mihailović seit Kriegsausbruch[438]. Das Ergebnis des Treffens, das der Feinabstimmung der antikommunistischen Allianz beider Parteien diente, trug Nedić im Beisein seines gesamten Kabinetts am 17. August Felber und Neubacher vor. Er gab an, gemeinsam mit seinem bisherigen Erzrivalen Mihailović *»auf der Basis des gemeinsamen Kampfes aller nationalen Kräfte gegen den Kommunismus«* eine Einigung *»in loyaler Zusammenarbeit mit dem deutschen Okkupator«* anzustreben; ferner verbürgte er sich dafür, daß die Cetniks sich auch im Falle eines deutschen Rückzugs jeder feindseligen Handlung

---

435 Vgl. ebd.

436 BA/MA, RH 19 XI/37a Aktennotiz über Besprechung mit Vertretern der DM-Bewegung in Topola am 11.8.44. Seitens der Cetniks nahmen die DM-Unterführer Račić, Nedić und Kalabić teil.

437 ADAP, Serie E, Bd. VIII, S. 326 f. Neubacher an Auswärtiges Amt (16.8.1944).

438 PA/AA, SbvSO R 27302 Junker an Neubacher (o.D., vermutl. um den 15.8.1944). In diesem Fernschreiben ist davon die Rede, daß der serbische Ministerpräsident *»vorgestern«* außerhalb Belgrads war und dabei vermutlich eine Besprechung mit dem obersten Cetnikführer hatte. Vgl. auch Neubacher, *Sonderauftrag Südost*, S. 164, der aber keine Orts- und nur eine ungefähre Zeitangabe gibt. Cohen, *Serbia's secret war*, S. 57 erwähnt in diesem Zusammenhang *»mid-August 1944«*.

gegen die Besatzungsmacht enthalten würden[439]. Um Cetniks und SFK die Mittel an die Hand zu geben, um im Kampf gegen Titos Divisionen zu bestehen, forderte Nedić unter anderem die sofortige Lieferung von 3 Millionen Schuß Gewehrmunition, 50.000 Gewehren, 7.200 Maschinengewehren und 1.200 schweren Granatwerfern[440]. Im auffälligen Gegensatz zu seiner bisher geübten Zurückhaltung befürwortete Neubacher nach kurzem Zögern[441] die Forderung fast vorbehaltlos (»*In vollkommener Übereinstimmung mit der Beurteilung der Lage des äußerst bedrohten serbischen Raums von seiten der verantwortlichen militärischen Führung halte ich eine sofortige entschlossene und großzügige Hilfeleistung im Sinne, wenn auch nicht im ganzen Umfang der Anträge des Ministerpräsidenten Nedić für unbedingt erforderlich.*«) und machte sich sogar »*erbötig, nach einer persönlichen Aussprache mit DM die Verantwortung dafür zu übernehmen, daß uns dieser Mann nicht in den Rücken fallen wird und daß die im Hinblick auf uns unzuverlässigen Elemente seiner Bewegung von ihm selbst unschädlich gemacht werden*«[442]. Von allen Problemen, die einer denkbaren Umsetzung einer solchen »*Levee en masse des Serbentums gegen rotes Partisanentum*«[443] (Neubacher) im Wege standen, war der Umfang der geforderten Ausrüstung die bei weitem schwerwiegendste. Selbst unter Berücksichtigung des Umstandes, daß es sich bei Nedićs Wunschliste vermutlich um eine Maximalforderung handelte, machte die Diskrepanz zwischen diesen Zahlen und denen der im Befehlsbereich des Oberbefehlshabers Südost noch zur Verfügung stehenden Beutewaffen (7.000 Gewehre, 50 Maschinengewehre)[444] überdeutlich, daß zur – und sei es nur partiellen – Erfüllung dieser Forderung mehr als nur Hitlers prinzipielles Einverständnis erforderlich sein würde. Im Stab des Militärbefehlshabers bestehende Zweifel hinsichtlich der beim Aufbau einer solchen Streitmacht zu gewärtigenden strukturellen Probleme oder der Bereitschaft einer von Besatzerseite derart hochgerüsteten »nationalserbischen Armee« sich tatsächlich deutschem Kommando zu unterstellen[445], traten demgegenüber in den

---

439 ADAP, Serie E, Bd. VIII, S. 334–337 Neubacher an Auswärtiges Amt (20.8.1944).
440 Ebd.
441 Daß von Weichs und Neubacher das Angebot der serbischen Regierung erst nach zwei bzw. drei Tagen nach Berlin weiterleiteten, kann als deutlicher Hinweis sowohl für seine Präzedenzlosigkeit wie für die Ausführlichkeit der Absprachen gesehen werden, die vorher zwischen beiden Dienststellen notwendig waren. Vgl. ebd. sowie BA/MA, RH 19 XI/17 OB Südost an OKW/WFSt (19.8.1944).
442 ADAP, Serie E, Bd. VIII, S. 334–337 Neubacher an Auswärtiges Amt (20.8.1944).
443 BA/MA, RH 19 XI/17 OB-Besprechungen 17. und 18.8. Fragen Serbien – D.M. und Griechenland (18.8.1944).
444 BA/MA, RH 19 XI/17 Führungsabteilung Ia an Ic (16.8.1944).
445 BA/MA, RH 19 XI/17 OB-Besprechungen 17. und 18.8. Fragen Serbien – D.M. und Griechenland (18.8.1944): »*Es wird festgestellt, daß in der Frage der Unterstellung der geplanten serbischen Verbände auch auf serbischer Seite sich noch viele Versionen gegenüberstehen und daß Frage geklärt werden muß.*«

Hintergrund. Die bereits vorhandenen Verbindungsstäbe ermöglichten es jedenfalls, umgehend mit den Vorbereitungen für eine Umgliederung zu beginnen, welche die als erste aufzurüstenden Cetnikverbände in die Lage versetzen sollten, ihre Feuerkraft möglichst effektiv zum Einsatz zu bringen. Soweit nachvollziehbar, sollte das anvisierte Modell, bei dem ganz offensichtlich das MFK Pate gestanden hatte, zuerst an denen im Juli bewährten »Sturmkorps« des Račić und Keserović[446] zur Anwendung kommen.

Die bei weitem größte Hürde bei der Umsetzung dieses Programms mußte natürlich immer noch die Überwindung von Hitlers krankhaftem Mißtrauen gegenüber dem serbischen Staat sein. Da Neubacher und von Weichs diesmal ohne Wenn und Aber am selben Strang zogen, war damit schon mal eine Voraussetzung für die Durchsetzung ihrer Forderungen gegeben.

Die rapide Lageverschlechterung, die Felber seit dem Teilerfolg von »Trumpf« in seinem Befehlsbereich zu konstatieren hatte, versetzte sie zudem in die paradoxe Lage, daß sie einerseits ihren Argumenten zusätzliches Gewicht verlieh, andererseits jedoch die Frage aufwarf, ob eine auch noch so schnelle Umsetzung des Mihailović-Angebots sich überhaupt noch würde auswirken können. So hatte keiner der seitdem eingeleiteten Versuche, die laufenden Vorbereitungen der Volksbefreiungsarmee zur Invasion Serbiens nachhaltig zu stören, einen mehr als nur kurzfristigen Erfolg gezeitigt; nur leicht zeitversetzt vollzog sich in Sofia der politische Prozeß, an dessen Ende der Abzug des bulgarischen Okkupationskorps stehen sollte.

Von denen gegen Titos Aufmarsch gerichteten Operationen, die im Juli/August auf bosnischem Boden stattfanden, war bereits die Rede; eine noch größere Bedeutung kam jedoch den Unternehmen zu, die sich gegen Montenegro als das Aufmarschgebiet des kommunistischen Truppengros richteten. Machte doch sowohl die Tatsache, daß der letzte Großeinsatz deutscher Truppen in diesem Raum (»Schwarz«) über ein Jahr zurücklag, als auch die durch die Geographie der Provinz gegebene Möglichkeit, von hier aus sowohl den Südwesten wie den Südosten (Kosovo) Serbiens zu bedrohen, Montenegro zum idealen Absprungbalken für die Eroberung des politischen Kernlandes Jugoslawiens. Aufgrund der nach wie vor funktionierenden Dechiffrierung des Funkverkehrs der Volksbefreiungsarmee hatten Felber und von Weichs relativ wenig Mühe, sich ein lückenloses Bild von den Invasionsvorbereitungen ihres Hauptgegners zu machen. Sie scheinen dabei relativ schnell den Vorsatz gefaßt zu haben, mit der Tradition der im wesentlichen auf örtliche Milizen gestützten Kleinunternehmen zu brechen, welche die Kriegführung in diesem Raum seit Ende 1943 geprägt hatte. Statt dessen war bereits am 7. Juli 1944 im Stab des

---

446 Letzterer hatte sich bereits eine Woche zuvor freiwillig dem Kommando einer deutschen Kampfgruppe unterstellt; vgl. BA/MA, RH 19 XI/14 KTB-Eintrag vom 10.8.1944.

Oberbefehlshabers Südost von einer »*Generalbereinigung in Montenegro*« die Rede[447]; Ziel derselben sollte nicht nur ein Entscheidungsschlag gegen die dort aufmarschierten Kräfte Titos, sondern auch eine dauerhafte Wiederherstellung der Landverbindung zum von der 181. ID behaupteten tiefen Süden des Landes sein[448]. Wie auch schon im Fall von »Kugelblitz«, war eine Operation diesen Umfangs nur durch die Freigabe der 1. Gebirgsdivision, die ursprünglich die Aufgabe einer strategischen Reserve des Heeresgruppenbereichs zugekommen war, möglich geworden. Ein noch laufender Operationszyklus in Griechenland und die Ungewißheit über die strategischen Absichten, die von britischer Seite im Zusammmenhang mit der Aktivierung der nationalistischen Freischärlergruppe um Napoleon Zervas in Epirus verbunden sein konnten, sollten die Freigabe der 1. Gebirgsdivision für dieses Unternehmen (»Rübezahl«) jedoch noch bis zum 24. Juli verzögern[449].

Um bis dahin Tito nicht die Initiative zu überlassen, wurde die Zerstörung der Nachschubbasis Berane im nordöstlichen Montenegro durch ein kleineres Unternehmen (»Draufgänger«, 18. bis 28. Juli 1944) anvisiert. Die hierfür vorgesehene Einheit – die neu aufgestellte albanische SS-Division »Skanderbeg« – sollte an der Aufgabe jedoch in spektakulärer Weise scheitern. Das auf Partisanenseite eingesetzte II. Korps stoppte den Vormarsch auf Berane bereits am 23. Juli, kesselte die (regimentsstarke) Division am folgenden Tag ein und zwang sie zu einem verlustreichen Rückzug[450]. Weniger als die in diesen Tagen bereits zu einer festen Größe gewordenen feindliche Luftüberlegenheit[451] scheint dabei die quantitative und qualitative Überlegenheit der eingesetzten Partisanenverbände den Ausschlag gegeben zu haben; in bezug auf Feuerkraft mußten die SS-Männer gar die beunruhigende Erfahrung machen, daß die Partisanen ihnen deutlich überlegen waren[452]. Diesen Vorsprung vermochte auch die Beteiligung zweier Bataillone der »Prinz Eugen« nicht auszugleichen. Obwohl – wie in der jugoslawischen Literatur immer wieder behauptet[453] – von einer Zerschlagung der »Skanderbeg« nicht die Rede sein kann,

447 BA/MA, RH 19 XI/14 KTB-Eintrag vom 7.7.1944.
448 BA/MA, RH 19 XI/28 Weisung für Vorbereitung des Unternehmens »Rübezahl« (25.7.1944).
449 BA/MA, RH 19 XI/14 KTB-Einträge vom 7.7., 9.7., 11.7. und 17.7.1944.
450 BA/MA, RH 24-21/106 Gefechtsbericht für das Unternehmen »Draufgänger« vom 18.7.–28.7.1944 (1.8.1944).
451 Vgl. hierzu den Einsatzbefehl des Fliegerführers Kroatien: BA/MA, RH 19 XI/15 Fliegerverbindungsoffizier beim OB SO an OB SO (15.7.1944).
452 Vgl. BA/MA, RH 24-21/106 Gefechtsbericht für das Unternehmen »Draufgänger« vom 18.7.–28.7.1944 (1.8.1944): »*Auf 4–5 Mann trifft ein engl. MG, während die Masse mit M.Pi. ausgerüstet ist. Gewehrfeuer ist von seiten des Feindes wenig in Erscheinung getreten und hat zumeist nur die eigene Truppe gekennzeichnet*« sowie RH 19 XI/17 Reisenotizen von der Reise des Chefs des Generalstabs OB Südost vom 12.8. – 17.8.44 im Bereich 2. Panzer-Armee und nach Skoplje (o.D.): »*Waffenlage besonders schlecht. Keine MG, nur Gewehre. Banden haben neuere Modelle und sind teilweise besser ausgerüstet als die Division. Daher sinkt Vertrauen bei den Leuten zur deutschen Leistungsfähigkeit. Ausstattung mit moderneren Waffen würde Kampffreudigkeit erhöhen.*«
453 Strugar, *Volksbefreiungskrieg*, S. 216 f.

so führte doch kein Weg an der Erkenntnis vorbei, daß »Draufgänger« mit einer klaren Niederlage geendet hatte. Dies läßt sich weniger an der Zahl der eigenen und feindlichen Ausfälle als an der Relation erbeuteter (17 Gewehre, 18 MG) und verlorengegangener (497 Gewehre, 41 MG) Handfeuerwaffen ablesen, die für ein Unternehmen dieser Art ohne Präzedenzfall gewesen sein dürfte. Die hohe Zahl der als vermißt gemeldeten (400) sowie die Auflösungserscheinungen, die albanische Einheiten bei Ausfall ihrer deutschen Führer und Unterführer an den Tag gelegt hatten[454], müssen rückblickend betrachtet als eine Vorschau auf die Probleme gesehen werden, die sowohl die »Handschar« als auch die Legionsdivisionen in wenigen Monaten erschüttern sollten.

Selbst die im KTB des Oberbefehlshabers Südost festgehaltene Hoffnung, der Vorstoß auf Berane könne wenigstens Titos Zeitplan für die Invasion Serbiens durcheinandergebracht haben[455], sollte binnen weniger Tage herb enttäuscht werden: Gleich nach seinem Sieg über die »Skanderbeg«-Division setzte das II. Korps der Volksbefreiungsarmee (2., 5. und 17. Division) auf serbisches Gebiet nach und überquerte in der Nacht zum 4. August das Flußtal des Ibar einige Kilometer südlich von der Stelle, an der zwei seiner Divisionen noch vor vier Monaten gescheitert waren[456]. Optimistische Gefechtsberichte der ersten Verbände der 1. Gebirgsdivision, die praktisch gleichzeitig in diesem Raum eintrafen und aus der Bewegung heraus gegen die Partisanen eingesetzt werden mußten, verleiteten den Oberbefehlshaber Südost für drei Tage zu der Annahme, daß das Gros der Invasoren nicht über den Ibar vorgedrungen sei[457]. Die durch die Überwachung des feindlichen Funkverkehrs erbrachte Erkenntnis, daß drei von Titos Eliteverbänden nun doch im Begriff waren, sich mit den fünf altserbischen Divsionen im Raum um Niš zu einer – für Kleinkriegsverhältnisse – regelrechten Armee zu verbinden, stürzte die Vorbereitungen für »Rübezahl« am 7. August in eine kurze, aber akute Krise[458]. Da durch den vermutlich mindestens zweiwöchigen Einsatz der 1. Gebirgsdivision in Montenegro die Bekämpfung der neuen Feindmassierung im serbischen Südosten im wesentlichen schwach bewaffneten Hilfstruppen überlassen bleiben würde, die zudem entweder als abgekämpft (SFK) oder höchst unzuverlässig (Cetniks) galten, mußte die Fortsetzung des ursprünglichen Plans als zumindest höchst riskant angesehen werden. Letztendlich stimmten von Weichs und Felber dennoch darin überein, »Rübezahl« wie geplant durchzuführen. In dem Fernschreiben, mit dem der Oberbefehlshaber Südost diese Entscheidung vor dem OKW rechtfertigte, wies er neben der als vorübergehend günstig eingeschätzten Lage auch noch auf die Nowendigkeit hin,

---

454 BA/MA, RH 24-21/106 Gefechtsbericht für das Unternehmen »Draufgänger« (1.8.1944).
455 BA/MA, RH 19 XI/14 KTB-Eintrag vom 28.7.1944.
456 BA/MA, RH 19 XI/17 Vortrags-Notiz (4.8.1944).
457 BA/MA, RH 19 XI/17 Vortrags-Notiz (6.8.1944).
458 BA/MA, RH 19 XI/17 Vortrags-Notiz (7.8.1944).

eine Vereinigung zwischen den noch in Montenegro dislozierten Partisanenverbänden und dem von Ostbosnien heranmarschierenden XII. Korps zu verhindern; entscheidende Bedeutung kam in seinen Augen aber dem im ursprünglichen Gefechtsauftrag bereits hervorgehobenen Ziel zu, endlich eine dauerhafte Verbindung zwischen den beiden deutsch beherrschten Regionen Montenegros (Sandžak und dem Süden um Podgorica) herzustellen.[459] Zu diesem Zweck hatte die 1. Gebirgsdivision von Osten (Berane), ein verstärktes Regiment der 181. ID von Süden (Nikšić) und ein Regiment der SS-Division »Prinz Eugen« von Norden (Prijepolje/Plejvla) auf den Raum um Mojkevac vorzustoßen; westlich von Bijelo Polje und nördlich von Mojkevac sollte dann die Einkesselung und Vernichtung der bis dato erkannten Feindverbände (1., 3. und 37. Division) stattfinden. Als besonderer Trumpf war dann die zeitlich noch nicht festgelegte Absetzung des Fallschirmjägerbataillons der Division »Brandenburg« über einem feindlichen »Führungs- oder Versorgungzentrum« (vermutlich Berane) gedacht[460]. Gleichsam als flankierende Maßnahme waren überdies seit dem 4. August südöstlich von Zvornik fünf Bataillone der »Handschar« und die zwei verbliebenen Regimenter der »Prinz Eugen« damit beschäftigt, dem XII. Korps der Volksbefreiungsarmee (6., 16. und 36. Division) den Übergang über die Drina zu verwehren (Unternehmen »Hackfleisch«)[461]. Ungeachtet der bestehenden Zuständigkeitsbereiche war die Führung von »Rübezahl« dem Kommandierenden General des V. SS-Geb. AK, SS-Gruppenführer Arthur Phleps, übertragen worden. Nach Ansicht des Oberbefehlshabers Südost kam dem Unternehmen eine ganz besondere Bedeutung zu; möglicherweise unter dem Eindruck des erneuten Anrennens kommunistischer Eliteverbände gegen die Ibarlinie äußerte er am 4. August Phleps gegenüber, »Rübezahl« sei als »das wichtigste Unternehmen der bisherigen Balkankämpfe« anzusehen[462].

Diese verspätete Erkenntnis der Bedeutung, die dem Kampf gegen Tito zukam, vermochte freilich nur wenig gegen die erschwerten Rahmenbedingungen auszurichten, unter denen Operationen dieser Größenordnung mittlerweile durchgeführt wurden. So trat der erste Rückschlag bereits vier Tage vor Operationsbeginn ein, als die gegen Berane geplante Luftlandung kurzfristig abgesagt werden mußte. Der Grund lag in der mittlerweile katastrophale Ausmaße annehmenden Treibstoffknappheit, unter der die deutsche Wehrmacht zu leiden hatte; am 8. August kam vom Oberbefehlshaber der Luftwaffe die Mitteilung, daß das für den Einsatz eines Fallschirmjägerbataillons notwendige Treibstoffkontingent leider nicht freigegeben werden könne[463]. Auch sonst sollte »Rübezahl« nicht ganz nach Plan verlaufen: Berane und

459 BA/MA, RH 19 XI/17 OB Südost an OKW/WfSt (7.8.1944).
460 BA/MA, RH 19 XI/28 Weisung für Vorbereitung des Unternehmens »Rübezahl« (25.7.1944).
461 BA/MA, RH 19 XI/14 KTB-Eintrag vom 5.8.1944; zu »Hackfleisch« siehe auch Lepre, *Bosnian division*, S. 241–243.
462 TB Phleps, Eintrag vom 4.8.1944.
463 BA/MA, RH 19 XI/14 KTB-Eintrag vom 8.8.1944.

Kolasin wurde von der 1. Gebirgsdivision zwar wie vorgesehen eingenommen, aber dem XII. Korps gelang es am 15. August dennoch, in Montenegro einzudringen[464]. Mit dem Nachsetzen des Gros der »Prinz Eugen« und seiner Unterstellung unter Phleps' Kommando am folgenden Tag verschmolzen »Hackfleisch« und »Rübezahl« zu einer Großoperation[465]. Wenngleich das angeschlagene XII. Korps sich nach einigen Tagen wieder zum Rückzug gezwungen sah, war bis zum 19. August der 1. Proletarischen mit Unterstützung der ihr zur Hilfe eilenden 37. Division ein Ausweichmanöver gelungen, welches sie bis in den nordwestlichen Sandžak und somit wieder in eine hervorragende Ausgangsposition für die Invasion Serbiens führte[466]. Die im Raum um das Durmitor-Massiv zusammengedrängte 3. Division drohte derweil in eine prekäre Lage zu geraten, weil sie – wie schon einmal im Frühjahr 1943 – durch die Belastung durch eine größere Zahl von über 1.000 marschunfähigen Verwundeten in ihrer Manövrierfähigkeit stark eingeschränkt war. Anders als vor einem Jahr war aber nun die Volksbefreiungsarmee in der Lage, von den Vorzügen materieller Überlegenheit zu profitieren: Während Phleps aus Mangel an Sanitätsflugzeugen nicht in der Lage war, auch nur einen Teil seiner Schwerstverwundeten rechtzeitig ausfliegen zu lassen[467], veranlaßte Tito über seinen britischen Verbindungsoffizier eine präzedenzlose Evakuierungsaktion: Mit Hilfe mehrerer Dutzend Transportmaschinen der britischen Luftwaffe wurden im Laufe des 22. August sämtliche Verletzte der Volksbefreiungsarmee von einem Bergplateau nach Italien ausgeflogen[468].

Eine länger anhaltende Verfolgung der angeschlagenen 3. Division wurde jedoch durch Ereignisse außerhalb des jugoslawischen Kriegsschauplatzes vereitelt. Bedingt durch den einen Tag später erfolgten Seitenwechsel Rumäniens (siehe unten), mußte die 1. Gebirgsdivision umgehend nach Südserbien verlegt und »Rübezahl« am 26. August abgeschlossen werden[469]; der Versuch einer weiteren Verfolgung mit den noch im montenegrinischen Raum verbliebenen Verbänden (»Rübenschnitzel«, 26. bis 30. August) brachte keine nennenswerten Ergebnisse. Wenngleich die in der Abschlußmeldung vermerkten Ergebnisse der »Generalbereinigung in Montenegro« (2.058 »gezählte« Tote, 700 erbeutete Gewehre)[470] nicht hinter denen

---

464 Strugar, *Volksbefreiungskrieg*, S. 218; Kumm, *Prinz Eugen*, S. 241–243.
465 Vgl. ebd. sowie TB Phleps, Eintrag vom 16.8.1944.
466 BA/MA, RH 19 XI/18 Beitrag zur Vortragsnotiz für die Chefbesprechung am 26. August 1944; Strugar, *Volksbefreiungskrieg*, S. 218.
467 TB Phleps, Einträge vom 24.8. und 25.8.1944.
468 Djilas, *Wartime,* S. 402 f. Für die von Partisanenseite wiederholt geäußerte Vermutung, daß Phleps zur Einschränkung der feindlichen Bewegungs- und Entscheidungsfreiheit ganz bewußt den Verwundetentreck zum Ziel seiner Operationsführung gemacht habe, lassen sich in den überlieferten deutschen Quellen keine Belege finden.
469 BA/MA, RH 19 XI/28 OB Südost an Pz AOK 2 (26.8.1944).
470 BA/MA, RH 19 XI/21 Abschlußmeldung »Rübezahl« (27.8.1944).

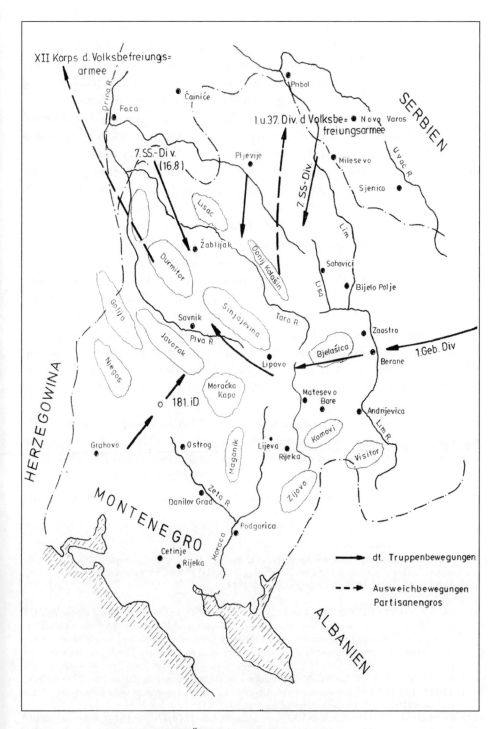

Das Unternehmen HACKFLEISCH/RÜBEZAHL (4./8.8. bis 26.8.1944)

anderer vergleichbarer Operationen zurückblieben, lag das Scheitern von »Rübezahl« selbst Ende August/Anfang September schon klar auf der Hand. Die Feindverbände, deren Einkesselung angestrebt worden war, waren nicht nur der Vernichtung entgangen, sondern in ihrem Marsch auf Serbien gerade mal um einige Tage bzw. (im Fall des XII. Korps) gut eine Woche aufgehalten worden.

Nicht nur vor diesem Hintergrund sollte sich die weitere Sicherung des eroberten montenegrinischen Gebiets als höchst ungewiß darstellen: Es war offenkundig, daß die dafür vorgesehenen deutschen Kräfte (neben der 181. ID noch ein Regiment der Division »Brandenburg« und die in schrittweiser Auflösung begriffene »Skanderbeg«[471]) für diese Aufgabe nicht ausreichen würden. Selbst der am 22. August noch in optimistischen Zukunftsvisionen schwelgende Oberbefehlshaber Südost (*»Man kann damit rechnen, daß jetzt Montenegro in unsere Hand genommen werden kann.«*)[472] mußte praktisch im selben Atemzug einräumen, daß für die langfristige Sicherung des serbischen Teilstaates die Mitarbeit der Cetnikgruppe um Djurišić sowohl unerläßlich[473] als auch politisch wünschenswert[474] sein würde. Ebendiese war während der letzten Tage aber erstmalig in Frage gestellt worden. Obwohl andere deutsche Kommandostellen die Anfang August erfolgte Feuertaufe des ersten Regiments des MFK noch mit wohlwollenden Worten begleitet hatten[475], war einer der an »Rübezahl« beteiligten Kampfgruppenkommandeure über die von Djurišić wiederholt geübte Befehlsverweigerung so ungehalten, daß er von Weichs Stabschef anheimstellte, *»das gesamte MFK zu entwaffnen, aufzulösen und zu internieren«*[476].

Auch wenn dieses kritische Urteil in seiner Härte sicherlich einzigartig dasteht, sollten während der folgenden Wochen auch andere Beobachter Gelegenheit haben, eine zumindest *»widerspruchsvolle Haltung«*[477] des Cetnikführers zu registrieren; ihren Ursprung dürfte diese Neigung in dem zu diesem Zeitpunkt (Spätsommer 1944) auch bei anderen Cetnikführern außerhalb Serbiens feststellbaren Wunsch gehabt

---

471 Phleps scheint diesen Verband Ende August nur noch als Belastung eingestuft zu haben: *»Ich bitte nochmals um Ausschaltung der Div. Skanderbeg«*; vgl. TB Phleps, Eintrag vom 25.8.1944.

472 BA/MA, RH 19 XI/14 KTB-Eintrag vom 22.8.1944.

473 Ebd.

474 BA/MA, RH 19 XI/28 OB Südost an Pz.AOK 2 (26.8.1944): *»Eine wesentliche Aufgabe Pz.AOK 2 und Mil.Bfh. Südost ist es, ab sofort sämtliche in Serbien und Montenegro stehenden Cetnikverbände in Gefechtsberührung mit den roten Kräften zu bringen und zu halten, um sie nicht zu einer eigenen Initiative, die in Auswirkung der Gesamtlage auch gegen Deutschland gerichtet sein könnte, gelangen zu lassen.«*

475 BA/MA, RH 24-21/108 XXI. Geb. AK, Lagebericht an Panzerarmeeoberkommando 2 (13.8.1944).

476 BA/MA, RH 19 XI/17 Reisenotizen von der Reise des Chefs Generalstab OB Südost vom 12.8.–17.8.44 im Bereich 2. Panzerarmee und nach Skoplje (o.D.).

477 BA/MA, RH 24-21/110 Gen.Kdo XXI. Geb.AK an Obkdo. H.Gr. E (23.9.1944); siehe auch RH 19 XI/29 Aktennotiz »Haltung Djurišić« (o.D., vermutl. Oktober 1944).

haben, sich im Hinblick auf ein baldiges Kriegsende auch zur anderen Seite hin zu versichern.

Dasselbe Grundproblem lag auch der Verschlechterung des deutsch-bulgarischen Verhältnisses zugrunde, welches im Laufe des Sommers 1944 zu verzeichnen war. Unter dem Eindruck nachhaltiger Luftangriffe auf die Hauptstadt Sofia durch die 15. Army Air Force, denen die bulgarische Abwehr weitgehend ohnmächtig gegenüberstand[478], sowie dem unaufhaltsamen Vormarsch der Roten Armee in Richtung auf die Ostgrenze des Nachbarlandes Rumänien begann die Regierung Bagrjanov nach einem Weg zu suchen, der es ihr erlauben würde, das einvernehmliche Verhältnis zur Sowjetunion zu erhalten bzw. den seit dem 12. Dezember 1941 bestehenden Kriegszustand mit den Westalliierten zu beenden. Die schrittweise Reduzierung des bulgarischen Engagements in Serbien mußte da als naheliegende Option erscheinen: Zum einen, weil es ein sichtbares politisches Signal darstellte, zum anderen, weil durch den Rückzug des Okkupationskorps der zunehmenden Demoralisierung und teilweisen kommunistischen Unterwanderung dieses Reservistenverbandes Einhalt geboten werden konnte. So bat der Kommandierende General des Okkupationskorps am 14. August Felber um seine Zustimmung zu einer Umgruppierung seiner Einheiten, die auf einen Teilrückzug in Richtung auf Niš und die teilweise Entblößung des vom Korps gehaltenen nord- und westserbischen Raumes hinausgelaufen wäre.[479] Die Weigerung des Militärbefehlshabers Südost, diesem Ansinnen zu entsprechen, konnte unter den gegebenen Umständen das Unvermeidliche freilich nur herauszögern. Bereits drei Tage später hielt der bulgarische Ministerpräsident vor der Volksversammlung eine programmatische Rede, die einem unterwürfigen, an die Adresse der Westalliierten gerichteten Friedensappell gleichkam, darüber hinaus aber zur Erreichung dieses Zieles sehr konkrete Schritte in Aussicht stellte: Lockerung der zum deutschen Bundesgenossen bestehenden Bindungen, ein Überdenken der Besatzung nichtbulgarischen Gebiets, Revision der Judengesetzgebung sowie eine Generalamnestie für Überläufer der bulgarischen Partisanenbewegung[480].

Die schwache Hoffnung, daß sich über einige dieser Fragen ein Dissens zwischen Militärführung und Regierung auftun könnte[481], hielt nicht lange an. Nachdem die deutsche Militärmission in Sofia bereits am 21. August aus Generalstabskreisen auf die unmittelbar bevorstehende Forderung nach Abzug des Okkupationskorps hingewiesen worden war[482], trug zwei Tage später der bulgarische Kriegsminister die am

---

478 Ausführlicher hierzu Hans Werner Neulen, *Am Himmel Europas. Luftstreitkräfte an deutscher Seite* (München 1998), S. 167–174.

479 BA/MA, RH 19 XI/50 OB Südost an OKW/WfSt (15.8.1944); RH 19 XI/37a OB Südost an Chef Generalstab OB Südost (16.8.1944).

480 BA/MA, RH 19 XI/18 Beitrag zur Vortragsnotiz für die Chefbesprechung am 21.8.44. Stand: 19.8.

481 Eine solche Hoffnung hatte von Weichs noch am 20. August ausgesprochen; vgl. BA/MA, RH 19/XI 17 Oberbefehlshaber Südost an H.Gr. E und Panz.AOK 2 (20.8.1944).

482 BA/MA, RH 19 XI/14 KTB-Eintrag vom 21.8.1944.

14. August in noch leicht verklausulierter Form vorgetragene Bitte dem Ober-befehlshaber Südost noch einmal in aller Offenheit vor: Nach Lage der Dinge führe kein Weg daran vorbei, das Korps auf den Raum zurückzuziehen, auf den es vor dem 1. Januar 1943 beschränkt gewesen sei[483]. Als wichtigsten Grund nannte er die Bedrängnis, in die seine über ein relativ weites Gebiet verstreuten Bataillone im äußersten Südosten durch den Einmarsch des II. Korps der Volksbefreiungsarmee geraten seien. Im Verbund mit den fünf altserbischen Divisionen würde diese ein militärisches Potential darstellen, dem seine Reservistenverbände weder quantitativ noch qualitativ gewachsen seien[484].

Aus der Sicht des Sondergesandten konnte freilich auch der durch den Einbruch des II. Korps, den Fehlschlag von »Rübezahl« und ganz besonders der drohenden Herauslösung des bulgarischen Okkupationskorps heraufbeschworenen Krise eine positive Seite abgewonnen werden. Nur vor dem Hintergrund so umfassender Ver-schiebungen im bisherigen serbischen Machtgefüge würde es vielleicht möglich sein, Hitler vom Nutzen der von Nedić und Mihailović ersonnenen »Levee en masse« zu überzeugen. Ein deutlich weniger ambivalentes Plus stellte die Befür-wortung des Projekts durch den Oberbefehlshaber Südost, Generalfeldmarschall Freiherr von Weichs, dar. Diese war um so bemerkenswerter, als von Weichs sich in der Vergangenheit zum Thema der deutsch-serbischen Kollaboration immer betont bedeckt gehalten hatte; erst im Vormonat hatte er sich dazu aufgerafft, eine Initiative Neubachers vorbehaltlos zu unterstützen. Die umfangreichen Unterlagen, mit denen von Weichs nun ins Rastenburger Führerhauptquartier abreiste, deuten jedenfalls darauf hin, daß er sich auf eine erschöpfende Diskussion über praktisch jeden denk-baren Aspekt deutsch-serbischer Kollaboration eingestellt hatte: Von den Verlusten »loyaler« Cetniks während der letzten fünf Monate bis hin zu den bei feindseliger Einstellung der DM-Organisation zu gewärtigenden Ernteausfällen und Strecken-unterbrechungen war an alles gedacht worden[485]. Obwohl Hitler dem Besprechungs-protokoll nach den Oberbefehlshaber Südost sogar recht ausführlich zu Wort kom-men ließ, zeigte er sich von dessen Plädoyer für eine radikale Ausweitung der bis-herigen deutsch-serbischen Kollaboration weitgehend unbeeindruckt. Auch die Tatsache, daß von Weichs zunächst nur für eine deutlich reduzierte Waffenlieferung eintrat (5.000 Gewehre, 40 MG, 35 Granatwerfer)[486], vermochte den »Führer«, der bereits unter dem Eindruck des sich abzeichnenden Kriegsaustritts Bulgariens stand, nicht von der Ratsamkeit von Waffenlieferungen an einen Verbündeten zu überzeu-gen, der von seiner Grundhaltung überdies weniger als wankelmütig denn als aus-

---

483 BA/MA, RH 19 XI/50 Chef Dt. Mil. Mission an OB Südost (23.8.1944).
484 Ebd.
485 Die entsprechenden Unterlagen sind heute unter BA/MA, RH 19 XI/31 zu finden.
486 BA/MA, RH 19 XI/31 Polit. Lage Serbien (Tito, DM).

gesprochen feindselig zu bezeichnen war. Aber auch die Serbophobie des Österreichers Hitler trat bei dieser Gelegenheit so offen wie bisher nur selten zu Tage: »*Die Serben sind ein staatsbestimmendes und – erhaltendes Volk. In ihnen wohnt eine rücksichtslose Widerstandskraft. Bei solchem Einsatz werden sie immer die großserbische Idee vertreten. Was von Belgrad ausgeht, bedeutet Gefahr. (...) Wenn wir nun unsererseits auf das serbische Angebot eingehen würden und ihnen Waffen und Munition zur Verfügung stellen, dann glaube ich zwar, daß sie mit Erfolg gegen Tito kämpfen werden. Ich bin aber ebenso überzeugt, daß dann die großserbische Idee zu unserem Nachteil sofort wieder aufflammt. Und das ist untragbar. Niemals würden die Serben auf die großserbische Idee verzichten.*«[487] Lediglich »kleinen taktischen Manövern« im Verbund mit bewährten Cetnikeinheiten und im bisher üblichen Rahmen stimmte der Diktator zu. Wohl im Bewußtsein der Neigung Neubachers, Führerbefehle in besonders kreativer Weise »auszulegen«, wurde noch während des Gesprächs (»*Der Versuch des Sonderbevollmächtigten des Auswärtigen Amtes für den Südosten, die vom Führer beschränkte Möglichkeit – kleine taktische Manöver – einer Zusammenarbeit mit den Cetniks zu einer Generalvollmacht des OB Südost zu erweitern, scheiterte.*«)[488] und in einem Fernschreiben, welches Jodl zwei Tage darauf an Weichs richtete, klargestellt, daß es keine Abweichungen von diesem Minimalprogramm geben dürfe: »*... können bisher bewährte Cetnikverbände in Serbien auch weiterhin nur zu örtlich begrenzten Unternehmungen im kleinen taktischen Rahmen unter deutscher Führung und Kontrolle eingesetzt werden*«[489].

Zum Schutz der bedrohten deutschen Stellung in Serbien stellte Hitler statt dessen die Verstärkung durch herkömmliche deutsche Verbände in Aussicht. Hierbei handelte es sich allerdings durchweg um Divisionen oder Bataillone, die noch in der Aufstellung begriffen oder stark unterbesetzt waren[490]; im Hinblick auf die seit 1942 stetig zunehmende Tendenz, den Krieg in Jugoslawien mit ruhe- oder ausbildungsbedürftigen Formationen zu führen, mag diese Entscheidung noch nachvollziehbar erscheinen. Sie wurde jedoch gleich am folgenden Tag durch ein Ereignis hinfällig, das weniger die Zukunft Serbiens als die der gesamten Südoststellung betraf: Nachdem am 21. August eine gegen die Heeresgruppe Südukraine gerichtete sowjetische Offensive begonnen hatte, fand am 23. August in Bukarest mit Billigung des Königs die Entmachtung des rumänischen »Conducators« Marschall Antonescu und die anschließende Verkündung des in heimlichen Verhandlungen vorbereiteten

---

487 NA, PG T 311, rl 192, fr 802–812 Aktennotiz zum Vortrag des Oberbefehlshabers Südost, Herrn Generalfeldmarschall Frhr. von Weichs beim Führer am 22.8.1944 (17.45–20.00 Uhr).
488 Ebd.
489 BA/MA, RW 4/709 OKW/WfST an OB Südost (25.8.1944).
490 NA, PG T 311, rl 192, fr 802–812 Aktennotiz zum Vortrag des Oberbefehlshabers Südost, Herrn Generalfeldmarschall Frhr. von Weichs beim Führer am 22.8.1944 (17.45–20.00 Uhr).

Seitenwechsels Rumäniens statt. Nach dem Untergang der auf rumänischem Territorium stehenden deutschen Einheiten (6. Armee und Deutsche Luftwaffenmission Rumänien) stellte sich dem Oberbefehlshaber Südost als nächstes die Frage, ob der südliche Teil der Ostfront binnen weniger Wochen nun entlang der unteren Donau oder der bulgarisch-serbischen Grenze verlaufen würde. Aufgrund des katalytischen Effekts, den die Katastrophe in Rumänien auf die seit Mitte August feststellbaren Bemühungen Bulgariens, das Kriegsbündnis mit dem Deutschen Reich zu beenden, hatte, nahm die zweite Möglichkeit im Laufe der letzten Augustwoche immer schneller Gestalt an. Während vor dem 23. August die bulgarischen Bemühungen im wesentlichen auf eine stufenweise Reduzierung des Engagements in Serbien hinausliefen, welches die Möglichkeit einer mittelfristigen Aufrechterhaltung der Besatzung des Raums um Niš zumindest offengelassen hatte, ging es dem dreiköpfigen Regentschaftsrat und der Regierung Bagrjanov nun darum, jede Bindung militärischer Art an Deutschland so schnell wie möglich zu beenden. Eine solche Wendung schien der Regierung die einzig denkbare Chance zu bieten, durch Bewahrung der sowjetischen Neutralität einer Invasion der in Richtung auf die rumänisch-bulgarische Grenze zustrebenden Roten Armee zu entgehen[491].

Erste entscheidende Schritte in diese Richtung waren die Internierung deutscher Soldaten, denen der Rückzug aus Rumänien gelungen war, sowie die Aufforderung an den Chef der Deutschen Militärmission, Schneckenburger, sämtliche deutsche Truppen aus Bulgarien abzuziehen[492]. Wie von Weichs feststellen mußte, war in einer solchen Lage auch die erneute Ablehnung der bulgarischen Bitte um Umgruppierung des Okkupationskorps[493] reine Zeitverschwendung: Bereits am 27. August begannen die weiter westlich dislozierten Verbände entgegen deutscher Befehle mit der Bewegung auf Niš und den dortigen Eisenbahnknotenpunkt[494]. Obwohl Hitler schon am 22. August sein prinzipielles Einverständnis zu einer gewaltsamen Übernahme des Landes erklärt hatte[495], wurde diese Option durch das Tempo, mit dem der Zusammenbruch der südlichen Ostfront erfolgte (Einnahme Bukarests durch die 53. sowjetische Armee am 31. August), bald hinfällig. Nach

---

491 Vgl. hierzu die bemerkenswert offenen Darlegungen zweier Regentschaftsratmitglieder gegenüber dem deutschen Gesandten in ADAP, Serie E, Bd. VIII, S. 372–374 Beckerle an Auswärtiges Amt (29.8.1944).
492 RH 19 XI/18 Aktennotiz Anruf General Schneckenburger 30.8., 16.30 Uhr.
493 BA/MA, RH 19 XI/50 Der Oberbefehlshaber Südost an den bulg. Kriegsminister Generalleutnant Russef (26.8.1944).
494 BA/MA, RH 19 XI/14 KTB-Eintrag vom 27.8.1944.
495 NA, PG T 311, rl 192, fr 802–812 Aktennotiz zum Vortrag des Oberbefehlshabers Südost, Herrn Generalfeldmarschall Frhr. von Weichs, beim Führer am 22.8.1944 (17.45–20.00 Uhr). Ein Schritt, von dem der Gesandte Beckerle am 31. August in Anbetracht fehlender militärischer Kräfte dringend abraten sollte; vgl. ADAP, Serie E, Bd. VIII, S. 360 f. Fußnote 4, Mohrmann an Auswärtiges Amt (26.8.1944).

dem Rücktritt der Regierung Bagrjanov und dem Scheitern der letzten Versuche, die aus Rumänien übergetretenen Soldaten mit bulgarischer Zustimmung verdeckt weiterzuschleusen[496], leitete der Oberbefehlshaber Südost schließlich in den frühen Morgenstunden des 4. September die Entwaffnung des Okkupationskorps ein, wobei der Kommandierende General und drei seiner Divisionskommandeure gleich noch als Geiseln für die wohlbehaltene Rückkehr der Deutschen Militärmission festgesetzt wurden[497]. Durch die sowjetische Kriegserklärung vom 5. September zu verschärftem Handeln gezwungen, folgten von bulgarischer Seite am 6. und 8. September der Abbruch der diplomatischen Beziehungen bzw. die Kriegserklärung an das Deutsche Reich; die gewaltsame Machtübernahme durch einen der KP nahestehenden Offiziersbund sowie der Einmarsch der Roten Armee in Sofia am 9. September ließen sich freilich auch durch diese Maßnahmen nicht mehr abwenden. In Anbetracht dieser Entwicklung fiel es selbst dem unverbesserlichen Zweckoptimisten Neubacher schwer, der Lage noch die eine oder andere positive Note abzugewinnen. So wies er in einer Besprechung, die er am Morgen des 26. August mit den beiden militärischen Oberbefehlshabern sowie dem Höheren SS- und Polizeiführer abhielt, zwar darauf hin, daß Hitler sich ja vier Tage zuvor vorbehalten habe, »*auf die serbische Karte zurückzugreifen, wenn eine isolierte Entwicklung in Bulgarien dies zweckmäßig erscheinen lasse*«, räumte gleichzeitig jedoch ein, daß Mihailović aufgrund des russischen Einbruchs doch noch zu dem Schluß kommen könnte, »*ob nicht jetzt für ihn der Augenblick des nationalen Aufruhrs gekommen ist, damit er sich nach der alliierten Seite hin eine Aktiv-Legitimation sichert*«[498].

Die einzige Möglichkeit über eine solche Entwicklung auf dem laufenden zu bleiben bestünde, so der Sondergesandte, darin, »*die Cetniks an möglichst vielen Stellen in Gefechtsberührung mit den Roten zu bringen und ihr Verhalten dabei zu kontrollieren. Das militärische Verhalten der Cetnikbanden wird untrüglicher Barometer für den Stand ihrer Beziehungen zu den Alliierten.*«[499] Auch ein Fernschreiben, in welchem er das Auswärtige Amt zwei Tage später über die unbedingte Notwendigkeit weiterer Waffenlieferungen für Mihailović unterrichtete (»*Da wir ihn aber auch nicht in dem vom Führer gestatteten Rahmen lokal wirksam unterstützen können ...*«), war nicht mehr von der gleichen Zuversicht getragen, wie noch zehn Tage zuvor: In Anbetracht der fortschreitenden Demoralisierung vieler Cetnikgruppen seien zunehmende Desertionen zu den Partisanen zu erwarten, und ein Versuch des obersten Cetnikführers, sich die fehlende Legitimation durch eine Konfrontation mit der Besatzungsmacht zu beschaffen, sei »*natürlich möglich*«. Bereits stattgefundene

---

496 BA/MA, RH 19 XI/19 OB Südost an OKW/WfSt (2.9.1944).
497 BA/MA, RH 19 XI/14 KTB-Eintrag vom 3.9.1944; RH 19 XI/19 OB Südost an 1. Geb.-Div. (7.9.1944).
498 NA, PG T 311, rl 192, fr 837–840 Besprechung beim Herrn Oberbefehlshaber am 26.8., 10.30 Uhr.
499 Ebd.

Entwaffnungen bulgarischer Soldaten, so die Versicherung Neubachers, seien aber nicht als Indizien für einen solchen Kurswechsel, sondern als eine aus der Verzweiflung geborene Art der Waffenbeschaffung zu sehen, die im übrigen auch schon von Nedić selbst vorgeschlagen worden sei[500].

Gegenüber Felber und von Weichs wollte der Sondergesandte dann auch am folgenden Tag nicht ausschließen, »*daß DM seine Leute auf Grund der Nichterfüllung aller angemeldeten Wünsche noch weniger als bisher an seine Sache halten kann*«[501]. Obwohl Neubacher Meldungen, daß der Cetnikführer in seinem Kurs sowohl vom exilierten König als auch einer neu eingetroffenen amerikanischen Mission gedeckt sei, noch mal als Bestätigung seiner Politik aufgefaßt zu haben scheint[502] und auch der Weisung aus Berlin, von weiteren Bewaffnungsanträgen abzusehen[503], widersprach, brachten die ersten Septembertage doch die Wende. So hielt er seiner vorgesetzten Dienststelle am Abend des 3. September noch das Nichteintreffen der von Hitler am 22. August versprochenen Truppenverstärkungen vor (»*Mit politischen Mitteln allein ist diese ungeheur schwierige Position natürlich nicht zu halten.*«)[504], gab zugleich aber an, im Hinblick auf Gerüchte von einer unmittelbar bevorstehenden alliierten Luftlandung jede weitere Waffenlieferung an die nationalserbischen Freischaren unterbrochen zu haben[505]. Wie aus der Mitschrift einer am 5. September mit Felber und von Weichs geführten Besprechung hervorgeht, scheinen bis dahin nur die Munitionslieferungen an ausgesuchte Verbände wie das Sturmkorps von Račić fortgesetzt worden zu sein; an die Wiederaufnahme irgendwelcher Waffenlieferungen war nicht gedacht[506]. Obwohl dieser Schritt eigentlich dazu geeignet gewesen wäre, ihm die Zustimmung Hitlers und von Ribbentrops einzubringen, hob er ihn in einem längeren Fernschreiben, in dem er sich am 4. September zu den jüngsten Vorwürfen des Reichsaußenministers erwiderte, nicht hervor, äußerte sich aber auch sonst nicht zur Bewaffnungsfrage. Statt dessen trug das Telegramm klare Züge eines Rechenschaftsberichts, aus dem ersichtlich wurde, daß sich sein Absender keine Illusionen über die langfristigen Perspektiven seiner Mission machte. Statt dessen, so Neubacher, erblicke er seine Aufgabe vornehmlich »*darin, in ständiger Fühlungnahme mit DM-Stab die national-revolutionären Kräfte zu blockieren und dadurch Wehrmacht vor unabsehbaren Schäden allgemeiner Sabotage zu schützen. Gebe zu bedenken, daß DM außerhalb der kommunistischen Position das Land vollkommen beherrscht und daß dem Stillhalten dieser Front uns*

---

500 ADAP, Serie E, Bd. VIII, S. 370–372 Neubacher an Auswärtiges Amt (28.8.1944).
501 BA/MA, RH 19 XI/18 Aktennotiz zur Besprechung am 29.8.1944 (30.8.1944).
502 PA/AA, SbvSO R 27305 Neubacher an Behördenleiter Tirana (2.9.1944).
503 ADAP, Serie E, Bd. VIII, S. 398 Reinebeck an Neubacher (2.9.1944).
504 PA/AA, Handakten Ritter (Serbien) 7690 Neubacher an Auswärtiges Amt (3.9.1944).
505 PA/AA, Handakten Ritter (Serbien) 7690 u. 7691 Neubacher an Auswärtiges Amt (3.9.1944).
506 BA/MA, RH 19 XI/19 Besprechung beim Herrn Oberbefehlshaber, 5.9.1944, 17.10–18.00 Uhr.

gegenüber entscheidende Bedeutung für das Halten des serbischen Raumes zukommt. (...) Ich darf darauf hinweisen, daß die Aufrechterhaltung der Ruhe in diesem Lande, das von unserer Seite unter allen Südostländern weitaus die schärfste Behandlung erfahren hat und dessen Bevölkerung überdies wie keine andere im Südostraum Veranlassung zur Blutrache hat, alle anderen Südostvölker an unbekümmerter Tapferkeit übertrifft, eine bemerkenswerte Erscheinung ist. Dabei spielt das Motiv der Furcht vor uns angesichts der sichtbaren Unzulänglichkeit unserer Ordnungskräfte und der allgemeinen Überzeugung, daß wir den Krieg verloren haben, keine Rolle. (...) Ich kann die Auswirkungen der in der Umgebung dieses Raumes möglichen Ereignisse nicht voraussagen, aber ich glaube, daß wir, wenn keine Invasion erfolgt, den heutigen Zustand noch eine Zeitlang durchhalten können.« [507]

Die Frage, inwiefern Neubacher in diesen Tagen nun das erst zwei Wochen zurückliegende Projekt der *»levee en masse des Serbentums«* beendet hat oder nicht, ist aufgrund der bruchstückhaften Quellenüberlieferung nur schwer zu beantworten. Eine besondere Bedeutung kommt hierbei der Frage zu, welchen Spielraum er hinsichtlich der Waffenlieferungen überhaupt noch hatte. Serbischen Zeitzeugen zufolge soll die Zahl der Gewehre, die Ende August/Anfang September noch an die Cetniks geliefert wurden, zwischen 5.000 und 10.000 gelegen haben, wobei erstere Ziffer schon allein aufgrund der Nähe zu der von Weichs am 22. August vorgeschlagenen Zahl den höheren Genauigkeitsgrad beanspruchen kann [508]. Letztlich ist aber nicht bekannt, ob der Oberbefehlshaber Südost von Hitler für die zugestandenen *»kleinen taktischen Manöver«* auf eine bestimmte Menge festgelegt wurde oder nicht; selbst wenn der Diktator dies versäumt haben sollte, änderte das so entstandene Schlupfloch aber nichts an der schlichten Tatsache, daß der Oberbefehlshaber Südost in seinem gesamten Befehlsbereich lediglich Zugriff auf eine Reserve von 7.000 Gewehren (italienische Beute) hatte, über die er frei verfügen konnte [509]. Es wäre also durchaus denkbar, daß der größte Teil dieser Menge am Abend des 3. September bereits ausgegeben worden war [510] und Neubacher somit gar nichts anderes übriggeblieben wäre, als die Lieferungen so oder so einzustellen.

---

507 PA/AA, Handakten Ritter (Serbien) 7690 Neubacher an Auswärtiges Amt (4.9.1944).
508 Nach Kriegsende sprach Nedić im Verhör von »vielleicht« 10.000, der Belgrader Polizeipräsident Dragomir Jovanovic von 5.000 Gewehren und »einer kleineren Menge von Maschinengewehren«. Vgl. *The trial of Dragoljub-Draža Mihailović. Stenographic record and documents from the trial of Dragoljub-Draža Mihailović* (Belgrad 1946), S. 239, 243.
509 Vgl. hierzu das Sitzungsprotokoll einer beim Oberbefehlshaber Südost abgehaltenen Besprechung in BA/MA, RH 19 XI/18 Gruppe Ic/AO, Aktennotiz zur Besprechung am 29.8.1944 (30.8.1944): *»Gen.Lt. Winter stellt fest, daß es wesentlich sei, zu erkennen, daß die von D.M. geforderten Waffen nicht zur Verfügung stünden.«*
510 Einige der im Fernschreiben vom 28. August verwendeten Formulierungen lassen diese Schlußfolgerung jedenfalls zu; vgl. ADAP, Serie E, Bd. VIII, S. 370–372 Neubacher an Auswärtiges Amt (28.8.1944).

Nicht auszuschließen ist freilich auch die Möglichkeit, daß dem Sondergesandten selbst angesichts der Entwicklung, die sich in den ersten Septembertagen im Lager der Cetniks feststellen ließ, Zweifel an seiner bisherigen Politik gekommen sein könnten. Neben wachsende Zweifeln an der Fähigkeit Mihailovićs, weiterhin eine unangefochtene Befehlsgewalt über die altserbischen Cetnikverbände auszuüben[511], war es natürlich die Proklamation des Cetnikführers vom 1. September, die zur allgemeinen Mobilmachung aufrief und den lange erwarteten Volksaufstand in Aussicht stellte[512], die hierbei eine Schlüsselrolle gespielt haben dürfte. Diese über verschiedene Kanäle verbreitete Nachricht lag der deutschen Führung schon am 1. September vor[513], lange bevor sie am 3. auch noch von der BBC verbreitet wurde. Wenn man dem Kriegstagebuch des Oberbefehlshabers Südost Glauben schenken darf, scheinen Neubacher sowie von Weichs' gesamter Stab auf diese Nachricht zunächst mit einer totalen Verweigerungshaltung reagiert zu haben. Zunächst wollten sie an eine »kommunistische Störsendung« glauben[514], anschließend an eine Meldung, die zwar von Mihailovićs Funkstelle ausgegangen, aber »von Außenseitern« verbreitet worden sei[515]. Die nach einigen Tagen, als immer noch kein schlüssiger Gegenbeweis vorlag, vom Ic geäußerte Vermutung, daß der Appell vor allem als der bis jetzt unzweideutigste Ausdruck von Mihailovićs anhaltenden Versuchen zu werten sei, das »Gesicht des unversöhnlichen Okkupatorfeindes« zu wahren[516], kam der Wahrheit zweifelsohne am nächsten. Obwohl die Meldung über die Generalmobilmachung im Führerhauptquartier einen »schweren Eklat« hervorrief[517], läßt sich in den Quellen nirgendwo der von Neubacher befürchtete »Führerentschluß«[518] zur Einstellung jeder Verbindung zu den Cetniks nachweisen. Vielmehr deutet vieles darauf hin, daß der Sondergesandte die Ereignisse der letzten Tage, die auf die weitgehende Desavouierung seiner Politik der letzten Wochen hinausliefen und Hitlers skeptische Einstellung im wesentlichen zu bestätigen schienen, zum Anlaß nahm, das Projekt der serbischen »levee an masse« möglichst diskret auslaufen zu lassen und die erwähnte Gefahr einer feindlichen Luftlandung lediglich vorschob[519]. Insbesondere die wenig stichhaltige Argumentation, mit der er am

---

511 BA/MA, RH 19 XI/18 Gruppe Ic/AO, Aktennotiz zur Besprechung am 29.8.1944 (30.8.1944).
512 Abgedruckt in David Martin, *The web of disinformation. Churchill's Yugoslav blunder* (London 1990), S. 252–254.
513 BA/MA, RH 19 XI/19 Unterrichtung Oberst Selmayrs durch Gen. v. Geitner, 1.9.1944, 10.55 h.
514 Ebd.
515 BA/MA, RH 19 XI/19 Gespräch General Winter – General Warlimont am 1.9.1944, 19.30 Uhr.
516 BA/MA, RH 19 XI/19 Ic-Abendmeldung vom 6.9.1944.
517 BA/MA, RH 19 XI/19 Gespräch Gesandter Neubacher mit Gen. Winter, 1.9.44, 11.40 h.
518 BA/MA, RH 19 XI/19 Unterrichtung Oberst Selmayrs durch Gen. Winter, 1.9.1944, 10.55 h.
519 Vgl. BA/MA, RH 19 XI/19 Ic – Chef, 3.9.1944, 10.35 Uhr. Diesem Eintrag läßt sich klar entnehmen, daß der Befehl zum Lieferstopp nicht von Neubacher, sondern vom Oberbefehlshaber Südost ausging und in direktem Zusammenhang zur BBC-Meldung über Mihailovićs Mobilmachung stand.

5. September von Weichs und Felber gegenüber die Wiederaufnahme der Waffenlieferungen ablehnte und die im völligen Widerspruch zu seinem bisherigen Denken und Handeln stand (*»In einer so gefährdeten Situation ist allgemeine Hergabe von Waffen nicht mehr möglich, da man unter Bürgerkriegserscheinungen immer unrecht behalten muß.«*)[520], kann als Indiz in diese Richtung gesehen werden.

Obwohl bis zur sowjetischen Invasion Serbiens noch über drei Wochen vergehen sollten, machte die absolute Priorität, an der serbischen Ostgrenze eine Verteidigungslinie buchstäblich aus dem Boden stampfen zu müssen, es Felber unmöglich, deutsche Truppenverbände zur Bekämpfung der eindringenden Volksbefreiungsarmee in den Süden und Westen des Landes zu verlegen. Auf das I. Korps, dessen drei Divisionen sich bis zum 28. August vollzählig südwestlich von Užice eingefunden hatten, folgte das XII. Korps, welches am 5. und 6. September nördlich von Višegrad über die Drina setzte[521]. Zehn Tage später schlossen sich, aus Nordostbosnien kommend, die 11. und 28. Division an. Durch den großen Zulauf, den diese Einheiten aus der Bevölkerung und den Reihen der Cetniks erhielten, wurden Verluste mehr als ausgeglichen und überdies zahlreiche Neuaufstellungen möglich[522]. Diesen Verbänden standen im wesentlichen RSK, SFK und als wichtigste Cetnikeinheit das 8.000 bis 9.000 Mann starke Sturmkorps des Račić gegenüber. Dieser vermochte am 5. September nördlich von Užice noch einen Achtungserfolg gegen das I. Korps der Volksbefreiungsarmee zu erzielen, wurde drei Tage später aber bei Jelova Gora vernichtend geschlagen; die Partisanen setzten nach und wurden am 11. September nur durch die Intervention eines SFK-Bataillons daran gehindert, Mihailović mitsamt seinem Stab und der amerikanischen Militärmission gefangenzunehmen. Ein vereinzelter Versuch von deutscher Seite, den Cetniks in diesem Raum durch den Einsatz eines Polizeiregiments beizustehen, führte zur Zurückdrängung und Einkesselung dieser Einheit in Valjevo[523]. Die am 12. September übertragene Rundfunkerklärung König Peters, in der er alle Jugoslawen dazu aufforderte, sich Titos Befehl zu unterstellen, hätte aus Sicht des Kommunistenführers zu keinem besseren Zeitpunkt kommen können: Durch sie wurde der Eindruck der militärischen Niederlage um ein Vielfaches potenziert und der Auflösungsprozeß innerhalb der Cetnikbewegung beschleunigt[524].

---

520 BA/MA, RH 19 XI/19 Besprechung beim Herrn Oberbefehlshaber 5.9.44, 17.10–18.00 Uhr.
521 BA/MA, RH 19 XI/19 Beitrag zur Vortragsnotiz für die Chefbesprechung am 4.9.44.
522 Eine vollständige Auflistung bei Strugar, *Volksbefreiungskrieg*, S. 220.
523 PA/AA, Handakten Ritter (Serbien) 7690 Neubacher an Auswärtiges Amt (15.9.1944).
       Ausführlicher zur Niederlage der Cetniks in diesem Raum Tomasevich, *The Chetniks*, S. 413–416.
524 Vgl. ebd., S. 415 f.

Entscheidend war hierbei, daß die einzige Möglichkeit, diesen Prozeß wieder zu verlangsamen – dauerhafter und substantieller militärischer Beistand von seiten der deutschen Wehrmacht –, nicht in Aussicht war. Lediglich die am 21. September verfügte Verlegung der Masse der »Prinz Eugen« von Bosnien nach Serbien schien noch einmal die Möglichkeit einer »freien Jagd« in Divisionsstärke in Aussicht zu stellen. Dieses gegen das bis nach Valjevo vorgedrungene I. Korps gerichtete Unternehmen (»Zirkus«) unterlag allerdings einer zeitlichen Einschränkung, gegen die auch Arthur Phleps wenig vorzubringen gehabt hätte: Da die Division vornehmlich zu dem Zweck nach Serbien beordert worden war, die zwischen Donau und Mazedonien allein von der 1. Gebirgsdivision gehaltene Ostfront zu verstärken, würde sie auch bei großzügigster Zeitberechnung nur gut eine Woche zur Verfügung stehen[525]. Wie nicht anders zu erwarten, war bis zum 29. September die Divsion bis auf ein verstärktes Regiment schon wieder weitergezogen; dieses hatte allerdings in der Hoffnung, diese Front an die aus Griechenland anrückende 117. Jägerdivision zu übergeben, nach Weisung des Oberbefehlshabers »durch besonderes wendiges und aktives Fechten das bisherige Kräftebild möglichst lange aufrecht(zuerhalten)«[526].

Das Dilemma, das sich dem Militärbefehlshaber Südost bei dieser Lage als nächstes präsentierte – die Behauptung der südlichen Ostfront, während seine gesamte Etappe von gut einem Dutzend Divisionen der Volksbefreiungsarmee bevölkert wurde –, sollte indes nicht lange andauern. Nachdem die 1. Gebirgsdivision einen ersten russischen Vorstoß nach Nordostserbien am frühen 22. September noch hatte abriegeln können, erfolgte eine Woche später etwas weiter südlich bei Negotin ein Einbruch der 3. Ukrainischen Front, durch den der deutsche Verband in drei Teile aufgespalten wurde. Es folgten ähnlich starke Vorstöße im Banat (2. Oktober) sowie mit bulgarischer Unterstützung im Süden der Front bei Zajecar (5. Oktober)[527]. Binnen weniger Tage hatte die Rote Armee die Linie der Morawa erreicht; die »Prinz Eugen« sollte bei dem Versuch, den Raum um Niš zu halten, Verluste erleiden, die der Summe mehrerer Großoperationen der Vergangenheit entsprachen[528].

Bevor Rote Armee und Partisanen am 20. Oktober in Belgrad einmarschierten, wurden dort noch dreieinhalb Jahre deutscher Besatzung abgewickelt. So nahm Felber am 6. Oktober eine Handlung vor, die sowohl das Scheitern des deutschen Besatzungsmodells als auch die sich daraus ergebende ungewollte Annäherung zwischen Deutschen und nationalserbischem Widerstand symbolisierte: Er übertrug dem Mihailović-Vertrauten Damjanović in aller Form die Befehlsgewalt über die schon länger DM-hörige Serbische Staats- und Grenzwache[529]. Der Sonderbevollmächtigte

---

525 BA/MA, RH 19 XI/21 OB Südost an Pz.AOK 2 (21.9.1944).
526 BA/MA, RH 19 XI/21 OB Südost an 2. Pz. Armee und Lw.Kdo. Südost (29.9.1944).
527 BA/MA, RH 19 XI/14 KTB-Einträge vom 28.9., 30.9., 1.10., 2.10. und 4.10.1944.
528 Kumm, *Prinz Eugen*, S. 258–284 schätzt die Zahl der Gefallenen auf ca. 1.000.
529 Unzutreffend die Datumsangabe bei Cohen, *Serbia's secret war*, S. 57. Zur Rückkehr der SSW unter deutsches Kommando im Januar 1945 vgl. Tomasevich, *The Chetniks*, S. 435 f.

verließ am selben Tag die serbische Hauptstadt in Richtung Wien, wo er bis Kriegsende mit der »Dienststelle des Auswärtigen Amts für Griechenland, Serbien, Albanien und Montenegro« die Fiktion einer deutschen Politik im Südostraum weiter aufrechterhalten sollte.

7.5. Zusammenfassung

Im auffälligen Gegensatz zu den Zuständen westlich der Drina vermochten die deutschen Besatzer in Serbien nach Niederschlagung des 1941er Aufstandes eine politische Stabilität in ihrem Sinne durchzusetzen, die zumindest bis zur Jahreswende 1943/44 anhielt. Ohne daß es möglich wäre, diese Übergangsphase mit einem besonders auffälligen Ereignis in Verbindung zu bringen, stellte sich im Laufe der ersten Hälfte des Jahres 1944 jedoch ein Zustand ein, der den Militärbefehlshaber bzw. den Sondergesandten immer häufiger zu dem Eingeständnis zwang, daß die fortgesetzte ungestörte Kontrolle über das Land weniger von ihnen als vom richtigen Gleichgewicht der Kräfte zwischen den beiden Widerstandsbewegungen und den Fraktionen in Mihailovićs Hauptquartier abhing. Wie war es zu dieser Entwicklung gekommen?

Wenngleich die Ereignisse vom Spätherbst 1941 beiden Widerstandsbewegungen eine klare militärische Niederlage beschert hatten, waren sie im Falle der DM-Bewegung auch mit einem politischen Erfolg einhergegangen: Nicht genug damit, daß die Kommunisten während des Aufstandes in entlarvender Weise auf den Sturz der etablierten Gesellschaftsordnung hingearbeitet hatten, Mihailović war im Hinblick auf die erlittene Niederlage und die Tausenden von erschossenen Geiseln nun auch in der Lage, Titos Drängen auf eine rasche Ausweitung der Aufstandsbewegung als verfrüht und gleichermaßen verantwortungs- wie aussichtslos zu brandmarken. Der Untergang der sogenannten »Republik von Užice« hatte somit zur Folge, daß bis weit in das Jahr 1944 hinein der Kampf um die Macht in Serbien hauptsächlich zwischen drei Parteien ausgetragen wurde: dem nationalserbischen Widerstand, der deutschen Besatzungsmacht und der serbischen Regierung. Bader, Turner und Benzler erkannten jedoch recht schnell, daß die DM-Organisation schon allein deshalb keine geringere Bedrohung als Tito darstellte, weil sie, obwohl weniger militant, in Altserbien über einen sehr viel größeren Anhang sowie zahlreiche Verbindungen in die Dienststellen der bewaffneten Organe des serbischen Staates verfügte. Den Schaden, den die DM-Organisation dann allerdings durch die konsequent durchgeführte Entwaffnung und Internierung der überwiegenden Zahl der legalen Cetnikabteilungen sowie die gleichzeitige Abwehr von Mihailovićs Sabotage- und Ungehorsamsfeldzug erlitt, mußte dann wiederum wie eine Rehabilitierung der kommunistischen Strategie erscheinen. In der Literatur sind diese

Rückschläge wiederholt als unvermeidliches Resultat der Mihailovićschen Versuche, der offenen Konfrontation auszuweichen, kritisiert worden[530].

Rückblickend betrachtet sind es aber weniger die Ereignisse vom Herbst 1942 als die der folgenden Monate, die für die weitere Entwicklung in Serbien von Bedeutung sind. So gelang es der DM-Organisation nicht nur bis zum Frühjahr 1943, ihre alte Position der Stärke im wesentlichen wiederzugewinnen, sie wurde durch den quantitativen und qualitativen Abfall der Besatzungskräfte (Abzug der »Prinz Eugen«, Austausch des ersten bulgarischen Okkupationskorps gegen Reservistenverbände) überdies in die Lage versetzt, ihre eigentliche Stärke – die passive Unterstützung durch die Mehrheit der Landbevölkerung – auszuspielen. Sowohl die Unterwanderung der SSW als auch die schrittweise Übernahme der Staatsgewalt in ländlichen Gegenden stellten zwar keine unmittelbare Bedrohung der Besatzungsmacht dar, bedeutete aber eine deutliche Schwächung der Regierung Nedić und verliehen Mihailović überdies eine gute Ausgangsposition für den Tag, an dem er – wie immer noch geplant – das Signal zum großen Aufstand geben sollte.

Die einzige Chance der deutschen Seite, dieser Entwicklung dauerhaft entgegenzuwirken, hätte natürlich in einer gezielten Förderung der Regierung Nedić und ihrer zuverlässigsten militärischen Formationen (SFK und RSK) gelegen. Vom Zeitpunkt her wäre das umfassende Kollaborationsangebot, welches der serbische Ministerpräsident Bader in Gestalt seines Neujahrsmemorandums unterbreitete, die vermutlich beste (aufgrund der zeitgleichen Schwächung des nationalserbischen Widerstandes), zugleich aber auch letzte Chance dazu gewesen. Ein halbes Jahr später war bereits der Punkt erreicht, an dem Mihailovićs unsichtbare Gegenregierung einen solchen Ausbreitungsgrad erreicht hatte, daß Nedić den Wettlauf um die Loyalität der breiten Volksmasse in jedem Fall verlieren mußte.

Obwohl der Vorstoß des serbischen Ministerpräsidenten aufgrund von Hitlers Serbophobie vermutlich sowieso von Anfang an chancenlos war, lohnt es doch, die Rolle der Vertreter der Besatzungsmacht etwas näher zu betrachten. Anders als Meyszner und Neuhausen, denen eine Stärkung der Regierung aus prinzipiellen bzw. partikularistischen Erwägungen heraus suspekt war, können Benzler und (mit Einschränkungen) Bader zu den Befürwortern gezählt werden. Der Stimme des Gesandten kam aufgrund seiner relativ schwachen Machtstellung in Belgrad jedoch von vornherein nur ein geringes Gewicht zu; dies war um so folgenschwerer, als er der einzige Deutsche von Rang war, der sich schon früh für eine Förderung des SFK ausgesprochen hatte. In Baders Fall ist zu konstatieren, daß er, anders als noch 1942, das deutsche Interesse an einer starken serbischen Regierung zwar ansatzweise erfaßt zu haben scheint, aber sowohl in bezug auf das Neujahrsmemorandum wie

---

530 Besonders kritisch Karchmar, *Draža Mihailović*, S. 923–946.

auch spätere Möglichkeiten zur Stützung des Ministerpräsidenten (Unterstellung der Staatswache, Anschluß Syrmiens an den Befehlsbereich des Kommandierenden Generals) entweder nicht die Überzeugung oder den Mut aufbrachte, seine Meinung mit der Deutlichkeit zu vertreten, die den unvermeidlichen Konflikt mit höheren Dienststellen bedeutet hätte. Die Leichtigkeit, mit der sein Vorgesetzter Keitel im Frühjahr 1943 in der Frage der RSK-Verstärkung vor Himmler kuschte, sowie der Argwohn, mit dem sein Nachfolger Felber selbst noch im August 1943 das SFK betrachtete, machen allerdings deutlich, daß Baders Fall kein vereinzelter war.

Die unausweichliche Folge deutscher Besatzungspolitik in Serbien bis September 1943 war somit die, daß das Fehlen zuverlässiger Kollaborationsverbände entweder die Besetzung ganzer Regierungsbezirke mit nur bedingt brauchbaren Reservistenformationen oder aber gleich ihre Räumung nach sich zog; den Nutzen hatte im einen wie im anderen Fall die expandierende DM-Organisation. Es ergab sich somit die Ironie, daß Nedić sich einerseits seit der Regierungsumbildung vom November 1942 stetig von Mihailović entfernt und auf die Besatzungsmacht zubewegt hatte, die Deutschen aber, als sie sich mit der Einsetzung Neubachers endlich zu einer kollaborationsfreundlichen Politik durchgerungen zu haben schienen, aufgrund der zwischenzeitlich eingetretenen Schwächung der serbischen Regierung daraus keinen größeren Nutzen mehr ziehen konnten. Vor diesem Hintergrund nimmt es nicht wunder, daß insbesondere das SFK in dem Bündnis der Besatzungsmacht mit der DM-Organisation wenig mehr als schnöden Verrat zu erblicken vermochte.

Sowohl während als auch nach dem Krieg ist Mihailović für die Annäherung an die Besatzungsmacht heftig kritisiert worden. Insbesondere ist ihm vorgehalten worden, auf diese Weise den inneren Verfall seiner Organisation eingeleitet zu haben; nach dieser Sichtweise war es zweifellos Neubacher, der den größeren Nutzen aus dieser Zweckallianz zu ziehen vermochte. Der Sondergesandte selbst hätte diesem Schlußwort, wenn überhaupt, wohl nur unter Vorbehalt zugestimmt. Schließlich hatte er noch im Oktober 1943 die Hoffnung zum Ausdruck gebracht, auf dem Umweg über die Waffenstillstandsverträge eine Rückkehr zahlreicher Cetniks ins Zivilleben zu erreichen – mithin eine Art kalter Demobilisierung, die kaum im Sinne Mihailovićs gewesen sein könnte. Im August 1944 vermochte Neubacher statt dessen selbst in ein bis an die Grenze zur Selbstaufgabe gehendes Bündnisangebot des Cetnikführers nur nach längerem Zögern einzuwilligen, weil ihm durchaus bewußt war, wer bei einer »Verschmelzung« der Cetniks mit den bewaffneten Formationen der Regierung am Ende die Zügel in der Hand halten würde.

Nicht nur deshalb ist es schwer, in der Zurückweisung früherer Annäherungsversuche von Cetnikseite irgendwelche »verpaßten Chancen« zu sehen. Auch die höchst rudimentäre Kommandostruktur der DM-Bewegung sowie der Freiraum, den jeder Unterführer in ihr hatte, machten es selbst beim besten Willen seitens Mihailovićs schwer, Waffenstillstandsbedingungen mehr als auf nur regionaler

Ebene dauerhaft durchzusetzen. Im Zweifelsfall war es immer die Nähe und Intensität der kommunistischen Bedrohung, die in Serbien noch mehr als in Bosnien ausschlaggebend für die Bereitschaft einer bestimmten Cetnikgruppe zur Kooperation mit dem Besatzer war. Da sich dieses Problem bei einer schlagartigen stärkeren Mobilisierung der Bewegung mit Sicherheit auch noch exponentiell gesteigert hätte, kommt man daher paradoxerweise nicht umhin, in Hitlers Zurückweisung des Bündnisangebots vom August 1944 die einzig richtige Reaktion zu sehen. Letztendlich war es aber seine abweisende Haltung gegenüber den – aus deutscher Sicht – loyalen Teilen des serbischen Antikommunismus gewesen, die dem Sondergesandten keine Alternative zur zweifelhaften Annäherung an Mihailović gelassen hatte. Wie auch anderswo in Europa, hatten auch hier die Ansichten des deutschen »Führers« zu unterworfenen Völkern den Charakter einer »self fulfilling prophecy« angenommen.

8. Schlußbetrachtung

8.1. Die politische Sackgasse

Im Sommer 1941 war die politische Ausgangslage für die deutsche Führung in Jugoslawien insofern günstig gewesen, als das Deutsche Reich die einzige Siegermacht des Aprilfeldzuges war, die keine Annexionsansprüche an die zwei Nachfolgestaaten des untergegangenen Feindstaates gestellt hatte. Darüber hinaus boten die Querelen, die sich sowohl zwischen den ansässigen Volksgruppen als auch den verschiedenen Siegerstaaten (Italien/Bulgarien, Italien/Kroatien, Kroatien/Ungarn) abzeichneten, die Möglichkeit, durch die Rolle des Schiedsrichters den eigenen Einfluß noch zu mehren. Diese vielversprechende Ausgangslage läßt das Bild, das sich dem Betrachter im Spätsommer 1944 bot, in einem um so grelleren Licht erscheinen: So war die mitunter absurde Züge annehmende Respektierung der italienischen Hegemonialstellung in Kroatien vor allem mit Obstruktion und Passivität im Kampf gegen die Volksbefreiungsarmee honoriert worden. Obwohl die Besatzungsmacht durch die Duldung der destabilisierenden Politik des Pavelić-Regimes die eigenen Pläne für den neuen kroatischen Staat (geringes militärisches Engagement, Sicherung von Verkehrseinrichtungen und Bodenschätzen) weniger kompromittiert als ad absurdum geführt hatte, fiel die Reaktion auch hier nicht sonderlich dankbar aus: Statt dessen manifestierte sich ab der Jahreswende 1943/44 eine zunehmende deutschfeindliche Einstellung, die sogar zahlreiche Kontakte zum Feind nach sich zog. In bezug auf das Serbentum östlich wie westlich der Drina läßt sich nur von einer ununterbrochenen Reihe von verpaßten Chancen reden. Lediglich das dauerhafte Zerwürfnis, das im Spätherbst 1941 zwischen kommunistischem und nationalserbischem Widerstand eintrat, konnten sich die Besatzer als Plus gutschreiben – freilich unter Berücksichtigung der Tatsache, daß diese Wende alles andere als ein Produkt deutscher Politik war.

Aber auch wenn bessere Einsicht vorhanden war und das mörderische Gewirr aus Volkstumskämpfen und Bürgerkriegen der Besatzungsmacht ermöglichte, die kriegerischen Traditionen dieses oder jenes Volksteils für die eigene Sache zu mobilisieren (wie 1943/44 im Falle der bosnischen Moslems), muß konstatiert werden, daß dies immer von örtlichen Rahmenbedingungen abhängig war; im Falle einer plötzlichen Lageänderung ging die gelieferte Ausrüstung nicht selten an die Volksbefreiungsarmee über.

Bei oberflächlicher Betrachtung mag es erscheinen, als ob sämtliche Probleme des geteilten Jugoslawiens auf einen Kampf aller gegen alle zurückzuführen waren, dessen Wurzeln im Nebel der Vor- und Frühgeschichte des Balkan verschwanden und sich demnach auch einer Kontrolle durch die Besatzungsmächte weitgehend entzogen. Diesen Standpunkt hat sich aus naheliegenden Gründen vor allem die Verteidigung der deutschen Generäle zu eigen gemacht, die sich im 7. Nürnberger Prozeß für die im Laufe der Partisanenbekämpfung verübten Kriegsverbrechen zu verantworten hatten[1]. Dagegen hat die vorangegangene Darstellung darzulegen versucht, daß es die Politik des Pavelić-Regimes war, die als Hauptursache allen Übels gesehen werden muß. Aufgrund der Eindrücke, die Genozid und Vertreibung bei außerhalb der kroatischen Landesgrenzen lebenden Serben hinterließen, hatte sie selbst an Ereignissen erheblichen Anteil, die primär auf andere Gründe zurückzuführen waren – seien es nun die Aufstände in Serbien und Montenegro im Sommer 1941 oder die serbische Regierungskrise vom September 1942. Entscheidend war vor allem, daß schon die erste Welle des Ustaschaterrors (Juni 1941 bis April 1942) in politischer Hinsicht eine derart verheerende Wirkung gehabt hatte, daß selbst eine erfolgreiche »Zähmung« der kroatischen Staatsbewegung – so sie denn erfolgt wäre – nie ausgereicht hätte, um den angerichteten Schaden wiedergutzumachen[2]. Selbst viele ustaschakritisch eingestellte deutsche Offiziere haben diese Tatsache überhaupt nicht oder erst viel zu spät erkannt; so kann Alexander Löhr und Arthur Phleps beispielsweise vorgehalten werden, daß ihre aus damaliger Sicht radikalen Denkschriften vom Februar 1943 bzw. Juli 1944 schon deshalb Stückwerk bleiben mußten, weil sie nicht auf der Absetzung des »Poglavnik« bestanden.

In Anbetracht der militärischen und politischen Zurückhaltung, die das deutsche Engagement in diesem Raum bis Anfang 1943 bestimmten, hätte eine Initiative zur Beseitigung des Ustaschastaates wohl in jedem Fall von Rom ausgehen müssen; dieselbe unbestrittene italienische Vorherrschaft hatte allerdings auch zur Folge, daß in den Augen vieler Deutscher – insbesondere des Deutschen Generals in Agram – die Verfehlungen der kroatischen Regierung von den Verheerungen, welche die italienische Besatzung durch Italianisierungspolitik und Förderung ethnischer Gegensätze hinterließ, überlagert wurden und somit oft als zweitrangiges Problem erschienen. Dies war insofern von Bedeutung, als die Erkenntnis, daß der Dauerkrise des kroatischen Staates auch mit Regierungsumbildungen, teilweiser Übernahme der voll-

---

1 So auch die Nachkriegsmemoiren des OB der 2. Panzerarmee: Lothar Rendulic, *Gekämpft, gesiegt, geschlagen* (Heidelberg 1952), S. 157–164.

2 Vgl. hierzu ADAP, Serie E, Bd. VI, S. 503–507 Besprechung beim Führer im Führerhauptquartier am 30./31. August 1943 (8.9.1943): *»Generalleutnant Warlimont führte hierzu aufgrund von Meldungen Einzelbeispiele an. (...) Des weiteren wendete er sich gegen die Ustascha, deren frühere Ausschreitungen Folgewirkungen haben, die einen Aufbau des Staates und insbesondere ein Weiterregieren mit der Ustascha als unmöglich erscheinen lassen.«*

ziehenden Gewalt oder Ausrufung des Ausnahmezustands nicht beizukommen war, sich bei vielen deutschen Dienststellen erst mit erheblicher Verspätung einstellte[3].

Ins volle Blickfeld des mit der Ostfront beschäftigten Hitlers scheint der dahinsiechende NDH-Staat wohl erstmals während der Besprechungen im September 1942 gerückt zu sein[4]; die Möglichkeit einer Absetzung von Ante Pavelić fand dabei zumindest Erwähnung, wurde aber sogleich verworfen und auch sonst jede »Hilfe wegen der Serbenmorde« ausgeschlossen – ein Standpunkt, der zwei Monate später noch einmal bekräftigt wurde. In bezug auf wie auch immer geartete Versuche, dem kroatischen Problem zu Leibe zu rücken, kann wohl kaum ein Zweifel daran bestehen, daß 1942 für die Achse ein verlorenes, für Tito auf jeden Fall ein gewonnenes Jahr war.

Nachdem der durch den Umschwung der strategischen Lage (alliierte Siege im Mittelmeerraum, mittelfristige Gefahr einer Großlandung) begünstigte Vorstoß des Oberbefehlshabers Südost zur Absetzung des Regimes (Februar/März 1943) gescheitert war, setzte auf deutscher Seite im Laufe des Sommers eine Entwicklung ein, die – unter etwas anderen Vorzeichen – auch schon die italienische Besatzungspolitik des Vorjahres bestimmt hatte. In Anbetracht der Unmöglichkeit, die Unterstützung der eigenen Regierung für Pavelić zu untergraben, gingen die jeweiligen militärischen Befehlsstellen (erst der OB Südost Alexander Löhr, dann das Pz.AOK 2 unter Lothar Rendulic) daran, nach Mitteln und Wegen zu suchen, die Regierung in Agram zu umgehen bzw. von der Aufstandsbekämpfung politisch wie militärisch auszuschließen. Dies betraf die Cetnikpolitik ebenso wie Geiselerschießungen, die Kommandogewalt über kroatische Verbände oder die Frage der vollziehenden Gewalt in bestimmten Gebieten. Auch die Versuche der SS, kroatisches Wehrpotential abzuschöpfen und 1944 Teile des Landes (Nordostbosnien und Ostslawonien) unter eine Art Sonderregime zu stellen, fügen sich nahtlos in dieses Bild. Die zunehmende deutsche »Serbenfreundlichkeit«, die kroatische Dienststellen und der Gesandte Kasche als Begleiterscheinung dieser Politik wiederholt feststellten, kann wohl als eine gegebene Tatsache angesehen werden. Obwohl gelegentlich auf Verbindungen persönlicher Natur zurückzuführen[5], dürfte sie vornehmlich eine Folge

---

3 Am deutlichsten zeigte sich dies beim Auswärtigen Amt; vgl. hierzu die in PA/AA, Inland IIg 401, 2819 Notiz Geigers (10.11.1942), festgehaltene Stellungnahme zu einem ustaschakritischen Bericht eines kroatischen Großgespans.
4 Broucek, *General im Zwielicht*, S. 218 (Eintrag vom Mai 1943): *»Als ich am 23. September 1942 dem Führer diese Verhältnisse schilderte, geschah es offenbar zum erstenmal, denn er riß die Augen auf.«*
5 So im Falle des Ic-Offiziers des V. SS Geb. AK, Sturmbannführer Willibald Keller, der als ortsansässiger Volksdeutscher und Oberleutnant der jugoslawischen Vorkriegsarmee über Verbindungen besonderer Art zu Cetnikführern verfügte, die in ihm einen ehemaligen Offizierskameraden wiedererkannten. Vgl. hierzu telefonische Befragung Balthasar Kirchners (1942–1945 Ic-Offizier der SS-Division »Prinz Eugen«) am 1.5.2000 sowie PA/AA, Gesandtschaftsakten Zagreb 65/2 Vermerk vom 14.4.1944 und Inland IIg 401, 2825 Vermerk des Gesandtschaftsrats Werkmeister (4.8.1944).

der abstoßenden Wirkung gewesen sein, den die Unfähigkeit und der kriminelle Charakter des Ustaschastaates nachweislich auf viele deutsche Soldaten hatte. In Ansätzen schon im Jahre 1942 feststellbar[6], sollte sich diese Übertragung von Sympathien bis Mitte 1944 zu einigen kuriosen Höhepunkten steigern, wie im Falle des Ic-Offiziers der 13. SS-Division, deren Besetzung und Kampfauftrag eigentlich eine streng moslemfreundliche Ausrichtung erwarten ließ: *»Der im Einsatzraum – Nordostbosnien – überwiegend pravoslavische Bevölkerungsanteil ist der einzige arbeitsame, aufbauende und lebenswillige Faktor des Landes.«*[7] Auch der Unteroffizier, der im April 1944 in Split gegenüber einem deutschen Gesandtschaftsmitglied die Ansicht vertrat, *»man könne doch den einzigen Verbündeten (Cetnici) in diesem Sauland (Kroatien) nicht im Stich lassen«*[8], dürfte auf dieser Linie gelegen haben.

Feststellungen mancher Zeitzeugen, daß diese Entwicklung wenigestens teilweise in einem Zusammenhang damit stünde, *»daß die Serben die politisch gewandtesten unter den hiesigen Völkern«*[9] seien, lassen sich aufgrund der Vielzahl diesbezüglicher übereinstimmender Äußerungen, die zu dieser Frage nicht nur aus den 40er, sondern auch den 90er Jahren vorliegen[10], nicht völlig von der Hand weisen, im Einzelfall aber auch kaum belegen. Selbst wenn man eine solche Fertigkeit zur Beeinflussung der Besatzungsmacht als Tatsache akzeptiert, dürfte sie die beschriebene Entwicklung höchstens beschleunigt und nicht verursacht haben.

Wenngleich die Cetnikpolitik der 2. italienischen Armee und der 2. Panzerarmee sowie die gleichermaßen ustaschafeindliche Haltung ihrer Befehlshaber Roatta und Rendulic in militärischer Hinsicht schon deshalb kaum vergleichbar sind, weil es den Deutschen gelang, eine zugegebenermaßen schon geschwächte Cetnikbewegung in einem sehr viel stärkeren Abhängigkeitsverhältnis zu halten und sie überdies nie einen Zweifel an ihrer Bereitschaft – soweit nötig – zur gewaltsamen Entwaffnung ihrer irregulären Bundesgenossen aufkommen ließen, ist in politischer

---

6   Vgl. hierzu den in BA/MA, RW 40/34 Chef-Besprechung Saloniki (2.10.1942), festgehaltenen Vorwurf, den Foertsch an die Adresse von Baders Stabschef Ritter von Geitner richtete: *»Unsere Divisionen scheinen oft zu proserbisch eingestellt.«*

7   PA/AA, Inland IIg 401, 2824 IX. Waffen-(Gebirgs-) A.K. der SS, Lagebericht Nr. 1 (9) für die Zeit vom 7.4.–15.6.1944 (15.6.1944).

8   PA/AA, Inland IIg 401, 2824 Kasche an von Ribbentrop (16.4.1944).

9   PRO, GFM 25 Nachlaß Kasche, Die Lage in Kroatien und Vorschläge für die Weiterentwicklung der deutsch-kroatischen Beziehungen (3.12.1943), S. 8, 18.

10 Vgl. ebd. sowie Broucek, *General im Zwielicht,* S. 288 (Eintrag vom Oktober 1943) sowie S. 352, 374, 377 (Eintrag vom Januar 1944). Zur jüngsten Vergangenheit vgl. Marcus Tanner, *Croatia. A nation forged in war* (New Haven u. London 1997), S. 273 sowie die Berichterstattung über die z.T. erfolgreichen Versuche von Serben aus Bosnien und dem Kosovo, unter Mitgliedern von I-For und K-For für ihre Sache zu werben. Vgl. hierzu die Artikel in der Frankfurter Allgemeinen Zeitung vom 3.4.2000, S. 6: »Krieg Kouchners mit der französischen Armee?« und vom 6.3.2002, S. 4: »Einsatz gegen Karadzic verraten?« Vgl. auch die hervorragende Untersuchung von Simms; Brendan Simms, *Unfinest hour. Britain and the destruction of Bosnia* (London 2001), insbes. S. 177–180.

Hinsicht doch eine bedeutende Parallele zwischen beiden Richtungen festzustellen. Im einen wie im anderen Fall vermochte diese Politik durch die Zurückdrängung der Ustascha-Organe in vielen Fällen eine kurz- bis mittelfristige Beruhigung mancher Konfliktherde zu bewirken. Dadurch, daß das eigentliche Hauptproblem einer dauerhaften Lösung aber nicht einen Schritt näherkam, blieb es in der Regel dabei, daß die kroatische Staatsbewegung ihre mörderische Tätigkeit entweder eine Zeitlang einschränkte (insbesondere zwischen Juni 1942 und Juni/Juli 1943) oder aber in andere Räume verlagerte. Langfristig trug diese Politik dadurch, daß durch sie die gesamte Konfliktpalette innerhalb des NDH-Staates auch noch um einen dauerhaften kroatisch-italienischen bzw. kroatisch-deutschen Antagonismus bereichert wurde, sogar noch zur weiteren Destabilisierung des Raumes zwischen Adria und Drau bei.

Die Bereinigung einer derart verfahrenen Situation hätte in jedem Fall bei der Beseitigung des Pavelić-Regimes und der Auflösung der Ustaschaverbände beginnen müssen, wobei auch eine Erhaltung der territorialen Integrität des NDH-Staates (Kroatien, Bosnien-Herzegowina und Syrmien) vermutlich als weder möglich noch wünschenswert angesehen worden wäre. Schon allein unter diesem Gesichtspunkt hätte eine wirklich umfassende Lösung auch den serbischen Rumpfstaat sowie die meisten kroatischen Cetnikgruppen mit einbeziehen müssen, wobei dies es ermöglicht hätte, weiten Teilen des serbischen Antikommunismus eine politische Heimat zu geben und in eine bereits bewährte Kommandostruktur zu integrieren. Durch eine solche Lösung wäre es auch möglich gewesen, die deutsch-italienische Kontroverse um den Einsatz der Cetniks zwar nicht aus der Welt zu schaffen, aber doch ihr die Spitze zu nehmen. Ein um Syrmien und/oder Ostbosnien vergrößerter Machtbereich des Kommandierenden Generals in Belgrad (die formale Annexion an Serbien hätte die Reichsregierung wohl in jedem Fall vom mittelfristigen Erfolg dieses Modells abhängig gemacht) hätte es Nedić wiederum ermöglicht, gegenüber Mihailović Boden gutzumachen und der deutschen Besatzungsmacht möglicherweise das Dilemma erspart, 1944 die politisch wie militärisch umstrittene Zweckallianz mit den DM-Verbänden eingehen zu müssen.

In Anbetracht der heute zur Verfügung stehenden Quellen kann jedoch kaum ein Zweifel daran bestehen, daß die Umsetzung einer derart visionären Umgestaltung der Friedensordnung von 1941 wohl nicht nur an italienischen Hegemonialansprüchen, sondern vor allem an der Serbophobie Hitlers gescheitert wäre. In sämtlichen seiner Äußerungen, die von ihm zu diesem Thema überliefert sind, findet sich nicht ein Hinweis darauf, daß er jemals auch nur mit dem Gedanken gespielt haben könnte, der Regierung Nedić mehr als nur eine gönnerhafte Duldung zukommen zu lassen. Lediglich einige zögerliche Gedankenansätze, wenigstens Teile der kroatischen Cetnikbewegung dauerhaft für die eigene Sache zu gewinnen, lassen sich bei ihm feststellen – allerdings erst im September 1944.

Weit weniger eindeutig stellt sich die Lage in bezug auf das NDH-Regime dar. Hier halten sich Lob für die Loyalität des »Poglavnik« sowie dessen eigentümliche Volkstumspolitik die Waage mit kritischen Bemerkungen, die eine zunehmende Resignation angesichts der unhaltbaren Lage in Kroatien verraten. Hierbei fällt allerdings auf, daß Äußerungen, die auf eine vorbehaltlose Unterstützung des Ustascharegimes hindeuten, sich vornehmlich für die Jahre 1941 und 1942 nachweisen lassen. Einer der Position dieses Verbündeten abträgliche Äußerung ist erstmals für den Dezember 1942 belegt. So äußerte Hitler am 20. gegenüber dem italienischen Außenminister Ciano, »*es sei ihm gleichgültig, wer in Kroatien regiere*«[11]. Im Laufe des Jahres 1943 setzte dann ein schrittweiser Prozeß ein, durch den die Faktoren, die aus deutscher Sicht eine Absetzung des »Poglavnik« erschwerten (weltanschauliche Artverwandtschaft, persönliche Loyalität sowie die Tatsache, daß Pavelić im Grunde genommen ein Satellit des italienischen Verbündeten war), zwar nicht beseitigt, aber doch in den Hintergrund gedrängt wurden. So sind ab April 1943 diverse Äußerungen des deutschen »Führers« überliefert, denen zufolge er von Kroatien gar nichts mehr wissen wolle bzw. es längst »*abgeschrieben*«[12] habe. Ende Oktober 1943 war es dann schließlich so weit, daß der Gesandte Kasche im Gespräch erstmals »*eine starke Zurückhaltung, ja Skepsis des Führers gegenüber Kroatien*« wahrnahm, eine Haltung, die sich im Verlaufe des Jahres 1944 noch verfestigte, aber nicht die Form konkreter Maßnahmen gegen Pavelić annahm[13]; statt dessen sah sich der Gesandte aufgrund seiner zweckoptimistischen Berichterstattung wiederholten Maßregelungen ausgesetzt.

Durch die Wiederannäherung beider Regime im August 1944 wurde die Möglichkeit eines Machtwechsels während des Krieges schließlich endgültig ausgeschlossen, wobei Äußerungen Hitlers vom Mai und August desselben Jahres an seiner Absicht, das Regime möglichst bald nach Kriegsende zu beseitigen, aber keinen Zweifel ließ. Für diese Arbeit kann eigentlich nur die Frage von Relevanz sein, inwiefern ein latent vorhandener Unmut des deutschen »Führers« bei entsprechendem Drängen führender Ratgeber sich seine Bahn auch schon zu einem Zeitpunkt hätte brechen können, an dem die Kriegslage einen sofortigen Machtwechsel in Kroatien noch vertretbar erscheinen ließ. Eine Antwort auf diese Frage wird natürlich dadurch

---

11 ADAP, Serie E, Bd. III, S. 582–585 Aufzeichnung des Gesandten I. Klasse Schmidt (24.12.1942). Zu berücksichtigen ist dabei, daß Hitler in diesem Gespräch unter anderem das Ziel verfolgte, Ciano davon zu überzeugen, daß Deutschland keine langfristigen Interessen in diesem Raum habe.

12 Broucek, *General im Zwielicht*, S. 209 (Eintrag vom Mai 1943), S. 374 (Eintrag vom Januar 1944) u. S. 420 (Eintrag vom Juni 1944).

13 Vgl. jedoch die Art, in der Hitler vom kroatischen Ministerpräsidenten Mandić am 1. März 1944 aufgestellte Behauptungen offen hinterfragte; ADAP, Serie E, Bd. VII, S. 472–477 Aufzeichnung über die Unterredung zwischen dem Führer und dem kroatischen Ministerpräsidenten Mandić in Schloß Kleßheim am 1. März 1944 in Anwesenheit des RAM, des kroatischen Außenministers Peric und des Generalfeldmarschalls Keitel (5.3.1944).

erschwert, daß sich nicht mit letzter Sicherheit sagen läßt, ab welchem Zeitpunkt Hitlers subjektive Wahrnehmung der Kriegslage ihm einen solchen Schritt als zu riskant erscheinen ließ. Ferner muß bedacht werden, daß auch nachdem er die Krise in Kroatien aufgrund der Möglichkeit einer alliierten Landung überhaupt wahrzunehmen begann, diese aufgrund gewichtigerer Fragen nach wie vor nur einen kleinen Bruchteil seiner Aufmerksamkeit in Anspruch genommen haben kann[14]; in den Wochen oder Monaten, die beispielsweise zwischen zwei Vorträgen Glaises oder Kasches lagen, dürfte das Thema häufig völlig in den Hintergrund getreten sein.

Wenn man nun einerseits unterstellt, ein Umsturz in Agram sei vor Jahresende 1942 noch nicht mal hypothetisch erwogen worden, andererseits aus naheliegenden militärischen Gründen ab September/Oktober 1943 (alliierte Eroberung Unteritaliens) vermutlich für zu riskant erachtet worden, hätten sich aus deutscher Sicht vor allem zwei Zeitfenster für eine solche Maßnahme angeboten. Der März wäre insofern ein günstiger Zeitpunkt gewesen, als durch den Verlauf des Operationszyklus »Weiß« sowohl die kroatische Unfähigkeit zur Sicherung der eroberten Gebiete wieder offensichtlich geworden, zur gleichen Zeit aber auch der italienische Einfluß geschwächt worden war. Durch die ausdrückliche Bestätigung über die Hegemonialposition Italiens im kroatischen Raum, die Hitler im Laufe des deutsch-italienischen Gipeltreffens vom 7. bis 10. April 1943 seinem Achsenpartner Mussolini gab, wäre ein solcher Schritt wieder erheblich erschwert worden. Die zweite Möglichkeit ergab sich, nachdem durch die alliierte Landung auf Sizilien (10. Juli 1943) die Notwendigkeit zum schnellem Handeln unübersehbar geworden war und eine Rücksichtnahme auf italienische Machtansprüche sich durch Mussolinis Sturz (25. Juli 1943) erübrigte.

In diesem Fall dürfte es das Plädoyer Kasches und von Ribbentrops für das Pavelić-Regime unter Hinweis auf seine unbedingte Loyalität (»... *Reichsaußenminister unterstrich Notwendigkeit der Beachtung und Beibehaltung der Ustascha als einer geistig besser gefestigten und wegen ihrer Eigenart und der Haltung unserer Feinde ihr gegenüber auf uns um jeden Preis angwiesenen Truppe«*)[15] gewesen sein, welches den Ausschlag zugunsten der weiteren Stützung des kroatischen Verbündeten gab. Auch eine übertriebene Vorstellung von der Notwendigkeit, die Streitkräfte des NDH-Staates beim bevorstehenden italienischen Kriegsaustritt zum Einsatz zu bringen, scheint in diesem Zusammenhang eine gewisse Rolle gespielt zu haben[16]. Die Befehle, mit denen Hitler dann am 7. und 12. September Maßnahmen zur »Hebung

---

14 Broucek, *General im Zwielicht*, S. 426 (Eintrag vom Juli 1944): »*Der Hauptgrund für seine Interesselosigkeit für Kroatien besteht wohl in der äußerst angespannten Kriegslage im Osten.*«
15 ADAP, Serie E, Bd. VI, S. 503–507 Aufzeichnung des Gesandten in Agram (Zagreb) Kasche (8.9.1943).
16 Mehner, Geheime Tagesberichte, Bd. 8, S. 38 (Eintrag vom 7.9.1943).

der kroatischen Wehrkraft« verfügte bzw. sich gegen eine Übernahme der vollziehenden Gewalt durch die 2. Panzerarmee aussprach, stellten jedenfalls eine unmißverständliche Absage an einen Machtwechsel in Agram dar.

Warum des »Führers« Unmut erst ab Ende Oktober deutlichere Formen annahm, läßt sich nicht mit Sicherheit sagen; der in den vorangegangenen Wochen rapide gestiegene Einfluß Neubachers scheint die naheliegendste Erklärung zu sein[17]. Eine Entscheidung gegen Pavelić, für die es selbst jetzt möglicherweise noch nicht zu spät gewesen wäre, fiel jedoch auch diesmal nicht; in den folgenden Monaten sollte Kasches Feststellung, daß die Ustascha schon allein deshalb zu unterstützen sei, weil sie die einzige zur Unterstützung Deutschlands bereite Gruppe darstelle, den Charakter einer »self fulfilling prophecy« annehmen.

Als Fazit bleibt festzuhalten, daß Hitlers Festhalten an Pavelić bis zum Spätsommer/Frühherbst 1943 höchstwahrscheinlich auf eine Mischung aus Interesselosigkeit, Entscheidungsschwäche und Sorge vor einer weiteren Schwächung Mussolinis zurückzuführen war. Indizien für eine weltanschaulich begründete Affinität finden sich lediglich in einigen Bemerkungen zu den Serbenpogromen der Jahre 1941/42, die aber ebensogut als Ausdruck reiner Slawophobie gewertet werden können und zudem wahrscheinlich nicht im vollen Bewußtsein der durch diese Politik verursachten Krise fielen. Unter dieser Prämisse scheint es nicht ausgeschlossen, daß bei einem resoluteren und vor allem früher einsetzenden Plädoyer für einen Machtwechsel in Kroatien durch die deutschen Befehlshaber vor Ort, Hitler sich des Problems in seiner ganzen Tragweite früher bewußt geworden wäre und somit noch vor Herbst 1943 einem Machtwechsel zugestimmt hätte.

Auch unter Berücksichtigung der Tatsache, daß die Vermittlung eines realistischen Kroatienbildes im Führerhauptquartier durch die Parteinahme Kasches und von Ribbentrops erschwert wurde und auch vom prinzipiell ustaschakritischen Reichsführer SS nicht unbedingt Schützenhilfe zu erwarten war[18], kommt man nicht umhin, ein völliges Versagen aller betroffenen Militärs zu konstatieren. Über die Gründe für diese Versagen läßt sich in manchen Fällen nur spekulieren. So ist von Walther Kuntze (OB Südost, Oktober 1941 bis August 1942) nicht einmal bekannt, daß er es auch nur versucht hätte, in aller Form Stellung gegen das Ustascharegime zu beziehen. Alexander Löhr (OB Südost, August 1942 bis August 1943) muß vorgehalten werden, daß er zwar einen Vorstoß unternahm, im Gespräch mit Hitler dann aber

---

17 Kasche vermutete allerdings, daß *»sich diese Auffassung durch die militärische und die Berichterstattung der Reichsführung SS gebildet (habe).«* Vgl. ADAP, Serie E, Bd. VII, S. 180 f. Unterhaltung mit dem Führer am 29.10.1943 im Hauptquartier (11.11.1943).

18 Obwohl Himmler Löhrs kritische Bemerkungen im September 1942 zwar bestätigt hatte, zog er es dann vor, dessen Vorstoß vom März 1943 nicht mehr zu unterstützen, sondern für seine eigenen Interessen (Einsetzung eines Höheren SS- und Polizeiführers) zu benutzen; vgl. Broucek, *General im Zwielicht*, S. 149 (Eintrag vom September 1942) u. S. 241 (Eintrag vom Juli/August 1943).

nicht resolut auf seinem Standpunkt beharrte. Von Maximilian Freiherr von Weichs (OB Südost, August 1943 bis März 1945) wäre zu erwarten gewesen, daß er in Anbetracht der Umbruchsituation, die er bei seinem Amtsantritt im Südosten vorfand, auf der sofortigen Beseitigung von Pavelić und der Auflösung der Ustascha bestanden hätte; statt dessen beließ er es bei einer Forderung nach der Ausrufung des Ausnahmezustandes – einer nach Lage der Dinge völlig unzulänglichen Maßnahme. Vor einem regelrechten Rätsel steht der Historiker im Fall von Lothar Rendulic (OB Pz.AOK 2, August 1943 bis Juni 1944). Gleichermaßen überzeugter Nationalsozialist wie ein Feind des Ustaschastaates, schreckte er nicht davor zurück, seine Absicht, Hitlers Befehl zur Hebung der kroatischen Wehrkraft zu unterlaufen, im Kriegstagebuch seiner Armee festzuhalten. Daß der Gedanke, auch den nächsten logischen Schritt zu tun, ihm zu keinem Zeitpunkt gekommen zu sein scheint, läßt sich daran ablesen, daß er in seinen außerordentlich apologetisch gehaltenen Memoiren noch nicht einmal für sich beansprucht, in dieser Frage jemals Opposition betrieben zu haben; in bezug auf die Marschrouten einzelner Bataillone, so vermerkt er nicht ohne Stolz, habe er allerdings nicht davor zurückgeschreckt, dem »Führer« offen zu widersprechen[19].

Edmund Glaise von Horstenau (Bevollmächtigter General in Kroatien, April 1941 bis September 1944) trifft in vielerlei Hinsicht die schwerste Verantwortung. Nicht nur, daß er sich über die Natur des Pavelić-Regimes bereits im Sommer 1941 im klaren war, er konnte sich aufgrund eines besonders guten Verhältnisses zu Hitler auch sicher sein, bei diesem jederzeit Gehör zu finden. Anstatt sich aber spätestens 1942 für eine umgehende Auflösung des NDH-Staates in seiner gegenwärtigen Form einzusetzen, plädierte er für eine Politik des »goldenen Mittelweges« mit dem dazugehörenden »Fortwursteln«; wann immer der Gedanke eines Machtwechsels an ihn herangetragen wurde, verwies er auf die vermeintlich prohibitiv hohen Truppenzahlen, die dann zur Sicherung des Landes nötig sein würden. Daß er in seinen Berichten die Hauptverantwortung für den Verfall des Staates immer wieder auf die italienische Besatzung schob, dürfte zudem einer der Gründe sein, warum in deutschen Führungskreisen ein Konsens zur Rolle der Ustascha erst so spät zustande kam[20]. Ob bei diesen Fehleinschätzungen übertriebene Italophobie oder fehlgeleitete Kroatophilie Pate stand, dürfte nicht mehr zu eruieren sein. Zu berücksichtigen ist allerdings auch, daß Glaise geneigt gewesen sein könnte, aus sehr persönlichen Gründen von einer Politik abzusehen, an deren Ende entweder die Auflösung oder

---

19 Lothar Rendulic, *Soldat in stürzenden Reichen* (München 1965), S. 319 f.
20 Noch Ende Dezember 1943 beharrte Glaise darauf, die soeben beendete italienische Okkupation und den Kampf gegen die Aufständischen als die zwei schwersten »Hypotheken« des kroatischen Staates zu bezeichnen; die Auffassung, daß die Volkstumskämpfe letztlich nur auf die Ausschreitungen der Ustascha zurückzuführen waren, bezeichnete er als »wohl irrig«.Vgl. ADAP, Serie E, Bd. VII, S. 298–305 Die kroatische Wehrmacht an der Jahreswende 1943/44 (31.12.1943).

aber die Aufwertung seiner Dienststelle gestanden hätte. So hatte seine Erhebung auf einen Posten, der ihm eine wenn auch nachgeordnete Rolle bei der Gestaltung des Weltgeschehens zuwies, nachweislich zu seinem gesteigerten Selbstwertgefühl beigetragen[21]; die sich abzeichnende Kriegswende sowie die eskalierende deutsche Repressalienpolitik in Kroatien bewogen ihn jedoch alsbald, seine Verstrickung in die Kroatienpolitik seiner Regierung auf ein absolutes Minimum zu reduzieren. Bereits im Oktober 1942 veranlaßte ihn die bloße Aussicht auf eine mögliche Ernennung zum Kommandierenden General (Lüters spätere Stelle), seine Demission anzubieten. Spätere Versuche, in Ungarn einen weniger exponierten Posten zu erhalten, müssen ohne Frage vor diesem Hintergrund gesehen werden.

Letzterer Vorstoß dürfte aber nicht nur auf den Wunsch, sich selbst aus der politischen Schußlinie zu bringen, zurückzuführen gewesen sein; schließlich befand er sich in einer finanziellen Lage, in der er sowohl auf seinen vollen Generalssold als auch auf die Bewilligung einer im Februar 1943 beantragten Dotation angewiesen war[22]. Bei einem von politischen Kontroversen begleiteten Abgang von seinem Agramer Posten hätten sich die Aussichten auf diesen finanziellen Zuschuß zumindest nicht verbessert[23].

Wann immer in der Fachliteratur zum Zweiten Weltkrieg vom moralischen Scheitern der höheren deutschen Generalität die Rede ist, ist damit in aller Regel die Einwilligung in verbrecherische Befehle oder die fehlende Unterstützung des militärischen Widerstandes gemeint. Erst in jüngster Zeit ist damit begonnen worden, einige der Fälle zu problematisieren, in denen nicht offener Widerstand, sondern ein innerhalb der vom Regime vorgegebenen Parameter geäußerter Protest gegen unhaltbare Befehle gefragt war und dennoch unterblieb[24]. Die Betroffenen hätten – anders als die Verschwörer vom 20. Juli – weder ihren Eid brechen noch die Einlieferung in ein KZ gewärtigen müssen; im schlimmsten Fall hätte sie die Versetzung in die Reserve erwartet.

Im Gegensatz zu anderen, weniger prominent plazierten Kritikern des Ustascharegimes wie Harald Turner, Siegfried Benzler oder Paul Bader hatten die fünf Offiziere im Generalsrang, deren Versagen hier zur Diskussion steht, die Chance, an höchster Stelle wiederholt Gehör zu finden. Im Hinblick sowohl auf die Fürsorge-

---

21 So die Auffassung des besten gegenwärtigen Kenners seiner Person; vgl. Broucek, *General im Zwielicht*, S. 70. Siehe auch ebd., S. 188 (Eintrag vom Februar 1943).

22 Gerd Ueberschär/Winfried Vogel, *Dienen und Verdienen. Hitlers Geschenke an seine Eliten* (Frankfurt a. M. 1999), S. 175–178. Glaise von Horstenau wurde erst im Januar 1944 aus diesem finanziellen Engpaß befreit.

23 Vgl. Broucek, *General im Zwielicht*, S. 222 (Eintrag vom Mai 1943) zu Glaises Befürchtungen diesbezüglich.

24 Vgl. hierzu folgenden wegweisenden Beitrag: Sönke Neitzel, Zwischen Professionalität, Gehorsam und Widerstand. Gedanken zur deutschen Generalität im Zweiten Weltkrieg; in: Mitteilungen der Rancke-Gesellschaft 12 (1999), Nr. 2, S. 247–261.

pflichten einer Besatzungsmacht als auch die Verantwortung für die ihnen unterstellten Soldaten hätte jeder von ihnen zu einem bestimmten Zeitpunkt die Absetzung des Pavelić-Regimes verlangen und diese Forderung mit einem Demissionsgesuch verbinden müssen. Diesem Anspruch ist einer der fünf – Alexander Löhr – nur in Ansätzen, die anderen vier überhaupt nicht gerecht geworden. Die deutsche Wehrmacht verlor infolge dieser Unterlassung nicht nur über zehntausend Gefallene, sondern auch jeden moralischen Anspruch, die auf dem Boden des NDH-Staates operierenden Freischärler als »Vogelfreie« zu richten.

8.2. Die Besetzung Jugoslawiens als strategisches Problem im Kontext der Gesamtkriegführung

Nach Aufteilung des untergegangenen Königreichs Jugoslawien wurde die Besetzung Serbiens sowie der deutschen Einflußzone in Nordkroatien vier Reservedivisionen des Heeres überlassen, die zusammen etwa 30.000 Mann zählten. Zur Jahreswende 1943/44 waren daraus 18 Divisionen und drei selbstständige Regimenter mit annähernd 250.000 Mann unter vier Generalkommandos, einem Armeeoberkommando und zwei Oberbefehlshabern geworden[25]. Dieser Umstand bzw. die sich scheinbar daraus ergebende Schlußfolgerung, daß ein Großteil dieser Kräfte unter anderen Umständen an einer der Hauptfronten Verwendung gefunden hätte, ist sowohl von jugoslawischen Historikern als auch der Sache der Partisanen geneigten ausländischen Publizisten wiederholt als Gradmesser für die Wirksamkeit des Krieges der Volksbefreiungsarmee gegen die deutschen Besatzer angeführt worden[26]. Auch bei einer Beurteilung des Erfolges bzw. Mißerfolges des Krieges der deutschen Wehrmacht gegen die Partisanen steht diese Frage zweifelsohne im Mittelpunkt der Betrachtung.

Auch auf die Gefahr hin, dem Ergebnis vorzugreifen, kann an dieser Stelle bereits festgehalten werden, daß der deutsche Versuch, das Gebiet des geteilten Jugoslawien mit einer möglichst geringen Zahl an zweitklassigen Verbänden zu sichern, in Serbien ein gewisser Erfolg zwar nicht abgesprochen werden kann, in Kroatien aber mit einem weitgehenden Mißerfolg endete.

Bis zum Herbst 1942 sollte es dem Wehrmachtbefehlshaber Südost gelingen, der Eskalation des Krieges westlich der Drina noch mit eigenen Mitteln zu begegnen: So wurde im Juli erst die gesamte 714. ID, im September dann ein Regiment der 717.

---

25 Einschließlich zweier in Albanien dislozierter Divisionen (100. Jäger und 297. ID).
26 Vgl. hierzu Vladimir Dedijer, *Tito. Autorisierte Biographie* (Berlin u. Frankfurt a. M.1953) S. 201 sowie Milovan Djilas, *Wartime* (New York 1977), S. 443.

ID auf Dauer von Serbien nach Kroatien verlegt; der Rest der 717. ID folgte im Februar 1943. Bereits im November 1942 war jedoch erstmalig der Fall eingetreten, daß mit der 187. (Res.) ID ein »balkanfremder« Großverband aus dem Reich verlegt werden mußte. Bis zum August 1943 war die Streitmacht des Befehlshabers der deutschen Truppen in Kroatien (ohne Serbien) schließlich auf sage und schreibe 80.000 Mann angestiegen – gegenüber den Zahlen vom Oktober 1942 entsprach dies einer Vervierfachung der Gefechtsstärke[27]. Aufgrund der Vorbereitungen zum Operationszyklus, der am 2. Dezember 1943 mit »Kugelblitz« seinen Anfang nahm, erreichte die Zahl der auf dem Gebiet des NDH-Staates (und Montenegros) dislozierten Truppen schließlich den bereits erwähnten Höhepunkt, der allerdings nicht von Dauer war: Mit der Verlegung der SS-Brigade »Nederland«, der 277. ID, der 371. ID, der 1. Gebirgsdivision sowie der 100. und 114. Jägerdivision trat bis Mitte Februar 1944 ein Aderlaß ein, der auch durch das Eintreffen der überstarken 13. SS-Division Anfang März nicht kompensiert werden konnte. Bis zum Einbruch der Roten Armee in den serbischen Raum verfügte die 2. Panzerarmee im Schnitt über 11 bis 12 Divisionen und dürfte daher eine Ist-Stärke von 180.000 Mann nur noch gelegentlich überschritten haben. Verlegungen an die vom östlichen Balkan näherrückende Ostfront sowie die weitgehende Auflösung der 13. und 21. SS-Divisionen beschränkten de Angelis bis Mitte September 1944 schließlich auf ganze 8 Divisionen, deren Stärke – zumal in Anbetracht der Verluste der Legionsdivisionen durch Desertionen – deutlich unter 150.000 Mann gelegen haben dürfte.

Im auffälligen Gegensatz zu dieser Entwicklung stand die stetig abnehmende Besatzungsstärke im Nachbarland Serbien. Eine stetige Abwanderungsbewegung der ursprünglich drei Besatzungsdivisionen nach Kroatien (714. ID, 717. ID) oder Griechenland (704. ID) wurde im wesentlichen durch den Einsatz bulgarischer Reservistenverbände, einiger deutscher Polizeibataillone sowie Verbänden der Regierung Nedić kompensiert. Dieser Trend wurde zwar gelegentlich angehalten – wie im Falle der 717. ID, die eigentlich bereits im März 1942 aus Serbien verlegt werden sollte[28] –, aber bis zur sowjetischen Invasion nie umgekehrt.

Eine solche Form von Besatzungspolitik wurde letztendlich aber nur durch die attentistische bzw. (ab Ende 1943) kollaborationswillige Haltung der DM-Bewegung ermöglicht und hätte im Falle einer alliierten Großlandung an der Adria leicht in einem Debakel erster Ordnung enden können. Daß dieser Kontingenzfall nie eintreten würde, war natürlich nicht vorhersehbar, der Erfolg dieser vabanqueähnlichen Strategie somit auch kein Verdienst des OKW oder des OB Südost. Wie stellt sich demgegenüber die Situation im NDH-Staat dar?

So war die Entwicklung auf dem kroatischen Kriegsschauplatz der Situation östlich

---

27 BA/MA, RH 21-2/609 Lagebeurteilung des Befehlshabers der deutschen Truppen in Kroatien für die Zeit vom 16.7.–15.8.1943 (17.8.1943).
28 BA/MA, RW 40/27 KTB-Eintrag vom 5.3.1942.

der Drina ohne Frage diametral entgegengesetzt. Dennoch kommt man bei näherer Betrachtung des Bedrohungsbildes und der von deutscher Seite getroffenen Gegenmaßnahmen nicht umhin, den Anteil der Volksbefreiungsarmee an dieser Kräftebindung wenn nicht in Frage zu stellen, dann doch erheblich zu relativieren. So ist einerseits festzuhalten, daß der im Dezember 1941 erwogene Rückzug aus Nordkroatien zugegebenermaßen daran scheiterte, daß man den nachrückenden Italienern den wirksamen Schutz für die deutsche Seite wichtiger Wirtschaftsobjekte gegen die Partisanen nicht zutraute. Andererseits gilt es zu bedenken, daß durch diese Räumung lediglich eine einzige, zweigliedrige, Infanteriedivision (718. ID) eingespart worden wäre.

Die Entscheidung Hitlers vom Dezember 1942, in einem mehrmonatigen Feldzug erst das »Partisanenreich« südlich der Demarkationslinie, dann das geographische Zentrum des nationalserbischen Widerstandes in Montenegro auszuschalten, war mittelbar zwar auf die Ausdehnung, die diese staatsähnlichen Gebilde erreicht hatten, zurückzuführen; die Rolle des Katalysators fiel aber ganz eindeutig der Entwicklung der Kriegslage im Mittelmeerraum zu, die mittelfristig eine alliierte Landung irgendwo auf der Balkanhalbinsel erwarten ließ. Ohne diese äußere Bedrohung hätte eine Großoperation gegen Partisanen oder Cetniks vermutlich noch Monate auf sich warten lassen.

Ein Moment, das schließlich in keinerlei Zusammenhang mit der Bedrohung durch Freischärler stand, war die Ende Juli 1943 sich abzeichnende Notwendigkeit, in naher Zukunft für die Entwaffnung von fast 300.000 italienischen Soldaten in Kroatien und Montenegro zu sorgen. Auch nachdem diese Aufgabe erfolgreich gelöst worden war, erlaubte die strategische Lage kein Einfrieren, geschweige denn eine Reduzierung der Truppenstärke: Mit der Landung in Unteritalien und der Einnahme der Flugplätze im Raum Foggia hatten die Alliierten sich nämlich mittlerweile eine Basis geschaffen, die es ihnen theoretisch ermöglicht hätte, binnen kurzer Zeit ein Landungsunternehmen an jedem Punkt der jugoslawischen Adriaküste durchzuführen.

Von kaum geringerer Bedeutung als die strategischen Prioritäten des OKW war die Zusammensetzung der Truppe, mit der Lüters bzw. Rendulic das geteilte Jugoslawien gegen Partisanen oder anlandende Angloamerikaner zu verteidigen hatten. Erstmalig im Dezember 1941 hatte es sich gezeigt, wie schwierig es für den OB Südost in Anbetracht der Dauerkrise an der Ostfront war, eine kaum als ausreichend zu bezeichnende deutsche Truppenpräsenz in Jugoslawien zu rechtfertigen. Die Versuche, während der folgenden Jahre diesem Dilemma aus dem Weg zu gehen, sollten wiederholt zu Lasten der eingesetzten Truppe gehen. Obwohl 1941 die noch in Aufstellung begriffenen 700er-Divisionen nicht mit Bedacht für den Balkaneinsatz ausgesucht worden waren, dürfte die Tatsache, daß sie sich dort nach einer kurzen Krise letztendlich doch bewährt hatten, als ermutigender Präzedenzfall angesehen worden sein. Jedenfalls ist nicht zu übersehen, daß sich bei den ab November 1942 in Jugoslawien eintreffenden Divisionen ein unverhältnismäßig hoher Anteil an reinen Schulungsformationen oder halb ausgebildeten Verbänden befand, die ihren »letzten Schliff« nun nicht auf einem reichsdeutschen Truppenübungsplatz, sondern in Bosnien oder Slawonien erhielten. Obwohl schwerwiegende militärische Rückschläge meistens ausblieben, waren vermeidbare Verluste die unausweichliche Folge. Ausgenommen von dieser Regel blieben lediglich die Verbände der Waffen-SS: Sowohl im Falle der Division »Prinz Eugen« wie der Division »Handschar« lagen Heinrich Himmler Gesuche auf einen vorzeitigen Einsatz von zumindest Teilen dieser Verbände vor[29]; dennoch gelang es dem mächtigen Reichsführer SS nicht zum ersten Mal, eine privilegierte Behandlung seiner kämpfenden Verbände durchzusetzen.

Eine weitere Möglichkeit, die Sicherung Jugoslawiens ohne größere Belastung für die Gesamtkriegführung vorzunehmen, lag im Einsatz »fremdländischer« Verbände, die aus historischen oder politischen Erwägungen nicht an einer der Hauptfronten eingesetzt werden konnten. So ist etwa für das – zugegebenermaßen kurze – Gastspiel des III. (germ.) SS-Korps zu konstatieren, daß aufgrund der Einstellung seiner niederländischen Freiwilligen ein Kampfeinsatz gegen westalliierte Gegner nie in Frage gekommen wäre. Ähnliches gilt für die 1. Kosakendivision: In ihrem Fall war es die Kriegswende an der Ostfront sowie die hiermit verbundene Propaganda der Roten Armee, die Überläufer zur Rückkehr aufforderte, die einen Einsatz gegen einen kommunistischen Gegner außerhalb Rußlands wünschenswert erscheinen ließen. Im Fall der 13. und 21. SS-Division setzte die ethnische Zusammensetzung (Bosnier bzw. Albaner) sowie die Motivation ihrer Mannschaften (Schutz ihres Heimatgebietes vor ethnischen Säuberungen) einen Einsatz in ihrem ursprünglichen Rekrutierungsraum sogar zwingend voraus.

Ähnlich, aber nicht identisch liegt der Fall der 7. SS-Division (Volksdeutsche) sowie der drei Legionsdivisionen (Kroaten). Obwohl sich diese Verbände mit Ausnahme des deutschen Rahmenpersonals ausschließlich aus Bürgern des untergegangenen jugoslawischen Staates rekrutierten und ihr Einsatz in personeller Hinsicht somit keine Belastung deutscher Ressourcen darstellte, muß auch die Möglichkeit einer anderweitigen Verwendung bedacht werden. So kann beim Ausbleiben des Krieges gegen die Volksbefreiungsarmee im Falle der SS-Division ein Einsatz an der Ostfront mit Sicherheit, hinsichtlich der Legionsdivisionen mit einiger Wahrscheinlichkeit angenommen werden[30] – eine durch die Landungsgefahr bedingte Rückkehr im Herbst 1943 nicht ausgeschlossen.

---

29 BA/MA, RW 40/31 KTB-Einträge vom 24.7., 25.7., 26.7. und 27.7.1942; PA/AA, StS Koatien, Bd. 5, 696 Aufzeichnung betreffend Besprechung mit Reichsführer SS Himmler in Wolfsschanze am 31. August 1943 (1.9.1943).

30 In diesem Zusammenhang sei daran erinnert, daß die 369. (kroat.) ID bis Ende September 1942 für

Um der konkreten Frage nachzugehen, wie hoch der durch den Krieg gegen die Volksbefreiungsarmee verursachte Ressourcenbindung lag, ist es notwendig, jede Phase des Krieges in Jugoslawien im Kontext der Gesamtkriegführung zu sehen. So ist es wichtig zu betonen, daß es dem OB Südost mit Ausnahme der gerade mal zweimonatigen Detachierung der 342. ID im Herbst 1941 bis Ende 1942 gelang, Serbien und Kroatien mit den ihm ursprünglich zugewiesenen Kräften (vier zweigliedrige 700er-Divisionen) zu halten. Die folgenden sechs Monate sind jedoch insofern von Bedeutung, als sie im Zeichen eines Großfeldzuges gegen die Volksbefreiungsarmee standen, der zwar im Hinblick auf eine mögliche zukünftige westalliierte Bedrohung durchgeführt wurde, die aber noch nicht unmittelbare Realität geworden war. Die Truppenkonzentration, die Lüters in diesen Monaten zur Verfügung stand, war somit ausschließlich im Kampf gegen die Partisanen gebunden. In Anbetracht der bis Mitte Mai noch andauernden Kämpfe um den Brückenkopf Tunis kann also angenommen werden, daß ein Teil der während dieses Zeitraums eingesetzten Kräfte (7. SS Division, 1. Gebirgsdivision, 369. kroat. ID) umgehend, die 700er-Divisionen (714. ID, 717. ID, 718. ID) nach ihrer Umgliederung zu Jägerdivisionen zumindest für einige Monate an der Ostfront hätten eingesetzt werden können. Einmal angenommen, eine Bedrohung durch die Volksbefreiungsarmee hätte während dieses Zeitraums in nennenswerten Umfang nicht bestanden, erscheint eine Sicherung des deutschen Einflußbereichs durch minimale Kräfte (187. Res. Div.) durchaus denkbar; dies würde bedeuten, daß die Partisanen im ersten Halbjahr 1943 vorübergehend bis zu sechs deutsche Divsionen von durchschnittlicher (im Falle der 369. kroat. ID) bis sehr hoher (1. Gebirgsdivision) Kampfkraft auf sich gezogen hätten. Darüber hinaus sollte die von Alexander Löhr geäußerte Hoffnung, nach Abschluß des laufenden Operationszyklus den NDH-Staat im wesentlichen wieder mit zwei 700er-Divisionen zu sichern, weder nach »Weiß II« noch nach »Schwarz« in Erfüllung gehen.

Um die Frage zu beantworten, wieviel Divisionen der OB Südost ab Juli 1943 (alliierte Landung auf Sizilien) auch bei einer minimalen Bedrohung durch Freischärler in Jugoslawien festgehalten hätte, mag es hilfreich sein, einen Blick auf die Schlachtordnung der 2. Panzerarmee zu werfen, wie sie sich auf dem Höhepunkt ihrer Ist-Stärke im Dezember 1943 präsentierte. Als erstes fällt die große Zahl der Divisionen auf, die entweder reine Ausbildungsformationen waren (173. Res. Div., 187. Res. Div) oder aber – genau wie die 700er Divisionen im Sommer 1941 – ihre

eine Verwendung an der Ostfront vorgesehen war. Vgl. PA/AA, Handakten Ritter (Kroatien) 7644 Aufzeichnung des Botschafters Ritter (24.9.1942). Die Vermutung liegt nahe, daß Pavelić nach der Katastrophe von Stalingrad Hitler schon aus Gründen des politischen Prestiges mindestens noch eine weitere Division angeboten hätte.

Bataillonsausbildung noch nicht oder erst seit kurzem beendet hatten (SS-Brigade »Nederland«, 1. Kosakendivision, 277. ID, 297. ID, 367. ID und 371. ID). Auch die in Zentraldalmatien dislozierte »bodenständige« 264. ID war aufgrund der fehlenden Beweglichkeit kein vollwertiger Großverband und somit eigentlich nur zum Küstenschutz zu verwenden.

Von den verbliebenen Divisionen dürften drei in die Kategorie »durchschnittlich« fallen (369. kroat. ID, 373. kroat. ID, 181. ID)[31] und lediglich die verbliebenen fünf (1. Gebirgsdivision, 7. SS-Division, 100., 114. und 118. Jägerdivision) die Voraussetzungen erfüllt haben, die eine Verlegung an einen Brennpunkt einer der beiden Hauptfronten (Ostfront oder Italien) denkbar bzw. sinnvoll gemacht hätten. Überdies gilt es zu berücksichtigen, daß selbst diese Zahl für die Verhältnisse des jugoslawischen Kriegsschauplatzes ungewöhnlich hoch und auch nur von kurzer Dauer war: Bis Anfang März waren an erstklassigen Formationen nur noch die 7. SS sowie die 118. Jägerdivision zurückgeblieben. Die Tatsache, daß die 2. Panzerarmee sich dann von Mitte Februar bis Anfang Mai 1944 gegenüber Titos Großverbänden im wesentlichen passiv verhielt, vermag somit eine annähernde Vorstellung von der Truppenstärke geben, deren Stationierung in Jugoslawien auch dann für notwendig erachtet wurde, wenn die Hauptsorge dem Feind jenseits der Adria galt: unter Einschluß Albaniens ca. sechs Divisionen unterschiedlicher Kampfkraft für den Küstenschutz, eine Elitedivision als operative Eingreifreserve sowie vier Divisionen zur Sicherung des tieferen Raumes. Bei einem weitgehenden Wegfall der Bedrohung durch die Volksbefreiungsarmee wäre es vermutlich möglich gewesen, bei einer solchen Gruppierung auf die vier Sicherungsdivisionen sowie – unter Berücksichtigung der Tatsache, daß die rückwärtigen Verbindungen der Verteidiger an der Küste keinem andauernden Feinddruck ausgesetzt gewesen wären – eine der Küstenschutzdivisionen zu verzichten. Grob geschätzt »verteuerte« die bloße Präsenz der Volksbefreiungsarmee bei relativer Passivität von deutscher Seite die Besetzung Jugoslawiens ab Juli 1943 um fünf Divisionen durchschnittlicher bis geringer Kampfkraft, von denen aber mindestens zwei aufgrund ihrer kurzen Ausbildungszeit sowieso an keinem anderen Kriegsschauplatz einsetzbar gewesen wären. Für den relativ kurzen Zeitraum (Dezember 1943 bis Februar 1944), in denen eine ganze Reihe von Großoperationen gegen die Hauptverbände der Volksbefreiungsarmee geplant waren, erhöhte sich dieser »Mehrbedarf« auf insgesamt drei Divisionen von hoher sowie fünf von durchschnittlicher bis geringer Kampfkraft.

Abschließend muß an dieser Stelle festgehalten werden, daß die in der Vergangenheit immer wieder aufgestellte Behauptung, die Volksbefreiungsarmee hätte in

---

31 Zur Kampfkraft dieser Verbände siehe BA/MA, RH 21-2/609 Notiz des Pz.AOK 2/Ia (15.10.1943) sowie RH 24-21/98 Generalkommando XXI. Geb. AK an Panzerarmeeoberkommando 2 (16.3.1944).

Jugoslawien 15 bis 20 Frontdivisionen gebunden, mit den Realitäten des Kriegsschauplatzes kaum etwas zu tun hat[32]. Andererseits bot die Tatsache, daß dem OB Südost die Sicherung dieses Raumes über eine längere Zeit gelang, ohne dafür eine größere Zahl kampfkräftiger Verbände zu beanspruchen, der deutschen Seite kein Anlaß zur Selbstgefälligkeit: Auf operativer Ebene trat die Kehrseite dieses Arrangements klar zu Tage.

8.3. Die Strategiedebatte in der deutschen Besatzungspolitik

Wie jede andere Besatzungs- oder Kolonialmacht, die jemals vor der Aufgabe gestanden hat, eine von weiten Bevölkerungsteilen getragene Aufstandsbewegung niederzukämpfen, sahen sich auch die Okkupanten auf dem Gebiet des besetzten Jugoslawien mit dem Problem konfrontiert, einen geländekundigen und den offenen Kampf scheuenden Gegner in den Wirkungsbereich der eigenen Waffen zu bringen. Hierzu boten sich zwei Vorgehensweisen an. Zum einen konnte man die Besatzungstruppe und ihr zuarbeitende einheimische Verbände in möglichst vielen Garnisonen über das betroffene Gebiet verteilen, so daß idealerweise alle bis auf die kleinsten Bevölkerungszentren gegen Versuche der Untergrundkämpfer, sich hier mit Nahrung, Rekruten und Informationen zu versorgen, wirksam abgeschirmt waren. Den Aufständischen bliebe somit gar nichts anderes übrig, als zur Durchbrechung dieser Isolierung den Kampf anzunehmen. Darüber hinaus war unter größtmöglicher Schonung der Zivilbevölkerung eine offensive Bekämpfung seiner Verbände in kleinen Schritten anzustreben, die die dauerhafte Verdrängung des Gegners aus einmal gesicherten Räumen zum Ziel hatte. Hierbei seien idealerweise kleine Einheiten einzusetzen, die sich in ihrer Taktik möglichst weitgehend an die Vorgehensweise der Freischärler anzupassen hatten. Zum anderen konnte man aber auch versuchen, durch das Zusammenwirken mehrerer herkömmlich operierender Großverbände den Gegner in möglichst großer Zahl zusammenzutreiben und einzukesseln; der Haupttrumpf einer Guerrillaarmee – ihre höhere Beweglichkeit – war in diesem Fall vor allem durch zahlenmäßige Stärke und überlegene Feuerkraft zu neutralisieren, wobei insbesonders letztere allerdings die Gefahr größerer Kollateralschäden mit sich brachte.

---

32 John Ellis hat vor kurzem die von der Volksbefreiungsarmee gebundenen deutschen Divisionen auf 11 geschätzt; vgl. ders., *One day in a very long war – Wednesday October 25th 1944* (London 1998), S. 159. Obwohl Ellis im Gegensatz zu fast allen anderen Historikern immerhin auf den höchst unterschiedlichen Kampfwert der in Jugoslawien dislozierten Wehrmachtsverbände hinweist, erscheint seine Berechnung wegen der fehlenden Berücksichtigung der Invasionsabwehr äußerst fragwürdig.

Historisch gesehen hat diese Frage sich selten in einer eindeutigen Entweder-Oder-Form gestellt, und die Versuche zu einer Lösung haben dann auch meistens die Form eines Kompromisses angenommen. Trotzdem kann nicht geleugnet werden, daß der deutsche Krieg gegen die Volksbefreiungsarmee zwar nicht ausnahmslos, aber doch sehr häufig die Gestalt der zweiten Vorgehensweise annahm. Da keine schriftlichen Quellen über eine Erörterung dieses Problems im Stabe Baders, Lüters' oder Rendulics vorliegen, ist eine Annäherung an diese Frage nur über einen Blick auf die deutsche Operationsgeschichte im jugoslawischen Raum möglich.

Die Vorstellung, der militärischen Vernichtung der Partisanenverbände den Vorzug vor der schrittweisen, aber dauerhaften Rückgewinnung der von ihnen beherrschten Landstriche und Bevölkerungsteile zu geben, konnte sich der deutschen militärischen Führung aus verschiedenen Gründen suggeriert haben. An erster Stelle wäre eine bis weit in das 19. Jahrhundert zurückreichende Einsatzdoktrin zu nennen, welche die Einkesselung und Vernichtung der feindlichen Hauptstreitmacht in einem möglichst kurzen Feldzug anstrebte[33]. Die Schlacht am Waterberg, die 1904 die Niederlage der aufständischen Hereros in Deutsch-Südwestafrika (heutiges Namibia) besiegelte, zeigte, daß diese auf die herkömmliche Landkriegführung zugeschnittene Strategie auch beim Krieg gegen einen irregulären Gegner erfolgreich angewandt werden konnte. Im besetzten Jugoslawien fanden sich die Besatzer nun insofern in einer Lage wieder, die an einen konventionellen Krieg erinnerte, als nach der lauffeuerartigen Verbreitung der Aufstandsbewegung im Juli und August 1941 sowohl in Serbien wie in Kroatien weite Teile des soeben besetzten jugoslawischen Staates regelrecht zurückerobert werden mußten. Obwohl im ersten Fall der Versuch, die gegnerischen Freischaren in größeren Zahlen zum Kampf zu stellen, erst nach mehreren Anläufen und dann auch nur aufgrund besonders günstiger Umstände zum Erfolg führte (Unternehmen »Užice«), war hiermit jedoch ein wichtiger Präzedenzfall geschaffen. Sowohl an der Planung wie der Durchführung der beiden folgenden Operationen (»Südostkroatien« im Januar, »Trio I und II« im April/Mai 1942) ist zu erkennen, daß hier ohne Frage der Gedanke im Vordergrund stand, das im November 1941 in Südwestserbien angewandte Erfolgsrezept auch auf den NDH-Staat zu übertragen. Die dauerhafte Sicherung des wiedereroberten Gebietes konnte man ja getrost den – zahlenmäßig ja durchaus starken – bewaffneten Verbänden des kroatischen Staates überlassen. Obwohl sich der militärische Erfolg in überschaubaren Grenzen hielt, hatte doch zumindest die zweite Unternehmung den weitgehenden Zusammenbruch des Partisanenstaates in Ostbosnien und mittelfristig den Rückzug der Hauptgruppe um Tito nach Westen zur Folge. Neben der Tatsache, daß dies wenigstens zum Teil auch eine Folge einer politischen

---

33 Vgl. hierzu Jehuda Wallach, *Das Dogma der Vernichtungsschlacht – die Lehren von Clausewitz und Schlieffen und ihre Wirkung in zwei Weltkriegen* (Frankfurt a.M. 1967).

Krise der Partisanenwegung war, gab es aber noch zwei andere Gründe, die die Zweckmäßigkeit dieser Strategie in Frage stellten. So hatte die bosnische Topographie die Bewegungsfreiheit der deutschen Verbände entschieden eingeschränkt; die Vernichtung geschlossener Partisanenverbände war nur in wenigen Ausnahmefällen gelungen. Anlaß zu noch viel größerer Sorge gab jedoch die Politik kroatischer Organe bei der Übernahme der von deutscher Seite soeben freigekämpften Räume. Gendarmerie und Ustascha-Miliz des NDH-Staates traten entweder überhaupt nicht oder nur zum Zwecke der Ausplünderung zurückgekehrter serbischer Zivilisten in Erscheinung. Einer schrittweisen Rückkehr der geflohenen Partisanen stand somit bald nichts mehr im Wege. Paul Bader stand diesem Dilemma allerdings völlig ohnmächtig gegenüber. Zum einen, weil, wie sich bei den Verhandlungen mit Dangić im Januar gezeigt hatte, eine vollständige oder teilweise Entmachtung des Regimes in Agram zu diesem Zeitpunkt überhaupt nicht zur Debatte stand, zum anderen, weil er selbst bei einer Übernahme der vollziehenden Gewalt mit den ihm zur Verfügung stehenden Kräften (die 718. ID) gar nicht in der Lage war, die Zivilbevölkerung vor Repressalien seitens der Ustascha oder der Partisanen zu schützen und somit eine wirklich flächendeckende Befriedung zu erreichen.

Obwohl diese Probleme von deutscher Seite in verschiedenen Denkschriften klar diagnostiziert wurden, sollten sie auch beim nächsten größeren Operationszyklus (»Weiß I und II«) wieder in Erscheinung treten. So lassen die für »Weiß I« erlassenen Befehle die Vermutung zu, daß die deutsche Führung immer noch der Illusion nachhing, weite Räume, die zum Teil fast ein Jahr unter Partisanenherrschaft gestanden hatten, mit einem einzigen großangelegten Entscheidungsschlag im Stil der »Užice«-Operation wieder in den kroatischen Staatsverband zu integrieren und zugleich auch die in diesem Raum operierenden Partisanenverbände zu vernichten. Das vorhersehbare Unvermögen der kroatischen Organe zur konstruktiven Aufbauarbeit in den wiedereroberten Gebieten, welches schon in den ersten Wochen selbst von dem Pavelić-Regime durchaus geneigten Gesandtschaftsangehörigen eingeräumt werden mußte[34], scheint bei der Planung des Unternehmens aber zumindest schon eine gewisse Rolle gespielt zu haben: Nur so lassen sich sowohl die Passage im »Weiß«-Befehl zur Zusammenarbeit mit den kroatischen Organen, die eine zumindest zwiespältige Haltung verrät[35], als auch der ursprüngliche Gedanke, praktisch die gesamte Bevölkerung des betroffenen Gebiets durch Deportation dem Einfluß der KPJ zu entziehen, erklären.

---

34 PA/AA, Inland IIg 401, 2821 Reisebericht von SA-Standartenführer Willy Requard (20.2.1943).
35 Obwohl der entsprechende Passus die »*eigenverantwortliche Mitarbeit kroat. milit. und ziviler Dienststellen*« erwähnt, heißt es dort auch, daß »*im Operationsgebiet hinter dieser Notwendigkeit notfalls auch formales Recht und selbst Souveränitätsrechte des kroat. Staates zurück(treten). Im Interesse einer wirklichen Befriedung ist von letzterem nur in Ausnahmefällen Gebrauch zu machen.*« Vgl. BA/MA, RH 26-118/32 Bfh.d.dt.Tr.i.Kroatien Ia, Befehl für die Kampfführung im kroat. Raum (12.1.1943).

Nichtdestotrotz hätten die größere Truppenzahl, die Übernahme der vollziehenden Gewalt in Ost- und Westbosnien sowie die zum Zwecke einer flächendeckenden Befriedung unter Ausschluß der kroatischen Organe geschaffene deutsch-kroatische Gendarmerie eine Ausgangslage schaffen müssen, die ungleich günstiger war als die Baders im Mai 1942. Eine sinnvolle Verbindung von militärischer Großoperation mit polizeilicher Befriedungsarbeit schien endlich in greifbare Nähe gerückt zu sein. Daß es dazu nie kam, lag allerdings nicht nur an der politischen Hypothek, die schon im bloßen Fortbestand des NDH-Staates zu sehen war, und der Tatsache, daß die geplante Aufstellung des erwähnten Polizeiverbandes sich viel zu lange hinziehen sollte. Mindestens genauso wichtig war die Tatsache, daß die Volksbefreiungsarmee in Bosnien-Herzegowina mit ihren Brigaden und Divisionen mittlerweile eine Feuerkraft zum Tragen bringen konnte, die jeden Gedanken an eine dauerhafte Sicherung ländlicher Räume mit Polizei- oder Milizformationen Makulatur werden ließ.

Verbände dieser Art sahen sich ebenso wie Cetniks oder Ustascha – von den völlig demoralisierten Domobranen ganz zu schweigen – im Ernstfall immer häufiger vor die Wahl zwischen Untergang oder Kapitulation gestellt. Der nach wenigen Monaten erfolgte Abzug der Kammerhoferschen Gendarmerie in den Raum nördlich der Save, wo noch mit einem deutlich geringeren Feinddruck gerechnet werden konnte, ist in diesem Zusammenhang als geradezu symptomatisch zu sehen.

Im Verbund mit der Unfähigkeit des NDH-Regimes, in wiedereroberten Gebieten eine funktionierende Staatsgewalt herzustellen, schuf diese militärische Entwicklung eine Situation, in der die deutsche Besatzungsmacht als einzige den Partisanen gewachsene Kraft, einer Feuerwehr nicht unähnlich, von Brennpunkt zu Brennpunkt eilte, um der Ausdehnung der Volksbefreiungsarmee zumindest vorübergehend Einhalt zu gebieten. Obwohl diese im ganzen besetzten Europa einzigartige Situation insofern auch eine gute Seite hatte, als sie Lüters und Rendulic mit einem Gegner konfrontierte, der quasi wie eine reguläre Armee operierte und daher eine sehr viel bessere Angriffsfläche als »klassische« Guerrilabewegungen bot, hätte eine Strategie der schrittweisen Rückgewinnung des flachen Landes und die damit verbundene Aufsplitterung der Truppe wahrscheinlich eine Verdoppelung oder Verdreifachung des deutschen Kontingents erfordert.

Der deutschen Führung scheint die Umstellung auf diese Situation nicht allzu schwer gefallen zu sein, was in Anbetracht der bereits besprochenen Präferenz deutscher Generalstäbler für großangelegte Vernichtungsschlachten auch nicht weiter verwundert. Im Falle des Unternehmens »Schwarz« mochte dies ja noch naheliegend erscheinen, weil Montenegro ja sowieso außerhalb der Grenzen des NDH-Staates lag. Wie sich im Dezember 1943 aber zeigte, hatte sich in der Zwischenzeit die rein militärische Betrachtungsweise, die in Ansätzen schon bei der Planung des Winterfeldzuges 1942/43 nachweisbar ist, weitgehend durchgesetzt. Für die

Durchführung des Unternehmens »Kugelblitz«, so der Befehlshaber der 2. Panzerarmee, hatte folgende Grundregel zu gelten: »*Der Erfolg der Unternehmung ist nach dem Unfang der Beute und der Feindverluste zu werten, nicht nach dem Geländegewinn.*«[36]

Rendulic rechtfertigte diese Vorgehensweise und die dabei auftretenden Kollateralschäden vor allem mit der Stärke, welche die Großverbände der Volksbefreiungsarmee mittlerweile erreicht hätten; um diese in der Defensive zu halten und ihnen nennenswerte Verluste zuzufügen, war bei wechselnden Schwerpunkten der geballte Einsatz aller verfügbaren Kräfte nötig. Diese Art der Operationsführung fand freilich mehrere Kritiker. Während beispielsweise die Kroaten die Tatsache beklagten, daß (so Glaise) »*... die Strategie des Rendulic einen kroatischen Ort nach dem anderen preisgibt, um ihn 8 Tage später als Trümmerhaufen zurückzuerobern*«[37], plädierte der Kommandierende General des XV. Geb. AK, Ernst von Leyser, für eine Strategie, die der der 2. Panzerarmee diametral entgegengesetzt war: Eine möglichst dichte und schrittweise auszuweitende Besetzung des Landes unter Einbeziehung ziviler Organe sollte eine dauerhafte Sicherung des freigekämpften Raumes ermöglichen. Die Entwicklung im kriegsgeschüttelten NDH-Staat war jedoch über solche Konzepte längst hinweggegangen: Eine kroatische Regierung, die schon im Mai 1942 als weite Teile des Landes noch in verhältnismäßiger Ruhe lebten, nicht zu konstruktiver Aufbauarbeit in der Lage gewesen war, dürfte dieser Aufgabe im Dezember 1943, auf dem Höhepunkt einer neuen Terrorwelle der Ustascha, schon gar nicht gewachsen gewesen sein.

Interessanterweise kam die einzige, wenn auch eher indirekte Unterstützung des Leyserschen Vorstoßes von außerhalb der Wehrmacht. So schwebte dem Reichsführer SS Heinrich Himmler eine dauerhafte Wiedergewinnung Bosniens durch die Aufstellung zweier aus – vorwiegend moslemischen – Kroaten bestehenden Divisionen (»Handschar« und »Kama«) vor, die im auffälligen Gegensatz zur gängigen Operationsweise der 2. Panzerarmee an ihre ethnischen Herkunftsgebiete gebunden bleiben sollten. Obwohl Himmler im Mai 1944 einräumen mußte, daß vor der uneingeschränkten Umsetzung dieser auf die Isolierung des einzelnen Freischärlers von seinen Nahrungs- und Informationsquellen abzielenden Strategie zunächst einmal die Großverbände der Volksbefreiungsarmee in die Defensive gedrängt werden müßten, sah er in dieser »*territorialen Befriedung*« doch das »*eigentliche geistige Sprengpulver für die Verbände Titos*«[38].

Möglicherweise hat von Leyser sich im folgenden Jahr durch den ortsgebundenen Einsatz der 13. SS-Division in Nordostbosnien (April bis August 1944) in seinen

---

36 BA/MA, RH 21-2/592 Armeebefehl Nr. 3 für das Unternehmen »Kugelblitz« (18.11.1943).
37 Broucek, *General im Zwielicht*, S. 358 (Eintrag vom Januar 1944).
38 BA-Lichterf., SSO-Akte Arthur Phleps, Himmler an SS-Obergruppenführer Arthur Phleps (10.5.1944).

Auffassungen bestätigt gesehen. In diesem Zusammenhang muß allerdings betont werden, daß der – vorübergehende – Erfolg der Befriedungsaktion der »Handschar« in diesem Raum nicht zuletzt darauf zurückzuführen war, daß Organe des NDH-Staates von den Wiederaufbauarbeiten dieser Region bewußt ausgeschlossen blieben und bosnische Abspaltungsbestrebungen gefördert wurden. Eine weitere Belastung der in diesen Tagen schon arg strapazierten deutsch-kroatischen Beziehungen war die Folge; es ist anzunehmen, daß bei der vom Reichsführer SS geplanten Ausdehnung dieses Konzepts auf ganz Bosnien die Spannungen noch eine erhebliche Steigerung erfahren hätten.

Schließlich wäre noch die konsequente Übertragung der Sicherheit jeder Region auf die antikommunistischen Kräfte der jeweiligen Volksgruppe denkbar gewesen – den deutschen Truppen wären dann idealerweise auf die Rolle der Einsatzreserve beschränkt gewesen. Ein solches – soweit bekannt, offiziell niemals erwogenes, aber der Realität von 1944 schon recht nahe kommendes – Konzept wäre jedoch mit Sicherheit sowohl in militärischer wie politischer Hinsicht gescheitert. Militärisch, weil selbst bei einer großzügigen Bewaffnung von deutscher Seite einheimische Selbstschutzverbände sich gegenüber der Volksbefreiungsarmee immer im Nachteil befunden hätten. Politisch, weil die z.T. sehr enge Verzahnung der verschiedenen Siedlungsgebiete bzw. die von der Ustascha bis Kriegsende praktizierte Militanz in Volkstumsfragen höchstens hier und da die Existenz einiger inselähnlicher beruhigter Räume – wie bei einigen Cetnikgebieten bis 1944 ja tatsächlich der Fall – erlaubt hätte. Die abschließende Bewertung dieses Problems anhand der zur Verfügung stehenden Quellen läßt somit nur einen Schluß zu: Eine Vorgehensweise, wie von Leyser oder von Himmler vorgeschlagen, machte höchstens dann Sinn, wenn sie sich auf ein politisches Fundament stützen konnte; nach Lage der Dinge konnte es sich dabei nur um die vorübergehende Ausschaltung (wie in Nordostbosnien) oder, noch besser, die dauerhafte Beseitigung des Ustascharegimes handeln.

Da diese Option der deutschen Seite in Jugoslawien jedoch verschlossen blieb, kann zumindest nachvollzogen werden, warum die 2. Panzerarmee irgendwann dazu überging, den NDH-Staat im wesentlichen als eine große Arena anzusehen, in der – ohne Rücksicht auf die zwischen den Fronten stehende Zivilbevölkerung – Besatzer und Volksbefreiungsarmee einen Kampf austrugen, in dem von deutscher Seite politische Probleme keine Berücksichtigung mehr fanden oder zumindest erfolgreich verdrängt wurden. Bei einer solchen Reduzierung des Krieges in Jugoslawien auf seine reinste militärische Dimension hätte sich unter Voraussetzung einer Pattsituation an der Ostfront sogar eine Situation ergeben können, bei der sich früher oder später die stärkeren Bataillone – sprich die deutschen – durchgesetzt hätten. Gedanken dieser Art könnten Lothar Rendulic beschäftigt haben, als er dem Bevollmächtigten General gegenüber zum Ausdruck brachte, daß *»wenn ich 20 Divisionen hätte, dann würde ich in diesem Lande alles morden, so gut es ginge!«*[39]

546

Zu berücksichtigen wäre freilich, daß auch eine so zynische, quasi in einem strategischen und politischen Vakuum operierende Vorgehensweise letztendlich als politischer Voraussetzung der Beseitigung des Ustascharegimes bedurft hätte. Waren es doch vor allem die bewaffneten Organe des NDH-Staates, welche die Volksbefreiungsarmee bis zuletzt mit Waffen, Munition, Nahrungsmitteln und militärisch relevanten Informationen versorgten und damit erheblich zu der Bewegungsfreiheit beitrugen, die die Partisanen zu einem so schwer zu fassenden Gegner machten. Der Versuch, im geteilten Jugoslawien jener Jahre ein militärisches Umfeld zu schaffen, in dem politische Faktoren nicht mehr zählten, mußte der Quadratur des Kreises gleichkommen.

8.4. Der Krieg in Jugoslawien als taktisch-operatives Problem

Obwohl die deutsche Wehrmacht in ihrem Kampf mit der Volksbefreiungsarmee während des zur Untersuchung stehenden Zeitraums nicht eine Niederlage über Bataillonsebene hinnehmen mußte, kann ebensowenig geleugnet werden, daß ihre Versuche, der Aufstandsbewegung auf militärischem Wege beizukommen, bestenfalls einige Teilerfolge erbrachten. Statt dessen kann das Bild der von allen Seiten gehetzten Partisanengruppe, die sich dem Zugriff der Verfolger entzieht, indem sie sich entweder im unübersichtlichen Gelände überrollen läßt oder aber durch einen kühnen Vorstoß gegen den sich um sie schließenden Belagerungsring entkommt, auch unter Laien einen beispiellosen Bekanntheitsgrad beanspruchen; unsere Vorstellungen vom Krieg in Jugoslawien hat es jedenfalls bis auf den heutigen Tag nachhaltig geprägt. Die deutschen Mißerfolge bei der Bekämpfung größerer Kräftegruppen der Volksbefreiungsarmee sind um so bemerkenswerter, als sich diese Formationen in aller Regel nicht einmal aus Ortsansässigen zusammensetzten, die bei Herannahen eines stärkeren Gegners auseinanderliefen, das Gewehr mit dem Pflug vertauschten und sich als friedliche Zivilisten ausgaben. Die Brigaden und Divisionen, die zumal im Hauptkriegsschauplatz Bosnien-Herzegowina den Gegner der deutschen Besatzungstruppen darstellten, waren zwar auch bemüht, so oft wie möglich eine guerrillaähnliche Taktik anzuwenden; solange sie aber nicht völlig zerschlagen waren, kämpften sie als relativ geschlossene militärische Einheiten und boten dem Gegner daher auch ein entsprechendes Ziel. Durch eine nähere Betrachtung von Verlauf und Ergebnis deutscher Operationen im allgemeinen sowie

---

39 Broucek, *General im Zwielicht,* S. 291 (Eintrag vom Oktober 1943).

der Großunternehmen im besonderen[40] soll versucht werden, die Gründe für den fehlenden Waffenerfolg zu eruieren.

Während der ersten anderthalb Jahre dürfte kaum ein anderes Element für sich allein auf operativer Ebene eine ähnliche Bedeutung erlangt haben, wie die Notwendigkeit, die meisten größeren Operationen mit dem balkanischen Seniorpartner Italien abzustimmen. Besonders negativ wirkte sich dabei der Umstand aus, daß der italienische Argwohn gegenüber dem vermeintlichen deutschen Drang zur Adria in dem gleichen Maße zuzunehmen schien, wie die Bereitschaft der 2. italienischen Armee zum rückhaltlosen militärischen Einsatz abnahm. Aber auch die hieraus geborene übertriebene Rücksichtnahme von deutscher Seite, die zumindest bis Mai 1943 festzustellen ist, hatte ihren Anteil an Mißverständnissen und verpaßten Chancen. Der erste und vermutlich folgenschwerste Fall dieser Art ereignete sich bereits im November 1941 beim Unternehmen »Užice«, als eine Kampfgruppe der 342. ID bei der Verfolgung der fliehenden Partisanen die Demarkationslinie zwischen dem italienischen Sandžak und dem deutsch besetzten Serbien erreichte. Ungeachtet der Tatsache, daß eine italienische Sicherung nirgends zu erblicken war, sah die Führung von einer weiteren Verfolgung ab und versäumte es so, Tito samt seinem Obersten Stab und gesamtem Politbüro dingfest zu machen[41].

Im folgenden Jahr war dann sowohl bei »Südostkroatien« als auch »Trio II« ein verspäteter italienischer Aufmarsch zumindest mitursächlich für den Mißerfolg des jeweiligen Unternehmens; bereits wenige Monate später sollte der von Roatta für den Rückzug aus der Zone III gewählte Zeitpunkt Tito bei seinem »langen Marsch« nach Westbosnien entgegenkommen. Eine Benachrichtigung des Achsenpartners über diese wichtige Verlegung erfolgte erst nach Beginn der Räumung Westbosniens. Die weitgehende Passivität der 2. Armee, die sich an ihren Rückzug anschloß, hatte schließlich entscheidenden Anteil an dem erfolgreichen Konsolidierungs- und Aufbauprozeß, den Titos Staat und seine Armee bis Ende 1942 vollzogen.

Wenngleich im Falle des Unternehmens »Weiß I« andere Gründe für das Scheitern der Operation ausschlaggebend waren (siehe unten), kann eine italienische Verantwortung für den Ausgang von »Weiß II« rundheraus bejaht werden: Obwohl das natürliche Hindernis der Neretva, Führungsfehler Titos und eigene zahlenmäßige Überlegenheit den Vorstoß der Partisanen in die östliche Herzegowina wie ein Himmelfahrtskommando erscheinen ließen, erlitt das italienische VI. Korps eine blamable Niederlage, die Robotti dazu zwang, den OB Südost um sofortige Hilfe zu

---

40 1941: »Užice«; 1942: »Südostkroatien«, »Trio II«, »Kozara«; 1943: »Weiß I«, »Weiß II«, »Schwarz«, »Kugelblitz«, »Schneesturm«; 1944: »Waldrausch«, »Maibaum«, »Rösselsprung«, »Rübezahl«.

41 Djilas, *Wartime*, S. 103–113; BA/MA, RW 40/14 342. ID, Ia 10-Tage-Meldung vom 30.11. bis 10.12.41 (10.12.1941).

bitten – zwei Wochen, nachdem er alles nur Erdenkliche getan hatte, um deutschen Kräften den Zugang zu diesem Raum zu verwehren.

In Anbetracht der Schwierigkeiten, die der deutschen Kriegführung gegen Tito aus übertriebener Rücksichtnahme gegenüber dem Achsenpartner erwuchsen, entbehrt es nicht einer gewissen Ironie, daß sich auch der abrupte Bruch mit dieser Politik im Mai 1943 in kaum weniger nachteilhafter Weise auf die Operationsführung auswirkte.

So war das Unternehmen »Schwarz«, mit dem die anhaltende Überschätzung der DM-Organisation durch die Deutschen zugleich ihren Höhe- und Schlußpunkt erreichte, schon vor Operationsbeginn durch ein doppeltes Operationsziel belastet. In Anbetracht des militärischen und politischen Machtzuwachses der Tito-Bewegung sowie den Niederlagen der Cetniks hätte es eigentlich naheliegen müssen, der Bekämpfung der Volksbefreiungsarmee endlich absolute Priorität einzuräumen; die (zugegebenermaßen unzutreffende) Befürchtung, eine gleichermaßen gegen Cetniks wie Partisanen gerichtete Offensive würde diese zu einem Zweckbündnis zwingen, war noch ein weiteres Argument für diese Vorgehensweise. Statt dessen beharrte der Einsatzbefehl für »Schwarz« darauf, die Bekämpfung der in Montenegro auf engem Raum zusammengedrängten jeweiligen Hauptgruppen der zwei Bürgerkriegsparteien gleichzeitig aufzunehmen; in einem Punkt (»*Insbesondere muß der Stab Mihailović mit all seinen Helfern und Verbindungsoffizieren gestellt und vernichtet werden.*«)[42] wurde dem Vorgehen gegen Mihailović sogar die höhere Priorität eingeräumt. In den Führungsstäben der zwei Verbände, welche die Hauptlast der Kämpfe tragen würden – 1. Gebirgsdivision und 7. SS-Division –, wurde in den Tagen vor Operationsbeginn dagegen die naheliegende Option erwogen, die auf der Verliererseite stehenden Nationalserben für die eigene Sache einzuspannen (ein entsprechendes Angebot lag bereits vor) und gegen sie dann erst nach der gemeinsamen Niederringung der Partisanen vorzugehen[43]. Die Frage wurde natürlich dadurch zu einem Politikum, daß eine solche Vorgehensweise eine zumindest vorübergehende Legitimierung der bisherigen italienischen Cetnikpolitik bedeutet und somit vermutlich eine Versteifung der ohnehin schon als besonders problematisch angesehenen Haltung Roms in dieser Frage nach sich gezogen hätte. Inwiefern eine durch nationalserbische Waffenhilfe beschleunigte Durchführung von »Schwarz« ausgereicht hätte, um ein Entkommen Titos zu verhindern, kann nur auf dem Wege der Spekulation beantwortet werden. Unter rein operativen Gesichtspunkten muß das gleichzeitige Vorgehen gegen Cetniks und Partisanen im Mai 1943 auf jeden Fall als ein

---

42 BA/MA, RW 40/53 OB der Heeresgruppe E, Ia Operationsbefehl für die Operation »Schwarz« (4.5.1943).
43 BA/MA, RH 28-1/95 von Stettner an Bfh. Kroatien, Ia (11.5.1943, 23.30 h); tlf. Befragung von Balthasar Kirchner (1942–1945 Ic-Offizier der SS-Division »Prinz Eugen«) am 11.3.1999.

vermeidbarer Fehler gesehen werden, den zu korrigieren der Oberbefehlshaber Südost offensichtlich noch nicht mal versucht hat.

Freilich wäre es irreführend, das Scheitern deutscher Operationen gegen die Volksbefreiungsarmee bis zum Frühjahr 1943 nur dem Versagen der 2. Armee oder sonstiger sich aus der deutsch-italienischen Koalitionskriegführung ergebenden Probleme zuzuschreiben. Eine spezifisch deutsche Schwäche der ersten Jahre zeigt sich beispielsweise in der Unterschätzung der Hindernisse, welche die Topographie Bosnien-Herzegowinas der Umsetzung weit ausholender Zangenbewegungen in den Weg stellte. Die im Verlaufe von »Südostkroatien« gemachten Erfahrungen mit den Schwierigkeiten eines Winterfeldzuges im bosnischen Mittelgebirge hätten eigentlich richtungweisenden Charakter erhalten und die Planung sowie die Durchführung einer solchen Operation im folgenden Jahr Schritt für Schritt begleiten müssen. Das fast auf den Tag zwölf Monate später eingeleitete Unternehmen (»Weiß I«) unterschied sich von der Vorläuferoperation aber höchstens darin, daß die gesteckten Ziele noch unrealistischer und die Aussichten auf eine reibungslose Umsetzung geradezu utopisch geworden waren. Soweit nachvollziehbar, dürfte der Hauptgrund für diese dilettantische Vorbereitung noch am ehesten darin zu suchen sein, daß keiner der mit der Durchführung von »Südostkroatien« beauftragten Stäbe (Höheres Kdo. LXV., 342. ID, 718. ID) an der Planung von »Weiß I« beteiligt war. Ob eine – eigentlich naheliegende – Aufforderung des Befehlshabers der deutschen Truppen in Kroatien an den Kommandeur der immer noch in Sarajevo dislozierten 718. ID erging, seine diesbezüglichen Erfahrungen einzubringen, läßt sich anhand der erhaltenen Quellen nicht nachvollziehen; falls ja, scheinen die im Januar 1942 gewonnenen Erkenntnisse jedenfalls keine nennenswerte Beachtung gefunden zu haben. Jedenfalls spricht einiges dafür, daß 1942 auch in bezug auf die Verarbeitung und Weitergabe operativer Erfahrungen ein verlorenes Jahr war. Zugleich kann nicht geleugnet werden, daß es sich bei der schwierigen Topographie des Kriegsschauplatzes um ein Problem handelte, dem auch durch noch so gründliche Stabsarbeit nur ansatzweise beizukommen war.

So läßt sich beispielsweise in bezug auf die »Durchkämmung« des durchschrittenen Geländes sagen, daß weder Rendulic noch seine Vorgänger wohl jemals über die Kräfte verfügt haben, die es ihnen ermöglicht hätten, den Partisanen die Taktik des Sich-überrollen-Lassens zu verwehren. Die Forderung nach der »2. Welle zum Auskämmen und Sichern«, die Phleps bereits Anfang Februar 1943 erhob, blieb bis Kriegsende im Raum stehen. Auch bei quantitativ ausreichenden Kräften wäre zu berücksichtigen, daß viele Formationen, wie die als Infanterieverbände ausgerüsteten Legionsdivisionen, ganz einfach nicht über die Geländegängigkeit verfügten, die es ihnen insbesondere im Winter ermöglicht hätte, das durchstreifte Gebiet in einem vertretbarem Zeitrahmen zu durchkämmen. In der Praxis ließ es sich daher oft nicht vermeiden, daß bei der Verengung eines Kessels – allen vorherigen Ermahnungen zum Trotz[44] – zumindest die Infanteriedivisionen weitgehend *»an der Straße kleb-ten«* – ein Defizit, welches sich erfahrungsgemäß auch bei energischer Führung nur reduzieren, nicht jedoch beseitigen ließ[45].

Das Problem der Sicherung des Belagerungsringes stellte sich ähnlich dar: In Anbetracht des Unwillens des OKW, für ein Kesseltreiben gegen Hauptverbände der Volksbefreiungsarmee mehr als zwei Gebirgsdivisionen zu bewilligen, stellte sich die Frage, ob es überhaupt möglich war, einen Feinddurchbruch – der fast immer bei den weniger kampfkräftigen Verbänden erfolgte – schnell genug abzuriegeln.

In Anbetracht des schwierigen Geländes und des unterentwickelten Straßen- und Schienennetzes, die das Bild in Bosnien-Herzegowina und Montenegro bestimmten, war die rasche Verschiebung von Reserven in einer solchen Situation mit erheblichen Schwierigkeiten verbunden. Unter rein technischen Aspekten hätte der einzige Ausweg aus diesem Dilemma vermutlich in dem von Hitler erstmalig im April 1943 angeregten Einsatz von Fallschirmjägern gelegen[46]. Anders als im Falle des Unternehmens »Rösselsprung«, bei dem Initiative und Überraschungsmoment auf deutscher Seite lagen, wären Zeitpunkt, Ort und Wetterbedingungen einer solchen Operation aber einzig und allein von den Entscheidungen des Feindes abhängig gewesen. Bei der zu erwartenden geringen Vorwarnzeit wäre es also notwendig gewesen, auf einem nahe gelegenen Flugplatz an die 40 Transportmaschinen und ein komplettes Fallschirmjägerbataillon über zwei oder drei Wochen in ununterbrochener Sitzbereitschaft zu halten – natürlich auf die Gefahr hin, daß im Ernstfall die Wetterverhältnisse oder die Geländebedingungen an der Durchbruchstelle einen Absprung unmöglich machten. Visionen dieser Art, die Hitler offensichtlich sowohl für die Abriegelung von Durchbruchstellen bei Großoperationen wie auch zur Niederkämpfung neuer Unruheherde vorschwebten, waren paradoxerweise sowohl höchst inpraktikabel wie auch ihrer Zeit um 20 Jahre voraus[47]. Erst in Algerien und im zweiten Indochinakrieg sollte die Einführung mittlerer Transporthubschrauber es

---

44   BA/MA, RH 24-15/2 Beitrag zum »Merkblatt für Bandenbekämpfung« (14.4.1943): *»Hierbei ist weit auszuholen und keine weiten Wege zu scheuen. Weg von den Straßen und Wegen! Hinein ins Gebirge!«*

45   Vgl. zu dieser Problematik die zahlreichen Einträge im Tagebuch von Arthur Phleps; TB Phleps, Einträge vom 3.2., 6.2., 11.6., 8.12., 13.12., 20.12., 26.12.1943.

46   ADAP, Serie E, Bd. V, S. 704–710 Aufzeichnung über die Unterredung zwischen dem Führer und dem Poglavnik in Anwesenheit des RAM, des kroatischen Außenministers Dr. Budak, des Staatsministers Dr. Lorković, des Generalfeldmarschalls Keitel, der Generäle Zeitzler und Glaise-Horstenau, des kroatischen Staatssekretärs Begic und des kroatischen Generals Prpic in Schloß Kleßheim am 27. April 1943 (27.4.1943); IWM, Tagebuch Alfred Jodl AL 930/4/3 (Dezember 1943).

47   Die Franzosen sollten sich wenige Jahre später bei dem Versuch, Fallschirmjäger gegen einen irregulären Gegner einzusetzen, in Indochina (1946–54) mit ähnlichen Problemen konfrontiert sehen; vgl. Douglas Porch, *The French Foreign Legion* (London 1991), S. 524–527.

möglich machen, Teile der vor Ort bereits im Kampf stehenden Truppe kurzfristig an einen neuen Brennpunkt zu werfen.

In Anbetracht der angeführten Gründe läßt sich nachvollziehen, warum die Taktik des Kesseltreibens letztendlich nur zweimal (bei »Užice« und »Schwarz«) entscheidende Ergebnisse erbrachte. Hierbei ist zudem noch zu berücksichtigen, daß beide Operationen schon deshalb Unikate darstellten, weil die Partisanen im Laufe der Bekämpfung des nationalserbischen Bürgerkriegsgegners zu einer ungewöhnlich hohen Kräftekonzentration gezwungen worden waren, die Boehme bzw. Lüters eine entsprechende Angriffsfläche bot. Bei Fehlen einer oder mehrerer der in beiden Fällen vorhandenen Elemente – zahlenmäßige Überlegenheit, Überraschungsmoment, Fehler der feindlichen Führung, eigene Luftüberlegenheit sowie der Einsatz von mindestens zwei geländegängigen Divisionen auf engem Raum – blieben die Ergebnisse stets hinter den Erwartungen zurück. Die von Lothar Rendulic praktizierte systematische »Aufrundung« feindlicher Gefallenenzahlen in seinen Meldungen an das OKW war der deutlichste Ausdruck dieser unbefriedigenden Situation. Bei einer solchen Bilanz stellt sich natürlich die Frage, welche Versuche die deutsche Führung unternahm, um eine mögliche Alternative zur Kesseloperation zu finden.

Soweit nachvollziehbar, erfolgte der erste Versuch, bei einer Großoperation ganz bewußt auf eine Kesselbildung zu verzichten, im Juli 1943 in Serbien. Dies war deshalb sinnvoll erschienen, weil Unternehmen »Morgenluft« nicht auf die Vernichtung eines größeren Truppenkörpers, sondern die Aushebung des Stabes von Draža Mihailović abzielte und einem möglichst schnellen Vordringen der eingesetzten Kräfte in einen relativ beschränkten Operationsraum daher absolute Priorität zukam. Eine zwar nicht identische, aber doch ähnliche Lage ergab sich zehn Monate später beim Unternehmen »Rösselsprung«. Durch den Einsatz von Luftlandetruppen über Titos Hauptquartier war es möglich, die Speerspitze der eingesetzten Verbände sofort ins Zielgebiet zu bringen; da diese aber schnellstens entsetzt werden mußten, stand auch diesmal beim Vormarsch der erdgebundenen Truppen weniger eine enge Kesselbildung als Geschwindigkeit im Vordergrund. Die Übertragbarkeit dieses Modells hing freilich von bestimmten Rahmenbedingungen, insbesondere von detaillierten Einblicken in die feindliche Schlachtordnung, ab. Nur wenn die Aufklärung ein Versorgungs- oder Führungszentrum ausgemacht hatte, das in Reichweite lag und dessen Ausschaltung eine Großoperation rechtfertigte, war ein solcher operativer Ansatz sinnvoll. Der sowohl vor wie nach »Rösselsprung« unternommene Versuch, diese Idee in eine herkömmliche Operation zu integrieren, kam durch die kurzfristige Absage, die in beiden Fällen erfolgte (bei »Maibaum« aufgrund der Wetterbedingungen, bei »Rübezahl« wegen Treibstoffmangels), jedoch nicht übers Theoretische hinaus.

Eine noch weitergehende Loslösung von der Idee der Kesseloperation war natürlich möglich, wenn die Vorgehensweise zugstarker Jagdkommandos auf die Regiments-

oder Divisionsebene übertragen wurde. Dies ermöglichte einerseits eine weitgehende Freiheit von einschränkenden Zeitplänen und Haltelinien, erforderte andererseits aber auch einen Verband, der in der Lage war, sich über einen längeren Zeitraum in puncto Ausdauer, Geschwindigkeit und Geländegängigkeit mit jeder Brigade der Volksbefreiungsarmee zu messen. Anders als bei »Morgenluft« oder »Rösselsprung« war die Durchführung einer solchen Operation nicht von bestimmten Aufklärungsergebnissen abhängig; die für den erfolgreichen Verlauf des Unternehmens notwendige Beschaffung von Informationen nahm die Truppe selbst im Feld vor.

Wie auch schon im Falle von »Morgenluft«, scheint der erste Anstoß in diese Richtung aus Belgrad gekommen zu sein. Beim vom SS-Pol.-Rgt. 5 durchgeführten Unternehmen »Hammelbraten« (30.10. bis 7.11.1943) war *»die Handlungsfreiheit der Jagdkommandos zur Aufnahme und Verfolgung von Spuren sowie zur Vernichtung angetroffener Banden in keiner Weise beschränkt«;* innerhalb der zugewiesenen Einsatzräume *»sollten die Bataillone ohne zeitliche und räumliche Bindungen an bestimmte Tagesziele auf Grund weiterer eigener Aufklärung durch Vernehmungen der Bevölkerung sich die Unterlagen für die Einsätze der Jagdkommandos selbst beschaffen«*[48].

Auf dem kroatischen Kriegsschauplatz hatte sich im Laufe des Jahres 1943 SS-Gruppenführer Arthur Phleps zum konsequentesten Befürworter solcher Ideen entwickelt. In der Schlußphase sowohl von »Weiß II« wie von »Schwarz« hatte er erleben müssen, daß die feindliche Hauptgruppe – trotz hierzu bestehender Möglichkeiten – nach erfolgtem Durchbruch nicht weiter verfolgt wurde und so Zeit zur Neugliederung finden konnte. Waren im ersten Fall hierfür noch Gründe politischer und wirtschaftlicher Natur ausschlaggebend, lag die Verantwortung bei »Schwarz« doch eher in einer zögerlichen und zu schematisch vorgehenden operativen Führung. Eine vergleichbare Situation ergab sich im Dezember 1943, als der Verlauf des Winterfeldzuges der 2. Panzerarmee bei Abschluß des Unternehmens »Schneesturm« eine Schwerpunktverschiebung von Ost- nach Zentralbosnien nötig machte und von einer weiteren Verfolgung des angeschlagenen III. Korps der Volksbefreiungsarmee daher abgesehen werden mußte.

Nach Ansicht von Phleps erforderten die auf dem bosnischen Kriegsschauplatz herrschenden Bedingungen aber eine operative Vorgehensweise, bei der ohne Rücksicht auf Zeitpläne und unter Vernachlässigung des Einkesselungskonzeptes ein gestellter Feindverband so lange gejagt wurde, bis entweder seine Vernichtung oder die Erschöpfung der eigenen Truppe den Abschluß des Unternehmens diktierten. Ein erster zögerlicher Schritt in diese Richtung erfolgte mit dem Versuch des V. SS-Geb.AK, im Operationsbefehl für »Schneesturm« durch Zurückstellung des Ein-

---

48 BA/MA, RW 40/82 Auszug aus dem Erfahrungsbericht des SS-Pol. Rgt. 5, Ia Nr. 5220/43 vom 8.11.43 b. Unternehmen »Hammelbraten«.

kesselungsgedankens die Divisions- und Kampfgruppenkommandeure zu mehr Eigeninitiative aufzufordern: »*Eine Kesselbildung ist nicht beabsichtigt, dagegen muß insbesondere von den Führern auch kleiner Kampfgruppen eine Umfassung des Feindes immer wieder angestrebt und die Kämpfe von Nachbartruppen durch Stöße in Flanken und Rücken der vor diesen stehenden Feindkräfte sofort unterstützt werden*«.[49]

Die Möglichkeit zur Umsetzung dieses Konzeptes der »freien Jagd« in die Praxis ergab sich allerdings erst im Folgejahr: neben dem von der 1. Gebirgsdivision durchgeführten Unternehmen »Emil« (Februar 1944), wobei allerdings nicht klar ist, inwiefern das Phlepssche Konzept hier schon Pate stand oder nicht, vor allem der Operationszyklus, den die »Prinz Eugen« im Anschluß an »Rösselsprung« durchführte (»Amor«, »Feuerwehr«). Aufgrund fehlender Primärquellen[50] ist es allerdings außerordentlich schwer festzustellen, inwiefern die bei diesen drei Unternehmen erzielten Erfolge deutlich über denen herkömmlicher Kesselschlachten lagen. Der Weggang von Arthur Phleps sowie die durch den Zusammenbruch der Südoststellung eingetretene Lageveränderung dürften weiteren Diskussionen über dieses Thema dann wohl die Grundlage entzogen haben.

Obwohl der Meinungsaustausch, der zu diesem Thema zwischen Rendulic und Phleps stattgefunden haben muß, kaum dokumentiert ist, liegt die Vermutung nahe, daß der Befehlshaber des Pz.AOK 2 seinen Korpskommandeur darauf hingewiesen haben dürfte, daß die von ihm vorgeschlagene Strategie, a) die dauerhafte Stationierung von zwei oder drei Gebirgsdivisionen in Bosnien-Herzegowina erfordern sowie b) die meisten anderen Divisionen im Armeebereich, die in bezug auf Ausbildung, Ausrüstung und Geländegängigkeit der 7. SS-Division weit unterlegen waren, im wesentlichen auf den Objektschutz beschränken würde. Eine optimale Ausnutzung des Wehrpotentials der 2. Panzerarmee war aber nur möglich, wenn auch den Verbänden, deren Kampfkraft bestenfalls »durchschnittlich« war, die Möglichkeit gegeben wurde, ihr oftmals nur bescheidenes Potential so regelmäßig wie möglich in die Kriegführung einzubringen. Die Möglichkeit hierzu bot sich wiederum am ehesten im Rahmen von Kesseloperationen, bei denen auch das defensive Halten einer Sperrstellung eine Aufgabe darstellte, die zugleich sinnvoll und zu bewältigen war.

---

49 BA/MA, RH 21-2/611 Korps-Befehl für Unternehmen »Schneesturm« (18.12.1943).
50 Für den fraglichen Zeitraum ist keines der relevanten KTBs (2. Panzerarmee, V. SS-Geb.AK, 7. SS-Division, 1. Gebirgsdivison) mehr erhalten.

8.5. Die Folgen für die wirtschaftliche Ausbeutung des besetzten Jugoslawiens

Die deutsch-jugoslawischen Wirtschaftsbeziehungen der unmittelbaren Vorkriegs-
zeit hatten durch einen im Mai 1934 unterzeichneten Vertrag über den gegenseitigen
Waren- und Zahlungsverkehr ihr besonderes Gepräge erhalten. Durch diese
Vereinbarung, die im wesentlichen einen Tausch von Waren unter Umgehung von
Zahlung in frei konvertierbaren Währungen anstrebte, sollte sowohl das Problem
deutscher Devisenknappheit als auch jugoslawische Schwierigkeiten, krisensichere
Absatzmärkte für landwirtschaftliche Produkte zu finden, bewältigt werden. Die
Tatsache, daß Jugoslawien 1939 bereits 40 % seines Außenhandels mit dem
Deutschen Reich abwickelte, war ein deutliches Zeichen für den Erfolg dieser
Vorgehensweise. Parallel zu dieser Entwicklung war ein zunehmendes Interesse
deutscher Geldgeber an der Sicherung kriegswichtiger Rohstoffe zu registrieren. Da
bei Kriegsausbruch ein großer Teil der jugoslawischen Erzgruben aber immer noch
von britischem oder französischem Kapital gehalten wurden, war die dort erzielte
Ausbeute mit dem 3. September 1939 einem deutschem Zugriff natürlich entzogen.
Der siegreiche Frankreichfeldzug, der Waffenstillstand mit Vichy-Frankreich sowie
die entgegenkommende Haltung der jugoslawischen Regierung stellten jedoch eine
schrittweise Lösung dieser Frage im deutschen Sinne in Aussicht. Unter dem
Gesichtspunkt der deutsch-jugoslawischen Wirtschaftbeziehungen hätte der
Balkanfeldzug somit zu keinem schlechteren Zeitpunkt kommen können.

Die KPJ-Führung machte die Vereitelung der Ausbeutung der landwirtschaftlichen
Ressourcen und Rohstoffvorkommen des Landes durch die Besatzer gleich nach
dem deutschen Angriff auf die Sowjetunion zu einem ihrer Hauptziele. Die Beeinträchtigung der Lebensbedingungen der Bevölkerung, die hiermit einhergehen
würde, brauchten die Partisanen nicht zu fürchten; waren sie doch – wie auch bei der
Repressalienfrage – in der glücklichen Lage, selbst noch von Kollateralschäden ihrer
Strategie mittel- bis langfristig profitieren zu können. Im Oktober 1943 konnte für
einen deutschen Beobachter jedenfalls kaum ein Zweifel daran bestehen, daß die
kommunistische Strategie nicht davor zurückschreckte, noch einen Schritt weiterzugehen und aus der Not eine Tugend zu machen: *»Die Aufständischen, deren Sabotageakte gegen die Eisenbahn und Kohlengruben sowie die Lebensmittelversorgung
der Städte planmäßig und zielbewußt sind, arbeiten mit voller Absicht auf eine weitere Radikalisierung der gesamten kroatischen Bevölkerung durch Hunger und Kälte
hin. Die Masse der Bauern in Kroatien befindet sich unter dem absoluten Druck der
kommunistischen Aufständischen. Die Inflation macht schnelle Fortschritte. Die
ständige Steigerung der Lebenshaltungskosten, insbesondere der Nahrungsmittel,*

treibt die Arbeiter und Kleinbauern in die Arme des Kommunismus.«[51]
Wenngleich die oberste Führung des Deutschen Reiches bis zu diesem Zeitpunkt ihre Indifferenz gegenüber dem Schicksal der serbischen und kroatischen Zivilbevölkerung wiederholt unter Beweis gestellt hatte, war der Verlust langfristig verplanter Weizen- oder Erzkontingente für die deutsche Wirtschaft sehr viel eher geeignet, energische Gegenmaßnahmen der Besatzungsmacht zu provozieren. Obwohl keine der jugoslawischen Förderstätten von der Bedeutung her mit dem rumänischen Ploesti (Erdöl), dem finnischen Petsamo (Nickel) oder dem ukrainischen Nikopol (Mangan) vergleichbar gewesen wäre, mußte insbesondere die Sicherung der in Serbien und Kroatien vorhandenen Vorräte an nichteisenhaltigen Metallen für das in diesem Bereich fast völlig auf Fremdeinfuhren angewiesene Deutschland zu einer kriegswirtschaftlichen Priorität erster Ordnung werden. Das Ausmaß, in dem die Ausbeutung dieser Vorkommen durch Sabotage vereitelt wurde, ist daher ein geradezu idealer Gradmesser für den Erfolg oder Mißerfolg des deutschen Krieges gegen die jugoslawischen Widerstandsbewegungen.

Da eine alle Rohstoffe umfassende detaillierte Bilanz den Rahmen dieser Darstellung sprengen würde, soll an dieser Stelle nur auf die vier wichtigsten (Bauxit, phosphorarmes Eisenerz, Kupfer und Chrom)[52] eingegangen werden.

Bauxit als Grundstoff der Aluminiumherstellung kam seit den späten zwanziger Jahren eine zentrale Rolle beim Flugzeugbau zu. Die deutsche Importabhängigkeit lag bei annähernd 100 %; die wichtigsten europäischen Vorkommen waren 1941 in Frankreich, Italien, Ungarn und dem neuen kroatischen Staat zu finden. Dort konzentrierte sich der Abbau auf die Herzegowina, wobei der Löwenanteil auf den Raum westlich von Mostar entfiel. Gemeinsam mit den – weniger bedeutenden – Gruben im dalmatinischen Sinj schätzten deutsche Experten die jährliche kroatische Bauxitkapazität auf über eine halbe Million Tonnen geförderten Erzes. Sehr bald sollten sich die fehlenden Verkehrsanschlüsse als das wichtigste Hemmnis einer gesteigerten Ausbeute erweisen. Im Falle der herzegowinischen Vorkommen mußte das geförderte Erz auf stets reparaturbedürftigen Straßen an einen Verladebahnhof befördert werden, von wo aus der Weitertransport an den Adriahafen Dubrovnik

---

51 BA/MA, RW 29/28 Der Deutsche Wehrwirtschaftoffizier in Agram, Lagebericht September 1943 (15.10.1943).

52 Die überdurchschnittliche Bedeutung, die diesen vier Erzen vor allen anderen im jugoslawischen Bereich geförderten zukam, geht klar aus verschiedenen zeitgenössischen Dokumenten hervor. Vgl. hierzu neben den Monatsberichten des Wehrwirtschaftsoffiziers in Agram auch BA/MA, RW 29/33 WO-Tagung in Saloniki, Anlagen 4 bis 8 (3. u. 4.9.1942); RH 31 III/12 Notiz unter dem Stichwort »Allgemeines« (2.10.1942); RH 24-21/106 Richtlinien über Sicherung wehrwirtschaftlicher Objekte im Bereich Pz.AOK 2 (4.7.1944) sowie RW 29/41 Wehrwirtschaftsstab Südost, Überblick über III. Quartal 1944 (o.D.).

erfolgte. Dieses an sich schon unbefriedigende Arrangement sah sich durch die bald einsetzenden Anschläge der serbischen Aufständischen an der Grenze der äußersten Belastbarkeit. Bereits im Februar 1942 hielt der Deutsche Wehrwirtschaftsoffizier in Agram hierzu folgendes fest: *»Die Transportfrage mit LKW von den Gruben nach den Eisenbahnstationen wie die Verschiffungsfrage auf der Adria bleiben weiterhin das brennende Problem der Steigerung der Bauxit-Lieferung in das Reich. (...) Förderungsmäßig könnten die ins Reich zu liefernden 500.000 t Bauxit für das Jahr 1942 ohne weiteres geschafft werden, aber die Transportfrage mit LKW und Schiffen müßte dazu unbedingt gelöst werden.«*[53] Versuche, auf die dem Flußlauf der Bosna folgenden Schmalspurbahn Mostar–Sarajevo–Bosanski Brod auszuweichen, scheinen aufgrund der nachlassenden italienischen Militärpräsenz in der Zone III nur anfangs eine gewisse Entlastung gebracht zu haben[54].

Obwohl die Bauxitfrage sich im Laufe des folgenden Jahres des wachsenden Interesses der obersten deutschen Führung erfreuen sollte und eine nicht unerhebliche Rolle beim Scheitern des Unternehmens »Weiß II« spielte, konnte von einem dauerhaften Erfolg keine Rede sein. Selbst der Zweckoptimist Kasche mußte im Juni 1943 einräumen, daß die Bauxitausfuhr für das gesamte Jahr 1942 gerade mal 200.000 t erreicht hatte[55]; die Menge des bis zur Jahreswende 1942/43 geförderten, aber noch bei den Gruben lagernden Bauxits lag bei über 141.000 t (davon Mostar-Gebiet: 115.924 t)[56]. Die durch »Weiß II« ermöglichte Sicherung der westlichen Herzegowina durch deutsche Verbände stellte zwar eine Verbesserung der Lage in Aussicht, die aber schon deshalb nicht von Dauer war, weil nach der Verlegung der 7. SS-Division kein Verband von vergleichbarer Stärke und Kampfkraft für die dauerhafte Sicherung des Bauxitgebietes entbehrt werden konnte.

In einer Sackgasse endete der Versuch, den Weg zur Adria abzukürzen: Durch den Ausbau des an der Neretvamündung gelegenen italienischen Militärhafens Ploce zur Hauptverladestätte für Bauxit wäre es möglich gewesen, die Transportroute abzukürzen sowie die Wegetappe, die nach Dubrovnik und somit durch die im Daueraufruhr befindliche östliche Herzegowina führte, ganz zu vermeiden. Trotz prinzipiellen Einverständnisses aus Rom gelang es der 2. Armee, wo das Projekt zweifelsohne als weiterer Beleg für die *»inframettenza tedesca«* angesehen wurde, die Arbeiten so lange zu hintertreiben, bis das Erscheinen alliierter See-und Luftstreit-

---

53 BA/MA, RW 29/26 Der Deutsche Wehrwirtschaftoffizier in Agram, Lagebericht Januar 1942 (4.2.1942).
54 BA/MA, RW 40/31 KTB-Eintrag vom 23.7.1942.
55 PA/AA, StS Kroatien, Bd. 5, 694 Der Deutsche Gesandte SA-Gruppenführer Kasche an den Oberbefehlshaber Südost, Herrn Generaloberst Löhr (25.6.1943).
56 BA/MA, RW 29/28 Der Deutsche Wehrwirtschaftsoffizier in Agram, Lagebericht Januar 1943 (4.2.1943).

kräfte in der südlichen Adria (September/Oktober 1943) es hinfällig machten[57]. Von nun an würde die bis jetzt eher als Notbehelf benutzte Bosnabahn den Erztransport zur Gänze bewältigen müssen[58]. Daß diese an sich schon wenig leistungsfähige Eisenbahnverbindung direkt durch einen der Hauptkriegsschauplätze des jugoslawischen Konfliktes verlief, mußte natürlich ein Maximum an kriegsbedingten Ausfällen garantieren[59]. Dies sowie die Tatsache, daß die Felder um Drnis bis Jahresende ihren Betrieb völlig einstellten, hatte eine weitere Reduzierung der Jahresausfuhr an Bauxiterz auf knapp 150.000 t zur Folge[60]. Trotz erneuter Kraftanstrengungen sowie eines geharnischten »Führerbefehls« vom 14. Dezember 1943, der eine Mindestausfuhr von monatlich 16.000 t vorschrieb, blieb auch das Ergebnis des folgenden Jahres deutlich hinter den Erwartungen zurück: Kampfhandlungen aller Art (einschließlich der jetzt einsetzenden alliierten Luftangriffe), Streckensprengungen, Waggon- und Kohlenmangel gestatteten bis Ende August 1944 lediglich die Ausfuhr von knapp 50.000 t[61].

Obwohl der Historiker also nicht umhin kommt, im Falle der Bauxitausbeutung einen Rückschlag für die deutschen Besatzer zu konstatieren, muß ebenso festgehalten werden, daß dieser fast ohne Konsequenzen für die deutsche Luftkriegführung blieb. Neben diversen Einsparungsmaßnahmen bei der Flugzeugherstellung[62] waren es die steigende französische und vor allem ungarische Ausbeute[63], welche die deutschen Flugzeughersteller vor einer Krise bewahrten. Obwohl im November 1943 eine erste größere Reduzierung des Aluminiumkontingents für den Luftwaffenbedarf vorgenommen werden mußte, war dies vornehmlich eine Folge der fehlenden Stromversorgung[64] und überdies für die im Folgejahr erlittene Niederlage, die völlig andere Gründe hatte, ohne jeden Belang.

---

57 Eine erschöpfende Darstellung dieses Problems aus italienischer Perspektive findet sich bei Odonne Talpo, Dalmazia. *Una cronaca per la storia, Bd. II* (Rom 1990), S. 387–400.

58 Die Entscheidung dazu scheint allerdings schon im August gefallen zu sein; vgl. hierzu Roland Schönfeld, Deutsche Rohstoffsicherungspolitik in Jugoslawien 1934–1944, in: Vierteljahreshefte für Zeitgeschichte 1976, Nr. 3, S. 245.

59 BA/MA, RW 29/28 Der Deutsche Wehrwirtschaftsoffizier in Agram, Lagebericht September 1943 (15.10.1943); Schönfeld, Rohstoffsicherungspolitik, S. 244 f.

60 Holm Sundhaussen, *Wirtschaftsgeschichte Kroatiens im nationalsozialistischen Großraum 1941–1945* (Stuttgart 1983), S. 280.

61 BA/MA, RW 29/29 Der Deutsche Wehrwirtschaftsoffizier Agram, Lagebericht April 1944 (15.5.1944); Schönfeld, Rohstoffsicherungspolitik, S. 246.

62 Gegenüber dem ersten Kriegsjahr waren 1944 Materialeinsparungen von bis zu 40 % möglich geworden. Vgl. hierzu Richard Overy, *War and economy in the Third Reich* (Oxford 1994), S. 366–373.

63 IWM, Speer collection, FD 3043/49, Sc 113, rl 32, Entwicklung der deutschen Metallversorgung seit Kriegsbeginn und Vorausschau bis zum Jahre 1946 (Juli 1943) sowie FD 3040/49, Sc 425, rl 26 ,Vermerk über eine Besprechung bei Militärverwaltungs-Vizechef Jehle in Paris am Freitag, dem 11. Februar 1944, 15.25 Uhr.

64 Gregor Janssen, *Das Ministerium Speer* (Berlin 1968), S. 214 f. Anstatt des geforderten Monatskontingents von 39.000 t Aluminium vermochte Speer der Luftwaffe für 1944 nur 22.000 t zuzusprechen.

Neben Bauxit waren vor allem die im Boden des NDH-Staates ruhenden Eisenerze von Interesse für die deutsche Wirtschaftsführung. Wichtiger als die Vorkommen in Vares, die in der Hauptsache das mittelbosnische Industriegebiet um Zenica belieferten, war das im westbosnischen Ljubija geförderte Siderit und Limonit. Diese zur Familie der phosphorarmen Erze gehörenden Gesteine fanden vor allem bei den Schmelzverfahren (Elektrostahl- und Siemens-Martin-Verfahren) Verwendung, die im Mittelpunkt der Rüstungsstahlerzeugung standen. Die bis einschließlich November 1941 erreichten Ausfuhrmengen lagen zwischen 25.000 und 30.000 t pro Monat[65]. Beliefert wurden Hochöfen in Italien, Ungarn, Rumänien, Österreich sowie Böhmen und Mähren.

Aufgrund der Lage des Bergwerks inmitten des westbosnischen Aufstandsgebietes sollte jedoch nicht nur der Abtransport, sondern schon die bloße Förderung des Erzes zu einem dauerhaften Problem werden. Eine erste Besetzung der Anlagen einschließlich der Förderbahn durch die Partisanen ab Ende Dezember 1941 zog sich bis Juli 1942 hin; die Aufnahme des Förderbetriebes war erst wieder ab Mitte September 1942 möglich[66]. Die anhaltende *»Beunruhigung durch die Aufständischen«* sorgte jedoch dafür, daß die angestrebte Monatsausbeute von 30.000 t bereits im Dezember wieder auf ganze 716 t zurückfiel[67]. Obwohl im Laufe des Jahres 1943 das Planziel dann doch einige Mal erreicht und sogar überschritten wurde[68], blieb die tatsächlich abgefahrene Menge meistens deutlich hinter der geförderten zurück[69]. Anfang November folgte dann ein weiterer Großangriff der Partisanen, der den Förderbetrieb weitgehend lahmlegte und nach einiger Zeit in eine erneute Totalbesetzung überging[70]. Trotz wiederholter Vorstellungen des Gesandten Kasche erfolgte die Rückeroberung durch das Pz.AOK 2 erst am 9. Mai 1944[71]; obwohl der Betrieb nach den üblichen Instandsetzungsarbeiten wiederaufgenommen wurde und überdies an die 200.000 t bereits geförderter Erze abtransportbereit auf Halde lagen, erlaubten die anhaltenden Bahnunterbrechungen durch Partisanen und

---

65 BA/MA, RW 29/26 Der Deutsche Wehrwirtschaftsoffizier in Agram, Lagebericht Januar 1942 (4.2.1942); Schönfeld, Rohstoffsicherungspolitik, S. 239 f.

66 BA/MA, RH 20-12/149 Aktennotiz über Reise OB nach Belgrad und Agram vom 28.8.–1.9.42 (2.9.1942).

67 BA/MA, RW 29/28 Der Deutsche Wehrwirtschaftsoffizier in Agram, Lagebericht Januar 1943 (4.2.1943).

68 So im August 1943, als 33.589 t gefördert wurden. Vgl. BA/MA, RW 29/28 Der Deutsche Wehrwirtschaftsoffizier in Agram, Lagebericht September 1943 (15.10.1943).

69 So z.B. im September 1943, als zwar 22.060 t gefördert, aber nur 4.204 t nach Deutschland ausgeführt wurden; vgl. ebd.

70 BA/MA, RW 29/28 Der Deutsche Wehrwirtschaftsoffizier in Agram, Lagebericht Oktober 1943 (15.11.1943).

71 BA/MA, RW 29/29 Der Deutsche Wehrwirtschaftoffizier in Agram, Lagebericht April 1944 (15.5.1944).

Jagdbomber nur noch eine beschränkte Abschöpfung der Grubenkapazität[72]. Obwohl ohne Zweifel ein wichtiger Erfolg für die Partisanenbewegung, sollten sich auch im Falle Ljubijas die Folgen für die deutsche Kriegswirtschaft in überschaubaren Grenzen halten. So hatte die Reichsvereinigung Eisen in einer Denkschrift vom 10. April 1943 zwar die fortgesetzte Lieferung kroatischer Erze zu einer von vielen Bedingungen für eine von Albert Speer gewünschte Produktionssteigerung um 200.000 t Stahl gemacht[73]. Die wenige Wochen später einsetzende Stockung war aber einzig und allein eine Folge der in diesen Tagen eingeleiteten Offensive des Bomber Command gegen das Ruhrgebiet[74]. Ein weiterer, im Spätsommer 1944 einsetzender, Produktionsrückgang war auf den fortschreitenden Zusammenbruch des Eisenbahnverkehrs zurückzuführen und somit ebenfalls eine Folge des Luftkriegs[75]. Wie auch schon beim Bauxit, blieb der Ausfall kroatischer Lieferungen vornehmlich deshalb ohne schwerere Folgen, weil Hitler und Speer auf andere Rohstoffquellen Zugriff hatten: Im Falle des Eisenerzes waren es die schwedischen Lieferungen, die an Bedeutung die anderer neutraler oder besetzter Länder bei weitem in den Schatten stellten (1941: 9.300.000 t, 1942: 8.078.000 t; 1943: 9.655.000 t). Ihren höchsten Ausstoß erreichten weite Teile der deutschen Rüstungsindustrie[76] gar erst während der in mehreren Etappen zwischen August und Dezember 1944 erfolgten Einstellung dieser Lieferungen[77]. Erst das völlige Versiegen der schwedischen Zufuhr führte zu einer Situation, in der auch die letzten Reserven in Angriff genommen werden mußten und in der – die Fortsetzung des Krieges über den Mai 1945 hinaus vorausgesetzt – ein kleines, aber regelmäßiges Kontingent aus Kroatien in nennenswerter Weise zu Buche geschlagen hätte.

---

72 Vgl. BA/MA, RW 29/25 Deutscher Transportbevollmächtigter Kroatien, Vermerk über die Besprechung am 22.6.44, 16.15 Uhr betr. Erzverladung, Umschlag und Abbeförderung ab Bergwerk Ljubija-Prijedor-Bosn. Novi-Sunja (23.6.1944). Die 7.992 t, die noch einmal von Mitte Juli bis Mitte August 1944 abgefahren werden konnten, dürften den Höhepunkt dieser Bemühungen dargestellt haben; vgl. RH 19 XI/36 Militärbefehlshaber Südost, Abt. Ia Lagebericht für die Zeit vom 16.7.–15.8.44 (23.8.1944), S. 29.
73 Hans-Joachim Wyres-von Levetzow, *Die deutsche Rüstungswirtschaft von 1942 bis zum Ende des Krieges* (Phil. Diss. München 1975), S. 124 f.
74 Ebd.
75 Bernhard Kroener, Rolf-Dieter Müller, Hans Umbreit, *Organisation und Mobilisierung des deutschen Machtbereichs* [=Das Deutsche Reich und der Zweite Weltkrieg, Bd. 5/2] (Stuttgart 1999), S. 758 f.
76 Der Ausstoß an Schützenpanzerwagen erreichte im August (1.038), der an schwerer Artillerie im November (391), der an Panzern im November (1.780), der an schwerer Pak im Dezember (273) seinen Höhepunkt. Vgl. ebd., S. 571, 623, 631 und 639.
77 Die Drosselung der Exporte ab August sowie die verstärkten Angriffe des Coastal Command auf die Schiffsrouten und das frühe Vereisen der schwedischen Erzhäfen ließ die Jahresausfuhr 1944 auf 4.300.000 t absinken. Vgl. Christina Goulter, *A forgotten offensive. Royal Air Force Coastal Command's anti-shipping campaign, 1940–1945* (London 1995), S. 305–310.

Anders als im Dauerchaos des NDH-Staates machten die östlich der Drina herrschenden Zustände es durchaus möglich, bei der Ausbeutung jugoslawischer Bodenschätze die Erfüllung langfristiger Planziele anzuvisieren. Das bei weitem wichtigste Wirtschaftsobjekt auf dem Boden des serbischen Reststaates war die Kupfermine von Bor (Nordostserbien). Während der dreißiger Jahre getätigte Investitionen der französischen Betreibergesellschaft hatten 1939 eine Fördermenge von nicht ganz einer Million Tonnen Kupfererz ermöglicht, was 2 % der Weltfördermenge entsprach[78]. Ab April 1942 sollte Bor für knapp ein Jahr immerhin 20–22 % des deutschen Kupferbedarfs decken[79]. Die 12monatige Anlaufzeit war allerdings nicht kommunistischen oder nationalserbischen Freischärlern, sondern den regulären Streitkräften des Königreichs Jugoslawien zu verdanken. Diese hatte während des Balkanfeldzugs die Förderanlagen so ungewöhnlich gründlich sabotiert, daß eine geringe Förderung (bis zu 4.000 t Erz im Monat) erst ab Januar wieder möglich war[80]. Der Vollbetrieb konnte schließlich am 9. April 1942 wiederaufgenommen werden[81]; eine Verzögerung, die zweifellos zum Anfang 1942 eintretenden Engpaß in der deutschen Kupferversorgung und somit auch zum kostspieligen Austausch alter Kupfer- gegen Eisen- oder Aluminiumkabel (Fellgiebel-Aktion) beigetragen hat[82].

Bis Ende 1943 blieb die monatliche Förderquote in Bor von ca. 50.000 t zwar deutlich hinter dem Spitzenergebnis von 1939 zurück, reichte aber aus, um die Bedürfnisse der deutschen Kriegswirtschaft zu befriedigen[83]. Obwohl Anschläge gegen die Förderanlagen oder Verkehrsverbindungen im Vergleich zu den kroatischen Verhältnissen kaum ins Gewicht fielen, blieb auch Bor nicht von den Auswirkungen der Kampfhandlungen verschont, die bis 1943 das geteilte Jugoslawien fast zur Gänze erfaßt hatten. Da die Verhüttung des geförderten Erzes vor Ort erfolgte, war das Werk auf regelmäßige Belieferungen mit Steinkohle angewiesen, die teils von serbischen, teils von oberschlesischen Gruben bezogen wurde. Ende Oktober bzw. Anfang November gelang der Volksbefreiungsarmee mit der Zerstörung der zwei Bergwerke, die mittlerweile den größten Teil der Kohleversorgung für Bor übernommen hatten, der wahrscheinlich wirksamste Schlag, den die altserbische Partisanenbewegung seit 1941 gegen die Besatzer geführt hatte[84]: Von Dezember

---

78 Schönfeld, Rohstoffsicherungspolitik, S. 231.
79 Unter Zugrundelegung der in BA/MA, RW 29/33 WO-Tagung in Saloniki, 3. und 4.9.1942, Anlage 4 genannten Zahlen.
80 BA/MA, RH 20-12/121 O.B.-Reise Serbien (o.D.; vermutl. Anfg. August 1941).
81 BA/MA, RW 40/32 KTB-Eintrag vom 29.8.1942.
82 Willi A. Boelcke (Hrsg.), *Deutschlands Rüstung im Zweiten Weltkrieg. Hitlers Konferenzen mit Albert Speer* (Frankfurt a. M. 1969), S. 78, 90 u. 107 (Besprechungen vom 19. März, 4. April und 8. Mai 1942).
83 Schönfeld, Rohstoffsicherungspolitik, S. 250.
84 Vgl. BA/MA, RW 29/37 Wehrwirtschaftsstab Südost, Lagebericht Serbien für Oktober 1943 (15.11.1943) sowie RW 29/38 Wehrwirtschaftsstab Südost, Überblick über IV. Quartal 1943 (o.D.).

1943 bis März 1944 lag der Betrieb im wesentlichen still, geförderte Erze mußten auf Halde gestapelt werden[85]. Aber selbst nach der Überwindung dieser Krise war ein weiterer Verfall des Erzabbaus zu konstatieren. Faktoren wie die Abnutzung der verwendeten amerikanischen Bohrmaschinen, für die keine Ersatzteile zu finden waren und die schrittweise gegen deutsche Modelle ausgetauscht werden mußten[86], lagen noch im Bereich des Beherrschbaren. Sehr viel schwerwiegender war dagegen die zunehmende Arbeiterflucht, die auf ungenügende Bezahlung[87], die psychologischen Auswirkungen von Luftangriffen sowie die Einschüchterung der Belegschaft durch Teile der DM-Bewegung zurückzuführen war[88]. Der Einsatz von italienischen Militärinternierten war, da mit langen Anlernzeiten verbunden, nur eine Notlösung[89]. Bis zur Aufgabe des Bergwerks im September 1944 war der Abbau daher erheblichen Schwankungen unterworfen, die einen Monatsdurchschnitt von ca. 20.000 t ergaben[90]. Mindestens genauso schwer wie der nachlassende Abbau schlug allerdings die mittlerweile eingetretene Gefährdung der Transportwege zu Buche. Weniger als die – im Vergleich zu Kroatien immer noch geringe – Zahl der Anschläge auf die Straßen- und Bahnverbindungen nach Belgrad waren es neben anhaltendem Kohlenmangel vor allem die im April einsetzende routinemäßige Verminung der Donau durch alliierte Fernbomber, die eine auch nur annähernde Erfüllung des Plansolls für 1944 (1.875 t Kupferkonzentrate pro Monat) verhinderte[91].

In Anbetracht der Tatsache, daß Neuhausen und Speer während 21 von insgesamt 41 Monaten deutscher Besatzungszeit in Serbien Bors beträchtliche Kapazität überhaupt nicht oder nur zu einem Bruchteil ausnutzen konnten, fällt es schwer, nicht auch diesen Fall als einen deutschen Mißerfolg zu sehen. Wie auch in den zwei vorangegangenen Fällen blieb das Versagen deutscher Ausbeutungspolitik allerdings

---

85 IWM, Speer collection FD 3046/49, Sc 323, Der Generalbevollmächtigte für den Metallerzbergbau Südost, Monatsbericht März 1944.

86 IWM, Speer collection FD 3046/49, Sc 323 Der Generalbevollmächtigte für den Metallerzbergbau Südost, Monatsbericht Oktober 1943.

87 Nach BA/MA, RW 29/39 Wehrwirtschaftsstab Südost, Lagebericht Serbien für Januar 1944 (15.2.1944), konnte ein Landarbeiter mit dem zehnfachen Lohn eines Bergarbeiters rechnen – freie Verpflegung nicht mitgerechnet.

88 IWM, Speer collection FD 3046/49, Sc 323, Der Generalbevollmächtigte für den Metallerzbergbau Südost, Monatsbericht Mai 1944: »*Durch die Luftangriffe im serbischen Raum im allgemeinen und die wiederholten Überfliegungen des Werkes Bor im besonderen, durch Einflüsse von seiten der DM-Bewegung und durch die Lockungen vielfach höherer Löhne bei Holzschlagunternehmen und bei Bauern nimmt die Arbeiterflucht einen unheimlichen Fortgang ...*«

89 IWM, Speer collection FD 3046/49, Sc 323, Der Generalbevollmächtigte für den Metallerzbergbau Südost, Monatsbericht März 1944.

90 Schönfeld, Rohstoffsicherungspolitik, S. 250.

91 IWM, Speer collection FD 3046/49, Sc 323, Der Generalbevollmächtigte für den Metallerzbergbau Südost, Monatsbericht Mai 1944. Siehe auch C.J.C. Molony u.a., *Victory in the Mediterranean* [= The Mediterranean and the Middle East, vol. VI/1] (London 1984), S. 372–374.

weitgehend folgenlos. Die bereits erwähnten Spar- und Wiederverwendungsmaßnahmen, in Frankreich erbeutete Bestände sowie Lieferungen aus Finnland, Norwegen und der Türkei ermöglichten es der deutschen Führung, die Klippe einer möglichen Kupferkrise weit zu umschiffen[92]. Die Ende 1944 in Deutschland noch zur Verfügung stehende Reserve dieses nichteisenhaltigen Metalls hätten sogar noch eine Fortsetzung des Krieges bis Mitte 1947 ermöglicht[93].

Von allen kriegswichtigen Bodenschätzen, welche die deutsche Kriegswirtschaft aus Jugoslawien bezog, kam Chrom zweifelsohne die größte Bedeutung zu. Im Vergleich zu anderen Stahlveredlern wurde es sowohl in größeren Mengen (allein 900 t Monatstonnen für die Panzerproduktion) als auch für eine breitere Produktpalette gebraucht. Diese umfaßte nach einer Denkschrift Speers vom November 1943 *»... 90 % aller legierten Stähle. Insbesondere gilt dies für rostfreie und hitzebeständige Stähle, Schnelldrehstähle, Magnetstähle, Kugellagerstähle, sämtliche Wehrstähle wie die gesamte Panzerfertigung, die Erzeugung der Kanonenrohre, Verschlußstücke, Bordwaffen, Panzermunition, Flugzeugmotoren, wichtige U-Boot-Teile, wie Kurbelwelle, Periskop, Steuerorgane und Torpedos und der Bedarf der chemischen Industrie.«* Für den Reichsminister bestand daher kein Zweifel daran, *»daß Chrom der Hauptträger aller Legierungsstähle darstellt und ohne Chrom eine hochentwickelte Rüstungsindustrie nicht aufrechterhalten werden kann«*[94]. Die deutsche Einfuhrabhängigkeit lag auch bei Chrom knapp unter der 100 %-Grenze; da Verhandlungen mit der Türkei (einem der Hauptexporteure) über den Verkauf der bis Ende 1942 zu erwartenden Ausbeute Anfang 1940 gescheitert waren[95], verblieben Deutschland nur noch die Vorkommen des europäischen Südosten: neben wenig ergiebigen Bergwerken in Serbien und Bulgarien vor allem die Lager in Griechenland und (dem von Bulgarien annektierten) Mazedonien. Letztere, einschließlich der ertragreichsten Grube Jeserina, lagen im Raum Skopje und wiesen zumindest potentiell eine hohe Kapazität auf. Der Ausschöpfung derselben standen allerdings höchst primitive Förderanlagen und Verkehrsanschlüsse im Wege; die unvermeidlichen Investitionen in Millionenhöhe wären in Friedenszeiten mit Sicherheit als unrentabel verworfen worden. Die besondere Situation, in der sich das von den Weltmärkten abgeschnittene Deutsche Reich jedoch befand, ermöglichten Aufbaumaßnahmen, durch die die mazedonischen Gruben 1943 mit einer Jahresausbeute von annähernd

---

92 IWM, Speer collection FD 3043/49, Sc 113 Entwicklung der deutschen Metallversorgung seit Kriegsbeginn und Vorausschau bis zum Jahre 1946 (Juli 1943).
93 IWM, Speer collection, Flensburg series, vol. 14 u. 15 FD 2690/545 Speer an Hitler (5.9.1944).
94 IWM, Speer collection, Flensburg series, vol. 11. Die Legierungsmetalle in der Rüstung und die Bedeutung der Chrom-Zufuhren aus dem Balkan und der Türkei (12.11.1943).
95 Schönfeld, Rohstoffsicherungspolitik, S. 252.

120.000 t geförderten Erzes fast zwei Drittel der deutschen Chromeinfuhr ausmachten[96].

Dieses ansehnliche Ergebnis war nicht zuletzt darauf zurückzuführen, daß das vornehmlich von nichtserbischen Volksgruppen besiedelte Mazedonien von der Aufstandswelle des Jahres 1941 weitgehend unberührt geblieben und auch späteren Versuchen der Volksbefreiungsarmee eine dauerhafte Präsenz zu etablieren, erst gar keiner und ab Ende 1943 auch nur ein relativ geringer Erfolg beschieden war. So geht aus einem Bericht des Reichswirtschaftsministers vom Januar 1944 hervor, daß der im Vorjahr durch Anschläge eingetretene geschätzte Förderausfall im Chromerzbergbau (über 19.000 t) vornehmlich auf das Konto griechischer Freischärler ging (17.300 t); die mazedonischen Gruben traten in dieser Statistik mit lediglich 800 t auf[97].

Ausgehend von diesen Zahlen setzte sich der Generalbevollmächtigte für den Metallerzbergbau Südost für das folgende Jahr ein ehrgeiziges Ziel: Ungeachtet der zunehmenden Angriffe der Partisanen auf Förderanlagen und Verkehrswege sowie gelegentlicher Luftangriffe der 15. AAF auf den Raum Skopje erwartete er von den mazedonischen und serbischen Gruben Erzlieferungen von 108.100 t, was einem Chromgehalt von 31.635 t entsprach[98]. Die Aussichten, dieses Soll zu erfüllen, standen zur Jahreswende 1943/44 nicht allzu gut. Erstens aufgrund der erwähnten erschwerten Arbeitsbedingungen in Mazdonien selbst sowie aufgrund der mittelbaren und unmittelbaren Auswirkungen, die der Krieg westlich der Drina auch auf andere, noch weitgehend ruhige Regionen des geteilten Jugoslawien hatte. Die Versuche, in einem solchen Umfeld einen funktionierenden Vollbetrieb aufrechtzuerhalten, konnte zu geradezu aberwitzig anmutenden Maßnahmen führen, so im Fall der Chromerzgrube Grube Nada im Januar 1944: »*Infolge des schon im letzten Monatsbericht betonten Mangels an geeignetem Grubenholz (Eichen- oder Nadelholz) konnte die Weiterabteufung des Gesenkes nicht durchgeführt werden; die Erhaltung der Grubenbaue wird durch diesen Mangel immer schwieriger. Da eine Beschaffung von Grubenholz unter den gegenwärtigen Verhältnissen im Südostraum nicht möglich ist, wurde der Reichsforstmeister gebeten, als Sofortmaßnahme 6.000*

---

96 Deutlich geringer fielen die griechischen (38.122 t), türkischen (ca. 20.000 t), altbulgarischen (8.532 t) und serbischen (5.430 t) Lieferungen aus. Zahlen des Reichswirtschaftsministeriums, zit. bei ebd., S. 256 f. Leicht abweichende Angaben finden sich in einem Abschlußbericht des Generalbevollmächtigten für das Jahr 1943: demnach umfaßte die Chromerzausbeute aus Mazedonien, Griechenland, Serbien und Albanien (ab September 1943) unter Ausschluß Altbulgariens 134.353 t. Vgl. IWM, Speer collection FD 3046/49, Sc 323 Der Generalbevollmächtigte für den Metallerzbergbau Südost, Monatsbericht Dezember 1943.

97 IWM, Speer collection FD 3046/49, Sc 323 Gefährdung des Bergbaus im Südostraum durch Banden (17.1.1944).

98 IWM, Speer collection FD 3046/49, Sc 323 Notiz Neuhausens (o.D.; vermutl. November 1943).

fm für die Gruben Allatin Mines Ltd. nach Skopje zu senden und weitere 6.000 fm für die übrigen mazedonischen Gruben bereitzustellen.«[99]

Daß das gesetzte Plansoll letzten Endes nicht nur erreicht, sondern auch noch weit übertroffen werden sollte, war nicht zuletzt der Inbetriebnahme einer in drei Schichten arbeitenden Verarbeitungsanlage zu verdanken, die das geförderte Erz ab Mitte März an Ort und Stelle in Reinchrom verwandelte und somit die auf dem Schienenweg – die Achillesferse der gesamten Rohstoffausbeutung im besetzten Jugoslawien – zu transportierende Menge auf ca. ein Viertel reduzierte[100]. Dies, sowie die schützende Abgelegenheit des Gebiets ermöglichten es, das Jahressoll für 1944 fast auf die Tonne genau in nur acht Monaten zu erreichen: Als die Gruben Anfang September 1944 aufgegeben wurden, waren insgesamt 113.046 t Erz mit einem Chromgehalt von 31.495 t verarbeitet und nach Deutschland abgefahren worden[101] – eine Bilanz, die in der Geschichte der Ausbeutung des besetzten Südostens ohne Beispiel ist. Daß der von Albert Speer im November 1943 befürchtete Engpaß vermieden werden konnte und die Chromlage im Frühjahr 1944 sogar eine gewisse Bevorratung zuließ[102], war nicht zuletzt den mazedonischen Vorkommen zu verdanken[103]. Auf die Räumung derselben reagierte Speer prompt mit Legierungsumstellungen, durch die bestehende Vorräte zwar gestreckt, aber auch Qualitätseinbußen in Kauf genommen werden mußten.

Abgesehen von der – zugegebenermaßen sehr wichtigen – Ausnahme des mazedonischen Chrom stellt sich der Kampf um die Rohstoffe des geteilten Jugoslawien als ein klarer Sieg für die Sache des Widerstandes und eine ebenso eindeutige Niederlage für die Besatzer dar. Da eine längere Besetzung wehrwirtschaftlich wichtiger Objekte durch die Volksbefreiungsarmee nur in Ausnahmefällen (Ljubija) möglich war, bestand ihre wirksamste Strategie darin, durch Störung des wirtschaftlichen Umfelds, das jede Grube oder Hütte für den fortgesetzten Betrieb benötigt, eine systematische Ausbeutung zu erschweren. Neben Einschüchterung oder Aushungerung der Arbeiterschaft sowie Unterbrechung von Energiezufuhr in jeder Form war die wirksamste Waffe in diesem Kampf die ununterbrochene Sabotage des

---

99 IWM, Speer collection FD 3046/49, Sc 323 Der Generalbevollmächtigte für den Metallerzbergbau Südost, Monatsbericht Januar 1944.

100 Schönfeld, Rohstoffsicherungspolitik, S. 253.

101 IWM, Speer collection FD 3046/49, Sc 323 Der Generalbevollmächtigte für den Metallerzbergbau Südost, Monatsberichte Januar bis August 1944.

102 Janssen, *Ministerium Speer*, S. 214.

103 Während die türkischen Einfuhren im April 1944 endgültig eingestellt wurden, fielen die serbischen Lieferungen (in den Monatsberichten manchmal getrennt, manchmal als ein Teil des mazedonischen Ganzen aufgeführt) mengenmäßig kaum noch ins Gewicht (meistens um die 300 t Erz pro Monat). Vgl. IWM, Speer collection FD 3046/49, Sc 323 Der Generalbevollmächtigte für den Metallerzbergbau Südost, Monatsberichte Januar bis August 1944.

Eisenbahnnetzes, die nicht nur von darauf angesetzten Stoßtrupps, sondern auch von den regulären Brigaden und Divisionen bei ihren Verlegungen[104] geradezu routinemäßig durchgeführt wurde. Durch Anschläge dieser Art wurde jeder nur denkbare Aspekt des (feindlich gelenkten) Wirtschaftslebens des Landes berührt: So konnte es beispielsweise passieren, daß die Anschläge der Volksbefreiungsarmee auf Gruben und Bahnen eine umfangreiche Belieferung der kroatischen Wirtschaft mit deutscher Steinkohle notwendig machten, diese Hilfe aber – aufgrund der mittlerweile an Schienenwegen und rollendem Material angerichteten Schäden[105] – die Empfängerorte überhaupt nicht oder nur mit Verspätung erreichte[106], was wiederum eine weitere Beeinträchtigung deutscher Rohstoffausbeutung nach sich zog.

Die Frage nach der relativen Unwirksamkeit deutscher Gegenmaßnahmen muß natürlich vor dem Hintergrund der Prioritäten der deutschen Führung gesehen werden, wobei von vornherein berücksichtigt werden muß, daß die Behebung einiger der wichtigsten Störfaktoren (Sprengung Bors im April 1941, italienische Behinderung einer beschleunigten Bauxitausfuhr 1942/43, amerikanische Luftangriffe auf die Bosnabahn 1944) sowieso außerhalb der Möglichkeiten des OB Südost oder der 2. Panzerarmee lag.

Was jedoch die Bekämpfung indogener Sabotage betrifft, kann kaum ein Zweifel daran bestehen, daß zumindest auf dem Gebiet des NDH-Staates[107] der ursprüngliche ausgegebene Kampfauftrag zur Sicherung wehrwirtschaftlich wichtiger Objekte spätestens ab Mai 1942 durch die Notwendigkeit zur aktiven Bekämpfung der Volksbefreiungsarmee vollständig verdrängt worden war. Für den geringen Stellenwert, der ab diesem Zeitpunkt der Sicherungsaufgabe eingeräumt wurde (»*Sicherung ist Sache der Kroaten*«), lassen sich in den Quellen zahlreiche Belege finden[108]. Wenn sich eine Chance bot, den primären Kampfauftrag mit der Sicherung einer Hütte oder Grube zu verbinden (wie im Fall der Kozaraoperation im Juli 1942), wurde

---

104 Vgl. hierzu die Schilderung der beim »Großen Marsch« an der Linie Sarajevo–Mostar vorgenommenen Zerstörungen bei Vladimir Dedijer, *The War Diaries of Vladimir Dedijer, Vol. I* (Ann Arbor 1990), S. 236–240 (Eintrag vom 3.7.1942).

105 Siehe hierzu BA/MA, RW 29/28 Der Deutsche Wehrwirtschaftsoffizier in Agram, Lagebericht vom September 1943 (15.10.1943): »*Durch das Überhandnehmen der Sabotagetätigkeit auf Bahnanlagen und durch steigende Verluste an Bahnpersonal besteht die Gefahr, daß dies in absehbarer Zeit den Bahndienst verweigern wird. (...) Der Betrieb der Hauptstrecke Agram–Belgrad war im September nur an drei Tagen störungsfrei. Im September wurden 64 Lokomotiven beschädigt, 1 total zerstört. Derzeitiger Reparaturstand 138 Lokomotiven = 30 %.*«

106 BA/MA, RW 29/28 Der Deutsche Wehrwirtschaftsoffizier in Agram, Lagebericht vom Oktober 1943 (15.11.1943).

107 In Serbien stellten sich vergleichbare Zustände erst im Laufe des Juli/August 1944 ein; vgl. BA/MA, RW 29/41 Wehrwirtschaftsstab Südost, Überblick über das III. Quartal 1944 (o.D.).

108 BA/MA, RW 40/29 KTB-Eintrag vom 12.5.1942 (Zitatstelle); RW 40/30 KTB-Eintrag vom 1.6.1942; RW 40/33 KTB-Eintrag vom 1.9.1942; RH 20-12/153 Chefbesprechung am 30.11.1942 – Aktennotiz; ADAP, Serie E, Bd. VII, S. 459–461, Aufzeichnung des Gesandten Kasche (29.2.1944).

diese in der Regel zwar genutzt. Daß bei der Planung oder Durchführung eines Großunternehmens aber das wirtschaftliche über das operative Ziel gestellt worden wäre, ist nur ein einziges Mal und dann auch nur auf Weisung von höchster Stelle vorgekommen (»Weiß II« im Februar/März 1943). Anzeichen einer Wende fanden sich erst in einem Grundsatzbefehl des Pz.AOK 2 vom 4. Juli 1944: In diesem Schreiben war erstmalig davon die Rede, die Sicherung wehrwirtschaftlich wichtiger Objekte *»gegebenenfalls unter* <u>*Zurückstellung*</u> *anderer taktischer Erfordernisse«*[109] durchzuführen.

Daß diese Einstellung seitens Hitlers oder des OKW die meiste Zeit über unangefochten blieb, dürfte unter anderem darauf zurückzuführen sein, daß keines der Rohstoffvorkommen auf dem Boden des NDH-Staates für sich allein wichtig genug war, um eine fundamentale Umorientierung zu erzwingen oder aber die Zuführung zusätzlicher, zweckgebundener Truppenverstärkungen zu rechtfertigen. Anders als im Falle der finnischen Nickelvorkommen in Petsamo, die aufgrund ihrer Bedeutung und der relativen Nähe der Ostfront durch ein ganzes Gebirgskorps geschützt waren, war es im Falle der kroatischen Erze aufgrund anderer verfügbarer Quellen eben möglich, die Wiedereroberung Ljubijas um einige Monate zu verschieben oder beim herzegowinischen Bauxit einen Produktionsausfall von 50 % oder mehr hinzunehmen. Eine ansatzweise Ausnahme von dieser Regel läßt sich nur im Dezember 1943 mit dem bereits erwähnten »Führerbefehl« zur Steigerung der Bauxitausfuhr aus der Herzegowina ausmachen; da der Diktator von der naheliegenden Möglichkeit, die gerade im ostbosnischen Raum laufenden Operationen zum Schutz der Gruben und Bahnen umzuleiten, allerdings keinen Gebrauch machte, kann auch hier von einem grundsätzlichen Prioritätenwechsel nicht gut die Rede sein.

Daß die Sicherung von kroatischen Rohstoffen, die auch 1941 schon wichtig gewesen waren, schließlich erst im Juli 1944 eine gewisse Bedeutung beigemessen wurde, hat zwar mit der verspäteten Erkenntnis zu tun, daß die Streitkräfte des NDH-Staates auch für den reinen Objektschutz nicht zu gebrauchen waren, ist aber auch das Ergebnis des Zusammenspiels zweier sich ständig ändernden Konstanten, durch die die relative Bedeutung bestimmter Wirtschaftsobjekte bestimmt war: der allgemeinen Verfügbarkeit des Rohstoffs und der Möglichkeit, ihn auch in entsprechender Menge zu verarbeiten. So war es vor dem Hintergrund der ungenügenden Mobilisierung der deutschen Industrie vor 1944 beispielsweise möglich, daß 1942 ein Förderungsausfall bei einem bestimmten Rohstoff dadurch überlagert wurde, daß bestehende Mängel im Industrie-, Transport- oder Energiesektor selbst die mittelfristige Verarbeitung der bereits vorhandenen Bestände in Frage stellte. Zwei Jahre später konnte eine kriegsbedingte Schrumpfung der Ressourcenbasis bei

---

109 BA/MA, RH 24-21/106 Richtlinien über Sicherung wehrwirtschaftlicher Objekte im Bereich Pz.AOK 2 (4.7.1944); Unterstreichung im Original.

gleichzeitiger Ausweitung der industriellen Kapazitäten es aber mit sich bringen, daß bis dato vernachlässigten Vorkommen eine Bedeutung beigemessen wurde, die in keinem vernünftigen Verhältnis zu ihrem objektiven Wert stand.

Genau wie Hitler im Herbst 1944 entgegen jeder strategischen Vernunft den Schwerpunkt deutscher Anstrengungen an der Ostfront nach Ungarn legte, um dort die letzten noch im deutschen Machtbereich liegenden Ölquellen zu schützen[110], legt der Wortlaut des Befehls vom 4. Juli 1944 den Schluß nahe, daß bei einer Verlängerung des Krieges bis in den Sommer 1945 – bei gleichzeitiger Behauptung Westbosniens und Nordkroatiens – die Erzgruben von Ljubija vermutlich umgehend an die Spitze der Prioritätenliste des Oberbefehlshabers Südost gerückt wären.

8.6. Fazit

Von 1941 bis 1944 entwickelte sich die jugoslawische Volksbefreiungsarmee von bescheidenen Anfängen zu einer Kraft, die in der Geschichte des Widerstandes im besetzten Europa ohne Beispiel war. Obwohl es äußerst fraglich erscheint, ob sie ohne sowjetische Hilfe jemals in der Lage gewesen wäre, eine endgültige Entscheidung zu erzwingen, hatte sie bis Sommer 1943 die Italiener weitgehend auf Städte und befestigte Stellungen zurückgedrängt und ein Jahr später der 2. Panzerarmee immerhin eine strategische Pattsituation aufgezwungen, durch die die 1941 formulierten Prioritäten deutscher Besatzungspolitik (Ausnutzen der rohstoff-mäßgen Vorkommen und industriellen Kapazitäten bei minimalem militärischen Engagement) endgültig Makulatur geworden waren.

Die Rahmenbedingungen, die diese Entwicklung möglich gemacht hatten, seien hier noch mal kurz umrissen: Das Ustascha-Regime, welches von Anfang an nur auf einen minimalen Rückhalt im eigenen Volk zählen konnte, brachte durch seine Politik des versuchten Genozids gegenüber der serbischen Volksgruppe ein gutes Drittel des eigenen Volkes gegen sich auf; aufgrund der nach dem Aprilfeldzug 1941 nicht sichergestellten Waffen- und Munitionsvorräte standen die Mittel für den Kampf sofort zur Verfügung. Obwohl bei dieser Ausgangslage die historisch gewachsenen Gegensätze zwischen den verschiedenen ethnischen Gruppen im NDH-Staat die Erwartung nahelegten, daß Moslems und Kroaten sich kompromiß-los um ihre neue Regierung scharen würden, trat dieser Fall nicht ein: Der offen-

---

110 Nach einem Schreiben Speers deckten diese – für sich betrachtet relativ unergiebigen – Vorkommen im Dezember 1944 40 % des deutschen Verbrauchs; vgl. ADAP, Serie E, Bd. VIII, S. 602–604, Reichsminister Speer an den Chef des Generalstabes des Heeres Guderian (15.12.1944).

kundig kriminelle Charakter des neuen Regimes sowie der Ausverkauf kroatischer Interessen an Italien hatte zur Folge, daß es vor allem die Feinde des neuen Staates waren, die von der Entfachung alter Gegensätze profitieren sollten. Selbst die Mehrzahl seiner Bürger im waffenfähigen Alter, die 1941/42 noch nicht zum offenen Widerstand bereit waren, manifestierten ihre Abneigung statt dessen in der Häufigkeit, mit der sie sich von den Partisanen widerstandslos entwaffnen ließen; durch diesen sich kontinuierlich steigernden und nie abbrechenden Verfallsprozeß der kroatischen Streitkräfte war den Freischärlern auch in späteren Jahren immer ein steter Strom an militärischem Gerät garantiert.

Rein militärisch betrachtet, war vor allem der zu zwei kritischen Zeitpunkten (Dezember 1941 und Mai 1942) nachlassende Feinddruck auf Titos Hauptgruppe und der im Frühsommer 1942 einsetzende Rückzug der italienischen Besatzungsmacht aus der Zone III von nicht zu überschätzender Bedeutung. In der Übergangsphase, die zwischen der faktischen Abdankung der italienischen (Mitte 1942) und dem verstärkten Auftreten der deutschen Besatzungsmacht (Anfang 1943) lag, wurden dann die Fundamente einer quasi-regulären Partisanenarmee gelegt, die vollständig zu zerschlagen sich die Deutschen bis zuletzt vergeblich bemühten.

Durch diese einzigartige Konstellation begünstigender Faktoren, die im ganzen besetzten Europa ihresgleichen sucht, kann die Geschichte des Aufstiegs der jugoslawischen Partisanen hinreichend erklärt werden; das in der jüngsten Vergangenheit in diesem Zusammenhang oft bemühte Argument des »kriegerischen« Naturells der serbischen Volksgruppe[111] kann durch den Hinweis auf den Zusammenbruch des serbischen Aufstandes 1941 überzeugend widerlegt werden.

Dies soll jedoch nicht heißen, daß der verschärfte Krieg gegen die Volksbefreiungsarmee, der im Januar 1943 einsetzte, von vornherein chancenlos gewesen wäre.

Vielmehr ist festzuhalten, daß die bürgerkriegsbedingte Entwicklung der Partisanenverbände von ortsgebundenen Abteilungen zu mobilen Brigaden der deutschen Wehrmacht zumindest auf taktischer Ebene in gewisser Hinsicht entgegenkam. Durch Titos Bestrebung, diese Einheiten auch außerhalb ihrer Herkunftsgebiete einzusetzen, konnten sie von der Option, im Kampf auseinanderzulaufen und Zuflucht bei der Zivilbevölkerung zu finden, nur sehr beschränkt Gebrauch machen und boten konventionell operierenden Feindverbänden oft eine viel bessere Angriffsfläche als »traditionelle« Guerrillas. Es überrascht daher auch nicht, daß bei deutschen Großoperationen die Relation von gezählten Feindtoten zu sichergestellten Waffen meistens ungleich günstiger ausfiel als beispielsweise an der Ostfront[112] – ein klarer

---

111 Brendan Simms, *Unfinest hour. Britain and the destruction of Bosnia* (London 2001), S. 223–313.
112 Das beim Unternehmen »Cottbus« in Weißrußland angefallene Mißverhältnis von 13.000 Feindtoten zu 950 Gewehren war keine Seltenheit und erregte mitunter sogar den Protest von NS-Funktionären, vgl. BA-Lichterf., NS 19/1433 Der Generalkommissar für Weißruthenien an den Herrn Reichsminister für die besetzten Ostgebiete – Abschrift (29.6.1943).

Hinweis darauf, daß es sich bei den Toten tatsächlich um gegnerische Freischärler und nicht bloß um »Bandenverdächtige« handelte.

Darüber hinaus sollte der in politischer Hinsicht mittlerweile zu einer festen Größe gewordene Gegensatz zwischen Kommunisten und Cetniks eine weitgehende Neutralisierung des nationalserbischen Widerstands und punktuell sogar eine Instrumentalisierung des serbischen Bürgerkriegs für deutsche Zwecke in Aussicht stellen.

Obwohl sich zahlreiche Punkte anführen lassen, wo die deutsche Besatzungsmacht 1943/44 militärisch versagte (Weigerung des OKW, auf Dauer mehr als eine Gebirgsdivision zu bewilligen, Fehlen einer klaren Kommandostruktur in Serbien und Kroatien, Unterschätzung der Schwierigkeiten, im Mittelgebirge zu operieren), ist es doch vor allem die beharrliche Weigerung der höchsten deutschen Kommandostellen, die politische Natur des Kampfes zu akzeptieren, durch die sich die Vergeblichkeit der deutschen Kriegführung gegen die Volksbefreiungsarmee erschließt. Dies äußerte sich nicht zuletzt – wie auch in anderen besetzten Ländern – in einer Repressalienpolitik, die hauptsächlich auf Abschreckung durch Terror setzte und sich vor allem in den ersten zwei Jahren nicht die geringste Mühe machte, zwischen Schuldigen, Mitwissern und Unbescholtenen zu unterscheiden; gerade im NDH-Staat, wo durch diese Maßnahmen lediglich die bereits bestehende Willkürherrschaft noch gesteigert wurde, waren Erfolge von höchstens kurzfristiger Natur, wohingegen langfristig vor allem die Widerstandsbewegungen von dieser Lage profitierten: Mehr noch als der Haß auf die Besatzer war es die – weitgehend berechtigte – subjektive Wahrnehmung auch kriegsmüder Widerstandskämpfer, daß Kapitulation bzw. Überlaufen meist gleichbedeutend mit dem Tod waren, die den Partisanen auch in kritischen Lagen ihre Kohäsion gab[113]. Es wäre allerdings falsch, hieraus zu schließen, daß es vor allem ein deutscher »Vernichtungskrieg« war, der die Menschen scharenweise in die Arme des Widerstandes trieb. Obwohl sich deutsche Verbände auf jugoslawischem Boden gleichermaßen vorsätzlich geplanter Massaker (z. B. Kragujevac und Kraljevo 1941) wie Exzeßtaten (z. B. Otok und Umgebung 1944) schuldig machten, war es paradoxerweise so, daß eine auch noch so als drückend empfundene deutsche Herrschaft, dort wo sie denn von Dauer war, insofern meistens eine stabilisierende Wirkung hatte, als hierdurch zumindest ethnisch motivierte Übergriffe oder »Säuberungen« von den Besatzern – aus höchst eigennützigen Motiven – unterbunden wurden[114].

---

113 Eine ganze Reihe diesbezüglicher Aussagen findet sich in BA/MA, RH 26-114/18 714.ID, Abt. Ic; Aus Vernehmungen und Feindpapieren – Nachrichtenblatt Nr. 12 (15.3.1943).

114 Am augenscheinlichsten tritt dies natürlich bei einem Vergleich des NDH-Staates mit dem deutsch besetzten Serbien zutage; mit der nach 1942 einsetzenden Beschränkung der deutschen Besatzungsmacht auf immer kleinere Räume in Serbien traten allerdings auch hier verstärkt Spannungen auf, die den deutschen Besatzern eher vom kroatischen Raum geläufig waren. Vgl. BA/MA, RW

Viel wichtiger war, daß die deutsche Seite bis zuletzt bestrebt blieb, eine politisch völlig verfahrene Situation durch militärische Befreiungsschläge zu bereinigen und dabei völlig verkannte, daß selbst in dem einzigen Fall, in dem diese Strategie dauerhaften Erfolg gehabt hatte (Unternehmen »Užice«, Nov./Dez. 1941), eine Veränderung der politischen Rahmenbedingungen vorausgegangen war (Einsetzung der Regierung Nedić, Ausbruch des serbischen Bürgerkrieges). Halbe Maßnahmen, wie die Einsetzung der Kammerhofer-Gendarmerie oder die Besetzung Nordostbosniens durch die 13. SS-Division, denen zumindest ein korrekter gedanklicher Ansatz (Befriedungsmaßnahmen unter Umgehung der kroatischen Behörden) nicht abgesprochen werden konnte, mußten langfristig schon allein daran scheitern, als durch sie die radikalen Tendenzen innerhalb der kroatischen Regierung, die einer gedeihlichen Zusammenarbeit sowieso im Wege standen, eher noch verstärkt wurden. Rückblickend betrachtet, hätte diese Entwicklung natürlich auch im endgültigen Zerwürfnis zwischen Berlin und Agram und der Beseitigung des Pavelić-Regimes enden können. In Ermangelung des hierfür nötigen politischen Willens sahen sich die örtlichen Befehlshaber zur maximalen Ausnutzung des ihnen zur Verfügung stehenden Spielraums gezwungen, was im Fall der 2. italienischen Armee nach 1941 auf die Ausübung einer Politik hinauslief, die der der politischen Führung in Rom fast diametral entgegengesetzt war und im Fall der deutschen Dienststellen, etwas weniger radikal, immerhin die Umgehung oder direkte Infragestellung von »Führerbefehlen«, die die Kontaktaufnahme mit Freischärlern oder die deutsch-kroatischen Zusammenarbeit betrafen, nach sich zog.

Der einzige Vorzug dieser einseitigen Ausrichtung deutscher Strategie war, daß Bader, Lüters und Rendulic, anders als ihre italienischen Kollegen, sich nie der Illusion hingaben, ihre Besatzungsaufgaben über einen »Stellvertreterkrieg« abwickeln zu können, in der Hoffnung, am Ende selber der lachende Dritte zu sein. Obwohl auch deutsche Stäbe bereits früher als bisher oft angenommen, beiderseits der Drina Kontakte zur nationalserbischen Seite aufnahmen und diese auch gelegentlich mit Munition sowie – seltener – mit Waffen versorgten, war die deutsche Cetnikpolitik doch immer restriktiver gehandhabt als die italienische und vor allem primär von der Bereitschaft getragen, im Falle von Widersetzlichkeiten mit Waffengewalt gegen die irregulären Bundesgenossen vorzugehen. Dies hat ohne Frage mit dazu beigetragen, daß ein Verfall der Kampfmoral, wie er 1943 bei der 2. italienischen Armee zu registrieren war, auf der deutschen Seite nie auftrat. Welche Bilanz des deutschen Krieges in Jugoslawien konnte am Vorabend des Zu-

---

40/81 Bericht über den Besuch des Herrn Mil.-Bfh. Südost in Nisch beim Kgl. Bulg. I. Okk. Korps am 13. Oktober 1943 (o.D.): »*Geiselfestnahme ist jetzt wieder von den Bulgaren angeregt worden. Sagen, jeder Serbe, der umgelegt wird, ist für uns von Nutzen. (...) Zu erlassender Befehl: Von langer Hand geplante Unternehmungen der Bulgaren: Gendarmerie und SD müssen dabei sein, damit nicht Unschuldige, Frauen und Kinder erschossen, Häuser abgebrannt werden.*«

sammenbruchs der deutschen Südoststellung (August 1944) nun gezogen werden? Ein Optimist hätte vermutlich festgehalten, daß ein regelrechter Kriegsschauplatz direkt an den Grenzen des Deutschen Reiches insofern unter Kontrolle war, als er nur wenige Truppenverbände band, die an einer der Hauptfronten fehlten. Einen zwei- oder dreimonatigen Operationsstillstand an der Ostfront vorausgesetzt, war auch im Sommer 1944, wenn nicht ein vernichtender Schlag gegen die Hauptkräfte der Volksbefreiungsarmee, dann doch zumindest eine dauerhafte Sicherung Serbiens durch Ausschaltung kommunistischer Ausgangsbasen wie Montenegro, immer noch denkbar. Die weitgehend nicht mehr erreichbaren Rohstoffvorkommen waren zwar ein herber, aber nicht wirklich schwerwiegender Verlust, der überdies durch andere Quellen oder neue Produktionsmethoden aufgefangen worden war.

Ein Pessimist hätte dagegen wohl darauf verwiesen, daß die deutsche Jugoslawien-politik der Jahre 1941 bis 1944 ein einziges unverantwortliches Vabanquespiel dar-stellte, das nur deshalb ohne schlimmere Konsequenzen geblieben war, weil a) eine alliierte Landung an der Adriaküste unterblieb und b) in den letzten elf Monaten der Besatzungsherrschaft in Serbien die Einbindung der DM-Organisation in die deut-sche Strategie gelang. Bezüglich der vermeintlichen Stabilität hätte er vermutlich auf Titos Einbruch in Altserbien (August 1944) hingewiesen, der bereits vor der sowjetischen Invasion erfolgt war und der auch ohne die Ereignisse in Rumänien und Bulgarien eine unvorhergesehene und höchst unerwünschte Verstärkung dieses Kriegsschauplatzes notwendig gemacht hätte. Ferner hätte er aber vermutlich den Umstand betont, daß diese gesamte Lage nicht Resultat einer unvermeidlichen Entwicklung, sondern eine direkte Folge deutscher Nachgiebigkeit gegenüber Italien (1941/42) und deutschen Zögerns war, durch eine Beseitigung des Pavelić-Regimes zu retten, was noch zu retten war (1942/1943). Am längsten hätte er sich aber vermutlich mit dem Versagen der militärischen und diplomatischen Eliten des Deutschen Reiches aufgehalten, die dieser Entwicklung hauptsächlich als Beobachter und nicht als Akteure beigewohnt hatten.

572

Anhang

Anlage 1: Deutsche Kommandostrukturen im serbisch-kroatischen Raum. Taktische (einsatzmäßige) Unterstellung

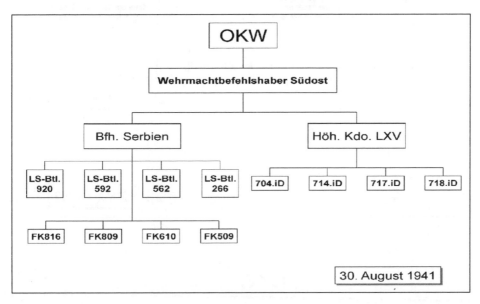

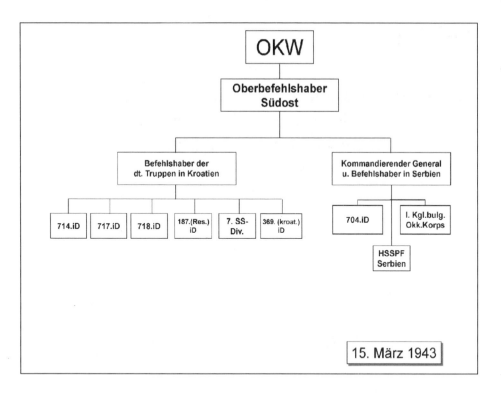

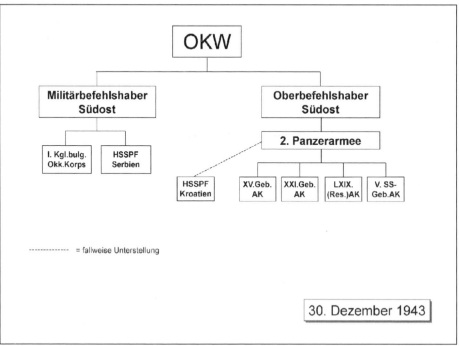

574

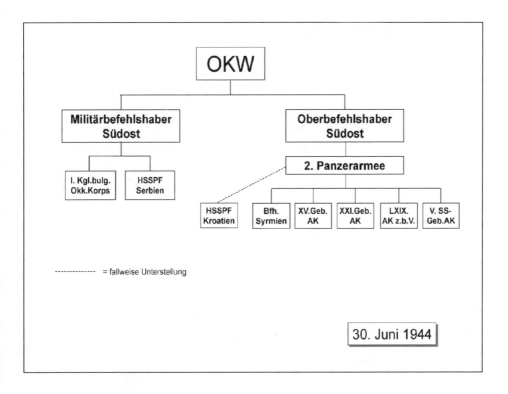

OKW

Militärbefehlshaber Südost

Oberbefehlshaber Südost

2. Panzerarmee

I. Kgl.bulg. Okk.Korps

HSSPF Serbien

HSSPF Kroatien

Bfh. Syrmien

XV.Geb. AK

XXI.Geb. AK

LXIX. AK z.b.V.

V. SS-Geb.AK

-------------- = fallweise Unterstellung

30. Juni 1944

Anlage 2: Lagekarten

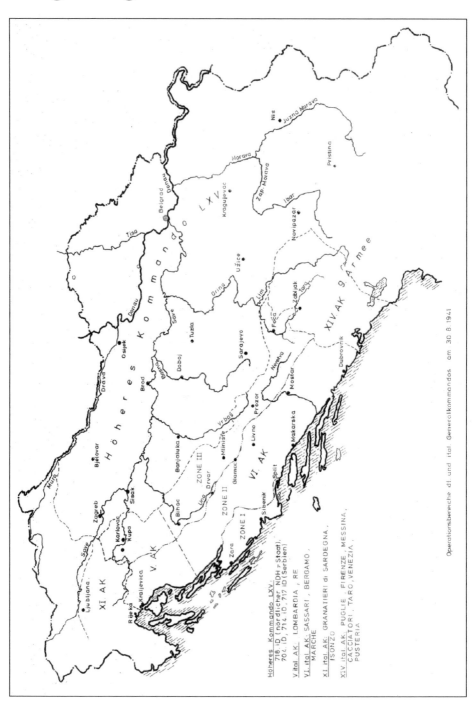

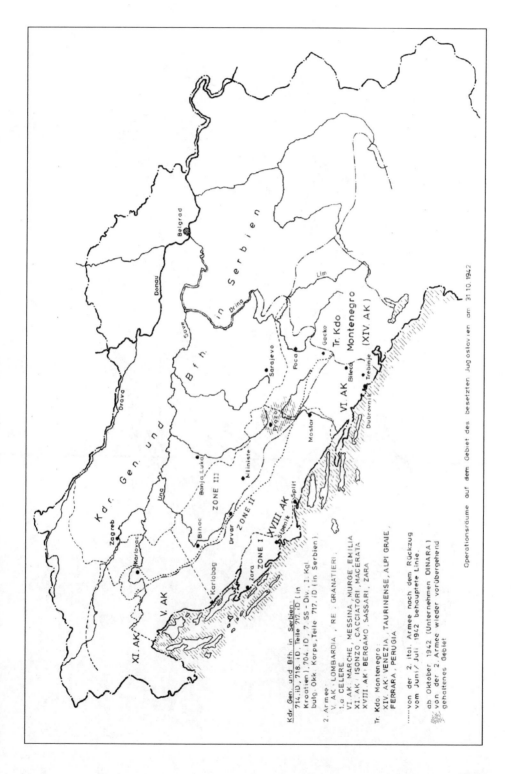

Belgrad

Donau

Drava

Save

Drina

Bfh. in Serbien

Lim

Gacko

Tr. Kdo
Montenegro
(XIV. AK.)

Kdr. Gen. und

Sarajevo

Foca

Bled

Trebinje

VI. AK.

Dubrovnik

Zagreb

Una

Banja Luka

Prozor

Mostar

Karlovac

ZONE III

Drvar

Mrkonjiste

Bihac

ZONE II

Split

Karlobag

ZONE I

(XVIII. AK.)

Sibenik

V. AK.

Zara

XI. AK.

Kdr. Gen. und Bfh. in Serbien:
714. iD., 718. iD., Teile 717. iD. (in
Kroatien), 704. iD., 7. SS - Div., I. Kgl.
bulg. Okk. Korps, Teile 717. iD. (in Serbien).

2. Armee:
V. AK.: LOMBARDIA , RE , GRANATIERI,
1.a CELERE
VI. AK.: MARCHE, MESSINA, MURGE, EMILIA
XI. AK.: ISONZO, CACCIATORI, MACERATA
XVIII. AK.: BERGAMO, SASSARI, ZARA

Tr. Kdo. Montenegro:
XIV. AK.: VENEZIA, TAURINENSE, ALPI GRAIE,
FERRARA , PERUGIA

.... von der 2. ital. Armee nach dem Rückzug
vom Juni/ Juli 1942 behauptete Linie.

ab Oktober 1942 (Unternehmen DINARA)
von der 2. Armee wieder vorübergehend
gehaltenes Gebiet

Operationsräume auf dem Gebiet des besetzten Jugoslawien am 31.10.1942

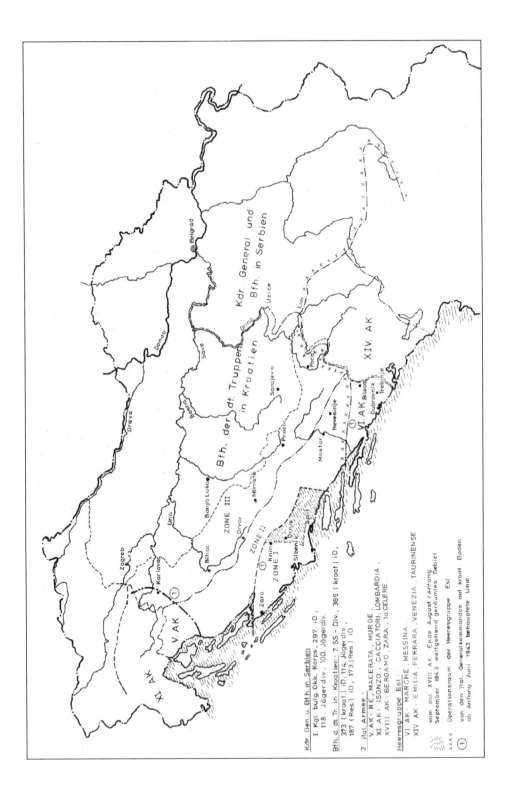

Belgrad

Donau

Drava

Save

Drina

Uzice

Lim

Kdr. General und
Bfh. in Serbien

XIV. AK

Bfh. der dt. Truppen
in Kroatien

Bosna

Sarajevo

Foca

Neretva

Trebinje

V. AK Bileca

Dubrovnik

Nevesinje

Prozor

Mostar

Zagreb

Una

Karlovac

Bihac

Banja Luka

Drvar

ZONE III

Mrkonjic

ZONE II

Knin

Sibenik

Drnis

Split

ZONE I

Zara

V. AK

IX. AK

Kdr. Gen. u. Bfh. in Serbien
I. Kgl. bulg. Okk. Korps. 297. iD,
118. Jägerdiv. 100. Jägerdiv.

Bfh. d. dt. Tr. in Kroatien : 7. SS - Div., 369. (kroat.) iD,
373. (kroat.) iD, 114. Jägerdiv.
187. (Res.) iD, 173.(Res.) iD.

2. ital. Armee :
V. AK : RE, MACERATA, MURGE.
XI. AK : ISONZO , CACCIATORI, LOMBARDIA ,
XVIII. AK : BERGAMO, ZARA , la CELERE.

Heeresgruppe Est
VI. AK. MARCHE, MESSINA .
XIV. AK : EMILIA ,FERRARA ,VENEZIA , TAURINENSE

///// vom ital. XVIII. AK. Ende August / Anfang
September 1943 weitgehend geräumtes Gebiet

xxxx Operationsraum der Heeresgruppe Est

① von den ital. Generalkommandos auf kroat. Boden
ab Anfang Juni 1943 behauptete Linie.

578

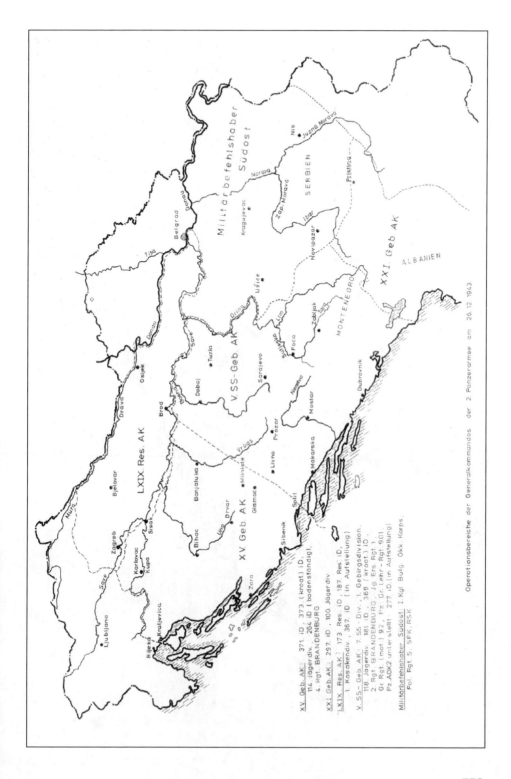

Operationsbereiche der Generalkommandos der 2. Panzerarmee am 26.12.1943

XV. Geb. AK: 371. iD., 373. (kroat.) iD.,
114. Jägerdiv., 264. iD. (bodenständig),
4. Rgt. BRANDENBURG
XXI. Geb. AK: 297. iD., 100. Jägerdiv.
¹LXIX. Res. AK: 173. Res. iD., 187. Res. iD.,
1. Kosakendiv., 367. iD. (in Aufstellung)
V. SS-Geb. AK: 7. SS-Div., 1. Gebirgsdivision,
118. Jägerdiv., 181. iD., 369. (kroat.) iD.,
2. Rgt. BRANDENBURG, Jg. Ers. Rgt. 1,
Gr. Rgt. (mot.) 92, Pz. Gr. Lehr-Rgt. 901,
Pz. AOK2 unterstellt 277. iD. (in Aufstellung)
Militärbefehlshaber Südost: I. Kgl. Bulg. Okk. Korps,
Pol. Rgt. 5, SFK, RSK

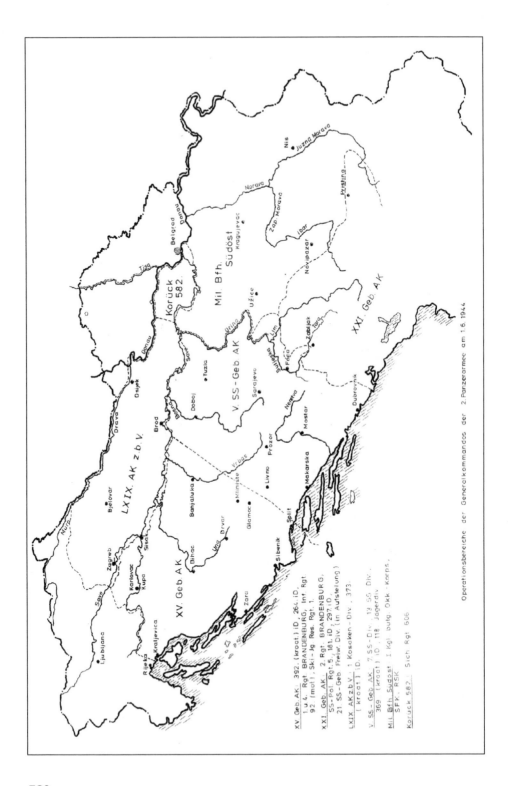

Operationsbereiche der Generalkommandos der 2. Panzerarmee am 1.6.1944

XV. Geb. AK: 392. (kroat.) iD, 264. iD,
  1. u. 4. Rgt BRANDENBURG, Int. Rgt.
  92 (mot), Ski-Jg. Res. Rgt. 1.

XXI. Geb. AK: 2. Rgt. BRANDENBURG,
  SS-Pol. Rgt. 5, 181. iD, 297. iD,
  21. SS-Geb. Freiw. Div. (in Aufstellung)

LXIX. AK z.b.V: 1 Kosaken-Div., 373.
  (kroat.) iD.

V. SS-Geb. AK: 7. SS-Div., 13. SS-Div.,
  369. (kroat.) iD, 118. Jägerdiv.

Mil. Bfh. Südost: I Kgl. bulg. Okk.-Korps.,
  SFK, RSK

Korück 582: Sich. Rgt. 606

Anlage 3

Dienststellen (Heeresgruppen, Armeeoberkommandos, Generalkommandos) von Wehrmacht, Polizei und SS auf dem Gebiet des besetzten Jugoslawien, 1941–1944[1].

Heeresgruppe E (vom 1.1.1943–25.8.1943 = Oberbefehlshaber Südost)
Zuständigkeitsbereich: Serbien, deutsche Operations- bzw. Besatzungsgebiete im NDH-Staat und Griechenland.
Befehlshaber: Generaloberst Alexander Löhr.
Vorgesetzte Dienststelle: Oberkommando der Wehrmacht.

Heeresgruppe F (vom 26.8.1943–25.3.1945 = Oberbefehlshaber Südost)
Zuständigkeitsbereich: NDH-Staat, Serbien, Griechenland, Albanien (ab 8.9.1943).
Befehlshaber: Generalfeldmarschall Maximilian Freiherr von Weichs.
Vorgesetzte Dienststelle: Oberkommando der Wehrmacht.

Armeeoberkommando 12 (vom 21.6.1941–31.12.1942 = Wehrmachtbefehlshaber Südost), Fortsetzung als Heeresgruppe E (siehe dort):
Zuständigkeitsbereich: Altserbien, Athen, Saloniki, Kreta, auf dem Gebiet des NDH-Staates operierende deutsche Verbände (mit Einsetzung des Befehlshaber der deutschen Truppen in Kroatien: Operationsgebiete deutscher Truppen in Kroatien).
Befehlshaber: Generalfeldmarschall Wilhelm List (25.9.1939–15.10.1941), General der Pioniere Walter Kuntze (29.10.1941–8.8.1942), Generaloberst Alexander Löhr (8.8.1942–31.12.1942).
Vorgesetzte Dienststelle: Oberkommando der Wehrmacht.

Panzerarmeeoberkommando 2 (26.8.1943–2.12.1944)
Zuständigkeitsbereich: NDH-Staat, Montenegro, Albanien (ab 8.9.1943).
Befehlshaber: General der Infanterie (ab dem 1.4.1944: Generaloberst) Dr. Lothar Rendulic (26.8.1943–23.6.1944), General der Gebirgstruppe Franz Boehme (24.6.1944–15.7.1944), General der Artillerie Maximilian de Angelis (18.7.1944–2.12.1944).
Vorgesetzte Dienststelle: Oberbefehlshaber Südost bis zum 2.12.1944, danach Verlegung des Pz.AOK 2 in den ungarischen Raum.

Befehlshaber Serbien (19.4.1941–3.3.1942):
Zuständigkeitsbereich: Altserbien (als Territorialbefehlshaber).
Befehlshaber: General der Flieger Helmuth Förster (19.4.1941–31.5.1941), General der Flakartillerie Ludwig von Schröder (31.5.1941–28.7.1941), General der Flieger Heinrich Danckelmann (29.7.1941–10.10.1941).
Am 3.3.1942 Verschmelzung des Stabes mit dem Höheren Kommando LXV. zur Dienststelle des »Kommandierenden Generals und Befehlshabers in Serbien«.
Vorgesetzte Dienststelle: Wehrmachtbefehlshaber Südost.

---

1 Angegeben wurde der Zeitraum, in dem der bewußte Großverband/Dienststelle auf dem Gebiet des geteilten Jugoslawien Besatzungsaufgaben wahrnahm. Zu berücksichtigen ist hierbei, daß bei Verlegungen insbesondere von Heeresgruppen-, Armeeober- und Generalkommandos lediglich einige organische Truppen (z.B. nachrichtentechnischer Art) dem Stab an den neuen Standort folgten. Unterstellte Divisionen verblieben in aller Regel vor Ort. Ab Oktober 1944 kriegsbedingte Verschiebungen in einigen der Zuständigkeitsbereiche.

Bevollmächtigter Kommandierender General in Serbien (16.9.1941–6.12.1941)
Entspricht Gen.Kdo. XVIII., siehe dort.

Bevollmächtigter und Kommandierender General in Serbien, ab dem 3.3.1942
Kommandierender General und Befehlshaber in Serbien (6.12.1941–26.8.1943)
Zuständigkeitsbereich: bis zum 15.11.1942 Altserbien und auf dem Gebiet des NDH-
Staates operierende deutsche Truppenverbände; danach nur noch Altserbien.
Befehlshaber: General der Artillerie Paul Bader
Vorgesetzte Dienststelle: Wehrmachtbefehlshaber Südost, ab 1.1.1943 Oberbefehlshaber
Südost.

Befehlshaber der deutschen Truppen in Kroatien (16.11.1942–25.8.1943)
Zuständigkeitsbereich: Operationsgebiet deutscher Truppen im NDH-Staat.
Befehlshaber: Generalleutnant (ab dem 1.1.1943: General der Infanterie) Rudolf Lüters.
Vorgesetzte Dienststelle: Wehrmachtbefehlshaber Südost, ab 1.1.1943 Oberbefehlshaber
Südost.

Deutscher General in Agram, ab 1.11.1942: Deutscher Bevollmächtigter General in
Kroatien (14.4.1941 bis 8.5.1945)
Zuständigkeitsbereich als Truppenbefehlshaber: Slawonien und Syrmien (20.1.1943–
23.6.1943); als Territorialbefehlshaber: Operationsgebiet deutscher Truppen im NDH-
Staat (9.9.1943–8.5.1945).
Befehlshaber: Generalmajor (ab 1.8.1942: Generalleutnant; ab 1.9.1943: General der
Infanterie) Edmund Glaise von Horstenau (14.4.1941–25.9.1944); SS-Obergruppen-
führer und General der Polizei Hans-Adolf Prützmann (5.12.1944–8.5.1945).
Vorgesetzte Dienststelle: als Bevollmächtigter General Oberkommando der Wehrmacht;
als Truppenbefehlshaber im slawonischen Raum Oberbefehlshaber Südost; als Terri-
torialbefehlshaber Militärbefehlshaber Südost.

Militärbefehlshaber Südost (20.8./26.8.1943–7.10.1944)
Zuständigkeitsbereich als Territorialbefehlshaber: Altserbien (ab 23.4.1944 einschl.
Sandžak), Albanien, Kroatien, Griechenland; als Truppenbefehlshaber: Altserbien (ab
10.9.1944 einschl. Sandžak).
Befehlshaber: General der Infanterie Hans-Gustav Felber.
Vorgesetzte Dienststelle: Oberkommando des Heeres[2].

Höheres Kommando z. b. V. LXV. (25.5.1941–3.3.1942)
Zuständigkeitsbereich: Altserbien und Kroatien nördlich der Demarkationslinie (als
Truppenbefehlshaber).
Befehlshaber: General der Artillerie Paul Bader.
Vorgesetzte Dienststelle: Wehrmachtbefehlshaber Südost.

Generalkommando XVIII. Armeekorps (19.9.1941–6.12.1941)
Zuständigkeitsbereich: Altserbien (Territorial- und Truppenbefehlshaber).

---

2   Nach BA/MA, RW 40/80 KTB-Einträge vom 26. und 28.8.1943, war der Militärbefehlshaber der
    H.Gr. F zwar *»nicht unterstellt, aber doch hinsichtlich Sicherung und Truppenverwendung an ihre
    Weisungen gebunden«.* Das darin offenbar enthaltene *»Weisungsrecht in taktischer Beziehung«*
    wurde am 28. dann auf die 2. Panzerarmee übertragen.

Befehlshaber: General der Infanterie Franz Boehme.
Vorgesetzte Dienststelle: Wehrmachtbefehlshaber Südost.

Generalkommando LXIX. Reservekorps, ab 20.1.1944 Generalkommando LXIX.
Armeekorps z.b.V. (15.8.1943–8.5.1945)
Zuständigkeitsbereich: Slawonien und (bis zum 4.3.1944) Syrmien.
Befehlshaber: General der Infanterie Ernst Dehner (15.8.1943–31.3.1944), General der
Gebirgstruppe Julius Ringel (1.4.1944–24.6.1944), General der Infanterie Helge Auleb
(24.6.1944–8.5.1945).
Vorgesetzte Dienststelle: vom 15.8. bis 25.8.1943 Oberbefehlshaber Südost, danach 2.
Panzerarmee, ab 2.12.1944 Oberbefehlshaber Südost unmittelbar.

Generalkommando III. (germ.) SS Panzerkorps (21.8.1943–26.11.1943).
Zuständigkeitsbereich: NDH-Staat westlich der Linie Karlovac–Bosanski Novi–Bihać–
Gospic.
Befehlshaber: SS-Obergruppenführer Franz Steiner.
Vorgesetzte Dienststelle: vom 21.8. bis 25.8.1943 Oberbefehlshaber Südost, danach 2.
Panzerarmee.

Generalkommando XV. Gebirgs-Armeekorps (26.8.1943–8.5.1945).
Zuständigkeitsbereich: vom 26.8.1943 bis 26.10.1943: NDH-Staat südlich der Save und
östlich der Linie Bosanski Novi–Bihać–Gospic; ab 26.10.1943: Westbosnien, westliches
Kroatien, Norddalmatien samt Inselvorfeld (ab 26.11.1943 einschl. des alten
Sicherungsraums des III. (germ.) SS Panzerkorps).
Befehlshaber: General der Infanterie Rudolf Lüters (26.8.1943–10.10.1943),
General der Infanterie Ernst von Leyser (1.11.1943–1.8.1944), General der Panzertruppe
Gustav Fehn (1.8.1944–8.5.1945).
Vorgesetzte Dienststelle: 2. Panzerarmee, ab 2.12.1944 Heeresgruppe E.

Generalkommando XXI. Gebirgs-Armeekorps (26.8.1943–8.5.1945)
Zuständigkeitsbereich: Montenegro (ausschl. des Zeitraums vom 26.10.1943 bis
21.2.1944) und Albanien.
Befehlshaber: General der Artillerie Paul Bader (26.8.1943–10.10.1943), General der
Panzertruppe Gustav Fehn (10.10.1943–1.8.1944), General der Infanterie Ernst von
Leyser (1.8.1944–15.5.1945).
Vorgesetzte Dienststelle: 2. Panzerarmee, ab 11.9.1944 Heresgruppe E.

Generalkommando V. SS Gebirgskorps (26.10.1943–3.1.1945).
Zuständigkeitsbereich: Ostbosnien, Herzegowina, Süddalmatien samt Inselvorfeld, bis
zum 21.2.1944 einschl. Montenegro.
Befehlshaber: SS-Obergruppenführer Arthur Phleps (26.10.1943–26.8.1944), SS-
Obergruppenführer Friedrich-Wilhelm Krüger (26.8.1944–8.2.1945).
Vorgesetzte Dienststelle: 2. Panzerarmee, ab 17.11.1944 Heeresgruppe E. Am 3.1.1945
Verlegung in den polnischen Raum.

Korück 582 (= vom 4.3.1944–24.10.1944 Befehlshaber Syrmien)
Zuständigkeitsbereich: Syrmien.
Befehlshaber: Generalleutnant Arthur Schwarznecker.
Vorgesetzte Dienststelle: 2. Panzerarmee.

Generalkommando IX. Waffen-Gebirgsarmeekorps der SS (6.10.1944 – 31.10.1944)
Zuständigkeitsbereich: Nordostbosnien.
Befehlshaber: SS-Gruppenführer Karl-Gustav Sauberzweig.
Vorgesetzte Dienststelle: 2. Panzerarmee.

Fliegerführer Kroatien (1.4.1943–30.8.1944), ab dem 1.9.1944: Fliegerführer Nordbalkan.
Zuständigkeitsbereich: Operationsgebiete deutscher Truppen auf dem westlichen Balkan.
Befehlshaber: Generalmajor Wolfgang von Chamier-Glisczinski (1.4.1943–12.8.1943), Generalmajor Wolfgang Erdmann (26.8.1943–30.4.1944), Generalmajor Walter Hagen (14.6.1944–31.1.1945).
Vorgesetzte Dienststelle: Luftwaffenkommando Südost

Höherer SS- und Polizeiführer Serbien (4.2.1942–2.10.1944)
Zuständigkeitsbereich: Altserbien.
Befehlshaber: SS-Gruppenführer und Generalleutnant der Polizei August Edler von Meyszner (4.2.1942–15.3.1944), SS-Brigadeführer und Generalmajor der Polizei Hermann Behrends (15.3.1944–29.8.1944).
Vorgesetzte Dienststelle: Kommandierender General und Befehlshaber in Serbien, ab 26.8.1943 Militärbefehlshaber Südost.

Beauftragter des Reichsführers SS für Kroatien (23.3.1943–8.5.1945; entspricht einem Höheren SS- und Polizeiführer).
Zuständigkeitsbereich: NDH-Staat.
Befehlshaber: SS-Brigadeführer und Generalmajor der Polizei (ab 1.7.1943: SS-Gruppenführer und Generalleutnant der Polizei) Konstantin Kammerhofer (23.3.1943–8.5.1945)
Unterstellungsverhältnis: Reichsführer SS. Vorübergehend und nach besonderer Vereinbarung: Befehlshaber der deutschen Truppen in Kroatien bzw. (ab dem 26.8.1943) 2. Panzerarmee.

Anlage 4

Dienststellen der italienischen Streitkräfte (Heer und Luftwaffe) auf dem Gebiet des besetzten Jugoslawien, 1941–1943

Heeresgruppe Est (15.5.1943–11.9.1943)
Zuständigkeitsbereich: Griechenland, Albanien, Herzegowina, ab 1.7.1943 einschl. Montenegro.
Befehlshaber: Generaloberst Ezio Rosi
Vorgesetzte Dienststelle: Comando Supremo

2. Armee (18.4.1941–9.9.1943)
Zuständigkeitsbereich: italienischer Einflußbereich südlich der Demarkationslinie im NDH-Staat sowie annektierte Gebiete in Südslowenien und Zentraldalmatien.

Befehlshaber: Generaloberst Vittorio Ambrosio (10.6.1940–19.1.1942), General Mario Roatta (20.1.1942–5.2.1943), Generaloberst (des.) Mario Robotti (6.2.1943-9.9.1943). Vorgesetzte Dienststelle: ab April 1941 Generalstab des Heeres (Superesercito), vom 9. Mai 1942 bis 13. April 1943 als »Supersloda« dem Comando Supremo, danach bis zur Auflösung wieder dem Generalstab des Heeres unterstellt.

9. Armee (18.4.1941–9.9.1943; vom 30.6.1941 bis 1.6.1943 = Comando Superiore Forze Armate Albania)
Zuständigkeitsbereich: Albanien einschl. Kosovo sowie (vom 18.4.1941 bis 30.11.1941) Montenegro.
Befehlshaber: Generaloberst Alessandro Pirzio-Biroli (16.2.1941–30.11.1941), Generaloberst Camilo Mercalli (1.12.1941–27.10.1942), General Carlo Spatocco (28.10.1942–5.11.1942), Generaloberst (des.) Renzo Dalmazzo (5.11.1942–9.9.1943).
Vorgesetzte Dienststelle: Comando Supremo, vom 15.5.1943 bis 9.9.1943 Heeresgruppe Est.

Truppenkommando Montenegro (1.12.1941–30.6.1943)
Vorgesetzte Dienststelle des XIV. AK in Montenegro (siehe dort). Befehlshaber: Generaloberst Alessandro Pirzio-Biroli.
Vorgesetzte Dienststelle: Comando Supremo.

Corpo de Armata Celere (18.4.1941–?.6.1941)
Zuständigkeitsbereich: westlicher NDH-Staat bis Ende Juni 1941; danach Verlegung in den norditalienischen Raum.
Befehlshaber: General Federico Ferrari Orsi (November 1940 bis 10.5.1942).
Vorgesetzte Dienststelle: 2. Armee.

V. Armeekorps (18.4.1941–8.9.1943)
Zuständigkeitsbereich: NDH-Staat westl. der Linie Karlobag–Ostrožac–Demarkationslinie.
Befehlshaber: General Riccardo Balocco (Juni 1940 Dezember 1941), General Renato Coturri (Januar 1942 bis Dezember 1942), General Alessandro Gloria (Januar 1943 bis Juli 1943), General Antonio Scuero (August 1943 bis 8.9.1943).
Vorgesetzte Dienststelle: 2. Armee.

VI. Armeekorps (18.4.1941–9.9.1943)
Zuständigkeitsbereich: bis 18.2.1942 NDH-Staat und annektierte Gebiete östlich der Linie Karlobag–Ostrožac; anschließend Beschränkung auf den Operationsraum Herzegowina–Südostbosnien.
Befehlshaber: General Renzo Dalmazzo (November 1940 bis September 1942), General Ugo Santovito (Oktober 1942 bis Januar 1943), General Paride Negri (Januar 1943 bis Februar 1943), General Alessandro Piazzoni (März 1943 bis 9.9.1943).
Vorgesetzte Dienststelle: 2. Armee

XI. Armeekorps (18.4.1941–9.9.1943)
Zuständigkeitsbereich: annektiertes Südslowenien.
Befehlshaber: General Mario Robotti (November 1940 bis Dezember 1942), General Gastone Gambara (Dezember 1942 bis 9.9.1943).
Vorgesetzte Dienststelle: 2. Armee.

XIV. Armeekorps (18.4.1941–9.9.1943)
Zuständigkeitsbereich: Montenegro.
Befehlshaber: General Giovanni Vecchi (Juni 1940 bis Juni 1941), General Luigi
Mentasti (Juli 1941 bis Mai 1943), General Ercole Roncaglia (Mai 1943 bis 9.9.1943).
Vorgesetzte Dienststelle: bis 30.11.1941 9. Armee, vom 1.12.1941 bis 30.6.1943
»Comando Truppe Montenegro«, vom 1.7.1943 bis zum 9.9.1943 Heeresgruppe Est.

XVIII. Armeekorps (18.2.1942–9.9.1943)
Zuständigkeitsbereich: West- und Zentralbosnien südl. der Demarkationslinie;
Dalmatien einschl. Inselvorfeld und annektierter Gebiete.
Befehlshaber: General Quirino Armellini (18.2.1942 bis 8.8.1942), General Umberto
Spigo (8.8.1942 bis 9.9.1943).
Vorgesetzte Dienststelle: 2. Armee.

Aeronautica dell'Albania (19.4.1939–9.9.1943)
Zuständigkeitsbereich: Albanien und besetzte jugoslawische Gebiete.
Befehlshaber: General Ferrucio Ranza (10.6.1940–30.11.1941), General Gino Sozzani
(1.12.1941–30.9.1942), Oberst Vittorio Ferrante (1.10.1942–7.11.1942), General
Arnaldo Ferroni (8.11.1942–9.9.1943).
Vorgesetzte Dienststelle: Superaereo bis zum 30.5.1943, vom 1.6. bis 1.8.1943 Comando
Superiore Forze Aeree dell'Est, danach wieder Superaereo.
Am 7.5.1942 Aufteilung in je einen Befehlsbereich für Albanien und Slowenien/Dalmatien.

Anlage 5

Einsatzstärken deutscher, italienischer, bulgarischer und kroatischer Streitkräfte auf dem
Gebiet des besetzten Jugoslawien, 1941–1944

a) *Verbände des deutschen Feldheeres (Wehrmacht und Waffen-SS) in Kroatien,
Serbien und Montenegro*[3]

30. August 1941: ca. 30.000 Mann[4] (ca. 7.500 im NDH-Staat, ca. 22.500 in Altserbien).

---

3 Angaben zur Stärke der Besatzungstruppen in Jugoslawien lassen sich in deutschen Archivalien nur
   hier und da finden. Ein weiteres Problem ergibt sich daraus, daß oft nicht die Ist-Stärke (Gesamtzahl
   der Soldaten eines Verbandes, einschl. kurz vor der Rückkehr stehende Verwundete und Urlauber),
   sondern die Verpflegungsstärke angegeben wird. Bei Korps-, Armee- und Heeresgruppenober-
   kommandos schloß dies Kriegsmarine, Luftwaffe, Organisation Todt, Reichsbahn und Kriegsgefangene mit ein. Im jugoslawischen Falle wären auch noch diverse einheimische Verbände wie
   Serbisches Freiwilligenkorps, Russisches Schutzkorps sowie – ab November 1943 – acht kroatische
   Brigaden mitzuzählen. Ausführlicher zu dieser Problematik Niklas Zetterling u. Anders Frankson,
   Analyzing World War II Eastern Front battles; in: The Journal of Slavic Military Studies, Vol. 11,
   Nr. 1 (März 1998), S. 176–203.
4 Geschätzte Ist-Stärke.

31. Oktober 1942: 55.289 Mann[5] (ca. 20.000 Mann im NDH-Staat, ca. 35.000 Mann in Altserbien).

17. August 1943: ca. 115.000 Mann (ca. 80.000 Mann im NDH-Staat[6],ca. 35.000 Mann in Altserbien und Nordmontenegro).

26. Dezember 1943: ca. 254.000 Mann (ca. 240.000 Mann[7] bei 2. Panzerarmee[8], ca. 14.000 in Altserbien[9])

1. Juni 1944: ca. 195.000 Mann (185.484 Mann bei 2. Panzerarmee[10], ca. 10.000 in Altserbien).

b) Italienische Heeresverbände in Slowenien und Kroatien (2. Armee) und Montenegro (Cd.Tr.Mont.)[11]

1. August 1941: 228.845 Mann (2. Armee), Montenegro – keine Angaben.

1. Dezember 1941: 226.770 Mann (2. Armee), Montenegro – keine Angaben.

1. April 1942: 270.096 Mann (2. Armee), 71.700 Mann (Cd.Tr.Mont.).

---

5   BA/MA, RH 20-12/151 Notiz zur Gefechtsstärke (31.10.1942), wo die Verpflegungsstärke der einzelnen Divisionen wie folgt angegeben ist: 704. ID 9.765 Mann, 714. ID 8.947 Mann, 717. ID 7.221 Mann, 718. ID 7.505 Mann, 7. SS-Division 21.851 Mann. Aufgrund der Aufsplitterung der 717. ID zwischen Altserbien und Kroatien (in Syrmien) kann die genaue Stärke der Besatzungstruppen in den jeweiligen Ländern nur geschätzt werden.

6   Die in BA/MA, RH 21-2/609 Lagebeurteilung des Befehlshabers der deutschen Truppen in Kroatien für die Zeit vom 16.7.–15.8.1943 (17.8.1943) zu findende Angabe von 168.500 Mann (Verpflegungsstärke) scheint eher zu hoch gegriffen und läßt sich am ehesten dadurch erklären, daß Lüters nicht nur OT, Luftwaffe und Kriegsmarine, sondern möglicherweise auch noch diverse im Antransport befindliche Verbände (Korpstruppen des LXIX. Res.AK sowie das III. germ. SS-Panzerkorps) mitgezählt hat. Die Ist-Stärke der dem Feldheer zuzurechnenden Verbände dürfte Mitte August bei maximal 80.000 Mann gelegen haben.

7   Geschätzte Ist-Stärke, die sich nach der Kriegsgliederung desselben Datums richtet. Vgl. Kurt Mehner (Hrsg.), *Die geheimen Tagesberichte der deutschen Wehrmachtführung im Zweiten Weltkrieg 1939–1945, Bd. 9: 1.12.1943–29.2.1944* (Osnabrück 1987), S. 499 ff. Nicht mit eingeschlossen: ca. 1.300 Mann, die, obwohl in Kroatien disloziert, dem Bevollmächtigten General in Kroatien in seiner Eigenschaft als Territorialbefehlshaber unterstanden. Vgl. Wolf, Keilig, *Das deutsche Heer, Bd. II* (Bad Nauheim, o.J.), Abschnitt 204, S. 3.

8   Davon ca. 22.000 Mann (100. Jäger- und 297. Infanteriedivision) in Albanien disloziert.

9   Schätzwert, der sich nach einer Angabe für November 1943 in Wolf Keilig, *Das deutsche Heer, Bd. II* (Bad Nauheim, o.J.), Abschnitt 204, S. 3 richtet.

10 Vgl. die Angaben in Keilig, *Das deutsche Heer II, Abschnitt 204*, S. 7, der diese Zahl allerdings versehentlich als die Ist-Stärke für den gesamten Befehlsbereich des Oberbefehlshabers Südost am 1. Juni 1944 angibt.

11 Quellen: AUSSME, fondo Diari Storici, busta 2189 sowie Giorgio Rochat, Gli uomini alle armi 1940–1943. Dati generali sullo sforzo bellico italiano in: Bruna Micheleti u. Pier Paolo Poggio (Hrsg.), *L'Italia in guerra 1940–1943* (Brescia 1992), S. 33–72. Sämtliche Angaben beziehen sich auf die »forza effetiva«, die in etwa der deutschen Ist-Stärke entspricht.

1. August 1942: 242.083 Mann (2. Armee), 107.178 Mann (Cd.Tr.Mont.).

30. November 1942: 226.535 Mann (2. Armee), 78.210 Mann (Cd.Tr.Mont.).

31. Mai 1943: 234.140 Mann (2. Armee), 73.825 Mann (Cd.Tr.Mont.).

1. August 1943[12]: ca. 225.000 Mann (2. Armee), ca. 71.000 Mann (Cd.Tr.Mont.).

c)   I. Bulgarisches Okkupationskorps (Altserbien)

Erstes Korps (Anfang Januar 1942–Anfang Juli 1943): ca. 26.000 Mann[13]; ab Januar 1943: ca. 28.000 Mann[14].

Zweites Korps (Anfang Juli 1943–Anfg. September 1944): ca. 39.000 Mann[15] (mehrheitl. Reservisten).

d)   Kroatische Domobranen (Dbr.) und Ustascha (Ust.)[16]

November 1941: ca. 55.000 Mann (Dbr.), ca. 15.000 Mann (Ust.).

April 1942: ca. 100.000 Mann (Dbr.), ca. 16.000 Mann (Ust.).

Juni 1943: ca. 102.000 Mann (Dbr.), ca. 22.000 Mann (Ust.)[17].

Dezember 1944: ca. 70.000 Mann (Dbr.), ca. 76.000 Mann (Ust.)[18]

---

12 Auf italienischen Quellen basierende Schätzung von Jozo Tomasevich in: ders., *The Chetniks. War and revolution in Yugoslavia, 1941–1945* (Stanford 1975), S. 255.
13 BA/MA, RH 20-12/146 Bericht Generalmajor Stantcheffs für den stellvertr. Befehlshaber Südost General Kunze (sic), über die Lage in dem vom I. Kgl. Bulg. Okkup. Korps besetzten Raume am 12. Juni 1942.
14 Ljudimil Petrov, Bulgarien und seine Armee im Kriegsjahr 1943. Politik-Strategie-militärische Möglichkeiten; in: Roland G. Foerster (Hrsg.), *Gezeitenwechsel im Zweiten Weltkrieg? Die Schlachten von Charkov und Kursk im Frühjahr und Sommer 1943 in operativer Anlage, Verlauf und politischer Bedeutung* (Hamburg u.a. 1996), S. 164.
15 Die in BA/MA, RH 19 XI/31 Militärbefehlshaber Südost Ia, Gegenüberstellung der Feindstärken und der eigenen einsatzfähigen Käfte im serbischen Raum (21.8.1944), zu findende Angabe von 33.635 Mann deutet auf einen bereits vor dem politischen Kurswechsel in Sofia eingeleiteten stufenweisen Abzug hin.
16 Nicht Teil dieser Aufstellung: Legionsdivisionen, kroatische Luftwaffe und kroatische Kriegsmarine. Quellen: Nigel Thomas u. Krunoslav Mikolan, *Axis forces in Yugoslavia 1941–1945* (London 1995), S. 12–21 sowie Bernhard R. Kroener, Rolf-Dieter Müller u. Hans Umbreit, *Organisation und Mobilisierung des deutschen Machtbereichs. Kriegsverwaltung, Wirtschaft und personelle Ressourcen 1942–1944/45* (Stuttgart 1999), S. 990.
17 Zuzüglich 12.000 Mann Gendarmerie.
18 Zuzüglich 32.000 Mann Gendarmerie (einschl. dt.-kroat. Gendarmerie).

Anlage 6

Personalverluste der deutschen und italienischen Besatzungsmacht

Deutsche Personalverluste, Mai 1941 bis August 1944[19] (gesch.)[20]:
Mai 1941–Dezember 1942: ca. 750 Gefallene, ca. 120 Vermißte (davon ca. 30 % in Altserbien)[21].
Januar 1943–November 1943: ca. 3.300 Gefallene, ca. 1.250 Vermißte (davon ca. 5 % in Altserbien)[22].
Dezember 1943–August 1944: ca. 6.300 Gefallene, ca. 2.430 Vermißte (davon ca. 5 % in Altserbien)[23].
Insges.: ca. 10.300 Gefallene, ca. 3.800 Vermißte[24].

---

19 Eine Fortsetzung der Statistik über August 1944 hinaus hätte aufgrund der in der letzten Septemberdekade einsetzenden Kämpfe mit der Roten Armee zu einer Verfälschung des Gesamtergebnisses geführt. Vgl. hierzu den sprunghaften Anstieg der Verlustzahlen im September in BA/MA, RH 19 XI/14 KTB-Eintrag vom 1.10.1944.

20 Unter Einschluß des albanischen Raums (Sept. 1943 bis August 1944). Wo für einen bestimmten Monat kein Quellenmaterial zur Verfügung stand, wurde – unter gleichzeitiger Berücksichtigung der Intensität der Kampfhandlungen sowie der Zahl der dislozierten Verbände – aus der zeitlich am nächsten liegenden Angabe extrapoliert. Geringfügige Auf- und Abrundungen. Vermißte weitgehend als Gefallene zu betrachten.

21 Unter weitgehender Zugrundelegung von BA/MA, RH 19 XI/81 (Die Bekämpfung der Aufstandsbewegung im Südostraum, Teil I), S. 111; RW 40/14 342. ID Abt. Ia, 10-Tages-Bericht vom 30.11. bis 10.12.41 (10.12.1941) sowie RW 40/46 Kampfgruppe Westbosnien, Zwischenbericht Nr. 2 (6.8.1942), wo in der Serie von Operationen, die in diesem Zeitraum den größten Teil der deutschen Kräfte auf kroatischem Boden beanspruchten, für die Monate Juni und Juli 1942 69 Gefallene und 7 Vermißte angegeben sind.

22 Unter weitgehender Zugrundelegung der in BA/MA, RH 24-15/2 Bfh.d.dt.Tr.i.Kroat. an den Staatssekretär für die Bewaffnete Macht, Seine Exzellenz Generalmajor Begic (31.3.1943), angegebenen Verluste, bei denen sich für den Zeitraum 20. Januar bis 20. März 1943 ein Monatsschnitt von 257 Gefallenen und 79 Vermißten ergibt. Die bei »Schwarz« eingetretenen Personalverluste (583 Gefallene, 425 Vermißte) wurden in der Statistik zwar berücksichtigt, aufgrund der präzedenzlosen Intensität der Kämpfe jedoch nicht als repräsentativ angesehen. Vgl. hierzu BA/MA, RH 24-15/41 Bfh.d.dt.Tr.i.Kroat. Ia, Gefechts- und Erfahrungsbericht über das Unternehmen »Schwarz« (20.6.1943).

23 Unter Zugrundelegung der in BA/MA, RH 19 XI/18, OB Südost Abt. IIb, Verluste 1.–31.7.1944 (20.8.1944), angegebenen Zahlen (689 Gefallene, davon 652 bei der 2. Panzerarmee; 271 Vermißte, davon 258 bei der 2. Panzerarmee).

24 Vgl. hierzu die Angaben bei Der Heeresarzt im OKH, GenStH, Gen.Qu A 2 1335c (IIb) Nr. H.A./224/45 gKdos H.Qu. OKW (5.4.1945), zit. bei Rainer Mennel, *Der Balkan. Einfluß- und Interessenssphären. Eine Studie zur Geostrategie und politischen Geographie eines alten Konfliktraumes* (Osnabrück 1999), S. 175 f., wo die Verluste für den Südostraum vom 22.6.1941 bis 31.3.1945 mit 20.276 Toten und 21.800 Vermißten angegeben werden. Die Differenz zwischen beiden Werten ergibt sich aus den in Griechenland (1941–1944), beim Rückzug der Heeresgruppe E sowie bei den Kämpfen mit der bulgarischen und Roten Armee (Herbst 1944) und der nun als regulärer Armee in Erscheinung tretenden Volksbefreiungsarmee (Herbst 1944 u. Winter 1944/45) eingetretenen Verluste.

Italienische Personalverluste, Mai 1941 bis September 1943:
2. italienische Armee: 7.782 Gefallene, 4.470 Vermißte[25].
Truppenkommando Montenegro: 2.849 Gefallene, ca. 1.000 Vermißte[26].
Insges.: 10.631 Gefallene, ca. 5.470 Vermißte.

Zum Vergleich:
Gesamtzahl der in Weißrußland auf deutscher Seite (ohne kollaborierende Einheiten) zwischen Juli 1941 und Juni 1944 eingetretenen Verluste nach Gerlach zwischen 6.000 und 7.000 Gefallene[27].

Anlage 7

Kurzbiographien

Ambrosio, Vittorio, ital. Heeresoffizier
Geb. 28.7.1879 in Turin
Gest. 20.11.1958 in Alassio
1899 Eintritt ins ital. Heer, Weltkriegsteilnehmer, danach verschiedene Korps- und Divisionskommandos, vom Juni 1940 bis Januar 1942 OB 2. Armee, danach Generalstabschef des Heeres, Februar bis November 1943 Chef des Comando Supremo, nach Flucht nach Brindisi am 9. September 1943 bis November außerdem Kriegsminister der Regierung Badoglio.
Vittorio Ambrosios entscheidende Mitwirkung an der Formulierung der italienischen Kroatienpolitik ermöglicht eine besonders deutliche Veranschaulichung des Scheiterns derselben. In den acht Monaten, die Ambrosio an der Spitze der 2. Armee stand, wurde die Besatzungsmacht durch die Übergriffe der Ustascha zunächst in die vorteilhafte Lage versetzt, südlich der Demarkationslinie eine weitgehende Entmachtung der kroatischen Staatsorgane einzuleiten; auch weitergesteckte Pläne, die auf eine Annexion ganz Bosniens hinausgelaufen wären, wurden – teilweise im Gegensatz zum faschistischen Regime – bald ernsthaft in Erwägung gezogen. Die anfängliche Zustimmung, die dieser Vormarsch bei den aufständischen bosnischen Serben gefunden hatte, wich mit der Konsolidierung der Partisanenbewegung allerdings bald einem hartnäckigen Widerstand, der die Garnisonen der 2. Armee während des Winters 1941/42 weitgehend unvorbereitet traf. Erste Überlegungen, durch eine engere Zusammenlegung der Truppe den Partisanen eine kleinere Angriffsfläche zu bieten, wurden, obwohl im Januar 1942 noch von Ambrosio selbst als scheidendem OB der 2. Armee entwickelt, von diesem auf seinem neuen Posten als Generalstabschef des Heeres erst mal abgebremst. Die deutsch-kroatische Blockadepolitik gegen eine dauerhafte Etablierung italienischer Truppen im Raum Sarajevo im Verlauf des Unternehmens »Trio II/Foča« reichte dann jedoch aus, um ihn im April 1942 beim Comando Supremo für eine weitgehende Aufgabe der italienischen

---

25 Odonne Talpo, *Dalmazia. Una cronaca per la storia, Bd. III* (Rom 1994), S. 1097.
26 Giacomo Scotti u. Luciano Viazzi, *Le aquile delle Monatgne Nere. Storia dell'occupazione e delle guerra italiana in Montenegro, 1941–1943* (Mailand 1987), S. 14.
27 Christian Gerlach, *Kalkulierte Morde. Die deutsche Wirtschafts- und Vernichtungspolitik in Weißrußland 1941 bis 1944* (Hamburg 1999), S. 868.

Position in der Zone III plädieren zu lassen. Mit Wirkung vom 9. Mai (Unterstellung der 2. Armee unter das Comando Supremo) blieb Ambrosio dann vorübergehend von der Gestaltung der Besatzungspolitik in Kroatien ausgeschlossen. Die Situation, die er Ende Januar 1943 bei seiner Ernennung zum Chef des Comando Supremo in Kroatien vorfand, war die logische Konsequenz dieser Expansionspolitik, bei der ernsthafter Widerstand von seiten der Besetzten scheinbar nie einkalkuliert worden war: Trotz anhaltenden Rückzugs auf das Adriaufer war die »Hegemonialmacht« – wie sich im Februar 1943 bei Prozor und Jablanica zeigte – noch nicht mal mehr in der Lage, befestigte Stellungen mit einiger Aussicht auf Erfolg zu behaupten. Mögliche Auswege aus dieser Lage, wie eine schlagkräftige kroatische Armee unter italienischem Oberbefehl, waren nicht zuletzt durch Ambrosios kurzsichtige Politik des Jahres 1941 verbaut worden. In dieser Lage vermochte das beachtliche Verhandlungsgeschick, das der Chef des Comando Supremo im Februar/März 1943 zur Behauptung des italienischen Herrschaftsmodells aufbot, den Graben zwischen Anspruch und Wirklichkeit der italienischen Kroatienpolitik nur noch für einige Wochen zu überbrücken. Als auch im Anschluß an den Verlust der Herzegowina kein Umdenken einsetzte, wurden während der Monate April und Mai die ersten Fälle registriert, in denen örtliche Stäbe (2. Armee, Gebirgsdivision »Taurinense«) Weisungen aus Rom ignorierten oder sich eigenmächtig mit der deutschen Seite ins Benehmen setzten. Mit dem italienischen Seitenwechsel vom 8. September, an dem Ambrosio entscheidenden Anteil hatte, überließ er die Soldaten seiner alten Armee ohne Befehle einer ungewissen Zukunft.

Bader, Paul, dt. Heeresoffizier
Geb. 20.7.1883 in Lahr/Baden
Gest. 28.2.1971 in Emmendingen
1.12.1935 Generalmajor, 1.1.1938 Generalleutnant, 1.7.1941 General der Artillerie, am 25.5.1941 Kdr. Gen. Höh. Kdo. LXV., am 6.12.1941 außerdem Bevollmächtigter und Kommandierender General in Serbien, vom 3.3.1942 bis 25.8.1943 Kommandierender General und Befehlshaber in Serbien, vom 26.8. bis 10.10.1943 Kommadierender General des XXI. Geb.AK.
In seiner Belgrader Dienstzeit (sechs Monate als Truppen-, zwanzigeinhalb Monate als Truppen- und Territorialbefehlshaber) sah Paul Bader sich vor der schwierigen Aufgabe, in Serbien sowie (bis Mitte Nov. 1942) im Norden des NDH-Staates den kommunistischen wie nationalserbischen Widerstand niederzuhalten. Obwohl zeitweilig zu beiden Seiten der Drina auf die Hilfe kooperationswilliger Cetnikgruppen angewiesen, blieb seine Einstellung gegenüber dem nationalen Serbentum doch gespalten: Während er in Serbien diesen Bundesgenossen gegenüber stets mißtrauisch und bis zuletzt bestrebt blieb, ihre weitgehende Entwaffnung und Demobilisierung zu erreichen, mußte er im Januar 1942 vom Bevollmächtigten des Auswärtigen daran gehindert werden, der ostbosnischen Cetnikgruppe um Jezdimir Dangić einen regelrechten Blankoscheck zur Übernahme der Regierungsgewalt in ihrem Einflußbereich auszustellen. Als weitgehend unberechtigt und geadezu arbeitshemmend sollte sich sein anfängliches Mißtrauen gegenüber der Regierung Nedić erweisen, das er erst im Laufe des Jahres 1942 schrittweise abzubauen vermochte. Obwohl spätestens ab September/Oktober 1942 (erste Demissionskrise) scheinbar aufrichtig um eine Stabilisierung von Nedićs Regime bemüht, waren seine diesbezüglichen Schritte viel zu halbherzig und überdies oft an andere Erwägungen gebunden: Vor die Wahl gestellt, seinen serbophilen, aber wegen seines SS-Rangs in Wehrmachtskreisen ungeliebten Verwaltungschef gegen die Anfeindungen des neuen slawophoben Höheren SS- und Polizeiführers in Schutz zu nehmen oder

ihn fallenzulassen, entschloß Bader sich für den letzeren Weg.

Seine harte Kritik am NDH-Staat und seine zeitweiligen Bemühungen um eine Deeskalation des Krieges gegen die Partisanen in Bosnien blieben, da vom OKW abgeblockt, weitgehend ohne Folgen.

Bastianini, Giuseppe, PNF-Funktionär und Gouverneur des annektierten Dalmatiens
Geb. 8.3.1899 in Perugia
Gest. 19.12.1961 in Mailand
Als einer von Mussolinis Mitkämpfern der ersten Stunde, hatte Bastianini nach der faschistischen Machtergreifung eine ganze Reihe von Ämtern in Partei und Staat inne, bevor er mit Wirkung vom 7. Juni 1941 zum Gouverneur der annektierten Gebiete in Dalmatien ernannt wurde. Trotz seiner Bemühungen, sich des Wohlwollens der Bevölkerung durch kostspielige öffentliche Ausgaben zu versichern, wurde sein Herrschaftsbereich schon nach wenigen Monaten von einer ganzen Serie von Attentaten und Sabotageakten der Partisanen heimgesucht. Über die gegen diese Bedrohung anzuwendende Strategie (Bastianini schwebte eine mehr oder weniger hermetische Abschirmung des annektierten Dalmatiens gegen einsickernde Partisanen durch die Truppen des XVIII. AK vor) geriet der Gouverneur mit dem Kommandierenden General Quirino Armellini dermaßen in Streit, daß die Abberufung des Korpskommandeurs unvermeidlich wurde. Obwohl das Problem der inneren Sicherheit nach wie vor ungelöst blieb, ergab sich Bastianinis Abberufung nach Rom am 5. Februar 1943 nicht aus dieser Frage, sondern dem Revirement der politischen und militärischen Führung, welches Mussolini in diesem Monat vornahm und infolgedessen er den Posten des Staatssekretärs für Auswärtige Angelegenheiten übertragen bekam. Im Anschluß an den Sturz Mussolinis, an dem er durch seine Stimmabgabe im Faschistischen Großrat entscheidenden Anteil gehabt hatte, floh Bastianini in die Schweiz, wo er bis Kriegsende verblieb.

Benzler, Siegfried, dt. Diplomat
Geb. 10.3.1891 in Hannover
Gest. 26.12.1977 in Gronau/Leine
Weltkriegsteilnehmer, im Oktober 1919 ins Auswärtige Amt, Verwendung auf Posten in Bern, Amsterdam und Budapest, am 25.11.1937 Generalkonsul I. Klasse, vom 2.5.1941 bis 2.10.1943 Vertreter des Auswärtigen Amtes beim Befehlshaber Serbien/Kommandierenden General und Befehlshaber in Serbien.
Im auffälligen Gegensatz zu den meisten anderen Repräsentanten der Besatzungsmacht war Benzler aufrichtig um eine dauerhafte Stärkung der Regierung Nedić sowie einer gezielten Förderung des SFK bemüht. Seine Bemühungen scheiterten im wesentlichen an seiner zu schwachen Stellung im Belgrader Machtgefüge. Versuche, seine Position zu der eines Sonderbevollmächtigten auszubauen, sollten, obwohl erfolglos, auf lange Sicht zur »Führerweisung« vom 29.10.1943 sowie der Einrichtung von Neubachers Dienststelle führen.

Boehme, Franz, dt. Heeresoffizier
Geb. 15.4.1885 in Zeltweg/Steiermark
Gest. 29.5.1947 in Nürnberg (Freitod)
24.12.1935 Generalmajor, 1.6.1939 Generalleutnant, 1.8.1940 General der Infanterie, vom 19.9.1941 (Eintreffen in Belgrad) bis 6.12.1941 »Bevollmächtigter Kommandierender General in Serbien«, am 23.3.1944 Umbenennung vom General der Infanterie zum

General der Gebirgstruppe, vom 24.6.1944 bis zum 15.7.1944 Oberbefehlshaber der 2. Panzerarmee.

Boehmes Ernennung am 16. September 1941 zum »Bevollmächtigten Kommandierenden General in Serbien« diente im wesentlichen dem Zweck, die wenig zweckmäßige Kommandostruktur in Belgrad (ein Truppenbefehlshaber des Heeres faktisch gleichberechtigt neben einem Territorialbefehlshaber der Luftwaffe) zwecks einer reibungsloseren Operationsführung kurzzuschließen. An Mitteln wurden ihm hierfür überdies zwei Frontdivisionen des Heeres (352. und 113. ID) und ein Regiment (125. IR) sowie eine Blankovollmacht des OKW bezüglich durchzuführender Repressalien (50–100 Erschießungen pro gefallenem deutschen Soldaten) zur Verfügung gestellt. Während sich in den ersten acht Wochen seines Einsatzes nur geringe operative Erfolge einstellten, sollte die Etablierung eines befreiten Gebietes im Westen Serbiens durch die Partisanen sowie die – bürgerkriegsbedingte – Konzentrierung eines Großteils ihrer Verbände im Raum um Užice Boehme im Spätherbst die Chance geben, einen entscheidenden Schlag gegen den sonst so schwer zu fassenden Gegner zu führen (Unternehmen »Užice«, 24.11.–1.12.1941). Mindestens genauso wichtig war jedoch, daß durch das veränderte politische Umfeld (Ausbruch des Bürgerkrieges, Stabilisierung der Regierung Nedić) ein Untertauchen der geschlagenen Freischärler erheblich erschwert wurde.

Obwohl das präzedenzlose Ausmaß der Repressalien nach serbischen Aussagen durchaus zum Zusammenbruch der Aufstandsbewegung und der jahrelangen Neutralisierung der DM-Bewegung beitrug, war Boehme sich der Zweischneidigkeit solcher Maßnahmen durchaus bewußt: Bereits am 1. November erließ er einen Befehl, der die mehr oder minder willkürliche Erschießung von im Operationsgebiet angetroffenen »Bandenverdächtigen« verbot. Die vom OKW vorgegebene Erschießungsquote, die Boehme dagegen voll ausschöpfte, wurde erst von seinem Nachfolger Bader halbiert; im Laufe ihrer Umsetzung wurde die jüdische Gemeinde Serbiens weitgehend ausgelöscht.

Obwohl Boehme 1944 als OB der 2. Panzerarmee ins besetzte Jugoslawien zurückkehrte, vermochte er in der kurzen Zeit (drei Wochen), die er dieses Kommando innehatte, keine nennenswerten Initiativen zu entwickeln.

Cavallero, Ugo Conte, ital. Heeresoffizier
Geb. am 20.9.1880 in Casale Monferrato
Gest. am 14.9.1943 in Frascati (Freitod)
1900 Eintritt ins ital. Heer, Weltkriegsteilnehmer, von 1920 bis 1924 in der Privatwirtschaft, von Mai 1925 bis November 1928 Unterstaatssekretär im Kriegsministerium, bis 1933 wieder in der Privatwirtschaft, von November 1937 bis Mai 1939 Truppenbefehlshaber in Abessinien, mit Wirkung vom 4. Dezember 1940 Chef des Comando Supremo, Ernennung zum Marschall am 1.7.1942.

Ugo Cavallero stellte innerhalb der höheren italienischen Generalität insofern einen Sonderfall dar, als er nach den Debakeln des Winters 1940/41 zu der Einsicht gekommen war, daß für Italien ein siegreiches Ende des Krieges nur um den Preis einer engen Anlehnung an Deutschland und der Hinnahme der Rolle als Juniorpartner der Achse zu haben war. Obwohl ihm bei dem Versuch der Revitalisierung der italienischen Kriegsanstrengungen beachtliche Teilerfolge gelangen, wurden seine Bemühungen um eine Kooperation mit Deutschland vor allem mit Anfeindungen aus den Reihen der traditionellen Eliten honoriert. Hinsichtlich des jugoslawischen Kriegsschauplatzes unterstützte er anfänglich die Expansionspolitik der 2. Armee, willigte nach dem Plädoyer von Heeresgeneralstabschef Ambrosio aber dann in den Rückzug aus der Zone III ein. Cavallero wurde zu einem Zeitpunkt (30. Januar 1943) abgelöst, als mehrere die deutsch-italienische Koalitionskriegführung in Kroatien betreffende Fragen (z.B. Cetnikentwaffnung, Neubesetzung Zone III) noch in der Schwebe waren. Sein Nachfolger Ambrosio, dem es vornehmlich um die Erhaltung der politisch und militärisch angegriffene italienische Hegemonialstellung in Kroatien ging, erhielt durch diese Zäsur die Chance durch Verleugnung bereits getroffener Vereinbarungen die folgenden Verhandlungen erheblich in die Länge zu ziehen.

Danckelmann, Heinrich, dt. Luftwaffenoffizier
Geb. 2.8.1887 in Hardeshausen/Warburg
Gest. 30.10.1947 in Belgrad (hingerichtet)
1.10.1934 Übertritt zur Luftwaffe, 1.1.1938 Generalmajor, 1.10.1939 Generalleutnant, 1.4.1941 General der Flieger; mit Wirkung vom 29.7.1941 Befehlshaber Serbien.
Danckelmanns kurze, aber ereignisreiche Zeit auf dem Posten des Befehlshabers Serbien wurde vom Dualismus bestimmt, der zwischen seiner Dienststelle und dem ihm nur nominell unterstellten Truppenkommando des Heeres (Höheres Kdo. LXV.) bestand und der für zahlreiche Reibungen sorgte. Anhand der vorliegenden Quellen läßt sich kaum feststellen, ob Danckelmanns Versuch, die beginnende Aufstandsbewegung im Sommer 1941 zunächst mit vornehmlich serbischen Kräften zu bekämpfen, auf eine Unterschätzung des Gegners oder mangelnde Kooperation des Höheren Kommandos zurückzuführen ist. Die Einsetzung des serbischen Ministerpräsidenten, die er in eigener Regie durchführen konnte, sollte ihm wegen der unvermittelten Vorgehensweise weitere Kritik vorgesetzter Dienststellen einbringen. Als Danckelmann seine ohnehin schon schwache Position innerhalb der unübersichtlichen Kommandostruktur in Serbien durch die Einsetzung des Gen.Kdo. XVIII. als zentrale Leitstelle für die Bekämpfung des serbischen Aufstandes (16.9.1941) gefährdet sah, beschwor er einen Machtkampf hervor, der jedoch binnen weniger Tage mit seinem Sturz endete.
Rückblickend betrachtet, muß die Einsetzung der Regierung Nedić als eine der ganz wenigen konstruktiven politischen Maßnahmen gelten, die die dt. Besatzungsmacht jemals im besetzten Jugoslawien vornahm. Zugleich muß allerdings berücksichtigt werden, daß Danckelmann dies nicht zuletzt durch Versprechungen bzw. gezielte Auslassungen gelang, die beim serbischen Ministerpräsidenten völlig überzogene Hoffnungen bzgl. deutscher Kompromißbereitschaft weckten und sich mittelfristig zu einer schweren Belastung für die deutsch-serbische Kollaborationspolitik entwickeln sollten. Die Konfrontation mit diesem Dilemma sollte Danckelmann nur durch seine frühe Abberufung erspart bleiben.

Felber, Hans-Gustav, dt. Heeresoffizier
Geb. 8.7.1889 in Wiesbaden
Gest. 8.3.1962 in Frankfurt/Main
1908 Eintritt ins kaiserl. Heer, 1.10.1937 Generalmajor, 1.10.1939 Generalleutnant, 1.8.1940 General der Infanterie, mit Wirkung vom 15.8.1943 Militärbefehlshaber Südost (Territorialbefehlshaber), ab 26.8.1943 auch Truppenbefehlshaber für den Bereich Altserbien.
Obwohl bei der Bewertung der Person Felbers berücksichtigt werden muß, daß der politische Spielraum der deutschen Besatzungsmacht bei seinem Amtsantritt bereits auf ein absolutes Minimum zusammengeschrumpft war, war seine deutlich zutage tretende kritisch ablehnende Haltung gegenüber dem SFK doch ein deutlicher Hinweis auf die weitgehend von Phantasielosigkeit und Serbophobie geprägte Einstellung gegenüber den kollaborationswilligen Teilen der serbischen Gesellschaft, die im höheren deutschen

Offizierskorps so weit verbreitet war. Sein Arbeitsverhältnis zum Sondergesandten Neubacher war einigen Schwankungen ausgesetzt: Während beide während der Monate September/Oktober 1943 in der Frage der Geiselerschießungen noch gemeinsam erfolgreich Front gegen den Höheren SS- und Polizeiführer machten, führten die Begleiterscheinungen des Waffenstillstandes des Winters 1943/44 zu vorübergehenden Spannungen zwischen Militärbefehlshaber und Gesandtem. Aufgrund der geringen deutschen Truppenstärke im Land sowie der fortschreitenden Demoralisierung vieler bulgarischer Verbände sah sich Felber im Laufe des Frühjahrs und Sommers 1944 in immer stärkerem Maße dazu genötigt, auf serbische Verbände zurückzugreifen und sprach sich im Laufe des Juli und August 1944 mit wachsendem Nachdruck für eine regelrechte Allianz mit der DM-Organisation aus. Der schnelle Zusammenbruch der deutschen Stellung in Serbien im September/Oktober 1944 ließ die problematischen Aspekte dieses aus der Not geborenen Bündnisses kaum in Erscheinung treten.

Foertsch, Hermann, dt. Heeresoffizier
Geb. 8.4.1885 in Drahnow/Kreis Deutsch-Krone
Gest. 27.12.1961 in München
1.2.1942 Generalmajor, 1.10.1943 Generalleutnant, 9.11.1944 General der Infanterie, mit Wirkung vom 10.5.1941 Stabschef des Wehrmachtbefehlshabers/Oberbefehlshabers Südost. In seiner Position als Stabschef zunächst des Wehrmachtbefehlshabers Südost, dann des Oberbefehlshabers Südost, die er zwischen dem 10.5.1941 und 15.3.1944 ununterbrochen bekleidete, dürfte Hermann Foertsch die deutsche Besatzungspolitik in diesem Raum wie nur wenig andere beeinflußt haben. Die Rolle, die er dabei in einzelnen Fällen gespielt haben mag, ist aufgrund seiner Position als Stabschef allerdings nur schwer zu quantifizieren. So sind etwa seine Bestrebungen zur Beseitigung des Pavelić-Regimes an verschiedenen Stellen aktenkundig geworden; die Rolle als »Scharfmacher« in Repressalienfragen, die ihm unter anderen von Glaise von Horstenau nachgesagt wurde, ist dagegen viel schwerer nachzuweisen. Im Nürnberger Prozeß gegen die Südostgeneräle (Geißel-Prozeß) wurde er 1947 freigesprochen.

Glaise von Horstenau, Edmund, dt. Heeresoffizier
Geb. 27.2.1882 in Braunau am Inn
Gest. 20.7.1946 in Langwasser/Nürnberg (Freitod)
1925 bis 1939 Direktor des österr. Kriegsarchivs, Juli 1936 bis März 1938 diverse Ministerposten, zuletzt als Vizekanzler (Anschluß), 1939/40 Inspektor f. d. Kriegsgräberwesen, vom 14.4.1941 bis 7.9.1944 (Abreise aus der kroatischen Hauptstadt) Bevollmächtigter General in Agram.
Obwohl durchaus ustaschakritisch eingestellt, vermochte Glaise von Horstenau sich nicht dazu durchzuringen, bei Hitler ohne Wenn und Aber für die Beseitigung des Pavelić-Regimes zu plädieren. Neben einer Fehleinschätzung der Rolle, welche die ital. Besetzung beim Ausbruch von Bürgerkrieg und Volkstumskämpfen gespielt hatte, haben hierbei sicherlich auch Sympathie für die Sache des unabhängigen Kroatien sowie Sorge um die eigene Stellung – verbunden mit finanziellen Sorgen – gespielt. In den letzten Monaten seiner Dienstzeit stand Glaise in Kontakt mit dem amerikanischen Nachrichtendienst OSS und hatte möglicherweise auch Anteil an Sonderfriedensbemühungen einiger kroatischer Politiker. Vieles spricht dafür, daß ihn das Scheitern dieser Initiativen und Furcht vor eigener Entdeckung dazu verleitete, eine Auseinandersetzung mit Pavelić und Kasche als Vorwand für seine unvermittelte Abreise aus Agram und den Rücktritt von seinem Posten zu nehmen.

Seine tagebuchähnlichen Aufzeichnungen stellen, obwohl lückenhaft, eine zeitgenössische Quelle von unschätzbarem Wert dar.

Kammerhofer, Konstantin, dt. Polizeioffizier
Geb. 23.1.1899 in Turnau/Steiermark
Gest. 29.9.1958 in Oberstdorf
Weltkriegsteilnehmer, aktiv im österr. Rechtsradikalismus, 1934 Flucht nach Deutschland, 1935 Eintritt in die SS, 30.1.1941 SS-Brigadeführer, Wahrnehmung mehrerer Aufgaben, zuletzt SSPF Aserbaidschan.
Die Einsetzung Kammerhofers als »Beauftragter des Reichsführers SS« für Kroatien stellte den ersten Versuch von deutscher Seite dar, eine Befriedung weiter Gebiete des NDH-Staates unter gezielter Umgehung bzw. Kaltstellung der kroatischen Staatsgewalt zu erreichen. Im vorliegenden Fall ging es im wesentlichen darum, die im Verlauf von »Weiß I und II« zurückeroberten Gebiete mit einer neugebildeten deutsch-kroatischen Gendarmerie gegen wieder einsickernde Partisanen zu sichern. Die Durchsetzung dieses Verbandes mit deutschen Führungskräften bis zur untersten Ebene sowie Kammerhofers direkte Unterstellung unter den Reichsführer SS sollten die unbedingte Gewähr für die Ausschaltung jeglicher kroatischer Einflüsse darstellen. Das Projekt scheiterte letztlich daran, daß die im März/April 1943 noch im Aufbau befindliche Gendarmerie gegenüber den in den westbosnischen Raum zurückdrängenden Brigaden der Volksbefreiungsarmee so schnell ins Hintertreffen geriet, daß eine Verlegung des Gros auf den nordkroatischen (Slawonien u. Syrmien) Nebenkriegsschauplatz bald unvermeidlich wurde. Seine privilegierte Position innerhalb des Machtgefüges deutscher Dienststellen in Kroatien blieb Kammerhofer trotz dieses Rückschlages bis Kriegsende jedoch erhalten.

Kasche, Siegfried, SA-Obergruppenführer und Gesandter I. Klasse in Agram.
Geb. 18.6.1903 in Strausberg/Berlin
Gest. 19.6.1947 in Zagreb (hingerichtet).
NSDAP-Mitglied seit Januar 1926, nahm der Freikorpskämpfer Kasche in der Zwischenkriegszeit eine Vielzahl von Posten in Partei und SA wahr. Am 17.4.1941 mit der diplomatischen Repräsentation des Deutschen Reiches in Agram betraut, entwickelte Kasche bald eine recht eigenwillige Sicht der kroatischen Realtität, durch die die Verbrechen der Ustascha zwar nicht geleugnet, aber doch konsequent kleingeredet und beschönigt wurden. Tatsächliche und vermeintliche Einschränkungen der kroatischen Souveränität wurden von ihm mit einem Übereifer bekämpft, der ihm bis Anfang 1943 die Feindschaft praktisch aller im kroatischen Raum tätigen deutschen und italienischen Dienststellen und Stäbe eingebracht hatte und bis Ende des Jahres auch den Reichsaußenminister an Kasches Eignung für den Posten zweifeln ließ.
Soweit nachvollziehbar, war es 1944 lediglich sein Status als »alter Kämpfer« der NS-Bewegung, der den Gesandten vor der Entlassung bewahrte. Daß er diese konsequente Linie nur verließ, als sich im März 1943 die Möglichkeit eines Abkommens mit der Volksbefreiungsarmee abzeichnete, läßt auf eine politische motivierte Entscheidung schließen, die Kasche unzweideutig als Repräsentanten des linken Parteiflügels ausweist.

Kuntze, Walter, dt. Heeresoffizier
Geb. 23.2.1883 in Pritzerbe/Westhavelland
Gest. ?
1902 Eintritt in das kaiserliche Heer, Weltkriegsteilnehmer, Übernahme in die Reichswehr, 1.7.1934 Generalmajor, 1.8.1936 Generalleutnant, 10.2.1938 General der

Pioniere. Am 29.10.1941 Übernahme der Geschäfte als Oberbefehlshaber 12. Armee und Wehrmachtbefehlshaber Südost in Vertretung des erkrankten Generalfeldmarschalls List (Zusatz »stellvertretender« vor beiden Titeln).Walther Kuntze entwickelte während der neun Monate, in denen er als Wehrmachtbefehlshaber Südost an der Spitze der 12. Armee stand, keine Initiativen, die geeignet gewesen wären, die damals noch in der Entfaltung begriffene Aufstandsbewegung ernsthaft zu gefährden. Seine Weisung vom 19. März 1942[28] war ganz vom bedingungslosen Glauben an die Macht repressiver Maßnahmen geprägt und schien selbst Paul Bader, der sie mehrere Male unterlief, exzessiv; hinsichtlich der Lage in Kroatien folgte er im wesentlichen der Einschätzung Glaise von Horstenaus, die, obwohl durchaus ustaschakritisch, die Hauptschuld in aller Regel bei den Italienern suchte. Seine skeptisch-ablehnende Haltung bezüglich der Kollaboration mit dem nationalen Serbentum scheint durch die Tatsache, daß der wichtigste Befürworter dieser Politik in Belgrad – Turner – in Wehrmachtskreisen als ein zu eliminierender Fremdkörper galt, eher noch verstärkt worden zu sein. Obwohl die Umkehr der italienischen Expansionspolitik im Mai 1942 im weitesten Sinne seiner Amtsführung zugesprochen werden kann, war dies doch vornehmlich Umständen zuzuschreiben (Vorstoß der »Schwarzen Legion«), über die der Wehrmachtbefehlshaber Südost keinen Einfluß hatte.

List, Wilhelm, dt. Heeresoffizier
Geb. 14.5.1880 in Oberkirchberg bei Ulm
Gest. 18.6.1971 in Garmisch-Partenkirchen
1898 Eintritt ins Heer, Karriere im wilhelminischen Heer und der republikanischen Reichswehr, am 1.10.1935 General der Infanterie, am 1.4.1939 Generaloberst, am 19.7.1940 Generalfeldmarschall.
Vom 25.10.1939 bis 15.10.1941 OB der 12. Armee, die er während des Frankreich- und Balkanfeldzuges führte, wurde List am 21.6.1941 außerdem zum ersten Wehrmachtbefehlshaber Südost ernannt. Nach knapp vier Monaten Ablösung wegen plötzlicher Erkrankung (Blinddarmdurchbruch). Nach längerer Rekonvaleszenz vom 7.7.1942 bis 10.9.1942 OB der Heeresgruppe A (Kaukasus), danach keine weitere Verwendung mehr. Der beginnenden Kollaboration mit den Kräften des nationalen Serbentums stand List skeptisch, den Exzessen der Ustascha ablehnend gegenüber.
Im Nürnberger Prozeß gegen die Südostgeneräle zu lebenslanger Haft verurteilt, wegen Gesundheitsgründen bereits am Heiligabend 1952 aus der Haft entlassen.

Ljotić, Dimitrje, jugosl. Anwalt und Politiker
Geb. 12.8.1891 in Belgrad
Gest. 23.4.1945 in Slowenien (Autounfall)
Weltkriegsteilnehmer, Jurastudium, vom Febr. bis Sept. 1931 Justizminister, 1934 Gründung von »Zbor«, im April 1941 Regimentskommandeur.
Ljotić, der sich nicht zuletzt aufgrund seiner eigenen Erfahrungen innerhalb des jugoslawischen politischen Systems der Zwischenkriegszeit sich Anfang der 30er Jahre zu einem Gegner des Parteienstaates wandelte, gründete 1934 mit »Zbor« die einzige politische Kraft, die aufgrund ihrer antidemokratischen, antikommunistischen und antisemi-

---

28 »*Gefangene Aufständische sind grundsätzlich zu erhängen oder zu erschießen; werden sie zu Aufklärungszwecken verwendet, so bedeutet dies nur einen kurzen Aufschub ihres Todes*«; vgl. BA/MA, RH 20-12/218 Grundsatzbefehl des Wehrmachtbefehlshabers Südost (19.3.1942).

tischen Grundhaltung eine Nische im deutsch besetzten Serbien der Jahre 1941–1944 fand. »Zbor«, dessen Anhängerschaft sich vornehmlich aus Studentenkreisen rekrutierte, räumte der Landesreligion einen besonderen Platz in seinem Programm ein und trat nach der Niederlage vom April 1941 zumindest anfänglich – genau wie die KPJ – für die Erhaltung des jugoslawischen Gedankens ein. Konflikte mit dem Nedić-Regime ergaben sich vor allem aus dem Nachdruck, mit dem Ljotić auf einer Bekämpfung nicht nur der Partisanen, sondern auch der Mihailović-Bewegung bestand und der im Gegensatz zu den offensichtlichen Bemühungen des Ministerpräsidenten und seines ersten Innenministers stand, eine Art Modus vivendi mit dem nationalserbischen Widerstand zu finden. Die Verbindungen, die auch Ljotić zu Mihailović unterhielt und diverse Male von der Besatzungsmacht genutzt wurden, scheinen dagegen mehr persönlicher Natur gewesen zu sein.

Paradoxerweise wurde »Zbor« bzw. seine militärische Formation, die »Freiwilligen« (ab Januar 1943 Serbisches Freiwilligenkorps, kurz SFK), erst nach dem Ausscheiden aus der Regierung (Oktober 1942) zur zentralen Stütze eines Regimes, das sich jetzt zunehmend von Mihailović ab- und der Besatzungsmacht zuwandte. Trotz ihrer vielfach bewiesenen Loyalität begegneten die meisten Repräsentanten der Besatzungsmacht dem SFK mit erheblicher Skepsis, die im Falle des ersten Höheren SS- und Polizeiführers sogar in offene Ablehnung überging. Hierdurch wurde nicht nur eine angemessene Ausrüstung, sondern auch die Verdoppelung oder Verdreifachung der Truppe, zu einem Zeitpunkt, wo dies noch auf der Basis der Freiwilligkeit machbar gewesen wäre (bis Anfang 1943), versäumt. Versuche, diese verpaßte Chance im September 1943 bzw. Mai 1944 nachzuholen, mußten z.T. auf dem Weg der Zwangsaushebung durchgeführt werden und vermochten die Freiwilligen nicht mehr zu der Truppe zu machen, die in der Lage gewesen wäre, dem Gesandten Neubacher eine echte Alternative zur fragwürdigen Allianz mit der DM-Organisation anzubieten.

Beim Fall Serbiens folgte Ljotić den Resten seiner Truppe nach Slowenien, wo er kurz vor Kriegsende bei einem Verkehrsunfall ums Leben kam.

Löhr, Alexander, dt. Luftwaffenoffizier
Geb. 20.5.1885 in Turnu-Severin/Rumänien
Gest. 26.2.1947 in Belgrad (hingerichtet)
1906 Eintritt in die österr. Armee, ab 1.7.1935 Kommandant der österr. Luftstreitkräfte, 1.2.1938 Generalleutnant, 16.4.1939 General der Flieger, 3.5.1941 Generaloberst, vom 18.3.1939 bis 13.7.1942 OB Luftflotte 4, vom 8.8.1942 bis 26.8.1943 Oberbefehlshaber Südost. Der von Hitler wahrscheinlich aufgrund seines polyglotten Hintergrundes (krimtatarische Mutter) zum Oberbefehlshaber Südost ernannte Löhr trat in seinen ersten Monaten vor allem mit drakonischen Befehlen zur »Sonderbehandlung« gefangener Aufständischer sowie der Entwaffnung verbündeter Cetniks in Erscheinung. Zugleich erkannte er aber auch recht bald, daß eine Befriedung des kroatischen Raumes mit dem Pavelić-Regime ein Ding der Unmöglichkeit war; sein Verhältnis zum Gesandten Kasche verschlechterte sich entsprechend und sollte bis zu seiner Ablösung ein ausgesprochen angespanntes bleiben. Ein von Löhr vorgetragenes Konzept zur politischen Neugestaltung Kroatiens, das auf die faktische Beseitigung des Regimes hinausgelaufen wäre, wurde von Hitler ebenso abgelehnt wie ein vorgeschlagenes Stillhalteabkommen der Volksbefreiungsarmee. Derweil vermochten Löhr und sein Untergebener Lüters bei der Verfolgung der Hauptgruppe der Volksbefreiungsarmee (Januar bis Juni 1943) in militärischer Hinsicht zwar einen Teilerfolg erzielen, der aber nicht zuletzt aufgrund des wiederholten Entkommens Titos und seines Stabes im Führerhauptquartier eher als

Fehlschlag gedeutet wurde und wahrscheinlich zu seiner faktischen Degradierung (Beschränkung seines Befehlsbereichs auf Griechenland) beigetragen hat.
Bei Kriegsende begab sich Löhr, da ein Großteil der unter seinem Kommando stehenden Truppen in Slowenien vom Kriegsende überrascht worden waren, freiwillig in jugoslawische Gefangenschaft. Das Todesurteil gegen ihn wurde vornehmlich mit der Bombardierung Belgrads durch seine Luftflotte am 6. April 1941 begründet.

Lüters, Rudolf, dt. Heeresoffizier
Geb. 10.5.1883 in Darmstadt
Gest. ?.?. 1945 in russischer Kriegsgefangenschaft
Weltkriegsteilnehmer (Pour-le-mérite-Träger), Übernahme in die Reichswehr, 1.7.1935 Generalmajor, 1.10.1938 Generalleutnant, vom 6.5.1941 bis 20.10.1942 Kommandeur der 223. ID, am 1.1.1943 General der Infanterie.
Vom 16.11.1942 bis 25.8.1943 war Lüters Kommandierender General der auf dem Gebiet des NDH-Staates dislozierten Wehrmachtsverbände (»Befehlshaber der deutschen Truppen in Kroatien«). Er fand sich zu einem Zeitpunkt in der Rolle von Titos wichtigstem Gegenspieler auf operativer Ebene wieder, als die Hauptverbände der Volksbefreiungsarmee einerseits durch die Ausbreitung des Brigadenmodells eine immer bessere Angriffsfläche boten, andererseits in der Mehrzahl noch auf ein nicht allzu großes Gebiet (Westbosnien) konzentriert waren. Daß er von Januar bis Juni 1943 dennoch eher glücklos operierte, war teils auf die Unzuverlässigkeit verbündeter Kräfte (Italiener und Cetniks), teils aber auch auf eigene Führungsfehler (insbesondere in der Frühphase von Weiß I) zurückzuführen. Als sehr viel schwerwiegender muß jedoch die Beharrlichkeit angesehen werden, mit der der Befehlshaber sich der politischen Natur des Krieges gegen die Volksbefreiungsarmee verschloß. Während die Zurückhaltung, die er sich im Laufe der Märzverhandlungen mit Tito auferlegte, in Anbetracht der Zuständigkeit Glaises und Kasches noch nachvollziehbar erscheint, waren die neun Monate, die er sich Zeit ließ, um dezidiert gegen das Ustascharegime Position zu beziehen, geradezu symptomatisch für die »unpolitische« Haltung der deutschen Generalität seiner Generation.

Meyszner, August Edler von, dt. Polizeioffizier
Geb. 3.8.1886 in Graz
Gest. ?.?.1948 in Belgrad (hingerichtet)
1913 Eintritt in die österr. Gendarmerie, Kriegsteilnehmer, danach Fortsetzung, aktiv im österr. Rechtsradikalismus, 1933 Entlassung, 1934 Verhaftung, 1935 Flucht nach Deutschland u. Eintritt in die SS, 20.4.1940 Brigadeführer, seit August 1940 BdO Oslo, 1.1.1942 Gruppenführer, am 22.1.1942 Ernennung zum Höheren SS- und Polizeiführer Serbien.
Meyszner, der erste Höhere SS- und Polizeiführer im Südostraum, wurde in seinem Einsatzraum mit zwei Hauptaufgaben betraut: der Mobilisierung der volksdeutschen Minderheit sowie der Aufsicht über die serbischen Polizeikräfte. Im Laufe des Jahres 1942 sollte es Meyszner gelingen, ungeachtet einzelner Rückschläge (Entziehung der Kommandogewalt über die Freiwilligen- und Cetnikabteilungen im April 1942) seine Machtposition durch die Beanspruchung aller das materielle Polizeirecht betreffenden Bereiche systematisch auszubauen. Da dieser Prozeß vornehmlich zu Lasten des Chefs des Verwaltungsstabes Harald Turner ging, der in der Vergangenheit wiederholt in Konflikt mit dem Kommandierenden General geraten war, konnten viele der hierfür notwendigen Schritte mit dem zumindest stillschweigenden Einverständnis Paul Baders

durchgeführt werden. Dies war für die deutsche Serbienpolitik insofern von Bedeutung, als hierdurch ein Vertreter der Besatzungsmacht, der sich verschiedentlich für die Idee deutsch-serbischer Zusammenarbeit eingesetzt hatte, durch einen verdrängt wurde, der mit seiner Slawophobie nicht hinter den Berg hielt und hierdurch bald zu einer ernsten Belastung der Kollaborationspolitik wurde. Die ohnehin nur halbherzigen Versuche Baders, Nedić nach der Überwindung der ersten Demissionskrise (September/Oktober 1942) politisch den Rücken zu stärken, scheiterten in zumindest einem Fall nachweislich an der Opposition Meyszners, der im übrigen auch nicht davor zurückschreckte, durch Weiterleitung von Meldungen, um dessen zweifelhaften Wahrheitsgehalt er wußte, auf eine Diskreditierung des Serbischen Freiwilligenkorps – eine der letzten Stützen der Regierung Nedić – hinzuarbeiten. Soweit nachvollziehbar, war Bader weder gewillt noch in der Lage, zur Bereinigung dieser Frage einen Machtkampf heraufzubeschwören und ließ die Sache auf sich beruhen. Erst dem Sondergesandten Neubacher, der als Duzfreund Ernst Kaltenbrunners und »alter Kämpfer« der NSDAP hierfür bessere Voraussetzungen mitbrachte, gelang es Anfang 1944, die Ablösung Meyszners durchzusetzen.

Mihailović, Dragoljub »Draža«, jugosl. Heeresoffizier und Anführer des nationalserbischen Widerstandes
Geb. 27.4.1893 in Ivanjica
Gest. 17.7.1946 in Belgrad (hingerichtet)
Mihailovićs Dilemma rührte daher, daß er einerseits ab Oktober 1941 von der jugoslawischen Exilregierung und der britischen Propaganda zu einer überlebensgroßen Figur aufgebaut wurde, andererseits aber nie über die Mittel verfügte, die in ihn gesetzten Hoffnungen auch in die Realität umzusetzen. Insbesondere die nie mehr als begrenzte Befehlsgewalt, die er über die Cetnikgruppen außerhalb Altserbiens auszuüben vermochte, sollte sich als fatale Einschränkung seines militärischen Potentials erweisen. Daß er auch politisch immer stärker ins Hintertreffen geriet, war allerdings auf eine gewisse Naivität Mihailovićs auf diesem Gebiet zurückzuführen, die ihn dazu verleitete, die Formulierung eines politischen Programms einigen großserbischen Extremisten zu überlassen, welche zumindest bis 1944 einen unheilvollen Einfluß auf ihn ausüben sollten. So liegen Hinweise vor, daß die ethnischen Säuberungen, die beispielsweise sein Unterführer Djurišić im Januar und Februar 1943 im Sandžak und Südostbosnien verübte, nicht nur mit seinem Wissen, sondern auf seine ausdrückliche Weisung hin durchgeführt wurden. Schließlich und endlich darf auch nicht verkannt werden, daß es vor allem Mihailovićs Sorge um den Erhalt der politischen und gesellschaftlichen Vorkriegsstrukturen des jugoslawischen Staates war, die einer Eskalation des Untergrundkampfes gegen die deutschen Besatzer im Wege stand und schließlich auch zur bedingten Kollaboration mit dem Gegner führte (ab Oktober 1943).

Nedić, Milan, jugosl. Heeresoffizier und serb. Ministerpräsident
Geb. 20.8.1877 in Grecka
Gest. 4.2.1946 in Belgrad (Freitod)
1895 Eintritt in das serbische Heer, Generalstabsausbildung, Teilnahme am 1. Balkankrieg u. 1. Weltkrieg, 1923 Div.-General, ab 26.8.1939 Armee- und Marineminister, November 1940 entlassen, während des Balkanfeldzuges 1941 Oberbefehlshaber der 3. Armee, mit Wirkung vom 29.8.1941 serbischer Ministerpräsident.
Die Einsetzung Milan Nedićs als Ministerpräsident der serbischen Kollaborationsregierung durch den Befehlshaber Serbien stand insofern unter keinem guten Stern, als

unverbindliche Zusagen Danckelmanns hinsichtlich des von Nedić vorgetragenen Forderungskatalogs bei diesem falsche Hoffnungen bezüglich der Kompromißbereitschaft der deutschen Besatzungsmacht weckten. Obwohl die durch die immer stärker zutage tretende Militanz der kommunistischen Aufständischen erleichterte Stabilisierung der neuen Regierung bald eine wirksame Beteiligung ihrer Verbände an der Zerschlagung der Rebellion ermöglichte, blieb eine Honorierung dieser Bemühungen durch die Besatzungsmacht nicht nur aus, sondern schlug zur Jahreswende 1941/42 sogar ins Gegenteil um: Die Einrichtung einer bulgarischen Besatzungszone im Südosten des Landes und ihre spätere Erweiterung (Januar und Juli 1943) sollte sich für Nedić zu einer politischen Hypothek entwickeln, die mehr als alle anderen Erschwernisse der Besatzung seine Bemühungen zur Vermittlung der Idee der deutsch-serbischen Kollaboration untergraben sollte. Konzessionen von deutscher Seite wie die vorübergehende Unterstellung einiger Regierungsverbände unter seine Kommandogewalt fielen demgegenüber kaum ins Gewicht. Unter diesen Bedingungen konnte der Kampf um die Gunst der Mehrheit des serbischen Volkes, den Nedić sich mit dem Führer des nationalserbischen Widerstandes Mihailović lieferte, nur einen Ausgang haben. Diese Schwäche mag mitursächlich dafür gewesen sein, daß Nedić in den ersten 14 Monaten seiner Regierung bemüht war – teils mit, teils ohne deutsches Einverständnis –, eine funktionierende Verbindung zum Kopf der DM-Organisation aufrechtzuerhalten und sich überdies sichtbar von den Kräften des antikommunistischen Spektrums (»Zbor«, SFK und RSK) zu distanzieren versuchte, die der Besatzungsmacht am nächsten standen. Mit Überwindung der ersten Demissionskrise (Oktober 1942) bezog der Ministerpräsident dann allerdings öffentlich Stellung gegen die DM-Organisation und behielt diesen Kurs bis August 1944 auch bei. Die Möglichkeit eines abgekarteten Spiels zur Täuschung der Besatzungsmacht kann im Hinblick auf die Zahl der Mitarbeiter aus der engeren Umgebung des Ministerpräsidenten, die Cetnikattentätern zum Opfer fielen, mit einiger Sicherheit ausgeschlossen werden.

Obwohl Nedićs Bemühungen um deutsche Konzessionen weitgehend erfolglos blieben, steht doch außer Frage, daß seine Hilfe für die Flüchtlinge aus dem NDH-Staat und die (ab September 1943) auf sein Drängen von Neubacher durchgesetzte Reduzierung der Geiselerschießungen Tausenden das Leben rettete.

Neubacher, Hermann, dt. Gesandter und Sonderbevollmächtigter
Geb. 24.6.1893 in Wels
Gest. 1.7.1960 in Wien
1920 Doktor der Bodenkultur, Lobbyist für die Sache dt.-österr. Vereinigung, 1935 sechs Monate Haft, danach bis zum Anschluß in Dtld., März 1938 bis Febr. 1939 OB Wien, ab Jan. 1940 Sondergesandter für Wirtschaftsfragen an der Gesandtschaft in Rumänien, Okt. 1942 mit der finanziellen Stützung der kollabierenden griechischen Volkswirtschaft betraut, 24.8.1943 Sonderbeauftr. des Auswärtigen Amtes für den besetzten Südosten, 29.10.1943 erhebliche Ausweitung der hiermit verbundenen Vollmachten. Die Hauptaufgabe von Neubachers Dienststelle lag in der Förderung der Kollaborationsbereitschaft national und somit antikommunistisch eingestellter Kreise in Serbien, Montenegro, Albanien und Griechenland, wobei insbesondere das erste dieser Länder von Anfang an im Mittelpunkt seiner Bemühungen stand. Die zu diesem Zeitpunkt bereits stark fortgeschrittene Schwächung der Regierung Nedić sowie der sie unterstützenden Kräfte (»Zbor« und SFK), ließ Neubacher zwar kaum eine andere Wahl, als sich auf Verhandlungen mit der altserbischen DM-Organisation einzulassen, machte zugleich aber die weitere Isolierung der serbischen Regierung unvermeidlich. Obwohl der

Sonderbeauftragte im Kampf mit anderen deutschen Dienststellen, die seiner serbophilen Politik skeptisch (Militärbefehlshaber) oder gar strikt ablehnend (Höherer SS- und Polizeiführer) gegenüberstanden, wichtige Teilerfolge erzielen konnte, war seine Mission doch praktisch von Anfang an zum Scheitern verurteilt. Dies lag neben nicht beeinflußbaren Faktoren wie der fortgesetzten Existenz des NDH-Staates und der widrigen Entwicklung der Kriegslage vor allem an Hitlers beharrlicher Weigerung, der Regierung Nedić politische Konzessionen zu gewähren, die über das rein Symbolische hinausgegangen wären (z.B. Vereinigung mit Montenegro). Die zweite Demissionskrise sowie die fortschreitende Übernahme der Regierungsgewalt in ländlichen Gebieten durch die DM-Organisation waren Stationen auf einem Weg, der im Spätsommer 1944 schließlich – mit deutscher Duldung – zu einer weitgehenden Selbstaufgabe Nedićs gegenüber dem nationalserbischen Widerstand führte. Neubachers Politik hatte – ungeachtet der Hartnäckigkeit, mit der er die serbische Sache vor Hitler vertrat – diesen Prozeß eher beschleunigt als verlangsamt.

Im Mai 1951 in Belgrad zu 20 Jahren Haft verurteilt, wurde Neubacher am 21. Nov. 1952 wegen Krankheit entlassen.

Pavelić, Ante, kroat. Anwalt und Politiker
Geb. 18.7.1896 in Bradina/Herzegowina
Gest. 28.12.1959 in Madrid/Spanien
Als Mitbegründer der radikalfaschistischen kroatischen Untergrundorganisation Ustascha verschrieb Pavelić sich früh einer extremistischen Form des kroatischen Separatismus, die nicht nur die Loslösung vom jugoslawischen Staat, sondern auch die Bildung eines ethnisch »reinen« Kroatien postulierte. Von 1929 bis 1941 im italienischen Exil, wurde Pavelić nach dem Balkanfeldzug auf Drängen Mussolinis als Führer (»Poglavnik«) des neugeschaffenen großkroatischen Staates eingesetzt, wobei seine Partei allerdings nur in zwei Regionen des neuen Staates (Lika und westl. Herzegowina) eine gewisse Basis vorweisen konnte. Allerdings sollte die Loyalität der kroatischen Volksgruppe schon nach Wochen durch den Abtritt dalmatinischer Gebiete an Italien erschüttert werden, während der versuchte Genozid an den serbischen Bewohnern dieses »Unabhängigen Staates Kroatien« (ca. 1,9 von insgesamt 6 Mio. Einwohnern) alsbald zu Volkstumskämpfen führte, die die meisten Landesteile ergriffen und die Streitkräfte des jungen Staates vor eine unlösbare Aufgabe stellten; eine zunehmende Beteiligung ital. und vor allem dt. Besatzungstruppen war die Folge. Die immer heftiger ausfallende vorgetragene Kritik, der sich Pavelić seitens dt. und ital. militärischer Dienststellen ausgesetzt sah, konnte ihm dank Mussolinis Protektion, Hitlers Unentschlossenheit und (ab Herbst 1943) der Erkenntnis deutscherseits, daß ein Paktieren mit den Alliierten in seinem Fall als ausgeschlossen gelten konnte, wenig anhaben. Die wenigen Konzessionen, die der »Poglavnik« seinen Verbündeten machte, waren in der Regel kosmetischer Natur (Entlassung der Kvaterniks) oder zeitlich beschränkt (vorübergehendes Nachlassen der Serbenpogrome nach April 1942). Im Gegensatz zu fast allen anderen prominenten Kollaborateuren des Dritten Reiches gelang es Pavelić nach Kriegsende, im Ausland Asyl zu finden. Der Sturz seines ersten Gastgebers (der argentinische Präsident Perón) veranlaßte ihn, seinen Wohnsitz nach Paraguay zu verlegen, wo er im April 1957 bei einem Attentat des jugoslawischen Geheimdienstes verwundet wurde. Wenig später siedelte er nach Spanien über, wo er Ende 1959 den Spätfolgen des Anschlags erlag.

Phleps, Arthur, dt. Offizier der Waffen-SS
Geb. 29.11.1881 in Birthälm/Siebenbürgen
Gest. 21.9.1944 in Arad/Rumänien (bei Gefangennahme durch Rotarmisten erschossen)
1900 bis 1918 in der k.u.k, 1919 bis 1940 in der rumänischen Armee, zuletzt kommandierender General der rumänischen Gebirgstruppe, 1940 Abschied als Generalleutnant,
30.6.1941 Aufnahme in die Waffen-SS als Oberführer, 29.11.1941 SS-Brigadeführer,
20.4.1942 SS-Gruppenführer, 21.6.1943 SS-Obergruppenführer; nach Wahrnehmung
mehrerer Aufgaben auf Bataillons- und Regimentsebene vom Januar 1942 bis Juni 1943
mit der Aufstellung bzw. Führung der 7. SS Freiwilligen-Gebirgsdivision »Prinz Eugen«
betraut, vom 1.7.1943 bis 25.8.1944 Kommandierender General des V. SS Gebirgs-
Armeekorps.
Als ausgewiesener Fachmann für Kriegführung im Gebirge und Kenner des bosnischen
und montenegrinischen Geländes brachte Arthur Phleps hervorragende Voraussetzungen
für den Krieg gegen die Partisanen mit. Die Erfahrungen, die er ferner im Verlauf von
insgesamt 20 Monaten als Divisions- bzw. Korpskommandeur auf dem jugoslawischen
Kriegsschauplatz sammelte, qualifizierten ihn wie keinen anderen dazu, die deutsche
Operationsführung gegen die Hauptverbände der Volksbefreiungsarmee einer kritischen
Prüfung zu unterziehen. Seine Vorschläge für eine Flexibilisierung der Operationsführung (»freie Jagd«) scheiterten im wesentlichen an der Kriegslage, die die dauerhafte Verlegung von zwei oder mehr Gebirgsdivisionen nach Kroatien ausschloß.
Arthur Phleps fiel im September 1944 bei dem Versuch, in seiner siebenbürgischen Heimat eine Auffangstellung (»Bevollmächtigter General und Höherer SS- und Polizeiführ-
rer Siebenbürgen«) zur Stützung der zusammenbrechenden Südoststellung zu errichten.

Pirzio-Biroli, Alessandro, ital. Heeresoffizier
Geb. 23.7.1877 in Campobasso/Molise
Gest. 20.5.1962 in Rom
Eintritt in die Armee 1895, Generalstabsoffizier, Weltkriegsteilnehmer, 1921 bis 1927
Chef der italienischen Militärmission in Ecuador, Generalleutnant (1.3.1928), General
(1.1.1933), von Mai 1935 bis Mai 1936 Kommandierender General des eritreischen
Eingeborenenkorps im Abessinienkrieg, Generaloberst (23.5.1935), von Juni 1936 bis
Dez. 1937 Gouverneur der Provinz Amhara (Abessinien), Beteiligung an einer Intrige
gegen seinen Vorgesetzten Graziani, vom Dienst suspendiert, keine Wiederverwendung
bis Febr. 1941 (OB 9. Armee), am 3.10.1941 Gouverneur Montenegros, ab 1.12.1941
Befehlshaber des neu geschaffenen Truppenkommandos Montenegro.
Da die von ihm im Juli/August 1941 durchgeführte Niederschlagung des montenegrinischen Aufstandes nur ein Teilerfolg geblieben war, betrieb Pirzio-Biroli einen schrittweisen und von den Exzessen der montenegrinischen KPJ begünstigten Annäherungsprozeß an die national gesinnten Gruppierungen unter den Aufständischen. Dieser gipfelte in einem Abkommen vom Juli 1942, welches – im Gegensatz zu vergleichbaren
Arrangements der 2. Armee in Kroatien – die örtlichen Cetniks in aller Form an der
Verwaltung und Verteidigung des serbischen Teilstaates beteiligte; die offensichtlichen
Widersprüche, die in dieser Vereinbarung steckten, sollten aufgrund des Kriegsverlaufs
in diesem Raum nicht zur Entfaltung kommen. Für die Zeit ihres Bestehens brachte diese
ungewöhnliche Machtverteilung beiden Seiten hauptsächlich Vorteile.
Die von der Hauptgruppe der Volksbefreiungsarmee am 6.4.1943 eingeleitete Invasion
Montenegros zog jedoch alsbald eine ganze Serie von Niederlagen der italienisch-nationalserbischen Allianz nach sich; das deutsche Vorgehen gegen die wichtigsten montenegrinischen Cetnikgruppen ab dem 14.5.1943 besiegelte dann den Zusammenbruch des

»Kondominiums«. Die zwischen feindseliger Ablehnung und flehendem Hilfeersuchen hin und her schwankende Haltung, die Pirzio-Biroli während des Monats Mai gegenüber dem deutschen Bundesgenossen an den Tag legte, erregte den Unmut Mussolinis und hatte seine Entlassung von den Posten des Oberbefehlshabers des Truppenkommandos Montenegro (1.7.1943) und des Gouverneurs (20.7.1943) zur Folge. Pirzio-Biroli verblieb zunächst im Lande und sah sich gezwungen, im Anschluß an die Ereignisse vom 8.9.1943 zunächst unterzutauchen; im Dezember gelang es ihm dann auf dem Seeweg, nach Unteritalien zu fliehen.

Die Regierungen Äthiopiens und Jugoslawiens ersuchten bei Kriegsende vergeblich seine Auslieferung wegen Kriegsverbrechen.

Rendulic, Lothar, dt. Heeresoffizier
Geb. Wiener Neustadt am 23.11.1887
Gest. Linz/Donau am 17.7.1971
1.12.1939 Generalmajor, 1.12.1941 Generalleutnant, 1.12.1942 General der Infanterie, 1.4.1944 Generaloberst, vom 1.11.1942 bis 10.8.1943 Kommandierender General des XXXV. AK bei der HGr. Mitte, vom 26.8.1943 bis zum 25.6.1944 Oberbefehlshaber der 2. Panzerarmee.

Lothar Rendulic traf zu einem Zeitpunkt auf dem kroatischen Kriegsschauplatz ein, als ein umfassender Schlag gegen das Gros der Volksbefreiungsarmee – in der Art der Großoperationen »Weiß« und »Schwarz« – aufgrund der Zahl von Titos Brigaden bereits ein Ding der Unmöglichkeit geworden war. Da seine Armee, die sich zudem zu einem erheblichen Teil aus in der Aufstellung begriffenen Divisionen zusammensetzte, auch noch eine Reihe völlig neuer Aufgaben wahrnehmen mußte (Entwaffnung und Abschiebung der Italiener, Verteidigung der Küste gegen alliierte Landungen), sah er sich von Anfang an in eine strategische Defensive gedrängt, die vornehmlich im Zeichen der Verteidigung Altserbiens stand; nur auf operativer Ebene (z.B. bei »Rösselsprung«) war eine vorübergehende Wiedergewinnung der Initiative noch möglich. Die Großoperationen, mit denen Rendulic diesen Umständen Rechnung trug, blieben unter seinen Kommandierenden Generälen nicht unumstritten: So trat Arthur Phleps (V. SS Geb.AK) für eine Ausweitung, Ernst von Leyser (XV. Geb.AK) für eine stärkere räumliche Begrenzung des Operationsraums der einzelnen Verbände ein. Die eine wie die andere Option hätte allerdings vermutlich eine ständig verfügbare operative Reserve von mindestens zwei vollzähligen Gebirgsjägerdivisionen erfordert. Zugleich ist zu berücksichtigen, daß die von Rendulic in seinen Meldungen – wie es scheint, systematisch – betriebene Aufrundung der Feindverluste ein deutliches Indiz dafür ist, daß auch er weit davon entfernt war, die erzielten Ergebnisse als zufriedenstellend anzusehen.

In politischer Hinsicht war Rendulics Zeit an der Spitze der 2. Panzerarmee vor allem vom gespannten Verhältnis zwischen seiner Dienststelle und der kroatischen Regierung geprägt. Diese ergab sich vornehmlich daraus, daß die Politik der schrittweisen Entmündigung des Pavelić-Regimes, die bereits vom ersten Oberbefehlshaber Südost, Alexander Löhr, eingeleitet worden war, zur Jahreswende 1943/44 auf eine immer selbstbewußter und mitunter sogar offen deutschfeindlich agierende Ustascha traf. Die einzige Lösung dieses Dilemmas – die Beseitigung des Ustaschastaates – hat Rendulic von seinem »Führer« jedoch nie gefordert.

Im Nürnberger Prozeß gegen die Südostgeneräle zu 25 Jahren Haft verurteilt, wurde Rendulic am 16.12.1951 vorzeitig entlassen.

Roatta, Mario, ital. Heeresoffizier
Geb. 2.1.1887 in Modena
Gest. 7.1.1968 in Rom
1906 Eintritt ins Heer, Weltkriegsteilnehmer, nach 1918 auf Attachéposten in Warschau, Riga, Tallinn, Helsinki, von 1934 bis 1937 Chef des Heeresnachrichtendienstes SIM, ab Dezember 1936 in Verbindung mit der Führung erst des ital. Expeditionskorps, dann einer Division im span. Bürgerkrieg, 1939 Militärattaché in Berlin, ab Oktober 1939 stellvertr. Generalstabschef des Heeres, von März 1941 bis Januar 1942 Generalstabschef des Heeres, mit Wirkung vom 19. Januar 1942 Oberbefehlshaber der 2. Armee.
Bei Roattas Amtsantritt hatten italienische Expansionsbestrebungen in Kroatien durch die zunehmende Aktivität der Partisanen bereits einen spürbaren Dämpfer erhalten; erste Überlegungen zur Aufgabe abgelegener Gebiete, an denen er bereits in seinen letzten Tagen als Generalstabschef des Heeres Anteil gehabt hatte, waren die Folge. Die Vereitelung des italienischen Versuchs im April, in Sarajevo dauerhaft Fuß zu fassen, hatte dann die Umkehrung der Expansionspolitik und die weitgehende Aufgabe der Zone III im Mai/Juni 1942 zur Folge. Die ungefähr zeitgleich einsetzende Bestrebung, die eigenen Verluste auf diesem Nebenkriegsschauplatz möglichst gering zu halten, war für Roatta Anlaß, die Last der Kämpfe durch Aufstellung der M.V.A.C-Verbände und Bündnisse mit Cetnikgruppen, die Mihailović nahestanden, soweit wie möglich auf die nationalserbische Bürgerkriegspartei abzuwälzen. Obwohl nicht ohne kurzfristige Erfolge, traten die Nachteile dieser Politik bis Roattas Abgang (5. Februar 1943) deutlich zutage: neben Rückschlägen dieser Hilfstruppen in Kämpfen mit der Volksbefreiungsarmee vor allem Spannungen im Verhältnis zu Kroaten und Deutschen und ein weiterer Verfall der Kampfmoral der eigenen Truppe. Bei dem Versuch, in seinen letzten Monaten an der Spitze der 2. Armee die bröckelnde italienische Vormachtstellung gegen den wachsenden deutschen Einfluß zu verteidigen, legte er beachtliches Verhandlungsgeschick an den Tag.
Als er sich unmittelbar nach Kriegsende im Zusammenhang mit seiner Tätigkeit als Chef des SIM (Ermordung der Brüder Rosselli 1937 auf französischem Boden) vor Gericht verantworten mußte, setzte er sich nach Spanien ab, wo er bis 1965 blieb.

Tito (= Broz, Josip), Generalsekretär der KPJ und Anführer des kommunistischen Widerstandes
Geb. 25.5.1892 in Kumrovec/Kroatien
Gest. 4.5.1980 in Lubiljana/Jugoslawien
Für die Zeit des Zweiten Weltkrieges in Jugoslawien liegt die Bedeutung der Person Titos vor allem darin, daß es ihm nach 1941 gelang, mit einer jahrhundertalten, an bestimmte Jahreszeiten, geographische Räume und ethnische Gruppen gebundenen Freischärlertradition zu brechen und mit der Bildung von Brigaden und Divisionen Einheiten aufzustellen, die durch ihre Feuerkraft und Ortsungebundenheit sämtlichen Bürgerkriegsgegnern weit überlegen waren und im zunehmenden Maße sogar im Kampf mit Verbänden der deutschen Wehrmacht bestehen konnten. Die Fehler, die ihm auf politischem (Duldung extremer Strömungen, inbes. 1941/42 in Montenegro und der Herzegowina) und militärischem (Schlußphase von »Weiß II«, Anfangsphase von »Schwarz«) Gebiet unterliefen, wurden durch die Schwächen seiner Gegner (militärische bei den Italienern, politische bei den Deutschen) mehr als ausgeglichen.
Obwohl er stets bemüht war, diese Tatsache gegenüber seinen Verbündeten zu kaschieren, kann doch kein Zweifel daran bestehen, daß er dem Kampf gegen seine innerjugoslawischen Gegner stets größere Bedeutung beimaß, als dem Widerstand gegen die Besatzer.

Turner, Harald, dt. Staatsrat und SS-Gruppenführer
Geb. 8.10.1891 in Leun a. d. Lahn
Gest. ?.? .1947 in Belgrad (hingerichtet)
Weltkriegsteilnehmer und Freikorpskämpfer, Ministerialdirektor im preußischen Finanzministerium, NSDAP-Mitglied seit dem 13.4.1932 (SS-Beitritt am 1.8.1932), 30.1.1936 SS-Oberführer, 30.1.1939 SS-Brigadeführer, 27.9.1941 SS-Gruppenführer, im Mai 1933 Ernennung zum Regierungspräsidenten von Koblenz, vom Juli 1940 bis April 1941 Militärverwaltungschef von Paris, mit Wirkung vom 19. April 1941 Chef des Verwaltungsstabes des Befehlshabers Serbien. Turners Zeit als Militärverwaltungschef im besetzten Serbien stand fast durchgehend im Zeichen eines kontinuierlichen Machtkampfes mit anderen Dienststellen der Besatzungsbürokratie, wobei vorgeschobene und tatsächliche Gründe oft ein unentwirrbares Ganzes bildeten. Im auffälligen Gegensatz zu seinen militärischen Vorgesetzten zeigte er bereits in der Frühphase des serbischen Aufstandes eine größere Bereitschaft, auf die kollaborationswilligen Teile der serbischen Gesellschaft zu setzen und sparte auch nicht mit Kritik an der nach seiner Ansicht zu zögerlichen Vorgehensweise des für den serbischen Raum zuständigen Generalkommandos. Nach dem Sturz des dritten und letzten Befehlshabers Serbien vermochte er zwar einen Versuch des neuen Kommandierenden Generals, den alten Verwaltungsstab zu einer Abteilung herabzustufen, bis April 1942 erfolgreich abzuwehren; an seiner isolierten Position innerhalb des Belgrader Machtgefüges vermochte dies allerdings nichts zu ändern. Paradoxerweise sollte im Laufe des Sommers 1942 ausgerechnet ein anderes SS-Mitglied – der neu eingesetzte Höhere SS- und Polizeiführer Meyszner – Turners Feinden in den Reihen der Wehrmacht die Möglichkeit zu seiner Entmachtung bieten. Mit stillschweigender Duldung durch den Kommandierenden General Bader gelang es Meyszner, sich eine ganze Reihe von Aufgabenbereichen einzuverleiben, die in den Bereich der Militärverwaltung gehörten; Turners Dienststelle wurde hiermit bis Mitte September weitgehend zu einem Torso reduziert. Der Versuch des Militärverwaltungschefs in diesen Tagen, bei Himmler Gehör zu finden, verlief ebenso ergebnislos wie ein Plädoyer des Gesandten Benzlers für eine drastische Aufwertung von Turners Stab, um so eine stärkere Zentralisierung deutscher Dienststellen in Belgrad zu erreichen.
Turners Sturz war für die deutsche Serbienpolitik vor allem deshalb von Belang, weil hierdurch einer der wenigen aktiven Befürworter deutsch-serbischer Zusammenarbeit zu einem Zeitpunkt ausgeschaltet wurde, der sich, rückblickend betrachtet, für die Sache der Kollaboration als absolut kritisch erweisen sollte (erste Demissionskrise der Regierung Nedić, Neujahrsmemorandum 1943).

Warlimont, Walter, dt. Heeresoffizier
Geb. 3.10.1894 in Osnabrück
Gest. 9.10.1976 in Kreuth/Oberbayern
1913 Eintritt in die kaiserl. Armee, 1919 Übernahme in die Reichswehr, Abt.-Chef im OKW 1.10.1939, stellv. Chef des Wehrmachtführungsstabes im OKW 1.1.1942; Generalmajor 1.8.1940, Gen.Lt. 1.4.42, General der Artillerie 1.4.1944.
In seiner Position als stellvertretender Chef des Wehrmachtführungsstabes hatte Warlimont entscheidenden Anteil an der Ausarbeitung vieler Weisungen, die der deutschen Kriegführung auf den sogenannten »OKW-Kriegsschauplätzen« (Nordafrika, Balkan, Finnland, Italien, Frankreich) ihr Gepräge gaben. Obwohl ein guter Bekannter des Bevollmächtigten Generals in Kroatien, vermochte er dessen Einschätzungen der Lage in Kroatien bald nicht mehr zu folgen und entwickelte sich im Laufe des Jahres

1943 zum profiliertesten Kritiker des Pavelić-Regimes in der obersten deutschen Führung. Da er im weiteren Umfeld des Führerhauptquartiers mit dieser Ansicht jedoch allein blieb, gelang es ihm nicht, einen politischen Wechsel in die Wege zu leiten. Anfang 1944 resignierte er und beschränkte sich fortan darauf, kroatischen Forderungen nach Verstärkung der Ustaschaverbände sowie nach erhöhten Kommandobefugnissen entgegenzutreten. In diesem Bereich war ihm bis September 1944 ein gewisser Erfolg beschieden.

Im Oktober 1948 zu lebenslängl. Haft verurteilt (OKW-Prozeß), wurde Warlimont im Juni 1954 vorzeitig entlassen.

Weichs, Maximilian Freiherr von und zu, dt. Heeresoffizier
Geb. 12.11.1881 in Dessau
Gest. 27.9.1954 bei Bonn
1902 Eintritt ins kaiserl. Heer, 1.4.1933 Generalmajor, 1.4.1935 Generalleutnant, 1.10.1936 General der Art., 19.7.1940 Generaloberst, 1.2.1943 Generalfeldmarschall, OB 2. Armee 20.10.1939 bis 4.6.1942, 4.6.1942 bis 15.7.1942 Armeegruppe v. Weichs, 15.7.1942 bis 10.7.1943 HGr. B, vom 26.8.1943 bis 25.3.1945 Oberbefehlshaber Südost.

Von Weichs wurde zu einem Zeitpunkt zum Oberbefehlshaber Südost ernannt, an dem die Bedrohung Serbiens durch die Volksbefreiungsarmee und der Adriaküste durch die alliierten Armeen in Unteritalien eine weitgehend defensive Strategie unumgänglich machten. Die im Laufe des Herbstes 1943 immer stärker zum Tragen kommende alliierte Luftherrschaft erwies sich bald als noch ein zusätzliches Hemmnis für die deutsche Operationsführung.

Daß in einer solchen Lage größere militärische Erfolge ausbleiben mußten, ist weniger erstaunlich als die Tatsache, daß von Weichs so gut wie keinen Gebrauch von dem der deutschen Seite noch zur Verfügung stehenden politischen Handlungsspielraum machte. Anstatt gleich in den ersten Wochen für eine Beseitigung des Ustascha-Staates zu plädieren, beschränkte er sich darauf, im Oktober 1943 einer – für sich schon unzulänglichen – OKW-Initiative zur Ausrufung des Ausnahmezustandes prinzipiell zuzustimmen, ohne die Sache dann aber zu forcieren. Die unbedingte Reformbedürftigkeit der Serbienpolitik des deutschen Reiches, durch die die Position kollaborationswilliger Serben seit 1941 in einem fort untergraben worden war, brachte von Weichs erstmals im Juli 1944 mit der gebotenen Deutlichkeit zur Sprache. Paradoxerweise wandelte er sich dann unter dem Druck der Ereignisse vom August 1944 zu einem vorbehaltlosen Befürworter einer deutsch-nationalserbischen Allianz, der in seinem Optimismus stellenweise sogar Neubacher übertrumpfte. Das vorhersehbare Scheitern dieses unvermittelten Kurswechsels wurde letzendlich nur durch die Tatsache kaschiert, daß die russisch-bulgarische Invasion des serbischen Raumes im September/Oktober 1944 mit Kräften vorgetragen wurde, die auch bei günstigster Lageentwicklung nicht aufzuhalten gewesen wären. Auch die offensichtlichen Unzulänglichkeiten der »unpolitischen« Art , die der Oberbefehlshaber Südost auf diesem, dem politischsten aller Kriegsschauplätze des Zweiten Weltkrieges, über ein Jahr lang gepflegt hatte, wurden hierdurch weitgehend überlagert.

Anlage 8: Wichtigste Fälle abweichender Ortsbezeichnungen

1941	nach 1945
Abbazia	Opatija
Agram	Zagreb
Cattaro	Kotor
Esseg	Osijek
Fiume	Rijeka
Lissa	Vis
Neusatz	Novi Sad
Podgorica	Titograd
Pola	Pula
Ragusa	Dubrovnik
Užice	Titovo Užice
Zara	Zadar

Quellen- und Literaturverzeichnis

I. Archivalien

Bundesarchiv-Militärarchiv (BA/MA)

Oberkommando der Wehrmacht
RW 4/667, 668, 670, 706, 709, 714b

Oberkommando des Heeres (OKH)
RH 2/680, 681, 682, 683, 684, 686

Oberkommando Heeresgruppe E (vom 1.1.1943 bis 26.8.1943 sowie 25.3.1945 bis Kriegsende OB Südost)
RH 19 VII/1, 7

Oberkommando Heeresgruppe F (vom 26.8.1943 bis 25.3.1945 OB Südost).
RH 19 XI/5, 7, 10a, 10b, 14, 15, 17, 18, 19, 20, 21, 28, 29, 31, 36, 37a, 39, 50, 81, 82

Armeeoberkommando 12 (vom 21.6.1941 bis 31.12.1942 Wehrmachtbefehlshaber Südost)
RH 20-12/104, 121, 139, 142, 143, 145, 146, 147, 148, 149, 150, 151, 153, 154, 217, 218, 431, 454, 455

Armeeoberkommando 14
RH 20-14/83

Panzerarmeeoberkommando 2
RH 21-2/590, 592, 595a, 596, 602, 603, 608, 609, 611, 612, 613, 616, 617, v.733, 739, 749, 751, 753

Befehlshaber Serbien/Der Kommandierende General und Befehlshaber in Serbien/Militärbefehlshaber Südost
RW 40/2, 11, 12, 13, 14, 16, 25, 26, 27, 28, 29, 30, 31, 32, 33, 34, 35, 36, 37, 38, 39, 40, 41, 42, 43, 44, 46, 48, 49, 50, 53, 79, 80, 81, 82, 83, 84, 85, 86, 87, 88, 89, 93, 115, 116a, 190

Befehlshaber der deutschen Truppen in Kroatien/Generalkommando XV. Gebirgsarmee-Korps
RH 24-15/2, 3, 4, 5, 6, 7, 9, 10, 12, 25, 33, 35, 36, 41, 44, 47, 48, 49, 50, 51, 52, 55, 59, 60, 63, 65, 66, 68, 73, 74

Generalkommando XVIII. Gebirgsarmee-Korps
RH 24-18/85, 86, 87, 166

Generalkommando XXI. Gebirgsarmee-Korps
RH 24-21/84, 98, 100, 102, 106, 108, 110

Höheres Kommando LXV.
RH 24-65/2, 4, 6, 7, 9

Generalkommando LXIX. Armeekorps z.b.V.
RH 24-69/12

1. Gebirgsdivision
RH 28-1/95, 96

704. Infanteriedivision/104. Jägerdivsion
RH 26-104/14, 22, 45, 51, 53

113. Infanteriedivision
RH 26-113/54

714. Infanteridivision/114. Jägerdivision
RH 26-114/3, 12, 13, 14, 15, 16, 17, 18

717. Infanteriedivsion/117. Jägerdivision
RH 26-117/4, 5, 10, 12

718. Infanteriedivision/118. Jägerdivision
RH 26-118/3, 12, 18, 25, 26, 27, 28, 29, 30, 31, 32, 33, 34, 41, 42, 43

342. Infanteriedivision
RH 26-342/8, 11, 12, 13, 14, 16, 17, 21

369. (kroat.) Infanteriedivision
RH 26-369/4, 8, 20

Division »Brandenburg«
RH 26-1002/3, 4, 5, 6

7. SS-Freiwilligen-Gebirgsdivision »Prinz Eugen«
RS 3-7/v.11, v.16

Deutscher General in Agram/Bevollmächtigter General in Kroatien
RH 31 III/1, 2, 3, 7, 8, 9, 11, 12, 14

Deutscher Generalstab bei der ital. 11. Armee/Armeegruppe Südgriechenland
RH 31 X/8

Fliegerhorstkommandanturen u. Flugplatzkommandos
RL 21/218

Wehrwirtschaftsdienststellen in Südosteuropa
RW 29/25, 26, 28, 29, 31, 33, 34, 35, 36, 37, 38, 39, 40, 41

Nachlässe
N 19/3 Maximilian von Weichs
N 67/29 Hans-Gustav Felber
N 671/11 Wolfram von Richthofen

Bundesarchiv Koblenz (BA-Kobl.)

Nachlaß Greiner, Bd. 20

Bundesarchiv Lichterfelde (BA-Lichterf.)

Persönlicher Stab Reichsführer SS
NS 19/319, 1433, 1434, 1672, 1728, 1730, 2154

Reichssicherheitshauptamt
R 58/659

SSO-Personalakten (vormals in Verwahrung des Berlin Document Center)
SSO-Akte August Meyszner
SSO-Akte Arthur Phleps
SSO-Akte Harald Turner

Der Generalbevollmächtigte für die Wirtschaft in Serbien
R 26 VI/701

Politisches Archiv des Auswärtigen Amtes (PA/AA)

Büro Reichsaußenminister R 28867
Büro Staatssekretär Bulgarien, Bd. 3, 4
Büro Staatssekretär Italien, Bd. 13
Büro Staatssekretar Jugoslawien, Bd. 4
Büro Staatssekretär Kroatien, Bd. 2, 3, 4, 5, 7
Büro Staatssekretär Ungarn, Bd. 8, 9, 10, 11, 12
Inland IIg, Bd. 99, 309, 401, 1955, Pers. A-G
Handakten Ritter (Kroatien)
Handakten Ritter (Serbien)
Handakten Ritter (Montenegro)
Dienststelle des Sonderbeauftragten für den Südostraum
R 27301, 27302, 27303, 27305, 27306

Nachlaß Kasche, Paket 1 und Paket 2
Gesandtschaftsakten Belgrad, 60/14, 62/1, 62/4, 64/4
Gesandtschaftsakten Zagreb, 47/1, 64/4, 65/2, 65/4, 66/2, 66/3, 66/4

Archivo Ufficio Storico – Stato Maggiore dell'Esercito (AUSSME)

Kriegstagebuch Cavallero
Fondo Diari Storici N1-N11, Box (busta) 1346-1352

Comando Supremo
Fondo Diari Storici, busta 1499 u. 2189

Oberkommando des Heeres
DS 2077

2. Armee (Supersloda)
M3/6, M3/86

Militärgouverneur Montenegro/XIV. AK
M3/19

Imperial War Museum (IWM)

Kriegstagebuch der Heeresgruppe B
AL 17091/1

Unterlagen des Reichsministeriums für Bewaffnung und Munition (Speer collection)
FD 3040/49, Sc 425; 3043/49, Sc 113; 3046/49, Sc 323
Flensburg series, vol. 11, 14 und 15.

Tagebuch Alfred Jodl
AL 930/4/3

International Military Tribunal, Case VII, Vol. 130

National Archives (NA)

PG, T 120, Mikrofilmrolle 180
    T 311, Mikrofilmrollen 192, 196
    T 314, Mikrofilmrolle 1457
    T 821, Mikrofilmrolle 356

Public Record Office (PRO)

GFM 25 Nachlaß Kasche (Mikrofilm)
WO 208-2018A Report on mission to General Mihailović and conditions in Yugoslavia

Privatbesitz
Tagebuch Arthur Phleps

I. Edierte Quellen

Akten zur deutschen Auswärtigen Politik 1918–1945 (ADAP), Serie D
Bd. XII.1, 1.2.1941–5.4.1941 (Göttingen 1969).
Bd. XII.2, 6.4.1941–22.6.1941 (Göttingen 1969).
Bd. XIII.1, 23.6.1941–14.9.1941 (Göttingen 1970).
Bd. XIII.2, 15.9.1941–11.12.1941 (Göttingen 1970).

Akten zur deutschen Auswärtigen Politik 1918–1945 (ADAP), Serie E
Bd. I, 12.12.1941–28.2.1942 (Göttingen 1969).
Bd. II, 1.3.1942–15.6.1942 (Göttingen 1972).
Bd. III, 16.6.1942–30.9.1942 (Göttingen 1974).
Bd. IV, 1.10.1942–31.12.1942 (Göttingen 1975).
Bd. V, 1.1.1943–30.4.1943 (Göttingen 1978).
Bd. VI, 1.5.1943–30.9.1943 (Göttingen 1979).
Bd. VII, 1.10.1943–30.4.1944 (Göttingen 1979).
Bd. VIII, 1.5.1944–8.5.1945 (Göttingen 1979).
Biagini, Antonello; Frattolillo, Fernando; Saccarelli, Silvio (Hrsg.): *Verballi delle reunioni tenute dal Capo di SM Generale, Vol. III* (Rom 1985).
dies.: *Verballi delle reunioni tenute dal capo di SM Generale, Vol. IV* (Rom 1985).
Boelcke, Willi A. (Hrsg.): *Deutschlands Rüstung im Zweiten Weltkrieg. Hitlers Konferenzen mit Albert Speer* (Frankfurt a.M. 1969).
Broucek, Peter (Hrsg.): *Ein General im Zwielicht. Die Erinnerungen Edmund Glaises von Horstenau, Bd. 3. Deutscher Bevollmächtigter General in Kroatien und Zeuge des Untergangs des »Tausendjährigen Reiches«* (Wien u.a. 1988).
Dedijer, Vladimir: *The War Diaries of Vladimir Dedijer, Vol. I–III* (Ann Arbor 1990).
I Documenti Diplomatici Italiani (DDI), Nona Serie.
Vol. VII, 24.4.1941–11.12.1941 (Rom 1987).
Vol. VIII, 12.12.1941–20.7.1942 (Rom 1988).
Vol. IX, 21.7.1942–6.2.1943 (Rom 1989).
Vol. X, 7.2.1943–8.9.1943 (Rom 1990).
de Felice, Renzo (Hrsg.): *Galeazzo Ciano. Diario 1937–1943* (Mailand 1994, pb).
Fröhlich, Elke (Hrsg.): *Die Tagebücher von Joseph Goebbels [Vollst. Ed.]*
Teil 1. Aufzeichnungen 1923–1941
Bd. 9, Dezember 1940–Juli 1941 (München u.a. 1998).
Teil 2. Diktate 1941–1945
Bd. 1, Juli–September 1941 (München u.a. 1996).
Bd. 2, Oktober–Dezember 1941 (München u.a. 1996).
Bd. 3, Januar–März 1942 (München u.a. 1994).
Bd. 4, April–Juni 1942 (München u.a. 1995).
Bd. 5, Juli–September 1942 (München u.a. 1995).
Bd. 6, Oktober–Dezember 1942 (München u.a. 1994).
Bd. 7, Januar–März 1943 (München u.a. 1993).
Bd. 8, April–Juni 1943 (München u.a. 1993).
Bd. 9, Juli–September 1943 (München u.a. 1993).
Bd. 10, Oktobe–Dezember 1943 (München u.a. 1994).
Bd. 11, Januar–März 1944 (München u.a. 1994).
Bd. 12, April–Juni 1944 (München u.a. 1995).
Bd. 13, Juli–September 1944 (München u.a. 1995).
Heiber, Helmut (Hrsg.): *Hitlers Lagebesprechungen. Die Protokollfragmente seiner militärischen Konferenzen 1942–1945* (Stuttgart 1962).
Hill, Leonidas E. (Hrsg.): *Die Weizsäcker-Papiere 1933–1950* (Berlin 1975).
Hiller von Gaertringen, Friedrich (Hrsg.): *Die Hassel-Tagebücher 1938–1944* (Berlin 1988).
Hillgruber, Andreas (Hrsg.): *Staatsmänner und Diplomaten bei Hitler. Vertrauliche Aufzeichnungen über Unterredungen mit Vertretern des Auslandes 1939–1941* (Frankfurt a.M. 1967).

ders. (Hrsg.): *Staatsmänner und Diplomaten bei Hitler. Vertrauliche Aufzeichnungen über Unterredungen mit Vertretern des Auslandes 1942–1944* (Frankfurt a.M. 1970).

Hnilicka, Karl: *Das Ende auf dem Balkan. Die militärische Räumung Jugoslawiens durch die deutsche Wehrmacht* (Göttingen 1970).

Hubatsch, Walther (Hrsg.): *Hitlers Weisungen für die Kriegführung 1939–1945* (Koblenz 1983).

Mehner, Kurt (Hrsg.): *Die geheimen Tagesberichte der deutschen Wehrmachtführung im Zweiten Weltkrieg 1939–1945. Die gegenseitige Lageunterrichtung der Wehrmacht-, Heeres- und Luftwaffenführung über alle Haupt- und Nebenkriegsschauplätze: »Lage West« (OKW-Kriegsschauplätze Nord, West, Italien und Balkan), »Lage Ost« (OKH) und »Luftlage Reich«*

Bd. 3, 1.3.1941–31.10.1941 (Osnabrück 1992).
Bd. 4, 1.11.1941–31.5.1942 (Osnabrück 1992).
Bd. 5, 1.6.1942–30.11.1942 (Osnabrück 1991).
Bd. 6, 1.12.1942–31.5.1943 (Osnabrück 1989).
Bd. 7, 1.6.1943–31.8.1943 (Osnabrück 1988).
Bd. 8, 1.9.1943–30.11.1943 (Osnabrück 1988).
Bd. 9, 1.12.1943–29.2.1944 (Osnabrück 1987).
Bd. 10, 1.3.1944–31.8.1944 (Osnabrück 1985).
Bd. 11, 1.9.1944–31.12.1944 (Osnabrück 1984).

Military History Institute of the Yugoslav People's Army (Hrsg.): *The National Liberation War and Revolution in Yugoslavia (1941–1945). Selected documents* (Belgrad 1982).

Moll, Martin (Hrsg.): *Führer-Erlasse 1939–1945* (Stuttgart 1997).

Picker, Henry (Hrsg.): *Hitlers Tischgespräche im Führerhauptquartier* (Frankfurt u. Berlin 1993, pb).

Schramm, Percy Ernst (Hrsg.): *Kriegstagebuch des Oberkommandos der Wehrmacht*
Bd. I, 1.8.1940–31.12.1941 (Frankfurt a. M. 1965).
Bd. II.1, 1.1.1942–30.9.1942 (Frankfurt a. M. 1963).
Bd. II.2, 1.10.1942–31.12.1942 (Frankfurt a.M. 1963).
Bd. III.1, 1.1.–30.6.1943 (Frankfurt a.M 1963).
Bd. III.2, 1.7.–31.12.1943 (Frankfurt a.M. 1963)
Bd. IV.1, 1.1.–31.12.1944 (Frankfurt a. M. 1961).

Talpo, Odonne: *Dalmazia. Una cronaca per la storia, 1941* (Rom 1985).

ders.: *Dalmazia. Una cronaca per la storia, 1942* (Rom 1990).

ders.: *Dalmazia. Una cronaca per la storia, 1943–44* (Rom 1994).

The trial of Dragoljub-Draža Mihailović. Stenographic record and documents from the trial of Dragoljub-Draža Mihailović (Belgrad 1946).

II. Unveröffentlichte Manuskripte

Battistelli, Pier Paolo: *Comandi e divisioni del Regio Esercito Italiano, 10 giugno–8 settembre 1943* (unveröffentl. Studie, Rom 1995).

Brashaw, Nicholas: *Signals intelligence, the British and the war in Yugoslavia, 1941–1944* (Phil. Diss., University of Southampton 2001).

Gaisser, Karl: *Partisanen-Kämpfe in Kroatien* [=»Foreign Military Studies«, Project 41 b] (August 1950).

Glisic, Venceslav: *Der Terror und die Verbrechen des faschistischen Deutschland in Serbien 1941–1944* (Phil. Diss, Berlin-Ost 1968).

Pitsch, Erwin: *Generaloberst Alexander Löhr. Bilder–Daten–Dokumente* (Wien, o.J.).

Ritter jr, Harry: *Hermann Neubacher and the German occupation of the Balkans, 1940–1945* (Phil. Diss., University of Virginia 1969).

Rodogno, Davide: *Le politiche d'occupazione dell'Italia fascista nei territori dell'Europa mediterranea conquistati durante la Seconda Guerra Mondiale* (Phil. Diss., Universite de Geneve 2001).

Verna, Frank Philip: *Yugoslavia under Italian rule 1941–1943. Civil and military aspects of the Italian occupation* (Phil. Diss., University of California 1985).

III. Literatur

a) Memoirenliteratur

Colakovic, Roduljub: *Winning freedom* (London 1962).

Deakin, Frederick William: *The embattled mountain* (London u.a. 1971).

Dietrich, Otto: *Zwölf Jahre mit Hitler* (Köln 1962).

Djilas, Milovan: *Wartime* (London u. New York 1977).

Ernsthausen, Adolf von: *Die Wölfe der Lika. Mit Legionären, Ustaschi, Domobranen und Tschetniks gegen Titos Partisanen* (Neckargemünd 1959).

Groueff, Stephane: *Crown of thorns* (London u.a. 1987).

Höttl, Wilhelm: *Einsatz für das Reich. Im Auslandsgeheimdienst des Dritten Reiches* (Koblenz 1997).

Kallay, Nicholas: *Hungarian Premier. A personal account of a nation's struggle in the Second World War* (New York 1954).

Lawrence, Christie: *Irregular adventure* (London 1948).

MacLean, Fitzroy: *Eastern Approaches* (London 1991, pb).

Matlok, Siegfried (Hrsg.): *Dänemark in Hitlers Hand. Der Bericht des Reichsbevollmächtigten Werner Best über seine Besatzungspolitik in Dänemark mit Studien über Hitler, Göring, Himmler, Heydrich, Ribbentrop, Canaris u.a.* (Husum 1988).

Neubacher, Hermann: *Sonderauftrag Südost 1940–1945. Bericht eines fliegenden Diplomaten* (Wien u.a. 1957).

Rendulic, Lothar: *Gekämpft, gesiegt, geschlagen* (Wels u. Heidelberg 1952).

ders.: *Soldat in stürzenden Reichen* (München 1965).

Rootham, Jasper: *Miss Fire. The chronicle of a British mission to Mihailović 1943* (London 1946).

Schmidt, Paul: *Statist auf diplomatischer Bühne* (Frankfurt a.M. 1961).

Snow, Edgar: *Red Storm over China* (New York 1938).

Sonnleithner, Franz von: *Als Diplomat im »Führerhauptquartier«* (München und Wien 1989)

Stilinovic, Marijan: *Bune i otpori* (Zagreb 1952).

b) Sekundärliteratur

Aga Rossi, Elena: *A nation collapses. The Italian surrender of September 1943* (Cambridge 2000).

Bambara, Gino: *La guerra di liberazione nazionale in Jugoslavia 1941–1943* (Mailand 1988).

Bennet, Ralph: Knight's move on Drvar: Ultra and the attempt on Tito's life, 25 May 1944; in: Journal of Contemporary History, Vol. 22 (1987), S. 202–223.

Birn, Ruth Bettina: *Die Höheren SS- und Polizeiführer. Himmlers Vertreter im Reich und in den besetzten Gebieten* (Düsseldorf 1986).

Blair, Clay: *Ridgway's paratroopers. The American Airborne in World War II* (New York 1985).

Böhme, Klaus W.: *Die deutschen Kriegsgefangenen in Jugoslawien 1941–1949* [= Zur Geschichte der deutschen Kriegsgefangenen des Zweiten Weltkrieges, Bd. I/1, hrsg. von Erich Maschke] (München 1962).

Boog, Horst u.a.: *Der Angriff auf die Sowjetunion* [=Das Deutsche Reich und der Zweite Weltkrieg, Bd. 4] (Stuttgart 1983).

Brandes, Detlef: *Großbritannien und seine osteuropäischen Alliierten 1939–1943* (München 1988).

Broszat, Martin: Deutschland–Ungarn–Rumänien. Entwicklung und Grundfaktoren nationalsozialistischer Hegemonial- und Bündnispolitik 1938–1941; in: Historische Zeitschrift 1968, Bd. 206, S. 81–95.

Browning, Christopher: Harald Turner und die Militärverwaltung in Serbien; in: Dieter Rebentisch u. Karl Teppe (Hrsg.), *Verwaltung contra Menschenführung im Staat Hitlers. Studien zum politisch-administrativen System* (Göttingen 1986), S. 351–373.

Clissold, Stephen: *Whirlwind: An account of Marshal Tito's rise to power* (London 1949).

Cohen, Philip J.: *Serbia's secret war. Propaganda and the deceit of history* (College Station 1996).

Craven, Wesley u. Cate, James: Europe: *Torch to Pointblank* [= The Army Air Forces in World War II, vol. II] (Chicago 1949).

Dedijer, Vladimir: *Tito. Autorisierte Biographie* (Berlin u. Frankfurt a.M. 1953).

Denniston, Robin: *Churchill's secret war. Diplomatic decrypts, the Foreign office and Turkey 1942–1944* (London u. New York 1997).

Deroc, Milan: *British special operations explored. Yugoslavia in turmoil 1941–1943 and the British response* (New York 1988).

Donlagic, Ahmet; Atanackovic, Zarko; Plenca, Dusan: *Jugoslawien im Zweiten Weltkrieg* (Belgrad 1967).

Ehrman, John: *Grand Strategy, Vol. V August 1943–September 1944* (London 1956).

Ellis, John: *From the barrel of a gun. A history of guerrilla, revolutionary and counter-insurgency warfare, from the Romans to the present* (London 1995).

ders.: *One day in a very long war – Wednesday October 25th 1944* (London 1998).

Fattuta, Francesco: Cronache di guerriglia in Jugoslavia (Luglio–Dicembre 1941); in: Stato Maggiore dell'Esercito. Ufficio Storico (Hrsg.), *Studi Storico-Militari 1992* (Rom 1994), S. 467–519.

ders.: Cronache di guerriglia in Jugoslavia, Parte 2a. Gennaio-Giugno 1942; in: Stato Maggiore dell'Esercito. Ufficio Storico (Hrsg.), *Studi Storico-militari 1993* (Rom 1996), S. 245–302.

ders.: Cronache di guerriglia in Jugoslavia, Parte 3a. Luglio-Decembre 1942; in: Stato maggiore dell'Esercito. Ufficio Storico (Hrsg.), *Studi Storico-Militari 1994* (Rom 1996), S. 751–803.

ders.: Dalmazia 1941–1943. Guerriglia e controguerriglia sul mare; in: Rivista Maritima Vol. 126 (1993), Nr. 12, S. 89–109.

Felice, Renzo de: *Mussolini l'alleato, Vol. I. L'Italia in guerra 1940–1943* (Turin 1990).

Fricke, Gert: *Kroatien 1941–1944. Der »Unabhängige Staat« in der Sicht des Deutschen Bevollmächtigten Generals, Glaise v. Horstenau* (Freiburg 1972).

Goulter, Christina: *A forgotten offensive. Royal Air Force Coastal Command's anti-shipping campaign, 1940–1945* (London 1995).

Heiber, Helmut: Der Tod des Zaren Boris; in: Vierteljahreshefte für Zeitgeschichte Nr. 4/1961, S. 384–416.

Hinsley, Francis H. u.a.: *British intelligence in the Second World War. Its influence on strategy and operations, Vol. III.1* (London 1984).

Holland, Jeffrey: *The Aegean Mission: Allied operations in the Dodecanese* (New York 1988).

Howard, Michael: *Grand Strategy, Vol. IV August 1942–September 1943* (London 1972).

Irvine, Jill A.: *The Croat Question. Partisan politics in the formation of the Yugoslav Socialist state* (Boulder u.a. 1993).

Janssen, Gregor: *Das Ministerium Speer* (Berlin 1968).

Joksimovic, Sekula: The People's Liberation Movement of Yugoslavia as a party of war and the exchange of prisoners in 1942; in: Vojnoistorijski Glasnik, Vol. 34, 1983, Nr. 1, S. 198–217.

Karchmar, Lucien: *Draža Mihailović and the rise of the Cetnik movement* (London u. New York 1987).

Keilig, Wolf: *Das deutsche Heer 1939–1945* [Loseblattsammlung] (Bad Nauheim 1958).

Knox, MacGregor: *Mussolini unleashed 1939–1941. Politics and strategy in Fascist Italy's last war* (Cambridge u.a. 1982).

Kroener, Bernhard; Müller, Rolf-Dieter u. Umbreit, Hans: *Organisation und Mobilisierung des deutschen Machtbereichs* [= Das Deutsche Reich und der Zweite Weltkrieg, Bd. 5/2] (Stuttgart 1999).

Kumm, Otto: *»Vorwärts Prinz Eugen!« Geschichte der 7. SS-Freiwilligen-Gebirgs-Division »Prinz Eugen«* (Osnabrück 1987).

Lekovic, Miso: *Martovski Pregovori 1943* (Belgrad 1985).

Lepre, George: *Himmler's Bosnian division. The Waffen-SS »Handschar« division, 1943–1945* (Atglen PA 1997).

Lindsay, Franklin: *Beacons in the night. With the OSS and Tito's partisans in wartime Yugoslavia* (Stanford 1995, pb).

Loi, Salvatore: *Le operazioni delle unita italiane in Jugoslavia, 1941–1943* (Rom 1978).

Macartney, Carlyle Aylmer: *October fifteenth. A history of modern Hungary, 1929–1945, Vol. 2* (Edinburgh 1957).

Mack, Andrew: Why big nations lose small wars: the politics of asymmetric conflict; in Klaus Knorr (Hrsg.), *Power, strategy and security* (Princeton 1983), S. 126–151.

Martin, Bernd: Verhandlungen über separate Friedensschlüsse 1942 bis 1943; in: Militärgeschichtliche Mitteilungen 1976, Heft 2, S. 95–113.

McConville, Michael: *A small war in the Balkans: British military involvement in wartime Yugoslavia 1941–1945* (London 1986).

Mennel, Rainer: *Der Balkan. Einfluß- und Interessensphären. Eine Studie zur Geostrategie und politischen Geographie eines alten Konfliktraumes* (Osnabrück 1999).

Milazzo, Matteo J.: *The Chetnik movement and the Yugoslav resistance* (Baltimore u. London 1975).

Miletic, Antun: The Volksdeutschers of Bosnia, Slavonia and Srem regions in the struggle against the People's Liberation Movement (1941–1944); in: Institute for Contemporary History (Hrsg.), *The Third Reich and Yugoslavia, 1933–1945* (Belgrad 1977), S. 559–603.

Military-Historical Institute of the Yugoslav People's Army (Hrsg.): *Historical Atlas of the Liberation War of the peoples of Yugoslavia, 1941–1945* (Belgrad 1957).

Molony, C.J.C. u.a.: *Victory in the Mediterranean, Part I. 1st April to 4th June 1944* [= The Mediterranean and Middle East, Vol. VI] (London 1984).

Murray, Williamson u. Millet, Alan (Hrsg.): *Military effectiveness, Vol. I–III* (London u. New York 1988).

Nafziger, George F.: *Bulgarian order of battle World War II. An organizational history of the Bulgarian army in World War II* (Ohio 1995).

Nebelin, Manfred: *Deutsche Ungarnpolitik 1939–1941* (Opladen 1989).

Neidhardt, Hanns: *Mit Tanne und Eichenlaub: Kriegschronik der 100. Jäger-Division, vormals 100. leichte Infanterie-Division* (Graz u. Stuttgart 1981).

Neitzel, Sönke: Zwischen Professionalität, Gehorsam und Widerstand. Gedanken zur deutschen Generalität im Zweiten Weltkrieg; in: Mitteilungen der Rancke-Gesellschaft 12 (1999), Nr. 2, S. 247–261.

Neulen, Hans Werner: *An deutscher Seite. Internationale Freiwillige von Wehrmacht und Waffen-SS* (München 1985).

ders.: *Am Himmel Europas. Luftstreitkräfte an deutscher Seite 1939–1945* (München 1998).

Oberkersch, Valentin: *Die Deutschen in Syrmien, Slawonien, Kroatien und Bosnien. Geschichte einer deutschen Volksgruppe in Südosteuropa* (Stuttgart 1989).

Olshausen, Klaus: *Zwischenspiel auf dem Balkan. Die deutsche Politik gegenüber Jugoslawien und Griechenland von März bis Juli 1941* (Stuttgart 1973).

Overy, Richard: *War and economy in the Third Reich* (Oxford 1994).

Pavlovitch, Stevan: *Yugoslavia* (London 1971).

ders.: The king who never was: an instance of Italian involvement in Croatia, 1941–1943; in: European Studies Review, Vol. 8, Nr. 4 (October 1978), S. 465–487.

Petrov, Ljudmil: Bulgarien und seine Armee im Kriegsjahr 1943. Politik – Strategie – militärische Möglichkeiten; in: Roland G. Foerster (Hrsg.), *Gezeitenwechsel im Zweiten Weltkrieg? Die Schlachten von Charkov und Kursk in operativer Anlage, Verlauf und politischer Bedeutung* (Berlin 1996), S. 153–166.

Piekalkiewicz, Janusz: *Krieg auf dem Balkan 1940–1945* (München 1984).

Porch, Douglas: Bugeaud, Gallieni, Lyautey: The development of French colonial warfare; in: Peter Paret (Hrsg.), *Makers of modern strategy from Machiavelli to the Nuclear Age* (Oxford 1986), S. 376–407.

Richter, Heinz u. Kobe, Gerd: *Bei den Gewehren. General Johann Mickl. Ein Soldatenschicksal* (Graz 1983).

Ring, Hans u. Girbig, Werner: *Jagdgeschwader 27. Die Dokumentation über den Einsatz an allen Fronten 1939–1945* (Stuttgart 1979).

Roberts, Walter R.: *Tito, Mihailović and the Allies, 1941–1945* (Durham 1987, pb).

Rochat, Giorgio: Gli italiani nel Montenegro (Rezension); in: Italia contemporanea (1989), Nr. 178, S. 177–179.

ders.: Gli uomini alle armi 1940–1943. Dati generali sullo sforzo bellico italiano; in: Bruna Micheletti u. Pier Paolo Poggio (Hrsg.), *L'Italia in guerra 1940–1943* (Brescia 1992), S. 33–72.

Schlarp, Karl-Heinz: *Wirtschaft und Besatzung in Südosteuropa 1941–1944* (Stuttgart 1986).

Schönfeld, Roland: Deutsche Rohstoffsicherungspolitik in Jugoslawien 1934-1944; in: Vierteljahreshefte für Zeitgeschichte 1976, Nr. 3, S. 231–254.

Schraml, Franz: *Kriegsschauplatz Kroatien: die deutsch-kroatischen Legionsdivisionen*

– 369., 373., 392. Inf.-Div. (kroat.) – ihre Ausbildungs- und Ersatzformationen (Neckargemünd 1962).

Schreiber, Gerhard: *Die italienischen Militärinternierten im deutschen Machtbereich* (München 1990).

Scotti, Giacomo u. Viazzi, Luciano: *Le aquile delle Montagne Nere. Storia dell'occupazione e della guerra italiana in Montenegro, 1941–1943* (Mailand 1987).

dies.: *L'inutile vittoria. La tragica esperienza delle truppe italiene in Montenegro* (Mailand 1989).

Simms, Brendan: *Unfinest hour. Britain and the destruction of Bosnia* (London 2001).

Smith, Peter C. u. Walker, Edwin: *War in the Aegean* (London 1974).

Spaeter, Helmuth: *Die Brandenburger, eine deutsche Kommandotruppe zbV 800* (München 1978).

Stamm, Christoph: Zur deutschen Besetzung Albaniens 1943–1944; in: Militärgeschichtliche Mitteilungen 1981, Heft 2, S. 95–119.

Steinberg, Jonathan: *All or nothing: The Axis and the Holocaust 1941–1943* (New York u. London 1990).

Strugar, Vlado: *Der jugoslawische Volksbefreiungskrieg 1941 bis 1945* (Berlin-Ost 1969).

Sundhaussen, Holm: *Wirtschaftsgeschichte Kroatiens im nationalsozialistischen Großraum 1941–1945* (Stuttgart 1983).

Talpo, Odonne: *Dalmazia. Una cronaca per la storia, 1941* (Rom 1985).

ders.: *Dalmazia. Una cronaca per la storia, 1942* (Rom 1990).

ders.: *Dalmazia. Una cronaca per la storia, 1943–44* (Rom 1994).

Tanner, Marcus: *Croatia. A nation forged in war* (New Haven u. London 1997, pb).

Thomas, Nigel; Mikulan, Kuroslav u. Pavelic, Darko: *Axis forces in Yugoslavia 1941–1945* [= Osprey Men-at-arms series, vol. 282] (London 1995).

Tieke, Wilhelm: *Tragödie um die Treue* (Osnabrück 1968).

Toase, Francis: The French experience; in: Ian Beckett (Hrsg.), *The roots of counterinsurgency* (London 1988), S. 40–59.

Tomasevich, Jozo: *War and revolution in Yugoslavia. The Chetniks* (Stanford 1975).

Torsiello, Mario. *Le operazioni delle unita italiane nel Settembre–Ottobre 1943* (Rom 1975).

Trew, Simon: *Britain, Mihailović and the Chetniks, 1941–1942* (London u. New York 1998).

Trials of War Criminals before the Nuernberg Military Tribunals under Control Council Law No. 10, Bd. XI.2 (Washington 1950).

Ueberschär, Gerd u. Vogel, Winfried: *Dienen und Verdienen. Hitlers Geschenke an seine Eliten* (Frankfurt a.M. 1999).

Wegner, Bernd: *Hitlers politische Soldaten: Die Waffen-SS 1933–1945* (Paderborn 1982).

West, Richard: *Tito* (London u.a. 1994).

Wheeler, Mark: *Britain and the war for Yugoslavia 1940–1943* (New York 1980).

ders.: Pariahs to partisans to power: the Communist Party of Yugoslavia; in: Tony Judt (Hrsg.), *Resistance and revolution in Mediterranean Europe 1939–1945* (London u. New York 1989), S. 123–140.

Wolff, Karl-Dieter: Das Unternehmen »Rösselsprung«. Der deutsche Angriff auf Titos Hauptquartier in Drvar im Mai 1944; in: Vierteljahreshefte für Zeitgeschichte 1970, Nr. 4, S. 479–501.

Wuescht, Johannes: *Jugoslawien und das Dritte Reich. Eine dokumentierte Geschichte der deutsch-jugoslawischen Beziehungen von 1933 bis 1945* (Stuttgart 1969).

Wyres-von Levetzow, Hans-Joachim: *Die deutsche Rüstungswirtschaft von 1942 bis zum Ende des Krieges* (München 1975).

Zetterling, Niklas u. Frankson, Anders: Analyzing World War II Eastern front battles; in: The Journal of Slavic Military Studies, Vol. 11, Nr. 1 (März 1998), S. 176–203.

I. Mitteilungen an den Verfasser

Schriftliche Mitteilungen Herrn Ulrich von Fumettis, Adjutant beim Wehrmachtbefehlshaber Südost (Ende Juli und 8. August 1998).

Befragung von Herrn Dr. Vladimir Velebit, Generalmajor der Volksbefreiungsarmee (Zagreb, 9. und 10. Mai 1998).

Schriftliche Mitteilungen von Herrn Dr. Vladimir Velebit (28.3., 29.5. und 23.11.1998).

Telefonische Befragungen Herrn Balthasar Kirchners, 1942–1945 Ic-Offizier der SS-Division »Prinz Eugen« (11. März 1999, 1. Mai 2000).

Befragung von Herrn Balthasar Kirchner (27. und 28. Dezember 2000).

Personenregister

Es ist der für dieses Werk relevante letzte Dienstgrad und die letzte Dienststellung angegeben.

Acimović, Milan, jugosl. Politiker, 1941 serb. Ministerpräsident 32, 42, 60, 102, 439, 442

Alexander I., 1918/34 jugosl. König 22 f.

Alfieri, Dino, ital. Diplomat, 1940/42 Botschafter in Berlin 222

Ambrosio, Vittorio, ital. Generaloberst, 1941/42 Oberbefehlshaber der 2. Armee, 1943 Chef des Comando Supremo 91 f., 96 f., 106, 109, 120, 135 f., 210, 212, 214, 220, 222 ff., 230, 261, 264, 267, 287, 293, 300, 339

Amico, Guiseppe, ital. Generalleutnant, 1943 Kommandeur der Infanteriedivision »Marche« 231, 276

Antonescu, Ion, rumänischer General, 1940/44 Ministerpräsident und »Conducator« des rumänischen Königreiches 35, 49, 514

Armelini, Quirino, ital. General, 1942 Kdr. Gen. des XVIII. AK 144

Bader, Paul, General der Artillerie, 1941 Kdr. Gen. Höh. Kdo LXV., 1942/ 43 Kdr. Gen. und Befehlshaber in Serbien 32, 58 f., 67, 81 ff., 109, 112, 114 ff., 120 ff., 125 f., 128, 131, 134, 137, 149, 152 ff., 172, 174 f., 187, 190, 257, 283, 290, 401, 423 ff., 427, 429 f., 432 ff., 436 f., 439 f., 443 ff., 453 ff., 457, 462, 523, 535, 543, 572

Badoglio, Pietro, ital. Generalfeldmarschall, 1925/40 Chef des Comando Supremo, 1943/44 ital. Ministerpräsident 18, 289, 299 f.

Bagrjanov, Ivan, bulg. Politiker, 1944 Ministerpräsident Bulgariens 512

Bastianini, Guiseppe, PNF-Funktionär, 1941/43 Gouverneur des annektierten Dalmatien 91, 201, 222, 263

Benzler, Siegfried, Gesandter, 1941/43 Bevollmächtigter des Auswärtigen Am-

tes in Belgrad 32, 43, 58, 68, 73, 116, 423, 429 f., 435, 439 ff., 461 ff., 465, 477, 492, 523, 535

Berardi, Paolo, ital. Generalleutnant, 1942/43 Kommandeur der Infanteriedivision »Sassari« 182

Berger, Gottlob, SS-Obergruppenführer, 1940/45 Chef des SS-Ersatzamtes 203, 409

Boehme, Franz, General der Infanterie, 1941 Bevollmächtigter Kdr. Gen. in Serbien 62, 64 ff., 69 ff., 75 ff., 81, 102, 397, 427

Boris III., 1918/43 bulgarischer König 39

Borowski, Heinrich, Generalmajor, 1941/42 Kommandeur der 704. ID 149, 154

Braumüller, Erwin, Generalmajor, 1941/44 Chef des Wehrwirtschaftsstabes Südost 468

Brauner von Haydringen, Josef, Generalleutnant, 1942/44 Kommandeur der 187. (Res.) ID bzw. der 42. Jägerdivision 176

Broz, Josip (alias »Tito«), jugosl. Politiker, 1939/80 Generalsekretär der KPJ 20, 27, 54, 74, 77 f., 80, 84 f., 99, 123, 129, 152, 155, 159, 166, 184, 189, 191 f., 215 f., 227, 229, 233 ff., 238 f., 246 ff., 250 f., 254 f., 258, 266, 278 ff., 284 f., 298, 303, 305, 309, 312, 319, 328, 332 f., 338, 340, 372, 378, 380, 383 ff., 390, 397, 400

Casertano, Raffaele, ital. Diplomat, 1941/43 Botschafter in Agram 263, 265

Castellano, Vittorio, ital. Diplomat, 1941/43 dem Stab der 2. Armee in Kroatien zugeteilt 266

Cavallero, Ugo, ital. Generalfeldmarschall, 1940/43 Chef des Comando Supremo 18, 118, 120, 129, 136, 143, 156, 182, 207, 210 ff.

Churchill, Jack, brit. Oberstleutnant, 1944 als stellvertr. Bataillonskommandeur auf Vis stationiert 393

Ciano, Galeazzo, ital. Politiker, 1936/43

ital. Außenminister 86, 106, 137, 143, 183, 198, 206

Cvetković, Dragiša, jugosl. Politiker, 1939/40 jugosl. Ministerpräsident 24

Dalmazzo, Renzo, ital. Generaloberst, 1940/42 Kdr. Gen. des VI. AK, 1942/43 OB der 9. Armee 116, 129, 144 ff., 181, 302

Damjanović, Miodrag, jugosl. General, 1944 Kabinettschef des serb. Ministerpräsidenten Nedić 497, 501, 520, 522

Danckelmann, Heinrich, General der Flieger, 1941 Befehlshaber Serbien 32, 59, 61 f., 68 f., 427, 43 f.

Dangić, Jezdimir, jugosl. Gendarmerieoffizier, 1941/42 ostbosnischer Cetnikführer 85, 95 ff., 104 f., 107, 110, 114, 117, 121, 125, 137, 189, 432

Dedijer, Vladimir, KPJ-Funktionär, 1941/44 dem Obersten Stab der Volksbefreiungsarmee zugeteilt 15, 193

Dietl, Eduard, Generaloberst, 1941/44 OB der 20. Gebirgsarmee 397

Dippold, Benignus, Generalmajor, 1942/43 Kommandeur der 717. ID 243

Djilas, Milovan, jugosl. KPJ-Funktionär, 1941/45 Mitglied des Obersten Stabes der Volksbefreiungsarmee 20, 85 f., 88, 234, 243 ff., 401, 425

Djujić, Momčilo, serbisch-orthodoxer Geistlicher, 1941/45 norddalmatinischer Cetnikführer 218, 306, 308

Djukanović, Blažo, jugosl. General, 1942/43 nationalserbischer Gouverneur Montenegros 140

Djurišić, Pavle, jugosl. Heeresoffizier, 1941/45 montenegrinischer Cetnikführer 105, 139 f., 196 f., 269 f., 275, 281, 347, 368 f., 470, 479, 493, 511

Dönitz, Karl, Großadmiral, 1943/45 Oberbefehlshaber der dt. Kriegsmarine 289

Drenović, Uroš, jugosl. Lehrer, 1941/45 westbosn. Cetnikführer 271

Eglseer, Karl, Generalleutnant, 1943/44 Kommandeur der 114. Jägerdivision 308

Eisenhower, Dwight D., U.S.-amerikanischer General, 1943 alliierter OB im westlichen Mittelmeerraum 299

Felber, Hans-Gustav, General der Infanterie, 1943/44 Militärbefehlshaber Südost 292, 462 f., 468, 471, 481 ff., 488, 492, 502 f., 505, 507, 520, 521, 524

Foertsch, Hermann, Generalleutnant, 1941/44 Stabschef des Wehrmachtbefehlshabers/ Oberbefehlshabers Südost 66, 130, 171, 179, 184, 237, 239 f., 253, 281, 309 f., 375

Fortner, Johann, Generalmajor, 1941/43 Kommandeur der 718. ID 90 f., 112, 132, 170, 172, 174, 178, 185 ff., 209, 551

Francetic, Jure, kroat. Oberstleutnant, 1941/42 Kommandeur der Ustascha-Sonderformation »Schwarze Legion« 124, 132

Franco, Francisco, spanischer General, 1936/75 Staatsoberhaupt und »caudillo« (Führer) des span. Staates 34

Funck, Albrecht von, Oberst, 1941/43 Stabschef des Bevollmächtigten Generals in Agram 160, 165

Geitner, Kurt Ritter von, Generalmajor, 1942/44 Stabschef des Kdr. Gen. u. Bfh. in Serbien bzw. des Militärbefehlshaber Südost 459, 461, 472

Geloso, Carlo, ital. Generaloberst, 1942/43 Oberbefehlshaber der 11. Armee 199

Glaise von Horstenau, Edmund, General der Infanterie, 1941/44 Bevollmächtiger General in Kroatien 15, 47, 48, 50, 89, 92 f., 96 ff., 115, 120, 133 f., 138, 145, 153, 162 ff., 166, 173, 175, 178, 181, 204 f., 208 ff., 215, 240 ff., 246 f., 249, 252, 256, 259, 263, 284, 286, 297 f., 309 ff., 315, 332, 341 f., 357 ff., 362, 364 ff., 374 ff., 398, 405 f., 410 ff., 532, 534

Goebbels, Joseph, Reichsleiter der NSDAP, 1933/45 Gauleiter von Berlin und Reichsminister für Volksaufklärung und Propaganda 15, 44

Göring, Hermann, dt. Politiker, 1940/45 »Reichsmarschall des Großdeutschen

Reiches« und designierter Nachfolger
Hitlers 49, 52, 198, 440

Harling, Franz von, Oberstleutnant,
1943/44 Ic-Offizier des OB Südost
357, 472

Hencke, Andor, dt. Diplomat, 1943/45
Leiter der Politischen Abteilung im
Auswärtigen Amt 372, 484 f., 487

Himmler, Heinrich, dt. Politiker, 1933/45
Reichsführer SS (ab 1936 in Verbindung mit dem Amt des Chefs der deutschen Polizei) 52, 58, 159, 201, 203 f.,
355, 365, 370, 379 f., 409 f., 413, 417,
436 ff., 453 f., 460, 478, 480, 524, 533,
546 f.

Hinghofer, Walter, Generalleutnant, 1941
Kommandeur der 342.ID 69 ff., 77

Hitler, Adolf, dt. Politiker, 1933/45
»Führer« und Reichskanzler des Deutschen Reiches (ab 1934 in Verbindung
mit der Funktion des Staatsoberhaupts)
20, 26, 28 f., 32, 36 f., 39 ff., 43 ff., 48,
50 f., 107,153, 155 ff., 161, 163 ff.,
173 f., 177, 181 ff., 204, 217 f., 228,
239, 242 f., 255, 261 f., 263 f., 267, 270,
273, 276, 288, 290, 296, 298, 309, 311,
320, 323, 349, 361, 364, 365 f., 368,
371, 375 f., 388, 407, 409, 412 f., 420,
438, 441, 452 f., 464, 466 f., 477, 494,
499, 505, 513, 515, 517 ff., 528, 531 ff.,
552, 568

Horthy, Nikolaus von, ungarischer Admiral, 1919/44 Reichsverweser und Staatsoberhaupt Ungarns 41, 452

Jovanovic, Dragomir, Belgrader Polizeipräsident, 1942/43 Chef des serbischen
»Staatssicherheitsdienstes« 437

Jevdjević, Dobroslav, 1941/43 herzego-
win. Cetnikführer 168 f., 231 f.

Jodl, Alfred, Generaloberst, 1939/45 Chef
des Wehrmachtführungsstabes 20, 172,
242, 323, 365, 514

Jovanovic, Arso, jugosl. Generalstabsoffizier, 1942/44 milit. Stabschef des
Obersten Stabes 87

Kalabić, Milan, serb. Gendarmerieoffizier,
1941/42 Ortsvorsteher und in Ver-

bindung zur DM-Organisation stehend
77, 426, 444, 475, 482 f., 493

Kallay, Nicholas, ungarischer Politiker,
1942/44 ungarischer Ministerpräsident
41, 43

Kaltenbrunner, Ernst, SS-Obergruppenführer, 1943/45 Chef des RSHA 405,
410, 480

Kammerhofer, Konstantin, SS-Gruppenführer und Generalleutnant der Polizei,
1943/ 45 Beauftragter des Reichsführers SS für Kroatien 259, 355, 410

Kardelj, Edvard, jugosl. KPJ-Funktionär,
1941/45 Mitglied des Obersten Stabes
der Volksbefreiungsarmee 20

Kasche Siegfried, SA-Obergruppenführer,
1941/45 dt. Gesandter in Agram 14,
47 f., 50, 96, 98, 109, 115, 119 122,
128, 134, 145 f., 155, 164 ff., 169, 173,
180, 209 f., 237, 241 f., 244 ff, 250,
259 ff., 284, 295 ff., 309, 362, 364 ff.,
372 f., 375 ff, 388, 398, 403, 405 f.,
410, 412, 420, 531 ff., 558

Katschinka, Robert, dt. Diplomat, 1941/42
Propagandareferent an der deutschen
Botschaft in Agram 142, 189, 316

Keitel, Wilhelm, Generalfeldmarschall,
1938/45 Chef des OKW 20, 113, 115,
118, 172, 183, 242, 264, 365, 452, 454,
524

Kerovic, Radivoj, 1942/43 ostbosn. Cetnikführer 188

Keserović, Dragutin, 1941/44 altserbi-
scher Cetnikführer 445 f., 488, 493,
502, 505

Krempler, Karl von, dt. Polizeioffizier,
1943/44 Befehlshaber der Moslemmiliz
des Sandžak 317, 322, 355, 367, 369,
475

Kuntze, Walter, General der Pioniere,
1941/42 OB der 12. Armee und Wehrmachtbefehlshaber Südost 69, 83, 96,
98, 113, 118, 120, 123, 125 , 128, 130,
132, 137, 146 f., 153, 158, 182, 425,
436, 533

Kvaternik, Eugen, Ustascha-Funktionär,
1941/42 Staatssekretär für innere
Sicherheit im NDH-Staat 162, 166, 175

Kvaternik, Slavko, Ustascha-Funktionär,

249 f., 252., 401

Vivalda, Lorenzo, ital. Generalleutnant, 1942/43 Kommandeur der Gebirgsdivision »Taurinense« 274 f.

Vokic, Ante, Ustascha-Funktionär, 1944/45 Kriegsminister des NDH-Staates 357, 362, 406, 408 f.

Von Bischoffshausen, Hauptmann, 1941 Stadtkommandant von Kragujevac 73

Vrancic, Vjekoslav, 1941/42 kroat. Zivilkommissar im Hauptquartier der 2. ital. Armee 124, 133, 136

Wagner, Horst, dt. Diplomat, 1943/45 Verbindungsmann des Reichsführers SS im Auswärtigen Amt 365

Warlimont, Walter, General der Artillerie, 1939/45 stellvertr. Chef des Wehrmachtführungsstabes 20, 145, 209, 213, 220, 222, 224 f., 228, 230, 232, 240 f., 365 ff., 500

Weichs, Maximilian von, Generalfeldmarschall, 1943/45 Oberbefehlshaber Südost 53, 293, 307, 309 f., 314, 316 f., 319, 322, 356, 367, 369, 404, 408, 413, 415, 474, 476, 483, 492, 500, 505, 507 f., 511, 513, 515, 517 ff., 534

Weizsäcker, Ernst von, dt. Diplomat, 1936/43 Staatssekretär im Auswärtigen Amt 166, 181, 260

Wlassow, Andrej, sowjet. General, 1944/45 Vorsitzender des Komitees zur Befreiung der Völker Rußlands 43

Wolff, Karl, SS-Obergruppenführer, 1939/43 Verbindungsmann des Reichsführers SS zum Führerhauptquartier 437

Danksagung

Die Entstehungsgeschichte einer Arbeit wie der vorliegenden ist natürlich untrennbar verbunden mit den Namen zahlreicher Personen, die dem Verfasser bei seiner Arbeit zur Seite standen.

Meinem Freund Sönke Neitzel sei in gleich zweifacher Weise gedankt. Erstens, weil er bei der Suche nach einem geeigneten Promotionsthema zu einem kritischen Zeitpunkt die Rolle des Stichwortgebers übernahm; zweitens für seine immerwährende Bereitschaft, die Entwicklung der Arbeit sowohl mit kritischen Kommentaren als auch ermutigenden Worten zu begleiten. Pier Paolo Battistelli ließ mich in selbstloser Weise Anteil an seinem unerschöpflichen Wissen über den Militärapparat des faschistischen Italien haben. Auch von Simon Trew's schier unbegrenztem Wissensfundus zum Thema Jugoslawien konnte der Verfasser wiederholt profitieren.

Ebenfalls wichtige Hilfe leisteten Marie Schwarz, Peter Willicks, Walter Muschol, Nikolas Wilhelm, Tamer Farghal, Kai Schmider, Peter Broucek, Hans Umbreit, Gerhard Schreiber, Johannes Hürter, Friedrich Scherer, George Lepre sowie Christine und Ulrich Karl. Randolph Stich vielen Dank für seine EDV-Beratung, ohne die diese Arbeit vermutlich in Keilschrift auf Tontafeln eingereicht worden wäre. Nicholas Brashaw und Erwin Pitsch gewährten Einblick in ihre unveröffentlichten Manuskripte; Ulrich von Fumetti, Balthasar Kirchner und Vladimir Velebit nahmen sich die Zeit, den Verfasser Anteil an ihren Kriegserlebnissen haben zu lassen. Meinem Doktorvater, Winfried Baumgart, sei für seine fachkundige Anleitung sowie den Langmut gedankt, mit dem er immer wieder das jeweils »wirklich letzte« Kapitel in Empfang nahm.

Schließlich besonderen Dank an meine Eltern, ohne deren Unterstützung die Durchführung dieses Projekts nie denkbar gewesen wäre.

Bildnachweis

Bundesarchiv Koblenz:	Seiten I (alle), IV (oben/Mitte), V (oben/Mitte); VI (unten rechts), VII (beide), VIII (alle), IX (beide), X (alle), XI (Mitte, unten), XII (alle), XIII (Mitte, unten), XIV (alle), XV (alle), XVI (oben, zweites Bild von oben, unten)
AUSSME:	Seite II (unten), III (oben links, unten), V (unten), VI (oben),
Bundesarchiv/Militärarchiv:	Seite VI (unten links), XI (oben)
Bibliothek für Zeitgeschichte:	Seite XIII (oben), XVI (Mitte)
Privatbesitz:	Seite II (oben), III (Mitte), IV (unten)

Der Verfasser

Klaus Horst Schmider, geboren 1966 in Barcelona/Spanien, Hochschulreife 1986, Studium der Geschichtswissenschaft, der Politikwissenschaft und des Öffentlichen Rechts an der Johannes-Gutenberg-Universität Mainz. Seit Mai 1999 Dozent für Militärgeschichte an der Royal Military Academy Sandhurst in Großbritannien. Im April 2001 Promotion zum Dr. phil. mit der Arbeit, die diesem Buch zugrundeliegt.

Weitere Veröffentlichungen:
No quiet on the Eastern front: the Suvorov debate in the 1990's; in: Journal of Slavic Military Studies, 10 (1997) 2, S. 181–194.
The Mediterranean in 1940/41: Crossroads of lost opportunities?; in: War & Society, 15 (1997) 2, S. 19–41.
Auf Umwegen zum Vernichtungskrieg? Der Partisanenkrieg in Jugoslawien, 1941–1944; in: Müller, Rolf-Dieter u. Volkmann, Hans Erich (hrsg.), *Die Wehrmacht. Mythos und Realität* (München 1999), S. 901–922.
The Wehrmacht's Yugoslav quagmire: myth or reality?; in: Stephen Badsey u. Paul Latawski (Hrsg.), *Britain, NATO and the lessons of the Balkan conflict 1991/99* (London 2003).

Das Standardwerk zur deutschen Fallschirmtruppe 1942–1945

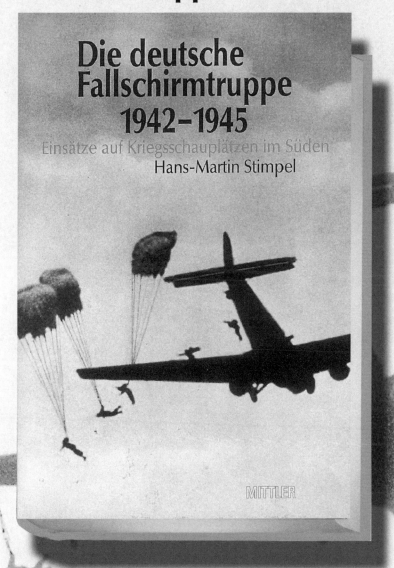

Die deutsche
Fallschirmtruppe
1942–1945
Einsätze auf Kriegsschauplätzen im Süden
Hans-Martin Stimpel

MITTLER

Die Fallschirmtruppe wurde oft als kämpferische Elite bewertet. Basierend auf zum Teil unbekannten Dokumenten erfolgt in diesem ersten Band eine Darstellung ihrer wichtigsten Einsätze in Nordafrika und Italien sowie zweier Luftlandeoperationen im Südosten Europas. Darüber hinaus werden der Führungsvorgang und die Leistungen der deutschen Fallschirmtruppe mit großem Sachverstand bewertet.

ISBN 3-8132-0577-0

Koehler/Mittler
www.koehler-mittler.de

Von der Ost- bis an die Westfront

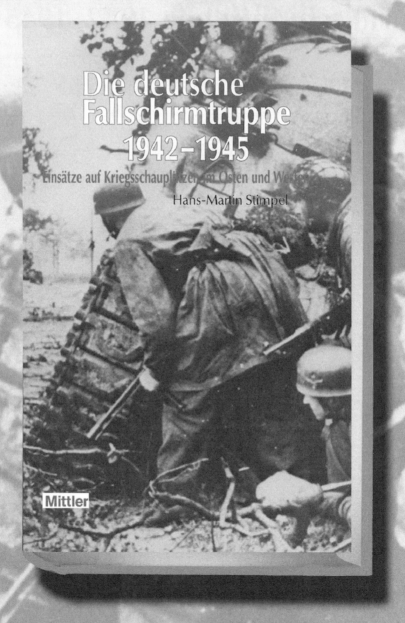

Die deutsche
Fallschirmtruppe
1942–1945

Einsätze auf Kriegsschauplätzen im Osten und Westen

Hans-Martin Stimpel

Mittler

In diesem zweiten Band werden erstmalig die im Osten nahezu ausnahmslos infanteristischen Einsätze der deutschen Fallschirmtruppe sowie die weltbekannten Gefechte an der Westfront unter Berücksichtigung neuester Forschungsergebnisse geschlossen dokumentiert. Schwerpunkte bilden die Einsätze im Norden Frankreichs nach Beginn der Invasion, bei Arnheim und am Niederrhein bei Wesel.

ISBN 3-8132-0683-1

Koehler/Mittler
www.koehler-mittler.de

Zone I : von Italien annektiertes Gebiet

Zone II demilitarisiertes Gebiet

① Demarkationslinie

② Bulg. Okk.-zone in Serbien 15.1.42

③ Bulg. Okk.- zone in Serbien 7. 1. 43

④ Bulg. Okk.- zone in Serbien 31.7. 43

Jugoslawien nach Besetzung und